*Jakob Kaiser*

Jakob Kaiser

# Wir haben BRÜCKE zu sein

Reden, Äußerungen und Aufsätze zur Deutschlandpolitik

Herausgegeben von Christian Hacke

Verlag Wissenschaft und Politik

Umschlaggestaltung Rolf Bünermann
Gesamtherstellung Werbedruck Zünkler, Bielefeld 11
Printed in Germany · ISBN 3-8046-8706-7

## Inhaltsverzeichnis

*Theater am Schiffbauerdamm (Ost-Berlin). Hier fanden die beiden Parteitage der CDU Berlins und der sowjetisch besetzten Zone 1946 und 1947 statt.*

*Heinrich Brüning und Jakob Kaiser in Königswinter, 19. Juli 1950*

*Konrad Adenauer und Jakob Kaiser, 22. Juni 1948*

*Jakob Kaiser und seine Mitarbeiter Johann Baptist Gradl und Alfred Gerigk (V. R.) Ende 1947 mit der neuen West-Berliner Tageszeitung DER TAG.*

# I. Einleitung

## 1. Vorbemerkungen

Am 8. Februar 1988 wäre Jakob Kaiser 100 Jahre alt geworden. Wer erinnert sich noch an diesen deutschen Politiker, der nach dem Dritten Reich neben Kurt Schumacher und Konrad Adenauer zu den bekanntesten Politikern Deutschlands gehörte? Heute ist Kaiser, obwohl sein politisches Wirken durch eine vierbändige Biographie nachhaltig gewürdigt wurde[1], der wohl vergessenste Politiker nach dem Zweiten Weltkrieg. Die Zeitgeschichte steht unter dem Eindruck von Konrad Adenauer. Sein gescheiterter Rivale Jakob Kaiser geriet ins geschichtliche Abseits, obwohl er nach 1945 eine politische Gestalt von nationalem Rang war, repräsentativ für eine neue Zukunft Deutschlands als Brücke zwischen Ost und West.

Kaiser war der Überzeugung, daß die gesellschaftspolitischen Fundamente des zukünftigen Deutschland auf der Basis eines christlichen Sozialismus errichtet werden müßten. Dabei distanzierte er sich ebenso vom kollektivistischen Sozialismus der Marxisten, wie er auch eine Restauration des bürgerlichen Zeitalters ablehnte.

Die Geschichte hat Jakob Kaiser nur für einen Wimpernschlag in das Zentrum des Geschehens gestellt. Beide Ideen, die der Brücke zwischen Ost und West für Deutschlands Zukunft wie auch der christliche Sozialismus, zerschellten an der bitteren Realität des sich krebsartig ausweitenden Ost-West-Gegensatzes.

Die Geschichte von Kaisers Wirken ist deshalb die Geschichte eines politisch Gescheiterten.

Warum also soll heute, an der Schwelle der neunziger Jahre, dieses gescheiterte politische Wirken dokumentiert werden?

Dafür gibt es stichhaltige Gründe: Die Gestalt Kaisers, auch die konservativen Umrisse seiner Person und seines Denkens, mögen heute unserem Blick entzogen sein, aber die Fragen, die er gestellt hat, erscheinen erstaunlich modern und aktuell.

Man könne, so meinte Kaiser 1947, den Kommunismus in Deutschland nicht einkerkern, sondern man müsse sich mit ihm auseinandersetzen: »Deutschland wird nicht dadurch gesund, daß man der marxistischen Gefahr ein liberales System entgegenstellt und dann zwischen beiden eine Mauer errichtet. Östliche und westliche Besatzungsmächte müssen den Weg freigeben zur eigenen Auseinandersetzung im deutschen Volke selbst.«

Das Problem eines west-östlichen Ausgleichs, die Erhaltung einer nationalen Empfindlichkeit unter den Bedingungen der Teilung Deutschlands, die Betonung der sozialen Komponente in der Politik der CDU und nicht zuletzt die Art und Weise, wie sich dieser CDU-Politiker von Rang mit der Sowjetunion, dem Kommunismus und dem Regime in der DDR auseinandersetzte, bleiben von zeitloser Bedeutung.

Jakob Kaiser mag sein politisches Denken auf ein deutsches »Traumland« nach

1945 konzentriert haben, um eine Wortbildung von Ernst Troeltsch aufzunehmen, die die Erwartungshaltung nach dem Ersten Weltkrieg charakterisierte; aber haben ähnliche Träume nicht in der Renaissance nationalen Denkens seit Ende der siebziger Jahre einen unerwarteten Aufschwung genommen? Und zeigt sich nicht eine besondere Aktualität der Verbindung von Nationalstaat und (christlichem) Sozialismus darin, daß Kaiser heute zuweilen als Kronzeuge linksnationalen politischen Denkens vorgeführt wird?[2] Auch aus diesen Gründen scheint es angemessen, sich mit dem politischen Wirken Jakob Kaisers wieder intensiv auseinanderzusetzen.
Da bis heute keine Schriften von Jakob Kaiser publiziert worden sind, wird mit der vorliegenden Dokumentation eine große Lücke geschlossen.
Zu danken habe ich Herrn Staatssekretär Dr. Ottfried Hennig, der dieses Vorhaben unterstützt hat. Ferner danke ich Herrn Bundesminister a. D. Dr. Heinrich Krone, Herrn Bundesminister a. D. Dr. Johann-Baptist Gradl, Herrn Staatssekretär a. D. Franz Thedieck herzlich für ihre Gesprächsbereitschaft.
Frau Elisabeth Katzer und Herr Bundesminister a. D. Hans Katzer haben auf besonders liebenswürdige Weise bei diesem Vorhaben mitgeholfen. Auch das Bildmaterial stammt überwiegend aus Frau Katzers Privatarchiv.
Herrn Prof. Dr. Erich Kosthorst und Herrn Dr. Klaus Gotto, Direktor des Archivs für Christlich-Demokratische Politik der Konrad-Adenauer-Stiftung in St. Augustin, habe ich für wichtige Hinweise zu danken.
Ganz besonders herzlich danken möchte ich Matthias Zimmer aus München. Er hat bei den Archivarbeiten und besonders bei der Einführung zu den Dokumenten intensiv mitgewirkt.
Mein abschließender Dank geht an meine langjährige Mitarbeiterin Frau Ingar Engelbrecht, die dieses Manuskript mit Umsicht erstellt und mit Herrn Zimmer durchgesehen hat.

Hammoor, im September 1987 *Christian Hacke*

## 2. Der politische Weg: Gewerkschaftspolitiker im Kaiserreich und in der Weimarer Republik

Jakob Kaiser wurde am 8. Februar 1888 in Hammelburg als zweitältestes von zehn Kindern des Buchbinders Johann Kaiser geboren. Erich Kosthorst berichtet von einem Erlebnis des jungen Jakob, das seine typische Haltung auch in späteren Jahren zeigt. Der Schüler streitet sich mit seinem Lehrer und wagt zu widersprechen, worauf ihm dieser mit der Bemerkung über den Mund fährt: »Es wäre besser, du wärest bei der Kleisterschüssel deines Vaters geblieben.«[3]
Empört über die Herabsetzung der väterlichen Arbeit, verläßt der Junge sofort Klassenzimmer und Schule. Er läßt sich nicht dazu bewegen, dorthin zurückzukehren.
Willensstärke und unbeugsamer Stolz werden hier deutlich. Die andere Seite von Kaisers Persönlichkeit, großes Harmoniebedürfnis und Kompromißbereitschaft in praktischen Fragen, kann nicht darüber hinwegtäuschen, daß wir es mit einer wenig konzilianten Persönlichkeit zu tun haben, die von vielen als schroff empfunden wurde. Der junge Jakob Kaiser kehrte nach dieser Begebenheit wieder in die Volksschule zurück und verließ sie schließlich, wie auch die anschließende dreijährige Fortbildungsschule, mit ausgezeichnetem Zeugnis. Seine Bildung blieb aber autodidaktisch.
Nach einer Lehre im väterlichen Betrieb besuchte Kaiser die Buchbinderschule in Schwiebus/Ostpreußen; von 1906 bis 1912 arbeitete er als Geselle in einer Buchbinderei in Nürnberg. Schon in diesen Jahren betätigte sich Kaiser auf sozialpolitischem Gebiet: nicht nur in den Gesellenvereinen Adolf Kolpings, die sich seit 1851 in Mitteleuropa ausgebreitet hatten, sondern auch im Volksverein für das katholische Deutschland. Als Frucht dieses Engagements wurde Kaiser 1912 von der Delegiertenversammlung des Kölner Kartells der christlichen Gewerkschaften zum Kartellsekretär gewählt. Der Buchbinder war zum Arbeiterführer geworden.
Von 1908 bis 1910 leistete er Militärdienst beim Königlich-Bayerischen Infanterieregiment Nr. 14. Den Krieg 1914/1918 erlebte er, wie die überwiegende Mehrheit seiner Generation, mit vaterländischer Hingabe. Kaiser war Monarchist aus Gesinnung, ein typischer Repräsentant der christlichen Gewerkschaften, die auch nach 1918 staatskonservativ und monarchistisch blieben.[4] Nach schwerer Verwundung wurde Kaiser im Dezember 1917 aus dem Kriegsdienst entlassen und wurde wieder Geschäftsführer des Kölner Gewerkschaftskartells.
Kaiser entwickelte keine Neigung zu irrationalen Lebens- und Weltanschauungen, wie sie bei vielen durch das Kriegserlebnis und die revolutionären Wirren begünstigt wurden; sein Denken reifte. Sein starkes Nationalgefühl bewahrte ihn vor einer Flucht in antidemokratische Ideologien. Es wurde im Gegenteil zum Ausgangspunkt einer zunächst zögernden, dann aber um so intensiveren demokratischen Grundhaltung.
Zu Recht wird darauf verwiesen, daß die Geschichte der Weimarer Republik bisher als deterministische Entwicklung dargestellt wird, wobei die antidemokratischen Kräfte und Tendenzen im Zentrum stehen. Auch der gegenläufige Prozeß – selbst wenn er scheiterte – sollte stärker beachtet werden, damit nicht der falsche Eindruck einer zwangsläufigen Entwicklung zum totalitären Staat im »Dritten Reich« entsteht. Jakob Kaiser personifiziert die Entwicklung vom monarchisch geprägten Bürger zum bewußten Demokraten der Weimarer Republik. Für Kaiser galt, was

Friedrich Meinecke von sich bekannte: »Ich bleibe Herzensmonarchist und werde Vernunftrepublikaner.«[5] Auch für Kaiser gab es keine Alternative zur Weimarer Republik, die er gegen den Extremismus von links und rechts zu verteidigen suchte. 1918 wurde Kaiser Jugendleiter der christlichen Gewerkschaften. Seine Bildungsarbeit war geprägt durch starkes Nationalbewußtsein, eine zunächst zurückhaltende Einstellung zur parlamentarischen Demokratie. Die Idee einer Sozialisierung des Wirtschaftslebens und seine starke Verwurzelung im christlichen Glauben waren für Kaisers Vorstellungen grundlegend.

Schon hier erkennen wir den Ansatz für Kaisers spätere Idee des »christlichen Sozialismus«, die in Anlehnung an Thesen des katholischen Theologen Theodor Steinbüchel entstand: »Die alte Kapitalismus-Kritik, die Erfahrungen der staatlich dirigierten Kriegswirtschaft, das Problem der Überführung dieser Kriegs- in eine Friedenswirtschaft unter den schwierigen Verhältnissen der Niederlage, die Notwendigkeit einer großen Kraftanstrengung der Nation – das sind die Motive, die jetzt eine Einschränkung des Spielraums privaten Wirtschaftens, eine umfangreiche Vergenossenschaftung in der landwirtschaftlichen Produktion sowie eine Verstaatlichung und Kommunalisierung von Industriebetrieben nahelegen.«[6]

Später übertrug Jakob Kaiser – ob bewußt oder unbewußt, sei dahingestellt – die Erfahrungen nach dem Zusammenbruch des Kaiserreiches auf die Situation nach 1945.

Wie nach dem Ersten, so wurde auch nach dem Zweiten Weltkrieg Kaisers doppelte Frontstellung deutlich: »So sehr wir den Kapitalismus bekämpfen müssen, so sehr wir für ihn bessere Formen der wirtschaftlichen Ordnung erstreben, so sehr müssen wir auch ablehnen den radikalen Sozialismus.«[7]

Ähnlich verhält es sich mit einem zweiten Grundzug seines politischen Denkens: »Die deutsche Einheit, die uns unsere Väter geschaffen, sollte daher nicht nur als heiliges Erbe vom ganzen deutschen Volk gehütet, sondern im Sinne des Einheitsgedankens weiterentwickelt werden. In der Verwirklichung dieses Ideals sehen wir die einzige Möglichkeit, zu jenem einheitlichen Nationalgefühl zu kommen, dessen ein Kulturvolk bedarf und das wir bisher in weiten Schichten des deutschen Volkes schmerzlich entbehrten.«[8]

Auch nach 1945, nach dem Zusammenbruch des »Dritten Reiches«, wurde der Einheitsgedanke der Nation zum Fixpunkt von Kaisers Handeln.

Der Gedanke einer überkonfessionellen Union, der bei Kaiser im Ansatz schon nach dem Ersten Weltkrieg entstanden war[9], gewann 1945 mit der Gründung der Christlich-Demokratischen Union Deutschlands, an der auch Kaiser beteiligt war, an Aktualität.

In der Weimarer Republik war Kaiser christlich-sozialer Gewerkschaftler und katholischer Zentrumspolitiker. Sein Denken und Handeln war durch nationale und soziale Aspekte der Politik geprägt: »Ich hänge mich an den Inhalt des Sozialen um unseretwillen, ich möchte Worte und Gedanken in Fülle haben, um der politischen Außenwelt zu sagen, mit welcher Leidenschaft wir uns einsetzen werden für die soziale Idee, für die soziale Tat, um der letzten unserer Arbeiter willen und um der jungen Republik willen, die nur zur aufrechten, wahren, nationalen Republik werden kann, wenn sie eine soziale ist. Wenn in einem schönen hellen Haus ein Teil der Menschen in den dunklen Keller verbannt wird, nur um einer anderen Gruppe von Menschen die hellen Sonnenräume des oberen Hauses zu überlassen, dann verlangt nicht von den Kellerbewohnern, daß sie stolz, frei und freudig das ganze Haus hü-

ten und womöglich noch schmücken helfen; sie haben genug zu tun, die dumpfen Kellerräume auch nur einigermaßen erträglich zu machen. So geht's der Arbeiterschaft im deutschen Staat. Gewiß, man hat etwas sozialpolitische Luft in die Kellerräume gelassen, oft genug widerwillig, aber den Anteil an den sonnigeren Plätzen im deutschen Volk will man ihr nicht recht zuerkennen.«[10]
Verankert im katholisch-gewerkschaftlichen Denken, arbeitete Kaiser aber schon als junger Politiker an dem Gedanken einer überkonfessionellen politischen Union, »um das deutsche Parteiensystem zu konsolidieren«, weil »diese Partei allein dem Marxismus die Stirn bieten (könnte)«[11]. Die geistigen Vorbilder Jakob Kaisers lassen sich erahnen: Oswald Spenglers Schrift »Preußentum und Sozialismus« wie auch Werner Sombarts »Moderner Kapitalismus« sind unverkennbar. Wie Sombart, so ging es auch Kaiser um eine Revision bzw. Überwindung der Marxschen Lehre: Nicht internationaler Marxismus, sondern der »proletarische Sozialismus« sollte zum »deutschen Sozialismus«[12] entwickelt werden. Jakob Kaisers geistige Biographie spiegelt die Entwicklung zweier historischer Kräfte auf deutschem Boden wider. War Werner Sombart der intellektuelle und großbürgerliche Sozialreformer, so war Jakob Kaiser der aktivistische und kleinbürgerliche Sozialpolitiker: »Die katholische Ethik und der Geist des gewerkschaftlichen Sozialismus« könnte man Jakob Kaisers Denken überschreiben.
Wie bei Sombart sollte an die Stelle des kapitalistischen freien Marktes die bewußte Organisation der Volkswirtschaft mittels staatlicher Planung treten. Auch Anklänge an Walther Rathenaus Konzept einer staatssozialistischen nationalen Gemeinwirtschaft[13] lassen sich bei Jakob Kaiser nachvollziehen. Anti-Marxismus und Anti-Kapitalismus waren die Kerngedanken des sozial-konservativen Lagers der Weimarer Republik und einer gewissen Mittelstandsideologie, wie sie von Edgar Salin, Othmar Spann, Oswald Spengler, Werner Sombart, aber auch von nationalen Sozialisten wie Gregor und Otto Strasser vertreten wurde und auch bei Jakob Kaiser anklingt.[14]
So wuchs Kaiser bei seinem Aufstieg in leitende Gewerkschaftsämter zugleich in ein stärkeres politisches Engagement, das ihn in die Zentrumspartei führte. Schließlich wurde er Geschäftsführer der christlichen Gewerkschaften in Köln, und nach deren Übersiedlung 1921 in Berlin. Kaisers Aufgabe bestand darin, von der Reichshauptstadt aus die Landesgeschäftsstellen im Reich zu betreuen und den politischen Handlungsrahmen tüchtiger Gewerkschaftler in der Zentrumspartei zu fördern. 1924 wurde er zum Landesgeschäftsführer der christlichen Gewerkschaften für Rheinland und Westfalen berufen.
In den Anfangsjahren seiner Tätigkeit stand Kaiser stark unter dem politischen Einfluß seines Mentors Adam Stegerwald. Ab 1924 bekannte er sich immer entschiedener zur Weimarer Republik, so etwa auf dem Kasseler Reichsparteitag des Zentrums 1925 oder auf dem Dortmunder Kongreß der christlichen Gewerkschaften 1926. Kaisers Idee einer national-sozialen Synthese und sein Eintreten für einen starken Staat mit demokratischer Verfassung führten ihn in der Sozialpolitik zum linken Flügel seiner Partei, in gesamtpolitischen Fragen blieb er jedoch auf Mittelkurs. 1928 wurde Kaiser schließlich als stellvertretender Zentrumsvorsitzender des Rheinlands Mitglied des geschäftsführenden Reichsvorstandes. Nach Stegerwalds Rücktritt 1929 führte er die christliche Gewerkschaftsbewegung zu einer entschiedenen Abwehrstellung gegen den vorrückenden Nationalsozialismus und votierte für Zusammenarbeit mit Reichskanzler Schleicher.

Jakob Kaiser neigte zu einer Haltung, die der des konservativen Zentrumspolitikers Adam Stegerwald entsprach: Zusammenarbeit mit den Konservativen und Hoffnung, daß die revolutionäre Kraft der Nationalsozialisten gebremst oder gebrochen werden könnte, indem die positiven Kräfte des Nationalsozialismus dem Staate dienstbar gemacht werden. »Kann es ohne die Gefahr einer Parteidiktatur geschehen, dann muß es geschehen. Auch Hitler als Reichskanzler braucht man nicht zu fürchten, immer natürlich unter der Voraussetzung, daß ausreichende Sicherungen und Abmachungen gegen ein Abgleiten in die Diktatur getroffen werden können.«[15]

Auf der Vorstandssitzung der Zentrumspartei im November 1932 votierte Jakob Kaiser für eine Lösung, die Hitler einschloß, blieb aber bei seiner doppelten, d. h. antikommunistischen und antinationalsozialistischen Frontstellung: »Bolschewistische Methoden nach asiatischem Muster in Deutschland bedeuten nicht nur den Untergang der deutschen Arbeiterschaft, sie bedeuten den Untergang des deutschen Volkes; auch den Nationalsozialismus lehnt die christliche Arbeiterschaft ab. Die christliche Arbeiterschaft braucht für ihren nationalen Lebenswillen den Nationalsozialismus nicht als Wecker. Sie war national immer wach . . . Dem Nationalsozialismus (fehlt) ein festes Richtbild. Wo er geistige Richtlinien aufstellt, verletzt er christliches Gefühl. Sein Rassenglaube ist unchristlich. Die christliche Arbeiterschaft . . . lehnt die nationalsozialistischen Theorien ab, die verkünden, daß wahre Kultur abhängig sei vom Blut der nordischen Rasse. Beide Ideen sind Religionsersatz. Die christliche Arbeiterschaft lehnt sie als unchristlich und geistesunwürdig ab. Das äußere Gebaren des Nationalsozialismus, seine Gewaltanwendungen, die dem Terror des Kommunismus gleichkommen, sind barbarisch und stehen im Gegensatz zu jeder christlichen Lebensform.«[16]

Kaiser war, wie viele in dieser Zeit, in seiner Haltung gegenüber dem Nationalsozialismus hin- und hergerissen. Auf der einen Seite durchschaute er den verbrecherischen Charakter der nationalsozialistischen Ideologie und ihrer Praktiken, auf der anderen Seite hoffte er auf positive Kräfte im Nationalsozialismus, die eine ehrliche gewerkschaftliche Zusammenarbeit möglich machen könnten.

Dem Ermächtigungsgesetz stimmte er als junger Zentrumsabgeordneter, wenn auch widerwillig, wie der Rest seiner Partei zu. Intern war er allerdings zuvor mit einer Minderheit anderer Zentrumsabgeordneter für ein negatives Votum der Partei eingetreten.[17]

Aber als er die Rede des SPD-Politikers Otto Wels hörte, wurde ihm deutlich, daß dies seine Rede hätte sein müssen. Er empfand seine Zustimmung, seine Unterwerfung unter die Fraktionsdisziplin des Zentrums für den Rest seines Lebens als moralisches Versagen: »Ich hätte in den Boden versinken mögen, denn die Haltung von Wels war politisch und moralisch die einzig mögliche Haltung.«[18]

Bis zum April 1933 hegte Kaiser noch die Hoffnung, daß unter Hitler eine einheitliche nationale Gewerkschaftsbewegung in eigener Tradition fortleben könnte. Kaiser, Adam Stegerwald, Bernhard Otte, Theodor Brauer, Theodor Leipart, Franz Spliedt, Peter Graßmann, Wilhelm Leuschner und Ernst Lemmer versuchten noch, in der zweiten Aprilhälfte des Jahres 1933 eine Einheitsgewerkschaft zu gründen.

Am 2. Mai 1933 jedoch wurden die Gewerkschaften von den Nationalsozialisten zerschlagen. Als am 3. Mai 1933 der Vorstand der christlichen Gewerkschaften sich im Büro des Führers der Deutschen Arbeitsfront, Robert Ley, schriftlich zur Eingliederung, also zur Gleichschaltung der Gewerkschaft, bereit erklärte, unterschrieb Kaiser nicht. »Ich unterschreibe keine Kapitulation«, soll er Ley gegenüber erklärt haben.

### 3. Ausharren und Widerstand im Dritten Reich

Nach einer Reise in die Schweiz Anfang 1934, wo Kaiser mit österreichischen Gewerkschaftsführern zusammenkam, wurde ihm der Paß abgenommen. Er blieb für die weiteren zwölf Jahre der Hitler-Herrschaft aber nicht nur ohne Paß, sondern auch ohne politische und persönliche Sicherheit. Nach Aufhebung eines ersten Verhaftungsbefehls kehrte Kaiser 1933 nicht nach Köln zurück, sondern ließ sich in Berlin nieder. Von dort aus arbeitete er offiziell als »Bevollmächtigter der ehemaligen Angestellten der früheren christlichen Gewerkschaften« für die Belange seiner Berufskollegen. In den folgenden Jahren versuchte Kaiser, das den christlichen Gewerkschaften von der nationalsozialistischen Arbeitsfront abgenommene Vermögen von 24 Mill. RM wenigstens zum Teil wieder zurückzuholen. Sein ständiges Bohren und Nachhaken durch Denkschriften und Rücksprachen bei den nationalsozialistischen Behörden führte zum sogenannten Entschädigungsgesetz vom 9. 12. 1937.

Die Auseinandersetzung mit den Nationalsozialisten um die Rechte der ehemaligen Gewerkschaftsangestellten war die legale Aufgabe Kaisers im Dritten Reich. Sein eigentlicher Weg führte aber zum illegalen Kampf gegen Hitler.

Nach der Rückkehr Wilhelm Leuschners aus Konzentrationslagerhaft im Juni 1934 wurde der Kontakt mit diesem führenden Sozialdemokraten regelmäßig bis zum 20. Juli 1944 gehalten. In den Gesprächen mit Leuschner wurde Kaiser klar, daß die ideologische Frontstellung zwischen Sozialdemokratie und christlich orientierten Parteien aufgegeben werden müsse. Beiden schwebte für die Zeit nach Hitler eine Arbeiterpartei nach dem Muster der englischen Labour Party vor.

1936 traf Kaiser mit Adenauer zusammen, um ihn über die Arbeit des Widerstandes zu informieren und ihn zur Mitarbeit zu gewinnen. Beide kannten sich seit der Zeit vor dem Ersten Weltkrieg, in der Kaiser gewerkschaftlich, Adenauer als Beigeordneter der Stadt Köln tätig war. Kaiser konnte Adenauer für eine Mitarbeit im Widerstand nicht gewinnen. Der Wehrmacht als möglichem Verbündeten der Widerstandskreise stand Adenauer ohnehin skeptisch gegenüber: »Haben Sie schon einmal einen General mit einem klugen Gesicht gesehen?« entgegnete er Kaiser spöttisch, als dieser ihm die Notwendigkeit einer aktiven Rolle der Wehrmacht zu verdeutlichen suchte.[19] Ein zweites Gespräch, das Kaiser 1943/44 initiieren wollte, scheiterte an der ablehnenden Haltung Adenauers.[20]

1936 kam Kaiser mit Widerstandskreisen der Wehrmacht in nähere Berührung. Zu Generaloberst Kurt von Hammerstein entwickelte sich ein enges freundschaftliches Verhältnis, während die Beziehung zu dem intellektuell und zögernd wirkenden Generaloberst Ludwig Beck distanziert blieb.

Ende 1941 kam Jakob Kaiser in Kontakt mit dem Widerstandskreis um Karl Friedrich Goerdeler, der nach Hitlers Beseitigung als Reichskanzler vorgesehen war. Goerdeler war nicht frei von restaurativen Gedanken der Wiederherstellung eines homogenen christlichen Staates mit ständischer und autoritärer Gliederung. Selbst in den Widerstandskreisen wurde er als Reaktionär bezeichnet. Ohne Zweifel war er deutschnational, für viele zu konservativ und unvorsichtig. Adenauer hatte sich vor allem deswegen nicht zu einem zweiten Gespräch mit Kaiser über den Widerstand treffen wollen, weil er Goerdelers Redseligkeit und seine weithin bekannten Aktivitäten für »lebensgefährlich« hielt.[21] Überdies waren Goerdelers politische Vorstellungen nicht selten bizarr und ließen auf ein nicht unproblematisches Realitätsverständnis schließen.[22]

Karl Jaspers schrieb später in einem Brief über Goerdeler: »Stauffenberg wollte Leber als Reichskanzler, nicht den Goerdeler, und Ludwig Beck ließ sich überzeugen. Leber aber, in seinem Leben immer zu bescheiden, wollte nicht: Er wolle das Innere und eine Polizei aufbauen. Dies sei wichtig, und das könne er. Es klingt grotesk. Aber ich meine da eine Luft zu atmen, die mir wohltut – ich meine bei Leber. Bei Stauffenberg bleibe ich trotz allem sehr distanziert. Nur, daß der allein den wirklichen Mut hatte und die Entschlossenheit (außer Leber), imponiert mir.«[23]

Nach dem gescheiterten Attentat vom 20. Juli 1944 mußte Kaiser untertauchen, um der Verhaftung durch die Nationalsozialisten zu entgehen. Mehrere Monate hielt er sich in Babelsberg in einem Keller versteckt. Der Einmarsch der Roten Armee in Berlin bedeutete für ihn Befreiung von nationalsozialistischer Verfolgung. Die meisten seiner engen Freunde aus dem Widerstand, wie z. B. Wilhelm Leuschner, Max Habermann, Josef Wirmer, Bernhard Letterhaus, Nikolaus Groß und Eugen Bolz, wurden von den Nationalsozialisten hingerichtet. Den moralischen Impuls des Widerstandes in die deutsche Nachkriegspolitik einzubringen, blieb eine der Antriebskräfte des politischen Wirkens von Kaiser nach dem Zusammenbruch.

## 4. Der nationale Politiker zwischen Ost und West

### a) Der Neubeginn

Als Kaiser nach dem Zusammenbruch der nationalsozialistischen Diktatur aus dem Dunkel des Babelsberger Kellers wieder in das politische Rampenlicht trat, war Deutschland politisch, moralisch und ökonomisch zusammengebrochen. Die oberste Regierungsgewalt lag bei den Siegern, die Deutschland zum Zweck der Besatzung in vier Zonen aufgeteilt hatten, Berlin aber gemeinsam verwalteten.

Die politische Reorganisation Deutschlands fand ihre Schwierigkeiten jedoch nicht nur in der Weltpolitik, sondern auch in den völlig veränderten Umweltbedingungen. Deutschland glich einer ausgebrannten Kraterlandschaft, es gab kaum Verkehrs- und Nachrichtenverbindungen. In den großen Städten war die Versorgung der Bevölkerung mit Lebensmitteln, Wasser, Elektrizität und Gas zum großen Teil zusammengebrochen. Für alle stand in den ersten Monaten nach Kriegsende das materielle Überleben im Vordergrund. Trotzdem entwickelten sich in vielen Teilen Deutschlands, zum größten Teil ohne Absprache, gemeinsame politische Überlegungen und Aktionen. Wie viele andere seiner früheren politischen Freunde bemühte sich auch Kaiser mit anderen in Berlin um die Begründung einer überkonfessionellen Volkspartei. Aus der großen gemeinsamen Erfahrung heraus galt es, eine Zersplitterung des bürgerlichen Lagers zu verhindern. Aber Kaiser und viele Vertreter der ehemaligen christlichen Gewerkschaften gingen noch weiter. Sie lehnten die bürgerliche Tradition ihrer Parteigeschichte ab.[24] In ihren Augen hatte das »Dritte Reich« unter seinen Trümmern auch die bürgerliche Welt begraben; um so

deutlicher wurde die antikapitalistische und antibürgerliche Stoßrichtung von Kaisers Gesellschaftsphilosophie.
Kaiser verstand die Union nicht als eine Partei rechts von der SPD, er wollte sozial übergreifend auch die Arbeiterschaft integrieren. Seine ersten Pläne orientierte er an der englischen Labour Party: In Deutschland sollte eine Partei der Arbeiter nach diesem englischen Vorbild entstehen, um alle nichtmarxistischen Kräfte außerhalb der KPD zu erreichen. Nach dem Scheitern dieser mehr exploratorisch zu nennenden Überlegungen spielte Kaiser noch kurz mit dem Gedanken, ob er »die Partei der Arbeiterschaft zu wählen habe«[25]. Dann jedoch votierte Kaiser für die große demokratische Neugründung: die CDU.
Unter den Gründungsvätern, den früheren Zentrumsabgeordneten Emil Dovifat, Andreas Hermes, Heinrich Krone und den früheren Mitgliedern der DDP wie Walther Schreiber, Ferdinand Friedensburg und Theodor Steltzer repräsentierten Jakob Kaiser und Ernst Lemmer in der neuen Partei den Gewerkschaftsflügel. Neben der Zersplitterung des bürgerlichen Lagers sollte mit Gründung der Union auch der konfessionelle Gegensatz entfallen, statt dessen eine politische Union der Konfessionen entstehen. Damit griff man auf eine oft geübte Kritik am katholischen Zentrum zurück: Schon 1920 hatte Adam Stegerwald auf der Essener Gewerkschaftstagung gefordert, eine überkonfessionelle christliche Partei auf der Grundlage eines sozialreformerischen Programmes zu gründen. Die neugegründete Union sollte nicht nur politische Heimat beider großer Konfessionen werden, sondern auch alle sozialen Schichten ansprechen.
Die Unionsgründung in Berlin erfolgte bewußt gesamtdeutsch, nicht nur für die sowjetische Besatzungszone und Berlin. Die Namensgebung »Christlich-Demokratische Union *Deutschlands*« sollte dies unterstreichen. Ein solcher gesamtdeutscher Anspruch lag nahe; Berlin war im Bewußtsein der Bevölkerung noch immer die Hauptstadt des Deutschen Reiches, war nun Sitz der vier Siegermächte und keiner der Besatzungszonen zugehörig. In Berlin bestand die Möglichkeit, politische Kontakte mit allen Besatzungsmächten zu pflegen. Die Einrichtung einer Reichsgeschäftsstelle der Union durch die Berliner Gründer war deshalb nur folgerichtig.
Andreas Hermes wurde zum Vorsitzenden der CDUD gewählt, Jakob Kaiser wurde einer seiner Stellvertreter. Eine der Bedingungen der Parteigründung seitens der sowjetischen Besatzungsmacht war die Mitarbeit der neuen Partei im Block der »antifaschistischen, demokratischen Parteien«, wie es der Gründungsaufruf der KPD vorgeschlagen hatte. Dies entsprach auch einem Bedürfnis innerhalb der Union; so hatte Ernst Lemmer in einer Ausarbeitung für den Gründungsaufruf der Union formuliert:
»Wir streben über die Grenzen des eigenen Parteiblocks hinaus die enge Zusammenarbeit mit den anderen Parteien der neuen Demokratie an, mit den Kommunisten, mit den Sozialdemokraten, mit allen, die einen wahrhaft demokratischen Staat wollen und die, jeder in seiner Art, das Beste für den Neubau eines Deutschlands geben, das frei, mutig und entschlossen durch eine schwere Gegenwart den Weg in eine von Tyrannei, Schuld und Gewalttat freie Zukunft gehen wird.«[26]
Zunächst schien die Blockpolitik Möglichkeiten zu bieten, auf die politischen Ziele der sowjetischen Besatzungsmacht Einfluß zu nehmen. In Wirklichkeit engte die Einbindung in den Block den Spielraum oppositioneller Politik ein und wurde von der Sowjetischen Militäradministration als Kontroll- und Disziplinierungsinstrument genutzt.[27]

Die Grenzen politischer Opposition in der sowjetischen Besatzungszone wurden der Union schnell vor Augen geführt. Im September 1945 beschloß der Antifaschistische Block der Provinz Sachsen die entschädigungslose Enteignung des Grundbesitzes aller Kriegsverbrecher und aktiven Nationalsozialisten sowie die Enteignung allen Grundbesitzes über 100 Hektar. Hermes distanzierte sich im Namen der CDUD von diesen widersinnigen und überwiegend gewaltsam durchgeführten Maßnahmen. Zwar stand die Union einer Bodenreform grundsätzlich nicht ablehnend gegenüber, sie forderte aber eine Entschädigung derjenigen Grundbesitzer, die keine nationalsozialistische Vergangenheit hatten. Als sich zudem Klagen über die brutale Durchführung der Bodenreform häuften, entschloß sich die CDUD-Führung, aus der Blockpolitik auszuscheren und einen zweiten Aufruf des Blockes zur Bodenreform nicht mehr mitzutragen. Hermes und sein Stellvertreter Walther Schreiber wurden kurze Zeit später, am 19. Dezember 1945, von der Sowjetischen Militäradministration ihrer Leitungsaufgaben enthoben. Die SMAD habe, so lautete die Begründung, das Vertrauen in die Unionsführung verloren.
Jakob Kaiser übernahm am 20. Dezember den Vorsitz der CDUD, Ernst Lemmer wurde sein Stellvertreter. Für zwei Jahre, bis zum Dezember 1947, wurde Kaiser zum markantesten Politiker der CDU in Deutschland. Dieser steile Anstieg vom Gewerkschaftspolitiker zur nationalen Symbolgestalt im Deutschland der unmittelbaren Nachkriegszeit hatte verschiedene Ursachen. Jakob Kaiser verkörperte eine eigenartige, aber nicht unattraktive Mischung aus Vergangenem und Zeitgemäßem. Einige seiner Überlegungen wiesen auch in eine Zukunft, die den gewandelten Bedingungen in Deutschland Rechnung zu tragen schien. Viele Menschen in Ost und West sahen in ihm deshalb eine angemessene Verkörperung von wünschenswerten Postulaten. Hatte die CDU noch unter Hermes ein bürgerliches Profil entwickelt, so war für Jakob Kaiser das bürgerliche Zeitalter mit dem Zweiten Weltkrieg zu Ende gegangen. Programmatisch schlug sich diese Veränderung in der Formel vom »christlichen Sozialismus« nieder, der Jakob Kaisers innenpolitische Plattform umriß.

### b) Der steile Aufstieg

Für die Union in der sowjetischen Besatzungszone erwies sich die Absetzung von Hermes und Schreiber als politisch bedeutsam. Hatte Hermes mehr bürgerlich-sozialreformerische Politik betrieben und Kompromißmöglichkeiten mit der sowjetischen Besatzungsmacht kaum gesehen, rutschte die Union unter ihrem neuen Vorsitzenden Jakob Kaiser (und seinem Stellvertreter Ernst Lemmer) merklich nach links. Kaiser vermied eine schroffe antikommunistische Haltung, ihm ging es mehr um die Auslotung politischer Handlungsspielräume, die ihm und der Union noch eigenständige, aktive politische Gestaltungsmöglichkeiten lassen sollten. Die Verbindung von christlichem Sozialismus und nationalem Einheitswillen machte die Zusammenarbeit mit Kaiser auch für die Sowjets attraktiv. Ganz im Gegensatz zu Adenauer, der im Juni 1946 erklärte, »das bürgerliche Zeitalter wird nie zu Ende gehen«[28], basierte Kaisers Forderung nach christlichem Sozialismus auf der Hypothese, das bürgerliche Zeitalter sei nun beendet. »Die Union ist keine bürgerliche Partei, weil sie die alte bürgerliche Gesellschaftsordnung als überlebt ansieht« (Dok. 6) – mit solchen apodiktischen Formulierungen konnte sich nicht jeder inner-

halb der Union anfreunden. Aber »christlicher Sozialismus« spiegelte synthetisch den Zeitgeist wider, schien angemessen angesichts der ungeheuren Verwüstungen, die der Krieg verursacht hatte, der Verelendung und Proletarisierung weiter Teile der Bevölkerung. So rief auch der spätere nordrhein-westfälische Ministerpräsident Karl Arnold auf dem Gründungsparteitag der Union in Düsseldorf am 24. 11. 1945 emphatisch aus: »Entzünden wir die Fackel des christlichen Sozialismus!«[29]
Der Sozialausschuß der ersten Reichstagung der CDU in Bad Godesberg postulierte den »Sozialismus aus christlicher Verantwortung« heraus als »ein System planvoller Wirtschaftslenkung, das von der alten abendländischen Idee der freien und verantwortlichen Persönlichkeit belebt ist«[30]. Sozialismus, nicht im klassenkämpferischen Sinn verstanden, war die Losung der Zeit; daß der Kapitalismus keinen Ausweg aus dem materiellen Elend bringen würde, war in der damaligen Zeit Konsens. Der situationsbedingte Sozialismus verlor allerdings mit dem Erstarken der wirtschaftlichen Wiederaufbaukräfte an Attraktivität.
Kaiser suchte eine neue Synthese zwischen dem kapitalistischen Individualismus und dem materialistischen Sozialismus, wie er es nannte. Es ging ihm dabei um eine gerechte Sozialordnung, getreu der katholischen Soziallehre, in welcher der Begriff des Eigentums eine zentrale Bedeutung hat. Otto Heinrich von der Gablentz hat dies in einem Redeentwurf für Kaiser vom 6. 2. 1946 auf folgenden Nenner gebracht:
»Privateigentum, soweit es der Person des Menschen einen eigenen Lebensbereich sichert, wird von uns unbedingt bejaht. Privateigentum wird aber zu einer öffentlichen Gefahr mit dem Augenblick, wo es Macht über Menschen verleiht oder wo es dem einzelnen ermöglicht, willkürlich über Gaben der Natur zu verfügen und andere von ihnen auszuschließen. Deswegen verlangen wir ja Gemeinschaftseigentum an Bodenschätzen, scharfe Bindung des Grundeigentums und schärfste Kontrolle des Großeigentums, soweit es noch in privaten Händen ist.«[31]
Kaiser war gegen kollektivistische Planwirtschaft. Auch sollten Kartelle ab- und Mitbestimmung und Betriebsverfassungen ausgebaut werden. Nicht Eigentum, sondern Mitbestimmung wurde in der CDU unter Kaisers Führung betont. Dieser Weg führte direkt zum Ahlener Programm der CDU von 1947 und zu radikalen Neuüberlegungen im Arbeits- und Wirtschaftsrecht. Kaiser suchte, wie viele seiner Landsleute, nach den Ursachen des politischen Zusammenbruchs des Bürgertums in der Weimarer Republik und im »Dritten Reich«. Er kam zu dem Schluß, daß das Bürgertum politisch abgedankt habe und nun eine sozialistische Zeitenwende eingetreten sei. Die bürgerlich-liberale Sozial- und Gesellschaftsordnung war zusammengebrochen, an ihre Stelle würde nun eine soziale Demokratie treten. Für Kaiser waren christlicher Glaube und Arbeiterschaft die beiden Säulen, auf denen das neue Deutschland ruhen sollte, weil nur diese Ideenkreise, Christentum und Sozialismus, gegen Hitler Widerstand geleistet hatten: »Nur was durch innere Weltanschauung . . . durch Katholizismus und gläubiges evangelisches Christentum auch politisch an ein Sittengesetz gebunden war, leistete inneren Widerstand. Und Widerstand leistete die durch die Schule der Gewerkschaft gegangene Arbeiterschaft . . . Wenn wir von Sozialismus sprechen, so sehen wir für uns darin eine ganz bestimmte geistige Grundhaltung, die . . . von der Lage unseres Volkes weitgehend mitbestimmt wird« (Dok. 6).
Diese Verquickung von ursprünglich gegensätzlichen Elementen wie Christentum und Sozialismus, ersteres im Glauben verankert, letzteres erst im Abfall vom Glau-

ben und in einem diesseits und rationalistisch orientierten Menschenbild möglich geworden, war für viele verwirrend. Nur begrenzt hatte Kaiser in seinem Bemühen Erfolg, seinen Begriff des Sozialismus von einem Kollektivismus abzugrenzen, der doch durch das christliche Element verhindert werden sollte! Die Landtags- und Gemeindewahlen in der sowjetischen Besatzungszone machten dies deutlich:

**Zusammenstellung**[32]

| | Landtagswahl (Okt. 1946) | Gemeindewahl (Sept. 1946) |
|---|---|---|
| Wahlberechtigte | 11 261 391 | 10 577 479 |
| Abgegebene Stimmen | 10 263 390 = 90,50 % | 9 828 887 = 92,92 % |
| davon: | | |
| ungültig | 464 877 = 4,60 % | 911 241 = 9,22 % |
| SED | 4 658 483 = 45,63 % | 5 093 144 = 51,83 % |
| LDP | 2 410 046 = 23,58 % | 1 881 033 = 19,14 % |
| CDU | 2 397 975 = 23,13 % | 1 672 906 = 17,04 % |
| Bauernhilfe | 295 483 = 2,71 % | 162 686 = 1,67 % |
| Frauenausschüsse | 17 861 = 0,17 % | 97 894 = 1,00 % |
| sonstige | 18 565 = 0,18 % | 9 983 = 0,10 % |

Sicherlich, es hatte gewichtige Wahlbeeinträchtigungen gegeben, die dem Wahlkampf der Union die nötige Durchschlagskraft genommen hatten.[33] Aber auch programmatische Schwachstellen und die prinzipielle Unklarheit des weltanschaulichen Profils der Union in der SBZ konnten als Minuspunkte aufgeführt werden:

»Dringend erforderlich ist zunächst eine Klärung und vor allem eine Popularisierung dieser Ideologie. Aus der allgemeinen weltanschaulichen Darlegung müssen wir zu konkreten Formulierungen hinsichtlich der aktuellen Tagesfragen vorstoßen.«[34]

Die Überzeugungskraft des christlichen Sozialismus wirkte ebenso begrenzt, wie Kaisers Annahme, daß der Liberalismus des Bürgertums nur noch Erinnerung an verflossene Zeiten darstelle, falsch war. Kaiser hatte vergeblich gehofft, daß die CDU von der Vereinigung von SPD und KPD zur SED politisch profitieren könne.

Die Zwangsfusion von SPD und KPD in der SBZ war in der Union und bei Kaiser nicht sonderlich beachtet oder öffentlich kommentiert worden.[35]

Nicht die Mehrheit, aber ein großer Teil der Union interpretierte die SED-Gründung als die Wiederherstellung der Einheit des deutschen Marxismus im Rahmen einer Einheitspartei. Aber der Mangel an offener CDU-Kritik an der Fusion von SPD und KPD hatte auch taktische Gründe: »Der gemeinsame sozialdemokratisch-kommunistische Aufruf zur Bildung einer Einheitspartei in der Sowjetzone gibt meiner Meinung nach der CDU eine ganz große einmalige Chance. Wenn die Sozialdemokratie in der sowjetischen Zone sich mit der Kommunistischen Partei verbindet, so wird die Folge sein, daß sehr weite Kreise der Arbeiterschaft und auch des kleinen Bürgertums ihre politische Heimat verlieren, weil sie ohnehin, trotz sozialistischer Einstellung, nicht auf dem Boden des marxistischen Dogmas standen und bei der verschärften Anwendung dieses Dogmas mit starker innerer Abneigung der neuen Einheitspartei gegenüberstehen werden.«[36]

Als am 3. Januar 1946 auf einer Festveranstaltung für Wilhelm Pieck der SPD-Vorsitzende Otto Grotewohl Pieck die Hand drückte und ihm Zusammenarbeit zusicherte, »bis diese Hände sich nicht mehr trennen werden«[37], schienen die Chancen für die CDUD anzuwachsen, die zentrale Rolle einer nichtmarxistischen Sammlungspartei in der SBZ zu übernehmen.

Die Idee des demokratischen Sozialismus aus christlicher Verantwortung hatte also zwei Wurzeln. Zum einen war diese Haltung »im Politischen und die sozialistische Haltung im Sozialen und Wirtschaftlichen von dem obersten Gesetz der freien, sich der Würde bewußten Persönlichkeit beherrscht. Der Persönlichkeit, die sich in freier sittlicher Entschließung dem größeren Ganzen ein- und unterordnet. Das ist für uns das Wesen des demokratischen Sozialismus aus christlicher Verantwortung.«[38]

Zum anderen hatte diese Idee eine konkrete machtpolitische Dimension: Als am 13. Februar 1946 Jakob Kaiser dem erweiterten Hauptvorstand der CDUD und der Öffentlichkeit das Konzept des demokratischen Sozialismus aus christlicher Verantwortung vorstellte, hoffte er, daß diese künstliche Synthese von gegensätzlichen Elementen politisch wirksam werden könnte. Die Reaktionen auf seine Rede aus dem Westen waren für Kaiser »äußerst positiv«[39].

Eine unmittelbare Reaktion von Adenauer ist nicht bekannt: Adenauer hielt aber, ebensowenig wie Kurt Schumacher, nichts von Kaisers Bemühen um eine eigenständige politische Arbeit in der sowjetischen Besatzungszone. Beide befürchteten, daß Kaisers Kurs in Anpassung und Selbstaufgabe münden würde. Außerdem war Schumacher den Parolen Kaisers gegenüber äußerst skeptisch: »Sie sprechen von Sozialismus, aber Sie paktieren mit dem Kapitalismus und der Bürokratie . . . Es kann überhaupt nur einen Sozialismus der Arbeiterpartei geben.«[40]

Schumacher sah in Kaisers CDU einen Hort der Reaktion. Ganz ähnlich witterte die SED eine reaktionäre Grundhaltung in der CDU. Hinter dem »christlichen Sozialismus« vermutete die SED lediglich sozialpolitische Maßnahmen.

Zuweilen verbarg sich hinter »christlichem Sozialismus« in der Tat ein kleinbürgerliches Familienidyll, wenn etwa auf dem ersten Parteitag der CDUD im Interesse einer »wirklichen Bodenständigkeit« gefordert wurde: »Das Einfamilienhaus mit Garten muß die Norm werden!«[41] Die Hinwendung zum Konzept des christlichen Sozialismus war also ein genuin politischer Schachzug, mit welchem die CDUD von der Vereinigung von SPD und KPD zu profitieren hoffte. Kaiser war dafür die ideale Verkörperung, da er von seinem Werdegang her Elemente der katholischen Soziallehre mit den Traditionen der Arbeiterbewegung verband.

Ideengeschichtlich gesehen war Kaisers Konzept wissenschaftlich und willentlich synthetisch: »Synthese ist die beherrschende Losung, der Sinn unserer Zeit. Synthese von Persönlichkeit und Gemeinschaft im Leben unseres Volkes, Synthese von Ost und West im Leben Europas. Darin sehe ich die deutsche Aufgabe. Im Geiste der Synthese gilt es auch, den Ausgleich zwischen Eigenständigkeit deutscher Landschaften und der ungeschmälerten Einheit unserer Nation zu finden« (Dok. 2). Aber nüchtern muß man feststellen, daß die Künstlichkeit des Begriffs symbolisch für die Künstlichkeit des Konzepts steht. Deshalb wirkte sein Konzept nicht klärend, sondern es verwirrte innerhalb und außerhalb der Partei. Im Zuge des wachsenden Ost-West-Konflikts war es dann nicht überraschend, daß Kaisers sozial- und wirtschaftspolitische Grundideen, wie sie sich im Ahlener Programm der Union in der britischen Besatzungszone 1947 niederschlugen, dann vom Konzept der freien Marktwirtschaft verdrängt wurden. In diesem Zusammenhang wurden auch die politische Wirkungskraft der christlichen Gewerkschaften und der Sozialausschüsse in der Union in den Hintergrund gerückt.

Diese Idee des »christlichen Sozialismus« war für Jakob Kaiser nicht Selbstzweck, sondern innenpolitische Voraussetzung für ein neu zu errichtendes Deutschland, das als Brücke zwischen Ost und West einen Ausgleich zwischen Kapitalismus und Demokratie im Westen und Sozialismus und Diktatur im Osten herbeiführen sollte: »Allein ein europäischer Staatenbund kann mit den Aufgaben des Wiederaufbaus bei dem großräumigen Charakter der modernen Technik und Wirtschaft fertig werden ... Dieser Staatenbund ... muß getragen sein vom Willen zur Versöhnung in der eigenen Mitte. Er muß die Fähigkeit besitzen zum persönlichen Ausgleich zwischen den Ländern, an die er grenzt, das heißt, er muß die Brücke bilden zwischen dem Osten und dem Westen. Und er muß gegenüber den expansiven Tendenzen der Großreiche vorbildlich das andere Prinzip der sozialen und wirtschaftlichen Organisationen entwickeln: der Integration aller Kräfte. Das sind aber gerade die Aufgaben, die dem deutschen Volk zugewiesen sind und die Hitler in seinem Größenwahn so entsetzlich verfehlt hat. Es ist das Volk der Brücke, das noch mit dem Westen und schon mit dem Osten eine innere Verwandtschaft hat (und eben darum oft ein so rätselhaftes Doppelgesicht zeigt) ... An diesem Beispiel Deutschland muß sich zeigen, ob die neue Gemeinschaft der Nationen fähig ist, gemeinsam aufzubauen, oder ob sie nur versteht, eine bisherige Gemeinschaft in Interessensphären aufzuteilen.«[42]
Dieser Grundgedanke von Otto-Heinrich von der Gablentz vom Oktober 1945 wurde dann von Jakob Kaiser zur sogenannten Brückenkonzeption ausgeweitet: »Mir scheint für Deutschland die große Aufgabe gegeben, im Ringen der europäischen Nationen die Synthese zwischen östlichen und westlichen Ideen zu finden. Wir haben Brücke zu sein zwischen Ost und West, zugleich aber suchen wir unseren eigenen Weg zu gehen zu neuer sozialer Gestaltung. Die europäische Welt muß wieder einmal zur Ruhe kommen. Sie wird es, wenn die Ideen, die mit der aufsteigenden Schicht der Arbeiterschaft um Gestaltung ringen, Raum gefunden haben und wenn sie in jedem Volk einen dem Charakter und der Eigenart dieses Volkes entsprechenden Niederschlag gefunden haben. Ich sehe den Sinn des für uns so schmerzlichen Geschehens dieser letzten Monate nach dem Zusammenbruch in der gegenseitigen Befruchtung der Nationen, in der gegenseitigen Abstimmung auf eine europäische Gemeinschaft, die ganz Europa zu sozialem Frieden kommen läßt, die eine neue und dauernde Verständigung möglich macht« (Dok. 6).
Historisch knüpfte Kaiser mit dieser Formel vom ehrlichen Makler zwischen Ost und West an die Bismarcksche Tradition deutscher Außenpolitik an, wie sie in der Weimarer Republik auch von Stresemann aufgegriffen worden war. Kaiser hatte Stresemanns außenpolitische Überlegenheit geteilt.[43] Nach dem Zweiten Weltkrieg schien ein Anknüpfen an diese nationalstaatlich-kleindeutsch orientierte Entwicklungslinie für Jakob Kaiser sinnvoll: Nur der Ausgleichsgedanke konnte Deutschland wieder in den Kreis der Staaten und Völker Europas zurückführen. Wenn Deutschland seine Ausgleichsfunktion aufgab und statt dessen eine konfrontative oder expansive Politik betreiben würde, wären Krisen und Kriege die Folge. Und drittens würde die Einheit Deutschlands nur erhalten bzw. wiedergewonnen werden, wenn die Besatzungsmächte ihre politischen und gesellschaftlichen Vorstellungen den Deutschen nicht zu oktroyieren suchten. Andererseits war klar, daß Einheit und Blockfreiheit für Deutschland nur verwirklicht werden könnten, wenn die Deutschen selbst zur Synthese zwischen Ost und West bereit sein und aktiv beitragen würden. Dabei könnten die politischen Ideen der Sieger in einem neuen

Deutschland mit eingeschmolzen werden: Deutschland würde die eigene Tradition wahren und zugleich zukunftweisend nach außen und innen wirken: »Die Offenheit gegenüber den Wünschen des Ostens sollte sich in erster Linie in der sozialistischen Gesellschaftsstruktur, die Aufgeschlossenheit gegenüber dem Wesen des Westens in der Freiheitlichkeit der deutschen Verhältnisse manifestieren.«[42]

Dieses Brückenkonzept, eigentümliche Synthese von linkem und restaurativem Nationalismus, wurde aus der Arbeiterbewegung und der katholischen Soziallehre gespeist. Diese innenpolitische Verankerung der Außenpolitik stand ganz in der klassischen Tradition kleindeutscher Politik von Bismarck bis Stresemann. Wie Stresemann, so suchte auch Kaiser den Ausgleich nach West und Ost im Rahmen einer europäischen Gleichgewichtspolitik. Dabei glaubte er, daß ein blockfreies Deutschland die Sowjetunion zu einer aufgeschlosseneren Haltung veranlassen könnte. Wie die Stalin-Noten von 1952 zeigten, waren Kaisers Überlegungen durchaus realistisch. Er wollte die deutsche Frage zunächst offenhalten. Unsicheres Schaukeln zwischen Ost und West wurde vorerst zur realpolitischen Ultima ratio Kaisers. Keine einseitige Politik der Stärke, sondern der Glaube an die Stärke der Diplomatie und an den deutschen Nationalstaat beherrschten Kaisers Konzeption. Die innenpolitische Synthese der Ideen von Sozialismus, Christentum und Freiheit sollte die außenpolitische Synthese zwischen Ost und West ergänzen. War Kaiser innenpolitisch gegenüber den deutschen Kommunisten im Kern kompromißlos eingestellt, so suchte er außenpolitisch die Kooperation mit dem Kommunismus, aber nur mit den sowjetischen Machthabern selbst. Vor den deutschen Kommunisten, wie sie 1945 in sowjetischen Uniformen aus Moskau eingeflogen wurden, hatte Kaiser keine Achtung.

Die innenpolitische Synthese der Ideen von Sozialismus, Christentum und Freiheit sollte die außenpolitische Synthese zwischen Ost und West ergänzen. Beide sollten praktisch wie Zahnräder ineinander greifen, um die Brücke für Deutschlands Zukunft herunterzulassen. Kaiser stieg dabei tief in den Steinbruch der deutschen Geschichte, um zwei entscheidende Argumentationsblöcke für sein Konzept herauszusprengen: »Vom Westen kam uns einst die Proklamation der Menschenrechte, die seit der Französischen Revolution die Welt bewegt und befruchtet hat. Vom Osten ging die revolutionäre Umwälzung der sozialen Verhältnisse aus. Sie ließ, seit sie in der Russischen Revolution begann, die soziale Welt nicht mehr zur Ruhe kommen. Entscheidend für die Gegenwart nun ist der endliche Ausgleich beider Prinzipien, die die Welt bewegen[45].«

Wenn man einmal von der untypischen innenpolitischen Analyse Kaisers absieht, die das bürgerliche Lager eher verunsichert hat, als für ihn einnahm, so rührte er jedoch mit seiner außenpolitischen Ausgleichskonzeption an die Wurzeln von Deutschlands Schicksal. War es nicht die geographische, politische und vor allem geistige Mittellage, die Deutschland stets zu einem Unruheherd gemacht hatte? Kaiser versuchte, diesen Unruheherd dadurch zu beseitigen, indem er nun gleichrangig die Versöhnung nach Osten und Westen forderte. Es bleibt die Frage, was geschehen wäre, wenn die Sowjetunion in den ersten beiden Nachkriegsjahren positiv auf Kaisers Überlegungen reagiert hätte. Vielleicht hat die Sowjetunion damals eine entscheidende Chance verpaßt, die historische Partnerrolle Deutschlands wieder lebensfähig zu gestalten. Andererseits war es verständlich, daß die Sowjets nach dem, was in deutschem Namen in der Sowjetunion während des Zweiten Weltkriegs passiert war, nun mit politischer Härte und mit Mißtrauen vorgingen.

Nicht Ausgleich, nicht Synthese, nicht Brücke, sondern schroffe Konfrontation wurden zum Merkmal einer Realität, die in zunehmendem Maße auf Kaisers Konzept und vor allem auf seine Politik einwirkte.
Zunächst verkörperte Kaiser eine politische Haltung, die ihn gegenüber den Siegern in Ost und West ebenso unverdächtig machte wie gegenüber der eigenen Bevölkerung: Er stand für den Widerstand im »Dritten Reich«, für den christlich verwurzelten Menschen im »Dritten Reich« ebenso wie für die Arbeiterschaft. Auch diese beiden Brücken, die die neue deutsche Politik gegenüber den Besatzungsmächten in Ost und West schlagen mußte, waren bei Kaiser auf soliden Fundamenten gebaut, wie auch seine politische Integrität und moralische Festigkeit gegenüber totalitären Bestrebungen.
Die Nachkriegszeit als revolutionäre Chance zu verstehen, das war der Grundgedanke in Kaisers Konzeption. Außenpolitisch zu vermitteln und innen- bzw. gesellschaftspolitisch eine Synthese auf deutschem Boden zu verwirklichen, einen Ausgleich, den Kaiser schon in der Weimarer Republik angestrebt hatte:[46]
Kaiser glaubte, daß Berlin der beste Ort sei, um deutsche Politik zu verwirklichen. Die Politik der Berliner CDUD verstand sich deshalb als Schrittmacher der Partei. Mit dem ihm eigenen Pathos erklärte Kaiser hierzu: »Berlin ist die Stadt, in der sich die Mächte von Ost und West begegnen. Berlin ist der Ort, an dem nicht nur um die Neugestaltung Deutschlands, sondern um die Neugestaltung Europas gerungen wird. In keiner Stadt, davon werdet ihr euch selbst überzeugen können, ist das politische und soziale Leben so von Bewegung erfüllt, wie das in Berlin der Fall ist. Die Luft von Berlin ist voll von Spannungen und Erwartungen, voll von Arbeitswillen und Tatkraft wie in keiner anderen Stadt. Von Berlin geht ein starker Wille aus auf Vereinheitlichung, während vom Westen und Süden stärker die Kräfte der Vielfalt und Vielgestaltung ihren Weg suchen« (Dok. 5). Kaiser hat Deutschland von Berlin aus gedacht. Berlin war der geographische und vor allem der politische Mikrokosmos für die gesamtdeutsche und europäische Entwicklung. Aber schon dort hätte die Zusammenarbeit der Alliierten funktionieren müssen, hätte das Aufeinandertreffen verschiedener Gesellschaftsmodelle zum nachahmenswerten Experiment für Gesamtdeutschland werden müssen! Das Gegenteil war der Fall: Berlin wurde der Kristallisationspunkt der Ost-West-Konfrontation, wurde zum Vorbild für die Entwicklung in Gesamtdeutschland und in Europa und in der Welt, aber in völlig entgegengesetzter Richtung, wie Kaiser ursprünglich hoffte. Auch der selbstbewußte Führungsanspruch der Berliner CDU um Jakob Kaiser geriet mit den parteipolitischen und besatzungspolitischen Ereignissen und Entwicklungen in Konflikt. Von 1945 bis 1947 wurde deutlich, daß Kaiser parteipolitisch, national und international in Gegenwinde geriet, die ihn schließlich niederzwangen. Der aufsteigende Phönix der Reichseinheit wurde von den Ereignissen der Zeit niedergedrückt. Parteipolitisch führte die Königsteiner Tagung am 5. und 6. Februar 1947 (Dok. 15), bei der führende Unionspolitiker aus allen vier Besatzungszonen zusammentrafen, zu einem Fiasko für Kaiser. Adenauer hatte klar erkannt, daß sein Hauptkonkurrent um den politischen Führungsanspruch durch geschicktes Taktieren ausgeschaltet werden mußte[47]. So erreichte Adenauer, daß Kaiser nicht zum Vorsitzenden des außenpolitischen Arbeitskreises der CDU gewählt wurde. Auch vereitelte Adenauer den Plan Kaisers, die Bundesgeschäftsstelle der CDU in Berlin anzusiedeln.[48] Diese in historischer Distanz scheinbar geringfügigen Ereignisse markierten eine entscheidende Wende: Kaiser war es parteiintern nicht gelungen, das politi-

sche Mißtrauen gegenüber der CDUD abzubauen oder gar den Führungsanspruch der Berliner CDU für das Reichsgebiet durchzusetzen. Zu Recht schreibt Conze: »In der entscheidenden Frage hatte Adenauer gesiegt. Kaiser als unerwünschter Rivale und Berlin als gefährlicher Ort gesamtdeutscher Tendenzen und möglicher russischer Einflüsse waren außenpolitisch für die CDU (. . .) ausgeschaltet.«[49] In Königstein hatte sich aber auch gezeigt, daß Jakob Kaiser heißblütig und unüberlegt auf Adenauers kühle und umsichtige Argumente reagierte. Auch dies trug dazu bei, daß nicht Kaiser, sondern Adenauer die Mehrheit der Unionspolitiker überzeugte.[50]

Der wachsende Ost-West-Konflikt der Alliierten und ihre Uneinigkeit in Fragen der Deutschlandpolitik deuteten darauf hin, daß Deutschland nicht den Gegensatz zwischen Ost und West würde überbrücken können – wie von Kaiser gehofft –, sondern es wurde kristallklar, Deutschland würde von diesem Konflikt zerrissen. Adenauer hatte schon im Juli 1945 vertraulich bekannt: »Rußland entzieht sich immer mehr der Zusammenarbeit mit den anderen Großmächten und schaltet in den von ihm beherrschten Gebieten völlig nach eigenem Gutdünken. In den von ihm beherrschten Ländern herrschen schon jetzt ganz andere wirtschaftliche und politische Grundsätze als in dem übrigen Teil Europas. Damit ist eine Trennung in Osteuropa, das russische Gebiet, und Westeuropa eine Tatsache . . . Der nicht von Rußland besetzte Teil Deutschlands ist ein integrierender Teil Westeuropas. Wenn er krank bleibt, wird das von schwersten Folgen für ganz Westeuropa, auch für England und Frankreich sein . . . Die Schaffung eines zentralisierten Einheitsstaates wird nicht möglich, auch nicht wünschenswert sein.«[51]

Unter der Kaskade der gescheiterten Außenministerkonferenzen versank auch Kaisers selbstbewußtes gesamtdeutsches Nationalkonzept, während Adenauers zögernde, aber teildeutsche Orientierung nach Westen an Schärfe und Realität gewann. – Aber Kaiser gab sich noch nicht geschlagen. Nach dem Scheitern der Pariser Außenministerkonferenz im Juli 1946 und angesichts der Schwierigkeiten auf der Konferenz in Paris über den Marshallplan im Sommer 1947 klang sein Brückenkonzept gedämpfter. Auf dem Parteitag der Union in Recklinghausen am 14. August 1947 erklärte er: »Jetzt, nachdem Rußland sich auf der Pariser Konferenz vom Marshallplan distanziert hat, ist die Gefahr gegeben, daß Deutschland wirklich in zwei Teile zerschnitten wird . . . Einer solchen Gefahr steht Deutschland ohne zusammenfassende Kraft, ohne zentrale Verwaltungen gegenüber, wie sie von den Alliierten selbst in Potsdam für notwendig erachtet wurden.«

Nun kam ihm ein neuer Gedanke: Die deutschen Politiker sollten noch stärker und koordinierter auf die Alliierten einwirken. Kaiser drängte vor allem auf die Entsendung deutscher Politiker auf die alliierten Konferenzen, um einen Friedensvertrag auszuarbeiten. Auch hier wird deutlich, daß Kaiser die Situation Deutschlands von 1918 auf die nach dem Zweiten Weltkrieg übertrug. Dabei übersah er allerdings einen entscheidenden Unterschied: Nach der eindeutigen Kriegsschuld des »Dritten Reiches«, der brutalen Kriegführung, dem Rassenwahn, der Ermordung von Millionen Menschen in Europa gab es weder in West noch in Ost einen Bedarf an deutscher Brückendiplomatie. Die Situation entsprach eben nicht der Bismarckschen Konstellation auszubalancierender europäischer Nationalstaaten; der Zweite Weltkrieg war auch kein Krieg, an dessen Ende der Verlierer Deutschland wie selbstverständlich wieder in das Konzert der Mächte aufgenommen werden konnte. Kaiser erkannte zwar, daß mit der Sowjetunion und den Vereinigten Staaten zwei Exponenten gegensätzlicher Ideologien die europäische Politik bestimmten, überschätzte aber die durch den Krieg gegen Hitler zustande gekommenen machtpolitischen Fesseln der Gemeinsamkeit. Der ideologische Gegensatz zwischen den Vereinigten Staaten und der Sowjetunion, der dann immer stärker die europäische Politik bestimmte, fegte innerhalb kürzester Zeit Traditionen und Illusionen europäischer, nationalstaatlich-souverän geführter Gleichgewichtspolitik hinweg.

Für Kaiser wie auch für andere Deutsche erschienen die Jahre 1933 bis 1945 als eine Art historischer Betriebsunfall deutscher Geschichte – unglücklich, aber revidierbar. Kaiser zog die Schlußfolgerung, daß er seine alten Wertvorstellungen nicht revidieren mußte, weil er persönlich Demokratie und Recht auch nach 1933 verpflichtet geblieben war. Außenpolitisch fehlte ihm aber das Gespür für den radikalen Wandel von Deutschlands Position. Adenauer hingegen erkannte dies wie auch die historische und kulturelle Schwerkraft des Bürgertums, das in Staat, Wirtschaft und Gesellschaft fortwirkte, während Kaiser dieses negierte. Adenauer erkannte aber ebenso die revolutionären neuen Kräfte in der internationalen Politik, während Jakob Kaiser hier an die alten politischen Traditionen anknüpfte.

Jakob Kaiser mag gesellschaftspolitisch fortschrittlich-synthetisch gedacht haben, außenpolitisch hingegen blieb er gedankenarm. Adenauer entwickelte sich zum außenpolitischen Revolutionär der deutschen Nachkriegsordnung, dessen gesellschaftspolitische Vorstellungen jedoch eindeutig demokratisch westorientiert waren.

Mit Blick auf politische Legitimation war Kaiser unrealistisch und undiplomatisch. Völlig offen bekannte er sich zum Führungsanspruch der Berliner CDU unter partei- und nationalpolitischen Gesichtspunkten. Dieser politische Absolutheitsanspruch wurde durch Kaisers schroffes persönliches Wesen nicht gerade gemildert. Hierin ähnelte er Kurt Schumacher. Beide begründeten ihren politischen Führungsanspruch für das Nachkriegsdeutschland mit ihrem persönlichen Engagement im Widerstand bzw. mit ihrer Opposition zum »Dritten Reich«. Kurt Schumacher hatte fast zehn Jahre KZ durchlitten. Allein sein Glaube, daß persönliche Integrität und politische Opposition der SPD während des »Dritten Reiches« diese Partei moralisch zur Führung Deutschlands nach dem Kriege prädestinieren würde, ließen diesen mutigen und stolzen Mann bis 1945 überleben.

Jakob Kaiser bezog seine Legitimation für die Führung von Land und Partei aus ähnlichen Wurzeln. Dabei waren Kaiser und Schumacher persönlich schroff und nicht bereit, die Macht zu teilen. Sie waren politisch kompromißlos geworden. Das herrische, gebieterische Auftreten beider hatten keine diktatorischen Wurzeln, sondern war das Ergebnis langer Jahre schwerster persönlicher, physischer und psychischer Anspannung im »Dritten Reich«. Kein Wunder, daß beide, Jakob Kaiser und Kurt Schumacher, den Gedanken der nationalen Repräsentation auch unter persönlichen machtpolitischen Überlegungen verfolgten. Damit grenzten sich beide unverhältnismäßig scharf voneinander ab: Nannte Schumacher die CDU reaktionär, so blieb er in seiner Haltung gegenüber den Kommunisten ebenfalls kompromißlos: »Die Frage, Kommunist oder Sozialdemokrat sein, heißt daher heute in Deutschland: Russe oder Sozialdemokrat sein.«[52]

Kaiser gab mit gleicher Münze zurück. Für ihn war Schumachers Antikommunismus übertrieben und geradezu pathologisch. Das persönliche Verhältnis zwischen Kaiser und Schumacher war zeitlebens gestört. Ein gleiches gilt von den beiden im Verhältnis zu Adenauer. Ganz anders verhielt sich Konrad Adenauer in der Nachkriegspolitik. Er war im Umgang zuvorkommend, konnte abwarten, beobachtete die politischen Strömungen der Zeit genau, schonte das politische Bewußtsein der Deutschen, entwickelte ein klares und glaubwürdiges Konzept und trat schließlich gegenüber den Alliierten konziliant und diplomatisch auf. Zwar war Adenauer kein Mann des aktiven Widerstands, aber über seinen geistig-politischen Standort während der Herrschaft der Nationalsozialisten gab es keinen Zweifel. Während Kaiser und Schumacher sich im »Dritten Reich« seelisch und politisch verzehrten, schien der alte Adenauer sich erholt zu haben. Im politischen Rennen der Nachkriegszeit blickte er besonnener um sich und teilte die Kräfte angemessener ein.

Kaiser war im Februar 1947 innerhalb der Union zwar als außenpolitischer Sprecher gescheitert, bemühte sich aber weiterhin von Berlin aus, eine gesamtdeutsche Position gegenüber den Siegermächten zu finden. Im Februar 1947 hatte Kaiser aus alliierten Kreisen Hinweise erhalten, in den nächsten Monaten könne eine Nationalversammlung gewählt werden, aus der dann eine deutsche Regierung hervorgehen würde. Mit Blick auf die für März 1947 anstehende Außenministerkonferenz in Moskau stellte sich allerdings die Frage, wer für Deutschland auf dieser Konferenz sprechen, wer von deutscher Seite an der Vorbereitung eines Friedensvertrages mitwirken solle. Eine nationale Repräsentation der Parteien, so Kaisers Vorschlag vom 15. März 1947, würde die erste Stufe einer »gesamtdeutschen Vertretung des Volkes« darstellen »und diese Vertretung bis zu ihrer Verwirklichung (. . .) repräsentieren«[53].

Kaisers Initiative wurde von der SED und der LDPD in der sowjetischen Besatzungszone ebenso gestützt wie von vielen Liberalen in der FDP und Berliner Sozialdemokraten wie Paul Löbe, Otto Suhr und Franz Neumann.

In den Monaten März und April 1947 reisten Kaiser und andere Berliner CDU-Politiker rastlos durch alle Besatzungszonen, um für die nationale Repräsentation zu werben.[54] Aber die Initiative Kaisers und der CDUD scheiterte. Der SPD-Vorsitzende Schumacher lehnte jegliche Zusammenarbeit mit den Kommunisten ab, solange nicht die SPD in der SBZ wieder politisch wirksam werden könnte.[55]

Diese unüberwindbare Hürde, die Kurt Schumacher aufgerichtet hatte, gab Adenauer Spielraum. Nichts hätte Schumacher wohl gehindert, für die Sozialdemokraten aller Zonen zu sprechen[56], aber seine tiefe Abneigung gegen die SED und sein von der Zwangsvereinigung geprägtes starkes Mißtrauen gegenüber den Sowjets machten ihn argwöhnisch. Schließlich lehnte Schumacher ab, so daß Kaiser öffentlich fragte, »ob es möglich sein kann, daß deutsche Politiker aus parteipolitischer Strategie oder auch nur aus Taktik die Stunde des Handelns für unser Volk verpassen könnten« (Dok. 19).

Aber Schumachers Nein war ebenso verständlich wie Adenauers taktisches Zögern. Mit der nationalen Repräsentation hatte Kaiser wieder die Initiative gewonnen und konnte damit nicht nur einen innerparteilichen Führungsanspruch untermauern, sondern auch die besondere Sorge der Union um die deutsche Einheit gegenüber der SPD ausspielen. Adenauer war es recht, daß Schumacher seinen innerparteilichen Erzrivalen Kaiser diffamierte, wenn er behauptete, »der Gedanke der nationalen Repräsentation stamme von Berija«[57]. So wenig dies auch stimmte, in der Ablehnung der nationalen Repräsentation zogen Adenauer und Schumacher aus unterschiedlichen Gründen am gleichen Strang.

Während Kaiser auf schnelle Entscheidung drängte, um eine nationale Repräsentation zu verwirklichen, setzte Adenauer auf Verzögerung. Er nahm an der entscheidenden CDU-Tagung nicht teil und suchte Beschlüsse zu verhindern.[58] Die Westzonen gewannen bei dieser Verzögerungstaktik im politischen Kalkül Adenauers an Wert. Die Spaltung Deutschlands und die daraus resultierende Westorientierung entsprach seiner Einschätzung der Lage der Dinge. Für die Bevölkerung und für die CDUD in der SBZ und Berlin war ein Erfolg der nationalen Repräsentation hingegen eine Existenzfrage. Während Adenauer alles tat, um den nationalen Gedanken und die Berliner CDU zu schwächen, ging es Kaiser um die Rettung der Ostzone.

Nur die Verwirklichung der nationalen Repräsentation und der Einheitsstaat würden die SBZ aus den Klauen der sowjetischen Besatzung und ihrer deutschen Marionetten reißen können. Nach dem Scheitern der Moskauer Außenministerkonferenz im März/April 1947 gab Kaiser immer noch nicht auf. So versuchte er noch bei einem Treffen im Mai 1947 vergeblich, Schumacher von dieser Idee zu überzeugen. Johann-Baptist Gradl, politischer Weggefährte Jakob Kaisers, fragte sich noch Jahrzehnte später, »wie die Wirkung auf die deutsche Entwicklung wohl gewesen wäre, wenn in zupackender Entscheidung auch seitens Schumachers noch während der Moskauer Konferenz ein repräsentatives deutsches Gremium aus allen wesentlichen Parteien den vier Mächten als Gesprächspartner hätte zur Verfügung gestellt werden können«. Ernst Lemmer, ein weiterer politischer Weggefährte, erklärte lakonisch: »Man darf doch sagen, daß die Möglichkeit, einen ernsthaften Versuch zu machen, versäumt worden ist.«[59]

Kaisers Plan scheiterte an deutscher Uneinigkeit. Schumacher wollte sich nicht mit Vertretern der SED an einen Tisch setzen. Kaiser fehlte es an Verständnis für Schumachers Argumente. Für die SPD der Westzonen war es nach der Zwangsvereinigung in der Ostzone völlig unzumutbar geworden, mit Vertretern der SED in einer nationalen Repräsentation zusammenzukommen. Schumacher widerstand dem Druck der CDU und LDP aus der Ostzone, der durch eine vorsichtige Bereitschaft der Alliierten auf der Außenministerkonferenz in Moskau verstärkt wurde, einen deutschen Konsultationsrat zuzulassen.[60]

Aber unter den Deutschen selbst wirkte der Ost-West-Konflikt reflektierend und intensivierend: Auf Adenauer und die meisten Politiker der Union in den Westzonen wirkte Jakob Kaiser mit seinem Projekt der nationalen Repräsentation als ein »halber Gefangener der Russen«, während umgekehrt die Berliner die Adenauersche Westpolitik als Verrat an den gesamtdeutschen Interessen interpretierten. Der Ost-West-Konflikt wurde als innerdeutscher, ja als innerparteilicher Grabenkrieg fortgeführt. Ein letzter Versuch des bayerischen Ministerpräsidenten Ehard, auf einer Konferenz der Länderregierungschefs aus allen vier Besatzungszonen am 6. bis 7. Juni eine gemeinsame deutsche Position zu den zentralen Fragen zu entwickeln, scheiterte an den kompromißlosen Gegensätzen zwischen SED- und SPD-Landespolitikern. Die Ministerpräsidenten aus der Ostzone, klar an sowjetische Direktiven gebunden, reisten frühzeitig ab. Einen Tag vorher, am 5. Juni, war der Marshallplan verkündet worden. Kaiser unterstützte diesen Plan und drängte die Sowjetunion, diesen anzunehmen. Als jedoch die sowjetische Führung am 2. Juli den Plan für ihren gesamten Herrschaftsbereich ablehnte, waren Kaisers Befürchtungen Wirklichkeit geworden: »Drohende Schatten zwischen dem westlichen und dem östlichen Deutschland treten hervor.«[61]

Die Gründung der Bizone und des Zwei-Zonen-Wirtschaftsrats im Westen war in der SBZ im Juni 1947 durch die Gegengründung der deutschen Wirtschaftskommission beantwortet worden. Die SED verschaffte sich fast unbeschränkte mehrheitliche Unterstützung im Antifaschistischen Block, in den nun die kommunistischen Massenorganisationen mit aufgenommen wurden. Enteignung, Willkür, Verhaftung, Deportation, Terror und nicht selten Tod im Konzentrationslager zeigten, daß in der SBZ die Diktatur der Kommunistischen Partei rücksichtslos durchgesetzt wurde. Die Kritik der CDUD an dieser Entwicklung klang wie die Stimme eines Ertrinkenden: »Blockpolitik darf niemals eine Vergewaltigungspolitik sein.«[62]

Jakob Kaiser wurden die Planken stückweise unter den Füßen weggezogen. Aber während Parteien wie die LDPD unter einer Führung, die sich den Verhältnissen anpaßte, in Wahrheit im System unterging, entschloß sich Kaiser am 12. Juli 1947 zur Unbeugsamkeit.[63]

Gleichzeitig schmolz der Kreis der Getreuen um Jakob Kaiser dahin. Ihm war nicht entgangen, daß sich »die Stimmen mehrten, die uns als Feigenblatt der östlichen Demokratie bezeichnen«[64]. Entscheidend war aber, daß in der Tradition von Hermes die christlich-demokratischen Grundprinzipien auch unter allerschwersten Bedingungen nicht verraten wurden. Dies entsprach einem Wesenszug von Kaiser, der im konkreten Einzelfall pragmatische Kompromißbereitschaft zeigen konnte, in grundsätzlichen Fragen aber unbeugsam blieb. Er hielt an seiner Brückenkonzeption und dem Willen zur Zusammenarbeit mit der Sowjetunion fest. Einzelne CDU-Politiker, wie etwa Otto Nuschke oder der spätere DDR-Außenminister Georg Dertinger, waren kompromißbereiter gegenüber den Sowjets und der SED. Kaiser, der eine von Ost und West unabhängige Politik betreiben wollte, geriet deshalb zusehends zwischen alle Fronten. Nicht nur in der SBZ war seine Position schwieriger geworden, auch innerhalb der gesamten Union verlor er an Zuspruch. Auf dem Parteitag der Union der britischen Besatzungszone hielt Kaiser im August 1947 ein Referat, in welchem er pointiert seine Auffassung zur deutschen Einheit und Umgestaltung des sozialen und wirtschaftlichen Lebens vortrug. Die Wirkung dieses »Affronts gegen Adenauer«[65] war enttäuschend; Kaiser fand bei seinen Parteifreunden im Westen kaum noch Resonanz und kehrte um eine Hoffnung ärmer nach Berlin zurück. Aber auch im eigenen politischen Lager gab es Probleme; es entstanden innerhalb der CDUD oppositionelle Strömungen, die die Union auf Anpassung an die Kommunisten drängten. Die Sowjetische Militäradministration verstärkte ihre Kritik an Kaiser, dessen stolze und nationale Politik der ausgestreckten Hand gegenüber der Sowjetunion nicht angenommen wurde. Die Sowjetunion wollte in Deutschland keine Partner, sondern Vasallen. Der Ost-West-Konflikt verstärkte diese Tendenz; Kaisers Eintreten für den Marshallplan wurde ihm von den Sowjets nie verziehen. Im Antifaschistischen Blocksystem wurde die CDU durch fünf zusätzlich aufgenommene Massenorganisationen politisch erdrückt.[66]

Am 6. September 1947 wurden Jakob Kaiser und Ernst Lemmer in ihren Ämtern als erster und zweiter Vorsitzender mit überwältigender Mehrheit wiedergewählt. Dieses Votum war ein eindeutiger Vertrauensbeweis für Kaisers politische Gratwanderung zwischen Ost und West. In Anwesenheit des sowjetischen Oberst Tulpanow rief Jakob Kaiser aus: »Wir müssen und wir wollen Wellenbrecher des dogmatischen Marxismus und seiner totalitären Tendenzen sein.«[67]

Kaiser hatte diesen Ausruf, der ihn berühmt machen sollte, sprachlich und inhaltlich präzis kalkuliert. Einerseits signalisierte Kaiser mit dieser Rede, daß seine Geduld gegenüber den machtpolitischen Praktiken in der SBZ nicht unbegrenzt war

und daß seine politische Grundauffassung dem dogmatischen Marxismus diametral entgegenstand. Andererseits wollte er die Tür zur Sowjetunion einen Spalt offen lassen. Als Partei des Fortschritts und mit dem Bekenntnis zum sozialistischen Zug der Zeit nach Osten wollte Kaiser die CDUD kompromißfähig halten. Kaiser wollte die CDUD nicht zum kommunistischen Mitläufer degradieren, sondern suchte auch unter fast unhaltbaren politischen Bedingungen Halt an einer Mittellinie zwischen Ost und West, die für andere nicht mehr sichtbar war.
Für die Vertretung der gesamtdeutschen Interessen schlug Kaiser nunmehr einen deutschen Konsultativrat vor, der zur Beratung der Siegermächte und als Vorstufe deutscher Zentralverwaltung geschaffen werden sollte: »Auf je eine Million deutscher Einwohner sollte je eine maßgebliche politische Persönlichkeit berufen werden. Aufgabe des Konsultativrates sollte es sein,

1. Vorschläge für die Errichtung einer Zentralverwaltung für die Errichtung aller Zweige der Wirtschaft zu machen,
2. die Wahl einer deutschen Nationalversammlung vorzubereiten,
3. Vorschläge für die Einsetzung einer deutschen Planungs- und Reparationskommission zu entwickeln und
4. gutachterliche Stellungnahmen abzugeben.«[68]

Auf diesem Parteitag zeigte sich Kaiser zum letzten Mal als überragender Gestalter der Politik der CDUD. Das Votum der Wiederwahl war überwältigend, und Oberst Tulpanow gratulierte mit betonter Höflichkeit. – Die politischen Spannungen wurden jedoch weiter verschärft, als Jakob Kaiser, leicht enthusiasmiert über den Verlauf des CDU-Parteitags, gegenüber Tulpanow erklärte, »er würde sich heute autorisiert fühlen, sogar über die Oder-Neiße-Linie zu sprechen, falls der Herr Oberst sich dazu autorisiert fühlte«[69]. Er sagte dies, wie Elfriede Kaiser-Nebgen später berichtete, »mit leichter, humorvoller Ironie«[70], die Wirkung war aber eine andere. Tulpanow war über diesen Affront konsterniert, stand nach einigen Minuten auf und erklärte, daß an der Oder-Neiße-Grenze nicht zu rütteln sei. »Wer an sie rührt, beschwört den Krieg herauf.«[71] Dieser Vorfall zeigte, wie sehr die politischen Fronten verhärtet waren. Spätestens hier muß die Frage erlaubt sein, wie die Politik der Union gegenüber der Sowjetunion verlaufen wäre, wenn Kaiser die politische Geschmeidigkeit, die Kunst taktischen Finassierens und die Zähigkeit besessen hätte, wie sie Adenauer später in der Westpolitik zeigte.
Doch das demokratische Profil, das Kaiser und die CDUD offenbarten, widersprach den Intentionen sowjetischer Deutschlandpolitik Ende 1947. Der Sowjetunion kam es nun darauf an, die CDU daran zu hindern, das Bild der Gemeinsamkeit der Parteien in der SBZ im Rahmen der antifaschistischen Blockpolitik zu trüben. Die Sowjets suchten die Union auf Ablehnung zum Marshallplan und auf Zustimmung zur sowjetischen Deutschlandpolitik festzulegen. Da dieses Ziel von Kaiser ständig durchkreuzt wurde, nahm die sowjetische Härte zu. Nun verfolgte die östliche Besatzungsmacht ihren Kurs kompromißlos, selbst um den Preis der Spaltung, mit offener Schikane und Unterdrückung.
Am 30. September 1947 hatte die SED den Alliierten Kontrollrat zu einer Initiative zur Volksabstimmung über die Einheit Deutschlands angeregt, die im Kern auf die Sowjetisierung ganz Deutschlands abgestellt war. Ziel war die Ausdehnung der in der Sowjetzone durchgeführten sozialistischen Reformen auf ganz Deutschland, das sozialistisch-planwirtschaftlich strukturiert werden sollte.[72] Molotow beteuerte in seiner Rede vom 7. November, »daß Bizonien kein Deutschland sei«.

Nachdem Kaiser die Alliierten in einem Memorandum vom 10. November aufgefordert hatte, gemäß den Potsdamer Beschlüssen wirtschaftliche Zentralverwaltungen und Organe zu einer deutschen Selbstregierung zu schaffen, antwortete er auf die sowjetischen und sowjetzonalen gesamtdeutschen Initiativen in aller Härte. Er lehnte es ab, die CDUD an irgendwelchen »volksdemokratischen Initiativen« der SED bzw. des Antifaschistischen Blocks zu beteiligen. Nach einer dramatischen Aussprache zwischen Oberst Tulpanow und Jakob Kaiser am 19. November 1947, bei der Kaiser kompromißlos blieb, hatten die Sowjets vermutlich die letzte Hoffnung aufgegeben, daß unter Kaisers Führung die CDUD auf prosowjetischen Kurs gebracht werden könnte. Als am 26. November die SED zum deutschen Volkskongreß für Einheit und Gerechtigkeit nach Berlin einlud, um dort eine Delegation zur Londoner Außenministerkonferenz zu wählen und Jakob Kaisers ablehnende Haltung in gleichem Atemzug kritisierte, war klar, daß die SMAD die Entscheidung eilig suchte: Parallel versuchten kompromißbereite Kräfte in der Zonen-CDU vorsichtig, die Anpassung an die Politik der SED vorzubereiten – zum Teil mit Erfolg. Während unter Kaisers Führung der Landesvorstand der CDU eine Beteiligung am Volkskongreß ablehnte, erklärten sich einige Orts-, Kreis- und Bezirksverbände jedoch für eine Teilnahme. Bewußte Irreführung durch die von den Sowjets dominierten Presseorgane, gefälschte Absichtserklärungen zur Teilnahme am Volkskongreß[73], Opportunismus, Illoyalität und eine gehörige Portion Verwirrung schufen eine völlig unübersichtliche innerparteiliche Lage. Am Volkskongreß nahmen schließlich, offiziellen Angaben zufolge, 219 CDU-Politiker teil.[74]
Walther Schreiber faßte auf der Vorstandssitzung des Landesverbandes Berlin am 13. Dezember 1947 die Schilderungen Kaisers auf der Zonenvorstandssitzung zusammen: »Bei der ersten Zusammenkunft haben etwa 15 Delegierte teilgenommen, obwohl angeblich die Vertretung 219 Personen umfaßt hat. Aus dem Westen und Süden war überhaupt niemand anwesend. Leider kann man nicht nachprüfen, wer dort gewesen ist. Die zweite Versammlung im Adlon wurde von Steidle veranlaßt. Hier sind nach Mitteilung von Kaiser 30–40 Personen anwesend gewesen, während Herwegen von 60 sprach. Ein Teil der Delegierten hat aber unter Protest den Saal verlassen.«
Der anpassungswillige CDU-Politiker Otto Nuschke blieb in der neunköpfigen Leitung sitzen. Kaiser wurde nach der Landesvorstandssitzung vom 11. Dezember 1947 klar, daß sein Sturz mit allen Mitteln betrieben wurde. Gutgläubige CDU-Politiker wie Hugo Hickmann erklärten schließlich unter dem Druck und unter der Unklarheit der Verhältnisse, daß dies alles über ihre Kraft ginge. Warum aber hat sich Kaiser weiter diesem Druck ausgesetzt, ist nicht zurückgetreten, hat den Konflikt auf die Spitze getrieben? Eine Antwort darauf hat Heinrich Krone in der Vorstandssitzung des Berliner Landesverbands der Union am 13. Dezember 1947 gegeben: »Die Linie Kaisers ist die, bis zum letztmöglichen Augenblick an der Position Kaiser und Lemmer festzuhalten, das heißt an der Verbindung Berlin und Zone, und zwar deshalb, weil trotz aller kritischen Beurteilung der Londoner Konferenz wir alles tun müssen von hier aus, die Zone und Berlin zu halten. Kaiser hat die Sorge, daß er zu früh aus dem Sattel gehoben wird . . . Er will alle Möglichkeiten erschöpfen, daß er bleibt, solange es geht, aber nicht unter Preisgabe von grundsätzlichen Dingen.«[75]
Nur wenige Tage später war es soweit; die Landesvorsitzenden der Union in der SBZ verabschiedeten eine Erklärung, in welcher sie sich so lange von der Zonenlei-

tung trennen wollten, »bis die Basis einer vertrauensvollen Zusammenarbeit zwischen dieser und der SMAD wiederhergestellt ist«[76].
Die Umstände, die zu Kaisers Machtverlust führten, waren demütigend. Kaiser wurde formell nicht von der SMAD abgesetzt. Die Sowjets vermittelten vielmehr den Eindruck, daß die CDU-Landesverbände selbst Kaiser nicht mehr politisch folgten. In der Erklärung der SMAD vom 20. Dezember 1947 hieß es:
»Die Absicht der Landesverbände der sowjetischen Zone, sich zunächst von der Zonenleitung zu trennen, gibt der SMAD Anlaß zu der Feststellung, daß die SMAD bis auf weiteres die Vorsitzenden der sechs Landesverbände als oberste Vertretung der Partei unter dem Vorsitz Lobedanz/Hickmann betrachtet.«[77]
Nur ein Zonen-Parteitag hätte Jakob Kaiser formal absetzen oder einen neuen Vorsitzenden wählen können. Die SMAD wagte diesen Schritt nicht, statt dessen erhielt Jakob Kaiser am 14. Januar 1948 Redeverbot in der SBZ. Die Durchfahrt durch das Gebiet wurde ihm ebenso verboten.
Damit war das Ende einer eigenständigen Politik der CDUD unter der Führung Jakob Kaisers in der SBZ besiegelt. Gleichzeitig war vor aller Augen die Brückenkonzeption Kaisers von der Sowjetunion desavouiert worden. Sie war nicht mehr an einer solchen Politik interessiert.
In den Jahren 1948 und 1949 mußte sich Jakob Kaiser in seiner politischen Arbeit umorientieren. Sein rhetorisches »Dennoch« konnte nicht darüber hinwegtäuschen, daß realpolitisch sein alter Wirkungskreis auf ein Nichts zusammengeschmolzen war. Angesichts der sich vertiefenden Spaltung Deutschlands suchte Kaiser politisch die Einheit Berlins zu erhalten. Von West-Berlin aus appellierte er an die Besatzungsmächte, den Viermächtestatus der Stadt zu sichern. Die Sektoren dürften nicht »Anhängsel der jeweiligen Besatzungszone« werden. Kaiser sah ein einheitliches Stadtgebiet Berlin als Hoffnungsträger für die spätere Überwindung der Spaltung Deutschlands. Aber seine Berlin-Pläne scheiterten. Die Vorstellung von der Einheit Berlins, der letzten Brücke zwischen Ost und West, wurde schließlich, für alle Welt sichtbar, durch die Blockade 1948/49 im Strudel des wachsenden Ost-West-Konfliktes zerrissen.
Am 25. Februar 1948 hatte die Sowjetunion durch den Staatsstreich in der ČSSR ihren Machtbereich vergrößert bzw. konsolidiert. Am 22. März verließ Marschall Sokolowski den Alliierten Kontrollrat.
Im Juni 1948 blockierte die Sowjetunion die Zufahrtswege nach West-Berlin. Unter dem Eindruck dieser Ereignisse vollzog sich ein entscheidender Wandel für Jakob Kaiser: Seine Verantwortung in und für dic SBZ war abgelaufen. Aus der sowjetisch besetzten Zone verbannt, konnte Kaiser zunächst nur in West-Berlin politisch tätig werden. Seine nationale Bedeutung war Vergangenheit. Waren mit Blick auf Gesamtdeutschland bis 1947 aller Augen auf die Rivalität Adenauer/Kaiser gerichtet und stand Schumacher gesamtdeutsch am Rande des Geschehens, so hatte sich ab 1948 das Bild gewandelt. Kaiser wurde an den Rand gedrückt, im Zentrum stand nicht mehr das ganze Deutschland und die Rivalität zwischen Adenauer und Kaiser, sondern nur noch die westdeutsche Rivalität zwischen Adenauer und Schumacher. Kaiser fristete in West-Berlin politisch ein kümmerliches Dasein. Ohne politische Verantwortung mühten er und seine politischen Freunde sich um publizistische Wirkung über die neugegründete Tageszeitung »Der Tag«. Nach der Blockade und der Teilung der Stadt im November 1948 fehlte die Stammleserschaft im Ostteil Berlins; die Zeitung konnte finanziell nur mühsam über Wasser gehalten werden.

Jakob Kaiser konnte die gegenläufige Entwicklung nicht aufhalten. Er stemmte sich dem Ost-West-Konflikt mutig und frontal entgegen, wurde aber umgerissen. Nur moralisch blieb Kaiser der erste Repräsentant der CDU in der SBZ. Im praktischen Wirken mußte er sich zum Westen hin orientieren. Bei den christlichen Gewerkschaften im Ruhrgebiet faßte er wieder Fuß, wo er vor vielen Jahren politisch aufgebrochen war. Im Mai 1949 wurde Kaiser in Königswinter bei Bonn zum Vorsitzenden der Sozialausschüsse der Union gewählt. Er nahm in der Union wieder dort Platz, wo er seine politische Laufbahn begonnen hatte: im sozialpolitischen Flügel.
Seine aufgeschlossene Haltung gegenüber der Sowjetunion wurde nun durch antikommunistische Härte abgelöst. Hatte er 1947 die Aufgabe der CDU dahingehend definiert, Wellenbrecher des orthodoxen Marxismus zu sein, so ergänzte er unter dem Eindruck der Blockade Berlins dieses Bild durch die drohende Flut aus dem Osten, der Einhalt geboten werden müsse (Dok. 38).
Auch für Kaiser war jetzt die Zeit vorbei, deutsche Einheit mit den Kommunisten in der SBZ und der Sowjetunion zu versuchen. Sie konnte nun nur noch gegen die Kommunisten ertrotzt werden, ganz im Sinne Adenauers von der Basis des deutschen Kernstaates aus. Damit war in der Geburtsstunde der Bundesrepublik Deutschland Kaisers Brücke zusammengebrochen. Die entscheidenden Politiker in Ost und West wollten sie nicht betreten.
Jakob Kaiser arrangierte sich nicht ohne innere Not mit der westdeutschen Teillösung, die auch eine enge Bindung West-Berlins zum kommenden westdeutschen Staat mit sich brachte. Das bedeutete für ihn, daß er als Berliner Vertreter seiner Partei als Gast am Parlamentarischen Rat an der Ausarbeitung des Grundgesetzes mitwirkte. Die angespannte Blockadesituation Berlins verhinderte jedoch eine regelmäßige Teilnahme aller Berliner Vertreter an den Sitzungen des Parlamentarischen Rats in Bonn. Die langwierige sachpolitische und ruhige Arbeit dort entsprach allerdings nur wenig dem ungeduldigen Temperament Kaisers, der große Reden und Veranstaltungen im Westen vorzog.
Seine politische Heimat fand Kaiser schließlich in Essen, der Traditionsburg christlicher Arbeiterführer. Sein alter Freund Gustav Heinemann hatte sich dafür eingesetzt, daß er dort, wo er 1933 als Reichstagsabgeordneter begonnen hatte, als Bundestagsabgeordneter neu anfangen konnte.

## 5. Die Jahre 1949–1961: Der Bundesminister für gesamtdeutsche Fragen

Im Zentrum des politischen Wirkens dieser Jahre steht Kaisers Tätigkeit als Bundesminister für gesamtdeutsche Fragen. Für diese Entscheidung fand Kaiser bei den Sozialausschüssen und anderen Parteifreunden zunächst wenig Verständnis. Sie befürchteten, die Anliegen der Arbeiterschaft könnten bei ihm in den Hintergrund gedrängt werden. Viele stellten sich vor allem die Frage, wie Jakob Kaiser mit dem Bundeskanzler außen- und deutschlandpolitisch harmonieren würde, hatten doch die vergangenen Jahre die Gegensätze zwischen beiden deutlich gemacht.
Adenauers Motiv, Kaiser ein Ministerium anzubieten, war einleuchtend: In seiner innerparteilich ungesicherten Stellung brauchte er als Bundeskanzler Kaisers Un-

terstützung. Zugleich suchte er ihn durch eine Mitgliedschaft im Kabinett politisch verantwortlich zu binden. Kaiser hatte mittlerweile Adenauers Führungsposition in der Partei und als Bundeskanzler respektiert, ja, er hatte sogar für Adenauers Kanzlerschaft plädiert. Kaiser hoffte, in einer Regierung Adenauer der deutschen Sache am besten zu dienen. Den Bedenken seiner Parteifreunde trat er beschwörend entgegen: »Wir wollen mit unserer Auffassung das gesamte Leben unseres Volkes erfüllen. Ich bin nicht meinetwillen – wohl aber um der Arbeiterschaft willen – stolz, daß mir eine gesamtdeutsche Aufgabe zugefallen ist. Ich habe an führender Stelle im Osten im Geiste unserer Bewegung gewirkt. National und sozial – das waren immer unsere Kennworte . . . Ich bin stolz darauf, daß ich als Arbeitervertreter an den brennendsten nationalen Aufgaben der Bundesregierung arbeiten kann und darf. Nur aus diesem Grunde bin ich überhaupt ins Kabinett gegangen. Es ist erbärmlich, wenn jemand aus persönlichen Gründen an der Bedeutung dieser Aufgabe vorbeisehen will. Bei euch erwarte ich Verständnis. Nein, ich erwarte mehr. Ich erwarte, daß die christlich-demokratische Arbeiterschaft mit mir geht.«[78]

In einer Denkschrift, die Kaiser in Zusammenarbeit mit seinem späteren Staatssekretär Franz Thedieck entwickelte, wird der Aufgabenbereich mit Pathos umschrieben: »Das Ministerium müßte ein Leuchtturm sein, dessen Scheinwerfer unermüdlich und unaufhörlich Strahlen der Hoffnung und Zuversicht in die Zone des Schweigens jenseits des Eisernen Vorhangs entsenden müßte. In einem anderen Bilde wäre es der Magnet, der sammelnd und anziehend auf die losgetrennten Gebiete einwirken, alle gleichgesinnten Kräfte in geordnete Bahnen lenken und alle destruktiven Kräfte abstoßen und neutralisieren könnte. Es wäre nicht zuletzt ein Haltepunkt für die Vertriebenen des Ostens und die politischen Flüchtlinge der Mittelzone und ein Orientierungspunkt für alle aufrechten Menschen des sowjetisch besetzten Gebiets.«[79]

Kaiser wollte sein Ministerium planerisch und operativ zum Zentrum deutschlandpolitischer Aktivitäten entwickeln. Adenauer hingegen suchte von Anfang an, die Aufgaben Kaisers möglichst eng zu umreißen.[80]

Während Kaiser über alle Parteien hinweg den Konsens in der Deutschlandpolitik suchte, vor allem mit der SPD, schätzte Adenauer den Wert eines nationalen Konsenses für eine aktive Politik nach Osten gering ein. Er suchte ein relativ ungefährliches Aktionsfeld für seinen Rivalen, ohne diesen in den entscheidenden außenpolitischen Fragen zu konsultieren, geschweige denn zu deutschlandpolitischen Aktivitäten zu ermuntern.

Ein schroffer Tenor Adenauers schlug sich schon in der ersten Regierungserklärung nieder: »Nach Osten gibt es keine deutsche Aktionsmöglichkeit.« Adenauer sah die Teilung Deutschlands als natürliche Folge der Spannungen zwischen den Siegern und suchte in diesem Strom des Weltgeschehens Souveränität und Westintegration für die Bundesrepublik Deutschland. Nach Osten sah Adenauer die Tore für praktische Politik vorerst verschlossen.

Gegen diese Grundeinschätzung protestierte Kaiser ebensowenig wie gegen die Tatsache, daß der Bundeskanzler ihn weder zu den Regierungserklärungen noch zu den entscheidenden operativen Phasen der Außenpolitik heranzog.

Dabei darf nicht vergessen werden, daß Kaiser mit einigen Grundüberlegungen Adenauers nach 1949 übereinstimmte. Kaiser plädierte mittlerweile für eine Westorientierung der Bundesrepublik als Conditio sine qua non für eine spätere Wiedervereinigungspolitik. Wie Schumacher und Adenauer, so glaubte auch Kaiser an den

Magneteffekt. Kaiser war jedoch nur temporär für West*orientierung* im Unterschied zu Adenauers Politik der West*bindung*. Kaisers Stellungnahmen zur Europafrage in den ersten Jahren der Bundesrepublik Deutschland waren ambivalent. Zwar stimmte er für das Petersberger Abkommen, blieb jedoch ein »sehr kritischer Westeuropäer, ein Westeuropäer mit gesamtdeutschem Vorbehalt«[81].

Dem Zusammenwachsen Europas auf Kosten der deutschen Einheit wollte Kaiser nicht zustimmen. Er blieb bei der Zielvorstellung eines Europas der Vaterländer im klassisch-nationalen Sinn. Europäisches Bewußtsein sollte in der nationalen Vielfalt ruhen, vor allem sollten diese die osteuropäischen Länder mit einschließen. Diese Gedanken ähnelten de Gaulles späterer Konzeption. Erst unter dem Eindruck des Korea-Krieges begann Kaiser, sich zögernd der Idee eines westeuropäischen Staatenbundes anzunähern, der einerseits als Kern und Magnet auf Osteuropa wirken, andererseits aber eine Block- und Frontbildung unterbinden sollte. Kaiser sah sich nun in dem Dilemma der politischen Entwicklung der Bundesrepublik gefangen: Einerseits ging ihm Adenauers Westpolitik zu weit, andererseits gab es keine Basis mehr für seine ursprünglichen national- und deutschlandpolitischen Ideen.

Erich Kosthorst hat dieses Dilemma, das sich früh abzeichnete, klar umrissen: »Ein Zusammenfallen von erfolgreicher Westpolitik und stagnierender Ostpolitik würde Kaisers Bemühen auf die Dauer zu einem Wettlauf mit dem Igel machen.«[82] Kaiser sah sich angesichts der weltpolitischen Lage zwar veranlaßt, Adenauers Position teilweise zu übernehmen, jedoch blieb für ihn die Einheit der Nation vorrangig. Westbindung war bestenfalls instrumental auf die Wiedervereinigung bezogen.

Als 1950 die Bundesrepublik und das Saarland assoziierte Mitglieder des Europarats in Straßburg werden sollten, opponierte Kaiser heftig. Als gesamtdeutscher Minister fühlte er sich auch für die Saarpolitik verantwortlich und fürchtete mit dieser Gleichstellung der Bundesrepublik Deutschland und des Saarlandes eine Weichenstellung, die die Rückkehr der Saar zur Bundesrepublik unmöglich machen würde. Damit wäre auch gesamtdeutsch nach Osten, wiedervereinigungspolitisch gesehen, ein Präzedenzfall geschaffen worden. Die Bedingungen zum Beitritt in den Europarat fand Kaiser unbefriedigend. Er befürchtete, daß damit die Teilung Deutschlands sich vertiefen würde. Kaiser handelte aus gesamtdeutschem Gewissen: Er blieb der Abstimmung im Bundestag über den Beitritt in den Europarat fern und erregte damit beträchtliches Aufsehen, denn faktisch hatte er damit seine ablehnende Haltung dokumentiert. Kaiser im Einklang mit der oppositionellen SPD – dies bildete politisch und psychologisch eine gefährliche Situation, der Kaiser allerdings nicht auswich, wenn er es von der Sache her für gerechtfertigt hielt. Bisweilen scheint es, daß Kaiser außerhalb der Union mehr Zuspruch erfuhr als bei seinen Parteifreunden: Manche Thesen von Rudolf Augstein, dem publizistischen Kritiker Adenauerscher Politik, fanden sich auch in Jakob Kaisers Überlegungen.[83] Auch der Publizist Paul Sethe, der Adenauers Politik mit unverhohlener Skepsis betrachtete, stand Kaiser nahe.[84]

Gustav Heinemann, der mit Kaiser gegen den Beitritt zum Europarat opponiert hatte, war ein weiterer enger politischer und persönlicher Freund Kaisers, trat allerdings als Innenminister am 31. August 1950 zurück, weil er Bedenken gegen eine deutsche Wiederbewaffnung hegte. Mit ihm verließ ein entscheidender Verbündeter Kaisers das Kabinett; Kaiser hatte sich allerdings in der Frage der Wiederbewaffnung den Argumenten Heinemanns nicht anschließen können.

Der Korea-Krieg und der dadurch beschleunigte Prozeß der Wiederbewaffnung der Bundesrepublik Deutschland erschwerten Kaisers Position erneut. Er reagierte wiederum ambivalent: Auf der einen Seite erkannte er die Notwendigkeit einer Politik der Stärke, die mit einem deutschen Wehrbeitrag gefestigt werden müßte: »Ich habe erkennen müssen, daß (die kommunistischen Kräfte) die Sprache der Freiheit und des Rechtes nur dann verstehen, wenn Kraft und Stärke dahinter stehen. Wollen wir deshalb Recht und Freiheit für uns, dann müssen wir die Gemeinschaft derer stärken, die für die Freiheit in der Welt eintreten. Nur dann haben wir Aussicht, Recht und Freiheit auch in unserem Lande wiederzugewinnen. Auf friedlichem Wege wollen wir unser nationales Ziel, die Wiedervereinigung Deutschlands, erreichen. Das soll mit der Sinn unserer Bereitschaft sein, die Gemeinschaft der freien Völker stärken zu helfen.«[85]
Auf der anderen Seite erkannte er die Gefahren, daß ein deutscher Wehrbeitrag und die militärische Integration der Bundesrepublik mit dem Westen die Spaltung weiter vertiefen würde und damit die Chancen für eine Wiedervereinigung weiter sinken müßten: »Man spricht von einem Damm, der an der Elbe gegen die kommunistische Aggression zu errichten ist. Ich höre das Wort vom Damm an der Elbe nicht gern. Denn jenseits der Elbe wohnen auch Deutsche. Ich bin selbstverständlich der Auffassung, daß Westeuropa einschließlich der deutschen Bundesrepublik so stark werden muß, daß die kommunistische Welt vor einem Angriff zurückschreckt.«[86]
Ohne klare Entscheidung, im Dilemma von Westintegration und Wiedervereinigungsanspruch verfangen, plädierte Kaiser für die Verständigung der großen Parteien untereinander und für die soziale Sicherung als vorrangige Aufgabe. Diese beiden Komponenten, Sozialpolitik und Deutschlandpolitik, bildeten das politische Betätigungsfeld Kaisers. Er war Vorsitzender der Sozialausschüsse und Minister für gesamtdeutsche Fragen. Aber er schuf sich eine dritte innerparteiliche Machtbasis. Im September 1950 wurde er Vorsitzender der neugegründeten Exil-CDU. Die ehemaligen Parteifreunde aus der Wirkungszeit der vierziger Jahre scharten sich erneut um Jakob Kaiser.
Ein Mitglied der Exil-CDU im Bundesvorstand der CDU, acht Mitglieder im Bundesparteiausschuß, die Angehörigen in den Landes- und Kreisverbänden sowie in den Ortsgruppen der CDU und 100 stimmberechtigte Mitglieder auf den Bundesparteitagen der CDU stützten Jakob Kaisers Einfluß in der Union ab.
Neben der eigenen machtpolitischen Absicherung in der Union ging es Kaiser vorrangig um die Wiedervereinigung. Mit der Exil-CDU wollte er außerdem der wachsenden politischen Resignation in der sowjetischen Besatzungszone entgegenwirken und politischen Widerstand gegen den Kommunismus dokumentieren: »Die Exil-CDU wollte den gesamtdeutschen Willen mit Hilfe derjenigen wachhalten, die als Flüchtlinge aus Ost- und Mitteldeutschland als ›die leidenschaftlichsten Träger des deutschen Willens nach Einheit und Freiheit‹ in einer Umgebung gelten konnten, die über ihren eigenen Sorgen und Tagesinteressen die menschliche Not in der Sowjetzone zu vergessen drohte.«[87]
Auch nach Jakob Kaisers Tod blieb die Exil-CDU unter dem Vorsitz von Ernst Lemmer und später unter dem Vorsitz von Johann-Baptist Gradl ein genuiner innerparteilicher Interessenfaktor. Als Ausdruck gesamtdeutschen Willens begründet, reflektiert die Exil-CDU bis heute auch Elemente innerparteilicher Rivalitäten.

Als sich 1954 die deutsche Situation weiterhin rapide verschlechtert hatte, suchte Jakob Kaiser den Gedanken für die Wiedervereinigung auch außerhalb seiner Partei organisatorisch zu verankern. Seit 1950 hatte er sich mit der Überlegung getragen, wie der schleichenden Lethargie in der Öffentlichkeit gegenüber der Wiedervereinigung entgegengewirkt werden könnte. In Erinnerung an Volksbewegungen, wie z. B. den Volkswiderstand beim Ruhrkampf in der Weimarer Republik, spielte Kaiser nun mit dem Gedanken, einen »Nationalverein für die Wiedervereinigung« oder einen »Bund für die Einheit Deutschlands« zu gründen. In Zusammenarbeit mit Herbert Wehner von der SPD und unterstützt von Journalisten wie Paul Sethe, Karl Silex und Wilhelm Wolfgang Schütz wurde 1954 das Kuratorium Unteilbares Deutschland (KUD) gegründet. Diese überparteiliche Institution, die alle an die Teilung Deutschlands gemahnen sollte, wurde insbesondere vom Bundespräsidenten Heuss unterstützt, der auch den Namen Kuratorium Unteilbares Deutschland prägte.
Ergreifend hat der Dichter Stefan Andres auf der Gründungsveranstaltung den Leitgedanken umschrieben: »Die Idee eines wiedervereinigten Deutschland bekam nach und nach eine janushafte Zwiegesichtigkeit: Von der einen Seite gesehen, sah sie wie Krieg, von der anderen wie Knechtschaft aus. Und da die Mehrzahl der Deutschen im Westen und Osten keines dieser beiden Gesichter ertragen konnte, blickte sie weg und begann, sich mit dem Zustand der Trennung abzufinden. Man lebte sich in den Bewußtseinszustand des ewigen Provisoriums ein, schob die Verantwortung an der deutschen Spaltung ganz und gar den ehemaligen Gegnern zu, und nachdem man sich durch solchen Sprung aus aller Verantwortung in den Zustand willenloser Dinglichkeit versetzt hatte, gelang die Resignation vor der Fratze des Unmöglichen um so besser. Kurz: Die Lage war fatal, die DM aber stabil – und aus dieser allerdings schwermütig stimmenden und widerspruchsvollen Seelenlage eines Volkes entstand die Sage vom deutschen Wunder . . . Um in diese Gleichgültigkeit der Deutschen und diesen Wirrwarr von Fragen und in die allgemeine Unlust und Niedergeschlagenheit Mut, Tatkraft und Klarheit zu bringen, haben wir uns hier versammelt. Möge es uns gelingen, durch unsere Worte und Taten alle Deutschen von den Forderungen dieser Notwendigkeit zu überzeugen. Wenn wir das auf der Wiedervereinigung liegende Tabu des Unmöglichen durchbrochen haben; wenn wir fest glauben, daß es nicht nur geschehen kann, sondern geschehen muß . . . und wenn wir die Wiedervereinigung Deutschlands zu einem allgemeinen Verlangen nach der Wiedergeburt unseres Volkes erheben und sie darum zu einer überpolitischen Sache werden lassen, die vom Volke selbst und nicht nur von seinen Politikern getragen und verfochten wird, dann dürfen wir hoffen.«[88]
Konrad Adenauer betrachtete diese Gründung mit Unmut. Das KUD schien ihm als gefährliche Spielwiese für die deutschlandpolitische Unruhe Jakob Kaisers.
Aber 1954 kam die Gründung zu spät, um auf die öffentliche Meinung oder gar auf Adenauer Einfluß zu nehmen. Die Bundesrepublik Deutschland war, wie auf der anderen Seite die DDR, zur Speerspitze der jeweiligen Supermacht geworden. Schon lange, bevor die Mauer 1961 gebaut wurde, war der machtpolitische und ideologische Limes der Nachkriegszeit unüberwindbar geworden.
Jakob Kaiser hatte sich schon 1952 mit Blick auf Adenauers Westpolitik um Zeitgewinn bemüht. Zwar kritisierte er den Generalvertrag vom Mai 1952 nicht mit der Schärfe, wie dies Kurt Schumacher tat (»wer diesem Generalvertrag zustimmt, hört auf, ein Deutscher zu sein«), aber seine Kritik war unüberhörbar. Zusammen mit

den FDP-Politikern Franz Blücher und Ernst Achenbach und mit dem Fraktionsvorsitzenden der CDU/CSU, Heinrich von Brentano, brachte Kaiser Bedenken gegen die Bindungsklausel des Art. 7/III vor. Die Annullierung der Bindungsklausel verband Kaiser mit seiner weiteren politischen Existenz. Er befürchtete, daß die in der Klausel fixierte Einbindung der Wiedervereinigung in das westliche Vertragssystem eine Überwindung der Teilung erschweren, wenn nicht gar unmöglich machen würde. Die Annullierung der Bindungsklausel in der ursprünglichen Fassung des Vertrages vom 22. November 1951 sollte das Wiedervereinigungsgebot rechtlich absichern. Unter der Wortführung von Jakob Kaiser kam es zu schweren Auseinandersetzungen in Kabinett und Fraktion. Erst ein Gespräch des amerikanischen Außenministers Dean Acheson mit den Opponenten der Bindungsklausel löste das Problem: Acheson »zauberte eine vorsorglich vorbereitete Formulierung aus der Tasche, die die Zustimmung aller Beteiligten fand«[89].
Zu Recht betont Hans-Peter Schwarz, daß die Bedenken Kaisers und anderer letztlich theoretischer Natur waren, denn schließlich kam die EVG überhaupt nicht zustande, womit auch alle diskriminierenden Bestimmungen hinfällig wurden. Als der Generalvertrag nach 2 1/2 Jahren erneut ausgehandelt wurde, konnte die politisch gestärkte Bundesregierung die volle Souveränität verlangen und die alliierten Notstandsrechte weitgehend einschränken. Auch die Bindungsklausel, die nach Adenauers Auffassung vor allem eine Einigung der Siegermächte auf Kosten Deutschlands verhindern sollte, war weitgehend obsolet geworden.
Für Jakob Kaiser ging es weniger um den Vertrag, sondern mehr um den ausgehandelten Machtzuwachs für die Bundesrepublik Deutschland. Kaiser hielt zwar an manchen Vorbehalten gegenüber dem Vertragswerk fest, hatte jedoch letztlich keine weiteren Einwände. Wie auch Adenauer, so sah Kaiser in dem Vertragswerk ein vorbeugendes Mittel, das eine Einigung der vier Mächte auf einen minderen Status Gesamtdeutschlands über die deutschen Köpfe hinweg in Zukunft verhindern sollte.
Als am 10. März 1952 die Sowjetunion den Westmächten die berühmte Deutschland-Note übergab, wurden über Nacht lang verborgene Hoffnungen freigesetzt. Im Gegensatz zu Konrad Adenauer setzte sich Jakob Kaiser von Anfang an für eine genaue Prüfung der Note durch die Westmächte und die Bundesregierung ein.
Auf den ersten Blick war die sowjetische Reaktion ganz im Sinne von Kaiser. Er hatte stets, wie alle anderen Politiker der Bundesrepublik, den direkten Kontakt mit »Pankow«, wie man damals sagte, abgelehnt. Alle Offerten der Machthaber der SBZ, mit der Bundesregierung ins Gespräch zu kommen, waren auch von Jakob Kaiser ausgeschlagen worden. Diese moralisch begründete defensive »Diplomatie der Nichtdiplomatie« gegenüber der SBZ verstärkte aber das Dilemma: Die DDR konnte sich weiter, von außen ungestört, konsolidieren. Sie mußte zwar durch die Politik der Bundesrepublik Deutschland wirtschaftliche Nachteile in Kauf nehmen, war auch international isoliert, aber ihre innenpolitische Stabilisierung konnte nicht verhindert werden.
Nicht Verhandeln, sondern Demonstration von und Hoffnung auf Stärke wurden zum ohnmächtigen Ersatz von Ost- und Deutschlandpolitik. Auch Jakob Kaiser hielt Verhandlungen mit Vertretern der Regierung der SBZ für sinnlos, aber er hoffte auf ein Arrangement mit der Sowjetunion. Seine Aufforderung, daß sich die Sowjetunion selbst zur deutschen Frage äußern müßte, wurde mit den Stalin-Noten von 1952 schlagartig Realität.

Jakob Kaiser, der sich als erstes Mitglied der Bundesregierung öffentlich äußerte, war in seiner Reaktion ambivalent. Auf der einen Seite forderte er im Kabinett am 11. März, »man müsse unter allen Umständen eine positive Haltung einnehmen«[90], obwohl er die Note für ein entscheidendes Ereignis hielt, wuchsen seine Zweifel gegenüber der sowjetischen Verhandlungsbereitschaft. Er befürchtete, die Noten seien nur ein sowjetisches Verzögerungsmanöver gegen die Westverträge der Bundesrepublik. Kaiser wollte die Stalin-Note ausloten, sie nicht verschleppen. Während Adenauer erklärte, oberste Pflicht sei es, jetzt zu schweigen, erklärte Kaiser, man dürfe jetzt nicht schweigen, sondern müsse reden.[91]

Kaisers Rundfunkrede vom 12. März 1952 war ein Plädoyer für politische Sondierung; mit dem in der Note angedeuteten Gedanken einer bewaffneten, verteidigungsfähigen Neutralität hatte er ohnehin geliebäugelt. Nachdem sich die Deutschlandpolitik der Bundesregierung lange Zeit auf der Einbahnstraße der Westintegration bewegt hatte, schien nun eine alternative Politik möglich. Johann Baptist Gradl hat Kaiser auf folgende »Mittellösung« aufmerksam gemacht: »Die Sowjets werden es ablehnen, die Sowjetzone freizugeben, wenn sie damit nur der westlichen Militärkraft ein weiteres Potential zufügen.« Gradl schlug deshalb vor: »Die deutschen Kontingente in der Europa-Armee werden nur aktiv, wenn Deutschland selbst angegriffen wird. Andernfalls bleiben sie neutral. Wird auch Deutschland angegriffen, dann werden die deutschen Kontingente aktiver, voller Bestandteil der Europa-Armee. Ich glaube nicht, daß der Schutz Europas geringer ist, wenn deutsche und westeuropäische Kontingente in ein solches Verhältnis zueinander treten.«[90]

Diese sehr komplizierte Denkweise war auch zu optimistisch. Jedenfalls hielten Jakob Kaiser und seine Freunde wie auch die führenden Köpfe der SPD und FDP es für notwendig, das sowjetische Angebot auf die Probe zu stellen. Offen kritisierte Gradl in seinem Memorandum die sog. Magnettheorie der Integralisten, also Adenauers und seiner Anhänger, die auf die Westintegration setzten: »Die Formel Adenauers: Der Westen einschließlich der Bundesrepublik muß erst stark gemacht werden. Dann kann man mit den Russen sprechen. Ist das eine Lösung? Nein! Nur eine Vertagung der Frage bis zum Starksein . . . wie (dann) der Osten reagiert, ist sehr fraglich. Daß die Sowjets einem ultimativen Druck weichen, ist für mich sehr unwahrscheinlich . . . Dann bleibt nur Erstarrung, d. h. Teilung Deutschlands[93].«

Kaiser wollte die Sowjets beim Wort nehmen, selbst um den Preis, daß der westliche Integrationsprozeß verlangsamt würde: »Anstelle von Adenauers Über- und Unterordnung wollte Kaiser die Parallelität« von West- und Ostpolitik.[94]

Adenauer hingegen befürchtete einen Rapallo-Komplex im Westen und forcierte die Paraphierung der Integrationsverträge. Ein mögliches Geschäft, wie es Kaiser vorschwebte, Verzicht auf Westintegration der Bundesrepublik gegen Verzicht auf Sowjetisierung der Ostzone, hatte jedoch nicht nur bei Adenauer, sondern vor allem bei den Westmächten, besonders bei der amerikanischen Regierung, keine Chance auf Verwirklichung: »Die entscheidende westliche Großmacht, Amerika, aber auch England waren ohnehin entschlossen, die im kalten Krieg errichteten Bastionen nicht wieder preiszugeben und auf dem Wege des Einbaus des Potentials der Bundesrepublik in die westliche Front nicht haltzumachen.«[95]

Die Amerikaner wollten keine Lösung im Sinne der sowjetischen Offerte. Die amerikanische Eindämmungspolitik war unvereinbar mit der Idee der Neutralität Gesamtdeutschlands. Damit war die Voraussetzung für alle Verhandlungen, nämlich

Verständigung zwischen Ost und West, völlig gegenstandslos. Auch als die zweite sowjetische Note vom 9. April in den entscheidenden Punkten keine weitere Klärung brachte und als die Sowjetunion ihre politischen Praktiken in der besetzten Zone verschärfte, schwanden Kaisers Hoffnungen zusehends. Er wurde nun in seinem Verdacht bestärkt, daß die sowjetischen Noten lediglich die Westintegration der Bundesrepublik Deutschland verzögern oder gar verhindern sollten. Aber Jakob Kaiser hätte vielleicht die folgende Bewertung geteilt:

»Adenauer handelte im Frühjahr 1952 dem Bewegungsgesetz der Bundesrepublik gemäß. Aber er glaubte jetzt um so mehr, von der Wiedervereinigung reden zu sollen, und so begann sich zwischen seinem Reden und Handeln eine Kluft aufzutun. Das war eine schlimme Frucht des Frühjahrs 1952. Der Verlust der gesamtdeutschen Unschuld löste die unterschwellige Gegenbewegung gegen Adenauer aus, vor allem bei Theologen, Professoren und Studenten, die ihm seinen auf die Bundesrepublik bezogenen Gestaltungswillen niemals vergaben. Der nationale Stachel bohrte sich schließlich so tief in seine Politik, daß er ihn, umkleidet von gaullistischen Ideen, am Ende seiner politischen Tage noch selbst herauszuziehen sich bemühen wird . . . Der Westkurs kostete einen Preis, der moralisch um so anfechtbarer war, da ihn die 18 Millionen Mitteldeutsche bezahlen mußten. Aber Adenauer handelte im sacro egoismo der Staatsräson der Bundesrepublik, weil er für die Zukunft von 50 Millionen Westdeutschen den schlüpfrigen Weg der Neutralisierung fürchtete.«[96]

Jakob Kaiser wurde, wie viele andere, aus deutschlandpolitischer Resignation jäh herausgerissen, als am 17. Juni 1953 der Arbeiteraufstand in der SBZ brutal niedergeschlagen wurde. Für einen Moment mag er gehofft haben, daß die Rhetorik der Stärke, daß Magnettheorie und Adenauers Westintegration nun den Kommunismus in der sowjetisch besetzten Zone hinwegfegen würde. Aber sehr schnell mußte er erkennen, daß seine deutschlandpolitischen Hoffnungen an den brutalen Realitäten des deutschlandpolitischen und globalen Antagonismus zwischen Ost und West und am sowjetischen Würgegriff scheiterten. Auch arbeitete die Zeit für die Machthaber in Pankow.

Der Magnettheorie wurde die Basis entzogen. Die Sowjetunion hatte ihr Gesicht verloren und mußte einer antikommunistischen Dominotheorie vorbeugen, ihren Herrschaftsbereich also vorrangig stabilisieren. Damit waren auch verhandlungspolitische Lösungen im Sinne einer Neutralisierung und Wiedervereinigung Deutschlands in weite Ferne gerückt. Von nun an mußte die ideologische Pulsader des Marxismus/Leninismus in allen Staaten des Ostblocks rücksichtslos gesichert werden. Wenn sie nur an einer Stelle durchschnitten würde, könnte das ganze System kollabieren.

Nach der Unterzeichnung der Pariser Verträge war 1954 endgültig deutlich geworden, daß von Kaisers Grundüberlegungen der frühen fünfziger Jahre nichts mehr übriggeblieben war. Alle Formen eines Arrangements mit der Sowjetunion waren als Illusion verflogen. Alle vorsichtig und behutsam formulierten Vorbehalte gegenüber der Westpolitik waren einer vorbehaltlosen Westintegration gewichen. Auf diesem Hintergrund stellt sich auch die Frage, ob Kaiser seinem politischen Auftrag besser gedient hätte, wenn er als Opponent Adenauers außerhalb des Kabinetts gewirkt hätte. Hierbei wird aber vergessen, daß Kaiser schon ab 1949 keinen klaren Kurs angesichts der übermächtigen neuen Realitäten mehr finden konnte. Auch war Kaiser von Adenauers Erfolg beeindruckt. Er suchte die Kooperation, solange Adenauer keinen Opportunismus und strikten Gehorsam verlangte und faire Auseinandersetzungen zuließ. Dies war allerdings selten der Fall. Kaiser hatte als Minister einen begrenzten politischen Spielraum, wagte sich aber dennoch mit Erklärungen an die Öffentlichkeit, die mit der Politik des Kanzlers kollidierten und bisweilen zu scharfer Kritik Adenauers führten.[97]

Die Situation war nicht ohne Kuriosität: Auf der einen Seite der gesamtdeutsche Minister Kaiser, der trotz heftiger Einwände im Kabinett blieb, auf der anderen Seite ein Bundeskanzler, der einen Minister am Kabinettstisch hielt, obwohl dieser es bisweilen mit der Kabinettsdisziplin nicht genau nahm und immer wieder zum Gegenspieler Adenauers aufgebaut wurde. Zeitweise, so nach der Bundestagswahl von 1953, war Adenauer geneigt, Robert Tillmanns zum Nachfolger Kaisers zu ernennen. Man fragt sich, warum Jakob Kaiser so stetig an seinem Ministerposten festhielt. Aus Sorge um Deutschland, um die Belange der Menschen in der Ostzone? Diese Verantwortung war für ihn offensichtlich wichtiger als tagespolitische Auseinandersetzungen mit Bundeskanzler Adenauer.

Eine letzte große politische Genugtuung konnte Kaiser schließlich noch erleben: Seine Opposition gegenüber dem von Adenauer ausgehandelten Saar-Abkommen und seine Unterstützung des Willens der Saarbevölkerung zur Rückkehr nach Deutschland waren wichtig. Bis zuletzt kämpfte Kaiser gegen das Saar-Statut. Er verweigerte der Ratifizierung im Bundestag seine Zustimmung. Kaiser stimmte allein von der CDU mit vier FDP-Ministern am 19. November 1954 gegen das Saar-Abkommen. Aber Adenauer konnte die Führungsgremien der Union für eine Zustimmung zum Saar-Abkommen gewinnen. Kaiser wurde in der Partei nunmehr isoliert, und der Kanzler drohte ihm mit Entlassung. Als schließlich das Saar-Abkommen am 27. Februar 1955 im Bundestag mit 264 : 201 Stimmen angenommen wurde, enthielt sich Kaiser der Stimme.

Nachdem jedoch am 23. Oktober 1955 67,7 % der Saarländer das Saar-Statut ablehnten und am 1. Januar 1957 Frankreich das Saargebiet an Deutschland zurückgab, wurde Kaiser bestätigt. Was ihm mit Blick nach Osten auf die SBZ versagt geblieben war, konnte er wenigstens in der Saarpolitik erreichen. Optimismus kam auf: »Der erste Schritt zur Wiedervereinigung unseres Landes, den die Wiedereingliederung der Saar in ihr Mutterland bedeutet, erfolgt auf dem Hintergrund der Verständigung zwischen zwei Völkern . . . In dem gleichen Geiste der Verständigung wünschen wir die Wiedervereinigung aller getrennten Teile Deutschlands durchzuführen.«[98]

Es war vor allem Kaiser, dem bei der Wiedereingliederung der Saar in die Bundesrepublik Verdienste zukommen. So wies Alfred Grosser auf folgendes Mißverhältnis in der öffentlichen Meinung in Deutschland hin: »Das kleine Saarmädchen kommt zum Kanzler und bittet ihn, in sein Haus aufgenommen zu werden. Der Kanzler weist ihm die Tür. Nachdem es der Saar jedoch gelingt, mit Hilfe der anderen zum Fenster hineinzukommen, nimmt Adenauer das kleine Mädchen auf sein Knie, stellt sich den Fotografen und nimmt die Glückwünsche zur Rückkehr des verlorenen Kindes entgegen.«[99]

Nach diesem letzten Triumph unter Anspannung aller physischen und psychischen Kräfte ließ Jakob Kaisers Gesundheit plötzlich nach.

Nach einer Herzattacke 1956 erlitt er Anfang Januar 1957 den ersten Schlaganfall. Aber Kaiser machte weiter ohne Rücksicht auf seine schwer angegriffene Gesundheit. Die Folge war ein zweiter Schlaganfall im April 1957, der ihn dann für vier

Jahre lähmte und ans Bett fesselte. Kaiser wurde noch Ehrenbürger von Berlin und verfolgte das politische Geschehen vom Krankenbett. Die Gesichtszüge von Konrad Adenauer an Jakob Kaisers Krankenbett zeigen, daß die beiden alten Kontrahenten sich miteinander ausgesöhnt hatten. Beide hatten für die Geschichte der Bundesrepublik Deutschland zentrale Bedeutung: Adenauer im Erfolg und Jakob Kaiser im Scheitern.
Kurz vor seinem Tod sagte Jakob Kaiser: »Preußen muß sein. Vergeßt die Zone nicht!« Es ging ihm immer um das ganze Deutschland. Die folgenden Zeilen eines großen Preußen umreißen auch Kaisers politische Haltung:

»Freilich mag wohl mancher sinken,
Weil er stark ist:
Denn die kranke, abgestorbene Eiche steht
Dem Sturm, doch die gesunde stürzt er nieder,
Weil er in ihre Krone greifen kann.

Nicht jeden Schlag ertragen soll der Mensch,
Und welchen Gott faßt, denk ich, der darf sinken,
Auch seufzen. Denn der Gleichmut ist die Tugend
Nur der Athleten. Wir, wir Menschen fallen
Ja nicht für Geld, auch nicht zur Schau. – Doch sollen
Wir stets des Anschauens würdig aufstehen.«[100]

## 6. Zusammenfassung

Das Leben Jakob Kaisers stand im Zeichen des deutschen Nationalstaates und seiner Krisen; von seiner Geburt im Dreikaiserjahr 1888 bis zu seinem Tod kurz vor dem Bau der Mauer durch Deutschland 1961 vollzieht sich ein politisches Leben, das durch die Brüche des deutschen Nationalstaates gekennzeichnet ist. Dieser zeitgeschichtliche Hintergrund – Herkunft aus dem monarchischen Deutschland, Verwurzelung im obrigkeitsstaatlichen Denken und die nachhaltige Zerstörung der alten Ordnung nach dem Ersten Weltkrieg – sind für das Verständnis von Jakob Kaiser als nationalem Politiker nach dem Zweiten Weltkrieg mehr als nur von biographischem Interesse.
Für seine Generation bildete gerade die aus dem monarchischen Deutschland herrührende nationale Gesinnung die Triebfeder politischen Handelns nach 1945. Kaiser liebte sein Land. Er suchte über die politischen, wirtschaftlichen und kulturellen Brüche Deutschlands im 20. Jahrhundert hinweg Orientierung.
Seine Generation hatte die harmonisierende Fülle des Nationalgefühls, der nationalen Identität mehrfach verloren:
– machtpolitisch nach dem Ersten Weltkrieg durch den Verlust des außenpolitischen Primats, durch den Zusammenbruch des europäischen Gleichgewichtssystems und durch das Ende deutscher Hegemonialpolitik;
– demokratisch nach dem Untergang der Weimarer Republik;
– moralisch durch das Hitler-Regime, das den Deutschen nationale Würde sowie politische Ethik und Moral genommen hatte.
Angesichts dieser Brüche und Verluste erschien es bisweilen, als ob Jakob Kaiser einen rückwärts gewandten Kampf führen würde:

– In der Weimarer Zeit trat Kaiser für die alte Ordnung vor dem Ersten Weltkrieg ein.
– Im »Dritten Reich« kämpfte er für die Wiederherstellung der Weimarer Demokratie.
– Nach dem »Dritten Reich« kämpfte Kaiser im Namen des Widerstands für die Wiederherstellung der Einheit Deutschlands.

Suchte Jakob Kaiser nur im Schritt zurück die nationalen und politischen Verluste wieder auszugleichen? Sein Wirken im Widerstand, sein Glaube an deutsche Tugenden und die Forderung nach Wiederherstellung der Einheit greifen weiter.
Kaiser hatte sich gerade im Widerstand gegen Hitler nicht nur persönliche Autorität und moralische Legitimität auf politischen Führungsanspruch erworben, sondern auch ein Gefühl für nationale Kontinuität über die zeitgeschichtlichen Brüche hinweg bewahrt. Vermutlich hat erst die schwere geistige Auseinandersetzung mit dem Nationalsozialismus ihn von dem stark irrational gespeisten Nationalismus des 19. Jahrhunderts getrennt und zu einem demokratisch und sozial begründeten Staats- und Nationsdenken geführt.[101]
Im Zuge des kalten Krieges und der Teilung Deutschlands wurde das Nationalgefühl ideologisch konfrontativ aufgeladen. Kaiser hat sich mit allen Mitteln dagegen gewehrt, daß der Nationalgedanke in der globalen Konfrontation, in der Freund/Feind-Verabsolutierung aufgehoben und die historisch-traditionellen Bindungen Deutschlands nach Osten gelockert bzw. gekappt wurden:
»Während man auf der östlichen Seite, wo der nationale Gedanke mehr und mehr mit dem kommunistischen verschmolzen wurde, ihn für eine revolutionäre Offensivstrategie in Dienst nahm, mußte er in der Reaktion darauf auf der westlichen Seite in die Defensive geraten und konnte in der hier gegebenen Intention, den vorherigen Zustand, das Deutsche Reich in den Grenzen von 1937 wiederherzustellen, als bloße Restauration erscheinen. Außerdem stand hier der nationale Impuls im Konflikt mit der neuen Vorstellung einer europäischen Integration, er verlor dadurch an Klarheit und Elan und hat es vor allem bei der einer faszinierenden Europa-Vision zugewandten Jugend schwer.«[102]
Aber auch die Herkunft und der Werdegang Kaisers tragen zum Verständnis seiner politischen Positionen nach 1945 bei. Sein Engagement in der christlichen Arbeiterschaft ließen ihn die Notwendigkeit sozialpolitischer Maßnahmen deutlich sehen. Der Nationalstaat sollte durch den Sozialstaat temperiert werden; die Unruhe, die extremen Pendelschwünge der deutschen Geschichte sollten durch nationale Einheit und sozialen Ausgleich in eine gleichmäßige Entwicklung einmünden.
Die außenpolitische Maklerrolle Deutschlands sollte durch eine integrative Sozialpolitik untermauert werden. Kaisers innenpolitische Brückenkonzeption, der in der Tradition christlicher Soziallehre entwickelte Ausgleich von rücksichtslosem Kapitalismus einerseits und kollektivistischem Sozialismus andererseits war nicht ohne Reiz. Ein solcher »dritter Weg« eines wiedervereinigten Deutschlands hat in den letzten Jahren erneut an Attraktivität gewonnen. Hier gilt es allerdings, illusorische Spreu sehr genau von realpolitischem Weizen zu trennen – und dieser kann wohl nur sehr spärlich gedroschen werden.
Ein weiterer Aspekt von Jakob Kaisers Wirken wurzelte in seinem Widerstand gegen den Nationalsozialismus. Als Repräsentant eines moralisch nicht diskreditierten Deutschland suchte er die durch den Nationalsozialismus verschütteten Werte im politischen Bewußtsein der Deutschen neu zu verankern. Er suchte die national-

politische Erziehung und mahnte Konsequenzen aus dem Niedergang der Werte im »Dritten Reich« immer wieder an. Im Widerstand hatte Kaiser, ähnlich wie Schumacher, politisches Sendungsbewußtsein entwickelt. Adenauer hingegen beließ die Deutschen in ihrer unpolitischen Passivität und nutzte diese für Demokratie und Westintegration. Adenauers Politik hatte auch Valiumcharakter. Kaiser hingegen scheute sich, auf diese Weise historische und politische Schmerzen der Deutschen zu lindern. Er forderte sie auf, weiter national zu denken und die schreckliche Erinnerung an die Diktatur wachzuhalten. Sein moralischer Rigorismus stieß allerdings auf den Widerstand derjenigen Deutschen, die gerade vergessen wollten und sich gerne einreden ließen, sie seien Verführte gewesen, die keine Schuld traf. Eine solche Vergangenheitsbewältigung wiederum konnte Kaiser nicht akzeptieren.

Sein Wirken im Widerstand gegen Hitler und der Anspruch eines moralischen Neuanfanges wurde auch im Verhalten gegenüber den Parteifreunden sichtbar; so opponierten er und die Exil-CDU, als Adenauer 1950 Kurt Georg Kiesinger mit der Aufgabe des geschäftsführenden Vorstandsmitgliedes der Union betrauen wollte. Für Kaiser war ein Mann wie Kiesinger an einer so exponierten Stelle aufgrund seiner nationalsozialistischen Vergangenheit nicht tragbar.

Hier wird ein Charakterzug Kaisers deutlich, der auch seine Politik bestimmte. Er war kein Finassierer oder Taktiker der Politik. Er suchte Kooperation und Harmonie, war aber nicht bereit, offene Gegensätze unter den Teppich zu kehren. Seine politischen Leitideen wurden durch seinen preußisch geprägten Charakter ergänzt: Er hatte seine Bildung als Autodidakt erworben, hatte sich seine Position hart erarbeitet. Er besaß einen ernsten, stolzen und geradlinigen Charakter, dem Leichtigkeit, Eleganz oder weltmännische Gelassenheit fremd waren. Hatte er sich einmal ein Ziel gesetzt, verfolgte er es kompromißlos. Prinzipientreue galt ihm als Maßstab politischen Handelns. Von vielen wurde er als starr und unflexibel, im persönlichen Umgang als schroff beurteilt. Aber Kaiser gab über seinen politischen Standort nie Rätsel auf. Eine taktische Anpassung um des politischen Vorteils willen lehnte er ab.

Bei einer Würdigung des Wirkens von Jakob Kaiser gilt es zu unterscheiden zwischen seinen konzeptionellen Überlegungen einerseits und der praktischen, operativen Politik andererseits. Sein Wirken als Bundesminister für Gesamtdeutsche Fragen war erfolglos. Zu dieser Zeit war erfolgreiche Deutschlandpolitik auch nicht möglich. Hinzu kommt, daß Kaiser von der außenpolitischen Planung und Entscheidung ausgeschlossen war. Der Begriff der Kanzlerdemokratie, wie er von Arnulf Baring geprägt worden ist[103], bedeutete eben Macht- und Entscheidungskonzentration im Palais Schaumburg.

Wenn man Kaisers Wirken nach 1945 in Phasen unterteilt, so erreichte er den Höhepunkt seines Wirkens in der Zeit von 1945 bis 1947 als gleichrangiger Gegner von Konrad Adenauer und Kurt Schumacher im Ringen um die zukünftige Führungsposition in Deutschland. Seine operative Politik wurde in dieser Zeit durch eine überzeugende Konzeption abgestützt. In den Jahren 1947 bis 1949 war er ein Kaiser ohne Land, aber auch ohne Konzept – die Nachkriegsentwicklung hatte seine Brükkenkonzeption überrollt. In den Jahren 1949 bis 1953 besaß Kaiser einen gewissen Einfluß im Kabinett, er hatte sich aber konzeptionell Adenauer weitgehend angeschlossen. Operativ reichte sein Einfluß allerdings nicht aus, um politische Alternativen nachhaltig zu verfolgen. In den Jahren 1954 bis 1957 ist eine weitere schrittweise Entmachtung und Resignation Kaisers zu erkennen, die nur durch einen Er-

folg in der Saarfrage vorübergehend gedämpft wurde. Sein abnehmender Einfluß zeigte sich am deutlichsten in einem Ereignis, das nicht eintrat: Jakob Kaiser, dessen politische Gedanken immer um die Sowjetunion kreisten, wurde von Adenauer nicht aufgefordert, 1955 mit ihm nach Moskau zu reisen.
Auch stellt sich die Frage, ob und wann Kaiser hätte zurücktreten sollen. Operativ zur Einflußlosigkeit verdammt, blieb ihm allein das Wort und die Rede als Kompensation. Damit allein jedoch konnte er die nationale Glut nicht wieder entfachen – die politische Entwicklung hatte sie ohnehin schon zu kalter Asche werden lassen.
Kaisers konzeptionelle Überlegungen in der unmittelbaren Nachkriegszeit speisten sich aus der nationalen und gewerkschaftlichen Erfahrung. Er wünschte eine wirtschaftliche Umverteilung und hat diese mit dem Konzept der beiden Ideenkreise in Ost und West, denen sich Deutschland öffnen müsse, begründet. Nach Lage der Dinge war diese Überlegung zutreffend: Soziale Gerechtigkeit und liberale Freiheitsrechte wollte er zusammenbringen, um Deutschland aus den verhängnisvollen Fehlentwicklungen seiner Geschichte herauszulösen und innerlich zu befrieden.
Kaisers politische Überlegungen scheiterten jedoch an folgenden Realitäten:
Er überschätzte die deutschen Möglichkeiten, auf die Alliierten Einfluß zu nehmen, die deutsche Einheit wiederherzustellen.[104]
Kaiser unterschätzte völlig den Ost-West-Konflikt in seiner globalen Dimension, in seiner Intensität und in den Rückwirkungen auf Deutschland.
Er hatte kein Gespür für den historischen Bankrott des deutschen Nationalstaates.
Er blieb preußisch orientiert und zentralistisch ausgerichtet auch im Lichte der Erfahrungen von 1933–1945.
Kaiser überschätzte die politische Wirkung seiner persönlichen Integrität und die des Widerstands gegen das »Dritte Reich« auf die deutsche Bevölkerung und auf die Alliierten nach 1945.
Angesichts des wachsenden Ost-West-Konflikts und seiner schwindenden machtpolitischen Rolle innerhalb der Union in den Jahren 1945–1948 schrumpfte seine Brückenkonzeption zu einer Brückenkopftheorie.
Kaiser hatte die Brücken nach Osten abbrechen müssen, nachdem die deutschen und sowjetischen Kommunisten die Brücke mehr in Richtung Demokratie, Gerechtigkeit und Menschenrechte nicht betreten wollten, sondern sogar demontierten. Damit waren die Würfel gefallen. Als CDUD-Vorsitzender, juristisch noch im Amt, aber faktisch entlassen, teilten Jakob Kaiser und sein Stellvertreter Ernst Lemmer schließlich das Schicksal ihrer Vorgänger Hermes und Schreiber, obgleich sie zu größeren Konzessionen bereit waren. Unter Kaisers Nachfolger Otto Nuschke entwickelte sich die CDUD in der SBZ schließlich zu einer gefügigen Blockpartei. Im christlich-demokratischen Kokon vollzog sich politische Anpassung und Resignation.
J.-B. Gradl hat die Entwicklung der CDU in der SBZ nach Kaisers Absetzung eindringlich charakterisiert: In mehreren Säuberungswellen wurde die CDU politisch um- und gleichgeschaltet. Wer noch in den Westen fliehen konnte, hatte Glück. Alle Politiker, ob in kommunaler oder landespolitischer Funktion, die sich gegen die Gleichschaltung wehrten, wurden verhaftet, litten im Gefängnis oder wurden verschleppt. Viele kamen auf mysteriöse Weise ums Leben: »In den Jahren 1948 bis 1950 wurden 597 CDU-Mitglieder wegen Auseinandersetzungen innerhalb der Ost-CDU inhaftiert und vielfach verschleppt. Diese Zahl enthält nur die Fälle, die präzise bekannt geworden sind. Die Zahl der Dunkelfälle ist viel höher.«[105]

Kaisers Scheitern machte deutlich, wie begrenzt handlungsfähig deutsche Politiker im Konflikt der Alliierten waren, aber auch, daß die politische Tradition Deutschlands als Makler zwischen Ost und West nach 1945 tief verschüttet war.

Die Berlin-Blockade 1948/49, der Korea-Krieg, Adenauers Politik der Westbindung und der Wiederbewaffnung, die einzelnen vertraglichen Schritte vom Petersberger Abkommen über die Pariser Verträge von 1955 bis zu den Römischen Verträgen 1957 zwangen Kaiser zur Annäherung an und teilweise Übernahme von Adenauers Positionen. Allerdings interpretierte Jakob Kaiser diese Verträge mit Vorbehalten, um sein langfristiges Ziel, die Wiederherstellung der staatlichen und nationalen Einheit Deutschlands, im Blick zu halten.

In dem Maße, in dem Adenauers Prestige anstieg und sich zugleich die Bundesrepublik als Staat im westlichen Verbundsystem stabilisierte, in dem gleichen Umfang verloren Kaisers nationalpolitische Konturen an Kraft. Während sich das Provisorium Bundesrepublik Deutschland definitiv entwickelte, verschwand Kaisers ursprüngliches Konzept am Horizont der Illusionen.

Was ihm und seinen Freunden blieb, war die leidenschaftliche Anmahnung des nationalen Erbes, Kritik an der deutschen Spaltung und an der kommunistischen Unterdrückung jenseits der Elbe. Kaiser wollte auch der wachsenden deutschlandpolitischen Resignation in der Bundesrepublik Deutschland entgegenwirken, wurde aber schließlich selbst zur Personifizierung deutschlandpolitischer Ohnmacht.

Gerade unter den innen- und außenpolitischen Faktoren, die sich im Sinne von Konrad Adenauers Politik entwickelten, reduzierte sich Kaisers Rolle auf die eines Bremsers, Verzögerers, dessen Veto innerhalb und außerhalb des Kabinetts jedoch im Zuge der Ereignisse an Wirkung verlor und immer weniger gehört wurde. Hieß es auf den Plakaten der CDU/CSU in den ersten Jahren »Einheit in Frieden und Freiheit«, so lautete der Slogan ab Herbst 1953 »Freiheit, Frieden, Einheit«. Die Wiedervereinigung rangierte, nicht nur plakativ gesehen, an letzter Stelle.

Die entspannungspolitischen Hoffnungen Kaisers waren auf eine Wiedervereinigung in einem überschaubaren zeitlichen Rahmen gerichtet. Seine deutschlandpolitische Ungeduld läßt es fraglich erscheinen, ob er den langen Atem und die Geduld für eine Politik der kleinen Schritte und der Annäherung aufgebracht hätte. Sein nationaler Voluntarismus prädestinierte ihn nicht gerade für langfristige Politik.

Kaisers Verhältnis hinsichtlich der Priorität der Komponenten Einheit und Freiheit blieb ambivalent. Bisweilen schien es, als ob er für die Einheit einen gewissen Preis mit Blick auf die Freiheit zu bezahlen bereit gewesen wäre.

Kaiser ahnte wohl, daß eine Wiedervereinigung Deutschlands nicht zum ordnungspolitischen Nulltarif zu haben war, daß ein Prozeß des Gebens und Nehmens einsetzen würde. Adenauer hingegen konnte sich eine Wiedervereinigung nur als bedingungslose Angliederung der DDR zu westlichen Konditionen vorstellen.

Aber Kaisers Suche nach Alternativen erlitt Schiffbruch, weil die Voraussetzungen nicht gegeben waren. Allerdings bleiben interessante Fragen: Was wäre gewesen, wenn die USA Ende 1945 zaghafte Neutralisierungsansätze fortgesetzt hätten? Wenn Kaiser 1945 nach der Hermes-Krise mit Hermes in den Westen gegangen wäre und dort Adenauers Machtanspruch herausgefordert hätte, wenn er nach 1947/48 seine Konkurrentenrolle gegenüber Adenauer selbstbewußter und zugleich innerparteilich geschmeidiger aufgebaut hätte? Wie schließlich wäre die Entwicklung der Bundesrepublik Deutschland verlaufen, wenn Kaiser und Schumacher ein besseres Verhältnis zueinander gehabt und 1949 eine Große Koalition von Sozialdemokratie

und Union verwirklicht hätten?[106] Auf diese Fragen gibt es keine Antworten, sie markieren lediglich einige Kreuzungspunkte der Nachkriegsentwicklung.
Worin liegt die heutige Bedeutung Kaisers? Aus der Sicht der ausgehenden achtziger Jahre, in denen die westeuropäische Integrationsidee an Schwungkraft verloren hat und sich gleichzeitig eine nationalstaatliche Renaissance im politischen Denken abzeichnet, haben Kaisers Überlegungen zu Deutschland und zum Nationalstaat wieder an Attraktivität gewonnen. Kaiser strebte ein Europa der Vaterländer an, nicht Europa als Vaterland, wie Bundeskanzler Adenauer. Echtes europäisches Bewußtsein setzt nach Kaiser ein gesundes nationales Bewußtsein voraus. Ihm ging es um die richtige Mitte zwischen nationaler und europäischer Verpflichtung, die in Deutschland hergestellt werden sollte. War sein nationalstaatlicher Entwurf in der unmittelbaren Nachkriegszeit vielleicht antiquiert, so hat er heute für viele visionäre Kraft. Kaiser plädierte zwar für eine Westorientierung in der deutschen Politik, votierte aber gegen eine Einbindung und sprach statt dessen lieber von Anlehnung an den Westen. Nationalstaatliche Grundüberlegungen für Europa und für die europäische Einigung zeigen sich später auch in de Gaulles Konzept vom Europa der Vaterländer.
Adenauer machte die CDU zur ersten europäischen Partei der Bundesrepublik Deutschland. Dies wurde zum herausragenden Erkennungsmerkmal der Union und bildete zugleich ihre zentrale außenpolitische Tradition. Kaisers entspannungspolitischer Impetus gehört aber auch zu den politischen Traditionen der Union. Auch nach Osten hat die Union seit 1945 Ausgleich und Entspannung gesucht, sie scheiterte aber an der sowjetischen Spaltungs- und Unterdrückungspolitik.
Wie Hans-Peter Schwarz zu Recht feststellte, symbolisiert Kaisers Scheitern Testfall und Alibi zugleich für die deutsche Nachkriegspolitik.[107] Wenn es selbst ihm nicht gelang, eine kompromißbereite Politik gegenüber der Sowjetunion durchzusetzen, war eine unabhängige Nationalpolitik nicht durchführbar. Erst sein konsequenter Versuch, fast alles gegenüber der Sowjetunion zu versuchen, macht es heute möglich, bis 1949 nicht von verpaßten Möglichkeiten zu sprechen. Sein Scheitern bewahrte Deutschland vor einer nationalpolitischen Dolchstoßlegende. Der Prozeß der Teilung Deutschlands war von deutschen Politikern nicht aufzuhalten.
Kaiser mußte auch als Vorsitzender der CDU der SBZ scheitern. Er konnte den Prozeß der politischen Gleichschaltung und Unterdrückung in der SBZ nicht verhindern. Nach dem Zweiten Weltkrieg war Deutschland weder als Einheit noch als Demokratie, noch als Brücke wiederherstellbar. Eine Restauration der Weimarer Republik und des europäischen Staatensystems wie vor 1933 war Illusion.
Jakob Kaiser wird auch in Zukunft in der Parteigeschichte der CDU als Garant des nationalen Willens und der sozialen Verantwortung einen zentralen Platz einnehmen. Sein Brückenkonzept ist gescheitert, aber sein Wille zum Ausgleich mit der Sowjetunion bleibt gültiges Vermächtnis.
Der Versuch der Überwindung des Glaubenskrieges zwischen Ost und West, der nur ein Entweder/Oder zuließ, bleibt Kaisers Erbe. Die CDU wird dann eine eigene, selbstbewußte, tragfähige und glaubwürdige Entspannungstradition entwikkeln, wenn sie sich Jakob Kaisers Erbe positiver und selbstbewußter annimmt, als dies in den vergangenen Jahrzehnten geschehen ist. Dieses Erbe verweist auf die mitteleuropäische Aufgabe, die für Deutschland seit den siebziger Jahren wieder angewachsen ist und die nun nicht mehr aus der Großmachtrolle interpretiert werden kann, aber von der Sache her fortwirkt.

Die Bundesrepublik Deutschland muß sich als europäische Großmacht und zugleich als ökonomisches und demokratisches Vorbild dieser europäischen Aufgabe stärker widmen.
In einer Zeit, in der eine Reihe von Aspekten der westeuropäischen Integration und der atlantischen sicherheitspolitischen Verankerung für viele fragwürdig geworden ist, erscheinen Kaisers Vorbehalte in neuem Licht. Die Frage, ob die prinzipielle Option für den Westen nicht in dem Maße relativiert werden muß, wie nationale Politik und Entspannungspolitik nach Osten an Wert gewinnen, bleibt brisant.

Anmerkungen

1 Band I: Erich Kosthorst, Jakob Kaiser, der Arbeiterführer, Stuttgart, Berlin, Köln, Mainz 1967; Band II: Elfriede Nebgen, Jakob Kaiser, der Widerstandskämpfer, Stuttgart 1970; Band III: Werner Conze, Jakob Kaiser, Politiker zwischen Ost und West 1945–1949, Stuttgart 1969; Band IV: Erich Kosthorst, Jakob Kaiser, Bundesminister für Gesamtdeutsche Fragen 1949–1957, Stuttgart 1972.
2 Peter Brandt, Herbert Ammon (Hrsg.), Die Linke und die nationale Frage, Dokumente zur deutschen Einheit seit 1945, Reinbek 1981.
3 Im folgenden werden die Verweise auf die vierbändige Biographie von Jakob Kaiser beschränkt auf Verfasser und Band-Nr. I–IV. Hier: Kosthorst, I, S. 17.
4 Kosthorst, I, S. 69.
5 Friedrich Meinecke, Politische Schriften und Reden, Stuttgart, München, Darmstadt 1979, S. 281 und 412.
6 Kosthorst, I, S. 75.
7 So Kaiser in einer Ansprache an Jugendliche am 14. 12. 1919, NL (Nachlaß) Kaiser, Bundesarchiv Koblenz, Nr. 03; vgl. auch Kosthorst, I, S. 84.
8 Kaiser in: Zentralblatt, 13. 6. 1919, Jg. 19, S. 90.
9 Kaiser auf dem 10. Kongreß der Christlichen Gewerkschaften Deutschlands, Köln 1920. Vgl. hierzu: Kosthorst, I, S. 90.
10 Rede Kaisers vor den rheinischen Arbeiterzentrums-Wählern im Frühjahr 1928; vgl. Kosthorst, I, S. 123 f.
11 Vgl. Kosthorst, I, S. 90.
12 Werner Sombart, Deutscher Sozialismus, Berlin 1934. Kaisers zweite Frau, die er nach dem Tod seiner ersten Frau (1952) im Jahre 1953 heiratete, war seit den zwanziger Jahren eine enge politische Beraterin. Elfriede Nebgen hatte Sombarts Vorlesungen in Berlin aufmerksam gehört.
13 Vgl. Christian Eckert, Planwirtschaft, Rathenaus Forderungen, Mussolinis Formungen. In: Festgabe für Werner Sombart zum 70. Geburtstag, 19. 1. 1933, in: Schmollers Jahrbuch Nr. 56 (1932), S. 1170–1186. Vgl. auch: Walther Rathenau, Schriften und Reden, Frankfurt/Main 1964, S. 190 ff.
14 »Sombarts ›Proletarischer Sozialismus‹ (1924) wurde geradezu zum Standardwerk der Sozial-Konservativen, denen es die Argumente gegen Marxismus und liberalen Kapitalismus lieferte«, Bernhard vom Brocke in seinem Vorwort zu: Sombarts Moderner Kapitalismus, Materialien zur Kritik und Rezeption, hrsg. von Bernhard vom Brocke, München 1987 (dtv-Wissenschaft Nr. 4453), S. 51.
15 So Kaiser im Juni 1932, vgl. Kosthorst, I, S. 147.
16 So Kaiser am 1. 3. 1932. Vgl. Kosthorst, I, S. 149.
17 Vgl. Kosthorst, I, S. 170.
18 Zit. nach: Kosthorst, I, S. 172.
19 Vgl. Nebgen, II, S. 60.
20 Hans-Peter Schwarz, Adenauer, der Aufstieg: 1876–1952, Stuttgart 1986, S. 406 f.
21 Ebda., S. 407.
22 Siehe Gerhard Ritter, Carl Goerdeler und die deutsche Widerstandsbewegung, Stuttgart 1954 und 1984, S. 242 und S. 407.

23 Karl Jaspers, Brief an Hannah Arendt vom 23. 12. 1964, in: Hannah Arendt/Karl Jaspers, Briefwechsel 1926–1969, München 1985, S. 614. Vgl. auch den Brief Jaspers' an Arendt vom 8. 1. 1965: »Wer da klar ist, sieht um so deutlicher die Geschwister Scholl und Julius Leber als wirklich reine Lichtpunkte. Beck und Stauffenberg suche ich gerecht zu werden. Von Tresckow weiß man zu wenig. Goerdeler ist zu dumm und lächerlich, als daß es sich lohnte.« Ebda., S. 615.

24 Siehe Conze, III, S. 37. Zur Lage in Berlin nach Kriegsende siehe: Margret Boveri, Tage des Überlebens, Berlin 1945, München, Zürich 1977.

25 So Kaiser im Manuskript einer vorbereiteten Rede für die erste Reise nach dem Westen im Oktober 1945, die er aber nicht antreten durfte. NL Kaiser, Nr. 136.

26 Vgl. NL Hermes, Archiv für Christliche Demokratische Politik (ACDP), I–090–015/1.

27 Vgl. Siegfried Suckut, Blockpolitik in der SBZ/DDR 1945–1949. Die Sitzungsprotokolle des Zentralen Einheitsfront-Ausschusses, Köln 1986, S. 16 ff.

28 Siehe Conze, III, S. 38.

29 Ebda., S. 41.

30 Ebda., S. 41.

31 Vgl. NL von der Gablentz, ACDP I–125–22/6. Vgl. auch Conze, III, S. 65.

32 Quelle: Dertinger auf der Vorstandssitzung der Union am 25. 1. 1947, ACDP III–012–1063.

33 Johann-Baptist Gradl, Anfang unter dem Sowjetstern, die CDU 1945–1948 in der sowjetischen Besatzungszone Deutschlands, Köln 1981, S. 72 ff.

34 Georg Dertinger, Die Wertung der Gemeinde-Wahlen in der Sowjetzone am 1., 8. und 15. 9. 1946. Bericht auf der Vorstandssitzung der Union am 17. 9. 1946, in: ACDP III–012–1063.

35 Vgl. Siegfried Suckut, Die Union in der SBZ und die Gründung der SED, in: DA 6/87, S. 612–623.

36 NL Kaiser, Nr. 71, Brief von Alfred Gerigk vom 24. 12. 1945 an J. Kaiser, abgedr. bei Hermann Weber (Hrsg.), Parteiensystem zwischen Demokratie und Volksdemokratie, Dokumente zum Funktionswandel der Parteien und Massenorganisationen in der SBZ/DDR 1945–1950, Köln 1982, S. 135 f.

37 Zit. nach Conze, III, S. 54.

38 Zit. nach Gradl, Anfang unter dem Sowjetstern, a. a. O., S. 55.

39 Rudolf Uertz, Christentum und Sozialismus in der frühen CDU. Grundlagen und Wirkungen der christlich-sozialen Ideen in der Union 1945–1949, Stuttgart 1981, S. 71.

40 Rede von Kurt Schumacher, 20. 6. 1946, Berliner Post-Stadion.

41 Grundsatzreferat von Georg Grosse zur Wirtschafts- und Sozialpolitik der CDU 1946. Zit. nach Suckut, Die Union in der SBZ, a. a. O., S. 620.

42 Siehe NL Kaiser, Nr. 144, Durchschrift.

43 Vgl. Waldemar Besson, Die Außenpolitik der Bundesrepublik, Erfahrungen und Maßstäbe, München 1970, S. 34.

44 So Hans-Peter Schwarz, Vom Reich zur Bundesrepublik, Stuttgart $1980^2$, S. 310.

45 Rede Jakob Kaiser in Potsdam, 3. 5. 1947, in: NL Kaiser, Nr. 136.

46 Vgl. Kosthorst, I, S. 97 ff.

47 Vgl. Gradl, Anfang unter dem Sowjetstern, a. a. O., S. 87 u. Ernst Lemmer, Manches war doch anders, Frankfurt/M. 1968, S. 290 ff. Mit der vordergründigen Kritik an Hermes sollte Kaiser getroffen werden.

48 Lemmer, Manches war doch anders, a. a. O., S. 291.

49 Conze, III, S. 132.

50 Adenauer, Briefe 1945–1947, Rhöndorfer Ausgabe, hrsg. von Rudolf Morsey und Hans-Peter Schwarz, bearb. von Hans-Peter Mensing, Berlin 1983, S. 438 ff.

51 Ebda., S. 130 f.

52 Zit. nach Conze, III, S. 179.

53 Ebda., S. 139.

54 Ebda., S. 143.

55 Vgl. hierzu: Gradl, Anfang unter dem Sowjetstern, a. a. O., S. 93, und Kurt Schumacher, Reden – Schriften – Korrespondenzen 1945–1952, hrsg. von Willy Albrecht, Berlin, Bonn 1985, S. 124 ff.

56 Gradl, Anfang unter dem Sowjetstern, a. a. O., S. 93.
57 Vgl. Conze, III, S. 144.
58 Conze, III, S. 145.
59 Gradl, Anfang unter dem Sowjetstern, a. a. O., S. 94; Lemmer, Manches war doch anders, a. a. O., S. 307 ff.
60 Theodor Eschenburg, Jahre der Besatzung 1945–1949, Band I, Geschichte der Bundesrepublik Deutschland, Stuttgart 1983, S. 133.
61 Gradl, Anfang unter dem Sowjetstern, a. a. O., S. 99.
62 Ebda., S. 104.
63 Vgl. Peter Bloch, Zwischen Hoffnung und Resignation, als CDU-Politiker in Brandenburg 1945–1950, Köln 1986, S. 94 ff.; Gradl, Anfang unter dem Sowjetstern, a. a. O., S. 106 ff.
64 Zit. nach Conze, III, S. 157.
65 So Conze, III, S. 163.
66 Ebda., S. 165.
67 Bloch, Zwischen Hoffnung und Resignation, a. a. O., S. 94 ff.
68 Zit. nach Gradl, Anfang unter dem Sowjetstern, a. a. O., S. 117.
69 Zit. nach Conze, III, S. 174.
70 Brief von E. Kaiser-Nebgen an Robert Strobel vom 22. 10. 1965, in: NL Kaiser Nr. 116.
71 Ebda.
72 Conze, III, S. 181.
73 Vgl. Gradl, Anfang unter dem Sowjetstern, a. a. O., S. 132.
74 Ebda.
75 Siehe ACDP III–012–684.
76 Zit. nach Conze, III, S. 204.
77 Zit. nach Conze, III, S. 205.
78 Kaiser am 9. 10. 1949, NL Kaiser, handschriftl. Notizen.
79 Undatierte, unsignierte Denkschrift »Aufgaben des Ministeriums für die deutsche Einheit«, NL Kaiser, Nr. 78a.
80 »Seine Hauptaufgabe wird es sein, die öffentliche Meinung, vor allem in den alliierten Ländern, zu untersuchen und die alliierten Länder über das zu unterrichten, was in Ostdeutschland vorgeht«, Konrad Adenauer, zit. nach Der Tag, 2. 9. 1949.
81 Erich Kosthorst, IV, a. a. O., S. 110.
82 Kosthorst, IV, S. 116.
83 Siehe hierzu Jens Daniel (Rudolf Augstein), Deutschland, ein Rheinbund, Darmstadt 1953; Besson, Erfahrungen und Maßstäbe, a. a. O., S. 95.
84 Paul Sethe, Zwischen Bonn und Moskau, Frankfurt/M. 1956, S. 49, 71 f.; ders., Öffnung nach Osten, weltpolitische Realitäten zwischen Bonn, Paris und Moskau, Frankfurt/M. 1966, S. 11 ff.; vgl. hierzu auch Margret Boveri, Die Deutschen und der Status quo, München 1974, S. 26, 37 und 126.
85 Zit. nach Kosthorst, IV, S. 149.
86 Rede Kaiser in Oberhausen am 5. 1. 1950.
87 So Kosthorst, IV, S. 163.
88 Unteilbares Deutschland. Die Konstituierung des Kuratoriums der Volksbewegung für die Wiedervereinigung. Reden und Dokumente, Juni/Juli 1954, S. 37–39.
89 Hans-Peter Schwarz, Die Ära Adenauer 1949–1957, Geschichte der Bundesrepublik Deutschland Bd. II, Stuttgart 1981, S. 164; Dean Acheson, Present at the Creation, S. 645 f.; Eugen Gerstenmaier, Streit und Friede hat seine Zeit, Frankfurt/Main 1981, S. 437 f.; Schwarz, Adenauer, der Aufstieg, a. a. O., S. 939 f.
90 Schwarz, Die Ära Adenauer 1949–1957, a. a. O., S. 153 f.
91 Zur Rolle Kaisers im ersten Adenauer-Kabinett siehe auch Hans-Peter Schwarz, Adenauer, der Aufstieg 1876–1952, a. a. O., S. 733, 782 ff. und S. 911 ff. Vgl. auch Schwarz, Die Ära Adenauer 1949–1953, a. a. O., S. 55.
92 J. B. Gradl, Stets auf der Suche, Reden, Äußerungen und Aufsätze zur Deutschlandpolitik, hrsg. von Christian Hacke, Köln 1979, S. 84.
93 Ebda., S. 20.
94 Vgl. Besson, Erfahrungen und Maßstäbe, a. a. O., S. 126.

95 Kosthorst, IV, S. 230.
96 Besson, Erfahrungen und Maßstäbe, a. a. O., 129.
97 »Nach Zeitungsnachrichten über Erklärungen, die Sie auf der Tagung des Komitees ›Unteilbares Deutschland‹ abgegeben haben, könnte es zweifelhaft erscheinen, ob Sie noch auf dem Boden der Bundesregierung in dieser Frage stehen. Ich bitte um eine gefällige Rückäußerung« (Brief von Bundeskanzler Adenauer an J. Kaiser, 26. Nov. 1956, in: NL Kaiser, Nr. 89).
98 Kaiser, zit. nach Saarbrücker Neueste Nachrichten, 2. 1. 1957.
99 Alfred Grosser, Die Bonner Demokratie. Deutschland von draußen gesehen, Düsseldorf 1960, S. 318.
100 Heinrich von Kleist, Die Familie Schroffenstein, II, 2, in: Heinrich von Kleist, Sämtliche Werke, München, Zürich 1961, S. 77.
101 Kosthorst, IV, S. 187.
102 Ebda.
103 Arnulf Baring, Außenpolitik in Adenauers Kanzlerdemokratie, München 1969.
104 Conze, III, S. 156.
105 Gradl, Anfang unter dem Sowjetstern, a. a. O., S. 164; Peter Bloch, Zwischen Hoffnung und Resignation, a. a. O., S. 119 ff.
106 Vgl. hierzu Paul Weymar, Konrad Adenauer, München 1955, S. 430.
107 Schwarz, Vom Reich zur Bundesrepublik, a. a. O., S. 343.

# II. Einführung zu den Dokumenten

## 1. Vorbemerkungen

Die vorliegenden Dokumente sind chronologisch geordnet. Kaisers Reden haben zumeist aktuellen Bezug, greifen in die politische Tagesauseinandersetzung ein. In seinen Reden verbindet er grundsätzliche Erwägungen mit aktuellen Ereignissen, greift diese kommentierend und illustrierend auf. In den großen Reden vor Publikum wollte Kaiser überzeugen, wachrütteln, für seine Sache werben. Sein Pathos mag gelesen etwas vergilbt wirken, soll aber angesichts seiner Person und Stimme von starker Ausstrahlung gewesen sein. In seinen Reden im kleinen Kreis der Freunde in der Exil-CDU oder in den Sozialausschüssen hat er politische Überlegungen weniger formell dargelegt.
Kaiser war, obwohl fränkischer Abstammung, vom Wesen und Habitus her preußisch geprägt. Paul Franken, ein Freund Adenauers, bezeichnete ihn als den »am meisten preußisch gewordenen Bayer, den ich kennengelernt habe«. Kaisers Reden spiegeln dies wider. Sie sind streng und sachlich im Ton, im Ausdruck nur selten polemisch, bisweilen pathetisch. Intellektueller Glanz war nicht beabsichtigt. Auch prägte Kaiser nur wenige griffige, eingängige Schlagworte. Wer allerdings aus diesen Überlegungen ableitet, daß Kaisers Reden mit schneller Hand geschrieben wurden, der irrt sich. Die ernste Eindringlichkeit und sachliche Strenge wurden lange vorbereitet und erarbeitet. Kaiser hat, vor allem in Zusammenarbeit mit seiner zweiten Frau Dr. Elfriede Kaiser-Nebgen, intensiv an den Redeentwürfen gearbeitet. An bestimmten Formulierungen wurde lange gefeilt, um die Reden sachlich und stilistisch optimal zur Geltung zu bringen.
Die Reden waren nicht auf Effekt abgestellt, ihnen fehlte bisweilen auch rhetorischer Glanz, allerdings blendeten sie auch nicht. Sie waren Ausdruck ernster Eindringlichkeit, die auf die Menschen im Nachkriegsdeutschland ihre Wirkung nicht verfehlten. Seine Reden zeigen, daß sein politisches Denken und Handeln von zäher Leidenschaft für die Menschen in Deutschland geprägt waren. Zeitzeugen berichten, daß die Wirkung von Kaisers Reden im gesprochenen Wort intensiver war, als der gedruckte Text vermuten läßt. Aber auch noch heute können wir uns bei diesen Reden Jakob Kaiser vorstellen, wenn er mit Pathos Deutschlands Freiheit und Einheit beschwor.

## 2. Die Dokumente im zeitgeschichtlichen Kontext

### 1945–1947: Deutschland als Brücke zwischen Ost und West als politische Maxime

Die politischen Grundsätze des Potsdamer Abkommens sahen die Bildung von »demokratischen politischen Parteien« in Deutschland vor.[1] In der sowjetischen Besatzungszone (SBZ) war schon vorher, am 10. Juni 1945, die Gründung politischer Parteien durch den Befehl Nr. 2 der Sowjetischen Militäradministration (SMAD) gestattet worden.[2] Die KPD trat einen Tag später mit ihrem Gründungsaufruf an die Öffentlichkeit, die SPD folgte am 15. Juni.
Mit einem »Aufruf an das Deutsche Volk« machte am 26. Juni eine neugegründete Partei – die Christlich-Demokratische Union Deutschlands – auf sich aufmerksam.[3] Die Gründungsmitglieder waren von ihrer politischen Herkunft heterogen. Eine demokratische Sammelpartei zu gründen, war Anliegen der früheren Mitglieder der Deutschen Demokratischen Partei wie Walter Schreiber, Ferdinand Friedensburg und Theodor Steltzer. Ein anderer Flügel, vertreten durch die früheren Zentrumspolitiker Emil Dovifat, Andreas Hermes und Heinrich Krone, sahen in der Überwindung der konfessionellen Spaltung in der Parteipolitik ihr Hauptanliegen. In diese schon von Adam Stegerwald 1920 geforderte überkonfessionelle Partei trat auch Jakob Kaiser ein. Mit Ernst Lemmer bildete Kaiser gewissermaßen den Gewerkschaftsflügel der neuen Partei.[4] Kaiser wollte der Arbeiterschaft in der Union eine politische Heimat bieten. Das Verständnis zwischen Gewerkschaften und der Union wurde zentral (Dok. 1).
Aber programmatisch blieb die CDUD in Berlin zunächst ohne klares Profil. Der Gründungsaufruf ließ zwar Einflüsse der Dominikaner von Walberberg erkennen, an deren Tagungen Kaiser und Hermes während des Krieges teilgenommen hatten[5], war aber sehr offen formuliert.
Die Rede des Vorsitzenden Hermes anläßlich der Gründungskundgebung am 22. Juli 1945 verdeutlichte das programmatische Defizit der Union.[6] Unter Hermes verstand sich die CDUD zuerst als bürgerliche Partei. Dies änderte sich, als Hermes und sein Stellvertreter Walter Schreiber im Dezember 1945 von der SMAD abgesetzt wurden und Jakob Kaiser mit Ernst Lemmer an die Führungsspitze der Union gelangte. Mit Kaiser trat ein Politiker an die Spitze der CDUD, der durch Akzentuierung sozialistischer Elemente den Druck der östlichen Besatzungsmacht zu lindern suchte. Die CDUD vollzog unter Kaisers Führung einen »deutlichen Schritt nach links«[7]. Der gesamtdeutsche Anspruch[8] ließ sich zudem nicht gegen, sondern nur mit der Besatzungsmacht realisieren. Innerparteilich war für Kaiser noch kein Konkurrent in Sicht, so daß für die Sowjetunion auch der gesamtdeutsche Anspruch der CDUD unter dem Vorsitzenden Jakob Kaiser eine interessante Perspektive eröffnen sollte. Kaisers erster Programmentwurf vom Dezember 1945 kam mit den expliziten sozialistischen Tendenzen den Interessen der Sowjetmacht entgegen (Dok. 2).
Die zentralen Elemente seiner späteren Konzeption tauchten hier bereits auf: Sozialpolitik und Einheitsstaat, Kooperation mit den Alliierten. Erste staatsrechtliche Überlegungen stellte Kaiser anläßlich einer Kundgebung der antifaschistisch-demokratischen Parteien im Rundfunkhaus am 30. Januar 1946 in Berlin an (Dok. 3).
Die programmatische Rede vor dem erweiterten Parteivorstand der CDUD am 13. Februar 1946 in Berlin (Dok. 6) spiegelte die Ziele der Kaiserschen Politik wider.

Eine weitere Komponente der sozialpolitischen Vorstellungen Kaisers war die Gemeinwohllehre des Klosters Walberberg, mit dem er während des Krieges Kontakt gehalten hatte.[9]
Die sozialpolitischen Überlegungen Kaisers wurden durch die Freundschaft mit dem sozialdemokratischen Gewerkschaftspolitiker Wilhelm Leuschner während der Widerstandszeit des »Dritten Reichs« erweitert: »Wir sahen in der gesunden Synthese von Sozialismus und Freiheit den richtigen Weg für das deutsche Volk. Das war auch die Auffassung von Wilhelm Leuschner, die er mit ebensoviel Freimut wie Beharrlichkeit vertrat, immer aber in verbindlicher Form und taktischer Klugheit.«[10]
Aber diese Abgrenzung zwischen Sozialdemokratie und Sozialismus war mißverständlich und stieß, vor allem bei Konrad Adenauer, auf Skepsis und Ablehnung. Die Brückenkonzeption bedeutete für Kaiser Ausgleich und Verständigung. Nicht Westbindung wie Adenauer, nicht Anbindung an die Sowjetunion wie Ulbricht und die Mehrheit der deutschen Kommunisten, sondern die Suche nach dem dritten Weg zwischen den Blöcken war für Kaiser zentral. Damit stellte er sich in die außenpolitische Tradition von Bismarck und Stresemann.[11] Aber nach dem Zweiten Weltkrieg war das geringe Machtpotential Deutschlands aus der Zwischenkriegszeit zur Unkenntlichkeit zusammengeschrumpft. Vor allem war der Bedarf der Europäer nach einem Deutschland, das zwischen Ost- und Westeuropa verbinden sollte, nach 1945 gedeckt. Kaisers Vision war nach 1945 deshalb nicht frei von Anachronismus und zeugte von wenig Gespür für die Einstellung der übrigen Europäer gegenüber Deutschland.
Kaisers Überlegungen zum »Dritten Reich« bleiben unbefriedigend. Er sprach zwar pathetisch von »Schuld und Schicksal«, aus welchem die Wirren eines Volkes geboren würden (Dok. 13), glaubte aber, der Nationalsozialismus hätte aufgehalten werden können, »wenn ihm die Einheit der gewerkschaftlichen Kraft gegenübergestanden hätte« (Dok. 8). Aus dieser Erkenntnis leitete Kaiser dann die Forderung nach der Einheitsgewerkschaft ab (Dok. 4, 5). Auch die Zersplitterung der Parteien in der Weimarer Republik und die politische »Undiszipliniertheit« in der Zeit vor Hitler hatten, so Kaiser, zum politischen Zerfall der Weimarer Republik beigetragen: Nur zwei Kräfte, so Kaiser, waren in der Hitler-Zeit stark genug, »Männer, die eher den Tod wählen, als sich zur Kapitulation vor Hitler zwingen zu lassen«, Kräfte, »an denen neue Parteien sich orientieren konnten«: das Christentum und der Sozialismus.
Außenpolitisch sollte Deutschland wieder an die Traditionen von Bismarck und Stresemann anknüpfen. Zwar hatte der Zweite Weltkrieg jeglichen Großmachtanspruch Deutschlands hinweggeräumt, aber nun konkurrierten in Deutschland und Europa zwei revolutionäre Entwicklungen.[12] Kaiser witterte für Deutschland eine große Chance, wenn es der Union gelingen würde, eine christlich-soziale Synthese zu verwirklichen.
Heute, aus der Perspektive von 1988, scheint Jakob Kaiser damals ein politisches Schattenboxen vollführt zu haben. Auch ist die Begründung des Scheiterns der Weimarer Republik in Kaisers Überlegungen unbefriedigend. Unmittelbar nach 1945 schien die Bewahrung der Einheit Deutschlands selbstverständlich. Nur wenige, wie Konrad Adenauer, erkannten die revolutionären Zeichen der Zeit und orientierten sich nach Westen. Kaiser hingegen war in Berlin geblieben, »weil er des Glaubens war, daß diese Stadt, von vier Mächten besetzt, von entscheidender

Bedeutung sein würde«[13]. Nach dem Kriegsende zweifelte keiner daran, daß Berlin weiterhin Hauptstadt bleiben würde; überdies hatten ja die Alliierten in Berlin ihr oberstes Besatzungsgremium, den Kontrollrat, installiert. Für Kaiser war Berlin der Mikrokosmos der gesamtdeutschen und europäischen Lage, wie seine erste Rede zur Delegiertenkonferenz des FDGB in der sowjetischen Besatzungszone am 10. Februar 1946 zeigt (Dok. 5).

Diese Berliner Nabelschau führte zu einer Sicht, bei der konsequenterweise Berlin eine Vorreiter- und Führungsrolle übernehmen sollte. Innerhalb der Union hatte dies einen zusätzlichen Aspekt: Eine solche Führungsrolle Berlins hätte auch die innerparteiliche Stellung Kaisers aufgewertet und seinen politischen Anspruch auf den Vorsitz einer überzonalen Organisation der Union bekräftigt.

Angesichts des sich abzeichnenden Ost-West-Konflikts wurde Kaisers Ton zunehmend ungeduldig (Dok. 16). Gleichwohl schien er bis Anfang 1947 noch optimistisch. »Wenn nicht alle Zeichen trügen«, so schrieb er in seiner Neujahrsansprache, »stehen wir am Beginn des Jahres, das Deutschland eine neue Einheit gibt.«

Die Alliierten müßten erkennen, führte er am 16. April 1947 in Köln aus, »daß nicht Maginotlinien, West- und Ostwälle mehr das Schicksal Europas zum Besseren wenden können, sondern nur Vertrauen« (Dok. 18). Jakob Kaisers Schwanken zwischen Hoffnung und Resignation gibt das wechselvolle Stimmungsklima seiner Zeit wieder.

Allmählich modifizierte Kaiser seine Brückenkonzeption. Nachdem die Auseinandersetzung zwischen Ost und West auch in den Augen Kaisers an Schärfe zugenommen hatte, sollte Deutschland nicht zwischen den Blöcken zerrieben werden. Statt dessen müsse es sich aus den Konflikten heraushalten (Dok. 19).

Fast verzweifelt suchte Kaiser in und für Deutschland den politischen Ausgleich. Die beiden Grundströmungen Christentum und Sozialismus sollten in Deutschland harmonisch vereint werden. Nicht nur in Deutschland, so Kaiser, sondern überall in Europa bemühten sich Sozialismus und Christentum um die Neugestaltung der Verhältnisse.

In Frankreich »ringen Marxismus, Christentum und eine neue pessimistische Philosophie miteinander. Es prägt sich das mehr oder weniger in den Parteien aus. Dabei sind Marxismus und Politik aus christlicher Haltung die Tonangebenden« (Dok. 20).

Die große Synthese von Christentum und Sozialismus als deutsche und europäische Aufgabe scheiterte am Ost-West-Konflikt, in dessen Zentrum Deutschland stand.

In einer Rede in Bremen am 27. Juni 1947 beklagte Kaiser, daß durch die Einwirkungen der Besatzungsmächte die Deutschen selbst sich »wie beim Turmbau zu Babel« in unterschiedlichen Sprachen zu verständigen suchten – eben in der gesellschaftspolitischen Sprache der jeweiligen Besatzungsmacht (Dok. 22).

In einer Rede auf der Sitzung des erweiterten Vorstandes der CDUD am 12. Juli 1947 betonte Kaiser die Gefahr, »im Spiel und Gegenspiel der Weltmächte buchstäblich in Stücke gerissen zu werden« (Dok. 23).

Die Ablehnung des Marshallplans durch die Sowjetunion und die Konsequenzen für Europas Teilung verstärkten Kaisers Zweifel im Sommer 1947. Seine Hoffnung, »daß zwischen Ost und West doch noch ein Ausgleich gefunden werden kann und schließlich auch gefunden werden wird«, war in Wirklichkeit Ausdruck steigender Resignation (Dok. 24). Der Ost-West-Gegensatz hatte sich verhärtet.

Die Londoner Außenministerkonferenz war für Kaiser die »letzte Chance«. Um der deutschen Stimme Gehör zu verschaffen, sollte ein Konsultativrat gebildet werden. Auf je eine Million Einwohner sollte eine »maßgebliche politische Persönlichkeit« berufen werden; der Konsultativrat sollte dann sowohl gutachtliche Stellungnahmen abgeben als auch die Vorbereitungen für die Wahl einer deutschen Nationalversammlung durchführen. Dies war Kaisers letzter Anlauf, den Brückenbau doch noch durchzusetzen. In seiner letzten großen Rede als Vorsitzender der CDUD am 30. November 1947 in Herne mischten sich Pathos und Resignation (Dok. 26).

Ernst Lemmer hatte am 4. Januar 1947 in der »Neuen Zeit« den Gedanken einer »nationalen Repräsentation« aufgeworfen. Zur Moskauer Konferenz sollte den Deutschen, so Lemmer, die Gelegenheit gegeben werden, sich zu anstehenden Problemen zu äußern. Kaiser griff diese Initiativen am 6. März in Leipzig auf (Dok. 16) und forderte erstmals, daß Deutsche in Moskau die nationalen Interessen wahrnehmen. Am 22. März forderte Kaiser in Berlin (Dok. 17) die Alliierten auf, daß eine Nationalversammlung gewählt werden müsse. Damit stellte Kaiser den Vorrang der Parteien bei der politischen Willensbildung und gesamtdeutschen Bemühungen klar heraus. Eine solche nationale »Parteien«-Repräsentation konnte zudem als ein Übergang bis zum staatsrechtlichen Aufbau Deutschlands verstanden werden.[14] Von den anderen Parteien reagierten die LDP und die SED zunächst positiv auf Kaisers Vorschlag.

Trotz des positiven Echos und der Zusage anderer Parteien scheiterte die nationale Repräsentation am Veto Kurt Schumachers, für den es im Grunde unvorstellbar war, sich mit Vertretern der SED an einen Tisch zu setzen. Kaiser hatte zwar – so Conze – »bis zum Rande der Selbstverleugnung versucht, Schumacher zu einer Teilnahme zu überreden«[15], Schumacher lehnte jedoch Ende Mai 1947 eine Mitarbeit an der nationalen Repräsentation endgültig ab. Kaiser glaubte, daß hier wegen der parteipolitischen Vorbehalte Schumachers eine große Chance verpaßt worden war.[16]

Die Frage von J. B. Gradl bleibt berechtigt, »wie die Wirkung auf die deutsche Entwicklung wohl gewesen wäre, wenn in zupackender Entscheidung auch seitens Schumachers noch während der Moskauer Konferenz ein repräsentatives deutsches Gremium aus allen wesentlichen Parteien den vier Mächten als Gesprächspartner hätte zur Verfügung gestellt werden können«[17]. Auch standen viele führende Sozialdemokraten dem Gedanken der nationalen Repräsentation aufgeschlossen gegenüber.[18] Andererseits bestätigten sich Schumachers Bedenken. Der Gedanke der nationalen Repräsentation wurde von Adenauer geschickt boykottiert und spielte auf lange Sicht den Interessen der SED in die Hände. In zwei Treffen am 19. März und am 28. Mai 1947 in Berlin und Hannover konnte Schumacher von Kaiser nicht umgestimmt werden. Schumachers kompromißloser Antikommunismus war begründeter als die Chimäre der nationalen Repräsentation.[19] Jakob Kaisers Wille zur Einheit drängte dagegen alle anderen Bedenken beiseite. Der Glaube an die Einheit der Nation als ein überparteilicher Wert legitimierte in Kaisers Augen das politische Spiel mit den Kommunisten, während Schumacher die Wiederzulassung der SPD in der SBZ als Vorbedingung für nationale Repräsentation forderte.

Kaisers politische Zukunft – das wurde nun kristallklar – stand und fiel mit diesem Vorstoß. Wäre dieser gelungen, wären die Deutschen vielleicht an den Vorbereitungen für eine deutsche Nationalversammlung beteiligt worden, womit man bei der CDU Berlin aufgrund amerikanischer Informationen rechnete.[20] Dann hätte Kaiser politisch in seiner Partei und in Deutschland an Ansehen und Einfluß enorm gewonnen. Aber es kam anders: Nicht nationale Repräsentation, sondern die Spaltung Deutschlands schritt voran. Jakob Kaiser erschien vielen vielleicht mutiger als Adenauer und kompromißfähiger als Schumacher. Aber Adenauers taktisches Zögern erwies sich ebenso zeitgemäß wie Schumachers harter Antikommunismus. Auf viele wirkte Jakob Kaiser leichtgläubig. Hatte er sich von den Kommunisten ins Schlepptau nehmen lassen?

In dem Umfang, in dem der Gedanke der nationalen Repräsentation am Ost-West-Gegensatz zerbrach, in dem Maße wurde auch die deutsche Bevölkerung skeptisch. Das mußte Jakob Kaiser auch auf seinen vielen öffentlichen Veranstaltungen erleben, die er im Norden und im Westen Deutschlands abhielt, um den Gedanken der nationalen Repräsentation bei den eigenen Landsleuten zu verbreiten.

Kaisers Rede vom 16. April 1947, als er zum ersten Mal seit 1933 wieder in Köln sprach, ist ein bewegendes Dokument von Mut, Stolz und Illusion: »Haltet fest am Reich, damit das deutsche Volk wieder leben kann« (Dok. 18).

Kaiser zog am 19. Juni 1947 vor dem Berliner Stadtparlament eine negative Bilanz der Ministerpräsidenten-Konferenz von München (Dok. 21).

In Ost und West sprachen die deutschen Politiker mehr und mehr in der Terminologie ihrer Besatzungsmächte. Der nationale Konsens war auch unter den Deutschen brüchig geworden. Diese Entwicklung unterminierte auch Kaisers Stellung in der sowjetischen Besatzungszone. Umgekehrt nahm der Druck zu, dem sich Kaiser und seine politischen Freunde in der SBZ ausgesetzt sahen.

In seiner berühmten Oppositionsrede (Dok. 23) verwahrte sich Kaiser gegen jegliche Form der Vereinnahmung und kritisierte die Spaltungstendenzen in Ost und West.

Zwei Monate später erklärte Kaiser unmißverständlich: »Wir müssen und wir wollen Wellenbrecher des dogmatischen Marxismus und seiner totalitären Tendenzen sein« (Dok. 24).

Die Wirkung dieser Aussage beschreibt Elfriede Kaiser-Nebgen:

»Bei dieser Erklärung brach ein Beifallssturm ohnegleichen los. Eine Tatsache, die nach den vielen erzwungenen Entschließungen gegen Kaiser und der weiteren Tatsache, daß die Logen angefüllt waren von sowjetischen Offizieren, die wahre Stimmung der Teilnehmer offenbarte.«[21]

Die Würfel waren allerdings längst gefallen. Durch Druck versuchte die sowjetische Besatzungsmacht, ihre Zone separat zu konsolidieren. Damit schwanden die Aussichten auf eine Vereinigung der vier Zonen.

Als Kaiser in einer Rede am 16. November »die deutsche Situation vor London« thematisierte (Dok. 25), mußte auch er konzedieren, »daß die Londoner Konferenz auf einen Tiefststand an Hoffnungen und Erwartungen im deutschen Volk trifft, der kaum noch unterschritten werden kann«. Nochmals wandte sich Kaiser mit dem Vorschlag eines Konsultativrates an die Alliierten, beschwor die Einheit Deutschlands und die Notwendigkeit eines Ausgleichs zwischen Ost und West.

Conze schreibt zu dieser Rede:

»Im ganzen war es eine Rede, durch die das Volk die Alliierten ansprechen sollte: hart, schonungslos, offen und ohne Hintergedanken. All das war der Ausdruck der Kaiserschen Natur, geradlinig und ohne Winkelzüge . . . In solcher Schärfe hatte sich Kaiser noch nie an alle vier Besatzungsmächte gemeinsam in einer unmittelbar

akuten Entscheidungssituation gewandt, um den ›eigenen deutschen Weg‹ oder die ›gesunde Mitte‹ außenpolitisch konkret zu vertreten.«[22]
Auf der Tagung der Sozialausschüsse der Union in Herne am 30. November 1947 erklärte Kaiser prophetisch:
»Deutschland wird nicht dadurch gesunden, daß man der marxistischen Gefahr ein liberales System entgegenstellt. Und dann zwischen beiden eine Mauer errichtet. Östliche und westliche Besatzungsmächte müssen den Weg freigeben zur eigenen Auseinandersetzung im deutschen Volk selbst« (Dok. 26).
Die Brückenkonzeption war an der bipolaren Struktur des Ost-West-Konflikts zerschellt. Kooperative Modelle im Sinne der Kaiserschen Konzeption mußten dem Willen zur Abgrenzung und Teilung weichen.

### 1947–1949: Jakob Kaiser ohne Land – Auf dem Weg von Berlin nach Bonn

Zum Jahreswechsel 1947/48 war die machtpolitische Lage innerhalb der CDUD ungeklärt. Kaiser und sein Stellvertreter Ernst Lemmer waren zwar faktisch abgesetzt worden, de jure aber immer noch gewählte Vorsitzende der Union der SBZ und Großberlins. Die SMAD hatte »bis auf weiteres« die Fortführung der Geschäfte auf den 3. und 4. Vorsitzenden, Reinhold Lobedanz und Hugo Hickmann, übertragen.[23] Dabei war den nun amtierenden Vorsitzenden von seiten der SMAD die Zusage gemacht worden, daß die Union ihren auf dem Parteitag im September 1947 festgelegten Kurs unverändert beibehalten könne.[24] Andererseits zeigte sich, daß die SMAD die Union auf den Kurs der sowjetischen Besatzungsmacht einschwören wollte. In den darauffolgenden Wochen häuften sich die Berichte über Pressionen und erzwungene Entschließungen der CDU gegen Kaiser auf regionaler und lokaler Basis.[25] Die Union wurde in den folgenden Monaten faktisch geteilt. Der Wirkungskreis Kaisers wurde auf die Westzonen und die westlichen Sektoren von Berlin beschränkt. Kaiser entschloß sich in dieser Situation, »klare Worte« zu sprechen und seine Sicht der Ereignisse darzulegen. »Wir haben Zusammenarbeit geübt bis an die Grenze des Möglichen, d. h. bis zu einem Punkt, wo ein weiterer Schritt Preisgabe der Grundsätze der Partei, der Gesetze, unter denen wir stehen, bedeutet hätte« (Dok. 28). Die Vorgänge um den Volkskongreß, die letztlich zu seiner Ablösung geführt hatten, bezeichnete er als »verwirrend und peinlich«. Dort sei es darum gegangen, die volksdemokratische Herrschaft mit beinahe totalitären Mitteln auszudehnen. »Welchen Sinn«, rief er aus, »sollte die Niederschlagung des Hitler-Systems gehabt haben, wenn auch in der Nachkriegszeit das Einstehen für Freiheit und Aufrechtheit nicht geachtet wird.« Die Ausschaltung Kaisers durch die Sowjets signalisierte, daß gesamtdeutsche Politik bei fairer Zusammenarbeit zwischen der Sowjetunion und den deutschen Parteien keine Perspektive mehr hatte. Die Brücke war zusammengebrochen, der »christliche Sozialismus« geriet in den Strudel des Ost-West-Gegensatzes.
Kaiser beobachtete auch die Entwicklung im Westen Deutschlands mit Sorge. Die in Frankfurt betriebene Politik des Wirtschaftsrats dürfe nur eine »Notlösung zur Meisterung wirtschaftlicher Schwierigkeiten« sein (Dok. 29). Der Teilung Deutschlands in Anlehnung an östliche bzw. westliche Ordnungsmodelle stellte Kaiser weiter die Forderung nach einem unabhängigen Weg Deutschland entgegen: »Wir wissen, daß dieses Volk nichts so sehr verlangt, als sich selbst wiederzufinden, um in

geläuterter Freiheit und abgeklärter Demokratie dem Wohl der menschlichen Gemeinschaft dienen zu können« (Dok. 29). Aber die Unverträglichkeit westlicher und östlicher Gesellschaftsmodelle, der Ost-West-Gegensatz stieg an. Mit dem Staatsstreich in der Tschechoslowakei 1948 war der »Glauben an Verständigungsmöglichkeiten mit den kommunistischen Willensträgern« weiter erschüttert worden (Dok. 31). Als Kaiser ohne Land distanzierte er sich von der Union der Ostzone, weil deren neue Führer sich von den ursprünglichen freiheitlichen und demokratischen Zielen der Union entfernt hatten. Eine gemeinsame Basis der Verständigung zwischen Kaiser und dem amtierenden Vorstand in der SBZ existierte nicht mehr.

Vergeblich klammerte sich Kaiser an den Glauben, wenigstens Berlin zu einer kleinen »Brücke« zwischen Ost und West ausbauen zu können.

Nach Ausbruch der Blockade der Westsektoren Berlins durch die Sowjetunion befürchtete Kaiser, daß der kommunistische Machtdrang auf ganz Deutschland abziele: »Niemals darf der Versuch gemacht werden, über diese Brücke den Kommunismus nach Deutschland zu schieben. Leider aber versuchte man, ein Trojanisches Pferd nach dem andern über diese Brücke zu schieben« (Dok. 34).

Auch wirtschaftlich wollte Kaiser Freiheit und Sozialismus zur Synthese bringen (Dok. 45). Im Bundestagswahlkampf 1949 erklärte er, zwischen kollektivistischer Zwangswirtschaft und liberalem Nachtwächterstaat müsse die Union »einen dritten Weg« suchen (Dok. 45). Die Wirtschaftspolitik der CDU wurde nicht durch die Idee des christlichen Sozialismus, sondern nach den marktwirtschaftlich orientierten »Düsseldorfer Leitsätzen« der Union im Sinne von Ludwig Erhard verwirklicht. Kaiser schloß sich den neuen Entwicklungen – wenn auch zögernd und mahnend – an. Das westdeutsche Grundgesetz ging ihm zu weit (Dok. 43).

Für seine eigene politische Tätigkeit mußte Kaiser neue Orientierungspunkte suchen. Innerhalb der Union übernahm er im Mai 1949 die Führung der Sozialausschüsse. Damit verschaffte er sich wieder eine Hausmacht in der CDU. Sein neuer Bundestagswahlkreis Essen wurde durch die Hilfe seines Freundes Gustav Heinemann verwirklicht. Diese Stadt hatte im Wirken von Kaiser Tradition. Schon 1933 hatte Essen ihn in den Reichstag gewählt.

Schon vor den Bundestagswahlen 1949 hatte Kaiser öffentlich dafür plädiert, ein Amt oder Ministerium »zur Vorbereitung der deutschen Einheit« einzurichten.[26] Damit nahm er die Idee des Gesamtdeutschen Ministeriums vorweg. Nach der ersten Bundestagswahl 1949 wurde er der erste Minister für Gesamtdeutsche Fragen.

Von 1947 bis 1949 mußte sich Kaiser politisch wandeln. Die Hoffnung auf eine Verständigung mit der Sowjetunion hatte er aufgeben müssen. In Bonn vertrat er nun die Interessen Berlins und der Mitteldeutschen, wurde zum Sprachrohr für die, die ihren politischen Willen nicht artikulieren konnten. Gleichzeitig hatte er sich, der Not gehorchend, der Einsicht beugen müssen, daß die Gründung des westlichen Provisoriums Bundesrepublik Deutschland und, auf östlicher Seite der DDR, die Aussichten auf ein vereinigtes Deutschland vorerst verbaute. Der Weststaat bot zwar ein Modell für eine Wiedervereinigung Deutschlands, aber für eine Wiedervereinigungspolitik in Freiheit gab es keine Perspektive.

## 1949–1957: Der gesamtdeutsche Minister

Die Wahlen zum ersten Deutschen Bundestag hatten die Union wider Erwarten zur stärksten Fraktion gemacht, der nun die Aufgabe der Regierungsbildung zufiel. Kaiser hatte, wie viele andere, eine große Koalition zwischen der Sozialdemokratie und der Union gewünscht, um die anstehenden drängenden Probleme auf einer möglichst breiten Mehrheitsbasis regeln zu können.[27] Andererseits hatte aber der polemische, bisweilen verletzende Wahlkampfstil Kurt Schumachers auch bei Kaiser starke Verärgerung hervorgerufen. Die intransigente Haltung des SPD-Vorsitzenden nach den Wahlen vertiefte den Graben. Kaiser plädierte nach der Wahl im Haus Adenauers dafür, »einen eigenen Weg« zu gehen und »die SPD zum Anstand (zu) erziehen«. Kaiser war wie Adenauer für eine kleine Koalition aus politisch-pädagogischen Gründen (Dok. 47, 49, 50).

Kaiser zog aus der Zersplitterung des politischen Lebens in der Weimarer Republik nicht die gleichen Lehren wie Konrad Adenauer. Das zeigte sich, als Kaiser von Adenauer das Amt des Bundesministers für gesamtdeutsche Fragen übertragen wurde. Adenauer machte deutlich, daß er in zentralen Fragen der Politik keine Gemeinsamkeiten mit der SPD suchte. Jakob Kaiser hingegen wollte die nationale Frage gemeinsam mit der SPD lösen. Auch in der Aufgabenstellung des Bundesministeriums gab es von Anfang an zwischen beiden unterschiedliche Auffassungen: Für Adenauer hatte dieses Ministerium vergleichsweise geringfügige Aufgaben zu übernehmen.[28]

Dagegen wurde in einer Denkschrift Kaisers, die in Zusammenarbeit mit seinem späteren Staatssekretär Franz Thedieck entstand, der Aufgabenbereich des Ministeriums mit Pathos umschrieben:

»Das Ministerium müßte ein Leuchtturm sein, dessen Scheinwerfer unermüdlich und unaufhörlich Strahlen der Hoffnung und Zuversicht in die Zone des Schweigens jenseits des Eisernen Vorhangs entsenden müßte. In einem anderen Bilde wäre es der Magnet, der sammelnd und anziehend auf die losgetrennten Gebiete einwirken, alle gleichgesinnten Kräfte in geordnete Bahnen lenken und alle destruktiven Kräfte abstoßen und neutralisieren könnte. Es wäre nicht zuletzt ein Haltepunkt für die Vertriebenen des Ostens und die politischen Flüchtlinge der Mittelzone und ein Orientierungspunkt für alle aufrechten Menschen des sowjetisch besetzten Gebiets.«[29]

In der politischen Praxis kam es folglich zwischen Adenauer und Kaiser zu Konflikten. Zudem war Jakob Kaiser nicht nur gesamtdeutsches Gewissen am Kabinettstisch, sondern zugleich der Vorsitzende der Sozialausschüsse der Union.

In den folgenden Jahren griff Kaiser zwar auch in die sozialpolitische Diskussion ein – so forderte er eine umfassende soziale Ausgestaltung der Bundesrepublik (Dok. 55 und 67) –, blieb aber dabei weitgehend erfolglos. Daß es hier oft zu Auseinandersetzungen mit dem sozialpolitisch konservativeren Adenauer kam, ist kaum verwunderlich.[30] Auch in der deutschen Frage wurden die Konfliktlinien deutlicher. Die gesamtdeutsche Politik des Ministers Kaiser mußte, wenn sie sich nicht in bloßer Information der Öffentlichkeit erschöpfen wollte, initiativ und damit auch außenpolitisch wirksam werden.

Auseinandersetzungen mit Adenauer, der die Außenpolitik als seine Domäne ansah, schienen vorprogrammiert. Kaiser machte sich darüber keine Illusionen; kurz nach seinem Eintritt in die Bundesregierung beurteilte er die Aussichten einer ge-

meinsamen Arbeit mit Adenauer in sozialwirtschaftlichen und nationalpolitischen Fragen skeptisch.[31]
Dabei ließ er sich von der Erkenntnis leiten, daß ein wirtschaftlich und sozial gesicherter Kernstaat Bundesrepublik Deutschland nicht nur »durch sein bloßes Dasein eine Widerlegung der kommunistischen Propaganda bedeutet« (Dok. 51), sondern die Chancen einer Wiedervereinigung von der sozialen und politischen Attraktivität der Bundesrepublik abhängen würden.
Zwangsweise reduzierte sich Deutschlandpolitik für Jakob Kaiser in der Wirkung nach innen: In der Bevölkerung sollte der Wille zur Wiedervereinigung wachgehalten werden:
»Der Minister für gesamtdeutsche Fragen nützte jede Gelegenheit, um zur nationalen Frage zu sprechen, zu mahnen, wachzuhalten und aufzurütteln. Die vielen Bände mit seinen Reden im Nachlaß zeugen davon, wie unermüdlich er durchs Land zog, eine gesamtdeutsche Unruhe unabweisbar auch da, wo er nicht willkommen war, und ungeachtet des Spottwortes ›der gesamtdeutsche Jakob‹, das ihm hier und da nachklang.«[32]
Die Art der europäischen Einbindung der Bundesrepublik Deutschland bildete eine Quelle ständigen Dissens' zwischen Adenauer und seinem Gesamtdeutschen Minister. Während Adenauer den Nationalstaat zugunsten einer übernationalen Integration überwinden wollte[33], war für Kaiser ein Europa »auf Kosten Deutschlands« (Dok. 49) nicht möglich: »Eine glückliche Verbindung von Mensch und Staatsbürger wird auch die Grundlage eines gesunden, niemand verletzenden Nationalgefühls sein. Ich bin – vielleicht im Gegensatz zu manchem anderen – der Auffassung, daß echtes europäisches Bewußtsein ein gesundes nationales Bewußtsein voraussetzt« (Dok. 53).
Seine Zweifel an der Idee eines Europa ohne Nationalstaaten fand er im August 1954 nach dem Scheitern der EVG bestätigt (Dok. 58).
Die westeuropäische Lösung, wie sie Adenauer vorschwebte, war für Kaiser nur Teillösung, nicht aber Endziel: Ein gesundes Westeuropa sollte als Kern und Magnet für Osteuropa wirken. Kaiser hat diese Europakonzeption nicht weiter ausgebaut; sie blieb, so Erich Kosthorst, »vage und eher (...) verbale(s) Zugeständnis() an den Zeitgeist«[34]. Kaiser glaubte, daß die deutsche Teilung Europa nicht zur Ruhe kommen lassen werde.
Kaiser bezweifelte sehr, daß Adenauers Politik der Westintegration Deutschlands Einheit fördern würde. Neutralistische Überlegungen, wie z. B. von Karl Georg Pfleiderer, fanden Kaisers Interesse:
»Ernsthaft auseinandersetzen müssen wir uns mit denen, die aus lauteren Motiven sagen: Wir müssen uns vor einer Auseinandersetzung mit dem Osten und dem Westen fernhalten. Denn sie führt zwangsläufig zum Bürgerkrieg. Ich halte diese Auffassung für falsch. Denn wir haben gar nicht die Möglichkeit, uns aus der Auseinandersetzung herauszuhalten. Dafür bürgen schon die Sowjets. Diese Erfahrung habe ich leider an Ort und Stelle – in unmittelbarer Begegnung – mit den Sowjets machen müssen. Und viele meiner Freunde mit mir. Kein aufrechter Politiker, der den Sowjets Auge in Auge gegenüberstand, kann in dieser Frage anders denken. Sie kennen keine Neutralität.«[35]
Der Gedanke an ein neutrales Gesamtdeutschland schien ihm verlockend, wenn der Status militärisch garantiert werden könnte.
Kaiser sah die Wiederbewaffnung der Bundesrepublik auch als möglichen Baustein

für ein neutrales Gesamtdeutschland. Zunächst jedoch entsprang seine Zustimmung zu den Plänen Adenauers einem defensiven Abwehrwillen gegenüber dem Osten. Es gehe nicht darum, führte er auf einem Kongreß der christlich-sozialen Arbeiterbewegung (Dok. 58) in Essen aus, einen Krieg zu wollen, der für die Deutschen zu einem Bürgerkrieg werden würde, vielmehr müsse die freie Welt so stark werden, daß allein dadurch ein Krieg schon verhindert werde. Darüber hinaus sei aber vor allem die geistig-moralische Stärke der freien Welt die beste Abwehr gegen den Kommunismus. Einigkeit war für ihn Voraussetzung einer erfolgreichen Abwehr kommunistischer Bedrohung. Er kritisierte die SPD, weil sie den Verteidigungsbeitrag der Bundesrepublik vehement bekämpfte.
In diese Überlegungen platzte die sowjetische Note an die wesltichen Besatzungsmächte vom 10. März 1952, die den Grundriß eines Friedensvertrages mit einem neutralen Deutschland enthielt.
Die Note zielte wesentlich darauf ab, die Integration der Bundesrepublik in eine westliche Verteidigungsgemeinschaft zu konterkarieren. Aber, so fragte sich Kaiser, hatte sie auch Substanz, war dieses Angebot ernst zu nehmen?
Als erstes Kabinettsmitglied äußerte sich Kaiser in einer Rundfunkrede (Dok. 69). Kosthorst bezeichnet diese Ansprache als ein »Meisterstück abgewogenen, besonnenen politischen Reagierens, mit dem eine ernsthafte politische Sondierung hätte eröffnet werden können«[36]. Für Kaiser war die zeitliche Abfolge klar: Nach freien Wahlen in Deutschland und nach der Bildung einer gesamtdeutschen Regierung sollte dann der Friedensvertrag am Ende des Wiedervereinigungsprozesses stehen.
In einer zweiten Rundfunkrede (Dok. 70) forderte er eine kritische Auseinandersetzung mit der Note. Für Kaiser war sie keine kommunistische Ablenkungspropaganda, sondern – ganz im Sinne Adenauers – ein Erfolg der Politik der Bundesregierung und der drei Westmächte; nun galt es aber – ganz im Gegensatz zu Adenauer – nicht länger abzuwarten, sondern zu verhandeln. Die Sowjetunion hatte Forderungen aufgegriffen, die Kaiser selbst in einigen Reden zur Neutralität als Conditio sine qua non bezeichnet hatte:
»Es war für die Sowjetunion etwas ganz anderes«, schreibt Erich Kosthorst, »ob ein Sprecher der politisch unbedeutenden Neutralitätsgruppen, wie etwa Ulrich Noack, mit ihr Kontakt suchte oder ob der Minister für gesamtdeutsche Fragen, dessen Toleranzgrenze man übrigens genau kannte, ein Signal gab und eine bewaffnete Neutralität als Verhandlungsobjekt ins Gespräch brachte. Hier war auf der deutschen Ebene möglicherweise ein ernsthafter Anknüpfungspunkt in einem Augenblick gegeben, in dem die Bundesrepublik sich anschickte, in die EVG einzutreten und die Integration in den Westen zu vollenden.«[37]
Aber auch nach der zweiten sowjetischen Note blieb Kaiser skeptisch: »Ich weiß, daß eine echte Wandlung der sowjetischen Politik einsetzen muß, bevor wir weiterkommen können. Noch liegen keine überzeugenden Beweise für eine solche Wandlung vor« (Dok. 72).
Diese Skepsis schien sich im Laufe der Jahre zu verstärken. Die Stalin-Noten blieben für Kaiser schwer einzuschätzen. Die Situation schien verhandlungspolitisch interessant und sollte nicht durch Verträge mit dem Westen verändert werden, so Kaiser in Notizen Ende August 1954 nach dem Scheitern der EVG-Verträge.[38]
Adenauers Vorgehen, ohne Rücksicht auf nationale Formen und Kräfte »von heute auf morgen ein integriertes Europa zu schaffen«, unterschätzte in Kaisers Augen das Beharrungsvermögen nationalstaatlicher Interessen. Kaiser hielt es für falsch,

»jetzt den Versuch zu machen, mit Italien und der Benelux-Gruppe eine Fünfer-EVG oder auch nur eine Fünferkonferenz einzuberufen«. Während Adenauer befürchtete, »daß die Vereinigten Staaten ihre Truppen aus Europa zurückziehen würden«[39], hatte Kaiser »die Richtigkeit dieser Haltung stets in Zweifel gezogen« und sah in der nun entstandenen Situation eine Möglichkeit, sich über Alternativen des Adenauerschen Integrationskurses Gedanken zu machen.

Aber die schnelle Lösung der Krise auf der Londoner und Pariser Konferenz beendete die Unsicherheiten der westlichen Integrationspolitik. Adenauer wurde bestätigt, Kaiser widerlegt.[40]

Aber Kaiser blieb dabei, daß Wiedervereinigung nicht nur den Anschluß der DDR an die Bundesrepublik Deutschland bedeuten konnte, daß also »nicht alles rückgängig gemacht werden kann, was seit 1945 in der Sowjetzone passiert ist«.

Kaiser befürchtete, daß im Zuge der Westintegration irreversible Strukturen geschaffen würden, die eine Wiedervereinigung objektiv erschweren könnten. Die Pariser Verträge von 1955 waren, mit Blick auf den deutschen Wehrbeitrag, für Kaiser unproblematisch. Wehrpolitik und Wiedervereinigung schlossen sich für ihn nicht aus (Dok. 88). Aber er unterschätzte die integrationspolitische Bedeutung, auf die es Adenauer ankam. Vielmehr glaubte Kaiser, daß im Zuge einer Wiedervereinigung Deutschlands die verteidigungspolitische Westbindung modifiziert und zu einem mit nationalen Streitkräften bewaffneten neutralen Deutschland überführt werden könne.[41] Keinesfalls jedoch durfte, wie es im Deutschland-Vertrag vom November 1951 hieß, eine Westbindung auch für ein wiedervereinigtes Deutschland festgelegt werden (Art. 7 Absatz III). Damit wären Strukturentscheidungen getroffen, die eine Wiedervereinigung erschweren würden. Kaiser sprach sich gegen diese Bindungsklausel aus (Dok. 72). Ihre Annullierung war, wie Erich Kosthorst urteilt, »in erster Linie Jakob Kaisers energischem Einsatz zuzuschreiben«[42].

Mit diesen geringfügigen kosmetischen Änderungen kam Kaiser der Wiedervereinigung nicht näher. Der Aufstand in der DDR am 17. Juni 1953 zeigte zwar, daß es »ein Maß von Demütigung von seelischer und materieller Not (gibt), die kein Volk zu ertragen mag« (Dok. 79), die Ereignisse machten andererseits aber auch deutlich, wie wenig von deutscher Seite getan werden konnte. Der 17. Juni rückte die deutsche Frage für kurze Zeit in den Blickpunkt der Öffentlichkeit, zeigte auch, welche Sprengkraft in der deutschen Teilung steckte, aber die Normalität kehrte schnell wieder ein und damit auch Gleichgültigkeit gegenüber der DDR. Jakob Kaiser mahnte die vom Wirtschaftswunder satt gewordenen Westdeutschen eindringlich vor Selbstzufriedenheit und deutschlandpolitischer Gleichgültigkeit (Dok. 83).

Kaiser wollte als gesamtdeutscher Minister dem »hochmütigen Bewußtsein eines west-östlichen Kultur- und Wissensgefälles« (Dok. 89) das Bewußtsein und den Willen nationaler Zusammengehörigkeit entgegensetzen.

Nach der gescheiterten Berliner Außenministerkonferenz im Februar 1954 forcierte Kaiser die Idee für gesamtdeutsche Aktionen.

Kaiser wollte das deutschlandpolitische Engagement aus der »Mitte des Volkes« als nationales Anliegen über alle politischen Gräben hinweg dynamisieren. Auf seine Initiative hin wurde am 14. Juni 1954 das Kuratorium Unteilbares Deutschland aus der Taufe gehoben, eine Organisation, die sowohl überparteilich als auch von amtlichen Stellen unabhängig war (Dok. 84).

Zwei Dinge begründeten seine Hoffnung auf die Wiedervereinigung: der Widerstand der Deutschen in der DDR gegen die gesellschaftlichen und politischen Verhältnisse und das Zusammengehörigkeitsgefühl der Deutschen.
Deshalb beobachtete Jakob Kaiser die Massenflucht aus der DDR mit Sympathie und Sorge zugleich. Er verstand die Gründe, aber »wir brauchen«, so führte er aus, »einen harten, starken und ausharrenden Stamm deutscher Bevölkerung auf dem Boden der Sowjetzone. Wir brauchen ihren Willen, den Boden der Heimat zu halten, bis sich bessere Erkenntnis im Verhältnis zwischen Ost und West durchsetzt« (Dok. 50).
Aber die »Abstimmung mit den Füßen« war nicht aufzuhalten. Sie schwächte jedoch den politischen Widerstand gegen das Regime in der DDR (Dok. 91).
Die Zeit arbeitete für die Konsolidierung der DDR. Daran konnten die beschwörenden Aufrufe des Bundesministers für Gesamtdeutsche Fragen nichts ändern. Die deutsch-deutschen Kontakte »von unten«, aber auch die Möglichkeit der Flucht in den Westen wurden schließlich durch den Bau der Mauer im August 1961 unterbunden. Kaiser hat dies nicht mehr miterlebt. Seine Grundidee, daß ein Volk nicht auf Dauer geteilt werden kann, wenn es sich einig und verbunden fühlt, ist durch die Entwicklungen der nachfolgenden Jahre nicht aufgehoben worden. Aber allein der politische Wille der Deutschen zur Einheit reichte nicht aus.
Die Umstände für gesamtdeutsche Politik waren tragisch, da die deutschen, europäischen und globalen Entwicklungen auf Ost-West-Konflikt nicht auf eine gesamtdeutsche Perspektive zuliefen. Den einzig wirklichen Erfolg seiner Ministerlaufbahn konnte er in der »kleinen Wiedervereinigung« mit dem Saarland verbuchen, das nach dem Kriege von Deutschland abgetrennt worden war. Kaiser sah seine Aufgabe als Gesamtdeutscher Minister auch an der Saar.[43]
Die Verhältnisse an der Saar waren nicht unmittelbar mit denen in der DDR vergleichbar, aber Kaiser wollte nicht leugnen, »daß sich zwischen dem Saarregime und dem Pankower Regime verwandte politische Züge finden. Die Männer in Pankow könnten Herrn Hoffmann[44] fast des Plagiates bezichtigen«, so Kaiser. Hier trieb er die Parallelität vermutlich zu weit.
Aber nationale Selbstbestimmung war und blieb der Kristallisationspunkt aller Wiedervereinigungspolitik. Die Wiedervereinigung mit der Saar und mit der SBZ waren für Kaiser nur zwei Seiten ein und derselben Medaille. Allerdings übersah er nicht, daß die französische Regierung die Entscheidung der Saarländer für Deutschland demokratisch akzeptierte, die Kommunisten im Osten aber einen gänzlich anderen politischen Charakter offenbarten.
Die Ereignisse in Ungarn und Polen 1956, wo die Sowjetunion, wie drei Jahre zuvor in der DDR, jeglichen Willen zur Eigenständigkeit im Keim erstickte, verdeutlichten die himmelweiten Systemunterschiede für das Recht auf Selbstbestimmung an der östlichen und westlichen Grenze der Bundesrepublik Deutschland. Mit deutschlandpolitischer Ungeduld oder mit einem Volksaufstand für die Wiedervereinigung war nichts zu erreichen (Dok. 94). Die Rückkehr der Saar befriedigte Kaiser. Aber im Osten hatte sich der Horizont weiter verdunkelt.
Auch innen- und parteipolitisch hatte sich Kaisers Lage nicht verbessert. Die Exil-CDU, die Kaisers Hausmacht in der Union stärken sollte, verlor an Einfluß. Zwar fühlte sich Kaiser als rechtmäßiger verantwortlicher Repräsentant der Union in der SBZ, aber was 1949 und 1950 noch verständlich war, erhielt 1956 anachronistische Züge.

gungskraft, die ihn in Berlin ausgezeichnet hatten und ihn zeitweilig zu einem wirklichen und aussichtsreichen Gegenspieler Konrad Adenauers um den ersten Vorsitzenden der gesamten CDU werden ließ. Er hatte nicht resigniert, aber sich doch den stärkeren Umständen beugen müssen.«[45]

Auch aus diesen Gründen sind Kaisers Reden ein besonderes Vermächtnis. Weil ihm die politisch erfolgreiche Tat versagt blieb und weil er eine Rolle für Deutschland anstrebte, die dem politischen Zeitgeist widersprach, übertrug er seine ganzen Hoffnungen in die Macht des Wortes. Er wurde zum willensstärksten Wortführer der Wiedervereinigung und versuchte, die Schwachmütigen in der Bundesrepublik Deutschland immer wieder aufzurütteln, wenn er die Wiedervereinigung zu einer Herzensangelegenheit des ganzen Volkes machen wollte. Nicht selten scheint es, als ob Kaiser sich selbst auch Mut machen wollte.

Der stets ein wenig undiplomatisch und imperatorisch wirkende Mann hat mit Adenauer oft in Fehde gelegen, ohne sich durchsetzen zu können. Was blieb, ist die Erinnerung an einen patriotischen Politiker, der aufbegehrte, sich aber schließlich anpassen mußte. Ob und wann ihm das politische Herz gebrochen wurde, kann man aus den Reden und Schriften nicht erfahren. Kaiser war ein verschlossener und schweigsamer Politiker.

Die politische Geschichte Kaisers ist die eines politisch Gescheiterten. Aber im Scheitern repräsentierte er eine patriotische und aufrechte Haltung: im Kampf für die Demokratie in der Weimarer Republik, im Widerstand gegen den Nationalsozialismus, im Aufbegehren gegen die Teilung Deutschlands in den vierziger Jahren und schließlich als Mahner der Wiedervereinigung in der Frühgeschichte der Bundesrepublik Deutschland. Seine Reden bleiben sein Vermächtnis.

Anmerkungen

1 Text bei Alexander Fischer (Hrsg.), Teheran – Jalta – Potsdam. Die sowjetischen Protokolle von den Kriegskonferenzen der »Großen Drei«. Köln 1973, S. 395.
2 Text bei Ossip K. Flechtheim (Hrsg.), Dokumente zur parteipolitischen Entwicklung in Deutschland nach 1945. Band 1, Berlin 1962, S. 108 ff.
3 Text ebda., Bd. 2 Berlin 1963, S. 27 ff.
4 Werner Conze, III, S. 13.
5 Rudolf Uertz, Christentum und Sozialismus in der frühen CDU. Grundlagen und Wirkungen der christlich-sozialen Ideen in der Union 1945–1949. Stuttgart 1981, S. 23.
6 Die Rede ist abgedruckt bei Anna Hermes. Und setzet ihr nicht das Leben ein. Andreas Hermes – Leben und Wirkung. Stuttgart 1971, S. 185 ff.
7 Uertz, a. a. O., S. 68.
8 Johann Baptist Gradl, Anfang unter dem Sowjetstern. Die CDU 1945–1948 in der sowjetischen Besatzungszone Deutschlands. Köln 1981, S. 23 f.; auch Ferdinand Friedensburg, Es ging um Deutschlands Einheit. Rückschau eines Berliners auf die Jahre nach 1945. Berlin 1971, S. 53.
9 Uertz, a. a. O., S. 68 ff.
10 Neue Zeit, 28. September 1945.
11 Waldemar Besson, Die Außenpolitik der Bundesrepublik. Erfahrungen und Maßstäbe, München 1970, S. 35 ff.
12 Vgl. Dok. 18, 3. Mai 1947: »Vom Westen kam uns einst die Proklamation der Menschenrechte, die seit der Französischen Revolution die Welt bewegt und befruchtet hat. Vom Osten ging die revolutionäre Umwälzung der sozialen Verhältnisse aus. Sie ließ, seit sie in der russischen Revolution begann, die soziale Welt nicht mehr zur Ruhe kommen. Entscheidend für die Gegenwart ist nun der endliche Ausgleich beider Prinzipien, die die Welt bewegen.«

13 Elfriede Kaiser-Nebgen, II, S. 232.
14 Vgl. Conze, III, S. 272 f., Anm. 114.
15 Ebda., S. 139 ff.
16 So erklärte er später rückblickend, die Brückenkonzeption sei vor allem an der Haltung Schumachers gescheitert. Vgl. Hans-Peter Schwarz, Vom Reich zur Bundesrepublik. Deutschland im Widerstreit der außenpolitischen Konzeptionen in den Jahren der Besatzungsherrschaft 1945–1949. Neuwied 1980², S. 315.
17 J. B. Gradl, Anfang unter dem Sowjetstern . . ., S. 94.
18 Vgl. Conze, III, S. 139.
19 Vgl. Kurt Schumacher, Reden – Schriften – Korrespondenz 1945–1952, hrsg. von Willy Albrecht, Berlin/Bonn 1985, S. 519 ff.
20 Vgl. Akten zur Vorgeschichte der Bundesrepublik Deutschland 1945–1949. Band 2 bearbeitet von Wolfram Werner, München/Wien 1979, S. 444 ff. (Bericht von Roßmann), S. 459 f. Protokoll der Konferenz: Vorbesprechung S. 485 ff., Konferenz S. 511 ff.
21 Conze, III, S. 182.
22 Ders., III, S. 201 ff.
23 Conze, III, S. 205.
24 Brief von Hickmann an Walther Schreiber, Protokoll der Vorstandssitzung des Landesverbandes Berlin, 17. 1. 1948, ACDP III–012–684.
25 Vgl. Conze, III, S. 213; auch Gradl, a. a. O., S. 155 ff.
26 Conze, III, S. 254.
27 In »Der Tag«, 23. 8. 1949, schrieb Kaiser: »Die Situation unseres Volkes ließe es durchaus geboten erscheinen, daß die beiden großen Parteien die politische Verantwortung im Kernstaat gemeinsam übernehmen würden. Jeder verantwortungsbewußte deutsche Politiker ist sich darüber klar, daß der deutsche Staat vom Willen breiter Volksmassen getragen werden muß.« Diese Einschätzung war offensichtlich unter vielen Unionsmitgliedern verbreitet, wie Adenauer in seinen Erinnerungen schreibt: »Ich wußte, daß viele Mitglieder der CDU/CSU eine Koalition mit der SPD für die beste Lösung hielten. Es war auch zu erkennen, daß die Besatzungsmächte, namentlich die Engländer, diese Lösung begrüßen würden.« Konrad Adenauer, Erinnerungen 1945–1953, Stuttgart 1965, S. 224.
28 Vgl. Protokoll der Rhöndorfer Konferenz in: Udo Wengst (Bearb.), Auftakt zur Ära Adenauer. Koalitionsverhandlungen und Regierungsbildung 1949 (= Quellen zur Geschichte des Parlamentarismus und der politischen Parteien, Reihe 4, Bd. 3), Düsseldorf 1985, S. 33–41, 40.
29 Undatierte, unsignierte Denkschrift »Aufgaben des Ministeriums für die deutsche Einheit«, Nachlaß Kaiser, Nr. 78.
30 Kosthorst, IV, S. 244–279.
31 In einer fragmentarisch erhaltenen, von Elfriede Kaiser-Nebgen ergänzten Rede vom 9. 10. 1949 in Königswinter sagte Kaiser: »Klar bin ich mir über das Wagnis der Adenauer-Regierung sowohl in sozialwirtschaftlicher und nationalpolitischer Beziehung.« Nachlaß Kaiser, Nr. 248.
32 Kosthorst IV, S. 148 f.
33 Vgl. Jörg Gabbe, Parteien und Nation. Zur Rolle des Nationalbewußtseins für die politischen Grundorientierungen der Parteien in der Anfangsphase der Bundesrepublik. Mannheim 1976, S. 161 ff.; dort zitiert Adenauer, der seine Europakonzeption bildhaft erläuterte: »Wer ein Omelette backen will, muß vorher die Eier zerschlagen.« Ausführlicher zur Europakonzeption von Adenauer: Werner Weidenfeld, Konrad Adenauer und Europa. Die geistigen Grundlagen der westeuropäischen Integrationspolitik des ersten Bonner Bundeskanzlers. Bonn 1976.
34 Kosthorst IV, S. 112.
35 So in einer Diskussion im Bundesvorstand der CDU am 13. 6. 1952, vgl. Günter Buchstab (Bearb.). Adenauer: »Es mußte alles neu gemacht werden.« Die Protokolle des CDU-Bundesvorstandes 1950–1953 (= Forschungen und Quellen zur Zeitgeschichte, Band 8), Stuttgart 1986, S. 122. Zum Pfleiderer-Plan vgl. Karl-Heinz Schlarp, »Alternativen zur deutschen Außenpolitik 1952–1954: Karl Georg Pfleiderer und die ›deutsche Frage‹«, in: Wolfgang Benz/Hermann Graml (Hrsg.), Aspekte deutscher Außenpolitik im 20. Jahrhundert. Aufsätze Hans Rothfels zum Gedächtnis, Stuttgart 1976, S. 211–248.

36 Kosthorst, IV, S. 223. Die Note war im Kabinett umstritten; Kaiser hatte dort eine nationale deutsche Armee als wertvoller denn eine europäische bezeichnet, stand mit seiner Auffassung aber isoliert. Seine Rede vom 12. 3. führte zu erneuten Auseinandersetzungen im Kabinett; vgl. Hans Peter Schwarz, Adenauer, Der Aufstieg 1876–1952, Stuttgart 1986, S. 909 ff.

37 Kosthorst, IV, S. 208 f.

38 Karl Brammer, langjähriger Berater von Kaiser, schrieb am 10. 10. 1963 in einem Brief an Theodor Heuss, Kaiser habe ihm »auf dem Krankenbett noch seine Meinung zu erkennen gegeben (. . .), daß die sowjetischen Angebote seinerzeit nur Bluff waren.« Bundesarchiv, Nachlaß 221 (Heuss) Nr. 62.

39 Wahrscheinlich 31. August 1954.

40 Konrad Adenauer, Erinnerungen 1953–1955, Stuttgart 1966, S. 302.

41 Vgl. Paul Noack, Das Scheitern der Europäischen Verteidigungsgemeinschaft. Entscheidungsprozesse vor und nach dem 30. August 1954. Düsseldorf 1977, S. 103 ff.

42 Kosthorst, IV, S. 171.

43 Innerhalb des Ministeriums wurde eine Westabteilung errichtet, die sich vor allem mit dem Saarproblem befaßte; vgl. Gisela Rüß, Anatomie einer politischen Verwaltung. Das Bundesministerium für gesamtdeutsche Fragen – innerdeutsche Beziehungen 1949–1970. München 1973, S. 165 ff.

44 Johannes Hoffmann war von 1949 bis 1955 Ministerpräsident des Saarlandes; seine Sicht der Dinge schilderte er in: Johannes Hoffmann, Das Ziel war Europa. Der Weg der Saar 1945–1955, München 1963.

45 Egon Bahr, Abend-Kommentar RIAS, 12. 10. 1957.

# III. Dokumente

## 1

*Gründungskundgebung der CDU*
*22. Juli 1945 im Theater am Schiffbauerdamm*

Wir erleben es in der Not dieser Zeit täglich neu, daß ein großer Zug nach echter Einheit durch das Volk geht. Hitler und Goebbels haben die Worte Einheit und Gemeinschaft oft im Munde geführt. Was sie aber geschaffen haben, war nichts als ein brutales Zwangsinstitut von einem Staat, in dem sie die Herren, das Volk aber nichts war als die zu Boden gestampfte Masse. Die Herrschaft Hitlers ist vernichtet, und die getretene Masse des Volkes beginnt sich allmählich zu erheben. Die Arbeiterschaft, die wohl die am meisten versklavte Gruppe war, die in der Arbeitsfront immer wieder aufmarschieren mußte, um die Staffage für die Hitlerschauspiele abzugeben, hat sich zuerst erhoben. Gewerkschaften erstanden wieder und suchen nun den Weg zu lebendiger Einheit, d. h. zur Gemeinsamkeit des Willens und der Arbeit aus eigenem und freiem Entschluß. Der Wille zu dieser Einheit ist erstarkt aus der leidvollen Erkenntnis von 12 Hitlerjahren, daß die überspitzte und mißbrauchte Freiheit der Weimarer Epoche die Zersplitterung des Volkes und damit den Fluch des Hitlersystems mit heraufbeschwor.
Von dieser Erkenntnis durchdrungen, gaben die Gewerkschaften aller Richtungen das Beispiel zum Zusammenschluß. Ich bin mir dabei klar darüber, daß es der Zeit bedarf, ehe diese Einheit zu einer wirklich gewachsenen wird. Zu einer Einheit von gleicher Willensrichtung und von höchster Wirkung. Ich weiß, das geht nicht von heute auf morgen. Aber es wird gehen, denn es handelt sich bei den Gewerkschaften um einen Zusammenschluß der Arbeiter- und Angestelltenschaft zur Wahrung ihrer *wirtschaftlichen und sozialen Interessen.* Und schon vor 1933 hatte sich zwischen den Freien und den Christlichen Gewerkschaften eine starke Zusammenarbeit auf wirtschafts- und sozialpolitischem Gebiete herausgebildet, so daß kaum mehr ein durchschlagender Grund für die Getrenntheit der Richtungen bestand. So dürfen wir rechnen, daß die Gewerkschaften bald auch zu einer wirklich inneren Einheit zusammenwachsen.
Als Mann der Arbeiterschaft ist es mir nun eine Genugtuung, bei einem weiteren Zusammenschluß mitwirken zu können. In der politischen Arbeit der Zeit zwischen 1933 und 1945, die, wie Sie alle durch den 20. Juli wissen, nie abgerissen ist, war auch die Erkenntnis gewachsen, daß eines der deutschen Übel die Vielzahl seiner Parteien war. Und alle, die an der Vorbereitung eines Neuaufbaues des deutschen Lebens beteiligt waren, waren einig darin, daß nur große Zusammenfassungen eine politische Gesundung bringen können. Aber Parteien, um die es dabei ging und geht, sind keine wirtschaftlichen Organisationen. *Parteien gründen sich auf Weltanschauungen.* Nur war uns eines klar: Über die Tatsache, daß die Konfession mehr oder weniger die Grundlage einer Partei bildet, müssen wir hinauswachsen. Wir hätten nichts gelernt, und wir würden den Erfordernissen der Zeit nicht gerecht, wenn wir diese Zersplitterung nicht endlich zu überwinden wüßten.
Hat uns Hitler nicht selbst den Weg zu größerer Einigung gewiesen? Wollte dieser Vermessene nicht 2000 Jahre christlicher Kultur im Leben des deutschen Volkes austilgen? Germanisches Heidentum sollte wieder zur weltanschaulichen Grundlage des Volkes werden. Welches Zerrbild eines Volkslebens ist daraus erwachsen! Welche Politik des Verbrechens ist im Geiste dieser Weltanschauung geführt wor-

den! Hunderttausende von Deutschen getötet, nur weil sie anders dachten oder weil sie nicht arisch waren; Hunderttausende gemordet, weil sie krank und schwach waren; viele Millionen Kriegsopfer des eigenen Volkes und der anderen Völker. Qual und Schmerzen, Trümmer und Zerstörung überall. Das ist die Frucht von Hitlers germanischem Heidentum.

In der Erkenntnis dieser erschreckenden Folge Hitlerscher Weltanschauung geht der Wille unseres Volkes mehr denn je zurück zu den Gesetzen, von der die Kultur unseres Landes durch 1000 Jahre getragen wurde. Auch jener Teil unseres Volkes, der in keiner der christlichen Konfessionen eine Heimat hat, sucht heute den Weg zur Mitarbeit an einer Politik, die sich an den ewigen Gesetzen der Gerechtigkeit und Menschenwürde orientiert. Denn diese Gesetze schaffen echte und wahre Demokratie.

Schon vor dem 20. Juli reifte in aktivistischen Politikern der Entschluß, sich in dieser Erkenntnis zusammenzuschließen, um möglichst weite Volksschichten eine politische Heimat finden zu lassen. Not und Leid nach dem 20. Juli haben diesen Willen stärker noch werden lassen. Durch gemeinsame Trauer um Tote, die für unsere Ziele starben, sind wir gebunden. Das wird uns in dieser unserer Parteigemeinschaft noch stärker machen. Und ich glaube, Bürge dafür sein zu dürfen, daß auch nicht unerhebliche Teile der deutschen Arbeiterschaft in der Partei der Christlich-Demokratischen Union ihre politische Heimat sehen und finden werden.

Ich selbst werde darüber hinaus meine Aufgabe darin sehen, für ein gutes Verstehen zwischen den werdenden Gewerkschaften und unserer Partei einzutreten. Starke Berufsorganisationen und das Zusammenwachsen zu großen Parteien, die sich in der Sorge um das Wohl des Volkes ergänzen, sind notwendige Stufen zur Einheit unseres Volkes. An dieser Einheit wollen wir arbeiten. Gemeinsam mit allen Kräften, die zum Wiederaufbau unseres schwergeprüften Landes und Volkes berufen sind.

## 2

*Der Weg der Union*
*in: »Neue Zeit«, 30. Dezember 1945*

»Jetzt handelt es sich darum, die nackte Existenz zu erhalten, den Rest des Reiches zu retten und die verlorengegangene Verbindung mit dem Denken und Fühlen der Außenwelt wiederzufinden.« Mit diesen Leitworten sollte eine Erklärung der handelnden Männer nach der Selbstbefreiung des deutschen Volkes, die der 20. Juli bringen wollte, dem Volke die Situation deutlich machen, in der wir uns schon im Sommer 1944 befanden. Was damals galt, ist durch den Krieg bis »5 Minuten nach 12 Uhr« in grauenhafter Weise überholt worden. Die Männer, die nach dem Zusammenbruch für unser Volk Verantwortungen übernahmen und übernehmen, waren und sind sich bewußt, daß jetzt nichts weiter gelten kann als das eine Ziel, erst wieder die Voraussetzungen für die nackte Existenz des Volkes zu schaffen, zu versuchen, den Rest der in verschiedene Zonen geteilten Heimat wieder zusammenzufügen und ebenso zu versuchen, bei den Siegermächten erst einmal wieder Vertrauen zu unserem Volk zu wecken. Daß gerade das letztere sehr schwierig sein wird, bedarf heute, nachdem es wohl auch dem letzten klargeworden sein dürfte, welche Summe von Verbrechen im Namen des Volkes begangen worden sind, keiner Erklärung mehr. Und daß der Weg zu diesem Vertrauen auch nach den ungeheuren Blutopfern, die gerade das letzte Jahr noch gefordert hat, nicht leichter geworden ist, als er es nach erfolgreicher Selbstbefreiung gewesen wäre, ist auch verständlich.

Die Männer, die in solch trostloser Zeit in die Bresche springen, müssen wissen, daß dieser Einsicht alles unterzuordnen ist. In einer solchen Zeit sind verantwortliche Männer in fast tragischer Weise Vertreter ihres Volkes. Denn nach einem Zusammenbruch, wie ihn das Hitlerreich herbeigeführt hat, ist diese Stellvertretung zunächst und vor allem ein Aufsichnehmen von Sühne und Demütigung, die dem Volke aus den Verbrechen des Nationalsozialismus erwachsen sind. Es ist das Aufsichnehmen von bitteren Notwendigkeiten, von schweren Entschlüssen, von Verkennungen und Mißdeutungen. Wir wissen, wie viele Mißdeutungen die Männer erfahren haben, die nach 1918 versucht haben, unser Volk aus dem Wirrwarr herauszuführen, den die Niederlage im Gefolge hatte. Die Situation nach 1918 war dabei ein leichtes gegenüber dem Chaos, in das uns der verbrecherische Hitlerkrieg gestürzt hat. Wer heute Verantwortungen übernimmt, weiß, daß er Persönlichkeit, Leben und politischen Ruf einzusetzen hat, um seinem Volke zu helfen.

Wenn aber ein Mann in den zwölf Hitlerjahren immer seiner Überzeugung getreu den Weg des Kampfes gegen die Tyrannei gegangen ist, so wird ihm vielleicht doch die Übernahme von Verantwortungen in der schwersten Zeit unseres unglücklichen Volkes leichter werden. Er muß ja annehmen, daß ihm der beste Teil des Volkes vertraut, daß er seinen politischen Weg mit allem, was er an Demütigungen einschließt, nicht geht, weil er charakterlos ist, sondern weil er die Härte gegen sich aufbringt, sich selbst und die Geltung seiner Person einzusetzen.

Ich bin mir dieser Voraussetzungen bewußt, wenn ich in erhöhtem Maße Verantwortungen in der Führung der Christlich-Demokratischen Union auf mich nehme. Es bedarf keiner Worte mehr über die dramatische Krise, die dieser Übernahme vorausging. Was darüber zu sagen möglich ist, ist zuletzt von uns gesagt worden. Der tiefste Beweggrund, der für meine Entscheidung maßgebend sein mußte, war die Verpflichtung gegenüber unserem Volk. Ihm hat unsere Partei aus der Gläubigkeit und Kraft der ihr eigenen Ideenwelt zu dienen. Für die Erneuerung seiner Existenzgrundlage und seines politischen und geistigen Lebens trägt sie im Zusammenwirken mit allen anderen demokratischen Kräften eine ihr eigene Aufgabe und Verantwortung.

Vielleicht bangt nun der eine und andere in unseren Reihen um den Weg der Partei, weil ein Mann der Arbeiterschaft oder sogar der Gewerkschaften die Führung in die Hand nehmen mußte. Das deutsche Volk ist zwar heute mit wenigen Ausnahmen ein Volk des »kleinen Mannes« mit unsicherer Existenz geworden, aber es gibt doch noch Gruppen, die mehr oder minder Schauder davor empfinden, ihr politisches und wirtschaftliches Schicksal Männern der Arbeiterschaft anzuvertrauen. Sollten auch in unseren Kreisen solche Besorgnisse umgehen, so soll gesagt werden, daß es nicht das Bestreben der Arbeiterschaft ist, das deutsche Volk zu proletarisieren, sondern daß es unser Streben war und ist, das gesamte Volk wieder aus der politischen und wirtschaftlichen Niederung, aus der Gefahr völliger Verproletarisierung herauszuführen, in die uns das Hitlersystem gebracht hat. So, wie die Arbeiterbewegung für den Aufstieg der Arbeiterschaft gekämpft hat, wie sie um ihre geistige Bildungs- und Schaffensfreiheit besorgt war, so werden sich Gewerkschaf-

ten auf der einen Seite, so wird sich aber auch und vor allem unsere Partei auf der anderen Seite um die Wiederaufstiegsmöglichkeit des gesamten Volkes mühen. Dabei werden wir uns aber auch darüber klar sein müssen, daß die Wiederaufstiegsmöglichkeit des gesamten Volkes nur unter bestimmten Bedingungen möglich sein wird: zu diesen Bedingungen gehört auf wirtschaftlichem Gebiet die Entscheidung für eine Planung und Gebundenheit, wie sie uns von Zeit und Umständen unseres volklichen Schicksals vorgeschrieben ist. Den Ewiggestrigen, die glauben, an die Zeit vor 1933 wieder anknüpfen zu können, muß gesagt werden, daß der wirtschaftliche Weg unseres Volkes ein mehr oder weniger sozialistischer sein wird. Diese Erkenntnis hat nichts mit überlebter Dogmatik zu tun, sie ist nur das Ergebnis wirklichkeitsnaher Einsicht. Wir werden uns aus christlicher und demokratischer Überzeugung stets gegen eine Sozialisierung und Schematisierung des Geistes wenden, wie es z. B. das Nazitum bedeutete, denn im Mittelpunkt des Lebens steht für uns die Würde und Freiheit der Persönlichkeit, die ja überhaupt auch erst demokratische Entscheidungen möglich macht. Aber um so planmäßiger muß unser Wirtschaftsleben gestaltet werden, damit unser Volk, wenn es auch wirtschaftlich weithin ein Volk des »kleinen Mannes« geworden ist, in seinem geistigen Streben und Schaffen wieder reich und vielfältig werde, wie es seiner Veranlagung entspricht. Das zu ermöglichen ist ja schließlich der Sinn wirtschaftlicher Betätigung, wie er ihm in der christlichen Rangordnung der Werte zukommt, deren Verwirklichung in unserem Volksleben die Union als ihre Aufgabe ansieht.
Die große soziale Schicht aber, der ich angehöre, die Arbeiterschaft im weitesten Sinne des Wortes, mag die erhöhte Verantwortung, für die ich mich schließlich entscheiden mußte, als Zeichen ansehen, wie sehr weite Kreise des deutschen Volkes sich zu Gleichberechtigung und Gleichverpflichtung aller Volksschichten bekennen. Sie mag ihr Gewißheit geben, daß der soziale demokratische Gedanke in der Union mit an erster Stelle steht. Das bedeutet aber auch die Verpflichtung der Arbeiterschaft zu einem Höchstmaß von Mitarbeit und Mitwirkung an der Verwirklichung unseres Parteiprogramms, das in seinem christlichen und demokratischen Grundgesetz der Anerkennung und Achtung der freien Persönlichkeit und des Rechtes als Grundlage aller demokratischen Politik kein anderes ist, als es am Tage der Gründung unserer Partei gewesen ist.
Für die Sieghaftigkeit dieses Grundgesetzes haben wir in den Jahren der Hitlerherrschaft einen bitteren Kampf kämpfen müssen. Viele der Besten unseres Volkes sind um dieses Kampfes willen den Weg zum Schafott gegangen. Die besten meiner engeren Freunde, die mit mir für die neue Freiheit des Volkes gekämpft haben, sind mir durch die Schergen Hitlers von der Seite gerissen und in den Tod geschickt worden. Ich bleibe deshalb um so ernster der Freiheit und Würde unseres Volkes verpflichtet. Aus dieser Verpflichtung heraus stelle ich meine Kraft für den weiteren Weg der Partei zur Verfügung. Wer sich in gleichem Ernst der christlich-demokratischen Idee verpflichtet fühlt, gehe den Weg mit, den uns die Treue zu unserem Volke vorschreibt. In Zusammenarbeit mit allen anderen wahrhaft demokratischen Kräften muß es gelingen, die notwendigen Voraussetzungen für die Wiederaufrichtung und Neuordnung unseres Volkes zu schaffen.

## 3

*Um die Einheit der Nation*
*Rundfunkhaus Berlin, 30. Januar 1946*

Die Männer, die von dieser Tribüne aus ein Bekenntnis zur Einheit der Nation ablegen, sprechen als Vertreter der vier Parteien. Nun gibt es Kreise in unserem Volk, die bei dem Wort »Partei« noch immer eine mehr oder minder starke Ablehnung empfinden. Das ist vielleicht begreiflich, da ja alles, was mit dem Wort »Partei« bezeichnet wird, durch die Geschichte der letzten 20 Jahre reichlich in Mißkredit geraten ist. Hinzu kommt allerdings auch – ich darf das an dieser Stelle sagen –, daß seitens bestimmter Zeitungen auch heute noch einiges hinzugeschieht, um die nicht gerade leichte Aufgabe verantwortungsbewußter Parteien zu erschweren.

Es mag deshalb gut sein, wenn ich darauf hinweise, daß wir zur äußeren Legitimation unserer Parteiberufung schließlich noch eine weitere Berufung fühlen, in diesen schweren Stunden des deutschen Volkes ein beschwörendes Wort der Mahnung zur Einheit zu sagen.

Von den drei Männern, die vor mir zu Ihnen gesprochen, entstammt jeder einer anderen Landschaft unserer deutschen Heimat. Otto Grotewohl spricht die Sprache seines niedersächsischen Stammes. Der historische Boden von Braunschweig ist seine Heimat. Und wir wissen, daß seine Stimme nicht zuletzt auch in den Kreisen seiner Heimat und für seine Heimat Geltung hat. Zumal er für einen großen, einen sehr großen Teil der Arbeiterschaft spricht, die von jeher – das sei zu ihrer Ehre gesagt – von dem größten Einheitswillen zum deutschen Staat, zur deutschen Nation getragen ist.

Wilhelm Pieck nennt Guben seine Heimat. Der alte Haudegen wird mir nicht böse sein, wenn ich sage, daß er der Preuße in unserem Kreise ist. Für ihn bedeutet es auch keine Gefahr, wenn ich es sage, denn jeder weiß, daß die alte Gefahr der preußischen Reaktion niemals ihr Haupt erheben kann, wo ein Mann der Arbeiterschaft wie Wilhelm Pieck Wache hält. Und aus Dr. Külz spricht die sächsische Landschaft. Sachsen hat in diesen letzten Monaten schon manchen Beweis gegeben – ich kann das vor allem auch aus den Erfahrungen in unserer Partei sagen –, daß es in dieser beispiellos schweren Zeit der Nation weiß, daß die Treue zu ihrer Einheit das oberste Gesetz des Volkes und der deutschen Landschaften ist.

Und wenn ich nun von mir sprechen darf, so möchte auch ich nicht nur als Sprecher meiner Partei gehört werden, sondern als Mann, der mit zwei deutschen Landschaften unzerreißbar verbunden ist. Meine Heimat ist das Frankenland, dessen Kultur und Geschichte durch Städte wie Würzburg und Bamberg genügend angedeutet sind. Das Volk dieser Landschaft hängt gewiß mit allen Fasern an seinem Land, das vom Reichtum katholischer Kultur geprägt ist. Es ist sich aber ebenso der Bindung an das gesamte deutsche Volk bewußt, dem es in guten und bösen Tagen die Treue halten wird.

1912 bin ich dem Rufe der Arbeiterschaft nach Köln gefolgt. Das Rheinland mit seiner alten Metropole ist meine zweite Heimat geworden. Meine Arbeit gehörte der Arbeiterschaft an Rhein, Ruhr und Saar. Ich darf aussprechen, daß um Rhein, Ruhr und Saar heute wieder unsere Sorgen kreisen. Dabei erfüllt es uns mit Genugtuung, daß die Siegermächte zum Ausdruck gebracht haben, daß keine Annektion deutschen Landes in Frage kommt. Was den auftauchenden Gedanken der Interna-

tionalisierung der Ruhr und Saar angeht, so kann ich dazu nur sagen, daß sich das deutsche Volk sicher keinen Ideen verschließt, deren Ziel es ist, jede nur denkbare Sicherheit gegen eine Wiederholung des Krieges und rüstungswirtschaftlicher Vorbereitungen zu schaffen. Dabei bleiben wir uns allerdings bewußt, daß unser Volk nicht allzu reich an Bodenschätzen ist und daß das, was es davon besitzt, nicht nur zum Neubau der Wirtschaft, sondern auch zur Aufbringung unseres Beitrages am Wiederaufbau der Welt benötigt wird. Wiederum wissen wir aber auch, wie sehr auch andere europäische Länder auf Kohle und Eisen gerade dieser Gebiete angewiesen sind. So erfüllen Ruhr- und Saargebiet ja schon seit Jahrzehnten eine internationale Aufgabe. Es kann durchaus angemessen sein, den Gedanken einer Beteiligung anderer Länder an der wirtschaftlichen Verwaltung von Ruhr und Saar ernsthaft zu prüfen. Allerdings sollte ein solcher Akt, wenn er uns nicht erspart bleiben kann, seinen tieferen Sinn von dem Willen empfangen, einen wirtschaftlichen Kern zu weitergreifender europäischer Gemeinschaft zu schaffen. Eine solche Gemeinschaft wird ja überdies früher oder später Pflicht und Schicksal der europäischen Staaten werden.
Eine Sorge bewegt die Arbeiterschaft dabei besonders – und sie darf sich die Freiheit nehmen, diese Sorge auszusprechen, denn es geht ja bei diesen Anliegen auch und vor allem um das wirtschaftliche Schicksal der Arbeiterschaft: sie möchte eine Gewähr dafür sehen, daß bei einer eventuellen Internationalisierung der Wirtschaft an Ruhr und Saar nicht anstelle der früheren deutschen Kapitalisten internationale Kapitalisten den Nutzen aus deutschem Boden und deutschem Arbeitsfleiß ziehen.
Über allem aber steht uns heute die Sorge um die volkliche und staatliche Einheit Deutschlands. Und wenn ich vorhin zum Ausdruck brachte, daß mir vor allem die Arbeiterschaft an Rhein, Ruhr und Saar zur Heimat meines Schaffens und Wirkens geworden ist, so weiß ich, daß mein Bekenntnis zur Einheit dort ein Echo findet. Ich weiß zwar, daß auch am Rhein manches Wort der Kritik gegen Berlin fällt. Ich bin aber ebenso überzeugt, daß das dem inneren Einheitswillen des Volkes keinen Abbruch tut. Sollte in dieser Zeit der schwersten Prüfung eine ernsthafte Strömung gegen die Einheit der Nation aufkommen, so wäre die Verantwortung dafür nur bei einzelnen Verantwortungslosen zu suchen, deren Ehrgeiz die Not und die politische Zerfahrenheit des deutschen Volkes benutzt, um sich den Weg zu politischen Positionen zu bahnen. Dabei müßte sich jeder, der das letzte Jahrzwölft in Deutschland erlebt hat, bewußt sein, daß die Kameradschaft der Not und des Leidens in den Jahren der Hitlerherrschaft die verschiedene Herkunft aus Stand und Schicht weitgehend getilgt hat. Sie hat uns über Stände und Konfessionen hinwegwachsen lassen, sie hat uns aber auch über die Grenzen der Stammeseigenheiten hinweg zueinander geführt. Und wenn mich noch etwas heute berechtigt, mit aller Leidenschaft das Bekenntnis zur Einheit abzulegen, dann ist es das Wissen, daß ich das Bekenntnis der Arbeiterschaft zum Ausdruck bringe, die an Rhein, Ruhr und Saar ein starkes politisches und soziales Streben, das immer und in jedem Augenblick auf die Einheit der Nation gerichtet war. Ich weiß deshalb, daß keine Not des Volkes, keine Demagogie, keine Erschwerung der Verständigung, wie sie die zeitweise chaotischen Zustände nach dem Zusammenbruch bedeuteten, und auch vor allem keine Mißkreditierung von Berlin meine Kameraden bewegen können, von dem Willen zur Einheit der Nation abzufallen.
Ich möchte des Glaubens und der Hoffnung sein, daß auch das gesamte übrige Volk, dem ich mich nicht minder verbunden weiß, sich ohne Bedenken zu dem glei-

chen Bekenntnis findet. Als Vertrauensmann der westlichen Arbeiterschaft und des westdeutschen Volkes, als Vertrauensmann auch weiter Kreise des christlichdeutschen Volkes im Süden, das heute zu meiner Partei steht, als ihr innerer Beauftragter bin ich seit 1933 immer wieder nach Berlin gegangen, um gegen den Nationalsozialismus an der Neuerstehung der deutschen Arbeiterbewegung und einer neuen Volksordnung mitzuarbeiten. Mit mir arbeiteten eine große Reihe von namhaften Männern aus allen Provinzen und Ländern, die einen leidenschaftlichen Kampf für die Ordnung des Staates auf neuer Grundlage führten. Das Erlebnis unserer Zusammenarbeit war vor allem deshalb ein so starkes, weil jeder dieser Männer davon überzeugt war, daß auf jeden Fall der grotesken Überspannung des Hitlerschen Zentralismus ein Ende gemacht werden müsse, daß es aber auch kein Zurück mehr geben könne zu den Grenzpfählen früherer Landesherrlichkeit. Vergessen wird auch nie, daß die Kurzsichtigkeit früherer Länderpolitik mit ein bestimmender Faktor für die Schwäche der Weimarer Republik gewesen ist.

Den Politikern und Journalisten, denen heute noch immer die Sorge um eine preußische Wiedergeburt das Wort diktiert oder die Feder führt, die meistens Berlin meinen, wenn sie Preußen sagen oder schreiben, mag gesagt sein, daß schon vor dem 20. Juli 1944 für jeden ernsthaften Politiker, der sich um die Neugestaltung des Staates mühte, eine Erhaltung Preußens ausgeschlossen war. Damals schon war die Neuordnung des Staates so vorgesehen, daß Preußen nun wirklich im Reiche aufgeht.

Preußen gehört der Vergangenheit an, aber Berlin lebt. Wie sehr es lebt, das weiß nur der, der in seinen zerschlagenen Mauern arbeitet. Berlin lebt, und auf seinem geschundenen Boden wird wie in keiner anderen Stadt um das Werden des neuen Deutschland gerungen. Ob Freund oder Gegner der Stadt – ich habe das immer wieder selbst erlebt –, wer den Auftrieb in sich spürt, am neuen politischen Werden in Deutschland mitzuarbeiten, und wer im Strom dieses Auftriebs den lebendigen Atem von Berlin gespürt hat, der trennt sich nicht leicht wieder von dieser unermüdlichen Stadt. Zudem ist Berlin der Sitz des Kontrollrates. Vier Nationen begegnen sich auf dem Boden dieser Stadt. Es geht dabei um das Schicksal Deutschlands. Es geht aber auch, und ich glaube, daß ich das aussprechen darf, um die zukünftige Gestaltung Europas. Ich sehe bei allem Leid, das dem deutschen Volk – zum großen Teil selbst verschuldet – im Ablauf der Geschichte dieser Tage zugedacht ist, einen tiefen Sinn in der Begegnung der Nationen auf Berliner Boden: es ist das Ringen auch um die große europäische Synthese von Ost und West. Es ist das Ringen auch um die große soziale Neugestaltung der Welt. Der große Arbeiterstaat des Ostens begegnet sich mit den Mächten, die in langsamer, schrittweiser Entwicklung ebenfalls der sozialen Neugestaltung Europas Raum zu geben gewillt sind.

Wir Männer und Frauen der deutschen Politik stehen auf Berliner Boden mitten in dieser großen geschichtlichen Begegnung und suchen für unser Volk im gleichen Willen zur gesunden politischen und sozialen Synthese den richtigen Weg. Den Weg zu einer sozialen und demokratischen Zukunftsgestaltung, der Gestaltung eines echten Sozialismus, in der alle Volksschichten, alle Konfessionen, alle Eigenheiten der Stämme und Länder ihre Heimat finden. Das ist die Sendung von Berlin. Und ich möchte wünschen und hoffen, daß auch das übrige Deutschland diese Sendung erkennt. Ich möchte wünschen und hoffen, daß es sich Berlin und seiner Aufgabe verbunden fühlt. Auch da verbunden fühlt, wo der Weg, den die Sendung, die Berlin im Volks- und Völkerleben heute zu erfüllen hat, dem einen oder anderen

Volksvertreter aus den bequemeren politischen Ecken und Ländern Deutschlands nicht ganz verständlich erscheinen läßt. Es gäbe kein größeres Unglück für unser Vaterland, als wenn man aus dieser oder jener Verärgerung, aus Bequemlichkeit, aus wirtschaftlichem Eigennutz oder auch aus beschränktem Ehrgeiz zu alten Ländergrenzen und Länderrechten zurückstrebte und so das Auseinanderfallen der nationalen Einheit fördern würde. Ich wiederhole noch einmal: Auch wir sind beseelt von der Notwendigkeit, daß weitgehende Dezentralisation der Aufgaben das Prinzip des künftigen Staatsaufbaues sein muß. Wir wollen keinen deutschen Zentralismus. Wir wollen aber auch keinen Länder-Zentralismus. Wir wollen eine gesunde Dezentralisation, die es erübrigt, sich über die staatsrechtlichen Begriffe von Föderalismus oder Zentralismus zu streiten. Allein entscheidend ist die lebendige Einheit unseres Volkes, die nicht von bundesstaatlichen Fiktionen, sondern von der Wirklichkeit eines deutschen Gesamtbewußtseins ausgeht. Wir haben genug von der Souveränitätseifersucht, die noch in der Epoche der Weimarer Republik die Staatsgewalt lähmte und die durch die Hintertür einer föderalen Amtsstube Herrn Hitler als Reichsangehörigen plötzlich der deutschen Volksgemeinschaft unterschieben konnte. Das darf und soll sich niemals wiederholen.
Ich bin mir bei allem guten und starken Willen unseres Volkes zur Einheit der Nation bewußt, daß der Weg zu wirklicher fruchtbarer Einheit nur gefunden werden kann, wenn es bald zu einer zentralen Regierung des deutschen Volkes kommt. Unsere Bitte geht deshalb an die Besatzungsmächte, den Weg zur Schaffung einer zentralen Regierung abzukürzen. Die junge deutsche Demokratie möchte sich aus der tiefen Sehnsucht nach einem gesicherten Frieden zur großen umfassenden Einheit aller Nationen bekennen. Die Verwirklichung dieses hohen Zieles setzt die Einheit der deutschen Nation voraus. Darum gilt unser tiefster Wunsch, unser brennendstes Anliegen an das eigene Volk und an die Mächte, denen nach dem Zusammenbruch des Hitlersystems das Schicksal unseres Volkes und unseres Landes anheimgegeben ist, der deutschen Einheit Raum zu geben.

## 4

*Delegiertenkonferenz des Freien Deutschen Gewerkschaftsbundes (FDGB)*
*Berlin, 2. Februar 1946*

Bei der Vorbereitung dieser Konferenz waren die Kollegen Chwalek und Göring der Meinung, ich solle von einem Referat Abstand nehmen, damit die Tagesordnung nicht zu sehr überladen werde. Ich habe natürlich größtes Verständnis für die Gefahr der Anhäufung von Referaten. Es ist auch sonst nicht meine Art, mich mit einem unüberwindlichen Bedürfnis zum Sprechen in den Vordergrund zu stellen. Ich weiß vor allem auch, daß nach einer Diktatur des Schweigenmüssens von einer erst werdenden Demokratie, weiß Gott, allerhand Anforderungen an die Aufnahmefähigkeit und -willigkeit der Zuhörer gestellt werden.
Trotzdem aber war es mir nicht möglich, auf dieser Konferenz, die ein Stück neuer Gewerkschaftsgeschichte ist – und zwar ein Stück wichtiger Geschichte –, ganz zu schweigen. Ich muß ein Wort der Klärung und Erklärung aus meiner Welt zu Euch sprechen. Ihr wißt wohl alle, daß ich, aus der Welt der früheren christlichen Gewerkschaften kommend, im Juni 1945 mit in den vorbereitenden Gewerkschaftsausschuß eingetreten bin. Ihr wißt auch, daß der Heimatboden dieser meiner frühe-

ren Bewegung nicht gerade der Berliner Boden, sondern vor allem der Westen und Süden des Reiches ist. In Berlin waren die Christlichen Gewerkschaften nur schwach vertreten. Nur ihr Angestelltenflügel war stark. Diese Tatsache und dazu noch die weitere, daß bei den Delegiertenwahlen nur wenige Kollegen meiner weltanschaulich-politischen Richtung gewählt wurden, sind sicher für das Anliegen der Kollegen Chwalek und Göring an mich mit bestimmend gewesen. Für mich aber ist gerade diese Tatsache nur noch ein weiterer Grund, der mir Veranlassung ist, zu Euch zu sprechen. Dabei will ich gleich vorweg sagen: Die wenigen Kollegen, die in der Gesamtheit der gewählten Delegierten von uns in Erscheinung treten, geben natürlich kein Bild von der Zahl der Arbeiter und Angestellten, die in Berlin auf dem Boden unserer politischen Weltanschauung stehen. Ich sage »unserer«, denn auch der Flügel der Bewegung, dem Ernst Lemmer entstammt, zählt ja dazu.
Wir wissen alle, daß der Ablauf der Wahlen – das darf ich aussprechen – nicht gerade ein harmonisches Bild von der Einheit der Gewerkschaftsbewegung ergeben hat. Ich darf sagen, daß es mir etwas schmerzlich gewesen ist, denn ich habe durch meinen Weg der letzten zwei Jahrzehnte bewiesen, wie sehr mir die gewerkschaftliche Einheit am Herzen liegt. Seit 1933 habe ich keine wichtigere Aufgabe mehr gesehen als die, an der Neuerstehung einer Gewerkschaftsbewegung zu arbeiten, die alle Richtungen zusammenfassen sollte. Dabei habe ich mir über die erste Stufe der Einheit nicht die geringsten Illusionen gemacht. Ich weiß, daß organisatorischer Zusammenschluß noch keine innere Einheit bedeutet. Aber eines weiß ich, daß es des guten Willens und der reifen Einsicht aller früheren Richtungen bedarf, um zu wahrer innerer Einheit zu kommen. Nicht mit dem »Rüstzeug der Barbaren« kann der Weg zu dieser inneren Einheit gebahnt werden, sondern nur mit wahrhaft demokratischer Toleranz. Ich bin gewiß gewillt, manchen inneren und äußeren Stoß auszuhalten, um das hohe Ziel einer wahren gewerkschaftlichen Einheit zu erreichen. Denn ich halte die Einheit nach den Erfahrungen der letzten zwanzig Jahre um der Arbeiterschaft und um des Volkes willen für notwendig. Aber ebenso klar ist mir, daß die gewerkschaftliche Einheit der Arbeiterschaft, die eine einheitliche Auffassung von der wirtschaftlichen und sozialpolitischen Gestaltung unseres Volks- und unseres Arbeiterlebens voraussetzt, haltmachen muß vor den inneren weltanschaulichen Gesetzen der einzelnen Persönlichkeit.
Ich sagte schon, ich komme aus der Welt der früheren Christlichen Gewerkschaften, die an Rhein, Ruhr und in Süddeutschland liegt. In dieser Welt sprach und spricht man zum Teil eine andere Sprache, als Ihr sie zu sprechen gewohnt seid. Trotzdem hoffe ich, wir werden uns schon verstehen. Und Ihr werdet mich mit der Bereitschaft von Kameraden anhören auch da, wo nicht nur die Sprache, sondern wo auch die Auffassungen verschieden sind.
1908 schrieb das Jahrbuch der Christlichen Gewerkschaften: »Sind die Verhältnisse in Deutschland auf gewerkschaftlichem Gebiet so weit gediehen, daß sie sich von der Sozialdemokratie und ihren religionsfeindlichen Tendenzen emanzipiert haben, so liegt keine Ursache vor, diese separaten Gründungen aufrechtzuerhalten. Und es ist nur eine Frage der Zweckmäßigkeit, die bestehenden Gewerkschaftsorganisationen mit anderen zu verschmelzen.« In diesem Ausspruch liegt die Geschichte dessen, was die Gewerkschaftsbewegung einmal trennte, und liegt zugleich der Weg, der zur Einheit führt.
Der freie Gewerkschafter, früher im wesentlichen Sozialdemokrat, war Schüler der Aufklärung, d. h., er lehnte im allgemeinen den christlichen Glauben ab. Entschei-

dend aber für den christlichen Arbeitskameraden war: er lehnte diesen Glauben nicht nur für sich ab, sondern er begegnete ihm häufig feindlich und kämpferisch, wo immer er einem sogenannten »Christlichen« gegenübertrat. Da aber dem christlichen Arbeiter nun einmal nichts so heilig ist wie seine religiöse Überzeugung, taten sich Christliche Gewerkschaften auf, die der inneren Not des christlichen Arbeiters abhalfen und den Kampf um Recht und Gerechtigkeit im Arbeiterleben aus dem radikalen sozialen Willen des Christentums führten. So sammelten sich die christlichen Arbeiter in den Reihen der Christlichen Gewerkschaften.
Ein weiteres Hindernis war die Verbindung der Freien Gewerkschaften mit der sozialdemokratischen Partei. In der Politik spielt die Weltanschauung eine größere Rolle als im wirtschaftlichen und sozialen Kampf der Gewerkschaften. Es gibt Fragen der Kulturpolitik, Fragen der Erziehung, der kirchlichen Einflußsphäre, die aus der Weltanschauung heraus entschieden werden wollen. Der christliche Arbeiter sieht die Lösung dieser Fragen anders als der Arbeiter aufgeklärter Weltauffassung, wenn wir diese Bezeichnung heute überhaupt noch anwenden wollen.
Wir waren uns mit Männern der Sozialdemokratie vor dem 20. Juli durchaus einig darüber, daß auch in Deutschland allmählich parteipolitische Gebilde erwachsen könnten, die von einer so ausgesprochenen Toleranz sind, daß weltanschauliche Verschiedenheiten der Auffassungen für die Gemeinsamkeit der praktischen Politik keine Hemmung mehr zu bilden brauchen. Ich möchte wünschen, daß die parteipolitische Entwicklung in unserer jungen deutschen Demokratie diesen Weg zu gehen wüßte. Wenn es mir auch ein Weg auf lange Sicht zu sein scheint.
Und nun zurück zu den Gewerkschaften: Mit die stärkste Hemmung, die den Arbeiter der Christlichen Gewerkschaften von den Freien schied, war die dogmatische Verkündung des Klassenkampfes, den die christliche Arbeiterschaft als Ausfluß einer ihr fremden Weltanschauung ablehnte. Ihr Kampf um soziale Gerechtigkeit war deshalb nicht weniger leidenschaftlich. Aber der gemeinsame gewerkschaftliche Kampf milderte allmählich die Schärfen und Härten der weltanschaulichen und politischen Unterschiede der verschiedenen Gewerkschaftsrichtungen. Gerade die wirtschafts- und sozialpolitische Arbeit der Gewerkschaften hatte eine positive Wirkung auf die Arbeiterschaft. Sie führte vom Agitationsgeist weg zur sachlichen Beurteilung von Menschen und Dingen. Der große Auftrieb, den die Gewerkschaften gegen Ende des Ersten Weltkrieges erfuhren, der sich nach dem Kriege noch steigerte, brachte eine noch stärkere Konzentration der Gewerkschaften auf ihre sozialen und wirtschaftlichen Aufgaben. Ganz abgesehen davon, daß zwischendurch Notzeiten durch wirtschaftliche Krisen heraufzogen, die einen noch stärkeren Zwang zum Aneinanderrücken ausübten.
In den wirtschaftlichen Krisen Ende der zwanziger Jahre, in der inneren und äußeren Not des Volkes, hervorgerufen durch die Reaktion und den sich immer frivoler gebärdenden Nationalsozialismus, wuchs der Wille zur Einheit der Gewerkschaften. Ohne es bis zum Überdruß wiederholen zu wollen, will ich mich noch einmal zu der Auffassung bekennen, daß Hitler im Anfangsstadium seines Aufstiegs hätte überwunden werden können, wenn wir eine einheitliche, schlagkräftige Arbeiterbewegung gehabt hätten. In dieser Erkenntnis wurde 1933 die Schaffung der Einheit noch versucht. Aber es war zu spät. Die Verhandlungen darüber gehören der Geschichte an. Die Walze des Nationalsozialismus zermalmte auch die Gewerkschaften, das letzte Bollwerk einer zwar unfertigen, aber von der Arbeiterschaft doch ehrlich versuchten Demokratie.

Bei der Neubildung der Gewerkschaften ist für uns alle die Erkenntnis und der Wille entscheidend, daß die Kraft der Arbeiterschaft, die zusammengefaßte Kraft starker Gewerkschaften in dieser Stunde der beispiellosen Not des Volkes Rettung und Halt bedeuten könnte.
Es war in den vergangenen Monaten nicht alles eitel Harmonie in den Gewerkschaften. Ich würde mich der Vertuschungsmethoden des Herrn Goebbels schuldig machen, wenn ich diese Feststellung verschweigen würde. Und manche Handlung der Gewerkschaften entsprach mehr dem revolutionären Elan als dem Gesetz staats- und wirtschaftspolitischer Weisheit, wie ich sie angewandt sehen möchte. Auf der anderen Seite ist aber auch viel Initiative, viel Aufbauwille von den Gewerkschaften ausgegangen, die niemand verkennen wird, der einen Einblick in die ganze beispiellose Notlage unseres Volkes hat.
Ich darf nun noch ein Wort von mir und meinem Verhältnis zu der neuen freien Gewerkschaftsbewegung sagen. Trotzdem die Kraft der ehemaligen Christlichen Gewerkschaften im Westen und Süden des Reiches liegt, habe ich mich für die Mitarbeit in Berlin entschieden. Ich habe auf der Kundgebung der Parteien mein Bekenntnis zur Sendung von Berlin abgelegt, wie ich sie zu sehen glaube. Ich habe mich zu der großen Aufgabe von Berlin bekannt, an der Synthese des politischen und sozialen Willens mitzuarbeiten, wie er, aus dem Osten und dem Westen Europas kommend, in Berlin aufeinandertrifft. Und wie er Zugang sucht zum Wesen und zum Neugestaltungswillen des deutschen Volkes. Mitten in dieser Aufgabe stehen auch die Gewerkschaften. Wie sehr der Osten und Westen innerlich und äußerlich an dieser Neugestaltung beteiligt sind, beweist der Besuch der Gewerkschaftsführer der Besatzungsmächte. An uns, an den deutschen Gewerkschaften, ist es, den Weg zu finden, der unserem eigenen Wollen und Wesen entspricht und der es uns ermöglicht, zu einer wahrhaften deutschen Gewerkschaftsbewegung zu kommen, zu einer Einheitsbewegung, die es allen Richtungen ermöglicht, sich aus innerer freier Entscheidung, ich möchte sagen aus sittlichem Gesetz, zu dieser Gewerkschaftsbewegung zu bekennen.
Nicht alle bekennen wir uns zu den Lehren von Karl Marx. Und die alte Doktrin vom zwangsläufigen Klassenkampf möchten wir abgelöst sehen von dem großen und starken Bekenntnis zum ganzen Volk. Dem aufrechten, starken Zusammengehörigkeitsbewußtsein einer sich ihres Wertes und ihrer Kraft bewußten Arbeiterschaft tut dieses Bekenntnis keinen Abbruch.
Ein Bindeglied möchten wir für die Gesamtheit der Arbeiterschaft wirksam sehen, wie sie sich in den Gewerkschaften zusammengefunden hat: das ist das Bekenntnis zum sozialistischen Zug der Zeit.
Wenn wir uns hier in Berlin zu innerer und äußerer Einheit finden, in geläuterter, aufbauender Gewerkschaftsarbeit, im Rahmen von Gesetz und Recht, in staatspolitischer Weisheit und wirtschaftlicher Vernunft, wird diese Zusammenarbeit ihre Bedeutung über Berlin und die Zonengrenzen hinaus erhalten. Wenn Verständigung eine innerlich echte ist, dann bedarf es keiner Auseinandersetzung mehr über Betriebsgruppen, über getrennte oder einheitliche Listen, dann können Einheitslisten nur der selbstverständliche Ausdruck der inneren gewerkschaftlichen Einheit sein. So war es dieses Mal gewiß noch nicht, aber so muß es werden, wenn die freie deutsche Gewerkschaftsbewegung, die heute in ihren Anfängen steht, die endgültige Gewerkschaftsform für die Gesamtheit der deutschen Arbeiterschaft werden will.

## 5

*Erste Delegiertenkonferenz des FDGB der sowjetischen Besatzungszone in Berlin 10. Februar 1946*

Freunde! Die Zeit, in der wir stehen, können wir nur als eine Wende der Zeiten bezeichnen, und es gehört wohl mit zu den Zeichen dieser Zeitenwende, daß gerade auch die Führung meiner Partei, der Christlich-Demokratischen Union, einem Mann der Arbeiterschaft, einem Mann aus euren eigenen Reihen, anvertraut ist. Aber, meine Freunde, Parteiführung in einer Zeit der Zeitenwende, in einer Zeit, wie wir sie erleben, ist keine Freude, sie ist ernsteste Verantwortung. Sie ist eine ernste Verantwortung angesichts des beispiellosesten Zusammenbruchs, den unser Volk jemals in seiner Geschichte erlebt hat. Aber heute ist es mir eine Genugtuung, als Führer meiner Partei zu Euch sprechen zu dürfen; denn es ermöglicht mir, Euch als einer der Euren zu sagen, daß auch die UNION, an der man aus diesem oder aus jenem Grunde immer wieder Spuren der Reaktion entdecken möchte, in voller Klarheit die Zeitenwende bejaht, soweit sie eine Wende zum Zeitalter des werktätigen Volkes ist (lebhafter Beifall).
Ich lasse keinen Zweifel darüber, daß auch wir, die Männer einer Partei, die ihre Politik durch das christliche Gesetz bestimmt sieht, die zu schaffende wirtschaftliche und soziale Ordnung gestaltet wissen wollen als eine sozialistische Ordnung (lebhafter Beifall), und ich glaube, sagen zu dürfen, daß die Männer und Frauen der Union, mögen sie dem Kreise der Hand- oder der Kopfarbeiter entstammen, mögen sie dem Kreise der Handwerker oder der Bauern zugehören, diese Grundlage einer deutschen Lebensgestaltung und Lebensordnung voll und ganz bejahen (bravo). Der Sozialismus, den wir verwirklicht sehen möchten – ich konnte das schon vor einer Woche auf der Berliner Delegiertenkonferenz zum Ausdruck bringen –, ist ein von christlichem Verantwortungsgefühl bestimmter und diktierter Sozialismus. Die sittliche Verantwortung für das künftige Leben und die künftige Aufgabe unseres Volkes, die uns Richtschnur für unsere Politik ist, läßt aus der Not unseres Volkes heraus gar keine andere Lösung mehr zu. Es gehört zu den Gesetzen unserer Weltanschauung, daß die drängendsten Lebensfragen eines Volkes gelöst werden müssen nach dem Gesichtspunkt der sozialen Erfordernisse des gesamten Volkes, nicht aber nach den Erfordernissen und Wünschen einiger weniger (lebhafter Beifall). Das aber ist Sozialismus.
Ich mache diese Ausführungen vor Euch nicht, um moralische Phrasen zu machen. Ich möchte viel eher wünschen, daß die Männer christlicher Weltanschauung diese ihre Weltanschauung in den Auseinandersetzungen des politischen Lebens so wenig wie möglich im Munde führen. Wohl aber möchte ich, daß sie ihre politische Arbeit und ihre soziale Haltung radikal am christlichen Gesetz orientieren. Ich mache diese Ausführungen, um Euch, die Vertreter der deutschen Arbeiterschaft aus einem weiten Gebiet unseres Vaterlandes, wissen zu lassen, daß sich der Kreis der deutschen Männer und Frauen, die sich zu einem praktischen Sozialismus bekennen, um ein Bedeutendes, um ein ganz Beträchtliches erweitert hat. Damit rücken weite Kreise unseres Volkes näher aneinander, und das ist gut und ist notwendig für unser Volk, denn es gibt kein größeres Erfordernis und kein größeres Bedürfnis für unser Volk, als daß Bindungen aus seinem leid- und noterfüllten Schicksal erwachsen, die Partei- und Klassenhader immer mehr auslöschen und tilgen. Entweder un-

ser Volk wächst zu stärkerer Einheit zusammen, als das bisher je der Fall gewesen ist, oder aber es findet überhaupt nicht mehr zu einem starken Volksdasein zurück.
Freunde, da ich einmal als Mann der UNION zu Euch spreche, darf ich mir noch eine kleine parteipolitische Bemerkung erlauben. Vielleicht wird auch Herr Schumacher im Westen oder Süden des Reiches mein Bekenntnis hören und zur Kenntnis nehmen; denn er scheint sich, wie ich gestern in einer weitverbreiteten Berliner Zeitung lesen konnte, von irgendeiner anderen Seite haben flüstern lassen, daß sogar die Harzburger Front bei uns in der UNION Unterschlupf sucht (Heiterkeit und Zurufe). Herr Schumacher scheint über diese Nachrichten in Sorge zu sein, die aus dem Osten, wie er sagt, zu ihm kommen. Möge zu seiner Beruhigung nun auch die Nachricht von unserem Bekenntnis zum Sozialismus zu ihm dringen. (Sehr gut!) Er darf dann daraus gewiß die Hoffnung schöpfen, daß die Harzburger Front unter solchen Umständen die UNION wohl kaum mehr belästigen wird (heitere Zustimmung und lebhafter Beifall). Herr Schumacher kann dann wohl seine Sorgen wieder stärker seinen eigenen Angelegenheiten zuwenden (erneuter Beifall).
Und dann, meine Freunde, spreche ich jetzt ganz als einer der Euren, als christlicher Arbeiter zu den Arbeitern marxistischen Glaubens und sozialdemokratischer Haltung. Ihr kennt mich wohl alle so weit, daß Ihr wißt, daß ich schon vor 1933 mit allem Eifer und mit allem Können und Vermögen die Einheit der deutschen Gewerkschaftsbewegung mit erstrebt habe (Beifall). Und viele von Euch wissen wohl auch, daß mich diese Aufgabe von 1933 ab ausschließlich beherrscht hat. Wir tun jetzt die ersten Schritte auf dem Wege zur Einheit. Um sie sicher zu tun und um zur Vollendung zu kommen, muß Klarheit darüber bestehen, was für uns die gewerkschaftliche Einheit bedeutet. Sie bedeutet uns, der christlichen Arbeiterschaft, das Bekenntnis zum entschlossenen Willen, an der sozialistischen Gestaltung unserer Wirtschaft und sozialen Ordnung Schulter an Schulter mit Euch mitzuarbeiten (lebhafter Beifall). Sie bedeutet das Bekenntnis zu einer Gewerkschaftsbewegung, die ein entscheidendes Organ der wirtschaftlichen und sozialen Neugestaltung unseres Volkes ist. Daß es sich dabei um eine völlige Neuordnung handelt, in die die Arbeiterschaft mit ihrem ganzen entscheidenden Einfluß eingeschaltet ist, dafür wird allein schon die Stärke der entstehenden Einheitsbewegung Sorge tragen. Dabei laßt mich eine Mahnung und einen Wunsch aussprechen: Laßt uns bei unserem Streben und bei unserer Arbeit weise sein! Geben wir unserer Gewerkschaftsbewegung das Wesen und die Aufgabe, die ihr von ihrer Geburtsstunde an gesetzt war: Geben wir ihr das wirtschaftliche und soziale Aufgabengebiet, das ihr zusteht! Versuchen wir parteipolitische Auseinandersetzungen vollständig und mit aller Kraft aus der Bewegung fernzuhalten (Beifall). Es wird das der Vollendung ihrer Einheit nur dienlich sein.
Ich betone: parteipolitische Auseinandersetzungen! Den Gewerkschaften kommt selbstverständlich politische Bedeutung zu (Beifall). Auch von wirtschaftlichen und sozialen Mächten und Kräften, wie sie die Gewerkschaften darstellen, geht politische Wirkung auf das Leben des Volkes aus, gehen entscheidende Kräfte, Gestaltungskräfte für das Leben des Staates aus. Alles, was schließlich an Organisationen lebt und arbeitet, hat seine politische Bedeutung und seine politische Wirkung, und die Gewerkschaften sind von hochpolitischer Bedeutung und Wirkung (bravo!). Diese Bedeutung wird aber um so größer sein, je freier und je unabhängiger sich die Gewerkschaften von parteipolitischen Bindungen halten (Beifall). Parteipolitik greift so oder so stärker auf weltanschauliche Gebiete über, und da scheiden sich

dann die Geister. Der Mann marxistischer Weltanschauung denkt kollektivistischer, der christliche Arbeiter möchte im persönlichen und geistigen Leben die Freiheit der Persönlichkeit stärker gewahrt sehen. Er hat auf dem Gebiete der Kulturpolitik andere Auffassungen. Er steht der Stellung und der Geltung der Kirchen anders gegenüber. Aber warum, meine Freunde, solche Verschiedenheiten auf das Gebiet der gewerkschaftlichen Arbeit übertragen! Sie gehören vor das Forum eigenständiger Parteien, dort können sie ausgeglichen und in der richtigen Weise behandelt und gelöst werden, dort können sie den geistigen Reichtum des Volkes nur mehren, während sie in den Gewerkschaften trennend wirken würden. Darum geht mein Wunsch auf wirtschaftliche und auf soziale Aufgabenerfüllung der Gewerkschaften, auf stärkste wirtschaftliche und soziale Konzentration der Aufgabe der Bewegung.

Und nun noch eines zum Schluß! Es scheint mir von großer Bedeutung zu sein, daß Ihr zu dieser ersten Konferenz, zur Konstituierung der Einheit des Freien Deutschen Gewerkschaftsbundes für das sowjetisch besetzte Gebiet, Berlin als Tagungsort gewählt habt. Berlin ist die Stadt, in der sich die Mächte von Ost und West begegnen. Berlin ist der Ort, an dem nicht nur um die Neugestaltung Deutschlands, sondern um die Neugestaltung Europas gerungen wird. In keiner Stadt – davon werdet Ihr Euch in diesen Tagen selbst überzeugen können – ist das politische und soziale Leben so von Bewegung erfüllt, wie das in Berlin der Fall ist. Die Luft von Berlin ist voll von Spannungen und voll von Erwartungen, voll von Arbeitswillen und voll von Tatkraft. Von Berlin – daran ist kein Zweifel – geht ein starker Wille auf Zusammenfassung und Vereinheitlichung aus, während vom Westen und vom Süden des Reiches her mehr die Kräfte der Vielfalt und der Vielgestaltigkeit ihren Weg zu nehmen suchen (sehr richtig!). Freunde, ich bin der Auffassung, daß es hier auf die Synthese ankommt; auf den guten Zusammenklang von Einheit und Vielfalt, auf die richtige Abstimmung von zusammenfassender Kraft und freier Entfaltung eigenständigen persönlichen Willens. An dieser Synthese, an diesem Zusammenklang von Ost und West haben auch vor allem die Gewerkschaften zu arbeiten. Suchen wir für diese Synthese auch in den Gewerkschaften die richtige Form und den richtigen Ausdruck! Suchen wir, Kameraden, den deutschen Ausdruck!

Es ist im Grunde genommen dann nichts anderes als die richtige Abstimmung von Recht und Gesetz der Gemeinschaft und von Recht und Gesetz der Persönlichkeit. Denn das Recht der Persönlichkeit darf nicht untergehen in einer Überbetonung von Staat und Gesellschaft. Unter diesen Wunsch und unter diese Aufgabe möchte ich als einer von Euch diese Tagung gestellt sehen.

Freunde, ich werde immer mit meinem Herzen bei den Gewerkschaften bleiben und, soweit es meine sonstigen Pflichten möglich machen, mit Rat und Tat mitarbeiten. Es kann das nicht anders sein. Ich war kaum 18 Jahre alt, als ich das Kampffeld der Gewerkschaften betreten habe. Ich habe den Gewerkschaften gedient, bis Hitler sie brutal zerschlagen hat, und dann diente ich in den 12 unglücklichsten Jahren des deutschen Volkes den Gewerkschaften erst recht. Meine besten Freunde – der eine und andere von Euch weiß es – wurden mir im Kampf um die Einheit der deutschen Gewerkschaftsbewegung durch die Schergen und Mörder Hitlers von der Seite gerissen. Heute sehe ich mit Dank und mit Genugtuung, wie das gewerkschaftliche Leben gerade von hier, von Berlin aus, Umgestaltung bringt. So glaube ich, auch Recht und Pflicht zu Wunsch und Mahnung zu haben.

Laßt uns, Kameraden, in weiser und ehrlichster Arbeit die Einheit der deutschen Gewerkschaften formen. Wenn wir das zu tun vermögen, dann, aber auch nur dann, wird diese Einheit hinüberwirken in alle Zonen unseres Vaterlandes. Die Gewerkschaften, *unsere* Gewerkschaften, haben eine deutsche – nein, sie haben eine europäische Aufgabe, und jeder von uns hat mit dafür einzustehen, daß die deutschen Gewerkschaften diese Aufgabe erfüllen.

## 6

*Der soziale und staatspolitische Wille*
*der Christlich-Demokratischen Union Deutschlands*
*Vorstandssitzung, Berlin, 13. Februar 1946*

Für unseren Zusammenschluß auf christlicher und demokratischer Grundlage war der große Gesichtspunkt maßgebend, daß die konfessionellen Verschiedenheiten im Volke, die das deutsche politische Leben so lange beunruhigt und gestört haben, überwunden werden müssen. Es war weiter der Gesichtspunkt maßgebend, daß zur Sammlung nicht nur die Kräfte gerufen werden sollten, die so oder so konfessionell gebunden sind, sondern auch die Kräfte, denen die Erhaltung der abendländischen Tradition unserer Kultur, die vom christlichen Gesetz bestimmt wurde, ein inneres Anliegen ist. Diese Sammlung ist etwas Neues für das deutsche Volk. Deshalb ist es töricht, wenn Außenstehende versuchen, immer wieder von der Union als von der alten Zentrumspartei zu sprechen. Ich möchte dabei gewiß von ganzem Herzen hoffen, daß die gesamte frühere Zentrumspartei sich heute zur Christlich-Demokratischen Union bekennt. Aber darüber hinaus bekennt sich heute noch ein weit größerer Kreis zur Union. Das haben vor allem ja auch die Wahlen in West- und Süddeutschland, insbesondere auch in Baden und Württemberg bewiesen.

*Konfession und Union*
Und ich muß annehmen, daß es sich bei manchen Auslassungen in der Presse, die der Union den Charakter der früheren Zentrumspartei geben möchten, um nicht gerade geschickt angebrachte propagandistische Nadelstiche handelt. Man möchte dadurch das politische Zusammenwachsen der Konfessionen unter sich und mit den übrigen das christliche Gesetz bejahenden Kräften hemmen oder gar verhindern. Diese Propaganda ist etwas billig. Sie ist allerdings auch frivol, denn sie appelliert an die unglückseligen Spaltungstendenzen im deutschen Volk, an die in Jahrhunderten gezüchtete Abneigung zwischen den Konfessionen, die nicht zuletzt unser Unglück war. Ich brauche nur darauf hinzuweisen, daß unsere Gemeinschaft hier schon zeigt, daß ein großer Teil des Volkes keine Furcht hat, sich zum ehrlichen und gründlichen Wiederaufbau unserer Volksordnung auch mit ehemaligen Zentrumskräften zu verbinden. Sollte trotzdem der eine oder andere von dieser Propaganda geschreckt werden und sich von der Gemeinschaft mit uns zurückhalten lassen, so scheint es mir um ihn nicht weiter schade zu sein. Denn an die Menschen, die in den zwölf Jahren und aus dem beispiellosen Zusammenbruch, der ihnen folgte, nichts gelernt haben, kann uns nur wenig gelegen sein. Ihre Mitarbeit würde mehr schaden als nützen.
Dies meine Erklärung für die von außen kommende, störungsversuchende Propaganda. Ein anderes ist es um die Haltung im eigenen Parteikreis. Eine neue Ge-

meinschaft muß erst zusammenwachsen. Menschen unserer Partei sind im tiefsten Innern von einem bestimmten Gesetz geprägt. Dieses Gesetz läßt aber unendlich viele Nuancierungen zu. Diese Nuancierungen werden sich nicht zuletzt auch in der verschiedenen äußeren Betonung des christlichen Grundgesetzes unserer politischen Haltung zeigen. Dem ehemaligen Zentrumsmann wird die mündliche und schriftliche Untermauerung seines politischen Willens durch die Betonung des christlichen Gesetzes näherliegen als dem ehemaligen Angehörigen der Demokratischen Partei.

Mein Wunsch geht nun dahin, daß im eigenen Kreis der Partei ehrlichste Toleranz herrschen möge gegenüber dieser und jener Formulierung, dieser oder jener Form der Untermauerung unseres politischen Willens. Mag der eine mehr die christlichen Grundlagen unserer Partei betonen, oder mag er mehr die rein politischen Gesichtspunkte in den Vordergrund stellen. Ich kann da nur wieder sagen, daß die, denen es nach der Katastrophe des Hitlerregimes, die nicht zuletzt eintrat, weil es ein unchristliches, ein brutal heidnisches System war, wider den Strich geht, etwas von der Christlichkeit unserer politischen Grundsätze zu hören, keinen Verlust für uns bedeutet, wenn sie liberale politische Gemeinschaften zu ihrer Heimat wählen. Dabei will ich aber hinzusagen, daß wir uns natürlich vor einer Banalisierung christlicher Begründungen und Formulierungen hüten wollen. Vor allem wollen wir uns politische Auseinandersetzungen theoretischer und praktischer Art nicht dadurch bequem machen, daß wir uns auf christliche Grundsätze zurückziehen. Es wäre auch für einen Politiker von ausgesprochener christlicher Haltung das Ideal, wenn christliche Persönlichkeit und praktische Politik sich so durchdringen, daß eine Banalisierung des Christlichen durch allzu leichte und allzu häufige Verkündigung der christlichen Grundsätze in der Politik nicht nötig wäre.

*Sittengesetz, Dogmatismus, Realpolitik*

Noch eines bewegt mich dabei: Wir müssen in der deutschen Politik, in der Politik der deutschen Parteien weg vom Dogmatischen.

Eine christliche Partei ist keine Partei zur Propagierung katholischen oder evangelischen Christentums. Wohl aber ist es eine Partei, die Politik macht, wie sie der Würde und dem inneren Gesetz christlicher Persönlichkeit entspricht.

Sie ist eine Partei, in der es keine Spaltung gibt zwischen der sittlichen Auffassung der einzelnen privaten Persönlichkeit und dem praktischen politischen Leben. Innere Wahrhaftigkeit bleibt ein sittliches Gesetz der Persönlichkeit, wie es ein Gesetz bleiben muß für das öffentliche Leben. Achtung vor Recht und Gerechtigkeit, vor Gut, Blut und Leben des andern bleibt ein sittliches Gesetz für die einzelne Persönlichkeit, wie es das Gesetz der Politik bleiben muß. Zu dieser Politik gehört es selbstverständlich, auch den christlichen Kirchen den hervorragenden Platz zu geben, der ihnen gebührt. Es gehört dazu, ihnen großzügig Raum und Unterstützung zu geben, die es ihnen ermöglicht, ihre göttliche Sendung im Leben des Volkes zu erfüllen.

Nicht aber gehört es zu dieser Politik, sich an bestimmte Formen der Wirtschafts- und Sozialgestaltung oder auch an eine bestimmte Gesellschaftsordnung zu klammern, die sich gewiß auch an ihren eigenen Auswüchsen und Mißgestaltungen überlebt hat. Ich würde eine solche Haltung dogmatisch nennen, fern jeder Realpolitik, die dem Christentum und seinem Willen zur Diesseitsgestaltung in stärkstem Maße innewohnt. Ich komme auf die Gefahr der dogmatischen Haltung in der Politik

noch einmal zurück. Der Deutsche verfällt ihr leicht. Wir haben das in den Hitlerjahren erfahren und sind auch heute noch nicht frei davon. Dogmatismus in der Politik führt zum Fanatismus und Radikalismus. Es sind das im Grunde Erscheinungen des politischen Lebens, wie sie unser Volksdasein vor allem seit 1918 kennzeichnen. Sie haben das Volk hin und her geworfen, bis es schließlich in einem geradezu verzweifelten und wahnsinnigen Radikalismus des Bösen dem großen Abenteurer anheimfiel. Dann zog die Zeit herauf, in der Dogmatismus, Fanatismus und Radikalismus Orgien in Deutschland und durch die Schuld Deutschlands in ganz Europa gefeiert haben.
Die Lebensfrage für uns und für Europa ist die Frage, ob wir den Weg zu Parteien finden, die vom Dogmatismus und Fanatismus, aber auch von den milderen Formen dieser Parteihaltung, von gegenseitiger Verdächtigung, von Verhetzung befreit den Weg zu geläuterter, positiver Realpolitik finden. Nur dann wird ein endgültiger Aufbau möglich sein.
Von diesen Gesichtspunkten aus komme ich zu unserer Haltung, zum Neubau unseres gesellschaftlichen und sozialen Lebens, dem ich heute meine Hauptaufmerksamkeit zuwenden möchte.

*Das Ende der bürgerlichen Gesellschaft*

Ich stelle zunächst fest: Die Union ist keine bürgerliche Partei. Ganz abgesehen davon, daß sie es schon deshalb nicht sein kann, weil sie nicht nur Bürger, sondern auch Arbeiter und Bauern in großer Zahl umfaßt, also bestenfalls als Volkspartei bezeichnet werden müßte, gehe ich noch einen Schritt weiter und sage: Die Union ist keine bürgerliche Partei, weil sie die alte bürgerliche Gesellschaftsordnung als überlebt ansieht. Ich bin mir bewußt, daß bei diesen meinen Ausführungen vielleicht manches trotz allem noch bürgerliche Herz, mancher, der sich nach einer Zeit der bequemeren Lebens- und Existenzsicherung zurücksehnt, einen kleinen Schock zu überwinden haben wird. Aber ebenso überzeugt bin ich, daß sich jeder hellsichtig Gewordene dem Ernst der deutschen Volkssituation nicht verschließt und uns auf unserem Wege zu folgen bereit ist. Denn es bedeutet törichte politische Verschlossenheit, wenn jemand der Tatsache gegenüber blind sein würde, daß sich die bürgerliche Gesellschaftsordnung überlebt hat.
In den Jahrzehnten vor dem Ersten Weltkrieg haben die von jeder Segnung bürgerlicher Wohlhabenheit, bürgerlicher Kultur und bürgerlichen Rechts ausgeschlossenen Massen der Arbeiterschaft an den Grundfesten der bürgerlichen Ordnung gerüttelt. Es bedeutet, insgesamt gesehen, eine soziale Schuld des Bürgertums, in hartnäckiger Selbstbehauptung der eigenen Machtstellung dem Drängen der großen Masse der Arbeiterschaft, aus den Kellerräumen der Gesellschaft ans Licht zu kommen, nur widerstrebend Raum gegeben zu haben.
Ab 1914 begannen dann andere Gewalten auch für unser Volksschicksal wirksam zu werden. Der größte Umwälzer der Geschichte, der Krieg, legte zweimal innerhalb dreier Jahrzehnte seine Hand auf Europa. Zweimal in dieser Zeit wurde Deutschland durch einen Krieg in unsagbares Elend gestürzt. Man kann sagen, Deutschland befindet sich seit 1914 in einer permanenten Umgestaltung. Diese Umgestaltung, die nicht eine Revolution der Arbeiterschaft war, zehrte Kraft, Wohlstand und Existenzsicherheit des Bürgertums auf. Mitten in diesem umwälzenden Ablauf der letzten Jahrzehnte suchte das Bürgertum noch einmal verzweifelt Rettung. Es suchte sie in geradezu grotesker Weise bei einem Abenteurer, der

mit hohler Phraseologie diese Rettung versprach. Und es ist bezeichnend und erschütternd zugleich, daß nicht nur der Mann des Mittelstandes ihm verfiel, weil er glaubte, bei ihm Rettung und Hilfe zu finden, Rettung und Hilfe in wirtschaftlicher Not und schließlich auch vor dem Ansturm einer heraufdrängenden jungen Schicht, der Arbeiterschaft. Es verfielen ihm auch der arbeitslose Angestellte und auch vor allem die Kreise der Finanz und Wirtschaft. Mehr aber noch, die letzteren zogen ihn groß, um ihn zur Rettung der bürgerlichen Ordnung einsetzen zu können.
Die bürgerlichen Parteien zerfielen vor der großen Hoffnung auf Rettung durch den Erlöser Hitler in nichts. Nur was durch innere Weltanschauung – sagen wir es offen –, durch Katholizismus und gläubiges evangelisches Christentum auch politisch an ein Sittengesetz gebunden war, leistete inneren Widerstand. Und Widerstand leistete durchweg die durch die Schule der Gewerkschaften gegangene Arbeiterschaft. Und neben ihnen kernhafte Demokraten. Man kann sagen, daß der Verfall weiter Schichten des deutschen Volkes, vor allem der bürgerlichen Kreise um Hitler, der letzte Versuch dieser Kreise war, die bürgerliche Gesellschaftsordnung zu retten. Es geschah aber das Furchtbare, daß der Mann, dem sie sich in ihrer Verzweiflung und in ihrer Verranntheit anvertrauten, die letzte Kraft der bürgerlichen Ordnung, daß er den letzten Besitz des deutschen Volkes verspielte.
Was wir heute im deutschen Volke vor uns haben, ist keine bürgerliche Ordnung mehr. Die letzten Reste eines bürgerlichen Daseins im deutschen Volke sind vernichtet. Und blind wäre derjenige, der sich einer Partei verschreiben würde, die eine Restauration der bürgerlichen Gesellschaftsordnung zu schaffen sich bemühen wollte. Ihre letzten Säulen sind vom Irrwahn des Hitlerkrieges zerstört worden. Wir dürften von einer solchen Partei wohl mit Recht sagen, daß es sich hier um eine bemitleidenswert reaktionäre Partei handeln würde.
Ich mache mich deshalb nicht im geringsten einer sogenannten radikalen, einer revolutionären Gesinnung schuldig, wenn ich sage, die Zeit der bürgerlichen Ordnung ist vorbei. Und Sie werden mir nicht entgegnen, daß ich durch die Brille des Arbeiters sehe, wenn ich die Zeichen der Zeit so deute, daß unsere Tage im Zeichen des werktätigen Volkes im weitesten Sinne des Wortes stehen.

*Zeitalter der werktätigen Völker*

Wie mit der Französischen Revolution das Zeitalter des Bürgertums heraufzog, so bleibt uns heute die Erkenntnis, daß wir im Zeitalter des Durchbruchs der Massen des werktätigen Volkes als bestimmende Faktoren des Lebens der Nation stehen. Und ich möchte nicht falsch verstanden werden, wenn ich sage, daß uns hier in Berlin, wo Ost- und Westeuropa im großen geschichtlichen Treffen der Nationen aufeinanderstoßen, diese Zeitenwende vom bürgerlichen Zeitalter zum Zeitalter des werktätigen Volkes unter dem Erlebnis der Begegnung mit dem vom Willen des werktätigen Volkes geformten Rußland stärker noch aufgeht, als es vielleicht im übrigen Deutschland der Fall ist. Es mag das Veranlassung geben, uns in tiefstem Ernst mit den Gegebenheiten Europas oder besser noch der Welt auseinanderzusetzen. Denn ob Ost oder West, die Auseinandersetzung mit dem sterbenden bürgerlichen Zeitalter ist da.
Und auch die Westmächte stehen im Zeichen einer Zeitenwende. England steht unter Führung der Arbeiterpartei, Frankreich ringt um seine soziale Neugestaltung. Und wir, die wir vom Hitlersystem in unserem nationalen Dasein tödlich getroffen sind, haben mit dem ganzen Ernst der Erkenntnis dessen, was ist, um eine

neue soziale Ordnung zu ringen. Und ich will mich auch hier noch einmal zu der Aufgabe bekennen, die ich als geschichtliche Aufgabe Deutschlands ansehe. Mir scheint nach allem für Deutschland die große Aufgabe gegeben, im Ringen der europäischen Nationen die Synthese zwischen östlichen und westlichen Ideen zu finden. Wir haben Brücke zu sein zwischen Ost und West, zugleich aber suchen wir unseren eigenen Weg zu gehen zu neuer sozialer Gestaltung. Die europäische Welt muß einmal wieder zur Ruhe kommen. Sie wird es, wenn die Ideen, die mit der aufsteigenden Schicht der Arbeiterschaft um Gestaltung ringen, Raum gefunden haben und wenn sie in jedem Volk einen dem Charakter und der Eigenart dieses Volkes entsprechenden Niederschlag gefunden haben. Ich sehe den Sinn des für uns so schmerzlichen Geschehens dieser Monate nach dem Zusammenbruch in der gegenseitigen Befruchtung der Nationen, in der gegenseitigen Abstimmung auf eine europäische Gemeinschaft, die ganz Europa zu sozialen Formen kommen läßt, die eine neue und dauernde Verständigung möglich machen. Ich sehe unsere Partei hier im Raume in dieser besonderen Aufgabe stehen. Sehe ihr die Pflicht gesetzt, mit neuem Willen nach neuen Formen zu suchen.
Unter diesen Aspekten hoffen wir uns verständlich machen zu können, wenn wir sagen, wir sind keine bürgerliche Partei. Wir stehen nicht auf dem Standpunkt der Notwendigkeit der Erhaltung oder der Restauration der alten bürgerlichen Gesellschaftsordnung, sondern wir haben ein Neues anzustreben.
Das bedeutet für uns natürlich nicht, daß wir einen radikalen Bruch mit der Vergangenheit vollziehen wollen. Für uns ist es eine Selbstverständlichkeit, daß wir keinen Bruch in der Tradition wollen, sondern daß alles, was die bürgerliche Kultur an Werten geschaffen hat – und sie hat Unvergängliches geschaffen –, als Bestandteil ewigen Volksgutes auch in eine neue Ordnung mit hinübergenommen werden soll. Die Ordnung aber, der die bürgerliche Ordnung nunmehr Platz zu machen hat, wird eine sozialistische Ordnung sein müssen.
Unsere Überzeugung geht weiter dahin, daß Sozialismus nicht allein aus dem Glauben abgeleitet werden kann, daß nur die materialistischen Triebkräfte für das soziale Leben maßgebend sind. Wir sind der Auffassung, daß im Gegensatz dazu große geistige Zielsetzungen für die politische und soziale Volksordnung maßgebend sind oder vielmehr maßgebend zu sein haben. Wenn wir von Sozialismus sprechen, so sehen wir für uns darin eine ganz bestimmte geistige Grundhaltung, die – das darf nicht verhehlt werden – von der Lage unseres Volkes weitgehend mitbestimmt wird.
Unser Sozialismus fließt aus der Erkenntnis, daß wir durch den seelischen, sozialen und wirtschaftlichen Zusammenbruch unseres Volkes vor einer gänzlich neuen Lage stehen, vor einer Lage, der mit neuen Methoden der Sozial- und Wirtschaftspolitik begegnet werden kann. In der Notlage, in der wir stehen, hilft keine bloße soziale Gesinnung mehr. Wir können ihr nicht mehr beikommen aus der üblichen sozialen Einstellung, die früher zum guten Ton bürgerlicher Kreise gehörte. Von hervorragenden Ausnahmen natürlich abgesehen, wurden diese Kreise im wesentlichen doch nur an der Peripherie von den sozialen Problemen berührt, die schon seit hundert Jahren die große Masse des Volkes bewegten. Auch die bloße Verkündung der Bruderliebe entspricht heute nicht mehr dem Notgesetz der Zeit. Gesinnung und guter Wille reichen nicht aus, es bedarf der bis an die Wurzeln der Sozial- und Wirtschaftsordnung greifenden Tat, um zur Neugestaltung zu kommen.

*Sozialismus, Christentum, Persönlichkeit*

Soziale Gesinnung und sozialer Wille müssen zur sozialen, zur sozialistischen Tat werden. Ich verstehe darunter den entschlossenen Willen zu einer neuen Sozial- und Wirtschaftsordnung. In dieser zu schaffenden neuen Sozial- und Wirtschaftsordnung wird nicht mehr vom Interesse der einzelnen auszugehen sein, sondern vom Interesse der Gesamtheit. Unser Sozialismus ist ein Sozialismus aus christlicher Verantwortung. Christliche Verantwortung setzt die unabänderliche Bedeutung und Würde der Persönlichkeit voraus. Von Verantwortung kann man ja überhaupt nur sprechen, wenn man an der Würde und Geltung der Persönlichkeit festhält. Wir sind davon überzeugt, daß das Bewußtsein von der Würde und Bedeutung der freien, für ihre Entscheidung verantwortlichen Persönlichkeit das Kernstück eines echten Sozialismus zu sein hat.

Aus dem Gesetz der unabänderlichen Geltung der verantwortlichen Persönlichkeit allein ist ja auch die Verbindung von Sozialismus und Demokratie möglich. Die Verantwortlichkeit für das Ganze des Volkes und vor dem Volksganzen ist eine Illusion, wenn nicht der einzelne aus eigenem sittlichem und politischem Willen seine Entscheidungen fällen kann. Über diese elementarsten Gesetze demokratischen Wollens und Handelns, die heute für den Wiederaufbau in Deutschland Raum suchen, muß Klarheit bestehen. Und wo sie nicht besteht, muß sie geschaffen werden. Es ist genug Verwirrung der politischen Begriffe im Volke geschaffen durch das verlogene Jonglieren mit politischen Begriffen und Ideen, wie es im Hitlersystem zwölf Jahre lang geübt wurde.

Für uns ist die demokratische Haltung im Politischen und die sozialistische Haltung im Sozialen und Wirtschaftlichen von dem obersten Gesetz der freien, sich ihrer Würde bewußten Persönlichkeit beherrscht. Der Persönlichkeit, die sich in freier sittlicher Entschließung dem größeren Ganzen ein- und unterordnet. Das ist für uns das Wesen des demokratischen Sozialismus aus christlicher Verantwortung.

Dieses Gesetz bedeutet für uns den Trennungsstrich gegenüber dem Sozialismus, wie er durch die Lehren von Marx zum politischen und sozialen Glaubensbekenntnis eines großen Teiles des werktätigen Volkes geworden ist.

Ich will hier nicht gegen die Lehren von Marx, die zum politischen und sozialen Glaubensbekenntnis eines großen Teiles des werktätigen Volkes geworden sind, und gegen den marxistischen Sozialismus polemisieren. Wir sehen ja in unserem christlichen Sozialismus kein Monopol. Ich bin auch der Meinung, daß die neue deutsche Demokratie eine Stärke anzustreben hat, die mehrere sozialistische Strömungen nebeneinander tragen und in kameradschaftlichem Wetteifer zur Entfaltung bringen kann.

Ich habe schon auf den beiden Gewerkschaftskonferenzen das Bekenntnis zu dem Glauben und der Hoffnung abgelegt, daß die Not der Zeit eine weitgehende Verständigung zu einem gemeinsamen, wahrhaft sozialistischen Neuaufbau unseres sozialen und wirtschaftlichen Lebens möglich machen muß. Mögen auch die weltanschaulich politischen Quellen des Sozialismus verschieden sein. Wo ehrliche Toleranz ist, da kann die Verschiedenartigkeit des Weltanschaulich-Politischen nur den geistigen Reichtum fördern und befruchten. Und dessen bedürfen wir dringend nach der geistigen Verarmung und Verödung, nach der erschreckenden Vermassung der letzten zwölf Jahre. Gewiß leben wir im Zeitalter der Massen, und der Durchbruch der Massen ist erfolgt. Nun kommt es darauf an, diese Massen sinnvoll zu gliedern.

Es kommt darauf an, diesen Massen Persönlichkeits- und Freiheitsbewußtsein zu geben, damit sie sich aus Feindseligkeiten, die ihnen aus dem Kampf noch anhaften, die Freiheit und Würde der gottgeprägten Menschenseele lösen kann. Damit sie schaffend werde im Volke. Das ist die Aufgabe eines wahrhaften Sozialismus. Ich möchte ihn als Aufgabe für uns, für unsere junge Partei in Anspruch nehmen und sie als die Aufgabe unseres Sozialismus sehen.

*Wirtschaft dient dem Menschen*

Was die Wirtschafts- und Sozialordnung des christlichen Sozialismus angeht, so will er im Gegensatz zur kapitalistischen Wirtschaft alles Wirtschaften einzig und allein dem Menschen untergeordnet wissen. Seiner geistigen, sittlichen und wirtschaftlichen Wohlfahrt. Wirtschaftskrisen und Wirtschaftsspannungen wollen wir nicht durch machtpolitische Kampfformen gelöst wissen, sondern durch weise vorausschauende Wirtschaftslenkung.

Aufgabe und Ziel dieser Ordnung wird es sein, für das gesamte Volk wieder einen ausreichenden Lebensstandard zu schaffen. Eine gewisse Lebenssicherheit und Lebensfreude soll jedem einzelnen gegeben werden. Eine Lebensfreude, die ihn in der Erfüllung seiner beruflichen Aufgaben trägt und steigert, ihn unabhängig sein läßt in seiner politischen Überzeugung und seinem religiösen Gewissen. Das kann gewiß zunächst alles nur in einem bescheidenen Ausmaß erreicht werden. Aber es besteht doch Hoffnung, daß uns eine solche Ordnung aus den zermürbenden sozialen Kämpfen heraus zu einer echten Verständigung, zu innerem Frieden führen wird. Wir wollen die Kräfte des Menschlichen wirksam und gewertet wissen, denn es ist das höchste Ziel unseres Sozialismus, daß der freie Mensch sich zu einer freien Gemeinschaft erhebt, die ihn einerseits trägt und der er andererseits verpflichtet ist. Denn das gesamte deutsche Volk ist in der gleichen Not. Alle Unterscheidungen des Besitzes existieren nicht mehr. Es bricht ein neues Einheitsbewußtsein aus allen Schichten der Bevölkerung. Und ich glaube aus den Erfahrungen unserer Partei sagen zu dürfen, daß weite Kreise aller Schichten und Berufe, nicht zuletzt der Schichten der Intelligenz, zur Einheit mit der Masse des werktätigen Volkes bereit sind.

Es wäre unter dieser Sicht der Tatsachen einfach ein Anachronismus, in der Arbeiterbewegung heute nur ein Organ des Klassenkampfes zu sehen. Sie kann nur ein Organ positiver Aufbauarbeit im Volksganzen sein, geprägt von der Eigenart und dem Eigenwillen der jungen Schicht der Arbeiterschaft. Aber ebenso überzeugt und getragen von dem Willen zur Gemeinschaft mit den anderen Ständen und Berufen.

Und ich selbst, der ich der Arbeiterbewegung entstamme, möchte an dieser Stelle Gelegenheit nehmen, zu sagen, daß ich von unendlicher Genugtuung und Zuversicht erfüllt bin über die selbstverständliche Bereitschaft, mit der sich Mitarbeiter aus den sogenannten bürgerlichen Schichten und vor allen Dingen auch aus den Kreisen der Akademiker in der kurzen Zeit mit mir zusammengefunden haben.

Und wenn ich noch ein Wort zu dem alten Ziel des marxistischen Sozialismus, zur Diktatur des Proletariats, sagen soll, so bedarf es keiner Frage, daß der christliche Sozialismus sie ablehnt. Die Menschen unseres Zeitalters sehnen sich nach nichts so sehr wie nach der ruhigen Ausgeglichenheit des politischen und sozialen Lebens. Ich weiß, wir sind noch weit davon entfernt, denn die Not ist noch zu groß.

*Grenzen des Privateigentums*

Noch ein Wort zum Privateigentum. Denn die Haltung zum Privateigentum ist maßgeblich für Ausmaß und Wesen sozialistischer Haltung. Das Privateigentum, soweit es der Person des Menschen einen eigenen Lebensbereich sichert, wird von uns durchaus bejaht. Privateigentum wird aber da zu einer öffentlichen Gefahr, wo es Macht über Menschen verleiht oder wo es einzelnen ermöglicht, willkürlich über Gaben der Natur zu verfügen und andere von ihnen auszuschließen. Deshalb fordern wir Gemeinschaftseigentum an Bodenschätzen, scharfe Bindung allen Grundeigentums und schärfste Kontrolle des Großeigentums, soweit es noch in privaten Händen ist. Dabei bleibt es notwendig zu erkennen, daß die Lenkung der industriellen Großwirtschaft sich in den meisten Fällen so weit vom Eigentum getrennt hat, daß das Bestimmungsrecht viel wichtiger geworden ist als das Eigentumsrecht.

Noch ein anderes: Wir verlangen nicht nur als Christen, sondern auch als Demokraten eine gesunde sozialistische Ordnung. Wir können nicht der Auffassung zustimmen, daß die Idee einer Demokratie sich in dem Ideal eines formalen Abstimmungsmechanismus erschöpfe. Es genügt nicht, daß jeder Deutsche gleiches Stimmrecht hat. Es muß auch jeder Staatsbürger die gleiche Chance haben, wirklich an der politischen Willensbildung seines Volkes teilzunehmen. Davon kann aber so lange keine Rede sein, als innerhalb des Volkes Leute vorhanden sind, die auf Grund privatrechtlicher Titel, kraft eigener Besitzvollkommenheit überragende wirtschaftliche Machtstellungen innehaben; die, gestützt auf diese Stellungen, einen geistigen und politischen Einfluß ausüben, der weit über das hinausgeht, das ihnen auf Grund eigener Leistung und persönlicher Tüchtigkeit zukommt.

Aus diesem Grunde sind wir auch für Brechung der Macht der Syndikate und der Kartelle. Wir sind weder Feinde des Großunternehmens noch Feinde des Aktionärs, der seine Ersparnisse in Industriewerten angelegt hat. Aber wir wenden uns auf das schärfste gegen den Finanzier, der nicht in Produktionsziffern, sondern in Börsenkursen denkt. Der nicht Werte schafft, sondern Aktienpakete hin und her schiebt. Der sein Handeln nicht am Wohlergehen der Volkswirtschaft, sondern an seiner Aufsichtsratstantieme ausrichtet. Für diese Leute darf in der deutschen Wirtschaft kein Platz mehr sein.

An ihre Stelle muß etwas Besseres treten. Wir wissen, daß enge Verbindungen von Betrieben untereinander volkswirtschaftlichen Notwendigkeiten entsprechen können. Es liegt uns deshalb fern, jeder konzernmäßigen Verbindung von Betrieben gleicher oder verschiedener Produktionsstufen entgegen zu sein. Aber eines verlangen wir mit Nachdruck: Diese Verbindungen dürfen nicht von Zufällen, von persönlichen Beziehungen oder nur kapitalistischen Interessen abhängen. Vielmehr müssen organische Zusammenhänge nach rein sachlichen Gesichtspunkten gegeben sein. Die Betriebsverflechtung der Syndikate z. B. beruhte zuerst und zumeist auf rein kapitalistischen Interessen: An ihre Stelle muß eine Betriebsverflechtung treten, die ausschließlich an volkswirtschaftlicher Notwendigkeit orientiert ist.

Ähnlich verhält es sich mit den Kartellen. Man kann nicht leugnen, daß den Kartellen Ordnungsaufgaben zugewachsen sind, deren Erledigung nicht mehr entbehrt werden kann. Indessen rechtfertigt das nicht den Fortbestand der Kartelle. Allerdings darf man sich nicht damit begnügen, die Kartelle nur zu zerschlagen. An ihre Stelle müssen neue Organe treten, die in der Lage sind, unter dem Gesichtspunkt des Wohles der Gesamtheit in demokratischer Weise zu planen und zu lenken.

*Betriebsräte, Gewerkschaften, Arbeitsrecht*

Das Werden der neuen Ordnung denken wir uns als eine Ordnung, die von unten nach oben wächst. Dabei knüpfen wir nicht zuletzt an die bewährte Einrichtung der Betriebsräte an. Ich kann es mir dabei ersparen, längere Ausführungen zur Frage der Betriebsräte zu machen, da wir unsere Auffassungen gerade vor kurzem dazu veröffentlicht haben. Nur ein paar Worte noch dazu: Während sich das Betriebsrätegesetz von 1920 im wesentlichen darauf beschränkte, den Betrieb als technische Einheit zu demokratisieren, erstreben wir bewußt darüber hinaus die Demokratisierung der Unternehmungen als wirtschaftliche Einheiten. So wollen wir eine untere Stufe wirtschaftlicher und sozialistischer Demokratie schaffen. Insbesondere verlangen wir den Einbau von Mitgliedern der Betriebsvertretungen in die Leitung größerer Unternehmen. Es kommt nur darauf an, der Demokratie in den einzelnen Unternehmungen eine einheitliche Richtung und eine einheitliche Stoßkraft zu geben. Würde man die so demokratisierten Unternehmungen sich selbst überlassen, so wäre damit im Sinne einer geordneten Gesamtwirtschaft nichts gewonnen. Wir brauchen also Stellen, die die einzelnen Unternehmungen miteinander verbinden und zu einer höheren einheitlichen Wirkung zusammenführen.

Das ist nicht zuletzt Aufgabe der Gewerkschaften. Ich brauche als Mann der Gewerkschaften nicht zu betonen, daß wir von der Überzeugung durchdrungen sind, daß die Gewerkschaften für unser nationales Leben eine selbstverständliche Notwendigkeit sind. Wir fordern deshalb die verfassungsmäßige Verankerung des Koalitionsrechts für alle Arbeitnehmer und Rechtsgarantien für ein gesundes gewerkschaftliches Leben. Die Gewerkschaften sind nicht nur Kampforganisationen der Arbeiter – über den Kampfcharakter, das sagte ich schon, müßten sie weitgehend hinausgewachsen sein. Sie erfüllen vielmehr daneben wesentliche Aufgaben allgemein volkswirtschaftlicher Natur.

Es wird die bedeutungsvolle Aufgabe der Gewerkschaften sein, für die Entwicklung einer neuen sozialen Volksordnung einzutreten. Das Mitbestimmungsrecht der Arbeiter in den Unternehmungen wird von den Betriebsräten getragen, in den höheren Stufen der Wirtschaft wird es durch die Gewerkschaft ausgeübt werden. Hierbei denken wir z. B. an die Handelskammern, die einer Umgestaltung in demokratischem und sozialistischem Sinne bedürfen.

In der Konsequenz unseres christlichen Sozialismus verlangen wir auch ein umfassendes Sozialrecht. Das Bürgerliche Gesetzbuch des Jahres 1900 wird den sozialen und wirtschaftlichen Bedürfnissen der breitesten Schichten unseres Volkes in ihrer Stellung als Arbeitnehmer nicht mehr gerecht. Wenn das Bürgerliche Gesetzbuch den Arbeitsvertrag als einen Austauschvertrag von Arbeit gegen Geld ansieht, so widerspricht das in geradezu beleidigender Weise den moralischen und sittlichen wie auch den wirtschaftlichen Ansprüchen des Arbeitnehmers und berücksichtigt in keiner Weise die gesamtwirtschaftliche und soziale Funktion gerade der breitesten Schichten unseres Volkes. Wer heute in ein Unternehmen eintritt, tauscht nicht Arbeit gegen Geld, sondern fügt sich als dienendes Glied einem Arbeitsorganismus ein. Das Arbeitsverhältnis ist kein Austauschvertrag, sondern eine Mitgliedschaft in einer wirtschaftlichen Gesamtheit.

Von diesen Grundauffassungen wird ein neues Sozialrecht auszugehen haben. Es wird in gleicher Weise dem deutschen Arbeitnehmer eine einheitliche deutsche Lohnordnung, eine einheitliche Arbeitsordnung, einen einheitlichen Arbeitsschutz und eine fortschrittliche Arbeitsgerichtsbarkeit sichern müssen.

Wir fordern so für die breiten schaffenden Massen ein umfassendes Sozialrecht, kurz eine wahrhaft sozialistische Gesellschaftsordnung. Das soll aber nicht hindern, daß andererseits der Raum klar abgesteckt bleiben muß, in dem der gewerbliche Mittelstand, das Handwerk und andere vergleichbare Stände und Berufe ihre gesellschaftlich und wirtschaftlich unentbehrlichen Funktionen auszuüben vermögen. Wir wollen ja keinen Klassensozialismus, der nur der Arbeiterschaft Vorteile bringen soll. Unser Ziel ist es, jedem Schutz zu gewähren, der seiner bedarf. Auch das Handwerk wird seine Funktionen im Rahmen einer auf das Gesamtwohl gerichteten Bedarfsdeckungswirtschaft zu erfüllen haben. Den Genossenschaften des gewerblichen Mittelstandes werden dabei wichtige Funktionen zugewiesen werden können. Und das Handwerk wird im Rahmen dieser für die Gesamtwirtschaft unentbehrlichen Funktionen mit Recht eine demokratische Selbstverwaltung auf dem Boden seiner Kammern und Innungen verlangen dürfen.

*Der künftige deutsche Staat*
Es liegt mir am Herzen, im Rahmen dieser unserer Zusammenkunft noch ein Wort über die brennende Frage der Gestaltung der künftigen, der von uns allen ersehnten Einheit des Reiches zu sagen. Ich bin mir dabei bewußt, daß ich damit die Frage berühre, die – das ist unsere felsenfeste Überzeugung – allen Deutschen auf der Seele brennt. Mögen sie diese Einheit nun in einer mehr oder minder großen Vielgestaltigkeit sehen. Oder mögen sie von mehr oder minder strafferer Zusammenfassung beseelt sein. Ich will nicht daran glauben, daß es ernsthafte Politiker geben soll, die nach allem, was unser Volk in zwölf furchtbaren Jahren erlebt hat, einer destruktiven Verfassung das Wort reden. Einer destruktiven, d. h. einer Verfassung, die irgendwelche Tendenzen in sich trüge, die einer Zusammenfassung der so dringend benötigten Kraft zum Wiederaufbau Abbruch tun würde.
Ich kann mir natürlich ebensowenig denken, daß es ernsthafte Politiker gäbe, die einer grotesken Zentralisation das Wort redeten, wie sie unter der rohen Gewalt der Naziherrschaft zur Praxis geworden war. Eine Zentralisation, wie sie wirklich geeignet war, jedes Eigenleben der Landschaften und Stämme zu ersticken. Es widerspräche der Auffassung eines christlichen Sozialismus, der bei aller Planung des Volks- und Wirtschaftslebens zum Besten des Volksganzen dem Reichtum der Einzelpersönlichkeit genügend Raum gegeben wissen will, damit sie den geistigen Reichtum des Volkes zu fördern und zu vermehren in der Lage ist. Was von der Einzelpersönlichkeit gilt, muß auch für die gewachsenen Gemeinschaften eines Volkes Geltung haben, wie die Stämme und Landschaften sie darstellen.
Meine Freunde, Synthese ist die beherrschende Losung, der Sinn unserer Zeit, Synthese von Persönlichkeit und Gemeinschaft im Leben unseres Volkes. Synthese von Ost und West im Leben Europas. Darin sehe ich die deutsche Aufgabe. Im Geiste der Synthese gilt es auch, den Ausgleich zwischen Eigenständigkeit deutscher Landschaften und der ungeschmälerten Einheit unserer Nation zu finden.
Es ist schon in breitester Öffentlichkeit eine Diskussion über Föderalismus und Einheitsstaat in Fluß gekommen, zu der die Einheitsfront der vier antifaschistischen Parteien im Rahmen der Kundgebung am 30. Januar Stellung genommen hat. Ich möchte an dieser Stelle nicht mehr die Gedanken wiederholen, die ich im Rahmen dieser Kundgebung ausgeführt habe und die ich als einen wesentlichen Bestandteil unserer Auffassungen zu diesem Thema bezeichnen möchte. Es kommt mir jetzt nur darauf an, sachlich und nüchtern die Frage unseres äußeren Staatsaufbaus in

groben Umrissen zu skizzieren. Ich will aber noch sagen, daß ich Grund habe, annehmen zu dürfen, daß auch jenseits unserer Zone meine Worte Zustimmung gefunden haben.
Ich kann mich der Annahme nicht anschließen, daß mit dem Zusammenbruch der Hitlerherrschaft Deutschland als Einheit zu bestehen aufgehört habe. Daß sozusagen der Rechtszustand, wie er vor der Gründung des Bismarckreiches 1871 herrschte, wiederhergestellt sei. Und daß damit die seinerzeitigen deutschen Länder die Träger unserer Souveränität geworden wären. Schon formal scheint mir diese Auffassung unzutreffend zu sein, denn die Gemeinschaft der Länder, die 1871 das Deutsche Reich gründeten, existiert heute nicht mehr. Viele der damaligen Länder sind ja im Zuge der Entwicklung bereits in größeren Einheiten aufgegangen. Vor allem aber übersieht eine solche Auffassung die Tatsache, daß sich im Laufe der Jahrzehnte ein Einheitsgefühl aller Deutschen entwickelt hat. Man mag zur Bismarckschen Lösung stehen, wie man will, das deutsche Bewußtsein über alle Ländergrenzen hinweg war seit der Gründung des Reiches zu einer Selbstverständlichkeit geworden.
Das Erlebnis des Ersten Weltkrieges, die Not des Hitlersystems, die Not des Zweiten Weltkrieges und der beispiellose Zusammenbruch haben ein Band um alle Deutschen gelegt, daß Trennungen, wie sie früher bundesstaatliche Grenzen bedeuteten, wohl kaum mehr eine Rolle spielen können. Wenn nicht die Not des Volkes dazu benutzt wird, erneute Trennungen zu konstruieren. Ich kenne nur die eine Deutung für die heutige Lage unseres Volkes: Die Gemeinschaft eines unerbittlichen Schicksals hat das Gefühl der Einheit so stark werden lassen, daß es jeder als Anachronismus empfinden müßte, wenn er auf die Frage nach seiner Staatsangehörigkeit nicht mehr antworten könnte »Deutscher«, sondern wenn er sich als Bayer oder Sachse bekennen müßte. Dabei könnte es passieren, daß dann der Preuße wegen der praktischen Aufteilung Preußens schon in Verlegenheit käme. Wir müssen nach unserer Meinung zwei Dinge auseinanderhalten. Es ist kein Zweifel, daß es ein Zusammengehörigkeitsgefühl bestimmter Landschaften gibt. Diese Landschaften sind nicht gerade identisch mit den früheren Bundesstaaten, sie stehen aber in einem gewissen historischen Zusammenhang mit ihnen. Aber diesem Zusammengehörigkeitsgefühl der Landschaften steht als mindest gleich wirksame Kraft das Einheitsgefühl aller Deutschen gegenüber. Es wäre unsinnig, den deutschen Menschen zwingen zu wollen, zwischen diesen Gefühlen eine Entscheidung und Wahl treffen zu müssen. Die Konstruktion des Reiches muß vielmehr so sein, daß beide Gefühlskräfte zu ihrem gesunden Recht kommen.

*Kontrollrat und Zonengrenzen*
Diese Tatsache ist es, der wir uns von vornherein bei allen Überlegungen über eine neue staatliche Organisation bewußt sein müssen. Ein Weiteres ist zu beachten: In der Gesamtheit Deutschlands ist zur Zeit nur ein politischer Wille entscheidend, nämlich der des Kontrollrates. Dieser Tatbestand ist von einer nachhaltigeren Wirkung, als es bei einer völkerrechtlichen Okkupation eines Staates im üblichen Sinne der Fall ist. Bei sonstigen Okkupationen steht der Besatzungsmacht und allen ihren Kompetenzen noch der Wille einer Regierung des okkupierten Landes gegenüber. Das ist vorerst in Deutschland nicht der Fall. Der Kontrollrat ist außerdem die Vertretung von vier Staaten, was die Lage noch um ein Weiteres kompliziert. In der praktischen Wirkung ist die politische Willensbildung in Deutschland in vielerlei

Hinsicht in vier Zonen aufgegliedert. Und Berlin als international verwalteter Raum tritt als fünfte Zone hinzu. Als Ergebnis dieser Unterschiede entwickeln sich die Ansätze einer deutschen Selbstverwaltung außerordentlich verschiedenartig. In einzelnen Teilen bewegen sich die Dinge in die Richtung räumlich begrenzter Regierungen. In anderen Gebieten steht die Entwicklung mehr im Zeichen provinzieller Autonomie. Die Wirkung dieser Verhältnisse wird noch verstärkt durch Augenblickserwägungen und politische Bestrebungen, die bewußt oder unbewußt mehr oder weniger von der Absicht getragen sind, auf politischem, wirtschaftlichem und kulturellem Gebiet genehmer und bequemer erscheinende Tatsachen zu schaffen, ehe die Möglichkeit einer reichseinheitlichen Regelung besteht.
Es wäre falsch, zu verschweigen, daß durch die Macht der Verhältnisse nach dem Zusammenbruch Kräfte zum Wirken kommen können, vielleicht hier und da auch schon am Wirken sind, die den Blick von der Einheit des Reiches abwenden und Lösungen zustreben, die es vielleicht erlauben könnten, sich dem gemeinsamen Schicksal Deutschlands zu entziehen. Ich möchte demgegenüber das Bekenntnis der Union ablegen, daß wir entschlossen sind, den Blick aufs Ganze, auf die Einheit Deutschlands gerichtet zu halten. Ich habe den Wunsch und die Hoffnung und glaube der Überzeugung sein zu dürfen, daß es die Union im deutschen Gesamtraum mit uns tut.
Ich habe gewiß Verständnis dafür, daß auf eine so brutale Zentralisation, wie das Hitlersystem sie bedeutete, die Reaktion nach der anderen Seite auszuschlagen sucht. Ich weiß aber auch, daß ein politisch reifes Volk eine solche Reaktion überwindet und den weisen Mittelweg auch zu finden in der Lage ist.
Wenn wir das Einheitsgefühl des deutschen Menschen zum Ausgangspunkt unserer Überlegungen machen, so verbietet es unsere demokratische Auffassung, von hier aus das Zusammengehörigkeitsgefühl der einzelnen Landschaften zu verneinen oder zu vergewaltigen. Wir versprechen uns auch nichts davon, an den Anfang einer Diskussion dogmatische Begriffe wie Föderalismus oder Einheitsstaat zu setzen. Es scheint uns zweckmäßiger zu sein, ohne Voreingenommenheit und ohne Bindung an Formeln nach einer organischen Lösung zu suchen. Es wird sich dann deutlich zeigen, daß ein Grundsatzstreit, ob Reich oder Länder das Primäre sind, überflüssig ist. Daß es vielmehr darauf ankommt, eine sinnvolle Kompetenzverteilung zu erzielen.
In dieser Richtung haben die Potsdamer Beschlüsse der Alliierten ein verbindliches und maßgebliches Wort ausgesprochen. Wir begrüßen das um so mehr, als es sich mit unseren Auffassungen deckt. Es ist die Forderung nach einer weitgehenden Dezentralisation unseres politischen Lebens.

*Dezentralisierung der Zuständigkeiten*
Dezentralisation bedeutet die möglichste Stärkung aller derjenigen Kräfte, die die offiziellen Aufgaben und Entscheidungen von der Zentrale weg an die untersten Stellen verlegen wollen, soweit das nur immer möglich ist. Dieses Prinzip der Dezentralisation kann natürlich nicht nur gelten im Verhältnis zwischen Reich und Ländern, sondern es muß auch im Verhältnis zwischen den Gemeinden und Ländern Gültigkeit haben. Die Zuständigkeit der übergeordneten Instanz beginnt erst dort, wo ein lebenswichtiges Interesse für eine Regelung im größeren Rahmen berührt wird. Es würde einen Verstoß gegen den Dezentralisationsgedanken an sich bedeuten, wenn nunmehr ein Zentralismus für die Länder gefordert würde, durch

den die Gemeinden weitgehend in ihrer Selbstentscheidung beeinträchtigt würden. Die Länder stellen eine natürliche Mittelinstanz mit Verpflichtungen nach unten und oben dar. Sie können aber keinesfalls Souveränitätsrechte für sich in Anspruch nehmen.
Man wird der Lösung des Problems näherkommen, wenn man auf die Schlagworte Einheitsstaat oder Föderalismus verzichtet und sich den Grundsatz zur Richtschnur macht, daß die Länder und Provinzen die Schwerpunkte der Verwaltung darstellen, während die Reichszentrale in erster Linie den Schwerpunkt der Gesetzgebung bildet. Es wird keinen Streit darüber geben, daß dem Reich die Aufgaben der Rechtsprechung, der Außenpolitik, der Handels- und Zollpolitik, der Post und Eisenbahn und in gebotenen Grenzen auch der Steuer- und Finanzpolitik zustehen müssen. Dazu eine Grundsatzgesetzgebung auf allen Gebieten, auf denen eine einheitliche Verwaltung wünschenswert und notwendig erscheint.
Das Prinzip der Grundsatzgesetzgebung als Aufgabe des Reiches wird dabei die Möglichkeit bieten, den Notwendigkeiten dezentralisierter Sonderregelungen weitgehendst Rechnung zu tragen.
Gewiß wird es auch bei der Abgrenzung des Ausmaßes einer Grundsatzgesetzgebung durchaus Meinungsverschiedenheiten geben können, und insbesondere materielle Fragen werden hier sorgfältige Entscheidungen verlangen.
Meine Freunde, die Frage der Einheit des Reiches erfordert noch eine weitere sorgsame Überlegung. Wir werden es uns angelegen sein lassen, sie in gewissenhafter Weise zu prüfen. Ich kann nur sagen, daß mir die Frage der Ausgestaltung des Reiches wie kaum eine andere am Herzen liegt. Ich habe es neulich in der Kundgebung der Einheitsfront schon zu sagen versucht, daß gerade die Frage der vernünftigen Dezentralisation des Reiches im Interesse der unbedingt zu wahrenden Einheit unseres Volkes in unseren Beratungen vor dem 20. Juli einen breiten Raum eingenommen hat. Es wäre im Interesse der staats- und wirtschaftspolitischen Gesundung unseres Volkslebens kaum zu verwinden, wenn wir nach der grotesken Hitlerschen Überspannung der Zentralisation einen grausamen und zugleich einen lächerlichen Rückschlag in die Länderherrlichkeiten früherer Zeiten erleben würden.
Ich habe am Sonntag gelegentlich der Delegiertenkonferenz der Gewerkschaften ausgeführt, daß von Berlin ein starker Wille zur Zusammenfassung und Vereinheitlichung ausgehe. Eine Berliner Zeitung hat nur diesen Satz gebracht. Sie hat unterlassen, zu berichten, was ich weiter gesagt habe, nämlich daß vom Westen und Süden her stärker die Kräfte der Vielfalt und Vielgestaltigkeit ihren Weg suchen und daß es auf die Synthese ankommen muß.

*Synthese als Aufgabe*

Und keine Partei – das will ich noch hinzufügen – ist so geeignet, an dieser Synthese zu arbeiten, wie die Christlich-Demokratische Union, in deren Idee Einheit und Vielfalt in glücklicher Verbindung das Gesetz des Handelns zu bestimmen haben. Hinzu kommt, daß die Zahl der Anhängerschaft der Partei gerade im Süden und Westen des Reiches besonders stark ist. Die Bindung unserer Partei, die im Weltanschaulichen wurzelt, wird stark genug sein, um trotz Erschwerung der Verständigung den positiven Willen dieser Synthese wachzuhalten. Es wird das um so eher der Fall sein, je stärker die soziale, die sozialistische Idee die gesamte Partei einheitlich zu durchdringen vermag.

Ich sprach schon davon, wie sehr das Volk nach politischer und sozialer Ausgeglichenheit verlangt. Die Wahlen in Süd- und Westdeutschland sind ein Beleg dafür. Die Wahlen waren ein Bekenntnis zur christlichen und zur sozialistischen Idee, nicht zu Dogmatismus und Radikalismus.
Ich möchte wünschen, daß der Zusammenklang des christlichen und sozialistischen Willens unserer Partei zur Heimat eines großen Teiles unseres Volkes macht. Und zwar des werktätigen Volkes im weitesten Sinne des Wortes. Unter Einschluß aller Bürger, die nicht zurückverlangen nach der Klassenordnung eines vergangenen bürgerlichen Zeitalters, sondern die bereit sind, mit den Bauern, Handwerkern und Arbeitern eine Gemeinschaft zu bilden, die vom christlich-sozialistischen Geiste geprägt ist. Unter Einschluß auch und vor allem aller geistigen Kräfte im Volk, die sich willig den Notwendigkeiten einer neuen Ordnung öffnen.

## 7

*Unsere Verpflichtung gegenüber Volk und Staat*
*Kundgebung der CDU zum Parteitag des Landesverbandes Sachsen in Dresden, 24. Februar 1946*

In Dresden hatte und habe ich Freunde, die in den zwölf ereignisreichen Jahren, die hinter uns liegen, meinen Kampf gegen Hitler mit unbesiegbarer aktiver Treue begleitet haben. Mancher Trost und manche Hilfe ist mir aus den Reihen dieser Freunde gekommen, wenn die Tage schwer, gefährlich und voll Not waren. Und sie waren es öfter, das brauche ich heute nicht mehr zu verschweigen. Ich danke diesen Freunden heute, da ich zum ersten Mal nach zwölf Jahren vor Ihnen sprechen kann. Ich danke vor allem meinen tapferen Freunden aus dem aufrechten Kreis der Bekennenden Kirche Sachsens, die so viel Anteil an meiner Arbeit und meinem Geschick in der Hitlerzeit genommen. Freunde, die Treue zueinander hat sich gelohnt. Gelohnt allerdings nicht in dem Sinne oberflächlichen politischen Ehrgeizes. Gelohnt nicht einmal im Sinne eines politischen Erfolges gegen Hitler, der uns erlaubt hätte, unserem Volk das Schlimmste zu ersparen. Sondern gelohnt nur, da wir nun da sind, um gemeinsam mit sauberem politischen Schild für unser Volk in die Bresche zu springen. Um zu versuchen, dem beispiellosen Zusammenbruch wenigstens noch Lebensbedingungen abringen zu können, die auf absehbare Zeit einen Weg in besseres Gelände freigeben können.
Es hat sich gelohnt um der Vorarbeit willen, die geleistet worden ist. Diese Vorarbeit hat es nicht zuletzt bewirkt, daß wir, die wir getrennten Konfessionen zugehörig sind, nun zu engster politischer Einheit zusammengeführt worden sind, die – so hoffe ich – unzerreißbar sein wird.
Um so mehr bewegt mich heute das Schicksal dieser Stadt, die mir so oft Stärkung und Erhebung gab. Ich erinnere mich mit Trauer der schicksalhaften Tage im Februar des letzten Jahres. In den Keller, in dem ich mich vor der Gestapo verborgen hielt, hatten mir Freunde einen kleinen Radioapparat gebracht. So war ich dem furchtbaren Geschehen um unser Volk, das den Zusammenbruch begleitete, stets nahe. Peinigend war für mich der Tag, an dem der Drahtfunk verkündete, daß die Bomberströme über Dresden verhielten, um Tod und Verderben auch über diese Stadt noch zu bringen. Es wird immer eine bittere Frage an die Geschichte bleiben,

warum es uns nicht vergönnt war, dem verbrecherischen Spiel Hitlers mit dem Geschick des deutschen Volkes Einhalt zu tun, *ehe* die Zerstörung das Ausmaß annehmen konnte, wie es heute der Fall ist. Aber die Stimmen mehren sich täglich, die der Meinung Ausdruck geben, daß bei früherer Vernichtung des Nationalsozialismus doch wieder eine Dolchstoßlegende die endgültige und tiefgreifende politische Heilung unseres Volkes verhindert hätte. Schon heute will man Meinungen von ewig Blinden gehört haben, die Männer an dem entsetzlichen Unheil des Zusammenbruchs schuldig erklären möchten, die alles taten, um die Verbrechen Hitlers zu bannen und zu verhindern. Es mag in der Jugend noch hier und da Spuren einer solchen Verblendung geben. Aber ich bin überzeugt, daß auch ihr bei reifer politischer Schulung noch die Augen dafür aufgehen werden, daß nur die verbrecherische Politik des Nationalsozialismus und die Verranntheit des Volkes, das dem Verbrecher Folge leistete, das Unglück unseres Volkes waren. Und ich selbst bin davon überzeugt, daß es tatsächlich erst einer brutalen Schule bedurfte, um auch in unserem Volke das Erdreich für eine reifere Politik zu bereiten. Trotzdem ich von dieser Notwendigkeit überzeugt bin, habe ich mich für verpflichtet gehalten, mich mit allen meinen Kräften für eine frühere Beseitigung Hitlers einzusetzen. Ich bin auch der Meinung, daß unter denen, die glaubten, zur Vermeidung einer neuen Dolchstoßlegende müsse das Drama Hitler bis zu Ende gespielt werden, viele sind, die damit nur ihren mangelnden Einsatzwillen verbergen wollten. Freunde, ich denke besser vom deutschen Volk. Ich *will* besser von ihm denken. Denn wenn es nach der Offenlegung der in seinem Namen begangenen politischen und moralischen Verbrechen noch nicht sehend wird, dann wäre diesem Volke nicht zu helfen.
Es *ist* aber sehend geworden, und es *wird* noch sehender werden, dafür bürgen die Opfer, die gebracht sind. Dafür bürgen die Trümmer unserer Städte. Auch die Trümmer dieser unserer blühenden, von der Kultur und Schöpferkraft unseres Volkes einst so beredt zeugenden Stadt Dresden.
Und unsere junge politische Gemeinschaft, deren neuer politischer und sozialer Impuls nach der Not einer zwölfjährigen Diktatur, nach der Betäubtheit eines beispiellosen Zusammenbruchs zum Durchbruch kam, wird mit Bürge sein für den Wiederaufstieg und für die endgültige politische Gesundung unseres Volkes. Sie wird um so mehr Bürge sein, je stärker sie das Gesetz ihres Willens, nach dem sie angetreten ist, erfüllt.
Einen doppelten Impuls sehe ich in unserer Partei lebendig, der – wenn wir ihm treu bleiben – das gesamte deutsche Parteileben in Deutschland und damit die politische Lebensform unseres Volkes in eine neue, eine gesündere Richtung treiben kann: Es ist das einmal der ausgesprochene Wille zur Konzentrierung der politischen Willensbildung auf wenige Parteien. Und zweitens der starke soziale Wille, der auch aus der christlichen Grundhaltung heraus, zu der sich unsere Partei bekennt, nach neuen Formen im sozialen und wirtschaftlichen Leben unseres Volkes drängt.
Einer meiner Freunde polemisiert immer in humorvoller Art gegen Hitler, der das ausschließliche Bestehen einer Partei damit rechtfertigte, daß er behauptete, vor 1933 hätte es im deutschen Volk 46 Parteien gegeben. Er behauptet, daß er, vor die Wahl gestellt, immer noch eher die Existenz von 46 Parteien bejahen würde, ehe er der Herrschaft nur einer Partei zustimmen würde. Nun, die Christlich-Demokratische Union hat sich mit die Aufgabe gestellt, unseren Freund aus der Verlegenheit dieser Alternative zu befreien. Daß wir gegen die Herrschaft einer Partei sind, ha-

ben die meisten von uns durch ihren Kampf gegen Hitler bewiesen. Zugleich lehnen wir aber auch um der Gesundung und der Würde wahrhaft politischer Formen im deutschen Volke willen das Vielparteiensystem in Deutschland ab. Die politische Undiszipliniertheit der Vorhitlerzeit hat uns nicht zuletzt auch den politischen Zerfall gebracht. Große und starke Parteien fördern selbstverständlich auch das politische Selbstbewußtsein der einzelnen Parteizugehörigen. Und wo politisches Selbstbewußtsein und festes inneres Zusammengehörigkeitsgefühl durch dieses Selbstbewußtsein vorhanden sind, da gibt es nicht mehr so leicht parteipolitisches Treibholz, das zwischen den Parteien hin und her treibt und schließlich politischem Abenteurertum verfällt. Auch deshalb und nicht zuletzt deshalb werden wir das deutsche Volk immer wieder aufrufen, sich nach großen politischen Gesichtspunkten für große Parteien zu entscheiden. Nicht aber wie früher konfessionelle Gegensätze oder kleinliche Standes- oder Berufsinteressen für Parteibildungen maßgebend werden zu lassen.

Die Einsicht in die Verderblichkeit der Gespaltenheit des Volkes in viele Parteien war schon vor 1933 in weiten politischen Kreisen lebendig. Sie war das vor allem in einem Kreis von Männern, die im aktiven Abwehrkampf gegen Hitler gestanden haben. Deshalb brach sich dieser Wille nach dem Zusammenbruch sofort Bahn. Es gab nur zwei Kräfte im Volk, an denen neue Parteien sich orientieren konnten, Kräfte, die auch in der Hitlerzeit ihre Wirkung im Volke nicht verloren hatten, Kräfte, die stark genug gewesen waren, Männer eher den Tod wählen, als sich zur Kapitulation vor Hitler zwingen zu lassen. Das war das christliche Glaubensgesetz und war der Sozialismus in seiner marxistischen und demokratischen Form.

Wir entschieden uns für eine Partei auf christlicher Grundlage, weil wir überzeugt sind, daß im christlichen Gesetz die stärkste sozial und politisch ordnende Kraft liegt. Weil vom christlichen Gesetz die stärkste Disziplinierung aller bösen und zerstörenden menschlichen Instinkte ausgeht, die unter Hitler Orgien gefeiert haben. Aber von *einer* Erkenntnis waren wir dabei getragen: Es konnte kein Zurück geben zu einer konfessionellen Partei. Wir wissen, welches Verhängnis die zerspaltende Wirkung der Glaubenstrennung über Deutschland gebracht hat. Der unselige Glaubensstreit, der bis zum Heraufziehen des Nationalsozialismus eigentlich nie zum Schweigen kam, hat seit Jahrhunderten Zwiespalt in Volkskreisen gesät, deren Zusammenwachsen im Interesse des Volkes so brennend notwendig gewesen wäre. Vor einer Woche noch ehrten die evangelischen Christen Deutschlands feierlich das Andenken Martin Luthers. Dieser Gedächtnistag erst erinnerte uns wieder daran, daß die Reformationszeit das deutsche Volk vor eine innerpolitische Aufgabe gestellt hat, die jahrhundertelang unerfüllt blieb. Es lag an der Eigenart der damaligen Zeit, an ihrer ganzen Struktur, daß die religiösen Entscheidungen des Gewissens, wie sie die Reformation verlangte, zu einem politischen Streit wurden, der das deutsche Volk zerriß.

Es mußte erst die Katastrophe über unser Volk kommen, der Haß Hitlers mußte sich erst über beide Kirchen ausgießen, um die Kirchen näher aneinander zu führen. Um vor allem aber die Männer beider Kirchen politisch zusammenzuführen. Jetzt endlich, nach den Verfolgungen des Nationalsozialismus, die sich gegen das Christentum schlechthin, gegen seine Lehren und seine Anhänger richteten, jetzt nach dem totalen Zusammenbruch von 1945 scheinen wir reif geworden zu sein, den Bruderzwist der Konfessionen endlich zu beseitigen. Einem ehrlichen deutschen Religionsfrieden will unsere Partei den Weg bereiten, damit der Weg für eine

schöpferische Politik des Volkes um so freier werde. Es ist das auch der Sinn des Namens, den wir unserer Partei gegeben haben, der Sinn der Union. Dabei muß ich an dieser Stelle betonen, daß sich für die politische Zusammenführung der beiden Konfessionen die Bekennende Kirche in Sachsen ein unsterbliches Verdienst erworben hat. Ich weiß das aus meiner eigenen politischen Arbeit heraus, die mich immer wieder mit Männern der Bekennenden Kirche Sachsens zusammenführte.
Ich möchte nur noch wünschen, daß der Kreis unserer politischen Freunde, der Freunde der Union, sich immer mehr zu einem Kreis weitet, der nicht nur die so oder so konfessionell gebundenen Kräfte umfaßt, sondern auch alle die, denen die Erhaltung der abendländischen Tradition unserer Kultur ein inneres Anliegen ist. Es ist das in weiten Teilen des Reiches schon der Fall, wie wir immer wieder aus allen Zonen des Reiches hören. Und es wird wahrscheinlich wachsend der Fall sein, je mehr sich die vernünftige Erkenntnis von der Notwendigkeit größerer parteipolitischer Zusammenfassungen im Volke durchsetzt.
Es ist das auch die beste Antwort auf die tendenziösen Feststellungen, denen man hier und da begegnet, daß die Union die verkappte Zentrumspartei sei. Sachsen ist mit eines der sprechendsten Beispiele, daß das nicht der Fall ist. Ebenso ist allerdings auch der Wahlausgang in Süd- und Westdeutschland ein sprechender Beweis dafür, daß sich weite Kreise des christlichen Volkes zur politischen Einheit zusammengefunden haben. Soweit diese Angriffe von außen kommen, ist ihr Charakter und ihre Tendenz durchsichtig. Sie werden die politisch einigende Kraft, die von der Leidenschaft unseres Volkes ausgegangen ist, nicht zunichte machen können. Denn eines wollen wir offen bekennen: Wer nach den Erfahrungen und den politischen Erkenntnissen, die uns aus der Herrschaft Hitlers erwachsen, noch einmal zurückstrebt in die alte parteipolitische Zersplitterung mehrerer christlicher Parteien – mag das in Süd-, West- oder Ostdeutschland der Fall sein –, der versündigt sich an der neuerstehenden politischen Kraft unseres Volkes. Er zerstört die Kraft, die eben zu neuem Leben ansetzt. Eine Kraft, die unser Volk braucht, um sein Leben über die Zeitenwende hinwegzuretten. Dabei will ich zugleich hier einem Wunsche Ausdruck geben, den ich schon des öfteren ausgesprochen: Ich möchte wünschen, daß wir uns vor einer Banalisierung unserer christlichen Grundsätze hüten. Ich gehöre allerdings nicht zu den Männern, die ihre Weltanschauung in die tiefste Kammer des persönlichen Lebens verbannen möchten. Die der Politik und ihren Handlungen ein Eigenleben zugestehen, das sich dann oft weit von Sitte und Gesetz entfernt. Wir haben das letztere in erschütternder Weise unter Hitler erfahren. Wir haben das aber auch im bürgerlichen Zeitalter des Kapitalismus erfahren. Es gab allerdings auch Persönlichkeiten, die sich Christen nannten – ich brauche nur an Herrn von Papen zu erinnern –, die es für vereinbar mit dem christlichen Gesetz hielten, einem Hitler zur Macht zu verhelfen. Es ist für einen Politiker von ausgesprochen christlicher Haltung das Ideal, wenn christliche Persönlichkeit und praktische Politik sich so durchdringen, daß eine Banalisierung des Christlichen durch allzu leichte und allzu häufige Verkündung der christlichen Grundsätze in der Politik nicht nötig ist, daß er aber eine Politik macht, wie sie der Würde und dem inneren Gesetz christlicher Persönlichkeit entspricht. In einer christlichen Partei gibt es keine Spaltung zwischen der sittlichen Auffassung der einzelnen privaten Persönlichkeit und dem praktischen politischen Leben. Innere Wahrhaftigkeit bleibt ein sittliches Gesetz der Persönlichkeit, wie es ein Gesetz bleiben muß für das öffentliche Leben. Achtung vor Recht und Gerechtigkeit, vor Gut, Blut und Leben des

andern bleibt ein sittliches Gesetz für die einzelne Persönlichkeit, wie es das Gesetz der Politik bleiben muß. Zu dieser Politik gehört es selbstverständlich auch, den christlichen Kirchen den hervorragenden Platz zu geben, der ihnen gebührt. Es gehört dazu, ihnen großzügig Raum und Unterstützung zu geben, die es ihnen ermöglicht, ihre göttliche Sendung im Leben des Volkes zu erfüllen.
Die Union will neben der politischen Einigung der Konfessionen noch einen weiteren Einigungsgedanken verwirklichen: die Einigung der Stände in unserem Volke. Die Christlich-Demokratische Union ist eine Volkspartei, d. h., sie ist weder eine Partei der Arbeiter noch der Bauern, noch des Mittelstandes, noch der Intellektuellen oder gar der Industriellen. Sie ist eine allumfassende Volkspartei. Erst wenn man an diesen Charakter der Partei denkt, erhält der Unionsgedanke seinen vollen Sinn. Es ist dabei unser Streben, schon in unseren eigenen Reihen die Synthese herbeizuführen, deren unser volkliches Leben so dringend bedarf. Geeint in unserer Weltanschauung, wollen wir die Union gewissermaßen als Modell des neuen Volksstaates errichten. Durch das Beispiel der Union wollen wir praktisch zeigen, wie ein Volk zur Einheit werden kann.
Wenn ich so den Charakter der Union als Volkspartei andeute, so ist damit schon belegt, daß wir keine bürgerliche Partei sind.
Wir sind aber auch aus einem weit tiefer greifenden Grunde keine bürgerliche Partei. Nach unserer Auffassung des christlichen Gesetzes für alles Lebende gehört es nicht zu seinem Wesen, sich an bestimmte Formen der Wirtschafts- und Sozialordnung zu klammern. Es gehört deshalb nicht zu unserer Politik, an Formen festzuhalten, die sich überlebt haben, wie sich menschliche Lebensformen nun einmal überleben. Vor allem dann, wenn sich Entartungen zeigen, wie sie sich in der bürgerlichen und kapitalistischen Ordnung gezeigt haben, deren Untergang wir in dieser Zeitenwende erleben.
Das Aufstehen der Arbeiterschaft gegen den wirtschaftlichen und seelischen Druck in der Hochzeit des Kapitalismus war das Alarmsignal gegen die bürgerliche Gesellschaftsordnung. Krieg, Zusammenbruch und Inflation taten das Ihre, sie weiter zu untergraben. Unter Hitler mit seinem Krieg des Wahnsinns und der Verbrechen an der Menschheit schlechthin, Hitler, dem sich ein großer, sehr großer Teil des Bürgertums anvertraute, vollendete die Zerstörung fast aller Grundlagen bürgerlicher Existenzsicherungen.
Was wir heute im deutschen Volk vor uns haben, ist keine bürgerliche Ordnung mehr. In diesen Jahren des furchtbarsten aller Kriege und in dem beispiellosesten aller Zusammenbrüche, der ihm folgte, hat die Zeit ihre letzte Wendung vollzogen. Es ist die Wendung vom Zeitalter bürgerlicher Gesichertheit und Wohlhabenheit zum Zeitalter des werktätigen Volkes. Das werktätige Volk im weitesten Sinne des Wortes, seine Nöte, seine Forderungen, seine geistigen und seelischen Bedürfnisse werden das Leben der Nation künftighin in erster Linie bestimmen. Es ist das der einzige Schluß, der möglich ist, wenn wir an die Millionen von Flüchtlingen denken, die noch immer umherirren. An die Millionen, die schon während des Krieges ihren ganzen Besitz verloren haben. An das Heer der Kriegsverletzten, an die so oder so brotlos Gewordenen, an die Millionen Frauen, die so oder so aus der Bahn geworfen sind. Viele von ihnen sind nicht einmal werktätiges Volk. Sie sind ärmer, als werktätiges Volk zu sein pflegt. Wir werden ein großes Werk des Aufbaus zu tun haben, für sie alle erst wieder den Lebensstandard zu finden, der dem eines gesunden werktätigen Volkes entspricht. Es wird mit an den verantwortlichen Parteien

liegen, ob die Möglichkeit bald gegeben. Und es wird an den verantwortlichen Parteien liegen, die Massen des werktätigen Volkes in sinnvoller Weise zu einem harmonischen Volksganzen zusammenzufügen.
Die Union bekennt sich aus tiefstem Verantwortungsgefühl zu dieser Aufgabe. Und ich habe vor wenigen Tagen noch bekannt, daß wir glauben, dieser Aufgabe aus dem Geiste eines christlichen Sozialismus heraus dienen zu können. Ich möchte wünschen, daß dieses Bekenntnis Allgemeingut unserer Partei wird. Und ich bin dankbar, daß vom Rhein schon in diesen Tagen ein vernehmliches Echo gekommen ist. Zum »Fackelträger eines christlichen Sozialismus« rief einer unserer führenden Freunde die Union aus. Es soll kein Sozialismus des Klassenkampfes und keiner der ausschließlichen Herrschaft der Arbeiterschaft sein. Das Bekenntnis zum Sozialismus ist uns aber auch nicht nur eine ethische Haltung allgemeiner Art. Es ist uns nicht eine allgemeine Formel von der Unterordnung des persönlichen Interesses unter die Allgemeinheit. Das wäre eine Haltung, die man schließlich von jedem anständigen Menschen verlangen muß. Unser Sozialismus ist uns vielmehr das Bekenntnis zu der Notwendigkeit, die überlebte bürgerliche Ordnung durch eine sozialistische zu ersetzen. Sie ist uns das Bekenntnis, daß uns nicht mehr Einzelreformen helfen können, sondern daß ein Gesamtumbau der inneren Ordnung unseres nationalen Lebens notwendig ist.
Aber wir wollen auf keinen Fall doktrinär sein. Doktrinär sein bedeutet Lebensfremdheit. Eine Partei, die mit doktrinären Formeln an den Neubau oder an den Neuaufbau unserer Volksordnung gehen wollte, würde einem Arzt ähnlich sein, der mit festgelegten Formeln einem Kranken helfen wollte, ohne sich zu bemühen, das Wesen der Krankheit oder die Eigenart des Kranken zu erfahren. Der Tod könnte die Folge sein, nicht aber das Leben. Und das deutsche Volk soll und muß leben. Wir möchten deshalb in der sozialistischen Ordnung bestimmte Lebensgesetze geachtet und verwirklicht sehen. Eine lebensvolle sozialistische Ordnung können wir uns dabei nicht ohne Privateigentum vorstellen. Privateigentum ist uns ein unentbehrliches Stück unseres Gesellschaftsideals. Das Menschendasein ohne Privateigentum verkümmert. Aber wo das Eigentum zu einem Mittel bloßen Lebensgenusses oder gar kapitalistischer Beherrschung und Ausbeutung herabsinkt, da hat es jede Existenzberechtigung verloren. Da muß energisch und bald zu seiner Beseitigung geschritten werden. Eine solche Politik dient insbesondere auch der Erhaltung eines gesunden Mittelstandes. Sie fördert ihn. Denn die Beseitigung kapitalistischer Auswüchse gibt dem Mittelstand erst wieder die Luft, deren er zum Atmen bedarf. Und ich bin überzeugt, daß unser Sozialismus den wirklich lebensfähigen Gliedern des Mittelstandes mindestens ebenso zugute kommt wie der Arbeiter-, Angestellten- und Beamtenschaft.
Allerdings muß das Privateigentum in einem sozialistischen Staate ein anderes Gesicht erhalten. Wir sehen im Eigentum eine soziale Verpflichtung. Wir werden nicht ermüden, zu betonen, daß nach unserer Auffassung jedes Eigentum seine sozialen Schranken in sich selbst trägt und daß sein Gebrauch nur in treuhänderischen Diensten an der Allgemeinheit seine Rechtfertigung und damit auch seine Grenze findet.
Unser sozialistischer Gedanke bildet eine organische Einheit mit der demokratischen Idee. Deshalb erstreben wir mit besonderem Nachdruck die Wirtschaftsdemokratie, in der sich Demokratie und Sozialismus zu einer Einheit verbinden.
Demokratische Gestaltung setzt aber Kenntnis dessen voraus, was gestaltet werden soll. Darum verlangen wir eine möglichst große Durchsichtigkeit der Wirtschaft.

Die Wirtschaft ist heute eine gemeinsame Angelegenheit aller. Es geht nicht an, daß diese Wirtschaft noch weiter als eine mehr oder weniger ausschließliche Angelegenheit der Kapitalbesitzer betrachtet wird. Es ist eine der verderblichsten Auswirkungen des nationalsozialistischen Führergrundgesetzes, wenn man lediglich den Kapitalbesitz als Grundlage eines Führungsanspruchs über das Unternehmen und die ihm zugeordneten Menschen herausstellt. Ebensowenig geht es an, zwar theoretisch wirtschaftliche Demokratie zuzugestehen, diese aber praktisch durch Geheimniskrämerei zu sabotieren. Wir sprechen uns deshalb für eine Durchleuchtung der Wirtschaft aus. Sollte diese Durchleuchtung auf Schwierigkeiten stoßen, so müssen gesetzgeberische Maßnahmen ergriffen werden.
Eine besonders wichtige und verantwortungsvolle Aufgabe für die Wirtschaft fällt den Gewerkschaften zu. Die Gewerkschaften sind mit dafür verantwortlich, daß sich die wirtschaftlichen Kräfte der Unternehmen nicht in isoliertem Handeln zersplittern, sondern zu einheitlicher nationaler Wirksamkeit zusammengefügt werden.
Diese Andeutungen zu einer sozialistischen Wirtschaftspolitik mögen genügen. Ich habe mich ja in meiner letzten Berliner Rede über diesen Punkt ausführlich geäußert. Entscheidend für unser wirtschafts- und sozialpolitisches Handeln ist die Erkenntnis, daß die bürgerliche Gesellschaftsordnung durch eine sozialistische Gestaltung der Dinge ersetzt wird. Wir wünschen aber, daß sich dieser geschichtliche Prozeß in voller Ordnung und Rechtmäßigkeit vollzieht und daß er in seinen ersten Anfängen nicht mit dem Makel des Unrechts befleckt wird. Wir wollen, daß sich der soziale Fortschritt in den Bahnen des Rechts bewegt und daß sich auch hierbei das neue Deutschland als ein Rechtsstaat erweist.
Trotz aller Entartungen des Nationalsozialismus ist uns Deutschen der Rechtsstaat eines der dringendsten Anliegen. Es gibt kaum eine Legende der deutschen Geschichte, die so volkstümlich ist wie die Erzählung vom Müller von Sanssouci. Sie hat uns ein stolzes und beruhigendes Wort geschenkt, das Wort: »Es gibt noch Richter in Berlin.« Wir wissen, daß man schon vor mehr als zwanzig Jahren begann, von einer Krise des Rechts zu sprechen. Wir erinnern uns, wie diese Dinge sich zuspitzten. Als im Jahre 1932 der Staatsgerichtshof in Leipzig den groben Verfassungsbruch der Papen-Regierung guthieß, hatten wir alle das Empfinden, daß der deutschen Justiz das Rückgrat gebrochen war und daß unsere Gerichte uns nicht mehr gegen Unrecht und brutale Gewalt schützen würden. Der Gang der Dinge hat die schlimmsten Befürchtungen übertroffen. Der Nationalsozialismus verweigerte dem deutschen Volke nicht nur den erforderlichen Rechtsschutz, sondern griff auch die zentrale Idee des Rechts selbst an. Uns aber ist das Recht etwas Heiliges, etwas aus der Tiefe der Volksseele Kommendes.
Deshalb fordert und bejaht die Union den Rechtsstaat. Ein Staat kann sich auf die Dauer nur halten, wenn er ein Rechtsstaat ist. Deshalb muß für unseren neuen Rechtsstaat bald eine gesetzgebende Grundlage geschaffen werden.
In diesem Zusammenhang muß auch an die nationale Bedeutung des Rechts erinnert werden. Zu den stärksten Klammern eines Volkes gehört ein einheitliches Recht. Wir haben heute keine zentrale Staatsgewalt, die uns durch einen hoheitlichen Akt ein solches Recht geben könnte. Soweit überhaupt noch eine deutsche Gesetzgebung besteht, wird diese von den Verwaltungen der einzelnen Länder ausgeübt. Die Gesetzgebungshoheit der Länder darf aber nicht zu einer Rechtszersplitterung führen. Was uns not tut, ist weitgehende Einheit des Rechts in allen Fra-

gen, die eine reichseinheitliche Regelung erfordern. Und wenn uns die übergeordnete Staatsgewalt fehlt, die einheitliches Reichsrecht setzen kann, so müssen sich eben die Länder untereinander verständigen und danach trachten, ein inhaltlich übereinstimmendes Recht zu setzen. Wir erstreben die Schaffung eines mindestens inhaltlich einheitlichen Reichsrechts, das die einzelnen Teile unseres Volkes verbindet und das zugleich unserem demokratischen und nationalen Leben Inhalt gibt. Natürlich verlangen wir, daß alles Unsoziale und Überholte ausgemerzt und durch eine volks- und zeitnahe Regelung ersetzt wird.
Es drängt mich, nun noch ein kurzes Wort zur innerstaatlichen Gestaltung des Reiches zu sagen. Ich kann die Frage hier, da ich in der Hauptstadt eines der deutschen Länder spreche, nicht unerwähnt lassen. Die Frage des Verhältnisses von Reich und Ländern wird in Deutschland neu diskutiert. Zwölf Jahre war Schweigen, denn zwölf Jahre lag die Faust Hitlers auf allem, was sich an echtem Leben im Reich, in den Ländern und in jedem Deutschen regen wollte. Lange unterdrücktes Leben brandet meistens in doppelt hohen Wellen auf, wenn es einmal wieder losgelassen. Und oft durchbricht es in einem solchen Falle alle Grenzen der Vernunft und Weisheit und schafft Unkluges, wo es hätte Gutes schaffen können.
Ich möchte um der endgültigen Gestaltung Deutschlands willen nicht wünschen, daß es auch mit dem Leben und den Lebensrechten der deutschen Länder so geht. Freunde, Deutschland ist in einem überwältigenden Zustand innerer und äußerer Not. Dieser Not kann niemand entfliehen. Kein einzelnes Land, kein einzelner Deutscher. Wir meistern diese Not gemeinsam oder sie wird nie gemeistert.
Der Hitlersche Zentralismus war den Ländern gegenüber gewiß ein Unding. Er war eine undeutsche Angelegenheit. Denn kaum ein Volk hängt so sehr an den Eigenheiten seiner Stämme und Landschaften. Diese Eigenheiten haben nicht zuletzt den überwältigenden Reichtum deutscher Kultur hervorgebracht, die Deutschland uns selbst und anderen liebenswert machte. Nur eine Gruppe von undeutschen, volks- und kulturfeindlichen Abenteurern konnte es fertigbringen, die Werke deutscher Kultur dem Untergange zu weihen, die in Jahrhunderten aus der deutschen Vielfalt und der deutschen Eigenart gewachsen waren. Wir brauchen nur an diese Stadt zu denken, wie ich mit Schmerz und Trauer auch an die Städte meiner Heimat Franken, an Städte des Rheinlandes denke. Städte wie Würzburg und Köln liegen in Trümmern.
Aber kein Land und keine Landschaft darf daraus die Folgerung ableiten, nun den Bogen nach der anderen Seite überspannen zu müssen. Kein Land und keine Landschaft darf nach früherer, längst überlebter Länderherrlichkeit zurückstreben.
Der Weg dazu scheint mir fast beschritten zu sein, wenn ich lese, daß Bayern nach einer eigenen Verkehrshoheit strebt. Daß wir also bald wieder eine bayerische Eisenbahn und eine bayerische Post haben sollen. Ich habe vor einigen Tagen meine Auffassungen über den Ausgleich von Reichs- und Länderrechten schon zum Ausdruck gebracht und will sie hier noch einmal wiederholen.
Man wird der Lösung des Problems näherkommen, wenn man auf die Schlagworte Einheitsstaat oder Föderalismus verzichtet und sich den Grundsatz zur Richtschnur macht, daß die Länder und Provinzen die Schwerpunkte der Verwaltung darstellen, während die Reichszentrale in erster Linie den Schwerpunkt der Gesetzgebung bildet. Es darf keinen Streit darüber geben, daß dem Reich die Aufgaben der Rechtsprechung, der Außenpolitik, der Handels- und Zollpolitik, der Post und Eisenbahn und in gebotenen Grenzen auch der Steuer- und Finanzpolitik zustehen müs-

sen. Dazu eine Grundsatzgesetzgebung auf allen Gebieten, auf denen eine einheitliche Verwaltung wünschenswert und notwendig erscheint. Das Prinzip der Grundsatzgesetzgebung als Aufgabe des Reiches wird dabei die Möglichkeit bieten, den Notwendigkeiten dezentralisierter Sonderregelungen weitgehendst Rechnung zu tragen.

Gewiß wird es auch bei der Abgrenzung des Ausmaßes einer Grundsatzgesetzgebung durchaus Meinungsverschiedenheiten geben können, und insbesondere materielle Fragen werden hier sorgfältige Entscheidungen verlangen.

Man braucht sich dabei heute noch gar nicht auf jede Einzelheit festzulegen. Zumal die Zonentrennungen in Deutschland ja noch diese und jene Schwierigkeiten mit sich bringen. Aber vermieden muß auf jeden Fall werden, daß der Weg zu gesunder Einheit, d. h. zu einer Einheit, die nicht die Schaffensmöglichkeiten berechtigter Vielfalt hemmt, verbaut wird. Es wird sonst zugleich der Weg zur Gesundung des Volkes verbaut werden. Ich glaube mir zudem nicht zuletzt auch über eine Tatsache klar zu sein: Die deutsche Jugend, die heranwächst, die von den antiquierten staatsrechtlichen Trennungen in Bayern, Sachsen, Lippe-Detmold usw. keine Ahnung mehr hat, würde die Männer, die heute in den Ländern Verantwortungen übernommen haben, einmal mit Lächerlichmachung strafen, wenn sie dieser Jugend noch einmal bayerische, hessische, thüringische Vaterländer bescheren würden, anstatt ihr durch alle Qualen und Not dieser Zeit hindurch das *deutsche* Vaterland zu retten. Und die Jugend hätte ein Recht dazu, denn sie ist eine deutsche Jugend.

Ich habe schon vor einiger Zeit dem Wunsche Ausdruck gegeben, die Besatzungsmächte möchten uns bald die Bildung einer zentralen Regierung ermöglichen und den Weg zur Gesundung des deutschen Volkes abkürzen. Ich wiederhole diesen Wunsch auch heute noch einmal in aller Eindringlichkeit. Erst wenn Deutschland in der Lage sein wird, durch eine zentrale Regierung alle guten und positiven Kräfte des Volkes zu mobilisieren und zusammenzufassen, wird sich das Verlangen der Besten des Volkes verwirklichen können, endlich von allen moralischen Belastungen der Vergangenheit frei zu werden und den Weg in die Gemeinschaft der Völker zu finden.

Ich weiß dabei, daß auch nach Schaffung einer zentralen Regierung unser Weg ein harter sein wird, denn die innere und äußere Belastung, die uns das Hitlersystem hinterlassen hat, ist unsagbar groß. Ich möchte aber doch auf die Zukunft bauen. Und sollte um der moralischen Belastung willen, die uns Hitler schuf, die Stimme unseres Volkes nicht genügend gehört werden können, so möchte ich auf die Stimme Europas vertrauen, denn es geht ja um die Gesundung Europas.

Um der Gesundung Europas willen möchte ich auch auf eine weise Regelung des Ruhrproblems vertrauen. Wenn der Gedanke der wirtschaftlichen Internationalisierung der Ruhr mit einer europäischen Wirtschaftsplanung verbunden ist, so könnte vom Standpunkt der heute so eng bedrängten Bevölkerungsmassen in Deutschland der Gedanke durchaus fruchtbringend sein. Vielleicht kann man noch ein Mehr sagen: In allen Ländern, die heute von Männern des werktätigen Volkes geführt werden, ist die Notwendigkeit der Nationalisierung der großen Schlüsselindustrien als notwendig erkannt worden. Vielleicht gehen wir dem Zeitpunkt entgegen, daß bei der Planung und Verwertung der Wirtschaftskräfte die Europäisierung als wünschenswertes Ziel gesehen wird. Sollte man die wirtschaftliche Internationalisierung deutscher Industriegebiete unter solchen Aspekten sehen, so könnten auch wir in einer solchen Gestaltung einen höheren Sinn sehen. So wäre das viel-

leicht auch der Weg, um einen Nationalismus für immer zu überwinden, der unter Hitler die höchste, aber auch die absurdeste und verderblichste Übersteigerung erfahren hat.
Das Ruhrgebiet hat ja schließlich schon immer europäische Bedeutung gehabt. Es hat nicht nur für Deutschland gearbeitet, sondern es hat Europa gedient. Vielleicht hätte es bei kluger europäischer Planung seiner Aufgabe noch besser dienen können. Wir möchten wünschen, daß diese Regelung jetzt zum Besten der Völker gefunden wird. Wobei der Arbeiter natürlich den Wunsch hat – ich wies schon einmal darauf hin –, daß nicht internationale Kapitalisten an die Stelle der nationalistischen Kapitalisten treten. Sehr bedenklich schiene es uns allerdings, wenn man über die wirtschaftliche Internationalisierung hinausginge und territoriale Veränderungen schaffen wollte. Würde man komplizierte und zugleich schmerzliche territoriale Konstruktionen schaffen, wie es hier und da in der Presse den Anschein hat, so müßte das – ich sage das offen – nur neue Krankheitsherde für Europa bedeuten. Wir verstehen gewiß das Sicherheitsstreben Frankreichs nach den Erlebnissen vor allem der Hitlerzeit. Ich kann aber um der beiden Länder willen, um Frankreichs und um Deutschlands willen nur bitten, dem Deutschland, das sich nach den zwölf Hitlerjahren, nach diesem beispiellosen Zusammenbruch ans Licht zu ringen sucht, Vertrauen entgegenzubringen. Ich wünsche das um der französischen und der deutschen Jugend willen. Ich wünsche es um der Jugend Europas willen.
Freunde, wir haben mit unserem Leben gegen Hitler gestanden. Ich mache keine Phrase, wenn ich sage, wir möchten mit unserem Leben für ein besseres Deutschland stehen. Ein Deutschland des Friedens und der Verständigung mit allen Völkern des Ostens und des Westens. Das deutsche Volk blutet aus tausend Wunden. Man sollte ihm nicht noch neue Wunden hinzufügen. Es geht uns nicht nur um die deutsche Gesundung, es geht um die Gesundung der Welt. Wir sind ehrlich gewillt, ihr zu dienen.

## 8

*Rede vor Gewerkschaftern in Düsseldorf*
*anläßlich der ersten Reise von J. K. in den Westen am 29. März 1946*

Es war ein langer Weg, der zu gehen war, bis zu diesem Pult, von dem ich zum ersten Male seit 13 Jahren wieder zu Euch sprechen kann. Noch ist mir unsere letzte Zusammenkunft im April 1933 in Erinnerung. Wir hatten damals noch die Hoffnung, die Arbeiterbewegung würde durch eigene Kraft und vielleicht auch durch einen letzten Rest von Verantwortungsbewußtsein nationalsozialistischer Kräfte vor der Zerstörung bewahrt bleiben. Wir glaubten, wir könnten durch einen großen Akt des Zusammenschlusses aller Gewerkschaftsrichtungen eine Handlung setzen, die Hitler vor den letzten Konsequenzen seiner Zerstörungswut zurückschrecken ließ. Wir haben uns geirrt. Die Gewerkschaften waren nicht entschlossen und nicht stark genug. Sie kannten aber auch das ganze Ausmaß des nationalsozialistischen Vernichtungswillens nicht. Es ist das keine Schande. Denn kein Mensch, soweit er auch nur noch einen Funken von einem sittlichen Gesetz in sich trägt, konnte ahnen, welcher bestialischen Zerstörungswut das menschliche Gehirn fähig sein kann. Es wurde uns ab 1933 erst Schritt für Schritt, aber in grausamster Deutlichkeit klargemacht. Angefangen bei der gesamten Zerstörung der Arbeiterbewegung und ihres geistigen und materiellen Gutes über die Zerstörung aller sonstigen freien Organisationen des Volkes und der Stände hinweg. Hinweg über die Vernichtung jeder sittlichen Grundlage des Staates und des Rechtes, jeder Freiheit, jeder Würde, jeden Anstandes der deutschen Menschen. Hinweg über die Vernichtung des Lebens von Tausenden und aber Tausenden von freien Deutschen in Konzentrationslagern und Zuchthäusern. Bis zur Vernichtung von Millionen Deutscher und Angehöriger anderer Nationen durch den frivol entfesselten Krieg, durch seine Weiterführung endlich bis zu dem Ende, dessen himmelschreiende Herausforderung an Gott und die Welt die Trümmer um uns ein grauenhaftes Denkmal gesetzt haben.

Ihr wißt um meine Arbeit und mein Schicksal in den Jahren der Hitlerherrschaft. Ihr wißt, daß meine Arbeit einzig und allein dem Ziel gehört hat, eine neue Arbeiterbewegung zu schaffen und an einer neuen freien Volksordnung mitzuarbeiten. Ihr wißt auch, daß das nicht immer leicht war. Ihr wißt, daß es Gefahren, Verfolgung und Gefängnis eingetragen hat. Und Ihr wißt, daß es nach dem 20. Juli das Leben vieler meiner Freunde, Eurer Freunde gekostet hat. Ich kann nur mit tiefster Bewegung hier zu Euch sprechen. Denn wie in Berlin die nationalsozialistischen Henker alle meine engeren politischen Freunde gemordet haben, alle, die in letzter Treue zu ihrer eigenen Überzeugung mit mir den Weg des Kampfes gegen das nationalsozialistische Verderben des Volkes gegangen sind, so treffe ich auch hier auf die Spuren meiner treuesten Kameraden, die von Hitler gemordet wurden. Ich treffe auf die Spuren derer, die in selbstloser Hingabe an den Willen zu einer neuen, einer anständigen Ordnung unseres Volkes mir in seltener Treue immer wieder geholfen haben, meinen Weg im Kampf gegen Hitler überhaupt gehen zu können. Lassen Sie mich die Namen dieser Männer, unserer Männer, noch einmal mit Schmerz, aber auch mit Dank und Treue nennen. Sie haben das Ringen um Freiheit und Würde mit dem Leben bezahlt. Ich nenne mit Ehrfurcht den Namen unseres ehrwürdigen Prälaten Dr. Otto Müller, der uns, der christlichen Arbeiterschaft, der mir ein seltener Freund und Helfer war. Es ist uns ein nie schweigender Schmerz, daß dieser treue alte Mann nichts mehr von dem Anbruch einer freieren Zeit erleben durfte. Wenn auch dieser Anbruch noch so von Not und Sorge gezeichnet ist, es ist aber ein Anbruch, und er hätte ihn so gern erlebt. Ich gedenke eines Bernhard Letterhaus mit seiner für alles Echte und Wahre, mit seiner für eine freie Arbeiterschaft begeisterten Seele. Ich denke an Nikolaus Groß, an diesen selbstlosen, treuen, der Sache ergebenen Mann. Ich denke an meinen engen Freund und Mitarbeiter Heinrich Körner, den ein unbegreifliches Geschick noch in der Stunde traf, als er schon die ersten Schritte in die Freiheit getan hatte. Er ruht nun auf einem Friedhof in Berlin. Denkt mit mir an unseren Kameraden Franz Leuninger, der in Breslau seine Aufgabe gegen Hitler zu erfüllen suchte. Gedenkt mit mir noch einmal meiner engsten Berliner Freunde, Wilhelm Leuschner, des Arbeiterführers aus dem anderen Lager, und Max Habermann. Ich habe diese beiden Männer in den Monaten des Zusammenbruchs am bittersten vermißt. Mit ihnen ist vieles zerbrochen, was in einem geeinten Wirken, wie wir es geplant, für die neue Arbeiterbewegung unmittelbar hätte segensreiche Wirklichkeit werden können. Aber wir können den Ratschluß Gottes und das Wirken der Geschichte nicht ergründen. Laßt uns aber auch noch Eugen Bolz' gedenken, der Euch als früherer Staatspräsident von Württemberg kein Fremder ist. Und zuletzt mit dem tapfersten meiner Freunde, Josef Wirmer, der dem Zerrbild eines Richters vor dem Volksgerichtshof

die ganze Verachtung eines aufrechten Mannes entgegenschleuderte. Es sind das noch nicht alle Freunde, die geopfert wurden, aber es sind die, die unserer früheren Bewegung am nächsten standen oder ihr angehörten.
Ich gedenke dieser Freunde in Schmerz und Dankbarkeit. Wir waren mit den vielen, die ich nicht alle nennen kann, eine enge Arbeitsgemeinschaft. Und ich bin sicher, wenn sie zum Aufbau berufen worden wären, sie hätten ein großes Werk getan. Nun muß das Bewußtsein um ihren Opfertod mit uns gehen als Kraft und Antrieb für die Arbeit, die zu tun ist. Ich selbst werde sie nie vergessen. Und wenn ich nach dem Geschick frage, das es mir durch die unsagbare Treue vieler Freunde möglich machte, mein Leben zu retten, so kann ich nur den einen Sinn erkennen, daß ich dieses Leben mehr denn je der Wiederaufrichtung unseres Volkes, seiner inneren und äußeren Erneuerung zur Verfügung zu stellen habe.
Es ist viel über den 20. Juli geredet worden. Ich kann darauf natürlich nicht eingehen, weil wir anderes noch zu sprechen haben. Aber eines will ich sagen: Es ist ein leichtsinniges Urteil, vom 20. Juli als von einem Akt der Reaktion zu sprechen. Und noch oberflächlicher ist es, von einer »Herrenklubrevolte« zu sprechen, wie mir das neulich zu Gesicht kam. Ich kann es nur als frivoles Urteil bezeichnen, von einer großen Schar tapferer Männer, darunter viele von echtem, kernigem Volkstum und ernstem Freiheitswillen für unser Volk, so zu sprechen. Nur Unkenntnis und Oberflächlichkeit und im letzten Grunde inneres und äußeres Unbeteiligtsein am verzweifelten Schicksal unseres Volkes kann das tun. Wir konnten gewiß nicht jedem ins Herz sehen, und ich stehe nicht für jeden, daß er ein ausgesprochen fortschrittlicher Mann war. Schließlich kam es vor allem und auf jeden Fall erst einmal darauf an, Hitler zu stürzen und der grauenhaften moralischen und materiellen Verwüstung des deutschen Volkes ein Ende zu bereiten. Für die Neugestaltung des deutschen Lebens nach dem Sturze Hitlers aber standen dann nicht zuletzt die Arbeitergruppe und die echten Demokraten mit genügend starkem Willen bereit, den demokratischen und sozialen Aufbau der neuen Volksordnung zu gewährleisten. Ihre Mitarbeit war in weitestem Maße gesichert. Ich sage das nur zu Eurer Orientierung, denn Ihr habt ein Recht darauf, ein Wort über das Geschehen von damals zu hören. Ich sage das aber auch um der Pietät vor meinen toten Kameraden willen, die alle in jahrelanger Mitarbeit im Kreise der politischen Männer standen, deren Schicksal der 20. Juli so tragisch entschied. Uns Lebenden aber bleibt noch ein schweres Werk zu tun, ehe sich die Zukunft unseres Volkes auch nur ein klein wenig lichtet.
Ich bin Euch nun ein Wort der Aufklärung schuldig, was mich und meine engeren Freunde aus der Arbeiterschaft in den Jahren des Kampfes gegen Hitler bewegt hat. Und weiter darüber, was mich heute an Richtbildern und Zielen bewegt. Und zwar gewerkschaftlich und politisch. Was die Gewerkschaften angeht, so bestand schon vor 1933 in weiten Kreisen der Arbeiterschaft die Ansicht, daß die Spaltung der Gewerkschaften eine durch die praktische Zusammenarbeit überholte Angelegenheit sei. Es bestand vor allem auch die wachsende Einsicht, daß die Spaltung nur eine Schwächung der gewerkschaftlichen Kraft bedeutet. Diese Einsicht wuchs, je stärker der Nationalsozialismus an das Tor der Macht schlug.

*Gewerkschaftliche Neuordnung*

Die Gründung der Christlichen Gewerkschaften war einmal nötig gewesen, als der freie Gewerkschafter durchweg doktrinärer Sozialdemokrat, d. h. mehr oder weniger Marxist, gewesen war. Diese doktrinäre marxistische Haltung schloß Unduld-

samkeit in religiösen Dingen, schloß Bekenntnis zum Materialismus, schloß den Willen zur Diktatur des Proletariats ein. Diese Haltung, die der des christlichen Arbeiters feindselig gegenüberstand, ließ dem christlichen Arbeiter keine andere Wahl, als sich für eigene christliche Gewerkschaften zu entscheiden. Ebenso entscheidend für die Bildung Christlicher Gewerkschaften ist die Verbindung der Gesamtheit der Freien Gewerkschaften mit der Sozialdemokratischen Partei gewesen. In der Politik spielt nun einmal die Weltanschauung eine größere Rolle als im wirtschaftlichen und sozialem Kampf der Gewerkschaften. Der christliche Arbeiter wäre bei dem früheren Abhängigkeitsverhältnis der Freien Gewerkschaften von der Sozialdemokratischen Partei zum Propagandisten der politischen Auffassungen der Sozialdemokratie geworden. Und zwar einer Sozialdemokratie vor allem, die in religiöser Beziehung von einer ausgesprochenen Unduldsamkeit war. Der gemeinsame gewerkschaftliche Kampf milderte allmählich die Schärfen und Härten der weltanschaulichen und politischen Gegensätze der verschiedenen Gewerkschaftsrichtungen. Die sozial- und wirtschaftspolitische Arbeit der Gewerkschaften hatte eine positive Wirkung auf die Arbeiterschaft. Sie führte vom Agitationsgeist, vom Dogmatischen weg zur sachlichen und realpolitischen Beurteilung von Menschen und Dingen. Die Annäherung zwischen den verschiedenen Richtungen wurde noch verstärkt durch gemeinsam zu bewältigende Notzeiten und zu überwindende Anfeindungen, wie sie von der Reaktion ausgingen und wie sie durch den heraufziehenden Nationalsozialismus zu einer tödlichen Gefahr wurden. Ich habe oft betont, daß ich glaube, der Nationalsozialismus hätte in seinem Ansturm aufgehalten werden können, wenn ihm die Einheit der gewerkschaftlichen Kraft gegenübergestanden hätte. Die Schaffung der Einheit wurde auch 1933 noch versucht, Verhandlungen wurden geführt. Aber es war zu spät.
Ich darf Euch heute sagen, daß in den 12 Jahren der Hitlerherrschaft die Arbeit an der Wiedererstehung der Gewerkschaften nicht einen Augenblick geruht hat. Ihr wißt, daß mich vom Jahre 1933 an eine kameradschaftliche Freundschaft mit Wilhelm Leuschner, dem 1932 gewählten Führer der Freien Gewerkschaften, und unserem alten Freunde aus den Angestelltengewerkschaften Max Habermann verband. Unsere Arbeit galt unablässig dem Ziel der Neuschaffung einer einheitlichen Gewerkschaftsbewegung. Mit vielen von Euch stand ich zu diesem Zweck in steter Verbindung. Es bestand Klarheit zwischen uns, daß die einheitliche Gewerkschaftsbewegung nichts anderes sein konnte und sein durfte als die wirtschaftliche und soziale Interessenvertretung der Arbeiterschaft, unberührt von Parteipolitik und weltanschaulichen Festlegungen. Weltanschaulicher Materialismus und Diktatur des Proletariats sind keine notwendigen Grundlagen der Gewerkschaften, sondern Bestandteil weltanschaulicher und politischer Richtungen. Wer den Gedanken gewerkschaftlicher Arbeit vertritt, vertritt den Aufstiegskampf der Arbeiterschaft im Rahmen einer sozialen Volksordnung, die alle Schichten des Volkes umfaßt. Deshalb habe ich auch auf der Delegiertenkonferenz des Freien Deutschen Gewerkschaftsbundes am 2. und 3. Februar in Berlin erklärt, daß die alte Doktrin vom zwangsläufigen Klassenkampf abgelöst werden muß von dem großen und starken Bekenntnis zum ganzen Volk.
Ich habe dann aber weiter erklärt, daß ich ein Bindeglied für die Gesamtheit der in den Gewerkschaften zusammengeschlossenen Richtungen wirksam sehe. Das ist das Bekenntnis zum sozialistischen Zug der Zeit. Das mag hier im Westen des Reiches schwerwiegender klingen als auf Berliner Boden. Es ist und bleibt nun einmal

Tatsache, daß unter dem Erlebnis der Begegnung der Nationen von Ost und West auf dem Berliner Boden das weltanschauliche, politische, soziale und wirtschaftliche Gewissen, das in uns schlägt, zu tieferen und entscheidenderen Auseinandersetzungen mit sich selbst und mit den Lebensumständen unseres Volkes gedrängt wird. Ich kann nur sagen, daß ich dankbar darum bin. Wenn ich in Berlin wiederholt betont habe, daß ich in dem Ausgleich von Ost und West die Aufgabe Berlins und darüber hinaus die Aufgabe Deutschlands sehe, so ist mir dies Bekenntnis zur verpflichtenden Aufgabe geworden. Vom Westen kommt uns die Betonung der Freiheit der Persönlichkeit, das Bewußtsein, daß in der Vielfalt der Persönlichkeiten, ihrer Anlagen und Meinungen der Reichtum des Lebens, seine schöpferische Kraft liegt. Vom Osten kommt uns die Einsicht in eine Ordnung des Kollektivismus, eines Sozialismus mit allen Konsequenzen straffster Eingliederung des einzelnen in die Gesamtheit. Nun kann der Christ in uns nie ein kollektiver Mensch werden. Er kann nie die Gesetzlichkeit seines persönlichen Lebens, das Gesetz seiner persönlichen Entscheidungen und Verantwortungen in restlose Abhängigkeit unter Staat und Gemeinschaft stellen. Wir haben 12 Jahre um die Freiheit der Persönlichkeit gekämpft, weil unser christliches Gesetz es uns befahl. Aus dem Bekenntnis zur Freiheit der Persönlichkeit und des Gewissens geht ja unser Verlangen auch auf eine demokratische Gestaltung Deutschlands. Ich habe es schon wiederholt ausführen können und es ist notwendig, daß das ganze Volk es erkennt: Es ist vorbei mit der sogenannten bürgerlichen Ordnung, die einem Teil des Volkes ein sorgloses Leben und eine gesicherte Existenz bescherte. Das ganze deutsche Volk muß mehr oder weniger von der Arbeit seiner Hände oder seines Kopfes leben. Wobei der Kopf nicht mehr Gesichertheit der Existenz gewährt als die Hände. Wir sind ein werktätiges Volk im wahrsten und einfachsten Sinne des Wortes geworden.

Die Tatsache, daß wir durch den seelischen, sozialen und wirtschaftlichen Zusammenbruch unseres Volkes vor einer gänzlich neuen Lage stehen, zwingt uns, dieser Lage mit neuen Methoden der Sozial- und Wirtschaftspolitik zu begegnen. Wir können uns nur mit entschlossenem Willen zu einer neuen Sozial- und Wirtschaftsordnung bekennen. Wir sind uns klar darüber, daß das christliche Gesetz, das wir in uns tragen, nicht im geringsten an bestimmte Sozial- und Wirtschaftsordnungen gebunden ist. Dem Christentum ist vielmehr im stärksten Maße eine gesunde Realpolitik eigen. In unserem Falle bedeutet das, daß wir gewillt sind, alles zu bejahen bzw. uns zu jeder Methode in Wirtschafts- und Sozialpolitik zu bekennen, die geeignet ist, das System des Kapitalismus, das überlebt ist und das als Grundlage für die Erfüllung der Lebensrechte und Lebenspflichten der Gesamtheit des Volkes versagt hat, durch ein neues System abzulösen. Dieses System kann im Zeitalter der Massen, im Zeitalter des werktätigen Volkes und der großen Enteignung, die Hitler und sein frivoler Krieg schon für weite Volksschichten vorgenommen hat, nur ein System sein, das auf dem Grundsatz beruht, alles Wirtschaften soll im Gegensatz zum Kapitalismus einzig und allein dem Menschen, einzig und allein der Gemeinschaft der Menschen untergeordnet sein, seiner geistigen, sittlichen und wirtschaftlichen Wohlfahrt. Wirtschaftskrisen, Wirtschaftsspannungen sollen nicht durch machtpolitische Kampfformen, sondern durch vorausschauende Wirtschaftslenkung gelöst werden. Durch eine Wirtschaftslenkung, die den Menschen, das Volk vor der Willkür kapitalistischer Wirtschaftsmethoden bewahrt.

Der Begriff Sozialismus ist nicht, wie oft behauptet wird, gleichbedeutend mit »Sozialisierung aller Produktionsmittel«. Er bedeutet nichts anderes als der Wille, jede

öffentliche Aufgabe, jede Arbeit auf allen Gebieten des Lebens auf die soziale Wirkung, d. h. auf die Wirkung für das gesamte Volk, hin auszurichten. Es bedeutet selbstverständlich ein Bekenntnis zur Sozialisierung der Teile der Industrie und Wirtschaft, deren Sozialisierung im Interesse des Volkes liegt. Es ist dabei lediglich eine Frage der Zweckmäßigkeit, ob diese Sozialisierung heute oder morgen durchgeführt wird. Daß die Zeit dafür reif ist, ist die Erkenntnis weitester Volksteile.
Wenn ich nun vorhin sagte, daß weltanschaulicher Materialismus, Wille zur Diktatur des Proletariats nicht zur geistigen Grundlage der Gewerkschaften gehören, so muß ich jetzt sagen, sie gehören auch nicht zum Wesensbestandteil des Sozialismus. Ebensowenig wie Sozialismus Klassenkampf bedeutet. Erst der marxistische Sozialismus schuf die Lehre des Klassenkampfes und macht ihn damit zum praktischen Gesetz für einen großen Teil der Arbeiterschaft. Wir bejahen die Freiheit und Verantwortlichkeit der menschlichen Persönlichkeit. Politische Neuordnung und Demokratie erscheinen uns als Sinnlosigkeit, wenn wir nicht den Menschen in seiner Verantwortung und seiner freien Entscheidungsmöglichkeit bejahen. Und wir bejahen auch das Privateigentum. Allerdings nur so weit, wie es der Person des Menschen einen eigenen Lebensbereich sichert. Privateigentum bedeutet da eine öffentliche Gefahr, wo es Macht über Menschen verleiht. Es bedeutet Gefahr, wo es einzelnen ermöglicht, willkürlich über Gaben der Natur zu verfügen und andere von ihnen auszuschließen. Das ist der Grund, warum wir Gemeinschaftseigentum an Bodenschätzen, scharfe Bindung allen Grundeigentums und schärfste Kontrolle des Großeigentums fordern, soweit es noch in privaten Händen ist. Dabei muß festgestellt werden, daß die Lenkung der industriellen Großwirtschaft sich in den meisten Fällen schon so weit vom Eigentum getrennt hat, daß das Bestimmungsrecht viel wichtiger geworden ist als das Eigentumsrecht.
Wenn man in der Geschichte des Sozialismus nachblättert, wird man belehrt werden, daß es immer die verschiedensten Auffassungen vom Sozialismus gegeben hat. Der Marxismus ist nur eine der Auffassungen, die allerdings in der großen Masse der Arbeiterschaft einmal stärkste Wurzeln geschlagen hatte. Auch Teile der sozialdemokratischen Arbeiterschaft vertreten heute nicht mehr den doktrinären Marxismus, sie vertreten einen Sozialismus, der vielleicht aus einer humanitären Lebensauffassung zu begründen ist. Jedenfalls ringen heute in der Sozialdemokratie verschiedene Richtungen um Klarheit und Durchsetzung.
Warum sollen wir im Sozialen und Wirtschaftlichen nicht die gleiche Sprache sprechen wie diese anderen, nicht gleiche Begriffe für vergleichbare Ziele setzen, wenn wir aus christlichem Verantwortungsbewußtsein zu gleichen oder ähnlichen Auffassungen kommen wie sie? Das Wesentliche für uns ist, daß unsere weltanschaulichen Überzeugungen unangetastet bleiben. Gegensätze sind nicht dazu da, daß sie sorgsam gepflegt werden, sondern daß sie überbrückt werden, wo sie zu überbrücken sind. Wir müssen fort von der Dogmatisierung unseres politischen, sozialen und wirtschaftlichen Lebens zu einer gesunden Realpolitik. Gerade der Westen hier kann da viel von der Weisheit des angelsächsischen Volkes lernen.
Wir sprachen ein Jahrhundert von bürgerlicher Gesellschafts- und kapitalistischer Wirtschaftsordnung. Mit dieser Gesellschaftsordnung ist es vorbei. Und die kapitalistische Wirtschaftsordnung ist zerschlagen. Sie sind nicht durch die Arbeiterschaft zerschlagen. Sie wurden ausgehöhlt in zwei Kriegen und starben dann ausgerechnet an dem Mann, den sie sich als Retter erkoren hatten. An Hitler. Wir haben im Augenblick keine Gesellschaftsordnung. Wir haben nur den Schein einer Ordnung,

ohne daß es dem deutschen Volk ganz zum Bewußtsein kommt. Das Volk ist eine große, unsagbar leidende und unglückliche Masse, die nach neuer Gliederung verlangt. Und wir haben im Augenblick keine Wirtschaftsordnung, sondern nur einen Trümmerhaufen, aus dem wir mühsam Mittel für unser Volk freizulegen suchen. Wollen wir zu einer kapitalistischen Ordnung zurück? Wir wollen es nicht. Wir könnten es aber auch gar nicht. Wir müssen zu neuen Formen kommen. Formen, die durch die Lebensnotwendigkeiten der großen enteigneten Massen unseres Volkes Sinn, Ziel, Zweck und Aufgabe erhalten. Und eines steht fest, wenn wir Umschau halten in der Welt um uns – nicht nur in unserem eigenen Volk –, überall verschiebt sich in der Alternative zwischen dem Prinzip der Freiheit und der Bindung in der Gesellschafts- und Wirtschaftsordnung das Schwergewicht nach der Seite der Bindung hin. Das ist der Zug zur sozialistischen Ordnung, der durch die Welt geht.

Es geht uns nicht um Schlagworte, die Parteien in Besitz nehmen und gegeneinander ausspielen. Es geht uns vielmehr um die Erkenntnis, daß wir an einer Zeitenwende stehen. Es geht jetzt nur noch um die Sinngebung der neuen Ordnung, an der wir, vom Christentum kommend, mitzuarbeiten haben.

Das waren die Erkenntnisse, die uns schon lange vor dem Sturz Hitlers bewegten. Aus diesen Erkenntnissen sollten die Gewerkschaften geformt werden. Es war dabei allen Beteiligten klar, daß die Arbeiterbewegung nicht mehr ein Organ des Klassenkampfes zu sein hatte, sondern ein Organ positiver Aufbauarbeit im Volksganzen. Geprägt von der Eigenart und dem Eigenwillen der jungen Schicht der Arbeiterschaft. Aber ebenso überzeugt und getragen von dem Willen zur Gemeinschaft mit den anderen Ständen.

Der Zusammenbruch aber, der nach dem Mißlingen des 20. Juli unvermeidliche Tatsache wurde, schuf für den Neubau der Volksordnung vollständig veränderte Verhältnisse. Ich stand in Berlin schon ganz kurz nach dem Zusammenbruch, als Marschall Shukow durch seinen bekannten Befehl die Gewerkschaften zuließ, vor entscheidenden Fragen. Und ich muß sagen, daß mich der Verlust meiner engsten Kameraden aus den zwölf Jahren, Wilhelm Leuschner und Max Habermann, der Tod aller meiner anderen Freunde aus der Arbeiterbewegung in seiner ganzen unbegreiflichen Größe damals fast überwältigte. So sehr hätte es gerade ihrer Mitarbeit bedurft. Es gab viele, die mich zu bewegen suchten, Berlin zu verlassen und zu meinen Freunden an Rhein und Ruhr zurückzukehren. Ihr werdet es mir nachsehen, wenn ich so viel von mir sprechen muß. Ich muß mich Euch aber nun einmal verständlich machen. Wäre ich meinem Herzen gefolgt, ich hätte den Marsch zum Westen angetreten. Es wäre auf jeden Fall für mich bequemer gewesen. Aber schon bald wurde mir klar, daß in Berlin Entscheidungen fallen, die das ganze deutsche Volk angehen. Auch und vor allem die ganze deutsche Arbeiterschaft. Ich glaubte deshalb, in Eurem Sinn zu handeln, wenn ich in Berlin verblieb und dem Gedanken der einheitlichen Gewerkschaften auch unter den veränderten Verhältnissen treu blieb und an der Bildung des Freien Deutschen Gewerkschaftsbundes teilnahm.

Dieser Freie Deutsche Gewerkschaftsbund ist noch kein Idealgebilde einer inneren Einheit. Er kann es auch nicht sein, denn die Männer der ehemaligen Gewerkschaftsopposition bringen andere Ideen und Richtbilder für die Gestaltung der Volksordnung und auch der Gewerkschaftsbewegung mit, als wir sie in uns tragen. Ihr werdet aus meinen beiden Ansprachen auf den Delegiertenkonferenzen für Berlin und die Ostzone entnommen haben, daß um die Einheit gerungen werden muß. Die Tatsache aber, daß nicht nur ich, sondern unsere Freunde Ernst Lemmer von den ehemaligen Hirsch-Dunckerschen Gewerkschaften, Albert Voss, Eduard Bernoth u. a. zu den Mitarbeitern an führender Stelle – zum Teil für Berlin, zum Teil für die Ostzone – gehören, mag Euch Beleg dafür sein, daß wir der Hoffnung sind, daß sich die einzelnen Richtungen zueinanderarbeiten. Die Einheit der gewerkschaftlichen Organisation der deutschen Arbeiterschaft ist uns ja keine Laune, sondern sie ist uns im Erlebnis der letzten Jahrzehnte zu einer Überzeugung geworden. Allerdings ist es uns wesentliche Voraussetzung, daß die Gewerkschaften kein Werkzeug der Parteipolitik werden. Daß sie vielmehr das werden und sind, was ihre eigentliche Aufgabe ist; wirtschaftliche und soziale Interessenvertretung der deutschen Arbeiterschaft. Ich brauche mich im einzelnen in unserm Kreise nicht weiter dazu zu äußern, denn wir sind alte Gewerkschafter, die das Gesetz einer echten freien Gewerkschaftsbewegung in sich tragen.

Ich bin mir dabei durchaus bewußt, daß die wirkliche Einheit nicht von heute auf morgen geschaffen werden kann. Das gilt für Berlin, das gilt auch im Westen und Süden des Reiches. Ich habe auch neulich in Berlin erklärt, daß ich in meinem Willen zur endgültigen Einheit manchen Stoß vertragen kann. Diese Stöße und Enttäuschungen sind in Berlin verständlicher, da ja dort unsere Bewegung schwächer war, als das hier der Fall ist. Dort setzt die endgültige Einheit immerhin sehr viel Einsicht in die geistige Haltung der Minderheit und sehr viel Disziplin der eigenen Auffassung voraus. Hier im Westen waren die christlichen Gewerkschaften stark. So müßte es bei gutem Willen, bei ernstem Einheitsstreben, bei echter Toleranz auf allen Seiten im Grunde ein Leichtes sein, zur wirklichen Einheit zu kommen. Allerdings müssen die Männer der ehemaligen Christlichen Gewerkschaften verlangen, daß sie, ganz abgesehen von den Erfordernissen einer geistigen Disziplin und Toleranz, auch personalpolitisch zu Recht und Ansehen kommen. Es geht dabei nicht um »Positionen«, die gewahrt werden müssen, sondern es geht darum, daß sich der Geist der Toleranz wirklich durchsetzt. Ich weiß, daß es daran noch fehlt. Auch und vor allem in der breiten Masse der Arbeiterschaft noch fehlt. Dieser Geist wird sich aber um so mehr durchsetzen, je stärker Persönlichkeiten aller Richtungen in führenden Stellen zur Auswirkung kommen. Wir waren uns mit unserem Freunde Wilhelm Leuschner über diese Dinge vollständig im klaren, und ich möchte hoffen, daß die Pietät vor dem Wollen der Toten mit eine einigende Kraft bildet für den werdenden Aufbau der neuen Gewerkschaften.

Ich betone noch einmal, nur bei weitgehender Toleranz, bei restloser parteipolitischer Neutralität, bei vollständiger Konzentrierung auf die gewerkschaftlichen Aufgaben, d. h. auf die wirtschaftliche und sozialpolitische Interessenvertretung, wird die Einheit, die heute in ihrem organisatorischen Anfang steht, zu einer wirklichen und gewachsenen Einheit werden. Wird sie das nicht, dann würde – ob wir wollten oder nicht – die Einheit zerfallen, ehe sie Wirklichkeit geworden ist.

Für uns gilt dabei nun aber auch als wesentlichstes Gesetz des Handelns entschlossene Mitarbeit. Haben wir uns zur Einheit entschlossen, dann gilt kein zögerndes Abwarten mehr, sondern dann müssen wir mit unseren besten Kräften in die Mitarbeit hinein. Ich bin mir bewußt, daß das für viele einen Entschluß bedeutet. Es ist für die Männer der früheren Gewerkschaften nicht einfach, die Mitarbeit nach dem Zusammenbruch auf sich zu nehmen. Die meisten stehen in einem Alter, das nach ruhiger, abgeklärter Arbeit verlangt. Im besten Falle handelt es sich um die Generation des Ersten Weltkrieges. Unser Freund Max Habermann pflegte immer zu sagen: »Freunde, es bleibt uns keine andere Wahl, wir werden noch eine Reihe von Jahren die schwersten Aufgaben auf uns nehmen müssen. Es sind keine Aufgaben, die mit leichter Freude getan werden können, es sind im wesentlichen Opfer, die gebracht werden müssen, bis die Jugend sich zur Klarheit des Wollens durchgerungen hat.« Und Karl Goerdeler richtete aus seinen letzten Lebenstagen im Gefängnis noch einen ergreifenden Aufruf an die ältere Schicht der deutschen politischen Männer, doch die Fahne des schwer geschlagenen Volkes in die Hand zu nehmen und sie erst aus der Hand zu legen, wenn der Rest der deutschen Jugend, dem das Wahnsinnssystem das Leben gelassen, sich genügend gesammelt hat, diese Fahne selbst in die Hand zu nehmen, um den Neuaufbau der deutschen Volksordnung zu vollenden.

Ich richte an Euch alle die gleiche Mahnung, das auf gewerkschaftlichem Gebiete zu tun. Die deutsche Arbeiterbewegung war einmal eine der imponierendsten von Europa. Sie wird noch durch schwere Zeiten hindurch müssen, um neu zu werden in einheitlicher, starker Zusammenfassung. Ich möchte wünschen, daß wir, die Männer der ehemaligen Christlichen Gewerkschaften, das unsere dazu tun. Es soll jedenfalls an uns nicht gelegen haben, wenn nicht die einheitliche, aufbauende Kraft für Volk und Land aus ihr wird, für deren Werden die Besten der Arbeiterschaft aller Richtungen ihr Leben gegeben haben.

*Politische Neuordnung*

Wir waren uns in all den Jahren unseres Kampfes gegen Hitler klar darüber, daß für die Zeit nach dem Sturz Hitlers die Zeit der Parteizersplitterung überwunden sein mußte. Nicht zuletzt um der Zersplitterung seiner politischen und gewerkschaftlichen Kräfte willen ist ja das deutsche Volk so schwach und unreif gewesen, daß es dem Abenteuerfilm eines Hitler verfiel. Wir waren uns klar darüber, daß für den Neuaufbau nur große Parteizusammenfassungen in Frage kommen konnten. Nun stehe ich hier nicht an, zu sagen, daß wir Männer der Arbeiterschaft für nichts dankbarer gewesen wären als für die Möglichkeiten, die Masse der Arbeiterschaft in einer Partei der Neugestaltung deutschen Lebens zu sammeln. Ich sprach vorhin schon von der Erkenntnis, daß die große Masse des deutschen Volkes zu einem Volk des kleinen Mannes geworden ist. Es hätte möglich sein können, für die breiten Schichten des Volkes eine Partei zu schaffen, die aus den Tiefen deutschen Arbeiterlebens und -erlebens im weitesten Sinne des Wortes die Erneuerung Deutschlands zu schaffen in der Lage sein konnte. Es setzte das natürlich ein großes Reifwerden durch die Jahre des Leidens unter Hitler voraus. Ich wußte mich mit vielen Kameraden der gemeinsamen Kampfjahre eins in dieser Erkenntnis. Es setzte das aber vor allem eine große Toleranz der breiten Masse der sozialdemokratischen Arbeiterschaft voraus. Der Toleranz vor allem auch religiösen Überzeugungen gegenüber. Ich habe vor der Bildung der Parteien in Berlin mit manchem Manne der Sozialdemokratie Aussprachen gehabt. Ich mußte feststellen, daß diese Toleranz und das Verständnis für die christliche Welt weit mehr als früher vorhanden ist, aber doch noch nicht in dem Maße, daß ein gemeinsamer Weg möglich war. Meine Freunde von der Sozialdemokratie sind mir nicht böse ob dieser Feststellung. Es tut unserem Verständnis für einander, unserer gegenseitigen Anerkennung, daß jeder für das Volk das Beste will, keinen Abbruch.

Die Sozialdemokratie formierte sich nach Zulassung der Parteien durch Marschall Shukow im wesentlichen nach ihren alten Gesetzen. Das war für den christlichen

Politiker vor allem um seiner kulturpolitischen Überzeugung willen nicht tragbar. Wir mußten unseren Wunsch, auch in Deutschland den Versuch zu machen, sich nach rein politischen Grundsätzen in Parteien zu formieren, wie das in anderen Ländern weitestgehend der Fall ist, beiseite schieben. Wir mußten um unserer weltanschaulichen und eines gesunden Ausgleichs im politischen Deutschland willen den Weg zu einer christlichen Partei gehen. Es sind im Grunde ja nur diese zwei Kräfte im Volk, die um Ausgleich ringen: Christentum und Sozialismus. Weiteste christliche Kreise sind heute davon überzeugt, daß wir wirtschaftlich und sozial auf sozialistische Formen zusteuern. Aber einen weltanschaulichen Sozialismus, der sich an Marx, am historischen Materialismus oder an der Aufklärung orientiert und von dort seinen kulturpolitischen Impuls empfängt, können sie nicht annehmen. Sie lehnen ebenso den Kollektivismus ab, weil sie die Gefahr für die Freiheit der Persönlichkeit und für echte Demokratie sehen, die er einschließt. Solange diese Kräfte noch in sozialistischen Parteien wirksam sind, muß sich der Christ und wahre Demokrat zu einer Partei bekennen, die ihm die innere Gesetzlichkeit seiner weltanschaulichen Überzeugungen gewährleistet.
Aber eines stand für uns fest: Es durfte keine Partei sein, die sich nur auf eine Konfession stützt. Die große politische Zusammenfassung der Konfessionen, deren Trennung so viel Unglück für Deutschland bedeutet, hat, sollte und mußte endlich geschaffen werden. Ich kann nur sagen, daß es für uns in Berlin ein großes Erlebnis war, als die Männer der beiden Konfessionen zusammenkamen. Viele von ihnen hatten bis zu den letzten Tagen des Zusammenbruchs hinter den Gefängnismauern des Dritten Reiches verbracht.
Zugleich fanden sich namhafte Männer der früheren Demokratischen Partei und anderen demokratischen Gruppen zu uns, die ebenfalls der Erkenntnis waren, daß die Erneuerungskräfte des Christentums nicht zurückgedrängt werden durften, sondern daß sie gerade nach diesem entsetzlichsten aller Zusammenbrüche doppelt und dreifach wirksam werden müssen im Volk. Wir wuchsen schnell zu einer politischen Einheit zusammen. Und es gibt wohl keinen unter uns, der sich wieder zurücksehnt zu der kleinen Gemeinschaft alter Parteien.
Wir haben in Berlin mit Erstaunen zur Kenntnis genommen, daß es hier im Westen möglich war, über die große Sehnsucht des Volkes zu möglichster Einheit hinweg, über die reife Erkenntnis der Konfessionen hinweg noch einmal zur Gründung einer Zentrumspartei zu kommen. Ich sage damit nichts gegen die alten, ehrwürdigen Traditionen der Zentrumspartei. Sie leben in mir, wie sie in vielen von Euch noch leben werden. Aber ich muß sagen, wir haben es alle als eine Versündigung gegen den so notwendigen, kraftvollen Auftrieb empfunden, den der politische Zusammenschluß der Konfessionen bedeutet. Ich kann mir keinen sachlichen Grund denken, der eine solche Gründung rechtfertigt. Und ich möchte schon um der Tradition der christlichen Arbeiterschaft willen, aus deren Kreis 1920 in Essen der erste Impuls zur politischen Zusammenfassung der Konfessionen ausging, wünschen, daß keine Vertreter unserer ehemaligen Bewegung den politischen Eigenbrötlerweg stützt, den diese Gründung bedeutet. Ich möchte auch um der Einheit des christlichen Volksteiles willen von Herzen wünschen, daß die Männer, die heute die Sondergründung vertreten, deren uneigennütziges Wollen ich aus früherer gemeinsamer Arbeit zu kennen glaube, noch zur großen politischen Einheit der Union ihren Weg finden. Die christliche Arbeiterschaft aber bitte ich von dieser Stelle aus, um unserer Tradition willen, um der Toten willen, die wir ehren, von denen keiner,

aber auch gar keiner, je an die Gründung einer neuen Zentrumspartei gedacht hat, nur der großen Einheit zu dienen.
Wir, die Arbeiterschaft, fallen auch nicht herein auf den Vorwurf, bei der Union sammle sich die Reaktion. Ich habe wohl das größte Recht, über diesen Vorwurf den Kopf zu schütteln. Denn eine Partei, die mir Verantwortung gibt, wie ich sie in Berlin trage, kann nicht reaktionär sein. Und ich wünschte nur, Ihr könntet alle den Ernst und die Hingabe erleben, mit der sich die Menschen unserer Partei, Menschen aller Stände und Berufe in Berlin, in Sachsen, in Thüringen, in Norddeutschland dem sozialen Willen anschließen, den wir eindeutig und ohne Kompromisse zum Richtgedanken unserer Partei gemacht haben. Und schließlich haben wir ja auch eine christliche Arbeiterschaft im ganzen Reich. Sie wird dafür mit zu sorgen haben, daß der Wille der Gesamtpartei ein sozial-fortschrittlicher ist und bleibt. Das allerdings wird immer unsere Forderung bleiben. Es wäre noch manches zu sagen. Aber der Rahmen dieser Stunde ist zu knapp, um von mir zu Euch, von Euch zu mir bei dieser ersten Wiederbegegnung alles in Worte fassen zu können, was nach dem Erleben der dreizehn vergangenen Jahre nach Mitteilung und Aussprache drängt. Noch eines aber muß ich sagen. Vielleicht ist es sogar etwas »Unpopuläres«. Dabei weiß ich aber, daß mich meine Freunde aus der Arbeiterschaft verstehen werden: Mein Weg führt nach Berlin zurück. Mancher wundert sich darüber, daß ich, ein Mann der westlichen Arbeiterschaft, nicht da mein Arbeitszelt aufschlage, wo die Kraft der christlichen Arbeiterschaft am stärksten schlägt. Ich täte es von Herzen gern. Aber mein Leben, meine Verantwortung, mein Herz schlägt für das Reich. Das Reich, das wißt Ihr alle, ist in Not. Ich habe in meiner Ansprache am 30. Januar mein Bekenntnis zum Reich und zur Stadt Berlin abgelegt. Ich weiß, daß über Berlin nicht immer freundliche Worte gesprochen werden. Ich möchte Euch heute mit allem Ernst meine Erkenntnis für die schwere und schmerzliche Lage unseres Volkes sagen: Jeder Mann, jeder deutsche Mensch, der heute in dem Zustand unserer großen Not ernstlich ein unfreundliches Wort über Berlin sagt, tut ein Unrecht an der Aufgabe, die diese Stadt gerade in dieser schicksalhaften Zeit für Volk und Reich zu tragen hat und trägt. Er tut ein Unrecht an der Einheit unseres Volkes, von dem ich annehmen möchte, daß sie jedem ernsthaften und reifen politischen Menschen am Herzen liegt. Ich weiß, was unsere Städte des Westens und Südens gelitten haben, Städte darunter, an denen mein und Euer Herz hängt. Ich weiß aber auch, daß Berlin gelitten hat. Heute gilt nicht die Frage, welche Stadt ist mehr oder weniger an unserem nationalen Unglück schuld. Die Schuld an dem, was geschehen, liegt schließlich mehr oder weniger auf der Gesamtheit des deutschen Volkes. Sie liegt, um es deutlicher zu sagen, ebenso auf München wie auf Berlin, um nur zwei Beispiele anzuführen. Es darf vielleicht betont werden, daß nach Köln und dem Wahlkreis Köln-Aachen gerade Berlin bis 1933 den stärksten Widerstand gegen Hitler leistete, wie das aus den Abstimmungsergebnissen offenbar wird. Aber lassen wir diese rückschauende Betrachtung. Es gibt eine positive und eine negative Möglichkeit, Schuld und Leid auszuwerten. Die positive Möglichkeit ist die, aus der Erfahrung von Schuld und Leid die Einheit des Volkes werden zu lassen. Eine negative Auswertung wäre es, sich über die verschiedene Größe von Schuld und Leid zu streiten. Das letztere wäre unser Verderben. Wählen wir deshalb das erstere. Es wird für unser Volk das Würdigere und Heilsamere sein.
Berlin ist die Stadt des Kontrollrates, dem bis zum Abschluß eines Friedens die Souveränität über Deutschland zusteht. Die Tatsache, daß sich im Zusammenhang da-

mit in Berlin die vier Nationen begegnen, die nach dem Ausgleich ihres politischen und sozialen Willens suchen, bedeutet für die deutschen Männer, die in Berlin um die Gestaltung des politischen Lebens für unser Volk ringen, eine große Verantwortung und eine verpflichtende Aufgabe. Wir stehen mit unseren Wünschen für den friedlichen Ausgleich der Nationen mitten in der Arbeit und dem Leben dieser Stadt. Wir wünschen den friedlichen Ausgleich um Deutschlands und Europas willen. Und wir wünschen, unsere Kraft einsetzen zu können, um mit den bescheidenen Kräften unseres schwergeprüften Volkes unsere eigene Aufgabe erfüllen zu können. Ich sehe Sinn und Aufgabe dieser Zeit in dem Ausgleich der Auswirkungen verschiedener Welt- und Lebensauffassungen von Ost und West. Es ist das der Sinn der großen Begegnung der Nationen auf dem schmerzlich aufgewühlten Boden Deutschlands. Ich weiß nicht, wieviel Leid Deutschland noch beschieden sein wird durch die Folgen des wahnsinnigsten aller Kriege und der frivolsten aller Diktaturen, die ihn heraufbeschwor. Ich weiß nur, daß wir uns unserer Aufgabe in dieser Zeitenwende nicht entziehen können. Und ich sehe unsere Aufgabe in der Mitarbeit unserer Partei und der Zurverfügungstellung unserer Kraft, der Kraft der christlichen Arbeiterschaft für den Neuaufbau einer neuen Arbeiterbewegung, die für den Ausgleich aller Kräfte Europas wirksam werden soll. Es liegt nicht an uns allein, ob unsere Arbeit zu der Vollendung führt, die wir erstreben. Es liegt aber an uns, unsere Kraft in uneigennütziger Weise einzusetzen. Ein jeder an seinem Platz.
Von Euch möchte ich wünschen, daß Ihr mir Euer Vertrauen und Eure Treue mitgebt für meine Aufgabe in Berlin. Euer Vertrauen und Eure Treue, die Ihr mir in den zwölf Jahren in so bewegter Weise gehalten habt. Mein Denken und meine Tat stehen zu Euren Aufgaben hier. Laßt unsere gegenseitige Treue die Klammer der Einheit sein, die uns verbindet. Dann bin ich sicher, daß nicht zuletzt die christliche Arbeiterschaft eine Klammer der Einheit für das Reich bleibt.
Ich will es mir dabei nicht versagen, in Verbindung mit diesem Wunsch zur Einheit noch die Mitteilung über eine Bemerkung bekanntzugeben, die Dr. Hamacher neulich in einer Versammlung gemacht haben soll. Er soll sinngemäß gesagt haben: »Jakob Kaiser soll sich dahin geäußert haben, daß die CDU das Rheinland und Westfalen aus dem deutschen Reich ausscheiden lassen wolle, bzw. daß die CDU das Ausscheiden des Westens aus dem Reichsverband nicht zu verhindern suchen werde. Demgegenüber hält das Zentrum an der Einheit des Reiches fest.« Wenn Dr. Hamacher diese Ausführungen wirklich gemacht hat, so kann ich nur sagen, daß jeder, der mich kennt, weiß, welche Groteske diese Behauptung von Herrn Hamacher bedeutet. Ich muß auch annehmen, daß er es selbst weiß. Ich habe auf der Einheitskundgebung der Parteien am 30. Januar meine Meinung zur Ruhrfrage in folgender Weise geäußert: »Was den auftauchenden Gedanken der Internationalisierung der Ruhr und Saar angeht, so kann ich dazu nur sagen, daß sich das deutsche Volk sicher keinen Ideen verschließt, deren Ziel es ist, jede nur denkbare Sicherheit gegen eine Wiederholung des Krieges und rüstungswirtschaftlicher Vorbereitungen zu schaffen. Dabei bleiben wir uns allerdings bewußt, daß unser Volk nicht allzureich an Bodenschätzen ist und daß das, was es besitzt, nicht nur zum Neuaufbau der Wirtschaft, sondern auch zur Aufbringung unseres Beitrags am Wiederaufbau der Welt benötigt wird. Wiederum wissen wir aber auch, wie sehr auch andere europäische Länder auf Kohle und Eisen gerade dieser Gebiete angewiesen sind. So erfüllen Ruhr- und Saargebiet ja schon seit Jahrzehnten eine internationale Aufgabe. Es kann deshalb durchaus angemessen sein, den Gedanken einer Beteiligung

anderer Länder an der wirtschaftlichen Verwaltung von Ruhr und Saar ernsthaft zu prüfen. Allerdings soll ein solcher Akt, wenn er uns nicht erspart bleiben kann, seinen tieferen Sinn von dem Willen empfangen, einen wirtschaftlichen Kern zur weitergreifenden europäischen Gemeinschaft zu schaffen. Eine solche Gemeinschaft wird ja jedenfalls früher oder später Pflicht und Schicksal der europäischen Staaten werden.« Ich habe dann gelegentlich einer Kundgebung in Dresden dringend davor gewarnt, territoriale Veränderungen zu schaffen, und habe ausgeführt: »Würde man komplizierte und zugleich schmerzliche territoriale Konstruktionen schaffen, wie es hier und da in der Presse den Anschein hat, so müßte das – ich sage das offen – nur neue Krankheitsherde für Europa bedeuten. Wir verstehen gewiß das Sicherheitsstreben Frankreichs vor allem nach den Erlebnissen der Hitlerzeit. Ich kann aber um der beiden Länder willen, um Frankreichs und um Deutschlands willen, nur bitten, dem Deutschland, das sich nach zwölf Hitlerjahren, nach diesem beispiellosen Zusammenbruch ans Licht zu ringen sucht, Vertrauen entgegenzubringen. Ich wünsche das um der französischen und um der deutschen Jugend willen. Ich wünsche es um der Jugend Europas willen.«

Ich brauche heute diesen Ausführungen über unsere Sorge um das Ruhrgebiet nichts Weiteres hinzuzufügen. Wir aber wollen uns in unserem Einheitswillen für das Reich nicht beirren lassen. Ich möchte nicht schließen, ohne der Hoffnung Ausdruck zu geben, daß die Einheit des Reiches doch bald soweit wieder wirksam und sichtbar werden möge, daß eine deutsche Zentralverwaltung oder besser noch eine deutsche Regierung uns die Wege zueinander von Ost nach West und Süd und von West und Süd nach Ost und damit auch die Verständigung untereinander wieder leichter macht. Erst dann wird das deutsche Volk die dringendsten Aufgaben seines Neuaufbaues, den wir mit allen unseren Kräften ersehnen, erfüllen können.

Aber auch die Trennungslinien, die heute noch durch unser Land, durch Deutschland gehen, sollen uns nicht hindern, alle unsere Kraft einzusetzen, um dem schweren Werk zu dienen, das uns, den Überlebenden einer so tragischen Zeit, nun einmal gegeben ist.

Laßt uns dem Geiste und der Tradition der Bewegung treu bleiben, aus der wir hervorgegangen, auch wenn die äußere Form dieser unserer früheren Bewegung der größeren Gemeinschaft geopfert werden mußte.

## 9

*Auf dem Burgplatz in Essen*
*31. März 1946*

Meine Freunde, es kostet mich einige Mühe, die innere Bewegung zu beherrschen, die in dieser Stunde in mir aufsteigen will, da ich zum ersten Male nach dreizehn Jahren wieder hier auf dem Burgplatz in Essen stehe. Vor dreizehn Jahren durfte ich hier zum letzten Male zu Ihnen sprechen, hier in Essen, im Herzen der Ruhr, im Herzen eines arbeitsamen, blühenden Industriegebietes. Wir kämpften damals mit aller uns zur Verfügung stehenden Kraft gegen den heraufziehenden Nationalsozialismus, wohl wissend, daß es eine für das deutsche Volk unheilvolle Macht war, die da aufzog. Aber nicht in unseren schwärzesten Träumen konnten wir uns ein Bild von dem machen, was Hitler und seine Spießgesellen für das deutsche Volk, für

Europa bedeuten würden. Nie in unseren bangsten Erwartungen konnten wir ahnen, in welche Ruinen diese unsere Stadt Essen durch sittenloseste Verantwortungslosigkeit verwandelt werden konnte, und mit dieser Stadt zahllose andere Städte unseres Reiches, alle Großstädte ohne eine einzige Ausnahme, Stätten wertvollster deutscher Kultur und zahllose Städte Europas dazu. Stätten der Kultur, volklichen Fleißes und volklichen Friedens, alles in Schutt und Asche verwandelt, alles in Trümmer, wie die Trümmer, die uns hier umgeben. Freunde, es kostet mich Mühe, meine Bewegung zu beherrschen, wenn ich an die Bedeutung von Essen denke, wenn ich an die Bedeutung denke, die diese Stadt auch für die Bewegung hat, aus der ich hervorgegangen bin – und viele mit mir, die hier vor mir stehen. Es ist mir, als wenn es erst vor kurzem gewesen wäre, daß wir als damals zum Teil noch junge Männer der christlichen Arbeiterbewegung durch die Straßen dieser Stadt gegangen sind, bewegt von entschlossenem Erneuerungswillen, der 1920 nach der großen Rede von Adam Stegerwald von dem Essener Kongreß ausging. Damals nach dem Zusammenbruch von 1918 lebte trotz allem Schweren, das der Zusammenbruch für uns gebracht, ein starker Wille in den Mauern dieser Stadt der Arbeit. Es kamen damals noch schwere Prüfungszeiten über Essen und unser ganzes Land. Und der Wille des Essener Kongresses, der eine Erneuerung des deutschen Lebens durch die politische Zusammenfassung der Konfessionen und Stände des christlich-deutschen Volkes zu gemeinsamem Aufbau einer wahren sozialen und demokratischen Volksordnung bringen sollte, verebbte. Wir wollen heute nicht mehr nach den Gründen dafür fragen. Das bedeutet aber nicht, daß der Wille, der damals zum ersten Male durchbrach, unterging. Er blieb in vielen lebendig, um jetzt, nach der Zeit der schwersten Prüfung des deutschen Volkes, endgültig durchzubrechen. Dabei bin ich aber der Überzeugung, daß unser Volk wohl kaum dem Hitlertum so rettungslos verfallen wäre, wenn wir schon damals erfolgreich gewesen wären. Es ist darum ein ermutigendes hoffnungsvolles Erlebnis in dieser sonst für unser Volk noch so dunklen Zeit, daß sich der Zug zu starker Vereinheitlichung und zu größerer Zusammenfassung im politischen und sozialen Leben bemerkbar macht. Es hat das nichts mit Verwaschungen und Kompromiß zu tun, wohl aber alles mit politischer Reife und politischer Weisheit. Für diese Reife und Weisheit dürfte – so müssen wir hoffen – jetzt nach der entsetzlichen Leidensschule, die unser Volk durch das verbrecherische System durchgemacht hat, wohl die Zeit und Stunde gekommen sein.

Es gab in der Zeit der Hitlerherrschaft ernste Männer, die die Auffassung vertraten, das deutsche Volk müsse seinen Leidensweg bis zum bitteren Ende gehen, damit es endlich sehend werde, wohin politische Unreife, politische Großmannssucht und politische Verantwortungslosigkeit ein Volk führen können. Auch ich bin gewiß der Meinung gewesen, daß es tatsächlich erst einer brutalen Schule bedurfte, um in unserem Volke das Erdreich für eine reifere Haltung und Politik zu bereiten. Ich habe mich mit vielen Freuden aber trotzdem in jedem Augenblick verpflichtet gehalten, mit allen Kräften für eine möglichst schnelle Beseitigung des nationalsozialistischen Systems einzusetzen. Ich war immer der Auffassung, daß auch die Gefahr einer neuen Dolchstoßlegende keinen Patrioten abhalten durfte, an dieser Beseitigung mitzuarbeiten. Ich bin überdies der Überzeugung, daß auch eine deutsche Jugend die Bilder der Zerstörung in sich aufnehmen muß, wie wir sie hier um uns sehen, niemals mehr einer Dolchstoßlegende, niemals mehr einem Militarismus verfallen kann, wie ihn das Hitlertum verkörperte. Für den gesunden Weg dieser unserer Jugend wird es nur darauf ankommen, wie weit wir heute fähig sind, unser politisches Leben nach großen schöpferischen Gesichtspunkten zu gestalten. Wir glauben, daß wir solche Gesichtspunkte in unserer Partei, in der Union verkörpert sehen. Unsere junge politische Gemeinschaft, deren politischer und sozialer Impuls nach der Not einer zwölfjährigen Diktatur zum Durchbruch kam, wird Bürge mit sein für den Wiederaufstieg und für die endgültige politische Gesundung unseres Volkes. Sie wird um so mehr Bürge dafür sein, je stärker unsere Union das Gesetz ihres Willens, nach dem sie angetreten ist, erfüllt.

Einen doppelten Impuls sehe ich in unserer Gemeinschaft lebendig, der – wenn wir ihm treu bleiben – das gesamte Parteileben in Deutschland und damit die politische Lebensform unseres Volkes in eine neue, eine gesündere Richtung treiben kann: Es ist das einmal der Wille zur Konzentrierung der politischen Willensbildung auf wenige Parteien, und es ist der starke soziale Wille, der aus der christlichen Grundhaltung heraus, zu der sich unsere Partei bekennt, nach neuen Formen im sozialen und wirtschaftlichen Leben unseres Volkes drängt. Die Einsicht in die Verderblichkeit der Gespaltenheit des Volkes in viele Parteien war schon vor 1933 in weiten politischen Kreisen lebendig. Sie war das vor allem in Kreisen von Männern, die im aktiven Abwehrkampf gegen Hitler gestanden haben. Deshalb brach sich dieser Wille nach dem Zusammenbruch auch sofort Bahn.

Es gab im Grunde nur zwei Kräfte im Volk, an denen neue Parteien sich orientieren konnten, Kräfte, die auch in der Hitlerzeit ihre Wirkung im Volke nicht verloren haben, Kräfte, die stark genug gewesen waren, Männer eher den Tod wählen als sich zur Kapitulation von Hitler zwingen zu lassen. Das war das christliche Glaubensgesetz und es war der Sozialismus. Die Blutopfer der christlichen und sozialistischen Welt beweisen es. Wir entschieden uns für eine Partei auf christlicher Grundlage, weil wir überzeugt sind, daß das Gesetz christlicher Verantwortung auch die stärkste sozial und politisch ordnende Kraft einschließt. Weil vom christlichen Gesetz die stärkste Disziplinierung aller bösen und zerstörenden menschlichen Instinkte ausgeht, die unter Hitler Orgien gefeiert haben. Auch wer sozial und wirtschaftlich sozialistisch denkt – es ist das heute ein großer Kreis von Menschen unter uns –, konnte seinen Weg nur in eine ausgesprochen christliche Partei nehmen, da der weltanschauliche Wille der Sozialdemokratischen Partei nun einmal noch stark an alte, unserer weltanschaulichen und kulturpolitischen Auffassung fremde Grundsätze gebunden ist.

Aber von einer Erkenntnis waren wir bei Gründung unserer Partei alle getragen: Es konnte kein Zurück mehr geben zu einer konfessionellen Partei. Wir wissen, welches Verhängnis die zerspaltende Wirkung der Glaubenstrennung über Deutschland gebracht hat. Der unselige Glaubensstreit, der bis zum Heraufziehen des Nationalsozialismus eigentlich nie ganz zum Schweigen kam, hat seit Jahrhunderten politischen Zwiespalt in Volkskreisen gesät, deren Zusammenwachsen im Interesse des Volkes so brennend notwendig gewesen wäre. Es mußte erst die Katastrophe des Hitlerreiches über unser Volk kommen. Der Haß Hitlers mußte sich erst über beide Kirchen ausgießen, um sie näher aneinanderzuführen. Jetzt nach dem totalen Zusammenbruch von 1945 scheinen wir reif geworden zu sein, den Bruderzwist der Konfessionen endlich zu beseitigen. Einem ehrlichen deutschen Religionsfrieden will unsere politische Gemeinschaft den Weg bereiten helfen, damit der Weg für eine schöpferische Politik des Volkes um so freier werde. Es ist auch das der Sinn des Namens, den wir unserer Partei gegeben haben, der Sinn der Union.

Ich möchte dabei nur wünschen, daß der Kreis unserer politischen Freunde, der Freunde der Union sich immer mehr zu einem Kreis weitet, der nicht nur die so oder so konfessionell gebundenen Kräfte umfaßt, sondern auch alle die Männer und Frauen unseres Volkes, denen die Erhaltung der abendländischen Tradition unserer Kultur, die eine christliche ist, ein inneres Anliegen bedeutet. Es ist das in weiten Teilen des Reiches schon der Fall, wie wir immer wieder aus allen seinen Zonen hören. Es ist dies auch die beste Antwort auf die tendenziösen Feststellungen, denen man hier und da begegnet, daß die Union die verkappte Zentrumspartei sei. Man will damit wohl den evangelischen Teil unseres Volkes abschrecken. Daß das nicht gelingt, dafür sind Bezirke wie Hessen, Sachsen, Thüringen, Mecklenburg, Württemberg, in denen die Union eine lebendige Angelegenheit des gesamten christlichen Volksteiles ist, der beste Beleg. Es ist aber hier im Westen des Reiches wohl kaum nötig, auf diese Tatsache hinzuweisen, denn wäre es der Fall, dann hätten Unbelehrbare wohl kaum eine Neubegründung der Zentrumspartei versucht. Aber weder das eine noch das andere wird die einigende Kraft, die von der Leidenschaft unseres Volkes ausgegangen ist, lähmen können. Und ich will auch hier bekennen, was ich schon an anderer Stelle sagte: Wer nach den Erfahrungen und den politischen Erkenntnissen, die uns aus der Herrschaft Hitlers erwachsen sind, in die alte parteipolitische Zersplitterung mehrerer christlicher Parteien zurückkehrt, der versündigt sich an der neuerstehenden politischen Kraft unseres Volkes. Er hilft die Kraft zerstören, die eben zu neuem Leben ansetzt. Eine Kraft, die unser Volk braucht, um sein Leben über diese Zeitenwende hinwegzuretten.
Die Union will neben der politischen Einigung der Konfessionen noch einen weiteren Einigungsgedanken verwirklichen: die Einigung der Stände in unserem Volk. Die Christlich-Demokratische Union ist eine Volkspartei, d. h., sie ist weder eine Partei der Arbeiter noch der Bauern, noch des Mittelstandes, noch der Intellektuellen oder der Industriellen. Sie ist eine allumfassende Volkspartei. Erst wenn man an diesen Charakter der Partei denkt, erhält der Unionsgedanke seinen vollen Sinn. Es ist dabei unser Streben, schon in unseren eigenen Reihen den Ausgleich herbeizuführen, dessen unser volkliches Leben so dringend bedarf. Geeint in unserer Weltanschauung, wollen wir die Union gewissermaßen als Modell des neuen Volksstaates errichten. Durch das Beispiel der Union wollen wir praktisch zeigen, wie ein Volk zur Einheit werden kann. Wenn ich so den Charakter der Union als einer wahren Volkspartei andeute, so ist damit schon belegt, daß wir keine bürgerliche Partei im gewohnten Sinne des Wortes sind. Wir sind aber auch aus einem weit tiefergreifenden Grunde keine bürgerliche Partei. Nach unserer Auffassung des christlichen Gesetzes für alles Lebende gehört es nicht zu seinem Wesen, sich an bestimmte Formen der Wirtschafts- und Sozialordnung zu klammern. Es gehört deshalb nicht zu unserer Politik, an Formen festzuhalten, die sich überlebt haben, wie sich menschliche Ordnungen nun einmal überleben, vor allem dann, wenn sich Entartungen zeigen, wie sie sich in der bürgerlichen und kapitalistischen Ordnung gezeigt haben, deren Wandlung wir in dieser Zeitenwende erleben.
Das Aufstehen der Arbeiterschaft gegen den wirtschaftlichen und seelischen Druck in der Hochzeit des Kapitalismus war das Alarmsignal gegen die bürgerliche Gesellschaftsordnung. Krieg, Zusammenbruch und Inflation taten das ihre, sie weiter zu untergraben. Und Hitler ..., dem sich ein großer Teil des Bürgertums anvertraute, vollendete die Zerstörung fast aller Grundlagen bürgerlicher Existenzsicherung. Was wir heute im deutschen Volk vor uns haben, ist keine bürgerliche Ordnung

mehr. In diesen Jahren des furchtbarsten aller Kriege und in dem beispiellosesten aller Zusammenbrüche, der ihm folgte, vollzieht die Zeit ihre letzte Wendung. Es ist die Wendung vom Zeitalter bürgerlicher Gesichertheit und Wohlhabenheit zum Zeitalter des werktätigen Volkes. Das werktätige Volk im weitesten Sinne des Wortes, seine Nöte, seine Forderungen, seine geistigen und seelischen Bedürfnisse werden das Leben der Nation künftighin in erster Linie bestimmen. Ich brauche nur hier auf die Trümmer der einst blühenden Stadt Essen zu sehen. Wo sind die Menschen z. B., die einst auch in dieser Stadt ein sorgloses, manche von ihnen vielleicht ein allzu sorgloses Leben führen konnten? Wo noch eine Oase des Besitzes geblieben sein sollte, da wird die Lastenverteilung für den Aufbau einer neuen Ordnung die letzten Eingriffe tun.

Freunde, so bitter die Einsicht für viele noch sein mag, es ist vorbei mit der alten bürgerlichen Ordnung der Sorglosigkeit und der Lebenssicherung. Es ist das der einzige Schluß, der möglich ist, wenn wir an die Millionen der Flüchtlinge denken, die noch immer umherirren, an die Millionen, die schon während des Krieges ihren ganzen Besitz verloren haben. An das Heer der Kriegsverletzten, an die so oder so Brotlosgewordenen, an die Millionen Frauen, die so oder so aus der Bahn geworfen worden sind. Viele von ihnen sind nicht einmal werktätiges Volk. Sie sind ärmer, als werktätiges Volk es zu sein pflegt. Wir werden ein großes Werk des Aufbaues zu tun haben, für sie alle erst wieder den Lebensstandard zu finden, der dem eines gesunden, werktätigen Volkes entspricht. Und er muß gefunden werden, wenn unser Volk leben soll. Es wird mit an den verantwortlichen Parteien liegen, die Massen des werktätigen Volkes, die Massen des gesamten deutschen Volkes sinnvollerweise zu einem harmonischen Volksganzen zusammenzufügen.

Um unseren Willen zum sozialen Bekenntnis der Union zum Ausdruck zu bringen, haben wir uns zum christlichen Sozialismus bekannt. In Berlin, in Sachsen, Thüringen, Mecklenburg hat dieses Bekenntnis eine wache und breite Aufnahme gefunden. Und es war uns eine Freude, als schon vor Wochen dieser soziale Wille der Union auch vom Rhein her verkündet wurde, als Karl Arnold die Union zum »Fackelträger eines christlichen Sozialismus« ausrief. Unabhängig davon war dieser soziale Wille auch in der Tagung der Union in Godesberg schon in aller Entschiedenheit durchgebrochen. Es gibt natürlich hier und da Bedenken um des Namens willen, es gibt auch Wortklaubereien. Freunde, darauf kommt es nicht an. Es kommt auf den ehrlichen, starken Strom sozialen Erneuerungswillens an, der von unserer Partei aus einem tiefen christlichen Verantwortungsbewußtsein ausgehen muß. Es kommt auf die Erkenntnis an, daß es mit der kapitalistischen Wirtschaftsordnung zu Ende geht. Und daß eine neue soziale Ordnung an ihre Stelle treten muß. In dieser Erkenntnis fühlen wir uns eins mit der großen Masse der sozialdemokratischen Arbeiterschaft. Wäre das nicht der Fall, müßten wir z. B. von vornherein auf einheitliche Gewerkschaften verzichten. Es gehört aber mit zu der großen reifmachenden Erfahrung der Hitlerzeit, daß man gleiche Erkenntnisse und gleiches Streben mit den gleichen Worten bezeichnet. Denn wir wollen keine künstlichen Trennungen, sondern nur dort charaktervolle Scheidungen, wo ein erstes, weltanschauliches Gesetz auf dem Spiel steht. Da beginnt unsere Reserve, unser Bekenntnis und unser Wille zur Scheidung, die keine Scheidung, die keine Scheidung im Zufälligen, sondern im Wesentlichen ist. Ich möchte wünschen, daß auch andere Parteien diese Haltung einnehmen, dann würde die Kraft, die früher auf kleinlichen Streit verwandt wurde, großen Aufgaben zugeführt werden können.

Unser Sozialismus ist kein Sozialismus des Materialismus, des Klassenkampfes und eines ausschließlichen Herrschaftswillens der Arbeiterschaft. Er ist vielmehr das Bekenntnis zu der Notwendigkeit, die überlebte, kapitalistische Ordnung durch eine neue und bessere zu ersetzen. Es ist uns das Bekenntnis, daß uns nicht mehr Einzelreformen helfen können, sondern daß ein Gesamtumbau unserer inneren Ordnung und unseres nationalen Lebens notwendig ist. Die Ordnung, die geschaffen werden muß, soll auf dem Grundsatz beruhen, daß alles Wirtschaften im Gegensatz zum Kapitalismus einzig und allein den Menschen, einzig und allein der Gemeinschaft der Menschen untergeordnet sein muß. Wirtschaftskrisen, Wirtschaftsspannungen sind durch vorausschauende Wirtschaftsplanung und Wirtschaftslenkung zu verhindern. Sie sollen uns die Möglichkeit geben, das Volk vor der Willkür kapitalistischer Wirtschaftsmethoden zu bewahren.

Selbstverständlich ist für uns, daß die neue Ordnung nicht ohne Privateigentum möglich ist. Privateigentum ist uns ein unentbehrliches Stück unseres Gesellschaftsideals. Das Menschendasein ohne Privateigentum verkümmert. Aber wo das Eigentum zu einem Mittel bloßen Lebensgenusses oder gar kapitalistischer Beherrschung und Ausbeutung wird, da hat es seine Existenzberechtigung verloren. Da muß energisch und bald zu seiner Beseitigung geschritten werden. Eine solche Politik dient insbesondere auch der Erhaltung eines gesunden Mittelstandes ... Denn erst durch die Beseitigung kapitalistischer Auswüchse findet der Mittelstand wieder die Luft, deren er zum Atmen bedarf. Deshalb wird auch eine gesunde soziale Ordnung den wirklich lebensfähigen Gliedern des Mittelstandes mindestens ebenso zugute kommen wie der Arbeiter-, Angestellten- und Beamtenschaft.

Unser sozialer Gedanke bildet eine organische Einheit mit der demokratischen Idee. Deshalb erstreben wir mit besonderem Nachdruck neben der politischen auch die Wirtschaftsdemokratie, in der sich Demokratie und Sozialismus zu einer Einheit verbindet. Eine besonders wichtige und verantwortungsvolle Aufgabe für die Wirtschaft fällt den Gewerkschaften zu.

Die Gewerkschaften sind mit dafür verantwortlich, daß sich die wirtschaftlichen Kräfte der Unternehmer nicht in isoliertem Handeln zersplittern, sondern zu einer einheitlichen nationalen Wirksamkeit zusammengefügt werden.

Halten wir fest, entscheidend für unser wirtschafts- und sozialpolitisches Handeln ist die Erkenntnis, daß die frühere Gesellschaftsordnung durch eine neue Gestaltung der Dinge ersetzt wird. Wir wünschen aber, daß sich dieser geschichtliche Prozeß in voller Ordnung und Rechtmäßigkeit vollzieht und daß er schon in seinen ersten Anfängen nicht mit dem Makel des Unrechts befleckt wird. Wir wollen, daß sich der soziale Fortschritt in den Bahnen des Rechts bewegt und daß sich auch hierbei das neue Deutschland als ein Staat des Rechtes erweist. Trotz aller Entartungen des Nationalsozialismus ist uns Deutschen der Rechtsstaat eines der dringendsten Anliegen. Der Nationalsozialismus verweigerte dem deutschen Volke nicht nur den erforderlichen Rechtsschutz, sondern griff auch die zentrale Idee des Rechtes selber an. Uns aber ist Recht ein Heiliges, ein aus der Tiefe der Volksseele Kommendes. Deshalb fordert und bejaht die Union den Rechtsstaat. Ein Staat kann sich auf die Dauer nur halten, wenn er ein Rechtsstaat ist. Deshalb muß für unseren neuen Staat bald eine gesetzliche Grundlage geschaffen werden.

Hier im Herzen des Ruhrgebietes nun brennt uns vor allem das Schicksal der Ruhr auf der Seele. Millionen deutscher arbeitsamer Menschen, die nach dem Zusammenbruch trotz dürftigster und schwerster Lebensbedingungen in den Trümmern des Industriegebietes ihre Arbeit in den Bergwerken, in den Kokereien, an den Hochöfen wieder aufgenommen haben, bangen um dieses Schicksal. Es sind deutsche Menschen. Aber diese deutschen Menschen werden sich schon um des Schicksals willen, das sie selbst erduldet, keinen Ideen verschließen, deren Ziel es ist, Sicherheit gegen eine Wiederholung des Krieges zu schaffen. Dabei bleiben wir uns allerdings bewußt, daß unser Volk nicht allzu reich an Bodenschätzen ist. Und daß das, was es davon besitzt, nicht nur zum Neubau der Wirtschaft, zur Sicherung des Lebens unseres eigenen Volkes, sondern auch zur Aufbringung unseres Beitrages am Wiederaufbau der Welt benötigt wird. Das Ruhrgebiet hat aber auch schon immer europäische Bedeutung gehabt. Es hat nicht nur für Deutschland gearbeitet, sondern es hat Europa gedient. Wir können nur wünschen, daß in wirtschaftlicher Beziehung eine Lösung der Ruhrfrage zum Besten unseres eigenen Volkes und der Völker gefunden wird. Im höchsten Maße bedenklich erschien es uns aber, wenn man auch noch hier im Westen des Reiches komplizierte territoriale Konstruktionen oder gar territoriale Abtrennungen schaffen wollte. Sie müßten das deutsche Volk tiefer noch in Verzweiflung, in materielle und seelische Not bringen. Das würde – ich sage es ganz offen – neue ernste Krankheitsherde für unser Volk, für ganz Europa bedeuten.

Wir alle wollen gewiß Verständnis für die Besorgnisse Frankreichs haben. Aber um der schmerzlichen Spuren willen, die der Hitlerkrieg in beiden Ländern, in Frankreich und in Deutschland, hinterlassen, um Frankreichs und um Deutschlands willen, um unserer beider Völker willen, um der Jugend willen, die nicht zuletzt auch nach Verständigung ruft, bitten wir, unserem neuen Deutschland Vertrauen entgegenzubringen. Es muß doch einmal fruchtbarer Friede werden zwischen diesen beiden Völkern. Und Friede kann nur aus Vertrauen geboren werden. Diese Anliegen bewegen jeden einzelnen Deutschen. Das ganze deutsche Volk fühlt und sorgt sich mit Euch, den Menschen an Ruhr und Rhein. Und diese Sorge schließt alle Deutschen noch enger zusammen.

Und, Freunde, wir haben ja nur die Wahl über alles Leid und alle Not hinweg, den Weg zur Einheit von Volk und Land zu gehen oder den letzten Schiffbruch zu erleiden. Daran aber soll uns die Treue zueinander und unser unverminderter Lebenswille hindern.

Und nun noch ein letztes Wort, ein Wort zum Schicksal der Union in Berlin und in der Ostzone. Es ist in Verbindung mit den Vorgängen um die Verschmelzung der beiden sozialistischen Parteien heute in Berlin öfter die Meinung laut geworden, als würde auch die Union von irgendeinem Verschmelzungsfieber erfaßt oder von einem Verschmelzungsschicksal betroffen werden. Ich kann dazu nur sagen, daß für ein solches Fieber keine Symptome, für ein solches Schicksal keine Anzeichen vorhanden sind. Es besteht keine Veranlassung, anzunehmen, daß irgend ein marxistischer Politiker daran denkt, die Verschmelzung mit Parteien zu erstreben, deren weltanschauliche Basis der Weltanschauungsgrundlage seiner Partei restlos entgegengesetzt ist. Wir möchten diese Männer einer anderen politischen Auffassung auch für zu klug halten, als daß sie Unmögliches erstreben könnten.

Es bleibt mir nun nur noch übrig, dem Wunsche Ausdruck zu geben, es möchten um des Lebens unseres Volkes willen, um der gegenseitigen Verständigung und Befruchtung im Parteileben des ganzen Reiches auch bald die Zonengrenzen fallen, die uns voneinander trennen. Erst dann wird wirkliche fruchtbare Arbeit im Interesse des Volksganzen möglich sein.

Hoffen möchten wir aber auch und vor allem, daß bald eine zentrale Verwaltung, besser noch eine zentrale Regierung, alle guten und positiven Kräfte unseres Volkes mobilisieren und zusammenfassen kann. Wir wissen, daß auch dann noch unser Weg ein harter sein wird, denn die innere und äußere Belastung, die uns das Hitlersystem hinterlassen, ist unsagbar groß.
Laßt uns aber trotzdem auf die Zukunft bauen. Und sollte um der moralischen Belastung willen, die uns Hitler schuf, die Stimme unseres Volkes nicht genügend gehört werden, so möchten wir auf die Stimme Europas vertrauen, denn es geht ja um die Gesundung Europas. Das Schicksal Deutschlands liegt heute auch und vor allem in den Händen der Siegermächte. Das deutsche Volk blutet aus tausend Wunden. Man sollte ihm nicht neue Wunden hinzufügen. Denn es ist ein anderes Deutschland, dessen Stimme heute spricht, nachdem es zwölf Jahre schweigend leiden mußte. Deutschland muß leben um seines Volkes, um Europas willen.

## 10

*Kundgebung der antifaschistisch-demokratischen Parteien »Zur deutschen Einheit«*
*Leipziger Messe, 11. Mai 1946*

Mein erstes Wort in dieser unserer Willenskundgebung soll ein Wort zu meiner schicksalhaften Verbundenheit mit dieser Stadt sein. Ich bin es dem Manne schuldig, dem ich jahrelang in politischer Freundschaft und Kampfeskameradschaft gegen Hitler verbunden war, der hier lange Jahre seine Heimat und seinen Wirkungskreis als Oberbürgermeister der Stadt hatte: Karl-Friedrich Goerdeler. Es wird keiner unter uns sein – wo immer er auch politisch stehen mag –, der diesem unermüdlichen, diesem tapferen Kämpfer für ein besseres Deutschland, der seinem Opfer für Deutschland die Anerkennung verweigern würde.
In den frühen Morgenstunden des 18. Juli 1944 nahm Goerdeler Abschied von seiner Stadt und von seiner Familie, um nie wiederzukehren. Der 20. Juli sollte den Durchbruch der Bewegung bringen, der er und der ich in Gemeinschaft mit ihm und mit vielen anderen Männern aus allen Schichten und allen Landschaften unseres Vaterlandes diente. Das Mißlingen dieses Tages war die geschichtlich so tragische Entscheidung des Schicksals: Deutschland mußte den Weg bis zum endgültigen Zusammenbruch gehen. Für Karl Goerdeler kamen nach dem 20. Juli noch sieben Monate einsamen Kämpfens und Leidens hinter den Kerkermauern des Dritten Reiches, die der Tod durch den Strang endete.
Nur wenige seiner Kameraden sind dem Henker entgangen. Ich, der ich zu den Geretteten gehöre, will diesem edlen Kämpfer heute, da ich zum ersten Male nach seinem Tode wieder den Boden dieser Stadt betrete, ein Wort des Gedenkens sagen. Ich fühle mich um so mehr dazu verpflichtet, als ich in Karl Goerdeler einen Mann schätzengelernt habe, der für die Bedeutung und die Aufgabe des werktätigen Volkes stete und ständig wachsende Aufgeschlossenheit bewies. Wäre Karl Goerdeler noch unter uns, so stände er auf der Seite der fortschrittlichen Kräfte des Volkes. Deshalb grüße ich ihn aus dem Geiste des fortschrittlichen Deutschlands heraus hier an seiner alten Heim- und Wirkungsstätte. Ich kann ihm und allen toten Freunden, die für die Auferstehung eines besseren Deutschlands . . . starben, kein besseres Denkmal setzen, als daß ich mich in dieser Zeit tiefster Depression mit aller Leidenschaft zur Einigkeit und Einheit des deutschen Volkes bekenne.

Und mir scheint kaum eine Stadt so geeignet zu sein, dieses Bekenntnis aufzunehmen und weiterzugeben wie diese Stadt Leipzig. Sie trägt zwar wie jede Großstadt klaffende Wunden der Zerstörung. Aber wir sind weit entfernt davon, diese Wunden der Zerstörung als Zeichen zu deuten, daß von dieser Stadt kein Lebenswille und keine Initiative mehr ausgehen können. So glaubten nämlich neulich Männer von Süddeutschland unerklärlicherweise die Wunden und die Zerstörungen weiter Teile von Berlin deuten zu dürfen. Wir aber sind der Auffassung, daß der Lebenswille einer Stadt um so sieghafter sein kann, je stärker der Geist und die Arbeitsamkeit der Bevölkerung aus den Trümmern zu neuem Leben durchbricht. Wer Arbeit, Leben und Geist von Berlin erfährt, erlebt bewegt die Richtigkeit dieser Auffassung. Und wer in diesen Tagen den Durchbruch des Lebenswillens dieser Stadt Leipzig erfahren darf, wird sich in tröstlicher Weise bewußt, daß das Volk der deutschen Großstädte sich zum Werk eines neuen Deutschlands zu sammeln beginnt. Deshalb ist es auch kein Zufall, daß die Männer der Parteien es als eine innere Pflicht empfinden, diese Stadt zu grüßen und zu beglückwünschen ob ihres bezwingenden Lebenswillens. Es ist kein Zufall, daß sich Berlin und Leipzig die Hände reichen und über die getrennten Räume Deutschlands hinweg allen schwergeprüften Städten diese Hände entgegenstrecken in dem heißen Wunsch zu unverbrüchlichem Zusammenstehen in ungebrochener Kraft, in harter Arbeit, aber auch in dem selbstlosen Willen, Klammern neuen deutschen Lebens in untrennbarer Einheit des gesamten Volkes zu sein.
Kaum eine Stadt ist so geeignet wie Leipzig, zu neuem Lebenswillen aufzurufen. Es gibt kaum eine andere Stadt, in der so sehr der Ausgleich zwischen schöpferischem Geist und wirtschaftlichem Streben gefunden worden ist. Das Leipziger Gewandhaus, das deutsche Buch aus Leipzig und die Leipziger Messe sind drei Begriffe, die das Wesen der Stadt geprägt, die den Ruf Leipzigs weit über die Grenzen Deutschlands begründet haben. Die Bedeutung des Buchgewerbes vor allem schuf die besondere Atmosphäre von Leipzig. Sie half die Tradition einer Stadt schaffen, in der großes wirtschaftliches Können bewährter Männer der Wirtschaft zur Basis hoher geistiger Kultur wurde. Und als neben dem Bürgertum die Arbeiterschaft ihren Anspruch auf Menschenwürde und Kultur anmeldete, prägte gerade die Atmosphäre von Leipzig ein Arbeitertum, das zu dem höchstqualifiziertesten der Arbeiterschaft überhaupt gehört. Es kommt ja auch nicht von ungefähr, daß mit die ersten Ansätze der deutschen Arbeiterbewegung ihren Ausgangspunkt in der Arbeiterschaft des graphischen Gewerbes fanden. Ich stelle das mit besonderem Stolz fest, da ich selbst aus der Arbeiterschaft des graphischen Gewerbes meinen Weg ins Leben, in die Arbeiterbewegung, in die Politik fand.
Es ist dieser Ausgleich von geistiger und wirtschaftlicher Atmosphäre, es ist das hohe Niveau eines sozialen, eines sozialistischen Willens, der Leipzig mit an die erste Stelle deutscher Großstädte rückt. Und es ist nicht die Phrase eines oberflächlichen Besuchers, die ich ausspreche, wenn ich sage: Ich möchte wünschen, daß der Geist, der sich in der besten Tradition dieser Stadt Leipzig verkörpert, zum Geist des deutschen Volkes werden möchte. Es ist vielmehr Wunsch und Wille zur inneren und äußeren Wiedergeburt unseres Volkes, wenn ich eine Veranlagung, wie sie in der Tradition der Stadt Leipzig ihren Ausdruck gefunden hat: Fleiß und Solidität der Wirtschaft, künstlerisches Schaffen, wissenschaftliche Forschung und verantwortungsbewußter sozialer und sozialistischer Wille, in gleichem glücklichen Zusammenklang in der Gesamtheit unseres Volkes lebendig sehen möchte.

Der Grund, der in diesen Tagen zum ersten Male wieder deutsche Männer der Wirtschaft, deutsche Menschen verschiedenster Berufe, Angehörige aller Landschaften und Stämme Deutschlands hier zusammengeführt, ist gewiß wirtschaftlicher Art, denn die Leipziger Messe soll zunächst und vor allem neuer wirtschaftlicher Initiative dienen. Die Einheit und die Gemeinsamkeit der wirtschaftlichen Lebensinteressen unseres Volkes stehen im Vordergrund. Es steht ein Wirtschaftswille im Vordergrund, der seine Kraftlinien ins ganze deutsche Volk zu leiten hat. Das eben ist das Bedeutungsvolle, das von ganzem Herzen Begrüßenswerte dieser ersten Leipziger Friedensmesse, daß sie der Hoffnung auf die Verwirklichung der wirtschaftlichen Einheit Deutschlands zum ersten Male konkret Raum gibt. Deutschland würde sterben, seine Kinder würden verhungern, das eben zur inneren Erneuerung ansetzende Volk verzweifeln, wenn ihm die wirtschaftliche Einheit versagt bliebe. Aber die Beschlüsse von Potsdam haben die wirtschaftliche Einheit gewährleistet. Und diese Leipziger Messe im Herzen der sowjetischen Besatzungszone läßt hoffen, daß die Beschlüsse von Potsdam auf Verwirklichung rechnen dürfen. Wir sind dankbar darum. An uns, an den Deutschen wird es liegen, die sich anbahnende wirtschaftliche Einheit in harter wirtschaftlicher Arbeit mit Leben zu erfüllen.

Aber die wirtschaftliche Einheit Deutschlands – so lebensnotwendig sie ist – ist nur eine Vorstufe zur Einheit des Volkes. Oder besser, sie ist die notwendige Basis für die geistige und politische Einheit und Einigkeit Deutschlands.

Die Welt der christlichen Lebensauffassung, aus der ich komme, läßt es wohl für überflüssig erscheinen, eine Erklärung darüber abzugeben, daß ich unter geistiger Einheit keine Verwischung und Vergewaltigung der vielfältigen Natur des Menschen und des Volkes verstehe. Mit solchen Mitteln versuchte der Nationalsozialismus zwölf Jahre lang eine geistige und politische Pseudoeinheit zu schaffen. Wir verstehen unter Einheit etwas anderes. Für uns ist das lebendige Symbol der Einheit der lebendige Mensch mit der Vielfalt seiner Glieder und der Vielfalt der eigenen Bestimmung seiner Glieder. D. h., wir suchen und erstreben für unser Volk sozial und politisch die *organische* Einheit. Wir streben nach einer Einheit, die jedem einzelnen im Volke, die jeder Landschaft und jedem deutschen Stamme eigene Entfaltungsmöglichkeiten läßt. Und lassen Sie mich Herrn Pieck an dieser Stelle sagen, daß nicht alles Reaktion und Separatismus ist, was an Eigenwillen und Eigenweg in den einzelnen Landschaften oder auch in dieser oder jener Partei durchbricht.

Landschaftliche Unterschiede, grundsätzliche Verschiedenheiten der Lebens- und Parteiauffassung lösen Spannungen aus, die auszutragen für ein Volksleben nur fruchtbar sein können. Das gehört ja schließlich auch zur Demokratie.

Und im übrigen sage ich auch gleich Herrn Külz, dessen Besorgnisse um den Föderalismus ich in diesen Tagen in der Zeitung las, man soll auch nicht gleich einen Schrecken bekommen, wenn das Wort Föderalismus fällt. Nicht nur die Schweiz, auch Amerika und die Sowjetunion sind ja schließlich Föderation. Aber das zu vertiefen, ist heute nicht die Stunde. Wir sprechen heute von der Einheit.

Und eines verlangen wir – und dieses eines ist das Wesentliche der organischen Einheit: möchte jeder Deutsche, möchte jede Gruppe im Volke und jede Landschaft über dem eigenen Entfaltungs- und meinetwegen auch Selbstbehauptungswillen immer und zuerst das Ganze, das Volk, den volklichen und staatlichen Organismus Deutschlands sehen. Das zu fordern und zu manifestieren, ist immer notwendig gewesen im deutschen Volke. In keinem Lande der Welt hat sich Individualismus und Eigenbrötlertum so verderblich ausgewirkt wie in Deutschland. Der Hitlerische Zentralismus wäre gar nicht möglich gewesen, Hitler hätte das deutsche Volk gar nicht so sehr in seinen verbrecherischen Bann ziehen können, wenn nicht eine Vielzahl von Potentaten bis in die Neuzeit hinein das deutsche Volk zu Untertanen kleinsten Länderformates geprägt hätte. Deutschland hätte sich wohl längst schon zu einer reiferen Demokratie durchgerungen, wenn nicht die dynastischen Interessen der vielen kleinen Landesfürsten das Wachstum eines freien und reifen deutschen Selbstbewußtseins immer wieder gehemmt hätten. Freies, reifes Selbstbewußtsein aber, das in selbstverständlicher Einigkeit die Gesamtheit des Volkes umfaßt, ist die Grundlage aller echten Demokratie. Und eine Demokratie, d. h. die Selbstverwaltung und Selbstregierung eines sich seiner eigenen Würde bewußten Volkes, ist allein die Gewähr, daß ein Volk sich nicht mißbrauchen läßt, wie sich unser Volk von Hitler mißbrauchen ließ.

Keiner, der es ehrlich mit unserem Lande meint, kann die tiefe Sehnsucht nach Einheit des deutschen Volkskörpers verkennen, die durch unser Volk geht. Ich habe es schon an anderer Stelle gesagt, wohin immer ich auf der Fahrt kam, die ich jüngst durch das Reich gemacht, überall stieß ich gerade auch bei den Massen des werktätigen Volkes auf den Willen zur Einheit. Überall stieß ich auf eine tiefinnere Verbundenheit mit dem gefährdeten Boden Deutschlands. Überall brach das stürmische Bekenntnis zur deutschen Erde durch, wann immer die Sorge um Ost und West, um Rhein, Ruhr und Saar aufklang. Um so befremdender ist es deshalb auch, daß es Leute gibt, die aus diesem oder jenem Grunde die Bedeutung deutscher Städte im Bewußtsein des Volkes zu mindern suchen, weil große Teile dieser Städte infolge des Hitlerschen Wahnsinns zerstört wurden. Man würde es als Roheit und Dummheit zugleich bezeichnen, wollte man einem Kriegsbeschädigten Lebenswillen und geistige Schaffenskraft absprechen, weil er einen Arm oder ein Bein verloren hat. Ist es um die Kriegsverletztheit deutscher Städte etwas anderes? Selbst wenn es sich dabei um Berlin handeln sollte? Ein solches Verhalten kann nicht aus einem Geist kommen, der die Massen unseres Volkes der äußeren und inneren Not zu entreißen vermag. Es ist das nicht der fruchtbare Geist deutscher Erneuerung, der edlere Kräfte im Volke zu wecken und zu pflegen weiß, damit es aus der Einheit eigener Kraft bald in eine größere europäische Einheit hineinzuwachsen vermag. Es ist das vielmehr der Geist der Negation, der eigene Größe nur dadurch zu erlangen sucht, daß er andere verkleinert. Nicht so bahnt man den Weg zur politischen Erneuerung des Volkes. Man bahnt ihn nur, wenn man sich solidarisch fühlt mit der Gesamtheit des Volkes, mit allen Landschaften und Stämmen, am meisten aber mit den am schwersten geprüften und mit denen, die eine schwere Aufgabe zu erfüllen haben.

Für strafwürdig aber erkläre ich es, wenn man die Not des Volkes benutzt, um die Flucht aus dem Schicksalsbund des eigenen Volkes zu ergreifen, wie das jetzt in einer Kundgebung an der Saar von Männern – von Männern unbekannten Namens allerdings – für die Saar verlangt wurde. Hören Sie Sätze wie die folgenden: »Wollen Sie untergehen, wollen Sie Besatzungszone bleiben mit allen ihren Konsequenzen, wollen Sie Selbstmord begehen? Nun wohl, so marschieren Sie nach Osten. Sie werden sich aber gen Westen wenden, wenn Sie Ihre natürliche und insbesondere wirtschaftliche Bestimmung erkannt haben.« So rief es einer dieser Männer dem Volk an der Saar zu, als er es aufforderte, sich Frankreich anzuschließen. Ich kann nur sagen, es ist mir die Schamröte ins Gesicht gestiegen, als ich diese Worte krassesten Materialismus und frivolsten Spieles mit dem tiefen Leid eines durch Schuld und Schicksal geschlagenen Volkes las. Es ist nur ein Trost dabei, daß es sich bei solchen separatistischen Geschäftemachern wohl nur um Männer handelt, die in den Hitlerjahren nicht mit dem deutschen Volke durch die Schule seiner Leiden gegangen sind. Ich aber will auf die Treue des echten Saarvolkes vertrauen, nicht zuletzt auf die Bergarbeiter und die Bauern. Wenn auch die Trennungslinien der Zonen noch quer durch Deutschland gehen und die Verständigung von Ost und West und Süd schwerer denn je geworden ist. Sie werden nicht den Ruf der Untreue auf sich laden, daß sie ihr Volk um vermeintlicher wirtschaftlicher Vorteile willen in Stich gelassen haben. Aus der inneren Not unseres Volkes heraus, die in diesem Geschehen an der Saar wieder besonders kraß in die Augen springt, darf wohl auch von Leipzig aus, von diesem Boden, auf dem sich einst immer wieder die Welt traf, ein Wort an die Welt gerichtet werden.

Deutschland hat noch keine Stimme, um sich in die internationale Diskussion einzuschalten. Und ich bin mir bewußt, daß sein Recht, von der Welt gehört zu werden, nach den Exzessen der Hitlerzeit ein fragwürdiges geworden ist. Das enthebt aber verantwortliche Männer nicht der Pflicht, für unser Volk einzutreten. Das um so weniger, als wir uns ja als Männer betrachten dürfen, die unbeirrbar in den Reihen derer standen, denen Recht, Gerechtigkeit, nationaler und internationaler Anstand stets Begriffe waren, für die sie bereit waren, selbst mit dem Leben einzustehen. Ich richte deshalb von hier aus noch einmal an die Mächte, die das deutsche Schicksal in Händen haben, die Bitte, die Trennungslinien, die Deutschland durchziehen, die Zonengrenzen, die unser Land in fünf Teile spalten, aufzuheben. Sie lähmen nicht nur die deutsche Wirtschaft, sie schaffen auch Inseln der Vereinsamung im Volke. Sie erleichtern besonders in den Grenzgebieten gewissenlosen Geschäftemachern den Weg, die Nöte des Vaterlandes auszunützen. Ich stehe nicht nur unter dem Zwang meines deutschen Gewissens, ich folge den Gesetzen eines europäischen Gewissens, wenn ich bitte: Gebt der deutschen Einheit Raum, gebt einer zentralen Verwaltung wenigstens schon einmal Raum. Dann erst, wenn sich das deutsche Volk nach gesundem geistigen Austausch zwischen Ost und West und Süd über seinen politischen und sozialen Willen klargeworden ist, ist seine Gesundung gewährleistet.

Dann erst kann es den Beweis erbringen, daß es nach allen Irrgängen seiner Geschichte endlich den Weg zu wahrer Demokratie und zu einer wirklichen sozialen Lebensform zu finden sucht. Dann erst kann es aber auch den Beweis erbringen, daß es in seiner großen Mehrheit zum unverletzbaren Rechtsbewußtsein als der notwendigsten sittlichen Lebensgrundlage eines Volkes zurückzukehren gewillt ist. Wir, die wir uns zur Verfügung gestellt haben, um aus den Trümmerstätten des nationalsozialistischen Deutschlands eine neue staatliche Heimat für die Deutschen aller Landschaften und Stämme, aller Schichten und Stände zu errichten, geloben, daß wir das Recht zur Grundlage unseres eigenen politischen Handelns und zur Grundlage des Denkens der künftigen Generationen machen wollen. Wir wollen ein Deutschland der Vertragstreue schaffen, damit die Schmach zynisch gebrochener Verträge der Hitlerzeit getilgt wird und die Welt wieder Vertrauen in das deutsche Wort zu fassen in der Lage ist.

Dieses unser Gelöbnis ist zugleich eine weitere Bitte an die Welt: Die Beschlüsse von Potsdam sehen vor, daß auch einmal mit Deutschland ein Friedensvertrag ab-

geschlossen werden soll. Möchte auch dieser Friede unter dem Rechtsgedanken stehen.
In diesen Tagen, in denen sich der Zusammenbruch des Hitlerschen Gewaltstaates zum ersten Male jährt, wissen wir klarer als damals, wie überwältigend die Niederlage ist, die der Gewalt von der Geschichte bereitet wurde. Um so mehr aber müssen wir wünschen, daß der künftige Friede mit Deutschland unter dem Gedanken eines unverbrüchlichen Rechtes steht.
Wir wünschen das um unserer eigenen kommenden Generation willen. Wir wünschen es aber auch für alle künftigen Generationen Europas und der Welt, denen wir ein Zeitalter wahren Friedens bereiten helfen wollen.

## 11

*Auf dem Parteitag der CDUD*
*Berlin, 16. Juni 1946*

Meine Parteifreunde, die Frage um das deutsche Dasein ist neu gestellt. Sinn unserer Tagung ist es, Wege und Mittel zu finden, die diese Frage lösen helfen. Das Suchen nach diesen Wegen und Mitteln begann nicht erst im Augenblick des Zusammenbruchs. Es hat viele – die meisten von uns – durch die Jahre der Hitlerherrschaft mit einer Leidenschaft begleitet, die der lange Kampf nicht minderte, sondern eher wachsen ließ. Die Hingabe an diesen Kampf hat viele Opfer gefordert. Wir können nicht von der Sorge um Deutschland sprechen, ohne dieser Opfer zu gedenken. Wir denken in Schmerz und Trauer aller derer, deren Leben der Hitlerterror vernichtet hat. Der Opfer ihrer Überzeugung, ihres Glaubens, ihrer Rasse, woher immer sie kamen und welcher politischen Richtung sie auch immer angehörten.
Mit tiefstem Schmerz gedenken wir unserer Freunde, der Männer vom 20. Juli, denen ein hartes Geschick den Erfolg eines tapferen Rettungsversuches für unser Volk versagte. Ich gedenke in diesem Augenblick, in dem Männer und Frauen aus allen Landschaften Deutschlands zu gemeinsamem Ringen um die Lösung deutscher Schicksalsfragen zusammengetreten sind, mit besonderer Bewegung aller der Freunde, die – wenn sie lebten – ihre politische Heimat in der Union gefunden hätten. Ich nenne Karl-Friedrich Goerdeler, Max Habermann, Josef Wirmer, Eugen Bolz, Otto Müller, Le Jeune-Jung, die Brüder Bonhoeffer, Helmut v. Moltke, Reinhold Frank. Ich nenne meine Freunde aus der christlichen Arbeiterschaft, Bernhard Letterhaus, Nikolaus Groß, Franz Leuninger, meinen unvergeßlichen Mitarbeiter durch zwei Jahrzehnte Heinrich Körner. Es wären noch viele andere zu nennen. Ihre Schatten lassen sich überall unter uns nieder, wo wir um unser Volk ringen. Diese Männer, die aus dem Bewußtsein christlicher Verantwortung unerschütterlich den Kampf gegen die Tyrannei des Verbrechens geführt, waren nicht nur Demokraten, sie waren zum großen Teil radikale Demokraten, sie waren sozial fortschrittliche Männer.
Ich gedenke aber auch und vor allem der Schatten der Millionen Toten des Krieges, der Toten unseres Volkes und der Toten der anderen Völker. Wenn auch Frevler Urheber dieses Krieges waren, die Opfer der Toten können nicht sinnlos sein. Wir selbst, Deutschland und Europa haben es in der Hand, dem millionenfachen Tod einen Sinn zu geben: den Sinn eines geläuterten Deutschlands und einer für immer befriedeten Welt.

Dann sind die Millionen nicht umsonst gestorben, und die Zurückgebliebenen dürfen ohne Bitterkeit sein.
Für uns gilt zunächst die Meisterung des eigenen, des deutschen Schicksals.
Unsere Partei hat sich aus einem großen Rettungswillen für Deutschland geformt.
Die Idee der Sammlung, wie die Union sie darstellt, geht von dem Bewußtsein aus, daß Widerstreit der Konfessionen in einem neugeformten politischen Leben Deutschlands nie mehr Raum finden darf.
Eines will ich heute gestehen: Wir wußten wohl, als wir zur Gründung der Union zusammentraten, um die aufrichtende Kraft des christlichen Gesetzes für ein durch Irrtum, Schuld und Verbrechertum niedergeworfenes Volk. Wir wußten um das Verlangen nach rettendem Halt im wilden Durcheinander eines trostlosen Schicksals. Aber wir wußten nicht um die große Aufgeschlossenheit des Volkes, nicht um die Bereitschaft der Völker für das ewig gültige Gesetz eines christlichen Gestaltungswillens für das öffentliche Leben. Erst der elementare Willensausdruck zur Bildung der Union in allen Reichsgebieten, erst die ebenso elementare Zustimmung eines so großen Volksteiles zum politischen Gesetz der Union hat uns die Bestätigung der Richtigkeit der eigenen Willensrichtung gegeben. Einer Willensrichtung, die zunächst auf die große Sammlung aller christlichen Kräfte geht, um mit ihnen und durch sie Volk und Vaterland wiederaufzurichten.
Meine Parteifreunde, es ist in den letzten Wochen und Monaten viel um den christlichen Gedanken in der Politik gesprochen und geschrieben worden. Nicht immer taktvoll. Nicht immer verständnisvoll. Nicht einmal immer klug. Und das letztere scheint uns der größte Fehler in der Politik zu sein. Die Union hat das Unglück, es schon deshalb manchen Parteien neben ihr nicht ganz recht machen zu können, weil ein so großer Teil des deutschen Volkes ihrer umfassenden Sammlungsidee so unverkennbare Zustimmung gezollt hat. Das veranlaßt die Liberal-Demokraten z. B., die mit der Ausgrabung eines überlebten Liberalismus in Weltanschauung und Wirtschaft etwas wenig Zustimmung beim Volk gefunden haben, immer wieder das ausgeleierte Lied von der notwendigen Trennung von Religion und Politik zu singen. Sie meinen, die Religion würde Schaden erleiden, wenn zur Verwirklichung ihrer Gesetze im politischen Leben aufgerufen würde. Dabei haben die religiösen Bekenntnisse und die Politik nie so gelitten wie in einer Zeit, in der das christliche Gesetz nicht nur nicht genannt, sondern weithin auch nicht angewandt werden durfte. Aber es ist wohl kaum nötig, sich mit dem Liberalismus noch auseinanderzusetzen. Er ist nur noch eine Erinnerung an verflossene Zeiten. Und Erinnerungen lösen keine Massenbewegungen aus. In den Trümmern Deutschlands und in der Armut Europas kann der Liberalismus keine Heimat mehr finden.
Bedauernswert erscheint uns die Kampfesart von Kurt Schumacher. Schumachers wiederholte Ausfälle gegen die Union sind zu politischen Entgleisungen geworden. Dabei macht es die Union schließlich nicht schwächer, wenn er verächtlich von Einmischungen der Geistlichen in die Politik oder vom Verbergen des Besitzbürgertums hinter der schützenden Mauer des Christlichen redet. Das christliche Volk hat einen gesunden Sinn gegen demagogische Spekulationen. Wir wissen von den Auseinandersetzungen, in denen die Sozialdemokratie steht. Wir können um unseres Volkes willen nur wünschen, daß diese große Partei sich zu einer klaren eindeutigen Grundlinie ihres politischen Wollens durchringt. Aber diese Klarheit bringen nicht Ablenkungsmanöver von der eigenen Situation, sondern nur die mutige Auseinandersetzung über die politische Ideenwelt, die nach Klarheit verlangt. Es gehört po-

litischer Wagemut dazu, Überlebtes über Bord zu werfen. Aber die Not unseres Volkes verlangt diesen Wagemut. Ich darf das aussprechen, denn wir in der Union haben in mannigfacher Beziehung den Wagemut des Bekenntnisses zu neuen Wegen bewiesen. Und ein großer Teil des Volkes hat die Zustimmung zu diesem Bekenntnis gegeben.
Was uns aber angeht, so haben die Anfechtung der andern den Impuls nicht geschwächt, der uns beim politischen Zusammenschluß der Konfessionen und aller andern die Auswirkung des christlichen Gesetzes im öffentlichen Leben bejahenden Kräfte bewegt hat.
Wir sind uns bewußt, daß wir um eines gesunden und geordneten deutschen politischen Lebens willen niemals mehr zurück dürfen zur Aufteilung deutscher Parteien nach Konfessionen. Aufgabe der Konfessionen, der Kirchen ist es, Persönlichkeiten zu formen, die in selbstverständlicher Grundsatztreue das innere sittliche Gesetz ihres Glaubens im öffentlichen Leben zur Anwendung bringen. Je mehr das gelingt, um so stärker findet das politische Anliegen der Union Verwirklichung. Die Union selbst ist kein Organ dieser oder jener Konfession. Sie ist eine politische Partei. Dies nicht zuletzt denen zur Belehrung, die in geradezu kindlicher Sorge sogar das Gespenst eines vatikanischen Einflusses hinter der Union stehen sehen.
Ich habe dabei schon einmal an anderer Stelle gesagt, daß ich kein dringenderes Anliegen kenne, als daß wir uns vor der Banalisierung der religiösen Welt durch allzu häufige Anwendung christlicher Begründung hüten. Gewiß, dem einfachen Manne, der gläubigen Frau leuchtet der Hinweis auf das christliche Gesetz am leichtesten ein. Und doch sollen auch der Mann und die Frau des Volkes, die das Gros unserer Partei ausmachen, lernen, aus der sicheren Urteilskraft, über die jede geschlossene christliche Persönlichkeit verfügt, politisch zu urteilen.
Das wird uns nicht hindern, im politischen Alltag die Gesetze der Christlichkeit zu vertreten, d. h. betont zu vertreten, wo Intoleranz oder Christentumsfeindlichkeit uns dazu zwingen. Wir werden ja nie vergessen, daß ein unduldsames System, wie es das nationalsozialistische war, versuchte, jede Spur des christlichen Gesetzes aus dem öffentlichen Leben zu tilgen. Warum? Weil es in ihm die stärkste Kraft gegen seine verbrecherische Diktatur wirksam sah. Der Nationalsozialismus hatte recht: Das christliche Gesetz ist das stärkste Gegengewicht gegen alle Verirrungen und Übersteigerungen politischer Extreme. Das fühlt das deutsche Volk und das fühlen die Völker rundum. Daher der starke Zug zu christlichen Parteien in ganz Europa.
Dieser starke Zug zu christlichen Parteien schafft allerdings auch die beispiellose Verantwortung dieser Parteien für die Neugestaltung der Volksordnung wie der Völkerordnung. Er schafft für uns die größte Verantwortung, die eine ernstzunehmende Partei in dieser Zeit des totalen Umbruchs aller Lebensbedingungen und Lebensformen im deutschen Volk überhaupt zu tragen hat.
Ich weiß, daß mancher zunächst erschrocken gewesen ist, als ich vom Podium unserer Partei aus die Erkenntnis aussprach, daß die überkommene bürgerliche Gesellschaftsordnung einem versunkenen Zeitalter angehört. Daß sie abgelöst wird durch das Zeitalter des werktätigen Volkes, durch das Zeitalter sozialistischer Lebensgestaltung. Mancher hat den Kopf geschüttelt. Mancher Angehörige eines alten, gutsituierten Bürgertums hat sich in stille Reserve zurückgezogen. Man will erst einmal abwarten, bis der Staub der Trümmer sich verzogen hat. Vielleicht, daß aus den Ruinen Deutschlands doch noch wieder eine bestimmte Wohlgesichertheit herauszuholen ist. Mancher hat mir allerdings auch in mutig klarer Einsicht in die Situa-

tion unseres Volkes – wenn auch in schmerzlicher Rückschau auf das, was er hinter sich versinken sah – die Hand gedrückt.
Dabei stand ich mit meinem Bekenntnis zum Sozialismus in der Union nicht allein. Dasselbe Bekenntnis sprang zu gleicher Zeit – ich möchte fast sagen, in gleichen Stunden – auch in anderen Teilen des Reiches auf.
Es gibt gewiß Kreise, denen das Zufallsschicksal noch Besitz gelassen hat. Die große Mehrheit des Volkes aber ist durch Krieg und Zusammenbruch mehr oder weniger enteignet. Den heute noch Privilegierten kann ich nur raten, die Augen vor der großen Enteignung unseres Volkes nicht zu verschließen. Es wäre töricht und gefährlich zugleich, auf das Zufallsgeschick des von Krieg und Zusammenbruch geschonten Besitzes zu pochen und das große Unglück zu übersehen, dem die weitaus größte Mehrheit unseres Volkes preisgegeben ist. Es gibt keine Möglichkeit, die Augen vor der Wahrheit zu verschließen.
Die in der West- und Südzone heute noch unangetastete Geldmenge kann nicht über unsere Elendsituation hinwegtäuschen. Die Lebensmittellieferungen der Besatzungsmächte können nicht die Tatsache verhüllen, daß unser Volk ohne diese Lieferungen dem krassesten Hunger ausgeliefert wäre. Wobei an dieser Stelle um der Wahrheit willen betont werden mag, daß nicht die Besatzungsmächte den Hunger, sondern die Lebensmittel brachten. Den Hunger brachten uns die Verbrechen Hitlers. Dem eigenen Volk und den fremden Völkern. Diese Feststellung ist nicht Liebedienerei vor den Siegermächten. Sie liegt mir nicht. Es ist eine Feststellung der Gerechtigkeit – wenn auch einer harten und demütigenden für unser Volk.
Neben der weitestgehenden Enteignung des Volkes steht die beispiellose Schwächung seiner Arbeitskraft. Wir sind heute fast ein Volk von Frauen, Kindern und alten Leuten geworden. Drei bis vier Millionen unserer Männer liegen auf den Schlachtfeldern Europas. Weitere Millionen tragen arbeitsbehinderte Verletzungen. Von Millionen Kriegsgefangener wissen wir nicht, ob und wann sie zurückkommen. Wir würden Selbstbetrug begehen, wenn wir glauben würden, daß dieser Kräfteausfall durch die Millionen Flüchtlinge ausgeglichen werden könnte, die auf dem eng begrenzten Raum unseres Rumpfvaterlandes eine neue Heimat suchen.
Ein Fünftel des deutschen Volkes sind Flüchtlinge. Auch unter ihnen sind Greise, Frauen und Kinder vorherrschend. Ein unendlicher Zug des Elends, der Heimat- und Besitzlosigkeit, eine grauenhafte Hinterlassenschaft des zusammengebrochenen Systems. Umsiedler heißen sie, aber nur ganz wenige von ihnen haben schon wieder eine einigermaßen gesicherte Existenz gefunden. Verbitterung und Verzweiflung geht mit ihnen, wohin sie kommen. Zu ihnen stoßen – verloren und verlassen – heimkehrende Soldaten, die ihre Familien suchen.
Ein Fünftel aller Deutschen sind keine kleine Gruppe, kein kleiner Kreis, sondern eine große Schicht deutscher Menschen, die zu einem neuen Proletariat im bittersten Sinne des Wortes zu werden droht.
Hinzu kommt die Einengung unseres Nahrungs- und Siedlungsraumes. Noch kennen wir die endgültigen Grenzen unseres Landes nicht. Jedenfalls aber ist heute ein Viertel des deutschen Raumes von uns getrennt. Der unter polnischer Verwaltung stehende Raum war mit die wichtigste Nahrungskammer für unser Volk. Und der übrige Boden ist durch den Raubbau der Hitlerzeit ausgesogen.
Das Potential unserer Produktionsmittel ist geschwächt. Fabrikräume und Maschinen hat der Krieg zerstört, und noch ist kein Halt gegeben für ihre weitere Minderung. Rohstoffvorräte sind verbraucht, das Verkehrsnetz weitestgehend zerstört.

Hätte nicht eine hundertjährige Arbeiterbewegung schon fortgesetzt am Strukturwandel der gesellschaftlichen Ordnung gewirkt, hätte nicht der Erste Weltkrieg und wirtschaftliche und soziale Auseinandersetzungen, die dem ersten Krieg folgten, ihr Werk der Nivellierung des Volkes getan, so hätte Hitler, sein Krieg und sein Zusammenbruch allein schon genügt, um den Strukturwandel zu einem radikalen zu machen. Wollen wir nicht ein Volk werden, dessen Gesicht von Almosenempfängern, Bettlern und Proletariern geprägt wird, dann müssen wir uns bewußt zu einem Gliederungswillen des Volkskörpers bekennen, der die Massen der Enteigneten, der grenzenlosen Verarmten zumindesten auf das Niveau des werktätigen Volkes hebt. Die gesamte Eigentumsordnung ist durch Hitler und seinen Krieg ins Wanken gekommen. Es gilt, eine überkritische Lage zu meistern. Das bedeutet, daß auch der Rest der Menschen besitzbürgerlicher Lebensorientierung seinen Anspruch auf Besitz, auf Lebenssicherung, auf ein bestimmtes Maß von Sorglosigkeit auf ein Minimum herabschrauben muß. D. h., vor aller Sorge um den Einzelbesitz, vor jeder bevorzugten Sicherung des einzelnen oder eines begrenzten Kreises von Privilegierten steht die Sorge um ein Mindestmaß an menschenwürdigen Lebensmöglichkeiten für die Gesamtheit des Volkes. Steht die Sorge für den Lebensstandard des gesamten Volkes, wie er nach den Gegebenheiten unserer Situation noch im Bereich des Möglichen liegt. Um dieser Sorge gerecht zu werden, bedarf es eines Neubaus unserer Gesellschafts- und Wirtschaftsordnung von Grund auf. Und zwar eines Neubaues, dessen Wesensmerkmal das Soziale ist.

Wer das bejaht – und kein Christ und wahrer Demokrat kann anders, als es bejahen –, tut den Schritt zum Sozialismus.

Sozialismus bedeutet nichts anderes, als daß im Willen zum Neubau der Volksordnung die sozialen Erfordernisse die erste Stelle einnehmen. Nur so ist der Neubau möglich. Vor der würgenden Not unseres Volkes erscheint jeder Rückgriff auf das Gestern überlebt. Erkennen wir, was nötig ist: Der Sozialismus hat das Wort.

Wer solche Einsicht, solche Erkenntnis als ein »Spiel mit dem Sozialismus« bezeichnet, wie Liberaldemokraten es zu tun beliebten, dem kann man nur sagen: »Wenn Ihr's nicht fühlt, Ihr werdet's nicht erjagen.« Aber schließlich, wenn man die Kraft seiner Sehnsucht darauf konzentriert, einmal wieder ganz laut »Deutschland, Deutschland über alles« singen zu können, kann man leicht den schwachen Pulsschlag eines todkranken Volkes überhören. Dann sieht man bei andern auch als Spiel an, was das Ergebnis ernsten Ringens um den besten Weg zur Gesundung ist. Möglich, daß man damit sogar ein paar ängstliche Bürger von gestern gewinnt. Der Ernste, Fortschrittliche, der um sein Volk Besorgte aber geht mit den wahrhaft Ringenden.

Diesen mit uns um unser Volk Besorgten mag gleich gesagt werden, daß uns der Sozialismus niemals ein System des grundsätzlichen Hasses gegen Besitz und höheres Lebensniveau sein oder werden kann. Wir wollen nicht vermessen, nicht herabziehen, wir wollen aufrichten. *Ein* Besitz allerdings muß jedem in unserem Volke wiedergegeben werden: *Das ist der Besitz der Menschenwürde*. Millionen haben ihn heute nicht, weil ihnen das Notdürftigste zum menschenwürdigen Dasein fehlt.

Deshalb sind wir auch gewiß, daß wir bei allen sozial Gerechten und sozial Klugen Zustimmung zu unserer radikal sozialen Haltung finden.

Denen aber, die meinen, wir hätten kein Recht, unsere entschiedene soziale Haltung eine sozialistische zu nennen, mag gesagt sein: Der Sozialismus ist kein Monopol irgendeiner Partei. Der Marxismus ist nur eine der geschichtlichen Formen des

Sozialismus. Er entstand aus dem Geiste eines Marx, der sich vom Standpunkt seiner Weltanschauung und seiner wissenschaftlichen Erkenntnis aus mit der hoffnungslosen Lage der damaligen Arbeiterschaft auseinandersetzte. Der Marxismus ist allerdings zu einer Form geworden, die dogmatischen Anspruch erhebt. Das ist den Marxisten natürlich unbenommen. In einem demokratischen Staate hat eine politische Richtung schließlich auch das Recht, ihre Anschauung zum Dogma zu erklären. Nur hat sie kein Recht, den Versuch zu machen, Andersdenkende zur Anerkennung ihres Dogmas zu zwingen, d. h., sie zwangsmäßig zu Gläubigen zu machen. Das wäre der Weg zur Diktatur.
Wir in der Union werden uns doppelt angelegen sein lassen, so undogmatisch wie möglich zu sein. Denn die christliche Idee in ihrer Anwendung auf das politische Leben ist von kluger und weiser Großzügigkeit. Diese Großzügigkeit gibt gesunden Spannungen und fruchtbaren Eigenheiten durchaus Raum. Nur gegen die Reaktion im Politischen und Sozialen und gegen Untreue gegenüber dem Lebensgesetz unseres Volkes wollen wir unerbittlich sein.
Unser Sozialismus ist wesensverschieden vom Marxismus. Das christliche Sozialgesetz kann uns sozialistische Wege führen, da es an eine bestimmte Gesellschafts- und Wirtschaftsordnung nicht gebunden ist. Aber im christlichen Sozialgesetz und im Marxismus begegnen sich zwei Weltanschauungen, die einander ausschließen. Wir lehnen die materialistische Weltauffassung, die dem Marxismus zugrunde liegt, ab. Wir lehnen es ab, den Menschen im Grunde als das Ergebnis der wirtschaftlichen Umwelt zu sehen. Freiheit und Eigengesetzlichkeit der menschlichen Persönlichkeit sind uns unantastbare Lebensgesetze. Wir lehnen die Wirtschaft als beherrschende Macht im Leben ab. Und wir verneinen die Diktatur einer Klasse und den revolutionären Weg des Klassenkampfes, der zu diesen Zielen führen soll.
Wenn wir uns zum Sozialismus, zum beherrschenden Faktor des Sozialen bekennen, so in dem Sinne, daß wir aus unserem Volk eine organische Gemeinschaft von freien, unabhängigen Persönlichkeiten machen wollen. Persönlichkeiten, die frei von Not, Armut und Elend in der Harmonie einer glücklich und sinnvoll gegliederten Gemeinschaft zu leben in der Lage sind. Nur auf dieser Grundlage scheint uns auch die Verwirklichung einer wahren Demokratie möglich.
Die Wesensverschiedenheit der Weltanschauungen hindert uns nicht, mit den Männern des Marxismus in gemeinsamer Front zur Wiederaufrichtung unseres Vaterlandes zu arbeiten. Wir üben diese Zusammenarbeit in aller Loyalität. Wir haben das bisher getan und werden es auch weiter tun. Daß es dabei immer in restloser Harmonie zugeht, wird keiner annehmen, der vom politischen Leben eine Ahnung hat. Das Wesentliche ist aber, daß uns die aufrichtige Sorge für unser Volk und der Wille, ihm zu helfen, verbindet. Dabei darf man uns natürlich keine Dinge zumuten, die sich mit unserem christlich sozialistischen und unserem politischen Gewissen nicht vereinbaren lassen. Wir beharren vor allem darauf, daß alle Handlungen und Maßnahmen im öffentlichen Leben unter das unbeugsame Gesetz des Rechtes und der Gerechtigkeit gestellt werden. Wir beharren darauf um unseres Gewissens und um Deutschlands willen.
Meine Freunde, ich begnüge mich mit der Andeutung dessen, was unser sozialistisches Bekenntnis und Anliegen bedeutet. Die Sprecher der Tagung werden ein Mehr darüber zu sagen haben.
Die Frage, die uns gestellt ist, heißt Deutschland. Sie ist nur zu lösen durch höchstmöglichen Zusammenhalt des deutschen Volkes. Und hier habe ich eine große, die

größte Sorge. Meine Freunde aus dem Süden und Westen werden meine Sorge gut und bereit anhören. Wir sind ja alle Männer des gleichen, durch Schuld eines Verbrechers und durch schweres Irren geschlagenen Volkes. Wir sind geeint in der Union eines gleichen Willens für dieses Volk. Viele von Ihnen haben mit mir in der Zeit der Tyrannei des Bösen gegen das Verhängnis gekämpft. Ihr, meine Freunde aus der Arbeiterschaft des Westens und Südens: Karl Arnold, Hans Albers, Bernhard Deutz, Michel Rott, Peter Busen, Heinrich Strunk und Sie, Josef Müller, Freund Lukaschek, Pater Siemer und Ihr anderen. Wir konnten die Katastrophe nicht aufhalten. Nun kommt es darauf an, das Reich soweit zu retten und zusammenzuhalten, es sinnvoll auszugestalten, wie es nur immer in unseren schwachen Möglichkeiten liegt. Unsere äußeren Möglichkeiten sind nicht groß, denn wir sind nichts als die einfachen Vertrauensmänner eines geschlagenen Volkes. Aber wenn auch nur ein Funke von der Kraft in uns schlägt, die uns im Widerstand der 12 Hitlerjahre beseelte, dann werden wir so viel von Deutschland retten, daß sich das Leben der heutigen Generation noch lohnt. Um des neuen, fortschrittlichen Deutschlands willen, für das wir nur den Anfang schaffen können.
Die Veranlassung zur Diskussion der innerstaatlichen Gestaltung Deutschlands, die in oft peinigender Weise zwischen den beiden Polen Separatismus und Zentralismus in allen Schattierungen und Nuancierungen hin- und herwogt, liegt nicht bei uns Deutschen allein. Ich hätte deshalb auch dieses und jenes ernste Anliegen bezüglich der Einflußnahme der Besatzungsmächte auf die innerstaatliche Gestaltung Deutschlands, die mir nicht immer sinnvoll für eine gute Zukunft erscheinen will. Ich möchte mir das Aussprechen dieser Anliegen am liebsten versagen, weil ich billigen Beifall vermeiden will, der in Zeiten angespannten Gefühls eines Volkes leicht zu ernten ist. Ich will auch nicht den Schein von Demagogie erwecken, um der schmählichen demagogischen Vergangenheit der zwölf Jahre willen. Aber ganz kann ich die Sorge nicht übergehen, die uns bedrückt.
Es ist uns klar, daß man beim staatlichen Neubau Deutschlands die europäischen Notwendigkeiten berücksichtigen muß. Die innere Ausgestaltung Deutschlands wird so sein müssen, daß sie Besorgnisse beseitigt, die nun einmal gegen Deutschland bestehen. Besorgnisse, die Hitlers Wahnsinn natürlich ungeheuer vertieft hat. Aber die Entwicklung kann und darf nicht dahin führen, daß in Deutschland und damit mitten in Europa ein Zustand der Auflockerung entsteht, bei dem schließlich jeder gegen jeden arbeiten könnte.
Presse und Rundfunk haben gerade in den letzten Tagen Pläne einer Neugestaltung Deutschlands veröffentlicht, die nicht ungefährlich erscheinen. Es ist von einem deutschen Staatenbund die Rede, der im wesentlichen nur durch eine Zollunion zusammengehalten werden soll.
Wir sind erschüttert über diese Nachrichten. Sollte man wirklich die Geschichte so weit rückwärts drehen wollen?
Will man nochmals einen Zustand herbeiführen, in dem man deutsche Länder gegeneinander ausspielt? Oder will man gar jeweils eine Gruppe deutscher Länder in den Dienst bestimmter Interessen stellen?
Eine solche Entwicklung müßte in Deutschland zu ständigen Unruhen und zu ständiger Bewegung gegeneinander führen. Der deutsche Geist würde wieder verengen, und niemals würde er auf solche Weise europäisch denken lernen.
Die künftige innerstaatliche Ordnung in Deutschland kann doch wohl kaum geschaffen werden, ohne daß man die Auffassung des gesamten deutschen Volkes

hört. Oder sollte es so sein, daß man zu viel auf separatistische und partikularistische Kräfte in Deutschland hört? Das wäre kein guter Weg für die Gesundung Deutschlands und Europas. Daß Kräfte der Zersplitterung da sind, ist bei dem beispiellosen Zusammenbruch schließlich zu verstehen. Gewinnen sie aber auf die Gestaltung unseres Volksschicksals Einfluß, so bedeutet das gewiß eine Schwächung Deutschlands, niemals aber eine Quelle der Beruhigung. Man lasse die echten Demokraten wirken, die Kräfte, die bewiesen haben, daß sie gegen Tyrannei und sinnlosen Zentralismus und Mechanismus zu kämpfen wissen, wie sie heute gegen einen Zerfall des Reiches kämpfen müssen und werden. Sie sind auch auf die Dauer gesehen die besten Europäer.

Ich muß um der inneren Wahrhaftigkeit willen bekennen: Ich bin kein Mann des Föderalismus, und zwar bin ich es nicht, weil der Hang unseres Volkes leicht zu Eigenbrötelei geht, die nichts mehr mit gesunder Eigenständigkeit zu tun hat. Ich bin der Meinung, daß auch in einem gut gegliederten deutschen Nationalstaat ausreichende Garantien für eigenständige Entwicklung der Landschaften gegeben sein können. Ich weiß aber auch, daß das Leben eines zusammengebrochenen Volkes von Gesetzen bestimmt wird, die nach Lage der Verhältnisse einen bestimmten Weg als vorgeschrieben erkennen lassen. In Erkenntnis dieser Verhältnisse müssen wir uns wohl alle auf den Standpunkt einigen, daß die künftige innerstaatliche Gestaltung Deutschlands eine föderalistische Form finden wird. Bekennen wir uns also zum Gesetz föderalistischer Gliederung. Das Reich, sinnvoll in Länder gegliedert, mag der Ausdruck der künftigen deutschen innerstaatlichen Gestaltung sein. Aber lassen Sie uns einig darin sein, daß wir nicht zu Staatenbildungen im Staate kommen dürfen. Gott verhüte, daß Deutschland noch einmal auf einen Staatenbund zurückgeworfen wird! Eine einzige Staatenangehörigkeit, die deutsche, sei das Zeichen der Einheit aller Deutschen, die im Leid der Hitlerjahre – weiß Gott – geschmiedet sein dürfte.

Ein Zweikammersystem, ein Reichstag und ein Ländertag, eine gesunde Teilung der Gewalten und Zuständigkeiten könnten Gewähr genug dafür bieten, daß die Synthese zwischen Eigenständigkeit der Länder und staatlicher Einheit des deutschen Volkes geschaffen würde, so daß von Zentralismus keine Rede mehr sein kann.

Dabei sind wir uns alle bewußt, daß Einheit nicht nur eine Frage der Organisation sein kann und Eigenständigkeit der Länder kein Hindernis für die Einheit der Nation zu sein braucht. Auf den inneren Gehalt unseres nationalen Bewußtseins kommt es an. Und für die Eingliederung unseres Volkes in den Kreis der übrigen Völker kommt es darauf an, daß das nationale Bewußtsein zur inneren Verpflichtung gegen das eigene Volk, gegen die anderen Völker, zur Verpflichtung auf Recht, Anstand, Vertragstreue nach innen und außen wird.

Noch aber ist die Zeit für die innere Ausgestaltung des Reiches nicht da. Erst müssen die Zonengrenzen fallen und die Möglichkeit der Verständigung ohne Behinderung gegeben sein. Das sollte aber nicht hindern, daß sich innerhalb unserer Partei schon die Männer aus Ost und West, aus Süd und Nord zusammenfinden, die zur Arbeit an der Ausgestaltung Deutschlands berufen sind. Vielleicht könnte so der Zerfahrenheit und Gereiztheit der öffentlichen Diskussion vorgebeugt werden. Vor allem aber könnten vorzeitige und einseitige Festlegungen verhindert werden.

Meine Freunde, ich sage es aus der tiefsten Sorge um Deutschland und um die Män-

ner, die heute als Vertrauensmänner des Volkes zu sprechen und zu handeln berufen sind: Die deutsche Jugend wird uns einst verurteilen, wenn wir uns zu schwach, zu klein im deutschen Unglück erweisen, zu unfähig, aus dem deutschen Leid die Einheit zu retten und zu erhalten.
Und noch eine Bitte an unsere Freunde im Süden und im Westen: Seht die Zonengrenzen, die den Osten noch von Euch scheiden, nicht als wirkliche Grenzen an, die durch deutsches Land und deutsche Gesinnung gehen. Ihr wißt, daß auch hier deutsche Herzen schlagen. Wir müßten den Glauben an uns selbst, an die Möglichkeit der Erfüllung unserer Aufgabe verlieren, wenn wir Eurer vertrauensvollen Verbundenheit mit uns nicht gewiß sein könnten.
Für einen Frevel aber sehe ich es an, wenn da und dort von der Möglichkeit eines Krieges zwischen Ost und West geredet wird. Meine Freunde, dieser Krieg würde Deutschland – das ganze Deutschland – zermalmen. Deshalb laßt uns dem Frieden dienen, dem Frieden und dem friedlichen Ausgleich zwischen Ost und West, an den wir glauben müssen, um ihm dienen zu können, und dem wir dienen müssen, um Deutschland zu retten. Ich stehe zu meiner Erkenntnis der Aufgabe von Berlin, von Deutschland. Wir haben Brücke zu sein zwischen Ost und West um Deutschlands, um Europas willen.
Wenn wir so unsere Aufgabe sehen und so auf die Ausgestaltung Deutschlands hinstreben, dann werden durch die Kraft unseres Glaubens und unseres Willens die auseinanderstrebenden Kräfte in unserem Volk besiegt, die Leid und Not eines Volkes immer an die Oberfläche treiben. Auch die separatistischen Kräfte, wie sie an der Saar, am Rhein glauben, wirksam sein zu dürfen. Es sind keine guten Kräfte. Die Gesichtspunkte ihres Handelns sind von üblem Egoismus diktiert. Die Männer der Politik in den anderen Ländern täten gut, nicht auf sie zu hören.
In diesem Zusammenhang noch ein Wort zu dem Verlangen nach den Vereinigten Staaten von Europa, das in den letzten Wochen in Reden deutscher Politiker aufgetaucht ist. Um es gleich zu sagen: Auch ich bekenne mich zur europäischen Schicksalsgemeinschaft, deren Notwendigkeit das Erdbeben des letzten Jahrzehntes mit beispielloser Deutlichkeit bewiesen hat. Ich bekenne mich nicht nur zu ihr, weil wir sie als Brotgemeinschaft der europäischen Menschen in Zukunft kaum entbehren können, ich bekenne mich zu ihr um der geistigen Werte, um der Kultur des Abendlandes willen, denen die Vereinigten Staaten von Europa zu dienen, die sie zu erhalten, zu pflegen und weiterzugeben haben. Und doch empfinde ich immer ein inneres Widerstreben, wenn ich heute von deutschen Politikern den Ruf nach den Vereinigten Staaten von Europa höre.
Was ist unser heutiges Deutschland? Kein Reich, kein Staat, keine Gemeinschaft, kein Volk. Eine gestaltlose Masse von Heimatlosen, Hungernden, Leidenden. Mir will scheinen, als sei dieser Zustand Deutschlands nicht der geeignete Augenblick, nach den Vereinigten Staaten von Europa zu rufen. Es gilt vielmehr, zunächst das Schicksal zu meistern, das Deutschland heißt. Dieses Schicksal ist die gemeinsame Aufgabe aller, die sich Deutsche nennen. Mögen sie in der Süd-, West- oder Ostgrenze oder in Berlin wohnen.
Wir können nicht wünschen, daß der Wille zur europäischen Gemeinschaft von uns als Ausweg aus der deutschen Verzweiflung verkündet wird. Wir möchten ihn vielmehr erwachsen sehen aus dem Bewußtsein eines neugeschaffenen fortschrittlichen Deutschlands. Der Wille zu den Vereinigten Staaten von Europa soll nicht Flucht aus dem deutschen Schicksal, sondern Bereitschaft zu engster europäi-

scher Gemeinschaft aus einem gesunden und geläuterten Selbstbewußtsein heraus sein.
Die Frage nach dem deutschen Dasein ist neu gestellt. Sie ruft aus Trümmern, Blut und Elend nach Lösung. Sie ruft die Welt nach Lösung.
Die Tatsache, daß in diesen Tagen in Paris die Außenminister der vier Großmächte versammelt sind, darf ich als Veranlassung nehmen, hier noch ein Wort zu künftigen Entscheidungen zu sagen, die in der Hand der Siegermächte liegen.
Nach diesem Krieg, so beispiellos auch seine Opfer und der Zusammenbruch des deutschen Volkes waren, herrscht zwischen den Siegermächten und unserem Volk eine andere Atmosphäre, als sie sonst nach Kriegen zwischen Siegern und Besiegten üblich war. Es gibt keinen deutschen Politiker, der nicht überzeugt ist, daß die Schuld für die Entfesselung dieses letzten Krieges die verbrecherische Schuld des vergangenen Systems ist. Die Herrschaft des Nationalsozialismus ist von weiten deutschen Kreisen schmerzlicher empfunden worden als die Herrschaft eines fremden Volkes. Und nicht nur die Männer des Freiheitskampfes gegen Hitler, die aktiven und die passiven, auch Männer bis in die Umgebung des Tyrannen hinein hatten eine große Sorge, das verbrecherische System könnte den Krieg gewinnen. So erinnere ich mich der fieberhaften Sorge von Schacht, die er mir 1940 beim Zurückweichen der alliierten Heere in Frankreich persönlich zum Ausdruck brachte. Ich sage das nicht, um Verantwortungen von Schacht zu verringern, sondern um den Zustand des Volkes zu zeichnen.
Irgendwo ist mir einmal der Ausspruch begegnet: »Unglücklich das Volk, das den Sieg des Feindes als Befreiung herbeisehnen muß«. Im deutschen Volke war es weitestgehend so. Und den Volkskreisen, die blind waren oder vielleicht noch sind – es sind ihrer bestimmt nicht viele mehr –, werden die Dokumente des Nürnberger Prozesses und andere Veröffentlichungen die Augen öffnen. Auch der Jugend, soweit sie noch in Begriffen patriotischer Plattheiten befangen sein sollte. Auch die Wahrheit über die deutsche Widerstandsbewegung wird zur Klärung der deutschen Geisteshaltung beitragen. Die Tatsache z. B., daß ein so echter, sittlich empfindlicher Soldat wie Generaloberst Beck und viele mit ihm nach dem erstrebten Sturze Hitlers zum sofortigen Abbruch des Krieges entschlossen war – wie immer auch die Bedingungen dafür lauten würden –, beweist, wie sehr sich echtes sittliches Empfinden gegen den Hitlerkrieg wehrte.
Den Besatzungsmächten offenbarte sich ja auch schon bald die wahre seelische Verfassung des deutschen Volkes. Das bedeutet schließlich auch eine Quelle der Hoffnung für unser Volk, daß die Erkenntnisse und Gesinnungen der Besatzungsmächte auch für Deutschland im aufbauenden Sinne wirken. Und wenn durch die Welt stärker denn je der Ruf nach gegenseitigem Vertrauen geht, so dürfen auch wir die Hoffnung aussprechen, daß das deutsche Volk in diesem Willen zur Schaffung gegenseitigen Vertrauens mit einbezogen wird.
Im Mittelpunkt der Beratungen werden auch die Grenzen unseres unglücklichen Vaterlandes stehen. Wir haben die eine Bitte: Möchten die Grenzen nicht durch die lebendigen Herzen unseres Landes gezogen werden. Schmerz schlägt in uns um die Wunden im Osten. Die Millionen Flüchtlinge aus dem unter polnischer Verwaltung stehenden Gebieten sprechen eine bittere Sprache. Ich bringe den Schmerz des gesamten Volkes zum Ausdruck und zugleich die Bitte, man möchte alles tun, um diese Bitterkeit und dieses Elend zu mindern.
Im Leben der Völker sind Gefühle schwerwiegende Realitäten. Wir selbst erken-

nen solche Gefühlsrealitäten im Leben der anderen Völker an, auch und vor allem die Gefühle des französischen Volkes, dessen Sicherheitsbewußtsein durch den rohen Zugriff Hitlers einen tiefen Schock erlitten hat.
Wir sind uns vollkommen klar darüber, daß der Gefahr des Mißbrauches westdeutscher Natur- und Bodenschätze vorgebeugt werden muß. Deshalb muß auch das vornehmste Ziel einer deutschen Politik die Ausschaltung deutscher Boden- und Naturschätze als Rüstungsgrundlage sein. Dieses Ziel läßt sich aber ohne Zweifel durch internationale Abmachungen erreichen, da es sich ja – wie es z. B. beim Ruhrgebiet der Fall ist – um ein Gebiet handelt, das ohnedies schon mit der internationalen Wirtschaft verflochten ist.
Westdeutschland, die Gebiete um den Rhein sind Ursprungsländer deutscher Kultur und Gebiete, in denen sich deutsches Bewußtsein und die Blüte deutschen Geisteslebens entfaltete. Trennungslinien, die durch diese Gebiete gezogen würden, träfen ihre Bevölkerung, träfen Deutschland ins Herz. Sie würden deshalb jedem politischen Wirklichkeitssinn widersprechen. Sie würden sich nicht zuletzt auch hemmend auf die wirtschaftliche Leistungsfähigkeit auswirken.
Das hohe Ziel Europas und der Welt ist eine freie Demokratie. Ihr entspricht auch das freie, das wirklich freie Selbstbestimmungsrecht der Menschen. Man sollte mechanische Grenzziehungen in die Welt veralteter Doktrinen verweisen. Und man sollte die Lösung der westdeutschen Frage auf der Grundlage internationalen Vertragswesens lösen.
Das Recht zur Grundlage internationaler Beziehungen und der Beziehungen von Volk zu Volk zu machen, ist ja schließlich das vornehmste Ziel der neuen Weltpolitik. So kommt es ja auch in der Begründung der Organisation der Vereinten Nationen zum Ausdruck.
Es geht noch um eine weitere Sorge. Recht und Gerechtigkeit sind mehr als ein Jahrzehnt in Deutschland mit Füßen getreten worden. Wir kennen kein größeres Ziel, als Recht und Gerechtigkeit wieder zur herrschenden Macht zu machen, zur herrschenden Macht vor allem auch im Bewußtsein der jungen deutschen Generation. Denn sittliches Rechtsbewußtsein ist der Ausgangspunkt für moralische und politische Gesundung.
Das läßt in uns eine bange Frage aufsteigen:
Wird sich in der künftigen Friedenspolitik der Völker das Recht voll und ganz durchzusetzen vermögen? Ein künftiger Friede kann hart sein. Aber nie darf der Friede das Gefühl aufkommen lassen, als wäre die Zeit noch nicht vorbei, in der Friedensverträge zweierlei Recht schaffen. Ein gerechter Friede würde nach dem Leid und der Prüfung der Welt ein Werk höchster staatspolitischer Erziehung sein. Er würde dem Heil der Welt dienen.
Ein Friede der Gerechtigkeit würde dem millionenfachen Tod, der in der Welt der letzten Jahre gestorben wurde, seine Bitterkeit nehmen. Er würde – dessen bin ich gewiß – auch die junge Generation aus militaristischen Verzerrungen und Verkrampfungen – wo immer sie noch vorhanden sein sollten – herausführen. Auf der Basis eines solchen Friedens würde eine neue Welt erstehen, der wir, die Union, mit aller Leidenschaft zu dienen gewillt sind. Zu dienen gewillt sind durch Schaffung eines neuen Deutschlands, das im Kreis der Völker für immer ein zuverlässiges Element politischen und sozialen Fortschrittes ist.

## 12

*Kundgebung im Wedding*
*22. September 1946*

Meine Freunde, hier im Wedding schlägt das Herz des werktätigen Volkes von Berlin. Ihr wißt, wie stark das Band ist, das mich mit dem werktätigen Volk verbindet. Ihr wißt auch, wie sehr ich das Antlitz Deutschlands in Zukunft durch sein Wesen, seinen gesunden Wert mitbestimmt sehe.

Das ist der Grund, der mich heute noch nach hier führte, um ein Wort der Ermutigung, ein Wort der Sammlung mit Euch zu wechseln.

In der Geschichte der Versuche unseres geschlagenen Volkes, sich wieder vom Boden zu erheben, ist kaum ein Akt so entscheidend wie die Wahlentscheidung in Berlin.

Meine Freunde, wir haben bereits einen Wahlkampf hinter uns, der uns die ganze Schwere des deutschen Schicksals hat empfinden lassen. Wir, die Union, haben einen Kampf führen müssen, der sich unaufhörlich und fast ausschließlich gegen uns richtete. Es muß um der Ehre unserer Menschen und es muß um der Wertung ihrer Entscheidung für die Union gesagt werden: Der Wahlkampf, der hinter uns liegt, ist mit so ungleichen Waffen geführt worden, daß wirklich ein gerütteltes Maß von Mut dazu gehörte, sich gerade zur Union zu bekennen.

Meine Freunde, es steigert das den Wert der Entscheidung um ein beträchtliches. Und schließlich muß es ja auch unser Selbstbewußtsein steigern, daß man gerade immer wieder die Union in den Mittelpunkt der Angriffe rückt. Ich habe zwar neulich schon einmal erklärt, daß ich nicht dem etwas frivolen Grundsatz huldige: Viel Feind', viel Ehr'. Aber schließlich muß doch irgend etwas dran sein an der Union, daß man immer wieder glaubt, sich mit allen Mitteln an ihr reiben zu müssen. Ich sage mit *allen Mitteln.* Und weiß, was ich damit sage. Ich las z. B. in diesen Tagen einmal wieder die Berliner Zeitung. Eine Zeitung, von der ich übrigens annahm, daß sie nach wie vor ein Organ des Magistrates der Stadt Berlin sein soll. Aber die Spuren ihrer Überparteilichkeit muß man immerhin mit der Lupe suchen. Zu finden sind sie auch dann noch nicht. Aber auch das wird sich ja nun bald ändern.

Ich kann mich nach den Auslassungen der Berliner Zeitung – die sie sich aus »CDU-Kreisen« schreiben läßt – nur erneut wundern, daß es in der Union überhaupt noch Mitglieder gibt! Im übrigen, wir kennen diese sogenannten »CDU-Kreise«. Sie treten immer auf, wenn die Kreise, die hinter der Berliner Zeitung und sonstwo stehen, glauben, künstliche Krisenstimmung für ihre Zwecke brauen zu sollen.

Aber das Ernsthafte an diesen Kampfmethoden, meine Freunde, ist nicht die Sorge, daß diese Leute Glauben finden könnten. Das Ernsthafte, das Traurige, das Schmerzliche für unser Volk ist die Unsauberkeit der Methoden, mit denen man anderen Parteien zu Leibe zu rücken sucht.

Glaubt man denn wirklich noch in diesen Kreisen, daß man in Deutschland nicht wüßte, was hinter den sogenannten Austrittserklärungen aus der Union und den nachfolgenden Eintrittserklärungen in die SED steht? Traurig, meine Freunde, unsagbar bedauerlich ist das alles um der politischen Erziehung des deutschen Volkes zu wahrer Demokratie willen. Um dieser Erziehung willen bedürfte es der Wahrheit, der Klarheit, der Freiheit und Würde. Nicht aber des Zwanges, der Verzerrung, der inneren und äußeren Nötigung.

Nicht um der Union und ihrer Verteidigung willen erwähne ich diese Dinge. Meine Freunde, die Menschen, die sich trotz allen Kampfes gegen sie zur Union bekannten, haben einen Befähigungsnachweis der Reife und des Charakters bewiesen, auf den ich nicht nur um der *Partei* willen stolz bin. Auf den ich um der *Menschen* willen stolz bin, die zu uns gehören. Und lassen Sie mich auch das sagen: Ich habe es in meinem Kampfe der letzten fünfzehn Jahre erfahren, Mut und Aufrechtheit lohnen sich immer: ob sie den einzelnen zum Untergang, ob sie zum direkten Sieg führen. Mut und Aufrechtheit der politischen Menschen eines Volkes sind sein bestes Gut für die endliche Durchsetzung seiner besten Kraft. Das mögen unsere Menschen wissen, die einen harten Kampf führen. Was mich aber bei den genannten Kampfmethoden mit Trauer erfüllt, ist die Tatsache, daß sie das Gesicht unseres ringenden Volkes immer wieder von neuem verzerren. Darum, meine Freunde, kämpfen wir in der Union nicht nur für unsere politische und soziale Idee. Wir kämpfen auch für die Durchsetzung sauberer Methoden des politischen Kampfes. Wir tun das selbst auf die Gefahr hin, daß wir von den rücksichtslosen Methoden politischer und moralischer Bedenkenlosigkeit im Bewußtsein der Ängstlichen, der Treibholzcharaktere und der Opportunisten hier und da überfahren werden. Es geht uns um die Wertvollen im Volk. Meine Freunde, es geht uns um die Wertvollen, die Einsichtsvollen, die Fortschrittlichen aller Schichten und Stände. Und wir werden von innen heraus stark genug sein, zur Einheit eines fortschrittlichen politischen und sozialen Willens zusammenzuwachsen. Ohne Zwang, ohne Nötigung, ohne Verzerrung. Aus der inneren Kraft und dem inneren Willen zur radikalen Erneuerung unseres Volkes.

Was die Entscheidung der schon hinter uns liegenden Wahlen angeht, so müssen wir sagen, daß die Entscheidung in der Zone wohl noch eindeutiger für eine ruhige, solide politische Entwicklung zu gesunden demokratischen Formen unserer Gesellschafts- und Volksordnung ausgefallen wäre, wenn wir im Besitz aller demokratischen Möglichkeiten gewesen wären.

Aber schließlich ist für den politisch Urteilenden auch heute die Klarheit der Entscheidung kaum wegzuleugnen. Die Entscheidung ist gegen eine revolutionäre Politik ausgefallen. Es war eine Entscheidung gegen dogmatische Alleinherrschaft. Gegen Diktatur und Klassenkampf. Es bleibt deshalb unsere Aufgabe, die lebenswichtige Bedeutung der Wahlen in der Zone immer wieder zu unterstreichen: Auch das Volk in der Sowjetzone will keine einseitige Ausrichtung auf eine Ideenwelt, die es den westlichen Zonen vollständig entfremden würde. Es sieht die Lösung seiner Schicksals-, seiner Lebensfragen nicht in der eindeutigen Festlegung auf Marx und seine Lehre. Es verlangt nach Anerkennung der Eigengesetzlichkeit deutscher Lebensgrundlagen. Es verlangt nicht nach einer sogenannten Demokratie, die bestimmt wird von dem einseitigen Willen einer Klasse. Denn das ist nach unserer Auffassung keine Demokratie. Es verlangt vielmehr nach einer freien, sozialen Demokratie, die ihm die Möglichkeit gibt, mit dem politischen und dem sozialen, dem fortschrittlichen Willen des Südens und Westens zusammenzuwachsen.

Den Beweis dieses Willens werden auch die kommenden Wahlen für die Landtage und Kreistage erbringen. Das um so mehr, je mehr der Möglichkeit demokratischer Willensentscheidung die Bahn freigegeben sein wird. Wir haben heiße Tage vor uns, denn wir müssen das Maß unserer Kraft teilen zwischen einem auf jeden Fall harten Kampf in der Zone und auf die Durchsetzung unseres parteipolitischen Geltungswillens für den Stadtstaat Berlin.

Freunde, Sie wissen, ich bin kein Berliner. Aber ich hoffe, keiner der alten Berliner – es soll deren ja nicht viele geben – wird es mir verargen, daß es trotzdem mein dringendstes Anliegen ist, daß wir, die Union, nun mit aller Lebenskraft um die politische Willensbildung in dieser Stadt mitringen.
Ich habe schon am Anfang dieses Jahres mein Bekenntnis zum Willen und zur Aufgabe dieser Stadt abgelegt. Ich habe damals gesagt, daß in keiner Stadt so um Gestalt und Willen unseres Volkes gerungen würde wie auf dem geschundenen Boden von Berlin. Manch einer draußen in den anderen Zonen hat es mir verübelt, daß ich es wagte, die vielgelästerte Stadt wiederum so sehr in den Mittelpunkt volklicher Entscheidungen zu stellen. Mancher hat inzwischen diese Stadt erleben können. Mancher hat ihren Atem spüren können. Und mancher hat – wenn er ehrlich war – inzwischen feststellen müssen, daß die Bedeutung von Berlin nicht gemindert, sondern daß sie um ein beträchtliches gestiegen ist.
Der Staat, der sie einschloß, der ihr viel von seinem Gepräge gab, Preußen, ist zerbrochen. Und ob es dem einen oder anderen weh tut oder ob er sich dessen freut: Preußen wird auf keinen Fall wiederauferstehen. Aber, meine Freunde, Berlin war und ist ja gar nicht nur Preußen gewesen. Berlin ist in seinem menschlichen, seinem geistigen Ausdruck stärker als jede andere Stadt längst von *ganz* Deutschland geprägt. Ob wir das politische Leben nehmen, ob wir ins kulturelle Leben gehen, ob wir in Handwerkerkreise gehen, wohin immer wir kommen, wir stoßen immer wieder auf die Tonfärbung aller Landschaften und Stämme des ganzen Deutschlands. Und der vielerhobene Vorwurf, Berlin sei der Mittelpunkt der nationalsozialistischen Herrschaft gewesen, ist längst in sich zusammengefallen. Berlin war der Sitz der Regierung, auch der nationalsozialistischen. Aber die Männer dieses verbrecherischen Geistes kann man wohl kaum der Stadt Berlin zur Last legen. Es war Ausschußware von ganz Deutschland und aus dem Ausland.
Von der Schuld des Nationalsozialismus jedenfalls trägt Berlin nicht mehr und nicht weniger als jede Stadt Deutschlands. Und wenn man den Anteil der Schuld am Nationalsozialismus in den Prozentzahlen der Stimmen angeben will, die vor 1933 für Hitler abgegeben wurden, so muß man sagen, daß neben dem Wahlkreis Köln-Aachen, der immer die wenigsten Stimmen für Hitler hatte, Berlin noch bei der Terrorwahl 1933 nur 31 % der Stimmen für Hitler abgegeben hatte, während der Reichsdurchschnitt bei 44 % lag.
Es ist nötig, darauf hinzuweisen, weil mit der Abneigung gegen den Geist von Preußen immer wieder die Abneigung gegen Berlin durchbricht. Und ich sehe nichts als verderblicher an, als wenn man die Bedeutung einer Stadt, wie Berlin sie nun einmal für Deutschland in sich trägt, im Bewußtsein des Volkes herabsetzen würde.
Berlins Bedeutung hat sich nicht geändert. Berlins Bedeutung ist gewachsen, beträchtlich gewachsen, seit die Stadt der Sitz des Kontrollrates geworden ist. Es ist bei aller Armut, allen Trümmern, allem Unglück nicht nur das Herzstück Deutschlands, es ist das Herzstück Europas geworden. Vier Staaten mühen sich auf seinem Boden – in erstmaliger engster Berührung miteinander –, zum Ausgleich der Meinungen und Auffassungen zu kommen. Zu einem Ausgleich, der nicht nur über das Schicksal Deutschlands, sondern über das Schicksal der Welt entscheidet. Meine Freunde, wir sind ein besiegtes Volk. Und der Krieg und die Niederlage, wie wir sie selbst verschuldet, bringen es mit sich, daß unsere Stimme nicht zählt im Rate der Völker. Aber auch aus einem unglücklichen, einem besiegten Volke können Kraftquellen aufbrechen. Dann, wenn dieses Volk seine Leidensschule, die ihm aus

Schuld und Irrtum erwuchs, zur Quelle wirklicher Gesundung werden läßt. D. h., wenn es sich endlich zur Entschlossenheit durchringt, die Wendung zu einer gesunden, einer phrasenlosen, einer lebenswahren, einer freien und würdigen Politik zu vollziehen.

Nirgends ist der Boden so geeignet, so fruchtbar für eine solche Politik wie in dieser Stadt der Begegnung der großen Nationen der Welt. Sie alle bringen ein Stück der Weisheit, des Lebenswillens ihrer nationalen Politik mit. Sie alle bringen den Willen, uns aus dem Lebensfonds ihres Volkes ein Stück ihrer politischen Erfahrung mitzugeben. An uns, an den Bewohnern von Berlin, ist es, die bittere Erfahrung unseres großen Irrens an den politischen Erfahrungen der anderen Völker zu messen. An uns ist es, aus der Summe dieser Erfahrungen den deutschen Weg zu finden. Keiner fremden Idee zu verfallen. Den eigenen Weg haben wir zu suchen, der ein Weg zur gesunden Mitte allen politischen Lebenswillens sein muß, wenn das ganze Volk an ihm genesen soll.

Meine Freunde, ich will heute nur ein kurzes Wort zum politischen Kampf um Berlin selbst sagen.

Es ist für uns, für die Union, im Berliner Wahlkampf eine besondere Lage gegeben. Die Union muß den Weg der politischen Auseinandersetzung unter den schwierigsten Verhältnissen gehen. Die Union steht im Kampf allein. Sie ist Symbol des deutschen Schicksals. Das deutsche Schicksal kann nur aus der Kraft, an den Einsichten, aus dem entscheidenden Arbeitswillen des eigenen Volkes selbst gemeistert werden oder es wird nie gemeistert.

Die Union hat nicht viel mehr in diesem Wahlkampf als die Gesundheit und Echtheit ihrer sozialen und politischen Parole. Und sie hat den entschiedenen Willen, sich zu dieser Parole zu bekennen.

Wir stehen Parteien gegenüber – ich darf das in aller Offenheit sagen –, die sich weitestgehender Unterstützung der Besatzungsmächte erfreuen. Es gilt das von verschiedenen Parteien. Nicht zuletzt von der SED.

Dabei will ich eines zur Klärung sagen: Wir erkennen die innere Kraft des russischen Volkes an. Wir sehen uns gehalten, am Lebenswillen, an den sozialen Impulsen dieses großen Volkes unser eigenes Dasein, die Gesetze unserer Neugestaltung zu überprüfen. Aber unser deutsches Bewußtsein, das Wissen um die Eigenart und Eigenständigkeit unseres Volkes, auch unser Verantwortungsbewußtsein muß sich dem Willen einer Partei entgegenstellen, Lebensgestaltung und Lebensformen des russischen Volkes auf das deutsche zu übertragen. Das deutsche Volk, das die Katastrophe des Hitlerschen totalen Staates erlebt hat, kann sich nicht zum zweiten Male einer Totalität unterwerfen, die ihr nunmehr von einer Klasse aufgezwungen würde, wie sie die SED verwirklichen möchte.

Ich sage es als Mann der Arbeiterschaft mit allem Ernst und mit allem Verantwortungsbewußtsein, das in mir lebt: Die Union ist der Auffassung, daß auch die Diktatur einer Klasse nicht zum Heile, sondern zum Unheil des deutschen Volkes sein müßte. Deshalb lehnen wir sie ab. Wir haben in der Zone unseren Mann gegen diese Parteidoktrin gestanden. Wir werden es auch im Kampf um Berlin tun müssen.

Gegenüber dem Klassenkampf, gegenüber dem Willen, durch Klassenkampf eine neue Diktatur einzuführen, weisen wir auf folgende Tatsache hin: Hitlersystem, Krieg und Zusammenbruch haben das deutsche Volk fast zu einer klassenlosen Gesellschaft werden lassen. Das Merkmal der Arbeiterklasse: Existenzlosigkeit, Angewiesensein auf dürftigen Lebensunterhalt durch tägliche Arbeit – sei es der Hand oder des Kopfes – sind zum Wesensmerkmal fast des ganzen deutschen Volkes geworden. Meine Freunde, es ist kein vereinzelter Fall, daß Männer, die früher einmal zu den Besitzenden gehörten, es heute vielleicht der Hilfsbereitschaft eines treuen Hausangestellten verdanken, wenn sie die Unkosten eines Ortswechsels bestreiten können. Was soll in einem Volke solcher sozialer Konstruktion, solcher sozialen Nivellierung der Klassenkampf?

Wir denken aber ebensowenig daran, uns mechanisch der Ideenwelt westlicher Staaten zu verschreiben. Ich kann nur immer wieder sagen, wir suchen einen deutschen Weg. Aber nicht einen Weg, nicht eine Form unserer Staats- und Volksordnung, die uns isoliert, sondern die uns als verbindendes Glied zwischen Ost und West der Völkerfamilie wieder zuordnet, aus der uns das Hitlersystem herausriß. Es kommt uns darauf an, meine Freunde, aus dem tiefen Fundus der Ideenwelt, die den Reichtum abendländischer Kultur geschaffen hat, fortschrittliche Kräfte zu entfalten und zu gestalten, die eine Neuordnung unseres Volkes nach Grundsätzen der Gerechtigkeit, der Freiheit, der Menschenwürde für alle Volksschichten ermöglichen. Das ist der Wille der Union. Und zu diesem Willen stehen wir.

Man sagt uns so oft: Ihr habt noch kein klares Programm. Meine Freunde, wir wissen zwar, was wir wollen, wenn wir von den unveräußerlichen Rechten der Persönlichkeit, von der Forderung des sozialen Rechtsstaates, vom Recht auf Eigentum eines jeden Menschen, von dem Kampf gegen Mißbrauch des Privateigentums sprechen. Wir wissen, was wir tun, wenn wir, den sozialistischen Zug der Zeit bejahend, zu einer organischen Sozialisierung stehen, einer Sozialisierung, wie sie sich für Bergbau, für Schwerindustrie, für die Großbanken, für Versorgungsbetriebe als notwendig erweist. Wir wissen, was wir wollen, wenn wir die Grundsätze des Marxismus: die Diktatur einer Klasse, den Klassenkampf, die Kollektivierung der Menschen ablehnen.

Wir wissen, was wir wollen, wenn wir die kleineren und mittleren Betriebe auf jeden Fall in privaten Händen lassen wollen. In Händen, die sie sich in harter Arbeit verdient haben. Wir wollen eine Ordnung der gerechten Eigentumsverteilung, soweit immer noch Eigentum vorhanden. Wir wollen es, um unserem Volke ein Gesicht zu geben, das nicht die Züge einer mechanisierten Masse, sondern eines sinnvoll gegliederten Volkes gibt. Wir wollen auch die Anerkennung, daß unser gesamtes Volk ein Volk von schwer arbeitenden Menschen geworden ist. Und wo es wirklich noch geheime Oasen der Nichtstuer geben könnte, da muß den Bewohnern solcher Oasen klargemacht werden, daß jeder in einem mit Armut geschlagenen Volke seine Arbeitspflicht zu erfüllen hat. Denn nur so kann unser Volk wieder aufsteigen.

Meine Freunde, ich kann heute nicht mehr sagen. Die SED tut sich soviel zugute auf ihr klares Programm. Ich muß sagen, ich habe mich in diesen Wochen oft an den Kopf gefaßt und nach dieser Klarheit gefragt. »Proletarier aller Länder, vereinigt euch« ist der Ruf des Kommunistischen Manifestes. Und irgendwo hieß es doch auch »Der Arbeiter hat kein Vaterland«.

Und nun hören wir in allen Tonarten stärkster nationaler Begeisterung den Ruf nach der nationalen Einheit Deutschlands. Das alles wäre unendlich begrüßenswert und beglückend, wenn mit diesem Ruf nicht immer die Verzerrung und Verdrehung aller Äußerungen anderer Politiker verbunden wäre. Politiker, die nicht die Leichtigkeit der Verwendung von Schlagworten aufbringen, die alle *die* immer verblüffen, die gestern bei denselben Männern ganz andere Töne vernahmen.

Freunde, ich will mich heute nicht mehr in Einzelheiten verlieren. Sie müssen einer anderen Stunde vorbehalten bleiben. Aber lassen Sie mich heute schon eines sagen: Wir, die Union, und ich, der Jakob Kaiser, wir lassen uns von *keinem* Mann, von keiner Partei im Willen zur Einheit Deutschlands übertreffen. Unseren Willen töten nicht Schlagworte. Wir lieben unser Volk. Wir lieben unser unglückliches, verwundetes und geschlagenes Land. Ich weiß nicht, wen der Vorstand der Sozialistischen Einheitspartei in seiner offiziellen Auslassung zur Grenzfrage anspricht, wenn er von »bürgerlich-demokratischen Organisationen« spricht, die durch Ansprechen der Grenzfragen föderalistische und separatistische Bestrebungen verschleiern wollen und von geplanten Gebietsabtretungen im Westen ablenken wollen. Sollte er die Parteien damit gemeint haben – es fällt ja eigentlich schwer, es anzunehmen –, sollte es aber der Fall sein, dann kann man nur sagen: armes deutsches Volk, wenn deine Parteien die deutsche Sprache benutzen, um solche Verdächtigungen gegeneinander auszusprechen. Meine Freunde, lassen Sie mich aber heute darauf nur noch eines sagen: Es gibt Probleme für die Zukunft unseres Volkes, die so lebensentscheidend für sein Dasein sind, daß es eine Todsünde nicht nur am Leben unseres Volkes, sondern auch an der Zukunft Europas ist, diese Fragen zum Gegenstand von Parteistreit zu machen. Sie sind Gegenstand heißer und banger Sorge, wie nur immer das Leben unseres Volkes, seiner Männer, Frauen und Kinder Gegenstand unserer Sorge sein kann.

Zu der Pflicht dieser Sorge um seine Lebensbasis bekennen wir uns, ausgesprochen und unausgesprochen. Sie ist stets in uns lebendig.

Für die Gesundung der Welt kann nur ein lebensfähiges Deutschland eine Aufgabe erfüllen. Darum arbeiten wir an der Wiedergewinnung seiner Lebensfähigkeit.

Berlin spielt für diese Lebensfähigkeit eine wichtige Rolle. Wenn nicht die wichtigste Rolle.

Wir bekennen uns zur Aufgabe dieser Stadt für unser Volk. Wir bekennen uns zur Aufgabe dieser Stadt im Dienste auch der Völker. Um dieser doppelten Aufgabe willen suchen wir in den kommenden Wahlentscheidungen den deutschen Weg, den die Union zu gehen gewillt ist. Meine Freunde, die Union wird ihn ohne viel Hilfe gehen müssen. Ihre Hilfsquellen sind der Wille, der Entscheidungsmut, die Aufrechtheit des deutschen Menschen, die sich zu ihr bekennen. An diese Menschen appelliere ich. An den deutschen Arbeiter, dem ich mich unlöslich verbunden fühle. Um dessen Rechte und um dessen menschenwürdige Freiheit ich bis zu diesem heutigen Tag unablässig gekämpft habe. An den deutschen Handwerker, den Bauern und den Geistesarbeiter.

Wir wollen mit der Demut der Einsichtigen, mit der Entschlossenheit der Aufrechten, mit der Würde der im Leid Geprüften, mit der Klugheit der Politischen den Weg der Auseinandersetzung um diese Stadt beginnen.

Soziale Gerechtigkeit in der Neuordnung unseres Volkes, Versöhnung aller Schichten und Stände, gesunde Gliederung des Volkskörpers sollen uns der Weg aus der unsagbaren Armut unseres Volkes sein.

Die Einheit Deutschlands, seine wirtschaftliche und seine politische, die über einer gesunden Gliederung in Länder und Provinzen steht, ist das Ziel, das wir mit aller Leidenschaft erstreben werden. Sehen Sie dieses Ziel vor sich, wenn Sie jetzt in den Wahlkampf gehen. Und seien Sie sich in allen Auseinandersetzungen bewußt, daß das Ringen um die Menschen und ihre Zustimmung ein Ringen um ein besseres Deutschland zu sein hat.

# 13

*Vor der Jugend*
*Berlin, 4. Oktober 1946*

Meine Freunde, ich war ein junger Mensch, als 1920 auf dem Essener Kongreß der Christlichen Gewerkschaften Adam Stegerwald den großen Gedanken der Sammlung aller christlichen, demokratischen und sozialen Kräfte verkündete.
Wir jungen Deutschen standen damals, wie viele von Euch heute, sorgend und ratlos vor den Trümmern einer zusammengebrochenen Welt.
Die Trümmer waren dabei gewiß nicht so furchtbar und schreckenerregend, wie sie heute sind.
Die Heimat selber, unsere Städte und Dörfer waren unzerstört. Es gab kein Massenheer von Heimat- und Obdachlosen, wie es heute der Fall ist. Es hatte auch keine 12jährige Diktatur gegeben, die eine dichte Nebelschicht über Hirn und Herz der Jugend gelegt hatte. Aber wir wollen uns nichts vormachen. In den Jahren von 1914 bis 1920 hatte sich schon der erste Erdrutsch in Deutschland, in Europa vollzogen. D. h., es hatte 1914 eine Revolution begonnen, von der wir allerdings 1920 noch nicht ahnten, welche Ausmaße sie für Deutschland, für den Kontinent, für die ganze Welt annehmen würde. Wir, die Jüngeren, waren – wie viele von Euch heute – durch den Krieg gegangen. Wir standen zunächst verwirrt vor dem deutschen Zusammenbruch. Wir allerdings, die jungen Männer der Arbeiterschaft, hatten nicht lange Zeit, uns zu besinnen. Der Ordnungsruf in den ersten chaotischen Tagen ging ja vor allem an die Arbeiterschaft, d. h. an die Gewerkschaften. Es galt, die destruktiven Tendenzen, die sich im Zusammenbruch bemerkbar machten, zu bannen. Das haben damals nicht zuletzt die Gewerkschaften getan. Sie standen in der Auseinandersetzung mit radikalen Strömungen vor allem im Westen des Reiches und hielten der Destruktion gegenüber die Linie der Ordnung und die Linie eines demokratischen Willens. Sie hielten den Willen zur Einheit des Reiches gegenüber separatistischen Tendenzen, die ja stets aus den chaotischen Zuständen eines Zusammenbruchs Nahrung ziehen. Aus dem Kampf um die Ordnung, aus dem Willen zur Einheit des Reiches und aus der Erkenntnis, daß diese Parteien nicht in den ausgetretenen Bahnen der voraufgegangenen Jahrzehnte zu echter Demokratie kommen können, wurde schon damals der Gedanke an die Zusammenfassung aller christlichen Kreise geboren. Aller christlichen Kräfte, d. h. jener Kräfte, die sich zur Idee der abendländischen Kultur bekannten und bekennen. Der Kultur, deren Wesen nun einmal von der Gedankenwelt eines christlichen Geistes geprägt ist. Ich habe ihn damals miterlebt, nicht nur in den Kreisen der Arbeiter- und Angestelltenschaft, in dem er zuerst verkündet wurde. Auch jene Teile der bürgerlichen Welt, die damals wohl zum ersten Male spürten, daß der deutsche Zusammenbruch mehr war als ein verlorener Krieg. Daß eine Welt zu zerbröckeln begann. Der Gedanke dieser Sammlung zerbrach. Ich kann heute nur sagen: Er versandete an der Unbeweglichkeit der älteren Politiker, denen die fest eingefahrenen Wege alter Parteipolitik zu lieb waren. Er zerbrach aber auch, weil wir Jüngeren nicht ruhige und sichere Erkenntniskraft genug hatten, um entschlossen diesen Weg zu verfolgen.
Es bedurfte der Zwischenlösung der Weimarer Republik mit ihren vielen, allzu vielen Parteien. Es bedurfte ihres Überranntwerdens vom Totalitätswahn Hitlers. Es bedurfte einer zwölf Jahre langen Diktatur. Es bedurfte der Opferung von Millio-

nen Menschen, der Opferung einer ganzen Schicht junger Menschen fast aller Staaten und Völker. Es bedurfte des beispiellosen Zusammenbruchs unseres Volkes, um das Gelände für neue Wege der Politik freizulegen.
Für uns, für die Union, dürfen wir in Anspruch nehmen, daß diese Erkenntnis aus einem echten Willen zu neuen Wegen deutscher Politik geboren ist. Freunde, es ist etwas wesentlich anderes, ob sich die Politik für unser Volk nur aus beengten Grundsätzen nährt. Oder ob sie die ganze Schöpferkraft des christlichen Gedankens zu mobilisieren versucht, wie er in diesem Raum der Welt die Fülle der abendländischen Kultur geschaffen und befruchtet hat. Alle Enge, alles Ausschließliche, das alten Parteien mehr oder weniger anhaften mußte, fällt ab. Einigend wirken nur die großen Richtlinien des tiefen sittlichen Gedankens, der dem Abendland und seiner Kultur innewohnte. Freiheit und Würde der Persönlichkeit eines jeden Menschen. Geordnetes Recht und unerbittliche Gerechtigkeit jeder menschlichen Gesellschaft. Unterordnung alles Wirtschaftens unter den geistigen und sittlichen Sinn wahren Menschentums. Entfaltung menschlichen Könnens aus der Bewegungsfreiheit und der Unberührtheit eines privaten Lebens. Eines privaten Lebens – in Familie oder in der Vereinzelung –, zu dem nicht jederzeit achtungslose Gewalt oder rohe menschliche oder übersteigerte staatliche Macht Zugriff hat. Das alles gestellt unter das Gesetz sozialer Verpflichtung und sozialer Verbundenheit.
Meine Freunde, ich weiß wohl, daß auch die abendländische Welt dieses allgemeine christliche Gesetz nicht ausnahmslos verwirklicht hat. Wo Menschen wohnen und wirken, werden immer wieder Fehler sein. Aber wir alle tragen ein Stück des Reichtums der abendländischen Kultur im Bewußtsein. Ob aus den Traditionen des Elternhauses heraus oder aus den Erlebnissen der Spuren unserer reichen Kultur, die Deutschland bis vor kurzem noch an sich trug. Wir wissen deshalb um ihren Reichtum und um das Gesetz ihres Lebens. Das Lebensgesetz des Abendlandes ist bestimmend für die Union. Und dieses Gesetz mit den Erfordernissen unseres bis in den Grund zerstörten Lebens in Einklang und zur Anwendung zu bringen, hat sich die Union als politische und soziale Aufgabe gestellt. Die Union will Brücke sein – um das Brückenbild auch in diesem Zusammenhang einmal zu gebrauchen – zwischen der abendländischen Kultur und dem zerstörten deutschen Volksleben von heute. Meine jungen Freunde, es haben auf dieser Brücke viele Platz. Die Wahlen in Süd- und Westdeutschland haben bewiesen, daß sich Millionen des deutschen Volkes auf diese Brücke drängen. Teils in bewußter Entschlossenheit, neues Gelände zu betreten. Es sind das die sozial Entschlossenen. Die Männer und Frauen, die wissen oder es doch fühlen, daß es gilt, Neues zu schaffen, wenn wir leben wollen. Teils aber Menschen auch nach rückwärts schauend in eine versunkene Welt. Wartend, ob sie aus den Trümmern des Alten nicht doch dieses oder jenes hinüberretten können. Es sind das die Kreise, die aus einem sorgloseren sozialen Dasein kommen als die Arbeiter und die vielen kleinen Existenzen, die immer schon mühsam mit dem Leben zu kämpfen hatten. Ich meine, sie haben alle Platz auf der Brücke der Union. Wir werden diese zögernden Kräfte selbstverständlich nicht von der Brücke stoßen, sofern sie nur gewillt sind, sich von den sozial Entschlossenen selbstlos und ernst mit in soziales Neuland nehmen zu lassen. Freunde, an guten Tagen der alten Zeit zu hängen ist noch keine politische Sünde. Die Reaktion beginnt erst da, wo bewußtes Zurückstreben auf Kosten der Allgemeinheit sich bemerkbar macht. Da tritt Reaktion ans Werk. Und da wird sie bekämpft.
Wen ich aber am meisten auf der Brücke der Union sehen möchte und wen ich ent-

schlossen zu Neuem sehen möchte, das ist die deutsche Jugend. Wenn ich vorhin davon sprach, daß wir 1918 mehr oder weniger verwirrt im Zusammenbruch des Ersten Weltkrieges standen, wenn ich von der entschlossenen Mitarbeit sprach, in die gerade wir jungen Menschen der Arbeiterschaft damals einfach gestoßen wurden, so bin ich mir bewußt, daß der Zusammenbruch 1945 ein ganz anderes Ausmaß an Leid und Verwirrung gerade der deutschen Jugend bedeutet. Meine Freunde, es bleibt uns ein Bitteres nicht erspart: Das ist die Erkenntnis, daß die Millionen junger Deutscher dem Hitlerwahn geopfert wurden. Lassen Sie uns alle so mutig und so aufrecht sein, diese Erkenntnis auszusprechen und anzuerkennen. Die Schuld dafür trifft nicht den jungen Menschen, der mehr oder weniger bereitwillig hinauszog in den Kampf. Die Schuld trifft die Generation, die das Hitlerregiment nicht zu verhindern wußte.
Freunde, Ihr wißt vielleicht noch nicht allzuviel von mir und meinem Wollen. Aber eines wißt Ihr: Ich habe in meinem politischen und sozialen Arbeiten in letzter Konsequenz den Weg des Kampfes gegen Diktatur und Totalität verfochten. Unter Einsatz aller meiner Kräfte und meiner Möglichkeiten. Deshalb habe ich wohl die Berechtigung zu sagen, daß man die Schuld des Volkes, die Schuld der Generationen auch nicht übersteigern soll. Die großen Wirren eines Volkes waren nie allein nur Schuld dieses einen Volkes. Diese Wirren werden aus Schuld und Schicksal geboren. Und in diesem Schicksal steckt zum Teil ein tiefer Sinn der Geschichte, den wir heute vielleicht nur noch nicht enträtseln können. Der aber gläubigen Menschen einmal klar wird.
In dem Schicksal eines Volkes steckt aber auch immer ein Stück Schuld der anderen Welt. Der Welt rundum. Deren Politik ja auch nie die Politik der reinen Vernunft oder der engelgleichen Reinheit und Weisheit ist. So webt die Geschichte ihre Geschehen. Aus Schuld und Schicksal eines Volkes und der Welt. Ich glaube, ich darf das sagen, ohne gegen die notwendige Einsicht eines Volkes zu verstoßen, das manches, das vieles gutzumachen hat. Das dazu in seinem wesentlichen Kern entschlossen ist, gutzumachen. Gut machen aber können wir nur, wenn wir zu einer Politik kommen, die nach der gesunden Mitte im Leben strebt. Frei von allen Übersteigerungen des Fanatismus, der Macht und Gewalt. Es entscheiden diese ersten Jahre nach dem beispiellosesten Zusammenbruch, den je ein Volk erlebt hat, wohl endgültig darüber, ob das deutsche Volk überhaupt in der Lage ist, eine Politik der gesunden Mitte, der Reife und der Besonnenheit zu treiben. Gelingt es, unser Volk dahin zu führen, dann, meine jungen Freunde, erfüllt sich der tiefe Sinn des namenlosen Leidens, des millionenfachen Sterbens, das über unser Volk, das nicht zuletzt über unsere junge Generation gekommen ist.
Meine Freunde, die wahre Größe eines Volkes liegt nicht in der Weite seiner Grenzen, wenn die Gerechtigkeit ihrer Linien und Abgrenzungen auch lebensnotwendig für ein Volk ist. Die Größe eines Volkes liegt nicht in der Beherrschung anderer Länder und Völker. Sie liegt in dem Beitrag, den es für die Kultur der Welt leistet. Sie liegt in dem Beitrag, den es zur wahren Wohlfahrt des eigenen Volkes und der Menschheit leistet. Sie liegt in dem Grad der sittlichen Vollendung, den es für das eigene Volk und für die Welt zu erreichen vermag.
Wenn diese Erkenntnis sich durchsetzt, wird unser Volk den Beitrag zum Frieden der Welt leisten, den es leisten muß, wenn es wieder anerkannt werden will im Kreise der Völker. Will es das, so muß es jedem extremen Radikalismus abschwören. Das, meine ich, ist die Erkenntnis des großen Revolutionserlebens, das seit

1914 unser Volk in Atem hält. Es war eigentlich immer so, daß nach Revolutionen sich zuletzt die große Besinnung in einem Volke durchsetzte. Setzt sie sich auch in unserem Volke in diesen Jahren des Leidens durch, dann, meine jungen Freunde, sind die Opfer nicht umsonst gebracht, die unsere junge Generation gebracht hat, als sie in den weiten Feldern Europas verblutete. Dann erhalten die Opfer ihren Sinn, die Frauen, die Mütter und Kinder gebracht, als sie ihre Männer, Söhne und Väter verloren. Die deutsche Menschen gebracht, als sie Hab und Gut und auch noch die Heimat verloren.

Der große Sinn einer Revolution – und wenn sie auch noch so aufwühlend ist – ist, daß aus Altem, Erstarrtem Neues werde. Daß aus Irrtümern Erkenntnis, aus Mißbrauch von Macht und Gewalt der geläuterte Wille zu Freiheit und Menschenwürde sich wieder durchsetzt.

Meine jungen Freunde, wenn Sie so die Zeit zu sehen vermögen, dann wird sich im letzten von Euch die Starrheit und die Skepsis lösen zur willigen Hingabe an das Neue, das kommen soll und kommen muß. Dann wird der letzte von Ihnen aufhören, nur im Negativen zu verharren und Kritik zu üben, wo willige Mitarbeit notwendig ist. Ich weiß, es sitzen viele hier vor mir, die zur Mitarbeit bereit sind. Aber es gibt auch viel Jugend, die noch in negativer Kritik verharrt, weil sie die Schuld an dem, was über unser Volk gekommen ist, den älteren Generationen zuschiebt, die das Unheil nicht verhindert haben.

Ich sagte es schon: Diese jungen Menschen haben nicht ganz unrecht. Aber sie haben auch nicht ganz recht. Sehen Sie, meine Freunde, ich gehöre nicht zu den Männern, die es für richtig halten, daß unsere Generation, die ältere Generation, die heute in heißen Verantwortungen steht, jeden Tag neu die Jugend um Entschuldigung bittet, daß wir überhaupt noch da sind. Dabei weiß ich, was es an Schaden für ein Volk bedeutet, wenn seine ältere Generation vergißt, daß die jüngere ein Recht auf Mitarbeit in der Politik hat. Ich selbst weiß das am allerbesten. Denn ich weiß, was meine eigene Generation gelitten hat, daß in der Weimarer Periode die Alten zum großen Teil nicht Platz zu machen fähig waren. Ich könnte Beispiele nennen, wo sich die Beharrlichkeit des Alters verderblich ausgewirkt hat. Nicht zuletzt auch in der Arbeiterbewegung. Meine jungen Freunde, ebenso viele Beispiele könnte ich aber auch anführen, daß die Unerfahrenheit der Jugend in der Politik nicht gerade das Heil eines Volkes bedeutete. Schließlich war ja der nationalsozialistische Führungsversuch nicht zuletzt auch ein Versuch, ein Aufstand der Jungen gegenüber den Alten.

Die Männer, die in den Führungsstellen des Landes standen und eine so grausam abenteuerliche Politik des Verderbens in kleinerem und in größerem Kreise getrieben haben, taten sich recht viel auf ihre Jugend zugute. Es liegt mir natürlich fern, das der deutschen Jugend im allgemeinen in Anrechnung zu bringen. Aber ich kann nicht umhin, es mancher Kritik, die von der jungen Generation an den älteren geübt wird, gegenüber zum Ausdruck zu bringen. Politik ist ja nicht zuletzt auch eine Angelegenheit der praktischen Erfahrung.

In den Auseinandersetzungen im Kreise meiner Freunde, die mit mir in der Widerstandsbewegung standen, hat gerade die Generationsfrage immer eine Rolle gespielt. Nichts war ja für uns, die wir zu den Sehenden in der Hitlerzeit gehörten, so schmerzlich als die Ohnmacht gegenüber dem Mißbrauch und der Mißleitung der Jugend, die fern von jeder Eigenverantwortung und Eigeneinsicht für den Gehorsam gegenüber dem sogenannten »Führer« gedrillt wurde. Und immer wieder,

wenn junge Menschen vor mir sitzen, denen der ehrliche, der aufrechte Wille zu neuem Werden in unserem Volk aus den Augen leuchtet, werde ich mir der schmerzlichen Lücken bewußt, die im Wissen und Erkennen unserer Jugend klaffen. Im Wissen und Erkennen von Dingen, die zum notwendigsten Handwerkszeug der politischen und sozialen Arbeit gehören. Woher sollte das Wissen und Erkennen auch gekommen sein in der Phrasenwelt nationalsozialistischer Verbildung und Verzerrung?
Meine jungen Freunde, seid deshalb einer Generation nicht böse, wenn sie noch eine Zeitlang die Verantwortung für die Meisterung der Not trägt. Unsere Generation tut es – weiß Gott – nicht aus Ehrgeiz und politischer Streberei. Es sind ja keine Lorbeeren zu verdienen. Glaubt es mir, das politische Leben, die Hingabe an den politischen Beruf in dieser grauenhaften Notzeit unseres Volkes ist voll der Bitterkeit der Verantwortung und der Mühe. Laßt uns arbeiten und helft uns durch euer Vertrauen, durch euer langsames innerlich und äußerlich bereites Hineinwachsen in politische Verantwortungen der Zukunft. Das soll nicht heißen, daß wir abwartend beiseite stehen sollen. Nein, Ihr sollt mitarbeiten, mitwirken, wo immer Jugendbereitsein und auch Jugendbegeisterung gebraucht werden. Und sie werden viel gebraucht. Denkt daran, daß die Generation, die im wesentlichen heute Verantwortungen trägt, innerlich mit Euch verwandt ist wie keine andere Generation. Denn sie ist die Generation, die jung war, als das erste Erdbeben, der Zusammenbruch nach dem Ersten Weltkrieg, über uns hereinbrach. Darum und darum vor allem sind unsere Generationen berufen, einander die Hand zu geben zu gemeinsamer Arbeit. Zur Arbeit auch und vor allem in unserer Partei.
Meine jungen Freunde, ich sagte schon ein kurzes Wort über den Willen der Union. Ihr wißt, um was es in der Wahlentscheidung geht, vor der wir nunmehr auch in Berlin stehen. Es geht um Fragen, die möglicherweise über ein Jahrhundert deutscher Lebensgestaltung entscheiden. Es geht mit darum, ob neben der einen Grundauffassung der Geist der alten, abendländischen Kultur seinen Lebenswillen für das deutsche Volk zur Geltung bringen kann. Und dieser Geist – ich sagte es schon – empfing sein Gesetz aus christlichen Quellen.
Die endgültige Gestaltung einer neuen Ordnung ist natürlich erst möglich, wenn die Einheit Deutschlands geschaffen ist. Und zwar die wirtschaftliche und die politische Einheit. Für die Schaffung der wirtschaftlichen Einheit sind wir auf die Entschlüsse der Siegermächte angewiesen.
Wir hoffen – ich habe das schon oft ausgeführt – auf baldige wirtschaftliche Einheit, denn sie gehört zu den Forderungen, von deren Verwirklichung die nackte Lebensmöglichkeit unseres Volkes abhängt. Die Auseinandersetzungen unseres Volkes aber gehen um die höchstmögliche Verwirklichung auch der staatspolitischen Einheit. Meine jungen Freunde, ich sage auch Euch heute, was ich schon am Sonntag betonte. Wir, die Union, lassen uns von niemandem im Willen zur Einheit unseres Volkes übertreffen. Es herrscht allerdings über das, was echte Einheit bedeutet, noch viel Unklarheit. Wir bekennen uns zu einem gesunden Föderalismus, d. h. zu einer Gliederung, die den Ländern und Provinzen ein gesundes Eigenleben läßt. Wir tun es auch, weil die Überzentralisation Hitlers die Völker rundum mißtrauisch gemacht hat. Es ist das verständlich nach der Katastrophe, die Hitler mit seiner zentralisierten Machtzusammenballung über die Welt gebracht hat. Es ist das Wesen totalitärer Ideen, daß sie für stärksten Zentralismus sind. Denn so können sie ihren Machtwillen am stärksten durchsetzen. Volk und Land werden ihnen zum Instru-

ment. Wir lehnen deshalb mechanische Zentralisation ab. Aber wir sind für die Zusammenfassung der Glieder des Reiches zu höchstmöglicher Einheit. Es darf nur eine Staatsangehörigkeit, nämlich die deutsche, geben. Ich sage das in aller Klarheit, auch wenn es dem einen oder anderen Manne der alten föderalistischen Schule nicht passen sollte. Unser Föderalismus legt den Ton auf die Einheit, nicht aber auf die möglichste Selbständigkeit seiner Teile. Meine jungen Freunde, wir stehen für ein einheitliches Deutschland. Es wäre noch manches dazu zu sagen, aber die Zeit ist zu knapp. Aber wir sind uns ja nicht zu letzten Mal begegnet. Ich weiß dabei, daß die Frage unserer künftigen Staatsgestaltung gerade auch unseren jungen Menschen in der Seele brennt. Meine Generation, die um Deutschland leiden mußte und leiden muß, wie Eure Generation, ob junge Männer oder junge Frauen, können für ein auseinanderstrebendes Deutschland kein Verständnis haben. Ein Deutschland, das sich um Staatspräsidenten seiner Länder, um diese und jene Sonderrechte streiten würde, wäre eine schlechte Heimat für eine nach innerer und äußerer Bewährung strebende Jugend. Darum schon werden wir Männer der Politik uns unserer Verantwortung bewußt sein. Das gilt vor allem für uns, die Verantwortlichen der Union.
Meine jungen Freunde, ich habe nur noch den einen Wunsch zum Ausdruck zu bringen, daß Ihr aus dem Leid und der Prüfung, die gerade Eurer Generation aufgegeben, zum Verständnis und zum Willen einer freien, verantwortlichen Politik kommt. Wir müssen dabei allerdings auch darauf achten, daß man der Jugend hilft, den ehrlichen Zugang zu einer solchen Politik zu finden. D. h., daß nicht diese oder jene Partei eine gegenwärtige und zukünftige ehrliche demokratische Politik sabotiert. Ich denke dabei auch an bestimmte Vorgänge in Berlin.
Ich bin z. B. darauf hingewiesen worden, daß bei Zulassungen an der Universität oft oder gar im wesentlichen nur Anhänger der SED und zur Not Parteilose zugelassen werden. Angehörige der Union sollen nur sehr schwer und dann nur in sehr geringer Zahl zur Zulassung kommen. Wenn das so ist, so kann ich es nur als Sabotage der Demokratie bezeichnen. Man darf sich dann nicht wundern, wenn die Demokratie schon in ihren Anfängen im Denken der jungen Menschen mißkreditiert wird. Ich kann die Männer, die es angeht, nur warnen, eine solche Politik fortzusetzen.
Im übrigen aber, meine jungen Freunde, nehmt vor allem Ihr, die Ihr durch die Prüfung des Krieges gegangen seid, von mir die Versicherung, daß jeder in der Union den schweren Weg zu würdigen weiß, den die deutsche Jugend gegangen ist. Die Schuld am Krieg und Zusammenbruch trifft nicht Euch. Sie trifft die Clique maßgeblicher Repräsentanten, die in diesen Tagen in Nürnberg verurteilt wurden. Deren Verurteilungen im Augenblick die Gemüter bewegt. Der Akt geschichtlicher Gerechtigkeit ist dabei noch nicht zu Ende gespielt. Es sind noch viele Schuldige einer politischen Verantwortungslosigkeit da, über die das deutsche Volk das Urteil noch zu fällen hat.
Ich weiß, wie schwer mancher von Euch an dem inneren Konflikt trug, als er in Reih und Glied mitmarschieren mußte. Ich weiß aber auch – denn ich stand im Ersten Weltkrieg selber im Feuer des Kampfes –, wieviel an edlem Kameradengeist im Soldatentum lebendig sein kann. Freunde, verurteilen wir den Krieg und verurteilen wir die, die ihn noch dazu zu frivolsten Verbrechen benutzten. Aber strecken wir allen denen die Hände entgegen, die müde von inneren Konflikten und vom entsetzlichen Kriegserleben in die zerschlagene Heimat zurückkamen und zurückkommen. Den Heimkehrern von gestern und von heute. Und warten wir mit den

Frauen, Müttern und Kindern, Brüdern und Schwestern auf die, deren Heimkehr noch aussteht. Wir warten, daß auch sie bald kommen. Wir aber, meine jungen Freunde, die wir hier versammelt sind, wollen denen, die geopfert wurden, ob im Kampf gegen Hitler, ob im Krieg, ob Männer und Frauen des eigenen Volkes oder der anderen Völker, einen Schwur tun:
Steht auf von Euren Plätzen und tut den Schwur im stillen Gedenken an die Toten unseres Volkes und der Welt: Wir wollen uns einem Weg unseres Volkes verschreiben, der zu einem freien, einem edlen, einem würdigen Deutschland führt. Einem Deutschland, das dem Frieden und der Kultur der Völker dient.

## 14

*Die Union nach den Wahlen*
*Vor dem erweiterten Parteivorstand, 6. November 1946*

Im öffentlichen Leben unserer Tage ist es mehr denn je nötig, ab und zu eine Pause der Besinnung einzulegen, die zu einer politischen Gewissenserforschung benutzt wird.
Wir wollen den heutigen Tag in diesem Sinne nutzen. Die Gewissenserforschung betrifft Wesen und Aufgabe unserer Partei. Aber Mächte, Strömungen und Männer um uns herum werden es mir nicht verübeln, wenn sie etwas in diese Gewissenserforschung einbezogen werden. Wenn wir es tun, geschieht es nicht aus Überheblichkeit und Rechthaberei. Es geschieht aus der ernsten Sorge um die Gesundung unseres Volkes. Und schließlich um der Gesundung Europas willen. Wir fühlen uns der einen wie der anderen Aufgabe in gleicher Stärke verpflichtet. Wir wünschen beiden Aufgaben mit dem gleichen Ernst und der gleichen Hingabe zu dienen.
Wir haben eine fieberhafte Periode deutscher Nachkriegspolitik hinter uns. Die Periode der ersten politischen Willenserforschung des deutschen Volkes nach dem Zusammenbruch des so verhängnisvollen Dritten Reiches. Ich bin zwar nicht der Meinung, daß die Wahlen in Süd-, West- und Ostdeutschland oder auch in Berlin schon den Ausdruck einer festen, abgeschlossenen Haltung unseres Volkes darstellen. In einem Volke, das so hin und her gerissen ist von Unglück und Not, ist es selbstverständlich, daß unwägbare Stimmungen, Gefühle und Nöte auch in den Wahlen zum Ausdruck kommen.

*Besatzungsmacht und Parteien*
Auch die Anwesenheit der Besatzungsmächte spielt selbstverständlich eine Rolle. Mögen sie sich nun mehr zurückhalten oder je nach ihrer Eigenart – beziehungsweise je nach der bei ihnen herrschenden politischen Ideenwelt – dieser oder jener Partei stärkeres Vertrauen oder größere Sympathien entgegenbringen. Schließlich ist ja auch seitens der Besatzungsmächte beabsichtigt, auf die Erziehung des deutschen Volkes zur Demokratie Einfluß zu nehmen. Und ich habe des öfteren schon darauf hingewiesen, daß jede der Besatzungsmächte eine Fülle von Erkenntnissen und Anregungen aus ihrer politischen Praxis für die Gestaltung unseres eigenen nationalen Lebens mitbringt. Und daß es für uns darauf ankommt, die Fülle dieser politischen Erfahrungen zu werten, zu verarbeiten und fruchtbar zu machen.
Ich glaube sagen zu dürfen, daß der beste Teil des deutschen Volkes dazu bereit ist. Die Ideale der Welt: Demokratie, nationales Recht, das Recht und die Freiheit

schlechthin sind auch unsere Ideale. Diese Ideale werden siegreich sein, wenn unserem unglücklichen Volk die Möglichkeit gegeben wird, wachsend an ihre unbedingte Gültigkeit bei allen Völkern zu glauben. Wenn ihm die Möglichkeit gegeben wird, sie aus eigenem Erkennen, aus eigener Kraft, aus eigenem Willen zu verwirklichen. Politische Formen zu entwickeln, die politische Abgeklärtheit, Frieden und Leben auch für unser Volk bedeuten.
*Nicht* zum Guten aber würde es sein, wenn sich der politische Wille dieser oder jener Besatzungsmacht unserem Volke zu sehr aufprägen würde. Wir brauchen nicht zu verhehlen, daß die vergangenen Wahlwochen die Sorge erwecken mußten, daß es immerhin so sein könnte. Es ist kein Geheimnis geblieben, daß die Welt trotz der Niederringung Hitlers noch voll ideologischer Spannungen ist. Ich will dabei fest an die Läuterung der Welt durch die Schrecken und die Folgen des hinter uns liegenden Krieges glauben und damit weitere kriegerische Auseinandersetzungen für ausgeschlossen halten. Aber auch eine Welt voll Mißtrauen und Mißdeutungen, wie sie aus ideologischen Gegensätzen entstehen, schließt Gefahren in sich. Sie zerreißen die Völker, die zum Besten aller verbunden sein müßten.
Bevin hat vor seiner Abreise nach New York von der Notwendigkeit der Schlichtung des ideologischen Streites gesprochen. Ich weiß, wir Deutsche haben noch wenig Recht, unsere Stimme im Rate der Völker zur Geltung zu bringen. Aber als Vertrauensmann einer großen deutschen Partei darf ich sagen, daß sich die Meinungsverschiedenheiten der Völker rundum bedauerlicherweise in unserem unglücklichen Volke widerspiegeln. Dadurch wird unser Unglück nicht gemindert, es wird vergrößert. Wir können deshalb nur wünschen, daß zwischen den ideologischen Auffassungen der Völker ein Ausgleich gefunden wird. Und ich darf für unsere Partei erneut bekennen, daß wir gewillt sind, mit aller Hingabe daran zu arbeiten, daß wir unter uns selbst zu einem Ausgleich kommen. Ich weiß, daß dieser Ausgleich von nicht zu unterschätzender Bedeutung ist.

*Zwei Demokratien*
Ich glaube, es ist gut, auch hier unter uns einmal klar auszusprechen, daß zwei Auffassungen von Demokratie um Geltung ringen. Beide Auffassungen verstehen unter Demokratie: Herrschaft des Volkes. Aber der *Volksbegriff* ist bei beiden ein verschiedener. In der erstrebten Verwirklichung der marxistischen Idee steht im wesentlichen Arbeiterklasse gleich Volk. Demokratie soll also mehr oder weniger die Herrschaft der Arbeiterklasse sein. So ist es ja auch von Marx und Engels im »Kommunistischen Manifest« als Ziel des proletarischen Klassenkampfes proklamiert worden. Die zweite Auffassung, d. h. die nichtmarxistische, sieht das *gesamte Volk* als eine Gemeinschaft. Sinn der Demokratie ist die Beteiligung des gesamten Volkes an der politischen Verantwortung.
Wir brauchen nicht zu verhehlen, daß sich aus diesen beiden Auffassungen eine Fülle von Spannungen ergeben. Diese Spannungen bewegen die Welt. Sie spielen nicht zuletzt auch in der Innenpolitik der Völker eine Rolle. Auch in Deutschland ringen diese beiden Auffassungen miteinander. Es würde das selbstverständlich auch der Fall sein, wenn wir nicht ein besetztes Land wären. Denn noch ist auch bei uns der Ausgleich zwischen den beiden Auffassungen der Demokratie nicht gefunden. Wenn die zwölf Jahre Hitlerherrschaft und der Zusammenbruch die Änderung des Geistesbildes auch bei vielen gefördert haben. Ich kann das aus meiner Verbundenheit mit Sozialisten, die vom Marxismus kommen, vielleicht am besten bezeu-

gen. Mir sagte in diesen Tagen noch ein Freund: »Lebte Karl Marx noch heute, er würde seine Lehre gar nicht erst aufstellen.« Ich bin der gleichen Überzeugung. Aber diese Erkenntnis ist noch nicht Allgemeingut. Bestimmt nicht bei den Kommunisten. Aber auch noch nicht überall bei den Sozialdemokraten. So läge es sogar im Bereich der Möglichkeit, daß Deutschland der Schauplatz gewaltsamer Auseinandersetzungen sein würde, wenn die Besatzungsmächte nicht anwesend wären. Wir brauchen ja nur an die Zeit nach 1918 zu erinnern. Ich bin überzeugt, daß die Anwesenheit der Besatzungsmächte uns nach der beispiellosen Katastrophe immerhin die Möglichkeit läßt, die neue Volksordnung in Formen herauszuarbeiten, die gewaltsame Auseinandersetzungen vermeiden.
Wir können aber trotzdem nicht verhehlen, daß die ideologischen Spannungen der Welt durch die Trennung in Besatzungszonen die Spannungen im eigenen Volk noch vertiefen. Es ist ja offenbare Tatsache, wie verschieden das politische Klima der einzelnen Zonen auf den Willensausdruck der Bevölkerung gewirkt hat.
Das zeigt sich deutlich bei den vorliegenden Wahlergebnissen. Auch wenn ich die verschiedenartig gelagerten Verhältnisse zwischen Süden, Westen und Osten in Betracht ziehe, bleiben immer noch Unterschiede, die sich nicht nur aus diesen Verhältnissen erklären lassen.

*Deutsche Demokratie zwischen Ost und West*

Ich brauche nicht eingehender darüber zu sprechen. Wir alle sind so sehr mit unserem Volk verwachsen, daß wir um das Schicksalhafte der Frage wissen, ob es vom Kern seines *eigenen Wesens* aus zu einer Neuordnung finden kann. Es ist keine Phrase, wenn ich sage, daß von der Entscheidung dieser Frage die Gesundung nicht nur unseres Volkes, sondern auch die der Völker abhängt. Denn nur ein Deutschland, das in freier Entscheidung den Weg zu einer Demokratie findet, die seinem eigenen Wesen entspricht, wird aus sich selbst heraus innere und äußere Ruhe finden, die es auszustrahlen vermag in die Welt. Es bleibt deshalb nach der Unruhe, nach dem Fieber der Wahlen unser größtes Anliegen: Man möge von unserem Volke nicht erwarten, daß es sich für die ideologische Haltung der einen oder anderen Besatzungsmacht entscheidet. Man möge es auch nicht als unfreundliche Haltung deuten, wenn es auf dem Bekenntnis zu einer politischen Form beharrt, die seinem eigenen Wesen und seiner eigenen Erkenntnis entspricht. Eine solche Deutung könnte die Verständigung von Völkern hindern, denen es aufgegeben ist, ein gutes Stück Weges zum Wiederaufbau der Welt miteinander zu gehen.
Es gibt keine hundertprozentige Richtigkeit und Gültigkeit von politischen und sozialen Lehren und Auffassungen. Sie sind bedingt durch Zeitlage und Standort. Sie sind bedingt durch die Eigenart eines jeden Volkes. Keine Idee läßt sich hundertprozentig auf ein anderes Volk übertragen. Auch da, wo Gleichheiten gegeben zu sein scheinen, sind sie doch in jedem Volk wieder verschieden. Und es muß der Freiheit eines Volkes anheimgegeben werden, sie aus der eigenen Gesetzlichkeit heraus zu erkennen, zu formen und zu verwirklichen.
Das deutsche Volk ist in seiner überwiegenden Mehrheit nach seinem großen Unglück aufgeschlossen für Erfahrungen, die aus dem Osten und aus dem Westen kommen. Es legt aber Wert auf das Recht des eigenen Weges.
Unser Volk würde auch dankbar dafür sein, wenn es nicht mehr möglich wäre, diese oder jene Besatzungsmacht mit dieser oder jener Partei in Verbindung zu bringen. Je mehr sich unser Volk bewußt wird, daß nicht die Stärke der einen oder anderen

Partei gefördert werden soll, um so größer wird das Vertrauen sein, mit der es sich der Idee echter Demokratie erschließt. Um so bereiter und fähiger wird es auch sein, diesen Begriff mit wirklichem Leben zu erfüllen. Um so offener erschließt es sich für den geistigen Wettstreit um eine wahrhaft friedliche Volksordnung. Um so sicherer wird auch sein Vertrauen in eine künftige europäische Ordnung, die den Frieden in jeder Beziehung sichern kann.
Das sind Erkenntnisse, die uns vor allem in der Vorbereitung der Wahlen und in den Wahlen selbst aufgegangen sind. Nicht zuletzt in der Ostzone und in Berlin. Jedem denkenden Menschen muß ja der Unterschied der Wahlergebnisse in der Zone und in Berlin zu denken geben. Es ist unmöglich, auf solchen Unterschieden eine gesunde Politik zu gründen. Es kann für ein Volk nicht gut werden, wenn es zu einem großen Teile künstlich in der Treibhausluft bestimmter Ideen gehalten wird. Der 20. Oktober hat bewiesen, daß die Treibhaustemperatur verweht, wenn die Fenster geöffnet werden. Laßt ruhig frische Luft von Ost und West über Deutschland strömen. Ich bin überzeugt, daß wir trotz aller Not und allem Leid noch stark genug sind, eigene Triebe eines neuen politischen Lebens zu entfalten. Ich bin und bleibe überzeugt, daß der scharfe soziale Wind, der von Osten weht, manche alte, überlebte Meinung in unserem Volke mit fortweht. Zumal die politische und soziale Katastrophe schon manche überlebte Auffassung zermürbt hatte. Ich bin auch der Meinung, daß es dem Westen und Süden des Reiches gar nicht schädlich ist, wenn sie etwas von der radikalen sozialen Zugluft aus dem Osten mit zu spüren bekommen. Aber man soll nicht erwarten, daß wir unsere Fenster dem milderen Westwind verschließen. Die Fruchtbarkeit eines Landes gedeiht unter Einwirkung von Ost- und Westwinden. Das gilt auch für das politische Wachstum unseres Landes. Für das Reifwerden einer echten Demokratie, deren Inhalt uns das gesamte Volk ist, die auch uns die Herrschaft des gesamten Volkes bedeutet. Eine Demokratie, die starke soziale Impulse in sich trägt, wie sie auch die Begegnung mit dem Osten in uns geweckt. Soziale Impulse und wirtschaftlicher Planungswille, wie sie in der durch Zusammenbruch und Not unseres Volkes veränderten Struktur nicht entbehrt werden können.

*Verschickung deutscher Fachkräfte*

Dankbar wäre unser Volk aber auch, wenn sein guter Wille zu neuen Formen einer wahrhaften Demokratie und seiner Aufnahmebereitschaft für politische Erfahrungen des Ostens und des Westens nicht neu belastet würde durch besorgniserregende Erlebnisse, wie die überraschende Verschickung von Facharbeitern und Spezialkräften samt ihren Familien sie bedeutet.
Unser Volk ist zur Wiedergutmachung, zur Leistung von Reparationen über alle seine eigene Not hinweg sicherlich bereit. Nur müssen für den Arbeitseinsatz von Menschen in anderen Ländern die Gesetze der Freiheit und der Menschenwürde beachtet werden und gewahrt bleiben. Wir vergessen gewiß nicht einen Augenblick, welche Schuld Hitler auf sich geladen hat. Aber schließlich war ja der Sinn seiner Vernichtung, eine neue Welt unter den alten Gesetzen der Freiheit und der Menschenwürde aufzubauen. Das bedingt, daß alle Menschen und alle Völker Vertrauen zur Geltung dieser Gesetze gewinnen können. Auch die deutschen Menschen und das deutsche Volk. Im übrigen haben wir uns erst einmal mit dem Ergebnis der Wahlen auseinanderzusetzen. Wir haben zu sehen, wie wir dieses Ergebnis aufbauender Politik dienstbar machen können.

Deutschland ist noch in Zonen getrennt. Und die künftige Einheit hat im Augenblick noch keine andere Untermauerung als das Verantwortungsbewußtsein der politischen Parteien und das unverkennbare Verlangen unseres Volkes.
Die Parteien sind die Treuhänder dieses Einheitsverlangens. Von dem Grad ihres Verantwortungsbewußtseins hängt es ab, ob es in gesunder Weise verwirklicht wird. D. h. verwirklicht wird nicht um eines Parteiprestiges wegen, sondern um des neuen Deutschlands willen.
Man hört oft aus SED-Kreisen das Gerücht, man suche zu einem Volksentscheid in der Einheitsfrage zu kommen. Mir scheint, es bedarf kaum eines Volksentscheides, denn über das Einheitsverlangen unseres Volkes sind wir uns klar.
Was aber nützte – so frage ich mich – ein Volksentscheid, wenn man systematisch und einseitig darangeht, das Gesicht unseres Volkes in einer Zone tiefgreifendst zu verändern, so daß man in anderen Zonen dieses Gesicht kaum wiedererkennen kann?
Das Wesentliche nach diesen Wahlen ist schnelle Verständigung über die dringendsten Aufgaben, durch die Linderung der ersten und größten Not erreicht wird.
Dann aber auch Verständigung über die großen Fragen, die das Schicksal unseres Volkes entscheiden. Über die Frage der politischen und wirtschaftlichen Einheit und über das soziale Gesicht unserer Volksordnung.

*Union und SPD*
Es ist wohl selbstverständlich, daß das politische und soziale Gesicht Gesamtdeutschlands im wesentlichen von den stärksten Parteien bestimmt werden wird: Union und Sozialdemokratie. Ich wäre ein schlechter Demokrat, wenn ich mich dieser Erkenntnis verschließen wollte. Deshalb wäre es am besten, wenn die beiden Parteien zu einer guten, zu einer großpolitischen Verständigung miteinander kämen. Ich will damit durchaus nicht einer Koalitionspolitik das Wort reden. Reine Koalitionspolitik zwischen Union und SPD ist schon deshalb nicht möglich, weil in einem wichtigen Teile Deutschlands die SPD gar nicht vorhanden ist. Ob uns das gefällt oder nicht, ist eine zweite Frage. Ich gebe dabei allerdings der Hoffnung Ausdruck, daß der demokratische Gedanke über kurz oder lang allen Parteien gleiches Recht gibt, die ihre Verwurzelung im Willen des Volkes bewiesen haben.
Davon abgesehen muß aber versucht werden, alle Parteien, die ehrlichen demokratischen Willens sind, an der Verantwortung für den Neuaufbau teilnehmen zu lassen. Die Not ist so groß, der Aufgaben sind so viele, daß keine Kraft entbehrt werden kann, sofern sie einen positiven Beitrag zu leisten gewillt ist. Sofern sie bereit ist, Volkswohl über Parteiinteresse zu stellen.
Verderblich aber würde ich es für unser Volk halten, wenn die eine oder andere Partei glauben könnte, die Verantwortung – wenn auch nur hier und dort – allein in die Hand nehmen zu sollen. Und ich habe tatsächlich mit einigem Staunen Verlautbarungen zur Kenntnis genommen, die von einem Anspruch der SPD sprechen, die Politik allein bestimmen zu wollen. Vom Standpunkt des Parteiinteresses aus braucht man sich – weiß Gott – nicht um die politischen Verantwortungen zu reißen. Kurzsichtigen Wählern gegenüber ist verantwortungslose Taktik vielleicht einträglicher als verantwortliche politische Mitarbeit. Aber darauf kommt es nicht an. Es kommt darauf an, daß die Lebensfragen unseres Volkes gelöst werden. Und die löst keine Partei allein. Weder die SED noch die SPD. Wie sie auch nicht von der Union allein gelöst werden, wo diese die Mehrheit hat. Ebenso halte ich es für

gänzlich verfehlt, von einem Führungsanspruch dieser oder jener Partei zu reden. Wir tun das da nicht, wo die Union die stärkste Partei ist, wünschen aber auch nicht, daß von dieser oder jener anderen Partei in diesem Sinne gesprochen wird. Es geht uns um demokratische Zusammenarbeit, in der selbstverständlich die jeweils stärkste Partei oder die jeweils stärksten Parteien die größere Verantwortung haben. Von Führungsanspruch zu reden, sollte man sich abgewöhnen. Wir haben in den Hitlerjahren genug davon gehört. Es gibt vorerst für uns auch keine Möglichkeit, etwa englische Regierungsmethoden anzuwenden. Denn wir haben Notzustände sondergleichen und dazu keine abgeklärten politischen Verhältnisse wie in England. Solche Versuche könnten nur dazu dienen, die verschiedenen Teile Deutschlands noch mehr auseinanderzulavieren. So sehr ich selbst auch das Wesen des englischen Parteilebens zu würdigen weiß, so möchte ich doch davor warnen, es mechanisch auf Deutschland übertragen zu wollen. Das gilt vor allem mit dem Blick auf den heutigen Zustand unseres Volkes. Wir Deutsche haben nicht den nüchternen politischen Sinn der Engländer. Wir sind stärker ideenpolitisch orientiert. Und die Klärung der ideenpolitischen Grundlage ist in Deutschland durchaus noch nicht abgeschlossen.

Ein Versuch nach englischem Muster wäre auch deshalb verfehlt, weil man in der Union nicht schlechthin einer konservativen Partei gegenübersteht, wie man das oft wahrhaben möchte, sondern einer durchaus fortschrittlichen Partei. An dieser Fortschrittlichkeit hindert die Tatsache nichts, daß auch konservative Menschen zu uns gefunden haben. Konservativ ist nicht gleich reaktionär, wie so oft höchst oberflächlich herumgeschrien wird. Konservative Haltung will Werte erhalten, die sich als erhaltenswert erwiesen haben. Wenn ich immer wieder betont habe, daß die bürgerlichen Werte: Familiensinn, Fleiß, Tüchtigkeit usw. in ein sozialistisches Zeitalter hinübergerettet werden sollen, so ist das ein konservativer Zug, den ich für notwendig halte. Er macht die Union aber nicht zu einer konservativen Partei.

*Die Union im Westen: Antwort an Schumacher*

Man behauptet immer wieder, daß es im Westen Kräfte in der Union gibt, die mehr noch hinüberretten wollen als solche Werte: Besitzvorrechte, Kastengeist und wie die reaktionären Überbleibsel alle heißen. Es ist sicher möglich, daß auch dieser und jener Mann solcher Geistesart da und dort zur Union gefunden hat. Er wird die Union wieder verlassen. Denn eines ist gewiß: Das christliche Volk im Westen des Reiches ist nicht reaktionär. Ich möchte sagen, es ist im Kern sogar fortschrittlicher, sozial aufgeschlossener als das Volk im Osten. Die christliche Arbeiterschaft allein schon hat immer für den fortschrittlichen Charakter Sorge getragen. Und diese Arbeiterschaft steht heute bei der Union. Nehmen Sie doch einmal die Wahlergebnisse der großen Städte des Westens, der Industriestädte vor allem. Ich nenne nur einige. Dabei nehme ich nur Städte, in denen wir stärker sind als die Sozialdemokratie: Essen, Köln, Krefeld, Rheydt, Aachen, Düsseldorf, Mülheim/Ruhr, Düren, Mönchen-Gladbach, Solingen, Wattenscheid, Remscheid, Duisburg. Ich könnte noch mehr nennen.

Glauben Sie, daß es sich bei den Wählern der Union in diesen Industrieorten des Westens um Besitzbürger handelt? Glauben Sie, die Massen des arbeitenden Volkes, der kleinen Leute aus anderen Ständen seien reaktionär? Die Arbeiterschaft, die meinem Rufe zum Zusammenschluß mit den Männern der Sozialdemokratie in einheitlichen Gewerkschaften gefolgt ist?

Diese Männer und Frauen haben sich aus christlicher Überzeugung für die Union entschieden. Sie wußten, warum sie es taten und warum sie es tun. Ich weiß aus meiner Verbundenheit mit dem Westen, daß die Haltung der großen Masse der Sozialdemokratie gerade in weltanschaulichen Fragen noch sehr zu wünschen übrig läßt. Zudem trägt die Tonart, die Kurt Schumacher anzuwenden beliebt, auch nicht dazu bei, daß das christliche Volk Vertrauen zum Kurs der Sozialdemokratie gewinnen könnte. Schumacher sollte auch aufhören, vom rechten Flügel der Union zu reden, den er glaubt bekämpfen zu müssen. Er sollte erst einmal abwarten, ob sich die Union in der Praxis nicht reichlich so fortschrittlich erweist, wie er selber ist.
Ich muß gestehen, mir selbst hat die Haltung von Schumacher neulich in Berlin auch etwas den Atem verschlagen. Seine Ausführungen in einer Wahlversammlung, daß die SED dem Osten anhänge, die Union dem Westen, die Sozialdemokratische Partei aber zwischen West und Ost die einzige deutsche Partei sei, waren für meine Begriffe doch etwas zu stark aufgetragen. Wenn *eine* Partei mutig ihren Weg allein sucht, so ist es wohl die Union. Ich will mich jeden weiteren Hinweises auf den Weg der Sozialdemokratie hier in Berlin und im Westen enthalten. Die Sympathien, die sie erfahren hat, sind bekannt. Ich brauche nur auf die pressemäßige Unterstützung hinzuweisen, die ihr vor allem hier in Berlin zuteil geworden ist und die ihr nicht zuletzt auch Wähler zugeführt hat. Die Union hat nicht im entferntesten auch nur eine annähernd vergleichbare Presseunterstützung gefunden.
Ich bitte, mir die Deutlichkeit meiner Sprache nachzusehen. Ich bin sie der Union schuldig. Ich spreche aber nicht zuletzt aus der Besorgnis um unser Volk. Seiner Gesundung schulden die Parteien schließlich eine bestimmte Sachlichkeit und Objektivität der Politik. Parteien, die sich verantwortlich fühlen, schulden ihr vor allem auch die Vermeidung demagogischer Entgleisungen. Ich möchte gerade diese Art der parteipolitischen Auseinandersetzung in eine Zeit verweisen, in der diese Art leider zum üblichen Ton der Parteipolitik gehörte. In die Zeit der sterbenden Weimarer Republik.
Wir kommen noch einmal auf die Haltung der Union im Westen zurück. Ich sprach von der fortschrittlichen Haltung der großen Masse, ihrer Wähler. Entscheidend für sie – für die Masse des werktätigen Volkes unter ihnen – war ihre Haltung gegen Klassenkampf und Diktaturgefahr, die sie auch bei der Sozialdemokratie noch nicht überwunden sieht. Sie stehen aus Überzeugung zu der Idee von der sittlichen Gemeinschaft des gesamten Volkes. Es war das ja auch die Idee der christlichen Arbeiterbewegung. Und diese Idee sehen sie in der Union verkörpert. Sie sehen sie *mit Recht* in ihr verkörpert.
Die große Masse des werktätigen Volkes – dessen bin ich sicher, weil es meine politische und soziale Heimat ist – wird sich keinen notwendigen sozialistischen Maßnahmen widersetzen. So wenig, wie wir es hier tun werden. Sie müssen nur wissen und sehen, daß es um das Beste des Volkes geht.

*Weg vom Marxismus!*

Vielleicht gebricht es Schumacher auch etwas an der Kenntnis des westlichen Volksteiles, der nun einmal stark im Christentum wurzelt. Mir fiel in diesen Tagen ein Blatt in die Hand, in dem der Inhalt eines Briefes von dem ehemaligen Führer der westlichen Sozialdemokratie, Wilhelm Sollmann, wiedergegeben wurde, den er aus Amerika geschrieben. Dieser Brief war mir eine besondere Genugtuung, denn ich habe nach 1918 Schulter an Schulter mit Sollmann gestanden, als es an

Rhein und Ruhr galt, den Zusammenbruch zu meistern und separatistische Gefahren abzuwehren. Zur Zukunft der deutschen Sozialdemokratie sagt Sollmann: Der Marxismus genügt nicht. Er wünsche eine breitere Basis, die alle Kräfte umfasse, die für eine gerechtere Sozialordnung und für die Gleichberechtigung jedes Menschen einträten. »Karl Marx und Friedrich Engels repräsentierten doch nur eine, wenn auch sehr wichtige Linie der sozialistischen Geistesgenealogie: Es ließen sich vor und nach Lassalle eine lange Liste von gedankentiefen und weltweisen Sozialisten aufzählen, die nicht Marxisten waren. Man könnte fragen, ob einige von ihnen nicht aufgeschlossener waren als Marx und Engels und einen gesünderen demokratischen Instinkt offenbarten, weil sie die totalitären Ansprüche vermieden, die seit dem Kommunistischen Manifest die kommende Alleinherrschaft proklamierten.« Hier haben wir das mutige Bekenntnis eines Mannes, der sich vom Dogmatismus gelöst. Wir können nur hoffen, daß ihm weitere folgen.
Denn ich bin der Meinung, daß wir nur zu gesunden parteipolitischen und damit zu gesunden politischen Verhältnissen kommen, wenn die großen Parteien zum mindesten jeden Dogmatismus mutig beiseite schieben. Es ist das bestimmt heilsamer für unser Volk als gegenseitige dogmatische Beschimpfungen, zu denen es in diesen Wahlen doch wieder reichlich gekommen war.
Was nun die Union angeht, so darf ich sagen, daß sie trotz der Schwierigkeiten, die ihr vor allem hier im Osten entgegenstanden, Widerhall gefunden hat. Sie ist in der Ostzone und in Berlin gewiß keine Massenpartei geworden. Keiner, der die geistige Struktur des Ostens kennt, konnte das erwarten. Wir wissen, daß positives Christentum im Osten Deutschlands und in der Weltstadt Berlin nicht gerade den günstigsten Boden hat. Aber viele von denen, die nicht positive Christen sind, haben doch begriffen, daß das Gesetz der Union weiter gesehen werden will als nur aus dem Blickfeld dieser oder jener Konfession.
Zum Gesetz des Abendlandes bekennen sich auch Männer und Frauen, die sich der Kirche vielleicht nicht mehr so eng verbunden fühlen. Auch an sie hat sich die Union gewandt. Und mit Erfolg gewandt. Und wir werden noch mehr Empfangsbereitschaft gerade in diesen Kreisen der Bevölkerung finden, wenn sich die eine und andere Gruppe unserer Menschen noch etwas von allzu religiöser Terminologie in der politischen Arbeit fernhält. Auch darüber muß offen gesprochen werden. Die Männer und Frauen, die Verantwortungen in der Union tragen, müssen besorgt sein, daß sich der Sinn des Christlichen im politischen Leben in der rechten Weise durchsetzt. Es ist uns nichts anderes als der Wille zu politischer, sozialer und kultureller Gestaltung aus der Verpflichtung sittlicher Persönlichkeiten heraus. Es kommt auch nicht darauf an, dieses Gesetz stets im Munde zu führen. Es kommt darauf an, die praktische Politik daran zu orientieren. Dabei ist es ganz selbstverständlich, daß eine junge Partei, wie es die Union ist, stärker von ihrer grundsätzlichen Welt spricht, als das ältere Parteien tun. Das gilt auch von der sozialen Gesetzlichkeit, zu der wir uns bekennen.

*Unsere sozialistische Aufgabe: Antwort an Bevin*

Wir werden in den kommenden Monaten vor der Notwendigkeit sozialistischer Maßnahmen stehen. Außenminister Bevin hat neulich in seiner großen Rede über den Willen der Briten gesprochen, bestimmte Industrien, deren Kontrolle die Besatzungsmacht vorübergehend in die Hand genommen hat, der öffentlichen Hand zum Besitz und zur Kontrolle zu überantworten. Wir bejahen dieses Vorhaben. Wir

haben uns bereits in unserem Programm für die Vergesellschaftung des Bergbaus und weiterer Schlüsselbetriebe erklärt. Wir sind für die Vergesellschaftung jener Großunternehmen, die sich in ihrer Entwicklung und Praxis als so gefährlich erwiesen haben. Gefährlich sowohl für die Sozialordnung als auch für die politische Entwicklung.
Nun haben wir den Wunsch, die geplante Neuordnung möchte erst nach dem Wiedererstehen der deutschen Einheit zur Durchführung kommen. Der wirtschaftlichen und der politischen Einheit, damit das Gesicht Deutschlands sich nicht mehr und mehr in ungleichem Tempo und ungleicher Weise verändert.
Daß die wirtschaftliche Einheit dringend nötig ist, und zwar in kürzester Zeit, ist tröstlicherweise heute Allgemeinerkenntnis der Besatzungsmächte geworden. Wir selbst konnten aus dem Erleben der grenzenlosen deutschen Not nur immer wieder den Schrei nach dieser Einheit ausstoßen.
In diesen Tagen schrieb der Korrespondent einer amerikanischen Nachrichtenagentur: »Die alliierten Kontrollbehörden in Berlin halten es für sicher, daß Deutschland wieder eines der Hauptindustrieländer der Welt wird.« Ein tröstliches Wort. Wir dürfen also wohl tatsächlich Hoffnung auf die Einsicht der Welt haben. Die Reden von Byrnes, von Bevin und nicht zuletzt das Interview von Stalin lassen auf die baldige wirtschaftliche Einheit Deutschlands schließen.
Solange noch voneinander getrennt ist, was in einem Jahrhundert eng miteinander verwachsen war, kann ja auch der dringendsten Not nicht gesteuert werden. Es sind nicht nur die Massengüter, wie Kohle, Eisen, Zement, Kunstdünger, Getreide, Vieh und dergleichen, um deren Ausgleich es zwischen Mangel- und Überschußgebieten geht. Auch für zahlreiche Einzelgüter und Spezialisierungen für Ersatzteile, Werkzeuge und Maschinen ist der Weg vom Angebot zum Bedarf gehemmt. Das Leben eines jeden einzelnen ist dadurch mühsam geworden. Der Mangel an Schuhnägeln, an Dachziegeln, Fensterglas und Handwerkszeug belastet jeden Alltag. Er hemmt jeden Schwung zur Arbeit.
Ich würde mich einer Unterlassungssünde schuldig machen, wollte ich verschweigen, daß in diesen 1 1/2 Jahren seit dem Zusammenbruch viel Zeit verlorengegangen ist. Sie hätte ohne die Zonengrenzen besser angewandt werden können, um die wirtschaftliche Katastrophe zu überwinden. Ich glaube sagen zu dürfen, daß unser Volk durchaus guten Willens war.
Dabei bin ich mir bewußt, daß die Aufhebung der Zonengrenzen und die Schaffung einer zentralen Verwaltung kein Allheilmittel sind. Sie sind nur der bitter notwendige Anfang.

*Sofortaufgaben*
Zwei Dinge stehen nach Fallen der Zonengrenzen als Erstaufgabe vor uns: die Intensivierung der landwirtschaftlichen Erzeugung, die nach einem Plan zu erfolgen hat, der das ganze deutsche Wirtschaftsgebiet als Einheit sieht. Die zweite Aufgabe gilt der raschmöglichsten Schließung der größten Lücken, die Krieg und Demontage in unseren wirtschaftlichen Apparat gerissen haben.
Eine weitere dringliche Aufgabe ist die Instandsetzung des Wohnraumes. Für ihn müssen möglichst alle Baustoffquellen und möglichst die gesamte bauindustrielle Kapazität eingesetzt werden. Es bedarf keiner Betonung, daß die Instandsetzung der Wohnräume zu den wichtigsten sozialen und schließlich auch politischen Aufgaben gehört. Wo soll dem Volke, das zusammengedrängt ist in engen, zugigen

Räumen, der Schwung zum Aufbau einer neuen demokratischen Ordnung herkommen? Die Raumnot ist ja noch um ein Unmenschliches vergrößert durch die zwölf bis fünfzehn Millionen Flüchtlinge. Ich habe auf meinen Fahrten Bauernhäuser getroffen, in denen in normaler Zeit sieben Menschen gerade Platz hatten. Sie waren jetzt mit 25 und mehr Menschen gefüllt. Es ist das nur *ein* Beispiel von vielen.

Wir müssen auf das Einsehen der Welt hoffen, daß wenigstens ein Teil dieser unglücklichen Menschen in ihre Heimat zurückgeführt wird. Aber wir können darauf nicht warten. Es ist die erste, die gründlichste Aufgabe eines praktischen Sozialismus: Wohnung, notwendigster Hausrat, Kleidung, sinnvolle Arbeit und hoffnungsvolle Sicht auf kommende neue Entwicklungsmöglichkeiten müssen für die Flüchtlinge geschaffen werden, wenn nicht ein fortwährendes hoffnungsloses Sterben über Deutschland liegen soll. Den Flüchtlingen und den durch Krieg und Zusammenbruch total Geschädigten muß die Erzeugung von Kleidung, Hausrat, Möbeln in erster Linie zugute kommen. Dafür müssen vor allem Garantien geschaffen werden. Und es ist die Aufgabe eines jeden einzelnen, die Notwendigkeit eines wirklichen sozialistischen Willens gerade hier anzuerkennen und zur Anwendung zu bringen. Wie es auch dringende Notwendigkeit ist, nicht in langem bürokratischen Hin und Her Zeit zu verlieren, ob man diesen oder jenen Prozentsatz von Flüchtlingen in diesem oder jenem Landesteil noch aufnehmen kann. Wobei ich mir der grenzenlosen Schwierigkeiten für unser auf engem Raum zusammengedrängtes Volk durchaus bewußt bin.

Was nützen alle wohlgesetzten Wirtschaftsprogramme, was nützen radikale Parteigrundsätze, über die in bombastischen Worten debattiert wird: Sicherung des täglichen Brotes, des menschenwürdigen Obdaches, Erschließung der kargen wirtschaftlichen Möglichkeiten, die uns noch geblieben sind, sind das Nächstliegende. Ich kann mich deshalb des Kopfschüttelns nicht erwehren, wenn ich immer wieder hinter diesen und jenen Zeitungsmeldungen den lehrhaft erhobenen Finger von Kurt Schumacher auftauchen sehe mit seinen Drohungen an die Union. Ich bin überzeugt, daß auch der sogenannte »rechte Flügel« der Union – wenn er wirklich existieren sollte – auch und vor allem für eine solche Zusammenarbeit in wahrhaft sozialistischer Tat schon aus christlicher Verantwortung heraus einsteht.

Verzweiflung und Hoffnungslosigkeit in den Herzen der Millionen zu tilgen, bleibt die erste Aufgabe. Dann wird der systematische sozialistische Beitrag leichter zu leisten sein, der für den Neuaufbau Deutschlands und Europas geleistet werden muß. Ist die Einheit Deutschlands verwirklicht, kann sich wohl kaum mehr einer den drängendsten Sozialisierungsmaßnahmen widersetzen. Und zwar aus den ganz gleichen Gründen, die Minister Bevin in seiner Rede angeführt hat. Ich brauche sie nicht noch einmal zu wiederholen. Ich will hier nur noch einmal betonen, daß wir uns zu einer Neuordnung der Wirtschaft nach sozialistischem Prinzip bekennen. Die kapitalistische Wirtschaft erzeugte Waren in dem Maße, in dem der Aufwand Gewinn versprach. Das sozialistische Prinzip dagegen verlangt Erstellung der Güter je nach der Dringlichkeit der Bedürfnisse des Volkes. Die Not unseres Volkes, wie ich sie vorhin anzudeuten versuchte, duldet das kapitalistische Prinzip gar nicht mehr. Das wird jedem einleuchten, der wirklichen Aufbauwillens ist.

Wesentliches Ziel der Wirtschaft ist uns das menschenwürdige Dasein des Volkes. Die Menschenwürde muß natürlich auch bei denen gewahrt werden, die die Güter herstellen. Auch in einer sozialisierten Wirtschaft kann es nötig bleiben, Arbeiter und Angestellte in ihren Rechten schützen zu müssen. Schließlich würde auch ein

Höchstmaß an Versorgung seinen Sinn verlieren, wenn die Arbeitenden bis zur Erschöpfung arbeiten müßten. Wir lehnen deshalb auch den Staatskapitalismus ab. Denn er bringt die Gefahr mit sich, daß an die Stelle der Privatmonopole die totale Gesellschaft tritt, in der eine selbstherrlich gewordene Bürokratie die Herrschaft ausüben würde.

*Sozialisierung*

Deshalb erklären wir immer wieder, daß uns die Sozialisierung nicht ein absoluter Grundsatz, sondern nur *eine* Methode des Sozialismus neben anderen ist. Wenn ein Monopol nicht dadurch gebrochen werden kann, daß man die technischen Zusammenballungen zergliedert, muß das Privateigentum in öffentliches Eigentum verwandelt werden. Das gilt für die Bergwerke und Kraftwerke. Das gilt auch für manche Betriebe der Eisen- und Metallerzeugung wie auch der chemischen Industrie. Das gilt überall da, wo einige wenige Betriebe den Schlüssel für die Versorgung der ganzen Volkswirtschaft in der Hand haben.

In vielen Fällen wird man die Form der Staats- und Gemeindebetriebe wählen müssen. Es wird aber auch notwendig sein, andere elastischere Formen zu entwickeln: öffentliche Aufsicht, öffentliche Mitbestimmung bei der Auswahl der Unternehmungs- und Betriebsleitung, möglichst weit gehende Verteilung des Eigentums. Wertvoll erscheint uns auch der Gedanke der Stiftung, wie ihn die Zeisswerke in Jena so vorbildlich entwickelt haben. Ebenso erscheint uns die Form der Produktivgenossenschaft, d. h. die Übertragung des Eigentums auf die einzelnen Mitarbeiter, ausbaufähig zu sein.

Für uns ist das Entscheidende: Die Sicherung des öffentlichen Einflusses muß in erster Linie geschehen durch Planung und Aufsicht. Die öffentliche Planung wird guttun, dabei die mittelbaren Methoden zu bevorzugen. Die Notenbankpolitik, die Kreditlenkung, Zinsregulierung, Steuerpolitik usw. Diese Methode bewahrt vielleicht am besten vor einem Übermaß an Bürokratie. Es erscheint uns nicht das Richtige, daß die Betriebsleitungen nur technische Ausführungsorgane einer Zentralverwaltung sind, sondern sie müssen kaufmännisch weitgehende Freiheiten haben. Auch die Betriebe, die öffentliches Eigentum sind oder unter öffentlicher Kontrolle arbeiten, sollen selbständig im Wettbewerb dastehen.

Man braucht nur diese wenigen Punkte zu berühren, dann weiß man, daß es zunächst der Einheit unseres Landes bedarf, um die lebenswichtigen Fragen der Neuregelung der Wirtschaft in Angriff nehmen zu können. Ist diese Einheit geschaffen, dann bin ich überzeugt, daß sich keine ernst zu nehmenden Kreise unseres Volkes dieser Neuregelung in einem sozialistischen Sinne verschließen werden. Denn die Not unseres Volkes ist die stärkste Zwingkraft zu dieser Regelung. Es wird auf die verantwortlichen Männer ankommen, in positivem Verständnis füreinander und für die Bedürfnisse des Volkes die rechten Wege zu finden. Ich wiederhole noch einmal: Es geht in Deutschland nicht um Dogmen, nicht um Parteiprestige. Es geht um Deutschland selbst.

*Um die Gewerkschaften*

In diesem Zusammenhang ist es vielleicht angebracht, ein Wort über die Organisationen zu sagen, die gerade bei der wirtschaftlichen Neuordnung ein gewichtiges Wort mitzureden haben: die Gewerkschaften. Ich will nicht verhehlen, daß sie noch ein Sorgenkind des Volkes sind. Vor allem hier im Osten und in Berlin.

Es ist bekannt, wie sehr ich mitverantwortlich bin für die Bildung der Einheitsgewerkschaften. Es war mit das Ziel meiner und meiner toten Freunde Kampfesjahre gegen Hitler. Ich habe aber seit den ersten Tagen ihres Entstehens hier in Berlin und in der Ostzone keinen Zweifel gelassen, daß mich ihre ersten Gehversuche mit nicht geringer Sorge erfüllt haben. Und ich glaube, meine Freunde, die mit mir gearbeitet haben – nicht zuletzt Wilhelm Leuschner und Max Habermann –, würden diese Sorge lebhaft mit mir geteilt haben. Ich habe aber auch nie einen Hehl daraus gemacht, daß meine Freunde im Westen und Süden, die Männer der Christlichen Gewerkschaften, meinem Rufe zu Einheitsgewerkschaften nicht ganz ohne Sorge gefolgt sind. Denn die besondere »Parität« in der Führung der Gewerkschaften hier im Osten hat sich ja bald herumgesprochen. Ebenso die oft recht groteske Einseitigkeit der Presse und der Verlautbarungen der Gewerkschaften. Gar nicht zu sprechen von den Aufrufen, die uns vor der Wahl in der Zone immer wieder auf den Tisch flogen. Gewerkschaftliche Aufrufe, für die es nur eine Partei, die SED, gab. Ich kann nur sagen, daß mein politisches und gewerkschaftliches Gewissen bis zum Rande belastet ist von der Tatsache, zu diesen Geschehnissen bis heute überhaupt geschwiegen zu haben. Ich habe mir bewußt Schweigen geboten, bis die Wahl gesprochen hat. Es ist weniger für uns, wohl aber für die SED bedauerlich, daß es dieser Sprache des Volkes erst bedurfte, um ihr das Unmögliche ihrer Politik in den Gewerkschaften vor Augen zu führen. Wir dürfen nun wohl damit rechnen, daß die Gewerkschaftsbewegung alsbald den Charakter erhält, der ihr einzig und allein not tut: parteipolitisch neutrales Organ der Sozialordnung und der Volkswirtschaft zu sein. Und ich erkläre jetzt schon hier als früherer verantwortlicher Vertrauensmann der christlichen Gewerkschaftsbewegung – und ich glaube, Ernst Lemmer als der Mann, der für das Erbe der früheren Hirsch-Dunckerschen Gewerkschaften verantwortlich ist, geht mit mir vollständig einig –, unsere Mitarbeit kann künftighin nur noch einer Gewerkschaft gehören, die sich in aller Loyalität an diese gewerkschaftliche Gesetzlichkeit hält.
Nur gesunde, d. h. parteipolitisch neutrale Gewerkschaften können ihrer Aufgabe in der Neuordnung deutschen Lebens gerecht werden. Dabei bin ich überzeugt, daß auch die Gewerkschaften in der Atmosphäre eines geeinten Deutschland am schnellsten gesunden.

*Über Wirtschaftseinheit zur politischen Einheit*

Die wirtschaftliche Einheit Deutschlands wird Vorläufer der politischen Einheit sein.
Ich kann nur sagen, das deutsche Volk wartet fieberhaft auf die Entscheidungen der Siegermächte über die deutsche Frage. Das Schicksal von siebzig Millionen, zu einem großen Teil hoffnungsloser Menschen hängt an ihrer Lösung. Die Verantwortung für die rasche Lösung liegt bei den Siegermächten.
Wenn es den Anschein hat, als dürften wir Hoffnung haben, daß wir vor der Verwirklichung der wirtschaftlichen Einheit stehen, so erscheint die Frage der politischen Einheit schwieriger. Schon die Tatsache, daß vor einigen Tagen im Kontrollrat kein Beschluß über die endliche Zulassung von Reichsparteien zustande kam, läßt erkennen, daß sich das deutsche Volk und sein Wille zu friedlicher Demokratie noch immer nicht genügend Vertrauen erworben haben. Vielleicht aber wären wir schon weiter auf dem Wege der Verwirklichung der Demokratie, wenn die Hemmungen in den Verständigungsmöglichkeiten nicht so groß wären. Das macht sich

vor allem in der Frage der künftigen Gestaltung des deutschen Staatsverbandes bemerkbar. Ich habe in der vergangenen Wahlauseinandersetzung versucht, ein Bild der politischen Einheit zu entwerfen, wie ich es nach diesem Zusammenbruch aller Bindungen unseres Volkes für möglich halte. Ich habe dabei nicht von meinem eigenen Ideal gesprochen. Denn ich bin kein Utopist. Ich will aber ehrlich sein: Kein Wunsch geht auf ein Reich, das seinen Gliedern, den Ländern oder Provinzen, großzügig ein gesundes Maß von Selbstverwaltung und Eigenleben zuerkennt. Ich sage großzügig, denn ich weiß um die Eigenbedeutung und das Eigenleben der Länder. Aber ich wäre immerhin dafür gewesen, daß es ein Gewähren des Reiches an die Länder ist. Nicht aber sollte das Reich von den Brosamen leben, die die Länder ihm als zentrale Aufgabe zu gewähren sich herbeilassen. Denn bei der Veranlagung der Deutschen schließt das Gefahren für das Ganze ein. Es wird soviel von dem Zusammenwirken der europäischen Staaten gesprochen. Und ich bin der Meinung, daß es der Sinn des furchtbaren Geschehens der hinter uns liegenden Tage ist, daß Europa im weitesten Sinne des Wortes näher aneinanderrückt.
Um so notwendiger aber erscheint mir auch, daß die nationalen Einheiten je ein in sich geschlossenes Ganzes bilden. Um der Gesundheit dieser Einheiten willen und um ihrer kulturellen Fruchtbarkeit willen.
Im übrigen wird es hinsichtlich der Eigenart der deutschen Länder weitere Verwischungen und Verschiebungen geben. Die zwölf bis fünfzehn Millionen Flüchtlinge aus dem Osten werden eine sehr starke Änderung in der Charakterprägung dieser Länder und Provinzen bewirken, so daß Stammeseigenheiten stärker zurücktreten werden. Um so grotesker wirkt es deshalb, wenn man noch einmal beginnen würde, die deutsche Staatsangehörigkeit in eine bayerische, württembergische usw. aufzugliedern.
Ich habe im übrigen festgestellt, daß das deutsche Volk als solches gar nicht soviel Verständnis hat für den Streit zwischen Föderalismus und Einheitsstaat. Dagegen steht in den Augen des Volkes die Sorge, wenn man von der bedrohten Einheit spricht. Das Volk fühlt und weiß, daß an der Einheit Deutschlands sein Leben hängt.
Aber der Streit Föderalismus – Unitarismus geht etwas über das Volk hinweg. Es erscheint ihm als ein Streit um Worte. Ich weiß, er ist es nicht. Auf seiten der Mehrzahl der Siegermächte herrscht die Sorge vor dem Mißbrauch der Macht eines straff zusammengefaßten Staates. Und wir müssen nach dem katastrophalen Mißbrauch der deutschen Kraft durch Hitler Verständnis für diese Sorge haben. Wir beweisen dieses Verständnis, indem wir uns der Absicht einer föderalen Gliederung Deutschlands – der Gliederung in Länder oder auch Provinzen mit Rechten, die den Gliedern und dem Ganzen frommen – beugen. Dabei habe ich nie meine Sorge verhehlt, die mich bei dem Anschwellen der Zahl der Ministerpräsidenten und Minister beschleicht. Und ich werde diese Sorge immer wieder betonen, damit sie im Bewußtsein des Volkes wach bleibt. Denn größtmögliche Einheit Deutschlands bleibt das Ziel. Und ich bin sicher, niemand wird sie mehr fürchten, wenn das deutsche Volk den Beweis erbracht hat, daß es seine Kraft niemals mehr zum Angriff, wohl aber zur Bereicherung der europäischen Kultur zu nutzen gewillt ist.
Ich weiß, es sind auch in unseren Reihen noch Meinungsverschiedenheiten über die Ausgestaltung des deutschen Staatsverbandes. Dem einen oder anderen gefällt es nicht, daß wir uns nicht in letzter Bekenntnisfreudigkeit zum ungeschmälerten Einheitsstaat bekennen. Ich habe demgegenüber auf die realpolitischen Gegebenhei-

ten hingewiesen, die uns Hitler geschaffen hat. Es gibt noch ein Weiteres: Totalitäre Ideen setzen sich am leichtesten in einem Staat von straffer Zentralisation durch. Das deutsche Volk ist noch nicht ganz gesundet von der Gefahr totalitärer Ideen. Auch gegen sie ist föderale Gliederung ein gesundes Gegengewicht.
Wir, die Union, werden es uns angelegen sein lassen, die gesunde Mitte in der Gliederung des Reiches zu erstreben. Deshalb liegt es uns auch so sehr am Herzen, bald zur Wahl einer deutschen Nationalversammlung zu kommen, die der neuen Verfassung den Weg bereitet. Es darf nicht sein, daß jedes Land noch lange für sich wirkt und strebt. Die deutsche Neigung zur Kirchturmspolitik würde dadurch leicht wieder zu üppig ins Kraut schießen.
Die Welt, Europa, kann aber für seine Aufbauziele kein Deutschland gebrauchen, dessen politischer Geist sich nach den Kirchtürmen seiner jeweiligen Heimat richtet. Wir brauchen ein Deutschland, das sich Europa und der Welt erschließt. Es wird auf den Geist der deutschen Nationalversammlung und auf die innere Autorität der ersten deutschen Regierung ankommen, einem solchen Deutschland den Weg zu bahnen und ihm das Vertrauen der Welt wieder zu erwerben.

*Grenzfragen*

Dabei lastet eine Sorge noch am schwersten auf unserem Volk: die Sorge um die Grenzen. Ich will nichts sagen von kleineren Ansprüchen, die dieses und jenes Land glaubt stellen zu müssen. Holland zum Beispiel. Ich will der Überzeugung sein, daß sich der realpolitische Sinn der Holländer durchsetzt, der lieber mit einem gesundeten Deutschland wieder in Austausch tritt, als um kleiner Grenzverschiebungen willen bleibende Unruhe in Kauf zu nehmen. Man sollte wirklich die Frage der Grenzverschiebungen ins Reich der Vergangenheit verweisen und durch internationale Abmachungen wirtschaftliche Erholung und Wege der Versöhnung anbahnen.
Das gleiche gilt für die schmerzhafte Frage des Saargebietes. Frankreich weiß, wie sehr dem deutschen Volk an einer endlichen und endgültigen Verständigung gelegen ist. Es ist genug des Leides zwischen den beiden Völkern. Wir wissen, daß Frankreich einen berechtigten Anspruch auf die Kohle von der Saar hat. Sollten keine Abmachungen möglich sein, die dem wirtschaftlichen Bedarf Frankreichs gerecht werden? Ohne zugleich eine neue nationale Wunde zu schaffen, über die hinweg es schwer sein würde, den Weg zueinander zu finden. Das Volk an der Saar ist doch nun einmal deutsches Volk. Und will es bleiben.
Und dann die Sorge um die Ostgrenze. Kein Deutscher kann umhin, sie immer wieder auszusprechen. So ermutigend für uns die Ausführungen Stalins zur Frage der deutschen Einheit waren, so schmerzlich waren seine Worte zur Grenzfrage des Ostens. Das deutsche Volk, seine Flüchtlinge müßten der Verzweiflung nahe kommen, wenn diese Frage nicht positiver für seine Zukunft entschieden werden könnte. Wir können um der Existenz unseres Volkes willen die Hoffnung nicht aufgeben, daß Deutschland nicht in der östlichen Bannmeile von Berlin enden darf.
Auch um der Stadt Berlin willen nicht. Berlin ist eine Stadt, die mehr als jede andere Stadt den Blick auch nach Osten richtet. Sie hat für die Verständigung mit dem Osten einen besonders aufgeschlossenen Sinn. Und Berlin ist entschlossen, seine Aufgabe zwischen Ost und West zu erfüllen. Die Aufgabe, von der heute die Welt voll ist. Und auf deren Erfüllung sie wartet. Berlin würde diese Aufgabe nicht erfüllen können, wenn es die Stadt an der Grenze bliebe. Es würde als Hauptstadt

Deutschlands abgeschrieben werden müssen. Damit zerfiele auch seine Aufgabe als Brücke zwischen Ost und West.
Auch diese Frage gilt es zu bedenken. Wir wollen deshalb die Hoffnung nicht aufgeben – wir dürfen es nicht, wenn wir uns nicht selbst aufgeben –, daß man der schmerzlichsten der deutschen Sorge entgegenkommt.

*Pressefreiheit*
Bewegt von diesen brennenden Fragen, die uns und die Welt angehen, haben wir mit besonderer Genugtuung die neue Anordnung des Kontrollrates über die erweiterte Pressefreiheit begrüßt. Es wird nach den Jahren der Knechtung der Presse durch den Nationalsozialismus für die Presse ein leichtes, um nicht zu sagen ein selbstverständliches sein, die restlichen Einschränkungen anzuerkennen, die sich durch die Tatsache der Besetzung als notwendig ergeben. Und es wird der ernsthaften deutschen Presse ebenso eine Selbstverständlichkeit sein, mit innerer Verantwortung und geistiger Disziplin der Aufgabe einer wirklichen Demokratisierung Deutschlands zu dienen. Ich glaube, ich darf diese Überzeugung gerade den Besorgnissen Marschall Stalins gegenüber aussprechen, daß die Demokratisierung Deutschlands noch nicht genügend fortgeschritten sei. Eine durch innere Disziplin geleitete freie Presse ist mit die erste Vorbedingung für eine aus wirklicher Überzeugung wachsende Demokratisierung unseres Volkes. General McClure hat neulich gesagt: »Wir glauben, daß wir in Deutschland die Männer und Frauen gefunden haben, die ebenso wie wir davon überzeugt sind, daß der freie Strom der Ideen und Nachrichten das dauerhafteste Fundament für einen demokratischen Staat bildet.« Es ist das ein ermutigendes Bekenntnis für alle, die sich dem schweren Werke der Schaffung einer neuen deutschen Presse widmen. Diese Presse soll ja nicht nur das Fundament für die neue Demokratie schaffen helfen. Sie soll die Demokratie auch mit neuem Leben und neuem Wesen füllen. Das ist wirklich nur im freien Strom der Ideen möglich. Der Ideen auch und vor allem, die dem Kreis der Menschen entwachsen, die sich zu einer Gesinnungsgemeinschaft zusammengefunden haben. Deshalb haben wir auch den dringenden Wunsch, daß die durch die neuen Richtlinien gewährte Freiheit in allen Besatzungszonen zu gleicher Geltung und gleicher Anerkennung kommt.
Ich brauche es nicht zu verhehlen, daß unserer Partei gerade auch die Pressefrage große Sorge macht. Und ich will noch einmal hier zum Ausdruck bringen, daß es für die Kraft unserer Idee spricht, daß wir trotz unserer mangelnden Presse auch im Volk des Ostens und von Berlin Wurzel fassen konnten. Denken Sie im Gegensatz dazu an die Möglichkeiten der SED. Wir brauchen davon nicht weiter zu reden. Denken Sie auch daran, welche Fülle von freien Pressemöglichkeiten der Sozialdemokratischen Partei zur Verfügung steht. Der Sozialdemokrat, der englisch lizenzierte Telegraf, der ausschließlich Blatt der Sozialdemokratischen Partei ist. Auch andere Blätter ließen ihre Sympathie mit der Sozialdemokratie erkennen. Nehmen Sie dagegen unsere »Neue Zeit«. Sie hat es – weiß Gott – bis heute nicht gerade leicht gehabt, die Idee der Union in der erforderlichen Weise zu interpretieren. Seit jüngster Zeit erst findet eine neue Zeitung, »Der Abend«, ab und zu ein freundliches Wort für die Union.
Mir scheint, das alles hat mit dem »freien Strom der Ideen« eigentlich noch recht wenig zu tun. Hoffen wir, daß auch unserer Idee bald freiere Bahn gegeben wird. Die gleiche Hoffnung möchte ich auch für die Presseverhältnisse in der Ostzone

zum Ausdruck bringen. Dort ist es ja noch weit schwieriger für uns. Ich will es an dem Beispiel von Sachsen demonstrieren. Für die 750 000 Wähler der Union steht uns dort nur eine zweimal in der Woche erscheinende Zeitung in einer Auflage von jeweils 45 000 Exemplaren zur Verfügung.
Die Presse hat eine entscheidende Aufgabe für die geistige Gesundung unseres Volkes. Diese geistige Gesundung wächst aus Kenntnissen, die ihm frei und ungehindert zufließen müssen.

*Geschlossenheit der Union*
Wir haben eine Periode temperamentvoller Auseinandersetzungen unseres Volkes um seinen politischen Ausdruck hinter uns. Das Suchen ist noch nicht abgeschlossen. Aber es ist eine Basis für die politische Anfangsarbeit geschaffen. Wir, die Union, werden mit allem Ernst, der geboten ist, für diese Arbeit zur Verfügung stehen. Wir bejahen das Zusammenwirken aller Kräfte, die ehrlichen demokratischen Willens sind. Ich habe dabei den einen Wunsch, daß nicht immer nur von Demokratie gesprochen wird, sondern daß sie in letzter Ehrlichkeit und Hingabe gestaltet wird, in der Kleinarbeit des Alltags, in der Arbeit der neugeschaffenen Gemeinde- und Länderparlamente und in den großen Linien der Parteiarbeit.
Dabei bin ich der Meinung, daß wir gerade in Berlin dem gesamten Volk den Beweis zu liefern haben, daß auch in Unglück, Not und Trümmern eine reife Führung der Politik möglich ist. Berlin ist im Bewußtsein unseres Volkes an die Peripherie des Landes gerückt worden. Aber in seiner politischen Bedeutung ist es stärker als je zum Mittelpunkt geworden. Man schaut von ganz Deutschland auf Berlin, auch wenn man es hier und da nicht wahrhaben will.
Die Politik in Deutschland und um Deutschland ist in ein dramatisches Stadium getreten. Die kommenden Wochen und Monate werden Entscheidungen bringen. Wir, die Deutschen, werden im wesentlichen Objekt der Politik sein. Ich habe aber neulich schon einmal gesagt: Auch in einem von Schuld und Schicksal geschlagenen Volk können Kraftströme aufbrechen, die im eigenen Volk und in der Welt fruchtbar werden. Es kommt darauf an, daß die Parteien diese Kraft zu wecken und zu entfalten vermögen.
Ich bin der Meinung, daß die Union zu den Parteien gehört, die durch den Willen des Volkes an erster Stelle zu dieser Aufgabe berufen ist. Es wird an uns hier auf dem so schmerzlich geprüften Boden des Ostens liegen, der deutschen Erneuerungsaufgabe am hingebungsvollsten zu dienen, und ich will gleich noch dem Willen Ausdruck geben, daß wir uns durch nichts in unserem für richtig erkannten Wege beirren lassen. Ich glaube, das für alle sagen zu können, die sich zum Wege der Union bekannt haben. Es gilt das nicht zuletzt auch von meiner Zusammenarbeit mit Ernst Lemmer. Ich weiß, daß man hier und dort Versuche macht, den elastischeren Ernst Lemmer gegen den spröderen Jakob Kaiser auszuspielen. Man hört hier und da davon. Denen, die es versuchen, mag gesagt sein, daß diese beiden Männer sich nicht gegeneinander ausspielen lassen. Wir gehen gemeinsam den aufrechten Weg einer Partei, deren verantwortliche Menschen wissen, daß sie der Wiedergeburt des deutschen Volkes als Kulturvolk mit ihrem Leben verhaftet sind.
Ich bin überzeugt, daß gerade die christlichen Kräfte des Volkes zu entscheidungsvoller Mitarbeit berufen sind. Der Bischof von Chichester hat in seiner Berliner Predigt gesagt: »Das Band der Christen untereinander ist fester als das Band der Nationen.«

Die christlichen Parteien aller Länder sind stark. Sollte ihnen daraus nicht stärker noch als anderen Parteien die Aufgabe erwachsen, entscheidend zur Lösung des deutschen und des europäischen Problems beizutragen? Wenn jemand berufen ist, den wahren Frieden zu schaffen, so ist es das christliche Gesetz.
Dienen wir dem Gesetz unserer Partei so, daß alle verwandten Parteien der Völker rundum und mit ihnen die Völker selbst sich der Aufrichtigkeit unseres friedlichen Willens nicht verschließen können.

## 15

*Vertrauliches Protokoll der CDUD über die Vorstandssitzung der Arbeitsgemeinschaft CDU/CSU in Königstein (Taunus) am 5. und 6. Februar 1947*

Die Situation Deutschlands ist nicht verständlich ohne Kenntnis der Situation Berlins. Es mag sein, daß während des letzten Kriegsjahres die Forderung der Westmächte, an der Besetzung Berlins beteiligt zu sein, mehr einem Prestigebedürfnis entsprang. Wenn das aber der Fall gewesen sein sollte, so ist inzwischen aus dieser Prestigeforderung ein politisches Moment erster Ordnung, ja von vielleicht entscheidender Bedeutung für die bisherige und für die künftige deutsche Entwicklung geworden.
Rein technisch und juristisch wurde Berlin durch die Aufteilung des Stadtgebietes unter die vier Mächte *aus der Sowjetzone herausgeschält* und zu einer fünften Zone gemacht, in der eigenes Recht besteht, anderes Recht als in dem ganzen umgebenen sowjetisch besetzten Gebiet, aber auch anderes Recht als in den drei westlichen Besatzungszonen. Verhältnismäßig bald erkannten vor allem die Amerikaner, daß die Existenz dieser großen, mit eigenem Recht ausgestatteten Enklave Berlin weittragende politische Bedeutung hat. Den fünf Ländern und Provinzen der Sowjetzone fehlt einfach ein Zentrum, von dem aus die Verhältnisse dirigiert werden könnten und das als Symbol einer einheitlich orientierten Politik der östlichen Besatzungszone dienen könnte. Die Russen haben durch lange Zeit offenbar die Vorstellung gehabt, daß sie *die Sonderstellung Berlins korrigieren* könnten. Auch im russischen Lager weiß man, daß weder Dresden noch Leipzig, noch Halle und noch viel weniger eine andere Stadt der Sowjetzone als ein Symbol der Politik dieses Gebietes Berlin ersetzen kann. Deshalb haben die Russen im Positiven und im Negativen Maßnahmen getroffen, um eine solche Korrektur vorzubereiten. Im Positiven ergab sich, daß die Russen die deutschen Zentralverwaltungen für die Sowjetzone nach Berlin legten: 13 verschiedene Verwaltungszweige für die verschiedenen Gebiete des öffentlichen Lebens, der größte Teil untergebracht in einem höchst imposant ausgestatteten Gebäude im alten Berliner Zentrum, dem Göringschen Luftfahrtministerium, für dessen Wiederherstellung alles Denkbare an Material herangeschafft wurde. Hierhin gehört auch die starke Unterstützung, die man der Berliner SED angedeihen ließ, die Unterstützung, die der bis zu den Berliner Wahlen regierende, von der SED beherrschte Magistrat genoß, und schließlich die Bevorzugung des sowjetisch besetzten Teils der Stadt bei der Zuteilung von Lebensmitteln und Verbrauchsgütern.
Die negativen Maßnahmen der Russen zur Korrektur der Vier-Mächte-Struktur Berlins ergaben sich daraus, daß den Westalliierten die allergrößten Schwierigkei-

ten bei der Durchführung ihrer Verwaltungsarbeit gemacht wurden, daß ihnen sozusagen Berlin verekelt werden sollte. In dieses Gebiet fällt es, daß Schwierigkeiten bei der Lebensmittelversorgung Berlins hauptsächlich von russischer Seite gemacht wurden. Das Ernährungsamt der Stadt Berlin litt immer wieder darunter, daß zwar die zugesagten Lieferungen der anderen Alliierten durchgeführt, die der Russen aber mit den verschiedensten Begründungen verzögert wurden. Berlin, das verwaltungsmäßig durch die Konstruktion als Enklave zu einer Insel geworden war, wurde von den Russen wirklich zu einer isolierten Insel gemacht, indem es von seinen natürlichen Bezugsquellen in der Umgebung durch Ausfuhrverbote und strenge Polizeikontrollen abgeschlossen wurde.
Die politische Entwicklung war aber viel zu weit fortgeschritten, als daß Engländer und Amerikaner durch diese russische Taktik sich zur Aufgabe Berlins hätten bewegen lassen können. Die Verlegung des amerikanischen Hauptquartiers nach Berlin und Versorgungsmaßnahmen beider angelsächsischer Mächte ließen erkennen, daß sie sich in Berlin eher noch fester als bis dahin festsetzen würden und daß sie fest entschlossen waren, das Mitwirkungsrecht an der Gestaltung dieser Insel inmitten der Sowjetzone unter gar keinen noch so kritischen Umständen aus der Hand zu geben.

*Die Politik der Berliner Union*
Aus dieser Sachlage, ja schon aus der Anfangssituation der Vier-Mächte-Besetzung mußten sich gerade für die Politik der Union ganz bestimmte Richtlinien ergeben. Die deutsche Innenpolitik steht vor der Tatsache, daß einige der großen Parteien willentlich oder unwillentlich als Interessenvertreter bestimmter fremder Mächte abgestempelt erscheinen: Die *SED oder KPD* ist weitgehend zur Vertreterin russischer Interessen geworden. Die SPD wurde in eine unausweichliche Intimität mit England hineingedrängt, einmal durch die Bevorzugung, die die britische Labour Party ihr angedeihen ließ, zum anderen durch das Wiedererstehen der SPD auf dem Boden des britischen Abschnitts des Berliner Stadtgebietes. Von der *LDP* braucht in diesem Zusammenhang kaum gesprochen zu werden, sie spielt hier eine untergeordnete Rolle, ist sich dessen auch bewußt und sucht deshalb in vielen Fällen enge Anlehnung an die Russen, die gern davon Kenntnis nehmen, weil durch diese Begünstigung einer an sich ungefährlichen ausgesprochenen Rechtspartei – denn das ist die LDP jedenfalls im östlichen Gebiet geworden – gewisse Keime des Zwiespaltes in den Parteiauseinandersetzungen und in den Parlamentsauseinandersetzungen geschickt benutzt werden können.
Die *politische Haltung der Union,* deren tragende Idee ja in Berlin entstand, ging von vornherein auf das Ziel seines Ausgleiches, wie das schon bei ihrer Namensgebung in Erscheinung trat. Daraus mußte sich *außenpolitisch* ergeben, daß sie unter keinen Umständen unter den Einfluß oder in den Interessenbereich einer der auswärtigen Mächte geraten durfte. Die Aufgabe der Union durfte es nicht sein, diese Mächte gegeneinander aufzubringen, indem man ihnen die Möglichkeit innerdeutscher Frontstellungen gab, wie das durch die Haltung von KPD und SPD herbeigeführt wurde. Vielmehr sah die Union seit ihrer Entstehung ihre Aufgabe darin, Ausgleich und *Brücke zwischen Ost und West* zu schaffen und außerhalb des Mächtekampfes rein deutsche Interessen zu vertreten. Dabei konnte nicht verkannt werden, daß auf dem Gebiet der politischen Ideologie das westliche Denken den deutschen demokratischen Vorstellungen näherstand als die russische Theorie. Wäh-

rend umgekehrt das Vorwärtstreiben des sozialistischen Gedankens in Rußland zu sozialpolitischen Erkenntnissen geführt hat, die inzwischen weit über einen rein bürokratischen Staatssozialismus hinaus gediehen sind. Während gleichzeitig auch in Rechnung zu stellen war, wie sie bei den westlichen Demokratien bestehen, eine wirtschaftliche Existenz Deutschlands in Zukunft überhaupt nur vorstellbar war, wenn die Möglichkeit von Lieferungen größten Umfangs an ein versorgungsbedürftiges Gebiet wie Rußland nicht versperrt, sondern verstärkt wurde.

So kam es schon im Anfang der Union dazu, daß wir eine Haltung zwischen beiden Lagern einnahmen, bei allen Risiken, die das mit sich brachte. Dem russischen Prestigebedürfnis wurde damit Rechnung getragen, daß das Berliner Hauptquartier der Union im sowjetisch verwalteten Teil der Stadt lag. Das änderte aber nichts daran, daß bei Fragen wie etwa der Bodenreform oder der Enteignung die Berliner Union eine eindeutig feste Haltung einnahm und auch dann, wenn sie sich gegenüber der Gesetzgebungsmaschine der SED in der sowjetischen Zone rund um die Vier-Mächte-Stadt nicht durchsetzen konnte, in ihren öffentlichen Erklärungen und durch manche anderen, hier nicht zu besprechenden Mittel ihren Standpunkt sehr energisch zum Ausdruck brachte.

Das führte zu der bekannten Stellungnahme der Russen gegen *Hermes* und zur Umbildung des Vorstandes, durch die *Jakob Kaiser* und *Ernst Lemmer* an die Spitze der Union kamen. An der Unbequemlichkeit, die die Existenz der Union für manche russischen Pläne darstellte, änderte sich dadurch nichts, auch wenn man im russischen Lager von der Umwandlung des Vorstandes vielleicht eine solche Änderung erwartet hatte.

Die durchaus eigene Haltung der Union ließ sich im Gegenteil nach dem Vorstandswechsel vielleicht noch entschiedener als vorher vertreten. Denn Kaiser und Lemmer waren nicht nur aus dem *Gewerkschaftslager* hervorgegangen, sie hatten auch bei dem Zustandekommen des neuen FDGB eine leitende Rolle gehabt und sie waren (und sind) Vorstandsmitglieder dieses vereinigten Gewerkschaftsbundes. Gegen beide konnte also weder nach ihrer Vergangenheit noch nach ihrer moralischen Position innerhalb der Gewerkschaften der Vorwurf erhoben werden, daß sie sozialpolitische Reaktionäre seien, wenn sie ihre Stimme gegen Ungerechtigkeiten oder gegen einen verfehlten oder mißverstandenen Sozialismus erhoben. Die Russen, aber auch die SED erkannten diese Tatsache sehr bald. Und so schikanös etwa bei dem späteren Wahlkampf in der Ostzone und in Berlin Maßnahmen und Angriffe gegen die CDU waren, so sehr hütete man sich doch davor, Kaiser und Lemmer von diesem Lager her direkt zu attackieren, weil man wußte, daß der Erfolg solcher Angriffe bei den breiten Massen, insbesondere auch bei der Arbeiterschaft, anders gewesen wäre, als die SED es sich wünschen mußte.

*Sonderstellung der Berliner Organisation*

Diese Politik ließ sich auf lange Sicht nur durchführen, wenn die in Berlin beheimateten zentralen Stellen der CDU eine Sonderstellung einnahmen. Wäre die Gliederung durchgeführt worden wie in allen anderen Zonen, so wäre eine Anzahl von Landesvorsitzenden der CDU in den einzelnen Ländern und Provinzen auf ihre eigene Politik angewiesen gewesen, vielleicht zusammengefaßt durch einen Zonenvorstand, der dann seinen Sitz irgendwo in der Ostzone hätte haben müssen. Gerade da Berlin eine Art fünfter Zone ist, hätte es daneben eine Berliner CDU aus eigenem Recht und als eigenen Landes- oder Zonenverband geben können.

Es mag sein, daß den Russen in Zeiten, in denen die CDU-Politik ihnen besonders unbequem wurde, manchmal derartige Ideen vorschwebten, deren Undurchführbarkeit sie aber angesichts der engen persönlichen Verbindungen zwischen Kaiser und Lemmer und der von allen Landesverbands-Vorsitzenden der Ostzone anerkannten überragenden Position Jakob Kaisers sie sich aber bald überzeugt haben dürften.

Dazu kam etwas anderes, das aus der *Geschichte der Unionsbewegung* herrührte. Als in den Frühjahrsmonaten 1945 die Union auf Berliner Boden gegründet wurde, waren die Männer, die inmitten der Eroberung, der Zerstörung, der fast unerträglichen Verkehrsverhältnisse dieser Stadt zu Vorbesprechungen unter äußerst schwierigen Umständen zusammenkamen, nicht darauf aus, eine rein örtlich oder regional begrenzte Organisation zu schaffen. Ihnen schwebte am Anfang zum großen Teil sogar eine größere Lösungsmöglichkeit vor, als die Union darstellt: der Gedanke an eine deutsche Labour Party, d. h. an eine Partei der Arbeit, die unter Abstreifung des marxistischen Dogmas und unter voller Wahrung und Anerkennung des christlichen Standpunktes (wie das ja auch bei der britischen Labour Party der Fall ist) alle nicht kommunistischen Kräfte, vor allem des arbeitenden Volkes, vereinigen sollte. Dieser Plan wurde undurchführbar, als nachher die unter russischer Hilfe zustande gekommene Begründung der KPD die Kreise der ehemaligen SPD mit einem marxistisch-gemäßigten Konkurrenzunternehmen nicht länger glaubten warten zu können. Als man sich daraufhin zu einer christlich-demokratischen Bewegung entschloß, die durch den Namen Union schon äußerlich ihre vereinigende Kraft zum Ausdruck bringen sollte, handelte es sich selbstverständlich um eine Aktion, die in die Weite wirken sollte. Und die ja auch in die Weite gewirkt hat, denn die verschiedenen Unionsgründungen in den damals voneinander völlig getrennten Reichsteilen wurden zum guten Teil durch die Rundfunknachrichten über die Berliner Gründung angestoßen oder durch werbende Reisen der aus dem Berliner Kreis hervorgegangenen Berliner Männer gefördert. Das heißt, daß der Berliner Unionsgründung der Gedanke einer *Gründung über das ganze Reich* zugrunde lag.

Dieser Gedanke wurde aufrechterhalten, und seine stillschweigende Anerkennung durch die Union der Ostzone ermöglichte es, daß die Vorsitzenden der Berliner Union eine ganz natürliche Sonderstellung erhielten, indem sie *gewissermaßen über zwei Zonen,* über der Ostzone und über Berlin, ihren Platz einnahmen. Das war aus manchen politischen und praktischen Gründen gerade dann notwendig, wenn die Union ihre selbständige Politik gegenüber allen Besatzungsmächten durchführen wollte. Bei dem Verhältnis, das zwischen der Vier-Mächte-Zone Berlin und bei der sowjetischen Zone rundum entstand, erwies sich häufig als nützlich, ja als unerläßlich, daß die rechte Hand manchmal nicht wußte, was die linke tat. Oder es nicht zu wissen brauchte. Das galt vor allem auch in *finanzieller Hinsicht.*

Als Jakob Kaiser den Vorsitz der Partei übernahm, fand er sich vor der Tatsache, daß recht erhebliche *Geldbeträge von Hermes nach den Westzonen* gelegt worden waren. Dieser Tatsache mußte Rechnung getragen werden. Die Geldbeträge hierher zurückzurufen, erschien aus nicht näher zu erörternden Gründen unzweckmäßig. Andererseits wäre es höchst unerwünscht gewesen, wenn bei den Verhältnissen in der Sowjetzone ein allzu großer Kreis auch von Parteifreunden über diese Tatsache unterrichtet gewesen wäre. Die von Hermes nach dem Westen verlagerten Gelder blieben also dort, mit Kenntnis eines überaus engen, in Berlin sitzenden Personenkreises.

*Die Rolle Hermes'*
Andreas Hermes versuchte im Verlauf des vergangenen Jahres, für die verschiedensten Parteizwecke die im Westen lagernden Gelder in Anspruch zu nehmen bzw. die Verfügungsgewalt über diese Mittel zu erhalten. Er verfolgte zunächst den Plan der Begründung einer Reichsverbindungsstelle, die im Westen eingerichtet werden sollte. Er wollte die Zustimmung Jakob Kaisers dazu, daß er die Leitung einer solchen Verbindungsstelle erhielt. Das mußte abgelehnt werden, da ja Jakob Kaiser wohl der unbestrittene Vorsitzende von zwei Zonengebieten (Ostzone und Berlin) ist, aber unmöglich irgendeine Verfügungsgewalt über Parteiangelegenheiten in Anspruch nehmen kann, die das gesamte Reichsgebiet angehen. Diese Angelegenheit spielte in sehr vielen und manchmal etwas peinlichen Unterredungen eine Rolle.
Dabei war zu berücksichtigen, daß Hermes eben der erste Vorsitzende der neubegründeten Union gewesen war, daß er mit Recht aus dieser Tatsache manche Ansprüche für die Verwendung seiner großen Begabungen im Dienst der Union herleiten konnte und daß es menschlich und politisch nicht möglich erschien, ihn zu verletzen oder zu kränken, so wenig man auch seine Bestrebungen für richtig halten konnte, auf irgendwelchen Umwegen die *Führung der Union in ganz Deutschland* in die Hand zu bekommen. Derartige Bestrebungen hat es gegeben und gibt es vielleicht heute noch. Hermes hat in Besprechungen mit südwestdeutschen Parteifreunden zum Ausdruck gebracht, daß er auf einen nach Heidelberg einzuberufenden Reichsparteitag hinarbeite, der ihm die Führung der Partei geben sollte, weil Kaiser zwar seine Dinge auch im Widerstand gegenüber russischen Zumutungen durchaus richtig versehe, aber sich doch in der Schrecksekunde des erzwungenen Vorstandswechsels vom Dezember 1945 nicht richtig verhalten habe.
In den *Besprechungen Hermes – Kaiser* über die Verwendung der im Westen liegenden Gelder wurden derartige Meinungen von Hermes allerdings nicht zum Ausdruck gebracht. Er betonte vielmehr, daß er bei der Einrichtung seiner geplanten Reichsverbindungsstelle sich als der Sprecher Kaisers fühlen werde. Hermes eine solche Position zuzusprechen, mußte aus dem schon erwähnten Grunde unmöglich sein, da Kaiser darüber ja gar nicht verfügungsberechtigt war. Ebenso lehnte Kaiser auf das entschiedenste Hermes' Vorschläge ab, einen Kampf gegen Adenauer zu führen, der sich auf politische Unionsstellen – von Hermes ins Leben zu rufen – aufbauen sollte. Zu Kampfmethoden dieser Art überzugehen, wies Kaiser auf das entschiedenste von sich.
Schließlich schien sich aber ein Weg zu zeigen, bei dem Hermes' Kräfte zugunsten der Union voll nutzbar gemacht werden und ihm damit eine Aufgabe übergeben werden konnte, die seinen großen Fähigkeiten entsprach und die ihm auf einem Spezialgebiet eine sehr große Stellung, ja im Gesamtspiel der Kräfte eine außerordentlich wichtige Machtposition verschaffen konnte.
Es handelte sich um die künftige *Agrarpolitik* der Union und dabei insbesondere um den Aufbau bäuerlicher Genossenschaften, für den Hermes der vorbestimmte Mann zu sein schien. Die erste Zusammenkunft einer Arbeitsgemeinschaft der Union aus drei Zonen hatte die Bildung einer Anzahl ständiger Ausschüsse vorgesehen, darunter eines agrarpolitischen Ausschusses. Man konnte wohl den Standpunkt vertreten, daß Hermes der geeignete Vorsitzende eines solchen Ausschusses wäre, wobei es natürlich von der Haltung der anderen Zonen abhing, ihm eine solche Position zuzuerkennen. Aber fast wichtiger noch war die *Organisation des länd-*

*lichen Genossenschaftswesens.* Hier hatte Hermes schon von sich aus erhebliche Vorarbeit geleistet. Ein ländliches Genossenschaftswesen, das unter der Leitung eines führenden Unionsmannes stand, konnte zu einer überaus wirksamen Stütze der Unionspolitik werden und sie in Kreise hineintragen, die im übrigen nicht unbedingt und nicht von Anfang an zur Union gehörten.
Damit schien ein Punkt erreicht, an dem es möglich war, Hermes' persönliche Wünsche, eine leitende Rolle zu spielen und über Geldmittel zu organisatorischen Zwecken zu verfügen, mit den sachlichen Interessen der Partei in Übereinstimmung zu bringen, zugleich aber auch jene im Westen liegenden Gelder, an deren Rückführung nicht zu denken war, im Sinne der Union zu verwenden. So gab Jakob Kaiser seine Zustimmung dazu, daß ein erheblicher Teil dieser Gelder für den Aufbau ländlicher Genossenschaftsorganisationen verwendet werden konnte, in der Erwartung, daß damit Hermes seine Aufgabe gefunden haben würde und daß das Drängen nach anderen Aufgaben und Betätigungen nun beendet sei.
Auch diese Entscheidung konnte selbstverständlich nur einem *sehr kleinen Personenkreis* mitgeteilt werden, und es hätte von verhängnisvoller Wirkung werden können, wenn sie der Öffentlichkeit bekannt wurde. Man muß sich dabei vor Augen halten, daß ja die Sonderstellung der Vorsitzenden Jakob Kaiser und Ernst Lemmer formell nie geregelt wurde und daß auch die Besatzungsmacht diese Sonderstellung stillschweigend wegen des überragenden persönlichen Ansehens beider Männer duldete.

*Die Aufgabe in Berlin*

Während jener ganzen Zeit, in der Verhandlungen über solche Spezialprobleme geführt wurden, hatte sich nun in Berlin eine Sonderaufgabe herausgebildet, die niemand angestrebt hatte, sondern die aus dem Zwang der Verhältnisse entstand.
Berlin war die große *Diplomatenstadt innerhalb Deutschlands* geworden. Außer dem russischen Hauptquartier in Karlshorst lag seit den entsprechenden Umgruppierungsmaßnahmen der Amerikaner das Hauptquartier der USA für Deutschland in Berlin-Zehlendorf. Die Engländer hielten zwar an ihrem Hauptquartier in Hamburg fest, aber ihre leitenden Männer verbrachten nur die Hälfte ihrer Zeit dort, die andere Hälfte in Berlin, wo für sie die einzige praktische Möglichkeit bestand, in persönlichem Kontakt mit ihren Kollegen von den anderen Siegermächten zu verhandeln.
Das war für die Siegermächte selbst unvermeidlich, weil in Berlin der *Kontrollrat,* also der höchste Gesetzgeber für Deutschland, seinen Sitz hatte und weil bei der Schwierigkeit des Ausgleichs und der Orientierung in den Kontrollratsberatungen die unmittelbaren Verbindungen zu den wichtigsten Hauptquartieren der Russen und der Amerikaner so eng gestaltet werden mußten.
Um diese Instanzen: den Kontrollrat als gegenwärtigen Träger der deutschen Souveränität und die Hauptquartiere als Verbindungsstellen zu den dem Kontrollrat übergeordneten Regierungen, hatte sich ein sehr großes diplomatisches Korps gruppiert. Vertretungen von mehr als dreißig Ländern waren hier entstanden, und zwar Vertretungen mit nicht nur konsularischen, sondern mit ausgesprochen diplomatischen Aufgaben, wie sie sich daraus ergaben, daß ja der größte Teil dieser Länder darauf bedacht war, das künftige wirtschaftliche und politische Verhältnis zu Deutschland vorzubereiten, mit dem sie insbesondere auf wirtschaftlichem Gebiet früher sehr engen und wichtigen Kontakt gehabt hatten. Wohl gab es in Baden-Ba-

den für die französische Zone und auch in der englischen Zone ähnliche diplomatische Anhäufungen, aber dabei handelte es sich um Filialen, die von den Berliner Militärmissionen abhängig waren und die nicht in direktem Kontakt mit ihren einheimischen Regierungen standen. Nach Berlin aber schickten die auswärtigen Staaten als Leiter ihrer Missionen solche Persönlichkeiten, die möglichst persönliche Beziehungen zu dem einen oder anderen Repräsentanten der Siegermächte in deren Hauptquartieren besaßen.

Zwischen Kontrollrat, Hauptquartieren und Parteiführern hatten sich sehr frühzeitig gewisse, zunächst streng offizielle Beziehungen herausgebildet. Dann suchten maßgebende politische Persönlichkeiten wie der amerikanische Botschafter Murphy oder der Engländer Strang oder der russische General Georgiew durch persönliche, zunächst auch noch etwas kühl formelle Beziehungen sich ein persönliches Urteil über die einzelnen Parteiführer zu bilden. Dabei ergab sich sehr bald, daß sie die in vieler Hinsicht vermittelnde und ausgleichende Position der CDU und insbesondere der beiden Berliner Vorsitzenden erkannt hatten und daß sie dieser Position Rechnung trugen.

Unmittelbarer diplomatischer Kontakt wurde (um an einem Einzelbeispiel die Gesamtheit dieser Entwicklung zu charakterisieren) dann von den Amerikanern auf einem Umweg hergestellt. Die Berliner chinesische Militärmission (also Vertreterin einer der fünf Hauptsiegermächte) umfaßte Persönlichkeiten, die in engem Freundschaftsverhältnis zu dem Botschafter Murphy standen. Sie suchten einen Kontakt zu Jakob Kaiser herzustellen, und nach einigen vorbereitenden Zusammenkünften ergab sich ganz deutlich, daß sie im Zusammenhang, ja wohl im Auftrag Murphys die Beziehungen durch sachliche unverbindliche Aussprachen über wichtige und höchst komplizierte Probleme zu vertiefen suchten. Bei einem ersten Wunsch nach schriftlicher Fixierung der CDU-Auffassung über den künftigen Frieden (im Frühjahr 1946) ging der Weg des amerikanischen Wunsches und unserer Beantwortung noch über den chinesischen General Kwei.

Von da ab (seit einer Denkschrift, die unmittelbar der Pariser Außenministerkonferenz zugeleitet wurde) stellte sich die direkte persönliche und sehr intensive diplomatische Verbindung zu Murphy und seinem Kreis von Sachbearbeitern sowie über diesen Kreis zum General Clay her.

Dieser Vorgang der diplomatischen Verbindung zu den Amerikanern ist, wie gesagt, als Beispiel angeführt. Die Verbindungen zu den Engländern und zu den Russen entwickelten sich ähnlich. Die Franzosen erschienen in jüngerer Zeit mit direkten Sendboten aus Paris, wenn auch ihre Haltung verschwommener und weniger zu vertrauter Fühlungnahme ermutigend war als insbesondere die der angelsächsischen Nationen.

*Die diplomatischen Möglichkeiten*

Das amerikanische Beispiel soll zur Erläuterung der sehr großen Möglichkeiten und Chancen, die sich hier bieten, weiter beibehalten werden.

Ein erster sehr wesentlicher Fall unmittelbarer Einflußnahme auf die Auffassungen der Besatzungsmächte bot sich von amerikanischer Seite, als im Herbst vorigen Jahres der amerikanische Außenminister Byrnes seine grundlegende Rede über das amerikanische Programm für Deutschland hielt. Damals bat Botschafter Murphy, ihm mit 24 Stunden Frist eine Aufzeichnung über die Auffassung Jakob Kaisers zur deutschen, zur Grenz- und zur allgemeinen Friedensfrage zu übergeben, weil er sie

bei seinem Entwurf für *Byrnes' Rede* benutzen wolle. Das Ergebnis zeigte sich in einer die mitwirkenden Berliner Kreise selbst überraschenden Weise, als sich dann in Byrnes' Rede eine ganze Reihe zum Teil sinngemäß, zum Teil fast wörtlich übernommener Stellen aus Jakob Kaisers Aufzeichnung fanden, so insbesondere über das Ostproblem, Verhältnis Reichsgewalt und Ländergewalten, Reparationen.
Die Voraussetzung für eine solche Zusammenarbeit, die zum guten Teil die unmittelbare Beeinflussung einer der wichtigsten Siegermächte ermöglicht, war eine Tätigkeit in der Stille. Jakob Kaiser hatte zwar als erster Politiker der Ostzone in seiner Görlitzer Rede (also unmittelbar an der Grenze des polnischen Verwaltungsgebietes, die durch die Oder quer durch das Stadtgebiet gebildet wird) den öffentlichen Protest gegen die geplante Gestaltung der Ostgrenze ausgesprochen. Erst danach folgte Schumacher mit einer unter englischem Schutz gehaltenen Rede in Berlin und später mit Reden in der britischen Zone. Aber es fragte sich nun, ob man zugunsten propagandistisch wirksamer öffentlicher Demonstrationen die Möglichkeiten diplomatischer Einwirkung aufs Spiel setzen sollte, d. h. also, ob man den größeren Wert darauf legen sollte, billige volkstümliche Erfolge zu erzielen oder die diplomatischen Erfolgsaussichten Deutschlands bei der künftigen Friedensgestaltung zu verstärken. Die Entscheidung konnte bei gewissenhafter Prüfung nur zugunsten der diplomatischen Arbeit in der Stille ausfallen.
Die Berliner CDU hatte in Erkenntnis der Berliner diplomatischen Möglichkeiten sehr frühzeitig mit außenpolitischen Vorbereitungen begonnen. Noch im Herbst 1945 war ein *Ausschuß für außenpolitische Arbeit* eingesetzt worden, der sich, weil Außenpolitik damals den Parteien noch untersagt war, unter dem Namen Archivausschuß konstituiert hatte. Hermes hatte ihn unter den Vorsitz von Rudolf Pechel gestellt. Er erwies sich als ein trotz guten Willens etwas schwerfälliges, langsam arbeitendes Instrument, das deshalb reformiert wurde, als sich zum Teil durch die immer weiter reichende persönliche Fühlungnahme Jakob Kaisers die Notwendigkeit schneller, fundierter Stellungnahmen ergab. Es wurde ein Arbeitskreis geschaffen, der Rohmaterial zusammenstellte und bereithielt, um in häufig sehr kurzen Fristen die Grundlagen für eine Stellungnahme zu Anfragen der einen und der anderen Siegermacht auszuarbeiten. Dabei wurden Sachverständige aus den verschiedensten Fachgebieten der Wirtschaft, der Währung, der Grenzprobleme, des Völkerrechtes, der Geographie, der Statistik und Wirtschaftsforschung herangezogen. Das alles geschah ohne große Ankündigungen, mit dem Erfolg, daß jeweils im gegebenen Augenblick so fundierte, vertraulich von beiden Seiten behandelte Stellungnahmen vorlagen, daß die jeweils verhandelnden ausländischen Stellen fundiertes und nicht zu widerlegendes Material an die Hand bekommen sollten.
Als etwa eine *holländische Delegation* bei Jakob Kaiser erschien, um mit ihm die Parteibeziehungen zwischen CDU und holländischer Arbeiterpartei, aber auch das allgemeine deutsch-holländische Verhältnis und insbesondere die holländischen Grenzforderungen zu besprechen, konnte er sich bei solcher Unterhaltung auf Material stützen, das die sachlichen Voraussetzungen, aber auch bereits die europäischen Pressestimmen zu den holländischen Ansprüchen so zusammenfaßte, daß mit den holländischen Herren ein vielleicht erst in Zukunft spürbarer Kontakt hinsichtlich der Ablehnung des Annektionsgedankens herzustellen war.
Dazu ist grundsätzlich festzustellen, daß die einzelnen Mitglieder dieses außenpolitischen Arbeitskreises, gerade weil er gegenüber der Öffentlichkeit nicht in Erscheinung trat, die Möglichkeit hatten und benutzten, persönliche und sachliche,

zum Teil recht enge Beziehungen nicht nur zu Persönlichkeiten der Hauptsiegermächte, sondern auch zu den zahlreichen Militärmissionen anzuknüpfen. Über die Informations- und Einwirkungsmöglichkeiten, die sich daraus ergaben, braucht nichts gesagt zu werden.
Welche Wirkungen daraus entstehen, läßt sich vielleicht an einigen Beispielen erkennen:
Der Gedanke einer *Volksabstimmung über den Friedensvertrag* ist vor etwa dreiviertel Jahren zuerst in einer von Jakob Kaiser dem Botschafter Murphy zugeleiteten Aufzeichnung ausgesprochen worden, weil dabei die taktische Überlegung eine Rolle spielte, daß die Hauptsiegermächte in der Friedensgestaltung unter einen gewissen Druck gesetzt würden, wenn sie nachher sich dem deutschen Volk in einer Abstimmung stellen müßten.
Der Vorschlag, bei *Zuziehung deutscher Vertreter* nicht eine künstlich geschaffene Instanz zu hören, sondern alle vier Parteien, weil ihre Meinungen vorläufig nicht auf einen gemeinsamen Nenner zu bringen sind, stand zuerst in anderen Kaiserschen Aufzeichnungen für Murphy.
Die Reihe dieser Beispiele könnte erheblich erweitert werden, aber damit würde das Gesetz der Stille über die Arbeit dieses diplomatischen Ausschusses aufgehoben werden. Erwähnt sei immerhin, daß Murphy unmittelbar vor seiner Reise nach London eine Aufzeichnung über die Möglichkeiten der *Grenzgestaltung im Osten* erbat und erhielt und daß er in einem Telefonat von London die Nützlichkeit dieser Aufzeichnung für seine Stellungnahmen unterstrich.
Hier aber liegt eine der für die deutsche Zukunft wichtigsten Notwendigkeiten der Einwirkung vor, weil ja von der Erhaltung gewisser Ernährungsgrundlagen des Ostens alles Weitere abhängt. Wie dabei zwischen Ost und West der Siegermächte die Dinge ausbalanciert werden können, lassen (soweit überhaupt Schlußfolgerungen zu ziehen sind) nur die Beobachtungen in Berlin erkennen.
Während also verschiedenste Stellen des deutschen Städtetages, des Länderrates usw. darum bemüht sind, durch Einrichtung außenpolitischer Forschungsstellen eine *Sprechmöglichkeit gegenüber den Alliierten* zu erhalten, hat sich diese Sprechmöglichkeit in Berlin von selbst ergeben und ist von der CDU weitestgehend genutzt worden.

*Die diplomatische Forderung Berlins*
Unter diesen Umständen gingen Jakob Kaiser und die Berliner CDU zur Königsteiner Tagung in der selbstverständlichen Voraussetzung, daß bei den Unionsfreunden im Lande die Sonderstellung Berlins erkannt und anerkannt werden würde. Sie glaubten, daß dem politischen Verstand leitender Männer einer großen Partei auch ohne Erläuterung im einzelnen verständlich sein müßte, welche Aufgabe Berlin hat. Es konnte dabei nicht in dem Kreis, wie er sich in Königstein zum Teil erstmalig begegnete, von einer Erörterung im einzelnen die Rede sein. Es konnte, schon weil es als eine Selbstanpreisung hätte wirken können, nicht darüber berichtet werden, daß in einer vertraulichen amerikanischen Aufzeichnung, bestimmt für USA-Stellen, die folgende Äußerung des Generals Clay stand: »I don't want to support any German politician. But when I want tu support any German politician, I would support Jakob Kaiser.« Vielmehr mußte erwartet werden, daß bei einer Darlegung der Berliner Verhältnisse das politische Gefühl der versammelten CDU-Vertreter die Rolle erkennen würde, die Berlin für den diplomatischen Verkehr nun einmal

spielt, ohne daß diese Rolle das geringste mit der Frage einer künftigen deutschen Hauptstadt oder ähnlichen Problemen zu tun hat.
Die Auffassung der Berliner CDU nach der diplomatischen Vorgeschichte, wie sie sich durch die Macht der Tatsachen in der Vier-Mächte-Stadt entwickelt hatte, läßt sich wie folgt wiedergeben:
Es ist notwendig, die Kompetenzen für die Gestaltung der deutschen Zukunft über die einzelnen Reichsteile schon bei der Vorbereitung der künftigen deutschen Gestaltung zu verteilen. Infolgedessen ist es nicht nur möglich, sondern nützlich, die Tagungsorte und die Beratungszentren und die Leitungen der verschiedenen notwendigen Arbeitsausschüsse sinngemäß über das Reich zu verteilen. Der Verfassungsausschuß mit seiner grundlegend wichtigen Arbeit kann in der einen Zone, der Wirtschafts- und Sozialausschuß, der die gesellschaftliche Struktur bestimmen wird, kann in einer anderen Zone Sitz und damit auch Einfluß haben. Aber bei der Konzentrierung aller diplomatischen Arbeit auf Berlin und bei der durch die Entwicklung entstandenen Rolle, die Jakob Kaiser in diesem diplomatischen Kampf zugefallen ist, erscheint es unbedingt notwendig, daß der außenpolitische Ausschuß der gesamtdeutschen Union seinen Sitz in Berlin hat und daß Jakob Kaiser der diplomatische Sprecher der Union wird, damit auf diese Weise die Autorität seiner Erklärungen gegenüber den Vertretern der Siegermächte und des Auslands überhaupt gestärkt wird.

*Außenpolitik in Königstein*
Um die Frage der Außenpolitik kam es in Königstein zu einer außerordentlich *dramatischen Auseinandersetzung*. Dabei ging es nicht eigentlich um die Stellung Deutschlands gegenüber den anderen Nationen – auch über diese Frage hatte es Meinungsverschiedenheiten gegeben, die aber doch im Rahmen einer parlamentarischen Auseinandersetzung blieben, der nachher weit überschritten wurde. Vielmehr wurde die Frage der diplomatischen Methode zum *Anlaß für einen Streit,* in den ganz andere Fragen hineingezogen wurden und bei der sich eine Sturzflut von *Mißtrauenserklärungen, Verdächtigungen und Anschuldigungen* gegen Berlin entlud.
Die Außenpolitik selbst war schon am Vormittag des ersten Verhandlungstages diskutiert worden, wobei man sich darüber klar war, daß angesichts der Londoner und der bevorstehenden Moskauer Verhandlungen eine öffentliche Äußerung der Union zu den dringendsten Friedensproblemen von der Wählerschaft erwartet würde. So wenig es für die Entwicklung der Außenpolitik zweckmäßig sei, mit öffentlichen Proklamationen aufzutreten, so unvermeidlich sei doch eine öffentliche Stellungnahme, nachdem die anderen Parteien zu einer Politik der öffentlichen Demonstrationen übergegangen seien.
Die Formulierung einer Erklärung zur Außenpolitik wurde einem *Ausschuß* übertragen, dem Vertreter aller vier Zonen angehörten.
Als Auftakt dieser Arbeit *gab Jakob Kaiser eine Erklärung ab,* die im wesentlichen besagte: Der Impuls zur Begründung der Union ist aus Berlin gekommen. Dort fanden sich im Zeitpunkt des Zusammenbruches Männer aus allen Teilen Deutschlands, zum Teil waren sie aus den Zuchthäusern des Nationalsozialismus gekommen, zum Teil handelte es sich um Männer, die durch die nationalsozialistische Rechtsprechung zum Tode verurteilt worden waren und nur durch Zufall oder Fügung der Vollziehung des Todesurteils entgangen waren. Dieser Kreis von Men-

schen dachte nicht an eine Gründung für Berlin, da *es ja eben nicht Männer aus Berlin waren,* die diesen Gedanken zuerst faßten. Es sollte ein Aufruf an Deutschland werden. Der Name »Union« war dabei ein Verdienst Hermes'. Durch eine besondere Zwangslage wurden etwas später ich selbst und Ernst Lemmer nach vorn an die Spitze der Union gebracht. Erst danach kam es zu Meinungsverschiedenheiten über das Verhältnis der inzwischen in allen Reichsteilen entstandenen Gründungen untereinander. Es muß festgestellt werden, daß Berlin, wenn es eine bestimmte Arbeit durchführte, nicht von Machtwillen beseelt war, sondern daß es einfach die Möglichkeiten wahrnahm, die nur dort wahrgenommen werden konnten. Denn nur in Berlin konnte man mit den Persönlichkeiten des Kontrollrates sprechen, nur in Berlin fand sich die Gruppierung der ausländischen Militärmissionen als diplomatischer Vertretungen des Auslandes. Nur in Berlin gab es schließlich Möglichkeiten, die deutsche Meinung in die internationale Presse hineinzubringen. Wir in Berlin hatten kein Interesse daran, eine Erörterung über die Frage einer deutschen Hauptstadt zu führen. Aber wenn wir in Berlin durch den Zwang der Tatsachen zu dauerndem Verkehr mit dem Ausland genötigt sind, muß uns daran gelegen sein, dem Ausland gegenüber die Meinung der gesamten Union aussprechen zu können. Wir haben auf Wunsch der Siegermächte wiederholt Material über deutsche Fragen zur Verfügung gestellt. Dieses Material haben wir nicht als Berliner Union bereitgestellt, sondern stillschweigend die Interessen des ganzen Reiches wahrgenommen. Es ist für die Union selbst peinlich, wenn ich von Leuten wie Murphy oder Strang um die Meinung der Union befragt werde, nur meine persönliche Auffassung zum Ausdruck bringen kann. Diese leitenden Persönlichkeiten der Siegermächte haben vor sich eine einheitliche KPD und eine einheitliche SPD. Nur von der Union können sie nie eine einheitliche Meinung erhalten. Solange Deutschland besetzt ist, hat Berlin nun einmal wegen der Besetzung durch vier Mächte seine besondere Bedeutung. Jeder Zone wird von der jeweiligen Besatzungsmacht ein bestimmtes Gesicht aufgepreßt. Nicht zuletzt deshalb haben wir ja gerade in der Ostzone einen ernsten Kampf geführt. In Berlin aber, wo die vier Auffassungen der alliierten Mächte aufeinanderstoßen, kann sich der Deutsche am freiesten ausdrücken. Denken Sie an die Wirkungen, die es bei den Alliierten auslösen müßte, wenn der Sprecher der Union zu außenpolitischen Fragen in einer der Zonen säße. Wenn Frankfurt dafür gewählt würde, so müßte das die Animosität der Russen, der Engländer oder der Franzosen hervorrufen. Ich brauche nur die Möglichkeit zu erwähnen, daß man ja auch Dresden oder Leipzig als Sitz eines solchen Sprechers ansehen könnte, um bei ihnen die Reaktion hervorzurufen, daß eine solche Verlegung in eine Zone nicht wünschenswert wäre. Darum bitte ich Sie zu verstehen, daß Berlin keinen Anspruch erhebt, sondern eine Notwendigkeit feststellt, wenn es der Meinung ist, daß über Außenpolitik in Berlin gesprochen werden muß.

Diese Erklärung blieb zunächst unwidersprochen. Als später Konrad Adenauer erschien (während des größeren Teiles der Vormittagsverhandlungen war er noch nicht in Königstein anwesend gewesen), äußerte er Bedenken gegen den von der Versammlung für die Abfassung einer außenpolitischen Resolution eingesetzten Ausschuß:

»Wie soll denn ein solcher Ausschuß überhaupt zur Außenpolitik etwas sagen können, wenn darin nicht Jakob Kaiser oder Ernst Lemmer sind, die doch, wenn überhaupt jemand in Berlin, über diese Fragen die einzigen sein können, die Bescheid wissen.«

*Kaiser* erwiderte, Ernst Lemmer werde an den Verhandlungen des Ausschusses teilnehmen. Auch er selbst, Kaiser, werde sich zeitweilig den Ausschußverhandlungen widmen, er habe sich aber nicht binden wollen, weil er sich für eine persönliche Aussprache mit Adenauer freihalten wolle.

Bei der Beratung der *außenpolitischen Resolution* konnte man sich im Ausschuß gut verständigen. Maßgebend war dabei die Richtlinie, keine Festlegungen zu jenen Punkten auszusprechen, in denen zunächst die Erhaltung der Bewegungsfreiheit wesentlich scheint: also Problem der Entsendung deutscher Vertreter zu Friedensverhandlungen, Vertrag mit Unterschrift und Ratifizierung oder ein dekretiertes Statut, Volksabstimmung über ein Friedensstatut oder Alleinregelung durch die fremden Mächte.

Auch im *Plenum der Arbeitsgemeinschaft* verlief die Diskussion über den vorgelegten Resolutionsentwurf durchaus sachlich, wenn sich dabei freilich auch manche grundsätzlichen Auffassungsunterschiede zeigten. Einer der umstrittenen Punkte war die Formulierung des Gedankens einer *europäischen Gemeinschaft,* bei der *die Vertreter Berlins und der Ostzone darauf bestehen mußten, daß eine europäische Vereinigung nicht zu einer Blockbildung werden darf.* Die Vertreter der englischen und der französischen Zone waren hier im allgemeinen geneigt, den Gedanken der europäischen Vereinigung stärker herauszustellen, während die Vertreter des Ostens auf die Realität hinwiesen, die darin liegt, daß eben für die Erhaltung Deutschlands als Einheit nur eine solche europäische Gemeinschaft möglich ist, die nicht im Gegensatz zu Rußland steht.

Unterschiede grundsätzlicher Art, wenn auch nur im nebensächlichen Zusammenhang, zeigten sich, als Konrad Adenauer im Zusammenhang mit dem verlorenen Krieg von den *»Feinden«,* die es sämtlich böse mit Deutschland meinen, sprach. Jakob Kaiser wandte sich gegen den Ausdruck Feinde, der in Berlin durchaus ungewöhnlich sei und der im Gegensatz etwa zu den Verhältnissen nach dem Ersten Weltkrieg nicht der tatsächlichen Lage Rechnung trüge, so daß wir im allgemeinen Sprachgebrauch von dem Begriff Feinde absehen sollten. Ebenfalls zu einer Meinungsverschiedenheit mit Adenauer kam es, weil in dem Resolutionsentwurf von der »moralischen Revolution« die Rede war, die das deutsche Volk noch durchmachen müsse und deren Erfolg von der Hilfe der Siegermächte abhinge. Der Begriff der *»moralischen Revolution«* wurde schließlich durch »geistige Erneuerung« ersetzt. Schließlich kam es zu länger währenden Auseinandersetzungen mit den Vertretern der französischen Zone über den Begriff der deutschen Einheit und des Separatismus. *Minister Süsterhenn* hielt den gewählten Ausdruck »organisch gegliederte Einheit« zu verschwommen und wollte, daß Ablehnung des Separatismus und des Zentralismus miteinander verkoppelt würden. Nach manchen, teilweise erregten Auseinandersetzungen kam man aber doch auf die organisch gegliederte Einheit und auf die Ablehnung jeder Art Separatismus zurück.

Dabei zeigte sich noch ein wesentlicher Auffassungsunterschied, als Konrad Adenauer die Meinung aussprach, man könne von einer solchen Resolution eine Wirkung auf die Welt außen doch nicht erwarten, man solle sie deshalb in ihrer Fassung auf die *Wirkung nach innen* berechnen.

Aber im allgemeinen schien sich über die Gesamtprobleme der außenpolitischen Gestaltung eine Einigung anzubahnen, vor allem auch, als der Tübinger Finanz-Staatssekretär *Binder* sehr ausgleichend und verständnisvoll feststellte:

1. Die Union müsse den Kampf der Ostzone unterstützen durch unbedingte Ein-

heit der Partei nach außen und durch die Sicherung eines einigen sowohl wie föderativen Deutschland, das die Basis für eine solche Einheit der Partei bilden könne.
2. Berlin sei nach den erfolgten Darlegungen der gegebene Vorort für Verhandlungen mit den Besatzungsmächten. Man müsse die dort gebotenen Möglichkeiten ausnutzen, aber nicht in Wettbewerb mit dem Nationalismus Schumachers treten. Wenn man den Besatzungsmächten Material über deutsche Verhältnisse gebe, so sei wohl zu beachten, daß die Länderregierungen dazu vielleicht besser als die Parteien in der Lage seien. Zu beachten sei bei alledem, daß man Berlin selbstverständlich keine Blankovollmacht geben könnte und daß deshalb der Kontakt mit den Besatzungsmächten vielleicht durch einen Ausschuß gesichert sei, in dem jede Zone mit einem Delegierten vertreten sei.
Das entsprach durchaus auch den Vorstellungen, mit denen Berlin zu der Königsteiner Tagung gegangen war. Es schien also gar keine Schwierigkeit zu bestehen, sich über die notwendigen organisatorischen Voraussetzungen der Außenpolitik zu verständigen, bis dann die erwähnten dramatischen Zwischenfälle kamen.

*Die dramatische Zuspitzung*
Konrad Adenauer hatte sich, als man daranging, die Zusammensetzung der Arbeitsgemeinschaft und der von ihr zu bestellenden Ausschüsse zu regeln, vom Vorsitz der Versammlung zurückgezogen und sich zu den übrigen Vertretern der britischen Zone gesetzt. Aus diesem Kreise kamen nun in schneller Folge eine Reihe von Vorstoßen, die sich zum Teil nur protokollarisch wiedergeben lassen.
Vorgeschlagen war – bis dahin ohne Widerspruch –, daß jede Zone die gleiche Anzahl von Vertretern in die Arbeitsgemeinschaft entsenden soll, daß aber mit Rücksicht auf die besonderen Verhältnisse die Ostzone und Berlin zusammen einen Vertreter mehr als die anderen Zonen entsenden können.
*Schröter,* Kiel: Ich möchte einmal wissen, worauf sich eigentlich der Sonderanspruch der russischen Zone begründet, in der Arbeitsgemeinschaft stärker vertreten zu sein. Nach den Bevölkerungszahlen hat die britische Zone die stärkste Volkszahl. Wenn man also davon ausgeht, müßte die britische Zone eine größere Zahl von Vertretern zugebilligt erhalten. Aber richtig wäre es wohl, wenn, wie bei der Zusammensetzung des amerikanischen Senats, jede Zone die gleiche Vertreterzahl entsendet, ohne Rücksicht auf die Bevölkerungszahl.
*Jakob Kaiser:* Ich muß die klare Frage stellen, ob man hier der Meinung ist, daß Berlin ein Teil der russischen Zone ist.
Zurufe aus der Versammlung: Nein
*Jakob Kaiser:* Dann erhebe man doch nicht solche Einwände. Jeder weiß, um was es sich handelt, und wir haben ausführlich dargelegt, warum Berlin eine Sonderstellung einnimmt. In Berlin trifft sich die Welt. Und wenn wir in Berlin stehen, so stehen wir nicht nur für uns, sondern für Deutschland und angesichts der Gefahren, die drohen, auch für die Welt. Wer von Ihnen weiß denn etwas von dem Kampf, den Berlin mitten in der russischen Zone führen muß, und von den unendlichen Anstrengungen, die dieser Kampf für Deutschland täglich erfordert? Hat man sich denn nicht klargemacht, was es bedeutet hat, daß Berlin diesen Kampf während der ganzen vorangegangenen Zeit nur auf sich selbst gestellt führte? Wenn Ernst Lemmer und ich eine Sonderstellung in Berlin einnehmen, unabhängig von den Landesverbandsvorsitzenden, so hängt das ja eben damit zusammen, daß jedermann weiß, wie notwendig es ist, eine solche Sonderstellung aufrechtzuerhalten. In

Berlin und in der Ostzone würden Sie niemanden finden, der das nicht begreift. Kommen Sie einmal nach Berlin, und sehen Sie sich die Leistungen an, die dort verlangt und durchgeführt werden. Dann werden Sie sehen, daß die Weltenuhr anders steht, als es in Königstein aussieht.
*Professor Hickmann, Dresden:* Ich möchte feststellen, daß Berlin mit der russischen Zone nichts zu tun hat, daß in Berlin eine ganz eigene Gesetzgebung besteht, die völlig unabhängig von den Verhältnissen der Ostzone ist.
*Landsberg, Berlin:* Eigentlich ist Berlin eine fünfte Zone. Und wenn der Grundsatz des amerikanischen Senates angewandt werden sollte, müßte Berlin Anspruch auf die volle Zonenvertretung in der Arbeitsgemeinschaft haben. Nur die sprichwörtliche Berliner Bescheidenheit hat uns veranlaßt, einen solchen Anspruch nicht zu stellen.
*Binder, Tübingen:* Ich habe schon vorher betont, und ich unterstreiche nach den eindrucksvollen Worten Jakob Kaisers noch einmal, daß die Union geschlossen hinter dem Osten und seinem Abwehrkampf stehen muß.
*Köhler, Wiesbaden:* Ich muß sagen, daß die begreifliche Erregung Jakob Kaisers mich und wohl viele von uns auf das tiefste erschüttert hat. Wir müssen uns alle klarmachen, daß im Volk gefragt wird: Wer spricht für Deutschland? Das heißt, daß das Volk uns als geschlossene Partei sehen will. Die SPD zeigt eine solche Einigkeit. Das Volk wartet darauf, Einigkeit auch bei uns zu sehen.
*Schröter, Kiel:* Aus den dramatischen Ausführungen Jakob Kaisers haben wir gesehen, welchen Wert Berlin auf eine eigene Vertretung in der Arbeitsgemeinschaft legt. Die britische Zone zieht deshalb ihren Antrag zurück.
Nach diesem ersten, scharf zugespitzten Zwischenfall beriet man sachlich über die Zusammensetzung des Vorstandes und über die Besetzung der einzelnen Arbeitsausschüsse, wobei klargestellt worden war, daß die Bildung von drei Ausschüssen wegen der besonderen Dringlichkeit erfolgen müsse: Ausschüsse für Wirtschafts- und Sozialpolitik, für Verfassung und für Außenpolitik. Klargestellt war ebenfalls, daß diese Ausschüsse eigentlich gar nicht mehr von dem in Königstein versammelten Kreis besetzt werden könnten, sondern von der nun konstituierten Arbeitsgemeinschaft, daß man wohl aber dann die Vorsitzenden dieser Ausschüsse provisorisch bestimmen könne, wenn es gelinge, sich auf die Personen in allgemeinem Einvernehmen ohne Abstimmung zu einigen.
Als *Ausschußvorsitzende* wurden unter dieser Voraussetzung der Einstimmigkeit ohne jede Schwierigkeit bestimmt: Brentano für Verfassung, Albers für Wirtschafts- und Sozialpolitik.
Dann kam es bei der Besetzung des *außenpolitischen Ausschusses* zu folgendem Ablauf:
*Hausleiter, München:* Ich schlage als Ausschußvorsitzenden den ehemaligen Botschafter von Prittwitz vor.
*Ernst Lemmer:* Wegen der Bedeutung Berlins für die Außenpolitik schlage ich vor, Jakob Kaiser zum Vorsitzenden des außenpolitischen Ausschusses zu wählen.
*Steltzer, Kiel:* Es liegt also der Fall vor, daß für diesen Ausschußvorsitz nicht nur eine Einigungskandidatur, sondern zwei Kandidaturen vorgeschlagen sind. Das ist ein Fall, in dem wir gar nicht berechtigt sind, selbst zu entscheiden, sondern die Entscheidung der künftigen Arbeitsgemeinschaft überlassen müssen. Ich beantrage deshalb Vertagung aller Arbeitsausschüsse bis zur nächsten Tagung der Arbeitsgemeinschaft.

*Prittwitz, München:* Für mich sind nur sachliche, nicht persönliche Interessen in meiner politischen Arbeit maßgebend gewesen. Da die Nennung meines Namens zu Schwierigkeiten geführt hat, bitte ich, von meiner Kandidatur abzusehen.
In dem kurzen Schweigen, das jetzt einsetzte, erwartete man Zurücknahme des Vertagungsantrages Steltzers. Aus der Gruppe der Vertreter der englischen Zone um Konrad Adenauer meldete sich aber niemand zu Wort. Andererseits würde der Vertagungsvorschlag bedeutet haben, daß die ganze praktische Arbeit der Union in Deutschland sich um mindestens zwei Monate verschieben müßte, da die Ausschüsse in der Zwischenzeit keine Vorarbeit hätten leisten können.
*Ernst Lemmer:* Ich möchte dem Antrag, die Ausschußarbeit zu vertagen, widersprechen. Man kann es sich jetzt nicht leisten, die notwendigen Arbeiten durch Monate aufzuschieben. Es handelt sich ja auch nur noch um die Besetzung des außenpolitischen Ausschusses. Wir haben dafür Jakob Kaiser vorgeschlagen. Und wir sind auf das tiefste verletzt, daß diesem Vorschlag widersprochen wird. Wer gegen Jakob Kaiser etwas einzuwenden hat, möge es offen aussprechen. Es können doch nur zwei Gründe in Betracht kommen, wenn man den Vorsitz des außenpolitischen Ausschusses nicht an Jakob Kaiser geben will: sein gegenwärtiger Wohnsitz oder seine Persönlichkeit. Was den Wohnsitz anlangt, so kann ich mir keinen ernsthaften Einwand gegen Berlin als Sitz des Sprechers des außenpolitischen Ausschusses vorstellen. Ich kenne die Vorbehalte, die gegen Berlin bestehen. Ich habe selbst ein Menschenalter lang im Westen gelebt. Ich bin in Berlin geblieben aus Verpflichtung für Volk und Heimat. Wenn unser außenpolitischer Ausschuß jetzt seinen Sitz in Berlin haben soll, so liegt darin keine Präjudizierung der Frage der künftigen Hauptstadt, sondern es wird einfach der Tatsache Rechnung getragen, daß der Kontrollrat seinen Sitz in Berlin hat. Berlin ist nun einmal unser *Berührungspunkt mit der Welt.* (Zurufe: wieso?) Weil nicht Koblenz, München, Hamburg oder Köln die Plätze sind, an denen die maßgebenden Männer der Siegermächte und die maßgebenden Diplomaten des Auslandes arbeiten. Es handelt sich um den Ausschuß, der sich darum bemühen muß, einen Weg aus dem Chaos zu finden. Das kann nur in beständiger Fühlung mit den Siegermächten geschehen. Nur diese Frage steht zur Debatte. Wo später einmal eine deutsche Regierung sitzen soll, wird das Volk entscheiden. Was die Persönlichkeit Jakob Kaisers anlangt, so habe ich nicht viel zu sagen, weil Sie alle ihn kennen. Seine persönliche Integrität ist über jeden Zweifel erhaben. Jakob Kaiser ist frei von irgendwelchen Einflüssen, er ist ein deutscher Patriot. Verstehen Sie denn nicht, wie niederreißend für uns, die wir mitten in einem Kampfe stehen, jedes Mißtrauen gegen Personen ist, die aus der östlichen Zone kommen? Und wir wissen, daß *Mißtrauen am Werk* ist.

*Mißtrauen, Vorwürfe, Anschuldigungen*

*Steltzer, Kiel:* Ich habe Vertagung vorgeschlagen, weil ich eine solche Debatte fürchtete. Wir wollen die Dinge nicht auf das persönliche Gleis schieben. Persönlich ist Kaiser für uns alle integer. Nachdem wir aber manche anderen Klippen überwunden haben, wollte ich an Sie appellieren, die Frage des Ausschußvorsitzes zu vertagen. Die Atmosphäre ist nicht, wie sie sein sollte. Zwischenträger sind vorhanden. Herr Lemmer hat an das Vertrauen appelliert – dafür ist Zeit nötig. Warum dem Vorstand vorgreifen? Er kommt in kleinem Kreis zusammen und kann alles klären. Jetzt aber besteht Grund zum Mißtrauen. Ich will nur einige Fälle herausgreifen.

1. Der Fall Hermes. Man hat manchmal den Eindruck, daß er Besprechungen ausweicht, um nicht zu sagen, was er eigentlich will. Ich schätze Hermes. Aber die Formen, in denen er sich betätigt, und zwar in Form von Finanzierung von Berlin, sind nicht möglich. Man muß den Wunsch haben, daß Hermes eine klare Aufgabe bekommt, damit er nicht innerhalb der britischen Zone gegen die Union der britischen Zone arbeitet.
2. Der Fall Klöcker. Herr Klöcker ist mit einem Empfehlungsschreiben Kaisers in die britische Zone gekommen. Er verhandelt, auf dieses Schreiben gestützt, mit den Leuten des Zentrums, vor allem mit Spiecker. Ein Brief Klöckers an Spiecker schließt Trennungsgefahren in sich, die die Union der britischen Zone nicht hinnehmen kann.
3. Weitere *Geldbeträge* sind von Berlin an andere Persönlichkeiten gegeben worden, so u. a. an Albers in Köln.
4. Andererseits berichtete Kaiser über eine Sevenich-Versammlung vor der Jugend, und er meinte, daß er mit der schmutzigen Wäsche nichts zu tun haben wolle, die dort gewaschen wurde.
Solche unausgesprochenen Dinge haben die Produktivität dieser Versammlung besonders beeinflußt. Ich appelliere deshalb nochmals an Sie, alle diese Fragen dem Vorstand zu überlassen.
*Jakob Kaiser:* Ich bin Steltzer dankbar, daß er einmal die Dinge ausgesprochen hat, die hier offenbar eine Rolle spielen. Ich muß sagen, daß man in Berlin wenig Zeit für Klatsch und Tratsch hat. Den Fall Hermes kann ich nicht in aller Breite vor diesem Kreis besprechen, aber ich bin gern bereit, ihn mit Adenauer und Steltzer zu erörtern. Immerhin will ich auf die von Steltzer geschilderten Fälle eingehen:
1. Der *Fall Hermes.* Ich habe jetzt versucht, ihn in Godesberg zu sprechen. Er war nicht anwesend. Frau Hermes kam mir mit den Worten entgegen: »Herr Kaiser, wie können Sie, der den Tod in dieses Haus gebracht hat, jetzt meinem Mann solche Ungelegenheiten bereiten.« Das bezog sich darauf, daß ich seinerzeit bei der Vorbereitung der Dinge, die dann in den Ereignissen des 20. Juli gipfelten, Hermes für das Zusammengehen mit Goerdeler gewonnen hatte. Hermes hat das geschichtliche Verdienst, am Anfang der Union zu stehen. Aber er ging von Berlin weg. Er ist ein Mann mit politischem Willen und politischem Ehrgeiz. Jetzt fühlt er sich schwer verwundet. Er drängt in das politische Feld zurück. Mit seinen Methoden und mit seinen Wegen bin ich nicht immer einverstanden. Wir haben darüber mehrere, recht temperamentvolle Auseinandersetzungen gehabt. Hermes kommt aus der bäuerlichen Bewegung. Er hat mir die Möglichkeit gezeigt, die Bauerngenossenschaftsbewegung von uns aus in die Hand zu nehmen. Ich war der Meinung, daß es gut ist, wenn er sich dieser Aufgabe zuwendet. Für diesen und für keinen anderen Zweck habe ich ihm Gelder zur Verfügung gestellt. Wenn er sie anders verwendet – es ist schwer, darüber etwas zu sagen. Ich habe es bedauert, daß Konrad Adenauer über diese Frage in einer Versammlung Bemerkungen gemacht hat, ohne mit uns darüber vorher zu sprechen. Solche Dinge gehören nicht in Versammlungen. Ich habe gleich danach einen Brief an Adenauer geschrieben und einen Durchschlag dieses Briefes an Hermes geschickt. Hermes' Antwort werde ich Adenauer geben. Sie stellt den besten Beweis dafür dar, daß ich in dieser Angelegenheit rein dastehe. Ich habe Ihnen in voller Offenheit gesagt, was zu dieser Sache zu sagen ist. Ich führe ein Leben ohne Intrigen. In einer Atmosphäre der Intrigen kann ich nicht leben.

2. *Der Fall Klöcker*. Das ist ein armer Teufel, der bei uns helfen will. Im übrigen ein alter Freund von Spiecker, ich glaube ein Stammtischfreund. Er bat uns um eine Gelegenheit zu einer Reise in seine westliche Heimat. Er könne dabei vielleicht mit dem einen oder anderen in unserem Sinne ein Wort sprechen. Ich habe ihn selbst gar nicht gesehen. Aber auf die Bitte von Freunden habe ich ihm ein Empfehlungsschreiben gegeben, um ihm die Reise zu ermöglichen. Wenn wir politische Gespräche führen wollen, dann suchen wir uns dazu nicht einen Mann wie Klöcker aus. Er ist ein Wahlrecht-Spezialist, ja eine Art Wahlrecht-Fanatiker, deshalb habe ich ihm in sein Empfehlungsschreiben hineingeschrieben, daß er sich über die Wahlrechtsfragen des Westens informieren wolle.
3. Jawohl – ich habe Freunde im Westen unterstützt, wenn sie mit der Bitte um Geld zu uns kamen. Wer will uns daraus einen Vorwurf machen?
*Konrad Adenauer:* Die Fälle Hermes und Klöcker haben mit meiner Haltung zu der Besetzung des auswärtigen Ausschusses nichts zu tun. Wenn nicht die Freunde Kaisers den Wunsch ausgesprochen hätten, daß ihm der Vorsitz übertragen werden sollte, so hätte für mich gar kein Zweifel bestanden, daß Prittwitz der Mann für diesen Vorsitz ist. Er ist ein alter Diplomat und hat für diese Arbeit also die beste Vorbildung und Eignung. Das sind für mich die einzigen Gründe. *Ernst Lemmer* möchte ich bitten, nicht in sachlichen Fragen mit Appellen an das Gemüt zu kommen. Wir sind nicht in einer Volksversammlung. Es ist doch für niemand verletzend, wenn wir zu der Meinung kommen, daß Prittwitz der Geeignete ist. Lemmer hat von Bitterkeit gesprochen, weil wir nicht auf den Vorschlag Kaiser eingehen. Kaiser kann doch schließlich nicht den Posten als Belohnung verlangen, weil er auf dem vordersten Posten in Berlin steht. Auch in der Entgegnung Kaisers lag tiefe Verstimmung und Verbitterung – man muß doch nicht alles immer persönlich nehmen. Was die *Fälle Hermes und Klöcker* betrifft, so hat Steltzer davon gesprochen, ohne daß ich vorher davon etwas wußte. Aber wenn schon einmal davon gesprochen ist, dann muß ich auch das Folgende sagen: Hermes hat 200 000 Mark bekommen. Das ist immerhin ein recht großer Betrag. Wir wären manchmal froh, wenn wir über soviel Geld verfügten. Kaiser sagt, daß Hermes dafür die landwirtschaftlichen Genossenschaften aufbauen will. Das soll nach Hermes' eigener Angabe an einem anderen Platz als in Godesberg geschehen. Aber in Godesberg hat Hermes sich vom Bürgermeister Büroräume geben lassen, angeblich für wirtschaftspolitische Angelegenheiten der CDU, und er bezahlt dort 6 Angestellte in diesem Büro. Es ist nicht richtig, daß die CDU Berlin derartige Beträge gibt, ohne der CDU in der britischen Zone davon Mitteilung zu machen. Von Hermes selbst gelang es bisher nicht, Auskunft zu bekommen, was er mit dem Geld macht. Auch schriftlich nicht. In Krefeld hat er z. B. eine überparteiliche Flüchtlingsorganisation gegründet, die für uns sehr unangenehm ist, weil wir eine eigene CDU-Flüchtlingsorganisation haben.
Dann der *Fall Klöcker*. Ich kenne den Mann nicht. (Zuruf Kaiser: Wenn Sie ihn sehen, würden Sie sich um jedes Wort leid tun, das Sie darüber verlieren.) Klöcker ist mit einem Empfehlungsbrief Kaisers nach Hannover gekommen. Er hat erklärt, daß er beauftragt sei, mit Spiecker Verhandlungen über eine Verschmelzung von Zentrum mit CDU zu führen. Es hat ein Briefwechsel stattgefunden, wonach Spiecker sich mit Kaiser treffen will und worin gesagt ist, Spiecker solle an einzelnen Orten mit solchen Verschmelzungsgründungen anfangen, damit es nicht auffällt. Ich habe mich erkundigt, warum man gerade Klöcker ausgesucht hat. Es ist

richtig, daß er ein alter Stammtischfreund von Spiecker ist. Der Erfolg seines Auftretens ist schließlich, daß das Zentrum in seiner Resistenz verharrt.
*Kaiser:* Ich habe Spiecker seit 16 Jahren nicht gesehen oder irgendeinen Briefwechsel mit ihm geführt. In meinem Empfehlungsschreiben waren keine Aufträge für Klöcker enthalten, sondern lediglich sein Wunsch, sich über Wahlrechtsfragen zu informieren.
*Katzenberger, Berlin:* Ich kenne Spiecker seit vielen Jahren, und ich weiß, daß er ein sehr intelligenter und geschickter Mann ist. Wenn Spiecker davon hört, welche Rolle Klöcker zugeschoben wird, so wird er sich vor Lachen biegen, weil keiner Klöcker ernst nehmen kann. Das ist ein armer Mann, der bei uns im Verlag eine Arbeit an der Maschine gesucht hat. Er spielt nicht einmal in seiner Ortsorganisation eine Rolle. Weil in der Zeit seiner Reise sein Lohn ausfällt, habe ich ihm vom Verlagswesen 300 Mark extra gegeben, damit in der Zwischenzeit seine Familie leben kann. Daraus mögen Sie sehen, um wen es sich handelt. Wenn Spiecker ihm Briefe geschrieben hat, so wahrscheinlich auch, um diesem Mann zu helfen.
*Konrad Adenauer:* Gut, dann lege ich hier auf den Tisch des Hauses den Briefwechsel zwischen Spiecker und Klöcker nieder (er wirft einen Aktendeckel auf den Tisch und nimmt ihn dann wieder auf). Ich will Ihnen eine Stelle aus einem Brief Spieckers an Klöcker vorlesen: »Sehr gern würde ich Ihrer Anregung nachkommen, mich einmal mit Kaiser auszusprechen. Vielleicht wird es richtig sein, wenn wir uns zunächst einmal allein treffen. Und vielleicht können Sie Kaiser sagen, wenn er wieder einmal nach dem Westen käme, so würde ich mich freuen, mit ihm zusammenzutreffen.«
Viele Zwischenrufe
Adenauer fährt fort: Alle diese Dinge sind für mich im Zusammenhang mit dem auswärtigen Ausschuß unwichtig. Ausschlaggebend für mich ist: 1. Prittwitz ist ein ausgezeichneter Fachmann. 2. Ich halte es nicht für richtig, daß der Vorsitzende unseres auswärtigen Ausschusses täglich unter mehr oder weniger Druck von den Alliierten befragt werden kann. Denn er verpflichtet mit solchen Erklärungen nicht nur sich selbst, sondern die CDU. Die Atmosphäre in Berlin ist derartig
*Zwischenruf Gablentz, Berlin:* Woher wissen Sie das?
*Adenauer:* Das weiß ich aus sehr vielen Berichten.
*Zwischenruf Gablentz:* Sehen Sie sich erst selbst einmal Berlin an, ehe Sie urteilen.
*Adenauer:* Wollen Sie mich provozieren?
*Gablentz:* Jawohl, wenn Sie es so nennen.
*Adenauer:* Nun gut, wenn Sie mich provozieren wollen, so werde ich Ihnen von einem Stammtisch erzählen, an dem die Herren der CDU in Berlin schon wieder über die *Aufstellung der Schwarzen Reichswehr* beraten.
*Zahlreiche Zurufe:* Unerhört! Wir wissen nichts davon! Das ist eine finstere Klatschgeschichte! Woher haben Sie das Gerücht? Nennen Sie Ihren Gewährsmann!
*Adenauer:* Meinen Gewährsmann werde ich Ihnen schriftlich mitteilen.
*Vogel, Stuttgart* (Vertreter Simpfendörfers): Ich verstehe die ganze Aufregung über den Vorsitz im auswärtigen Ausschuß nicht. Wir haben doch hier besprochen, daß kein Ausschuß Erklärungen veröffentlichen darf, ehe sie nicht von der Arbeitsgemeinschaft genehmigt sind. Das gilt doch auch für den auswärtigen Ausschuß.
*Kaiser:* Dann werden wir bei diplomatischen Anfragen antworten: Erkundigt euch in vier Wochen wieder.

*Steltzer:* Wir wollen die Meinungsverschiedenheiten nicht bagatellisieren. Ich erneuere jetzt meinen Appell, diese Tagung zu einem guten Ende zu führen, indem Sie beschließen, die ganzen Ausschüsse zu vertagen und dem Vorstand ihre Erörterung zu überlassen.
*Katzenberger, Berlin:* Nach diesem Vorgang muß der Vorstand sofort zusammentreten. Es darf keine Minute mehr vergehen. Das Gift, das hier von dritter und vierter Seite verspritzt worden ist, darf nicht weiterfressen.
*Hausleiter, München:* Als ich den Vorschlag Prittwitz machte, hatte ich nicht eine solche Debatte erwartet. Ich möchte betonen, daß mein Vorschlag keine Stellungnahme gegen Kaiser sein sollte und auch nicht gegen die besondere Lage Berlins.
*Müller, München:* Unter keinen Umständen darf jetzt vertagt werden. Wir müssen zusammenbleiben, bis die Dinge geklärt sind, und wenn es bis zum nächsten Morgen dauern sollte. Eine Vertagung müßte die Spannungen vertiefen.
*Ernst Lemmer:* Die letzte Debatte hat gezeigt, daß keine Atmosphäre des Vertrauens herrscht. Hätten wir schon vor einem halben Jahr beschlossen, regelmäßige Tagungen abzuhalten, so wären solche Vorgänge überhaupt nicht möglich. *Mit ganzem Ernst* muß ich aber jetzt erklären: Die Stammtischgeschichte darf nicht unwidersprochen bleiben. Sie werden sich des Gewichtes dieser Behauptung bewußt sein. Darin liegt der Vorwurf des *Hochverrates gegen den Kontrollrat* und der Vorwurf, daß die CDU Berlin eine Verschwörerorganisation ist. Man kann sich denken, was dieser Vorwurf für Folgen nach sich ziehen müßte. Ich gebe deshalb die folgende *Erklärung* ab: Uns, die wir aus Berlin hier in Königstein versammelt sind, ist von einem solchen Stammtisch nichts bekannt. Uns ist nichts bekannt von Erörterungen irgendwelcher Unionsfreunde in diesem Sinn der Begründung einer Schwarzen Reichswehr. Gerade wir würden jedem Remilitarisierungsversuch schwersten Widerstand leisten, und wir würden es als das größte Unglück ansehen, wenn wir in solche Zustände zurücksinken würden. Ich muß verlangen, daß Sie dieser Erklärung glauben, *sonst könnten wir uns noch heute abend trennen.* Nun aber die sachliche Seite: Die Debatte hat gezeigt, daß die Gründe zum Widerspruch gegen Kaiser sehr tief gingen. Wenn hier die These aufgestellt wird, daß wir nicht in Freiheit mit den Besatzungsmächten diskutieren können – können Sie sich vorstellen, was das für uns bedeutet? Der Grund für unser Verlangen ist: Wo der Schwerpunkt der Besatzungsmächte liegt, dort muß auch der Schwerpunkt des auswärtigen Ausschusses liegen.
*Konrad Adenauer:* Meinen Gewährsmann werde ich nicht hier, sondern nachher Herrn Lemmer selbst nennen. Lemmer sagt, daß man in Berlin frei diskutieren kann. Das würde heißen, daß keiner in Berlin unter stärkerem Druck steht als wir hier. Wir wissen, daß Kaiser ein tapferer Mann ist. Wir wissen auch, daß er auf einem Vorposten steht. Und wir sind überzeugt, daß er dort brav kämpft. Jedes Lob ist berechtigt, das diese Tapferkeit Kaisers anerkennt. Aber das hat doch nichts mit der Besetzung des auswärtigen Ausschusses zu tun. Auf der ersten Tagung in Königstein war es Herr Kaiser selbst, der nicht einmal in jenem kleinen Kreis über Außenpolitik sprechen wollte. (*Zuruf Kaisers:* Wann soll ich das gesagt haben?) Aber Herr Kaiser, das weiß doch jeder, daß Sie unter stärkerem Druck stehen. Darüber braucht man doch gar nicht zu sprechen.
Damit ging die Debatte sehr schnell zu Ende. Holzapfel, der in Vertretung Adenauers den Vorsitz führte, suchte zunächst noch eine sofortige Klärung im Vorstand zu vermeiden, indem er nochmals vorschlug, die Ausschußfrage zu verschieben und

die Klärung der nächsten Vorstandssitzung zu überlassen. Entschiedener Widerspruch von Berlin, Tübingen und München führte dann zu dem Beschluß, die Beratung der Arbeitsgemeinschaft zu unterbrechen und den Vorstand sofort zusammentreten zu lassen.

*Klärung und Ergebnisse*
Auch diese Vorstandssitzung war außerordentlich dramatisch. Als Gewährsmann Adenauers wurde der Bürgermeister einer westlichen Stadt genannt, der seine Informationen wiederum von einem Mitglied einer diplomatischen Mission in Berlin haben will. Die Fälle Hermes und Klöcker wurden nach einiger Auseinandersetzung als erledigt bezeichnet.
Bei der Wiedereröffnung des Plenums der Arbeitsgemeinschaft wurde festgestellt, daß man auf einen auswärtigen Ausschuß vorläufig verzichten muß. Beschlossen wurde dann noch, ohne daß Berlin und die Ostzone sich an der Auseinandersetzung beteiligten, daß eine *außenpolitische Informationsstelle in München* (in München ist in der Niederschrift gestrichen. Die Abschreiberin) eingerichtet werden soll, die aber lediglich die Aufgabe hat, Material zu sammeln, ohne das Recht, irgendwelche Erklärungen abzugeben. Sie soll von Herrn von Prittwitz geleitet werden.
Der Einladung, die erste Vorstandssitzung der Arbeitsgemeinschaft Anfang März in Berlin abzuhalten, wurde von keiner Seite widersprochen.
Das Ergebnis der Auseinandersetzung liegt darin, daß zwar die gegen Berlin und insbesondere gegen Jakob Kaiser erhobenen Vorwürfe und Anschuldigungen aus der Diskussion ausgeschieden sind, daß aber ihre Wirkung bestehenbleibt, Jakob Kaiser als ungeeignet für die Leitung des außenpolitischen Ausschusses hinzustellen.
Das Fehlen eines außenpolitischen Ausschusses der Union befreit die Berliner CDU und ihre Leitung nicht *von den besonderen Aufgaben, die in Berlin auf dem Gebiet der Außenpolitik gestellt sind.* Da Berlin nun einmal Sitz des Kontrollrates und Sitz von zwei Hauptquartieren sowie Sitz von einigen dreißig ausländischen Missionen ist, bleibt die Tatsache bestehen, daß in Berlin diplomatische Gespräche geführt werden müssen, daß es zu diplomatischen Anfragen kommt und daß sie zu beantworten sind, wenn man die Chance wahrnehmen will, die sich vor allem aus der Herstellung eines persönlichen Vertrauensverhältnisses zwischen Jakob Kaiser und verschiedenen der auswärtigen Missionschefs hergestellt hat. Die Wahrnehmung dieser Chance ist im deutschen Interesse besonders wichtig in dem Zeitabschnitt der Friedensvorbereitungen und während der Verhandlungen selbst. Deshalb darf sie unter keinen Umständen versäumt werden.
Die Wirkung des Königsteiner Versagens auf diesem Gebiet bleibt aber insoweit bestehen, als nach wie vor bei der Außenpolitik nicht im Namen der Union gesprochen werden kann. Damit bleibt die Union außenpolitisch ein uneinheitliches Gebilde, während die KPD und die SPD in der Lage sind, gegenüber dem Ausland mit der Autorität zu sprechen, die sich aus den hinter ihnen stehenden Parteien ergibt.

## 16

*Kundgebung auf der Leipziger Messe*
*6. März 1947*

Ich komme eben von einer Fahrt durch die britische und französische Besatzungszone zurück. Ich war unter anderem an Rhein und Ruhr. Lassen Sie mich gestehen, daß es mir zunächst etwas schwer wurde, mich gleich wieder an ein Rednerpult zu begeben, um für die deutsche Einheit zu demonstrieren. Nicht etwa deshalb, weil ich die deutsche Einheit nicht mit derselben Leidenschaft anstrebe wie im vorigen Jahr, als wir uns hier auf dem Boden dieser mir schon durch die Erinnerung an meinen Freund Karl Friedrich Goerdeler teuer gewordenen Stadt begegneten, sondern weil ich auch und vor allem im Westen erlebt habe, daß das Problem der deutschen Einheit so brennend geworden ist, daß nicht mehr Demonstrationen helfen können, sondern nur noch die Tat. Nur die Tatsache neuerworbener Einheit kann unserem von Not, Elend, Kälte und Hunger zermürbten Volke den Auftrieb geben, den es braucht, um sich zusammenzureißen zu wirklichem Neubeginn.
Wer mich kennt, weiß, daß ich kein Mann der steten Anklagen, Wünsche und Forderungen in bezug auf das Schicksal unseres Volkes bin. Ich habe jedes Stadium der Hitlerzeit mit der kritischen Haltung erlebt, die dem unbegreiflichen Tun unseres Volkes gegenüber angebracht war. Es spielt dabei keine Rolle, daß auch andere Völker in ihrer Haltung Hitler gegenüber Fehler begingen, die verhängnisvoll waren. Wir, die Deutschen, haben unser Schicksal zu meistern.
Aber nunmehr sind seit dem Zusammenbruch fast zwei Jahre vergangen. In Potsdam ist dem deutschen Volke die Einheit – zumindest die wirtschaftliche Einheit – zugesagt worden. Von den Staatsmännern der Alliierten sind immer wieder verheißungsvolle Erklärungen abgegeben worden. Aber der Einheit selbst sind wir nicht nähergekommen. Nicht der wirtschaftlichen und nicht der politischen.
Man kann aber davon sprechen, daß die Barrieren, die durch Zonengrenzen und neue Länder geschaffen wurden, vielleicht sogar hemmender geworden sind, als sie vor Jahresfrist erschienen. Aber die breiten Schichten des Volkes haben nicht viel mit diesen Barrieren zu tun. Ich habe es noch in diesen Tagen im Ruhrgebiet erlebt, wie das Volk danach fiebert, daß alles Trennende zwischen dem deutschen Westen, Osten und Süden beiseite geschoben wird. Ich habe es erlebt, wie der Bergarbeiter an der Ruhr davon durchdrungen ist, daß sein Schicksal leichter wird, wenn keine Kompensationsverträge mehr von Zone zu Zone oder von Land zu Land notwendig sind. Wenn deutsche Gebiete nicht mehr Verhandlungen untereinander zu führen haben, wie es fremde Staaten tun. Wenn nicht mehr Zwergwirtschaften entwickelt und gepflegt werden müssen, die – wenn sie einmal kümmerliches Leben gewonnen haben – zu stetem Hindernis gesunden Wirtschaftsaustausches im Innern Deutschlands werden. Eine Welle von Warten und Hoffnung auf die deutsche Einheit ist mir aus dem werktätigen Volk an Rhein und Ruhr entgegengeschlagen, als ich von der Möglichkeit endlichen Wiedererstehens der Einheit sprach.
Ich weiß, daß die Zerreißung Deutschlands in erster Linie die Folge des bis zur letzten wahnsinnigen Konsequenz geführten Hitlerkrieges ist. Dieser Wahnsinn zwang die Siegermächte ins Herz Deutschlands. Hitler und sein Krieg sind der unerschöpfliche Brunnen des Mißtrauens, das unserem Volke in erdrückendem Maße aus der ganzen Welt entgegenschlägt. Aber jetzt endlich ist es nötig, der Besinnung Raum

zu geben: Nicht Mißtrauen kann die Bausteine zum Wiederaufbau Europas und der Welt liefern, sondern – trotz allem, was geschehen ist – neues Vertrauen. Möge diese Erkenntnis vor allem auch die Moskauer Konferenz beherrschen. Das Mißtrauen zwischen den Siegermächten und dem deutschen Volk muß beseitigt werden. Aber dieses Mißtrauen ist es nicht allein, das den Neuaufbau Deutschlands und Europas hemmt. Auch zwischen maßgeblichen Mächten der Welt scheint uns das Vertrauen in den Hintergrund gedrängt. Wir können die Sorge nicht verschweigen, daß Meinungsverschiedenheiten zwischen ihnen Deutschland in zwei Lager spalten könnten.

Ich denke dabei – weiß Gott – nicht an irgendeine Kriegsgefahr. Wohl aber denke ich an Trennungen und Aufspaltungen, die Gefahren und Verzögerungen der Gesundung einschließen. Es ist kein Geheimnis mehr, daß der Osten eine andere politische und soziale Sprache spricht als der Westen. Wir werden immer den Standpunkt vertreten, daß unser Volk weder die östliche noch die westliche Sprache mechanisch übernehmen kann. Das deutsche Volk will und muß seine eigene Sprache sprechen. Aber es möchte seine Sprache so sprechen, daß es zum ehrlichen Mittler werden kann zwischen Ost und West. Wir tragen die Überzeugung in uns, daß wir dieser Verständigung um so mehr dienen können, je aufrechter wir unseren eigenen Weg zu finden und zu gehen wissen. Deshalb haben wir den Wunsch, daß man uns in Ost und West, in Süd und Nord diesen Weg gehen läßt.

Die Staatsmänner der Siegermächte haben immer wieder die Verantwortung betont, die sie unserem 70-Millionen-Volk gegenüber empfinden. Ich bringe deshalb heute noch einmal die Hoffnung und das Vertrauen zum Ausdruck, man möge dem deutschen Volk die ungeschmälerte Möglichkeit geben, politisch und sozial seinen eigenen Weg zu finden. Man möge der Entwicklung wahrer deutscher Demokratie Raum geben, ohne diese oder jene Gruppe besonders zu fördern.

Demokratische Freiheit in allen Zonen, Zugang zu den freiheitlichen Geistesquellen Europas und der Welt, damit sich der deutsche Mann und die deutsche Frau selbst ihr neues Weltbild formen können. Keine Stadt weckt dieses Anliegen so sehr in uns wie Leipzig, die Stadt der geistigen Weltverbundenheit. Zwölf Jahre hat man unserem Volke vorenthalten, was die Welt an geistigem Reichtum enthält. Geistlose Propaganda war seine Nahrung. Nun sollte man unser Volk in eigener freier Auseinandersetzung sein politisches und soziales Weltbild finden lassen. So wie es aus dem deutschen Gesamtschicksal heraus wachsen muß, das in den Strom des Völkerlebens eingebettet ist, wie er heute zwischen Ost und West flutet.

Wesentlich für die deutsche Demokratie ist, daß sie die Züge innerer Wahrhaftigkeit gewinnt. Innere Wahrhaftigkeit kann nicht aus äußerer Propaganda erwachsen, sondern nur aus geistiger Eigenarbeit eines geeinten Volkes.

Wesentlich ist weiter, daß der Raum abgesteckt wird, den unser Volk zur Verfügung haben wird. Grenzen haben im Zeitalter des Weltverkehrs, im Zeitalter der Weltorganisation ganz sicher nicht mehr die entscheidende Bedeutung wie früher. Ich bin mir auch bewußt, daß für bestimmte Gebiete, die ihrer wirtschaftlichen Bedeutung wegen auch für Anliegerstaaten wichtig sind, Sonderregelungen notwendig werden können. Aber wie soll eine deutsche Verwaltung, eine kommende deutsche Regierung, ein deutsches Staatswesen überhaupt den Ausgangspunkt für eine Neuordnung finden, solange nicht feststeht, wie der Raum abgegrenzt ist, auf dem die 70 Millionen unseres Volkes zu ernähren sind?

Wir haben dabei die Hoffnung, daß man bei der Grenzziehung das Gesetz der Achtung vor dem natürlichen Siedlungsraum der Völker gelten läßt. Warum sollte es im Westen, z. B. nun auch noch zwischen Deutschland und Holland, zwischen denen es doch wirklich keine Minderheitsfragen gibt, zu Grenzauseinandersetzungen kommen? Es gibt im Westen diesseits der deutschen Grenzen keine Staatsbürger fremder Sprachen. Wir möchten deshalb der Hoffnung sein, daß bei dem Versuch der Friedensgestaltung sich alle Staaten im Westen bewußt bleiben, daß Annektionen fremder Bevölkerung nie Segen gebracht haben. Annektionen solcher Art können nur neues Mißtrauen schaffen.

Wirtschaftliche Gründe, die für Grenzverschiebungen im Westen geltend gemacht werden, können nicht entscheidend sein. Selbstverständlich bestehen nach dem Hitlerschen Abenteuer wirtschaftliche Ansprüche an Deutschland. Wir sind der Meinung, daß sie im Rahmen des Möglichen mit rein wirtschaftlichen Mitteln befriedigt werden müssen. Das gilt nicht zuletzt für den französischen Anspruch auf Kohle von der Saar. Die wirtschaftliche Regelung, die in bezug auf die Saar gefunden werden muß, darf die Zugehörigkeit des Saargebietes zum deutschen Staatsgebiet nicht beeinträchtigen. Wir müssen darauf vertrauen, daß sie gefunden wird. Man sollte sich durch ein Übermaß von Mißtrauen unserem unglücklichen Volke gegenüber nicht zu Plänen künstlicher Gebilde um Saar, Rhein und Ruhr verleiten lassen, die der Realität einer politischen Entwicklung doch nie standhalten können. Man sollte sich nach der beispiellosen Katastrophe, die Europa getroffen hat, noch einmal zu völkerverbindendem Vertrauen durchringen. Auch Frankreich sollte es um der Zukunft unserer beiden Völker willen tun. Es gibt bei der technischen Entwicklung, bei der internationalen Verbundenheit der westdeutschen Industrien keine einschlägige Frage, die sich nicht durch wirtschaftliche Vereinbarungen regeln ließe. Nur eines ist notwendig: Die Vereinbarungen müssen in dem Vertrauen gesucht werden, daß der Wille zur positiven Zukunftsgestaltung Europas ein ehrlicher auf allen Seiten ist.

Leidenschaftlicher noch als um die Westgrenze kreist die deutsche Sorge um die Ostgrenze. Ich bin mir der Verantwortung bewußt, die jeder deutsche Politiker trägt, der sie erwähnt. Je tiefer das Bewußtsein eines Volkes erregt ist, um so größer die Verantwortung eines Politikers, der sich nicht Nationalismus und Demagogie verschreibt, sondern der dem Volke helfen will und helfen muß, das ihm Vertrauen entgegenbringt. Ich möchte schon um des deutschen und des polnischen Volkes willen wünschen, daß das aufwühlende Problem der Ostgrenze, das schon so viel Bitterkeit gebracht, so viel Leben gefährdet und verlorengehen ließ, in einem großzügigen, um nicht zu sagen einem großmütigen Sinne gelöst wird.

Das deutsche Volk gewann seine Nahrungsmöglichkeiten aus seinem industriellen Export und aus seinen landwirtschaftlichen Überschußgebieten. Beide Möglichkeiten sind heute nicht gegeben. Die Folge ist, daß die Welt rundum große Opfer bringen muß, um die Ernährung der deutschen Bevölkerung – wenn auch auf niedrigstem Niveau – einigermaßen zu sichern. Selbst bei höchster Anspannung deckte Deutschland aus seinem Industrieexport nur annähernd 20 % seines Nahrungsbedarfes. Den anderen Teil gewann es aus eigenem Bauernland, das durch Jahrhunderte intensivster Arbeit auf einem hohen Stand landwirtschaftlicher Kultur gebracht wurde. Soll unser Volk – mitten in Europa gelegen – auf die Dauer Kostgänger der Welt bleiben? Oder soll es in einen Dauerzustand der Unterernährung herabsinken und damit Europa mit physischer und moralischer Infizierung bedrohen?

Ich glaube, Ost- und Westeuropa, die ganze Welt haben ein gleich großes Interesse daran, daß diese Gefahr vermieden wird.
Der Raum für die deutsche Einheit muß durch möglichst gesunde Grenzziehung abgesteckt werden. Dann erst ist Gewähr gegeben, daß der Strom der deutschen Wirtschaft wieder belebende Kraft und Wirkung für das deutsche Volk, für Europa und die Welt hat. Nur so kann für die deutsche Einheit, für den deutschen Staat die gesunde Basis geschaffen werden.
Dieser deutsche Staat ist die große Frage an die Zukunft. Von der Parteien Gunst oder Abneigung verzerrt, schwankt sein zukünftiges Charakterbild. Auf jeden Fall bewegt sich das Zukunftsbild des deutschen Staates zwischen allen Nuancierungen vom deutschen Einheitsstaat straffster Zentralisation bis zum lockersten Band eines in seine Teile aufgelösten Staates. Wobei es sich bei diesen Teilen heute nicht allenthalben mehr um geschichtlich gewordene oder gewachsene Länder handelt, sondern um Länder jungen und jüngsten Datums. Länder, die mit einer Verankerung oder Verwurzelung im Volkstum oder gar in der Volksseele oft herzlich wenig zu tun haben. Ich übersehe bei diesen Feststellungen keineswegs die Tatsache, daß wir den Willen zu stärkster Dezentralisation Deutschlands dem frivolen Mißbrauch der zentralisierten Staatsmacht durch Hitler verdanken. Ich weiß, daß wir diesem Mißtrauen nur dadurch begegnen können, daß wir der Auflockerung Deutschlands Raum geben, soweit sie sich mit dem Aufbau einer gesunden Demokratie vereinbaren läßt. Um diesen gesunden Aufbau einer wahrhaften Demokratie aber muß es uns gehen. Der Wille hierzu ist in allen Landesteilen lebendig. Einig sind sich auch alle Landesteile und die maßgeblichen Parteien in dem Willen zur Wiedererrichtung eines gesamtdeutschen Staates. Dieser Wille ist in den breiten Volksschichten und in der Jugend vor allem stark. Ich bin ihm bei meiner Fahrt durchs Land immer wieder begegnet. Weiteste Teile des Volkes, nicht zuletzt die Flüchtlinge, die Enteigneten, die Heimkehrer, die Jugend insgesamt haben dabei keinerlei Verständnis für den Streit um Unitarismus, Föderalismus, Partikularismus. Sie haben Verlangen nach dem deutschen Haus, das ihnen wieder eine neue Heimat gibt. Deshalb sollten wir diesen Streit um mechanische Begriffe auch begraben. Wir sollten die Schlagworte begraben und uns alle, ob wir im Osten, Westen oder Süden leben, zur lebendigen Einheit eines gesunden Gesamtstaates bekennen. Wenn ich sage zur lebendigen Einheit, so schließt das die Bejahung lebensvoller Glieder ein, die mit mechanisierter Einheit nichts zu tun haben. Es schließt aber auch die Anerkennung ein, daß diese Glieder, d. h. in unserem Falle die Länder, nicht Selbstzweck sind, sondern Glieder eines staatlichen Körpers, der die zusammenfassende Gestalt für das Volksganze abgibt.
Es wird deshalb unsere dringlichste Aufgabe sein, abseits von allen schlagwortmäßigen Auseinandersetzungen in dieser Richtung zu konkreten Vereinbarungen zu kommen, in denen die Einheit des Ganzen mit den Rechten und Aufgaben der Teile, d. h. der Länder, in Einklang gebracht wird.
Im übrigen: Wichtiger noch als die Form ist immer die Einheit des Willens für Deutschland. Dabei ist selbstverständlich, daß die Einheit des Staatswesens durch gemeinsame Grundsätze und Organe nicht nur symbolisiert, sondern gesichert werden muß. Wie man dabei über den Weg zum Ziel, über endgültige Formen, Inhalte und über die Aufgabenteilung zwischen dem Ganzen und den Gliedern auch immer denken mag: Es ist Erfordernis, daß das deutsche Volk alsbald zur Wahl einer Nationalversammlung aufgerufen wird. Nur so kann es zu einer einheitlichen Willens-

bildung und zum Willensausdruck über seine künftige Staatsgestaltung und Regierungsbildung kommen.
Die Mächte, die über uns Gewalt haben, sollten dem deutschen Volk das Recht dazu nicht länger versagen. Nicht das Rezept von 1648 kann Ruhe und Gesundung für Europa bringen. Wer um die politischen und wirtschaftlichen Folgen der damaligen Lösung weiß, erkennt sie schon für die damalige, in kleinen Räumen und Verhältnissen rechnende Zeit als schwere Fehler. Heute könnte ein solcher Lösungsversuch nur zu Entwicklungen führen, die geradezu verhängnisvoll werden könnten. Die Unmöglichkeit einer solchen Lösung dürfte uns im übrigen aufgehen, wenn man sich vergegenwärtigt, daß dann vielleicht mehr als ein Dutzend deutscher Regierungschefs Deutschland der Welt gegenüber vertreten würde.
Ich würde mich als Sprecher der Christlich-Demokratischen Union glücklich schätzen, wenn wir uns auf dieser Basis eines politischen Willens für Deutschland, für Europa und die Welt zu finden vermöchten. Wäre es möglich, so würde Faschismus und Nationalismus der Nährboden endgültig entzogen. Durch Not und Tod geläutert, könnte unser Volk – zwischen Ost und West gelagert – seine eigene Lebensform finden, die es nie mehr völkertrennend, sondern für immer völkerverbindend werden läßt.

## 17

*Zur deutschen Situation*
*Landesversammlung der CDUD, Berlin, 22. März 1947*

Der Parteitag des Landesverbandes Berlin steht im Zeichen besonderer Geschehnisse. Das deutsche Volk hält den Blick nach Moskau gerichtet. Die Kundgebungen, Meinungsäußerungen und Auseinandersetzungen der Staatsmänner dort gehen um das deutsche Schicksal. Dabei hat es fast den Anschein, als stände unser Volk den Moskauer Entscheidungen nur passiv gegenüber. Es gehört gewiß zu den Folgen des fluchwürdigen Systems, daß unser Volk keine anerkannte Vertretung seiner Existenz- und Lebensinteressen hat. Das deutsche Volk in seiner Gesamtheit hat keine Stimme. Es sieht oft aus, als sei nichts als Warten auf den Schicksalsspruch, den die Alliierten zu fällen gewillt sind, seine einzige Aufgabe.
Aber ich brauche nur auf das Stück Geschichte zurückzuschauen, das zwischen den beiden Jahresversammlungen des Landesverbandes liegt, dann weiß ich, daß nicht nur Warten Aufgabe unseres Volkes ist, sondern daß Deutschland zum mindesten in seinen regionalen Lebensregelungen, die ihm nach dem Zusammenbruch gestattet wurden, doch schon eine bemerkenswerte Aktivität entfaltet hat. Das gilt vor allem von der Stadt Berlin. Sie ist mitten in den Strom des internationalen Lebens hineingestellt. Sie ist hineingestellt in die Auseinandersetzungen, die bei der Begegnung von Ost und West unvermeidlich waren.
Die junge Demokratie, die beginnende Selbstverwaltung der Stadt hat keinen leichten Stand gehabt. Wachsende Bevölkerung, Wirtschaftsquellen, die nicht wachsen, sondern zu versickern drohen. Dazu die Unklarheit, wo die Grenzen der Selbstverwaltung liegen und die Aufsichtsrechte der Alliierten beginnen. Das alles sind Steine auf dem Wege demokratischer Entwicklung, die den Weg erschweren und die Demokratie dem Volk kaum näherbringen. Zudem hat sich dieser Winter der Demokratie gegenüber als äußerst unfreundlich erwiesen. Er hat das deutsche

Volk, das Volk von Berlin insbesondere, in einen Leidenszustand versetzt, der kaum noch zu überbieten war.

Nun ist insbesondere auch von alliierter Seite oft gesagt worden: Das deutsche Volk ist so leicht geneigt, zu vergessen, wem es seine Not verdankt. Es klagt über die Not und klagt meist nur die an, die nicht die Urheber sind, sondern die helfen wollen. Seien wir nüchtern: Die Verzweifelnden, die Hungernden, die Frierenden sind kaum geneigt, lange über geschichtliche Zusammenhänge nachzudenken, wer Schuld an ihrem Elend trägt, obwohl es so sein sollte. Man hilft den Leidenden aber nicht, wenn man nur in der Schuld der Vergangenheit wühlt. Diese Mahnung gilt nicht zuletzt bestimmten deutschen Kreisen. Man kann nur durch positive, verständnisvolle politische Arbeit, Erziehung und Aufklärung helfen. Man hilft aber vor allem, indem man dem Volke Lichtblicke läßt, die einen Aufstieg aus schwerster Not erhoffen lassen. Nur so wird man der jungen Demokratie die Bewährungsprobe erleichtern.

Dabei wollen wir gegenüber dieser Stadt gerecht sein: Berlin hat unmittelbar nach dem Zusammenbruch den Beweis erbracht, daß sein Lebenswille ungebrochen ist. Diese Stadt hat bewiesen, daß sie in der Lage ist, erstaunliche Kräfte aus ihrem geistigen und materiellen Fundus heraus zu entfalten. Dieser Winter war ein Rückschlag, und es sieht außerdem aus, als würde viel Zeit mit dem Hin und Her von Partei- und Organisationsauseinandersetzungen verloren. Viele dieser Auseinandersetzungen – wir dürfen dies sagen – sind nicht Ausfluß nur deutscher Ungeklärtheiten. Sie sind mit veranlaßt durch die Begegnung der östlichen und der westlichen Welt in unserem Land. Es ist das zunächst sicher eine Erschwerung der politischen Situation. Das gilt aber nur für den oberflächlich Urteilenden. Vor allem Berlin steht in geschichtlicher Mission inmitten der großen geistigen Auseinandersetzung zwischen Ost und West. Sein politischer Boden ist Spiegelbild Deutschlands, Spiegelbild Europas, Spiegelbild der Welt.

Die politische Bewährung dieser Stadt, die Klugheit ihres politischen Gebarens wird weitestgehend entscheidend sein für die Gesundung Deutschlands und Europas. Hier in Berlin hat der Ausgleich der politischen Kräfte und Strömungen zu erfolgen. Auf politischem und sozialem Gebiet. Sie wird diese Aufgabe um so besser lösen, je instinktsicherer und eigenständiger ihre Parteien, je sicherer die Basis ihrer politischen Arbeit durch die eigene Verfassung, durch ein reibungslos arbeitendes Parlament und durch eine unabhängige Selbstverwaltung gewährleistet ist.

Eine Gefahr hat die werdende Demokratie vor allem zu bestehen. Eine Gefahr, die im deutschen Charakter zu liegen scheint. Die vor allem aber durch die nationalsozialistische Propaganda bis zum Selbstmord gesteigert wurde. Der Nationalsozialismus mußte um seiner Herrschaft willen das Wesen demokratischer Selbstregierung und die Vertreter der Demokratie diffamieren. Sie mußten als korrupt, als leistungsunfähig, als unzuverlässig hingestellt werden. Zwölf Jahre lang hat es die nationalsozialistische Propaganda mit als ihre Hauptaufgabe gesehen, das Wesen demokratischer Selbstregierung im Bewußtsein der Massen zu kompromittieren. Es wäre das Verhängnis der Demokratie, ihr Todesurteil, ehe sie zu neuem Leben erwacht ist, wollte man diese Methoden heute wieder anwenden. Und sie werden angewandt. Was sich im letzten Jahr im politischen Kampf gegen diese und jene Persönlichkeiten des öffentlichen Lebens abgespielt hat, könnte die besten Demokraten müde machen, die in selbstlosem Impuls ihre Kraft für die Rettung des Volkes zur Verfügung stellten. Ich will der beginnenden Demokratie nicht Unrecht tun.

Sie macht die ersten Schritte. Daß bei diesem Beginn neben ehrlichem politischen Wollen auch dieser oder jener Ehrgeiz eine Rolle spielt, ist klar. Daß Fehler begangen werden, ist ebenso klar. Aber in kaum einem Volke wird die politische Wirksamkeit der einzelnen so viel kritisiert – um nicht zu sagen heruntergerissen – wie in unserem Volk. Mag es daran liegen, daß reife Demokratien nüchterner, gerechter, abgeklärter sind als junge Demokratien. Mag es damit zusammenhängen, daß das deutsche Volk dogmatischer und auch humorloser denkt. Ganz abgesehen von der vernichtenden Wirkung und der moralischen und geistigen Verwahrlosung, die das Hitlersystem für die Formen politischer Auseinandersetzung hinterlassen hat.
Aber wir müssen uns klar darüber sein, daß ein todkrankes Volk im Suchen nach seiner politischen Lebensform moralische und geistige Verwahrlosung in der Auseinandersetzung seiner politischen Kräfte einfach nicht mehr erträgt. Ein todkrankes Volk braucht Geduld, Takt und Toleranz seiner politisch Verantwortlichen in der Handhabung der Demokratie und der Begegnung der demokratischen Kräfte untereinander, wenn es nicht dem Ekel anheimfallen will. Und wenn dieser Ekel es nicht einem neuen Mythos in die Arme treiben soll.
Deshalb wende ich mich heute an Sie, die Verantwortlichen der Union für Berlin. Berlin steht für Deutschland: Helfen Sie, moralische und geistige Disziplin im Verkehr und Zusammenwirken der demokratischen Vertreter des Volkes untereinander durchzusetzen. Das gilt für die Vertreter der praktischen Politik, und es gilt für die Vertreter der reichhaltigen und vielfältigen Presse in Berlin. Sehen Sie die Personlichkeiten, die heute im Scheinwerferlicht der Öffentlichkeit stehen, mit gesundem Realismus. Sehen Sie diese Persönlichkeiten mit dem Bewußtsein, daß Vergangenheit, Gegenwart und Zukunft der Politiker auch Fehler einschließen. Entscheidend für ihre Beurteilung bleibt selbstverständlich die Klarheit ihrer politischen Linie dem Hitlersystem gegenüber. Entscheidend ist die Unbescholtenheit ihres Gewissens und ihrer Haltung den gewissenlosen Machthabern der Hitlerschen Diktatur und ihren Verbrechen gegenüber, dem Verbrechen am eigenen Volk und an den fremden Völkern, den Verbrechen an der Kultur der Menschheit. Jedem aber kann einmal ein taktischer Fehler dem System gegenüber passiert sein. Ich weiß aus der Unbedingtheit meines Kampfes gegen das Hitlersystem um das ehrliche Suchen vieler aufrechter Demokraten nach dem richtigen Weg zwischen taktischem Verhalten und kompromißloser Ablehnung. Um so frivoler erscheint es mir, immer wieder in der Vergangenheit offensichtlich aufrechter Demokraten zu wühlen, um schadhafte Stellen, um politische Fehler zu finden, die eine Möglichkeit der Anfeindung bieten könnten. Dabei ist nicht jeder von denen, die sich heute am lautesten als Zionswächter der Demokratie gebärden, in der Hitlerzeit ein Held gewesen. Ich glaube vielmehr, wir würden manche Überraschung erleben, wenn alle die Männer und auch Gruppen, die im Laufe dieser zwei Jahre gegen aufrechte Demokraten Hand und Stimme erhoben oder in der Schuld unseres Volkes wühlten, über ihr Leben und ihren Verbleib in den zwölf Hitlerjahren Rede und Antwort stehen müßten.
Der Sinn dieser Ausführungen ist nicht Verteidigung und nicht Anklage, er ist Mahnung an die Träger der Demokratie und an die, die der Demokratie zu dienen berufen sind. Alle haben sich der schicksalhaften Verantwortung bewußt zu sein, die sie gegenüber dem Werden der deutschen Demokratie tragen. Hitler hat die Demokratie einst zu Tode gehetzt. Achten wir darauf, daß wir ihr nun zu wahrem Leben verhelfen. Das bedeutet gewiß, daß wir keine falschen demokratischen Propheten

unter uns dulden, keine, denen Schuld aus der Zeit des Dritten Reiches anhaftet. Es bedeutet aber auch, daß wir zwischen taktischen politischen Fehlern und politischer Schuld zu unterscheiden wissen. Erklären wir jeden politischen Fehler der Vergangenheit zur Schuld, dann werden wir bald niemanden mehr in Deutschland finden, der an der Meisterung des deutschen Schicksals mitzuarbeiten gewillt ist. Dann werden wir uns auf die Suche nach Heiligen in der Politik begeben müssen, und das wird ein schweres Beginnen sein. Denn ich glaube, diese Begriffe schließen einander aus, und die deutsche Demokratie müßte schließlich wegen Mangels an Männern, die Verantwortungen tragen könnten, abgeblasen werden.

Ich glaubte, diese Mahnungen aussprechen zu müssen, weil mir der Zustand der deutschen Demokratie, die Form der Auseinandersetzung verantwortlicher Demokraten untereinander Sorge macht. Es gibt viele Beispiele, die diese meine Sorge rechtfertigen. Ob ich an die Auseinandersetzungen in Süddeutschland denke oder an Erfahrungen, die wir hier gemacht haben. Ob ich z. B. an den Kampf gegen Ernst Lemmer denke, der in der Hitlerzeit als Korrespondent ausländischer Zeitungen tätig war. Ernst Lemmer hat in dieser Eigenschaft selbstverständlich den Gesetzen der Vorsicht Rechnung tragen müssen, um an seinem Platz und in seiner Art der Abwehr des Systems dienen zu können. Sie wissen, man glaubte ihm dieser seiner Tätigkeit und seiner Haltung wegen Vorwürfe machen zu dürfen. Wir haben diese Vorwürfe überprüft und das Ergebnis der Prüfung bekanntgegeben. Wir haben es getan, um der verantwortlichen Stellung willen, die Ernst Lemmer in der Politik einnimmt. Ich kann dieser Bekanntgabe nur noch hinzufügen, daß ich eine Fülle von Briefen deutscher und ausländischer Persönlichkeiten und Zeitungen gelesen habe. Diese Bekundungen sind in ihrer Anerkennung der antihitlerischen Arbeit und Haltung von Ernst Lemmer so positiv, daß sie jeder deutschen Stelle und jedem noch so fanatischen Demokraten als eindeutige Charakterisierung Ernst Lemmers und seiner Haltung genügen müssen. Im übrigen: Ernst Lemmer ist mir in der Zeit des Widerstandes gegen Hitler immer wieder begegnet. Er wußte um mich, wie ich um ihn, und die Selbstverständlichkeit und Art, wie er mir in den ersten Maitagen 1945 nach meiner Rückkehr aus dem Keller von Babelsberg zur Seite trat, entsprach dem Plan, wie er im Kreise unserer Widerstandsbewegung gefaßt war. Nur mit der grausamen Veränderung, daß ich viele meiner besten Freunde nicht mehr wiederfinden konnte. Sie hatten ihren Widerstand gegen Hitler mit dem Leben bezahlt. Ich will nicht mehr darüber sagen, sondern ich will Ernst Lemmer gegenüber nur noch dem Wunsche Ausdruck geben, daß das leichtere und glücklichere politische Temperament, das ihm gegeben ist, mir weiter eine kameradschaftliche Hilfe sein möchte auf dem ernsten, oft recht schweren und verantwortungsvollen Wege, der uns nun einmal vorgeschrieben ist.

Dieser verantwortungsvolle Weg ist uns vor allem hier im östlichen Deutschland und in Berlin vorgeschrieben. Von Berlin, d. h. von Potsdam, ging bald nach dem Zusammenbruch der erste Hinweis auf neue Einheit für das zerrissene Deutschland aus. Der in Potsdam gefaßte Entschluß der vier Hauptsiegermächte, Deutschland als wirtschaftliche Einheit anzuerkennen, war die erste Ermutigung für das zusammengebrochene Volk. Es war der erste Anstoß, sich aus der Lethargie aufzuraffen. Aber noch heute stehen die Alliierten in der Auseinandersetzung darüber, was unter dieser Einheit zu verstehen und wie und wann sie in die Wege zu leiten ist.

Nur eines ist leichter geworden: Die Deutschen können ihre Anliegen an das eigene Volk, an die Welt zum mindesten wieder zum Ausdruck bringen. Es kann das mit

besonderer Wirkung in Berlin geschehen, wo sich die Mächte begegnen, die das deutsche Schicksal in der Hand haben. Dabei leidet unser Volk heute fast an einer Vielfalt von Sprachrohren für sein politisches Wollen, Hoffen und Wünschen. Ich bin – weiß Gott – kein Anwalt falscher Einheit. Denn gesunde Entwicklung wird nur durch Mannigfaltigkeit gewährleistet. Ich bin aber ebenso der Meinung, daß ein zusammengebrochenes Volk nicht zur Gesundung kommen kann, wenn ihm nicht die Möglichkeit der Zusammenfassung seines politischen Willensausdruckes gegeben wird. Von dieser Erkenntnis waren die vor einer Woche in Berlin versammelten Vorstandsmitglieder der Union aller Zonen durchdrungen. Deshalb übergaben sie der Öffentlichkeit den Vorschlag, für das gesamte deutsche Volk eine gemeinsame Vertretung vorzubereiten. Es wurden Wunsch und Wille zum Ausdruck gebracht, die maßgeblichen deutschen Parteien möchten sich über alle Zonengrenzen hinweg zusammenfinden, um sich der Aufgabe der Vorbereitung der ersten Stufe dieser Vertretung zu unterziehen.
Es ist immerhin bemerkenswert, daß es Vertreter der Union aus dem Westen und Südwesten waren, die bei dem Vorschlag besonders initiativ wurden. Ich erwähne das, weil sie bei der geistigen Verfassung und der augenblicklichen Konstruktion Deutschlands gewiß nicht in den Verdacht kommen können, daß sie einem übersteigerten Einheitsbegriff das Wort reden. Vielmehr war es so, daß uns allen – nicht zuletzt aber auch den Männern des Westens und Südens – die ganze Tragik, die ganze Hoffnungslosigkeit der deutschen Zerrissenheit bei unseren Beratungen aufging. Deshalb das Bekenntnis zur Notwendigkeit zumindest einer ersten Stufe neuer deutscher Einheit.
Sie wissen, ich hatte als erste Stufe die Wahl einer deutschen Nationalversammlung, die Verkörperung des deutschen Gesamtwillens vorgeschlagen. Ich bin überzeugt, daß der Weg einer Nationalversammlung eines Tages beschritten werden muß. Es gibt wohl in Europa kein Land, das nicht den Weg über den allgemeinen Volkswillen gegangen ist, wo immer nach dem Zweiten Weltkrieg Charakter und Bestand eines Landes erschüttert waren; wo immer neue verfassungsrechtliche Grundlagen zu schaffen waren, ging der Weg über die Nationalversammlung. Frankreich kam über diesen Weg zur vierten Republik. Italien ließ seine neue Verfassung durch die Nationalversammlung feststellen, nachdem das Königtum durch die Republik abgelöst wurde. Jugoslawien wählte eine Nationalversammlung, um durch Schaffung eines Föderativstaates den generationenlangen Streitigkeiten ein Ende zu machen, die die südslawischen Völker zerrissen haben. Ebenso schuf eine österreichische Nationalversammlung die Verfassung der neuen Bundesrepublik. Es bedürfte dieser Aufzählung eigentlich gar nicht, denn es gehört zu den selbstverständlichen Erfordernissen einer echten Demokratie, daß das gesamte Volk zur Schaffung seiner endgültigen Lebensform aufgerufen wird. Nur das gesamte Volk kann über Form und Charakter seines Staates bestimmen.
Wir können uns aber nicht den Argumenten verschließen, die darauf hinweisen, daß bei der besonders schwierigen und zerrissenen Lage Deutschlands noch Zeit verlorengehen kann, ehe eine Nationalversammlung ihre staats- und verfassungschaffende Aufgabe erfüllen kann. Abgesehen von den außenpolitischen Hemmungen, die für ihre Verwirklichung noch bestehen, gibt es innerdeutsche Probleme, für die wir nicht gleich Patentlösungen zur Hand haben. Mit Patentlösungen haben wir in der Diktaturzeit genügend schlechte Erfahrungen gemacht. Eine Demokratie – vor allem eine werdende – hat vorsichtiger zu Werke zu gehen.

Da ist das Problem der Länder im Verhältnis zur Nationalversammlung, da ist die Frage, ob neben der Nationalversammlung gleich eine zweite Kammer wirksam werden soll, die aus Vertretungen der Länder gebildet wird. Auf der einen Seite steht die Meinung, daß es zum Wesen der Nationalversammlung gehört, daß nur sie allein die Verkörperung des Volkswillens darzustellen und die Verfassung zu schaffen habe, daß die Nationalversammlung also auch die Rechte des Gesamtstaates und seiner Glieder gegeneinander abzugrenzen habe.

Auf der anderen Seite steht die Meinung, daß die Länder, einschließlich der neu geschaffenen, die nach dem Zusammenbruch Last und Verantwortung einer auf sich selbst gestellten Existenz zu tragen hatten, bei der Schaffung der Verfassung mitzuwirken haben.

Diese Andeutung zeigt schon, wie vielfältig die Meinungen sind. Es entspricht das sicher deutscher Veranlagung und deutscher Geschichte, es entspricht das aber auch der verschiedenen Haltung der Siegermächte zum deutschen Problem. Wir brauchen nur an die vielfältigen Äußerungen der größeren und kleineren Mächte der Vereinten Nationen auf der Londoner Konferenz zur deutschen Frage zu denken oder an die bisher in Moskau laut gewordenen Stimmen, von denen gewiß einige für uns ermutigend klingen, andere aber um so niederdrückender.

Für verantwortliche Politiker heißt das Gebot: nicht Patentlösungen, sondern sorgsame Abwägung des Möglichen. Vielleicht haben wir in der Union dazu die größte Fähigkeit, denn die Union, die alle Schichten und Stände umfaßt, zwingt zu sorgsamem Ausgleich der Meinungen. Trotz dieser Gegebenheiten erschien uns bei dem Zusammentreffen der Union aller Zonen auf Berliner Boden im impulsiven Erkennen der Ausdruck des Willens zur Einheit über alle Trennungen und alle Vielfalt hinweg als dringlichste Notwendigkeit. Bleibt die baldige Ermöglichung der Nationalversammlung für uns das Ziel, so soll uns der vorgeschlagene Weg diesem Ziel näherbringen.

Wir haben deshalb in Übereinstimmung miteinander zur Klärung und Verständigung über die Ausdrucksformen des politischen Willens unseres Volkes die Zusammenkunft der leitenden Männer aller Parteien von gesamtdeutscher Bedeutung aus allen Besatzungszonen vorgeschlagen. Wir haben damit der Meinung Ausdruck gegeben, daß Parteien die Träger des politischen Willens des Volkes sind. Wir glauben uns darin mit allen Parteien einig zu sein. Es haben sich zwar schon einige Stimmen gemeldet – wie z. B. der Tagesspiegel –, es könne nichts für Gesamtdeutschland geschehen, ehe sich nicht die Länder entschlossen hätten, sich zu einem Bund zusammenzufinden. Das scheint mir eine recht verfehlte Vorstellung zu sein. Denn manche der neuen Länder stellen Konstruktionen dar, von denen auch die kühnste Phantasie nicht behaupten kann, daß sie aus dem Willen des deutschen Volkes hervorgegangen sind. Man hat schon das ironische Wort von den Bindestrich-Ländern geprägt, weil ihr Begriff und ihre Begrenzung nur umrissen werden können, wenn man mehrere geographische Bezeichnungen zusammenstellt. So sind z. B. in der französischen Besatzungszone Länder geschaffen worden, die weder geschichtlich noch wirtschaftlich eine Grundlage haben. Im Norden Deutschlands liegen Städte mit einigen hunderttausend Einwohnern, die Ländercharakter erhielten. Daneben gibt es das neugeschaffene mächtige Verwaltungsgebilde des Landes Nordrhein-Westfalen, das den größten Teil des industriellen Reichtums Deutschlands umfaßt.

Wer will bestreiten, daß alle diese Länderbildungen noch der ausgleichenden Korrektur bedürfen. Vor allem dann, wenn man eine wirklich organische Gliederung

Deutschlands erstrebt. Ich glaube, wir handeln im Interesse des deutschen Volkes, wenn wir Länderkonstruktionen, die ohne vorherige Befragung des Volkswillens erfolgten, kaum als endgültig bezeichnen können. Allerdings sind wir auch nicht einverstanden, wenn z. B. das jetzige Land Mecklenburg-Vorpommern von sich aus einen Beschluß vorbereiten will, künftig nur noch den Namen Mecklenburg zu tragen. Ein solcher Beschluß würde mehr bedeuten als eine Namensänderung. Es würde das eine politische und geographische Entscheidung sein, die gar nicht im Machtbereich dieses Landes liegt und liegen kann. In diesem Falle ist nämlich der Bindestrich von einiger Bedeutung.

Das alles weist auf die Notwendigkeit hin, auf den gesamtdeutschen Willensausdruck des Volkes hinzuarbeiten. Es weist darauf hin, daß für Schaffung dieses Willensausdruckes die Parteien verantwortlich sind. Hinzu kommt ein Weiteres: Jeder anderen Lösung der Vorbereitung einer gesamtdeutschen Repräsentation – wenn ich das Wort jetzt gebrauchen darf – steht vorerst noch der staats- und völkerrechtlich maßgebliche Wille des Kontrollrates entgegen. Ein Gespräch der Parteiführer aller Zonen aber erhebt keinen Anspruch auf irgendwelche staatsrechtliche Grundlagen, wie es auch keine staatsrechtlichen Bedingungen irgendwelcher Art hervorruft. Was sich aber daraus entwickeln könnte, ist eine permanente Konferenz der verantwortlichen deutschen Politiker. Ihre einzige Autorisation würde das moralische Gewicht sein, das sie sich durch die Sachlichkeit und Reife ihrer Beratungen zu erwerben hat. Sie würde damit der Entwicklung echter Demokratie dienen. Denn nur so kann das Volk die Überzeugung gewinnen, daß sich die Repräsentanten der Parteien der Verantwortung für die Volksgesamtheit bewußt sind.

Das Volk aller Parteien verlangt nach Einheit. Es gibt keine andere Deutung seiner Wünsche und seines Verlangens. Das deutsche Volk ist sicher für den Gedanken einer wirklich gesunden Gliederung des deutschen Gesamtstaates zu gewinnen, aber es will nicht die Begrenzung auf nur regionale Interessen. Es will sie nicht für sich selbst und nicht für seine verantwortlichen Politiker.

Die Initiative der Union hat verschiedene Deutungen gefunden. Sie fanden sofortige Zustimmung bei der LDP und der SED, bei der SED mit dem einschränkenden Wunsch, daß bei den Beratungen auch die Gewerkschaften hinzuzuziehen seien. Darüber ist noch ein klares Wort zu sagen.

Die erste Antwort der SPD gab Dr. Schumacher in seiner Rede vom 18. März in der »Neuen Welt«. Es war dabei für uns selbstverständlich, daß die SPD sich der grundsätzlichen Zustimmung zu dem Vorschlag nicht entzog. Es geht ja nicht um Parteiinteressen, sondern es geht um Stationen auf dem Wege zur Gesundung unseres Volkes. Wir durften auch annehmen, daß es der SPD durchaus bewußt werden mußte, daß es sich bei dem Vorschlag der Union um nichts anderes handelte als um den Willen, unserem unglücklichen Volk zu dienen. Es wird ihr das um so mehr zum Bewußtsein gekommen sein, als auch und gerade in der Union der verschiedenen Zonen noch manche Meinungsverschiedenheiten, z. B. über die künftige Staatskonstruktion, auszugleichen sind. Wir haben nie Veranlassung genommen, das zu verschweigen. Es ist schließlich selbstverständlich, daß nach diesen zwei Jahren verschiedenen politischen Klimas in den einzelnen Zonen auch verschiedene Auffassungen über innerdeutsche Probleme Fuß fassen mußten. Wenn die führenden Männer der Union trotzdem zu dem Vorschlag einer gemeinsamen Konferenz aller Parteien kamen, so dürfte dieser Vorschlag mit seinem Willen zur Einigung um so höher zu werten sein. Es macht das aber auch um so klarer, daß der Vorschlag der Union nicht von Tendenzen beeinflußt ist, die den Gesetzen echter Demokratie widersprechen. Recht unklar und recht bedauerlich muß es uns deshalb erscheinen, daß Dr. Schumacher diesen Vorschlag in der Reihe anderer Vorschläge in einem Omnibus von Karlshorst nach Hannover anrollen sieht. Die Union ist nicht interessiert daran zu erfahren, was ihn zu dieser Bemerkung veranlaßt. Die Union hat auf ihrem Weg durch die letzten zwei Jahre bewiesen, daß sie bei allem Ausgleichswillen gewillt und in der Lage ist, für die Eigenständigkeit ihrer Politik einzustehen. Es wird der Sozialdemokratie weder im Osten noch im Westen möglich sein, sie darin zu übertreffen. Bei der Initiative der Union stand und steht für sie nichts, aber auch gar nichts anderes als das Interesse, die Rettung, die Gesundung unseres Volkes im Mittelpunkt ihrer Politik. Ich möchte wünschen, daß die SPD sich mit uns auf dieser Ebene findet. Es würde das auch für die SPD eine wichtige Station auf dem Wege positiver Politik sein.

Dabei sind wir uns der Schwierigkeiten, denen sich die SPD gegenübersieht, durchaus bewußt. Auch wir sind der Meinung, daß eine gesunde Entwicklung des Parteilebens nur dann gewährleistet ist, wenn alle maßgeblichen demokratischen Parteien in ganz Deutschland unter gleichen Bedingungen zugelassen werden und wirken können.

Wir sind weiter der Meinung, um auch das an dieser Stelle gleich noch zu sagen, daß für die erstrebte permanente Konferenz *nur* die Parteien in Frage kommen, auf keinen Fall aber die Gewerkschaften oder gar noch irgendwelche anderen Organisationen. Die Parteien sind die politischen Willensträger des Volkes. Die Gewerkschaften machen Sorge genug. Ihre geistige und organisatorische Entwicklung wird noch immer durch parteipolitische Auseinandersetzungen aufgehalten. Schon beginnen die Mitglieder des ewigen Streites müde zu werden, und wir, die Männer, die einmal mit innerem Schwung für die Einheit der Gewerkschaften wirkten, beginnen fast zu zweifeln, ob sie durchzuhalten ist. Es wäre deshalb um des Volkes und um der Gewerkschaften willen ein verfehltes Beginnen, wollte man sie durch Einbeziehung in ein rein politisches Gremium noch mehr von ihren eigentlichen Aufgaben ablenken.

Wünschen möchte ich nur, daß wir trotz aller noch bestehenden Meinungsverschiedenheiten bald den gemeinsamen Weg zu vorbereitenden Beratungen finden. Es wird dann möglich sein, wenn sich alle Parteien der Verantwortung gegenüber dem deutschen Volk bewußt sind, wenn sie sich alle in eindeutiger Klarheit zur Demokratie bekennen und wenn sie von der Notwendigkeit der Eigenständigkeit deutscher Politik überzeugt sind.

Sie haben inzwischen der Presse entnommen, daß zwischen Union und SPD die erste Fühlungnahme über den Vorschlag der Union stattgefunden hat. Auch bei dieser ersten Fühlungnahme sind wir uns durchaus der Schwierigkeiten bewußt geworden, die gerade für die Situation der SPD gegeben ist. Wir möchten aber hoffen, daß sie überwindbar sind. Ich sage das trotz aller Verwirrungen, die gestern und heute durch Presseäußerungen über Dr. Schumachers Auffassung entstehen könnten. Wir halten uns an das, was uns Schumacher selbst erklärt hat. Wir, die Union, werden jedenfalls unser Bestes tun, um die Parteien alsbald an einen Tisch zu bringen. Ich sage dabei noch einmal: Es geht nicht um Parteiinteressen, es geht um die Verantwortungen der Parteien für das Schicksal unseres Volkes. Keine Partei wird sich dieser Erkenntnis entziehen können. Das Zusammenfinden der Parteien, der Wille zur Vorbereitung einer gesamtdeutschen Vertretung in der Form einer per-

manenten Konferenz der Parteien würde dem deutschen Volk selbst schon einen Halt geben, vor allem dann, wenn es gelingt, das moralische Gewicht zu sichern, das durch rasche Einigung erworben würde. Dieses moralische Gewicht würde auch von der Moskauer Konferenz nicht übersehen werden können. Wir haben keine Stimme auf der Konferenz. Wir wollen nicht verhehlen, daß das eine mehr als außergewöhnliche Situation im Leben der Völker ist. Deshalb sollte es nicht erstaunlich sein, wenn sich wenigstens die maßgeblichen Parteien zusammenfinden. Es sollte vor allem auch nicht als »illegal« empfunden werden, wie das Pressemeldungen zufolge durch General Koenig, dem französischen Militärgouverneur für Deutschland, im Kontrollrat geschehen sein soll. Die innere und äußere Not unseres Volkes verlangt es. Wir wissen, daß die Weltmächte gewiß noch andere Sorgen haben als nur Deutschland. Wer will es uns aber verdenken, wenn die deutschen Parteien gemeinsam zu mahnen versuchen, daß im Neben- und Übereinander der Weltinteressen die deutsche Frage nicht unterschätzt werden darf. Wenn wir gemeinsam aussprechen wollen, daß von der Lösung der deutschen Frage auch das Schicksal Europas abhängt. Es ist ein neues Deutschland, das sich Europa und der Welt angliedern will.
Wer will es uns verdenken, daß wir so hörbar wie nur möglich rufen, daß man bei der Vorbereitung des Friedens die Notlage des deutschen Volkes nicht vergessen soll. Man weiß von mir, daß ich keine Veranlagung zu stetem Klagen habe, aber kein deutscher Politiker kann sich der Verantwortung entziehen, seine Sorge auszusprechen, wenn er unter anderem die erschütternden Feststellungen liest, die Präsident Hoover gemacht. Die Deutschen sind nach seinem Bericht in Ernährung, Heizung und Wohnung auf das niedrigste Niveau gesunken, das es in den letzten hundert Jahren der Geschichte der westlichen Zivilisation gegeben hat. Er hat in seinem Bericht die dringende Notwendigkeit dargestellt, deutsche Exporte zur Bezahlung deutscher Lebensmitteleinfuhren den Reparationen voranzustellen. Ein deutscher Reichskanzler – der gleiche Mann, den eine demagogische Propaganda als Erfüllungspolitiker zu diffamieren suchte – hat inmitten des Elends nach dem Ersten Weltkrieg das Wort geprägt: »Erst Brot, dann Reparationen.« Was aber war das Elend in Deutschland nach dem Ersten Weltkrieg im Vergleich zu heute!
Es ist jetzt der Vorschlag gemacht worden, eine Teillösung des deutschen Ernährungsproblems zu versuchen, indem man in großem Stil die Auswanderung aus Deutschland organisiert. Vor kurzem, als Frankreich den Wunsch aussprach, die deutschen Kriegsgefangenen auf Dauer als freie Arbeiter in Frankreich zu belassen, nahm die Londoner Times zum Auswanderungsproblem Stellung. Das Blatt schrieb: »In Deutschland ist der Mangel an Facharbeitern und gesunden Arbeitskräften im besten Mannesalter ebenso groß wie bei den Alliierten. Die aus dem Osten zurückgeströmten Flüchtlinge sind hauptsächlich Frauen, Kinder und Greise, die arbeitsunfähig sind. Das Auswanderungsproblem für Deutsche kann nicht in der Weise gelöst werden, daß man die arbeitsfähige Bevölkerung herauszieht. Entweder muß diesen Arbeitskräften gestattet werden, ihre Familienangehörigen mitzunehmen, oder man muß ihnen gestatten, den Unterhalt ihrer Angehörigen vom Ausland her zu sichern.« Diese Stellungnahme der Times beweist schon, wie schwierig es wäre, wenn man das deutsche Ernährungsproblem unter dem Gesichtspunkt der Auswanderung anfassen wollte. Anstatt den natürlichen Gesichtspunkt gelten zu lassen, daß das deutsche Volk die Nahrungs- und Erwerbsquellen behalten muß, die es ihm ermöglichen, sich durch eigene Arbeit selbst zu erhalten.

Das ist ja vor allem auch der Grund, warum unsere größte Sorge dem Grenzproblem gilt. Von einer gerechten Lösung hängt nicht zuletzt die Sicherung der deutschen Ernährung ab. Zum Grenzproblem gehören im Osten die Gebiete, die früher nicht nur die eigene Einwohnerschaft von mehr als 9 Millionen Menschen ernährten, sondern noch 7–8 Millionen dazu, also insgesamt 16 Millionen Menschen. Diese 16 Millionen Menschen leben heute mit auf dem Raum, der durch die Abgrenzung der Besatzungs- und Verwaltungszonen bestimmt ist. Hier liegt vor allem der Grund, daß das Ausland so außerordentlich hohe Zuschüsse leisten muß, um das deutsche Volk überhaupt am Leben zu erhalten. Die Sorge um die deutsche Ernährung ist um so größer, als der Industrieexport durch Fortnahme eines der wichtigsten deutschen Industrie- und Kohlengebiete geschmälert werden soll. Auch wenn die politische Trennung des Saargebietes von Deutschland vermieden wird, wenn die Trennung nur eine wirtschaftliche sein sollte, bedeutet das eine Schmälerung unserer Ernährungsgrundlage und Ernährungsmöglichkeiten aus eigener Arbeit, die nicht im Interesse der Erholung Europas liegen kann.
Deutschland hat im Augenblick keine gesamtdeutsche Amtsstelle oder Behörde, die berechtigt und in der Lage wäre, die deutschen Fragen den Westmächten nahezubringen. Deutschland hat kein Auswärtiges Amt, aber es hat eine Inflation von Forschungsstellen, von Materialsammelstellen. Die Länder der amerikanischen und englischen Zone haben eine solche Stelle eingerichtet. Der Deutsche Städtetag hat ein Ähnliches getan. Desgleichen die Stadtverordnetenversammlung von Berlin. Die Parteien haben außenpolitische Ausschüsse. Der ganze Jammer des deutschen Volkes faßt uns an, wenn wir an diese Inflation denken, die nichts ist als der Ausdruck der grenzenlosen Not der deutschen Zerrissenheit.
Ich brauche nur noch die Notwendigkeit der Versorgung der Millionen von Flüchtlingen, der Zwangsevakuierten, der Heimkehrer zu erwähnen, dann wissen wir, wie brennend die Probleme sind, die zunächst wenigstens einmal nach einer Aussprache der Spitzen der Parteien verlangen. Seien wir uns klar darüber: Die Geschichte wird uns einmal danach beurteilen, wie stark, wie selbstlos und wie klug die Verantwortlichen der Parteien sich in der Not größter deutscher Zerrissenheit in der Suche nach neuer deutscher Einheit erwiesen haben.
Ich möchte wünschen, daß auch die Alliierten für diese unsere Haltung Verständnis haben. Wir sind uns durchaus bewußt, daß über das deutsche Schicksal in Moskau entschieden wird. Und kein verantwortlicher Politiker denkt daran, Institutionen für das innerdeutsche Leben vorwegzunehmen, über deren Zulassung nun einmal – nach der Gewalt der Verhältnisse, die Hitler schuf – nur im Einverständnis mit den Alliierten entschieden werden kann. Aber man soll von uns nicht verlangen, daß wir tatenlos dem deutschen Schicksal gegenüber bleiben. Wir müssen dem deutschen Volk und der Welt beweisen, daß die deutschen Parteien Besonnenheit und Kraft genug haben, um eigene Schritte zu tun. Das ist der Sinn des Vorschlages der Union. Wir appellieren an die Parteien, sich zu ihrer Verantwortung zu bekennen, und wir appellieren an die Welt, unserem Schritt Verständnis entgegenzubringen.

# 18

*Rede in Köln*
*16. April 1947*

Nur mit tiefster Bewegung kann ich hier auf dem Boden von Köln zu Ihnen sprechen. Ich sprach 1933 hier zum letzten Male. Blühendes Leben füllte damals noch diese Stadt. Aber wir standen im heftigsten Abwehrkampf gegen das Verderben, das mit Hitler heraufzog. Wir suchten es mit aller Kraft aufzuhalten und konnten es doch nicht bannen, weil ihm schon zu große Teile unseres Volkes verfallen waren. Aber auch weil die Weimarer Republik den verbrecherischen Methoden Hitlers und seiner Helfershelfer nicht gewachsen war. Und weil nicht alle hitlerfeindlichen Kräfte erkannten oder erkennen wollten, daß man organisierten verbrecherischen Kräften mit der Geschlossenheit eines starken Abwehrwillens entgegenzutreten hat. So begann die Weltkatastrophe ihren Lauf zu nehmen, von denen die Trümmer, vor denen wir stehen, nur ein kleiner Bruchteil sind.
Sie wissen, daß wir mit dem Jahre 1933 nicht aufgehört haben, gegen das Unheil zu kämpfen. Und Sie wissen, welche Opfer dieser Kampf gekostet hat. Heute, da ich zum ersten Male wieder hier auf Kölner Boden stehe, kann ich nicht umhin, noch einmal der Opfer der Menschen zu gedenken, die im gemeinsamen Kampf gegen Hitler gefallen sind. Ich gedenke mit Schmerz meines wahrhaft väterlichen Freundes Dr. Otto Müller, des Priesters mit dem rechtlichen und mutigen Herzen, der nie müde wurde. Ich gedenke meiner unvergeßlichen Freunde Bernhard Letterhaus, Nikolaus Groß und meines treuen Kameraden Heinrich Körner, dem ein tragisches Geschick noch den Tod brachte, als er in unbändiger Freude schon wieder die Freiheit grüßte. Sie und alle, die aus anderen Gegenden Deutschlands im Kampf gegen Hitler sterben mußten, fehlen uns in schmerzlicher Weise bei dem schweren Werk, das für Deutschland zu tun ist. Denn das eine darf ich sagen, sie trugen das andere Deutschland, das bessere, das freiere in ihrem Bewußtsein. Sie wußten für das Ziel zu sterben, für das wir nun leben müssen, um das wir ringen müssen. Ohne sie, ohne ihre mutige Mitarbeit, ohne ihr Wissen und Können, das wir bitter vermissen.
Sie trugen das bessere, das freiere Deutschland in ihrem Bewußtsein. Wir wollen damit nicht rechten, daß es uns nicht vergönnt war, dieses Deutschland durch eigene Kraft aus den verbrecherischen Händen Hitlers zu befreien. Ich habe es neulich einmal gesagt: Zwei Fünftel aller deutschen Städte wären verschont geblieben, und Millionen Menschen wären noch am Leben, wenn der 20. Juli erfolgreich gewesen wäre. Und eine ganze Anzahl verantwortungsbewußter politischer Menschen im besten Lebensalter dazu. Menschen – ich sage es noch einmal –, die ein Bild von Deutschland, vom ganzen einigen Deutschland im Bewußtsein trugen. Menschen, die nicht in engen Länder- und Provinzgrenzen dachten. Die wohl auch kaum einem engen Zonenbewußtsein zugängig gewesen wären. Menschen mit einem gesamtdeutschen Willen und einem europäischen Verantwortungsbewußtsein.
Es hat keinen Zweck, nach den Untergründen des Schicksals zu fragen. Wir, die Lebenden, sind heute in die geistigen und materiellen Trümmer gestellt, um Deutschland aus diesen Trümmern heraus zu formen. Und aus der Enge, in die der Ungeist Hitlers das deutsche Volk gestellt hat, europäisches Verantwortungsbewußtsein zu wecken und zu entfalten.

Dabei sieht es fast aus, als sei es ein aussichtsloses Beginnen, Deutschland aus den Trümmern noch einmal auferstehen zu lassen. Es sieht aus, als bliebe nichts anderes übrig, als passives Abwarten, was die Alliierten über unser Schicksal beschließen. Das deutsche Volk in seiner Gesamtheit hat ja nicht einmal eine Stimme. Dazu die Not, die unaussprechliche Not von Hunger, Kälte, Heimatlosigkeit, die geeignet ist, jedes Leben zu ersticken. Nur mit innerster Teilnahme konnten wir von Berlin aus die Aufschreie eines von Not gequälten Volkes in den Streiks und Demonstrationen hier in der Zone verfolgen. Wir wissen, daß unser Volk am Ende seiner Kraft angelangt ist. Wir wissen, daß der Bergmann keine Kohle fördern, daß der Hüttenarbeiter keinen Stahl erzeugen kann, wenn ihm das karge tägliche Brot fehlt und sein Haus eine Höhle unter Trümmern ist. Wir sind der Meinung, daß alles, aber auch alles zu geschehen hat, um wirklich die drängendste Not zu überwinden.
Aber einer Tatsache werden wir uns immer bewußt bleiben müssen: Die Not ist das Schicksal Gesamtdeutschlands. Sie ist eine Folge des deutschen Irrweges unter dem Nationalsozialismus. Allerdings kommt es heute darauf an, daß der Notstand nicht verewigt wird. Daß dem deutschen Volke ein Lichtblick bleibt. Es kommt dabei auf unsere eigene Politik und auf die Politik der Alliierten an. Ich nenne uns zuerst, weil ich der Meinung bin, daß wir unseren politischen Weg mit so viel Eigenwillen, mit so viel Willenskraft suchen müssen, als hinge unser Schicksal einzig und allein von uns selbst ab. Daß das letztere nicht der Fall ist, wissen wir, die wir politische Verantwortung tragen, am allerbesten. Mit der bedingungslosen Kapitulation ist das Schicksal Deutschlands im wesentlichen den verantwortlichen Händen der Alliierten übergeben. Und die Alliierten werden erkennen und beachten müssen, daß nicht Zerstückelung und Verstümmelung des deutschen Volkskörpers, daß nicht Maginotlinien, West- und Ostwälle mehr das Schicksal Europas zum Besseren wenden können, sondern nur Vertrauen. Vertrauen auch in unser von Schuld und Schicksal so schwer geschlagenes Volk.
Ist dieses Vertrauen da oder schlägt es wenigstens Wurzeln und wächst es, dann scheint es uns nicht mehr so schwer, die richtige oder sagen wir, die einigermaßen gerechte Lösung der deutschen Frage zu finden, die jetzt die Gemüter in Moskau so sehr bewegt hat. Die Gemüter in Moskau, aber nicht zuletzt auch das deutsche Volk, das immerhin wenigstens mit einiger Hoffnung auf Moskau gewartet hat.
Dabei haben wir realistisch zu sein: Für die Alliierten ist das deutsche Problem nicht das entscheidende Kernproblem ihrer Politik. Es ist vielmehr so, daß die Staatsmänner der Alliierten zunächst und vor allem darum ringen, Lebens- und Existenzinteressen ihrer eigenen Nationen im Hin und Her der Weltpolitik zu wahren. Es wäre verfehlt, wollten wir Deutsche uns für den Mittelpunkt der Welt halten.
Im Mittelpunkt steht zunächst einmal erst die große geistige und politische Auseinandersetzung zwischen Ost und West. Und wem das im Verlaufe dieses letzten Jahres noch nicht klargeworden sein sollte, dem muß es im Verlauf der Moskauer Konferenz aufgegangen sein: Im geistigen und politischen Ringen der Welt nimmt diese Auseinandersetzung den entscheidenden Platz ein. Von dieser Auseinandersetzung wird auch das Schicksal Deutschlands bestimmt. Nur politische Dummköpfe oder politische Kinder aber können die Lösung so sehen, daß die Geschütze des Westens sich an einem Tage gegen den Osten richten werden. Ich kann nur sagen: Gebe Gott, daß die Weltgeschichte so nicht verläuft. Denn Deutschland würde mit seinen letzten Resten zermalmt werden. Nicht nur der Osten Deutschlands, auch der Westen. Es gibt deshalb nur eines: Deutschland, das ganze Deutschland muß

seine geschichtliche Rolle begreifen. Es muß aus seiner Lage zwischen dem Osten und Westen die einzig mögliche Konsequenz ziehen: Ich kann nur immer wiederholen, was ich vor 1 1/2 Jahren in einer großen Kundgebung in Berlin zum ersten Male aussprach und danach noch oft ausgesprochen habe: Deutschland muß Brücke sein zwischen Ost und West, zwischen West und Ost. Vor einiger Zeit noch brachte der »Tagesspiegel«, die große Berliner Zeitung, die mit uns verantwortlichen Männern der Union gar nicht immer einverstanden ist, eine französische Stimme, die wirklich beachtenswert ist. Der Franzose sprach von dem großen Ziel, das gerade die deutsche Jugend begeistern müsse: die Brücke zwischen der Welt des Westens und der des Ostens zu sein. Er sprach von der Aufgabe, eine Synthese, einen Ausgleich schaffen zu müssen zwischen sozialistischem Werden und Freiheitsproblem. Alle, die mich kennen, wissen, daß ich diese Aufgabe in den schicksalhaften Tagen unserer Gegenwart als die große Aufgabe der Union sehe. Ich weiß dabei, daß mancher Mann des Westens noch nichts davon hören will. Aber ich würde fehlgehen, würde ich von dieser großen politischen Aufgabe Deutschlands schweigen. Denn ich würde an dem Kernproblem der Welt vorbeigehen. Es ist nun einmal so, daß nicht nur Deutschland, unser zerschlagenes Deutschland, sondern daß die ganze Welt vor der Aufgabe steht, die soziale Frage, die Schicksalsfrage der arbeitenden Massen zu lösen. Der arbeitenden Massen, die heute das Gros der Welt ausmachen. Und die heute – mit sehr, sehr wenig Ausnahmen – die Bevölkerung Deutschlands bilden. Diese soziale Frage wird ihre Lösung nur so finden, daß ein Ausgleich der Ideen des Ostens und des Westens gefunden wird. Eine Synthese zwischen Sozialismus und Freiheit ist die Aufgabe der Welt. Sie ist auch unsere Aufgabe.
Ich wiederhole, ich sehe diesen Ausgleich mit als die wesentlichste Aufgabe der Union an. Man hat mir das zum Teil – vor allem im Süden und Westen – übelgenommen. Es gibt viele im Süden und Westen, die jeden Ausgleichswillen zurückweisen und einer einseitigen Westorientierung das Wort reden. Ich halte diese Auffassung nicht nur für falsch. Ich halte sie sogar für verderblich. Und zwar innen- und außenpolitisch. Ich will ganz davon absehen, daß wir den Osten einmal als Absatzgebiet gebrauchen, wenn wir endgültig gesunden wollen. Es ist ja nun einmal Tatsache, daß Deutschland in Besatzungszonen eingeteilt ist. Und es ist ebenso Tatsache, daß sich jede Besatzungszone ein bestimmtes Einflußgebiet geschaffen hat. Glauben Sie, daß sich das Rad der Geschichte zurückdrehen läßt, so, als wäre das alles nicht gewesen. Nein, ganz Deutschland wird verarbeiten müssen, was uns mit der geistigen Welt der Besatzungsmächte ins Land strömte. Geistig und sozial muß diese Welt verarbeitet werden. Und diese Verarbeitung ist mit die Weltaufgabe unseres Volkes. Wo würde Deutschland auch hinkommen, wenn große und ernstzunehmende Teile des deutschen Volkes einer reinen Ost- oder Westorientierung das Wort reden wollten. Leider gibt es genügend solcher Kreise. Gewinnen sie entscheidenden Einfluß, so ist die Zerreißung Deutschlands die unvermeidbare Folge. Damit ist weder Deutschland noch der Welt gedient. Es gibt kein Ausweichen vor dem Schicksal, das uns Hitler bereitete. Wir haben dieses Schicksal zu einer Aufgabe zu machen. Vom Westen kam uns einst die Proklamation der Menschenrechte, die seit der Französischen Revolution die Welt bewegte und befruchtet hat. Vom Osten ging die revolutionäre Neugestaltung der sozialen Verhältnisse aus, die, seit sie in der russischen Revolution begann, die soziale Welt nicht mehr zur Ruhe kommen ließen. Entscheidend ist der endliche Ausgleich dieser beiden Prinzipien, die die Welt bewegen. Für unser Volk ist es dabei entscheidend, ob es vom

Kern seines eigenen Wesens aus den Weg zu einer Neuordnung finden kann. Zu einer Neuordnung, die auf einer höheren Ebene den beiden Gesetzen gerecht wird: dem Gesetz des Rechtes und der Freiheit des Menschen und dem berechtigten sozialen Anspruch der großen Massen des arbeitenden, des enteigneten Volkes. Dieser Weg wird kein marxistischer Weg sein. Aber auch kein Weg hemmungsloser Freiheit des einzelnen. Das gehört der Vergangenheit an. Und hier beginnt die entscheidende Rolle Deutschlands, die entscheidende Aufgabe unseres Volkes, von der seine eigene Gesundung und die Gesundung Europas abhängt. Denn nur ein Deutschland, das in seiner Entscheidung seinen eigenen Weg zwischen Ost und West findet, einen Weg, der seinem Wesen entspricht, wird aus sich selbst heraus innere und äußere Kraft für die Erneuerung seines Lebens und für den Dienst an Europa finden. Wir, die Union in Berlin und in der Ostzone, sind im vollen Bewußtsein unseres Zieles, Brücke zwischen Ost und West sein zu wollen, stets den Weg des Bekenntnisses zu voller Eigenständigkeit gegangen. Sie wissen alle, daß unser Weg kein leichter ist. Und es muß um der Ehre unserer Menschen willen dort, der Menschen in der Ostzone willen, gesagt werden, daß gerade bei ihnen ein gerütteltes Maß von Mut dazu gehört, sich zur Union zu bekennen. Die Menschen der Ostzone haben einen Befähigungsnachweis der Reife und des Charakters erbracht, auf die man um der Partei und um der Menschen willen stolz sein kann, die sich zur Union bekannten und bekennen.

Die Parteien, die sich nach dem Zusammenbruch in Deutschland bildeten, formieren sich im wesentlichen nach Grundhaltungen, die schon im Parteileben der letzten 80 Jahre die Geister bewegten. Es ist im wesentlichen die christliche und die marxistische Grundhaltung. Ich lasse den Liberalismus beiseite. Bei aller Hochachtung vor der geistigen Bewegung des Liberalismus bin ich nämlich der Meinung, daß er sich als Grundlage einer Partei überlebt hat. Ich gebe dieser meiner Überzeugung auch auf die Gefahr hin Ausdruck, daß in der nächsten Zeit das verantwortungsbewußte soziale Bekenntnis der Union den Liberaldemokraten noch einige sozial Unbelehrbare zuführen könnte. In der Ostzone war der Zug zum Liberalismus im wesentlichen Protest gegen den Kollektivismus; und er war Protest gegen die angebliche Kirchenhörigkeit der Union. Wer die Wahlkämpfe in der Ostzone mitgemacht hat, weiß, wieviel Druckerschwärze darauf verwandt wurde, um die Union in einem solchen Licht erscheinen zu lassen. Mir scheint übrigens das letztere auch hier im Westen noch der Fall zu sein. Im Osten schweigen diese Vorwürfe jetzt. Die Union hat zuviel Beweise echten und reifsten politischen Handelns gegeben, als daß solche Versuche noch von Erfolg gekrönt sein könnten.

Im großen ganzen darf man wohl sagen, daß zwei Hauptkräfte ihre Anziehungskraft im Leben der Völker – auch des deutschen Volkes – bewiesen haben: der christliche und der marxistische Gedanke. Das deutsche Volk hat sich damit in großen Parteien formiert. Und das ist gut. Wir dürfen nicht mehr zu der üblen deutschen Gewohnheit der dreißig und mehr Parteien zurückkehren. Dabei will ich aber auch hier gleich zum Ausdruck bringen, daß der Sinn einer christlichen Partei nicht sein kann und nicht sein darf, sich die politischen Auseinandersetzungen im Leben des Volkes leicht zu machen, indem man stets das Wort »christlich« im Munde führt. Es wäre das nicht nur eine Profanierung der weltanschaulichen Kräfte. Es wäre das auch allzuleicht der Ausdruck einer ausgesprochenen Bequemlichkeit, die es ablehnt, sich über die tiefere sachliche Gesetzlichkeit des politischen Lebens auseinanderzusetzen.

Bewiesene Tatsache ist jedenfalls, daß das Vertrauen unseres Volkes zum christlichen Gedanken oder – wenn Sie wollen – zu den christlichen Gesetzen in der Politik groß ist. Und dieses Vertrauen ist nicht nur in betont christlichen, d. h. evangelischen und katholischen Gebieten durchgebrochen. Auch in Gebieten, in denen nicht gerade lebendiges Christentum zu Hause ist, hat die Union Wurzel gefaßt. Mehr als einmal haben mir aufrechte demokratische Männer in der Ostzone, und zwar Männer einer mehr liberalen Geisteshaltung, gesagt: Wir bekennen uns zur Union, weil sie eine Idee hat. Jawohl, die Union hat eine Idee. Sie will Träger und meinetwegen auch Verteidiger der abendländischen Kultur sein. Sie will diese Kultur heute noch fruchtbar sein oder werden lassen in unserem Volk. Auch in einer sozial vollständig veränderten und gestörten Welt. Wir sind dabei der Überzeugung, daß gerade das christliche Gesetz, zu dem wir uns bekennen, aufgeschlossen macht für alle sozialen Notwendigkeiten. Und wer aus diesem oder jenem Grunde die Augen vor dem großen Unglück unseres Volkes verschließen möchte, verschließt sie auch vor den Notwendigkeiten, die Zeit und Ausmaß des Unglücks unseres Volkes von uns verlangen.
Daß wir vor der Notwendigkeit einer vollständigen Neuordnung unseres Volkslebens stehen, wird keiner bezweifeln, der auch nur einen oberflächlichen Einblick in die Lage unseres Volkes hat. Der letzte Winter hat sein übriges dazu getan, um allen die Augen zu öffnen. Mir selbst steht die Notwendigkeit der Neuordnung nie stärker vor Augen, als wenn ich hier durch den westlichen Industriebereich fahre. Wir stehen nicht mehr da, wo wir 1933 gestanden haben. Wir waren gewiß schon 1918 im Bruch einer Gesellschafts- und Wirtschaftsordnung begriffen. Aber wir waren noch ein geordnetes und gesundes Volk gegenüber dem trostlosen Rest von einer Ordnung und Gemeinschaft, den uns das Hitlersystem als traurige Erbschaft hinterlassen hat. Deshalb erscheint es als dringend notwendig für jede Partei, mit einem neuen sozialen Ordnungswillen vor unser Volk zu treten, wenn wir vor diesem Volk überhaupt bestehen wollen.
Ich weiß, es gibt Leute, die sich dieser Notwendigkeit bisher noch verschließen. Es gibt Leute, die meinen, ererbte Kulturwerte, ererbtes Kulturbewußtsein, gepflegte Lebensformen gingen zugrunde, wenn sich die Union zur Notwendigkeit einer neuen Ordnung, meinetwegen mit sozialistischem Vorzeichen, bekennt. Es gibt Leute, die meinen, sie dürfen in einer solchen Ordnung nicht mehr von weißen Tischtüchern essen. Nicht mehr mit einigermaßen gepflegten Messern und Gabeln. Ich sage demgegenüber: Wer noch weiße Tischtücher hat und gepflegte Messer und Gabeln, der mag sie auch in der neuen Ordnung des deutschen Lebens behalten und benutzen. Eine Voraussetzung muß allerdings gegeben sein: Es dürfen nicht lange mehr Millionen von deutschen Männern und Frauen umherirren, die nicht wissen, wohin sie ihr Haupt legen sollen. Wenn es nötig ist, dann werden wir auch bereit sein müssen, unsere Tischtücher zu teilen, damit verlassene Flüchtlingsmütter ihre Kinder versorgen können. Aber das ist ja keine Frage der Wirtschafts- und Gesellschaftsordnung, sondern eine Frage der Nächstenliebe und Barmherzigkeit. Was ich mit dieser Demonstration sagen will, ist nur die Klarstellung: Es muß aufgeräumt werden mit der Auffassung, als bedeute die Ablösung der kapitalistischen Wirtschaftsordnung eine Proletarisierung des deutschen Volkes. Wenn überhaupt eine Proletarisierung stattgefunden hat – und sie hat stattgefunden –, dann hat Hitler sie vorgenommen. Sie sehen die Spuren dieser Proletarisierung oder – wenn wir das Wort nicht anwenden wollen – wir sehen die Spuren der Pauperisierung überall.

Diese Spuren tilgen, dieser Proletarisierung Einheit tun, ist der Sinn und die Aufgabe einer neuen, einer besseren, einer gerechteren Volksordnung. Daß es bei dem Zustand, in den unser Volk versetzt ist, Opfer zu bringen gilt für die, denen noch ein Teil ihres Besitzes oder eines bestimmten Wohlstandes geblieben ist, ist eine Selbstverständlichkeit. Herr Schumacher hat einmal erklärt, die Union würde auseinanderfallen, wenn es erst an die Lastenverteilung im Volke ginge. Wir sind uns klar darüber, daß es zu einer gerechten Lastenverteilung kommen muß. Und ich glaube, daß es kaum ein Mitglied der Union geben wird, das sich einer gerechten Lastenverteilung widersetzt. Sollte das aber doch der Fall sein, dann wäre es um die nicht schade, die abfielen, denn sie wären wirklich als Reaktionäre gebrandmarkt. Ich möchte aber der Überzeugung sein, daß niemand versuchen wird, sich an den Lasten vorbeizudrücken, die zu tragen notwendig sind, um für das ganze Volk einmal wieder zu einem menschenwürdigen Dasein zu kommen. Entweder wir erreichen dieses menschenwürdige Dasein für alle im Volke, oder unser Volk verfällt einem steten Siechtum. Entweder wir kommen zu einer gesunden Gliederung der Massen des Volkes, heute nach neuer Gliederung, nach neuer Einordnung verlangen, oder wir gehen chaotischen Zuständen entgegen.
Das sind Einsichten, wie sie die Grundhaltung unserer Partei bestimmen. Und es sind Einsichten, wie sie für unsere Partei, wie sie eigentlich für jede Partei lebenswichtig sind. Wer sich ihnen verschließt, wer an Altem festhält und mit diesem Festhalten die Wiedergewinnung gesunder Lebensverhältnisse für die Gesamtheit unseres Volkes hemmen möchte oder zu hemmen versuchte, der müßte mit Fug und Recht als Reaktionär bezeichnet werden. Dabei ist es für uns selbstverständlich, daß wir auch im politischen Leben die Grundsätze unserer christlichen Weltanschauung geachtet und beachtet sehen wollen. Freiheit und Würde des menschlichen Gewissens, der Geltung und der Entscheidungsmöglichkeit der freien Persönlichkeit sind für uns unantastbare Gesetze.
Nach diesen Gesetzen hat die Union im Osten und im Westen gehandelt. In Berlin hat sie dem Sozialisierungsgesetz zugestimmt, hier im Westen hat sie sich durch die Ahlener Beschlüsse und durch die Gesetze, die im Landtag Nordrhein-Westfalen auf ihre Initiative hin zustande kamen, zur Neuordnung der Wirtschaft bekannt. Es tut dabei gar nichts, ob sich in den einzelnen Zonen noch diese oder jene Nuancierungen bemerkbar machen. Erst ein einheitliches Deutschland kann für die Parteien eine einheitliche Haltung auch zu den sozialen Problemen herbeiführen. Was aber wichtig und wesentlich ist, ist die Tatsache, daß auch die durch Schumacher so viel gelästerte Union der Westzone sich zur Neuordnung der Wirtschaft nach antikapitalistischen Grundsätzen bekannt hat. Das Hamburger Blatt »Die Welt« hat respektvoll anerkannt: Die Union hat den Schritt vom Sozialen zum Sozialistischen hin getan. Ob der eine oder andere vielleicht diesen Schritt mit Widerstreben getan hat, spielt dabei keine Rolle. Es spielt auch keine Rolle, ob der eine oder andere Unbelehrbare diesen Schritt nicht billigt, sondern es kommt darauf an, daß sich eine verantwortliche Partei bewußt ist, daß es nicht auf alten Wegen zu einer Gesundung des deutschen Volkes kommen kann, sondern daß entschlossen neue Wege gegangen werden müssen, um die soziale Frage zu meistern.
Wobei es wohl kaum der Betonung bedarf, daß Sozialismus nicht mit Marxismus verwechselt werden darf. Das Dogma des Marxismus scheint heute im übrigen vollständig überlebt. Ein Volk, das die Hitlerdiktatur erlebt hat, erträgt keine zweite Diktatur. Und das Gesetz des Klassenkampfes kann wohl kaum noch Anwendung

finden in einem Volk, dessen Besitzverhältnisse so zerstört sind wie im deutschen Volk. Wir sind fast schon eine klassenlose Gesellschaft geworden, und nicht Marx hat sie verwirklicht, sondern Hitler.
Es kommt bei der Neuformung unserer Ordnung darauf an, eine neue, eine gerechte, eine gesunde Gliederung zu finden. Es wird das unsere dringlichste Aufgabe sein, wenn die Einheit Deutschlands verwirklicht ist. Denken Sie an den fünften Stand, der brennend auf diese neue Eingliederung in den Volkskörper wartet. Denken Sie an die Flüchtlinge, die heute schon eine Schicht für sich bilden. Wer angesichts der Not, die sie darstellen, noch an alten Besitzverhältnissen hängt, ist ein hoffnungsloser Fall für die Neuordnung unseres Volkes.
Es wird in der letzten Zeit soviel von der Notwendigkeit einer Mittelpartei gesprochen. Es tun das vor allem Kreise, die glauben, ein neues Zentrum begründen zu sollen. Bei der sozialen Haltung der Union weiß ich nicht, wie man die Notwendigkeit einer neuen Mittelpartei begründen will. Richtig ist, daß die Union eine sozial fortschrittliche Partei zu sein hat, wenn sie lebensfähig sein soll. Für ihre Fortschrittlichkeit aber sorgen schon die fortschrittlichen Volksmassen, die hinter ihr stehen. Die Menschen des neuen Zentrums aber, die wie wir dem sozialen Fortschritt zu dienen gewillt sind, können nur eines tun: Wollen sie unserem Volk wirklich dienen, nicht aber dem eigenbrötlerischen Willen einiger weniger, so sollen sie mit ihrem fortschrittlichen Willen zur Union kommen. Ich glaube, damit wäre unserem Volke am besten gedient. Möglich, daß es dann noch einige Spannungen mehr gibt in der Union, wir fürchten das nicht. Denn Spannungen haben etwas Lebensvolles, etwas Vorwärtstreibendes, wenigstens solange sie nicht in persönlichen Kampf ausarten. Das passiert auch. Darüber aber sollte uns die Sorge um unser Volk hinweghelfen. . .
Wir sind uns klar darüber, daß Vorbedingung für die Schaffung einer neuen Sozialordnung, für die Schaffung einer wirklich gesunden Demokratie die Einheit Deutschlands ist. Wir brauchen diese Einheit, wenn wir selbst entschlossen Hand an unser Schicksal legen wollen. Die Ernährungslage, die Lage der Flüchtlinge kann zum mindesten in der krassesten Not nur gemildert werden, wenn deutsche Initiative nicht mehr durch Zonengrenzen gehemmt ist. Wenn endlich wirtschaftliche und politische Einheit gegeben wird. Diese Erkenntnis ist der Grund für das Warten aller Deutschen auf die Verlautbarungen der Moskauer Konferenz. Wer Wunder der Einsicht, des Verständnisses und der Klärungen für Deutschland erwartet hat, wird enttäuscht sein. Wer realistisch dachte, ist es nicht. Es mehren sich in der Umwelt des deutschen Volkes zum mindesten die Stimmen, die für die deutsche Einheit eintreten. Englische und französische Stimmen waren in der letzten Zeit zu vernehmen, die vor einer Zerstückelung, vor einer allzu gewaltsamen Lokkerung des deutschen Staatsgefüges warnten. »Die Einheit Deutschlands ist eine Tatsache, die tief in das Bewußtsein der Deutschen eingedrungen ist. Und die man nicht mehr ablehnen kann«, sagte neulich ein einsichtsvoller Franzose. Eine englische Wochenzeitung warnt davor, die Verwirklichung des geeinten deutschen Reiches für Katastrophen verantwortlich zu machen, wie wir sie erlebt haben. Nicht die Einheit, sondern der Geist von Blut und Eisen sei es gewesen, der zur Katastrophe geführt. Und dieser Geist kam nicht aus der Einheit. Er kam aus dem Wesen bestimmter Kreise, die heute zerschlagen sind. Mit Genugtuung konnten wir erfahren, daß auf der Moskauer Konferenz die Meinungen in der Richtung auf größere deutsche Einheit sich klärten und aufeinander abstimmten. Die Pläne für die Ge-

staltung Deutschlands, die in Moskau vorgelegt wurden, näherten sich der notwendigen deutschen Zusammenfassung weit mehr als die Verfassungsvorschläge, die auf der Londoner Konferenz gemacht wurden. Die baldige Einrichtung von Zentralverwaltungen und der künftige Beirat sind erste Frucht.

Man ist sogar versucht zu sagen, daß die ausländischen Staatsmänner fast ein stärkeres Verständnis für die Unaufhaltsamkeit des deutschen Volksverlangens nach Zusammenfassung haben als manche deutschen Politiker. Uns kommt es oft vor, als sei eine bestimmte Volksfremdheit mancher deutschen Politiker die Ursache dafür, daß man das Trennende der deutschen Länder untereinander oft stärker betont als das Verbindende. Als den Wunsch und Willen der großen Masse des Volkes, vor allem auch der Jugend, endlich in geläutertem Zusammengehörigkeitsgefühl wieder zusammenzuwachsen. Sonst könnte man nicht immer wieder mit besonderer Betonung von den Sicherungen der Rechte der Länder gegenüber der noch gar nicht existierenden Reichsgewalt sprechen. Nie aber, oder nur sehr zaghaft, von dem tiefsten Verlangen unseres Volkes, über alle Länder- und Zonengrenzen hinweg endlich wieder zusammenzuwachsen.

Wenn ich das sage, so rede ich – weiß Gott – keinem öden Zentralismus das Wort. Die Union hat sich schon lange zu dem Grundsatz und zu der Notwendigkeit einer gesunden Gliederung bekannt. Die Union steht zu dem Grundsatz, daß den Ländern das Recht der Mitwirkung an gesamtdeutschen Entscheidungen zu sichern ist. Von diesen Überlegungen geht auch die Bejahung einer Länderkammer aus. Stets bleibt aber für eine gedeihliche Zusammenarbeit die Notwendigkeit gegeben, daß sich die Länder wirklich als Glieder des Ganzen fühlen. Daß sie nicht aus der erzwungenen Selbständigkeit dieser zwei Jahre Rechte ableiten, die mit den Meinungen und Wünschen des Volkes im Grunde gar nichts zu tun haben. Das Volk in seiner breiten Masse stellt das Einigende voran. Die Jugend stellt das Einigende voran. Auch wenn einzelne Politiker glauben, auf das Trennende Wert legen zu müssen.

Es war die Erkenntnis des Verlangens und des Wünschens unseres Volkes, durch die die verantwortlichen Männer der Union aller Zonen zu der Aufforderung an alle Parteien bewogen wurden, eine gesamtdeutsche Repräsentation durch die maßgeblichen Parteien vorzubereiten. Sie haben davon gehört. Es gibt keine gesamtdeutsche Stimme, die von der Not, von den Bedürfnissen des Volkes zu sprechen in der Lage ist. Ein Winter der Not und des Elends liegt hinter uns. Ein Winter, der sich – weiß Gott – nicht als Freund unserer jungen Demokratie erwiesen hat. Auf diesen Winter folgt jetzt ein Frühjahr, das neue Not, neuen Hunger bringen kann. Kann das deutsche Volk von seinen Parteien nicht mit Recht erwarten, daß sie sich gemeinsam zusammenfinden, um zum mindesten Sprecher seiner Not, seiner Wünsche, seiner unumgänglichen Bedürfnisse zu sein? Mehr als ein einfacher Mann des Volkes hat mich schon vorwurfsvoll gefragt: Warum handeln die Parteien nicht? Warum schließen sie sich in Länder, in Stadtstaaten, in Zonen ab? Warum verengen sie Tag für Tag ihre Interessen, konzentrieren sich auf Zuständigkeiten, auf Ministerschöpfungen, statt an die Gesamtheit des deutschen Volkes zu denken? Warum handelt ihr nicht, damit das Volk sieht, es sind noch Männer in Deutschland, deren Herz für das Volk als Ganzes schlägt? Auf solche Fragen hin hat die Union mit ihrer Aufforderung an die Parteien zu gemeinsamen Beratungen gehandelt. Das Echo, das dieser Ruf gefunden, ist Ihnen bekannt. Keine Partei hat abgelehnt. Jede Partei, auch die SPD, erkennt die Notwendigkeit gemeinsamen

Handelns an. Aber es sind noch Steine aus dem Weg zu räumen. Die Hemmungen liegen im Spannungsverhältnis zwischen SPD und der SED bzw. der KPD. Wir verkennen dabei die schwierige Sonderlage der SPD nicht. Sie ist nach der Vereinigung der beiden marxistischen Parteien in der Ostzone nicht mehr vertreten. Aber auch dieser Zustand muß ja einmal bereinigt werden. Es gibt keine Partei, die sich ihren Verantwortungen für Gesamtdeutschland entziehen kann. Jede Partei wird sich bewußt sein müssen, daß das Volk in seiner Not die Parteien kritischen Sinnes nach dem Verantwortungsbewußtsein und nach dem Mut zum Handeln beurteilt, die sie der Not des Volkes gegenüber bewiesen haben. Wir, die Union, werden alles tun, um einem gemeinsamen Handeln der Parteien den Weg zu bereiten. Ich sage das auch gegen manche so oder so an der Geteiltheit Deutschlands interessierte Auffassungen, die glauben, den Vorschlag der Union diskreditieren zu können. Vielleicht sogar, weil der Beschluß zufällig in Berlin gefaßt wurde! Wohlgemerkt aber von der Arbeitsgemeinschaft der Vertreter aller Zonen. Man hat deshalb geglaubt, ihn sogar mit russischen Wünschen in Verbindung bringen zu dürfen. So wurde ich u. a. eines Tages von einem Nachrichtenbüro angerufen, das mir mitteilte, es sei in Köln die Nachricht verbreitet, Jakob Kaiser wäre von Molotow nach Moskau gerufen! Dieser Ruf stände in Verbindung mit dem Vorschlag der Union zur Bildung einer nationalen Repräsentation. Es ist das nur ein Beispiel der Unverantwortlichkeit, mit der Interessenten am Unglück und an der Geteiltheit Deutschlands mit der Wahrheit Schindluder treiben. Ich würde es nicht erwähnen, wenn diese Dinge nicht ans Mark des Volkes gingen.

Der Vorschlag der Union erwuchs aus der Sorge verantwortlicher Männer der Union aller Zonen, die in Berlin versammelt waren. Initiativ bei dem Vorschlag waren auch und vor allem Vertreter des Westens und des Südwestens. Hinter dem Versuch der Diffamierung des Vorschlages aber, an dem vielleicht Äußerungen von Schumacher auch nicht ganz unschuldig sind, steht der Wunsch und Wille, die Union des Ostens, die Union Berlins als eine nicht ganz unabhängige Partei erscheinen zu lassen. Ich habe neulich schon in Berlin erklärt, die Union dort läßt sich von keiner Partei, auch von der SPD nicht, an der Selbständigkeit und Unabhängigkeit übertreffen. Weder im Osten noch im Westen kann die Union von der SPD an Eigenständigkeit den Besatzungsmächten gegenüber übertroffen werden. Ich sage das in aller Bewußtheit. Und im übrigen: Nur der kann sich an Selbständigkeit und an Eigenständigkeit mit der Union in Berlin messen, der – wie Jakob Kaiser – in den letzten 1 1/2 Jahren in Dresden, in Leipzig, in Halle, in Görlitz, der Stadt an der polnischen Grenze, für die Christlich-Demokratische Union, für Freiheit, Menschenwürde und Demokratie, für den Zugang zu dem Geist der Welt und für das Recht auf den deutschen Osten gekämpft hat. Von den Besatzungsmächten wird das voll und ganz anerkannt. Nur manchem deutschen Parteimann anderer Zonen oder anderer Parteien fällt das oft etwas schwer. Es geht um Verantwortungen deutscher Politiker im Osten und Westen. Deshalb lasse ich die Gesetze der natürlichen Bescheidenheit einmal außer acht. Nur eine Mahnung noch an die maßgeblichen Parteien: Was immer in der nächsten Zeit in der Auswirkung der Moskauer Konferenz geschieht, das deutsche Volk erwartet von allen verantwortungsbewußten Parteien, daß sie einen entschlossenen Schritt nach vorn tun. Daß sie sich bei aller Wahrung ihrer Eigenständigkeit und ihres Eigenwillens auf politischem und sozialem Gebiet zusammenfinden, um gemeinsam der Anwalt deutscher Not, deutschen Denkens, Verlangens und Wünschens zu sein.

Auch um gemeinsam ihre Meinung in bezug auf die neuzubildenden Gremien zum Ausdruck zu bringen. Wir dürfen und müssen annehmen, daß auch die deutschen Parteien dazu gehört werden. Der schrittweise Aufbau und Ausbau des neuen deutschen Staatswesens, wie er nach Moskau erfolgen soll, wird durch einen geschlossenen Willensausdruck der Parteien nur erleichtert werden. Man soll doch im übrigen auch die Furcht aufgeben, bei Schaffung einer solchen Möglichkeit könnten sich totalitäre Ideen vom Osten nach dem Westen verbreiten. Ich kann demgegenüber nur sagen, je eher sich der freie Meinungsaustausch – auch der parteipolitische – zwischen Osten, Westen und Süden durchsetzt, um so gesunder wird das deutsche Parteiwesen werden. Um so klarer das politische Urteil des gesamten deutschen Volkes. Ich habe einmal davon gesprochen, daß es gut wäre, wenn der schärfere soziale Ostwind manche überlebte Meinung des Westens oder Südens fortwehte. Man hat mir das zum Teil verübelt. Ich stehe noch heute dazu. Ebenso aber stehe ich dafür, daß es gut wäre, wenn der mildere Westwind ungehindert manchen gesunden konservativen Gedanken nach dem Osten trüge. Denn ich habe stets auf dem Standpunkt gestanden, daß nach Auffassung der Union zu jedem sozialen Neuordnungswillen ein Stück konservativen Geistes kommen muß. Es gibt keine gesunde politische und soziale Neuordnung ohne die Erhaltung wertvollen Geistes und wertvollster Eigenschaften, wie das deutsche Bürgertum sie verkörpert hat. Der Fleiß, der Familiensinn, die Nüchternheit, die Tüchtigkeit und auch der Geschäftssinn des deutschen Bürgertums soll und muß dem deutschen Volke erhalten bleiben. Ohne ihn würde er noch mehr verlieren, als das heute schon der Fall ist. Also auch deshalb gesamtdeutscher Ausgleich, damit das Wertvolle, das Positive aller Zonen zueinander finden kann.

Ich kann dann nur noch einmal den Wunsch zum Ausdruck bringen, die Parteien möchten sich bald zu gemeinsamen Beratungen zusammenfinden. Parteien sind nicht Selbstzweck. Parteien finden ihre Berechtigung nur in dem Dienst, den sie am Volke tun. Sie finden sie nur in den Leistungen, die das Volk von ihnen erwarten kann. Mögen sie endlich durch die Schaffung eines Organs für den gemeinsamen Willen des Volkes eine entscheidende Leistung vollbringen.

Hätten wir ein solches Organ, dann wäre es auch nicht nötig, zahllose außenpolitische Ausschüsse, Arbeitskreise, Materialsammelstellen – und wie diese Einrichtungen alle heißen – zu schaffen, um deutsche Stimmen für die außenpolitischen Probleme zur Geltung zu bringen. Es gibt zwar weise Männer, die immer wieder zum Warten mahnen. Nur nicht handeln. Bei diesem Warten der Weisen, der Zögernden, der Vorsichtigen ist das Hitlersystem zwölf Jahre alt geworden und hat eine Welt in den Abgrund gerissen. Die Generäle, die man heute mit Recht so schmäht, haben auch immer wieder zum Warten, zur Vorsicht gemahnt, haben immer wieder gezögert, als es galt, Hitler entschlossen entgegenzutreten. Nun stehen wir heute nicht vor revolutionären Akten. Aber die Not des Volkes verlangt von den Parteien immerhin bestimmtes, entschlossenes Handeln, das bei den Siegermächten nur Anerkennung finden würde. Denn auch sie warten darauf, daß das deutsche Volk entschlossen zu politischem Leben erwacht.

Es ist ja ein mehr als außergewöhnlicher Zustand, daß wir auf der Moskauer Konferenz keine Stimme haben. Man wird es uns deshalb nicht verübeln, wenn wir ein Organ schaffen möchten, das zumindest auch mahnt, die deutsche Frage nicht zu unterschätzen. Es ist ja ein neues Deutschland, das sich Europa und der Welt angliedern will.

Wer will es uns verdenken, daß wir so hörbar wie nur möglich rufen, daß man bei der Vorbereitung des Friedens der Notlage des deutschen Volkes nicht vergessen soll. Man weiß von mir, daß ich keine Veranlagung zu steten Klagen habe. Aber kein deutscher Politiker kann sich der Verantwortung entziehen, seine Sorge auszusprechen, wenn er unter anderem die erschütternden Feststellungen liest, die Präsident Hoover gemacht. Die Deutschen sind nach seinem Bericht in Ernährung, Heizung und Wohnung auf das niedrigste Niveau gesunken, das es in den letzten 100 Jahren der Geschichte der westlichen Zivilisation gegeben hat. Er hat in seinem Bericht die dringende Notwendigkeit dargestellt, deutsche Exporte zur Bezahlung deutschen Lebensmitteleinfuhren den Reparationen voranzustellen. Ein deutscher Reichskanzler – der gleiche Mann, den eine demagogische Propaganda als Erfüllungspolitiker zu diffamieren suchte – hat inmitten des Elends nach dem Ersten Weltkrieg das Wort geprägt: »Erst Brot, dann Reparationen«. Was aber war das Elend in Deutschland nach dem Ersten Weltkrieg im Vergleich zu heute!
Unsere Rufe haben nichts mit dem Nationalismus zu tun. Es ist wohl nicht zuletzt das Streben der Union, alle nationalistischen Neigungen, die uns in der Vergangenheit ins Unglück geführt haben, zu überwinden. Ich habe vorhin gesagt, es liegt vor allem am deutschen Volk, wie es den Weg ins Freie zu finden weiß. Es liegt aber auch und nicht zuletzt an den Siegermächten. Wie soll die Entwicklung des deutschen Volkes zur Gesundung, zur endgültigen Abkehr vom Nationalismus führen, wenn es rings vom Nationalismus umgeben ist. Wie soll vor allem bei der Jugend die Mahnung zur Abkehr vom Nationalismus auf fruchtbaren Boden fallen, wenn die Luft um Deutschland mit nationalen Gegensätzen, mit Annektionswünschen gegenüber Deutschland gefüllt ist? Die Annektionswünsche, wie sie vom Osten und vom Westen vorliegen, lassen sich kaum mit Vernunft und Recht begründen. Es ist nicht möglich, dem deutschen Volk klarzumachen, daß es gerecht ist, ihm Boden abzunehmen, auf dem deutsche Bevölkerung und ihre Vorfahren seit Generationen gearbeitet und gewirkt haben. Auch der Hinweis auf die Methoden Hitlers ist kein genügender Grund. Denn gegen die Methoden Hitlers ist die Welt im Namen der Freiheit und der Gerechtigkeit zu Felde gezogen. Und ein großer Teil derer, die heute Verantwortung tragen, ebenfalls. In dem Drang nach Annektionen deutschen Bodens kann das deutsche Volk aber wiederum nur übersteigerten Nationalismus der anderen sehen. Wer kann es denn dem greisen Bischof von Trier, Franz Rudolf Bornewasser, verübeln, wenn er die saarländischen Katholiken mahnt: »Vaterlandsliebe bedeutet Treue. Wer die Treue bricht, ist ein Verräter«? Sollte man eine solche Haltung als Nationalismus bezeichnen können? Nein! Wir wollen keinen Rückfall in den Nationalismus. Deshalb nicht zuletzt widersprechen wir manchen Forderungen, die auf den Friedenskonferenzen laut geworden sind. Deshalb betonen wir immer wieder, daß andere Mittel gesucht werden müssen als wirtschaftliche und politische Landannektionen, die das Leben der Völker in der Vergangenheit genug vergiftet haben. Das gilt für die Forderung auf Abtrennung des Saargebietes. Und das gilt für die Forderung nach den deutschen Ostgebieten. Gerade diese Gebiete mit ihrer industriellen und mit ihrer landwirtschaftlichen Leistung sind ja für die Existenz Deutschlands und damit für die ganze Versorgungslage Deutschlands von lebenswichtiger Bedeutung.
Wie können Sie dem deutschen Volk die Notwendigkeit der Abtrennung der Ostgebiete klarmachen, wenn bekanntgegeben werden muß, daß in den unter polnischer Verwaltung stehenden Ostgebieten eine unüberwindliche Mäuseplage herrscht, die

entstehen konnte, weil die Felder wegen Menschenmangel nicht abgeerntet werden konnten? Kann man unseren ausgemergelten Bergleuten an der Ruhr den Sinn eines solchen Geschehens klarmachen? Ist es tatsächlich so, daß zwei Jahre nach dem Weltkriege der Nationalismus noch nicht in allen Völkern zum Schweigen gekommen ist? Bildet er ein Hindernis zur vernünftigen Grundsteinlegung für einen neuen europäischen Staatenbau, dann soll man in Gottes Namen nach Übergangslösungen suchen, die eine Möglichkeit geben, daß zunächst die Leidenschaften abklingen. Wesentlich aber ist, daß die Erzeugnisse des deutschen Bodens, des gesamten deutschen Bodens Deutschland und Europa zugute kommen. Damit beide gesunden können.

Nationalismus, wo immer er auftritt, sollte in unserer von Schuld und Schicksal durcheinandergeschüttelten Welt eine überholte Angelegenheit sein. Aus der Erkenntnis, daß übertriebener Nationalismus zu immer neuem Unglück der Völker führen muß, wuchs noch während des Krieges der Plan einer Organisation der Vereinten Nationen. Sein Grundgedanke war, jeder Staat sollte ein Stück der eigenen Souveränität zugunsten einer größeren internationalen Gemeinschaft abtreten. Wer in das deutsche Volk hineinzuhorchen weiß, spürt in ihm immer stärkere Aufgeschlossenheit für eine größere, eine gesündere, eine großzügigere Ordnung des Völkerlebens. Das ist um so mehr der Fall, als es die Katastrophe nationaler Autarkie erlebte, wie kein anderes Volk sie erlebt hat. Aber Deutschland ist auch der Prüfstein des Willens aller Nationen zu besserer Ordnung des Völkerlebens. Denn auf seinem Boden begegnen sich die großen Nationen der Welt. Und von der Verständigung, vom Willen dieser Nationen hängt es ab, ob Deutschland überhaupt gesunden darf. Öffnet man seiner Gesundung den Weg, so ist der Beweis der Reife Europas und der Welt für eine bessere Ordnung erbracht. Und Deutschland wird sich dieser Ordnung willig einfügen.

Um der Gesundung Deutschlands willen und um der Ordnung Europas willen wäre es im übrigen auch begrüßenswert, wenn das Reparationsproblem einer baldigen Klärung entgegengeführt würde. Wir sind durchdrungen davon, daß unser Land seinen Beitrag zum Neuaufbau der Welt zu leisten hat. Aber man wird es uns nicht verübeln, wenn wir den dringenden Wunsch haben, daß Werte, die der deutschen Wirtschaft entzogen werden, auch wirklich dem Neuaufbau der Welt dienen. Es nützt niemandem, nicht dem Sieger, nicht dem Besiegten und nicht der Welt, wenn bei Demontagen wirtschaftliche Werte abgebaut werden, die nirgends wieder aufgebaut werden können. Es gibt Beispiele über Beispiele dafür.

Wünschenswert wäre auch, daß bald klar wird, was man glaubt, uns an Reparationen zumuten zu können. Nur so kann unserem Volk die mutlose Haltung genommen werden, als habe alles Arbeiten keinen Sinn mehr für sein eigenes Leben und für das Leben seiner Kinder. Das alles hat mit Nationalismus nichts zu tun. Es ist nur gesunder Realismus, der sich bewußt ist, was diese Erfordernisse für ein Volk bedeuten, das am Rande der Hoffnungslosigkeit steht.

Ich habe mich in meiner ersten öffentlichen Zwiesprache mit Ihnen, meinen Kölner Freunden, nicht von rein parteipolitischen Gesetzen leiten lassen. Es mag das etwas ungewöhnlich sein in Tagen, in denen es um Wahlauseinandersetzungen geht. Aber schließlich ist der Wille einer Partei, der dem gesamtdeutschen Wohl, dem Besten des gesamten Volkes gilt, der stärkste Beweis, daß eine Partei sich des Wesens ihrer Verantwortung bewußt ist. Die Union ist sich dieser Pflicht aus christlicher Verantwortung bewußt, so hieß es in den Formulierungen des neuen Willens und des neuen Wesens dieser unserer Partei. Sie ist nicht dogmatisch, nicht gehässig, nicht diffamierend gegenüber anderen Parteien. Sie ist vielmehr positiv für das Volksganze. Sie ist opferfähig. Aber sie ist auch unerbittlich eigenwillig und eigenständig, wenn es um die breiten christlichen Volksmassen geht, die sich ihr anvertraut haben. Auf diese Volksmassen aber bauen wir. Auch und vor allem wir, die wir Verantwortungen im Osten unseres Landes tragen. Wir sind gekommen, um in den Wahlauseinandersetzungen hier im Westen zu sagen: Wir sind eines Sinnes mit Euch. Bleibt Ihr nicht nur eines Sinnes mit uns, sondern nehmt die Millionen deutschen Hände, die sich Euch vom Osten her über die Zonengrenzen hinweg entgegenstrecken. Und hört den Ruf, der vom Osten kommt. Es ist der gleiche Ruf, der hier in Köln am Eigelstein eingemeißelt stand: »Halt fest am Reich«. Es ist derselbe Ruf, der um 1918 oft die Seele bewegte. Was auch kommt: Haltet fest am Reich, damit das deutsche Volk wieder leben kann.

## 19

*Parteitag des Landesverbandes Brandenburg der CDU in Potsdam*
*3. Mai 1947*

Sie wissen, ich bin vor kurzem aus der Westzone gekommen. Wenn je, dann ist mir bei den Wahlauseinandersetzungen dort erneut und mit tiefster Sorge die ganze Schwere der Lage unseres Volkes aufgegangen. Ich gehöre nicht zu den Schwarzsehern. Ich gehöre vielmehr zu den Männern, die mit letzter Überzeugung an die Möglichkeit endlicher Gesundung eines neu geeinten deutschen Volkes glauben. Aber ich konnte mich auch im Westen nur neu wieder überzeugen, daß es ein harter Weg sein wird bis zu dieser Gesundung. Ich konnte mich nur wieder überzeugen, daß es eines ganz nüchternen Realismus bedarf, der mit offenem Blick die Lage zu sehen vermag, die das Hitlerabenteuer für uns geschaffen hat. Ich habe mich aber ebenso überzeugt, daß wir, die Parteien, alles, aber auch alles daranzusetzen haben, um selbst an der Wiederaufrichtung unseres Volkes mitzuwirken.
Die geringe Wahlbeteiligung, die sich im Westen gezeigt hat – Sie wissen, es wählten im Durchschnitt 66 % –, ist ein ernstes Zeichen. Sie sollte die Parteien und die Besatzungsmächte hellsichtig machen. Ist es ein Wunder, wenn sich hungernde, heimatlose Menschen die Frage stellen: Wozu wählen, wenn die Parteien doch nicht die geringste Möglichkeit haben, unser Schicksal zu ändern? Wenn diese Menschen nach dem Sinn einer Demokratie fragen, deren politisches, parlamentarisches, staats- und sozialpolitisches Wirken mehr oder weniger theoretischen Charakter hat? Die Parteien können keine letzten Entscheidungen treffen. Diese Entscheidungen liegen nun einmal noch bei den Besatzungsmächten.
Man wird sich klar darüber werden müssen, daß die Parteien erst dann wirklich entscheidendes Interesse für das gesamte Volk gewinnen können, wenn sie in der Lage sein werden, Entscheidendes für die Besserung der Situation unseres Volkes zu tun. Wir werden auch der Überzeugung sein müssen, daß das gesamte Volk erst den Zugang zu wirklicher Demokratie findet, wenn sich der Begriff der Demokratie nicht noch lange mit der grausamen Not verbindet, die das Volk heute lähmt. Ich weiß, daß sich diese Not nicht von heute auf morgen bannen läßt. Das weiß auch das Volk. Nur muß die Hoffnung gegeben werden, daß ihm eines Tages wieder die

Möglichkeit wird, aus eigener Kraft seine Existenz aufzubauen. Je eher ihm diese Möglichkeit gegeben, um so eher wird es die Hinwendung zu einer gesunden Demokratie finden. Daß Diktaturgläubigkeit, politische Vertrauensseligkeit und hohle Großsprecherei in den Abgrund führen, hat unser Volk allmählich begriffen. Es muß nun noch erfahren, daß ihm trotz ehrlicher Hingabe an demokratische Erneuerung der Weg zu allmählicher wirtschaftlicher und sozialer Gesundung nicht versperrt bleibt. Das hängt im Augenblick weniger von unserem Volk selbst ab. Es hängt vielmehr im wesentlichen von den Siegermächten ab, die das deutsche Schicksal in Händen halten.
Ich bin mir zwar bewußt, daß wir uns nie von der Pflicht befreien können, immer wieder auf das Abenteuer des Nationalsozialismus als die Quelle und Ursache der deutschen Not hinzuweisen. Diese Tatsache hat zum unveräußerlichen Bestandteil deutschen Bewußtseins zu werden. Aber das hindert nicht, daß die Erziehung des deutschen Volkes zur Demokratie aus zwei Quellen gespeist werden muß: aus dem guten Willen unseres Volkes und aus dem Verständnis aller Besatzungsmächte für die lebensnotwendigen Bedürfnisse unseres immerhin schwergeprüften Volkes.
Ich glaube, die Müdigkeits- und Apathieerscheinungen, von denen die Wahlen im Westen begleitet waren, dürfen wir als Mahnung in dieser Richtung deuten. Eine englische Stimme begründete die geringe Wahlbeteiligung u. a. damit, daß maßgebliche Redner der Parteien die gesamtdeutschen Probleme in den Vordergrund gerückt hätten. Dadurch seien die regionalen Interessen in den Hintergrund getreten. Dazu ist einiges zu sagen: Ich habe allerdings im Westen den Eindruck gewonnen, daß sich wachsend die Erkenntnis durchsetzt, daß das Geschick jedes einzelnen Deutschen im wesentlichen und vor allem von dem gesamtdeutschen Schicksal abhängig ist. Deshalb ist es erklärlich, daß neben der Sorge um das tägliche Brot die Sorge um das gesamtdeutsche Los im Vordergrund des Interesses steht. Deshalb ist es wohl auch richtig, daß die Sorge des Bergmanns an der Ruhr, des Winzers am Rhein, des Bauern in Schleswig-Holstein nicht in erster Linie den neuen Ländern Nordrhein-Westfalen oder Niedersachsen oder Schleswig-Holstein gilt, sondern den Fragen, die um das Los Gesamtdeutschlands kreisen. Das ganze Deutschland muß den Weg zur Gesundung suchen. Das ganze Deutschland muß seinen Weg in die Gemeinschaft der Völker finden. Dann wird auch die Gesundung der Wirtschaft an Rhein und Ruhr sich anbahnen. So denkt der Mann des Volkes. Und so scheint es uns richtig zu sein.
Ich habe tatsächlich im Westen gefunden, daß diese Überzeugung stärker in der Bevölkerung wurzelt als die Sorge um die Regierungsbildung in Nordrhein-Westfalen, Niedersachsen oder Schleswig-Holstein. Es sollte das alle die nachdenklich machen, die einer allzu starken Lockerung Deutschlands das Wort reden. Das deutsche Volk wird für eine gesunde Gliederung seines Staates Verständnis haben. Allzu intensive Versuche aber, das deutsche Volksgefühl in regionale und partikularistische Interessen aufzuspalten, würde das Volk offensichtlich politisch interesselos werden lassen. Jedenfalls scheinen mir die Wahlen im Westen auch nach dieser Seite hin eine Mahnung zu sein.
Was die Union angeht, so dürfen wir sagen, daß das Bekenntnis zur Union auch bei diesen Wahlen ein starkes gewesen ist. Daß die Union gegenüber früheren Wahlen eine Anzahl Stimmen eingebüßt hat, braucht nicht verschwiegen zu werden. Es ist nicht bedauerlich, wenn sie dafür an Klarheit der Linie gewinnt. Diese Klarheit der politischen Linie hat für jede Partei an erster Stelle zu stehen. Und zwar die Klar-

heit der sozialen wie der staatspolitischen Linie. Klarheit vor allem auch ihres Willens zur Eigenständigkeit in allen politischen und sozialen Problemen.
Der Angelpunkt deutscher Innen- und Außenpolitik wird nicht zuletzt die Frage der künftigen Sozial- und Wirtschaftsordnung sein. Man hat versucht, die Union im Westen zu einer Rechtspartei zu stempeln. Ich lasse dahingestellt, ob ein bestimmtes taktisches Verhalten dieser oder jener Kreise Veranlassung zur Möglichkeit einer solchen Deutung geben konnte. Der Wahrheit entspricht sie keinesfalls. Es gehört zum Lebensprinzip der Union, daß sie die Neuordnung des Sozial- und Wirtschaftslebens bejaht, wie sie den Forderungen der Zeitenwende entspricht.
Nur so kann die Union auch dem Lebenswillen der Massen des werktätigen Volkes entsprechen, die sich vor allem im Westen zu ihr bekennen. Und auch bei diesen Wahlen zu ihr bekannt haben. Es handelte sich dabei um Massen des werktätigen Volkes, die aus ihrer christlichen Haltung heraus Klassenkampf und Klassenscheidung ablehnen. Es sind die Massen, die zwar nicht Klassenkampf und Klassenscheidung, wohl aber den sozialistischen Zug der Zeit bejahen. Es sind die Massen, die den sozialen Neuordnungswillen aus ihrer christlichen Grundhaltung heraus verbunden sehen wollen mit einer bestimmten konservativen Geisteshaltung. Massen, die in ihrem Neuordnungswillen keine revolutionäre Vernichtung alles dessen verlangen, was einmal an Werten in bürgerlichen, handwerklichen oder bäuerlichen Kreisen lebendig war, sondern die mit und neben diesen Kreisen alles das an Gesinnungs-, Erziehungs- und Kulturwerten für die Neuordnung erhalten sehen möchten, was von entscheidendem Wert für das Ganze eines Volkes ist und bleibt. Von denen aber, die sich aus der bürgerlichen, der handwerklichen und der bäuerlichen Welt mit ihnen in einer Partei verbunden fühlen, verlangen sie die Anerkennung, daß eine Neuordnung von Gesellschaft und Wirtschaft notwendig ist. Sie ist notwendig, damit alle Schichten – Arbeiterschaft, Flüchtlinge und Enteignete – wieder zu einer Menschengemeinschaft gehören können, die für sie alle Raum und Lebensmöglichkeiten gibt. Eine solche Neuschaffung aber vollzieht sich nicht durch taktische Winkelzüge derer, die vielleicht noch zu den mehr oder weniger glücklichen Besitzenden gehören. Solche ewig Unbelehrbaren glauben ja immer noch an die Möglichkeit einer Restauration alter Privilegien. Die Neuordnung vollzieht sich vielmehr mit und unter dem entschlossenen Willen aller fortschrittlich Denkenden. Ganz gleich, welchen Standes sie sind. Und nur diese Menschen aufgeschlossenen Willens gehören zur Union.
Es gehört mit zur vordringlichsten Aufgabe der Union, die Massen des Volkes von ihrer Entschlossenheit zur sozialfortschrittlichen Linie zu überzeugen. Wahrscheinlich wird gerade im Westen der Union bald Gelegenheit dazu gegeben.
Aber die Fruchtbarkeit und Wirksamkeit deutscher Politik für unser Volk hängt nicht nur von den Parteien ab. Der Verlauf der Moskauer Konferenz, ihr Ende haben es deutlicher denn je gemacht, wie entscheidend die Siegermächte das deutsche Schicksal in der Hand haben.
Ich will aber eines gleich sagen, damit nicht Mutlosigkeit Zeichen und Folge unseres Parteitages ist: Mein Urteil über die Moskauer Konferenz ist keineswegs absolut negativ. So dunkel auch die Aprilwolken waren, die für den allzu Optimistischen jeden Hoffnungsstrahl zu verdecken schienen: Es ist keine Hoffnung genommen. Nur kindliche Gemüter konnten sich einem allzu großen Optimismus hingeben. Kein Denkender kann ja übersehen, daß diese und spätere Konferenzen über Probleme zu entscheiden haben, von denen nicht nur das Schicksal Deutschlands, son-

dern von denen für lange Zeit die Gestaltung der Welt bestimmt wird. Dabei sind in bezug auf Deutschland immerhin eine Reihe von grundsätzlichen Annäherungen der verschiedenen Auffassungen erfolgt. In den Auffassungen über die künftige Staatsgestaltung und Verfassung Deutschlands ist man einander nähergekommen. Auch in der Frage der Einrichtung zentraler Verwaltungen für ganz Deutschland, in der Frage der zentralen Regierung und der Umreißung ihrer Vollmachten scheint mir heute oder morgen eine Verständigung möglich. Dabei haben wir gewiß noch das eine oder andere dazu zu sagen. Es müßte das vor allem Aufgabe der von uns erstrebten Nationalen Repräsentation sein. Registrieren wir weiter, daß sich die Hauptmächte für die Erhöhung des deutschen Industriepotentials aufgeschlossen gezeigt haben. Übersehen wir auch nicht den Plan eines freien Nachrichtenaustausches für ganz Deutschland. Und erkennen wir an, daß die Konferenz den deutschen Müttern, Frauen und Kindern eine Hoffnung brachte: Unsere Kriegsgefangenen sollen bis Ende 1948 heimkehren. Es ist das gewiß noch eine lange Zeitspanne, die dem ungeduldigen Warten gesetzt ist.
Das alles macht es etwas leichter, die Tatsache hinzunehmen, daß im Praktischen so gut wie nichts erreicht worden ist. Das deutsche Volk ist eben nochmals mit der ganzen Brutalität seines harten Schicksals auf die Notwendigkeit eines kühlen Realismus hingewiesen worden. Der Ausgang der Konferenz bedeutet ja immerhin, daß zwei Jahre nach Kriegsende noch kein entschlossener Anfang für unser Volk möglich ist. Daß vielleicht sogar weitere Verschlechterungen in unser Schicksal einkalkuliert werden müssen. Aber seien wir wirklich realistisch: Für die Alliierten ist das deutsche Problem nun einmal nicht das Kernproblem ihrer Politik. Die Staatsmänner der Alliierten ringen zunächst und vor allem erst einmal darum, die Interessen ihrer eigenen Nationen im Hin und Her der Weltpolitik zu wahren. Es wäre verfehlt, wollten wir Deutsche uns für den Mittelpunkt der Welt halten.
Im Mittelpunkt steht zunächst die große geistige und politische Auseinandersetzung zwischen Ost und West. Wem das im Verlaufe dieser letzten Jahre noch nicht klargeworden sein sollte, dem muß es während und nach der Moskauer Konferenz aufgegangen sein: Im geistigen und politischen Ringen der Welt nimmt diese Auseinandersetzung den entscheidenden Platz ein. Wir hier im Osten haben das längst begriffen. Aber auch bei uns bleibt es nötig, diese Tatsache immer wieder auszusprechen. Denn gerade bei uns im Osten liegt in erster Linie die verpflichtende Aufgabe eines Ausgleichswillens zwischen den beiden Welten. Aber auch das übrige Deutschland wird diese Aufgabe begreifen müssen. Und es wird sie begreifen. Das Verständnis dafür ist gerade in den Versammlungen im Westen, in denen ich von dieser Notwendigkeit sprach, immer wieder erkennbar gewesen. Die Erkenntnis wächst trotz aller Schwierigkeiten, die sich zwischen den beiden Welten zu häufen scheinen. Es geht zunächst um den Ausgleich der geistigen Welten. Kürzlich noch brachte der »Tagesspiegel« eine französische Stimme, die von dem entscheidenden Ziel dieses Ausgleichs sprach, dem sich vor allem die deutsche Jugend aufschließen müsse: dem Ausgleich zwischen sozialistischem Werden und dem Freiheitsproblem. Die Jugend entscheidet sich leicht für schwarz oder weiß. Aber gerade sie, die für die Zukunft entscheidend ist, steht mit vor der Aufgabe des Ausgleichs. Nicht nur Deutschland, das zerschlagene Deutschland, steht vor der Notwendigkeit, die soziale Frage, die Schicksalsfrage der werktätigen Massen zu lösen. Diese Massen machen heute das Gros der Welt aus. Sie sind vermehrt um die Flüchtlinge, um die so oder so Enteigneten in fast allen Ländern des Kontinents. Deshalb steht

auch fast die ganze Welt vor der gleichen Aufgabe. Die soziale Frage wird ihre Lösung nur so finden, daß ein Ausgleich der Ideen des Ostens und des Westens gefunden wird. Eine Synthese zwischen Sozialismus und Freiheit zu finden, ist nicht nur die Aufgabe Deutschlands. Sie ist die Aufgabe der Welt. Wird dieser geistige Ausgleich gefunden, so ist es wahrscheinlich, daß auch die Welt der materiellen Interessen leichter aufeinander abgestimmt werden kann.

Wir wollen uns dabei nicht verhehlen, daß der Ausgang der Moskauer Konferenz für Erfassung und Bejahung dieser Aufgabe eine Hemmung bedeuten könnte. Der drohende Schatten einer tieferen Scheidung des westlichen vom östlichen Deutschland, wie er jeden von uns beunruhigt, ist durch den Ausgang der Konferenz wieder erdrückend deutlich geworden. Wir haben uns ja z. B. klar zu sein, daß die elementaren Notwendigkeiten des Lebens, die Intensivierung der Wirtschaft in den nun einmal noch getrennt gebliebenen Zonen unerläßlich ist. Das hat u. a. auch die Vermehrung zonaler Verwaltungskörper zur Folge. Das aber bedeutet weiteres Anwachsen der Zonenbürokratie. Und das bedeutet jedenfalls keine Erleichterung der endlichen Wiederherstellung der deutschen Einheit. Die Bürokratie hat es an sich, leicht zum Selbstzweck zu werden. Ich sage das nicht, um Schrittmacher eines unfruchtbaren Pessimismus zu sein, sondern ich sage es, um die Union noch deutlicher zur Erkenntnis und Bejahung ihrer Aufgabe hinzuführen: Denn ich sehe die Union verantwortlicher denn je in ihre Vermittleraufgabe zwischen östlicher und westlicher Welt hineingestellt.

Vom Westen kam uns einst die Proklamation der Menschenrechte, die seit der Französischen Revolution die Welt bewegt und befruchtet hat. Vom Osten ging die revolutionäre Umwälzung der sozialen Verhältnisse aus. Sie ließ, seit sie in der russischen Revolution begann, die soziale Welt nicht mehr zur Ruhe kommen. Entscheidend für die Gegenwart nun ist der endliche Ausgleich der beiden Prinzipien, die die Welt bewegen. Für unser Volk steht dabei zur Frage, ob es fähig ist, vom Kern seines eigenen Wesens aus den Weg zu diesem Ausgleich zu finden. Zu einer Neuordnung, die gleichsam auf einer höheren Ebene den beiden Gesetzen gerecht wird: dem Gesetz des Rechtes und der Freiheit des Menschen und dem berechtigten sozialen Anspruch der großen Massen des arbeitenden, des enteigneten Volkes. Aber nur ein Deutschland, das seinen eigenen Weg zu gehen weiß, wird fähig und reif sein, einem solchen Ausgleich zu dienen.

Es läßt sich nicht leugnen, daß sich jede Besatzungsmacht ein bestimmtes Einflußgebiet in ihrer Zone geschaffen hat. Es ist Aufgabe der Parteien, sich mit der Welt dieser mehr oder weniger starken Einflüsse auseinanderzusetzen. Diese Einflüsse zu verarbeiten. Den Ausgleich zwischen verschiedenen Welten aber können nur Kräfte schaffen helfen, die im Einflußgebiet der verschiedenen Besatzungsmächte ihr geistiges und politisches Eigenleben zu führen fähig und in der Lage sind. Es ist das eine Angelegenheit der inneren Sicherheit, der Klarheit und des Mutes der einzelnen Parteien. Und es ist die Angelegenheit der Loyalität der Besatzungsmächte gegenüber der dem Eigenleben des deutschen Volkes.

Es gibt nur einen einzigen echten Dienst am Fortschritt wahrer Demokratie durch die Parteien: Es ist das der Dienst aus eigener Erkenntnis, aus eigenem Wesen, aus eigenen Grundsätzen. Es gibt nur einen echten Dienst am Ausgleich der Meinungen im eigenen Volk und unter den Völkern: Das ist der Wille zum Ausgleich unter Wahrung unveräußerlicher eigener Art, eigenen Wesens, eigenen Charakters. Es wird die Aufgabe des Ausgleichs, die Deutschland, die vor allem auch die Union erfüllen will, erleichtern, wenn die Besatzungsmächte unserem notwendigen Eigenwillen mit Vertrauen begegnen. Denn dieser Eigenwille verdient Vertrauen. Es ist nicht Eigensinn. Er ist auch nicht Mißtrauen gegen die andere Welt. Er ist nur Treue zur eigenen Überzeugung.

Vor allem wird es auch möglich sein, die Jugend für einen ehrlichen Ausgleichswillen zu gewinnen, wenn man ihrer weltanschaulichen und politischen Eigenständigkeit Vertrauen entgegenbringt. Das Bekenntnis zur eigenen Weltanschauung, wie die Union sie vertritt, ist nicht Reaktion und ist nicht Faschismus. Es ist Treue. Wer diese Treue achtet, wird die Sympathien der deutschen Jugend erwerben. Und die Jugend haben wir für den großen Ausgleich in der Welt zu gewinnen. Dann gewinnen wir den Frieden der Welt.

Um es konkreter noch zu sagen: Es wird die Ausgleichsaufgabe der Union, die sie sich für Deutschland und Europa gesetzt, erleichtern, wenn man ihren Willen zur Eigenständigkeit aller Organisationen gegenüber anerkennt, deren weltanschauliche, politische und soziale Orientierung nicht dem inneren Gesetz der Union entspricht.

Unsere Auffassung von Kultur z. B., von der Ethik des öffentlichen Lebens, von der Frau und ihrer Aufgabe ist nun einmal eine andere als die marxistischer Parteien und Organisationen. Diese verschiedenen Auffassungen in einer Organisation zusammenschweißen zu wollen, wäre Unnatur. Es würde nicht Einheit bedeuten, sondern Zwang. Verwirrender Zwang aber hat das deutsche Volk ins Unglück geführt. Die Aufgabe der Zukunft ist nicht erzwungene Einheit, sondern aus freier Erkenntnis gewachsene Einigkeit und Verständigkeit über die politische, soziale und kulturelle Ordnung. Das ist der Boden, auf dem die erstrebte soziale Demokratie für das gesamte deutsche Volk einzig wachsen kann. Nichts könnte dabei der Entwicklung eigenständiger deutscher Demokratie dienlicher sein als wirkliche Freiheit des politischen Informationsaustausches, wie er auf der Moskauer Konferenz in Aussicht genommen wurde. Ich bin im Westen auf manche schiefe Auffassung über den Osten gestoßen. Manche Legendenbildung könnte vermieden werden, wenn dieser freie Austausch bestände. Der Union aber wäre bei Erfüllung ihrer Aufgabe gedient, wenn die Papiernot unserer Zeitung, der »Neuen Zeit«, wenigstens in etwa wieder behoben werden könnte. Auch das gehört zum freien Informationsaustausch. Wenn ich mir in Berlin und in der Ostzone den Blätterwald ansehe, so habe ich doch immer wieder stark den Eindruck, als wirke sich die Papiernot bei den verschiedenen Parteien recht verschieden aus. Ich bin auch im Westen oft nach dem Verbleib der »Neuen Zeit« gefragt worden. Und ich muß sagen, man begegnete meinem Hinweis auf die Papiernot oft mit einem ungläubigen Lächeln. Die Papiernot sollte damit wohl nicht angezweifelt werden, wohl aber die Gerechtigkeit des Maßstabes, der bei »Verteilung der Not« angewandt wird. Ich will damit nicht sagen, daß das Zeitungswesen in Westdeutschland gerade auf besonderer Höhe steht. Im Gegenteil, es läßt außerordentlich viel zu wünschen übrig. Um so wünschenswerter wäre es deshalb, daß unsere »Neue Zeit« in die Möglichkeit versetzt würde, in weit stärkerem Maße als bisher dem politischen Willen der Union in aller Freiheit zu dienen. Nicht nur um der Partei willen, sondern um der Aufgabe des Ausgleichs willen, die wir aufrichtig und entschlossen bejahen. Nicht dem Osten und nicht dem Westen hörig, sondern in freier Entscheidung für eine Politik, die das deutsche Volk mit eigener politischer Form und eigenem politischen Wesen wieder in die Gemeinschaft der Völker eingliedert. Für diese eigene Welt möchte

ich in der »Neuen Zeit« noch weit stärkere Ausdrucksmöglichkeiten gegeben sehen, als das bis jetzt der Fall ist.
Nach dem Ausgang der Moskauer Konferenz aber scheint der Weg zur Eingliederung unseres Volkes noch weit zu sein. Aber es gilt, die Zeit bis zur nächsten Konferenz zu nützen. Die deutsche Politik hat aktiver und konzentrierter zu werden. Dabei ist vor allem die Bildung einer Nationalen Repräsentation, wie sie den deutschen Parteien von der Union bereits am 15. März vorgeschlagen wurde, dringlicher denn je geworden. Dieser Vorschlag der Union ist allenthalben bekannt. Er ging aus von der Arbeitsgemeinschaft der Union aller Zonen und richtete sich an die maßgeblichen Parteien Deutschlands. Der Appell an die Parteien geht dahin, sich zu gemeinsamen Beratungen zusammenzufinden, um eine Nationale Repräsentation des deutschen Volkes zu verwirklichen. Die Parteien würden nach unserer Auffassung ihrer Verantwortung nicht gerecht werden, wollten sie ihre gesamtdeutsche Verpflichtung übersehen und in zonaler Abschließung und in Abschließung voneinander verharren. Von verantwortlichen Männern der Alliierten ist in diesen Tagen erklärt worden, daß nichts geschehen soll, um die kommende deutsche Einheit zu erschweren. Wir haben das mit Erleichterung zur Kenntnis genommen. Um so größer erscheint uns aber die eigene Verpflichtung, dem endlichen Zusammenwachsen aller deutschen Teile den Weg zu erleichtern. Um so größer erscheint mir die Verantwortung der Parteien zwischen den beiden Konferenzen, nunmehr eine gesamtdeutsche Vertretung zu schaffen. Alle haben sich über die Not des deutschen Volkes Rechenschaft zu geben. Es ist ihre Aufgabe, dieser Not, den Bedürfnissen des Volkes wirksamen Ausdruck zu verleihen. Das Volk würde es gar nicht mehr verstehen, wenn die deutschen Parteien sich jetzt, nach der Moskauer Konferenz, nicht über ein Mindestmaß von Zusammenarbeit, von gemeinsamem Verantwortungswillen verständigen könnten, um endlicher Gesundung zu dienen. Es gibt keine Partei, die sich dem Ruf der Union, sich wenigstens erst einmal zu gemeinsamen Beratungen mit uns an einem Tisch zusammenzufinden, auch nur mit einem Schein von Recht entziehen kann. Sie wissen, daß sich SED und LDP zu gemeinsamen Beratungen der Parteien bereit erklärt haben. Schwierigkeiten liegen aber noch im Spannungsverhältnis von SPD und SED. Die SPD ist nach der Vereinigung der beiden marxistischen Parteien in der Ostzone nicht vertreten. Daraus sind diese Spannungen im wesentlichen zu erklären. Aber diese Schwierigkeiten müssen so bald wie möglich ausgeräumt werden, damit sich keine Partei ihren Verantwortungen für Gesamtdeutschland entziehen kann. Wir werden uns bewußt sein müssen, daß das Volk in seiner Not die Parteien kritischen Sinnes nach dem Verantwortungsbewußtsein und nach dem Mut zum Handeln beurteilt, die sie der Not des Volkes gegenüber bewiesen haben. Wir, die Union, werden jedenfalls alles tun, um gemeinsamem Handeln den Weg zu bereiten. Der Vorstand der Union, der vor wenigen Tagen in Köln zusammengetreten war, hat in voller Übereinstimmung noch einmal den Impuls der Union für die Bildung einer Nationalen Repräsentation bejaht. Es ist das wohl der beste Beweis, daß dieser Impuls nichts mit den Wünschen dieser oder jener Besatzungsmacht zu tun hat. Er ist nichts anderes als der Ausdruck besorgter Verantwortung für die Wiederaufrichtung unseres Volkes. Nichts wird uns aber mehr freuen, als wenn wir in dem Verlangen nach dieser bescheidenen gesamtdeutschen Vertretung das Verständnis der Besatzungsmächte finden würden. Es gibt im Westen oder Süden Deutschlands vielleicht diesen oder jenen Furchtsamen, der glaubt, durch ein Zusammenwirken der Parteien über die Zonen-

grenzen hinweg könnten sich totalitäre Ideen vom Osten nach dem Westen verbreiten. Ich kann demgegenüber nur sagen: Je eher sich der freie Meinungsaustausch – auch der parteipolitische – zwischen Osten, Westen und Süden durchsetzt, um so gesünder wird das deutsche Parteiwesen werden. Um so klarer das politische Urteil des gesamten deutschen Volkes. Wer dem Ausgleich dienen will, muß dem Volk auch Freiheit des Einblicks in die Geisteswelt der anderen lassen. Wesentlich ist nur, daß sich jeder in Freiheit mit der Welt des Andersdenkenden auseinandersetzen kann. Diese Freiheit der Auseinandersetzung ist natürlich das Kernproblem allen Ausgleichswillens. Sie wird auch Vorbedingung sein für die Verständigung unter den Parteien und für ihr Zusammenfinden zu ehrlicher gemeinsamer Arbeit.
An der Union wird die Verwirklichung der Nationalen Repräsentation unseres Siebzigmillionenvolkes nicht scheitern. Parteien sind nach unserer Auffassung nicht Selbstzweck. Parteien finden ihre Berechtigung nur in dem Dienst, den sie am Volke tun. Sie finden sie nur in den Leistungen, die das Volk von ihnen erwarten kann. Es gibt zwar weise Männer, die immer wieder zum Warten mahnen. Nur nicht Handeln. Bei diesem Warten der Weisen, der Zögernden, der Vorsichtigen ist das Hitlersystem zwölf Jahre alt geworden und hat eine Welt in den Abgrund gerissen. Das deutsche Volk darf sich nicht nur auf die anderen verlassen. Auch und vor allem nicht in der Frage neuen Zusammenwachsens seiner getrennten Teile. Die Alliierten aber werden Verständnis dafür haben müssen, daß nicht Zerstückelung und Verstümmelung des deutschen Volkskörpers die Garantie für endlichen und endgültigen Frieden bedeutet, sondern neues Vertrauen. Dabei darf man wohl das Vertrauen haben, daß diese Erkenntnis in der Welt rundum wächst. Es mehren sich auch englische und französische Stimmen, die vor einer Zerstückelung Deutschlands, vor einer allzu großen Lockerung des kommenden deutschen Staatsgefüges warnen. Es geht heute nicht mehr darum, aus Furcht und Mißtrauen gegenüber Deutschland durch Auflösung in einzelne Teile Barrieren gegen Deutschland aufzurichten. Es geht vielmehr darum, über die Gesundung Deutschlands zu europäischer Zusammenarbeit zu kommen. Die Besiegten und die Sieger tragen Wunden. Es geht darum, diese Wunden zu heilen.
Es heißt, daß wir in einem sozialistischen Jahrhundert leben. Ich bin der Überzeugung, daß es so ist. Nur ist uns Sozialismus weder innen- noch außenpolitisch ein materialistisches und klassenkämpferisches Dogma. Er bedeutet uns vielmehr Zusammenarbeit. Er bedeutet uns planvolle Zusammenfassung aller Kräfte und aller Völker. Nicht im Interesse einer Klasse und nicht im Interesse eines Volkes, sondern zum Besten aller Klassen und aller Völker. Er bedeutet uns Zusammenfassung unter Anerkennung der Freiheit jeder einzelnen Persönlichkeit, jedes einzelnen Volkes unter Forderung jeder notwendigen, aber freiwilligen Einordnung in das Ganze. Er bedeutet uns Rechtsordnung und Rechtssicherheit aller untereinander. Er bedeutet Ablehnung der Machtstellung einzelner. Er bedeutet planvolle und sinnvolle Zusammenarbeit der einzelnen Volksschichten und Nationen. Wir sind überzeugt, daß Deutschland mit seinen arbeitsamen Menschen, mit seinen Bodenschätzen, mit seinen wirtschaftlichen Kräften ein großes Maß von wertvoller Mitarbeit für Europa und die Welt zu leisten imstande sein wird. Um so mehr, als es sich ja der Tatsache bewußt ist, daß die chaotischen Zustände, unter denen die Welt leidet, zu einem erheblichen Teil durch das Abenteuer Hitlers verursacht wurden. Voraussetzung aber bleibt, daß unser Volk nicht zum Siechtum verurteilt wird, sondern daß ihm der Weg zur Wiederaufrichtung freigegeben wird. Diese unsere For-

derung hat nichts mit Nationalismus zu tun. Eher drückt sich in unserem Verlangen nach dem endlichen und baldigen Zusammenfügen Deutschlands die Sorge aus, den Nationalismus auf jeden Fall am Wiederaufleben zu hindern. Durch langes Getrennthalten, durch Verzögerung der Gesundung unseres Volkes aber würde er gefördert werden. Es ist nicht zuletzt das Streben der Union, alle nationalistischen Regungen zu überwinden. Es ist allerdings unser Wunsch und unser Verlangen, daß der Nationalismus nicht nur in Deutschland, sondern daß er in der ganzen Welt überwunden wird.
Deshalb betonen wir immer wieder, daß andere Mittel des Interessenausgleichs unter den Völkern gesucht werden müssen als wirtschaftliche und politische Annektionen. Annektionen haben das Leben der Völker in der Vergangenheit genug vergiftet. Zur Befriedigung bestimmter wirtschaftlicher Ansprüche dieses oder jenes Landes bedarf es nicht der Abtrennung deutschen Gebietes. Es bedarf z. B. zur Befriedigung des französischen Kohlenanspruches nicht der Loslösung des Saargebietes von Deutschland, sondern es bedarf nur der planvollen Bewirtschaftung der großen Kohlenreviere Europas in sinnvoller europäischer Zusammenarbeit. Das wäre ein Schritt über jeden engen Nationalismus hinaus, der dem Frieden der Welt dienen würde. Während Abtrennungen wie die des Saargebietes neue Wunden bedeuten, die jeden aufrichtigen Frieden hemmen. Ein Ähnliches gilt für die Sorge um die Ostgrenze. Es ist in Moskau kein bindendes Wort gesprochen worden. Wir dürfen deshalb der Hoffnung bleiben, daß die schmerzliche Grenzziehung der Oder und Neiße entlang keinen endgültigen Schicksalsspruch für das deutsche Volk und die große Masse seiner Flüchtlinge bedeutet. Wir dürfen hoffen, daß für die Lockerung der geradezu bedrohlichen Bevölkerungsdichte in Deutschland doch wieder Raum gegeben wird, damit unser Volk wenigstens wieder etwas freier atmen kann. Ganz abgesehen von der Erweiterung der Ernährungsbasis, deren wir so dringend bedürfen, wenn wir nicht die Almosenempfänger der Welt bleiben wollen. Wir verkennen dabei die Bedeutung nicht, die der Lösung der Ostfrage für Polen zukommt. Aber es muß ja um eine Lösung gehen, die den Bedürfnissen beider Völker, dem polnischen und dem deutschen Volk, gerecht wird. Es geht um eine Friedensordnung von Dauer. Es geht darum, das Gesetz innerer und äußerer Gerechtigkeit so zur Geltung zu bringen, daß die Lösung vor dem prüfenden Blick der Geschichte standhalten kann.
Bei diesem Wunsch bewegt uns nicht zuletzt auch die Sorge um das Verhältnis unseres Volkes zum russischen Volk. Wir möchten es nicht durch Regelungen belastet sehen, die nicht völkerverbindend, sondern völkertrennend wirken könnten.
Im übrigen: Die erörterte Ermöglichung der Auswanderung unserer besten Kräfte, d. h. unserer jüngeren Arbeitskräfte – denn um die geht es bei den Auswanderungsvorschlägen –, würde ja kaum ein wirksames Hilfsmittel gegen das Übermaß an Bevölkerungsdichte sein, unter der Deutschland heute leidet. Schon die große Masse der Flüchtlinge besteht im wesentlichen aus Greisen, Frauen und Kindern. Auswanderung würde für uns einen neuen Abzug von jüngeren Kräften bedeuten, so daß die schon sehr gefährliche Vergreisung unseres Volkes nur erneute Fortschritte machen würde.
Nein, nicht mit Auswanderung ist dem deutschen Volk zu helfen, sondern mit einer vernünftigen Regelung seines Grenzproblems und mit einer gesunden Ordnung seines Wirtschaftslebens. Kurz, mit der Ermöglichung, aus eigener Kraft und eigener wirtschaftlicher Arbeit sein Leben wieder zu fristen.

Und wenn noch ein Weiteres hinzu gesagt werden soll: mit weiser Regelung des Reparationsproblems. Wir wissen, daß das Reparationsproblem zu den schwierigsten Fragen der Moskauer Konferenz gehörte. Niemand kann den Zustand der Kraftlosigkeit des deutschen Volkes und seiner Wirtschaft übersehen. Dieser Zustand gestattet wohl kaum noch einen weiteren Abbau seiner Industrieanlagen. Und jeder Reparationsplan, der nicht mit einem großzügigen und konstruktiven Wirtschaftsaufbau verbunden ist, müßte schließlich Utopie bleiben. Er würde an der Praxis scheitern. Zunächst muß der Verfall der deutschen Wirtschaft aufgehalten werden. Schließlich ginge der weitere Verfall nicht nur auf Kosten des deutschen Volkes. Er geht auch auf Kosten jeder Möglichkeit von Reparationsleistungen. Wir möchten hoffen, daß sich diese Einsichten in der Zeitspanne zwischen der Moskauer Konferenz und der kommenden in London durchsetzen. Es muß ja eine vernünftige Lösung für den künftigen Bau der Welt geben.
Eines können wir dabei sagen: Jede weise Regelung auch dieses Problems wird dem bereiten Willen des deutschen Volkes begegnen, nach bester Kraft die Schäden heilen zu helfen, die der unselige Hitlerkrieg nicht zuletzt dem russischen Volk und anderen Völkern geschlagen hat.
Aufgabe der Parteien aber ist es, die Periode des Wartens zwischen den Konferenzen nicht zur Unfruchtbarkeit für unser Volksschicksal werden zu lassen. Von diesem Impuls ist die Union nicht zuletzt bei ihrem Willen zur Schaffung einer Nationalen Repräsentation des deutschen Volkes beseelt. Es müßte gelingen, sie noch vor dem nächsten Zusammentreten der alliierten Außenminister über alle Zonen- und Parteihemmungen hinweg wirksam werden zu lassen. Es wäre ein ermutigendes Zeichen für das politische Erwachen unseres Volkes über alle Not und alle Zerrissenheit hinweg. Ein Zeichen zugleich, daß den Parteien über alle Parteipolitik die Staatspolitik, d. h. die Sorge für das gesamte Volk, steht. Wir, die Union, werden und wollen der Staatspolitik, wir werden dem gesamten Volk zu dienen wissen. Es ist mein Wunsch, daß diesem Geiste und diesem Willen auch der heutige Parteitag dient.

## 20

*Kundgebung der Jungen Union in Berlin*
*31. Mai 1947*

Wenn Völker von Katastrophen heimgesucht werden, wie es im letzten Jahrzehnt geschah, beginnen sie, sich nach geistigen und politischen Kräften umzusehen, die ihnen neues Leben ermöglichen können. Nicht nur das deutsche Volk hat eine Katastrophe erlebt. Von den Ländern Europas ist – abgesehen von einigen Ausnahmen wie die Schweiz – kaum eines von dem Erdbeben verschont geblieben, das Hitler ausgelöst hat. Wir erleben deshalb auch in allen Völkern ein Suchen und Tasten nach neuen Orientierungen, bei dem einen mehr, bei den anderen weniger. In Frankreich ringen Marxismus, Christentum und neue pessimistische Philosophien miteinander. Es prägt sich das mehr oder weniger in den Parteien aus. Dabei sind Marxismus und Politik aus christlicher Haltung die Tonangebenden. In diesen beiden Richtungen ringen mehr oder weniger kollektivistischer und personalistischer Wille miteinander um die Gestaltung der Volksordnung. Im Zeichen dieser Auseinandersetzung steht ja überhaupt die Welt. In England müht sich vor allem der

Sozialismus um die Neugestaltung der Ordnung, ein Sozialismus allerdings, der keine marxistische Grundlage hat, d. h. ein Sozialismus, der Freiheit und Recht der einzelnen Menschen weitestgehend beachtet wissen will. Es ist ja bekannt, daß der Sozialismus der Labour Party nicht zuletzt auf christliche Haltungen zurückgeht. Auch in den kleineren Ländern sucht man mehr oder weniger nach neuer geistiger und politischer Orientierung. In Holland z. B. kam es zur Bildung der Partei der Arbeit, eine Tatsache, die als Zeichen zu deuten ist, daß weite sozialdemokratische Kreise von ihrer alten dogmatisch marxistischen Haltung abzurücken bestrebt sind. Was Rußland angeht, so ist es das Land, das wohl das Erdbeben des Krieges mit am stärksten erlebt hat. In Rußland ist der Marxismus in seiner reinsten Form verwirklicht. Es sucht, die Erneuerung seiner Kraft in der politischen Haltung und Form zu vollziehen, die den Weg dieses großen Landes nun schon seit 1917 bestimmen, aber vielleicht bleibt auch dieses Volk nicht unberührt von der geistigen Bewegtheit der Welt. Auf jeden Fall möchte ich glauben, daß sich Rußland mehr und mehr der Idee der Toleranz erschließen wird. Toleranz ist allerdings für geistige und politische Auffassungen von dogmatischem Charakter schwerer zugänglich als für Auffassungen, die in ihrer Haltung mehr zur Synthese oder in der praktischen Politik zu notwendigem Kompromiß neigen. Wir glauben z. B., Bereitschaft zu Toleranz in der Erklärung Stalins zu sehen, die er neulich in dem Stasseninterview abgab: Stalin bekannte sich dazu, daß kommunistische und kapitalistische Staaten durchaus nebeneinander leben könnten. Voraussetzungen für die Gesundung der Welt sind nun einmal Toleranz und Synthese. Wir, als Menschen christlicher Grundlage, glauben, daß alles Geschehen in der Welt einen Sinn hat. So suchen wir auch für das grenzenlose Unglück, das durch Hitler über die Welt gekommen ist, tiefere Deutungen. Eine dieser Deutungen kann nur dahin gehen, daß alle Länder, Völker und Systeme innen- und außenpolitisch den Weg zur Toleranz, zur Duldsamkeit gegeneinander finden. Nur so kann die Welt allmählich wieder einen Kurs steuern, der grausame Störungen und Zerstörungen ausschließt.

Deutschland selbst hat in dem letzten Jahrzehnt wohl am meisten gelitten. Deutschland ist durch Hitler der Herd des Erdbebens geworden. So hat sich dieses Erdbeben an ihm auch am verheerendsten ausgewirkt. Die geistigen, die politischen und die materiellen Zerstörungen sind am erschütterndsten in Deutschland. Die Not ist am größten in Deutschland. Es ist deshalb verständlich, daß bei uns das Suchen und Tasten nach neuen geistigen und politischen Kräften, nach neuer Orientierung am stärksten ist. Dabei spielt natürlich auch der deutsche Volkscharakter, der sich gern im prinzipiellen Denken erschöpft, eine Rolle.

Es ist dabei nicht erstaunlich, wenn sich dieses Suchen am stärksten in der Jugend zeigt. An der Jugend hat sich die Irreführung des deutschen Volkes durch den Nationalsozialismus am meisten ausgewirkt. Die Jugend hatte ja noch nicht genügend Reife und kritisches Urteil als Gegengewicht. Deshalb war es kein Wunder, daß sie hinter der heroischen Geste nicht die verbrecherische Verlogenheit erkannte, die das Volk in den Abgrund führen mußte.

Um so bewegender ist heute das Suchen der Jugend nach neuer Grundlegung ihrer Mitarbeit am Volk, um so bewegender für uns, die Älteren, die das harte Geschick der deutschen Jugend mit allen seinen inneren und äußeren Belastungen kennen, um so bewegter für diese Jugend selbst, die ja letzten Endes selbst mit ihrem Geschick fertig werden muß. Und zwar in einer Art fertig werden muß, daß aus allen Enttäuschungen, aus allen Schmerzen um Deutschland, aus aller Not und Entbeh-

rung nicht neuer Irrtum, neue Irreführung für unser Volk herauskommt, sondern daß mit der Jugend, durch die Jugend ein neues, ein geistig und körperlich gesundes Deutschland erwächst.
Aller dieser Voraussetzungen und dieser Notwendigkeiten waren wir uns bewußt, als wir zum Zusammenschluß in der Union aufriefen, zur Gründung der Partei, die endlich die konfessionellen Gegensätze im politischen Leben überwinden sollte. Zur Gründung der Partei, die aus christlichem Impuls das öffentliche Leben unseres Volkes erneuern will. Die Union wandte sich dabei mit ihrem Ruf weit über alle konfessionellen Kreise hinaus auch an die Kreise humanitärer Geisteshaltung. Es fanden sich namhafte Männer auch dieser Kreise zu ihr. Weitere Erkenntnisse spielten bei dem Ruf der Union eine Rolle: Man wollte nicht zurück zu kleinen Parteien. Große Parteizusammenfassungen schienen für die Neuordnung des politischen Lebens in Deutschland die gesündere Lösung. Denn mit einem Zuviel an Parteien hatten wir vor 1933 bittere Erfahrungen gemacht. Noch ein anderes war und ist maßgebend: Für uns ist die Anerkennung der christlichen Gesetze abendländischer Kultur das Fundament, von dem aus die Partei und ihre Menschen ihrem Dienst am Volke zu tun gewillt sind. Aber wir streben danach, eine politische Partei zu sein, eine Partei, die nicht stets ihre christliche Grundhaltung im Munde führt. Diese gesunde christliche Grundhaltung besteht darin, realpolitisch zu handeln, d. h., unser politisches Handeln nach den realen Gegebenheiten und Notwendigkeiten unseres Volkes und seiner Umwelt einzurichten. Dabei hat eine sichere weltanschauliche Orientierung dafür zu sorgen, daß Realpolitik nicht mit Grundsatzlosigkeit verwechselt wird. Im Gegenteil! Gesunde Realpolitik verlangt Beachtung bestimmter Grundsätze für das politische und soziale Handeln. Eine Partei, die für ihre politische und soziale Arbeit keine bestimmten Grundsätze hat und beachtet, verliert sich über kurz oder lang in taktische Manöver. Reine Taktik aber ist für politische Wirksamkeit und schließlich für die Parteien selbst verderblich. Rein taktische Haltung einer Partei wäre vor allem in einer Zeit verderblich, in der nicht zuletzt die Jugend nach neuen geistigen, nach grundsätzlichen Orientierungen sucht. Diese Erkenntnis war es, die uns damals bewegte, bewußt zu betonen, daß wir die Erneuerung unseres Volkes aus dem christlichen Gesetz der abendländischen Kultur zu suchen gewillt sind. Daß wir die Kraft dieses Gesetzes, seinen Reichtum, seine Gerechtigkeit für alle, für Menschen, Gruppen und Schichten in unserem gestörten und zerstörten Volksleben wieder zu neuem Leben erwecken wollen, in fortschrittlicher Form zum Leben erwecken wollen. D. h. in der Verwirklichung eines politischen und sozialen Willens, in der Schaffung politischer und sozialer Formen, die dem heutigen Zustand unseres Volkes gerecht werden. Denn unter fortschrittlich möchte ich »gerechter« verstanden wissen. Unter fortschrittlich möchte ich die Hinwendung unseres Willens auf eine gerechtere politische und soziale Ordnung verstanden wissen, als sie uns in der Vergangenheit der kapitalistischen Epoche beschieden war. Gewiß haben in dieser Epoche bestimmte Schichten ein mehr oder weniger sorgloses Leben führen können. Dafür gab es aber eine wachsende Masse von Menschen, die von dieser Sorglosigkeit ausgeschlossen war, deren Lebenslage im Grunde ein Hohn auf das Gesetz sozialer Gerechtigkeit war. Aus dieser Lage wurde ja auch die radikale Idee des Marxismus geboren. Wäre die große soziale Ungerechtigkeit der kapitalistischen Epoche nicht gewesen, dann hätten keine Arbeiterbewegung und keine Gewerkschaften es nötig gehabt, für Freiheit und Menschenwürde der Arbeiterschaft zu kämpfen.

Die große soziale Verfehlung der kapitalistischen Epoche hat zu ihrer Bekämpfung vor allem durch die Arbeiterschaft geführt. Sie hat aber auch weiten anderen Kreisen die Augen nach und nach geöffnet. Es gab schon Jahrzehnte vor dem Ersten Weltkrieg über die Arbeiterbewegung hinaus eine große soziale Bewegung fortschrittlich denkender und handelnder Menschen, Menschen, die für eine neue Ordnung des politischen und sozialen Lebens eintraten. Ihr gesunder Neuordnungswille wurde in der pseudosozialistischen Welle des Nationalsozialismus erstickt. Das Ende Hitlers aber hinterließ einen Zustand des Volkes, der nichts mehr mit einer Ordnung zu tun hat. Wir haben weder eine kapitalistische Gesellschaftsordnung, noch haben wir eine sozialistische. Wir haben auch kein Zwischending dieser Ordnungen. Wir haben überhaupt keine Gesellschafts- und Wirtschaftsordnung. Wir haben ein aufgeteiltes Deutschland, ein aufgelöstes Volk. Wir Deutschen sind heute nichts als eine Ansammlung von Menschen, die versuchen, sich durch diese oder jene Arbeit notdürftig zu ernähren. Wir sind zu einem großen Teil eine Gemeinde von Heimatlosen, von Entwurzelten, die von Zufallsarbeit oder auch von Unterstützung leben. Dazu warten in den Ländern der Alliierten noch Millionen Gefangener – Kriegs- und auch Zivilgefangener – auf eine Heimkehr. Auf was für eine Heimkehr? Mehr oder weniger zu dem selben Schicksal, das ich eben anzudeuten suchte. Gewiß, es gibt noch einige in unserem Volk, denen es besser geht. Ich sehe von den Asozialen ab, die sich durch Ausnutzung der allgemeinen Not ein sorgloses Leben zu schaffen wissen. Es gibt daneben gewiß auch noch diese und jene Oasen des Verschontgebliebenseins in Deutschland. Es gibt noch Besitzende. Wollen diese wenigen versuchen, die künftige Gestaltung Deutschlands vom Gesichtspunkt der Hütung und Bewahrung ihres Besitzes abhängig zu machen? Täten sie es, so müßten wir sie als Reaktionäre bezeichnen. Ich glaube annehmen zu dürfen, daß am wenigsten die deutsche Jugend für diese Haltung Verständnis haben würde. Nein, es gilt für Menschen, die das Schicksal unseres Volkes neu gestalten wollen, nur ein entschlossenes Bekenntnis zu einer Erneuerung nach den Grundsätzen sozialer Gerechtigkeit. Das gilt für alle Parteien, ob sie sich nun ausgesprochen sozialistisch nennen oder ob sie sich zum Gesetz des christlichen Abendlandes bekennen. Dieses Gesetz – ich betone es noch einmal – schließt das Bekenntnis zur Entfaltung der Menschen ohne Furcht und Not ein. Ohne Furcht, d. h. frei von jedem geistigen und seelischen Druck. Ohne Not, das heißt nicht nur, sich satt essen können. Es heißt nicht nur, an das tägliche Brot denken müssen, sondern auch an die Pflege von Geist und Seele. Schaut Euch um in den Trümmern von Deutschland. Seht die ausgemergelten Gestalten unserer Männer und Frauen! Der Kumpels und Kameraden in den Gruben und Zechen des Ruhrgebietes, in den Fabriken und Werkstätten im Westen und Osten, in den Trümmern von Berlin. Seht in die Unterkünfte und Lager der Millionen und aber Millionen von Flüchtlingen! Kann jemand glauben, daß das Leben aller dieser Menschen sich wieder einrenkt, wenn wir dem berühmten Spiel der freien Kräfte wieder Raum geben? Nein, wir müssen uns dazu bekennen, daß wir nur durch Neuordnung, durch Neugliederung unserer Sozial- und Wirtschaftsordnung, durch bestimmte Planung und Lenkung, durch Mitheranziehung der Besitzlosen zur Mitbestimmung und zu sinnvollem Mitbesitz in der Wirtschaft, durch gerechte, durch radikal gerechte Lastenverteilung nach und nach wieder zu geordneteren Verhältnissen kommen können.

Wir haben diesem Bekenntnis dadurch Ausdruck zu geben versucht, daß wir immer wieder sagen: Wir bekennen uns zum sozialistischen Zuge der Zeit. Es gibt Men-

schen, die nennen ein solches Bekenntnis den Willen zum »Armenhaussozialismus«. Wenn man will, soll man es tun. Richtig ist, daß Hitler Deutschland als erschreckendes Armenhaus zurückgelassen hat, aber trotzdem möchte ich unser Bekenntnis nicht mit »Armenhaussozialismus« bezeichnet wissen. Denn hinter unserem Neuordnungswillen steht ein starker sittlicher Wille. Er bestimmt uns zu sozialistischen Maßnahmen aus Achtung vor der Persönlichkeit des freien Menschen. Aus Achtung vor der Würde eines jeden deutschen Menschen, die heute im Hunger unserer Industriereviere, im Staub der Trümmer unserer Städte, in der Hetze nach dem täglichen Brot zu ersticken droht. Es ist das Bekenntnis zu sozialistischen Maßnahmen um der Freiheit der Menschen willen. Diese Maßnahmen haben herauszuwachsen aus der sittlichen Verpflichtung für die Gesundung unseres Volkes. Sie müssen angewandt werden, wo sie um der Gesundung des Volkes, um seiner wirtschaftlichen und sozialen Ordnung willen notwendig sind. Nie aber aus dogmatischer Prinzipienreiterei oder aus klassenkämpferischer Gehässigkeit. Wir haben es leichter als die marxistischen Parteien. Sie haften am Dogmatischen und sind deshalb leicht doktrinär. Wir aber richten uns nach realpolitischen Gegebenheiten. Töricht will es uns dabei scheinen, sozialistische Maßnahmen, die wir aus sittlicher Verantwortung bejahen, mit Marxismus zu verwechseln. Wenn das nicht aus reaktionärer oder demagogischer Gesinnung geschieht, so kann der Grund dazu nur politische oder soziale Unwissenheit sein. Eins allerdings ist für Politiker so schlimm wie das andere. Ich glaube, unser Bekenntnis zum Gesetz des Abendlandes, zur Freiheit der Persönlichkeit genügt, um zu verbieten, unsere Haltung mit Marxismus zu verwechseln. Diese Haltung steht dem diktatorischen Kommando des Staates über Mensch und Wirtschaft einfach entgegen. Eines aber erscheint uns notwendig: Das ist die sichere und zielbewußte Klärung der geistigen, politischen und sozialen Grundhaltung der Partei in allen Zonen. Ich halte es für meine Pflicht gegenüber der entscheidenden Rolle, die der Union im Leben unseres Volkes zufällt, das auszusprechen. Ich könnte kein Verständnis dafür haben, wenn die Union statt eines klaren politischen Ordnungswillens politische Taktik für richtig hielte. Unsere Partei ist eine junge Partei. Eine klare und sichere politische Ordnungsidee wächst zumal in einer chaotischen Zeit nicht von heute auf morgen. Das Parteibewußtsein muß dafür bereitet werden. Das gilt schließlich für alle Parteien. Ich spreche das mit Nachdruck vor unseren jungen Freunden aus. Ich habe den unerschütterlichen Glauben an die deutsche Jugend, daß sie das Erneuerungswerk an Deutschland aus klarer und sicherer Haltung zu tun gewillt ist.
Ich spreche diese unsere Erkenntnis gerade hier vor der Jungen Union aus, obwohl ich weiß, daß wir hier und dort – vor allem in anderen Zonen Deutschlands – nicht immer ganz verstanden werden. Es ist durch die Zonengrenzen nicht nur ein verhängnisvoller Zustand in unseren wirtschaftlichen Verhältnissen heraufbeschworen worden. Es sind durch diese Trennungen auch in der geistigen Verfassung der deutschen Menschen verhängnisvolle Erscheinungen zutage getreten.
Ich will einmal ganz davon absehen, daß man der um ihre innere und äußere Form schwer ringenden Stadt Berlin kaum gerecht zu werden versucht. Daß man sich kaum Mühe gibt, ihrer völkerverbindenden, ihrer europäischen Aufgabe, die sie mit tapferer Hingabe zu erfüllen sucht, gerecht zu werden. Ich will aber der Hoffnung Ausdruck geben, daß die Junge Union sich in Berlin umzuschauen weiß. Dann wird sie erkennen, welches geistige und politische Leben hier pulsiert. Und sie mag es dann denen im Süden und Westen berichten, die – weniger beweglich als

unsere jungen Freunde – den Weg nach Berlin scheuen. Wem es nicht gegeben ist, mit Liebe und Verständnis von dieser schwergeprüften deutschen Stadt zu berichten, der tue es mit der Achtung vor den schwer arbeitenden Menschen dieser Stadt. Und er tue es mit objektiver Achtung vor der Aufgabe dieser Stadt, die so hart an der schmerzlichen Ostgrenze liegt. An der Grenze, auf deren Öffnung nach dem deutschen Osten wir mit allen Fasern unseres Herzens von Tag zu Tag warten. Ich brauche nicht mehr über diese Stadt zu sagen. Ich selbst, der Sohn der fränkischen Landschaft und engster, nie zerreißbarer Verbundenheit mit dem Rhein, bin dieser Stadt um des deutschen Schicksals und der deutschen Aufgabe willen treu geblieben. Ich verlange von keinem Manne des Westens und Südens, daß er ein Gleiches tut. Was ich aber von Euch, meinen Freunden der Jungen Union, erwarten möchte, ist, daß Ihr dieser Stadt und ihrer beispiellosen Aufgabe gerecht zu werden versucht. Ich möchte das auch von jedem deutschen Politiker erwarten, der Verantwortung für das Werden eines neuen, eines besseren Deutschlands in sich trägt.
Ich sagte, daß die Zonengrenze nicht nur verhängnisvolle Wirkungen für unsere wirtschaftlichen Verhältnisse heraufbeschworen haben, sondern auch für die geistige Verfassung der Deutschen. Dazu gehören stets wiederholte Andeutungen gegen uns, wir seien in unseren Auffassungen und Entscheidungen nicht frei. Diese Andeutungen werden z. B. unseren sozialen Auffassungen gegenüber zum Ausdruck gebracht. Oder auch politischen Zielen gegenüber, die diesem und jenem Manne der anderen Zonen irgendwie nicht angenehm sind. Ausgesprochen werden diese Andeutungen – ich will nicht von Verdächtigungen reden – meistens von Vertretern einer reinen Westorientierung Deutschlands. Wir Deutschen brauchen gewiß keinen Hehl daraus zu machen, daß wir in unserer menschlichen und geistigen Neigung, in unserer Kulturverbundenheit mehr nach Westen neigen. Wie wir, die Männer der Union, auch keinen Hehl daraus machen, daß wir die politische und soziale Lebensform, wie sie Rußland verwirklicht hat, für Deutschland verneinen. Die Existenz der Union schon ist ja die Verkörperung der Ablehnung der marxistischen Ordnung. Wir machen auch keinen Hehl daraus, daß wir diese und jene Methoden und Formen der politischen, sozialen und wirtschaftlichen Praxis, wie sie durch den radikalen Willen der SED angewandt und geschaffen werden, verneinen. Wir lassen keinen Zweifel darüber, daß wir uns immer neu und immer leidenschaftlich für die Achtung von Menschenrecht, Freiheit der Persönlichkeit und freien Meinungsäußerung einsetzen. Kurz, für Freiheit von Furcht und Not. Für den Zugang aller Deutschen zu allen geistigen Meinungen, Strömungen und Willensäußerungen aller Völker der Welt. Die Existenz der Union ist das lebendige und stetige Einstehen für diese Grundvoraussetzungen einer wirklichen und wahrhaften Demokratie. Wir achten die politische Lebensform der anderen Völker. Wir achten die politische Lebensform des russischen, des englischen, des amerikanischen Volkes wie die der anderen Völker. Wir wollen diese politischen Lebensformen der anderen aber nicht auf unser Volk einfach übertragen wissen. Wir sind uns dabei klar darüber, daß von jeder Besatzungsmacht mehr oder minder starke Einflüsse in ihrer Zone ausgehen. Denn jede Besatzungsmacht bringt mit dem Glauben an die Gültigkeit ihrer politischen und sozialen Methoden auch einen bestimmten Beeinflussungswillen mit. Dieses Geschehen in und um Deutschland bedeutet neben der Härte, die seine Besetzung nun einmal mit sich bringt, zugleich auch die Möglichkeit einer politischen Willensbildung aus der Vielfältigkeit neuer Erfahrungen heraus. Diese Erfahrungen sind auf keinen Fall nur negativ zu werten. Eines allerdings

erkennen wir als unser Gesetz: Das ist unser unbeirrbarer Wille, aus allen Erfahrungen heraus den deutschen Weg zu suchen und zu gehen. Nicht dem Westen und nicht dem Osten hörig, sondern dem deutschen Weg und dem deutschen Volk verpflichtet. Aus Hingabe an den Willen zur Zusammenfassung der deutschen Kraft, um aus dieser Kraft wieder ein eigenes, ein souveränes Volk zu werden. Um sich in voller Freiheit und Eigenständigkeit die eigene Form, die eigene politische und soziale Ordnung zu geben.

Das ist das Ziel, dem nicht zuletzt die Union hier im Osten zu dienen gewillt ist. Der eigenen Idee verpflichtet, für die unsere Union der lebendige Ausdruck ist. In dieser Eigenständigkeit gewillt, dem Ausgleich zwischen Ost und West gelagert. Hitler hat beide Welten herausgefordert und damit die Katastrophe über die Menschen gebracht. Das neue Deutschland hat den Beweis zu erbringen, daß es den Sinn seiner Lage zu erkennen vermag. Dieser Sinn kann nicht Spaltung Deutschlands in einem nach Osten und einem nach Westen gerichteten Teil sein. Dieser Sinn muß vielmehr Ausgleich sein. Und Deutschland muß an diesen Ausgleich glauben können. Sein Schicksal hängt von ihm ab. Oder glaubt Ihr, daß es möglich wäre, mehr als 20 Millionen deutscher Menschen dieser Zone nach dem Osten zu verweisen. Und die übrigen 40 oder 50 Millionen deutscher Menschen nach dem Westen? Wir, meine Freunde, stehen hier um der Einheit unseres ganzen Volkes willen. Um der mehr als 20 Millionen in der Ostzone. Um ihrer Einheit mit den 50 Millionen der Westzonen willen. Und wir werden Hüter dieser Einheit sein. Wir werden Hüter dieser Einheit sein um Deutschlands, um Europas, um der Welt willen. Wir werden es sein um des Friedens willen.

Um des neuen Zusammenwachsens unseres 70-Millionen-Volkes willen hat sich die Union in den Dienst der Vorbereitung einer nationalen Repräsentation unseres Volkes durch die Parteien gestellt. Von deutscher Not getrieben, von eigenem Willen beseelt und von eigener Sicht geführt, sollten sich die verantwortlichen Männer der Parteien über die Zonengrenzen zusammenfinden. Es sollte ein permanenter Willensausdruck des deutschen Volkes geschaffen werden.

Mit tiefster Besorgnis um unser Volk, mit ebenso ernster Sorge um die demokratische Entwicklung in Deutschland haben wir am Mittwoch in Hannover die Ablehnung Schumachers zur Kenntnis genommen, sich schon jetzt an der Vorbereitung einer nationalen Repräsentation zu beteiligen. Nicht die vergeblich aufgewandte Mühe schmerzt uns und nicht die Peinlichkeit der vergeblichen Fahrt. Wir wissen, daß es zum Schicksal der deutschen Politiker dieser schweren Zeit zwischen Krieg und Frieden gehört, um des Volkes willen manchen schweren Gang zu gehen und manche bittere Stunde hinzunehmen. Wir fragen uns nur mit Sorge, ob es möglich sein kann, daß deutsche Politiker aus parteipolitischer Strategie oder auch nur aus Taktik die Stunde des Handelns für unser Volk verpassen könnten. Der Zurückweisung totalitärer Ansprüche, von deren Notwendigkeit sozialdemokratische Äußerungen sprechen, steht auch im gesamtdeutschen Rahmen kein Hindernis entgegen. Eher das Gegenteil ist der Fall. Das Prestige aber, die größte Partei sein zu wollen, sollte bei dem erschütternden Zustand unseres aufgelösten Volkes wirklich keine Rolle spielen. Zumal in der Formierung der Parteien auf gar keinen Fall schon das letzte Wort gesprochen ist. Entscheidend ist der Ruf der Not unseres Volkes, den kein Parteiführer und keine Partei ungestraft überhören kann. Es gibt für unser Erkennen keinen stichhaltigen Grund, sich diesem Ruf nach Zusammenfassung zu einer gesamtdeutschen Repräsentation zu verschließen.

Ich kann nicht umhin, diese unsere Haltung vor aller Öffentlichkeit auszusprechen. Ablehnen aber werde ich es, die Frage der nationalen Repräsentation zu einer Frage parteipolitischer Agitation und Konkurrenz zu machen. Die Lage unseres Volkes ist zu ernst, als daß die Sorge um diese Lage zu parteipolitischem Wettbewerb mißbraucht werden könnte. Deshalb nicht zuletzt habe ich die Schumacherschen Ausführungen vor den Jungsozialisten in Gelsenkirchen auf das tiefste bedauert. Gewiß versichert Schumacher immer wieder in Anerkennung des eigenständigen Handelns der Union, seine Ausführungen richteten sich nicht gegen die Union. Aber wir bitten ihn dann für die Zukunft – nicht zuletzt um der Würde unserer Partei willen – doch auch in der Öffentlichkeit eindeutiger zu sagen, was und wen er eigentlich meint.

Ich kann nur noch sagen: Wir tragen die Sorge um endliche Zusammenfassung der Parteien zu einer nationalen Repräsentation lebendig weiter. Und wir werden ihr weiter zu dienen wissen. Es kommt für uns auch nicht in Frage zu fordern, daß die Konferenz der Ministerpräsidenten in München durch Vertreter der Parteien erweitert werden soll. Wir begrüßen den Willen der Länder, gemeinsam Wege zur Bekämpfung der deutschen Not zu beraten. Sie können in ihren Beratungen durchaus dem Zusammenwachsen der deutschen Kräfte dienen. Das enthebt aber die für Gesamtdeutschland entscheidenden Kräfte, die Parteien, nicht ihrer eigenen Aufgabe, eine nationale Repräsentation vorzubereiten. Und sie zu schaffen.

Es ist ein Stück deutscher Tragik, die ich hier vor der politischen Aufgeschlossenheit der Jungen Union berühre. Es ist die Tragik unseres Volkes, das durch Schuld und Schicksal an den Rand des Abgrundes geführt wurde. Wer in einer solchen Zeit politische Verantwortungen übernimmt, weiß, daß er einen schweren Weg geht. Mißdeutungen, Rückschläge und immer wieder neues Beginnen ist sein tägliches Brot. Wir wissen es aber nicht erst seit diesen letzten zwei Jahren, daß es so ist. Wir wußten seit dem ersten Tage der Hitlerherrschaft, daß es das Los derer sein würde, die nach seiner verderbenbringenden Herrschaft in die Bresche springen.

Aber, meine jungen Freunde, es gibt eine Kraft, die uns trägt und die uns bewegt: Es ist die Kraft, die vom Zukunftsbild eines neuen Deutschlands ausgeht. Um dieses Zukunftsbildes willen seid Ihr hier. Malt es sich in den jungen und älteren Köpfen auch noch etwas verschieden. Es tut das nichts. Nach und nach wird seine Zeichnung schon klarer hervortreten. Es wird zwar noch lange die Züge der Not und des Leides tragen. Aber daß es reine, daß es klare, daß es friedliche Züge sein werden, dafür werden wir trotz aller Schwere der Aufgabe mit sorgen. Dafür werdet vor allem Ihr mit sorgen und mit arbeiten. Ihr, die Junge Union. Die Zukunft eines durch Not und innere Erneuerung entsühnten Deutschlands. Wir, die Generation der Prüfungszeit des Ersten Weltkrieges, und Ihr, die jungen Menschen der noch weit härteren Prüfungszeit dieses grausamsten aller Kriege, werden das neue Deutschland gemeinsam schaffen. Und wir werden zugleich helfen, daß aus dem Suchen und Tasten der Völker rundum ein neues Europa, eine neue Welt erwächst.

## 21

*Stellungnahme zur Münchener Konferenz*
*Stadtverordneten-Versammlung Berlin, 19. Juni 1947*

Wenn ich, als ein Mann, der in Berlin und in der Ostzone politische Verantwortung trägt, zu den Vorgängen Stellung nehme, wie sie die Münchener Konferenz begleitet und bestimmt haben, so kann diese Stellungnahme nicht schwarz oder weiß gefärbt sein. Sie kann es nicht sein um der Verantwortung willen, die wir tragen. Sie kann es aber auch nicht sein, weil das wirkliche politische Leben, weil die Meisterung politischer Probleme gar keine Schwarz-Weiß-Malerei gestatten. Niemand hat es zwar so leicht in der Politik wie die Schwarz-Weiß-Maler. Ob es nun die westlichen oder die östlichen sind. Im übrigen können radikale Haltungen im einen oder anderen Sinne höchst gefährlich werden. Sie können einen tödlichen Riß mitten durch das Leben unseres Volkes zur Folge haben. Oder glaubt jemand, wir wären noch zu den lebenden Völkern zu rechnen, wenn Deutschland den Quellflüssen der Weser und den Südabhängen des Thüringer Waldes entlang in zwei Teile zerschnitten würde. Es gibt nur einen Weg, das deutsche Leben zu retten, das ist der unbeugsame Wille aller Deutschen, zusammenzubleiben.

Berlin ist wohl in erster Linie der Punkt, wo wir immer wieder mit der Nase auf die notwendige realpolitische Haltung gestoßen werden. Bei einer politischen Tafelrunde gelegentlich der Münchener Konferenz soll das Wort gesprochen worden sein, daß einzig München der »neutrale Punkt« in Deutschland sein könne. Dort solle man sich immer wieder begegnen. Ich selbst weiß die Ursprünglichkeit der bayerischen Kraft und die Bedeutung Münchens in aller Aufrichtigkeit zu schätzen. Schließlich bin ich ja als Franke sozusagen auch ein Bayer. Aber meinen bayerischen Landsleuten ist doch wohl mehr eine sympathisch-urwüchsige Stellungnahme zu politischen Geschehnissen eigen. Notwendig ist aber heute vor allem ein vorsichtiges Abwägen und Einschätzen der vielfältigen und leider oft so zwiespältigen gesamtdeutschen Kräfte.

Wir zollen auch nach dem Ausgang der Münchener Konferenz der Initiative des Ministerpräsidenten Ehard volle Anerkennung. Nicht, weil Ehard ein Mann der Christlich-Sozialen Union ist, sondern weil wir jede Initiative begrüßen, die sich ehrlich und verantwortungsbewußt bemüht, der Linderung deutscher Not und dem Zusammenhalt Deutschlands zu dienen. Und wir sind überzeugt, daß Ehard von diesen Absichten erfüllt ist. Dabei muß man es wohl als Mangel empfinden, daß Ehard – wie er wohl selbst erkennen ließ – in die Verhältnisse der Ostzone nicht genügend Einblick haben konnte.

Die Möglichkeit, zu wirtschaftlichen und politischen Lösungen wirksam beitragen zu können, setzt ja ein ausreichendes Wissen über Lage und Verhältnisse in allen Zonen voraus. Das gesamtdeutsche Geschick beruht ja nicht allein auf der Lage in den Westzonen. Auch die Lage in der Ostzone ist ein Teil des deutschen Gesamtschicksals. Damit will ich durchaus nicht sagen, daß Berlin und die Berliner um alles wissen. Dafür sind wir unter den Schlägen der Katastrophe, die nicht zuletzt auch diese Stadt betroffen, zu bescheiden geworden. Wir sind so bescheiden geworden, daß wir die freundliche Gesinnung, die man der sympathisch ausgleichenden Erscheinung unserer stellvertretenden Oberbürgermeisterin, Louise Schroeder, in München offensichtlich entgegengebracht hat, dankbar verzeichnet haben.

Trotzdem aber glaube ich, daß wir in Berlin – und vielleicht gerade die Männer in Berlin, die für die Ostzone Verantwortung tragen – Lage und Aufgabe Deutschlands am objektivsten zu beurteilen vermögen. Eines setze ich dabei allerdings voraus: Daß wir uns dieser Beurteilung in der Freiheit, Klarheit und Sicherheit eines aufrechten politischen Verantwortungsbewußtseins unterziehen. Frei von einseitigen Bindungen an den Osten oder den Westen.
Ich habe mir über München ein objektives Urteil zu bilden versucht. Ich war während der Konferenz in Bayern. Und ich war nach der Konferenz in München. Ich habe manchen Teilnehmer und Interessierten der Konferenz gesprochen. Bei allem, was ich erfuhr, mußte ich in geradezu schmerzhafter Weise empfinden, wie tief der Riß zwischen Ost und West bereits durch unser Volk geht. Man kann sich der Erkenntnis nicht verschließen, daß in manchem Teilnehmer der Konferenz schon die Meinungsverschiedenheiten wirksam waren, die sich zum Unglück unseres Volkes zwischen den Weltmächten aufgetan haben. Ein humorvoller Spötter sagte mir, man habe kleine Molotows und kleine Marshalls wahrgenommen. So humorvoll diese Bemerkung klingt, so tragisch ist ihre Deutung für uns. Man muß fragen, wie sollen wir weiterkommen, wenn sich die Deutschen selbst mehr oder minder als Exponenten der Auseinandersetzung der Weltmächte begegnen? Mögen die Mächte nun Rußland, Amerika, England oder Frankreich heißen?
Ich verkenne dabei keineswegs, daß es auch bei uns um die Auseinandersetzung von Ideen und Kräften geht, die um den inneren Besitz von Deutschland ringen. Wir, die Union, haben dabei klare Stellung bezogen. Wir sind in jeder Stunde und an jedem Ort – ich betone an *jedem* Ort – für eine Ordnung eingetreten, die jede totalitäre Tendenz ablehnt. Um einer solchen Ordnung wirksam dienen zu können, bedarf es aber nicht der Trennung Deutschlands in einen westlichen und in einen östlichen Teil. Es bedarf nicht des Willens, einen Teil Deutschlands an die Westmächte anzuschließen und einen anderen Teil nach Osten zu verweisen, sondern es bedarf des Willens und des Mutes zur Auseinandersetzung im gesamtdeutschen Raum. So wie wir es zu tun versuchen. Es ist das Tragische an den Begleiterscheinungen vor und hinter den Kulissen der Münchener Konferenz, daß Tendenzen deutlich wurden, die radikal nach Osten, und solche, die radikal nach Westen weisen. Das darf und muß ausgesprochen werden. Es traten Stimmungen zutage, die glaubten, sich vom Schicksal des deutschen Ostens distanzieren zu dürfen. Daß sich Menschen, die unsere augenblickliche Lage nicht zu Ende denken, nicht gerade gern mit dem revolutionären östlichen Prinzip auseinandersetzen, mag verständlich sein. Wenn aber verantwortliche Politiker eine solche Haltung erkennen lassen, so ist Gefahr im Verzuge, die sich an Deutschland bitter rächen kann. Die deutsche Nachwelt würde solchen Politikern keine Kränze flechten. Wenn man dabei Männern, die sich in echter politischer Verantwortung mit fremden Ideen auseinandersetzen, noch Abhängigkeit vorwirft, so ist hier das deutsche Erbübel politischer Verleumdung wieder am Werk. Dieses Erbübel war schon oft der Totengräber aufbauender Politik. Wir brauchen nur an Walter Rathenau zu denken, dessen Ermordung sich in diesen Tagen zum 25sten Male jährt.
Meine Damen und Herren, vielleicht wäre es auch für uns einfacher, unsere Auseinandersetzungen in der Ostzone aufzuschieben, bis sie unter Bedingungen erfolgen können, wie Schumacher sie für seine eigene Partei erstrebt. Wenn wir diese Auseinandersetzungen mit der gebotenen Gehaltenheit trotzdem schon heute führen, so tun wir es, um Gefahren zu begegnen, wie sie im Zusammenhang mit Mün-

chen zutage getreten sind. Wenn wir es trotzdem tun, so tun wir es, um den Zusammenhalt Deutschlands zu wahren und diesem Zusammenhalt zu dienen. Wenn wir es trotzdem tun, so deshalb, weil wir nun einmal nicht in einer reinen Westorientierung die Zukunft Deutschlands gesichert sehen, sondern in seiner Aufgabenerfüllung, Brücke zwischen Ost und West zu sein.
Ich gestehe es ehrlich, es ist nicht immer leicht, am Willen zu dieser Brücke festzuhalten. Das Geschehen in München hat es uns wahrhaftig nicht leichter gemacht. Das Verhalten der Ministerpräsidenten der Ostzone ließ kaum etwas von einem praktischen Willen zu deutschem Zusammenhalt erkennen, wie es ihren Worten und ihren Forderungen hätte entsprechen müssen. Es konnte deshalb kein Wunder sein, daß die Auffassung aufkam, man wolle sich einfach destruktiv verhalten. Die Union hat dabei noch weiteren Grund, erstaunt zu sein, als im Vorspiel von München seitens der Ministerpräsidenten der Ostzone immer wieder die Forderung auf Miteinladung der Parteien und Gewerkschaften erhoben wurde. Wir hatten diese Forderung längst abgelehnt. Wir haben es weder staatsrechtlich noch politisch für ratsam und möglich gehalten, die Parteien oder gar die Gewerkschaften zu dieser Konferenz einzuladen. Wer wie die SED so häufig die Einheit Deutschlands im Munde – um nicht zu sagen auf ihrem Banner – führt, muß auch gewillt sein, dieser Einheit selbstlos und ohne stete propagandistische Geste zu dienen. Sonst darf man sich, weiß Gott, nicht wundern, wenn andere stutzig, um nicht zu sagen ungläubig werden.
Diese Klarheit kann uns aber nicht hindern, auch auszusprechen, daß die Ostzonenvertreter einer nicht gerade freundlichen Atmosphäre begegneten. Das mag es ihnen schwerer gemacht haben, von der angewandten Taktik herunterzukommen. Die »Marschroute«, mit der die sozialdemokratischen Minister von Frankfurt nach München gekommen waren, wie auch die Gebundenheit der Vertreter der französischen Zone traten wohl recht offensichtlich zutage. Ich habe besorgte Meinungen von Männern des Südens und Westens gehört, die diese Auffassung zum Ausdruck brachten. Ich selbst kann in diesem Zusammenhang nur mit gleicher Sorge an Haltungen denken, wie sie mir im Westen begegnen, wenn ich mich zur Mittleraufgabe Deutschlands zwischen Ost und West bekenne. Nicht beim Manne auf der Straße in erster Linie, wohl aber bei Trägern politischer Verantwortung. Und ich muß hinzusagen, nicht im Westen allein, sondern auch bei kurzsichtigen, um nicht zu sagen böswilligen Zeitgenossen in Berlin. Schlagen Sie nur einmal den »Tagesspiegel« von gestern auf, und lesen Sie die wohl beabsichtigte Verzerrung der Stellungnahme der Union zur Münchener Konferenz. Man fragt sich, wie ist so etwas ausgerechnet in Berlin möglich? Aber es soll uns das nicht anfechten. Wir werden an diesem Mittlerwillen festhalten. Wir werden an ihm festhalten bis zu dem Tage, an dem sich entweder das Schicksal Deutschlands in neuem Zusammenhalt zum Besseren wendet. Oder bis zu dem Tage, da es eine höhere Macht, die Macht des Gewissens uns gebietet, den Glauben an die Möglichkeit einer Synthese zwischen Ost und West aufzugeben. Es wäre das ein schwarzer Tag für mich. Denn es wäre der Tag, an dem ich erkennen müßte, daß mein Glaube an das Gute in der Welt falsch war. An dieses Gute aber müssen wir um des Schicksals unseres Volkes willen glauben. Dabei bleibt aber für uns das Gewissen zugleich Impuls und Grenze unserer Politik. Unter Anerkennung seines Gesetzes wird die Union nach neuen Möglichkeiten für den Zusammenhalt oder – wenn Sie wollen – für die Wiedervereinigung unseres Volkes suchen.

In München ist davon gesprochen worden, daß Berlin der Ort sein könne, wo ein erneuter Versuch zum Zusammenfinden der verantwortlichen Kräfte Gesamtdeutschlands gemacht werden solle. Soll das Wirklichkeit werden, dann ist es an diesem Haus, in Berlin eine vorbildliche Demokratie zu schaffen. Es ist die Aufgabe der vier Parteien dieser Stadt, das in vorbehaltloser Konzentration auf die Interessen unseres eigenen Volkes zu tun. Denn Berlin steht hier wiederum für Deutschland. An die Besatzungsmächte aus dem Osten und dem Westen haben wir dabei die Bitte zu richten, der Demokratie dieser Stadt Bewegungsfreiheit und Vertrauen zu gewähren, damit sie lebendige Wirklichkeit werden kann.

## 22

*Die CDU und Deutschland*
*Rede in Bremen, 27. Juni 1947*

In diesen Tagen fiel mir eine Nummer des »Berner Bund« in die Hände mit einer großen Überschrift »Deutsche Stellungnahme gegen den Westen«. Der Artikel stellte in mehr als oberflächlicher Weise die Behauptung auf, die Union des Ostens habe sich eindeutig gegen den Westen bzw. gegen die Westmächte entschieden. Sie sei bei ihrer Entscheidung von dem Phantom des Wiederauflebens der deutsch-russischen Zusammenarbeit nach dem Rapallo-Vertrag geleitet.
Ich habe – weiß Gott – einen ausgesprochenen Respekt vor den Herren der Presse. Wir armen Politiker sind ja auch viel zu abhängig von ihnen, als daß das nicht der Fall sein könnte. In diesem Falle aber habe ich mich doch an den Kopf gefaßt und mich gefragt, woher dieser Schreiber, der noch dazu aus Berlin berichtet, seine Informationen bezogen hat. Wenn er auch nur einen Funken politischen Wissens und politischen Urteils in sich trägt, so wüßte er, daß sich die Union des Ostens weder für den Westen noch für den Osten entschieden hat. Richtig ist einzig und allein: Die Union hat sich für Deutschland entschieden. Seinem umstrittenen Schicksal, seiner Rettung, seiner Neueingliederung in die europäische Volksgemeinschaft gilt Wirken und Arbeiten der Union. Nicht zuletzt Dasein und Arbeit der Union des Ostens. Im übrigen scheint mir: Bis zu den Möglichkeiten eines Rapallo- oder irgendeines anderen, eines vergleichbaren Vertrages ist noch ein recht weiter Weg.
Die Union ist eine nach allen Seiten hin unabhängige Partei. Ihre Politik ist auf die Rettung unseres Volkes gerichtet. Auf sie allein. Sie weiß außerdem, daß die Rettung des deutschen Volkes auch die Gesundung Europas bedeutet. Die Union ist aus der tiefsten Not des deutschen Volkes herausgewachsen. Sie ist geboren in einer Zeit, in der – wie nie zuvor – das deutsche Volk in einer geistigen Verwirrung stand, die seine letzte Kraft zu vernichten drohte. Damals wurde der Wille in besten deutschen Kräften geboren, sich in einer umfassenden Gemeinschaft zusammenzufinden, die den deutschen Parteihader der Klassen und Konfessionen überwinden sollte. In Berlin waren es fast ausschließlich Kräfte des aktiven Widerstandes gegen Hitler, die sich in diesem Willen fanden. Es waren Kräfte, die vierzehn Jahre gegen das drohende Chaos gekämpft hatten, das Hitler heraufbeschwor. Sie hatten dieses Chaos nicht abwenden können. Nun aber sahen sie die Aufgabe, in die Bresche zu springen, um den Weg aus dem Chaos zu bahnen.
Die Menschen der verschiedenen Konfessionen, Klassen und Richtungen fanden sich nach dem Zusammenbruch verhältnismäßig rasch und leicht zusammen. Der

Kampf gegen Hitler hatte sie schon aneinander gebunden. Wenigstens war es bei uns im engeren und weiteren Umkreis von Berlin so. Und die Not des Zusammenbruchs trieb jeden mit politischem Verantwortungsbewußtsein gegenüber dem Volk zur Zurückstellung alter Gegensätze. Zur Betonung der großen gemeinsamen Linie, die seitdem die Union verbindet: Rettung Deutschlands, Rettung der abendländischen Kultur durch das Bekenntnis zu einer dem christlichen, dem sittlichen Gesetz verantwortlichen neuen Politik. Das war der große Impuls, der die Männer bewegte, die am Anfang der Union standen. Es ist der Impuls, der uns auch heute noch bewegt. Wenn auch zwei Jahre über Deutschland und seine politischen Willensträger hinweggegangen sind, die manchen mutlos gemacht haben und machen konnten, der sich mit seinen besten Kräften zur Verfügung stellte.
Wir wollen uns keinen Illusionen hingeben: Es ist nicht leicht, in Zeiten beispiellosester Not eine neue Demokratie zu bauen. Es gehört ja zum beklagenswerten Geschick unseres Volkes, daß seine Versuche zur Demokratie nun zum zweiten Male an einen Zusammenbruch gebunden sind. Es ist zum zweiten Male, daß die Demokratie versuchen muß, aus den Wirrnissen einer vollständig gestörten, einer vollständig zerrissenen Volksmeinung herauszuwachsen. Die Klärung dieser Volksmeinung wird noch erschwert durch die Vielzahl von Meinungen, Auffassungen und Einflüssen der Besatzungsmächte, denen das Volk in den verschiedenen Zonen ausgesetzt ist. Die Zonen sind für die Mehrheit des Volkes fast hermetisch gegeneinander abgeschlossen. So wächst die deutsche Volksmeinung in der Treibhausluft dieser abgeschlossenen Zonen mehr und mehr auseinander. Nicht zum Heile der heute so viel und so häufig beschworenen Demokratie. Das ist um so gefahrvoller, als ja die Auffassungen über die Demokratie auch bei den Besatzungsmächten durchaus nicht einheitlich sind. Im Gegenteil: Die Demokratie bei den Besatzungsmächten weist recht verschiedene Züge auf. Jede Besatzungsmacht wirbt im deutschen Volke mehr oder minder intensiv für ihre eigene Auffassung von Demokratie. Kann man sich da wundern, wenn die Deutschen der verschiedenen Zonen bei dem Aufbau einer deutschen Demokratie allmählich – wie beim Turmbau zu Babel – beginnen, in verschiedenen Zungen zu sprechen?
Ich will und brauche nicht zu verhehlen, daß wir das ab und zu auch in der eigenen Partei empfinden. Ich lebe gewiß nicht in der Illusion, daß eine Partei mit einer neuen Konzeption von heute auf morgen zusammenwächst. Das wäre unnatürlich. Es erscheint mir vielmehr als außerordentlich gesund, wenn eine Partei in mehr oder weniger lebhaften Auseinandersetzungen erst ihre politische Linie herausarbeiten muß. Das gilt für die soziale, für die wirtschaftliche, und das gilt auch für die rein politische Konzeption. Bedauerlich wäre nur, wenn sich dieses Herausarbeiten nicht in rein sachlicher Weise vollzöge. Wenn das Erbübel der Deutschen, sich in der Politik auch persönlich zu befehden, die Atmosphäre gemeinsamer Arbeit vergiften würde . . . Wir haben zu bedenken, daß unser Volk zwölf Jahre lang im Grunde politische Abstinenz geübt hat. Nach einer so langen Abstinenz drängen da und dort aktive Kräfte in die ersten oder zweiten politischen Linien, deren solide und schließlich auch selbstlose Haltung durchaus nicht erprobt ist. Einen sachlich und objektiv Klarblickenden wundert das nicht. Aber für die solide demokratische Willensbildung eines schwer geprüften Volkes ist das natürlich eine Belastung. Die Parteien – auch unsere Partei, die Union – werden alle Energie und alle Willenskraft aufbringen müssen, um erprobte, politisch objektive und selbstlose Männer und Frauen die Linie ihrer Politik bestimmen zu lassen.

Politik ist heute mehr denn je eine Angelegenheit, die Opfersinn erfordert. Nicht aber der Tummelplatz des Ehrgeizes, der Gewinnsucht oder des Triebes nach Lebenssicherung. Das müssen die Männer und Frauen wissen, die an der neuen Demokratie bauen wollen. Diese Auffassung hat nichts mit weltfremdem Idealismus zu tun. Jede Partei hat heute mehr denn je Realpolitik zu treiben. D. h. sie hat sich in ihrer politischen Linie nach den realen Gegebenheiten und Notwendigkeiten unseres Volkes und seiner Umwelt zu richten. Ich weiß, daß man mit grundsätzlichen Erwägungen und Betrachtungen kein Brot schaffen und kein Wasser oder gar Milch aus dem Stein schlagen kann. Ich weiß aber ebenso, daß eine Partei eine bestimmte weltanschauliche und politische Einheit zu bilden hat. Ohne diese Einheit ist sie ein Interessenhaufen der morgen oder übermorgen auseinanderfällt. Eine Partei darf sich nicht in der Taktik der Tagespolitik erschöpfen. Sie hat eine bestimmte politische und soziale Linie zu halten und zu fwahren, die sie über den Alltag hinaushebt. Eine Linie, die eine Partei erst zu wahrer Gemeinschaft zusammenschmiedet. Das gilt für die Notzeit eines Volkes stärker noch als in ruhigen Zeiten. Denn in Notzeiten läuft das Volk leichter denn je Schlagworten nach. Wir haben das schon einmal in den Anfängen der Hitlerherrschaft erlebt und möchten es nicht noch einmal erleben. Deshalb ist jeder Verantwortliche der Schaffung einer klaren grundsätzlichen Linie der Union verpflichtet.
Diese Erkenntnis war es, die uns bewegte, bewußt zu betonen, daß wir die Erneuerung unseres Volkes aus dem christlichen Gesetz abendländischer Kultur zu suchen gewillt sind. Daß wir die Kraft dieses Gesetzes, seinen Reichtum, seine Gerechtigkeit fsür alle, für Menschen, Gruppen und Schichten in unserem gestörten und zerstörten Volksleben wieder zu neuem leben erwecken wollen, in fortschrittlicher Form zum Leben erwecken wollen.
Die große soziale Verfehlung der kapitalistischen Epoche hat zu ihrer Bekämpfung vor allem durch die Arbeiterschaft geführt. Sie hat aber auch weiten anderen Kreisen die Augen nach und nach geöffnet. Es gab schon Jahrzehnte vor dem Ersten Weltkrieg über die Arbeiterbewegung hinaus eine große soziale Bewegung, eine Bewegung fortschrittlich denkender und handelnder Menschen, Menschen, die für eine neue Ordnung des politischen und sozialen Lebens eintraten. Ihr gesunder Neuordnungswille wurde in der pseudosozialistischen Welle des Nationalsozialismus erstickt. Das Ende Hitlers aber hinterließ einen Zustand des Volkes, der nichts mehr mit einer Ordnung zu tun hat. Wir haben weder eine kapitalistische Gesellschaftsordnung. Wir haben auch kein Zwischsending dieser Ordnungen. Wir haben überhaupt keine Gesellschafts- und Wirtschaftsordnung. Wir haben ein aufgeteiltes Deutschland, ein aufgelöstes Volk. Wir Deutschen sind heute nichts als eine Ansammlung von Menschen, die versuchen, sich durch diese oder jene Arbeit notdürftig zu ernähren. Wir sind zu einem großen Teil eine Gemeinde von Heimatlosen, von Entwurzelten, die von Zufallsarabeit oder auch von Unterstützung leben. Dazu waren in den Ländern der Alliierten noch Millionen Gefangener – Kriegs- und auch Zivilgefangener – auf die Heimkehr. Auf was für eine Heimkehr? Mehr oder weniger zu demselben Schicksal, das ich eben anzudeuten suchte. Gewiß, es gibt noch einige in unserem Volk, denen es besser geht. Ich sehe von den Asozialen ab, die sich durch Ausnutzung der allgemeinen Not ein sorgloses leben zu schaffen wissen. Es gibt daneben gewiß auch noch diese und jene Oasen des Verschontgebliebenseins in Deutschland. Es gibt noch Besitzende. Wollen diese wenigen versuchen, die künftige Gestaltung Deutschlands vom Gesichtspunkt der Hütung und Bewahrung

ihres Besitzes abhängig zu machen? Täten sie es, so müßten wir sie als Reaktionäre bezeichnen. Ich glaube annehmen zu dürfen, daß am wenigsten die deutsche Jugend für diese Haltung Verständnis haben würde.
Nein, es gibt für Menschen, die das Schicksal unseres Volkes nue gestalten wollen, nur das entschlossene Bekenntnis zu einer Erneuerung nach den Grundsätzen sozialer Gerechtigkeit. Das gilt für alle Parteien, ob sie sich nun sozialistisch nennen, oder ob sie sich zum Gesetz des christlichen Abendlandes bekennen. Dieses Gesetz – ich betone es noch einmal – schließt das Bekenntnis zu einem Leben ohne Furcht und Not ein. Ohne Furcht: das heißt frei von jedem geistigen und seelischen Druck. Ohne Not: das heißt nicht nur sich satt essen können. Es heißt nicht nur an das tägliche Brot denken müssen, sondern auch die Pflege von Geist und Seele. Schaut Euch um in den Trümmern von Deutschland. Seht die ausgemergelten Gestalten unserer Männer und Frauen! Der Männer in den Gruben und Zechen des Ruhrgebietes. In den Fabriken und Werkstätten im Westen und im Osten. Seht in die Unterkünfte und Lager der Millionen und aber Millionen von Flüchtlingen! Kann jemand glauben, daß das Leben aller dieser menschen sich wieder einrenkt, wenn wir dem berühmten Spiel der freien Kräfte wieder Raum geben? Nein, wir müssen uns dazu bekennen, daß wir nur durch Neuordnung, durch Neugliederung unserer Sozial- und Wirtschaftsordnung, durch Mitheranziehung der Besitzlosen zur Mitbestimmung und zu sinnvollem Mitbesitz in der Wirtschaft, durch gerechte, durch radikal gerechte Lastenverteilung nach und nach wieder zu geordnetem Verhältnissen kommen können.
Dabei gilt die Forderung sozialer Gerechtigkeit in der inneren Ordnung eines Volkes auch für das Leben eines Volkes im Kreise oder in der Gemeinschaft der übrigen Nationen. Es gilt für das deutsche Volk, für unser Volk im Kreise der europäischen Völker. Wir bekennen uns zu den gerechten Lebensansprüchen aller Schichten unseres Volkes. Aber auch jedem Volk ist ein menschenwürdiges Dasein zu gewährleisten, auch dem deutschen Volk. In einer Zeit, in der die soziale Gerechtigkeit sich nach jahrzehntelangem Kampf der Arbeiterschaft im Leben der Völker durchzusetzen beginnt, darf man kein ganzes Volk zur Proletarisierung verurteilen. Wir müssen und wollen uns dagegen wehren, daß Deutschland infolge der Meinungsverschiedenheiten zwischen Ost und West allmählich auf einen Lebensstandard herabsinkt, der mit Menschenwürde nichts mehr zu tun hat. Wir sind uns bewußt, daß die Folgen der deutschen Katastrophe nicht von heute auf morgen zu überwinden sind. Aber wir sind uns ebenso bewußt, daß wir schon ein gutes Stück weiter wären, wenn wenigstens der Potsdamer Beschluß über die wirtschaftliche Einheit verwirklicht worden wäre. Stattdessen erleben wir das niederdrückende Schauspiel des Hin- und Hergerissenseins zwischen Ost und West. Und hinter diesem Drama steigt drohend der Schatten der Teilung Deutschlands auf.
Wir wollen uns nichts vormachen: Das Ringen um Deutschland ist in ein entscheidendes Stadium getreten. Ich habe zwar oft gesagt: Es ist nicht nur die deutsche Frage, die im Brennpunkt des Weltinteresses steht. Es gibt für die Alliierten noch andere Fragen. Heute aber steht Deutschland im Brennpunkt. Es ist der Welt immer klarer geworden, daß von der Gesundung Deutschlands auf die Dauer nicht nur die Gesundung Europas, sondern die Gesundung der Welt abhängt. Die deutsche Frage wird immer brennender, immer fordernder, immer entscheidender für Europa und die Welt. Es gibt dabei keine Gesundung, wenn man den Versuch des wirtschaftlichen Wiederaufbaues Deutschlands auf den Westen beschränken

würde. D. h., wenn man es praktisch zu einer Teilung kommen ließe. Sicher steht die Beseitigung des Hungers, sicher steht die Sorge um das tägliche Brot im Vordergrund. Aber das Schicksal eines Volkes wird nicht allein vom Brot bestimmt. Es mag manchem Kurzsichtigen im Westen und Süden bequemer erscheinen, den Blick einzig und allein nach Westen zu richten. Ich habe manchen getroffen, der das tut. Aber über das Schicksal eines Volkes entscheidet doch zuletzt der Wille der Zusammengehörigkeit des gesamten Volkes. Deshalb kann es keinen endgültigen Frieden für Europa und die Welt geben, wenn nicht die deutschen Teile bald endgültig wieder zusammengefügt werden. Ich weiß, es liegt das nicht in erster Linie in unserer Macht. Es liegt nicht in erster Linie bei den Deutschen, die Zonengrenzen zu beseitigen. Es liegt das im wesentlichen bei den Besatzungsmächten. Das muß immer wieder in allem Freimut gesagt werden. Es ist deshalb auch vollständig falsch, wenn diese oder jene Partei der anderen vorwirft, sie verhindere die Einheit Deutschlands. Es wäre ebenso absurd, einen Volksentscheid über die deutsche Einheit herbeiführen zu wollen. Es bedarf keines Volksentscheides über Selbstverständlichkeiten weder in den Westzonen noch in der Ostzone. Nirgends ist wohl das Verlangen nach Überwindung der Zonengrenzen, nach neuem und untrennbarem Zusammenwachsen der getrennten deutschen Teile so stark und so entschlossen wie in der Ostzone. Ich brauche über die Impulse dieses Willens kaum etwas zu sagen. Sie liegen offen auf der Hand. Es ist die Verbundenheit der Menschen im deutschen Osten mit den Menschen im deutschen Westen. Es ist die Verbundenheit mit altem deutschen Kulturgut, das in seinen noch unzerstörten Resten nur durch engen Zusammenhalt unseres Volkes erhalten und wieder fruchtbar gemacht werden kann. Es ist das Aufeinanderangewiesensein im Austausch von Gütern und Werten zur Befriedigung der dringendsten Lebensbedürfnisse. Es ist auch – sagen wir es offen und ehrlich – Wunsch und Wille, die Auseinandersetzung mit der totalitären Idee der SED nicht auf dem engen Raum einer Zone zu führen, sondern sie im Plenum des gesamtdeutschen Raumes zum Austrag zu bringen. Kurz, es ist, insgesamt gesehen, der Lebensinstinkt des deutschen Menschen, des deutschen Menschen, der sein Leben verkümmern sieht, wenn nicht bald die gemeinsame Lebensform, die gemeinsame politische Heimat aller Deutschen wieder Wirklichkeit wird.
Es will uns im Osten und in Berlin oft scheinen, als sei man im deutschen Westen und Süden in der Stimmung, im Willen zur Wiedervereinigung der deutschen Teile etwas reservierter. Es scheint, daß sich seit der Moskauer Konferenz die Zonengrenzen auch im Bewußtsein der Deutschen verhärtet haben. Man stößt heute im Westen und Süden Deutschlands auf einen bestimmten Fatalismus, der nicht ohne Bereitschaft ist, sich mit einer – wie man sagt vorübergehenden – Verhärtung der Zonengrenzen abzufinden. Warum? Man glaubt wohl, jenseits der Zonengrenzen im Osten etwas Fremdes entstehen zu sehen, mit dem man lieber nicht in Berührung kommen möchte. Ich habe in der vergangenen Woche im Berliner Stadtparlament, in der Debatte um die Münchener Konferenz gesagt: Ich habe Verständnis dafür, daß sich Menschen, die nicht über den Tag hinaussehen, nicht gern mit dem revolutionären Prinzip des Ostens auseinandersetzen. Lieber soll nach ihrer Meinung der Vorhang zwischen der östlichen und der westlichen Hälfte Deutschlands zunächst geschlossen bleiben. Verstärkt wird diese Stimmung und Haltung durch Abwanderungen aus der Ostzone.
Ich weiß aus persönlicher Erfahrung erster Nachkriegsmonate im Bereich der eigenen Familie, was es heißt, um einen Menschen bangen zu müssen, dessen Verbleib

nur nach langer Mühe aufzuklären war. Ich habe Verständnis dafür, daß so etwas in der ersten Zeit nach dem Zusammenbruch geschehen konnte. Aber jetzt, zwei Jahre nach Kriegsende, sollte kein Anlaß mehr vorhanden sein, den normalen Rechtsweg außer acht zu lassen. Das Gefühl der Rechtlosigkeit ist nicht minder quälend wie Hunger und Durst. Deshalb sollte es in allen Zonen beseitigt werden. Es darf in Deutschland zwei Jahre nach dem Kriege keinen Verschollenen mehr geben. Dann wird auch der eventuellen Legendenbildung mehr und mehr das Wasser abgegraben werden.

Auf der Münchener Konferenz der Ministerpräsidenten, die leider nur eine Rumpfkonferenz war, ist die Forderung nach einem Besatzungsstatut erhoben worden. Dieses Statut soll die gegenseitigen Rechte und Pflichten abgrenzen. Es sollte aber nicht nur die Beziehungen zwischen den Besatzungsmächten und einzelnen Ländern regeln, es sollte vielmehr auch das Verhältnis klären, in dem der einzelne Bürger zu den Trägern der Besatzungsmacht steht. Ich bin mir durchaus klar darüber, daß solche Regelungen nicht von heute auf morgen geschaffen werden können. Aber es wäre für eine vertrauensvolle Entwicklung in den Zonen und zwischen den Zonen gut, wenn es bald geschähe.

Und wenn dann noch eine sachgemäße und unbeschränkte Informierung der gesamten deutschen Bevölkerung einsetzen könnte, so würde auch das die Mißtrauensgrenzen niederreißen helfen, die sich zwischen der deutschen Bevölkerung der verschiedenen Zonen aufgetan haben. Es ist für jeden verantwortlichen Deutschen gerade in der letzten Zeit ein erschreckendes Erlebnis, durch die verschiedenen Zonen zu reisen. Die politische Verwirrung, die der Mangel an soliden Informierungsmöglichkeiten anrichtet, nimmt für das deutsche Volk gefährliche Formen an. Wo solide Nachrichten fehlen, feiert das Gerücht Triumphe.

Wir haben das zur Genüge in der Meinungsdiktatur der Hitlerzeit erlebt. Solide Zeitungsverhältnisse sind der Lebensnerv der Demokratie. Wo sie nicht vorhanden sind, muß die Demokratie verkümmern. Deshalb ist eine der Grundforderungen für den Aufbau eines demokratischen Lebens in Deutschland die Zulassung eines wirklich freien und unbegrenzten Nachrichtenaustausches. Das allein verhindert Gerüchtebildung. Das allein verhindert aber auch, daß der Geist der Bevölkerung einer Zone so einseitig beeindruckt oder geformt wird, daß deutsche Menschen beginnen, in verschiedenen Zungen zu sprechen.

An uns selbst aber ist es, dafür zu sorgen, daß nicht Meinungsverschiedenheiten der Alliierten auf das deutsche Leben übertragen werden. Es mag gewiß nicht für jeden leicht sein, eine innerlich völlig unabhängige Stellungnahme zu bewahren. Es ist das um so schwerer, als wir Deutschen uns der westlichen Kultur immerhin näher fühlen. Und als uns der Osten im Zeichen einer Idee begegnet, die totalitäre Züge trägt.

Ich sagte vorhin, daß nicht bei uns, nicht in erster Linie bei den Deutschen die Möglichkeit liegt, die Zonengrenzen zu beseitigen und die Zusammenfassung der getrennten Teile zu vollziehen. Sie liegt im wesentlichen bei den Alliierten. Bei uns liegt es nur, alles zu vermeiden, was das Gefühl der deutschen Zusammengehörigkeit lähmen kann. Ich will hier nicht untersuchen, warum es nötig ist, daß nun erst die beiden westlichen Zonen wirtschaftlich zusammengeschlossen werden. Ich will nicht untersuchen, warum es nötig ist, daß zunächst der bizonale Wirtschaftsrat in seinem ganzen Gefüge und Turmbau eingerichtet werden muß. Warum nicht wenigstens schon einmal Zentralverwaltungen für die wirtschaftliche Zusammenfassung Sorge tragen könnten. Wir wissen, daß die Verantwortung dafür nicht bei Deutschland, sondern bei den Alliierten liegt. Um so wesentlicher aber ist es für uns, für Deutschland, daß wir das deutsche Zusammengehörigkeitsgefühl wachhalten. Es gibt für verantwortliche Deutsche keinen, aber auch gar keinen Grund, sich innerlich oder gar äußerlich für eine Trennung in Ost und West zu entscheiden. Kein deutscher Politiker kann vor der Geschichte bestehen, der die Hand dazu bieten würde, die Vereinigung der deutschen Teile zu verhindern oder sie auch nur hinauszuschieben. Es darf keinen östlich oder westlich orientierten Politiker geben. Es darf nur deutsche Politiker geben, die ihren Willen auf den deutschen Zusammenhalt gerichtet halten. Auch die Sorge vor radikalen Ideen kann kein ausschlaggebender Grund sein, innerlich oder äußerlich einer Trennung Deutschlands zuzustimmen. Man lasse die deutschen Erfahrungen aus Ost und West nur ungehindert zusammenfließen. Ich bin überzeugt, daß das deutsche Volk dann am ersten die gesunde Synthese für seine künftige politische, wirtschaftliche und soziale Ordnung findet.

Ich richte diese Mahnung dabei nicht nur an die deutschen Politiker, ich wende mich auch an die Besatzungsmächte. Ich weiß, daß für das Bewußtsein jeder Besatzungsmacht bestimmte politische und wirtschaftliche Gründe maßgebend sind, die sie noch an der Getrenntheit der Zonen festhalten lassen. Für Rußland sind andere Gründe maßgebend als für Amerika und England. Und wiederum andere sind für Frankreich maßgebend. Dabei aber führt der heutige Zonenzustand Deutschland immer mehr in den Abgrund. Auf der Münchener Konferenz wurde festgestellt, daß der Warenverkehr über die Zonengrenzen hinweg 5 % des Normalstandes betrage. Dafür aber feiert der Schwarzhandel Triumphe. Und für ein Butterbrot gehen Deutschlands letzte Werte ins Ausland. Das wird so lange dauern, bis ein endgültiger Frieden Deutschland seine festen Grenzen gegeben hat. Grenzen, von denen wir allerdings hoffen müssen, daß sie nicht blutende Wunden bleiben. Nicht im Osten und nicht im Westen. Denn auch das würde einer endgültigen Gesundung der Welt im Wege stehen. Es darf weder im Osten noch im Westen zu Grenzregelungen kommen, die der Gerechtigkeit und Vernunft widersprechen. Sie würden vor der Geschichte keinen Bestand haben.

Das Dunkel, das über Deutschland liegt, ist nach der Moskauer Konferenz für die deutschen Menschen fast unerträglich geworden. Es darf deshalb die kritischen Beobachter Deutschlands auch gar nicht wundern, wenn nach ihren Feststellungen Lethargie und Inaktivität immer mehr um sich greifen. Nun ist ein Lichtblick gegeben durch die Proklamierung des Marshallplanes zur Rettung Europas. Zwei Momente bedeuten für uns, für die Deutschen ein ermutigendes Zeichen. Einmal die Erkenntnis, daß man die europäische Not nicht heilen kann, ohne auch der europäischen Mitte, ohne auch Deutschland Heilung zu bringen. Dann aber auch die Anerkennung, daß wie mit Großbritannien auch mit der Sowjetunion gerechnet werden muß. Es bedeutet das ein Aufatmen für alle verantwortlichen Männer, die sich bewußt sind und bleiben, daß Deutschland die Brücke zu bilden hat zwischen dem Osten und dem Westen. Und daß eine Gesundung der Welt nicht möglich ist, wenn Rußland außerhalb des europäischen Willens zu endgültiger Gesundung steht. Deshalb ist auch das russische »Ja« zur Teilnahme an der Pariser Konferenz von uns mit Genugtuung aufgenommen worden. Wir haben zwar alle inzwischen gelernt, nicht zu viel Hoffnungen auf neue Konferenzen zu setzen, aber uns Deutschen fehlt das Nötige zum Leben. So bleibt uns nicht viel anderes, als immer wie-

der auf Konferenzen zu zählen, die uns weiterhelfen können, bis uns selbst wieder etwas mehr Bewegungsfreiheit gegeben wird.
Es geht nun um die Ausarbeitung eines Europaplanes. Der Wirtschaftsausschuß der UN hat die Führung bei der Ausarbeitung dieses Planes. Deutschland aber gehört der UN nicht an. Ich weiß, daß wir im Rate der Völker noch zu schweigen haben. Aber ist es möglich, daß ein Land vollständig zum Schweigen verurteilt ist, das schließlich im Mittelpunkt der europäischen Not wohnt? Muß nicht auch Deutschland endlich aktiver werden?
Diese brennende Frage liegt bei den Versuchen zugrunde, die in letzter Zeit in Deutschland gemacht wurden, zu einer Zusammenfassung der gesamtdeutschen Kräfte zu kommen. Sie bestimmte die Aktion der gesamtdeutschen Union, alle deutschen Parteien zu Beratungen an einen Tisch zu bringen. Sie bestimmte ihren Willen, eine gesamtdeutsche Repräsentation durch die Parteien zustande zu bringen. Sie war auch die bewegende Kraft für die Einberufung der Münchener Konferenz der deutschen Ministerpräsidenten. Man mag über die Möglichkeiten einer gesamtdeutschen Repräsentation durch die Parteien denken, wie man will: Auf jeden Fall wäre sie der Ausdruck des Zusammengehörigkeitsgefühls aller Deutschen. Auf jeden Fall hätte das verzweifelnde Millionenvolk ein erstes Zeichen der Hoffnung gesehen auf dem Wege neuen Zusammenwachsens. Schon die Tatsache, daß sich sämtliche maßgeblichen Parteien einmal am runden Tisch begegnen, wäre eine tröstliche Erscheinung gewesen. Allen Versuchen der Zusammenfassung aller politischen Kräfte steht im wesentlichen der Gegensatz zwischen SPD und SED entgegen. Dieses Mißtrauen hat natürlich allerhand Gründe. Es liegt an der einseitigen Behandlung der Parteien durch die Besatzungsmächte. Dabei ist es ein offenes Geheimnis, daß die Union sich eigentlich nirgends der besonderen Liebe der Besatzungsmächte erfreut. Ich brauche nur auf die Presseverhältnisse zu verweisen. Um wieviel leichter würden wir, die Union, unserer Aufgabe gerecht werden, wenn wir Pressemöglichkeiten hätten, wie sie die SED und die SPD haben. Was die SED angeht, so brauche ich nur an die Ostzone zu erinnern. Was die SPD betrifft, so weise ich auf den »Telegraf«, der von Berlin aus heute alle Zonen überschwemmt. Aber wir lassen uns bei dieser Feststellung stiefmütterlicher Behandlung nicht verleiten, zu einer Verneinung der Zusammenarbeit mit anderen Parteien zu kommen. Dafür steht ja für das Dasein unseres Volkes zu viel auf dem Spiel. Im übrigen liegt der Konflikt SED und SPD auch noch etwas tiefer. Aber er sollte zum Austrage kommen. Es wäre wohl schon ein Schritt zu diesem Austrag getan, wenn die Besatzungsmächte alle maßgeblichen Parteien in der Zulassung endlich in allen Zonen paritätisch behandeln würden. Ich richte einen Wunsch an alle Besatzungsmächte. Und ich habe dabei die Überzeugung, daß damit dem Zusammenfinden aller Parteien an einem gemeinsamen Beratungstisch der Weg um ein gutes Stück erleichtert wird. Fürchten wir dabei die Auseinandersetzung zwischen den einzelnen Parteien nicht allzusehr. Sie müssen ja doch ausgetragen werden.
Bei der Ausarbeitung des in Aussicht genommenen Europaplanes geht es im wesentlichen mit um deutsche Lebensfragen. Sollte zum Beispiel nicht jetzt schon eine weise Regelung der Ostgrenzen im Sinne deutscher Lebensnotwendigkeiten erfolgen können, so wird es um die Einschaltung der jetzt unter polnischer Verwaltung stehenden deutschen Ostgebiete in einen europäischen Aufbauplan gehen. Es würde als Übergangslösung um Rat und Form einer internationalen oder besser einer europäischen Aufsicht über diese Gebiete gehen. Um eine europäische Auf-

sicht über den Umfang der Investitionen, die für den Aufbau und die Intensivierung der Landwirtschaft z. B. dort nötig sind.
Es geht um den Finanzbedarf der deutschen Wirtschaft, um sowohl Leistungen für den echten Export wie auch Produktionsüberschüsse für die Reparationen zu erzielen. Es geht um deutsche Dienstleistungsmöglichkeiten, vor allem im Transportwesen.
Es geht um den Einsatz deutscher Arbeitskräfte für Aufbau- und Produktionsarbeiten in Ländern, in denen Arbeitermangel besteht. Es geht um Regeln für die Kontrolle, Vertragsdauer, Entlohnung, Versorgung von Familienangehörigen unter eventueller Einschaltung von Gewerkschaften oder anderer internationaler Aufsichtsorgane. Ob wir nun im Rat des zu schaffenden Planes eine Stimme haben oder nicht. Diese Fragen allein schon verlangen nach gesamtdeutscher Betrachtung, Planung und Lösung. Sie allein zwingen, parteipolitische Gesichtspunkte zurückzudrängen und den Versuch zu machen, sich zu gemeinsamen, zu gesamtdeutschen Beratungen zusammenzufinden. Ich wiederhole, was ich schon oft gesagt: Die Geschichte würde den Stab über jeden deutschen Politiker brechen, der sich in höchster deutscher Not seinen gesamtdeutschen Verantwortungen entzieht.
Man hört oft die Sorge aussprechen, der deutsche Nationalismus könnte noch einmal wiederauferstehen. Er könnte Deutschland und Europa in neue Verwirrungen stürzen. Auch ich habe diese Sorge. Aber ich habe sie nicht, weil das Unglück, das nicht zuletzt blinder und kritikloser Nationalismus unserem Volke bereitet hat, nicht groß genug wäre. Es ist – weiß Gott – groß genug, um endlich daran sehend zu werden. Ich habe aber die Sorge, die Welt um uns könnte nicht weise genug sein, das Ausmaß dieses Unglücks beschränken zu helfen. Ein verzweifelndes Volk ist zu allem fähig, und nicht zuletzt die Jugend eines Volkes. Sie findet den Weg aus der inneren Wirrnis nur dann, wenn in der Welt rundum die guten helfenden Kräfte des Vertrauens sichtbar werden. Denn nur dann ist auch Hilfe für die innere und äußere Not dieser schwer getroffenen jungen Generation möglich. Das deutsche Volk findet den Weg, wenn unser Land nicht zum Tode, nicht zum Siechtum verurteilt wird. Es findet den Weg, wenn Deutschland, das ganze Deutschland aus dem vernichtenden Unglück erstehen kann, das ihm die Kräfte des Bösen gebracht.
Diese Sorge aussprechen und diese Mahnung an die Welt richten, bedeutet nicht Nationalismus. Nichts liegt uns, der Union, ferner als das. Die Männer, die die Union ins Leben riefen, haben unter Hitler den Mut gehabt, gegen ihn und seinen nationalistischen Taumel zu stehen. Und ich darf sagen, es war manchmal recht unpopulär, beim Ton seiner Fanfaren abseits zu stehen. Mancher Kurzsichtige hat den Kopf geschüttelt. Wir aber waren uns in jeder Stunde bewußt, daß nicht Fanfarenstöße, Stechschritt und Siegestaumel Inhalt wahren nationalen Geistes sind. Wahrer nationaler Geist bedeutet vielmehr verantwortungsbewußtes Bekenntnis zu den guten Kräften unseres Volkes und Achtung vor dem guten Willen aller anderen Völker.
Heute aber ist uns nationaler Geist nur eines: Bekenntnis zu unserem Volk. Konzentrierte Hingabe an die Rettung dieses Volkes, ohne uns dem Westen oder dem Osten zu verschreiben. Unbeugsamer Wille zu unteilbarem Zusammenhalt Deutschlands. Das scheint uns der Weg zur Rettung unseres Volkes. Wir gehen ihn nicht nur um Deutschlands willen. Wir gehen ihn, weil wir wissen, daß nur ein ungeteiltes und gesundes Deutschland Garantie für den Frieden der Welt sein kann.

## 23

*Oppositionsrede*
*Sitzung des erweiterten Vorstandes der CDU der Ostzone und Berlins in Berlin, 12. Juli 1947*

Ich möchte die Zusammenkunft des heutigen Tages unter das Zeichen einer politischen Gewissenserforschung gestellt wissen, die wir so ernst durchzuführen haben, wie sie nur durchgeführt werden kann. Es ist keine billige Dramatisierung unserer Lage, wenn wir sagen, daß es um die Existenz unseres Volkes geht, um die Entscheidung für oder gegen seinen Bestand als Volk überhaupt.

Es war auch keine rednerische Phrase, als ich neulich in Bremen davon sprach, wie sehr wir den Entschluß Rußlands begrüßt haben, an den Besprechungen über den Marshallplan teilzunehmen. Wir machten uns zwar gar keine Illusionen darüber, daß die Auseinandersetzungen zwischen West und Ost ernst sind. Am ernstesten für Deutschland. Aber da die deutschen Hoffnungen auf dem Nullpunkt angekommen sind, erschien uns Paris immerhin wieder als Ansatzpunkt einer neuen Hoffnung. Der Stellungnahme und der Wertung der Vorgänge um den Ausgang von Paris müssen wir uns mehr oder weniger enthalten. Es ist das schließlich nicht unsere Sache. Wir sind uns ja stets bewußt geblieben, daß die Siegermächte nicht in erster Linie von unserem Interesse, sondern daß sie von ihrem eigenen Interesse ausgehen. Immerhin gilt aber für uns: Je klarer wir in dieser Erkenntnis werden, um so mehr, um so verantwortungsvoller sind wir gehalten, unsere Aufmerksamkeit, unser Interesse auf das Schicksal des eigenen Volkes zu richten. Wenn ich das sage, will ich selbstverständlich keiner Abkehr von der deutschen Mittleraufgabe im Rahmen der Völkerpolitik das Wort reden. Aber es würde doch sehr nach Utopie klingen, heute viel von dieser Mittleraufgabe zu reden, wo wir in Gefahr sind, im Spiel und Gegenspiel der Weltmächte buchstäblich in Stücke gerissen zu werden.

Was den Marshallplan angeht, so wissen wir selbstverständlich die Intention, von der er getragen ist, zu würdigen. Wir haben Verständnis dafür, daß er nicht ein reines Unterstützungsprogramm vorsieht, sondern daß er für weitere amerikanische Hilfe europäische Aufbauanstrengungen voraussetzt. Wir haben Verständnis dafür, daß schon um der amerikanischen Volksmeinung willen nicht reine Subsidienpolitik getrieben werden kann, sondern daß man zu einer Wirtschaftspolitik kommen will, die den europäischen Völkern Verpflichtungen auferlegt. Wir haben Verständnis dafür, daß man von reiner Unterstützungspolitik zu einer Anlagepolitik übergehen will. Aus dieser Lage ergibt sich die Notwendigkeit, ein europäisches Wirtschaftsprogramm aufzustellen, eine Notwendigkeit, die es schwer erscheinen läßt, den Vorschlägen Molotows zu folgen, die lediglich auf eine Sammlung der Unterstützungsbedürfnisse souveräner Einzelstaaten hinauslaufen. Daß Rußland sich bei seiner Ablehnung des vorliegenden Planes von seinen osteuropäischen Interessen leiten läßt, ist eine Tatsache, mit der man ebenfalls rechnen muß. Wobei wir die Hoffnung nicht aufgeben dürfen und wollen, daß zwischen Ost und West doch noch ein Ausgleich gefunden werden kann und schließlich auch gefunden werden wird. Auch Bevin wies darauf hin, daß die Tür offen bleiben muß. Wir haben aber zunächst mit der Tatsache zu rechnen, daß nunmehr die Tendenz auf ein westeuropäisches Wirtschaftsprogramm hinausläuft. Ich spreche nur von einer Tendenz, weil ja

die englischen Wirtschaftsnöte und die französische Krise auch noch diese oder jene Hemmung für eine gradlinige Verwirklichung des Vorhabens einschließen.
Daß in dieses westeuropäische Wirtschaftsprogramm auch Westdeutschland eingeschlossen wird, steht aber wohl außer Frage. Denn schließlich hat kein europäisches Wirtschaftsprogramm einen Sinn, das z. B. nicht die Produktionsmöglichkeiten des Ruhrgebietes einschließt. Wir wären Illusionisten, wenn wir angesichts dieser Situation die Augen davor verschließen würden, daß damit eine konkrete Politik einsetzt, die Westdeutschland stärker als bisher an die westliche Linie bindet. Und zwar nicht nur wirtschaftlich, sondern auch politisch. Wir haben uns nüchtern Rechenschaft darüber zu geben: Der bizonale Wirtschaftsrat in Frankfurt trägt alle Möglichkeiten einer bizonalen und damit einer Sonderregierung für Westdeutschland in sich.
General Clay hat zwar letzter Tage erneut betont, daß im Westen keine Aktion vorgenommen wird, die eine politische Trennung des Westens vom Osten bedeutet. Aber mit dem bizonalen Wirtschaftsrat sind Entwicklungen eingeleitet, die dahin führen können. Wir haben neulich im Tagesspiegel Hinweise darauf gelesen, daß man bei der Besetzung der Positionen in Frankfurt zu wenig auf politische Notwendigkeiten Rücksicht genommen habe, sondern zumeist nur auf wirtschaftliche. Der Tagesspiegel meinte das im Sinne einer Kritik. Für mich aber war das immerhin noch ein tröstliches Zeichen dafür, daß in den Köpfen der westdeutschen Politiker der Trennungsgedanke in Ost und West noch nicht die gefährlichsten Formen angenommen hat. Bei der Stimmung, wie man sie in wachsendem Maße im Westen vorfindet, wäre das kaum noch verwunderlich gewesen. Damit will ich natürlich nicht behaupten, daß es im Westen nur rein westlich orientierte Politiker gibt. Das ist wohl doch nicht der Fall, wenn es auch manches Mal so scheinen will.
Es wird Ihnen ja bekannt geworden sein, daß man in bestimmten westdeutschen Kreisen sogar schon die Möglichkeit eines Separatfriedens mit den Westmächten diskutiert. Es ist das schließlich nur ein weiterer Beweis dafür, wie sehr die fortschreitende wirtschaftliche Teilung in West und Ost den Weg für politische Trennungen bereitet. Gewiß verlangt schließlich der amerikanische Kreditgeber eine bestimmte Stabilität der Verhältnisse, wenn er an die Rentabilität seiner Anlagen glauben soll. Diese Stabilität kann nur durch einen friedensmäßigen Zustand geschaffen werden. Damit hätten wir dann schon die Wegbereitung für einen westlichen Separatfrieden. Es gibt voreilige Deutsche genug, die bereit sind, einen solchen Schritt vor aller Öffentlichkeit zu diskutieren. Damit ist allerdings nicht gesagt, daß die Entwicklung mit Naturnotwendigkeit so erfolgt. Es spielen ganz sicher noch bestimmte Spannungsverhältnisse im westlichen politischen Feld eine Rolle. Und es spielen noch internationale Hoffnungen, Bereitschaften eine Rolle, die den für uns sehr bitteren Ablauf ändern bzw. abbiegen können. Aber wir haben mit der Lage, wie sie bereits ist, zu rechnen, wenn wir zu einer Haltung kommen wollen, die sich ganz der beispiellos bedrückenden Lage unseres Volkes zuwendet.
Ich glaube, ich spreche Ihnen allen aus der Seele, wenn ich bei der augenblicklichen Situation unseres Volkes noch einmal meinem unsagbaren Bedauern darüber Ausdruck gebe, daß wir nicht zu einer irgendwie gearteten nationalen Repräsentation unseres Volkes gekommen sind. Wenn es je vonnöten war, eine gesamtdeutsche Stimme vernehmen zu lassen, so ist es wahrhaftig heute der Fall. Die deutsche Not ist so groß, daß das Volk wirklich nicht mehr danach fragt, wer diese Stimme abgibt. Ob die geschlossene Gemeinsamkeit der Ländervertreter oder der Parteien. Aber

sie haben beide nicht die Möglichkeit zum Zusammenfinden schaffen können. Die Parteien sind gehindert durch die Ausschaltung der Sozialdemokratie in der Ostzone. Wir können und wollen aber nicht einsehen, warum das gesamte deutsche Volk unter der besonderen Lage der Sozialdemokratie leiden soll, zumal es sich um ein Schicksal handelt, an dem die Partei selbst nicht unschuldig ist. Und die Verständigung der Ministerpräsidenten scheiterte schon an der Tatsache, daß die Ministerpräsidenten allzustark im Geiste ihrer jeweils zuständigen Besatzungsmacht auftraten. Wir haben das in unserer Entschließung zur Münchener Konferenz auch mit wohlabgewogenen Worten zu sagen versucht. Nach mancher Auffassung sogar mit zu sehr abgewogenen Worten. Auch nach meiner eigenen Überzeugung übrigens. Ich las in diesen Tagen noch ein englisches Urteil im »Economist«, das in sehr deutlicher Weise über die Dienstbeflissenheit der deutschen Vertreter gegenüber der für sie zuständigen Besatzungsmacht sprach. Es war beschämend und aufrüttelnd zugleich, dieses Urteil über deutsche Politiker zu lesen. Und ich kann nur sagen, daß es für jeden politisch Verantwortlichen im Osten und im Westen eine ernste Mahnung sein sollte, sich auf die eigene, die deutsche Verantwortung zu besinnen. Denn nichts Schlimmeres kann uns, den Verantwortlichen dieser schweren und bitteren Übergangszeit, begegnen, als daß man die Eindeutigkeit unseres deutschen Willens anzweifelt. Daß das von urteilslosen und oberflächlichen Volksgenossen einmal geschehen kann, ist nicht so tragisch. Wenn aber selbst das Ausland kritisch wird, so ist verstärkter Anlaß zur Überprüfung der deutschen Politik gegeben. Ich will damit die Meinung des eigenen Volkes nicht unterschätzen. Man hört auch im eigenen Volk erschreckende Urteile wie »Befehlsempfänger«, »Besatzungshörigkeit« usw. Ich will das nicht überschätzen, aber ich bin für Überprüfung unserer eigenen Haltung. Das gilt für den Westen und für den Osten. Wie ja auch der »Economist« mit seinem Urteil die westlichen und die östlichen Vertreter traf und treffen wollte.

Wir hier stehen zunächst und vor allem für den Osten. Wir stehen aber auch für den Westen. Und zwar um so mehr, als für die Politiker des Westens stärker die Gefahr der inneren und der äußeren Absonderung vom Osten gegeben ist. Es gibt im Westen Politiker, die sich schon vor der Pariser Konferenz zumindest mit einer vorläufigen Teilung Deutschlands abgefunden haben. Der verheißungsvolle Anschluß an die erhoffte wachsende Prosperität durch westeuropäischen Zusammenschluß ist ein starkes inneres und äußeres Argument. Die Sorge vor der von Osten kommenden revolutionären Idee ist ein weiteres. Die täglich wachsende Emigration aus der Ostzone, das Anwachsen der Gerüchte, das damit zusammenhängt, bilden eine weitere Förderung der Stimmungen und Haltungen im Westen.

Eines werden wir in aller Offenheit zugeben müssen. Deutschland braucht die Unterstützung, die im Rahmen des Marshallplanes für uns vorgesehen ist. Deutschland braucht die Eingliederung in einen europäischen Wirtschaftsplan. Und es wäre ein entscheidender Schritt der Weltpolitik, wenn dieser Europaplan so durchgeführt werden könnte, daß es unter Einschluß Rußlands geschieht. Wir hier in Berlin und der Ostzone wünschen das in letzter Aufrichtigkeit. Denn wir sind stärker als der Westen von der Erkenntnis durchdrungen, was ein Auseinanderfallen in Ost und West für die Zukunft unseres Landes und der Welt bedeutet. Aber wir können und wollen den westdeutschen Menschen unser Verständnis dafür nicht versagen, daß sie in der heutigen Situation dem westlichen Deutschland durch wirtschaftliche Anlehnung an Westeuropa zu helfen suchen. An diesem Verlauf der Dinge ist ja

schließlich nicht Deutschland, auch nicht Westdeutschland schuld. Daran ist die Ungelöstheit der deutschen Frage schuld. Eines aber liegt bei den Deutschen: Sie haben die Möglichkeit, die politische Teilung mit aller Kraft zu verhindern. Ich bin heute wie gestern überzeugt, daß sie verhindert werden kann, wenn die Gesamtheit der Deutschen es will. Wenn sie alle, aber auch alle Mittel aufwenden, um dieses Unglück für Deutschland, für Europa zu verhindern.
Die Verantwortung dafür liegt bei allen Teilen Deutschlands. Sie wird allerdings nicht von allen Deutschen gesehen. Das ist das Bittere. Um so größer, um so entscheidender ist die Aufgabe, ist die Verantwortung Berlins und der Ostzone. Ich will jetzt nicht untersuchen, warum der Wille in Berlin und im Osten stärker auf den Zusammenhalt Deutschlands gerichtet ist. Die einfachste Erklärung hat immer wieder der »Tagesspiegel«. Er bringt es fertig, auch unseren Willen zum deutschen Zusammenhalt mehr oder minder unverblümt dem Einfluß der SED zuzuschreiben. Herr Reger weiß ganz gut, daß es anders ist. Wenn wir seinen Methoden der politischen Auseinandersetzung folgten, wären Schlußfolgerungen möglich, die manchen in Erstaunen setzen würden. Es gibt viele Gründe, die dafür sprechen, daß Berlin und die Ostzone in weit größerem Maße an den Zusammenhalt Deutschlands hängen als die anderen Zonen. Berlin als Mittelpunkt der Begegnung der Weltmächte verhütet ohne weiteres schon eine einseitige politische Orientierung. Die politische Luft, die wir in Berlin atmen, hält die Aufmerksamkeit für den Osten und für den Westen wach. Berlin hält die Augen offen für die wirkliche Lage Deutschlands zwischen Ost und West. Die Tradition Berlins als Hauptstadt hält den Blick offen für das ganze Deutschland, den Blick und den Willen. Und die Ostzone? Man könnte sehr viel über das Verlangen der Ostzone nach dem deutschen Zusammenhalt sagen. Es bedürfte – weiß Gott – nicht der Propaganda der SED für die Einheit Deutschlands, um in den deutschen Menschen der Ostzone den Willen zum deutschen Zusammenhalt zu stärken. Und ich halte nichts für so verderblich wie eine Haltung, die sich bemüht, den Willen der Ostzone zum deutschen Zusammenhalt nur immer unter dem Gesichtspunkt der SED-Propaganda zu sehen. Vielleicht begibt sich jeder, dem eine solche Haltung naheliegt, erst einmal mit uns in die Ostzone und führt Gespräche mit der deutschen Bevölkerung dort. Ich bin sicher, es würde manche Bemerkung unausgesprochen und ungeschrieben bleiben. Ich habe z. B. durchaus Verständnis dafür, daß die deutsche Bevölkerung der Ostzone danach verlangt, daß die Auseinandersetzung zwischen dem Willen der SED und den übrigen Parteien in den gesamtdeutschen Raum verlegt wird. Es könnte das durchaus zur Gesundung der politischen Verhältnisse in Deutschland führen. Vielleicht würde sich das Verhältnis der Parteien etwas verschieben. Vielleicht würde auch etwas Neues entstehen. Auf jeden Fall aber würden die politischen Verhältnisse in Deutschland einer größeren Klärung entgegengehen. Und das wäre gut.
Es ließen sich noch mehr sachliche Gründe dafür anführen, daß Berlin und die Ostzone ganz unabhängig von der Propaganda der SED stärker Träger eines gesamtdeutschen Willens sind als andere Zonen. Wenn es nicht zu unpopulär wäre, würde ich auch noch darauf hinweisen, daß das Deutschland diesseits der Elbe einen ausgeprägteren Staatssinn und Staatswillen hat. Mag er sich nicht immer im gesunden Grenzen bewegt haben, so behält dieser Sinn für ein Volk doch eine positive Bedeutung. Zumal nach einem Zusammenbruch, wie ihn das deutsche Volk erlebt hat. Es kommt auf die verantwortlichen Männer an, diesen staatspolitischen Sinn ohne Übersteigerung für das gesamte Volk zu einer positiven Kraft zu machen.

Wir sind auch aus diesen Gegebenheiten Berlins und der Ostzone heraus in den vergangenen Monaten initiativ in bezug auf Schaffung einer gesamtdeutschen Vertretung gewesen. Die konkrete Initiative dazu ging allerdings von der Union aller Zonen aus. Aber es geschah wohl nicht zuletzt unter Berücksichtigung der besonderen Lage Berlins, daß man im wesentlichen uns die Verhandlungen übertrug. Ich brauche über den Ausgang der Verhandlungen nichts mehr zu sagen. Er ist genügend bekannt. Auch die verschiedenen Mißdeutungen, Verzerrungen, Diskreditierungen, die unsere Bemühungen erfahren haben, sind genügend bekannt. Es soll auch in unseren eigenen Reihen Männer gegeben haben, auf die die Mißdeutungen abgefärbt haben. Es sollen auch Meinungen laut geworden sein, daß es vielleicht doch nicht ganz würdig gewesen sei, daß wir uns zu sehr um Schumacher bemüht. Wir haben uns nicht um Schumacher bemüht. Wir haben uns um Deutschland bemüht. Und wir werden uns so oder so weiter bemühen. Schumacher mag es selbst mit sich ausmachen, daß ihm der Wille zur stärksten Partei höher zu stehen scheint als der Wille zum gesamtdeutschen Zusammenhalt. Man kann gewiß über Einzelheiten reden. Ich habe vorgestern in einer der Tageszeitungen, die der SPD nicht unfreundlich gegenübersteht, gelesen: »Der Ehrgeiz einer Partei, die Majorität erringen zu müssen, löst eine Demokratie auf.« Das ist die Wahrheit. Wir haben es bei uns mit dem Nationalsozialismus erlebt. Heute stehen wir bei Schumacher vor demselben glühenden Willen, die Mehrheit für seine Partei zu erringen. Das Beherrschtsein von diesem Willen ist nicht nur die Gefährdung des gesunden Weges zur Demokratie. Es ist wohl auch der Hauptgrund, warum die Parteien sich noch nicht ein einziges Mal an den »runden Tisch« setzen konnten, um über gesamtdeutsche Fragen zu beraten. Daß wir, die Union, mehrere Male vergeblich versucht haben, an das demokratische Gefühl von Schumacher zu appellieren, ist nicht beschämend für uns. Wohl aber spricht es gegen den Demokraten Schumacher. Und das ist deprimierend für das Schicksal unseres Volkes.

Aber selbst auf die Gefahr hin, als Utopist beschimpft zu werden, möchte ich doch die Hoffnung nicht aufgeben, daß wir auf diesem oder jenem Wege zum Ziel kommen. Zum Ziel in dem Sinne, daß sich mehr die Erkenntnis in verantwortlichen Männern von Gesamtdeutschland durchsetzt, daß gemeinsame Beratungen notwendig sind. Und sollte der Graben zwischen Ost und West noch größer werden – wir hoffen immer noch, daß es verhütet wird –, so ist die Notwendigkeit um so dringender. Ich würde es deshalb auch lebhaft begrüßen, wenn das Vorhaben, von dem uns Minister Baumgartner neulich sprach, die Landwirtschaftsminister von ganz Deutschland durch den Oberbürgermeister von Berlin einladen zu lassen, zustande käme. So lautete nämlich die Mitteilung, die ich neulich gelegentlich einer Zusammenkunft im gemeinsamen Ausschuß der Parteien gemacht. Sie wissen ja, was die Presse daraus gemacht hat.

Für uns aber gilt nun die Notwendigkeit der politischen Orientierung hier in Berlin und in der Ostzone nach ganz bestimmten Gesichtspunkten. Wir können uns bei der beispiellos schwierigen Situation, in der sich Deutschland befindet, bei der Gefahr des Auseinanderfallens – wenigstens des zeitweisen – nicht davor verschließen, daß wir vor einer neuen Lage stehen. Und zwar vor einer Lage, die uns die größten Verantwortungen auferlegt. Die Hinweise, die ich bis jetzt auf unsere Lage gegeben, lassen erkennen, daß ich nach wie vor zu unserer Aufgabe stehe, die wir in Berlin und der Ostzone übernommen haben. Es sprechen viele Argumente für diese Aufgabe. Es spricht vor allem die Rettung des gesamtdeutschen Staates für diese Aufgabe. Wir, die Union, haben vom Gesetz, von der eigenen Sicht unserer Partei aus dem Zusammenhalt Deutschlands zu dienen. Dabei bewegt uns heute in der Not unseres Volkes gar nicht in erster Linie die Frage, ob Einheitsstaat oder Föderativstaat. Diese Frage, so wichtig sie uns für die Endgestaltung des neuen deutschen Staates erscheint, möchten wir zunächst erst einmal zur Seite gestellt wissen. Sie soll und muß hinter das primitive Lebensgesetz der deutschen Nation zurücktreten, die gesamtdeutschen politischen Kräfte einfach zusammenzuhalten. Die Partei, die das heute bei der mit Mißtrauen erfüllten öffentlichen Meinung unternimmt, muß selbst eine klare und eindeutige Haltung haben. Sie muß eine absolut eigenständige Haltung haben. Und zwar in Berlin und in der Zone.

Wir kennen die Mißdeutungen, denen Parteien ausgesetzt sind, die in der Zone arbeiten. Wir wissen, daß die Stimmen sich mehren, die uns als Feigenblatt der östlichen Demokratie bezeichnen. Ich selbst habe bei meiner letzten Fahrt nach dem Westen feststellen müssen, wie weit die Meinung über die Rolle der nichtmarxistischen Parteien in der Ostzone schon vergiftet ist. Ich habe in Bremen in aller Öffentlichkeit darüber gesprochen, wo die Gründe dafür liegen. Ein Teil der Meinungsvergiftung kommt auf das Schuldkonto der Gerüchtebildung. Und diese wiederum ist nicht zuletzt eine Folge der Emigration aus der Ostzone. Ich will jetzt nicht untersuchen, wieweit die Emigration aus der Ostzone, die immer breitere Formen annimmt, auf Panik und wieweit sie auf Berechtigung beruht. Ich glaube aber sagen zu dürfen, daß manche Maßnahmen in bezug auf Arbeitszwang und Arbeitseinsatz, daß immer neue Enteignungswellen sehr viel Unruhe stiften. Auch die Tatsache, daß immer noch Internierungslager bestehen, in denen Deutsche festgehalten werden, die weder als nationalsozialistische Aktivisten noch als Kriegsverbrecher anzusehen sind, ist ein ständiges Moment der Unruhe in der Bevölkerung.

Ich habe schon in Bremen davon gesprochen: Wir haben Verständnis dafür, daß die Besatzungsmächte in der großen Verwirrung der ersten Nachkriegszeit, wie sie in Deutschland herrschte, nicht alle Regeln und Formalitäten normalen Rechtslebens beachten und einhalten konnten. Aber jetzt, zwei Jahre nach Kriegsende, sollte kein Anlaß mehr vorhanden sein, den normalen Rechtsweg außer acht zu lassen. Denn das Gefühl der Rechtlosigkeit ist mit das Quälendste für die Angehörigen eines ohnedies fast verzweifelnden Volkes. Und die Legendenbildung, die aus der Sorge und der Furcht der Bevölkerung aufsteigt, ist mit das Gefährlichste für das Verhältnis der Zonen zueinander. Hinzu kommt die völlige Ungeregeltheit der Reparationen, Demontagen, Zwangslieferungen, hinzu kommt neue Wohnungsbeschlagnahme, die die schon notleidende Bevölkerung in Atem halten. Es kommt hinzu, daß die Nachrichtenübermittlung recht einseitig ist. Unsere »Neue Zeit« kommt ja so gut wie gar nicht mehr in die Zone. Auch das fördert Gerüchtebildung in hohem Maße. Ich bin mir dabei ohne weiteres bewußt, daß mancher aus der Ostzone in die Westzone hinüberwechselt, ohne einen durchschlagenden Grund zu haben. Auch Männer und Frauen, die eine Zeitlang versucht haben, sich auf dem Wege über die Parteien eine Position zu schaffen. Sie sind nicht immer die solidesten Emigranten. Übrig bleibt aber, daß für manchen ernste Gründe gegeben sind, die Heimat hoffnungslos aufzugeben. Und die Gründe bewirken dann, daß dem, der sich ernsthaft um das Zusammenfügen der deutschen Teile bemüht, im Westen und Süden bittere Entgegnungen gemacht werden. Diese Gründe verursachen das wachsende Mißtrauen in West- und Süddeutschland, auch in weiten Kreisen der

Arbeiterschaft gegen die Ostzone und gegen den gesamtdeutschen Willen der ostdeutschen Menschen.
Die Parteien aber, die in der Zusammenarbeit mit der SED in der Ostzone stehen, kommen immer mehr in den Ruf, daß sie diese Zustände decken. Auch die Union. Ich brauche dabei nicht zu betonen, daß unsere politische Haltung eine weithin andere ist als die der Liberaldemokraten. Ich brauche nicht darauf hinzuweisen, wie sehr ich darauf bedacht bin, daß die Union bei allem Mittlerwillen zwischen Ost und West ihr eigenes Gesicht und ihren eigenen Willen wahrt. Ich bin der Meinung, daß sie das noch in wachsenderem Maße zu tun hat, wenn das Unglück eintreten sollte, daß die Trennung zwischen Ost und West noch größer wird. Ich bin vor allem aber auch der Meinung, daß gerade jetzt der Zeitpunkt gekommen ist, für den Eigenweg der Partei in besonders prägnanter Weise einzutreten. Einmal um der gesamtdeutschen Aufgabe willen, die wir zu erfüllen haben. Dann aber auch, weil neuerdings Bestrebungen im Gange sind, die Union und die LDP zu noch engerer Zusammenarbeit mit der SED zu führen. D. h., es sind Bestrebungen im Gange, die Blockpolitik zu aktivieren. Das ist in den letzten Wochen vor allem durch die Blockkongresse in der Ostzone geschehen.
Ich fand die Nachrichten über die Kongresse in Dresden und Erfurt vor, als ich aus dem Westen kam. Die Eindrücke, die ich von der Haltung im Westen hatte, waren nicht gerade ermutigend. Die Haltung der Ostzone gegenüber hat sich in einer Weise versteift, daß ich mit ernster Sorge nach hier kam. Ich will mir Einzelheiten ersparen. Ich habe den Vorsitzenden unserer Landesverbände schon einen Einblick gegeben. Jedenfalls setzt sich die Auffassung, daß die beiden nichtmarxistischen Parteien in der Ostzone nur ein Feigenblatt für die östliche Demokratie sind, immer mehr fest. Ich glaube, ich habe bewiesen, daß mich Verkennungen nicht allzusehr erschrecken. Wenn man schließlich 12 Jahre lang das Kopfschütteln der Neunmalklugen ertragen hat, wird man auch im 13. und 14. Jahr durch Mißdeutungen nicht gleich aus der Bahn geworfen. Aber wir sind ja deutscher Politik verpflichtet. D. h., wir wollen unserem Volk helfen. Und wir wollen dem deutschen Zusammenhalt dienen. Deshalb sehe ich uns vor die Notwendigkeit der Überprüfung unserer politischen Haltung gestellt. Vor allem unserer politischen Stellung innerhalb der sogenannten Blockpolitik. Ich gebrauche dabei das Wort Blockpolitik nur mit Widerstreben. Wir haben uns ja schon vor zwei Jahren gegen diese Bezeichnung gewehrt und sie für den in Berlin gebildeten gemeinsamen Ausschuß der Parteien auch nicht akzeptiert. D. h., wir haben seit Anbeginn die Tendenz zu restloser Vereinheitlichung, die dieser Blockpolitik nun einmal zugrunde liegt, abgelehnt. Ich brauche nicht mehr an die Umstände zu erinnern, unter denen die Zusammenarbeit der Parteien als notwendig erkannt wurde. Wir haben sie bis heute bejaht in der Erkenntnis, daß die Parteien sich nach dem Zusammenbruch nicht im Kampf gegeneinander verzetteln dürfen, sondern daß sie sich gemeinsam und sinnvoll in den Dienst der Neugestaltung zu stellen haben. Daß die Zusammenarbeit der Parteien immer wieder darunter gelitten hat, daß ständig das Streben einer Partei hervortrat, die Einheitsausschüsse für ihre parteipolitischen Ziele einzuspannen, ist bekannt genug.
Weiter wurde von der SED ständig der Versuch gemacht, neben den politischen Parteien auch die Gewerkschaften, die Vereinigung der gegenseitigen Bauernhilfe, den Kulturbund, die Freie Deutsche Jugend und neuerdings auch den Demokratischen Frauenbund zu Mitträgern der Politik zu machen. Selbst wenn in den Ein-

heitsausschüssen nicht abgestimmt wird, so bedeutet die Hinzuziehung dieser Organisationen die Gefahr eines bestimmten Druckes durch die ausgesprochene Mehrheit der SED, die dadurch erreicht wird. Wir haben uns auch deshalb stets gegen die Hinzuziehung gewehrt. Und ich bedauere nur, daß es in den Ländern der Zone nicht mit ganz gleichem Erfolg geschehen ist.
Die sogenannten Blockkongresse haben nun nach unserer Meinung diesem Bestreben der SED einen neuen Auftrieb zu geben versucht. Auf jeden Fall soll der Sinn der Kongresse sein – wie ich höre, sind noch weitere geplant –, die Blockarbeit zu intensivieren und die Blockberatungen und Entscheidungen zum Mittelpunkt des politischen Lebens zu machen. Ein Liberaldemokrat kündigte sogar an, daß das Ziel der Entwicklung sei, alle grundsätzlichen Fragen vor ihrer Entscheidung durch die Selbstverwaltungen, durch die Parlamente zuerst in den Blockausschüssen zu beraten. Dort müßte schon eine gemeinsame Lösung gefunden werden. Sie werden verstehen, daß Sorge für den weiteren politischen Weg der Union angebracht ist.
Wir haben jedes Verständnis für die schwierige Lage, der unsere Menschen in der Ostzone gegenüberstehen. Wir haben uns aber auch in jedem Augenblick Rechenschaft zu geben, daß wir überall eine gesamtdeutsche Verpflichtung in uns tragen. Die Union kann keine Politik decken, die offensichtlich dazu dient, Unterschiede zwischen den Parteien zu verwischen. Sie kann keine Politik decken, die dazu dient, unter Führung der SED etwas wie einem Einheitsblock den Weg zu bereiten, der nach und nach Instrument einer Politik wird, die mit den Grundsätzen der Union nichts mehr zu tun haben könnte. Wir wollen uns klar darüber sein, daß wir an die schwere Lage unserer Menschen in der Zone schon manche Konzession gemacht haben. Wir haben sie gemacht, weil wir hier für die innere und äußere Verbundenheit der 20 Millionen in der Ostzone mit dem übrigen Deutschland stehen.
Wir stehen aber auch um weiterer Ziele willen hier: Wir stehen hier, um Deutschland nicht einer einseitigen politischen Westorientierung zuführen zu lassen, sondern um der Mittleraufgabe Deutschlands zwischen Ost und West treu zu bleiben. Das bedeutet auch Bereitschaft zu ehrlicher Zusmmenarbeit auch mit dem Osten. Das können wir aber nicht um den Preis unserer politischen Eigenständigkeit. Nicht um den Preis der Grundsätze einer aufrechten Unionspolitik. Nicht um den Preis unserer eigenen politischen Aufrechtheit.
Wir haben unsere Auffassung in letztem Ernst am Donnerstag schon im Einheitsausschuß der Parteien Wilhelm Pieck gegenüber zum Ausdruck gebracht. Man wollte dort u. a. einen Blockkongress der gesamten Zone anregen. Wir haben in aller Klarheit unseren Standpunkt vertreten. Unser Wille kann nicht auf eine Intensivierung des Einheitswillens der Parteien gehen. Er geht vielmehr auf eine Intensivierung der Selbständigkeit und der Eigenständigkeit der Parteien. Man wirft uns nun vielleicht vor, wir störten dadurch die notwendige Zusammenarbeit der Parteien. Wir tun das nicht. Wir sind uns unserer deutschen Pflicht bewußt. Wir haben auch ausdrücklich unseren Willen zur Zusammenarbeit für die Aufstellung und Durchführung von Notprogrammen betont. Wir bejahen die praktische Zusammenarbeit. Aber wir müssen jede Hilfsstellung zur Bildung einer unechten Einheit ablehnen.
Das ist auch der Grund unserer Reserve neuzubildenden Einheitsorganisationen gegenüber. Wie es z. B. neuerdings der Frauenbund wieder ist. Ich will nicht viel Worte darüber verlieren, weil wir oft genug schon darüber gesprochen und geschrieben haben. Die Einheitsorganisationen, in denen wir uns zur Mitarbeit bereit

fanden, machen uns soviel Kopfzerbrechen, daß wir auf keinen Fall zur Mitarbeit in neuen Einheitsorganisationen bereit sein können. Sie kennen die inneren und äußeren Schwierigkeiten zur Genüge, die uns die Gewerkschaften und schließlich auch die Freie Deutsche Jugend bereiten. Immer wieder erscheinen sie in einseitiger Hilfsstellung für die SED. So daß wir gezwungen sein werden – wenn nicht heute, so doch morgen oder übermorgen –, noch ein deutlicheres Wort zu sagen. Wir müssen aber schon heute wünschen, daß man unsere Reserve weiteren Bindungen gegenüber respektiert. Wir müssen überhaupt verlangen, daß man unsere Eigenständigkeit wirklich respektiert. Es ist das nicht der Fall, wenn man in der Zone Blockkongresse inszeniert, ohne vorher mit uns in Berlin die geringste Fühlung zu nehmen. Es sieht das sehr nach Überrumpelung aus. Man soll dabei auf keinen Fall mit dem Hinweis kommen, es sei der spontane Wille der Menschen in den Orts- und Kreisverbänden. Die Erscheinung der spontanen Willensbildung hat für uns einen so bitteren Beigeschmack aus den vergangenen 12 Jahren, daß wir kein Organ dafür haben.
Es war auch durchaus keine Respektierung der Eigenständigkeit der Parteien, daß man die Ministerpräsidenten der Ostzone mit Forderungen nach München gehen ließ, die im Widerspruch mit dem standen, was im Einheitsausschuß der Parteien besprochen war. So hatten wir ausdrücklich gebeten, von der Forderung Abstand zu nehmen, die Parteien und Gewerkschaften mit nach München einzuladen. Diese Forderung wurde dann in der Vorbesprechung Herrn Ehard gegenüber trotzdem wiederholt vorgebracht. Das alles sind Erscheinungen, die uns, der Union, den Weg der Zusammenarbeit erschweren. Deshalb müssen sie ausgesprochen werden. Unser Wille muß respektiert werden.
Wir haben nun einige Leitsätze aufgestellt, wie wir sie nach den letzten Erfahrungen für nötig halten. Wir stellen diese Leitsätze heute mit zur Diskussion. Der Sinn der Überprüfung dieser Leitsätze durch Sie soll dem Vorstand Wegweiser für die endgültige Redigierung sein.

1. Träger und Organe der politischen Willensbildung des Volkes sind die politischen Parteien.
2. Die gleichzeitig mit der Zulassung der Parteien gebildeten gemeinsamen Ausschüsse der Parteien haben die Aufgabe, in wichtigen Fragen unseres Volkes die Parteien zu gemeinsamer Aussprache zusammenzuführen und Gegensätze möglichst zu überbrücken.
3. Mit der Bildung der Gemeinde- und Kreisvertretungen sowie der Länderparlamente sind diese allein die Vertretung des durch die Wahlen zum Ausdruck gebrachten Volkswillens in allen Fragen der Gemeinde- und Staatspolitik. In ihnen vollzieht sich die Zusammenarbeit der politischen Parteien nach den Gesetzen der Demokratie, wobei auch verschiedene Auffassungen zum Ausdruck kommen müssen.
4. Es wird anerkannt, daß die gemeinsamen Ausschüsse der Parteien auch neben den Volksvertretungen noch ergänzende Dienste dadurch leisten, daß sie die Zusammenarbeit der Parteien in freier Aussprache fördern und sachliche Klärungen vorbereiten. Sie dürfen keine organisatorischen Formen bilden, die sich zu Ersatzparlamenten auswachsen können und die sich den verfassungsmäßigen Parlamenten vor- oder nebenordnen.
5. Die Aufgaben der gemeinsamen Ausschüsse bedingen, daß ihre Mitglieder und Träger allein die politischen Parteien sind. Die Hinzuziehung anderer Organisa-

tionen (z. B. Gewerkschaften, Frauenbund, Kulturbund usw.) ist nur in der Weise möglich, daß sie bei Bedarf im Einzelfalle beratend gehört werden. Beschlüsse können nur einstimmig durch die Parteien gefaßt werden.

6. Es entspricht den Regeln der Demokratie, daß für jede Partei die Freiheit ihrer Stellungnahme gegenüber anderen Parteien und Organisationen anerkannt und gewährleistet wird.
7. Voraussetzung für die gedeihliche Arbeit der gemeinsamen Ausschüsse ist die Gewährleistung völliger Gleichberechtigung der Parteien. Das gilt insbesondere auch für die Verbreitung der politischen Auffassungen der Parteien in der Öffentlichkeit. Die jetzige Auflagenhöhe der Presse der Union erfüllt diese Voraussetzung nicht.

Zu dieser letzten Feststellung über die Auflagenhöhe der »Neuen Zeit« – wie unserer Zeitungen überhaupt – ist noch ein gesondertes Wort zu sagen. Es ist für uns nachgerade ein beschämender Zustand, daß wir uns mit so geringen Auflagen unserer Zeitungen – insbesondere auch der »Neuen Zeit« – zufriedengeben müssen. Wir haben gerade unser Presseanliegen immer wieder zur Sprache gebracht. Es ist uns immer wieder Änderung versprochen worden. Die Besserung ist nicht gekommen. Während all der Zeit hungern unsere Menschen geradezu nach dem Ausdruck unseres eigenen politischen Willens, wie er ja immerhin in der »Neuen Zeit« zum Ausdruck kommt. Und ich muß in ehrlicher Anerkennung sagen, in wachsendem Maße zum Ausdruck kommt. Sollte das vielleicht gerade der Grund sein, daß die Auflageziffer so niedrig ist? Denn mit dem Papiermangel kann es nicht zusammenhängen, sonst wäre die Auflage der SED-Zeitungen und ihrer Hilfsorgane nicht so groß. Ich kann hier nur in allem Ernst erklären, daß die Union um ihrer Ehre, ihrer Eigenständigkeit, ihrer Eigenaufgabe willen gehalten ist, nach neuen Wegen für ihre Presse zu suchen, wenn ihr nicht bald Gerechtigkeit widerfährt. Es wäre noch manches dazu zu sagen. Ich will mich aber mit dieser Erklärung zunächst begnügen.

Es wäre im Zusammenhang mit der Überprüfung unserer politischen Haltung noch ein Wort über die Lage in Berlin und seiner Selbstverwaltung zu sagen. Ich will nur eine Erscheinung herausgreifen, über die ich nicht schweigend hinweggehen kann, weil sie die Situation kennzeichnet und den Geist, in dem Politik gemacht wird. Man bemüht sich in der Zone mit allen Mitteln um die Zusammenarbeit der sogenannten Blockparteien. Was soll man da von einer Erfahrung sagen, wie wir sie neulich im Berliner Stadtparlament machen mußten? Eine Stunde, bevor man zur Wahl des Oberbürgermeisters schritt, machte die SED den Sozialdemokraten das Angebot, man würde sich schließlich für Reuter erklären, wenn die Sozialdemokratie bereit sei, sich mit der SED zu verbünden. Das heißt also gegen die sogenannten bürgerlichen Parteien. Ein Beweis mehr für uns, wie sehr wir gehalten sind, um den Eigenweg unserer Partei besorgt zu sein, wenn wir nicht in die Rolle eines Mittels zum Zweck herabgedrückt werden wollen.

Wir sind entschlossen, auf unserem Posten weiter dem Zusammenhalt Deutschlands zu dienen. Wir sind entschlossen, erneut Wege zu suchen, um zum Treffen der maßgeblichen deutschen Parteien am »Runden Tisch« zu kommen. In der zweiten Hälfte dieses Monats wird der Vorstand der Union aller Zonen tagen. Wir hoffen, dort zu neuen Vereinbarungen über den Weg der Union im Dienste dieser ihrer Aufgabe zu kommen. Nehmen Sie zur Kenntnis, daß wir entschlossen sind, keinen Weg unversucht zu lassen, der sich mit dem inneren Gesetz der Union verträgt. Denn es geht um Deutschland. Um aber im Vorstand der Union aller Zonen mit

Erfolg für neue Wege eintreten zu können, bedarf es für uns hier, für die Union des Ostens und Berlins zunächst der Festigung und der Klärung ihrer Stellung im ostdeutschen Raum. Die Union darf nie in ein Zwielicht kommen. Es bedarf der Respektierung ihrer Eigenständigkeit seitens aller Parteien und seitens der Besatzungsmächte in Berlin und in der Zone. Es bedarf der Gerechtigkeit gegenüber ihren Pressebedürfnissen in Berlin und in der Zone. Was ich hier zum Ausdruck brachte und bringe, richtet sich dabei nicht zuletzt an die Partei, die uns hier im Raum mit ihrem revolutionären Willen gegenübersteht. Es richtet sich aber auch an die Besatzungsmacht, die das Schicksal der Ostzone in Händen hält. Ich habe in allem Freimut zum Ausdruck gebracht, was den Ruf der Ostzone im Denken der Deutschen des Westens und Südens gefährdet. Ich hoffe um unseres Volkes, aber auch um der Verständigung der Völker willen, daß man uns hört und den entscheidenden Ernst unseres Willens begreift.

Im Anschluß an den Vortrag von Jakob Kaiser wurde nach eingehender Aussprache, an der sich Vertreter aller Landesverbände beteiligten, folgende Entschließung einstimmig angenommen:

Gegenüber der immer drohender werdenden Gefahr des Auseinanderfalls Deutschlands bekennt sich der erweiterte Vorstand der Union der Ostzone und Berlins erneut zu einer Politik der Zusammenfassung aller deutschen Kräfte. Er macht sich die von Jakob Kaiser aufgezeigten Grundlinien dieser Politik zu eigen in dem Bewußtsein, daß die Union in erster Linie berufen ist, Wegbereiter des deutschen Zusammenhalts über die Zonengrenzen hinweg zu sein. Auf dieser Grundlage schließen sich die Landesverbände der Ostzone und Berlins enger denn je zusammen zu einer Politik, die sich nach dem eigenen Gesetz der Union allein dem Dienste am deutschen Volke verpflichtet weiß und die bereit ist, in Zusammenarbeit mit allen aufrichtig demokratischen Kräften an der Überwindung der drängendsten Not mitzuarbeiten.

Für die Zusammenarbeit mit den anderen Parteien der Ostzone sollen folgende Richtlinien gelten:

1. Träger und Organe der politischen Willensbildung des Volkes sind die politischen Parteien.
2. Die gleichzeitig mit der Zulassung der Parteien gebildeten gemeinsamen Ausschüsse der Parteien haben die Aufgabe, in wichtigen Fragen unseres Volkes die Parteien zu gemeinsamer Aussprache zusammenzuführen und Gegensätze möglichst zu überbrücken.
3. Mit der Bildung der Gemeinde- und Kreisvertretungen sowie der Länderparlamente sind diese allein die Vertretung des durch die Wahlen zum Ausdruck gebrachten politischen Willens des Volkes. In ihnen vollzieht sich die Zusammenarbeit der politischen Parteien nach den Gesetzen der Demokratie, wobei auch verschiedene Auffassungen zum Ausdruck kommen müssen.
4. Es wird anerkannt, daß die gemeinsamen Ausschüsse der Parteien auch seit Errichtung der Volksvertretungen Dienste dadurch leisten, daß sie die Zusammenarbeit der Parteien in freier Aussprache fördern sowie sachliche Klärungen und gemeinsame Maßnahmen vorbereiten. Sie dürfen keinen organisatorischen Formen bilden, die sich zu Ersatzparlamenten auswachsen können und die sich den verfassungsmäßigen Parlamenten vor- oder nebenordnen.
5. Die Aufgaben der gemeinsamen Ausschüsse bedingen, daß ihre Träger allein die politischen Parteien sind. Die Hinzuziehung anderer Organisationen (z. B.

Gewerkschaften, Frauenbund, Kulturbund usw.) ist nur in der Weise möglich, daß sie bei Bedarf im Einzelfalle beratend gehört werden. Beschlüsse können nur einstimmig durch die Parteien gefaßt werden.

6. Es entspricht den Regeln der Demokratie, daß für jede Partei die Freiheit ihrer Stellungnahme gegenüber anderen Parteien und Organisationen anerkannt und gewährleistet ist.
7. Voraussetzung für dic gcdcihliche Arbeit der gemeinsamen Ausschüsse ist die Gewährleistung völliger Gleichberechtigung der Parteien. Das gilt insbesondere auch für die Verbreitung der politischen Auffassungen der Parteien in der Öffentlichkeit. Die jetzige Auflagenhöhe der Presse der Union erfüllt diese Voraussetzung nicht.

## 24

*Jahrestagung der CDUD in Berlin, 6. September 1947*

Auf der Tagung des erweiterten Vorstandes der Christlich-Demokratischen Union für die Ostzone und Berlin am 12. Juli hatte ich versucht, eine politische Gewissenserforschung über die grundsätzliche Haltung und praktische Politik der Union anzustellen. Es sollte das eigentlich Aufgabe unserer heutigen Tagung sein. Aber in der politischen Situation jener Tage schien Anlaß gegeben, diese Gewissenserforschung vorzuverlegen. Wir sahen uns damals der etwas sehr spontanen Aktivierung eines bestimmten Einheitsstrebens in der Zone gegenüber, das uns zwang, diesem Bestreben die Betonung unserer Eigenständigkeit, der politischen Eigenständigkeit der Union entgegenzusetzen. Wir haben das in allem Freimut getan. Wir haben es mit dem verantwortlichen Freimut getan, der uns Prüfstein echter Demokratie zu sein scheint. Wo dieser Freimut fehlt, kann wahre Demokratie kaum gedeihen. Die Reaktion, die diese Gewissenserforschung, die Feststellung unseres Standpunktes in der Öffentlichkeit auslöste, schien mir nicht in jedem Fall von diesem Bewußtsein getragen zu sein. Einige Zeitungen der SED z. B. waren sogar undemokratisch genug, den Versuch zu machen, mich mit dem Hinweis auf das Schicksal meines Vorgängers zu schrecken.

Damit bin ich nun gewiß nicht zu schrecken. Wenn mich überhaupt etwas erschrekken kann, dann ist es die wachsende Erkenntnis der Verantwortung, die wir, die Union, zu tragen haben. Wenn mich überhaupt etwas erschreckt, dann ist es die stets noch wachsende Einsicht in die immer trostloser erscheinende Lage unseres Volkes, das von den Gegensätzen zwischen Ost und West hin- und hergerissen wird.

Die Lage unseres Volkes erschreckt mich. Bei dem Versuch, diese Lage zu klären, unser Volk innerlich und äußerlich von dem Konflikt zu distanzieren, der die Welt beunruhigt, geht es nicht um das persönliche Geschick dieses oder jenes Politikers. Es geht um den Bestand unseres Volkes selbst. Vielleicht ist dieses Bewußtsein, das mich stets begleitet, die größte Stärke, die ich einzusetzen habe. Lassen Sie es mich in diesen ersten Septembertagen, in denen vor drei Jahren die ersten meiner Freunde in den Tod gingen, zu ihrem Gedächtnis sagen: Dieses Bewußtsein kommt mir aus dem Erlebnis ihres Todes, den sie für ihre Überzeugung erlitten. Man kann sich deshalb derartige Drohungen mir gegenüber ersparen. Sie machen nur deutlich, daß die, die sie aussprechen, das Gesetz nicht kennen, dem wir uns verpflichtet wissen.

Und was die Besatzungsmächte angeht, so möchte ich bei ihren Männern, die die Hand am Steuer des Weltgeschehens haben, so viel Verständnis für die Lage unseres Volkes voraussetzen, daß sie demokratischen Freimut auch auf deutscher Seite hinzunehmen und zu würdigen vermögen. Schließlich sind wir ja am deutschen Geschick nicht unbeteiligt genug, um nicht längst zu erkennen, daß wir die Lösung der geistigen, politischen und wirtschaftlichen Existenzfrage unseres Volkes nicht nur von den Mächten erwarten können, die über uns Gewalt haben. Natürlich gibt es Parteien, die es leichter haben als wir. Parteien, die sich der gleichen Idee und den gleichen Zielen verpflichtet fühlen, die von dieser oder jener Besatzungsmacht vertreten werden. Wir, die Union, haben es nicht so leicht. Wir sind einem eigenen Weg verpflichtet. Für uns ist jedes Volk eine Individualität. Auch das deutsche Volk. Wir möchten die Fülle der eigenen Kraft, der geistigen, der politischen und auch der wirtschaftlichen Kraft, die wir trotz des erschreckenden Tiefstandes in unserem Volk noch lebendig glauben, wachgerufen wissen. Wir möchten sie mit aller Leidenschaft aktivieren, damit das deutsche Volk seinen eigenen Beitrag zu neuem Zusammenwachsen der Welt leisten kann. Auf einer höheren Ebene, als das bis jetzt der Fall ist. Diese höhere Ebene sehe ich in einer ausgeglichenen politischen und wirtschaftlichen Ordnung, zu der Deutschland zwischen Ost und West kommen muß, wenn Europa befriedet werden soll.
Dieses Bewußtsein ist auch der Hintergrund für unsere Stellungnahme zur Blockpolitik gewesen. Im Grunde ist den Erklärungen und Richtlinien vom 12. Juli nichts hinzuzufügen. Aber den Verzerrungen und Mystifikationen gegenüber, die durchs Land gingen, will ich noch einmal erklären: Blockpolitik ist eine der möglichen Formen für loyale Zusammenarbeit der Parteien in außerordentlicher Zeit. Ihre Anwendung ergab sich aus der besonderen Lage nach dem Zusammenbruch des Hitlersystems in diesem Raum. Ich bin allerdings der Meinung, daß man diese Form politischer Zusammenarbeit – um Mißdeutungen auszuschließen – besser anders getauft hätte. Doch bejahen wir sie, solange und sofern sie nicht von einer der Parteien benutzt wird, um sich eine ideologische und praktische Vorherrschaft zu sichern. Daß dafür in der Ostzone immerhin Neigung und Gefahr gegeben ist, bedarf wohl kaum besonderer Betonung. Das werden auch die Diskussionsredner, die über diese Fragen noch einmal sprechen wollen oder zu sprechen haben, nicht in Abrede stellen können. Diese Gefahr ist mit der Grund für unsere Ablehnung der grundsätzlichen und gleichberechtigten Hinzuziehung anderer Organisationen. Das gilt, ganz abgesehen von unserer grundsätzlichen Haltung, daß nur die Parteien die politischen Willensträger des Volkes sind.
Für abwegig würde ich es dabei halten, wollte man die Blockpolitik als die alleinseligmachende Form der politischen Zusammenarbeit hinstellen. Blockpolitik ist kein feststehendes Glaubensprinzip und kein moralisches Gesetz, von deren Anerkennung oder Nichtanerkennung Wert und Unwert eines Politikers abhängt. Nur Dogmatiker können sie als solche verkünden. Wir aber wollen keine Dogmatiker sein, sondern Verantwortungsträger einer gesunden Realpolitik. Ich wiederhole noch einmal: Wir bejahen die Zusammenarbeit für die Zone aus ihren besonderen Gegebenheiten heraus. Wir bejahen sie aus der Not der Zeit heraus. Möchten aber nicht übersehen wissen, daß es auch in der Blockpolitik eine gesunde, eine regulierende Opposition geben kann und geben muß. Nicht Opposition um der Opposition willen, aber Opposition um der inneren Gesetzlichkeit einer grundsatzstarken Poli-

tik willen, die jede Demokratie braucht, um nicht an Selbstzufriedenheit zu erstikken oder an menschlicher Unzulänglichkeit zu Grunde zu gehen.
Daß diese sittlich-politische Auffassung von der Aufgabe der Opposition sich in Deutschland noch nicht durchgesetzt hat, ist eine bekannte und zugleich bedauerliche Tatsache. Es ist das gewiß noch eine Folge des Mißbrauchs oder – sagen wir besser – des unreifen Gebrauches, der im Weimarer Staat mit der Möglichkeit der Opposition getrieben wurde. Es liegt weiter an der durch Hitler zwölf Jahre lang geübten Diffamierung alles dessen, was sich an Opposition regte. Diese Diffamierung ging bis zum Tod am Galgen. Es liegt aber auch weiter an der Verschiedenartigkeit der Auffassung über das Wesen der Demokratie, wie sie bei den Besatzungsmächten herrscht. Dem deutschen Volke ist seit dem Zusammenbruch – seit mehr als zwei Jahren also – eine solche Vielfalt von demokratischen Rezepten vorgelegt worden, daß es sich nach zwölf Jahren erzwungener politischer Passivität noch nicht ganz mit diesen Rezepten zurechtfinden konnte. Wir können nur hoffen, daß es der Fall sein kann, wenn unserem Volke die eigene politische Führung über alle Zonengrenzen hinweg zuerkannt wird. Zu dieser Auffassung von positiver Opposition gehört es dann allerdings auch, daß nicht jede oppositionelle Haltung, jede andere Meinung gleich als Reaktion, als Hörigkeit gegenüber reaktionären Kreisen, Hörigkeit gegenüber dem Monopolkapital – nicht zuletzt dem amerikanischen gegenüber – diffamiert wird. Ich habe ja selbst erneut ein Stück dieser Diffamierung im Anschluß an den 12. Juli spüren müssen.
Es kommt überhaupt darauf an, im Verhalten gegenüber politisch Andersdenkenden oder Andershandelnden allmählich wieder zu gesitteteren Methoden zu kommen, als sie unter Hitler üblich waren. Wir müssen zu einer Entgiftung der politischen Methoden kommen. Es sieht allerdings aus, als sei die Methode der Herabsetzung, der Diffamierung politisch Andersdenkender vor allem eine Methode von Parteien, die totalitäre Neigungen haben. Sie ist im übrigen nicht nur eine Methode der SED. Auch Kurt Schumacher beliebt sie anzuwenden. Ich will damit nicht gerade sagen, daß seine Partei eine totalitäre Tendenz vertritt, aber Schumacher selbst – so sagt man es vor allem im Westen – ist nicht ganz frei davon. Denn sein unermüdliches Bestreben, möglichst alle entscheidenden Posten zu besetzen, koste es, was es wolle – und es hat bei den Auseinandersetzungen um den bizonalen Wirtschaftsrat in Frankfurt wirklich einiges gekostet –, läßt den totalitären Zug nicht ganz verleugnen. Die Diffamierungsversuche, mit denen Schumacher dem verantwortungsvollen Bemühen der Union um eine Gesamtvertretung des deutschen Volkes begegnete, haben uns nicht minder bedenklich gemacht. Auch seine Haltung zu unserer Aufgabe in der Ostzone gehört in das Kapitel von Kampfmethoden, die zwischen politischen Verantwortungsträgern in der Demokratie nicht üblich sein sollten. Es hat nichts mehr mit Politik und politischer Strategie zu tun, wenn Schumacher eine Partei, die unter Einsatz ihrer besten Kraft in der Ostzone der deutschen Aufgabe zu dienen sucht, als Nutznießer der Sozialdemokratie bzw. als Nutznießer ihrer Abwesenheit in der Zone bezeichnet. Eine einfache Aufrechnung würde ihm beweisen, daß das nicht der Fall ist. Sollten sich aber trotzdem Sozialdemokraten zur Union gefunden haben, so wäre das für sie sicher weiter nicht beklagenswert. Schließlich hat ja nicht die Union im Frühjahr 1946 bei der Vereinigung der SPD mit der KPD Pate gestanden. Schumacher müßte sich darüber doch wohl besser mit all den führenden Männern der SPD auseinandersetzen, die für diesen Zusammenschluß eingestanden sind. Die

Union heute als Blitzableiter für seinen Zorn benutzen zu wollen, erscheint mir recht unsachlich.
Wir sind für klare Parteiverhältnisse in Deutschland. Wir stehen dafür ein, daß der wahren demokratischen Entwicklung freie Bahn gegeben wird. Wir unterscheiden uns dadurch von Schumacher, daß uns sachliche und wirklichkeitsnahe Politik im Interesse unseres Volkes höher steht als der leidenschaftliche Wille, um jeden Preis die stärkste Partei sein zu wollen. Was soll man z. B. dazu sagen, daß Schumacher in der letzten Zeit sogar dazu übergeht, Erklärungen von Geistlichen propagandistisch auswerten zu lassen, die sich gegen christliche Parteien richten sollen. Ich frage: Gibt es denn heute in Deutschland kein anderes erstrebenswertes Ziel verantwortlicher Politiker als den Versuch, Parteien zu zerschlagen? Wäre dem deutschen Volke nicht besser gedient, wenn sich die fortschrittlichen Kräfte aller Parteien miteinander zu verständigen wüßten, um dem Zusammenhalt unseres Volkes zu dienen? Wir wissen um das ehrliche Ringen auch in der Sozialdemokratie, das um die Überwindung marxistischer Dogmatik geht, das nicht zuletzt auch um die Überwindung überlebter, unduldsamer Tendenzen zugunsten einer wirklichen Toleranz geht. Aber die diktatorische Geste Schumachers verdeckt diese Entwicklung immer wieder. Das muß natürlich auf Kosten der Verständigung gehen, auf die alle fortschrittlichen politischen Kräfte in Deutschland warten.
Diese Verständigung aller fortschrittlichen Kräfte wäre so dringend nötig, damit Deutschland seinen Weg zwischen Ost und West zu finden in der Lage ist.
Zwischen Ost und West, das bedeutet ja das Hineingestelltsein zwischen zwei Ideenwelten, zwischen zwei politische und wirtschaftliche Welten, die einander auszuschließen scheinen. Konkreter gesagt: Zwischen zwei Mächten, in denen ein Konfliktstoff gegeneinander angehäuft ist, der wie eine lähmende Last auf der Welt liegt. Am meisten aber auf unserem Volk, auf dessen Boden diese Mächte sich begegnen. Wir, die Union, haben einmal die Aufgabe für unser Volk gesehen, Mittler sein zu wollen zwischen diesen Welten. Es hat uns mancher anmaßend genannt, daß wir diesem buchstäblich am Boden liegenden Volk eine Mittlerrolle zuzusprechen wagten. Ich habe mich davon nicht irre machen lassen. Und ich bin kühn genug zu sagen, daß ich – trotz allem, was in den zwölf Hitlerjahren geschehen, trotz der unsagbaren Zerrissenheit, die unser Volk heute bietet – noch einen untilgbaren Glauben an dieses Volk in mir trage. Ich glaube an die friedliche Aufgabe, die das deutsche Volk auch und vor allem zwischen Ost und West zu erfüllen hat.
Dabei kann ich nicht verhehlen, daß ich in den letzten Wochen ernster denn je geprüft habe, wie weit das noch möglich ist, cinc politische, eine deutsche Aufgabe zwischen Ost und West zu erfüllen. Es ist aber nur in geistiger und politischer Freiheit möglich. Wenn überhaupt die großen Sätze der Atlantik-Charta einen Sinn haben – Sätze, die die Namen von Roosevelt, Churchill und auch von Stalin tragen –, dann muß vor allem das Gesetz der politischen Freiheit geachtet werden. Auch im Leben des deutschen Volkes, das nicht zuletzt um einer friedlichen Aufgabe willen nach demokratischer Freiheit der Meinungsentfaltung und Meinungsäußerung drängt. Und nicht minder für Parteien, die nur aus der Freiheit der Meinungsbildung und der Meinungsäußerung zu wirklichen Organen des politischen Willens werden können. Man nimmt ein Volk und man nimmt Parteien in der politischen Aufgabenerfüllung nur ernst, wenn sie wirklich frei sind. Man kann auch einen Politiker nur ernst nehmen, wenn nicht nur er selbst, sondern wenn auch seine gesamte Parteigemeinschaft frei und unverhohlen sich zu ihren politischen Ideen

und Auffassungen bekennen kann. Ich habe oft den Einwand hören müssen: »Die Politik wird im Osten ja doch nur von den Russen gemacht.« Ich konnte demgegenüber nur immer wieder sagen: Ich möchte wünschen, daß jeder deutsche Politiker jeder Besatzungsmacht so unbefangen gegenübersteht und gegenüberzustehen vermag, wie ich das tue. Dabei weiß ich sehr wohl, daß im Fluß der Politik hier im Osten noch manches zu klären und zu bereinigen ist. Ich gebe mich keinerlei Täuschungen hin. Wobei ich um der Objektivität willen die Bemerkung nicht unterlassen möchte, daß auch in den anderen Zonen nicht alles Gold ist, was glänzt.

Ich habe den Presselärm zwischen dem 12. Juli und der heutigen Unionstagung bedauert. Unsere »Neue Zeit« hat in herzerfrischendem Humor von dem Versuch der Zähmung der Widerspenstigen gesprochen und zugleich ebenso herzerfrischend kundgetan: Wir lassen uns nicht zähmen. Wir nennen nicht Mond, was Sonne ist, und nicht Sonne, was Mond.

Aber die versuchte Zähmung hat doch auch eine recht ernste Seite. Es sind in der Bewegung um die Politik der Union in den letzten Wochen mancherlei Entschließungen gefaßt worden, die merkwürdigerweise zumeist nur in der SED-Presse und in ihren Gefolgschaftsblättern veröffentlicht wurden. Ich bin zu der sehr ernsten, für mich und für die Politik der Union entscheidenden Frage verpflichtet: Sind das wirklich alles Entschließungen, die der freien Erkenntnis und dem freien politischen Willen unserer Menschen entsprungen sind? Ich habe z. B. hier vor mir eine Entschließung des Kreisverbandes der Union Zwickau. Die »überparteiliche« Berliner Zeitung hatte es in freundlicher Weise übernommen, sie zu veröffentlichen. Mit dem Geist und der Terminologie der Union hat diese Entschließung nichts zu tun. Das gilt auch für manche anderen Verlautbarungen, die uns zu Gesicht und zu Gehör gebracht wurden. Ich will mir jede weitere Charakterisierung sparen. Ich frage nur: Was hat demokratische Politik für einen Sinn, wenn sie nicht im Zeichen der Freiheit steht? Oder was haben andere Presseäußerungen für einen Sinn, wenn man ihnen ansieht, welche Anstrengungen gemacht werden mußten, damit der Schreiber selbst noch vor seinem eigenen Charakter bestehen kann. Ich will weiter sagen: Auch bei uns sind Kundgebungen von Mitgliedern unserer Partei eingegangen, bewegende Kundgebungen. In ihnen zittert der erregte Wille, unter allen Umständen zur echten Idee der Union und zur politischen Freiheit zu stehen. Zudem: Ich kenne die Auffassungen der Männer und Frauen im Lande. Ich kenne ihre Erwartungen. Sie erwarten nichts so sehr, als daß wir uns zu den wahren Grundsätzen unserer Partei und zum Interesse unseres Volkes, des deutschen Volkes bekennen. Ich sage noch einmal: Was hat die Verkündung der demokratischen Freiheiten der Völker in der Atlantik-Charta für einen Sinn, wenn sie nicht auch Wirklichkeit zu werden vermag!

In diesem Zusammenhang ein weiteres Anliegen: Wir sind ein besetztes Land. Und nach allem, was zu dieser Besetzung Deutschlands führte, können wir nicht erwarten, daß Heil und Gesundung unseres Volkes im Mittelpunkt des Denkens der Besatzungsmächte steht. Wir sind uns klar darüber, daß man uns zunächst nur das zuzubilligen gewillt ist, was im Interesse Europas und der Welt dringend geboten erscheint. Im Interesse Europas aber liegt auch eine solide deutsche Demokratie. Diese aber beruht auf der Solidarität und Gesundheit deutscher Parteien. Es ist keine Frage, daß sich das Parteileben hier im östlichen Deutschland am regsten entfaltet. Es ist keine Frage, daß hier im östlichen Deutschland am regsten um die

Grundhaltung einer deutschen Demokratie gerungen wird. Es liegt das an der Atmosphäre der Politik, die hier stärker von den Problemen der Weltauseinandersetzung berührt und bestimmt wird als an anderen Stellen Deutschlands. Aber neben der äußeren und inneren Bewegtheit sind Gefahren für das Leben der Parteien gegeben, die jeden verantwortlichen Politiker mit Sorge erfüllen müssen. Eine der größten Besorgnisse für verantwortliche Politik ist das Überhandnehmen politischen Agententums. Es ist schließlich verständlich, daß internationale Auseinandersetzungen, wie sie einer Weltkatastrophe von der Art der hinter uns liegenden folgen, ein Nährboden für politisches Agententum sind. Besorgniserregend ist nur der Versuch, auch in den Parteien Eingang zu finden. Es gibt ja immer Menschen, die sich aus Schwäche oder politischem Unvermögen zu Agenten herabdrücken lassen. Dabei sind vielleicht die am gefährlichsten für gesunde Politik, die Agententum mit Politik verwechseln. Und die vielleicht noch dazu des guten Glaubens sind, so oder so im Interesse ihres Volkes zu handeln. Versuchen wir klare Begriffe zu schaffen: Agenten sind Werkzeuge der Politik, aber auch wirklich nicht mehr. Für Männer und Frauen, die in politischer Verantwortung stehen, muß es als ehrenrührig gelten, auch nur irgend etwas zu tun, was nach Agentendiensten aussieht. Es ist Sache aller politischen Parteien, diese Dinge ins rechte Licht zu rücken. An alle Besatzungsmächte aber richte ich von dieser Stelle aus die Bitte, das Eigenleben der deutschen Partei, ihre Aufgabe als berufene Verantwortungsträger eines um seine innere und äußere Würde ringenden Volkes zu achten.

Ich weiß, alles dieses sind nur Erscheinungen an der Peripherie des tiefen Konfliktes, der die Welt in zwei Teile zu zerreißen droht: des Konfliktes zwischen Ost und West. Des Konfliktes, der auch den Graben immer tiefer zieht, der unser unglückliches Land zerreißt. Wenn wir die politische Situation mit realpolitischer Nüchternheit zu sehen vermögen, können wir nur feststellen:

Es hat sich in Europa durch die Herausbildung eines West- und eines Ostblocks bereits eine so tiefgehende Trennung vollzogen, daß platonische Erklärungen und Beteuerungen sie nicht mehr aus der Welt schaffen können. Es geht ein Argwohn durch beide Teile, daß man Schlimmstes befürchten muß, wenn nicht Wege gefunden werden, die doch noch zu einem Ausgleich führen. Es besteht keine Möglichkeit mehr, über die ideologischen und die wirtschaftlichen Gegensätze hinwegsehen zu können, die zur Teilung und zur Konfliktanhäufung geführt haben. Aber es gibt Gründe, die immer noch Hoffnung lassen, daß ein Ausgleich zu finden ist. Wir, die Deutschen, hängen mit unserem Wunsch und Willen zu leben an diesem Ausgleich. Wir können und dürfen keine zwei Deutschland wollen, von denen das eine an den Westen, das andere an den Osten angeschlossen wird. Die Tragik, die unser Volk in seiner seelischen, politischen und wirtschaftlichen Zerreißung heute schon erleidet, ist so erschütternd, daß der Blick auf dieses Volksschicksal allein schon ausgleichend wirken müßte, um allen guten politischen Willen in Ost und West wachzurufen. Um diesem Volk die Möglichkeit zu geben, sich wieder zusammenzufinden. Aber ich fürchte, die Gesetze der hinter uns liegenden Weltkatastrophe wiegen schwerer als das Verlangen eines einzelnen Volkes.

Und doch ist immer noch Hoffnung gegeben. Der republikanische Präsidentschaftskandidat der Vereinigten Staaten, Harold Stassen, sagte: »Der größte Wettkampf der Geschichte, der Wettkampf Rußlands gegen USA kann nicht endgültig durch Krieg entschieden werden.« Und die auch in Deutschland erscheinende russische Zeitschrift »Neue Zeit« schrieb sinngemäß: »Rußland braucht große Mittel für den Wiederaufbau. Die Zerstörungsgewalt des Krieges hat seinem wirtschaftlichen Leib stark zugesetzt. Die Heilung der Wunden kann durch ausländisches Geld erleichtert werden. Die Sowjetunion leugnet nicht den Zusammenhang zwischen Kredit und Beschleunigung des Heilverfahrens. Nur in einem Punkt wird die Sowjetunion unnachgiebig sein: Der Dollar darf die Souveränität nicht antasten, der Dollar darf nicht ein politisches Machtwerkzeug des Kapitalismus sein wollen mit der Tendenz, den Sozialismus von innen zu ersetzen.«

Mir scheint, hier sind alle Fragen und Besorgnisse angedeutet, die zwischen Ost und West hinsichtlich der amerikanischen Hilfspolitik für Europa eine Rolle spielen. Rußland sieht jeden Kredit, der auch nur eine Spur von Kontrollmöglichkeiten des Kreditgebers in sich trägt, als eine Gefährdung seiner eigenen politischen Linie an. Als eine Gefährdung der von ihm vertretenen ideologischen und wirtschaftlichen Gesetze. Amerika aber betrachtet jeden Kredit, dessen Verwendungszweck nicht eindeutig festgelegt ist, als gefährliches Unternehmen. Es sieht dabei auch die Gefahr gegeben, mit seinen eigenen Mitteln politische und wirtschaftliche Ideologien zu fördern, die es selbst ablehnt.

In diesen Konflikt ist Deutschland hineingestellt. Deutschland braucht dringend Hilfe. Nach den Feststellungen des Instituts für Wirtschaftsforschung besaß die deutsche Industrie bis Ende 1946 in den Westzonen nur noch rund zwei Drittel, im Reichsdurchschnitt nur etwa die Hälfte der 1936 ausgenutzten Produktionsmöglichkeiten. Dieses Ergebnis faßt Kriegsschäden und Demontagen zusammen. Dazu kommt, daß die verbliebenen Anlagen vielfach nur noch kurze Lebensdauer haben. Dazu drohen weitere Demontagen. So schreitet die Auszehrung der Wirtschaft erschreckend fort. Deutschland kann zunächst nicht auf eigenen Füßen stehen. Es ist in weitem Umfange auf Hilfe von außen angewiesen. Verantwortliche Männer der Sowjetunion haben mich des öfteren schon darauf hingewiesen, wie entschlossen sich das russische Volk nach 1917 aus eigener Kraft aus schwerer Not emporgearbeitet habe. Es sollte dies ein Beispiel für das deutsche Volk sein. Ich habe dem immer wieder entgegengehalten, daß man die Weite und den Reichtum des russischen Landes nicht mit Deutschland vergleichen kann. Deutschland ist Industrieland und hat dazu wichtigste landwirtschaftliche Gebiete verloren. Ich habe weiter auf das Heer der Flüchtlinge hingewiesen und auf das Ausmaß der Kriegsverwüstungen, die für unser an sich schon dichtbevölkertes Land ganz andere Probleme einschließen als im Vergleichsfalle für Rußland mit seinen landwirtschaftlichen Möglichkeiten und dem Reichtum seiner Rohstoffe. Es wäre noch manches andere über die Unterschiede zwischen dem damaligen Rußland und dem heutigen besetzten Deutschland zu sagen.

Deutschland kann ohne Hilfe von außen nicht gesunden. Dafür haben auch verantwortliche Männer des russischen Volkes Verständnis. Aber die Meinungsverschiedenheiten um die Bedingungen und die Handhabung der amerikanischen Kreditgebung spielen natürlich in besonderer Weise für die Deutschlandpolitik eine Rolle. Rußland fürchtet, daß wir, die Deutschen, durch die Inanspruchnahme amerikanischer Kredite dem Westen hörig werden könnten. Dem Westen, und insonderheit den politischen und wirtschaftlichen Ideen und Zielen Amerikas.

Für die Deutschlandpolitik reiht sich noch besonders die weitere Frage an: Welchen Zwecken soll die durch ausländische Hilfe geförderte Wirtschaftsproduktion zuerst dienen? Der Finanzierung der notwendigen Importe an Lebensmitteln und Rohstoffen, dem Zinsendienst und den Besatzungskosten, wie es der Westen erwartet,

oder der Ermöglichung von Reparationen aus laufender Produktion. Wir wissen, daß es nicht zuletzt hier zur Verständigung kommen muß.
Wir erkennen an, daß Rußland für den Wiederaufbau seines wirtschaftlichen und gesellschaftlichen Lebens Waren verschiedenster Art – von Textilien angefangen bis zur Ausrüstung von Maschinenfabriken – braucht. Rußland will einen Teil dieser Waren aus der laufenden deutschen Produktion gewinnen. Dabei wäre Deutschland glücklich, wenn seine laufende Produktion überhaupt erst einmal auf einen Stand gebracht werden könnte, der ausreichende Mengen hervorbringt. Dann erst kann doch die Frage eine Rolle spielen, was für den notwendigsten Eigenbedarf, für Export zur Zahlung notwendigster Einfuhren usw. und für Reparationszwecke aufgeteilt werden kann. Deutschland hat aber nur dann Aussicht auf diese Steigerung seiner Produktion, wenn ihm die Mittel und die Frist verschafft werden, seine Produktion wirklich wieder in Gang zu bringen.
Es ist noch ein Weiteres hinzuzufügen: Die Produktionssteigerung ist nicht zuletzt auch abhängig von der Arbeitskraft und der Arbeitslust der arbeitenden Menschen. Diese Arbeitskraft und diese Arbeitslust kann sich aber nur dann steigern, wenn der einzelne wieder einen Sinn in seiner Arbeit sieht. Wenn er spürt, daß der Ertrag seiner Arbeit auch ihm selbst und seinem eigenen Menschenkreis zugute kommt.
Zu der Hilfe von außen, die Deutschland werden muß, wenn es leben und zugleich seine Verpflichtungen erfüllen soll, gehört noch eine weitere Voraussetzung: Das ist die weise und dem Frieden der Welt dienende Regelung der Frage des deutschen Ostens. Das Verlangen nach der Regelung dieser brennenden Frage wird jenseits der deutschen Grenzen oft mißverstanden. Vor allem in Polen wird jede Berührung dieser Frage leicht als Ausbruch eines deutschen Nationalismus gedeutet. Wir bedauern das aufrichtig. Ist es wirklich Nationalismus, wenn Deutschland nach dem Wiederbesitz seines Bodens verlangt, der seinen Menschen viele Jahrhunderte hindurch Heimat war? Dessen Kultur und Reichtum durch viele Jahrhunderte von Deutschen erarbeitet wurde? Von dessen Erhaltung und Gesundung für ganz Europa Leben, Existenz und Frieden mit abhängt? Schließlich muß ja der Grundsatz der Respektierung nationalen Bodens, wie er in der Atlantik-Charta verkündet wurde, auch für die Deutschen Anwendung finden.
Es handelt sich bei der Grenzfrage im Osten dabei nicht nur um ihre nationalpolitische Seite. Es handelt sich ebenso darum, die Ertragsfähigkeit der landwirtschaftlich so entscheidenden Gebiete für Deutschland und darüber hinaus für ganz Europa wieder nutzbar zu machen. Die Grenzfrage im Osten ist deshalb nicht nur ein deutsches, sie ist ein europäisches Problem. Wir können nur immer wieder darauf hinweisen, daß die der polnischen Verwaltung anvertrauten Gebiete früher 16 Millionen Menschen auf dem eigenen Boden und darüber hinaus im übrigen Deutschland ernährten.
Darum: Materielle Hilfe von außen und verantwortungsbewußte, gerechte Regelung der deutschen Ostgrenze sind Kernprobleme. Sie sind entscheidende Erfordernisse, damit die deutsche Wirtschaft wieder ihre Funktionen erfüllen kann. Für sie muß im Zusammenwirken aller entscheidenden Mächte eine positive Lösung gefunden werden. Dann müßte man bei gutem Willen auf allen Seiten auch dahin kommen können, die Reihenfolge und das Maß der Ansprüche festzusetzen, die an die deutsche Wirtschaft gestellt werden sollen. Dabei wird sich natürlich nicht jede Forderung hundertprozentig verwirklichen lassen. Kompromisse müssen gefunden

werden. Das gehört zu den ersten Forderungen des politischen und wirtschaftlichen Lebens.
Der vielumstrittene Marshallplan geht von der richtigen Erkenntnis aus, daß auf die Dauer nicht mit Zuschüssen ins Grenzenlose gewirtschaftet werden kann. Er geht von der richtigen Erkenntnis aus, daß solche Hilfe einem planmäßigen Aufbau dienen muß, der Zuschüsse allmählich überflüssig macht. Dabei will ich noch hinzubemerken, daß wir selbstverständlich genügend darum wissen, daß die Bedingungen, unter denen Kredite gegeben werden, nicht nur eine reine Freude sind. Aber was nützen diese Betrachtungen in unserer Lage! Wichtiger erscheint uns ein anderes, was wir auch am 12. Juli zum Ausdruck gebracht haben. Wir haben auf die große Gefahr hingewiesen, daß bei den ideologischen und politischen Differenzen, die zwischen Ost und West bestehen, Deutschland unrettbar in zwei Teile zerrissen wird, wenn ein Hilfsplan nur für einen Teil Deutschlands zur Anwendung kommt. Europa und vor allem Deutschland ist nicht damit geholfen, daß ein Marshallplan und ein Molotowplan in Konkurrenz treten. Deshalb können und müssen wir vom deutschen Standpunkt aus nur immer wieder wünschen, daß sich die Mächte, daß sich der Westen und der Osten zu einem gemeinsamen Hilfsplan zusammenfinden.
Wir haben Verständnis – und wir haben dieses Verständnis bekundet –, daß sich Westdeutschland in seiner Not einer Hilfe erschließt, von der es hofft, daß sie morgen oder übermorgen auch dem übrigen Deutschland Erleichterung bringen wird. Aber es hieße mit einer sehr unsicheren Karte um das deutsche Gesamtschicksal spielen, wenn der Preis dafür der Beginn des Entstehens von zwei Deutschland wäre. Deshalb beharren wir auf dem Standpunkt, daß noch einmal an die Vernunft der Welt appelliert werden muß, um das Unglück der Teilung im letzten Augenblick aufzuhalten. Noch ist ja auch nicht aller Tage Abend. Noch steht London als Hoffnung aller Gutgesinnten vor der Türe. Wir, die Deutschen, jedenfalls wären glücklich, wenn alle bisherigen Pläne, die mit dem Namen verantwortungsbewußter Männer aus West und Ost – ich denke an Marshall, an Molotow, an Bevin –, wenn alle Konferenzen, die mit dem Namen der Hauptstädte der Weltmächte verbunden sind – ich denke an Moskau, Paris, London und Washington –, mit ihrem positiven und negativen Gehalt einmünden würden in die große Verständigung, um die es in der Welt geht. Denn wenn nicht alles täuscht, ist London die letzte Chance. Deutschland ist bis jetzt nicht gerufen worden, an den weltpolitischen Beratungen mitzuwirken. Aber kein verantwortungsbewußter deutscher Politiker kann sich der Notwendigkeit verschließen, daß es an der Zeit ist, an Vorschlägen und Plänen mitzuarbeiten, die den drohenden Auseinanderfall Europas und Deutschlands verhindern können. Ich sage das auch heute noch, obwohl ich mir gerade an den Vorgängen der letzten Wochen mit größter Bitterkeit und tiefster Besorgnis bewußt geworden bin, wie schwer es ist, zu Lösungsmöglichkeiten zu kommen. Und nur die tiefe Sorge um Deutschland läßt mich noch einmal auf Hinweise und Forderungen für den deutschen Zusammenhalt zurückkommen, die wir schon des öfteren ausgesprochen.
Die Union vertritt seit langem schon den Gedanken der Schaffung einer Körperschaft, die deutsche Gesamtinteressen wahrzunehmen vermag. Die Schaffung dieser Körperschaft ist an dem Veto von Schumacher gescheitert. Unser Vorschlag einer nationalen Repräsentation – wie wir es nannten – war trotz aller bedrückenden Not von einem inneren Schwung erfüllt, ein Stück zur Gesundung der Welt beizutragen. Trotz aller Schwierigkeiten, deren wir uns durchaus bewußt waren,

glaubten wir gut daran zu tun, zu versuchen, dem deutschen Volk eine Hoffnung auf neues Zusammenwachsen zu geben. Ich wiederhole: Wir waren uns aller Schwierigkeiten bewußt. Wir waren uns aber auch der Wirkung bewußt, die von einem selbstlosen und zugleich selbstbewußten Entschluß maßgeblicher deutscher politischer Kräfte ausgehen konnte. Auch auf die Alliierten. Es hätte selbstverständlich an den verantwortlichen Männern gelegen, Kräfte einzudämmen, die diese Repräsentation des Volkes irgendwie einseitig festzulegen oder für Zwecke auszunutzen versucht hätten, die sich nicht mit der lauteren Sorge um unser Volk decken. Deshalb können und wollen wir auch den Versuch, zum deutschen Zusammenhalt zu kommen, nicht aufgeben. Es gibt ja schließlich noch andere Möglichkeiten, den Weg aus der deutschen Zerrissenheit zu finden und unser Volk in seiner Gesamtheit zur Geltung zu bringen.
Wir wenden uns mit unserem Anliegen an die Alliierten und an alle, sich verantwortlich fühlenden, deutschen politischen Kräfte.
Es wird ein deutscher *Konsultativrat* gebildet, wie er schon auf der Moskauer Konferenz in Aussicht genommen wurde. Nur schlagen wir vor, daß dieser Konsultativrat nicht die Folge, sondern die Vorstufe zur Errichtung deutscher Zentralverwaltungen ist. In Moskau hatte man sich über die Zusammensetzung des Konsultativrates nicht einigen können, da Amerika ein rein föderalistisches Prinzip anwenden wollte, England wollte Vertreter von Ländern und Parteien zulassen. Rußland aber wollte außer den Parteien auch noch andere Organisationen wie Gewerkschaften usw. hinzugezogen wissen.
Wir schlagen nun vor:
Auf je eine Million Einwohner der einzelnen Zonen wird je eine maßgebliche politische Persönlichkeit berufen. Dabei ist dann bei gutem Willen sicher ein Ausgleich zwischen den verschiedenen Prinzipien, die in Moskau zur Diskussion standen, möglich. Entscheidend für uns ist, daß der Konsultativrat raschmöglichst gebildet wird.
Vier Aufgaben müßten für den Konsultativrat im Vordergrund stehen:

1. Ausarbeitung von Vorschlägen für die Einrichtung einer deutschen Zentralverwaltung für alle Zweige der Wirtschaft.
2. Durchführung der Vorbereitungen für die Wahl einer deutschen Nationalversammlung. Dieser ist die Aufgabe zu stellen, eine deutsche Regierung zu bilden und im Rahmen einer provisorischen Verfassung die endgültige Verfassung vorzubereiten.
3. Vorschläge für die Einsetzung einer deutschen Planungs- und Reparationskommission auszuarbeiten. Diese Planungs- und Reparationskommission hat zunächst einen gesamtdeutschen Überblick über die noch vorhandenen Produktionsstätten und wirtschaftlichen Möglichkeiten zu schaffen, einerlei, in welchem Besitz sie sich befinden.
4. Gutachtliche Stellungnahme zu wichtigen Fragen des öffentlichen Lebens, sei es auf Anforderung des Alliierten Kontrollrates, sei es aus eigenem Antrieb.

Dieser unser Vorschlag enthält im Grunde nichts Neues. Seine Verwirklichung ist ja bereits in jeder Einzelheit unter den Alliierten in Moskau diskutiert worden. Lebensentscheidend für unser Volk ist, daß es endlich einmal einen Anfang zur Bildung einer Zusammenfassung, einer gesamtdeutschen Vertretung sieht. Ist dieser Konsultativrat da, dann ist auch die Möglichkeit der Mitwirkung für Gesamtdeutschland gegeben, dem Ausgleich der Meinungen und der Gefahr des Auseinanderbrechens Deutschlands zu begegnen. Dann ist vor allem die Möglichkeit gegeben, daß eine deutsche Instanz über Voraussetzungen und Bedingungen einer Kredithilfe, wenn auch schließlich nur beratend, mitspricht. Durch dieses Mitsprechen könnte dann die Gefahr einseitiger Festlegung beseitigt werden, die jedes Fortschreiten der Verhandlungen hemmt.

Machen wir uns doch das eine klar – und diese Mahnung möchte ich an das deutsche Volk und an die Alliierten richten –, welche Fülle von Nationalismus könnte es in den Herzen der deutschen Jugend wecken, und welche neue Hinwendung der Jugend zu gefährlichen Tendenzen könnte es bedeuten, wenn in einer der Hälften Deutschlands eine Irredenta geschaffen würde. Wohin diese Gefahr ausschlagen würde, ist nicht absehbar. Sicher ist jedenfalls, daß auch im Bewußtsein der Deutschen nationaler Zusammenhalt und nationaler Boden höher stehen als alles andere.

Das ist mit der Grund, warum wir immer wieder mit aller Leidenschaft unseren Willen nach dem Zusammenhalt Deutschlands zum Ausdruck bringen.

Wir bleiben uns durchaus der ideologischen Schwierigkeiten bewußt, die das Verhältnis zwischen Ost und West bestimmen. Diese Schwierigkeiten verursachen das Hin und Her in der Auseinandersetzung um das deutsche Schicksal. Wir wissen auch, daß sie nicht durch Bildung einer gesamtdeutschen Körperschaft von heute auf morgen aus der Welt zu schaffen sind. Wir sind im Gegenteil der Meinung, daß diese Auseinandersetzungen auch in dieser Körperschaft eine Rolle spielen werden. Und sie sollen auch eine Rolle spielen. Denn sie müssen ausgetragen werden. Will man die ideologischen Auseinandersetzungen, um die es geht, auf vereinfachende Formeln bringen, so muß man sagen: Die Auseinandersetzungen gehen im wesentlichen zwischen dogmatischem Marxismus mit seinem totalitären Willen einerseits und einer Welt, der die persönliche Freiheit und das Recht der Persönlichkeit oberstes Gesetz ist. Das gilt auf politischem und auf wirtschaftlichem Gebiete. Diese Auseinandersetzungen, um die es vor allem auch in Deutschland geht, sind durch die Gegenwart der Besatzungsmächte noch um ein Beträchtliches verstärkt worden. Vor allem die ideologischen Gegensätze sind nicht dadurch zu lösen, daß man nun Deutschland mehr oder weniger zum Mittel in diesen Auseinandersetzungen macht. Deutschland muß vielmehr das Recht haben, in freier geistiger Entscheidung im eigenen Volkskörper diese Auseinandersetzung der Ideenwelten auszutragen. Träger dieser ideologischen Auseinandersetzungen sind im wesentlichen die Parteien.

Eines aber wissen wir heute schon: Deutschland hat sich in seiner Mehrheit gegen den doktrinären Marxismus entschieden. Die Wahlen im Westen und auch im Osten Deutschlands bestätigen das. In der Auseinandersetzung der ideologischen Prinzipien hat sich mit am stärksten das Bekenntnis zu einer Politik durchgesetzt, deren innere Gesetzlichkeit sich aus den sittlichen Grundsätzen des christlichen Abendlandes ableitet.

Bekennen wir uns aus diesem Gesetz, dem die Freiheit und das Recht der Persönlichkeit verpflichtende Aufgabe ist, in freier Verantwortung zum Willen unserer Partei. Wir müssen und wir wollen Wellenbrecher des dogmatischen Marxismus und seiner totalitären Tendenzen sein. Berufenste Vertreter der Sowjetunion haben mir und meinen Freunden wiederholt gesagt: Wir wollen Deutschland nicht sowjetisieren. Wir haben das mit Genugtuung zur Kenntnis genommen. Wir möchten überzeugt sein, daß diese Erklärungen nicht zuletzt von der Erkenntnis bestimmt sind, daß es jedem Volk aufgegeben ist, seinen eigenen Weg zu gehen. Wir, die Union, stehen für diesen eigenen Weg. Und wir können nur wünschen, daß auch die SED ihre Versuche aufgibt, mit ihrem totalitären und revolutionären Willen die Union zu überspülen. Es wird dann für alle um so leichter sein, sich in wirklicher demokratischer Arbeit zu begegnen. Dann muß es auch möglich sein, Übersteigerungen und Fehler, die im Zuge der wirtschaftlichen und gesellschaftlichen Neugestaltung der Ostzone so besorgniserregend in Erscheinung getreten sind, in demokratischem Zusammenwirken zur Bereinigung zu bringen.

Fortschrittliche Änderungen, die vorgenommen werden, müssen ja so beschaffen sein, daß sie Bestand haben können. D. h., die Ordnung der Ostzone muß einen Charakter tragen, daß der deutsche Westen und Süden nicht allzusehr erschrickt. Wirklicher Fortschritt darf nicht diskreditiert werden. Wer mich kennt, weiß, daß nicht reaktionäre Gesinnung diese meine Auffassung diktiert, sondern Sorge um den echten Fortschritt. Aber auch Sorge um den deutschen Zusammenhalt. Die Union ist eine Partei des Fortschritts. Weite Kreise in der Partei bekennen sich entschlossen zum sozialistischen Zug der Zeit. Das gilt für die östliche Union. Das gilt für weite Kreise des Volkes an Rhein und Ruhr. Und ich gehe nicht fehl, wenn ich sage, auch für weite Kreise im Süden, nicht zuletzt für unsere mutig für ein neues Deutschland eintretende Jugend. Das verbindende Element in der Gesamtpartei ist eine entschlossen soziale Haltung. Auch Kreise, die vielleicht aus taktischen Gründen das Wort »Sozialismus« nicht angewandt wissen möchten, sind sich klar darüber, daß sich die Partei aus sittlicher Verantwortung der Not des Volkes und seinen enteigneten Massen gegenüber entschlossen zu einer wirtschaftlichen Neuordnung zu bekennen hat. Zu einer Neuordnung, die keine blinde Angst vor Sozialisierungsmaßnahmen kennt, die sie – im Gegenteil – bejaht, wo immer sie sich als notwendig und nützlich im Interesse des Volkes erweisen. Im Interesse des Volkes, das heute noch eine formlose enteignete und hart arbeitende Masse ist, die erst wieder Form gewinnen muß. Diese Form wird sie gewinnen durch die Neuordnung der wirtschaftlichen und sozialen Verhältnisse. Geistige Form gewinnt sie dadurch, daß man sie zu freien Trägern politischer, sozialer und wirtschaftlicher Verantwortung macht. Die Union kann niemals und nirgendwo für eine Restauration alter Ordnungen sein. Sie ist sich in ihrer Gesamtheit bewußt, daß das Zeitalter liberalistischer, kapitalistischer Ordnungen hinter uns liegt. Ihr Ziel ist ein fortschrittliches Deutschland, in dem der Ausgleich zwischen Freiheit und Bindung in der politischen, sozialen und wirtschaftlichen Gestaltung gefunden werden muß.

Die eigene Ordnung, um die es geht, muß mit Besonnenheit, Duldsamkeit und weisem Abwägen verwirklicht werden. Dafür müßten wir in Ost und West Verständnis finden. Die Welt muß zur Ruhe kommen. Und wir, die Deutschen, ersehnen nichts so sehr, als in Ruhe und Hingabe arbeiten zu können. Wir wollen weder Kapitalismus noch marxistischen Kollektivismus. Wir wollen der Idee der gesunden Mitte dienen, die nach unserer Auffassung das Gesetz des Lebens ist. Diese Idee der Mitte hat für uns keinen verwaschenen und verschwommenen Charakter. Sie entspringt der Einsicht, daß nur eine bestimmte Abgeklärtheit des politischen und sozialen Lebens unserem Volke wieder Ruhe, Ordnung und kulturellen Aufstieg ermöglichen. Deutschland zwischen Ost und West, ein solider Hort des Friedens und ein neu zusammenwachsendes Volk der Ordnung, des Fortschritts und der Aufgeschlossenheit für östliche und westliche Kultur.

Der Weg bis dahin ist noch weit. Wir wissen es. Wir wissen, daß er noch Leid, Not und Enttäuschung einschließen wird. Deshalb bedarf unser Volk des Mutes und des Vertrauens. Die Welt um uns sollte einiges dazu beitragen, daß dieses Vertrauen wachsen kann.
Man gebe unserem schwer geprüften Volk endlich die Söhne und Töchter zurück, die noch in Kriegsgefangenschaft gehalten werden. Man öffne endlich die Tore der Lager und der Gefängnisse und gebe denen Freiheit und Tageslicht wieder, die dieses Tageslicht niemals zu scheuen brauchten, weil sie vor Recht und Gesetz schuldlos sind.
Bei der Schwere der Aufgabe, vor der alle Völker stehen, bei der Verantwortung, die vor allem auf den Mächten ruht, bei denen die wichtigsten Entscheidungen liegen, muß die Überzeugung siegen, daß alle unnötigen Belastungen raschmöglichst auszuräumen sind, an denen das Verhältnis der Völker untereinander leidet. Wir wissen, daß dann immer noch Probleme und Schwierigkeiten genug bleiben. Aber sie sind leichter zu bewältigen, wenn wieder Vertrauen wachsen kann.
Möge unsere Tagung dazu beitragen, daß das Vertrauen wächst und die guten Kräfte in der Welt siegen.

## 25

*Die deutsche Situation vor London*
*Rede im Friedrichstadtpalast, Berlin, 16. November 1947*

Es läßt sich nicht verhehlen, daß die Londoner Konferenz auf einen Tiefstand an Hoffnungen und Erwartungen im deutschen Volk trifft, der kaum noch unterschritten werden kann. Die Schuld daran trifft nicht die breite Masse unseres Volkes. Sie war nach dem Zusammenbruch des Hitlersystems durchaus arbeits- und aufbaubereit. Sie war empfänglich und aufgeschlossen für die Welt eines freieren Geistes, den sie in den zwölf Jahren nur aus der Entfernung noch spüren konnte. Wer unser Volk in den ersten Wochen und Monaten in den zerstörten Städten und Industriegebieten erlebte, war bewegt und erschüttert zugleich von dem zähen Arbeitswillen, der aus den Trümmern wieder Leben zu wecken suchte. Aber wer kann sich wundern, daß dieser Arbeitswille allmählich erlahmt, wenn der Körper durch ungenügende Ernährung ausgemergelt ist. Wenn Geist und Seele in mangelnder Hoffnung sich wieder verhärteten. Das Vertrauen in die eigenen politischen Kräfte ist von Tag zu Tag weniger geworden. Das Vertrauen zu den Alliierten, das angesichts der beispiellosen Folgen des Hitlersystems und der freiheitlichen Kundgebungen der Alliierten aufsteigen wollte, konnte kaum Wurzeln schlagen.
Es ist nicht allein Schuld der eigenen politischen Kräfte, vor allem nicht der Parteien und ihrer verantwortlichen Träger, daß sie kaum Vertrauen finden konnten. Die Staatsgewalt liegt nun einmal bei den Besatzungsmächten. Deutschland hat nicht die Möglichkeit der Selbstentscheidung. Damit sind auch wirkungsvoller Arbeit der Parteien Grenzen gezogen. Das erkennt auch heute mancher alliierte Staatsmann schon an. Die Parteien sind nicht Organe eines freien Volkes. Das übersieht das deutsche Volk immer wieder. Vielleicht haben das auch die Parteien hier und da übersehen und vergessen. Und dadurch größere Erwartungen im Volk erweckt.

Die Staatsgewalt in Deutschland liegt bei den Besatzungsmächten. Regierungsgewalt haben in Deutschland die Besatzungsmächte. Vier Besatzungsmächte, von denen jede eine andere Auffassung von ihrer Aufgabe hat. Jede eine andere Auffassung von Form und Inhalt dessen, was als Erziehung des deutschen Volkes zur Demokratie für nötig gehalten wird. Amerika vertritt eine liberale Demokratie. England eine sozialistische Demokratie. Rußland eine marxistische Demokratie. Frankreichs Erziehungswille aber scheint im wesentlichen darauf gerichtet, möglichst viel zentrifugale, viel auseinanderstrebende Kräfte in Deutschland zur Entfaltung zu bringen. Das scheint ihm vom Standpunkt seiner Interessen und seiner Sicherheit das Erstrebenswerteste zu sein. Mit Besorgnis nur konnten wir zur Kenntnis nehmen, was General de Gaulle vor einigen Tagen noch zur deutschen Frage geäußert hat.

Aus der Vielfältigkeit dieser Prinzipien wird die Staatsgewalt über Deutschland ausgeübt. Im Zeichen dieser Vielfältigkeit wird Zonenpolitik gemacht. Mit verschiedener Intensität in der Einwirkung auf die Ansätze der deutschen Demokratie. Auch in der Bereitwilligkeit der Parteien, sich den verschiedenen Einwirkungen zu erschließen oder sich ihnen zu entziehen, bestehen Verschiedenheiten.

Es tut sich überhaupt etwas in diesem unheimlichen Zwielicht zwischen Krieg und Frieden, das über Deutschland liegt. Es tut sich was an Umkehrung der Begriffe, der Propaganda, des Patriotismus alter und neuester Färbung. Es tut sich vor allem was im Widerstreit der östlichen und westlichen Prinzipien, wie sie in den beiden großen Mächten Amerika und Rußland zum Ausdruck kommen. Und wie sie Deutschland zerreißen. Es ist kein Wunder, wenn viele im Volk in enttäuschter Resignation allem, was Politik heißt, den Rücken zu kehren drohen. Nichts aber ist gefährlicher für eine reife und freiheitliche Entwicklung Deutschlands, als wenn das Volk keine lebendige Verbindung zum Willen seiner Parteien und seiner politischen Körperschaften findet. Die Folge wäre die Entwicklung einer hohlen Partei-, Länder- und meinetwegen auch Zonenbürokratie, die Verwaltung für Politik hält und deren Politik im Grunde nur in Gesten besteht. Man muß schon sagen: Sehr überzeugend und sehr imponierend ist das Bild der jungen deutschen Demokratie nicht. Am wenigsten in diesen letzten Wochen vor London.

Was aber kann London dem deutschen Volk bringen? Kommt es zum Entstehen von zwei Deutschland? Oder wird der heutige Zustand verlängert, der allerdings schon einer Trennung verzweifelt ähnlich sieht? Oder gelingt es, den toten Punkt zu überwinden? Kommt es zur Bildung bestimmter wirtschaftlicher und politischer Körperschaften für Gesamtdeutschland? Zu Körperschaften, die für unser nach Gesundung verlangendes Volk sicher nur ein Notbehelf sein würden, die aber doch das Wiederzusammenwachsen der getrennten Teile nach und nach ermöglichen könnten. Kommt es zu einer für beide Teile erträglichen Regelung der deutschen Gebietsfragen, der Reparationsfrage und all der anderen Fragen, die für die Gesundung unseres Volkes wichtig sind?

Teheran und Jalta schufen unter der Bedrängnis des Krieges und in der Erbitterung über die Hitlerischen Verbrechen die Teilung Deutschlands. Es kann aber niemals und unter keinen Umständen Aufgabe deutscher Politiker sein, diese Zonenteilung zu bejahen oder gar sie zu fördern. Es kann auch nicht Aufgabe deutscher Politiker sein, dem deutschen Volk diese Teilung aus irgendwelchen Gründen nahezubringen. Es kann höchstens ihre Aufgabe sein, immer wieder auf den ursächlichen Zusammenhang der Geschehnisse in Teheran und Jalta mit der verhängnisvollen

Schuld Hitlers hinzuweisen. Aber die Schuld Hitlers kann nicht hindern, daß deutsche Politiker alles zu versuchen haben, um dazu beizutragen, daß die trennenden und zerreißenden Wirkungen der Beschlüsse von Teheran und Jalta für Deutschland überwunden werden. Soweit das nur immer in deutscher Macht – oder besser – in deutscher Ohnmacht liegt. Ob man das Gefühlspolitik, mangelnden Tatsachensinn, fehlende reale Orientierung nennt, kann kaum einen Politiker irre machen, der in seinem Tun und Lassen unter dem Gesetz seines Gewissens, der Verpflichtung für sein Volk steht. Der sich deshalb auch nicht nach Bedürfnissen zu richten vermag, wie sie vielleicht gerade dem Grad der Auseinandersetzungen der großen Mächte entspringen. Zudem: Gefühle spielen im Leben des Volkes eine nicht zu unterschätzende Rolle. Das mögen auch die bedenken, deren zweites oder drittes Wort stets »Realpolitik«, »Vernunft« und »Tatsachensinn« sind. Mir will scheinen, daß die Männer, die den Zusammengehörigkeitswillen unseres unglücklichen 70-Millionen-Volkes als reale Tatsache gewertet wissen wollen, den Tatsachen vielleicht mutiger und nüchterner ins Auge sehen als diejenigen, die ständig mit Realpolitik operieren.
Für die Teilung Deutschlands in vier Zonen trifft nicht uns die Verantwortung. Unsere Schuld aber würde da anfangen, wo wir uns mit dieser Teilung abzufinden beginnen. Man stößt auf solche Haltungen. Es gibt nicht nur im Felde alliierter Strategie zwischen Ost und West die Neigung, Westdeutschland vom Osten fernzuhalten oder umgekehrt. Es gibt die gleiche Haltung auch in deutschen Kreisen. Daß man dieser Haltung auch bei verantwortlichen Politikern begegnet, ist in der jüngsten Zeit erschreckend oft in Erscheinung getreten. Man will die Trennung natürlich nur als eine vorübergehende sehen. Aber dieses »Vorläufig« kann von unabsehbaren Folgen sein. Die Sorge vor solchen Folgen bewegt klarsehende Vertreter des Westens und des Ostens. Ein sprechender Beleg dafür ist der eben bekanntgegebene Brief von Erich Rossmann, dem Generalsekretär des Länderrates in Stuttgart, an den »Tagesspiegel«. Bewegter, überzeugender hätte wohl kaum einer diese Sorge zum Ausdruck bringen können als dieser Sozialdemokrat. Diese Sorge ist auch der Hintergrund unserer Haltung, der Haltung der Union in der Frage einer nicht mehr zu entbehrenden gesamtdeutschen Körperschaft. Dabei will ich nach all der künstlichen und natürlichen Bewegung, die um diese Frage entstanden ist, noch einmal erklären: Wir, die Union, haben unter einer nationalen Repräsentation eine Art permanenter gesamtdeutscher Konferenz der Parteien verstanden, die in dieser trostlosen Zeit wirtschaftlicher und politischer Zerrissenheit den Zusammenhalt unseres Volkes hätte verkörpern können. Niemals haben wir dabei die Schwierigkeiten übersehen, die der Verwirklichung eines solchen Vorhabens entgegenstehen. Aber die Notwendigkeit hätte die Schwierigkeiten überwinden müssen und wahrscheinlich auch überwinden können. Zum mindesten hätte der Versuch dazu gemacht werden müssen. Seine Verwirklichung ist nicht zuletzt am Bruderkrieg der sozialdemokratischen und sozialistischen Einheitspartei gescheitert.
Dabei wäre gerade vor London der Gesamtvertretung unseres Volkes eine bedeutungsvolle Aufgabe zugefallen. Wie auch die Entscheidungen von London ausfallen werden, das deutsche Volk hätte in allem seinem Unglück, in aller Zerrissenheit und aller Unsicherheit seiner politischen Überzeugungen zum mindesten seine Stimme geschlossen erheben müssen. Nicht der eine oder andere Politiker, nicht die eine oder andere Partei, nicht das eine oder andere Land, nicht die eine oder andere Zone, sondern Deutschland hätte in letzter Gemeinsamkeit der Welt zuru-

fen müssen: Hier im Herzen Europas lebt ein Volk von siebzig Millionen, das zwar gefehlt hat, als es verbrecherische Machthaber duldete. Das aber um seiner guten Kräfte willen nicht auf sein Lebensrecht, nicht auf seine Lebenspflicht verzichten will und nicht verzichten kann. Mögen die Völker, die heute über unser Schicksal bestimmen, die Blätter ihrer eigenen Geschichte zurückschlagen: Wer eine Geschichte ohne Schuld, ohne Fehler, ohne politische und moralische Verirrungen findet, der möge das Recht haben, den Stein auf Deutschland zu werfen, der sein Leben vernichtet. Wenn aber kein Volk die innere Berechtigung dazu findet, dann mögen sich doch alle guten Kräfte der Welt vereinigen, um einen positiven Weg aus dem politischen, moralischen und körperlichen Elend zu finden, das Deutschland und die Welt martert. Einen Weg, der den Bruch verhindert und der den Weltkonflikt zu bannen vermag.
Deutschland ist in diesen zweieinhalb Jahren von jeder Teilnahme am weltpolitischen Geschehen ausgeschaltet gewesen. Für vieles, was in dieser Zeit geschah, trifft unser Land keine Verantwortung. Immerhin aber kann uns der Vorwurf treffen, daß wir es nicht vermochten, Gesamtdeutschland mahnend und warnend sprechen zu lassen.
Man kann vielleicht manches gegen unsere Auffassung sagen. Man hat es getan. Man hat Kluges und Törichtes, Böses und Gutes, Politisches und Unpolitisches gesagt. Wir aber sind der Meinung, daß es traurig um ein Land bestellt ist, wenn seine verantwortlichen Männer in höchster Not nicht den Weg zueinander finden, um gemeinsam für ihr Volk einzutreten. Es gibt keine Macht der Erde, die uns von dieser Pflicht entbindet. Und ich will es hier, vor dem Forum der Öffentlichkeit, noch einmal in allem Ernst und in aller Klarheit sagen: Es wäre Pflicht der politischen Parteien gewesen, Pflicht ihrer verantwortlichen Männer aus Gesamtdeutschland, sich zusammenzufinden, um Meinung und Willen der deutschen Nation vor London zum Ausdruck zu bringen. Es gibt Leute, die einem solchen Willensausdruck nur deklamatorische Bedeutung zusprechen. Ist es wirklich nur Deklamation, wenn die Parteien den Notschrei des Volkes in Worte kleiden? Eines Volkes, das seine wirtschaftlichen Adern durchschnitten, den Strom seines Lebens unterbunden sieht? Und zwar so stark, daß seine Verstümmelung und seine Zerstückelung alle Lebensquellen zum Versiegen zu bringen droht? Ich habe immerhin mehr Vertrauen in das Gewissen der Welt. Ich glaube, daß ein solcher gemeinsamer Willensausdruck von den Alliierten nicht einfach als Deklamation gewertet würde.
Man sagt, die Parteien hätten keine Berechtigung zu diesem Willensausdruck. Keine Autorisation. Warum nicht? Sind denn die Parteien nach den Gesetzen der Demokratie nicht die berufenen politischen Willensträger des Volkes? Sind ihre führenden Menschen nicht von den aktivsten politischen Kräften des Volkes gewählt? Kräfte, die sich nach der Überwindung des Hitlersystems in Gesamtdeutschland um diese und jene Idee gesammelt haben. Will man den Parteien auch noch Recht und Pflicht absprechen, Willensausdruck des Volkes, Sprecher seiner Not zu sein, dann soll man sie verbieten. Das ist immer noch würdiger als das Gezänk um ihre Möglichkeiten.
Wir, die Union, hängen dabei angesichts der nationalen Not und der volkspolitischen Dringlichkeit nicht einmal so sehr an der besonderen Sendung der Parteien. Wir haben ja auch die Konferenz der Ministerpräsidenten in München begrüßt, die eine gesamtdeutsche Aufgabe zu erfüllen suchte. Wir haben damals mit unserer Kritik an den Ministerpräsidenten der Ostzone nicht zurückgehalten, deren unver-

ständliches Verhalten die Wirkung der Konferenz störte. Dabei wissen wir, daß Störungen der Konferenz nicht nur von der Ostzone, sondern auch aus einer westlichen Zone kamen. Es heißt wohl den Nagel auf den Kopf treffen, wenn festgestellt wird, daß in der östlichen Besatzungszone zuviel und vor allem zu vieldeutig von der Einheit Deutschlands geredet wird. In der französischen Zone aber auf jeden Fall zuwenig. Es darf nämlich dort von dem selbstverständlichen Willen zum Zusammenhalt und zum Wiederzusammenwachsen aller Teile unseres Volkes kaum geredet werden.

Über alle diese für Deutschland negativen und tragischen Umstände hinweg müßte es zu einem starken gesamtdeutschen Bekenntnis kommen. Ob von Parteien oder Ländervertretern, ob von Ländervertretern und Parteien, ist im Zustand der drängenden Not für uns eine sekundäre Frage. Schließlich sind beide Gruppen verantwortlich für das Schicksal unseres Volkes. Keinem Manne von politischer Einsicht kann es einfallen, gesunde föderalistische Gegebenheiten, Tatsachen und Bestrebungen zu verneinen. Ebenso kann es allerdings auch keinen verantwortungsbewußten Ländervertreter oder Stammespolitiker geben, der die Notwendigkeit gesamtdeutschen Zusammenhaltes übersehen oder ignorieren wollte. Gesamtdeutsches Bewußtsein und föderalistische Haltung schließen einander nicht aus, sondern sie bedingen einander. Dabei ist es ganz natürlich, daß die Parteien stärker das gesamtdeutsche Prinzip vertreten, während die Ländervertreter stärker vom Prinzip der Länderrechte ausgehen. Für beide aber hat die Zeit zwischen Moskau und London eine Gelegenheit bedeutet, in der sie dem Volke den Beweis für ihr gesamtdeutsches Verantwortungsbewußtsein erbringen konnten. Was die Union angeht, so haben wir das in ehrlicher Selbstlosigkeit versucht. Wir haben es versucht bis zur scheinbaren Demütigung. Ich sage bis zur »scheinbaren« Demütigung. Denn bei den Versuchen, unserem Volke zu helfen, gibt es keine Demütigungen, die abschrecken oder die verletzen könnten. Ich will sogar bekennen, daß ich kürzlich drauf und dran war, Kurt Schumacher noch einmal an den runden Tisch mit allen Parteien zu bitten. Mag man es naiv nennen. Mag man es als verrannt bezeichnen. Verrannt in den Glauben an den Sieg eines selbstlosen deutschen Willens zu neuem Zusammenwachsen, über alle Schwierigkeiten hinweg.

Jawohl, ich wollte Schumacher noch einmal ansprechen. Dann aber las ich die fast erschütternde Erklärung der SPD zu neuen Versuchen eines gesamtdeutschen Willensausdruckes, die nicht von uns kamen. Ich konnte nur mit Kopfschütteln zur Kenntnis nehmen, daß Schumacher auch diese Gelegenheit zu einem neuen Versuch benutzte, die Union zu diffamieren. Ich kann nur sagen, man kann nicht für eine gute Sache einstehen, wenn man seine Haltung immer nur damit rechtfertigt, daß man Andersdenkende diffamiert. Und es ist wahr, die Unterlassung, die Verhinderung des gesamtdeutschen Willensausdruckes ist eine schlechte Sache.

Oder sollte vielleicht der Wille zu einer gesamtdeutschen Repräsentation falsch sein, weil auch die SED diesen Willen bejaht oder verkündet? Man braucht uns nicht für so naiv zu halten, daß nicht auch wir unter dem Bekenntnis der SED zur Einheit Deutschlands auch die parteipolitischen Interessen sehen. Aber ich richte an die Patentpolitiker die Frage: Weiß man denn nur, wenn es um die Ostzone geht, daß alle kommunistischen Parteien in Verbindung mit der Ideologie des Ostens stehen? Man setzt sich in Nordrhein-Westfalen und auch sonst noch im westlichen Deutschland mit ihren Vertretern an einen Tisch. Warum sollte man es nicht auch am runden Tisch der politischen Kräfte Gesamtdeutschlands tun? Kann man für

den gesamtdeutschen Raum als unmöglich erklären, was man in Westdeutschland billigt? Heißt das nicht, Verhärtungen und Verschärfungen im Verhalten der großen Mächte untereinander auf Deutschland übertragen?
Schumacher lehnt gemeinsame Beratungen ab, weil die Sozialdemokratie in der Ostzone nicht vertreten ist. Warum ist sie denn nicht vertreten? Weil fast alle ihre damaligen verantwortlichen Führer dem Verschmelzungsfieber erlagen. Ich lasse dabei hingestellt, wie weit dieses Fieber natürlich und wie weit es künstlich erzeugt war. Auf jeden Fall ist die Sozialdemokratie der Ostzone damals den Auseinandersetzungen mit dem Kommunismus durch Verschmelzung aus dem Wege gegangen. Die Verantwortung der Union für die nichtkommunistischen Kräfte der Ostzone ist dadurch um so größer geworden. Das weiß alle Welt. Nur Herr Schumacher scheint es nicht zu wissen.
Das bisherige Versagen der Parteien und Ländervertretungen in bezug auf gesamtdeutsche Willensbildung kann natürlich nicht durch die Versuche einzelner achtenswerter und beachtenswerter Persönlichkeiten wie Karl Geiler, Alfred Weber, Paul Löbe und andere ausgeglichen werden. Wir begrüßen selbstverständlich jeden Versuch selbstloser deutscher Persönlichkeiten, dem deutschen Zusammenhalt zu dienen. Wir fühlen uns verpflichtet, jeden ernsthaften Versuch zu unterstützen. Wir begrüßen vor allem die von ernstestem Verantwortungsbewußtsein bestimmten Erklärungen von Paul Löbe zu seiner Haltung. Wir erkennen sie in Wahrheit als eine Haltung, die das Volk über die Partei stellt. Versuche von Einzelpersönlichkeiten aber entbinden Parteien und Länderregierungen nicht von ihren eigenen Verpflichtungen und Verantwortungen. Ich kann mir dabei nicht versagen festzustellen, daß bestimmte Blätter und Persönlichkeiten in ihrer zur Schau getragenen negativen Haltung gegen gesamtnationale Bestrebungen ein trostloses Bild bewußter und unbewußter politischer Verwirrung gegeben haben. In dieser Hinsicht kann man wahrhaftig von »nationaler Konfusion« sprechen. Es kommt nur darauf an, wo sie zu suchen ist und wer sie zu verantworten hat.
Dabei liegt es mir fern, alle Schuld für das Versagen Deutschlands vor London nur bei der SPD zu sehen. Ich möchte sie auch nicht nur bei denen suchen, die in ängstlicher Abwehr gegen den Osten nichts zu tun wagen, um den deutschen Zusammenhalt zu wahren. Auch nicht bei denen allein, die vor und hinter den Kulissen schon Figuren für west- und ostdeutsche Staaten stellen und bestellen, ehe alles versucht ist, den deutschen Gesamtstaat zu retten.
Das Wort von der deutschen Einheit schillert leider wie der Begriff der Demokratie in vielen Farben. Es ist mir deshalb auch nicht immer ganz wohl bei der Beschwörung der deutschen Einheit durch die SED. Denn die Linie ihrer praktischen Politik steht reichlich stark im Widerspruch zu den Beschwörungen des deutschen Einheitswillens. Ihre unablässigen Versuche, Erfahrungen und Praxis der russischen Revolution mechanisch auf die Ostzone zu übertragen, stärken im übrigen Deutschland nicht den Einheitswillen. Wohl aber den Abwehrwillen. Ich habe in den russischen Feiertagen der Oktoberrevolution wiederholt Gelegenheit gehabt, aus den Werken russischer Künstler den heißen Atem der Revolution zu spüren. Ich habe mich dem Eindruck der revolutionären Kraft, die mir fast mit Naturgewalt entgegenschlug, nicht verschließen können. Die Revolution gegen den Absolutismus des Zarenreiches war eine echte Revolution. Aber niemals läßt sich eine solche Revolution in ein anderes Land importieren. Auch und vor allem nicht nach Deutschland. An dem heißen Atem jener echten Revolution ist mir erst ganz das

Groteske eines Versuches aufgegangen, in dem durch Hitler, durch Krieg und Zusammenbruch ausgepowerten Lande eine Filiale der russischen Revolution zu errichten. Wenn es die SED trotzdem unter immer neuen Formen und Einfällen versucht, so geht das notwendigerweise auf Kosten des deutschen Zusammenhaltes. Es geht natürlich auch auf Kosten der Glaubwürdigkeit ihres Besorgtseins um die deutsche Einheit. Eines müßte ja auch der SED allmählich aufgegangen sein: Das deutsche Volk will weder im Osten noch im Westen, noch im Süden fremde Formen der Demokratie. Es will eine echte deutsche Demokratie. In einem gänzlich verarmten Volke, in einem fast klassenlosen Volke hat Klassenkampf und marxistische Revolution doch wohl jeden Sinn verloren. Was bei uns wirklich noch ausgeglichen werden muß, kann nur planvollem Neu- und Umgestaltungswillen vorbehalten werden, wenn Deutschland wieder zusammengefügt ist. So nur kann Deutschland zu einer gesunden Struktur seiner Lebensordnung kommen. Ich kann nicht verhehlen, daß die SED in ihrem revolutionären Nachahmungstrieb schon recht voreilige Tatsachen geschaffen hat. Es wird da manches auszugleichen sein. Es wäre deshalb auch gut, wenn sie haltmachte mit immer neuen revolutionären Einfällen, die nur neue Bedenken und neue Hemmnisse schaffen. Wie z. B. die jüngst noch von Walter Ulbricht so sehr propagierten Volkskontrollen, die recht fatal an die Arbeiter- und Soldatenräte vergangener Zeiten erinnern. Was dringend nottut, ist ein anderes: Wir brauchen geordnete Rechtsverhältnisse, Sicherheit und Freiheit der Persönlichkeiten, wie sie ja auch in den Grundrechten der Verfassungen niedergelegt sind. Auch in der Ostzone. Wir brauchen Freiheit der Meinungen und des Meinungsaustausches. Die SED möge sich dafür einsetzen, daß die Gerüchte über Unrechts- und Willkürzustände nicht immer wieder neue Nahrung finden.
Leider dringen von Zeit zu Zeit immer wieder Gerüchte in die deutsche Öffentlichkeit, die von mehr oder weniger geheimnisvollem Verschwinden deutscher Menschen berichten. Solche Methoden sind für das allgemeine Rechtsempfinden so erschreckend, daß jede Partei, jede offizielle Körperschaft alles daransetzen muß, sie nicht zur Anwendung kommen zu lassen. Solche Methoden vertiefen den Riß zwischen Ost und West. Sie tun noch mehr: Sie sind nur geeignet, die Erwartungen bisher positiver und aufbauwilliger Kräfte der Ostzone mehr und mehr nach Westen zu wenden.
Wer ehrlich den Ausgleich zwischen Ost und West will, kann diese Entwicklung nur mit Sorge sehen. Es gibt keinen wirklich verantwortungsbewußten Politiker in Deutschland, der an der Realität Rußlands vorbeisehen kann. Es kann keinen über den Tag hinausblickenden Deutschen geben, der übersehen wollte, daß die deutsche Bereitwilligkeit zu neuer fruchtbarer Völkerverständigung nicht nur nach Westen, sondern auch nach Osten zu gehen hat. Nur so kann Deutschland gesunden. Nur so kann es neuem Zusammenwachsen der Völkergemeinschaft dienen.
Für uns, die Union, gehört diese Erkenntnis mit zu den elementaren Beweggründen unserer politischen Existenz in Berlin und in der Ostzone. Wir wissen, daß der Erfolg unserer politischen Arbeit von dem Maß der Eigenständigkeit abhängt, das wir erreichen und verwirklichen. Verkennung und Verzerrung unseres politischen Willens, wie sie oft vom Westen geschieht, kann uns in unseren politischen Erkenntnissen nicht irre machen. Auch und vor allem nicht die Verzerrung unseres stets wiederholten Willens zu einer nationalen Körperschaft mit ihrer gar nicht zu unterschätzenden Bedeutung vor London. Es ist grotesk, daß man jeden Willen zu deutscher Zusammenfassung, der von Berlin ausgeht, als östlich veranlaßt und als

marxistisch infiziert ansieht. Wer Berlin in unserer Zeit erlebt, weiß, daß die weltweite Atmosphäre dieser Viermächtestadt den politischen Blick und die deutsche politische Verantwortung klarer erscheinen läßt als die einseitiger bestimmte politische Atmosphäre im Westen und im Süden. Wie in keiner Stadt Deutschlands, so kann sich in Berlin, in der internationalen Schule und in den bitteren deutschen Erfahrungen dieser isolierten Stadt ein neues Staatsbewußtsein formen. Jede preußische Enge ist in der internationalen Atmosphäre verweht. Was geblieben ist, ist der aufgeschlossene politische Sinn seiner Bewohner, die aus allen Teilen Deutschlands kommen. Ein politischer Sinn, der Deutschland über alle Not hinweg um so mehr liebt, je schwerer und verworrener das deutsche Suchen nach Erneuerung und Sammlung wird. In Berlin ist man weit davon entfernt, Deutschland dem orthodoxen Marxismus überlassen zu wollen. Deshalb fürchten wir uns auch nicht davor, die Kräfte aller politischen Parteien an einem Tisch zu vereinigen. Erst wenn die verschiedenen Kräfte im gesamtdeutschen Raum aufeinanderstoßen, wird Klarheit über das Kräfteverhältnis in Deutschland geschaffen werden. Diese Auseinandersetzung wird beweisen, daß Deutschland nicht das Land des Marxismus ist. Sie wird den Beweis bringen, daß Deutschland das Land ist, das aus der Hitlerzeit und diesen letzten bitteren dreißig Monaten einen Fonds von sozialen und politischen Erfahrungen in sich trägt, die es in den Stand setzen, eine eigene Lebensform zu finden. Man gebe ihm nur die Möglichkeit der Selbstentscheidung. Deutschland kann aus seinen Erfahrungen, seiner Armut und seinem Neuordnungswillen den gesunden Ausgleich zwischen Freiheit und Sozialismus suchen und finden, wenn man nur zuläßt, daß es sich selbst wiederfindet.
Hier aber liegen die großen Anliegen, die wir, die Deutschen, an die Londoner Konferenz haben. Es steht gewiß nicht bei uns, ob diese Anliegen alle verwirklicht werden. Um so mehr aber müssen sie von uns angesprochen werden.
Nationale Repräsentation, wie die Union sie vorschlug, ist ein Vorschlag der Not an die Deutschen selbst gewesen.
Das Anliegen der Verwirklichung eines Konsultativrates ist ein Mindestanliegen, mit dem wir uns vor London an die Alliierten wandten. Als Mindestanliegen ist unser Vorschlag den Besatzungsmächten eingereicht worden. Wir glaubten ihnen sagen zu sollen: Laßt das deutsche Volk auf keinen Fall ganz ohne die Möglichkeit, zu eigenen konstruktiven Lösungen zu kommen. Denn selbst wirtschaftliche Zentralverwaltungen müßten fast hilflos sein, wenn nicht politische Autorität hinter ihnen steht.
Einen größeren Fortschritt für den Sieg der Vernunft und für die Verwirklichung des Friedens in der Welt würde es bedeuten, wenn London schon eine Friedensordnung für Deutschland statuieren würde.
Zwei Fragen müßte die Friedensordnung vor allem zur Lösung bringen, zwei Fragen, an denen das deutsche Geschick hängt: Der räumliche Umfang des deutschen Staatsgebietes muß Gestalt annehmen. Die Behandlung der Reparationen muß in einen sinnvollen, verwirklichbaren Plan gebracht werden.
Was die Festsetzung des deutschen Staatsgebietes angeht, so empfinden wir es als besonders schmerzlich, daß bisher nicht ein gesamtdeutscher Willensausdruck der Welt sagte, was kein Deutscher verschweigen kann, der es ernst mit den Verantwortungen für sein Volk und damit auch für die Welt nimmt: Niemals kann die Oder-Neiße-Linie Bestandteil einer wahren Friedensordnung sein. Jenseits der Oder-Neiße-Linie liegen weite Teile alten deutschen Landes, die als Heimat unse-

rer Menschen, die für die Schaffung des täglichen Brotes für unser gesamtes Volk unentbehrlich sind. Wenn der Friede der Welt stabilisiert werden soll, müssen auch unserem Volk gesunde materielle Möglichkeiten gelassen werden. Nur dann auch wird es in der Lage sein, seinen Wiedergutmachungswillen wirklich zu beweisen.
Ebensowenig kann das deutsche Volk die wirtschaftliche und die politische Ausgliederung der Saar aus dem deutschen Staatsverband gutheißen. Nur mit Schmerz können wir zur Kenntnis nehmen, was sich in diesem Zusammenhang im Augenblick im Saargebiet begibt. In der künstlichen Getrenntheit von uns, vom übrigen Deutschland, hat der Landtag des Saarlandes einem Verfassungsentwurf zugestimmt, der auch die politische Ausgliederung der Saar bedeutet. Daß das vor London geschehen konnte, macht den Vorgang für uns nur noch trostloser. Wir bleiben der Auffassung, daß es um des künftigen deutsch-französischen Verhältnisses willen andere Lösungen in bezug auf das Saargebiet hätte geben können. Wir stehen hier vor einem Lösungsversuch, der uns nur mit Sorge erfüllen kann. Es wäre zu dieser unbegreiflichen Entscheidung der Volksvertretung an der Saar nicht gekommen, wenn sich das gesamtdeutsche Gewissen hätte bemerkbar machen können.
Ich kann nur noch einmal wiederholen: Es dürfte in Gesamtdeutschland keine deutsche Partei und keinen deutschen Mann geben, die sich in der Frage einer gerechten deutschen Gebietsregelung Schweigen auferlegen. Soll eine deutsche Ordnung zustande kommen, so ist ein Reparationsplan notwendig. Deutschland muß wissen, was ihm zur Ordnung seiner eigenen Wirtschaft bleibt. Es muß wissen, welche Teile seines Volksvermögens, welche Beträge seiner Wirtschaft von den Siegermächten in Anspruch genommen werden. Ein Volk kann auf die Dauer nur Reparationen leisten, wenn es selber zu leben vermag. Im jetzigen Zustand wirtschaftlicher Zerreißung kann Deutschland nicht leben. 70 Millionen Menschen auf engem Raum zusammengedrängt können nur dann wirklich wirtschaften, wenn sie ihre Fähigkeiten, ihre Arbeitskräfte und ihre wirtschaftlichen Mittel unbehindert von Zonen- und Verwaltungsgrenzen einheitlich ordnen und einsetzen können.
Der jetzige Zustand unserer Produktion ist so niedrig, daß er nicht einmal der durch Kriegsverluste und Reparationsentnahme so sehr geschmälerten Produktionskapazität entspricht. Mit den bisher versuchten Mitteln lassen sich weder der Grundsatz der Reparationen aus laufender Produktion durchführen noch läßt sich ein genügender Export zur Deckung des deutschen Bedarfs durchführen. Gibt man uns aber die notwendigsten wirtschaftlichen Voraussetzungen, so werden verantwortliche deutsche Instanzen in der Lage sein, konstruktive Vorschläge für Reparationen und Exporte zu entwickeln und auch durchzuführen. Nur deutsche Instanzen können die Ausgangsbilanz für eine zuverlässige Beurteilung deutscher Möglichkeiten liefern. Nur so ist ein Neubeginn und eine endliche Gesundung möglich. Solange diese Chance Deutschland nicht gegeben ist, bleibt das deutsche Leben ein Vegetieren, das sein geistiges und sein wirtschaftliches Niveau immer tiefer herunterdrücken muß.
London wird nur ein Neubeginn für das deutsche Volk sein, wenn es Deutschland aus dem Schicksal befreit, Gegenstand des Streites zwischen Ost und West zu sein. Deutschland ist gewiß nur eines der Felder, auf denen sich die verschiedenen Auffassungen und Interessen der Weltmächte entgegenstehen. Aber es ist doch ein besonderes Feld. Das gemeinsame Besatzungsregime führt hier die in Spannung stehenden Mächte besonders eng zusammen. Unser Volk leidet schwer darunter. Das wissen auch die Besatzungsmächte. Die deutsche Frage muß gelöst werden. Sie

wird nicht gelöst durch Weiterführung der Versuche, dieses oder jenes Staats- oder Wirtschaftssystem auf unser Volk zu übertragen. Das schafft nicht nur immer neuen Konfliktstoff in Deutschland, sondern schließlich auch zwischen den Weltmächten. Deutschland aber führt es niemals zur Gesundung, sondern nur noch zu tieferer Zerrissenheit.
Wer den geistigen und wirtschaftlichen Zustand in Deutschland zu deuten vermag, der weiß, daß in seinen besten Kräften das Suchen nach dem eigenen Weg lebendig ist. Es ist die Synthese von Freiheit und Bindung, zu der die Union sich bekennt. Man soll Vertrauen haben zu den Kräften dieser gesunden Mittel. Sie werden sich durchsetzen, wenn nur London die Grundrechte und die Grundvoraussetzungen der nationalen Existenz unseres Volkes herzustellen weiß.
Man erkenne das Recht unseres Volkes auf Selbsterhaltung an.
Man schaffe die Grundlage, man schaffe wenigstens aber den Beginn für neues wirtschaftliches und politisches Zusammenwachsen.
Man beginne wenigstens, dem deutschen Volke wieder das Recht auf Selbstregierung und Selbstentscheidung zuzugestehen. Am Anfang dieses Beginnens aber muß Vertrauen stehen.
Vertrauen zum deutschen Volk würde das neue Deutschland mit seiner besten Kraft der Hütung des Friedens verpflichten.

## 26

*Hat Deutschland eine Zukunft?*
*Herne, 30. November 1947*

Die Frage nach der deutschen Zukunft ist die Frage an die Londoner Konferenz. Sie ist die Frage an die Besatzungsmächte. Sie ist die Frage an das deutsche Volk selbst. Dabei liegt – darüber sind wir uns klar – die wesentliche Entscheidung über das deutsche Geschick, über die deutsche Zukunft bei den Weltmächten.
In London wird das deutsche Volk nicht vertreten sein. Aber es ist trotzdem anwesend. Wenn die Staatsmänner der Alliierten beraten, sitzt der Schatten unseres ausgemergelten, zerrissenen Volkes mit am Verhandlungstisch. Der Schatten des deutschen Volkes fragt nach seiner Zukunft. Nach der Zukunft seiner Menschen, seiner Jugend, seiner Kinder.
Wenn ich von der Zukunft Deutschlands spreche, so denke ich nicht wie der Bürger vergangener Zeiten an eine neue, reiche wirtschaftliche Entwicklung. Die Möglichkeit dazu liegt unter den Trümmern des Hitlerreiches begraben. Ich denke nicht an die Wiederkehr vergangener friedlicher und sorgloser Zeit, die heute wie eine unwirkliche Erinnerung hinter uns liegt. Wenn ich nach der deutschen Zukunft frage, so denke ich zunächst und vor allem an eine reife, abgeklärte Neuordnung unseres gestörten Volkslebens. Ich denke an eine neue, eine wahrhaft soziale – wenn es Sie nicht zu sehr erschreckt – meinetwegen an eine sozialistische Ordnung, die der Freiheit des inneren und des äußeren Menschen dient. Eine Ordnung allerdings, die nicht britische, nicht amerikanische, nicht französische und nicht Sowjetzone heißt . . ., sondern eine Ordnung, die Deutschland heißt. Ohne den Namen, ohne den Rahmen Deutschland gibt es keine Zukunft des deutschen Volkes. Nur im Rahmen und unter dem Namen Deutschland ist neuer Aufstieg gewährleistet.

Was aber heißt für uns Aufstieg? Das deutsche Volk ist ein fleißiges, ein intelligentes, ein arbeitsames Volk. Wer das noch nicht gewußt hat, der konnte es nach dem Zusammenbruch erleben. Hier im Industriegebiet. Und ebenso in den Trümmern von Berlin. Kaum war der Rauch der Bomben und Geschütze verzogen, da kam die schwergepeinigte Bevölkerung aus ihren Löchern. Und nahm das schwerste und bitterste Arbeitsschicksal auf sich, das je ein Volk zu tragen hatte. Ich verkenne die Schuld nicht, die unser Volk selbst an diesem Geschick zu tragen hat. Es duldete das frivole Machtspiel Hitlers, das eine Welt in Not brachte. Ein großer Teil des Volkes duldete dieses Spiel nicht nur. Es spielte mit. Wir wollen und werden diese Tatsache nicht vergessen. Die Not, die wir tragen, die Trümmer, die uns immer neu bedrücken, sind das Wahrzeichen des größten Irrganges unseres Volkes. Aber der Irrgang Deutschlands kann niemals Rechtfertigung dafür sein, daß die Folgen für unser Volk zu einem Dauerzustand werden. Deutschland muß auch materiell wieder eine Zukunft haben. Es muß ihm zunächst die Hoffnung gegeben werden, daß es wenigstens den mittleren europäischen Lebensstandard zu erreichen in der Lage ist, der ihm von der Welt immerhin noch zugestanden wurde. Heute lebt unser Volk unter dem Existenzminimum. Eine Tatsache, die uns im letzten Katastrophenwinter zahllose Opfer an Hunger und Kälte gekostet hat. Eine Tatsache, die vielleicht oder sicher auch in diesem Winter noch manches Opfer an Gesundheit und Leben kosten wird. Dieser Zustand läßt sich nicht verlängern, wenn nicht Verhärtungen und Verkrampfungen entstehen sollen, die neue Gefahren in sich bergen.

Ich weiß, daß es in der Nachbarschaft Deutschlands immer noch Mächte gibt, deren Sorge auf die sogenannte »Deutsche Gefahr« gerichtet ist. Deutschland als Ganzes darf und soll keine Zukunft mehr haben. Denn neue deutsche Zukunft bedeutet neue deutsche Gefahr.

In diesen Tagen fiel mir eine Artikelserie aus der Schweizer Zeitung »Die Tat« in die Hände: »Was bleibt von der deutschen Gefahr?« Der Verfasser ist überzeugt, daß die deutsche Gefahr nicht mehr besteht. Aber die Argumente, die er für seine Überzeugung anführt, sind so peinigend, daß sie jeden Deutschen ins Herz treffen, der sich seinem Volk verpflichtet fühlt.

Die Gefahr, die Deutschland hieß, existiert nicht mehr, sagt er. Es ist zur Tatsache geworden, »das Ding, das Deutschland hieß, existiert einfach nicht mehr«. »Die politische Figur, die diesen Namen trug, ist verschwunden vom Schachbrett. Ja, sogar von der Landkarte.« Es sind zwei Deutschland entstanden. Keines dieser beiden Deutschland habe bis jetzt einen Namen erhalten. Der Rest des ehemaligen Deutschland, der eventuell noch herauskommt, ist nach seiner Meinung eine rheinisch-bawarische Republik. Alles andere ist für ihn verlorenes Land. So malt sich unser Geschick im Kopfe eines – soviel ich weiß – deutschen Mannes, der im neutralen Ausland lebt.

Es ist gewiß wahr: Man braucht nur einen Blick auf die Trümmer unserer Zivilisation, unseres Staates und unserer Wirtschaft zu tun, dann weiß man: Der Zusammenbruch deutscher Volkskraft ist ein totaler. Man braucht nur kurze Zeit das not- und leidbedrückte Leben unseres Volkes zu leben, dann weiß man: So sehr das frivole Spiel der Macht die Törichten im Volk einmal blendete. So tief ist der Sturz, den dieses Spiel verursachte. Dann weiß man: Dieser Sturz läßt keine deutsche Gefahr im Sinne neuen Machtmißbrauches mehr zu.

Wir verstehen dabei, daß die Frage nach der deutschen Gefahr gestellt wird. Wir haben uns sogar mit manchem abgefunden, was aus der Sorge vor dieser Gefahr geschieht. Wir wissen z. B., daß die Neuschaffung deutscher Länder, daß die Föderalisierung Deutschlands nicht zuletzt ein Gegengewicht gegen den Mißbrauch zentralisierter Staatsmacht sein soll und schließlich auch zu sein vermag.

Aber vor einem wird sich die Welt zu hüten haben: Man soll nicht eine vermeintliche Gefahr mit einer noch größeren Gefahr bekämpfen wollen. Die Teilung Deutschlands kann dem deutschen Volk seine Zukunft, sie kann ihm sogar seine Existenz nehmen. Aber die Unruhe im Herzen des ehemaligen Deutschland, im Herzen Europas, die dann entstehen würde, wäre eine Quelle neuer nationalistischer Gefahr. Von dieser Unruhe könnten nur die dunklen Kräfte profitieren, ehe das deutsche Volk ganz von ihnen gesundet ist.

Jawohl, die rheinisch-bawarische Republik, von der fabuliert wird, hätte dann nur noch 44 Millionen Einwohner. Sie hätte statt eines Ernährungsdefizites von 20 % pro Kopf in Gesamtdeutschland ein Defizit von 38 % pro Kopf. Sie hätte nur noch eine Kohlenförderung von 55 % der früheren Gesamtförderung. Ihre industrielle Produktion würde nur noch 59% der früheren von Gesamtdeutschland betragen. Ganz abgesehen von den Beschränkungen, die der deutschen Industrie sonst noch auferlegt werden.

Diese rheinisch-bawarische Republik wäre also ein ohnmächtiges Gebilde, das keinen Schaden mehr anrichten könnte. Aber man vergesse doch nicht: Es bleiben die deutschen Menschen im Osten und im Westen, die nicht ruhen könnten und nicht ruhen würden, bis Deutschland wieder ersteht.

Die Gefahr der Teilung Deutschlands liegt wie ein verhängnisvoller Schatten über Deutschland und Europa. Die Alliierten tragen die Möglichkeit der Teilung unter dem Mantel, der heute noch ihre Entscheidungen deckt. Die Teilung Deutschlands könnte die Folge sein, wenn in London keine Verständigung erreicht wird. Aber auch bei den maßgeblichen Mächten machen sich immer mehr mahnende Stimmen bemerkbar, die vor einer solchen Patentlösung warnen. Es mag eine solche Patentlösung vielleicht die zunächst am billigsten erscheinende Lösung für manche der Mächte sein. Aber keine der Weltmächte kann die Folgen übersehen, die eine solche Lösung für die Zukunft bedeuten könnte. Es ist möglich, daß im Falle der Trennung die westdeutsche Wirtschaft eine schnellere Erholung erführe. Es ist möglich, daß ein westdeutscher Staat die Wahrheit der Anschauung erführe, daß ein Sperling in der Hand besser ist als die Taube auf dem Dache. Zumal, wenn mit der Möglichkeit eines Separatfriedens gespielt wird. Aber damit ist die weit tiefergehende Schicksalsfrage Deutschlands nicht gelöst. Schließlich dürfen auch im Osten nicht alle Faktoren übersehen werden, die auf die Phantasie eines unglücklichen Volkes wirken können. Man vergesse nie: Deutschland ist trotz aller Irrtümer, die seine Geschichte belasten, ein altes Kulturvolk, das man nicht ungestraft als Mittel zum Zweck benutzen kann. Als Mittel zum Zweck in den Auseinandersetzungen zwischen Ost und West.

Die Mächte der Welt, die sich gegen Hitler verbündeten, erklärten immer wieder, daß sie für die Würde der Menschheit, für die Freiheit der Menschen und der Völker kämpften. Jedes Volk aber hat in seiner Geschichte Seiten, auf denen Irrtümer und Fehler seiner Wege verzeichnet sind. Die Völker, die über das deutsche Geschick entscheiden, mögen in den Seiten ihrer Geschichte zurückblättern. Wer eine Geschichte ohne politische und ohne moralische Schuld findet, der werfe den Stein der Vernichtung auf unser Volk. Der übernehme die Verantwortung, Deutschland im Widerstreit der Auffassungen und Interessen in Teile zu zerreißen.

Wir, die Union in Berlin und in der Ostzone, haben uns der östlichen Besatzungsmacht gegenüber immer wieder für die Eigenständigkeit des deutschen Volkes eingesetzt. Es gilt dieses Recht allen Besatzungsmächten gegenüber. Auch in den Auseinandersetzungen der Besatzungsmächte untereinander darf ein Volk nicht Mittel zum Zweck sein. Die Besatzungsmächte haben gewiß die Staatsgewalt in Deutschland in ihre Hände genommen. Sie fanden ja einen Staat ohne Autorität und ohne Ordnung vor. Aber für die Staatsgewalt der Alliierten gilt das gleiche Gesetz, das sie im Kampf gegen Hitler verkündeten. Für das auch wir, die Gegner der Hitlerdiktatur, gekämpft haben: Es gibt keine Staatsgewalt mit absoluten Rechten über ein Volk. Nicht über das eigene Volk, aber auch nicht über ein fremdes Volk. Eine absolute Gewalt aber würden die Vier Mächte ausüben, wenn sie wider deutschen Willen unseren Volkskörper zerreißen würden.
Schon die Teilung Deutschlands in Zonen, die in Teheran und Jalta beschlossen wurde, hat im Bewußtsein der Deutschen unheilvolle Wirkungen hervorgerufen. Die Alliierten kamen mit dem verständlichen Ziel nach Deutschland, diesem Lande nun endlich ein demokratisches Gesicht zu geben. Der Wille war sicher ehrlich. Das Ziel war nach dem Gebaren des Hitlerreiches ein löbliches. Aber die Praxis ist schwerer als der erste Entschluß. Jede der Weltmächte trägt ein anderes Bild von der Demokratie in ihrem Bewußtsein. Amerika ist Vertreter einer liberalen Demokratie. England vertritt eine sozialistische Demokratie. Rußland aber verkörpert und erstrebt die marxistische Demokratie. Ich nenne Frankreich nicht. Denn Frankreich hat in seinem Willen, auf seine Zone Einfluß zu nehmen, keine bestimmten Ideen erkennen lassen. Wohl aber den Willen, diese Zone möglichst von den anderen abzuschließen.
In der Atmosphäre dieser verschiedenen Haltungen der Besatzungsmächte entwikkelte sich das politische Leben in den Besatzungszonen. Oder es wird entwickelt. Ich spreche ja kein Geheimnis aus, wenn ich sage, daß die Einflußnahme, die auf die politische Entwicklung genommen wird, von verschiedener Stärke ist. Ist es da ein Wunder, wenn die politischen Dialekte der einzelnen Zonen immer verschiedener werden? Sogar der Zungenschlag unserer eigenen Menschen wird immer verschiedener. Menschen, die sich zu gleichen politischen Ideen bekennen. Menschen der Union sprechen verschiedene Sprachen. Ich verhehle nicht, daß in der Ostzone der marxistische Zungenschlag vorherrscht. Die Menschen der amerikanischen Zone haben von Tag zu Tag stärkeren liberalen Akzent. Und die Menschen der britischen Zone? Nun, ich verrate kein Geheimnis, daß hier der Zungenschlag etwas gemischt ist. Bald herrscht das Liberale, bald das Soziale, um nicht zu sagen Sozialistische vor. Es wäre töricht, diesen verschiedenen Zungenschlag zu leugnen. Wir müssen nur sehen, daß wir bald politisch und sozial die eigene klare Sprache sprechen lernen. Wenn ich jetzt nicht in Gefahr käme, bei all denen Ärgernis zu erwecken, denen Berlin immer wieder ein Stein des Anstoßes ist, wäre ich versucht zu sagen: Wir sind dort vielleicht schon am weitesten. Denn wir sind in der Viermächtestadt Berlin jeden Tag von neuem gehalten, die Auffassungen der Vier Mächte zu verarbeiten und in uns selbst auszugleichen. Das fördert die eigene Klarheit und stärkt den eigenen politischen Willen.
Im übrigen: Herr Schumacher hat sich neulich gerühmt, daß seine Partei absolut einheitlich und darum in allen Zonen am manövrierfähigsten ist. Ich will mich an dem unschönen Ausdruck »manövrierfähig« nicht stoßen, obgleich es sehr nach »Manöver« klingt. Ich nehme an, auch die Sozialdemokratie wird sich nicht gern

für »Manöver« gebrauchen lassen. Aber eines möchte ich doch sagen: Herr Schumacher wird sich wundern, wenn er endlich den Mut findet, auch in die Ostzone zu gehen. Ich fürchte, daß er nach der ersten Wiedersehensfreude bei vielen, die in Treue zu ihm zurückkehren, doch manche Gegensätzlichkeit zu seiner eigenen Auffassung entdeckt. Zudem häufen sich auch im übrigen Deutschland die Anzeichen, daß bei weitem nicht alle erbaut sind von seinen Haltungen und Erklärungen. Ob das nun in der Frage der Sozialisierung, der Föderalisierung Deutschlands, der Bildung einer gesamtdeutschen Vertretung und anderen Fragen der Fall ist. Also die sogenannte Manövrierfähigkeit der SPD muß erst einmal abgewartet werden.

Nun, das politische Leben in Deutschland ist ja überhaupt noch im Fluß. Es kann und wird sich erst in voller Klarheit oder wenigstens in größerer Klarheit abzeichnen, wenn der deutsche Zusammenhalt wiederhergestellt ist. Je eher das geschieht, um so heilsamer für Deutschland. Um so heilsamer aber auch für Europa. Die schwerfällige und zerreißende Einrichtung der viergeteilten Besatzungsregierung mit ihren verschiedenen politischen Prinzipien kann nur durch wirtschaftliche und politische Zusammenfassung Deutschlands eine positive Ergänzung – um nicht zu sagen Korrektur – erfahren.

Wird nun London die Wiederherstellung des deutschen Zusammenhaltes bringen? Wird es gelingen, den toten Punkt zu überwinden? Wird es zur Bildung bestimmter wirtschaftlicher und politischer Körperschaften kommen? Das ist die Frage, die wir an London stellen. Diese Frage an London – an die Alliierten also – heißt zugleich eine Frage an das deutsche Volk stellen: Was haben wir, was hat unser Volk getan, um trotz aller trennenden Wirkungen der Zonengrenzen den Zusammenhalt unseres Volkes zu wahren? Was hat es getan, um neuem Zusammenwachsen den Weg zu bereiten? Schumacher glaubte neulich sagen zu dürfen: Erst müsse die Verständigung zwischen den Weltmächten herbeigeführt werden, dann könne auch Deutschland wieder zusammenwachsen. Auch vom Rhein her wurde dem deutschen Volke in der Frage des deutschen Zusammenhaltes bzw. in dem Fordern von zentralen Körperschaften Zurückhaltung anempfohlen. Wir sind nicht naiv genug, um nicht zu wissen, wie sehr Deutschlands Schicksal von der Verständigung der Weltmächte abhängt. Aber unabhängig von den Weltmächten, unabhängig von ihren Auseinandersetzungen gibt es ein Recht und eine Pflicht der Deutschen, ihren Willen zur Einheit zu wahren und diesen Willen zu bekunden. Daß das in der Zeitspanne, die uns zwischen Moskau und London noch gegeben war, in nicht genügender Weise geschehen ist, gehört zu den Schwächen unseres zerrissenen Volkes. Aber nicht unser Volk, nicht die schwerarbeitenden Menschen des Westens, Ostens und Südens sind schuld daran. Schuld sind die neunmalklugen Politiker, die in ängstlicher Zurückhaltung auf die möglichen und nicht möglichen Gefahren starren, die neuer Zusammenschluß Deutschlands mit sich bringen könnte. Schuld sind auch die Politiker, denen die Partei über das Volk geht.

Wir, die Union, haben schon Anfang dieses Jahres die Forderung nach einer nationalen Repräsentation des deutschen Volkes erhoben. Wir haben an die Parteien die Bitte gerichtet, sich am gemeinsamen Tisch zusammenzufinden, um eine gesamtdeutsche beratende Körperschaft zu schaffen. Wir wußten, daß wir keine Regierung zu schaffen in der Lage sind. Denn noch üben die Besatzungsmächte die Staatsgewalt aus. Aber wir wollten dem deutschen Volk eine Stimme, eine Ausdrucksmöglichkeit für seine gemeinsamen Anliegen geben.

Sie kennen das Hin und Her, das um diesen Wunsch und Willen der Union entstanden ist. Verantwortliche, ehrliche, vaterländische Sorge der Union für Deutschland wurde verzerrt, diffamiert, nur weil bestimmte Politiker parteipolitische Enge, parteipolitisches Prestige nicht überwinden konnten. Noch in diesen Tagen warb ein Kurt Schumacher nahestehender Politiker um Verständnis für dessen Haltung. Er meinte: Gewiß geht es der Sozialdemokratie auch um die Stärke ihrer Partei, ehe sie zur Bildung einer nationalen Repräsentation bereit ist. Bedenken Sie, daß Sachsen doch nun einmal die Hochburg der Sozialdemokratie war. Wenn sie dort und in Thüringen wieder zugelassen ist, bekommt Herr Schumacher vielleicht 51 % der Stimmen in Deutschland. Ich konnte daraufhin nur fragen: Warum hat denn die Sozialdemokratie keine Wirkmöglichkeit in Sachsen, in Thüringen? Doch nicht zuletzt auch deshalb, weil nur verschwindend wenig Führungskräfte der Sozialdemokratie des Ostens dem Verschmelzungswillen der Kommunisten widerstanden haben. Doch nur deshalb, weil der damalige Führungskörper der östlichen Sozialdemokratie bei dieser Verschmelzung wesentlich mitgewirkt hat. Ich selbst habe die Phasen dieses Geschehens unmittelbar miterlebt. Ich wäre gern bereit, den Mantel der Liebe darüber zu decken, wenn ich nicht immer wieder vor der Notwendigkeit stände, einer Legendenbildung vorzubeugen. Wenn mir vor allem Herr Schumacher nicht immer wieder Veranlassung gäbe, den ehrlichen Kampf der Union in Berlin und der Ostzone vor Diffamierungsversuchen zu schützen.
Kurt Schumacher will mit seinem Einzug in die Ostzone warten, bis ihm die Alliierten durch Schaffung gleichen Rechtes in allen Zonen den Weg dahin ebnen. Mannhafter wäre es, ihn von sich aus zu gehen. Mannhafter wäre es, schon jetzt, schon heute an Ort und Stelle für dieses Recht einzustehen. Wie auch die Union es tut. Wie sie es nicht ohne Erfolg tut. Und was die 51 % angeht, nach denen die Sozialdemokratie anscheinend strebt, ehe sie zu einer gesamtdeutschen Körperschaft bereit ist, so kann ich nur um unseres Volkes willen wünschen, daß sie diese 51 % nicht erreicht. Nicht, weil ich die Bedeutung der SPD unterschätze. Und nicht, weil ich irgendwie in engen Parteigrenzen befangen bin. Ich zählte Sozialdemokraten unter meinen besten Freunden. Wir haben in der Hitlerzeit ehrlich versucht, zu einem Ausgleich der politischen und sozialen Auffassungen zu kommen. Wir haben in ehrlicher Auseinandersetzung hinter den Kulissen des Hitlersystems erfahren, daß es einen Ausgleich geben kann. Aber mir will scheinen, daß es doch noch weite Kreise in der Sozialdemokratie gibt, die den Weg vom Marxismus zu einem freien sozialistischen Willen noch nicht gefunden haben. Es will mir scheinen, als stecke doch noch ein gutes Stück Hang zu totalitären und diktatorischen Formen auch in der Sozialdemokratie. Nicht nur der linke Bruder, die kommunistische Partei, hat diesen Hang. Auch bei der Sozialdemokratie tritt er noch häufig in Erscheinung. Wie könnte es sonst möglich sein, daß man einen Paul Löbe parteioffiziell maßregelt, weil er es wagte, die Interessen des Volkes über die Partei zu stellen. Wir können keine totalitären Methoden in Deutschland wünschen. Wir wünschen Freiheit der Entscheidung für jeden einzelnen. Wir wünschen Würde der Persönlichkeit vor dem Staat und auch vor Parteiführern. Wir möchten hoffen, daß sich das deutsche Volk in seinen Willenskundgebungen heute und morgen so entscheidet, daß kein totalitärer Zug zum Durchbruch kommen kann.
Aber das ist die Sorge von morgen. Heute stehen wir vor der niederdrückenden Tatsache, daß die Parteien es nicht dahin bringen konnten, vor London zu einer gemeinsamen Willenskundgebung des deutschen Volkes zu kommen. Allerdings ist

die SPD nicht allein schuld daran. Es gibt weitere politische Kreise, die dem Willen zu einer gesamtdeutschen Körperschaft zum mindesten passiven Widerstand entgegengesetzt haben. Es mag sein, daß die fortwährenden Diffamierungsversuche: Dieser Wille sei östlichen Ursprungs, er sei von dem Willen Rußlands und der SED inspiriert, abschreckend gewirkt haben. Man fürchtet die östliche Ideenwelt, die Eingang nach Westen finden könnte. Man begegnet dieser Furcht immer wieder. Das Ausland glaubte sogar auf weite Kreise, z. B. in Nordrhein-Westfalen, hinweisen zu können, die von dieser Furcht beseelt sind. Ich selbst glaube sagen zu können, daß in der breiten Masse des Volkes, der Arbeiter, des Mittelstandes, der Bauern, diese Furcht kaum vorhanden ist.

Eine ausländische Zeitung berichtet von einer Befragung von zehntausend Menschen im Ruhrgebiet nach der künftigen Staatsform Deutschlands. Von den zehntausend Menschen stimmten 61 % für den Einheitsstaat. Nur 6 % der befragten Jugendlichen darunter und 10 % der Älteren stimmten für einen föderativen Staatenbund. 15 % stimmten für eine Monarchie nach englischem Muster. Auch diese 15 % muß man wohl denen zurechnen, die für einen Einheitsstaat Deutschlands entschieden.

So sehr wir uns selbst für eine gesunde Gliederung Gesamtdeutschlands, für einen föderativen Aufbau entschieden haben: Diese Abstimmung dürfte die hochgespannten Föderalisten nachdenklich machen, die Deutschland um hundert Jahre zurückwerfen wollten. Aber ich sehe jetzt vom mißverstandenen Föderalismus ab. Bei vernünftiger deutscher Politik wird das deutsche Volk für eine gesunde Gliederung Deutschlands Verständnis haben. Obwohl die Länderbürokratie in Deutschland mit ihrer Überfülle an Ministersesseln seine Geduld schon reichlich in Anspruch nimmt. Ich will hier nur demonstrieren, daß die breite Masse des Volkes nicht das geringste Verständnis dafür hat und haben kann, wenn man den Willen zu gesamtdeutschem Zusammenhalt mißachtet.

Warum auch? Das deutsche Volk hat in seinen Wahlen eindeutig gegen den Kommunismus entschieden. Es kann den Männern der Ostzone – Wilhelm Pieck, Walter Ulbricht und wie sie heißen – nur heilsam sein, wenn sie sich am runden Tisch gemeinsamer Parteiberatungen mit der weitaus größeren Mehrheit der Andersdenkenden auseinanderzusetzen hätten. Es kann für sie nur heilsam sein, wenn sie aus der ihnen so günstigen Atmosphäre der Ostzone heraus in andere Bezirke Deutschlands kommen. In Bezirke, die doch wohl in unbestrittener freier Wahl bezeugt haben, daß sie Deutschland niemals orthodoxem Marxismus anvertrauen wollen.

Eine gesamtdeutsche Körperschaft, wie die Union sie erstrebt hat, sollte nichts sein als ein Organ gesamtdeutschen Willensausdruckes. General Clay hat den Willen zu einer solchen Körperschaft letzter Tage noch als »gesundes politisches Symptom« bezeichnet. Wir sind ihm dafür dankbar. Es ist uns ein Zeichen, daß er das tiefe Verlangen des deutschen Volkes nach dem Wiederzusammenfügen seiner Teile zu deuten weiß. Das deutsche Volk wünscht zum mindesten erst einmal einen Beginn zu sehen. Einen Beginn neuer Selbständigkeit und wachsender Entscheidungsmöglichkeit über sein eigenes Geschick. Überdies: Nichts wäre notwendiger für künftige deutsche Regierungsbildungen, als daß die Parteien im gesamtdeutschen Rahmen endlich in Fühlung miteinander kommen. Schon, damit sie die gemeinsame deutsche Sprache wieder lernen, die durch die Zonentrennung einen verschiedenartigen Akzent erhalten hat. Ich will dabei restlose Klarheit über die parteipoliti-

sche Selbstlosigkeit der Union in ihrem Wunsch nach einer gesamtdeutschen Vertretung schaffen: Wir müssen gewiß daran festhalten, daß die Parteien die politischen Willensträger des Volkes sind, in denen sich vor allem der gesamtdeutsche Wille des Volkes zu verkörpern hat. Aber wir hätten für die Initiative zu einer ersten Zusammenfassung des deutschen Willens schließlich auch den Ministerpräsidenten der Länder den Vortritt gelassen. Deshalb haben wir auch die Konferenz der Ministerpräsidenten in München durchaus begrüßt. Eines muß allerdings für die Vertreter der Länder gesagt werden: Es muß der ehrliche Wille zu gesamtdeutscher Zusammenfassung bestehen. Das heißt, der Wille muß vorbehaltlos auf ein geeintes Deutschland gerichtet sein. Es ist für jeden verantwortlichen Deutschen ein peinliches, um nicht zu sagen ein beschämendes Gefühl, wenn man erfährt, wie hinter den Kulissen der Politik – zuweilen aber auch schon in verhältnismäßiger Offenheit – die Figuren für einen eventuellen westdeutschen oder ostdeutschen Staat gestellt werden. Oder wenn man lesen muß, daß süddeutsche Ländervertreter schon jetzt für den Fall eines Mißerfolges der Londoner Konferenz beraten, in welcher Form süd- und westdeutsche Länder in einem föderativen Bundesstaat ein Gegengewicht gegen die norddeutschen Staaten bilden können. Der ganze Jammer deutschen Elends faßt einen an, wenn man von dieser Betriebsamkeit liest. Sie kann nur denen eine Augenweide sein, denen an der Pflege des alten deutschen Erbübels liegt.
Ich möchte wünschen, daß alle diese Männer das Abstimmungsergebnis aus dem Ruhrgebiet zur Kenntnis nehmen. Es ist nicht nur ein erfreuliches Zeichen für den gesamtdeutschen Willen der arbeitenden Bevölkerung in Deutschland. Es ist auch ein warnendes Zeichen. Das Volk will nicht allzuviel wissen von der immer größer werdenden Zahl von Ministersesseln und Verwaltungsstellen. Sie sind gewiß nicht immer fördernd für die Erholung Deutschlands. Oder glaubt jemand, daß z. B. der Kartoffelkrieg zwischen deutschen Ländern eine Erleichterung für die Volksernährung gewesen ist? Schuld an solchen Zuständen ist die gegenseitige einsichtslose Abschließung von Ländern, Agrar- und Produktionsräumen. Denen das eigene Interesse näher liegt als die Sorge um die Rettung Deutschlands vor letztem Verfall.
Es ist richtig, vieles an dem Erstarken der auseinanderstrebenden Kräfte in Deutschland ist bestimmten Tendenzen der Besatzungsmächte zuzuschreiben: Man versäumte, gleich nach Potsdam wenigstens die Wirtschaftseinheit herzustellen. Man glaubte, einen überspitzten Föderalismus empfehlen zu sollen. Eine Macht erstrebte sogar die Auflösung in souveräne Einzelstaaten. Man vergaß dabei, daß die Zukunft Deutschlands, daß die Möglichkeiten wirtschaftlicher Gesundung nicht Trennung, sondern Zusammenfassung verlangt. Leidtragend ist nicht zuletzt die schwer arbeitende Bevölkerung.
Dieser Zusammenfassung soll auch der Vorschlag eines Konsultativrates dienen, mit dem wir, die Union, von Berlin aus an die Besatzungsmächte herantraten. Wir taten es, nachdem alle anderen Versuche zu gesamtdeutscher Zusammenfassung fehlgeschlagen waren. Ich betone, daß es sich hier nur um ein Mindestanliegen handelt. Wir bleiben uns bewußt, daß das Beste für das deutsche Volk die raschmöglichste Bildung einer deutschen Regierung wäre. Aber auch wirtschaftliche Zentralverwaltungen wären immerhin schon ein Fortschritt. Nur sind wir der Meinung, daß wirtschaftliche Zentralverwaltungen zum mindesten sofort ergänzt werden müßten durch die Autorität einer politischen Körperschaft. Der Konsultativrat war schon in Moskau vorgesehen. Er könnte immerhin eine wirksame politische Ergän-

zung der wirtschaftlichen Zentralverwaltungen sein. Schon die Erfahrungen des Frankfurter Wirtschaftsrates zeigen, daß wirtschaftliche Organe notwendigerweise die Autorität politischer Körperschaften verlangen. Sie wissen, daß General Clay auf unseren Vorschlag mit einem Schreiben geantwortet hat, das durchaus positiv zu deuten ist. Positiv in dem Sinne, daß bei den verantwortlichen Männern der Besatzungsmächte die Einsicht zu erkennen ist, daß das deutsche Verlangen nach Zusammenfassung ein verständliches – um nicht zu sagen ein notwendiges – Anliegen ist. Auch die britische Militärregierung hat uns bestätigt, daß General Robertson unser Anliegen in London vortragen wird. Der Sowjetischen Militäradministration wurde unser Anliegen inzwischen noch einmal in eingehender Aussprache dargelegt. Ich sage das hier, um darzutun: Wir sind nicht ganz ohne Hoffnung, daß in der Gestaltung des gesamtdeutschen Geschickes in London doch vielleicht ein Schritt vorwärts getan wird. Ich mache mir dabei keine Illusionen darüber, daß dieser Schritt nach vorn abhängig ist von dem Verlauf der Auseinandersetzung der Besatzungsmächte untereinander. Es ist nicht viel, was an deutscher Kraft an der Lösung mitwirken könnte und mitwirken kann. Leider aber können wir dem deutschen Volk, d. h. seinen verantwortlichen Vertretern den Vorwurf nicht ersparen, daß es auch die geringe Möglichkeit, die ihm gegeben war, nicht einmal ausgenutzt hat. Ich weiß, daß es viele verantwortliche Deutsche quer durch alle Parteien und Länder gibt, die voll Schmerz und Trauer über diese ungenutzte Möglichkeit sind. Alle Erklärungen der Sozialdemokratie können die Tatsache nicht aus der Welt schaffen, daß ihr parteiegoistisches Verhalten in dieser entscheidenden Frage auch in den eigenen Reihen weitgehend Kopfschütteln – um nicht zu sagen – offenen Protest erregt hat. Trostlos dabei, daß man diesem Protest der Einsichtigen immer wieder durch Diffamierung des gesamtdeutschen Willens zu begegnen sucht. In den letzten Tagen noch hat es wiederum der »Sozialdemokrat« in Berlin versucht. Die Geschichte, die er dabei erzählt, um sich selbst zu rechtfertigen, ist geradezu grotesk. Mag sein, daß die SED von dem Willen beseelt ist, ihren Einfluß in Deutschland zu stärken. Aber parteipolitische Sonderziele oder Sonderhoffnungen der SED können große Parteien, die sich ihres selbstlosen Willens und ihrer gesamtdeutschen Kraft bewußt sind, nicht abhalten, die Auseinandersetzung mit dem kommunistischen Willen aufzunehmen. Man kann nicht eine Repräsentation des gesamten deutschen Volkes verneinen, weil eventuell auch der eine oder andere Kommunist in dieser Gemeinschaft sitzen könnte. Vielleicht hat die Sozialdemokratie Sorge vor dieser Auseinandersetzung um der eigenen marxistischen Kräfte willen, die sie in ihren Reihen hat. Wir, die Union, haben keine Sorge vor dieser Auseinandersetzung. Wir beweisen die Klarheit unseres antimarxistischen Willens Tag für Tag in mannhafter Auseinandersetzung. Deshalb fürchten wir die Auseinandersetzung mit den Kräften der SED im gesamtdeutschen Raum auf keinen Fall.

Wie groß das Verlangen des deutschen Volkes nach neuer Einheit ist, sieht man an geradezu verzweifelten Versuchen, die aus dem Volke kommen. Wenn ich z. B. lese, daß sich nun sogar eine Gruppe des 20. Juli mit anderen Kräften zusammengetan hat, um die Bildung einer Regierung für Deutschland vorzuschlagen, die sich aus Männern des neutralen Auslandes zusammensetzen soll, dauert mich das deutsche Volk von Herzen. Ich sehe daran nur das verzweifelte Suchen nach deutscher Gemeinsamkeit, nach deutscher Zusammenfassung. Ich will aber dazu bemerken, daß es mir etwas unerklärlich ist, welche Gruppe des 20. Juli mit einer solchen Erklärung an die Öffentlichkeit treten und sich dabei auf frühere Überlegungen der Männer des 20. Juli berufen kann. Ich gehöre immerhin zum engsten Kreis der Männer des 20. Juli. Mir ist niemals bekannt geworden, daß derartige Ideen eine Rolle gespielt haben. Wir waren selbstverständlich für eine deutsche Regierung. Und die Männer dafür waren da. Und wir sind auch heute für die schnellste Bildung einer deutschen Regierung. Es gehört das zum Anliegen, das wir den Alliierten nicht dringend genug nahelegen können.

Es wird Zeit, daß sich diese Haltung im gesamten Volke durchsetzt. Es wird Zeit, daß Parteiinteressen von dem Verantwortungsbewußtsein für das ganze Volk überwunden werden. Es wird Zeit, daß das Volk sich sammelt in einem starken gemeinsamen Willen. Es wird Zeit, daß die Angst vor dem Osten durch den Willen zur Auseinandersetzung mit dem Osten überwunden wird. Man kann den Kommunismus, der das Gesicht der Ostzone gewiß stärker verändert hat, als es im Gesamtinteresse Deutschlands tragbar ist, nicht einkerkern. Es gibt nur eine Möglichkeit, die wir in der Ostzone immer neu versuchen: Man muß sich mit ihm auseinandersetzen.

Deutschland wird nicht dadurch gesunden, daß man der marxistischen Gefahr ein liberales System entgegenstellt. Und dann zwischen beiden eine Mauer errichtet. Östliche und westliche Besatzungsmächte müssen den Weg freigeben zur eigenen Auseinandersetzung im deutschen Volk selbst. Niemals darf es so kommen, wie es in diesen Tagen eine Zeitschrift der jungen Generation vorzuführen suchte. Um die ganze Trostlosigkeit der deutschen Lage zu zeigen, brachte sie zwei fingierte Aufrufe an das deutsche Volk, wie sie nach Scheitern der Londoner Konferenz erlassen werden könnten. Der eine von Frankfurt am Main ausgehend. Der andere von Weimar. Der eine an die »Vereinigten Staaten von Deutschland«, gebildet durch die drei Westzonen. Der andere an »die deutschen Volksrepubliken«, gebildet durch die Länder der Ostzone. Der eine im Stile der westeuropäischen Sprache. Der andere im Stile des Ostens. So grotesk diese Darstellung, so tragisch rührt sie an die innerste Not eines zueinanderstrebenden Volkes. So bewegt aber auch die Mahnung der deutschen Jugend an die Alliierten, es nicht zu diesem Bankrott des Friedenswillens der Völker kommen zu lassen, sondern ein wahrhaft schöpferisches Werk des Friedens zu tun. Und Deutschland in dieses Werk einzuschließen.

Wir nehmen gern die Erfahrungen der Völker in uns auf, die mit ihnen in unser Land kamen. Wir wissen, daß sich die Erfahrungen, die sie mitbrachten, in ihren Spuren nie mehr verwischen lassen. Sie wollen verarbeitet und genutzt werden. Und sie werden um so mehr genutzt, je mehr Freiheit man dem deutschen Volk läßt, sie zu werten und zu verwerten. Aufhören aber sollte man mit jedem Versuch, unserem Volke irgendeine Form aufzuzwingen, die es nicht bejaht und nicht bejahen kann, weil sie seiner Struktur und seinem Wesen fremd sind.

Es ist wahr, die marxistische Lehre hat ihren Ursprung im Kopf eines deutschen Gelehrten. Aber ich glaube, Marx wäre viel zu weise, diese seine Lehre heute noch auf das von Krieg und Zusammenbruch ausgepowerte deutsche Volk anzuwenden. Ganz abgesehen davon, daß er manchen seiner Irrtümer inzwischen schon eingesehen hätte. Die Mehrheit des deutschen Volkes hat längst gegen den Marxismus entschieden. Man sollte ihn im Osten Deutschlands wahrhaftig nicht künstlich beleben. Man sollte aber auch im Westen Deutschlands vor dieser künstlichen Belebung keine Angst haben. Auf das deutsche Volk kommt es an und auf seinen Willen zu ehrlicher Auseinandersetzung. Je stärker das gesamte Volk zu dieser Auseinandersetzung bereit ist, um so mehr Achtung werden die Besatzungsmächte vor diesem Willen haben. Wir haben es im Osten gewiß nicht leicht. Und man nimmt meine Haltung seitens der Sowjetischen Militäradministration nicht gerade immer mit reiner Freude auf. Aber man hat mir auch noch nie die Achtung versagt. Es ist die Aufgabe unserer Generation, Sowjetrußland zu begegnen. Uns mit seinem Willen auseinanderzusetzen. Es ist die Aufgabe unserer Generation, uns mit Rußland zu verständigen, ohne uns der Idee des Marxismus zu beugen. Rußland ist die große Realität, mit der wir zu rechnen haben und mit der wir auch rechnen wollen. Denn Deutschland und Rußland haben wirtschaftliche Möglichkeiten zu gegenseitiger Ergänzung, die beiden Völkern zum Guten dienen kann. Die deutsche Zukunft wird nicht zuletzt auch vom friedlichen Wirtschaftsaustausch mit Rußland abhängen. Wir stehen im Osten mit dem Willen zu dieser Verständigung. Wir stehen für diese Verständigung, ohne je gewillt zu sein, das marxistische System, das Rußland als für sich gegeben ansieht, für Deutschland anzunehmen. Es wäre gut und es wäre wertvoll für Deutschland, wenn sich diese Erkenntnis im Osten und Westen durchsetzen würde. Wobei ich ungeschminkt sagen will, daß manche überstürzt geschaffenen Formen der Ostzone im deutschen Gesamtrahmen eine Korrektur erfahren müssen.

Wir lehnen den Marxismus ab. Aber wir glauben auf keinen Fall, daß man in Deutschland eine Wiedergeburt des Kapitalismus bejahen könnte. Die große Masse der kleinen Leute in Deutschland – und wir sind mit wenigen Ausnahmen alle »kleine Leute« geworden – verlangt nach einer Ordnung, die im entschiedensten Sinne sozial ist. Keiner darf sich mehr etwas vormachen: Das deutsche Volk hat ohne marxistische Revolution eine unerhörte Umwälzung erfahren. Es gibt gewiß noch Kreise, die in der Vorstellungswelt der Besitzenden leben. Die große Enteignung durch Krieg, Zusammenbruch und Heimatverlust von Millionen unseres Volkes ist ihnen noch nicht aufgegangen. Die Lösung der Probleme, die damit für uns gegeben, drängen allein schon zu sozialistischen Maßnahmen. Man kann die Augen nicht davor verschließen, daß z. B. die Bewirtschaftung der wichtigsten Lebensgüter, die Bewirtschaftung von Wohnung, Kleidung und Nahrung allein schon einen Charakter tragen, den man nur sozialistisch nennen kann. Von weitergehenden sozialistischen Maßnahmen gar nicht zu reden. Solche Maßnahmen haben aber nicht das geringste mit Marxismus, mit Staatskapitalismus, mit Kollektivismus zu tun.

Wir haben in diesen Tagen eine Zusammenkunft der Vertreter der früheren christlichen Arbeiterbewegung aus Gesamtdeutschland durchgeführt. Es waren Männer und Frauen versammelt, die vielfach in verantwortlichen Stellungen der Union stehen. Es waren auch Männer und Frauen, die Verantwortungen in den neuen, zur Einheit zusammengefaßten Gewerkschaften tragen. Wir sind uns darüber klargeworden, daß diese Männer und Frauen eine große Aufgabe haben. Sie fühlen sich verantwortlich für die fortschrittliche Haltung der Union. Für eine Haltung, die sich bewußt ist, daß breite Massen des deutschen Volkes in ehrlichem Ringen um eine Synthese zwischen Freiheit und sozialistischer Bindung stehen. Freiheit für Geist und Haltung eines jeden Menschen. Freiheit für alle guten Kräfte in der Wirtschaft des Volkes. Für alle guten Kräfte, die ihr persönliches Interesse dem Interesse und der Gesundung eines armen, ausgebluteten Volks unterzuordnen bereit sind. Freiheit für die gesunden Kräfte der Bauern, des Mittelstandes, der Klein- und Mittelin-

dustrie, die kein Volk entbehren kann. Bindung aber für alle egoistischen, alle gewinngierigen Kräfte, die sich an der Arbeit des kleinen Mannes unrechtmäßig bereichern. Das gilt nicht zuletzt in der heutigen Notzeit unseres Volkes. Es geht um die Notwendigkeit, die richtige Synthese zwischen Freiheit und Bindung zu finden. Wie sie im einzelnen praktisch gefunden wird, ist die Angelegenheit des deutschen Volkes, wenn ihm seine wirtschaftliche und politische Selbstbestimmung wiedergegeben wird. Es ist vor allem das Anliegen der Männer der christlich-demokratischen Arbeiterschaft, wie sie sich in den Sozialausschüssen der Union zusammengefunden haben, diese Synthese zu finden. Finden sie dafür in der Union die politische Basis, dann werden sie ihre Aufgabe auch in den Gewerkschaften zu erfüllen wissen. Denn es ist Geist vom sozialen Geist der früheren christlichen Gewerkschaftsbewegung, der noch immer nach Verwirklichung verlangt. Nach Verwirklichung in der Union. Nach Verwirklichung auch in den Gewerkschaften.
Wir wissen, die Gewerkschaften sind noch kein Idealgebilde. Sie erscheinen sogar diesem und jenem als gefährliches Gebilde. Auch wir wollen gestehen, daß uns die Gewerkschaften Sorgen machen. Wir haben zu prüfen, wie weit die Schuld bei uns, bei mangelnder Initiative liegt. Wir haben aber auch Veranlassung zu prüfen, ob die wahrhafte und echte Einheit der Gewerkschaften in dieser Zeit bewegtester Auseinandersetzung der Geister nicht ein unerreichbares Ideal bleibt. Würde diese Prüfung negativ ausfallen, würde sie zu neuer Trennung führen, so würden wir diese Konsequenz nur mit Schmerz ziehen. Denn wir arbeiteten schon in der Hitlerzeit aus ehrlichem Glauben an der Schaffung dieser Einheit.
Noch aber versuchen die Männer der christlich-demokratischen Arbeiterschaft in den heutigen Gewerkschaften ihren Mann zu stehen. Damit sind sie das Bindeglied zwischen der breiten Masse der deutschen Arbeiter, die weitestgehend von sozialistischem Willen erfüllt sind, zu den übrigen Bevölkerungsschichten. Auch zu den im gesunden Sinne konservativen, der Bürger und Bauern. Der Schichten, die sich in ehrlicher Bereitschaft zu einer sozialen Neuordnung bekennen. Die Männer der christlich-demokratischen Arbeiterschaft in der Union sind entschlossen, den Marxismus, den Kollektivismus der Unfreiheit durch eine soziale, durch eine sozialwirtschaftliche Ordnung zu überwinden, die der Freiheit dient.
Ich glaube, dieser Wille ist auch der Wille einer Partei, deren von uns getrennten Eigenweg wir nur mit Trauer sehen. Der Zentrumspartei. Wo immer ich auf Äußerungen und Verlautbarungen ihrer verantwortlichen Männer stoße, empfinde ich die Gleichheit, die Identität des fortschrittlichen Willens. Wir wären in diesem unserem Willen vereint stärker, als wir es in der Trennung sind. Warum gehen wir getrennte Wege, wenn es zum Besten Deutschlands wäre, diese Wege zu vereinigen? Gerade wir, die Männer, die aus dem sozialen Geist, dem – ich möchte sagen radikalen sozialen Ausgleichswillen einer christlichen Arbeiterbewegung kommen – wollen die Hoffnung nicht aufgeben, daß wir, daß Union und Zentrumspartei bald ihre heute noch getrennten Wege vereinigen. Wir mahnen nicht aus Parteiegoismus. Wir mahnen aus der Sorge um ein Deutschland der gesunden Mitte. Unserer gemeinsamen Kraft müßte es ja um so eher gelingen, alle politischen Kräfte in Deutschland zu vereinigen, die die gesunde politische Mitte verkörpern. Die stark zu sein hat, damit alle Extreme überwunden werden. Wir haben das Extrem des Nationalsozialismus hinter uns. Es hat zur Katastrophe geführt. Wir können keine weiteren Extreme gebrauchen. Nur ein Deutschland mit einer eigenständigen, einer eigenen politischen und sozialen Ordnung, fern von jedem Extrem, ist ein Ga-

rant des Friedens. Eine solche Ordnung ist auch der Garant der deutschen Zukunft. Sie ist die Basis sicherer Verständigungsmöglichkeit und Verständigungsbereitschaft nach Osten und Westen.
Von dieser Überzeugung, von diesem ehrlichen Willen beseelt, schauen wir nach London. Jeder Klarsehende im deutschen Volk weiß, daß nicht der Zwiespalt der Besatzungsmächte, sondern daß ihre Verständigung einen neuen positiven Ausgangspunkt für Deutschland schaffen kann. Wir warten auf diese Verständigung. Wir warten, daß endlich der Schritt vom Krieg zum Frieden getan wird. Das Zwielicht des Überganges muß endlich weichen. Wir warten auf die Ordnung des Friedens. Auf die Klärung des deutschen Geschickes. Wir warten auf die Klärung über Gestalt und Raum des deutschen Staatsgebietes. Wir warten auf einen sinnvollen und durchführbaren Plan für die Reparationen.
Ich habe neulich in Berlin der brennenden Sorge unseres Volkes um eine gerechte Regelung der Grenzen in Ost und West Ausdruck gegeben. Ich habe ausgesprochen, was kein verantwortlicher Deutscher verschweigen darf, wenn er vor der Zukunft Deutschlands, vor der deutschen Jugend bestehen will.Ich habe gesagt, daß jenseits der Oder-Neiße-Linie Teile alten deutschen Landes liegen, die wir um der Heimat unserer Menschen, um unserer Millionen Flüchtlinge willen, die wir um der Ernährung unseres Volkes willen nicht entbehren können. Ich habe ferner unsere Trauer und unsere Sorge über die Tatsache zum Ausdruck gebracht, daß man dabei ist, die wirtschaftliche und die politische Ausgliederung der Saar vorzunehmen. Ich habe zum Ausdruck gebracht, daß das Geschehen um die Saar nicht möglich wäre, wenn das gesamtdeutsche Gewissen wacher wäre. Und wenn es gesprochen hätte. Man hat mich um dieser Erklärungen willen einen Nationalisten geheißen. Von polnischer Seite wurden meine Worte als »Stimme im Chor der internationalen Hetzer« gedeutet. Ich kann nur sagen, daß mich das unsagbar traurig macht. Wer mich kennt, weiß, daß ich ein Gegner des völkerverderbenden Nationalismus bin. Aber weil ich das bin, weil ich dem Frieden dienen möchte. Weil auch Deutschland dem Frieden dienen muß und dienen soll. Weil fruchtbarer Friede zwischen Deutschland und unseren Nachbarn im Osten sein soll. Weil endlich Friede zwischen Frankreich und uns sein soll, dürfen wir nicht schweigen, wenn es um die Ordnung des Friedens geht.
Was die Regelung der Reparationsfrage angeht, so muß Deutschland bald wissen, was ihm für seine eigene Ordnung bleibt. Es muß wissen, welche Beträge und welche Erträge seiner Wirtschaft von den Siegermächten in Anspruch genommen werden. Nur von einer klaren Ausgangsbilanz aus kann die deutsche Wirtschaft neu geordnet werden. Nur deutsche Instanzen aber können diese Ausgangsbilanz schaffen. Wenn London auch nur einigermaßen klare und gesunde wirtschaftliche Möglichkeiten für Deutschland schafft, werden sich deutsche Instanzen in der Lage sehen, konstruktive Vorschläge sowohl für Reparationen wie für Exporte zu schaffen.
Nur muß eine entschlossener Anfang gemacht werden. Wir müssen darauf vertrauen, daß ihn London bringt. Wir müssen darauf vertrauen um der Zukunft Deutschlands und um der Zukunft der Welt willen.
Wir, die Union, stehen für diese Zukunft mit unserem entschlossenen Ordnungswillen für ein neu zu einendes und ein neu zu ordnendes Deutschland. Wir stehen für ein Deutschland, das aus eigener Erkenntnis, aus eigenem Willen, aus eigener Kraft, aus dem eigenen Gesetz seines Lebens heraus dem Frieden Europas und der Welt dienen kann.

## 27

*Rechenschaftsbericht auf der Vorstandssitzung der Arbeitsgemeinschaft CDU/CSU Berlin, 28. Dezember 1947*

Wir begrüßen Sie sehr, daß Sie aus dem Westen und Süden zu uns gekommen sind in diese Stadt und in dieses Haus, und wir danken Ihnen in letzter Aufrichtigkeit für Ihr Kommen. Die Tatsache unseres Zusammenkommens deuten wir als ein Zeichen dafür, daß Sie uns ernst nehmen und die Unaufschiebbarkeit der Angelegenheit, um die es geht, zu würdigen wissen. Ein weiteres kommt dadurch zum Ausdruck, daß die Angelegenheit, die hier über uns gekommen ist, daß sie uns alle miteinander angeht. Unmittelbar nach dem Ausbruch der sog. Krise der Union sind zahlreiche An- und Zurufe aus dem Westen und Süden bei uns eingelaufen: »Wir fühlen uns verbunden mit euch«, »Kommt doch zu uns nach dem Westen«. Unsere Antwort war: Das ist nicht möglich. Das ist weder aus politischen noch aus zeitlichen Gründen möglich. Wir waren der Meinung, daß diese ernste Zusammenkunft, die Aussprache über das, was im Gange ist, an der Front des Geschehens erfolgen müßte, also in dieser Stadt Berlin, in der die Meinungen und die Vorhaben der Mächte sich täglich begegnen, sich ausgleichen oder sich nicht ausgleichen. Daß wir uns treffen mußten in der Stadt, deren Geist und deren Wachsamkeit und Verantwortlichkeit dieses Widerspieles wegen vielleicht noch sehender, noch sichtiger ist als in anderen Räumen unseres gemeinsamen Vaterlandes. Ich will nicht viel Worte der Einleitung machen. Das Gespräch, das wir führen, wollen wir offen miteinander führen. Es soll jeder sagen, wie er es denkt. Wir wollen das Gespräch vertraulich behandeln. Was zu verlautbaren ist, das wollen wir selbst in der Hand halten und selbst der Presse bekanntgeben.

Ein Wort zu unserer Zeiteinteilung: 1. Die sogenannte Krise. Dann aber ist uns, den Männern und Frauen in Berlin und in der Ostzone, daran gelegen, auch von Ihnen im Westen zu hören, wie es um die Angelegenheit im Westen steht. Es scheint, als wenn die Männer drüben die Gemeinsamkeit des Vaterlandes vergessen hätten. Der eine oder andere von uns, der nicht mit so groben Geschützen auffährt, ist aber doch in Sorge, daß man aus irgendwelchen Versäumnissen heraus zu Dispositionen drüben kommen könnte, die die Trennung noch verschärfen. Wir hätten den Wunsch, daß vielleicht Herr v. Prittwitz über die außenpolitische Situation etwas sagt und Herr v. Brentano über Verfassungsfragen. Prof. Hickmann soll aus der Summe seiner Erfahrungen, Lasten und Besorgnisse auf dieser Tagung unseren Freunden aus dem Westen etwas sagen.

Wir wissen heute längst, daß der Zustand, wie er heute bei uns herrscht, schon in Jalta und Teheran beschlossen war und in Potsdam bestätigt worden ist, einschl. der schmerzlichen Trennung an der Oder/Neiße. Dieser Ausfall von 24 % der Fläche, schon diese Tatsache begründet die Summe von Elend und Not und Armut. Dazu die Auseinanderreißung des verbleibenden Raumes in vier Zonen trotz Kontrollrat. Wir wissen, wie das alles geworden ist. Die Auflösungserscheinungen greifen uns alle ans Herz. Keiner von uns in diesem Raum will einen zentralistischen Staat, sondern wir wissen alle, daß Deutschland neu geordnet werden muß. Wir haben heute 17 Länder. Aber wir haben kein Deutschland mehr. Wir haben eine Auseinanderentwicklung auf allen Gebieten, zumindest steht jede Zone unter dem Einfluß der Besatzungsmacht. Was hat dazu in dieser Zeit unser deutsches Volk

getan? Ich werfe die ernste Frage auf: Was hat unser Volk, was haben seine Parteien getan, um diese Frage zu bannen? Es ist nicht alles geschehen, was hätte geschehen können. Auch nicht bei uns in der CDU. Ich meine immer, wir hätten uns größer, stärker zusammenfinden können als bisher. Ein Ausländer hat mir gesagt: Ihr müßtet in eurer Not von einem größeren Pathos erfüllt sein. Wenn ich das Berliner Theaterleben betrachte, warum wird nicht Don Carlos gespielt? Ob Versäumnisse nur auf unserer Seite hier in der Ostzone begangen sind, weiß ich nicht. Was ist viel geschwätzt worden in unseren Reihen über Spannungszustände zwischen Jakob Kaiser und Adenauer. Wir hätten wirklich Größeres zu tun. Es geht in dieser Zeit nicht nur um die Sorge um Brot und Kartoffeln, sondern es geht auch um Größeres. Ich meine, wir hätten uns enger finden müssen und mehr Teilnahme haben müssen an Freud und Leid. Wir hätten uns über den eigenen Rahmen hinaus mit anderen Parteien über alle Grenzen und alle Verhandlungen hinweg zusammenfinden müssen. Das deutsche Volk muß ein wachsames Gewissen organisieren, wenn wir in 17 Länder zerrissen sind. Dann bleibt als Pflicht übrig, daß wir uns zusammenfinden. Daher damals unser Versuch der nationalen Repräsentation. Ich sage, es ist traurig und beschämend, daß das nicht zustande gekommen ist. Warum mußte das versanden? Es ist nicht nur der Schumacher daran schuld. Auch bei uns hat der Schwung allzu rasch nachgelassen, ist erlahmt. Ich weiß um die Gründe, um die Skepsis. Es hängt damit zusammen, daß den Männern aus dem Westen und Süden vieles nicht gefallen hat, was im Osten sich ergeben hat und was von dort aus für Deutschland befürchtet wurde. Ich habe diese Bedenken gegen die Ostzone stets zu würdigen gewußt. Wenn wir trotzdem an dem Gedanken festgehalten haben und nach Hannover gefahren sind, dann deswegen, weil wir der Auffassung waren, daß die Gefahren der politischen Entwicklung gemeistert werden können, wenn nur alle Kräfte zusammenstehen. Wir sind nun einmal der Auffassung, daß die SED eine politische Realität ist und daß wir mit ihr fertig werden müssen und daß wir mit ihr auch fertig werden, wenn man im gesamtdeutschen Raum wirkt. Dann wird man die Kräfte in Schach halten können. Wir haben es erst aufgegeben, als wir erkennen mußten, daß das übrige Deutschland nicht mittut. Gewiß, was hier angedeutet wird von mir, ist auch unter dem Einfluß der internationalen Lage geschehen.
Was nun unsere bisherige politische Arbeit in Deutschland und für Deutschland in den verschiedenen Zonen angeht, so bleibt wohl übrig, daß wir hier in der Ostzone das schwerste auf uns genommen hatten nach dem Zusammenbruch, denn wir standen der sowjetischen Besatzungsmacht gegenüber. Ich bin ganz damit einverstanden, daß das, was ich jetzt sage, von den Herren der SMA mitgehört wird. Wir standen hier, für uns war es am schwersten, den Repräsentanten einer anderen Welt gegenüber. Einer Welt, die sie uns und möglichst ganz Deutschland nahebringen wollte. Ich muß, wenn das verstanden werden soll, ganz offen sprechen. Und ich darf das, denn wir sind ja reife Menschen, die den Dingen auf den Grund sehen. Keine der Besatzungsmächte ist mit vergleichbaren prägnanten Zielen in unser Land gekommen wie die sowjetische Besatzungsmacht. Ich weiß auch um die Schwierigkeiten in den anderen Zonen. Aber die SBM ist immer meine Sorge gewesen. Sie ist in unser Land gekommen, um auch unser Land wie die übrigen Länder, die von Rußland besetzt worden sind, nach ihren Zielen umzubilden und umzuformen. Das schließt keinen Vorwurf gegen Rußland ein, sondern die Repräsentanten sind nun einmal davon erfüllt, daß ihre Erkenntnisse das Allheilmittel der Menschheit sind, und es ist ihre Absicht, das durchzuführen und die Welt umzuformen.

Wenn ich deutlich werden muß, was ich damit sagen will, dann bitte ich nur zu denken an das, was sich im Baltikum, in Polen und in Ungarn abspielt, wo sich die Volksdemokratie durchsetzt. Es ist das nicht nur für uns, sondern auch für eine weitere Welt wichtig, ob das gelingt oder nicht gelingt. Es steht zur Frage, ob das deutsche Volk, das sich hier mit der russischen Union begegnet, aus einem anderen Holz geschnitzt ist als die Völker der östlichen Nachbarländer. Ob wir geistig und politisch stark genug sind, um Rußland davon zu überzeugen, daß wir uns nicht einfach ihren Intentionen beugen, sondern daß es darauf ankommt, daß wir uns gegenseitig verstehen und verständigen lernen. Vom Erfolg oder Nichterfolg der politischen Aufgabe, die uns mit dieser Begegnung mit der SBM gestellt ist, hängt unsagbar viel ab für unser Volk und darüber hinaus – in einem anderen Zusammenhang ist angedeutet worden: Krieg oder Friede. Ich bin der Auffassung, daß von der Frage, wie wir uns bewähren oder nicht bewähren, vielleicht die Frage abhängt, wie die Auseinandersetzung zwischen Ost und West ausgetragen wird. Ob mit den Mitteln des Geistes, der Politik oder ob noch einmal das Verhängnis über Deutschland kommen muß. Das ist, was mich immer beseelt, wenn ich mit den Russen spreche. Uns ist aufgegeben, daß wir bei dieser Begegnung mit dem russischen Volk unsere Eigenart auch zur Geltung bringen. Diese Erkenntnisse waren im letzten Grunde die tragenden Kräfte unserer politischen Arbeit in Berlin und in der Zone.
Meine Freunde, wir haben in dieser Beziehung das äußerste getan, was Menschen überhaupt zu tun vermögen. Und wenn es im Augenblick hart auf hart geht, dann ist das nur ein Ausdruck dafür, daß wir hier einer größeren Lösung dienen müssen. Wir waren uns stets bewußt, das gilt für Lemmer und Hickmann auch, daß unser Weg immer ein Gang auf einem schmalen Grad gewesen ist. Und ich sage mit letzter Stolzheit, wir waren die einzigen wirklichen Kräfte eigenen Willens eines positiven Widerstandes von Anfang an. Das war vom ersten Tag an; schon unter Hermes und Schreiber. Lemmer und ich standen ja erst im zweiten oder dritten Treffen. Es wäre vielleicht manches anders verlaufen. Wir wären in der Begegnung längst weiter, wenn auch die anderen Kräfte neben uns klarer in den Entscheidungen, auf die es ankommt, gewesen wären. Das war leider nicht der Fall. Die Sache hat schon am 11. Juli 1945 mit der Schwäche der SPD begonnen. Der Sprecher, Dahrendorf, hat damals eine verhängnisvolle Erklärung abgegeben. Ich bitte, das einmal nachzulesen. Und dann begann in diesem Raum die Demokratisierung durch die sogenannte Blockpolitik. Das war der Versuch, daß die Parteien zusammengefaßt werden und daß alles, was politisch geregelt, hier vorbesprochen werden sollte. Ich kann nur sagen, wenn ich an die Zeit zurückdenke, daß die anderen politischen Kräfte in der Wachsamkeit und Achtsamkeit sehr schwach gewesen sind. Das gilt für die SPD und für das immer bereite Nachgeben der LDP. Es hat gewiß auch da aufrechte Männer gegeben.
Es kam dann zum Ausscheiden von Hermes und Schreiber. Es war nicht die Frage der Bodenreform allein, sondern es war im Grunde ein Zusammenstoß zwischen dem eigenen Willen von uns und den Kräften von der anderen Seite. Ich bin bei diesen Besprechungen in Karlshorst dabei gewesen und ich war Zeuge dieses Aufeinanderstoßens von zwei verschiedenen politischen Auffassungen. Vielleicht war Hermes dabei zu temperamentvoll. Man sagt, ich sei es auch. Aber es gibt auch Augenblicke, wo man nein sagen muß. Ernst Lemmer und ich befanden uns damals in einer schweren Lage. Konnten wir die Verantwortung übernehmen? Es gab Leute, die sagten, das darfst du nicht tun. Hermes redete damals auf uns ein und

sagte: Demokratie in diesem Raum hat keinen Zweck. Aber die Partei war noch im Aufbau. Die Menschen, die sich zusammengefunden hatten, kannten sich noch gar nicht. In jenen Tagen kamen Offiziere der Westmächte und sagten: Wir wissen um das Schwere Ihrer Entscheidung. Auch wir möchten wünschen, soweit wir die politische Betätigung hier beurteilen können, und Ihnen raten, daß sie nein sagen und sich dem Wunsche Ihrer Freunde versagen. Aber, Herr Kaiser, nehmen sie folgendes zur Kenntnis: Wenn Sie sich dem Wunsche Ihrer Freunde und auch der Bereitschaft von Karlshorst, Sie anzunehmen als der verantwortliche Mann, wenn Sie sich dem Wunsch versagen, dann wird das den Unwillen hervorrufen, so daß Sie hier in Berlin weder gewerkschaftlich noch politisch werden arbeiten können. Wenn Sie dann etwa glauben, nach Köln oder ins Ruhrgebiet gehen zu können, dann werden Sie an vorgerückter Stelle dort auch nicht arbeiten können. So sind die Gegebenheiten unter uns, den Alliierten.
Wir haben gehandelt und die Verantwortung übernommen. Und Ernst Lemmer und ich können mit Genugtuung auf die Arbeit hinweisen. Es ist wohl nirgends so gearbeitet worden wie in diesem Hause. Und wir haben auch die Respektierung bei den anderen Kräften gefunden. Auch die Respektierung bei den Besatzungsmächten und auch bei der sowjetischen Besatzungsmacht. Der menschliche Kontakt war ein durchaus guter.
Es waren zwei Gründe, von denen wir uns immer beherrscht fühlten:
1. Die CDU muß in dieser Phase der Gefährdung des deutschen Lebens Klammer des deutschen Zusammenhalts sein. Wir sind die einzige politische Gruppe gewesen, die noch über die Zonengrenzen hinweg den deutschen Zusammenhalt bewahrt hat. Wir haben nicht nur im Osten gearbeitet, sondern sind auch nach dem Westen gegangen. Wir haben klargemacht, daß die russische Armee nicht nur im Raum Oder/Elbe steht, sondern die russische Armee steht vor den Toren von Würzburg. Sie steht mitten in Deutschland. Und das ist eine Realität, mit der wir uns auseinandersetzen müssen.
2. Die Verständigung mit Rußland.
Rußland ist die große Realität. Ich habe so oft ausgesprochen: Das Finden unseres Volkes mit Rußland ist vielleicht für uns noch wichtiger als das Finden mit den Westmächten. Es war einfach ein Gesetz für uns. Deutschland kann sich nicht rein westlich oder rein östlich orientieren, sondern es muß einen Weg finden. Und es kommt vor allem darauf an, daß wir zu einer Verständigung mit Rußland kommen. Man denke nur an das Wirtschaftliche. Hat unsere Arbeit denn überhaupt einen positiven Sinn gehabt? Es wird uns gesagt: Macht doch Schluß. Oder wie Schumacher, daß wir nur das Feigenblatt für eine Demokratie gewesen sind. Es geht nicht um Parteiinteressen, um Jakob Kaiser, sondern es geht um eine große Auseinandersetzung. Unsere Meinung ist: Wir haben gewiß vieles mit hinnehmen müssen und mitmachen müssen, was nicht gut und schön ist für unser Volk, z. B. Übertreibungen der Bodenreform, oder ob Sie an das denken, was Industriereform genannt wird, an bestimmte kulturpolitische Entwicklungen. Wir haben aber unseren Mann gestanden und Menschen gesammelt. Wir haben sie mit eigenem Willen erfüllt. Vielleicht war politische Bewegung nirgends so stark wie in der Ostzone. Im Westen war ich immer wieder über die Bewegungseinseitigkeit des Volkes sehr erstaunt. Wir haben die Blockpolitik in den Grenzen zu halten versucht, wenn wir nicht abrutschen wollen. Wir haben eine Abwehrstellung gegen die Einheitsorganisation eingenommen. Es war versucht worden, bei den Wahlen nicht nur die Wähler als Willensträger zu machen. Wir haben wi-

derstanden, damit die Kirche beim Dorf bleibt. Was wir organisatorisch erreicht haben, das kommt darin zum Ausdruck, daß wir nicht nur in dieser Stadt die zweitstärkste Partei geworden sind, sondern auch in zwei Ländern: in Mecklenburg-Pommern und in Brandenburg. Unsere Haltung war insgesamt gut, unser Ruf war gut, und wir verfügen auch über eine starke Position.
Die Schwierigkeiten für uns, unseren eigenständigen Weg zu machen mit seinem positiven Ziel, sind größer und größer geworden mit der Zunahme der Spannungen unter den Alliierten. Je schwieriger es unter den Alliierten wurde, um so schwieriger wurde es auch für uns. Anfang dieses Jahres: die Begegnung der Alliierten in Moskau. Eine der Folgen war, daß die Blockpolitik intensiviert werden sollte als Vorstufe für den Volkskongreß. Es ist diejenige Weiterentwicklung, der wir widerstehen mußten, wenn Demokratie Demokratie bleiben soll. Dann kam der Marshall-Plan, den ich verurteilen soll. Ich bin der Auffassung, daß Europa nicht gesunden kann ohne fremde Hilfe. Die Amerikaner sind die einzigen, die materiell noch helfen können. Daß damit Gefahren verbunden sind, ist natürlich richtig. Aber wie sollen wir Reparationen leisten können für Rußland, wenn unsere Fabriken nicht in Ordnung kommen. Ich habe den Freimut gehabt und habe gesagt, was gesagt werden muß. Wir standen immer stärker zwischen Ost und West. Zu der großen Klarstellung suchten wir zu kommen auf der Jahrestagung. Deutschland zwischen Ost und West war das Kennwort. Wir mußten sehen, daß das Leben unseres Volkes zwischen diesen Mühlsteinen erhalten bleibt. Es war für uns eine Besorgnis, daß auch Karl Arnold Dinge gesagt hatte, die bestimmt Schwierigkeiten für uns im Gefolge hatten. Ich weiß, daß trotz dieser Klarheit, mit der wir damals das Wort ergriffen hatten, der Respekt auch in Karlshorst groß war. Oberst Tulpanow sagte über uns im kleinen Kreis: Rußland rückt ein um seiner eigenen Interessen willen für die deutsche Einheit. Denn wenn Deutschland in Teile zerreißen würde, würde die deutsche Nation wieder eine Einigungsbewegung durchführen, und das würde wie unter Bismarck werden. Das ist ein wahrer Ausdruck der Überzeugung gewesen. Die CDU ist nach unserer Überzeugung die stärkste Partei und wird es auch bleiben. Sie wird in unserer Zone sehr an Stärke zunehmen, vielleicht bis 40 % bekommen. Insofern gebietet es schon die politische Klugheit, daß wir zu dieser Partei ein verständnisvolles Verhältnis herbeiführen. Ich habe ihm gedankt für seine Worte. Am gleichen Abend gab es noch einen Zusammenstoß zwischen Tulpanow und mir. Dann gab es eine lange Kampfpause. Ich war im Westen, Oberst Tulpanow und Hauptmann Kratyn im Westen. Und als wir miteinander wieder in Berlin waren, stand London vor der Türe.
Und nun bin ich auf einmal darauf gestoßen, daß die SED wieder um uns geworben hat, um zu einer gesamtdeutschen Kundgebung vor London zu kommen. Pieck, Grotewohl, Lieutenant waren bei uns und haben uns gesagt: Ihr müßt es zustande bringen, daß noch vor London eine Kundgebung stattfindet. Ich habe zum Ausdruck gebracht, daß das nicht mehr möglich ist. Wir haben unseren Vorschlag, wenigstens Konsultativrat, weitergegeben. Und am 16. November hatten wir eine große Versammlung im Palast, an der alle Landesverbandsvorsitzenden der Ostzone teilgenommen hatten. Nach dieser Versammlung, die groß und deutlich war, hatten wir hier im Hause mit den Vorsitzenden der Landesverbände eine eingehende Aussprache, und da haben wir die Frage, ob noch einmal der Versuch gemacht werden kann, eine gemeinsame Kundgebung der Parteien durchzuführen, besprochen. Wir sind in Übereinstimmung zu dem Schluß gekommen, daß das lei-

der nicht mehr möglich ist. Angesichts der deutschen Gesamtlage ist es nicht erwünscht und vertretbar, daß wir noch einmal von Berlin aus ein Gespräch unternehmen. Wenige Tage später hatte ich zusammen mit Ernst Lemmer bei Tulpanow ein gutes und ein sehr ernstes Gespräch. Zu meinem großen Leidwesen sind durch eine Indiskretion Gerüchte an die Amerikaner gekommen. Im engen Kreise bei uns gab ich wohl einen etwas zu anschaulichen Bericht; ich war angetan von dem Gespräch. Ich habe gesagt: Sie sind die Repräsentanten dieses Landes, wir sind die Vertreter unseres armen Volkes. Wir stehen vor einer großen Aufgabe. Die beiden Völker müssen sich finden. Es gilt, schwierige Fragen auszugleichen. Ich habe nur den Wunsch, daß wir uns nicht persönlich voneinander trennen. Es kam die Sprache auf meine Bemerkungen in der Rede: Oder/Neiße-Linie. Ich habe gesagt: Herr Oberst, können Sie denn überhaupt annehmen, daß ein Deutscher . . . Breslau ist für das deutsche Volk wie Kiew für Rußland. Es ist gesprochen worden über die wesentlichen Dinge, die unserem Volk Rußland gegenüber aufgegeben sind, und ich hatte den Eindruck, daß es ein gutes Gespräch war und daß wir uns verstanden haben. Ich bedaure es lebhaft, daß irgendeiner etwas weitergetragen hat. Bei diesem Gespräch ist auch gefragt worden nach einem nochmaligen Versuch unsererseits zur nationalen Repräsentation. Ich habe die Gründe dazu gesagt, daß das nicht mehr möglich ist. Wir sind die Repräsentanten der größten deutschen Partei, und wir haben auch darauf zu achten, daß unser Name nicht verbraucht wird durch Dinge, die keinen Sinn mehr haben. Wir können nicht immer unseren Namen wieder erscheinen lassen neben solchen, die vom deutschen Volk abgelehnt werden.
Am nächsten Tage waren Pieck und Grotewohl bei uns und sagten, es kommt auf uns an. Unsere Freunde, Josef Müller und v. Prittwitz, sind auf dem Wege hierher, und morgen werden wir noch einmal überlegen.
Dann hat man für den 24. 11. die Einheitsfront einberufen. Lemmer, Nuschke und ich waren da. Külz war weggeblieben. Und da ist erneut an mich appelliert worden. Ich habe gesagt: Es hat keinen Zweck mehr. Sie wissen, daß zu jedem Schritt, der von hier aus erfolgt, gesagt wird, er wird von Rußland gewünscht. Dann hat der alte Herr Schiffer, ein Mann, den ich sehr achte, gesagt: Sie haben vollkommen recht, es wird alles mißdeutet. Nadolny wurde als Agent der Russen bezeichnet.
Schiffer sagte: Aber wenn unsere Landsleute im Westen und Süden nicht das Wort für Deutschland nehmen wollen aus Gründen, die Sie genannt haben, dann wollen wir doch wenigstens für ganz Deutschland sprechen, dann wollen wir doch wenigstens unterschreiben. Jetzt, in dieser zwölften Stunde, habe ich gesagt, hat das keinen politischen Sinn mehr. Man hat sehr auf mich eingeredet. Müller war gerade hier. Ich werde noch einmal mit Müller sprechen, und morgen erhalten Sie Bescheid. Am nächsten Morgen haben Ernst Lemmer und ich einen Brief geschrieben an Pieck und unser Nein begründet. Wir können nur Dinge machen, die unserem Volke nützen und einen politischen Sinn haben. Dieser Brief sollte vertraulich bleiben. In dieser Sitzung sagte Pieck noch: Herr Kaiser, ganz gleichgültig, ob wir diese Sache gemeinsam machen oder nicht, wir haben den Vorstand der SED nach Berlin eingeladen und machen dann vielleicht einen eigenen Schritt. Von einem Vorhaben, einen Volkskongreß einzuberufen, war mit uns nicht gesprochen worden, in keiner Weise. Wenn wir diesen Vorschlag mit unterzeichnet hätten, dann hätten wir beim Volkskongreß noch weniger nein sagen können. Dann wären wir auf halbem Wege schon gebunden gewesen. Es kam die Bekanntgabe des Volkskongresses und kurz danach, daß eine Delegation gewählt werden sollte.

Am nächsten Tag kam Pieck zu uns. Er habe das menschliche Bedürfnis, mir zu berichten, was gestern beschlossen worden ist. Er sagte, wir müssen Rücksicht nehmen auf Wünsche der Besatzungsmacht. Er meinte, daß wir über alles hinweg ja sagen sollen, auch wenn wir den Kongreß einberufen haben. Wir haben ja den größten Apparat. Ihr sagt nein. Das wird Schwierigkeiten einschließen zwischen Ihnen und Ihren Freunden in der Zone.
Ich sagte: Schwierigkeiten in unseren Reihen wird es nur dann geben, wenn ihr unsere Haltung nicht beachtet und unseren Leuten Schwierigkeiten macht. Sonst verstehen wir uns. Die Landesverbände haben in Übereinstimmung mit uns gehandelt. Wir haben gefunden, es ist Gefahr im Verzuge. Ich habe gesagt, wenn ihr und die Besatzungsmacht den eigenen Willen unserer Menschen achtet, dann wird alles glattgehen. Wir haben sofort den Vorstand einberufen, um größeren Störungen entgegenzuwirken. Ich mußte nach Herne fahren und habe Dertinger losgeschickt, die Landesverbandsvorsitzenden zu unterrichten.
Dann war am 2. Dezember die Vorstandssitzung hier. Ich habe die Situation gekennzeichnet und die Gründe gesagt, die uns diese Zurückhaltung auferlegen. Ich habe im letzten Ernst gesprochen, warum wir diesem Volkskongreß nicht zustimmen können. In der Aussprache sind Schwierigkeiten aus der Zone deutlich geworden. Aber es ist ein einstimmiger Beschluß des Vorstandes zustande gekommen. Otto Nuschke ist es insbesondere gewesen, der diesen Beschluß formuliert hatte. Er hatte nur gebeten, für die Menschen, die nach Lage der Verhältnisse ganz nicht zustimmen können, daß man ihnen eine Möglichkeit läßt, und daher der Nachsatz. Ich bin an der Ausarbeitung nicht beteiligt gewesen. Nuschke, Lobedanz, Lemmer waren dabei. Und jetzt darf ich sagen: Es ist in den Tagen vorher und nachher ein solches Trommelfeuer an Propagandabeeinflussung auf unsere Menschen in der Zone losgelassen worden, wie es in den letzten Jahren nicht möglich gewesen war. Ich brauche keinen Hehl zu machen. Es sind maßgebliche Herren aus Karlshorst selbst auf die Reise gegangen, um prominente Leute zu bestimmen, an diesem Kongreß teilzunehmen. Es ging der sowj. Besatzungsmacht um Beteiligung maßgeblicher Teile. Es ging um unseren Freund Hickmann, den man gern für das Präsidium und als Redner gehabt hätte.
Meine Freunde, es sind Dinge vorgekommen, die ich nur deswegen nicht im einzelnen nennen will, weil sie für die, die sie durchführen, zu unschöner Art gewesen sind. Unser Beschluß hat keine Achtung und keine Respektierung gefunden. Es war trostlos und bodenlos das Ganze. Der Kongreß fand am 6. und 7. Dezember statt.
Am Tage zuvor war Hauptmann Kratyn zu mir gekommen und hat mir gesagt: Herr Kaiser, heute nachmittag tagt der Kongreß. Auf diesem Kongreß ist die ganze CDU vertreten. Herr Kaiser, Sie stehen mit Ihrer politischen Auffassung allein. Nur Sie sind nicht dort. Die Union ist auf dem Kongreß vertreten. Man hat Leute, die gar nicht gewählt werden wollten, die qua Bauernvereinigung oder FDGB da waren, Männer, die dem Präsidium eines Landtages angehörten, wieder zu Unions-Leuten gemacht und gesagt, es sind 219 Leute der Union gewesen. Kratyn sagte mir dann: Die Tatsache, daß die Union an dem Kongreß teilnehme gegen ihren Willen, daraus müssen Sie eine Konsequenz ziehen, d. h., daraus wurde deutlich, daß ich nicht mehr das Vertrauen der Union habe und auch nicht mehr das Vertrauen der Besatzungsmacht.
Auf der Tagung hat dann unser Freund Nuschke, der gleiche Mann, der diese Ent-

schließung im wesentlichen formuliert hatte, der noch auf der Fahrt zu unserer Tagung der Überzeugung Ausdruck gegeben hat, daß wir uns an diesem Kongreß nicht beteiligen dürfen und können, im Präsidium mitgewirkt und auch eine Rede gehalten. Herr Steidle hat eine andere Rolle auf diesem Kongreß gespielt.
Wir haben den Vorstand der Union auf den 11. Dezember einberufen. Vorher war Kratyn nochmals bei mir und hat den Rat an mich wiederholt.
Nuschke hat, als er zu mir kam, dann die Änderung seiner Haltung bekanntgegeben. Eine Bestätigung mehr dafür, daß der Impuls nicht von deutschen Kräften ausgegangen ist, sondern daß er auf Wunsch einer der Besatzungsmächte erfolgt ist. In dieser Auseinandersetzung können wir uns nicht nach der Haltung einer Besatzungsmacht, seien es die Amerikaner, Engländer oder die östlichen, richten, sondern wir haben zwischen diesen Mühlsteinen unseren eigenen Weg zu suchen.
Ein Wort über unsere Vorstandssitzung am 11. Dezember. Es war sehr bewegt. Ich habe noch einmal die Gründe dargelegt. Ich habe Verwahrung dagegen eingelegt, daß auch nur einer in Deutschland kommen kann, der es wagen könnte, uns mangelnder Verpflichtung zu zeihen, daß wir nicht am Kongreß teilgenommen haben. Wir werden für die Einheit unseres Volkes einzutreten wissen. Der Beschluß war eine Schlußfolgerung aus der Lage, ein Sonderschritt der Ostzone, eine Sache, die nichts nützt, sondern die Gräben nur noch vertiefen würde. Es ging in dieser Sitzung dann sehr lebhaft her. Die Vorsitzenden der Landesverbände haben wohl der Reihe nach, mit Ausnahme von Hickmann, Einzelheiten bekanntgegeben. Ich habe hier Briefe und Telegramme der Menschen aus der Zone. Es kam dann zu einer dramatischen Situation. Hickmann sagte, die Politik der Union geht, wenn sie weitergeführt werden soll, über die Kräfte unserer Menschen in der Zone, über ihre körperlichen und über ihre seelischen Kräfte. Er sagte es mit solchem Nachdruck, daß wir die Verhandlung unterbrechen mußten. Diese eigenständige politische Auffassung, die wir zu vertreten haben, kann von den Menschen in der Zone und in erster Linie von den Vorsitzenden der Landesverbände nicht mehr getragen werden. Ist deshalb unsere Politik unrichtig? Nein! Untragbar ist nur geworden das, was auf unsere Menschen einwirkt. Dieser Appell war ebenso ein Anruf an uns, daß wir unsere Politik ändern sollen, oder auch ein Anruf an die Macht, die Gewalt hat, uns Dinge zuzumuten, die untragbar sind.
Es kam zu einer Sonderberatung der Landesverbandsvorsitzenden mit Hauptmann Kratyn. Dann kam es zu einem Gespräch von zwei unseren Freunden, Ernst Lemmer und mir. Es wurde nach einem Kompromiß gesucht. Das Volk in der Zone steht zu 90 bis 95 % zu uns und ruft uns zu: Ihr dürft nicht nachgeben in dieser Angelegenheit der Begegnung zwischen deutschen Menschen und der östlichen Besatzungsmacht. Es geht um die Frage, ob man sich zu verständigen weiß oder ob der demokratische Wille kapitulieren muß zum Unheil für beide Völker. Dann sind Kompromißvorschläge gemacht worden. Man meinte, daß Ernst Lemmer sich absondern könnte. Wir sind in dieser Angelegenheit ganz gleicher Erkenntnis. Und wer immer sagt, ich stehe unter Beeinflussung der Amerikaner und Engländer, das sind üble Bemerkungen. Man hat uns nahegelegt, wir möchten uns Zurückhaltung auferlegen. Wir wollen, habe ich gesagt, bis das Gespräch mit Oberst Tulpanow geführt ist, uns fernhalten von der Führung der Union. Die andere Seite sollte sich auch zurückhalten. Wenige Tage später aber erschien in der SED-Presse: Ich habe kapituliert. Ich habe klar gesagt, daß Ernst Lemmer und ich nicht mehr das Vertrauen in der Zone haben sollen. Dann ermöglicht einen außerordentlichen Partei-

tag, damit ich vor dem gleichen Forum, das mir in geheimer Abstimmung das Vertrauen bekundet hat, damit wir Rede und Antwort stehen können, damit unsere Freunde ihre Meinung sagen können. Wenn die Besatzungsmacht uns glaubt nicht mehr vertrauen zu können, was uns sehr schmerzen würde, denn ich glaube nicht, daß es solche Männer in Deutschland gibt, die die für unser Volk so lebensnotwendige Verständigung, die großpolitische Verständigung mit dem russischen Volk, gesucht haben. Auch Rußland sollte erkennen, daß Männer aufrechten Geistes wichtiger sind als Waschlappen. Das Gespräch, das geführt werden sollte mit Tulpanow, konnte nicht stattfinden, weil Tulpanow verhindert war durch die Anwesenheit von Molotow. Am 19. 12. dann erneut die Landesverbandsvorsitzenden in Karlshorst. Es ist zu keiner Klärung gekommen. Am nächsten Tage kam der Eingriff der sowjetischen Besatzungsmacht. Wir haben eine Erklärung, die wir am 19. 12. unseren Freunden gegeben hatten, und eine Erklärung, die nach dem Eingriff der SMA erfolgt ist, die den gesamten Vorstand der CDU außer Gefecht setzt und die Verantwortlichkeit den sechs Landesverbandsvorsitzenden überträgt, herausgegeben. In dieser Erklärung haben wir noch einmal unsere Meinung gesagt und zum Ausdruck gebracht, daß unter Berücksichtigung der gegebenen Verhältnisse keine Erklärung an uns gekommen ist, die uns ein Mißtrauen ausspricht. Wir haben weiter erklärt, daß wir durch höhere Gewalt an der Ausübung behindert werden, daß wir uns aber nach wie vor im Geiste und in der Tat verpflichtet fühlen als die Vertreter der CDU. Wir haben weiter ausgeführt, daß wir auf den Parteitag beharren und Rede und Antwort stehen werden vor dem Volk. Es muß weiter beachtet werden, daß nicht nur dieser Eingriff gegen die Demokratie erfolgt ist, sondern daß ein Eingriff erfolgt ist in die neue Zeit. Unser Freund Gries, der in vorbildlicher Weise in solcher Treue die Feder geführt hat, wurde seines Postens enthoben. Alle diese Dinge müssen Sie beachten. Wir haben den Appell an unsere Freunde ergehen lassen, daß sie in der Zeit der Behinderung unseres Amtes weiter zusammenstehen und zusammenhalten, bis sich die Dinge irgendwie klären lassen. Das wollte ich Ihnen sagen. Wir sind dankbar dafür, daß wir das in mündlicher Aussprache tun können, weil das eine Sache ist, die nicht nur uns, sondern unser ganzes Volk angeht.
Es geht um die Frage, ob die sowj. Besatzungsmacht bereit ist, sich mit uns, den Deutschen, zu verständigen und zu finden, oder ob der Versuch weitergeführt werden soll, uns zu erniedrigen, zu verunselbständigen. Das scheint uns nicht gut, das scheint uns nicht sinnvoll zu sein, und insofern der Ruf von Prof. Hickmann, daß es über die Kräfte unserer Menschen geht, einer aufrechten Unions-Politik in der Zone zu dienen. Ich sage noch einmal, es geht um ein Entscheidendes für unser Volk, und ich kann nur wünschen, daß Sie das, was ich ausführe, verstehen und zu würdigen wissen, es geht um die Erneuerung und den Zusammenhalt des deutschen Lebens.

## 28

*Um Demokratie und Freiheit*
*Berlin-Neukölln, 10. Januar 1948*

Sie werden schon von mir erwartet haben, daß ich mich endlich der Öffentlichkeit stelle. Daß ich endlich ein klares Wort zu dem mehr oder weniger künstlich erzeugten Sturm sage, der in den vergangenen sechs Wochen um mich war. Sie haben recht mit dieser Erwartung. Es ist an der Zeit, daß klare Worte gesprochen werden. Um unserer Partei willen. Um der Menschen willen, die uns vertrauen. Und um unseres Volkes willen.

Eines will ich dabei gleich vorweg sagen: Es müssen klare Worte gesprochen werden. Aber erwarten Sie nicht von mir, daß ich in die Methoden der Polemik und des Kampfes verfalle, wie sie radikale und totalitäre Parteien und Bewegungen an sich haben. Wir sind und bleiben eine Partei ernster politischer Verantwortungen für unseren Menschenkreis und für unser Volk. Diesem Menschenkreis und unserem Volk sind wir Klarheit und Aufrechtheit der politischen Linie schuldig. Wir sind ihnen aber auch einen politischen Stil schuldig, der allein für echtes demokratisches Gesetz zeugt. Einen Stil, der allein wirklicher innerer Freiheit entspricht. Diesem echten demokratischen Gesetz und dieser wahrhaften Freiheit habe ich mich stets verpflichtet gefühlt. Ich habe mich ihm verpflichtet gefühlt in den vergangenen 24 Monaten, in denen ich für die Union der Ostzone und Berlins Verantwortungen tragen mußte. Das bleibt wahr, auch wenn man hier und da glaubte, von einer östlich inspirierten Politik der Union sprechen zu dürfen. Es hat mich das nicht angefochten. Ebensowenig aber ficht es mich an, daß man mich als Agent amerikanischer Politik zu diffamieren sucht. Das muß sich heute mancher gefallen lassen. Noch in diesen Tagen mußten sich die christlichen Demokraten in Italien von den Kommunisten sagen lassen, sie seien die Partei der Amerikaner.

Ich gebe mich im übrigen über die Situation eines Volkes, das nach bedingungsloser Kapitulation unter den Gesetzen eines Besatzungsregimes steht, keinen Illusionen hin. Besatzungsregime sind nun einmal kein Glück für ein Volk. Klagen wir dafür die an, die dieses Geschick über uns gebracht haben. Klagen wir die nationalsozialistischen Abenteurer an. Und diejenigen, die ihnen die Steigbügel hielten und die sich von diesen Abenteurern nicht zu lösen vermochten. Diese Abenteurerpolitik hat es glücklich fertiggebracht, daß unser Deutschland heute tief unglücklich eingeklemmt ist in den unseligen Zwiespalt zwischen Ost und West.

Die Geschehnisse, die sich um die Union abspielten und abspielen, haben uns erneut die ganze Tragik unseres Landes offenbart. Jede Handlung deutscher Politiker, jedes Geschehen innerhalb einer Partei wird unter die Alternative Ost und West gerückt. Es wird das so lange dauern, bis eine eigene Vertretung des gesamten deutschen Volkes männiglich den deutschen Standpunkt zu vertreten in der Lage sein wird. Auch dann wird die Lage unseres Volkes noch schwierig bleiben. Auch dann wird sich die Verschiedenartigkeit der Ideologien der Besatzungsmächte noch auswirken. Aber das deutsche Volk wird dann einen ordnenden Mittelpunkt haben, auf den es schauen kann. Einen Mittelpunkt, an dem das deutsche Bewußtsein wieder einen Halt findet. In diesen Tagen noch hat mir ein österreichischer Freund über die Verhältnisse in seinem Lande berichtet. Dort bildet bei allem Zwiespalt der Besatzungsmächte, bei allen gegebenen Schwierigkeiten, doch die Regierung einen starken Anhaltspunkt für das Volk. Die Österreicher konzentrieren sich trotz aller Zonentrennungen stärker als bei uns auf den eigenen Staat, auf das eigene Volk. Wir konnten diesen Zustand noch nicht erreichen. Er wurde uns versagt. Man glaubte, besser daran zu tun, wenn sich eine wirkliche Demokratie erst von unten auf entwickeln könne.

Ich will mich mit diesen Plänen nicht auseinandersetzen. Der Zustand, wie er heute in Deutschland besteht, hat im Grunde genügend erwiesen, daß dieser Weg zum mindesten schwere Gefahren einschließt. Wir, die Union, haben deshalb auch ver-

sucht, aus den Parteien heraus zu einem gesamtdeutschen Mittelpunkt zu kommen. Die Schwierigkeiten, die sich dem Vorhaben entgegenstellten, waren aber bis jetzt nicht zu überwinden. So ging auch noch die Londoner Konferenz über die Bühne der Welt. Und Deutschland wartete zerrissen und gelähmt auf Entscheidungen über sein Geschick.
Was sich um die Londoner Konferenz noch im letzten Augenblick an Versuchen um eine Repräsentation des deutschen Volkes tat, ist nur Zuckungen eines todkranken Volkes gleichzusetzen, die ebenso bemitleidenswert wie bedenklich waren. Ganz aber enthüllte sich erst die traurige, die krisenhafte Lage unseres Volkes durch die Bemühungen um den Volkskongreß.
Ich kann das Geschehen um den Volkskongreß nur verwirrend und peinlich nennen. Nicht deshalb, weil ich dieses Geschehen etwa mit westlichen Augen sehe, wie man glauben machen will. Ich habe durch meine politische Arbeit unter Beweis gestellt, daß ich nicht für einseitige Festlegungen bin. Ich habe durch meine Haltung in der Politik der Ostzone bewiesen, daß mir eine Politik der Verständigung mit Rußland notwendig und erstrebenswert erscheint. Dabei war ich mir stets klar darüber, daß der Weg der Verständigung mit Rußland kein leichter sein konnte. Das russische Volk ist einen anders gearteten Weg durch die Geschichte gegangen als das deutsche Volk. Rußland hat die Revolution des Individuums gegenüber absolutistischen Gewalten nicht erlebt. Es hat die Welten der Freiheit, die – von der Französischen Revolution ausgehend – im 19. Jahrhundert Europa bewegten, kaum gespürt. Wir haben an dem Liberalismus des 19. Jahrhunderts – weiß Gott – manches auszusetzen. Aber der echte Freiheitsgedanke, den er einschloß, wird auch in Deutschland stets lebendig bleiben. Was er an unverlierbaren Werten verkörperte, lebt auch in unserer Partei weiter. Eingeordnet in die Gedankenwelt des christlichen Abendlandes, ringt er in Verbindung mit sozialistischen Ideen um ein neues Ordnungsbild für unser Volk.
Rußland erlebte fast unvermittelt nach der absolutistischen Zarenherrschaft die Revolution des kollektivistischen Marxismus. Die Ablösung des Zarentums geschah durch eine neue Form der Diktatur, aus der sich das entwickelte, was heute »Volksdemokratie« genannt wird. Es ist eine Selbstverständlichkeit, daß die Bewegung zweier Völker von solch verschiedener Entwicklung nicht von heute auf morgen zu einer Verständigung führen kann. Das weiß jeder real denkende Politiker. Ebensowenig aber kann ein deutscher Politiker vor der Notwendigkeit dieser Verständigung die Augen verschließen. Rußland ist schließlich nicht nur Nachbar Deutschlands. Rußland hält deutschen Boden bis ins Herz unseres Landes hinein besetzt. Rußland trägt ein gutes Stück unseres Schicksals in der Hand. Und weiter: Rußland verfügt über große Möglichkeiten wirtschaftlichen Austausches, wirtschaftlicher Zusammenarbeit mit Deutschland. Von dem Sinn und Wert kultureller Begegnung und Ergänzung der beiden Völker gar nicht zu sprechen.
Das alles bestimmte und bestimmt Wunsch und Willen der Union vor allem hier in Berlin und der Ostzone zu verständigungsbereitem Zusammenwirken. Auch da, wo die Formen und Methoden der Politik nicht der deutschen Auffassung entsprechen. Das gilt vor allem auch von der Bereitschaft für unsere Zusammenarbeit mit der SED, der von der Besatzungsmacht bevorzugten Partei. Wir sind uns stets der Schwierigkeiten dieser Zusammenarbeit bewußt gewesen. Vor allem in der Ostzone. Mit dem Rückhalt von Berlin schien uns diese Zusammenarbeit möglich. Berlin fiel die härtende und stärkende Aufgabe zu. Berlin hat die Aufgabe der

Wachsamkeit. Gewiß, wir mußten oft ein Auge zudrücken vor manchem, was in der Ostzone geschah. Wir taten es, um den Zusammenhalt der Ostzone mit dem übrigen Deutschland nicht abreißen zu lassen. Und ich stehe heute wie gestern dazu, daß dies gut und daß es notwendig war. Denn die Menschen der Ostzone, das sind nicht die wenigen, die heute im Strudel der Ereignisse fremden Willen gegenüber schwach und nachgiebig erscheinen. Die Menschen der Ostzone, das sind die Millionen der nicht Genannten, der vielfach Unbekannten, der Bedrückten oder innerlich Aufrechten, die mich auf vielen Wegen wissen lassen, wie treu sie zur Idee eines aufrechten politischen Willens stehen. Das sind Männer und Frauen auch, die in innerer Verzweiflung die Heimat verlassen möchten, weil sie lieber heimatlos sein wollen als charakterlos.
Wir haben Zusammenarbeit geübt bis an die Grenze des Möglichen. Bis an die Grenze des Möglichen, d. h. bis zu dem Punkt, wo ein weiterer Schritt Preisgabe der Grundsätze der Partei, der Gesetze, unter denen wir stehen, bedeutet hätte. Oder sollen wir uns verhehlen, daß die Blockpolitik, wie sie in der Zone üblich ist, stets ein gewagtes Spiel um die Grundsätze der nichtkommunistischen Parteien war und ist? Sollen wir uns verhehlen, daß die Einheitsorganisationen nichts anderes sein sollen als Hilfstruppen für die Durchsetzung des Machtanspruches der SED? Wir haben Anweisungen der SED an die Funktionäre ihrer Partei in Händen, die in Einheitsorganisationen arbeiten. Die Repräsentierung dieser Organisationen ist aus taktischen Gründen mehr oder weniger sogenannten Parteilosen zu überlassen. Die Funktionäre der SED haben aber dafür zu sorgen, daß die ideologische Führung immer in den Händen der SED-Funktionäre liegt. Sie haben dafür zu sorgen, daß auf jeden Fall auch recht viele Unionsmitglieder in die Einheitsorganisation hineingeholt werden. Man solle sie aber beileibe nicht mit »Genossen« anreden. Man kann darüber gewiß lächeln. Aber niemals kann man sich verhehlen, daß hinter diesen Anweisungen für die Ausbreitung und Stärkung der Einheitsorganisationen der entschlossene Wille steht, den geistigen Widerstand gegen den totalitären Anspruch eines radikalen Marxismus zu überwinden.
Hier liegen die Gründe für unsere stete Reserve gegenüber der Blockpolitik, gegenüber den Einheitsorganisationen. Und schließlich und endlich gegenüber dem Volkskongreß. Nicht aus sogenannter westlerischer Haltung heraus, nicht aus »Eigensinn« – wie es die neue »Neue Zeit« ihre Leser glauben machen will – habe ich in wachsendem Maße diese Reserve gefordert. Seit dem Sommer des letzten Jahres trat eine immer stärkere Intensivierung der Blockpolitik hervor. Daher meine Warnung am 12. Juli auf der Tagung des erweiterten Vorstandes. Es trat immer stärker der Wille der SED hervor, die Ostzone zu einem Exerzierfeld der kommunistischen Revolution zu machen. Daher meine Warnungen auch auf der Jahrestagung der Union. Warnungen, die unsere Menschen in der Ostzone mit aufgeschlossener Wachsamkeit verstanden haben. Für die sie mir das Vertrauen ausgesprochen haben. Und für die sie mir ihr Vertrauen bewahren werden, ungeachtet der künstlichen und gewaltsamen Fehde, wie sie in der Ostzone gegen mich entfesselt ist.
Und endlich: Daher auch meine Warnungen am 16. November im Friedrichstadt-Palast. Ich wäre ein schlechter Politiker, hätte ich mich aller dieser Warnungen enthalten, um deretwillen man heute Sturm gegen mich läuft. Auch die Männer der Sowjetunion müßten die Achtung vor mir verlieren, die ich stets bei ihnen gefunden habe, hätte ich in schwächlicher Haltung geschwiegen. Ich weiß zwar, daß es in der Politik leider so ist, daß Ehrgeizlinge, Schwächlinge, daß Kreaturen benutzt wer-

den, um diese oder jene Ziele zu erreichen. Ich weiß aber auch, daß sich auf der Ebene wirklicher und entscheidender Politik Männer zu begegnen haben, von denen der eine nicht vor dem anderen die Augen niederzuschlagen braucht. Das gilt auch und vor allem für die Politiker eines besiegten Volkes den Repräsentanten der Siegermächte gegenüber. Für mich jedenfalls nehme ich in Anspruch, daß ich den Männern der anderen Mächte auf der Ebene wahrer Politik begegnen möchte. Ich fühle mich unserem unglücklichen Volke verantwortlich, so zu handeln, daß ich den Männern der anderen Völker stets als aufrechter deutscher Politiker begegnen kann. Diese Haltung ist schließlich auch der Hintergrund unserer Ablehnung der Teilnahme am Volkskongreß, der den Sturm gegen die Union entfesselt hat.
Ich muß hier eine kurze Nebenbemerkung machen: Josef Müller hat wohl versucht, die sogenannte Krise von uns ritterlich abzubiegen. Er erklärte wiederholt, er übernehme die Verantwortung für unsere Ablehnung der Teilnahme am Volkskongreß. Ich weiß diese Haltung gewiß richtig einzuschätzen. Aber ich kann mir die Verantwortung für meine politischen Handlungen und meine Stellungnahme nicht gut aus der Hand nehmen lassen. Für politische Verantwortung gibt es keine Stellvertretung. Außerdem kann ich der SED nicht gut den Triumph lassen: also doch westliche Beeinflussung. Deshalb erkläre ich wahrheitsgemäß: Ich habe mit Josef Müller vor unseren Entscheidungen kein Wort über den Volkskongreß, über Teilnahme oder Nichtteilnahme am Kongreß gesprochen. Ich habe Josef Müller in der Zeit des Hin und Her um den Volkskongreß bis zu unserer Interzonentagung in den letzten Dezembertagen überhaupt nicht gesehen und gesprochen. Es wäre also unbillig von mir, wenn ich ihn die Last der Verantwortung für unser wohlüberlegtes politisches Handeln tragen und auf seine gewiß nicht schwachen Schultern nehmen ließe.
Ich kann mir eine breitere Schilderung der näheren Umstände, die unsere ablehnende Haltung bewirkten und begleiteten, ersparen. Sie sind der Öffentlichkeit bekannt. Die Union hatte die Pflicht zu prüfen, ob der Volkskongreß dem deutschen Zusammenhalt und den deutschen Interessen dienen konnte oder nicht. Gewissenhafte Prüfung mußte ergeben: Der Volkskongreß vertieft den Graben, der zwischen Ost- und Westdeutschland schon aufgerissen ist. Diejenigen, die sich heute zu Verfechtern der Teilnahme am Volkskongreß aufwerfen, tun sich viel auf ihre Realpolitik zugute. Man müsse die deutsche Einheit mit denen zusammen stützen, die offensichtlich eine Lanze für diese Einheit brechen. Das geschehe heute von der SED. In der Tat: Es geschieht durch die SED. Es geschieht von ihr mit allem Übermaß verbrauchter und durch die Vergangenheit diskreditierter Argumente. Wer aber Realpolitiker sein will, muß wissen, wie sehr diese Einheitspropaganda durch den doktrinär revolutionären Weg der SED in der Ostzone ins Zwielicht gerückt worden ist. Der muß wissen, wie mißtrauisch der Westen und Süden dieser Einheitspropaganda gegenübersteht. Der muß wissen, wie mißtrauisch auch der Westen und Süden denen gegenübersteht, die sich anscheinend auf Gedeih und Verderb mit der SED-Politik verbunden haben.
Dieses Mißtrauen kann durch keine Flut der Propaganda getilgt werden. Alle diese Propagandamethoden sind ja von einem großen Mißgeschick verfolgt: Das deutsche Volk hat ähnliches schon vorher zwölf Jahre über sich ergehen lassen müssen. In den letzten Zuckungen des Hitlersystems noch suchte man Deutschland mit ähnlichen Methoden einzunebeln.
Das Mißtrauen kann nur überwunden werden durch ein sachliches Bekenntnis zu Demokratie und wahrer Freiheit, durch ihre Respektierung und Verwirklichung in

der Politik. Um echte Demokratie und Freiheit kreist letzten Endes die sogenannte Krise der Union. Diese Krise aber kam nicht aus dem Innern unserer Partei. Sie wurde in die Union hineingetragen. Das macht sie aber um so ernster. Um so schwerwiegender. Um so entscheidender. Es ist keine Krise, die nur die Union angeht. Es ist eine Krise, die Deutschland und die Welt angeht. Auch wenn sie sich für die Ahnungslosen in ihrer unmittelbaren Auswirkung nur auf die Ostzone Deutschlands zu beschränken scheint.

Die Alliierten haben schon lange vor Beendigung des Krieges das deutsche Volk immer wieder zu Demokratie und Freiheit aufgerufen. Durstig haben weiteste Kreise unseres Volkes diese Stimme der Freiheit über die Sender gehört. Und nach dem Zusammenbruch hat sich die Mehrheit unseres Volkes gläubig diesen politischen Verheißungen und Zielen erschlossen. Auch in der Ostzone. Obwohl man dort bald begreifen mußte, daß es wesentliche Unterschiede in den Auffassungen über Demokratie und Freiheit gab. Diese Verschiedenheit der Auffassungen über Wesen und Inhalt der Demokratie und der Freiheit schufen einen latenten Spannungszustand. Dieser Spannungszustand lastet übrigens heute fast auf jedem Volk. Deshalb ist es vielleicht auch falsch, nur von einem Zwiespalt zwischen Ost und West zu sprechen.

Für uns hier in Berlin bedarf es dazu keiner weiteren Erläuterungen. 32 Monate Viermächtestadt haben die Berliner – weiß Gott – sehend genug gemacht.

Der Volkskongreß mit seinem ganzen Drum und Dran brachte diesen steten Spannungszustand bei uns zum Platzen. Die Grenze war erreicht. Dem Kongreß war gewiß eine engere Aufgabe in Verbindung mit London zugedacht. Für jeden Klarsehenden war aber auch sofort erkennbar, daß dieser Volkskongreß der Beginn einer weiteren Etappe zu volksdemokratischer Herrschaft sein sollte. Wer das damals noch nicht sah, muß es heute erkannt haben. Nach allem, was bis jetzt in Erscheinung getreten ist, ist der Volkskongreß von dem Willen diktiert, ständige Einrichtung zu werden und zu bleiben. Alles deutet darauf hin, daß er morgen die Blockpolitik abzulösen hat. Daß er übermorgen in die Rechte der eben erst gebildeten Parlamente eingreifen wird. Der Volkskongreß soll das bringen, was in der Blockpolitik noch am Widerstand der Union scheiterte: willfährige Männer aller Parteien zu bedingungsloser Mitarbeit. Stärkeres Übergewicht der SED noch durch Eingliederung aller sogenannten »überparteilichen« Organisationen. Hinzuziehung dieser Einheitsorganisationen zu politischen Entscheidungen, zu der die Union stets ihre Zustimmung versagt hat. Denn für die Union sind und bleiben nur die Parteien die politischen Willensträger des Volkes.

Ich weiß nicht, wie weit sich Otto Nuschke bei seinem plötzlichen Stellungswechsel über diese Tatsachen klargeworden ist. Jedenfalls hat er Helferdienste geleistet, Dienste, die mit Unionspolitik nichts mehr zu tun haben. Von diesem oder jenem Pseudopolitiker, der an seinen Rockschößen hängt, will ich hier nicht sprechen. Kurt Schuschnigg, der frühere österreichische Bundeskanzler, hat uns einmal auf eine Warnung vor Papen geringschätzig gesagt: »Vergeßt nicht, daß Politik auch eine Sache der Klugheit ist.« Schuschnigg hat bald nach diesem Ausspruch erfahren müssen, daß auch von geistig Unzulänglichen in der Politik viel Schaden angerichtet werden kann. Vor allem, wenn Mangel an Charakter hinzukommt.

Die engere Aufgabe des Volkskongresses ist in Verbindung mit London zutage getreten. Auf diese Aufgabe hat sich Otto Nuschke berufen, um seinen plötzlichen Haltungswechsel zu begründen. Und um die künstliche Krise zu erklären, die um uns veranlaßt wurde. Er erklärte: Der Volkskongreß entstammt keineswegs einem Impuls der SED. Er entspreche vielmehr dem Wunsche der Besatzungsmacht. Man müsse sich darüber klar sein, daß sich die Union durch ihre ablehnende Haltung der außenpolitischen Linie und der Deutschlandpolitik der Besatzungsmacht versagt habe.

Otto Nuschke und diejenigen, die ihm beipflichten, verkennen dabei ein Wesentliches: *Die Union ist eine deutsche Partei.* Eine Partei, die ihre Entscheidungen nicht der einen oder der anderen Besatzungsmacht zuliebe treffen kann und treffen darf, sondern einzig und allein nach Gesichtspunkten, die sich aus der deutschen Gesamtsituation ergeben. Auch ein besiegtes, auch ein in der Vergangenheit schuldig gewordenes Volk kann und darf sich nicht auf bestimmte Interessen einer Besatzungsmacht festlegen. Und ich bitte alle, gewissenhaft zu prüfen, ob die Entschließung des Volkskongresses nicht eine solche Festlegung einschließt. Sie verlangt einen Frieden auf der Basis der Beschlüsse von Jalta und Potsdam. Ich weiß nicht, ob man sich dabei klargeworden ist, daß eine solche Entschließung unter anderem als deutsche Zustimmung zur Oder-Neiße-Linie gedeutet werden kann. Sollte die auf dem Kongreß gewählte Delegation wirklich mit solchen Festlegungen nach London gehen? Wir sind uns durchaus klar darüber, daß wir schwere Friedensbedingungen auf uns zu nehmen haben. Aber es kann nicht deutsche Aufgabe sein, uns schon vorher auf Beschlüsse festzulegen, die unter den Alliierten getroffen wurden, und noch dazu auf Beschlüsse, deren Durchführbarkeit auch unter den Alliierten längst umstritten ist.

Ich will nicht mehr darauf zurückkommen, wie die Beschickung des Kongresses zustande kam. Man weiß heute allgemein, wie viele der Delegierten – vor allem wie viele Mitglieder der Union – mehr oder weniger unfreiwillig auf die Sessel des Kongresses gezwungen worden sind. Man weiß, wie dann diese Teilnahme der Unionsmitglieder in geradezu grotesker Weise zur Veranstaltung der sogenannten Unionskrise ausgenutzt worden ist. Ich will nur am Rande bemerken, daß Männer der UNION unter Tränen vor mir gestanden haben. Aus Scham, daß sie dem Zwange Folge leisteten. Überhaupt ist für mich nie die Erniedrigung der Menschen durch Zwang so in Erscheinung getreten wie in dem jüngsten Geschehen um Volkskongreß und UNION!

Freiheit und Menschenwürde sollten das oberste Gesetz sein, das nach der entwürdigenden Hitlerzeit in Deutschland wieder zum Durchbruch kommen sollte. Wir haben Freiheit und Würde im Wirbel der letzten Wochen zu wahren und zu verteidigen gesucht. Man hat versucht, uns dafür zur Seite zu schieben. Es hat sich der eine und andere Handlanger aus den eigenen Reihen dazu gefunden. Aber der Handlanger sind nur sehr wenige. Die Union selbst wird Freiheit und Würde weiter verteidigen. Wir wissen, daß dabei die Masse unserer Männer und Frauen mit uns zusammensteht. Auch in der Ostzone. Dafür haben wir jeden Tag neue Beweise.

Sie kennen die Einzelheiten der Geschehnisse, die der Ablehnung unserer Teilnahme am Volkskongreß folgten. Der Zustand der Verwirrung, der durch die von außen in die Union hineingetragene Krise geschaffen wurde, ist kaum noch zu überbieten. Was von diesem Zustand in die Öffentlichkeit dringt, ist nur ein Bruchteil davon, was in Wahrheit über unsere Partei gekommen ist. Man muß sich bei diesem Zustand fragen: Soll unsere Partei wirklich einem anderen Willen hörig gemacht werden? Nicht anders können die Geschehnisse gedeutet werden, die über die

Union gebracht wurden. Ich weiß, daß man in mir und meinem engeren Mitarbeiterkreis den Hort eines unbequemen Widerstandes gegen die von der SED verfolgte Revolutionspolitik sieht. Deshalb konstruiert man künstlich einen Gegensatz zwischen der Ostzone und der Leitung in Berlin. Dann legt mir die Besatzungsmacht den Rücktritt nahe. Ich hätte mich der Untreue gegenüber meiner Pflicht schuldig gemacht, wäre ich diesem Rate gefolgt. Ganz abgesehen von der Untreue, die ich damit zugleich an den Menschen der Ostzone begangen hätte. Nur ein förmlicher Befehl der Besatzungsmacht hätte mich und Ernst Lemmer, der in aller Kameradschaft an meiner Seite stand, unserer Ämter entheben können.
Den Koordinierungsausschuß, der über unsere Köpfe hinweg gebildet wurde, kann ich selbstverständlich nicht anerkennen. Wir müssen vielmehr auf schnellstes Zustandekommen eines außerordentlichen Parteitages bestehen. Er muß im Januar noch stattfinden. Die berufenen Vertreter der großen Masse der Mitglieder, die uns am 8. September noch einmütig ihr Vertrauen aussprachen, sind nach demokratischem Recht einzig autorisiert, frei und unbeeinflußt über Führung und Richtung der Union zu entscheiden. Sollte der Parteitag in dieser Zeit und in dieser Zusammensetzung der Delegierten nicht stattfinden, so müssen wir annehmen, daß man die Gesetze der Demokratie nicht anerkennen will. Wir müßten dann annehmen, daß man der Meinung ist, die üble Stimmungsmache, die gegen uns und die echte Union im Gange ist, könnte doch vielleicht ihr Werk tun. Und damit dann die Gleichschaltung der Union in der Ostzone Wirklichkeit werden. Von dieser Stimmungsmache könnte ich ein Bild entwerfen, das Ihnen von Erniedrigung der Menschen zeugte, die kaum zu überbieten ist. Ich tue es nicht. Ich will mit unseren Menschen in der Ostzone, ich will um dieser Menschen willen noch immer hoffen, daß ihre Freiheit und ihre Überzeugung doch wieder höher geachtet wird, als das im Augenblick geschieht.
Nur einige wenige Hinweise müssen doch erfolgen. Aufrechte Männer in der Zone werden beiseite geschoben. In Sachsen allein waren es bis vor wenigen Tagen schon fünf Kreisvorsitzende. Die Methode, wie Entschließungen verfaßt werden müssen, ist ja schon sattsam bekannt. Sie werden ein paar Männern aufgezwungen, die dann unter Druck das Weitere zu veranlassen haben. Ich mußte groteske, ich mußte peinigende Schilderungen über die Umstände hören, wie diese Entschließungen zustande kommen. Aber auch die Mitglieder werden bearbeitet. Es sind Anordnungen getroffen, daß in den Landesverbänden »spontane« Mitgliederversammlungen stattzufinden haben. Damit sich die verantwortlichen Männer über das Programm nicht den Kopf zu zerbrechen brauchen, ist meist die Tagesordnung gleich vorgeschrieben. Die beiden Punkte der Tagesordnung haben zu lauten:
1. Union und Volkskongreß
2. Die Vorgänge in der Zonenleitung.
Ich kann nur sagen, daß manch einer unserer Männer schon in qualvollster Gewissenspein zu mir gekommen ist. Ratlos, ob er die Heimat verlassen soll oder ob es andere Möglichkeiten gibt, ihn aus seiner inneren Not zu befreien.
Soll ich auch noch auf die ungezählten »Rücksprachen« hinweisen, die mit unseren Menschen in der Zone gepflogen werden? Rücksprachen, die – um das Wort von Professor Hickmann noch einmal zu gebrauchen – oft wirklich über die Kraft gehen. Rücksprachen, die immer wieder in gleicher Richtung tendieren: Gegen Jakob Kaiser – für den Volkskongreß. Auch im Ostsektor von Berlin soll Vergleichbares im Gange sein.

Ich frage alle, die es angeht, welchen Sinn sollte die Niederschlagung des Hitlersystems gehabt haben, wenn auch in der Nachhitlerzeit das Einstehen für Freiheit und Aufrechtheit nicht geachtet wird. Wir bejahen aufrichtig die Verständigung von Volk zu Volk. Aber nur Männer von Überzeugung bieten im nationalen und internationalen Leben Gewähr für politische Zusammenarbeit am friedlichen Aufbau der Welt. Nur demokratische Parteien, die in ihren verantwortlichen Männern Freiheit und Würde zu wahren wissen, sind ernst zu nehmen in der Ordnung eines Volkes. Und in der Ordnung der Völker.
Das haben auch die Männer unserer Landesverbände zu beachten, die heute in der Ostzone größere Verantwortung übernommen haben. Die Verhältnisse, wie sie im Augenblick in der Zone zutage treten, sind auch für diese Männer ein Menetekel. Dieses Menetekel gilt ebenso für die verantwortlichen Männer der Unionszeitungen. Man beruft sich angesichts des unbegreiflichen Zustandes der Unionspresse darauf, daß sie im Augenblick im stärkstem Maße von der Besatzungsmacht beeinflußt wird. Hält ein solcher Zustand weiter an, so kann eben von einer Unionspresse keine Rede mehr sein. Ich kann dabei nur auf das Beispiel der Männer und Frauen der »Neuen Zeit« hinweisen, die mit Wilhelm Gries zurücktraten, als er selbst seiner aufrechten Haltung zum Opfer fiel. Nicht die häufige Beschwörung des Wortes »eigenständig« ist maßgeblich für Wesen und Charakter einer Partei und einer Zeitung, sondern einzig und allein die praktischen Haltungen und Handlungen. Diese Haltungen und Handlungen haben sich zu richten nach den Gesetzen, die unsere Partei für das friedliche internationale Zusammenleben der Völker untereinander und für das nationale und soziale Lebensgesetz unseres Volkes als gegeben ansieht. Es sind das keine Gesetze, die im Gegensatz zu Rechten und Gesetzen der Besatzungsmacht stehen. Wohl aber sind es Gesetze, die Lebensrecht und Lebensnotwendigkeiten des deutschen Volkes in Freiheit und Würde zu wahren verlangen.
Ich gebe mich über den Ernst der Situation keiner Illusion hin. Ich weiß, daß die Not der deutschen Nation in dieser Nachkriegszeit auf einen Höhepunkt angelangt ist. Die Schwierigkeiten unserer eigenen Partei sind nur ein Teil dieser Not. Ich denke in diesem Augenblick auch mit Sorge an die Geschehnisse in Frankfurt. Ich wäre aber ein schlechter Politiker, wollte ich in dieser Stunde Vorwürfe gegen den Westen Deutschlands erheben. Sind die Zustände und Manöver um die Union und ihre Menschen in der Ostzone von Dauer, so können sie nur denen eine Rechtfertigung sein, die den Osten für die Gefahr der Teilung Deutschlands verantwortlich machen. Es ist – weiß Gott – nicht so, daß im Westen nur separatistischer Wille und im Osten nur Einheitswille lebt. Wohl aber ist es so, daß das trostlose Drama um die Union, das im Augenblick nicht nur Deutschland, das die Welt bewegt, die Kräfte im Süden und Westen stärken muß, die dem östlichen Deutschland und Berlin immer mit Vorbehalten gegenüberstanden. Jene Kräfte aber, die im Vertrauen zu uns, zu unserer politischen und sozialen Linie die entschiedensten Verfechter des deutschen Zusammenhaltes waren, haben durch die jüngsten Vorgänge einen schweren Schlag erlitten.
Wahre Freiheit und echte Demokratie in allen Teilen Deutschlands sind der sicherste Weg für die deutsche Einheit. Nur durch echte Freiheit und wahre Demokratie in allen Zonen Deutschlands werden denen die Vorwände aus der Hand geschlagen, die Vorbehalte gegen den deutschen Zusammenhalt haben. Wer für die Einheit ist, muß auch den Mut zur Freiheit haben. Berlin wird für diese Freiheit stehen. Die Union steht mit Berlin für diese Freiheit. Und ich stehe mit der echten Union

und mit Berlin für diese Freiheit. Und über alle Bedrängnis, über alle Behinderungen hinweg bleiben wir der Verbundenheit mit unseren Menschen in der Ostzone treu. Sollten Bedrängnis und Behinderungen andauern, so soll die Verbundenheit in der politischen Gesinnung, die uns zusammenführte, um so stärker sein. Denn in einer Zeit, wie wir sie durchleben, ist nicht die Organisation das stärkste Band, sondern der Wille zur Reinheit der Idee.

## 29

*Einheit und Freiheit*
*Berlin, 18. Januar 1948*

Als man die sogenannte Krise der Union von außen her in unsere Partei hineintrug, ahnte man wohl kaum, wie sehr diese Krise ganz Deutschland und darüber hinaus die Welt bewegen würde. Sie hat – weiß Gott – viel Verwirrung in den Reihen unserer Partei angerichtet. Und sie tut es noch heute. Vor allem in der Zone. Unablässig kommen Menschen und klagen: Man ist dabei, der Union das Rückgrat zu brechen. Aber diese Krise dient auch zu Klärungen, die einmal kommen müssen, wenn wir in Deutschland wirklich zu echter Demokratie kommen sollen und kommen wollen. Wir stehen ja auch noch im Übergangszustand. Wir stehen im Übergang vom Krieg zum Frieden. Dieser Zustand allerdings darf nicht nur im Interesse unseres Volkes, er darf auch im Interesse der Welt nicht mehr allzu lange dauern. Der Friedenszustand aber, auf den wir warten, wird in allen Teilen Deutschlands, in allen Zonen, dem deutschen Volk selbst wieder die Verantwortung für die Ordnung seines politischen Lebens geben müssen. Dann erst wird sich zeigen, ob unser Volk die Prüfung, die über uns gekommen, die politische Reifeprüfung vor allem, bestanden hat. Diese Prüfung lag und liegt nicht nur im würdigen Ertragen der Folgen des schuldbeladenen Hitlersystems und seines Krieges. Sie liegt vor allem auch in der Bewährung des politischen Willens zu echter Freiheit und zu wahrer demokratischer Lebensform.
Es hieße den Kopf in den Sand stecken, würden wir uns verhehlen, daß die Bewährung eines aufrechten Freiheitswillens und einer echten demokratischen Überzeugung in der Ostzone weit schwerer ist als in anderen Bereichen Deutschlands. Schwerer auch als in Berlin. Aber die Erfahrungen der sogenannten Krise der Union haben uns in diesen Wochen eine Fülle von Beweisen des Mutes, der Behauptung echter politischer Überzeugung und der Reife politischer Erkenntnis gebracht. Diese Erfahrungen wiegen alles auf, was die sogenannte Krise in Einzelfällen auch an politischer Blindheit, an mangelndem politischen Charakter, an politischer Torheit offenbart hat.
Noch in diesen Tagen schrieb mir einer unserer Freunde aus der Zone. Einer der zahllosen, die sich immer wieder vertrauensvoll melden: »Über die rein organisatorischen Fragen unserer Partei geht uns die geistige Souveränität und Entschlußfreiheit, die wir keiner Zweckdienlichkeitserwägung opfern wollen.« In der Tat: Es geht im Augenblick weniger um organisatorische Fragen. Es geht um das Wesen der politischen Erneuerung. Es geht darum, ob in Deutschland nach dem Hitlersystem ein Neues, ein Besseres möglich wird. Oder ob die verheißene Demokratie, ob wahre Freiheit, die eben zaghaft aus den Trümmern zu wachsen begann, von neuem verkümmern soll. Sollte es wirklich zu dieser Verkümmerung kommen,

dann träfe dieses Mal aber wahrhaftig nicht Deutschland die Schuld. Dann wären es die Auseinandersetzungen der Besatzungsmächte, an denen der gute Wille des deutschen Volkes scheitern müßte. Er soll aber nicht scheitern. Und er darf nicht scheitern. Wir, die Deutschen, jedenfalls sind gewillt, mit allen uns zur Verfügung stehenden Kräften eine politische Lebensform für unser Volk herauszubilden, die seinem Wesen, der Tradition seiner Kultur und seiner positiven Aufgabe unter den Völkern entspricht. Wir werden mit allen uns zur Verfügung stehenden Kräften daran arbeiten, daß nicht totalitäre Ideen, sondern daß Freiheit, Gerechtigkeit und Furchtlosigkeit das Schicksal Deutschlands, das Schicksal unserer künftigen Generationen bestimmen.

In der Zeit des Hin und Her um den Volkskongreß glaubte einer unserer Freunde sagen zu sollen: Laßt uns doch nicht zuviel Überlegung darauf verschwenden. Schließlich handelt es sich nur um eine Episode, die in dieser raschlebigen Zeit schnell vorüberrauscht. Wir waren anderer Meinung. Wir waren der Überzeugung, daß dieser Volkskongreß für uns, für die Union eine Grenze bedeutet. Wir waren der Meinung, daß dieser Volkskongreß an einer Wegkreuzung lag, an der sich die Parteien zu entscheiden hatten. Ob sie sich dem Dienst an der Freiheit oder dem Dienst an der Unfreiheit verschreiben wollten. Wir hatten sofort die Überzeugung, daß dieser Kongreß der Prüfstein war, an dem sich erweisen mußte, ob man das demokratische Selbstbewußtsein der Parteien achten will oder ob man entschlossen ist, es niederzuwalzen. Auf diese Tatsache habe ich auch Wilhelm Pieck hingewiesen, als er mich am Tage nach der Proklamation des Volkskongresses durch die SED besuchte. Er sprach damals verlegen von den Störungen, die dieser Kongreß für unsere Partei bedeuten würde. Ich antwortete ihm: Es wird nur dann Störungen geben, wenn Ihr unsere Überzeugungen nicht achtet. Wenn Ihr unsere Menschen nicht in Ruhe laßt. Wenn Ihr versucht, unsere Menschen mit Euren mannigfachen Mitteln gefügig zu machen.

Wie wenig man sie aber in Ruhe gelassen hat, wie sehr man auf sie gedrückt hat, ist heute aller Welt bekannt. Die SED ist in der Ostzone eben nicht gewillt, wirkliche Freiheit zu dulden, wirkliche demokratische Selbständigkeit der anderen Parteien zu respektieren. Daß ich selbst mir dieser Tatsache von Tag zu Tag stärker bewußt wurde, habe ich weder in meinen öffentlichen Bekundungen verschwiegen, noch habe ich in den Rücksprachen mit den Männern der sowjetischen Besatzungsmacht einen Hehl daraus gemacht. Wenn wir den Versuch der Zusammenarbeit trotzdem nicht abbrachen, so aus dem wirklich echten Willen heraus, den Beweis einer aufrechten Verständigungsbereitschaft mit dem russischen Volk zu erbringen. Wir können nur immer wieder sagen: Wir, die Union, suchten den Weg würdiger Verständigung mit der östlichen Besatzungsmacht. Wir suchen ihn selbstverständlich auch heute noch. Auch wenn man das seitens der sowjetischen Besatzungsmacht nicht anerkennen will. Auch wenn man unseren Menschen in Einzelbesprechungen und Einzeleinwirkungen immer wieder klarzumachen sucht, wie sehr ich gegen die Sowjetunion arbeite. Darauf kann ich nur immer wieder sagen: Ich weiß die Sowjetunion um die von ihr gewählte Volks- und Staatsordnung zu achten und zu respektieren. Ich weiß aber ebenso um unsere Pflicht, um die Pflicht der deutschen Politiker, für eine eigene, für eine dem freien Volkswillen entsprechende Volksordnung im deutschen Raum einzutreten. Wir optieren dabei weder für den Westen noch für den Osten. Wir sind Deutsche, die um Verständigung und Zusammenarbeit nach beiden Seiten und mit beiden Seiten ringen.

Ich habe schon des öfteren dargelegt, daß wir uns durchaus darüber klar sind, daß der Weg der Verständigung mit Rußland nicht leicht ist. Deutschland hat ein liberales Jahrhundert hinter sich. Rußland aber ist von dem Sturm der politischen und persönlichen Freiheit, wie ihn die Französische Revolution auslöste, kaum berührt worden. Deutschland sucht heute, aus den politischen und sozialen Erfahrungen der Vergangenheit und aus den Wirrnissen der Gegenwart eine neue politische und soziale Ordnung zu schaffen. Die überwältigende Mehrheit, die weitaus überwältigende Mehrheit unseres Volkes ist dabei überzeugt: Es kann nur eine Ordnung sein, in der die persönliche Freiheit und die Würde des einzelnen gewährleistet ist. Keine undisziplinierte Freiheit, an der die Weimarer Republik mit zugrunde gegangen ist. Schrankenlose Freiheit kommt im Grunde nur radikalen und totalitären Parteien zugute. Denn sie allein sind bedenken- und skrupellos genug, sie auszunutzen. Das haben Nationalsozialisten und das haben Kommunisten durch den Mißbrauch der Weimarer Demokratie genügend bewiesen. Wir wollen eine Freiheit, die gebunden ist durch echtes Verantwortungsbewußtsein gegenüber Volk, Nation und Staat. Wir wollen eine Freiheit, die gebunden ist an die Gerechtigkeit und das Recht einer Lebens- und Volksordnung, in der alle würdig und frei von Not und Furcht leben können.

Die sowjetische Besatzungsmacht glaubt, der SED und ihrer Politik vertrauen zu sollen. Ihre Sympathie und ihre Förderung gehören dieser Partei. Das ist schließlich bei der Gleichheit der Ideenwelt verständlich. Für uns aber, für das deutsche Volk ist die SED – nach allen Erfahrungen, die wir mit ihr machen mußten – nun einmal keine Partei, die Gewähr für Freiheit, Demokratie und Gerechtigkeit bietet. Wo sie von Freiheit und Demokratie spricht, sind es ihr nur immer wieder propagandistische Begriffe. Niemals hat sie in ihrer politischen Praxis bewiesen, daß ihr Freiheit ein wahrhaft erstrebenswertes Gut für alle Schichten des Volkes ist. Wir haben das in der Ostzone zur Genüge erlebt. Wer sich da noch Täuschungen hingibt, sollte am besten in dieser Zeit die Finger von der Politik lassen. Einer unserer Landesvorsitzenden in der Ostzone hat »Befremden« darüber geäußert, daß ich diese Wahrheit über die SED ausspreche. Er sagte wörtlich: »Kaisers Angriffe auf eine Partei, mit der seine Freunde überall in den Ländern im Block zusammenarbeiten, kamen aus heiterem Himmel und riefen Befremden auf allen Seiten hervor.«

Ich will den Vorsitzenden dieses Landesverbandes nicht fragen, wie er zu diesem plötzlichen »Befremden« kommt. In der Ostzone kommen politische Verantwortungsträger sehr oft sehr schnell zu anderen Einsichten. Die Menschen in der Ostzone aber haben auch weit über den Kreis der Union hinaus meine Mahnungen, meine Warnungen und meine unverrückbaren Überzeugungen stets verstanden. Noch in diesen Tagen ging mir die Abschrift der Austrittserklärung eines namhaften Mitarbeiters der Union der Ostzone zu. Es heißt da wörtlich: »Mein Ideal ist es immer gewesen, mit dazu beizutragen, daß der persönliche Zwang, der in den letzten zwölf Jahren zur Unerträglichkeit geworden war, beseitigt wurde. Aber ich habe immer mehr einsehen müssen, daß sich kaum etwas geändert hat, nur die Macht liegt in anderen Händen. Ein derartiger Terror, wie er von seiten der SED ausgeübt wird, kann zu keiner persönlichen Freiheit führen. Ich für meine Person habe die Konsequenzen gezogen und habe mich entschlossen, wieder frei zu werden. Und zwar innerlich. Denn auf die Dauer konnte ich es mit meinem Gewissen nicht vereinbaren, meine Unterschrift unter ein Schriftstück zu leisten, die meinem inneren Empfinden völlig entgegenliefen.« – Soweit die Zuschrift.

Hier haben wir die Charakterisierung der SED. Wir haben zugleich die Charakterisierung des durch die SED ausgelösten Zustandes in der Ostzone. Wir haben den Ausdruck des Gewissenskonfliktes, den das Gebaren der SED bei allen ernsthaften politischen Menschen auslöst, denen Gewissens- und Entscheidungsfreiheit oberstes Gesetz ist. Wer das noch nicht begriffen hat, dem muß es bei dem Geschehen um den Volkskongreß klargeworden sein.
Der Volkskongreß gab vor, der Einheit Deutschlands zu dienen. Wir kennen heute den politischen Hintergrund des Volkskongresses. Ich gebe ohne weiteres zu, daß es außen- und innenpolitische Fragen geben kann, in denen sich ein besetztes Land mit den Zielen der besetzenden Macht begegnet. Es wäre schlimm, wenn das nicht der Fall wäre. Eines aber ist nötig: Wann immer und wo immer eine solche Übereinstimmung gegeben ist, das Volk des besetzten Landes muß sich immer in Freiheit und aus eigenem Willen entscheiden können, ob und wie es eine solche Übereinstimmung zum Ausdruck bringt.
Wir brauchen wirklich keine Beweise zu erbringen, wie sehr wir, die Union der Ostzone, vor allem für die Einheit unseres Volkes sind.
Wir standen und wir stehen für ein einiges Deutschland. Für ein einiges, aber auch für ein freies Deutschland. Weil wir aber für ein Deutschland der politischen Freiheit sind, stehen wir der Einheitspropaganda der SED mit den gebotenen Vorbehalten gegenüber. Und zwar nicht nur ihrer Einheitspropaganda, sondern auch und vor allem ihrem Einheitswillen. Es bedurfte für uns nicht der Veröffentlichung eines Sabotageprogramms der KPD an der Ruhr, um uns von den revolutionären Zielen der KPD und der SED zu überzeugen. Wir sind diesem revolutionären Willen oft genug begegnet. Es kann sich deshalb nur der auf Zusammenarbeit mit der SED einlassen, der sich stets der Gefahren dieser Zusammenarbeit bewußt bleibt. Darum kann ich nur besorgt den Kopf schütteln, wenn ich in der Rede des Vorsitzenden von Thüringen lese: Die sogenannte Reorganisation der Union habe den Zweck, »die Leitung der Partei in der Zentrale wie im Lande von allen Elementen zu befreien, die sich von einer wirklichkeitsnahen Politik gelöst haben und die damit eine Gefahr für die Union und für die Einheit Deutschlands geworden sind«. Der Versuch der Ausschaltung aller Vorstandsmitglieder der Union, die für die Gefahren der Zusammenarbeit mit der SED stets einen klaren Blick bewiesen, läßt erkennen, was hier unter wirklichkeitsnaher Politik verstanden wird. Nämlich nichts anderes als Nachgiebigkeit gegenüber der SED.
Uns aber will scheinen: Wirklichkeitsnah ist die Politik heute nur dann, wenn man vor den Gefahren der Zusammenarbeit nicht die Augen schließt. Wer Zusammenarbeit mit der SED und KPD bejaht – und wir haben das in der Zone stets getan –, der muß auch den Mut und die Fähigkeit haben, »nein« zu sagen, wo »nein« gesagt werden muß.
Und heute muß klar gesagt werden: Je stärker der Wirbel der Propaganda für die Einheit wird, den die SED entfacht, um so bedenklicher werden wir. Ich sage es ganz deutlich: Auch wir, die Union, sind von Leidenschaft erfüllt. Wir tragen den entschlossenen Willen in uns, Deutschland wieder einigen zu helfen. Aber es besteht ein großer Unterschied zwischen dieser unserer Leidenschaft und dem Fanatismus der SED. Wir wollen eine Einheit Deutschlands, unter der in allen Teilen Deutschlands endlich echte Freiheit und wahre Demokratie herrschen. Nicht aber wollen wir Deutschland dem Kommunismus in die Arme führen helfen. Hier, und hier vor allem auch liegt unser großes Bedenken gegenüber dem Volkskongreß.

Der Volkskongreß soll das Volk in den übrigen Teilen Deutschlands über den kommunistischen Willen der SED hinwegtäuschen. Wir aber wollen in einem neu geeinten Deutschland auch die Freiheit verwirklichen.
Darum kann ich nur wiederum den Kopf schütteln, wenn ich die jüngsten Auslassungen von Otto Nuschke in der neuen »Neuen Zeit« lese. Er nennt den Volkskongreß den Versuch, »von unten her« – das soll heißen vom Volk her – zur Einheit Deutschlands zu kommen. Ich frage Otto Nuschke: Woher nimmt er den Mut, bei dem von der Propagandamaschine und vom brutalen Druck der SED in der Zone aufgezogenen Unternehmen des Volkskongresses von einem »Versuch von unten her« zu sprechen? Ich stelle diese Frage, weil es mir aufrichtig leid tut, daß sich ein alter Demokrat zu solchen Verschleierungen hergibt. Aber geradezu erschütternd empfinde ich es, daß dieser Demokrat es fertigbringt, nach Bremen zu fahren, um dort dem einwandfrei kommunistischen Volkskongreß ein dürftiges demokratisches Mäntelchen umhängen zu helfen. Von diesem oder jenem Skribenten will ich nicht reden. Es gibt ja in diesem Zwielicht der Übergangszeit vom Krieg zum Frieden Leute, die von einem solchen Zwielicht profitieren. Aber auch nur vom Zwielicht. Das gesunde Volksempfinden wird bald mit ihnen fertig werden. Schade nur, daß sie heute ihren Namen in die Zeitung setzen dürfen, in der unser wackerer Wilhelm Gries noch vor kurzem so aufrechte Worte schreiben konnte. Aber über solches Bedauern kommt man hinweg. Denn für neue Aufgaben auf der alten politischen Linie wird sich für alle Aufrechten auch bald wieder Raum und Möglichkeit finden. Und es ist nötig, daß das geschieht. Es ist nötig, daß sich alle aufrechten und freien Deutschen zur Rettung der Freiheit und zur Schaffung der endgültigen Einigkeit Deutschlands zusammenfinden. Und zwar diesseits und jenseits der Zonengrenzen.
Daß für die Freiheit, für die gesunde demokratische Entwicklung in Deutschland Gefahr besteht, beweist die sogenannte Krise der Union. Beweist alles, was um diese Krise herum geschehen ist und geschieht. Daß aber auch für den deutschen Zusammenhalt Gefahr besteht, beweisen im Augenblick nicht so sehr die Vorgänge in Frankfurt. Wohl aber die diffamierende Propaganda, die von der SED um diese Vorgänge entfesselt wird. Ich mache mir zwar keine Illusion darüber, daß im Westen manche Leute am Wirken sind, die nicht gerade zu den einenden Kräften in Deutschland gehören. Ich mache mir keine Illusionen darüber, daß es allerhand Kreise gibt, die am liebsten ein völlig aufgelockertes Staatsgebilde verwirklichen möchten. Und zwar nicht zuletzt auch aus Sorge vor einer kommunistischen Infektion.
Dazu allerdings kann ich nur eines sagen: Je stärker wir selbst hier in diesem Raum entschlossen sind, einer freien, einer fortschrittlichen Ordnung den Weg zu bahnen und sie zu sichern, um so bedeutungsloser wird die Wirksamkeit solcher Kreise. Tendenziös aber erscheint es mir, Maßnahmen, wie sie in Frankfurt erfolgt sind, einfach als die Bildung eines Weststaates zu bezeichnen. Zur Schaffung eines Weststaates gehört doch wohl der politische Wille der Deutschen selbst, ihn zu verwirklichen. Frankfurt kann nichts anderes sein – es darf auch nichts anderes sein – als eine Notlösung zur Meisterung wirtschaftlicher Schwierigkeiten. Diese Notlösung ist leider unvermeidbar geworden. Schließlich können nicht 40 Millionen Deutsche zum ewigen Abwarten verurteilt sein, weil Besatzungsmächte sich nicht miteinander verständigen können. Weil ein Graben auch von ideologischen Verschiedenheiten zwischen diesen Besatzungsmächten besteht, von dem wir nur hoffen können, daß

er bald überwunden wird. Wir sind uns bedrückend klar darüber: Deutschland kann an dem Zwiespalt der Mächte nur noch tiefer ins Elend sinken. Deshalb möchten wir der Verständigung dienen, nicht aber der Zerreißung.
Das ist aber auch der Grund, warum ich das jüngste Kommuniqué der fünf Landesverbandsvorsitzenden der Union der Ostzone aufrichtig bedauern muß. Ihre Stellungnahme gegen den Westen ist einseitig. Sie kann nicht der Verständigung dienen. Sie fördert nur Gegensätze. Man soll auch nicht mit Steinen auf andere werfen, wenn man selbst im Glaskasten sitzen muß. Das gilt vor allen Dingen von der Forderung nach demokratischer Legitimation der Körperschaften im Westen.
In der Union der Ostzone sind in diesen letzten Wochen so viel undemokratische Maßnahmen hingenommen worden, daß man besser davon absieht, Demokratie bei anderen zu verlangen. Ich denke dabei nicht nur an die Vorgänge um die beiden Vorsitzenden der Union. Inzwischen hat man ja den gesamten nicht genehmen Vorstand zur Seite zu drücken versucht. Das heißt die Männer und Frauen, die sich nicht in den propagandistischen Einheitsfeldzug, in die Politik der SED einspannen ließen. Über diese Ostzonendemokratie wird noch bei anderer Gelegenheit ein deutliches Wort zu sagen sein. Ich kann nur noch einmal für mich, für Ernst Lemmer und für alle meine Mitarbeiter, die man mit Willen und unter Berufung auf die Besatzungsmacht zur Seite zu rücken sucht, erklären: Wir alle tragen unsere Verantwortungen mit legitimem, demokratischem Recht weiter wie bisher. Es verlautet, daß der von uns geforderte außerordentliche Parteitag vor Mai nicht für nötig gehalten wird. Professor Hickmann wird nun in aller Klarheit die Frage zu beantworten haben, ob das der Fall ist. Sollte es so sein – und es muß befürchtet werden –, dann wissen wir, daß die eifrige Stimmungsmache gegen mich trotz aller Einzelbearbeitungen noch nicht ihr Werk getan hat. Im Restbestand der Jägerstraße – Sie wissen um seine Dürftigkeit – hat man bemerkt, daß noch 90 % der Zone hinter Jakob Kaiser stehen. Aber in einigen Monaten würde sich das schon ändern. Ich will dazu bemerken: Es geht hier nicht um Jakob Kaiser. Es geht um die echte, die wahre Union. Diese echte Union hofft man, in einigen Monaten zum Schweigen gebracht zu haben. Ist das nicht ein Hohn auf alles, was Freiheit und Demokratie heißt?
Ich erkläre zu dieser Haltung in aller Klarheit: Findet der Parteitag nicht in aller Freiheit im Januar noch statt, dann ist erwiesen, daß man die Grundbedingungen der Demokratie nicht anerkennen will. Dann weiß alle Welt, was im Grunde heute schon klar ist: Es haben sich ein paar gefügige Außenseiter außerhalb der Union gestellt. Wir aber bleiben, was wir gestern und heute waren: die legitimen Verantwortungsträger der echten Union. Diese echte Union steht. Sie steht auch in der Zone noch in aller Aufrechtheit. Und ich erkläre es als eine Sünde an der Demokratie, zu versuchen, über den Willen von 90 % der Menschen hinwegzugehen, um eine neue Union von ein paar gefügigen Funktionären zu schaffen.
Uns aber darf das alles nicht hindern, unsere Verantwortungen wahrzunehmen.
Das gilt übrigens auch für meine Teilnahme an der geplanten internationalen Tagung der christlich-demokratischen Parteien in Luxemburg. Ich habe so oft und unter allgemeiner Zustimmung verkündet: Die Union streckt ihre Hände nach Osten und nach Westen aus. Soll ich nunmehr die eine Hand, die nach Westen gerichtet ist, auch in die Tasche stecken, weil der Osten die Hand eines aufrechten Demokraten im Augenblick verschmäht? Vielleicht ist es für manchen eine Beruhigung, wenn ich sage, daß ich tatsächlich persönlich eingeladen bin. Allerdings werde ich

meine Person nicht von meiner politischen Verantwortung für die Union der Ostzone und Berlins trennen. Zur weiteren Beruhigung sei aber noch gesagt: Ich werde in Luxemburg dem westlichen Geist so wenig verfallen, wie ich in Berlin dem östlichen verfallen bin. Ich werde meiner deutschen Verpflichtung gerecht zu werden suchen.

Es ist eine Verpflichtung auch um des täglichen Brotes unseres Volkes willen. Wenn wir mit Leidenschaft für die Einheit Deutschlands eintreten, dann tun wir es nicht zuletzt auch, weil unser Volk seine eigene Existenz nicht anders finden kann. Unsere 70 Millionen Menschen, die im Herzen dieses Kontinents heute buchstäblich zusammengepfercht sind, brauchen wirklich jeden Acker, brauchen jedes Rohstoffgebiet, jedes Industrierevier dieses Landes. Wir wissen, unsere Rationen sind nicht nur heute, sie werden auch morgen und übermorgen noch kärglich sein. Müssen wir uns damit abfinden, so wollen wir doch das zum Leben Notwendige selber erarbeiten. Mit eigenen Kräften und eigenen Mitteln, so gut und so weit wir das nur immer vermögen. Und wir vermögen viel, wenn man uns nur erst einmal wieder nach einheitlichen Grundsätzen frei arbeiten läßt.

Dazu gehört aber auch, daß man uns die Verfügung über unsere Bodenschätze und über unsere Werkstätten läßt. Wir sind in unserem engen Gebiet von der Natur ohnehin nicht reich gesegnet. Sehr im Gegensatz zu manchem anderen Volk. Deshalb sollte es die Welt verstehen, daß wir nicht stillschweigen können angesichts der Ansprüche und Zumutungen an den Rest unserer wirtschaftlichen Möglichkeiten. Ich denke, wenn ich das sage, nicht nur an Demontagen und Reparationen. Ich denke an das Saargebiet. Ich denke an die Ruhr. Ich denke an das Land jenseits der Oder-Neiße-Linie, dessen Ertrag uns für die Ernährung unseres Volkes so bitter fehlt. Ich denke nicht minder an die in der Ostzone der deutschen Verfügungsgewalt entzogenen Wirtschaftsunternehmungen, die als Sowjetische Aktiengesellschaften dem russischen Wirtschaftsorganismus eingegliedert sind und ihm dienen. Ich kann nur wünschen, daß die wortreichen Prediger der deutschen Einheit in und rings um Berlin sich diese unsere Sorge auch zu eigen machen.

Erst dann kann auch ihre Einheitspropaganda ernster genommen werden. Wir aber werden uns weder durch die Glut von Propaganda noch durch Beschuldigungen, noch durch Diffamierungen abhalten lassen, in persönlicher und parteipolitischer Selbstlosigkeit der deutschen Wiedervereinigung zu dienen. Wir geben dabei die Hoffnung nicht auf, daß alle Besatzungsmächte erkennen lernen, daß wir dabei den Weg der Treue und des Bekenntnisses zum Lebensgesetz des eigenen Volkes zu gehen haben. Zum Lebensgesetz unseres unglücklichen Volkes. Wir wissen, daß dieses Volk nichts so sehr verlangt, als sich selbst wiederzufinden, um in geläuterter Freiheit und abgeklärter Demokratie dem Wohle der menschlichen Gemeinschaft dienen zu können. Dafür optiert die echte Union. Nicht für Amerika und nicht für Rußland. Sie optiert für Deutschland. Sie optiert für Deutschland über alle Parteigrenzen hinweg mit allen guten Kräften, die gewillt sind, ein freies Deutschland zu schaffen, das nach eigenem Gesetz leben kann.

## 30

*Rede in Köln*
*2. Februar 1948*

Wenn ich in diesen Tagen an dieser Stelle zu Ihnen spreche, so tue ich es nicht ohne Bewegung. Vor fünfzehn Jahren trieb mich hier in Köln der totalitäre Wille der Nationalsozialisten aus meinem Wirkungskreis der Gewerkschaften. Als ich mich ihrem Willen nicht beugte, als ich es ablehnte, meinen Namen unter das Schriftstück zu setzen, das die Gewerkschaften bedingungslos Hitler unterstellte, erklärte man mich für abgesetzt. Was dieser Absetzung folgte, wissen Sie: Zwölf Jahre arbeiteten wir hinter den Kulissen des Hitlersystems an einer neuen Ordnung der Freiheit und der wahrhaften politischen Verantwortung. Zwölf Jahre, in denen von der Frivolität dieses totalitären Willens allerdings eine Welt zerstört wurde. Mit uns arbeiteten Männer, deren Namen in dieser Stadt, im Rheinland einen unvergeßlichen Klang haben. Manch einer von ihnen ist dem Aufstand des 20. Juli zum Opfer gefallen. Wir, die Übriggebliebenen, versuchten nach dem beispiellosen Zusammenbruch der Hitlertyrannei mitzuhelfen, die langersehnte politische und soziale Ordnung in Freiheit aufzubauen.

Wir versuchten es ohne Illusionen. Der Zusammenbruch einer Abenteurerpolitik, bedingungslose Kapitulation und nachfolgendes Besatzungssystem verschiedener Mächte sind nicht dazu angetan, irgendwelche Illusionen zu wecken. Immerhin war unser Vertrauen in die Verheißungen der Freiheit und der Ordnung der Besatzungsmächte – und zwar aller Besatzungsmächte – groß. Deshalb erfüllt uns der Zustand, in den man unsere östliche Union versetzt hat, mit tiefster Erschütterung.

Ich selbst empfinde es als grotesk, daß ich heute genauso vor Ihnen stehe wie vor fünfzehn Jahren: als Politiker, der seinen legitimen Verantwortungen nicht unbehindert dienen kann. Seine Verantwortungen den Menschen gegenüber, die ihn im politischen und menschlichen Vertrauen gewählt haben. Man sagt, ich hätte nicht das Vertrauen der Besatzungsmacht. Dabei habe ich nichts anderes getan, als eine Entscheidung getroffen, die ich im gesamtdeutschen Interesse allein für möglich halten mußte. Dafür müßte 2 1/2 Jahre nach dem Krieg eine Besatzungsmacht doch Verständnis haben.

Wir haben die Teilnahme am Volkskongreß abgelehnt. Wir sind aus guten Gründen bei dieser Ablehnung geblieben. Auch, als ein mehr oder weniger künstlicher Sturm vor allem gegen mich entfesselt wurde. Die guten Gründe, die gegen unsere Teilnahme am Volkskongreß sprachen, sind heute überall da Allgemeingut unseres Volkes geworden, wo freie politische Entscheidungsmöglichkeiten gegeben sind. Wo diese freien Möglichkeiten nicht gegeben sind, kann man nicht ernsthaft über das Für und Wider sprechen. Man kann das nur da tun, wo man in echter demokratischer Freiheit sprechen kann. Für dieses Erfordernis neuer deutscher Ordnung eingetreten zu sein, ist unser Vergehen in der Führung der Ostzonenunion. Dabei will ich vorweg sagen: Es liegt mir fern, die Vorgänge um unsere Ostzonenunion propagandistisch ausnutzen zu wollen. Aber dem Kampf für Freiheit der Meinung, für Recht und Rechtssicherheit der Persönlichkeit gehört die Arbeit meines Lebens. Er begann in der Arbeiterbewegung. Ich blieb ihm unter Hitler treu. Ich wäre ein elender Tropf, wenn ich mich heute diesem Kampf versagen würde, wo er notwendig ist. Ich weiß aber ebenso, daß es in dieser schwierigen Situation unseres

Volkes, die ihm Hitler bereitet hat, nicht nur um Auseinandersetzung, sondern auch um den Weg der Verständigung mit den Mächten geht, die das Schicksal Deutschlands in Händen halten.
Man hat mir gerade in diesen Wochen der sogenannten Krise der Union oft die Frage gestellt: Glauben Sie nach den Erfahrungen, die Sie jetzt gemacht haben, immer noch an die Möglichkeit wirklicher Verständigung mit dem Osten? Ich konnte darauf nur immer wieder antworten: Solange die Weltmächte unter sich mit den Mitteln der Politik noch nach Ausgleich und Verständigung suchen, haben wir, die Deutschen, bestimmt noch Veranlassung und Pflicht, dem Gedanken der Verständigung zu dienen. Daß das nicht immer leicht ist, hat sich allerdings erwiesen. Wer aber dem Frieden dienen will, darf sich durch Rückschläge und Enttäuschungen nicht entmutigen lassen. Kein Volk hat so sehr die Pflicht, der Erhaltung des Friedens zu dienen, wie das deutsche. Und keines so sehr das Verhängnis eines nochmaligen Krieges zu fürchten wie unser Volk.
Dabei konnten wir uns nie verhehlen, daß der Weg der Verständigung mit Rußland ein besonders schwieriger ist. Es begegnen sich zwei Völker, deren Wege durch die Geschichte sehr verschieden sind. Ich habe schon an anderer Stelle darauf hingewiesen.
Keine Besatzungsmacht ist mit so prägnanten Zielen in unser Land gekommen wie die sowjetische. Die Repräsentanten Rußlands sind nun einmal überzeugt, daß ihre Erkenntnisse das Allheilmittel für die Menschheit sind. Deshalb möchten sie auch möglichst die ganze Menschheit mit diesen ihren Erkenntnissen beglücken.
Aus diesem Grunde gilt auch ihr besonderes Vertrauen in unserem Lande der SED und der KPD, denn sie sind Träger der gleichen Ideenwelt. Wir aber können in der Sozialistischen Einheitspartei ebensowenig die Verkörperung unserer politischen und sozialen Ideale sehen wie in der Kommunistischen Partei. Sie sind für uns weder die Träger des Freiheitsgedankens, wie wir ihn in uns tragen, noch sehen wir in ihrem revolutionären Umgestaltungswillen das politische und soziale Ordnungsideal, wie wir es für Deutschland erstreben. Noch sehen wir in ihrem neuerdings mit so lautem patriotischen Propagandalärm verkündeten Einheitswillen für Deutschland die Garantie, daß sie mit dieser Einheit auch die echte Freiheit verwirklichen wollen.
Hier liegt der Konfliktstoff, der die politische Wirksamkeit nichtkommunistischer Parteien in der Ostzone erschwert. Hier liegen auch die Gründe für die sogenannte Krise in der Union der Ostzone. Ich will bei ihrer Darstellung jeden Schein von Demagogie vermeiden. Demagogie mag das Privileg totalitärer Parteien bleiben. Nötig aber ist, daß auch im Westen einige klare Worte zu dem Geschehen um die Union gesprochen werden. Um unserer Partei willen, aber auch zur Klärung der politischen Situation unseres Volkes, die kaum je so verwirrt war wie heute. Ebenso aber auch zur Klarstellung unseres politischen Willens, der nicht trennen will und nicht teilen darf, sondern der innerhalb der deutschen Grenzen und über die deutschen Grenzen hinweg verbinden will. Soweit das einem von Not und Leid betroffenen Volke – wie es das unsere ist – nur immer möglich ist.
Der Volkskongreß, der die Vorgänge um die Union der Ostzone unmittelbar auslöste, war nur das letzte Glied einer Kette von Ereignissen und Entwicklungen in der Politik der Ostzone, die jeden um Demokratie und Freiheit Besorgten in steter Unruhe hielten. Wir haben das Wagnis und die Sorge dieser Politik auf uns genommen, weil wir das politische Feld in der Ostzone nicht preisgeben wollten. Deshalb entzo-

gen wir uns z. B. auch nicht von vorneherein der sogenannten Blockpolitik in der Ostzone. Aber niemals erschien uns diese Blockpolitik als die alleinseligmachende Form der Demokratie. Sie schließt ja immerhin die Gefahr von Bindungen ein, die nicht gerade im Interesse einer klaren politischen Linie liegen. Wir nahmen diese Gefahren hin, um unseren Verständigungswillen zu beweisen. Um das Leben unserer Menschen in der Ostzone zu erleichtern. Um die Möglichkeit zu behalten, einen Fond der Freiheit in der Ostzone pflegen und bewahren zu können. Wir ständen zu dieser Haltung noch heute, hätte man uns nicht eine Situation bereitet, die dem Bewußtsein christlich-demokratischer Verantwortung den Menschen und Geschehnissen gegenüber einfach ins Gesicht schlägt. Eine Situation, die jeder freien Entscheidungsmöglichkeit – ich möchte sagen, jedem Rest von Entscheidungsmöglichkeit – Hohn spricht.
Wir haben um unserer Haltung der Ostzonensituation gegenüber manche Verkennung, manche Mißdeutung auf uns genommen. Nicht nur seitens anderer Parteien, auch aus dem Kreis der eigenen Partei. Wir aber wußten, was wir wollten. Wir waren und sind uns stets der tödlichen Gefahr bewußt gewesen, die eine Teilung Deutschlands bedeutet. Die eintreten würde, wenn unser Land entlang einer Linie, die von den Südabhängen des Thüringer Waldes und den Quellflüssen der Weser bis vor die Tore von Hamburg führt, endgültig in zwei Teile zerschnitten würde. Es handelt sich bei der Sowjetzone ja nicht nur um »Ostelbien«, wie mancher bagatellisierend oder sogar geringschätzig behaupten möchte. Diese Zone schließt das Herz Deutschlands ein. Die Lebensadern unseres Volkes würden durchschnitten, wenn eine endgültige Teilung Wirklichkeit werden sollte. Es war unser deutsches Gewissen, das uns diesen politischen Weg gehen hieß. Aber was ich schon im letzten Sommer in der Berliner Stadtverordnetenversammlung gelegentlich des Scheiterns der Münchener Konferenz sagte, gilt auch heute noch: Das Gewissen ist uns nicht nur Impuls unserer Politik. Es bestimmt auch die Grenzen unserer Politik. Es bestimmt auch die Grenzen der Möglichkeit politischer Zusammenarbeit mit anderen Parteien. Schon damals erklärte ich der SED und ihrer brutal-revolutionären Politik gegenüber: Es wäre ein schwarzer Tag für mich, wenn unser politisches Gewissen unserer unfreiwillig-freiwilligen Zusammenarbeit Einhalt gebieten müßte. Wir müßten darin ein Scheitern unseres aufrichtigen Verständigungswillens sehen. Ein schwarzer Tag aber auch deshalb, weil wir befürchten mußten, daß von diesem Tage an ein verstärkter Kampf mit sehr ungleichen Mitteln gegen unsere Menschen in der Ostzone einsetzen würde. Dieser Kampf wurde schon seit dem letzten Sommer geführt. Unsere Vorbehalte gegen die Blockpolitik, unsere Ablehnung des Mißbrauches der Einheitsorganisationen brachten unsere Menschen in der Ostzone immer mehr in schwierige Situationen. Aber die Masse der Mitglieder stand in Treue zu einer klaren politischen Linie. Sie waren mit uns – d. h. mit der Führung in Berlin – entschlossen, sich dem kommunistischen Willen nicht zu beugen. Je stärker dieser Wille zum Ausdruck kam, um so entschlossener sahen wir uns in Berlin vor die Aufgabe gestellt, ihm einen Damm entgegenzusetzen. Das war auch der Sinn meiner Erklärung auf dem letzten Jahrestag der Union. Ich erklärte: Wir wollen Wellenbrecher des orthodoxen Marxismus sein. Wer damals den Beifallssturm unserer Menschen, der Menschen der Ostzone, erlebt hat, begreift, daß es heute nicht so einfach ist, die echte Union in der Ostzone mehr und mehr fremdem Willen zu unterstellen. Ich will es mir ersparen, Einzelheiten zu berichten, wie man in Einzelbearbeitungen und Einzelbeeinflussungen versucht, eine Gesinnungsänderung

unserer Menschen herbeizuführen. Gewiß: Manch einer wird schwach und geht den leichteren Weg. Einige wenige haben sich der Gleichschaltungspolitik gegenüber der Union zur Verfügung gestellt. Sie finden nicht viel Anklang. Zumal es sich meist um Gestalten handelt, deren politische Haltung in der Hitlerzeit keine allzu grelle Beleuchtung verträgt. Aber selbst im Kreis dieser Gestalten wurde noch dieser Tage erklärt: Wir wissen, noch stehen 90 % der Mitglieder der Union in der Zone hinter Jakob Kaiser. Aber wir rechnen damit, daß man das in einigen Monaten ändern kann.

Das ist auch der Grund, warum man dem von uns geforderten außerordentlichen Parteitag aus dem Weg zu gehen sucht. Man will Zeit gewinnen, um den Willen der Menschen in der Zone ändern zu können. Man ist an der Arbeit, diese Änderung zu versuchen. Es gibt bei diesem Versuch groteske Vorgänge, die zugleich erschütternd sind, weil sie Erniedrigungen der Menschen durch Nötigung und Zwang einschließen, wie wir sie nach dem Untergang des Hitlersystems wirklich nicht mehr erleben dürften.

Skrupellose Diffamierung ist eines der gebräuchlichsten Mittel der Ostzonendemokratie. Man braucht nur die Zeitungen der SED und KPD aufzuschlagen, dann hat man Kostproben dieser Diffamierungsmethode. Bemerkenswert ist dabei, daß sich die Beschimpfungen immer nur gegen Männer richten, die sich zu einer aufrechten politischen Linie bekennen. Es gibt noch andere groteske Fälle volksdemokratischer Politik: Es gibt z. B. Männer, denen wegen bestimmter Belastungen aus der Hitlerzeit die politische Betätigung in der Ostzone untersagt wurde. Heute aber finden sie wieder Gnade. Bedingung ist nur: Aktive Teilnahme am Volkskongreß. Ablehnung des Marshallplanes. Stellungnahme gegen Jakob Kaiser.

Es gibt daneben Entschließungen von Landesverbänden, Kreisverbänden und Ortsgruppen, die immer den gleichen Inhalt und oft auch den gleichen Wortlaut haben. Man kann wohl kaum annehmen, daß diese Entschließungen der freien Initiative der Mitglieder entspringen. Ich führe diese Einzelheiten nur an, weil sie zum Verständnis unserer Haltung beitragen. Dabei geht es aber nicht um Personen. Es geht um Grundsätzliches: Es geht um die Frage, ob eine politische Erneuerung im Sinne freier Entscheidung und freier Entwicklung in ganz Deutschland überhaupt möglich werden soll. Es handelt sich schlechthin um das deutsche Schicksal. Es handelt sich um die Frage, ob sich Deutschland weit bis ins Herz des Landes hinein noch einmal einem totalitären Willen beugen soll oder ob wir stark genug sind, dem totalitären Willen einen unüberwindlichen Wall entgegenzusetzen. Einen Willen, der stärker ist als jede totalitäre Absicht, die heute neu die eben erwachende Freiheit bedroht. Wer unsere politische Arbeit in der Ostzone wirklich erlebt hat, mußte auch erkennen, wie sehr wir stets vom Abwehrwillen gegen den orthodoxen Marxismus beherrscht waren.

Das durfte und konnte uns allerdings niemals hindern, die SED in der Ostzone als politische Realität zu sehen. Wir haben diese Realität nicht geschaffen. Wir stehen aber vor der Notwendigkeit, mit ihr fertig zu werden. Es handelt sich dabei nicht nur um eine Aufgabe, die Berlin und die Ostzone allein angeht. Sie geht ganz Deutschland an. Es hieße, den Kopf in den Sand stecken, wollte man das im Westen oder Süden Deutschlands übersehen. Es gibt Kreise, die dazu neigen. Es gibt auch Kreise, die glauben, die Vorgänge in der Ostzone hätten nur mit taktischen Haltungen etwas zu tun. Sie meinen, man könnte erneut mit taktischen Mitteln über sie hinwegkommen. Ich kann nur sagen: Es geht nicht um Taktik. Es geht um Wesent-

liches. Es geht um echte Freiheit. Und es geht um verantwortliches Zusammenstehen, damit Deutschland in Freiheit und um der echten Freiheit willen zusammenwächst. Das Geschehen um die Union der Ostzone ist eine sehr ernste Mahnung. Ein Menetekel für ganz Deutschland. Wer jetzt wirklich noch nicht begreift, daß Deutschland zusammenstehen muß, der sollte in dieser Zeit die Finger von der Politik lassen. Jeder einzelne Deutsche ist in seiner Gesinnung, in seinem Willen und in seinem Handeln der deutschen Gesamtheit verpflichtet.
Das waren für uns die stärksten Gründe, die uns für die Schaffung einer gesamtdeutschen Repräsentation eintreten ließen. Sie sollte aus dem Zusammenwirken aller Parteien hervorgehen. Und ich bin heute wie gestern der Auffassung, daß ihr Zustandekommen die Verbindung der Ostzone mit dem übrigen Deutschland erleichtert hätte. Zugleich wären uns im sogenannten Osten aus Gesamtdeutschland Kräfte zugeflossen, die unsere Auseinandersetzung mit der totalitären Welt unterstützt und gefördert hätten. Wenn die Geschichte dieser Phase deutschen Schicksals einmal geschrieben wird, wird sie manches harte Urteil über das Versagen gesamtdeutschen Willens zu fällen haben. Es bleibt nun einmal leider übrig, daß man die gesunden deutschen Kräfte, die in Berlin und der Ostzone für politische Freiheit und deutsche Zusammengehörigkeit einstehen, doch oft recht allein gelassen hat.
Im übrigen bin ich auch der Auffassung, daß eine nationale Repräsentation der beste Prüfstein für die Bereitschaft der Kommunisten zur politischen Zusammenarbeit im deutschen Volksinteresse gewesen wäre. In dieser Zusammenarbeit hätte es sich erweisen können, ob es den orthodoxen Marxisten wirklich ernst ist mit der Einheit Deutschlands, die sie heute mit so lautem patriotischen Propagandalärm vertreten. Im Rahmen einer gesamtdeutschen Vertretung hätten sie bald vor der Alternative gestanden: Ehrlicher gesamtdeutscher Aufbauwille mit allen freiheitlich gesinnten Kräften oder destruktive Demonstration, um einem totalitären System den Weg zu bereiten. Das letztere aber wäre ihnen im gesamtdeutschen Rahmen schwerer gefallen als in der für sie günstigen Luft der Ostzone. Das deutsche Volk ist heute im wesentlichen immun gegen den Kommunismus. Ich sage heute. Denn man weiß nicht, wohin die deutsche Not noch treiben kann, wenn ihr nicht entschlossen begegnet wird. Heute jedenfalls kann man nicht von einer starken Anziehungskraft des Kommunismus sprechen. Das deutsche Volk hat unter dem Nationalsozialismus genügend Erfahrungen mit einem totalitären System gemacht. Die Wahlen im Westen, im Süden und in Berlin haben das zur Genüge bewiesen. In der Ostzone hat der Kommunismus nur deshalb eine starke Position, weil zu seinen Gunsten die persönliche Freiheit stets beschränkt war und von Tag zu Tag mehr beschränkt wird. Weil die politische Entscheidung des einzelnen und der nichtkommunistischen Parteien wachsend unter Zwang gestellt wird. Und trotzdem: Auch dort steht das Volk in ständig wachsender Ablehnung. Dafür könnte ich Beispiele über Beispiele sagen.
Diese Ablehnung gegenüber orthodoxem Marxismus und andererseits die wachsende Zustimmung zu aufrechter Unionspolitik ist nicht zuletzt der Grund, warum man sich müht, die Widerstandskräfte in der Union gegen ideologische Überfremdung auszuschalten. Denn das sind die Kräfte, gegen die man die sogenannte Krise entfacht hat. Die Union soll einem fremden Willen hörig gemacht werden. Sie soll mehr und mehr einer fremden Ideenwelt dienstbar gemacht werden. Das ist neben dem augenblicklichen Willen, sie den propagandistischen Zwecken des Volkskongresses zu unterwerfen, der Sinn der sogenannten Krise in der Ostunion.

Was den Volkskongreß angeht, so sind sein Sinn und sein Zweck, seine Einseitigkeit genügend bekannt. Schon diese Einseitigkeit nimmt ihm die Möglichkeit, als Verkörperung des deutschen Volkswillens aufzutreten. Er ist eine ferngelenkte Bewegung im Dienste totalitärer Ideen. Es ist nur selbstverschuldete Blindheit oder zweckbewußte Selbsttäuschung, in ihm eine allgemeine Volksbewegung sehen zu wollen, die selbstlos der Einheit Deutschlands dient. Man wirft uns, den verantwortlichen Männern der Union der Ostzone, vor, wir wären dem Willen zur deutschen Einheit untreu geworden, weil wir dem Volkskongreß unsere Mitwirkung versagten. Ich kann dazu nur sagen: Wir haben unsere Mitwirkung am Volkskongreß abgelehnt, weil wir es ernst meinen mit unserem Willen zur Einheit Deutschlands. Eine Repräsentation unter kommunistischer Regie ist keine nationale Repräsentation des deutschen Volkes, sondern der Versuch und die Vorbereitung einer totalitären Beherrschung Deutschlands. Deshalb wußten wir, was wir taten, als wir taten, als wir die Beteiligung an diesem Unternehmen ablehnten.
Man hat mich um dieser unserer Haltung willen zum amerikanischen Agenten erklärt. Das erinnert stark an frühere totalitäre Methoden, die man mit dem vulgären Satz kennzeichnet: »Und willst Du nicht mein Bruder sein, so schlag ich Dir den Schädel ein.« Heute sind wir in dem von vier Mächten besetzten Deutschland so weit gekommen, daß jeder deutsche Politiker, der nicht Wegbereiter des Kommunismus sein will, einfach als amerikanischer Agent diffamiert wird. Sie können es heute in jeder von der SED geführten oder beeinflußten Zeitung lesen: Jakob Kaiser und seine Mitarbeiter sind Agenten des amerikanischen Monopolkapitals. Aber diese Waffen werden allmählich stumpf. Wir wissen aus der Hitlerzeit, was Diffamierungen dieser Art bedeuten. Wir wissen, daß sie das Schreckmittel für alle Unentschlossenen und Ängstlichen sein sollen. Diffamierungsversuche sind für uns immer der beste Beweis, daß sich ein totalitärer Wille durchzusetzen bemüht. Das Zeichen echter demokratischer Gesinnung und verantwortlichen Freiheitsbewußtseins ist Toleranz, nicht aber Diffamierung. Wir verlangen von jeder Partei, die sich demokratisch nennt, Achtung vor der Überzeugung anderer. Von den Besatzungsmächten aber erwarten wir Verständnis für die Pflicht deutscher Politiker, sich für eine Volksordnung zu entscheiden, die deutschem Willen, deutscher Kultur und deutscher Aufgabe entspricht. Wir wünschen, weder für den Westen noch für den Osten zu optieren. Wir optieren für Deutschland. Wir sind Deutsche, die um Verständigung nach beiden Seiten ringen und die zur Zusammenarbeit mit beiden Seiten bereit sind. Gewiß müssen für die Einzelheiten der kommenden deutschen Ordnung Weg und Form noch gefunden werden. Über eines aber besteht Klarheit: Die künftige deutsche Ordnung muß persönliche Freiheit und Würde des einzelnen Deutschen gewährleisten. Recht und Gerechtigkeit müssen in dieser Ordnung anerkannt werden. Dabei wollen wir keine undisziplinierte Freiheit. Daran nicht zuletzt ist die Weimarer Demokratie zugrunde gegangen. Wir wollen eine Freiheit, die gebunden ist durch echtes Verantwortungsbewußtsein gegenüber Volk, Nation und Staat. Es muß in Gesamtdeutschland endlich Schluß sein mit Gesinnungsschnüffelei, mit Bedrohung persönlicher Existenz und persönlicher Bewegungsfreiheit, wenn man sich der vorgeschriebenen Meinung nicht anpaßt. Freiheit von Furcht und Not muß auch für uns, für die Deutschen, gelten. Dann nur wird der Weg für die guten Kräfte in unserem Volke frei.
Das ist Sinn und Kern unserer Haltung. Sie bleibt die Haltung der legitimen Führungskräfte der Union in Berlin und in der Ostzone.

Ich kann nicht umhin, an dieser Stelle allen den Männern und Frauen der West- und Südzone zu danken, die uns in unserem Kampf unterstützten. Es waren nicht wenige. Es sind uns ungezählte Kundgebungen der Treue und Verbundenheit zugegangen. Nicht zuletzt auch aus diesem Raume. Kundgebungen, die über alle Parteitaktik und alle künstlichen Trennungen hinweg ein bewegendes Bekenntnis zur deutschen Zusammengehörigkeit offenbarten. Solcher Bekenntnisse bedarf es, wenn Deutschland wieder zueinander finden soll. Wenn der Versuch, unser nicht sehr leichtes Schicksal im Osten zu meistern, dazu beitragen kann, diese Zusammengehörigkeit zu fördern, dann erkläre ich im Namen aller aufrechten Männer und Frauen: Wir werden es mannhaft weiter durchzustehen versuchen, bis wir in wahrhafter Freiheit wieder ganz miteinander vereint sind.

Um diese Vereinigung geht es. Die Union der Ostzone und Berlins hat sich niemals in ihrem Willen und in ihrem Bekenntnis zum deutschen Zusammenhalt irre machen lassen. Weder von Verdächtigungen noch von Diffamierungen, woher sie auch immer gekommen sind. Allerdings: Es gibt einen großen Unterschied zwischen unserem stets leidenschaftlichen Bekenntnis zur deutschen Zusammengehörigkeit und der Einheitspropaganda der kommunistischen Parteien: Wir wollen in allen Teilen Deutschlands endlich echte Freiheit und wahre Demokratie.

Ein Weiteres lassen Sie mich in aller Klarheit sagen: Keiner von uns, auch keiner unserer Menschen in Berlin will einen zentralistischen Staat. Wir wissen um die Möglichkeit des Mißbrauches einer zentralisierten Staatsmacht durch totalitäre Tendenzen. Wir wissen, warum die SED jeden föderativen Gedanken diffamiert. Warum sie mit allen Mitteln Zentralisation predigt. Allerdings sind wir ebenso überzeugt, daß es bald zu einer sinnvollen Zusammenfassung der 17 Länder, wie sie uns beschert worden sind, in einem gesamtdeutschen Staat kommen muß. Diese 17 Länder mit ihrem vielfach schwerfälligen politischen und verwaltungstechnischen Apparat können und dürfen nicht der Weisheit letzter Schluß sein. Demokratie, die von unten auf wächst, ist gewiß gut. Aber wenn sie zu lange Zeit wächst, ehe sie zu sinnvollem Zusammenschluß kommt, verirren wir uns allzuleicht in deutsche Partikulardemokratie. Dann könnten wir in Gefahr kommen, in bloße Kirchturmspolitik zu verfallen. Und wir vergessen, daß es um das ganze Deutschland und um die Gesundung des ganzen deutschen Volkes geht. Dann treibt die Länderdemokratie solche Blüten wie meinen Landsmann Lallinger in Bayern, der seine Aufgabe in der Preußenaustreibung sieht. Dann kann es passieren, was mir neulich selbst in Franken widerfuhr: In Franken – bitte –, nicht in Altbayern. Daß man mir klagte: Unter den bayerischen Regierungsbeamten gäbe es mehr Deutsche als Bayern. Auf meine etwas verblüffte Frage nach dem Sinn dieser Klage erhielt ich zur Antwort: Man meine natürlich Norddeutsche.

Wir sind uns klar darüber, daß wir um so eher zu einem sinnvoll geordneten deutschen Staatswesen kommen, je schneller die Meinungsverschiedenheiten unter den Besatzungsmächten beigelegt werden. Wir Deutschen haben den dringenden Wunsch, daß das bald möglich sein wird, denn unser Elend wird nur größer unter diesen Auseinandersetzungen. Wir wollen und können nicht zu den interessenpolitischen Meinungsverschiedenheiten der Weltmächte Stellung nehmen.

Die Situation Deutschlands verlangt mehr als in jedem anderen Lande eine leidenschaftslose Betrachtung und Behandlung der großen Weltprobleme. Würde das nicht gelingen, so könnte Deutschland nur zu leicht zwischen den Weltkonflikten zerrieben werden. Deutsche Politiker können nur warten, bis sie in der Lage sind, die

deutsche Politik gegenüber der Welt, d. h. gegenüber der östlichen und der westlichen Welt, als eigene deutsche Politik abzugrenzen. Die Aufteilung Deutschlands in Einflußsphären verschiedener Mächte birgt Gefahr für diese leidenschaftslose Haltung. Sie führt leicht zu einer sogenannten realpolitischen Haltung. Eine Haltung, die glaubt, den Interessen der einzelnen Besatzungsmacht Rechnung tragen zu müssen. Ich brauche nur an das Verhalten mancher nichtkommunistischer Kreise in der Frage des Volkskongresses zu denken. Man frage sie nur, warum sie die Politik der Volkskongresse mitgemacht haben. In den Antworten wird dann meist eine sehr billige Realpolitik zutage treten, deren sich ernsthafte Politiker enthalten sollten. Ich halte es z. B. für billige Realpolitik, wenn man sich in der Frage der Oder-Neiße-Linie Schweigen auferlegt, in einer Frage, die doch wahrhaft eine deutsche Lebensfrage ist.
Mit ernster Sorge verfolgen wir das Fortschreiten der Bildung der Pakt- oder Blocksysteme. Deutschland ist dabei in schwieriger Lage. Auf der einen Seite wird mit allen Mitteln versucht, den Osten Deutschlands dem Ostblock nahezubringen. Im Westen Deutschlands aber neigt man um der Möglichkeit schneller wirtschaftlicher Gesundung willen einem westeuropäischen Pakt zu. Das ist nun einmal die unglückliche Situation. Sie verlangt, daß heute jeder verantwortliche Politiker unseres Landes die Weltpolitik wesentlich unter dem Gesichtspunkt prüft, wieweit sie Gefahren einschließt, Deutschland noch mehr auseinanderzureißen. Oder wieweit sie geeignet ist, die deutschen Teile wieder so schnell wie möglich zusammenzufügen. Neues und schnelles Zusammenwachsen Deutschlands ist das erste Kriterium für jede deutsche Betrachtung der Weltpolitik. Man tut meines Erachtens gut daran, die jüngste Rede Bevins aufmerksam zu lesen. Wohl widersetzt sich die britische Politik entschlossen einer einseitigen Beherrschung Europas. Aber die Konstruktion, die England vorschwebt, geht um eine dritte Kraft, die den Zerfall der Welt in zwei Teile verhindern und eine eigene Politik treiben will. D. h. eine Politik, die ein ausgleichendes Gewicht zwischen den beiden Extremen des Ostens und des Westens schafft.
Die britische Politik hat auch viele Anstrengungen darauf verwandt, zum Abschluß eines Wirtschaftsvertrages mit der Sowjetunion zu kommen. Wir können das nur so deuten, daß auch England nicht verkennt, wie sehr der Wirtschaftsverkehr mit Osteuropa eine der Voraussetzungen für die Gesundung Gesamteuropas ist. Diese Erkenntnis ist auch für uns bestimmend. Europa kann nicht gesunden, wenn sich Ost und West feindselig gegenüberstehen. Vielleicht ist der Blick dafür in Berlin und in der Ostzone geschärfter als hier im Westen. Wir haben keine Veranlagung zur Ressentimentpolitik. Auch ich stecke die Hand nicht in die Tasche, weil die sowjetische Besatzungsmacht im Augenblick die Hand eines aufrechten Demokraten verschmäht. Ich tue das nicht, obwohl das im Augenblick vielleicht populärer wäre, denn die destruktive Politik der Kommunisten dient im Bewußtsein unseres Volkes nicht gerade dem Verständigungswillen Rußland gegenüber. Eines allerdings bleibt uns Gesetz: Bei allem Verständigungswillen wehren wir uns unbeugsam gegen eine Sowjetisierung unserer Volksordnung.
Auf dieser Haltung beharren wir bei der weiteren Erfüllung unserer politischen Aufgaben in Berlin. Wir glauben, in dieser Haltung auch der künftigen Wiedervereinigung Deutschlands den besten Dienst zu tun. Wir halten es für unvereinbar mit dem Gesetz unserer Partei, sich der offenen oder getarnten Propagierung totalitärer Ideen zur Verfügung zu stellen. Das würde die deutsche Uneinigkeit fördern, niemals aber der deutschen Wiedervereinigung dienen. Wenn man uns merkwürdi-

gerweise um dieser Haltung willen als »Spalter Deutschlands« bezeichnet, so werden wir das richtig einzuschätzen wissen.
Die Besatzungsmächte mögen es mir dabei nicht verübeln, wenn ich offen sage: Leicht ist das Leben deutscher Politiker angesichts der Verschiedenartigkeit ihrer Haltungen der deutschen Frage gegenüber wahrhaftig nicht. Im Osten wird man zum Spalter Deutschlands gestempelt, weil man den Volkskongreß nicht als Mittel zur Einigung Deutschlands bejahen kann. In der französischen Zone glaubte man mir neulich die politische Tätigkeit untersagen zu sollen, weil ich entschieden für die Einheit Deutschlands und für die Schaffung zusammenfassender Körperschaften eintrete. Deutschland aber will und muß um seiner selbst und um Europas willen gesunden.
Ich unterlasse den Versuch, festzustellen, wo die meisten Behinderungen für die deutsche Wiedervereinigung liegen. Ich weiß nur, daß wir Deutschen alles zu tun haben, was in unseren Kräften liegt, diese Behinderungen zu überwinden. Deshalb können wir in der Ausgestaltung und Aufgabenerweiterung des Frankfurter Wirtschaftsrates auch nur eine Notlösung zur Überwindung wirtschaftlicher Schwierigkeiten sehen. Wir sehen darin eine Maßnahme, einem möglichst großen Teil Deutschlands Wege zur wirtschaftlichen Gesundung zu bahnen, bis nach Ausgleich der Meinungsverschiedenheiten unter den Besatzungsmächten die Wiedervereinigung Deutschlands möglich ist. Tendenziös aber ist es, die Frankfurter Maßnahmen einfach als die Bildung eines Weststaates zu bezeichnen.
Wir Deutschen aber wünschen, daß die Notlösung von Frankfurt wirklich nur ein kurzfristiger Übergang zur umfassenderen Lösung der deutschen Frage ist. Als Notlösung wird Frankfurt von jedem gewürdigt werden, der es ehrlich mit der Überwindung der deutschen Notzustände meint. Schließlich können nicht 40 Millionen Deutsche zum ewigen Abwarten verurteilt sein – wie das bis jetzt der Fall war –, weil Besatzungsmächte sich nicht miteinander verständigen können. Weil ein Graben auch von ideologischen Verschiedenheiten zwischen diesen Besatzungsmächten besteht, von dem wir nur hoffen können, daß er bald überwunden wird.
Man sollte auch mehr und mehr den Deutschen wirkliche Verantwortungen geben. Wir sind überzeugt, daß wir viel vermögen, wenn man uns nur erst wieder nach einheitlichen Grundsätzen frei arbeiten läßt.
Es gibt keinen anderen Weg für unser Volk, seine eigene Existenz wiederzufinden. Unsere 70 Millionen Menschen, die im Herzen dieses Kontinents heute buchstäblich zusammengepfercht sind, brauchen jeden Acker, brauchen jedes Rohstoffgebiet, jedes Industrierevier dieses Landes. Wir brauchen Verfügungsrecht über unsere Bodenschätze und über unsere Werkstätten. Sehr im Gegensatz zu manchem anderen Volk sind wir ja in unserem eigenen Gebiet nicht gerade reich gesegnet.
Ich denke, wenn ich das sage, an die Saar und an die Ruhr. Ich denke aber auch und nicht zuletzt an das Land jenseits der Oder-Neiße-Linie. Man kann sich nicht zum patriotischen Verteidiger der deutschen Einheit aufwerfen, man kann nicht andere diffamieren, die über die Form der Einheit anderer Meinung sind, wenn man sich in der entscheidenden Lebensfrage Deutschlands Schweigen auferlegt, wie es der Volkskongreß fertigbrachte und fertigbringt. Ich weiß, daß man mir meine freimütigen Worte gerade über den deutschen Osten jenseits der Oder-Neiße oft verübelt hat. Aber sollen wir verschweigen, daß uns Breslau als ein Symbol deutscher Arbeit, deutscher Kultur so teuer ist wie meinetwegen Kiew dem Volk der Sowjetunion oder Krakau dem polnischen Volk?

Über allen wirtschaftlichen Erfordernissen steht der aus Natur und Geschichte erwachsene Anspruch eines Volkes auf seinen Heimatboden. Recht und Rechtssicherheit der Persönlichkeit schließt auch Recht und Sicherheit des Heimatbodens ein, auf dem das Leben eines Volkes seit Jahrhunderten friedlich gewachsen ist. Wir, die Männer, die heute Verantwortungen in Deutschland tragen, haben Hitler nicht zuletzt bekämpft, weil er das Recht des eigenen, aber auch das Recht der anderen Völker mit Füßen trat. Wird die Austreibung von Deutschen dadurch zum Recht, weil Hitler diese Schuld auf sich lud?
Wo aber diese Volks- und Völkerrechte kein Gehör finden, sollte man sich wenigstens den wirtschaftlichen Notwendigkeiten nicht verschließen. Die um 12 Millionen Flüchtlinge vermehrte deutsche Bevölkerung kann auf verengtem Raum nicht aus eigenen Möglichkeiten leben, zumal wenn man ihm dazu noch sein industrielles Wirtschaftspotential schmälert, so daß die Mittel fehlen, um das tägliche Brot heranzuschaffen.
Das sind Sorgen um die nackte Existenz unseres Volkes, die von allen getragen und ausgesprochen werden müßten, denen wirkliche deutsche Gesundung am Herzen liegt.
Ein Volk, das unter dem steten Druck von Not und Demütigungen steht, ist ein Herd steter Gefahr. Wir aber möchten aus unserem schwer geprüften Deutschland ein Element des Friedens, der guten Gesinnung und der willigen Eingliederung in die europäische Völkergemeinschaft machen. Dazu bedarf unser Volk der Wiedervereinigung in einer gesunden fortschrittlichen Ordnung. Es bedarf der Freiheit der Entscheidung über seine geistigen und materiellen Lebensmöglichkeiten, der Freiheit der Verfügung über seinen Heimatboden und der Freiheit der Verantwortung über sein eigenes Schicksal.

## 31

*Klare Entscheidungen für Berlin und Deutschland*
*in: »Neue Welt«, Berlin-Neukölln, 6. März 1948*

Mir will scheinen, wir sind an einem Punkt angekommen, wo weiteres Abwarten das deutsche Unglück nur noch größer machen könnte. Oder wäre es z. B. möglich, aus dem Drama, das eben in Prag abläuft, eine andere Lehre zu ziehen?
Bei den Vorgängen um unsere Union war es für diesen und jenen vielleicht zunächst noch möglich, der gegnerischen Propaganda gutgläubig zu verfallen. Es hat manchen gegeben, der gern die Ursachen in taktischen Fehlern der Führung, nicht aber in dem unerbittlichen Willen zur Gleichschaltung der Union gesehen hätte. Die lange Litanei der Fehler, wie sie die »Tägliche Rundschau« mir und meinen Freunden zuzuschieben suchte, mußte folgsam von allen Zeitungen der Ostzonen-Union wiederholt werden. Sie konnten vielleicht bei diesem und jenem Taktiker zunächst sogar Wirkung tun. Taktik und politische Geschmeidigkeit ist leider noch vorherrschende Haltung bei vielen. Aber die großen Entscheidungen, um die es in der Welt geht, sind nun einmal mit Taktik nicht zu meistern. Es wäre gut, wenn sich diese Erkenntnis nicht nur in Berlin, sondern in ganz Deutschland bei allen verantwortlichen Politikern durchsetzen würde.
Wenn es dafür noch eines aufrüttelnden Ereignisses bedurft hätte, dann ist der Staatsstreich in der Tschechoslowakei dieses Ereignis, dann ist es das tragische

Schicksal des Staatspräsidenten Benesch, das ein alarmierendes Menetekel an die Weltenwand schreibt.

Es ist bekannt, daß ich zu den Männern gehörte, die in der Verständigungsbereitschaft mit den Vertretern des Kommunismus bis an die Grenzen des Möglichen gegangen sind. Und meine Freunde, die – heute wie gestern – treu an meiner Seite stehen, mit mir. Sagen wir es noch einmal: Wir taten es, um den Zusammenhalt mit den 18 Millionen Deutschen in der Ostzone mit dem übrigen Deutschland zu wahren und zu halten. Wir bleiben der Überzeugung, daß diese unsere Haltung unsere menschliche, unsere politische, unsere nationale Pflicht war. In dieser Überzeugung lassen wir uns von keinem deutschen Politiker irre machen, welcher Partei er auch immer angehöre. Auch Meinungen von alliierter Seite können uns darin nicht irre machen, denn die Alliierten sehen die deutsche Situation immerhin mehr vom Standpunkt ihrer eigenen Interessen aus.

Jeder deutsche Politiker muß sich den Deutschen in der Ostzone stärker als allen anderen verbunden fühlen. Ihr Schicksal steht in Auswirkung der Beschlüsse von Jalta erneut im Schatten eines totalitären Willens. Kann sich jemand wundern, daß verantwortliche Politiker alles daranzusetzen suchen, diesen revolutionären Willen, wie er sich in der KPD/SED verkörpert, zu hemmen oder aufzuhalten? Kann sich jemand wundern, wenn gerade aus der Not der Ostzone heraus auch das Verlangen nach gesamtdeutscher Zusammenfassung am deutlichsten, am beharrlichsten ausgesprochen wurde? Vom Westen und Süden ist viel an Bekundungen deutschen Einheitswillens versäumt worden. Daran ist nicht das Volk im Westen und Süden schuld, daran sind seine Sprecher schuld. Um so leidenschaftlicher kam dafür der Wille vom östlichen Deutschland zum Ausdruck. Mit Genugtuung und Schmerz erinnere ich mich noch der Kundgebung der Tausende gelegentlich der Leipziger Messe im vergangenen Jahr. Ich sprach damals für Einheit und Freiheit in Deutschland. Nie werde ich die leidenschaftliche Bewegung vergessen, die mir für die Einheit, aber auch für die Freiheit entgegenschlug. Ich bin durchdrungen davon, daß der Widerhall heute noch leidenschaftlicher, noch bewegender wäre, wenn heute von Einheit und Freiheit in Freiheit gesprochen werden könnte. Aber heute wird dort Mißbrauch mit diesen hohen Werten getrieben. Ein Mißbrauch, der um so gefährlicher und tragischer ist, als er mit dem echten und aufrichtigen deutschen Zusammengehörigkeitsgefühl getrieben wird.

Man hat unsere politische Arbeit in der Ostzone einmal mit einer Springprozession verglichen. Wir hätten – so sagte man – stets drei Schritte vorwärts und zwei Schritte zurück gemacht. Es bleibt also auch bei den Kritikern unserer Arbeit immer noch die Anerkennung, daß wir bis zu einem gewissen Zeitpunkt in unserer Politik immerhin Schritte vorwärts taten. Und um dieser Schritte willen, die wir für unsere Menschen tun konnten, hat sich manches gelohnt, was wir an politischer Selbstverleugnung auf uns nehmen mußten.

Der Mut zu solcher Selbstverleugnung hört allerdings da auf, wo es um den Wesenskern der politischen Arbeit geht. Für uns mußte diese Zusammenarbeit in dem Augenblick aufhören, als offenbar wurde, daß man uns zu einer Gefolgschaftspartei der SED herabdrücken wollte. Es wird sich heute kein Mensch mehr ernsthaft der Einsicht verschließen können, daß das der Sinn des Prozesses ist, der um und mit dem Volkskongreß eingeleitet wurde. Man hatte in der Blockpolitik, im Einheitsausschuß der antifaschistischen Parteien mit uns nicht das erreicht, was man sich als Ziel gesetzt hatte. Man hatte in uns nicht die »Jasager« gefunden, die von anderen

Parteien leider gestellt wurden. Deshalb mußte ein »Staatsstreich« auch in der Union »Jasager« ans Ruder bringen. Es haben sich allerdings nur wenige Helfer gefunden, um den Volkskongreß zu einem Instrument der Volksfrontpolitik oder auch der Rätepolitik zu machen, wie sie kommunistischer Taktik und Zielsetzung entspricht. Dabei sollte der jüngste Beschluß des Volkskongresses, einen »Volksrat« der Vierhundert zu bilden, einem jeden über diese Taktik die Augen öffnen.
In diesen Tagen noch fiel mir ein Rundschreiben vom Zentralbetriebsrat der Zentralverwaltung für das Post- und Fernmeldewesen in der sowjetischen Besatzungszone in die Hände. Das Rundschreiben verlangt in allen Postbetrieben die ständige Einrichtung von Volkskongreß-Komitees und eine vollständige Durchorganisierung mit Volkskongreßausschüssen. Ich sehe hier von der peinlichen Frage ab, ob das Aufgabe der Gewerkschaften ist. Aber weisen diese Kongreßmanöver nicht allzu deutlich auf eine schlecht getarnte Einführung des Rätesystems hin? Ich bin überzeugt, diese Kongreßausschüsse sollen eines Tages als Aktionsausschüsse gleichen Zwecken dienen, wie wir es in diesen Tagen in der Tschechoslowakei erleben müssen. Ich bemerke nur noch nebenbei, daß der Ton dieses Rundschreibens des Betriebsrates einer Zentralverwaltung ganz den Ton trifft, wie er früher in Anweisungen der Deutschen Arbeitsfront üblich war.
Es ist das nur ein Beispiel mehr dafür, wohin der Weg gehen soll, an dessen Anfang der Volkskongreß steht. Ein Weg, über dem man Fahnen der deutschen Einheit wehen läßt, um alle die zu täuschen, die sich aus Bequemlichkeit und Mangel an Mut nur allzugern täuschen lassen. Ich kann mich bei all dem Drum und Dran des Volkskongresses nicht des Vergleiches mit dem 1. Mai 1933 erwehren. Ich sehe heute noch die Massen durch Berlin marschieren. Damals führte die trügerische Parole des unter Hitler geeinten deutschen Volkes Millionen deutsche Arbeiter in die Knechtschaft. Abseits stehend, sah ich den Zug vorüberziehen. Ich sah manchen marschieren, den ich lieber nicht gesehen hätte. Der glaubte, nicht »nein« sagen zu dürfen. Es hat ihm später manche Stunde der Scham eingetragen. Ist es heute anders? Sind die patriotischen Phrasen, die heute den wahren Sinn des Volkskongresses umkleiden, um ein Haar ehrlicher oder wahrer? Es sind die gleichen Phrasen und es ist das gleiche Ziel: Vernichtung der Freiheit aller um der Herrschaft weniger willen. Hinter den Fahnen des Volkskongresses steht der Wille einer Klassendiktatur, die für Deutschland nicht weniger verhängnisvoll sein müßte als die Diktatur des Nationalsozialismus. Es sind auch die gleichen Methoden. Man diffamierte und liquidierte damals die verantwortlichen Männer, um die Massen um so leichter gewinnen zu können. Und heute: Man beseitigt die Aufrechten, man streichelt die Willigen, die sich zur Irreführung der Massen hergeben, bis auch sie nicht mehr benötigt werden. Wer sich darüber noch nicht klar war, dem wird das Geschehen in Prag die Binde von den Augen gerissen haben. Ich kann nur sagen: Es ist erschütternd, wie Prag auf viele gewirkt hat, die immer noch ein Stück Glauben an Verständigungsmöglichkeiten mit den kommunistischen Willensträgern bewahrt hatten. Ich habe diese Erschütterung auch im Kreise meiner Freunde erlebt.
Ich kann dabei nur ehrlich bekennen: Es war und ist weder für mich noch für meine Freunde leicht, den Glauben an jede Verständigungsmöglichkeit aufzugeben, die aber nun einmal auf gegenseitiger Achtung beruhen muß. Diesen Glauben aufgeben heißt zugleich die bedrückende Erkenntnis haben, daß wir unseren Menschen in der Ostzone nicht mehr unmittelbar helfen können. Es handelt sich dabei nicht um diejenigen, die sich dem Druck gebeugt haben, die mitverantwortlich dafür

sind, daß die Union in der Ostzone ihre Unabhängigkeit verliert, sondern es handelt sich um diejenigen, die mutig schreiben: »Wir sind auf alles gefaßt.« Es handelt sich um diejenigen, die aufbegehren gegen alle Demütigungen eines freien Gewissens. Es sind diejenigen, die lieber ihre Ämter niederlegen, als »ja« zu sagen, wo das Gewissen ein »Nein« verlangt. Es sind diejenigen, die uns die Treue bewahrt haben, auch jetzt, nachdem jeder Ausdruck dieser Treue als »illegal« erklärt worden ist. Aber sie können alle nur der gleichen Überzeugung sein, der sich keiner von uns mehr verschließen kann: Der Anschauungsunterricht von Prag läßt keine Hoffnung mehr zu, daß man durch Paktieren mit dem Kommunismus zu echter Demokratie kommen kann. Prag hat es erneut und in erschütternder Prägnanz bewiesen: Für den totalitären Willen der Kommunisten ist jede Zusammenarbeit, jedes Entgegenkommen, jedes »Ja« der nichtkommunistischen Parteien ein Schritt auf dem Wege, diese Parteien zu vernichten. Es soll von ihnen nichts übrigbleiben als eine Handvoll Opportunisten, die als Tarnung der Alleinherrschaft der einen Partei benutzt werden können. Eine Tarnung, die sie im Spiel der Außenpolitik brauchen. Die sie aber auch brauchen, um die vielen zu beruhigen und zu beherrschen, die nicht kommunistisch denken. Und das ist meistens die Mehrheit des Volkes.

Die Berliner haben in den Tagen um Prag den Atem angehalten. Denn Berlin steht ja im Brennpunkt von Auseinandersetzungen, die Anlaß zu Sorgen vor ähnlichen Entwicklungen geben. Es ist nicht zuletzt Aufgabe auch unserer Politik, sie zu verhindern.

Es geht nach dem weltpolitisch tragischen Anschauungsunterricht von Prag um noch energischere Klarstellung unserer eigenen politischen Linie. Es geht um Klarstellung in der Berliner Politik. Es geht um Klarheit für die gesamtdeutsche politische Linie. Es scheint uns dann aber auch am Kontrollrat zu sein, Akte zu setzen, die jeden aufrechten Demokraten in Deutschland erkennen lassen, daß es den Alliierten nicht nur um Worte zu tun war, als sie im Kampf gegen Hitler Freiheit und Demokratie beschworen, sondern daß sie gewillt sind, wirklicher Demokratie den Weg freizugeben und freizumachen.

Was unsere eigene politische Linie angeht, so kann sich auch die Union in ihrer Gesamtheit keinen Täuschungen mehr hingeben. Das Vorgehen gegen den Berliner Landesverband und seinen Vorsitzenden Walther Schreiber hat – soweit es noch nötig war – die letzte Klarheit gebracht.

Wir beharrten nach dem Geschehen vom 20. Dezember auf der alsbaldigen Einberufung eines außerordentlichen Parteitages. Dieser Parteitag hätte angesichts der Lage, in die man die Union gebracht hat, schließlich die Frage entscheiden müssen, ob ihr Weiterbestehen in der Zone überhaupt zu rechtfertigen sei. Der Parteitag wurde uns aus wohlüberlegten Gründen untersagt. Inzwischen hat die Partei in der Ostzone einen Weg genommen, der nicht mehr als der Weg der Christlich-Demokratischen Union, wie sie von uns ins Leben gerufen wurde, anerkannt werden kann.

Wir schufen eine christliche, eine demokratische Partei. D. h. eine Partei, die dem Geist des christlichen Abendlandes verpflichtet ist. Die sein Gesetz in der politischen und sozialen Ordnung des deutschen Volkes zu verwirklichen sucht. Wir schufen eine Partei, die dem einzelnen Menschen, welchen Standes und welcher Art er auch immer sein mag, wieder Recht, Sicherheit, Bewegungsfreiheit und Entfaltung seiner persönlichen Fähigkeiten und Anlagen sichern helfen wollte. Wer sich aber zu einem Satelliten kommunistischen Parteiwillens macht, dient dem Gegenteil. Er dient der Konstituierung einer absoluten Staatsallmacht, deren erschreckendes Fiasko wir in Deutschland gerade hinter uns haben. Er dient der Beherrschung des Staates durch eine Partei. Er dient der Vernichtung abendländischer Gesetzlichkeit in unserem Lande und in Europa. Er dient damit Zielen, die zu bekämpfen die Union als eine ihrer wesentlichsten Aufgaben mit angesehen hat und mit ansehen muß. Das hat nichts mit negativer Haltung in der Politik zu tun. Mit einer Politik, die sich nur im Neinsagen erschöpft. Wir wissen um unsere Verpflichtung auf den positiven Gehalt echter Unionspolitik. Wir wissen um das politische und soziale Gesetz, das uns aufträgt, den harten Erfordernissen unserer Zeit mit dem Verantwortungsbewußtsein abendländischen Geistes gerecht zu werden. Wir sahen uns aber in der Ostzone durch die Macht der Verhältnisse schließlich allein dem Ansturm eines radikalen Willens gegenüber, der uns in erster Linie immer wieder zur Abwehr zwang. Deshalb war es bestimmt keine Phrase, als ich auf dem Parteitag der Union sagte, die Union wolle Wellenbrecher des orthodoxen Marxismus sein. Es war ein Wort notwendiger Klarheit aus den sittlichen Verpflichtungen unserer Partei heraus. Es war um so notwendiger, als uns die Verständigung mit Rußland stets ein ehrliches Anliegen war und ist. Gestern wie heute und ebenso morgen. Aber im Interesse dieser Verständigung liegt die für Deutschland so wichtige ideologische Klarheit und Abgrenzung.

Wir, die Deutschen, eignen uns nicht für kommunistische und diktatorische Lebensformen. Wir wollen frei sein. Denn jeder von uns hat die Freiheit in den zwölf Jahren unter Hitler doppelt und dreifach lieben und schätzen gelernt. Und wir hier im Herzen Deutschlands und in Berlin wollen die Vorhut für die Freiheit sein, die in einem geeinten Deutschland wieder erstehen muß. Eine solche Freiheit erst gibt unserem Volk und seinen Parteien die Möglichkeit zu positiver politischer Arbeit aus eigenem Gesetz heraus.

Dabei ist es bitter und schwer für uns, auszusprechen, was ausgesprochen werden muß: Die Repräsentanten der Union der Ostzone haben sich auf einen Weg drängen lassen, der die Partei der Ostzone immer weiter von uns und von den freiheitlichen Zielen der Union entfernt. Ich spreche das mit tiefstem Schmerz aus. Und ich weiß, daß alle tapferen Männer und Frauen der Ostzone es mit gleichem Schmerz empfinden. Denn die Union – das weiß vielleicht niemand so sehr, wie ich es wußte und weiß – war ihnen nicht nur politische Partei. Sie war ihnen Heimat, in der sich für sie ein Stück echten deutschen Geistes verkörperte. Ich wollte, ich hätte Zeit, Ihnen die Briefe vorzulesen, die davon Zeugnis geben. Sie würden beredter von dem zeugen, was sich in der Ostzone tut, als ich es mit meinen Worten sagen kann. Aber besser ist es, das Wissen um die politische Heimat unverletzt im Herzen zu tragen, als sie als Mittel zur Verwirklichung neuer totalitärer Herrschaft mißbraucht zu sehen.

Wünschen möchte ich nur, daß die Union im übrigen Deutschland stärker Anteil nimmt an dem Geschehen hier im sogenannten Osten, als das bisher der Fall war. Ein großer Teil hat wohl noch keinen rechten Begriff von den atembeklemmenden Auseinandersetzungen zwischen Freiheit und Totalität, wie wir sie täglich erleben. Wir stehen deshalb auch etwas verwundert vor manchem taktischen Spiel, wie es z. B. in diesen Tagen in Frankfurt in Erscheinung trat. Wir sind erstaunt um die Sorgen, die man sich um die geistigen Grundlagen der Verfassungen dieses und jenes Landes gemacht hat und macht. Wir wünschen ehrlich, man konzentrierte vielmehr seine Kraft auf die große Sorge um das deutsche Schicksal, so wie es sich hier in Berlin für ganz Deutschland – um nicht zu sagen für ganz Europa – abzeichnet.

Es handelt sich ja immerhin um Entscheidungen, die an die Wurzeln abendländischer Kultur gehen. Ich spreche diese Dinge nicht ohne Grund aus, denn ich weiß, daß weite Kreise gerade auch der jüngeren Anhänger der Union z. B. mit großer Enttäuschung die zögernde Haltung der Gesamtunion in den hochpolitischen Vorgängen um die Union der Ostzone verzeichnet haben. Dieses Erstaunen ist in Wort und Schrift zum Ausdruck gekommen. Wir sagen diesen Kreisen, daß sie Geduld haben mögen. Es kommt ja schließlich auch auf das Konto der Zerrissenheit Deutschlands, daß sich die Parteien noch nicht zu voller geistiger und politischer Geschlossenheit zusammengefunden haben. Diese Geschlossenheit gilt es erst noch zu schaffen. Sie muß bei uns geschaffen werden aus den fortschrittlichen Kräften, aus den Kräften der Jugend, wie sie nicht zuletzt in Berlin lebendig sind, und aus der Reife der politischen und moralischen Prüfung unseres Volkes, für die Berlin der Brennpunkt ist.
Berlin ist für die Impulse, nach denen die neu erstehende deutsche Demokratie verlangt, ein entscheidender Platz. Auch wenn man es im Westen und Süden Deutschlands noch nicht ganz wahrhaben will: Berlin ist von Monat zu Monat mehr zum Symbol des Schicksals der deutschen – und weit darüber hinaus –, der europäischen Welt geworden. Berlin ist es um so mehr, je stärker sich die Gegensätze zwischen den Weltmächten zugespitzt haben.
Berlin muß Stellung nehmen. Es geht dabei nicht um interessenpolitische Stellungnahme. Es geht um die Wegrichtung der deutschen Politik. Es gibt kein Ausweichen mehr: Der Gelehrte, der Mann auf der Straße, der Unternehmer, der Gewerkschaftler, der Politiker und die Hausfrau, sie alle stehen vor der Entscheidung, ob die Menschenrechte oder die Ansprüche einer anonymen Staatsgewalt das Gesicht des künftigen Deutschlands bestimmen sollen. Berlin kann nicht resignieren, denn es ist der Platz der intensivsten Auseinandersetzung um diese Frage. Berlin war im Mai 1945 die erste Stadt, in der sich neue politische und soziale Arbeitskräfte regten, die dann auf ganz Deutschland übersprangen. Hier in Berlin wurde der Wille zur politischen Zusammenfassung der christlich-abendländischen Kräfte zuerst wirksam. Es ist keine Überheblichkeit, wenn ich sage, daß auch von hier, von Berlin aus – trotz des Abwehrkampfes, den wir zu führen hatten – das Gesicht der Union schon am stärksten geprägt wurde. Das gilt von ihrem gesamtdeutschen staatspolitischen wie auch von ihrem fortschrittlich sozialen Willen. Das gilt auch von ihrer außenpolitischen Orientierung, die hier in Berlin nie einseitig werden konnte und nie einseitig werden will. Das gilt, unbeschadet der ideologisch-politischen Entscheidung, die auf Berlins Boden getroffen werden soll und getroffen werden muß. Eine Entscheidung, zu der die künstlich in den Parteien hervorgerufenen Krisen ein Vorspiel waren. Diese ideologisch-politische Entscheidung erscheint uns eine erforderliche Voraussetzung für jede außenpolitische Verständigung sowohl dem Osten wie dem Westen gegenüber. Denn nur ein Deutschland, das sich zu einer eigenen Lebensform durchzuringen in der Lage ist, kann eines Tages wieder als Faktor der Weltpolitik geachtet werden.
Hier in Berlin wurde 1945 auch der Wille zur Zusammenfassung der getrennten Gewerkschaftsrichtungen zuerst wirksam. Nachdem wir allerdings in zwölfjähriger illegaler Verständigungsarbeit die Voraussetzungen dafür geschaffen glaubten. Auch in den Gewerkschaften stehen wir auf Berliner Boden vor wichtigen Entscheidungen. Leider ist ja der FDGB wachsend zum Instrument einer einseitigen politischen Richtung gemacht worden. Und zwar einer Richtung, die unserer Auf-

fassung von dem gewerkschaftlichen Ziel der Freiheit und Würde des arbeitenden Menschen durchaus nicht entspricht.
Dieser Zustand der Gewerkschaften ist nicht minder schmerzlich als der Zustand, in den man die Union versetzt hat. Sie wissen, ich war ein überzeugter Verfechter der gewerkschaftlichen Einheit. Ich habe einen großen Teil meiner illegalen Tätigkeit in den Hitlerjahren auf die Vorbereitung dieser Einheit verwandt. Wir hatten mit meinem Freunde Wilhelm Leuschner, dem gewählten Nachfolger von Theodor Leipart, eine würdige Basis gegenseitiger Toleranz und wirklicher Freiheit für die Einheit der Gewerkschaften erarbeitet. Allerdings traten die neuen Gewerkschaften unter völlig anderen Umständen ins Leben, als wir sie voraussehen konnten. Wir, die Männer der christlichen und der Hirsch-Dunckerschen Gewerkschaften, glaubten trotz dieser veränderten Umstände mit den Freunden von Wilhelm Leuschner, der zu den Toten des 20. Juli zählt, den Schritt zur Einheit wagen zu können. Rückschauend kann ich dabei nur sagen, daß wir uns gerade im Falle der Gewerkschaften in den ersten Wochen nach dem Zusammenbruch zu frühzeitig zum Handeln drängen ließen. Es war und blieb dazu verhängnisvoll, daß sich die Repräsentanten der früheren Freien Gewerkschaften als zu nachgiebig in der Frage der Führung erwiesen.
Wer die damaligen entscheidenden Tage miterlebt hat, weiß, wie vorbehaltlos ich mich für die Notwendigkeit eingesetzt habe, daß ein Mann der früheren Freien Gewerkschaften an die Spitze kam, ein Mann, der soliden Gewerkschaftspraxis. Es lag nicht an mir, daß es anders wurde. Noch ungehemmter wurde der einseitige kommunistische Einfluß in der Führung und Beherrschung der Gewerkschaften nach der Verschmelzung der KPD und SPD. Es war ja die immerhin erstaunliche Tatsache zu verzeichnen, daß der Großteil der verantwortlichen Sozialdemokraten im FDGB in Widerspruch zur Haltung weitester Mitgliederkreise dem Beispiel von Grotewohl folgten.
Es hieße unnötige Zeit vertun, wollte ich Ihnen hier noch Beweise erbringen für die einseitige Orientierung der FDGB-Leitung. Sie brauchen nur die »Tribüne« ein paar Tage hintereinander in die Hand zu nehmen, dann wissen Sie, daß Sie ein SED-Blatt in der Hand haben. Die grundsätzlichen Artikel propagieren die orthodox-marxistische Weltanschauung. Fragen, die nur politische Parteien, nicht aber die Gewerkschaften angehen, werden in unbefangenster Einseitigkeit behandelt. Der Marshallplan wird in Bausch und Bogen abgelehnt. Dabei wird Anspruch auf eine einheitliche Gewerkschaftsbewegung für ganz Deutschland erhoben. Schon deshalb wärc immcrhin Zurückhaltung gegenüber einem Plan am Platze, der für die Wiedergesundung Deutschlands von maßgeblicher Bedeutung ist. Es ist schließlich nicht Schuld des Marshallplanes, daß er zunächst nur für Westdeutschland Anwendung finden soll. Ich glaube zu wissen, daß nicht zuletzt die Arbeiterschaft des Westens und Südens an der raschen wirtschaftlichen Wiedergesundung Deutschlands nicht unerheblich interessiert ist. Das beweist auch die Teilnahme der Gewerkschaften der Westzonen an den Besprechungen über den Marshallplan in London. Ich möchte überzeugt sein, daß weiteste Kreise der Arbeiterschaft in Berlin und in der Ostzone für die Absage des FDGB an diese Konferenz kein Verständnis haben.
Und dazu noch die Propagierung des Volkskongresses durch den FDGB. Ich frage: Wie kommen Gewerkschaften dazu, sich zum Propagandainstrument dieser einseitigen SED-Politik zu machen? In welchem Maße sie es tun, beweist das Dokument,

das ich vorhin anführte. Ist es in der Zone schließlich nicht so, daß die Gewerkschaften die Massen für die Schauveranstaltungen dieses Kongresses stellen müssen? Genau wie einst die Arbeitsfront zu den spontanen nationalsozialistischen Kundgebungen.

Ich habe lange zur Frage der Gewerkschaften geschwiegen. Ihr Zustand belastet aber seit langem mein Gewissen. Schließlich bin ich noch für die Masse der christlichen Gewerkschafter verantwortlich, die mit auf mein Wort hin den Weg zur Einheit beschritten.

Die Gewerkschaften sind eine Macht. Sie sind die Organisation in Deutschland, die schon am weitesten auf dem Wege zu gesamtdeutscher Zusammenfassung ist. Um so verantwortlicher sind wir alle für den Kurs der Gewerkschaften. Dabei ist es gewiß nicht so, daß im Westen und Süden von unserem Standpunkt aus an den Gewerkschaften nichts zu kritisieren wäre.

Ich bin nicht aktiv genug, um anzunehmen, daß Toleranz von heute auf morgen zu schaffen ist. Aber verwirklicht muß sie werden, wenn die Einheit der gewerkschaftlichen Arbeiterbewegung gewahrt werden soll.

Für das Gros des deutschen Volkes lautet die Losung: Fort vom orthodoxen Marxismus. Und fort von jedem politischen Dogmatismus. Das ist eine entscheidende Lehre der geschichtlichen Wende, in der wir stehen. Die Gewerkschaften sind die ernste Probe, ob die großen Weltanschauungsgruppen ohne Dogmatismus miteinander zu arbeiten vermögen. Sie sind durch die Realistik ihrer wirtschaftlichen und sozialen Zielsetzung am stärksten geeignet, eine solche Zusammenarbeit zu verwirklichen. Kommt es nicht zu toleranter Zusammenarbeit, so fallen die Gewerkschaften erneut auseinander. Und ich muß sagen, ich könnte mich dann selbst nur für die erneute Trennung einsetzen. Wir haben nicht Einheitsgewerkschaften schaffen helfen, um der Propagierung des revolutionären Marxismus zu dienen.

Es war früher eine Freude, den gesunden realen und politisch aufgeschlossenen Sinn des gewerkschaftlich geschulten Arbeiters zu erleben. Die Gewerkschaften hatten ihm ein Selbstbewußtsein, ein Gefühl für Verantwortung gegeben, das sich nicht zuletzt in Zeiten der Radikalisierung positiv ausgewirkt hat. Gewerkschaftlich geschulte Arbeiter waren das im guten Sinne konservative Element innerhalb der Arbeiterschaft. Sie waren die Bauern der Großstädte. In den politischen und in den sozialen Wirren nach dem Ersten Weltkrieg waren sie das ordnende Element. In der Zeit des Umbruches zwischen dem Niedergang der Weimarer Republik und der Hitlerdämmerung waren sie das Element des Widerstandes. Sie waren der Widerstand gegen die Totalität.

In diesen Wochen stehen die Gewerkschaften erneut vor der Aufgabe, totalitärem Willen entgegenzutreten. Deshalb sind die Gewerkschaftswahlen so wichtig. Leider ist noch kein Wahlverfahren erreicht, das demokratischen Erfordernissen genügt. Aber wenn jeder freiheitsliebende Gewerkschafter seine Pflicht tut, kann die Demokratie einen Erfolg erringen. Apathie und Interessenlosigkeit wären ein Vergehen an der Freiheit. Darum richte ich meinen Appell an jeden verantwortungsbewußten Gewerkschafter, daß cr durch seine Einflußnahme auf die Wahl Freiheit, Unabhängigkeit und Toleranz in den Gewerkschaften herstellen helfe.

In Prag wurden eben noch die kommunistisch geführten Gewerkschaften zu einem wesentlichen Werkzeug des kommunistischen Staatsstreiches gemacht. Ich halte es nach dieser neuesten Erfahrung für meine Pflicht zu erklären: Die ehemaligen christlichen Gewerkschaften können nie einer gewerkschaftlichen Gesamtbewe-

gung für Deutschland angehören, die durch ihre Führung kommunistischen Zielen verpflichtet werden kann.
Wir sind uns bewußt, daß die politischen und die gewerkschaftlichen Entscheidungen für oder gegen die Totalität in Berlin von gesamtdeutscher, von europäischer Bedeutung sind. Nicht nur die 3 1/2 Millionen Berliner hängen an ihnen. Nicht nur die 18 Millionen der Ostzone verfolgen sie mit letzter Anteilnahme. Ganz Deutschland wird auf sie achten. Und auch Europa sieht auf Berlin. Berlin ist ein Schnittpunkt der Weltpolitik. Die abendländische Gemeinschaft der Völker erwartet, daß Berlin sich für sie und das ihr innewohnende Gesetz der Menschenrechte, der Freiheit und der Gerechtigkeit entscheidet.
Was aber geschieht für die Stärkung dieses Punktes der Weltpolitik?
Es ist viel Mißbrauch mit dem Wort »Volk ohne Raum« getrieben worden. Hier aber ist wirklich eine Millionenstadt ohne Raum. Wie soll diese Stadt leben, wenn ihr die Zufuhren aus ihrem natürlichen Ernährungsgebiet abgesperrt sind? Wenn ihr sogar die Bewirtschaftung ihrer stadteigenen Güter versagt bleibt. Wenn ihr Weichbild so eng gezogen ist, daß ihre arbeitende Bevölkerung auf dem Weg von und zur Arbeitsstätte eine Zonengrenze passieren muß? Schon die Urheber des Potsdamer Abkommens hätten den Raum Berlins zumindestens auf seine natürlichen Grenzen erweitern sollen. Denn die Bedeutung Berlins kann schon damals niemandem verborgen geblieben sein. Zum mindesten aber mußte man sich bald nach Potsdam dessen bewußt werden. Wie ist es weiter möglich, daß die Viermächtestadt Berlin mit ihrer Bedeutung für eine Politik des Ausgleichs, die das Schicksal der Welt mitentscheiden kann, in ihrem Verkehr mit der Außenwelt auf Behelfsmaßnahmen kleinsten Ausmaßes angewiesen bleibt.
Warum gibt es heute – bald drei Jahre nach Kriegsende – nur einen einzigen dürftigen Schienenstrang, der eine Stadt von der politischen Bedeutung Berlins mit dem westlichen Deutschland verbindet? Keinen zweigleisigen – ich betone das –, sondern nur einen eingleisigen. Die Berliner haben es zwar dankbar empfunden, daß zu diesem dürftigen Schienenstrang und zu der Autobahn, die nur für wenige benutzbar ist, nun auch eine Verbindungsmöglichkeit durch die Luft geschaffen wurde. Es können nunmehr wöchentlich noch zusätzlich ganze 68 Deutsche im Hin- und Herverkehr zwischen Berlin und Frankfurt befördert werden. Aber ist das wirklich das Höchstmaß von Hilfe, das man für die Bewegungsfreiheit und die Freizügigkeit der vielgeprüften Berliner bringen kann? Es kann und es darf nicht das Höchstmaß sein, wenn sie nicht der Resignation anheimfallen sollen.
Ich sagte schon: Wir sind uns absolut klar über die Wichtigkeit der Entscheidungen in Berlin. Es sind stellvertretende Entscheidungen für Deutschland und Europa. Nun gut, dann tue man aber auch alles, um Berlin von der deutschen und der europäischen Solidarität zu überzeugen.
Von einem führenden Politiker des Westens wurde in den ersten Jahren des Krieges gegen Hitler das Wort geprägt: Zu wenig und zu spät. Es richtete sich damals gegen die halben Entschlüsse, dem nationalsozialistischen Druck gegenüber. Dieses »zu wenig und zu spät« sollte nicht über den Maßnahmen stehen, die notwendig sind, um das Schicksal der Stadt Berlin zu erleichtern. Um die fleißige, die zur Arbeit und zur politischen Aktivität entschlossene Bevölkerung vor lähmender Resignation zu bewahren. Man schaffe deshalb auch weiter in der Viermächtekommandantur Klarheit über die politischen Gesetzlichkeiten in Berlin. Man verhüte, daß unsere Selbstverwaltung weiter ausgehöhlt und zu einer Kulisse gemacht wird. Man

schaffe u. a. die Möglichkeit, daß die Stadtregierung ihren Polizeipräsidenten selbst berufen kann. Man gebe ihr das Verfügungsrecht über die Stätte geistiger Bildung, über die Berliner Universität, damit endlich auch in Berlin die deutsche Bildung allen Würdigen zugänglich gemacht wird. Und nicht nur vorwiegend denen, die sich totalitärer Gesetzlichkeit gefügig erweisen. Man schaffe endlich Klarheit darüber, daß die vier Sektoren Berlins keine Anhängsel der jeweiligen Besatzungszone sind, sondern daß alle zusammen Berlin bilden. Und daß sie damit einzig der Viermächtekommandantur unterstellt sind.
Die Klarheit über die Zusammengehörigkeit der Berliner Sektoren und ihre Gebundenheit an gemeinsame Beschlüsse der Viermächtekommandatur müßte auch jene politische Unordnung unmöglich machen, die seit einigen Wochen die Parteien immer wieder beunruhigt. Wie ist es z. B. möglich, daß man in einem Sektor immer wieder auf die Angehörigen unserer Partei einzuwirken versucht, diesen oder jenen Beschluß zu fassen? Sei es einen Beschluß zur Teilnahme am Volkskongreß. Sei es einen Beschluß zur Annullierung einer rechtmäßig gefaßten Entschließung des Berliner Landesverbandes der Union der Ostzone. Wie ist es möglich, daß Parteivertretern in einem Sektor erklärt wird, ihre Arbeit sei illegal, wenn sie sich im Sinne eines rechtmäßig gefaßten Beschlusses ihres Landesverbandes verhalten? Das alles in der Viermächtestadt Berlin! Wäre es nicht angebracht, wenn gegenüber solcher Verwirrung endlich von seiten der Kommandantur Klarheit darüber geschaffen würde: Die Berliner Landesverbände sind anerkannte Parteien, deren demokratische Existenz nicht angetastet oder bestritten werden kann, solange sie die Sicherheit der Besatzungsmächte nicht berühren. Und es wird da schließlich keiner behaupten, daß das geschehen ist.
Klarheit müßte auch geschaffen werden in der Frage der Entnazifizierung. Man sollte Schluß machen mit den quälenden Belastungen, die sich aus der Handhabung der Entnazifizierungsvorschriften für die nominellen Mitglieder und ihre Familien ergeben.
Wir richten auch erneut an die Kommandantur die Forderung, der Berliner Jugend endlich Entlastung zu gewähren. Das um so mehr, als die Jugend in anderen Teilen unseres Landes längst entlastet ist.
Ich möchte in diesem Zusammenhang nicht auf die Entnazifizierung in der Ostzone eingehen, die Marschall Sokolowski durch einen kürzlichen Befehl für abgeschlossen erklärt hat. Ich kann im Anschluß an diesen Befehl nur der Hoffnung Ausdruck geben, daß nun endlich auch jene Menschen ihren Familien wiedergegeben werden, die im Zuge der Besetzung verhaftet wurden. Menschen, von denen viele bis jetzt – fast drei Jahre nach dem Krieg – noch nicht einmal ein Lebenszeichen geben konnten.
Es muß Klarheit für den politischen Boden der Stadt Berlin geschaffen werden. Das um so mehr, als der einseitig und ungeordnet entstandene Volkskongreß für Berlin und Deutschland die Tendenz verrät, sich als Parlament für ganz Deutschland zu konstituieren. »Der Volkskongreß und die gewählte Delegation sind die echten Vertreter des deutschen Volkes« lautet eines der Plakate in der Ostzone. Nun, wir wissen, wie diese Delegationen zustande gekommen sind. Die Geschichte der sogenannten Krise der Union ist ja zugleich die Geschichte der sogenannten Wahlen für den Volkskongreß.
Es wäre allerdings kaum zu diesem verwirrenden Geschehen um den Volkskongreß, zu dieser Gefahr eines einseitigen und immer mehr spaltenden Pseudoparla-

mentes gekommen, wenn man unseren Vorschlägen für eine gesamtdeutsche Nationalvertretung rechtzeitig positive Beachtung geschenkt hätte. Bei positivem Willen aller deutschen Parteien und bei ebenso positiver Haltung aller Besatzungsmächte hätte sie zustande kommen können. Dafür müssen wir nun heute fürchten, daß bald zwei Vertretungen in Deutschland miteinander in Konkurrenz treten: eine in der Ostzone. Und eine in Frankfurt. Jeder deutsche Politiker steht vor schwersten Entscheidungen. Am schwersten derjenige, der aus der innersten Verpflichtung seines Gewissens heraus nur eine Aufgabe kennt: die Wiedervereinigung Deutschlands. Dieser Wille hat uns, die Union Berlins und der Ostzone, stets vorbehaltlos beherrscht. So vorbehaltlos, daß wir oft politische Selbstverleugnung übten, um diesem Ziel dienen zu können. Denn wir wollen die Einheit Deutschlands. Aber nicht die Einheit volksdemokratischer Gleichschaltung, sondern die Einheit in Freiheit. Deshalb muß die Einheit Deutschlands von einer demokratischen Basis aus geschaffen werden. Von einer Basis, die für Freiheit und Menschenwürde ein stabiles Fundament ist.

Das allein sind auch die Maßstäbe, die wir an den Wirtschaftsrat in Frankfurt anlegen. Wenn Frankfurt ein Unternehmen der Trennung vom deutschen Osten sein sollte, so müßte es verneint werden. Ist es aber eine Maßnahme der Notwehr gegen die wirtschaftliche Verkümmerung des Westens und Südens, so ist dieser Akt der Notwehr zu bejahen. Niemand kann erwarten, daß die westlichen Zonen mit Gesundungsmaßnahmen warten, bis Deutschland zur Einheit im volksdemokratischen Sinne reif ist.

Eine Bedingung allerdings wird Frankfurt zu erfüllen haben: In allem und jedem, was geschieht, muß gesamtdeutsches Bewußtsein, muß gesamtdeutsche Rücksicht die erste Stelle einnehmen. Wer von Frankfurt aus die Neuordnung Deutschlands in Angriff nimmt, muß die Kartoffelfelder des östlichen Deutschlands mit der gleichen Liebe im Herzen tragen wie die Rebenhügel des Rheins, der Mosel und des Mains. Dabei sei der Westen und Süden noch einmal daran erinnert, daß das deutsche Gebiet, das außer Reichweite des Frankfurter Notwehraktes steht, von den südlichen Abhängen des Thüringer Waldes bis vor die Tore von Kassel und Hamburg geht. Damit ist Frankfurt mit einer Verantwortung bedacht, die nur mit der Festigkeit, der Verpflichtung und dem klaren Blick einer wirklichen gesamtdeutschen Haltung getragen werden kann.

Die Überzeugungskraft des Wirkens der Männer in Frankfurt wird auch von dem Takt abhängen, mit dem sie ans Werk gehen. Sie wird davon abhängen, ob sie weitsichtig genug sind, nicht als endgültiges Faktum zu gestalten, was nur Provisorium sein kann. Das gilt vor allem auch von ihrem Verhalten Berlin gegenüber. Bis jetzt haben wir vom Süden und Westen für die deutsche Aufgabe Berlins noch nicht allzuviel Ermutigendes gehört. Es wäre gut, wenn auf jeden Fall von Frankfurt aus ein anderer Geist herüberwehte. Ein Geist der Verbundenheit, wie er der Aufgabe entspricht, die diesen beiden Städten in dieser Zeit so schicksalhaft zufällt. Welches auch die Aufgabe Frankfurts in der unmittelbaren Zukunft sein mag, Berlin bleibt trotz seiner augenblicklichen Eingeengtheit im wahrsten Sinne des Wortes die Hauptstadt Deutschlands. Es wird nicht zuletzt von der politischen Bewährung der Berliner abhängen, von der Stärke ihrer Nerven auch, daß sie sich als Hauptstadt bewährt. Zu dieser Bewährung gehört die Klarheit der Entscheidungen, vor die wir in diesen Wochen und Monaten gestellt sind. Es sind Entscheidungen, die um die deutsche Einheit gehen. Berlin aber hat dafür zu stehen, daß es eine Einheit in Freiheit wird.

# 32

*Massenkundgebung auf dem Platz der Republik in Berlin*
*18. März 1948*

Unser Sinn steht eigentlich nicht nach Massendemonstrationen. Das deutsche Volk hat sie zwölf Jahre bis zum Überdruß erlebt. Immer wieder wurde es aus den Betrieben und von den Arbeitsstätten auf die Straße gezwungen, um für die Schaustellungen der Hitlerdiktatur die Kulisse zu liefern. Unser Volk sehnt sich heute nach ruhiger, aufbauender Arbeit. Es verlangt nach der Wiedervereinigung der getrennten Teile seines Landes. Es verlangt nach dem Recht und der Freiheit, über sein Schicksal selbst entscheiden zu können. Nach der Schwere der Katastrophe, die ihm die Hitlerdiktatur gebracht hat, verlangt es, in Freiheit, Aufrechtheit und Würde einen friedlichen Weg zu neuer Gesundung gehen zu können. Es verlangt, in Freiheit ein aufbauendes Werk zu tun. Ein Werk, durch das es sich wieder eingliedern kann in die Gemeinschaft freier Völker. Das ist der Wille der überwältigenden Mehrheit des deutschen Volkes.

Unser Volk hat es an seiner beispiellosen Katastrophe erfahren: Wo immmer dem Menschen unwürdige Fesseln angelegt werden, wo sein Wille, wo die Entscheidungen eines freien Gewissens nicht geachtet werden, da gibt es keine Menschlichkeit. Da gibt es keine Menschenwürde. Da gibt es keinen echten Frieden.

Schaut auf die Trümmer unserer Stadt, die nirgends so peinigend in die Augen fallen wie hier. Schaut auf diese Ruine des Reichstages. Der Bau war dem deutschen Volke gewidmet. Seiner Freiheit. Seinem politischen Willen. Seiner politischen Ordnung. Es geschah nicht ohne die Schuld unseres eigenen Volkes, daß dieses Haus im Februar 1933 verbrecherisch angezündet wurde, um einen Grund zu schaffen, die Freiheit zu unterdrücken. Unser Volk war zu einem großen Teil dem Manne verfallen, der mit diesem Verbrechen die lange Reihe seiner Untaten einleitete. Untaten, die uns in beispielloses Unglück stürzten.

Aber hier, angesichts dieser Ruinen, haben wir das Recht und die Pflicht, es auszusprechen: Unser Volk war nicht allein schuld. Es gibt nicht nur eine deutsche Schuld. Es gibt auch eine internationale Verantwortlichkeit für alles, was geschehen ist. Die Solidarität, die zwischen freien Völkern bestehen muß, war dem Deutschland der Vorhitlerzeit gegenüber nicht genügend wirksam. Das Ausland trat den Attentaten Hitlers auf Freiheit und Menschenwürde erst dann entschlossen entgegen, als es um das eigene Schicksal ging.

Ich sage das nicht, um grundlos und fruchtlos in der Vergangenheit zu wühlen. Ich rufe es vielmehr aus tiefster Sorge unserem Volke und der Welt zu: Wir stehen erneut vor der Gefährdung der Freiheit. Wir stehen erneut vor der entscheidenden Frage, werden die freiheitsliebenden Kräfte Deutschlands und der Welt heute mehr Entschlossenheit, mehr Verantwortungsbewußtsein aufbringen? Werden sie die Freiheit zu retten und zu schützen wissen?

Dieser Platz hier ist ein unübersehbares Menetekel. Deshalb steht heute – am Gedenktag deutschen Freiheitswillens – die Berliner Bevölkerung hier auf diesem Platz. Sie ruft den Deutschen aller Zonen und den Verantwortlichen der Welt zu: Helft uns die erneut gefährdete Freiheit retten.

Man weiß von mir, daß ich mich lange gegen die Erkenntnis der unmittelbaren Gefahr gewehrt habe, nicht aus Schwäche, sondern aus schmerzlicher Sorge um unser

Volk. Um die Trennung zwischen dem Osten und Westen unseres Landes zu vermeiden, haben wir Verständigung gesucht. Wir wußten um die Brutalität der kommunistischen Kräfte. Wir glaubten aber an einen Rest von Vernunft, an einen Rest von Respekt vor dem Unglück unseres Volkes, an einen Rest von Einsicht. Wir wußten um den Fanatismus der kommunistischen Kräfte, aber wir hofften der fortschreitenden Auslieferung der Ostzone an neuen totalitären Machtwillen Einhalt tun zu können. Aber die Mißachtung von Treue und Glauben, die Umgehung von Recht und Gesetz, die Sprache des Terrors werden immer unmißverständlicher. Der Weg des kommunistischen Machtwillens erscheint überall als der gleiche. Prag war das letzte Signal für alle, die noch glaubten, durch Verständigung den brutalen Machtwillen eindämmen zu können.
Die Errichtung eines totalitären Systems in der Ostzone ist in vollem Gange. Unter dieser und jener Tarnung, aber mit unverkennbarer Zielsicherheit setzt dort die SED ihre revolutionäre Doktrin durch, koste es, was es wolle. Wir erleben Enteignungen ohne Ordnung und Gesetz. Wir erleben, wie die nichtkommunistischen Parteien Zug und Zug zu Satelliten herabgedrückt werden. Wir erleben die Verzweiflung der vielen Aufrechten, die Heim und Beruf verlassen, um Freiheit und Unantastbarkeit des Gewissens zu retten.
Um die freiheitlichen Kräfte zu blenden, wurde der Volkskongreß erfunden. »Die Fahne der Einheit Deutschlands auf demokratischer Grundlage ist hoch über den Häuptern des deutschen Volkes entfaltet«, ruft eine der kommunistischen Zeitungen. Wir aber wissen: Sie segeln unter falscher Flagge. Es geht ihnen nicht um die deutsche Einheit auf demokratischer Grundlage, es geht ihnen um die Einheit auf volksdemokratischer – und das heißt – auf kommunistischer Grundlage. Deshalb haben alle die unrecht, die sagen: Mir ist es gleich, wer die deutsche Einheit schafft, wenn sie nur geschaffen wird.
Wer unter solchen Argumenten mit dem Volkskongreß geht, betrügt sich selbst. Er ist nichts anderes als Schrittmacher für ein neues Einparteiensystem. Er ist Schrittmacher für neue Staatsallmacht. Sagen wir es in aller Klarheit, er ist nichts anderes als Wegbereiter für neue Versklavung unseres Volkes. Denn der Einheitswille der Initiatoren des Volkskongresses ist Gleichschaltungswille. Gleichschaltung aber ist die Vorbereitung der Diktatur. Sie ist das letzte Stadium vor der Diktatur, einer Diktatur, die von neuem das Grab gräbt für Recht, Gerechtigkeit und Menschenwürde.
Wer sich in das Gefolge des Volkskongresses begibt, verkehrt den Sinn des 18. März in sein Gegenteil. Der 18. März ist Symbol der Freiheit. Der Volkskongreß aber steht unter dem Kommando einer Partei. Freiheit jedoch bedeutet loyales Zusammenwirken aller Parteien, aller guten Kräfte des Volkes.
Unsere Kundgebung ist ein Akt loyalen Zusammenwirkens aller demokratischen Kräfte. Unsere Kundgebung ist nicht das Ergebnis skrupelloser Propaganda. Sie ist nicht das Ergebnis eines politischen oder persönlichen Druckes, wie die »spontane« Kundgebung des Volkskongresses. Keiner, der nicht gekommen ist, braucht um Arbeitsstätte, Beruf oder gar um seine persönliche Freiheit zu fürchten. Wer nicht kam, hat allerdings in unseren Augen einen politischen Fehler begangen: Er schwächte diese freie Kundgebung, die der Welt offenbaren will, daß in Berlin und in Deutschland der Wille zur Freiheit stärker ist als das Streben, diese Freiheit zu vernichten.
Berlin ist die Stadt, auf der die Augen der Welt ruhen, auf deren politische Kundge-

bungen das Ohr der Welt hört. Berlin ist ein Symbol für das Schicksal Deutschlands und Europas. Deshalb warten Millionen Menschen atemlos, wie sich das Schicksal dieser Stadt entscheidet. Berlin ist der Brennpunkt für die Auseinandersetzung zwischen freiheitlichem und totalitärem Willen. Siegt in Berlin der totalitäre Wille, dann ist die Teilung Deutschlands auf lange besiegelt. Dann ist aber auch Europa, dann ist die Welt hoffnungslos in zwei Teile gespalten. Siegt der Wille zu echter Freiheit und Demokratie, dann bleibt Berlin allen Teilen Deutschlands verbunden. Dann bleibt Berlin der Hort deutscher Zusammengehörigkeit. Nirgendwo lebt deutscher Zusammengehörigkeitswille so leidenschaftlich wie in Berlin. Verkenne deshalb niemand die Bedeutung des schicksalhaften Kampfes, wie er auf dem Boden dieser Stadt ausgefochten wird.

Ich richte diese Mahnung an alle Deutschen des Westens und des Südens. Wer Berlin in seinem Kampf um Freiheit, Ordnung und Recht im Stich läßt, läßt Deutschland im Stich. Der Westen und Süden allein sind nicht Deutschland. Sie sind nur ein Teil von Deutschland.

Unser Land wird erst wieder Deutschland sein, wenn der Westen, der Süden und der Osten miteinander vereinigt sind, und zwar der Osten nicht nur diesseits, sondern auch jenseits der Oder-Neiße-Linie. Unser Land wird erst wieder Deutschland sein, wenn wir am Bahnhof Friedrichstraße eine Fahrkarte nach Essen, Köln oder Aachen lösen können, oder am Anhalter Bahnhof eine Karte nach München oder Stuttgart, oder am Schlesischen Bahnhof eine Karte nach Breslau, und wenn wir uns in Marienborn nicht erst durchsuchen lassen müssen, ob wir nicht für Mutter, Schwester oder Bruder – wer immer jenseits der Zonengrenze wohnt – etwas mitgenommen haben.

Der Kampf in Berlin um die Selbstbehauptung der freiheitlichen Kräfte ist nicht zuletzt ein Kampf für dieses Deutschland. Es ist ein Kampf um die Freizügigkeit der Berliner Bevölkerung, ein Kampf für ihre lebendige Verbindung mit dem Osten, dem Süden und Westen Deutschlands. Berlin kann aber für diese Ziele nur einstehen, wenn es in der Lage ist, auf den Ruinen seines politischen und wirtschaftlichen Daseins ein wirkliches demokratisches System echter Freiheit und echter politischer Verantwortung aufzubauen.

Man schaffe deshalb für Berlin eine klare politische und rechtliche Situation. Die überwältigende Mehrheit der Berliner Bevölkerung will unter den Gesetzen einer geordneten Verfassung leben. Sie will leben ohne die stete Furcht, von einer Staatspolizei abgeholt zu werden. Sie will keine weiteren Fälle Dieter Friede mehr. Die Berliner wollen keinen Druck, durch den man sie zu Verrätern an ihren Mitmenschen, an deutschen Brüdern und Schwestern zu machen sucht. Man kann nicht von Freiheit und Menschenwürde sprechen, solange immer wieder Menschen gezwungen werden, Mitmenschen zu belauern und zu bespitzeln. Wer heute im politischen Leben steht, weiß, welche Dramen an Verzweiflung, Scham und peinigender Demütigung sich abspielen.

Die überwältigende Mehrheit der Berliner Bevölkerung will auch keine Zeitungen mehr, die gefüllt sind mit skrupellosen Diffamierungen und Entstellungen, um politisch Andersdenkende niederzukämpfen. Das alles ist nur die häßliche, die verabscheuenswerte Begleitmusik totalitären Machtstrebens. Wir haben das bis zur Übelkeit vor und nach 1933 erlebt.

Es ist an den Besatzungsmächten, den wahrhaft demokratischen Parteien Berlins den Wirkungsraum zu sichern, der ihnen garantiert wurde. Es ist an ihnen, die freie

demokratische Atmosphäre zu gewährleisten, die demokratische Parteien brauchen, wenn sie nicht zu Attrappen werden sollen. Mit Attrappen kann man keine Demokratie gestalten, auch und gerade nicht in Berlin, wo demokratisches Bewußtsein stets lebendig war.
Freie demokratische Atmosphäre muß in allen Sektoren Berlins herrschen. Es ist ein einheitliches politisches und wirtschaftliches Klima in allen Sektoren notwendig. Das ist nicht der Fall, solange man noch immer versucht, in einem Sektor mit allen Mitteln der Beeinflussung die künstliche Blüte des Volkskongresses zu züchten oder gar Kandidaten widerstrebender Parteien in den Volksrat zu nötigen. Das ist auch nicht der Fall, solange Berlin noch in verschiedene Wirtschaftssysteme aufgespalten ist, die seine Wirtschaft lähmen und hemmen. Wer immer wieder Propaganda mit der Einheit Deutschlands treibt, muß einverstanden sein, daß diese Einheit erst einmal in Berlin wiederhergestellt wird, der muß auch mit dafür sorgen, daß das Land rund um Berlin nicht hermetisch von dieser Stadt abgeschlossen wird. Selbstloses Eintreten für die Einheit Deutschlands muß sich in Taten zeigen, nicht aber in Schlagworten.
Die Berliner Bevölkerung aber hat zu beweisen, daß sie zwischen Schlagworten und politischem Verantwortungsgefühl zu unterscheiden vermag. Sie weiß, daß hinter dem Schlagwort von der Einheit Deutschlands der totalitäre Machtwille einer Minderheit steht. Der Einheitswille dieser Minderheit ist die Falle für den Freiheitswillen der überwältigenden Mehrheit der Berliner Bevölkerung. Aber Berlin geht mit seinem Freiheitswillen nicht zum zweiten Male in die Falle einer solchen Minderheit. Es wird diese Minderheit in die Schranken weisen. Wir wollen nicht, daß sich auch in Berlin verzweifelnde Demokraten aus dem Fenster stürzen müssen, weil sie zu spät aufstanden, um die Freiheit zu retten. Deshalb muß der totalitären Minderheit jeder unrechtmäßige Einfluß entwunden werden, sei es in der Verwaltung, sei es in volkswichtigen Organisationen. Auch in den Gewerkschaften. Die Gewerkschaftswahlen werden eine Probe sein auf die Mannhaftigkeit des demokratischen Berlins. Parteipolitisch mißbrauchte Gewerkschaften sind ein stetes Element der Gefahr für die Freiheit des Volkes. Eine wahrhaft unabhängige Gewerkschaftsbewegung aber ist eines der wichtigsten Organe für die Gesundung unseres Volkes. Berlin wird Freiheit und Unabhängigkeit wählen.
Berlin ist Deutschland im Kleinen. Berlin ist Europa im Kleinen. Wir wollen ein freies Deutschland und ein freies Europa.

## 33

*Auf dem Landesparteitag der CDUD in Berlin*
*10. April 1948*

Sie werden Verständnis dafür haben, daß es mir ein Bedürfnis ist, im Rahmen dieses Parteitages das eine und andere kurze Wort zur politischen Situation unserer Tage zu sagen. Das um so mehr, als der Berliner Landesverband in den verflossenen Monaten eine politische Bewährungsprobe sondergleichen zu bestehen hatte. Der Landesverband hat diese Probe in einer Reife, in einer Selbstsicherheit bestanden, die ihm eine bedeutsame Rolle im politischen Lebens Berlins – und darüber hinaus im politischen Leben unseres Volkes – zuweist. Nicht zuletzt kommt diesem Parteitag erhöhte Bedeutung zu.

Berlin ist zu einem der Nervenzentren der Welt geworden. Der britische Außenminister Bevin hat gelegentlich seiner Stellungnahme zu dem tragischen Flugzeugunfall über Berlin zum Ausdruck gebracht, daß die Unruhe in Berlin leider nicht als Einzelfall behandelt werden könnte. »Bis zu einem besseren allgemeinen Einvernehmen«, so sagte er, »müssen wir auf die Möglichkeit vorbereitet sein, daß es an vielen Reibungspunkten in ganz Europa zu Streitfällen kommt.«
Dabei sind uns die Worte Bevins wiederum ein Beweis mehr dafür, wie sehr unser Schicksal von der Verständigung der Besatzungsmächte untereinander abhängt. Ein Grund mehr für uns, die Auseinandersetzungen der Besatzungsmächte mit aller Behutsamkeit der Gesinnung und des Gesinnungsausdruckes zu begleiten und zu kommentieren. Eine Haltung, die unserer Entschlossenheit und Aktivität, für deutschen Eigenwillen in Berlin und in Gesamtdeutschland einzustehen, selbstverständlich keinen Abbruch zu tun braucht.
Es erscheint nun einmal als die geschichtliche Aufgabe des Bodens von Berlin, das Podium für die Auseinandersetzungen zwischen den Weltmächten abzugeben, die sich hier zum ersten Male zu gemeinsamen friedlichen politischen Verantwortungen zusammengefunden hatten. Uns bewegen dabei naturgemäß am meisten die Verantwortungen, die das Schicksal unseres Landes angehen. Von dem Gelingen oder Nichtgelingen der Verständigung hängt weit mehr als das Schicksal unserer 70 Millionen Menschen ab. Wir wissen das heute klarer, als wir es vor drei Jahren zu sehen vermochten. Das gibt uns nicht nur das Recht, das macht es uns zur Pflicht, Stellung zu beziehen. Nicht für oder gegen diese oder jene Besatzungsmacht, wohl aber für oder gegen diese oder jene politische Ideologie und Ordnung, die wir für uns bejahen oder die wir ablehnen.
Man sollte wirklich aufhören, uns jede deutsche politische Stellungnahme als Parteinahme für diese oder jene Besatzungsmacht zu deuten. Die Ideen der politischen Freiheit und der Menschenrechte sind – weiß Gott – kein Monopol dieser oder jener Besatzungsmacht. Sie sind allgemeine Menschheitsideen, für die viele von uns unter Hitler gestritten und gelitten haben, als es noch keine Besatzungsmächte gab. Wir sind allerdings jeder Besatzungsmacht dankbar, die heute wirklichen deutschen Demokraten die Bahn freigibt.
Wir glauben, daß eine gesamtdeutsche, echte Demokratie um so eher verwirklicht werden kann, je positiver die Viermächtebegegnung auf Berliner Boden fortschreitet. Das setzt natürlich voraus, daß nicht eine der beiden Welten, die sich hier begegnen, den Versuch macht, deutsche Volksteile für die eigene Idee oder für machtpolitische Interessen zu mißbrauchen, um die andere Welt zu überspielen.
Es hieße sich blind und taub stellen, wollte man die Augen davor verschließen, daß diese Gefahr besteht. Die letzten Monate unserer politischen Arbeit standen im Zeichen der erhöhten Erkenntnis dieser Gefahr. Die Union ist sich mit allen freien Kräften darüber klargeworden, daß sie gegen eine solche Gefahr Abwehrstellung zu beziehen hatte. Sie hat das mit allen Konsequenzen getan. Und sie wird es weiter tun, wo immer die Freiheit und Würde einer aufrechten deutschen Politik in Gefahr ist. Sie wird sich dabei zur Zusammenarbeit mit allen Kräften bereit finden, denen Freiheit und Würde des Menschen oberstes Gesetz sind. Denn um dieses Gesetz geht es an erster Stelle nach dem beispiellosen Ergebnis des totalitären Systems, das Deutschland zwölf Jahre beherrschte. Auch und vor allem hier in Berlin.
Ich glaube, wir alle haben mit Genugtuung den Hinweis von General Robertson im

Landtag Nordrhein-Westfalen gelesen: Die Stadt Berlin sei durch die Entschlossenheit der gesamten Berliner Bevölkerung und in der Zusammenarbeit ihrer politischen Parteien beispielhaft für Gesamtdeutschland. Mancher im Westen mag diese Anerkennung mit etwas süßsaurem Lächeln aufgenommen haben. Es gibt nun einmal Leute, die hören nicht gern etwas von der Zusammenarbeit der freien Parteien. Es gibt Parteiführer und Parteigruppen in West- und Süddeutschland, denen Prinzipienreiterei und Parteitaktik immer noch näher liegen als der entschlossene Wille, in loyaler Zusammenarbeit alles an die Rettung Deutschlands zu setzen. Wir machen keinen Hehl daraus, daß es solche Leute auch in der Union gibt. Es gibt bei uns Leute, die in reichlich vorsintflutlicher Haltung noch immer feindselig erstarren, wenn nur das Wort Sozialismus fällt. Es gibt aber ebenso in der SPD immer noch Kräfte, die sofort ein besitzbürgerliches Gespenst sehen, wenn von der Union die Rede ist. Beweis scheint mir dafür die Verlautbarung des SPD-Vorsitzenden in Hannover zu den Bemerkungen von General Robertson über die notwendige Zusammenarbeit der deutschen Parteien. Da heißt es: »Die Sozialdemokratie würde es bedauern, wenn die Bemerkungen General Robertsons über die Zusammenarbiet der deutschen Parteien von den besitzbürgerlichen Parteien dahingehend mißverstanden würden, daß sie eine Aufforderung an die SPD enthielten, die Zusammenarbeit durch Preisgabe der Interessen der Werktätigen und ihrer politischen Zielsetzung zu erzielen.« Mag sein, daß der eine oder andere »Restbesitzbürger« einer solchen Auffassung sein könnte. Aber bei der großen Masse der Mitglieder wird man in der einen Partei so wenig von Besitz sprechen können wie in der anderen Partei, sondern nur von einer großen Masse von Enteigneten. Es ist eine der übelsten Gewohnheiten im deutschen Parteileben, immer mit dem Finger auf den anderen zu zeigen, anstatt bei sich selbst anzufangen. Es scheint mir wirklich wenig Sinn zu haben, in einem so enteigneten Volk, wie es das deutsche ist, immer wieder an Klasseninstinkte von gestern zu appellieren. Es kommt selbstverständlich in erster Linie darauf an, den Besitzlosen Heimat, Brot und Kleidung zu schaffen. Daß dieses Problem nicht dadurch zu lösen ist, daß man einer kleinen Schicht Besitz und Besitzrechte erhält, während man der breiten Masse des Volkes alle Folgen der Katastrophe aufbürdet, ist selbstverständlich. Aber es handelt sich dabei nicht um die Frage, ob Arbeiter oder Bürger. Die Enteignung geht quer durch alle Schichten des Volkes. Das Lebensniveau der weitaus größten Masse unseres Volkes ist niedriger als das der Werktätigen einer früheren Zeit. Ich brauche nur an die Flüchtlinge zu denken, von deren Elend ich in den jüngsten Tagen noch geradezu aufwühlende Beweise erhalten habe. Hier gibt es gemeinsame Aufgaben aller Parteien, die weitab von Klassenkampfparolen liegen.

Es ist heute zunächst und vor allem wichtig, daß einer möglichst großen Anzahl deutscher Menschen Heimat, Kleidung und Brot gegeben wird. Daß der einzelne nach dem beispiellosen Zwang des Hitlersystems wieder möglichst große Bewegungsfreiheit für sein persönliches Leben erhält. Daß der Schaffensdrang, der eine der glücklichsten Veranlagungen unseres Volkes ist, wieder ein im besten Sinne lohnendes Betätigungsfeld findet. Es gilt, dem Volk der kleinen Leute in Deutschland, zu dem wir geworden sind, wieder eine freiere und glücklichere Note ins Leben zu tragen. Das wird um so eher möglich sein, je weiter wir von jedem politischen und wirtschaftlichen Dogmatismus abrücken. Das bedeutet keine Aufgabe des eigenen Charakters der Parteien, wohl aber ein Abrücken von parteipolitischer Starrheit und parteipolitischem Eigensinn.

Hier liegt mit eine der Wesensaufgaben der Parteien. Dabei kommt es dann gar nicht darauf an, ob die Union oder die Sozialdemokratische Partei gerade die stärkere ist, sondern es kommt darauf an, wie weit jede der Parteien fähig ist, ihr Bestes in selbstloser Weise einzusetzen, um das politische und soziale Niveau des gesamten deutschen Volkes zu heben.
Dabei sind wir uns klar darüber, daß um der Rettung der Freiheit und Unabhängigkeit Deutschlands willen der Westen mit seinen Gesundungsmaßnahmen nicht mehr warten kann. Wir haben die Politik der Besatzungsmächte mit der Zonenteilung Deutschlands vom ersten Tage an mit ernstester Sorge verfolgt. Diese Zonenpolitik ist und bleibt einer der verhängnisvollsten Irrtümer der Nachkriegsgeschichte, zumal sie aus der Haltung verschiedener Besatzungsmächte zu einer Starrheit entwickelt wurde, deren verhängnisvolle Folgen wir heute erleben. Die eine Besatzungsmacht hegte und pflegte die Zonengrenzen, weil sie in ihnen Gewähr für ihre eigene nationale Sicherheit sah. Die andere pflegte sie, um der Partei ihres Vertrauens die ungestörte politische und soziale Umwälzung zu ermöglichen. Auf jeden Fall stockte und erstarrte durch die Zonentrennung jede gesamtdeutsche Entwicklungsmöglichkeit. Jede gesamtdeutsche Initiative schmolz auf ein Minimum zusammen.
Nur durch diese Zonenpolitik war es möglich, daß sich der Kommunismus im Herzen Deutschlands eine Oase für seine revolutionären Unternehmungen schuf, die dieses Stück unseres Landes aus dem deutschen Volkskörper herausschnitten. Wir, die Union, glaubten diese Entwicklung aufhalten zu müssen. Deshalb versuchten wir drei Jahre lang, eine aufbauende Politik für Berlin und die Ostzone gemeinsam zu führen. Der Versuch wurde durch die Brutalität des kommunistischen Willens abgeschnitten.
Wer aber diese drei Jahre systematisch fortschreitender Veränderung des Gesichtes der Ostzone erlebt hat, weiß, wo Spalter Deutschlands zu finden sind. Kein Volkskongreß und kein Volksbegehren für die Einheit Deutschlands können verhüllen, was sich an Abschnürungspolitik in der Ostzone vollzogen hat. Und zwar seit den Tagen der Potsdamer Beschlüsse, die das Ziel der wirtschaftlichen Einheit Deutschlands aufstellten. Es begann mit der Einrichtung besonderer Zentralverwaltungen in den fünf Ländern der Ostzone im September 1945. Im gleichen Monat noch wurde über die Bedenken der Union und der LDP hinweg die an sich notwendige Bodenreform in rücksichtslosester Weise eingeleitet, der eine noch rücksichtslosere Durchführung folgte. Anfang 1946 folgte das alarmierende Geschehen der Vereinigung von SPD und KPD zur Sozialistischen Einheitspartei. Es kam zu den Industrieenteignungen. Ihre Durchführung ging weit über den ursprünglichen Zweck hinaus, Naziaktivisten und Kriegsverbrecher zu bestrafen. Bei alledem konnten wir in den im Herbst 1946 stattfindenden Landtagswahlen die sichere Überzeugung gewinnen, daß von einer Sympathie der Bevölkerung der Ostzone für kommunistische Staatsallmacht und kommunistische Wirtschaftsordnung wahrhaftig keine Rede sein kann.
Dann erst, nach allen diesen Entfremdungs- und Abspaltungsvorstößen der Kommunisten in der Ostzone, nach diesen Etappen kommunistischer Isolierung begannen langsam die Antworten des Westens. Erst im Dezember 1946 wurde das erste Bizonenabkommen unterzeichnet.
Wir, die Union, suchten in größter Besorgnis um den Zusammenhalt unseres Volkes durch Bemühungen zur Schaffung gesamtdeutscher Vertretungen dem Spal-

tungsverfahren zu begegnen. Wir glaubten, dadurch Schlimmstes verhüten zu können. Zu gleicher Zeit aber begann das Doppelspiel der Kommunisten zwischen Einheitstheorie und Spaltungspraxis. Es begann ein Spiel, das in geradezu erschütternder Weise von frivolster Mißachtung der echten Gefühle unseres unglücklichen Volkes zeugt. Man inszenierte den Volkskongreß unter Mißbrauch des deutschen Einheitsverlangens. Man schuf den Volksrat. Man macht Einheitslärm und begründet hinter diesem Einheitslärm die sogenannte deutsche Wirtschaftskommission mit eindeutig kommunistischem Charakter. Das alles unter ständigen Beschimpfungen deutscher Demokraten, die sich nicht für den Verrat der demokratischen Freiheiten hergeben.

Nunmehr sucht der kommunistische Expansionswille der politischen Irreführung durch die Veranstaltung eines Volksbegehrens die Krone aufzusetzen. Man braucht in diesen Tagen nur die Blätter der Union der Ostzone aufzuschlagen, dann nimmt man mit Erschütterung wahr, wie deutsche Menschen unter den Hämmern dieser Propaganda in Verwirrung geraten. Das ist das Ziel der neuen Parole. Denn nur durch Verwirrung glaubt der kommunistische Wille noch Boden gewinnen zu können.

Wir haben die Abschnürung der Ostzone unmittelbar erlebt. Wir erleben heute den Versuch der fortschreitenden Lähmung Berlins. Der Vertreter einer Besatzungsmacht in diesen Tagen bemerkte, daß die neuen Verkehrsbeschränkungen den Verkehr zwischen Berlin und dem Westen auf den Stand des 19. Jahrhunderts zurückwerfen. Wir fragen: Wie ist ein solches Handeln vereinbar mit der Veranstaltung eines Volksbegehrens für ein einheitliches Deutschland? Als Hohn auf die Trostlosigkeit des deutschen Schicksals muß es erscheinen, daß die Brief- und Paketpost zwischen Berlin und dem übrigen Deutschland in Stapeln verkommt, weil man ihre Beförderung aufhält. Zu gleicher Zeit aber ruft man die von solcher Absperrung gequälten Menschen zu einem Volksbegehren für die deutsche Einheit auf!

Wir können nur mit tiefstem Ernst an die Besatzungsmächte appellieren, alles daranzusetzen, um diese unseligen Auswirkungen einer verhängnisvollen Zonenpolitik zu beseitigen. Die freien Parteien aber haben in verstärktem Maße die Basis einer loyalen Zusammenarbeit zu schaffen. Das oberste Ziel heißt: Wir sind bereit, alles für die Sicherung einer freien Demokratie einzusetzen. Man sichere die Verbindung Berlins mit dem übrigen Deutschland. Es sollte nie von Gesundungsmaßnahmen für den Westen Deutschlands die Rede sein, ohne daß auch der Stadt Berlin gedacht wird. Mag sein, daß es heute noch verfrüht ist, davon zu sprechen, Frankfurter Verwaltungsstellen nach Berlin zu verlegen. Auf jeden Fall aber muß es ins Auge gefaßt werden. Wir haben nicht ohne Schmerz die für jeden Deutschen harte Feststellung von General Robertson im Landtag Nordrhein-Westfalen zur Kenntnis genommen. Es müsse als Tatsache hingenommen werden, daß ein »Eiserner Vorhang« Deutschland in zwei Teile zerreißt. Wir müssen demgegenüber sagen, daß kein wahrhaft deutsch empfindender Politiker ruhen und rasten kann, bis dieser Zustand überwunden ist.

Es wird mit auf die Reife der deutschen Parteien ankommen, über den Maßnahmen für die Gesundung des Westens niemals gesamtdeutsche Interessen aus dem Auge zu verlieren. Es wird mit auf den entschlossenen Willen der Parteien ankommen, den Zustand der Trennung überwinden zu helfen. Die Initiative dazu wird bald ergriffen werden müssen.

Wir wissen dabei, daß mit uns die freiheitlich denkenden Menschen der Ostzone auf eine Initiative für Einheit und Freiheit warten. Entgegen aller Zweckpropaganda sei ihnen gesagt: Wir, die wir für Einheit und Freiheit stehen, haben sie weder im Stich gelassen, noch haben wir sie vergessen. Wir versuchen auf Berliner Boden für eine lebendige Verbindung zwischen Berlin, dem Osten und dem Westen zu stehen. Diese Verbindung soll die Klammer sein, die Deutschland über alle Not der Trennung hinweg zusammenhält. Die Berliner Union hat dabei weiterhin eine schwere, aber eine für unser Volk bedeutsame Aufgabe zu erfüllen.

## 34

*Rede in Frankfurt/Main*
*23. April 1948*

Nehmen Sie die Tatsache, daß ich trotz aller Verkehrsschwierigkeiten hier vor Ihnen stehe, als ein Zeichen für den entschlossenen Willen der Stadt Berlin, sich nicht von Deutschland abschneiden zu lassen. Nehmen Sie mein Erscheinen als den Gruß Berlins oder – ich muß besser sagen – als den Gruß aller freien, für die Freiheit kämpfenden Kräfte unserer Stadt. Es ist die große Masse der Berliner Bevölkerung. Und ich kann nur wünschen, daß die freien Kräfte überall in gleicher Entschlossenheit bereit sind, Deutschland über die Parteien zu stellen, wie das in Berlin versucht wird. Denn nur so retten wir ein freies Deutschland für den endlichen Frieden der Welt, wie wir entschlossen sind, ein freies Berlin für die Einheit und Freiheit Deutschlands zu retten. Es ist mir dabei eine besondere Freude, aber auch ein besonderes Anliegen, diesen Gruß und diese Versicherung hier in Frankfurt auf dem von deutscher Geschichte erfüllten Römerberg auszusprechen. Von der Bewährung der beiden Städte Frankfurt und Berlin hängt nicht zuletzt das Schicksal Deutschlands ab. Von ihrer politischen Bewährung, von ihrer selbstlosen gesamtdeutschen Gesinnung. Frankfurt hat schon einmal, vor hundert Jahren, in der Zeit der ersten deutschen Nationalversammlung, eine Probe seiner gesamtdeutschen Gesinnung abgelegt. Damals stand Frankfurt für die deutsche Einheit und für die deutsche Freiheit. Und kürzlich, am Erinnerungstag des 18. März, hat Berlin in tapferer Selbstbehauptung ein feierliches Bekenntnis zur Freiheit abgelegt. Ich kann in diesem Geschehen nur eine gute Vorbedeutung für das selbstlose Zusammenwirken dieser beiden Städte sehen.
Dieser Anruf an das Zusammenstehen aller freien Kräfte klingt vielleicht merkwürdig für den Auftakt einer Wahlversammlung. Wahlversammlungen haben ja eigentlich den Zweck, die Auseinandersetzung unter den Parteien zu betreiben. Möglichst auch noch Gegensätze zu vergröbern und zu vertiefen. Das alles geschieht leider schon bis zum Überdruß in Deutschland. Parteien streiten sich über Doktrinen. Zonengrenzen vertiefen sich. Deutschland zerfällt. Das Volk leidet und darbt. Man kann nur zurückdenken an die von Unruhe gepeitschten Jahre vor 1933. Nur, daß heute die Not eine noch unvergleichbar größere ist. Dazu das Gespenst der Teilung Deutschlands. Heute wie damals aber die gleiche Gefahr: Neue diktatorische Kräfte suchen sich einzunisten. Auf den Trümmern Deutschlands suchen sie ihr Reich zu zimmern.
Ich erinnere mich immer noch mit Grauen eines Wahlplakates vor einer der letzten Reichstagswahlen 1932/33: Ein Friedhof mit unzählbaren Grabkreuzen. Ein Sym-

bol für die deutsche Zukunft, die das Dritte Reich heraufbeschwören würde. Wer dieses Plakat erdacht, ahnte damals wohl kaum, wie schauerlich er mit dieser Vision ins Schwarze traf. Aber es besteht Gefahr, daß diese Vision noch gar nicht ihre volle Verwirklichung gefunden hat. In den Spuren des Elends, das vom Dritten Reich über Deutschland gebracht wurde, marschiert neues Unheil, marschiert eine neue Diktatur. Allerdings mit umgekehrten Vorzeichen. Aber – dessen bin ich sicher – mit der gleichen verhängnisvollen Wirkung. Vielleicht sogar noch verhängnisvoller, als es die Wirkung der Hitlerdiktatur war.
Glauben Sie nicht, daß ich in zweckbestimmter Wahlpropaganda ein düsteres Bild entwerfen will, um Sie in die Arme unserer Partei oder an die Wahlurne für die Union zu bringen. Es geht mir nicht nur um die Wahlen. Wenn das auch im Augenblick unsere engere Aufgabe ist. Es geht um mehr: Es geht um das Wachwerden eines entschlossenen Willens, der die ernsten, aufrechten und klarblickenden Deutschen aller Landesteile, Länder und Städte zusammenführen soll. Es geht um die Sammlung der politischen Kräfte, die einen Wall bilden können gegen jeden Ansturm neuer Diktaturversuche. An diesen Kräften wird es sein, aus dem auseinandergerissenen Volkskörper wieder Deutschland zu machen. Diese Kräfte haben Deutschland den Inhalt zu geben, der unser Land endlich wieder zu Ruhe, Frieden und Lebenssicherheit kommen läßt. Finden wir dazu nicht den Weg, dann öffnet sich das verzweifelnde Volk todsicher dem Fanatismus eines neuen Wunderglaubens. Und im Gefolge dieses Wunderglaubens greifen dann Kräfte zur Macht, die nicht Hilfe für das Volk, sondern Macht für ein neues herrschsüchtiges System wollen.
Daß dies verhindert wird, ist nicht zuletzt gemeinsame Aufgabe freier Parteien. Deshalb bin ich der Meinung, daß der Wahlkampf wohl ein Wettkampf zwischen ehrlichen politischen Überzeugungen ist. Niemals aber sollte er der Diffamierung Andersdenkender dienen. Selbstverständlich muß klar ausgesprochen werden, was uns von anderen Parteien trennt. Denn das ist für die Zukunftsgestaltung wichtig. Ebenso wichtig ist es aber auch, was die Parteien verbindet. Die neuen Gefahren, die der Freiheit drohen, können nur in selbstlosem Zusammenwirken aller guten, aller politischen Kräfte abgewendet werden.
Ich bin überzeugt, daß die breite Masse unseres Volkes den Weg zu Parteien sucht und findet, die ihm die größte Gewähr für Selbstlosigkeit, Toleranz und entschlossene Arbeitsbereitschaft bieten.
Nun bin ich kein parteipolitischer Pharisäer. Deshalb sage ich nicht, daß die Union schon dieses Idealbild einer Partei verkörpert. Deshalb zeige ich auch nicht mit dem Finger auf andere Parteien, weil sie angeblich oder wirklich versagt haben. Ich bin vielmehr ehrlich genug zu sagen: Bis jetzt ist es noch keiner Partei gelungen, der deutschen Politik die trostlosen Züge der Zerfahrenheit, der Ziellosigkeit, der Zerrissenheit zu nehmen. Bis jetzt hat noch keine Partei die große Konzeption gefunden, die das deutsche Volk mit leidenschaftlichem Schwung aus dem Elend zu reißen vermag. Mit einem Schwung, der aus dem reinen nationalen Willen kommt, das deutsche Volk um seiner selbst willen erneuern zu helfen. Bis jetzt sieht und hört das darbende Volk reichlich viel von taktischen Auseinandersetzungen zwischen Parteien und zwischen politischen Persönlichkeiten. Es spürt allzuviel vom Kampf um Machtpositionen. Jede Zone, jedes Land und jede Institution führt sein Eigenleben und seinen eigenen Kampf um politischen Einfluß, um politische Positionen. Die Frage nach dem deutschen Gesamtschicksal wird leider noch immer

allzu selten gestellt. Es ist das allerdings nicht zuletzt ein Ausfluß der trostlosen deutschen Situation.
Das deutsche Volk selbst geht seine unzufriedenen Wege der Not, der Entbehrung und der steigenden nationalen Verzweiflung. Begleiter auf diesen Wegen sind die trügerischen, die bohrenden, die hetzenden Stimmen derer, deren Chance in dieser Volksstimmung wächst. Die Schrittmacher neuen revolutionären Willens. Seien wir uns klar: Diesen Schrittmachern einer neuen Revolution geht es um die Eroberung von ganz Deutschland, nicht nur bis zur Elbe, wie man in erstaunlicher Verkennung der tatsächlichen geographischen und politischen Lage meint. Die Deutschen der westlichen Zonen werden es sich immer wieder einhämmern müssen: Die Sowjetzone, das heißt das deutsche Land, das seit drei Jahren wachsend dem Einfluß der SED ausgesetzt ist, endet nicht an der Elbe. Ihr Bereich zieht sich an den Südabhängen des Thüringer Waldes, an den Quellflüssen der Weser entlang bis vor die Tore von Hamburg. Der politische Wille, der in diesem Machtbereich herrscht – der kommunistische Wille sucht mit allen Mitteln diese Grenzen zu überrennen. Er sucht Eingang in ganz Deutschland zu finden.
Ich sage das nicht, damit man hier im Westen das Gruseln lernt. Ich sage es auch nicht, um nach bekannten Mustern einen künstlichen antikommunistischen Feldzug inszenieren zu helfen. Wohl aber sage ich es, um auch hier zur Wachheit zu mahnen. Und zur Erkenntnis: Es geht in der deutschen Politik nicht an erster Stelle um Stellen- und Ämterbesetzungen. Es geht vielmehr darum, daß die Parteien sich zu den Grundsätzen und zu der Grundlinie einer wirklichen gesamtdeutschen Politik finden. Es geht nicht um die Rettung Bayerns, Badens, Hessens oder Nordrhein-Westfalens. Es geht um die Rettung Deutschlands. Nur wenn der gesamte deutsche Volkskörper gesundet, können auch seine Glieder gesunden.
Ich sage das, obwohl ich weiß, daß die Zerrissenheit unseres Landes in Zonen keine deutsche Schuld ist. Wir Deutsche haben der Zonenpolitik der Alliierten vom ersten Tage an mit Sorge und Schmerz gegenübergestanden. Dabei übertreffen die verhängnisvollen Folgen dieser Zonentrennung und Zonenpolitik noch die Besorgnisse der schlimmsten Pessimisten. Wenn man es den Deutschen wenigstens erspart hätte, eines ihrer Gebiete Schritt für Schritt zu einer Oase des Kommunismus werden zu lassen. Das um so mehr, als der Wille der Bevölkerung eindeutig gegen den Kommunismus Stellung genommen hat. In einer Eindeutigkeit, die bei den Wahlen im Herbst 1946 ohne die bekannten Wahlbehinderungen wohl noch überwältigender zum Ausdruck gekommen wäre. Es wäre dann Deutschland und Europa manche Sorge erspart geblieben.
Wir, die Union – das sage ich auch hier in aller Ausdrücklichkeit –, haben alles versucht, die Ostzone vor diesem Schicksal zu bewahren. Um das verhängnisvolle kommunistische Experiment zu verhüten, sind wir in unserem Verständigungsversuch bis an die Grenzen des Möglichen gegangen. Unsere politische Arbeit in der Ostzone war keine schwächliche Hilfeleistung für die SED. Die Dokumente unserer politischen Arbeit dort sind aller Welt zugänglich. Wer ohne parteipolitische Voreingenommenheit zu urteilen vermag, wird unsere aufrechte und entschlossene Arbeit anerkennen. Wir haben gegen den Vormarsch des Kommunismus gestanden. Demgegenüber steht außer Frage: Die erste Führungsschicht der Sozialdemokratie in der Ostzone – mit Grotewohl an der Spitze – hat vor dem Verschmelzungswillen der Kommunisten im Übergang 1945/46 versagt. Damit sage ich nichts gegen die Männer, die heute in Berlin die Sozialdemokratie führen, wohl aber gegen jene

Sozialdemokraten, die das damalige Versagen ihrer eigenen Leute durch Herabsetzung der Unionspolitik im Osten vergessen zu machen suchen. Das Versagen der damaligen sozialdemokratischen Führungskräfte war die erste große Schwächung der antikommunistischen Front. Wir aber wußten, was wir taten, als wir um der bedrohten deutschen Situation willen weiter versuchten, aufrechte Politik in der Ostzone zu machen. Und zwar bis zur letzten Möglichkeit. Erst der Versuch, die Union im Volkskongreß vor den kommunistischen Propagandawagen zu spannen, zwang uns zum endgültigen Nein.
Alle Welt versteht heute, warum unsere Bereitschaft zur Zusammenarbeit mit diesem Versuch enden mußte. Der Volkskongreß gibt sich als Bannerträger der Einheit Deutschlands, aber seine Fahne ist nur die raffinierte Tarnung, hinter der kommunistischer Überrumpelungswille steht. Der Volkskongreß ist die verschleierte Hinnahme der Oder-Neiße-Linie als endgültige Ostgrenze. Er ist der Weg zur Bildung einer Regierung mit kommunistischem Charakter. Wer sich aus nichtkommunistischen Kreisen am Volkskongreß beteiligt, spielt die Rolle eines Papen, eines Hugenberg mit umgekehrten Vorzeichen. Deshalb war der Volkskongreß das Alarmzeichen für die Union. Hätten wir ja gesagt, so wären wir schuldig geworden an dem großen Täuschungsmanöver, nicht nur für die Ostzone, sondern für Gesamtdeutschland.
An dieser Haltung konnte sich nichts ändern, als die sowjetische Besatzungsmacht mit der Veranstaltung der Führungskrise in der Union der Ostzone antwortete. Als sie mir und meinen engeren Freunden die Möglichkeit unmittelbarer Arbeit in der Ostzone abschnitt.
Dieser Schnitt hat aber nichts geändert an unserer inneren Verbundenheit mit der Masse der aufrechten Mitglieder der Union in der Ostzone. Von den anderen will ich hier nicht sprechen. Denen aber, die in überschlauer Taktik besorgt sind, unsere entschlossene Unionspolitik in Berlin könnte die Brücke nach Osten, nach Rußland abbrechen, sei in aller Klarheit gesagt: Wir haben in ehrlichster Überzeugung eine Brückenpolitik zwischen Ost und West vertreten. Wir haben diese Brückenpolitik vertreten, obwohl dieser und jener sogar glaubte, uns der Abhängigkeit vom Osten zeihen zu können. Wir standen zu dieser Politik. Denn in Berlin hat man einen klaren Blick dafür, daß Deutschland leichter gesundet, wenn sich ihm die Tore der Welt nicht nur nach Westen, sondern auch nach Osten öffnen. Aber eins haben wir der östlichen Welt, haben wir Rußland immer wieder zugerufen: Die Brücke muß in dem ehrlichen Willen verankert sein, Eigenart und Selbständigkeit des anderen anzuerkennen. Niemals darf der Versuch gemacht werden, über diese Brücke den Kommunismus nach Deutschland vorzuschieben. Leider aber versuchte man, ein Trojanisches Pferd nach dem anderen über diese Brücke zu schieben.
Solchem Versuch gegenüber kann schließlich nicht mehr Taktik helfen. Es bedarf der Klarheit und Entschlossenheit gegen jeden Versuch neuer Diktatur, neuer Vergewaltigung menschlicher Freiheit und menschlicher Würde. Das ist die Erkenntnis der Union. Eine Erkenntnis, die auf ernster politischer Prüfung beruht. Auf reiflichen Überlegungen. Unsere Erkenntnis ist um so zwingender, als die dramatischen Geschehnisse in der Tschechoslowakei die letzten Schleier zerrissen, die den kommunistischen Expansionswillen noch verdeckten.
Für uns handelt es sich dabei nicht um Stellungnahme gegen diese oder jene Besatzungsmacht. Die Entscheidung für Schaffen und Sicherung wahrer Demokratie ist eine deutsche Entscheidung. Sie ist keine Option für England und Amerika, wie

man vom Osten her immer behauptet. Wer sich für die deutsche Demokratie entscheidet, erklärt sich deshalb durchaus nicht einverstanden mit jeder Maßnahme der amerikanischen oder englischen Politik. Die Entscheidung für Freiheit der Persönlichkeit, für Recht und Rechtssicherheit der Person, für Menschenrechte und Menschenwürde ist eine deutsche Entscheidung. Die Entscheidung gegen neuen Terror, gegen neue Bedrohung der Freiheit ist eine deutsche Entscheidung.
Jede Besatzungsmacht, ob östliche oder westliche, tut gut daran, in Respektierung dieser Entscheidung den Weg für den einheitlichen Wiederaufbau Deutschlands freizugeben. Ich sage: Für den einheitlichen Wiederaufbau. D. h. für den Wiederaufbau nach gleichen Grundsätzen in allen Zonen. Nur wer bereit ist, diesen Weg für Gesamtdeutschland freizugeben, ist ein Freund der deutschen Einheit. Dazu bedarf es keines Volkskongresses und keines Volksbegehrens für die Einheit Deutschlands. Im Grunde kommt das inszenierte Volksbegehren einer Beleidigung des deutschen Volkes gleich. Denn wo ist ein wirklicher Deutscher, der nicht für die staatliche Einheit unseres Landes ist? Statt solcher Deklamationen über Selbstverständlichkeiten sollte man sich lieber um die praktischen Vorbedingungen für die Verwirklichung deutscher Einheit kümmern. Wir hätten es deshalb lieber gesehen, die Kommunisten forderten ein Volksbegehren für den restlos freien Interzonenverkehr. Für Vermehrung der Schienenstränge. Für freie Verbindungsmöglichkeiten zwischen Ost- und Westdeutschland, zwischen Berlin und dem übrigen Deutschland.
Vielleicht werden Sie meinen, ich sehe die politische Situation stark unter den Gesichtspunkten des östlichen Deutschlands und Berlins. Ich tue das gewiß. Aber das östliche Deutschland – ich sage es noch einmal – reicht bis an die Grenzen Bayerns, bis vor Kassel und bis in das Vorfeld Hamburgs. Dieses sogenannte östliche Deutschland ist zwar im Augenblick unnahbar Ihren Schritten, aber es ist doch kein fernes Land. Es ist ein Kernstück Deutschlands. Sein Los wird möglicherweise entscheidend für das deutsche Gesamtschicksal sein. Seine Probleme sind gesamtdeutsche Probleme. Die totalitären Kräfte, die bereits das Antlitz der Ostzone gewaltsam verändert haben, versuchen sich heute an Berlin. Sie werden sich morgen am Westen versuchen. Wenn nicht aus den Parteien entschlossene politische Gegenkräfte erwachsen.
Ich weiß, daß die Parteien dazu die nötige Bewegungs- und Verantwortungsfreiheit haben müssen. Wer die Freiheit gegen Terror verteidigen soll, muß diese Freiheit auch wirklich besitzen. Muß sich in wirklicher Freiheit betätigen können. Wer Demokratie schaffen und sichern soll, muß diese Demokratie auch selbständig gestalten können. Das aber hängt nicht nur von den Parteien ab, sondern auch von den Besatzungsmächten. Auch hier im Westen.
Das alles gehört zu den Vorbedingungen für die Klärung des deutschen Parteiwesens. Heute leidet das Parteiwesen noch an Ziellosigkeit und mangelnder Entschlossenheit. Die Parteien erschöpfen sich im zerreibenden politischen Alltag. Not aber tut vielmehr Besinnung auf die politischen Grundkräfte. Ohne diese Besinnung bleibt jede Partei nur eine unorganische Ansammlung von Menschen.
Diese Mahnung gilt vor allem für die beiden großen Parteien Union und SPD. Ich nenne sie beide, denn von diesen beiden Parteien wird es abhängen, ob die deutsche Demokratie aus ihrer Schemenhaftigkeit herausgeführt wird. Auf diese beiden Parteien vor allem wird es ankommen, eine deutsche Demokratie zu schaffen, die wirkliches und wirksames Bollwerk gegenüber jedem neuen Diktaturversuch werden

kann. Die Sozialdemokratie nennt sich gern das einzige Bollwerk der Demokraten. Den einzigen Wall gegen den Kommunismus. Ist sie es wirklich? Sie ist es nicht. Ich sage das trotz der Selbstsicherheit, die von führenden Männern der SPD immer wieder zur Schau getragen wird.

Es ist bekannt, wie nahe mir viele besonnene und entschlossene Sozialdemokraten standen und stehen. Man wird es mir nicht als Demagogie auslegen, wenn ich nach den Erfahrungen der letzten Jahre auf die ernsten Erfahrungen in allen Ländern des Ostens hinweise. In allen diesen Ländern haben sich in entscheidender Stunde beträchtliche Teile der sozialdemokratischen Parteien mit den Kommunisten zusammengefunden. Man darf nie vergessen: Die gemeinsame Wurzel ist nun einmal der Marxismus. Diese geistige Verwandtschaft ermöglichte es den kommunistischen Parteien und Organisationen immer wieder, starke sozialdemokratische Kräfte zu sich herüberzuziehen. Nur so gelang kommunistische Machtergreifung in einem Land nach dem anderen. So geschah es noch während des Krieges in Polen. So geschah es in Jugoslawien, in Bulgarien, in Rumänien, in Ungarn. Und was uns mehr noch bewegt und besorgt sein läßt: in der benachbarten Tschechoslowakei. Italien dagegen ist Beispiel dafür, wie sehr es in der weltweiten Auseinandersetzung mit dem kommunistischen Ansturm auf die christlich-demokratischen Kräfte ankommt.

Darum ist in unserem Lande die Haltung und die Stärkung der Christlich-Demokratischen Union so wichtig. Darum ist für die Union die Klärung ihrer politischen und sozialen Haltung wichtig. Es gibt nämlich für die christlichen Demokraten aller Länder eine nicht zu unterschätzende Gefahr: Sie können im Kampf mit den destruktiven Kräften von links zu sehr nach rechts geraten. D. h., im Bestreben, die Welt vor neuer Auflösung zu bewahren, könnten sie zu sehr am Alten haften. Nur wenn Sie christlichen Demokraten in ihrer großen Masse begreifen, daß wir nach der Weltkatastrophe vor neuen sozialen Notwendigkeiten stehen, werden sie auf die Dauer ihr Werk vollbringen können.

Die Union hat für die entscheidenden Auseinandersetzungen um Erbe und Zukunft der abendländischen Welt eine der größten Aufgaben zu erfüllen. Das demonstriert nicht zuletzt auch der Sieg der christlichen Demokraten in Italien. In Berlin und in der Ostzone war diese Erkenntnis wohl stets am lebendigsten. Es kam das vom Zwang der Auseinandersetzung,die uns von einer totalitären Welt aufgezwungen wurde. In diesem Kampf wuchs die Union zu einer echten Einheit und zu einer Stärke, die Erstaunen erregte. Nicht zuletzt auf dem Boden von Berlin. Vielleicht war das mit der Grund, warum man so brutal in unsere Partei einbrach und ihr in der Ostzone mit allen Mitteln das Rückgrat zu brechen sucht.

Wenn ich von der Idee der Union spreche, so denke ich an die Union als Zusammenfassung der Männer und Frauen unseres Volkes, die sich zum Gesetz des christlichen Abendlandes im weitesten Sinne des Wortes bekennen. Ohne Rücksicht auf Gebundenheit in dieser oder jener Konfession. Unter Einschluß vieler Männer und Frauen, die sich früher zur Welt einer liberalen Demokratie bekannten, die aber heute überzeugt sind, daß es kaum noch eine Möglichkeit gibt, den Liberalismus für die politische und soziale Neuordnung unseres Volkes wirksam werden zu lassen, die vielmehr der Überzeugung sind, daß aus dem ewigen Gesetz gottverpflichteter Sittlichkeit neue Kraft für die Gesundung unseres Volkes gefunden werden muß. Es hat das gar nichts mit Mißbrauch von Christentum, Kirche und Religion zu tun. Ich kann nur sagen, daß wir es in unseren Versammlungen, in unseren Veranstaltungen und Kundgebungen vermeiden, allzuviel von christlicher Weltanschauung zu reden. Nicht, weil wir das christliche Bekenntnis scheuen, sondern weil wir ablehnen, in der Politik dieses Bekenntnis stets im Munde zu führen. Uns erscheint die Politik der Union als Aufgabe, die aus dem Gesetz sittlicher Persönlichkeit heraus zu erfüllen ist. Eine solche Politik zeigt sich nicht in flacher Propaganda, sondern durch Tat und aufrechte Bewährung.

Es gibt Politiker, die sagen, die parteipolitische Entwicklung in Deutschland sei noch nicht abgeschlossen. Das System der Parteien sei noch in Bewegung. Ich bin gewiß überzeugt, daß es so ist. Denn diese und jene Partei ist 1945 zu sehr nach alten Rezepten angetreten. Nach Rezepten, die schon vor 1933 versagt haben. Im Grunde hat nur die Union einen neuen Weg gewagt. Die Männer, die unmittelbar nach dem Zusammenbruch 1945 die Union schufen, waren sich bewußt, daß man in einer Zeitenwende nicht mit alten Formen und Formeln vor das Volk treten kann. Sie waren sich klar, daß man dem umwälzenden Geschehen Rechnung tragen muß, das über Deutschland und Europa, das über die Welt hinweggegangen ist. Die Union trat nach neuen Gesetzen an.

Ihre maßgeblichen Männer waren sich schon in der Hitlerzeit bewußt geworden, daß der Angelpunkt einer neuen deutschen Politik die künftige Sozial- und Wirtschaftsordnung sein würde. Man wirft zwar des öfteren der Union vor, daß sie sich dieser Tatsache nicht in allen Regionen bewußt sei. Das ist sicher der Fall. Es gibt schließlich in allen Parteien unterschiedliche Auffassungen. Vor allem in einer jungen Partei, wie es die Union ist. Aber eines steht fest: Es gibt grundsätzliche Haltungen, die anerkannt und beachtet werden müssen, wenn die Union ihre politische Aufgabe erfüllen soll. Es bleibt für die Union Pflicht, eine Neuordnung des Sozial- und Wirtschaftslebens zu bejahen, wie sie der Zeitenwende entspricht. Denn nur so kann die Union auch dem Lebenswillen der Massen der handarbeitenden Schichten gerecht werden, die aus christlicher Haltung heraus Klassenkampf und Klassenscheidung ablehnen. Diese Massen wollen die soziale Neuordnung verbunden sehen mit einer bestimmten konservativen Geisteshaltung. Sie wollen keine revolutionäre Vernichtung alles dessen, was einmal an Werten in bürgerlichen, handwerklichen und bäuerlichen Kreisen lebendig war. Mit diesen Kreisen wollen sie alles das an Gesinnungs-, Erziehungs- und Kulturwerten für die Neuordnung erhalten sehen, was von entscheidendem Wert für ein Volk ist und bleibt. Von denen aber, die sich aus der bürgerlichen, der handwerklichen und der bäuerlichen Welt mit ihnen in einer Partei verbunden fühlen, verlangen sie die Anerkennung, daß eine Neuordnung von Gesellschaft und Wirtschaft notwendig ist. Diese Neuordnung hat eine neue Gemeinschaft unseres Volkes zu schaffen. In dieser Gemeinschaft muß es für alle Raum und Lebensmöglichkeiten geben, auch und nicht zuletzt für Arbeiterschaft, Flüchtlinge und Enteignete.

Eine solche Neuordnung darf nicht durch taktische Winkelzüge derer behindert werden, die vielleicht noch zu den mehr oder weniger glücklichen Besitzenden gehören. Solche ewig Unbelehrbaren glauben ja immer noch an die Möglichkeit einer Restauration alter Privilegien. Die Neuordnung muß sich vielmehr mit und unter dem entschlossenen Willen aller fortschrittlich Denkenden vollziehen, ganz gleich, welchen Standes sie sind. Diese Menschen aufgeschlossenen Willens gehören zur Union. Sie sind sich bewußt, daß breite Massen des deutschen Volkes in ehrlichem Ringen um eine Synthese zwischen Freiheit und sozialistischer Bindung stehen. Freiheit für Geist und Haltung eines jeden Menschen. Freiheit für alle guten Kräfte in der Wirtschaft des Volkes, für alle guten Kräfte, die ihr persönliches Interesse dem Interesse und der Gesundung eines armen, ausgebluteten Volkes unterzuordnen bereit sind. Freiheit für die gesunden Kräfte der Bauern, des Mittelstandes, der Klein- und Mittelindustrie, die kein Volk entbehren kann. Bindung aber für alle egoistischen, alle gewinngierigen Kräfte, die sich an der Arbeit des kleinen Mannes unrechtmäßig bereichern. Das gilt nicht zuletzt in der heutigen schweren Not unseres Volkes.

Es geht um die Notwendigkeit, die richtige Synthese, den guten Ausgleich zwischen Freiheit und Bindung zu finden. Sie im einzelnen zu finden, ist die Angelegenheit des deutschen Volkes, wenn ihm seine wirtschaftliche und politische Selbstbestimmung wiedergegeben ist. Keine Partei ist so berufen, diese gesunde Synthese zu finden, wie die Union, die alle Schichten der Bevölkerung umfaßt.

Ich habe vorhin gesagt, daß es nicht Sache der politischen Parteien ist, die christliche Weltanschauung stets im Munde zu führen. Lassen Sie mich angesichts der Not und des Elends unseres Volkes aber eines sagen: Keine Partei ist so sehr in der Lage, aus ihrem inneren Gesetz heraus der moralischen und materiellen Not unseres Volkes zu steuern, wie die Union. Gerade in dieser Zeit, in der die Not alle moralischen Begriffe über den Haufen zu werfen droht, hat das ewige und einfache Gesetz der zehn Gebote unbedingte Geltung für die Ordnung unseres volklichen Lebens. Wo Verstand, Logik äußere staatliche Gesetze in der Ordnung des Volkes versagen, da kann nur eine Rückbesinnung auf das ewige Gesetz helfen. Die Zehn Gebote sagen zwar nicht: Du sollst nicht schwarzhandeln. Du sollst nicht kompensieren. Du sollst nicht zurückhalten, was du abzuliefern hast. Aber sie sagen: Du sollst nicht stehlen. Du sollst nicht töten. Du sollst deinen Nächsten lieben wie dich selbst. Und das ist im Grunde der gleiche Sinn. Denn wenn durch die Eigensucht weniger die breite Masse darbt, hungert und stirbt, so ist das die gleiche Schuld. Deshalb sind für uns diese Gesetze die sittliche Grundlage für die heute nun einmal notwendige Bewirtschaftung der wichtigsten Lebensgüter. Für die Bewirtschaftung von Wohnung, Kleidung und Nahrung. Das geht alle an: die Bauern, die Handwerker, die Kaufleute, die Arbeiter. Es geht nicht zuletzt die Besitzenden an, diese Gesetze im deutschen Volksnotstand anzuerkennen.

Das hindert allerdings nicht, daß wir uns energisch gegen alle bürokratischen Übertreibungen der Zwangswirtschaft wenden. Um so mehr, als gerade diese Übertreibungen von eingefleischten Wirtschaftsliberalisten gern benutzt werden, um jede Forderung nach planvoller Wirtschaft in Verruf zu bringen.

Die Gesetze, die für die Union bestimmend sind, sind uns aber ebenso Grundlage für die Forderung unseres gesamten Volkes nach neuem Lebensrecht und neuer Lebensmöglichkeit. Der Irrgang, den unser Volk unter Hitler getan, gibt niemandem ein Recht, die Folgen dieses Irrganges zu einem Dauerzustand werden zu lassen. Nicht alles, was nach der Beseitigung Hitlers am deutschen Volke geschah, findet in der Schuld des Hitlersystems eine Rechtfertigung. Mancher Deutsche – ob Christ oder Nichtchrist – hat in der vergangenen Woche mit Genugtuung die verurteilenden Worte des Papstes gegenüber der Austreibung der Deutschen aus dem Osten gelesen. »Ist es wirklichkeitsfremd«, so fragt der Papst, »wenn wir wünschen und hoffen, es möchten alle Beteiligten zu ruhiger Einsicht kommen und das Geschehen rückgängig machen, soweit es sich noch rückgängig machen läßt.« Jawohl, es läßt sich zu einem großen Teil rückgängig machen, indem man deutschen Menschen jenseits der Oder-Neiße-Linie die Heimat wiedergibt.

Bis dahin wird sich die Union in allen Landesteilen dafür einzusetzen haben, daß nicht wir Deutsche selbst die Pflichten der Menschlichkeit gegenüber unseren Heimatlosen verletzen. Und daß Stammes- und Länderegoismus nicht die nationalen Verpflichtungen überwuchern, die wir gegenüber den Flüchtlingen des deutschen Ostens haben. In Hessen kommen auf 100 Bewohner 16 Flüchtlinge. Es muß durch Intensivierung der Landwirtschaft, durch Siedlung, durch Schaffung neuer gewerblicher und industrieller Arbeitsstätten dafür gesorgt werden, daß diese schuldlos Entwurzelten gesicherten Platz finden.
Das Wirksamwerden des Marshallplanes dürfte auch diese Aufgabe erleichtern. Sie wissen, wie sehr die Marshallhilfe vom Osten her geschmäht wird. Wir haben Notwendigkeit und Wert dieser Hilfe in der Auseinandersetzung mit den Kommunisten in jedem Augenblick anerkannt und bejaht. Wir wissen, wie sehr die deutsche Nachkriegswirtschaft der Kredite der amerikanischen Hilfsprogramme bedarf. Wir bedauern nur, daß sie noch nicht für Gesamtdeutschland wirksam wird, bleibt unzulänglich. Aber wir wissen, wo die Hauptschuldigen dafür sitzen. Wir haben in Berlin letzte Hellsichtigkeit dafür erlangt, wo die Spalter Deutschlands zu finden sind. Wir haben die Entfremdungs- und Abschnürungspolitik der Kommunisten in der Ostzone Stück für Stück erlebt. Angefangen bei der hemmungslosen Durchführung der Bodenreform bis zu den hemmungslosen Enteignungen in der industriellen und gewerblichen Wirtschaft. Wir haben die Abriegelung aller demokratischen Regungen und die Entmannung jeder aufrechten Parteipolitik erlebt. Und wir erleben neuerdings die Abschnürungsmaßnahmen gegenüber Berlin.
Aber wir wissen auch den Westen nicht frei von Schuld. Wir haben auch oft mit Sorge von bestimmten Haltungen westlicher Besatzungsmächte Kenntnis genommen, die gegen eine zusammenfassende Repräsentation für Deutschland standen. Eines ist sicher: Die Verhinderung einer solchen gesamtdeutschen Körperschaft hat es den Kommunisten leicht gemacht, ihren Expansionswillen durch nationale Einheitsparolen zu tarnen.
Es hat keinen Sinn, allzuviel rückschauende Betrachtungen anzustellen. Aber für die Gesundung Deutschlands ist die Erkenntnis notwendig: Niemals führt die Gesundung einzelner deutscher Länder und einzelner deutscher Landesteile allein zur wirklichen Beruhigung Europas, sondern nur die Gesundung Gesamtdeutschlands. Diese Haltung darf und soll die Frankfurter Notlösung nicht hindern, ihre Aufgabe mit Schwung und entschiedenem Willen wahrzunehmen, denn nur so kann sie Positives schaffen. Nur darf sie keine gesamtdeutschen Lösungen vorwegnehmen oder verbauen. Der Wirtschaftsrat ist der Partner bei der Lenkung der Marshallhilfe nach Deutschland, wenn es auch noch kein gleichberechtigter Partner ist. Es ist dringend geboten, daß der Wirtschaftsrat alle Schritte zur Durchführung der Programme im engsten Zusammenhang mit dem Volksempfinden unternimmt, und zwar mit dem gesamtdeutschen Volksempfinden. Das Volk muß den Unterschied zwischen Notlösungen und unbeirrbarem gesamtdeutschem Zukunftswillen in seinen Maßnahmen spüren.
Von diesem Standpunkt aus gesehen bewegt uns auch das Problem der Währungsreform. Sie ist eine der Grundbedingungen für die Verwirklichung der Erwartungen, die wir an den Marshallplan knüpfen. Keine Volkswirtschaft kann erfolgreich sein, wenn ihr Geldwesen nicht in Ordnung ist. Zumal dann nicht, wenn sie so sehr auf Austausch von Gütern und Leistungen mit der übrigen Welt angewiesen ist wie die deutsche Wirtschaft.

Unsere Geldverhältnisse sind noch immer verdorben durch die hemmungslose Verschuldung und Geldschöpfung, die das Dritte Reich zur Finanzierung von Rüstung und Krieg getrieben hat. Politisch gesehen wäre die Währungsreform am besten unmittelbar nach dem Kriegsende vollzogen worden. Damals war für jedermann klar, wo Schuld und Ursache lagen. Inzwischen haben die ungeordneten Geldverhältnisse – vor allem moralisch – verheerend gewirkt. Nutznießer sind die Amoralen und die Asozialen. Der müde und erschöpfte Arbeiter erhält ein Entgelt, das vom Lohnstopp bestimmt ist und durch überhohe Steuern verringert wird. Er hat ein Recht darauf, daß seinem Arbeitslohn endlich wieder ein wirklicher Wert gegeben wird. Das gleiche gilt von den übrigen soliden Kräften. Von den Kaufleuten, die den Versuchungen zur Kompensation widerstehen. Von den Bauern, die ihre Ablieferungspflicht ernst nehmen. Ihnen allen kann auf die Dauer nicht zugemutet werden, daß sie sich von denen aussaugen lassen, die von unsauberen Geschäften leben.
Der Lastenausgleich, der mit der Währungsreform notwendigerweise verbunden sein müßte, hat gerecht zu erfolgen. Es darf nicht so sein wie nach dem Ersten Weltkriege: Die Geschickten und Rücksichtslosen können sich allem entziehen. Die breite Masse des ordentlichen Volkes aber hat die Opfer auf sich zu nehmen. Deshalb darf auch grundsätzlich kein Unterschied gemacht werden zwischen Geldwerten und Sachwerten. Zur großen Bereinigung müssen alle Vermögen herangezogen werden. Ganz gleich, welche Form sie haben. Und es müssen selbstverständlich Mittel für Flüchtlinge und Totalgeschädigte frei werden.
Die Währungsreform ist allerdings auch eine politische Frage. Die Währungs- und Finanzhoheit liegt bei den Besatzungsmächten, deren Auseinandersetzungen auf dem Rücken des deutschen Volkes ausgetragen werden. Unsere schmutzigen und abgegriffenen Markscheine sind im Grunde heute fast noch das einzige äußere Zeichen deutscher Einheit. Einer der Glossenschreiber unserer Zeitung »Der Tag« hat allerdings noch ein anderes Symbol der Einheit Deutschlands entdeckt: die deutsche Sommerzeit. Ein Gesetz, über das der Kontrollrat erstaunlicherweise nicht in Auseinandersetzungen geraten ist. Jedenfalls: Die Zeichen deutscher Einheit sind dürftig an der Zahl. Deshalb hängen wir daran, daß nicht auch noch die Währungsreform für den Westen und Osten getrennt durchgeführt wird. Man denke sich zu den Schwierigkeiten bei den Übergängen in Marienborn, Helmstedt auch noch die Notwendigkeit der Beachtung komplizierter Devisenvorschriften. Vielleicht sogar nach der gleichen an den Sektorengrenzen in der Viermächtestadt Berlin! Die Übergänge von einer Zone in die andere – mitten im Herzen Deutschlands – sind genügend Gegenstand der Sorge aller Deutschen. Wir möchten deshalb wirklich hoffen, daß uns die Groteske einer Zerreißung unserer Währung wirklich erspart wird. Sonst sollte man die Aufgabe einer gesamtdeutschen Währungsreform den Deutschen selbst übertragen. Vielleicht bringen solche konkreten Aufgaben die maßgeblichen politischen Kräfte in Deutschland am schnellsten zusammen.
Die Zusammenfügung der getrennten Teile Deutschlands bleibt für uns oberstes Ziel. Seien wir uns klar darüber: Die deutschen Parteien haben einmal den kommenden Generationen die Frage zu beantworten: Was habt ihr in schicksalhafter Zeit für den deutschen Zusammenhalt getan? Die deutsche Geschichte wird einmal an Kurt Schumacher die Frage richten, warum er dem großen, dem ehrlichen Willen der Union zu einer gesamtdeutschen Körperschaft immer wieder mit Vorbehalt

begegnete. Es war nicht der Osten, der diese Forderung im März 1947 zuerst aussprach. Es war ein Mann aus Hessen, Erich Köhler, der Präsident des Wirtschaftsrates. Er gab in der Vorstandssitzung der Union aller Zonen in Berlin die erste Anregung. Was damals leichter gewesen wäre, ist heute schwerer. Aber das Verlangen des Volkes nach der Wiedergeburt eines gesamtdeutschen Staatswesens ist noch gewachsen.

Über die Trennung, die man zwischen Ostzone und dem übrigen Deutschland hartnäckig erhält und noch vertieft, ruft die Stadt Berlin nach stärkerer Verbindung. Berlin war seit 1945 die verbindende Klammer zwischen West- und Ostdeutschland. Demokratisches Leben war und ist in keiner Stadt so sehr entfaltet wie in Berlin. Das gilt trotz des Kampfes, der hier für die Freiheit geführt wird. Die Begegnung und die Auseinandersetzungen der Besatzungsmächte bestimmen das lebhafte politische Klima. Nach den Wahlen von 1946 wurde die Stadt mehr und mehr zum Symbol der Freiheit. Sie ist das Symbol des Widerstandes geworden, den das abendländische Denken dem Kommunismus entgegensetzt. Das erklärt die heutige Schärfe der Auseinandersetzung um das Schicksal dieser Stadt. Wie leidenschaftlich die Anteilnahme ihrer Bevölkerung an der Auseinandersetzung zwischen Freiheit und Diktaturwillen ist, hat der 18. März bewiesen. Niemand, der den Ruf der Freiheit der 70 000 Berliner im strömenden Regen vor der Ruine des Reichstages erlebt hat, vergißt diese Demonstration. Mit Humor, mit bitterer Ironie und zugleich mit fiebernder Anteilnahme erlebt Berlin den Versuch seiner Isolierung vom übrigen Deutschland. Es steht trotz der versuchten Isolierung für die Freiheit. Und ich kann nur sagen: Ich stehe mit Stolz und mit Dankbarkeit zu dieser schwergeprüften Stadt. Ich kann nur wünschen, daß der Westen ihre geschichtliche Aufgabe erkennt. Ich kann nur wünschen, daß man Berlin als Symbol der Auseinandersetzung zwischen Kommunismus und europäischem Freiheitswillen begreift. Es geht ja nicht nur um Berlin. Es geht um den deutschen Osten. Es geht um die Freiheit Deutschlands und Europas. Aber es genügen nicht gelegentliche Proklamationen und Bekenntnisse. Die praktische Tat ist notwendig. Berlin atmete erleichtert auf, als es neulich die Bereitstellung von 40 Millionen Reichsmark für den Aufbau eines Kraftwerkes im britischen Sektor zur Kenntnis nehmen konnte. Endlich eine Tat! Wo aber sind die Büros, die Bevollmächtigten des Frankfurter Wirtschaftsrates in Berlin? Stets war die Wirtschaft dieser Stadt mit der Wirtschaft Westdeutschlands eng verbunden. Die Berliner Industrie ist wieder im Aufbau. Diesem Aufbau zu helfen, wird eine der Aufgaben des Europaprogramms sein. Berlin muß in den Aufbauplan einbegriffen werden. Damit wird man der Stadt stärkere Lebenskraft geben. Und diese Lebenskraft wird auf die Zone überströmen, die Berlin umschließt. Außergewöhnliche Zeiten verlangen außergewöhnliche Handlungen. Wenn sie die junge deutsche Demokratie nicht tut, werden ihr die radikalen totalitären Kräfte zuvorkommen. Das aber wäre ein Verhängnis für Deutschland und für Europa. Wer die Freiheit wählt, muß auch für die Freiheit handeln.

Hier liegen größte Verantwortungen für die maßgeblichen Parteien, nicht zuletzt für die Union. Die Union ist aus dem Impuls zu nationaler und sozialer Erneuerung Deutschlands geboren. Nationale Einheit, persönliche Freiheit und soziale Gerechtigkeit kennzeichnen die Richtung ihres politischen Willens. Nicht die Einheit eines mechanischen Zentralismus, sondern die Verbindung von gesunder föderalistischer Gliederung mit ebenso gesunder Zusammenfassung. Nicht die schrankenlose Freiheit aus vergangenem liberalistischen Zeitalter, sondern durch sittliches Gesetz

und gerechte Volksordnung gebändigte Freiheit. Nicht kollektivistische Gleichmacherei und staatskapitalistischer Zwang, sondern durch Freiheit und Würde des Menschen bestimmte und geleitete Wirtschafts- und Sozialordnung, wie sie sittlicher Verpflichtung und zeitlicher Notwendigkeit entspricht.
Diesen Zielen zu dienen, wurde die Union geschaffen. Sie sollte das Vielparteiensystem in Deutschland überwinden helfen. Die Parteizersplitterung in der Vorhitlerzeit war ja nicht zuletzt schuld daran, daß keine wirksame Kraft gegen Hitler aufstehen konnte. Aber es scheint, wir haben aus der Vergangenheit noch nicht genug gelernt. Ich will von den vielen kleinen Parteigruppen schweigen, die mehr oder weniger sektenhaft anmuten. Als schmerzliche Erscheinung aber buche ich immer neue Versuche der Zentrumspartei, weiteren Raum zu finden. Es wird dem politisch Denkenden stets unklar bleiben, warum die Menschen des Zentrums ihre Heimat nicht in der Union finden können. Parteien werden schließlich nicht um einzelner Persönlichkeiten willen geschaffen. Parteien haben Dienende am Volk zu sein.
Wenig stichhaltig für die Existenz des Zentrums ist die Begründung, die Union trage da und dort reaktionären Charakter. Möglich, daß hier und da noch reaktionärer Geist am Wirken ist. Er wird um so eher überwunden, je entschlossener die fortschrittlichen Kräfte eigene Initiative entfalten. Seien wir uns klar darüber: Es ist in der weltweiten Auseinandersetzung zwischen europäischer Freiheit und dem Kommunismus die Stunde der christlichen Demokraten gekommen. Sie würden zum Unglück Deutschlands und Europas ihre Aufgabe verfehlen, wenn sie nicht dem wirklichen politischen und sozialen Fortschritt Raum geben würden. Sie würden ihre Aufgabe verfehlen, wenn sie nicht zu unterscheiden wüßten zwischen gesundem konservativen Sinn und reaktionärer Gesinnung. Christliche Demokraten haben niemals auf der extremen Rechten zu stehen. Sie haben die Kraft der gesunden Mitte zu sein. Diese Kraft haben wir um der Freiheit und um der Einheit Deutschlands willen auch und vor allem in der Union zu stärken. Das ist auch der Sinn der Wahl, vor der Sie stehen.
Ich möchte wünschen, daß sie eine entscheidende Etappe auf dem Wege der Gesundung ganz Deutschlands ist.

## 35

*Rede in Hamburg*
*2. Juli 1948*

Vor kurzem sagte mir ein Mann der Presse in der äußersten Südwestecke Deutschlands, in Freiburg: Das Trostloseste ist, daß wir unserem Volk das ganze Ausmaß unseres Unglücks gar nicht sagen können. Unser Volk könnte die Wahrheit gar nicht ertragen.
Ich habe diesen Mann aufgefordert, einmal mit mir nach Berlin zu kommen. Ich habe ihn gebeten, für ein paar Tage den Kampf der Berliner mitzukämpfen. Dann erst könne er ermessen, wessen ein Volk fähig ist, dessen Kraft und Nerven bis aufs äußerste angespannt sind. Berlin biete heute ein überwältigendes Beispiel, welche ungeheure Kraft noch in den Tiefen unseres Volkes lebt. Ich habe neulich in der großen Massenversammlung in Freiburg im Breisgau erklärt: Ich, der Süddeutsche, stehe mit Stolz und Dankbarkeit und mit aufrichtiger Liebe zu dieser schwergeprüf-

ten Stadt. Es handelt sich heute nicht mehr um die Zentrale des Preußentums. So möchte es vielleicht der eine oder andere noch glauben machen. In Berlin kämpft eine tapfere, eine unsagbar tapfere Bevölkerung aus allen Gegenden Deutschlands. Sie kämpft für die Freiheit der Stadt. Sie kämpft für die Freiheit Deutschlands. Sie kämpft für die Freiheit Europas. Es geht um nicht mehr und nicht weniger in Berlin, als um Entscheidungen für Deutschland und für Europa. Es wird von den Nerven der Berliner abhängen, ob Deutschland eine Gesamtordnung seines politischen und sozialen Lebens findet, in dem Freiheit und Frieden eine Heimstätte hat. Eine Ordnung, von der endlich Beruhigung für Europa ausgeht. Nicht aber neue Unruhe und Gefahr.

Die Stadt kann diese Aufgabe nur erfüllen, wenn sie als gesamtdeutsche Aufgabe erkannt und erfüllt wird. Das heißt, wenn zunächst über Zonengrenzen und Zonentrennungen hinweg gesamtdeutscher Wille in allen deutschen Parteien und Organisationen lebendig ist. Wenn der Wille des Volkes sich entschlossen den Teilen unseres Landes zuwendet, wo am stärksten um deutsches Eigenleben, um Freiheit und deutschen Ordnungswillen gerungen wird. Deshalb bin ich dankbar ob dieser gemeinsamen Willenskundgebung hier auf Hamburgs Boden. Es handelt sich um nichts anderes, als um das Bekenntnis zur deutschen und zur freien Stadt Berlin. Veraltete Ressentiments gegen das östliche Deutschland und Berlin müssen heute abgetan sein. Denn dieses östliche Deutschland ist heute von allen Gebieten der härtesten Prüfung unterworfen. In dieser Prüfung aber steht heute Berlin an erster Stelle. Das übrige Deutschland sollte und müßte wissen, was von dem Kampf um Berlin abhängt. Es ist uns in diesen Tagen oft schmerzlich gewesen, wie langsam die Einsicht, wie langsam das Gefühl für die Bedeutung dieses Kampfes in Bewegung kommt. Ich verrate kein Geheimnis, wenn ich sage, daß Ausländer ihr Erstaunen ausdrücken, daß nicht das gesamte Deutschland wie ein Mann aufsteht, um sich mit dem schwer ringenden Berlin solidarisch zu erklären.

Gewiß, die Zonentrennung ist die unheilvollste Ursache dieses Zustandes in Deutschland. Wie sie überhaupt weitestgehend die Ursache ist, daß Deutschland nicht gesunden kann. Für diese Zonentrennung sind alle Besatzungsmächte verantwortlich. Die Vertrauensseligkeit in Jalta hat sie veranlaßt. Ich bin und bleibe aber der Überzeugung, daß schon mancher Notstand im deutschen Volke gemildert wäre, wenn unser Land eine gesamtdeutsche Vertretung hätte. Eine Körperschaft, die den Rest seiner noch verbliebenen Kraft hätte zusammenfassen können. Eine Körperschaft, die zumindest Sprecher des gesamtdeutschen Willens hätte sein können. Ein Symbol deutscher Zusammengehörigkeit. Das muß immer wieder gesagt werden. Gewiß hat die kommunistische Umgestaltung der Ostzone manche Möglichkeit verbaut. Aber auch der Westen ist nicht ohne Schuld. Kein verantwortlicher deutscher Politiker wird das je verschweigen dürfen. Aber das alles entschuldigt natürlich nicht die, die den Notstand über Berlin gebracht haben, vor dem wir im Augenblick stehen. Das entschuldigt nicht die, denen die Not eines ausgebluteten Volkes gerade willkommen genug ist, um diesem Volke das eigene System – ein totalitäres System – aufpressen zu wollen. Das entschuldigt nicht die, denen die Gelegenheit günstig erscheint, der verderblichen Hitlerdiktatur eine zweite, eine nicht minder verderbliche folgen zu lassen.

Ich kam eben von einer längeren Reise aus dem Westen und Süden Deutschlands nach Berlin zurück. Es ist – weiß Gott – nicht alles eitel Glück, Freiheit und Wohlstand in diesen Teilen unseres Landes. Im Gegenteil: Allein schon die Tage vor der

Währungsreform ließen an Erregtheit, an Sorgen und Unruhe nichts zu wünschen übrig. Ich habe auch durchaus feststellen können, daß hier im Westen zwischen unserm Volk und den Besatzungsmächten alles eitel Verständigung und Sonnenschein ist. Die Stabilisierung einer gesunden Demokratie läßt auch im Westen und Süden manches zu wünschen übrig. Aber man spürt doch eines: Mehr und mehr wächst die gemeinsame Erkenntnis:
Es gibt im Augenblick eine einzige große Gefahr für die abendländische Welt: die Gefahr einer neuen Diktatur. Die Gefahr der kommunistischen Überflutung der europäischen Welt. Mehr und mehr wächst die schicksalhafte Gemeinschaft und Verbundenheit der gesamten abendländischen Welt. Mehr und mehr wächst die Einsicht: Berlin ist das letzte Tor. Wird dieses Tor vom Kommunismus überflutet, dann strömt die revolutionäre Welle weiter westwärts. Dann wäre die Depression für alle Völker – für die Sieger und für die Besiegten – so groß, daß jede Kraft der Abwehr erlahmte. Jede Kraft. Auch jene Kraft, die im deutschen Volk des Westens und Südens sich erst langsam zu erholen beginnt.
Diese Gefahr ist der Hintergrund des Kampfes um Berlin. Deshalb muß dieser Kampf gewonnen werden. Deshalb wenden wir uns in Berlin mit der ganzen Leidenschaft gegen alle jene, die uns den Kommunismus oder – wenn Sie wollen – die Volksdemokratie aufzwingen wollen. Deshalb weisen wir die frivolen, die zynischen Methoden zurück, die Berlin in die Knie zwingen sollen.
Ich sagte schon: Ich kam gerade aus dem Westen zurück nach Berlin. Ich habe Vergleiche ziehen können zwischen dem Ausdruck und dem Aussehen der Bevölkerung im Westen und in Berlin. Von der namenlosen Bedrücktheit unserer Menschen in der Ostzone will ich nicht sprechen. Sie schneidet jeden ins Herz, der sie immer wieder erleben muß. Aber auch das Aussehen unserer Berliner hat mich in diesen Tagen aufs tiefste bewegt. Die Geschichte der letzten Jahre prägte das Aussehen, das Antlitz der Berliner. Die Not der letzten Wochen aber zeichnet sich doppelt und dreifach in ihrer Haltung und ihrem Aussehen. Das Volk von Berlin hat das unvergeßlich schwere Schicksal der Eroberungstage von 1945 getragen. Nur wer sie miterlebt hat, wer um eigene Menschen gebangt hat, weiß, was das bedeutet. Das Volk von Berlin hat drei Jahre die stets wachsenden Auseinandersetzungen der Besatzungsmächte untereinander erlebt. Ich glaube, es gibt keinen Berliner, der sich dieser Auseinandersetzungen gefreut hat. Jeder hat sie mit Sorge verfolgt. Mit Sorge und mit Staunen. Der Rücken der Berliner Bevölkerung war ja im Grunde die Plattform, auf der diese Auseinandersetzungen ausgefochten wurden. Es gab dabei allerdings immer die eine Hoffnung, die den Deutschen gelinden Trost bereiten mag: In diesen drei Jahren erlebten die echten demokratischen Kräfte in allen Völkern der Welt, was eine Auseinandersetzung mit totalitären Gewalten bedeutet. Die Welt nahm und nimmt in Berlin aus nächster Nähe Einblick in die grotesken Methoden totalitärer Gewalten. Und nichts ist so lehrreich und so heilsam, wie dieser unmittelbare Einblick. Dieser Einblick – so hoffen wir – wird die Welt zumindest milder machen gegenüber dem deutschen Volk. Es wird sie gerechter machen gegenüber den deutschen Widerstandskräften, die stets gegen Hitler zu wirken suchten. Und das Geschehen um Berlin wird die gesamte Welt – die deutsche und die außerdeutsche – mit Achtung erfüllen vor dem vielgelästerten Berlin. Denn dieses Volk von Berlin mit seiner durch Krieg, Sorge, Schmerz und Hunger geschwächten Kraft – ich betone es noch einmal – erfüllt heute eine weltgeschichtliche Aufgabe. Dieses ausgemergelte Volk ist gerade in den letzten Tagen der tapfere

Träger eines Freiheitswillens, der fast schon mit dem Mute der Verzweiflung kämpft. Eines Freiheitswillens, der sich behaupten wird, wenn er nicht im Stiche gelassen wird. Das heißt, wenn dieser Freiheitswille auch von denen gestützt wird, die mehr als fünf Jahre im Namen der Freiheit Krieg führen.

Ich will nicht verhehlen, daß ich mit Sorge die Einführung der Währungsreform in den Westzonen verfolgt habe. Es sah tatsächlich aus, als sollte diese Einführung nur in den Westzonen gelten. Noch am Tage meines Aufbruches vom Westen nach Berlin trug man mir die Nachricht zu: Berlin ist in die Ostzonenwährung eingeschlossen. Ich muß gestehen: Mir stockte etwas der Atem. Ich bekenne mich zwar nicht zur marxistischen Lehre. Ich glaube nicht, daß Freiheit und Ideen der Menschheit nur von ihrem wirtschaftlichen Schicksal bestimmt werden! Aber wir wissen um den aggressiven Willen des Kommunismus. Wir wissen: Der Sieg der Ostzonenwährung in Berlin wäre das beste Sprungbrett für den Kommunismus geworden. Ein Sprungbrett nicht nur für Berlin, sondern für Deutschland. Darum ist diese Währungsfrage keine rein wirtschaftliche Frage. Sie ist in erster Linie eine politische Frage. Dem Kommunismus ist die Ostzonenwährung das geeignete Mittel, Berlin an die kommunistisch beherrschte Ostzone zu binden. Die Ostzonenwährung würde ihm das Mittel sein, die Lebensadern zu durchschneiden, die Berlin mit dem Westen verbinden.

Diese Feststellung ist bitter für einen Mann, der einmal in ehrlichster Bereitschaft die Verständigung mit dem Osten gesucht hat. Und sie noch sucht. Ich habe sie in tiefster Sorge für das Schicksal unseres Volkes erstrebt. Verständigung aber setzt Achtung vor dem Willen des anderen voraus. Es wäre aber blind und leichtsinnig zugleich, wollten wir die Brutalität übersehen, mit der sich der Kommunismus über Wunsch, Willen und Lebensgesetz unseres unglücklichen Volkes – des deutschen Volkes – hinwegsetzt.

Wir wissen seit langem, daß es in dem ideologischen und wirtschaftlichen Kampf um Berlin um die Eingliederung dieser Stadt in die kommunistische Front geht. Und zwar nicht nur um die Eingliederung Berlins, sondern um die Eingliederung Deutschlands in die kommunistische Gemeinschaft. Die Eingliederung Berlins ist nur die erste Stufe. Eine gesunde Währung aber – wie sie für den Westen trotz aller Schwierigkeiten zu erhoffen ist – bedeutet einen Wall gegen den Kommunismus. Denn der Weizen der kommunistischen Expansion gedeiht nur in der Unzufriedenheit und im Unglück der Völker. Auch Hitler zog seine Kraft aus der Not und dem Unglück unseres Volkes. Dazu haben allerdings die Kommunisten ihren reichlichen Beitrag geleistet. Man soll das nie vergessen. Es war nicht zuletzt die destruktive kommunistische Haltung, die Hitler begünstigte.

Der Kampf um die Währung, wie er heute ausgefochten wird, ist ein politischer Kampf. Es war eine Haltung von entscheidender Bedeutung, daß nach Tagen des Zögerns doch noch die Westwährung in Berlin eingeführt wurde. Damit bleibt Berlin dem Westen Deutschlands verbunden. Berlin bleibt damit über die abgeschnürte Ostzone hinweg die Klammer, die diese mit dem Westen verbindet. Berlin bleibt für Deutschland die Stadt, deren leidgequälte Bevölkerung ihre Hände nach dem Westen Deutschlands ausgestreckt hält. Aber auch nach dem östlichen Heimatland der Millionen deutscher Flüchtlinge, die von jenseits der Oder/Neiße-Linie hier in den Westen Deutschlands kamen. Berlin wird der Mahner an die Deutschheit dieses Landes bleiben. Berlin umspannt mit seinem deutschen Willen, mit seiner Hingegebenheit an das ganze deutsche Schicksal das ganze deutsche

Volk. Das ganze deutsche Land. Berlin bleibt das Symbol für die Einheit Deutschlands. Dafür leidet Berlin. Es leidet für die echte Einheit Deutschlands. Und es kämpft für die echte Freiheit Deutschlands.
Hitler und seine Helfer haben einmal den Reichstag angezündet. Dieser Brand sollte das Fanal sein, das die damalige Verfolgung der Kommunisten rechtfertigen sollte. Die Sympathie der besonnenen und freiheitsliebenden Deutschen gehörte damals den Verfolgten. So sehr man auch um ihre gefährliche Rolle wußte. Heute aber ist es der Expansionswille des Kommunismus, der Berlin und seine leidgequälte Bevölkerung zu einem Fanal für die ganze Welt werden läßt. Schon die Vorgänge in Prag haben die gesamte Welt sehend gemacht für die Methoden der Volksdemokratie. Durch die Vorgänge in Prag wurde die Welt von Tag zu Tag hellsichtiger für das Geschehen in Berlin. Für die innere und äußere Not einer um ihre Freiheit ringenden Bevölkerung. Eine Freiheit, die man Schritt für Schritt einzuengen und zu vernichten sucht. Die letzte Etappe der Einengung dieser Stadt im Währungsstreit sollte nur die Abschnürung vollenden. Der 24. Juni war das Schlußglied, das die Kette vollenden sollte. Der Kette, die Berlin an den kommunistischen Willen schmieden soll. Die Sperre der Bahnstrecke Berlin–Helmstedt, die Einstellung der Fernstromlieferungen in die Westsektoren, das Verbot der Auslieferung von Lebensmitteln und Frischmilch aus dem Ostsektor an die Westsektoren, die Einstellung aller Braunkohlenlieferungen der sowjetischen Zone nach Berlin, das alles sind immer neue Glieder einer Kette, die der Freiheit der Berliner angelegt werden soll.
Das Trostloseste aber ist: An dieser Kette schmieden auch und nicht zuletzt deutsche Menschen. Die SED und ihre Hilfstruppen und Hilfsorganisationen liefern willig ihre Kraft und ihre Arbeit, um die Freiheit Berlins zu vernichten. Sie leisten Hilfsdienste, um deutsche Menschen einem fremden Willen und einer fremden Idee hörig zu machen. Sie leisten Dienste, deutschen Kindern die Milch und Kranken die Nahrung vorzuenthalten. Sie leisten Hilfe, Deutschland zu zerreißen. Die deutsche Not zu vergrößern und deutsche Menschen zu quälen, damit sie sich endlich ihrem Machtwillen beugen. Es hätte des beschämenden Geschehens am 23. Juni vor dem Stadthaus in Berlin nicht mehr bedurft, um die Rolle der SED klarzumachen, die sie im Kampf gegen die Freiheit Berlins spielt. Das Spiel der Verführung um die Gewinnung der Berliner für den Kommunismus hat man verloren. Man hat dieses Spiel verloren trotz aller nationalistischen Phrasen und Tarnungen. Das Volk ist zu hellsichtig geworden. Nun sollte die Erregung um die Währungsreform zu einem Putsch benutzt werden, um fertige Tatsachen zu schaffen. Man wollte durch bedrohende Unruhe den Magistrat einschüchtern. Zu einem solchen Plan gehört auch der Generalstreik, dessen Verkünder der FDGB sein soll und wohl auch sein will.
Wir wissen, daß die große Mehrheit der Berliner Arbeiterschaft einem Generalstreik nicht folgen wird. Die Berliner Arbeiterschaft weiß, daß der Generalstreik das Mittel sein soll, um volksdemokratischen Kräften die Macht an die Hand zu spielen. Es ist das der Sinn und die Aufgabe kommunistisch geführter Gewerkschaften. Das wissen wir seit dem Geschehen in Prag in letzter Klarheit.
Ich gestehe ehrlich: Ich habe bis vor kurzem noch die Hoffnung auf das Erhalten der Einheit der Gewerkschaften auch in Berlin gehabt. Ich kann aber nur sagen: Das Verhalten des FDGB in Berlin hat dieser meiner Hoffnung einen tödlichen Stoß versetzt. Der Berliner FDGB hat sich zur unbestrittenen Hilfstruppe der SED

und ihrer kommunistischen, restlos undeutschen Ziele gemacht. Man braucht nur die Verlautbarungen der FDGB-Presse zum Kampf um Berlin zu lesen.
Die Berliner aber wollen deutsche Parteien und deutsche Gewerkschaften, die der Freiheit des Volkes und der Freiheit der Arbeiterschaft dienen. Sie wollen eine deutsche Führung für die Verantwortung, die Berlin für Deutschland und Europa zu tragen hat. Es muß einmal klar und deutlich ausgesprochen werden: Wer es ehrlich meint mit dem deutschen Volk, darf sich nicht von Quislingen beraten und führen lassen. Das System Hitlers brauchte Quislinge in allen Völkern. Für uns aber gilt: Wer es ehrlich meint mit dem Frieden und der Freiheit der Welt, achtet nur aufrechte Deutsche.
Durch drei Nachkriegsjahre trägt Berlin nun schon sein schweres Geschick. Die Mauern, die seine 3½ Millionen Menschen und seine Trümmer umschließen, sind immer enger geworden. Seine 3½ Millionen Menschen haben mit dem Mut der Verzweiflung gearbeitet. Ihr Leben aber wurde von Tag zu Tag schwerer. Warum? Weil sich über die Enge seines Raumes die ganze Schwere der Auseinandersetzung der Besatzungsmächte gelegt hat. Und weil das freie Berlin sich weigert, in diesen Auseinandersetzungen einseitig Stellung zu nehmen. Weil Berlin sich weigert, die Lebensform und die Volksordnung des Ostens anzunehmen. Eine Lebensform und eine Lebensordnung, die niemals die deutsche sein kann. Deshalb sperrt man ihm Luft, Licht und Nahrung. Deshalb zerschneidet man seine Lebensadern, die diese Stadt mit dem übrigen Deutschland verbinden.
Wir aber erklären, uns kann nur Freund sein, wer uns die Freiheit gibt, die jedes Volk braucht, um sein eigenes Leben zu leben. Uns ist Freund, wer uns hilft, in der Not dieser Tage unsere Kinder und Kranken zu retten und zu nähren. Wir haben in den Jahren des Krieges – wie alle großen und größeren Städte in Deutschland – sorgende Blicke zum Himmel getan, wenn die Flugzeuge mit ihrer Bombenlast vom Westen kamen. In diesen Tagen dröhnen ohne Unterbrechung die Motoren der Flugzeuge über Berlin. Die Berliner hören diese Flugzeuge mit Erleichterung. Diese Flugzeuge sind ihre Helfer im Kampf um die Freiheit. Und – lassen Sie es uns nie vergessen –: Es geht nicht nur um die Freiheit Berlins. Es geht um die deutsche Freiheit und um den deutschen Eigenweg. Seien wir uns klar darüber: Den Schrittmachern einer neuen deutschen Revolution geht es um die Eroberung von ganz Deutschland. Nicht nur bis zur Elbe, wie man in erstaunlicher Verkennung der tatsächlichen geographischen und politischen Lage meint. Die Deutschen der westlichen Zonen werden es sich immer wieder einhämmern müssen: Die Zone, das deutsche Land, das seit drei Jahren wachsend dem kommunistischen Einfluß ausgesetzt ist, endet nicht an der Elbe. Ihr Bereich zieht sich an den Südabhängen des Thüringer Waldes, an den Quellflüssen der Weser entlang bis fast vor die Tore dieser Stadt. Der politische Wille, der in diesem Machtbereich herrscht, sucht mit allen Mitteln diese Grenzen zu überrennen. Er sucht Eingang in ganz Deutschland zu finden.
Die Flugzeuge zwischen Berlin und dem Westen können aber nicht der Dauerweg bleiben, der Berlin mit der Welt verbindet. Marschall Sokolowski hat in einem Schreiben an General Robertson die Maßnahmen der britischen und amerikanischen Behörden gebilligt, die sie auf dem Luftwege zur Verbindung Berlins mit dem Westen unternommen haben. Er hat die Trennungs- und Abwehrmaßnahmen als »vorübergehend« bezeichnet. Wir möchten diese Erklärung gern als Zeichen deuten, daß die dunklen Tage für Berlin bald vorüber sind. Wir möchten auf die baldige

Verständigung der Alliierten über das Schicksal Deutschlands hoffen. Für diese Verständigung war und ist die Viermächtestadt Berlin das Symbol. Die Verständigung zu schaffen, steht bei den Besatzungsmächten. Wir wissen nur, daß die Berliner standhalten werden. Aber sie wünschen und verlangen auch, daß Garantien geschaffen werden, daß nicht jede Auseinandersetzung unter den Alliierten neue dunkle Tage über Berlin heraufbeschwören kann. Deshalb sollte man endlich einen Verbindungsraum zwischen Berlin und dem Westen schaffen, der breit, sicher und vielfältig genug ist. Es muß ein Raum sein, den nicht jeder angebliche oder wirkliche Schienen- oder Brückendefekt wieder unbenutzbar machen kann! Berlin muß endlich aus seiner Insellage heraus. Die Verantwortung für das Siebzigmillionenvolk der Deutschen ist allen Alliierten gemeinsam aufgebürdet. Wir wollen ihnen gern die Verantwortung abnehmen. Soweit das nur immer möglich ist. Solange aber die Alliierten die Verantwortung für unser Land tragen: Solange sie die Verantwortung nicht in unsere Hände legen, appellieren wir an die Verkündungen, wie sie während des Hitlerkrieges über ihre Sender an uns gesandt wurden: Wir kämpfen nicht gegen das deutsche Volk, so sagte man. Wir kämpfen gegen Hitler für die Freiheit, die Würde und die Lebensfähigkeit aller Völker. Nun denn: Löst Eure Versprechungen ein. Steht zu Euren Verkündungen. Berlin will frei sein. Berlin steht für die Freiheit Deutschlands und Europas. Berlin will nicht kommunistische Unfreiheit. Es will nicht den Zwang einer neuen Diktatur. Ist es menschlich, seine Kinder deshalb hungern zu lassen? Berlin will für sich und Deutschland ein würdiges Eigenleben.
Vom übrigen Deutschland aber erwartet Berlin die lebendige Solidarität, die ein jedes Volk seinen gefährdetsten Zeilen schuldet. Das gilt für diese Stadt um so mehr, als ihr Widerstand gegen diese Gefährdung ein Widerstand gegen eine Gefährdung Deutschlands und Europas ist. Wir wissen dabei um die Verbundenheit Hamburgs mit Gesamtdeutschland und mit Berlin. Deshalb sind wir gern – nein, wir sind dankbar dem Rufe dieser Stadt gefolgt. Wir hoffen dabei, daß Hamburg den Strom der Verbundenheit zwischen Ost und West weiterleitet. Berlin aber wird dankbar sein, wenn die Prüfung seiner Standhaftigkeit dazu beiträgt, ein neues Deutschland erstehen zu lassen. Berlin wird standhaft sein.

## 36

*Tage der Entscheidung*
*Versammlung der CDU in Berlin, 16. Juli 1948*

Die Auswirkungen der Auseinandersetzungen zwischen Ost und West machen sich immer dramatischer auch in der deutschen Situation bemerkbar. Berlin steht in einfach beispielloser Weise im Zeichen dieser Auseinandersetzungen. Es gibt in Berlin keinen Säugling mehr, der die Auswirkungen nicht schon gespürt hat. Schließlich saugt er den Gegensatz zwischen Ost und West ja schon mit der Milch ein, die in grotesker Weise von West nach Ost gebracht werden mußte und muß. Man straft eben die Säuglinge, weil sich die Erwachsenen nicht auf die Seite des Kommunismus schlagen. Wie aber werden diese werdenden Menschen einmal über die Segnungen des Kommunismus denken? Über den sogenannten deutschen

Kommunismus. Und über den Kommunismus, den man von draußen zu importieren sucht. Über den Marxismus-Leninismus, dessen Segnungen in der Ostzone Otto Grotewohl jüngst mit solcher Hingebung gepriesen hat. Deshalb zählte er die deutsche Ostzone auch schon vollständig unter die volksdemokratischen Länder des Ostens. Nie wird der deutsche Kommunismus das peinliche Mal tilgen können, das ihm seine Helferdienste bei der Blockade von Berlin aufgeprägt haben.

In der Ostzone waren die Verkündungen von Grotewohl auch für viele von denen ein Alarmzeichen, die sich sonst recht willig in die Gefolgschaft der SED begeben haben. Ich denke dabei auch an manche der Männer, die Verantwortungen in der Union der Ostzone tragen.

Man hört und liest von zunehmenden Protesten der Ost-Union und der Ost-LDP gegen die SED-Politik. Mit einigem Humor habe ich aus den Zeitungen den Protest von Arthur Lieutenant gegen die Blockpolitik gelesen. Warum nur hat man früher so schwächlich geschwiegen, wenn wir gegen diese Politik demonstrierten? Mehr als zwei Jahre lang hat man uns allein gelassen, wenn wir dem kommunistischen Überfremdungswillen entgegentraten. Man kann nur immer wieder sagen: Geschlossener Abwehrwille aller politischen Kräfte hätte einen weit stärkeren Wall gegen den Überfremdungswillen in der Ostzone bilden können. Wir können nur wünschen, daß diese Proteste von ernsthaftestem Willen und von ebensolchem Mut zum Durchhalten getragen sind. Wo aber bleiben die Proteste gegen die Blockade Berlins in ihren Berliner Zeitungen?

In diesen Tagen sollte die Jahrestagung der Union der Ostzone stattfinden. Ich hätte es mit Genugtuung begrüßt, wenn sie stattgefunden hätte. Wir hätten manches zu diesem Parteitag zu sagen gehabt. Wir hätten insbesondere auch gewünscht, daß gerade Berlin der Tagungsort gewesen wäre. Manche unserer treuen Mitglieder der Ostzone hätten dann aus nächster Nähe Gelegenheit gehabt, die Rolle der SED zu erleben, die sie bei der Blockade Berlins spielt. Es ist eine der grausamsten Blockaden gegen den Freiheitswillen einer arbeitenden Bevölkerung, eine Blockade mitten im Frieden gegen Wehrlose und Hilflose. Gegen Menschen, die dieser Blockade nichts anderes entgegenzusetzen haben als einen aufrechten Charakter und die Entschlossenheit, für ihre Freiheit einzustehen. Sie ist nichts anderes als ein Ultimatum an die Berliner: entweder Eingliederung in die kommunistische Front oder Hunger und Verelendung. Mit dieser Blockade dürfte auch klar sein, welchem Werk alle die verantwortlichen Männer der Ostzonenunion dienen, die der Politik des Volkskongresses nicht widerstanden haben. Wo sind ihre Proteste gegen diese Blockade, unter der im übrigen die Menschen im Westsektor kaum weniger leiden als die Berliner der Westsektoren?

Dabei beweisen die Berichte über die Parteitage der Union in der Ostzone, daß die breite Masse unserer Mitglieder nichts an Hellsichtigkeit verloren hat. Im Gegenteil. Ihr Wille ist es, der heute selbst die Schwachen zu mutigeren Worten treibt. Sie haben immer zwischen aufrechter deutscher Politik und der Politik schwächlicher Abhängigkeit klar zu unterscheiden gewußt. Eine einzige freie Wahl würde das bestätigen. Man weiß das ganz genau. Deshalb fürchtet man freie Wahlen. Deshalb müssen die Betriebsräte Resolutionen veranlassen, die Aufschub der politischen Wahlen in der Ostzone verlangen. Den Parteien wird nahegelegt, die Verschiebung der Wahlen zu einem »spontanen Wunsch der Werktätigen« zu machen. Unsere Freunde in der Ostzone aber warten auf nichts so sehr wie auf eine solche freie

Wahl. Eine solche Wahl wird auch die richtige Antwort für jene Schwächlinge geben, die sich für Räubergeschichten und verzerrte Darstellungen hergeben, um unsere echten Menschen in der Ostzone irrezuführen. Unsere treuen Menschen aber wissen, was Wahrheit und Charakter ist.
Wir stehen im Kampf um die Freiheit Berlins nicht zuletzt auch für die Ostzone. Wir stehen dafür, daß ein freies Berlin die Kraftquelle der Freiheit bleibt, die in der Ostzone versiegen soll und immer mehr versiegt. Die Unerschrockenheit, mit der sich die Berliner Bevölkerung für ihre Freiheit einsetzt, stärkt unsere Menschen in der Ostzone. Der politische Läuterungsprozeß, der sich im Kampf der politischen Parteien um die Freiheit Berlins vollzieht, wird auch der Ostzone zugute kommen. Die Summe politischer Erfahrung, der Klärungsprozeß politischer Meinungen und Auffassungen in Berlin wird auch in die Ostzone Eingang finden. Mehr als einmal hat man mich aus den Ländern der Ostzone wissen lassen: Wir wollen gern weiter standhalten gegenüber dem ständigen Ansturm der SED. Wenn wir nur ein freies Berlin im Rücken haben und behalten. Hier spricht der echte, der wahre Wille der Ostzonenbevölkerung.
Berlin ist das Kraftreservoir der Ostzone. Und Berlin muß dieses Kraftreservoir bleiben. Daran haben nicht nur Berlin und die Ostzone ein Interesse. Daran sollte und müßte ganz Deutschland ein Interesse haben. Und ganz Deutschland hat das in diesen Tagen auch begriffen und es bewiesen. Mit Ausnahme von einigen Unbelehrbaren schließlich, die über die Grenzen ihres verengten Horizontes nicht hinauszusehen vermögen und die besorgt sind, der entschlossene fortschrittliche Wille dieser unserer Stadt könnte die letzten Oasen naiver Rückständigkeit zerstören. Der Kern unseres Volkes in allen Teilen unseres Landes aber weiß: Deutschland kann nicht gesunden, wenn es in eine kommunistische und eine nichtkommunistische Hälfte auseinanderfällt. Und auch für Europa gäbe es dann keine Heilung.
Das zu verhüten ist der Sinn des Kampfes um Berlin. Dieser Kampf um Berlin hat für uns Deutsche einzig und allein zum Inhalt: Berlin will und darf nicht kommunistisch werden. Berlin will nicht, daß die Ostzone restlos kommunistisch wird. Berlin will nicht, daß der Kommunismus durch geheime und offene Kanäle ins übrige Deutschland geleitet wird.
Berlin nimmt dabei nicht für oder gegen Amerika Stellung. Wir wünschen auch nicht für oder gegen Rußland Stellung nehmen zu müssen. Wir sind nach der schweren Prüfung der letzten 15 Jahre williger denn je zu einer vernünftigen Ausgleichspolitik zwischen Ost und West bereit gewesen. Das haben wir bewiesen, als wir den Versuch einer ausgleichenden Unionspolitik machten. Nicht wir, die verantwortlichen Männer der Union, haben den Versuch des Ausgleichs, der Verständigung aufgegeben, sondern man suchte uns mit allen Mitteln loszuwerden, als wir in letzter Klarheit deutlich machten: Uns bedeutet Ausgleichspolitik, uns bedeutet Verständigung nicht willenlose Gefolgschaft für die Politik der SED. Der Wille zur Verständigung zwischen Ost und West bedeutet für uns nicht die Bereitschaft, uns zum Werkzeug der Sowjetisierung deutscher Gebiete machen zu lassen, sondern für uns stand eines unabänderlich fest: Wir haben Rußland zu beweisen, daß eine wirklich deutsche Partei, keine wirklich deutsche Organisation bereit sein kann, sich zum Handlanger totalitären und kommunistischen Willens machen zu lassen. Das war und ist die Aufgabe, die uns in Berlin und im Osten als zwingend erscheint. Diese Aufgabe erscheint uns als das Dringlichste in der unmittelbaren Begegnung des Westens mit dem Osten, die sich nun einmal hier vollzieht.

Einer meiner Freunde, dem der Kampf gegen Hitler das Leben kostete, pflegte oft zu sagen: »Ein neues Zeitalter wird immer nur unter Blut und Tränen geboren.« Wir stehen vor einem solchen neuen Zeitalter. Dieses Zeitalter wird aber nur ein besseres werden, wenn wir hart und fest genug sind, neuen totalitären Kräften den Weg zu versperren. Es ist schließlich nicht unsere Schuld, daß wir in Berlin und im östlichen Deutschland erneut im drohenden Schatten eines totalitären Versuches stehen. Es ist unser Schicksal. Schuldig aber würden wir werden, wollten wir diesem Versuch nicht eine harte und charaktervolle Politik entgegensetzen. Schwankende Rohre und bängliche Opportunisten waren die Förderer des Hitlerschen Irrweges. Sorgen wir, daß unsere politischen Gemeinschaften frei werden und frei bleiben von solchen Erscheinungen.
Um so leichter wird es sein, unsere harte politische Aufgabe in diesem Raum und in dieser Zeit zu erfüllen. Nur dann kann es möglich werden, das noch ungewisse, das dunkle Schicksal unseres Landes zu meistern. Leider haben sich bei allen politischen Gruppen schwache Stellen gezeigt. Schwache Stellen, die benutzt wurden, um sich Opportunisten dienstbar zu machen. Ich brauche nur auf die neuerdings aufgetauchten sogenannten »Arbeitskreise« hinzuweisen. Wir wissen, wem diese »Arbeitskreise« dienen. Deshalb können wir sie im Stadium der heutigen Auseinandersetzung nur als Schädlinge bezeichnen. Diese Opportunisten haben keinen Anteil am entschlossenen sachlichen Willen der freiheitsbewußten Parteien, ihren geschichtlichen Auftrag in Berlin zu erfüllen: An der Schwelle des blockierten, des schwer leidenden, des zertrümmerten Berlins muß der Kommunismus Haltmachen. So hart auch der Kampf um die Unverletzlichkeit dieser Schwelle sein mag. Wir hoffen, daß man die Entschlossenheit unseres Willens zu erkennen vermag.
Ich möchte wünschen, es stände mir ein ungewöhnliches Maß von Leidenschaft der Worte zur Verfügung. Ich weiß, wie sehr das deutsche Volk, wie sehr die Berliner an einem ruhigen arbeitsamen Aufbau hängen, wie willig unser schwergeprüftes Volk ist, die Last des wirtschaftlichen Neubeginns auf sich zu nehmen. Wie sehr es bereit ist, den mühseligen Beginn einer völligen politischen Neugestaltung durchzuführen. Wie sehr es bereit ist, den heute noch so dürftigen Anfang einer echten Demokratie zu hegen und zu pflegen. Denn daß die Demokratie in Deutschland noch recht dürftig keimt, wissen wir alle. Das ist nicht zuletzt eine Folge der Besatzungsverhältnisse. Das deutsche Volk jedenfalls ist zum Guten bereit. Nicht bereit aber ist es, sich nach fremden Rezepten kurieren zu lassen. Es ist dazu um so weniger bereit, als eine pseudodeutsche Partei diese Rezepte in hohlster Phrasenhaftigkeit in immer neuen Tarnungen anpreist. Unser Volk hat mit vergleichbaren Rezepten in der Hitlerzeit schlechte Erfahrungen gemacht. Man soll uns nach eigenen Rezepten gesunden lassen.
Das alles hindert nichts an der Ernsthaftigkeit des deutschen Willens, sich mit Rußland zu verständigen. Rußland sollte nur den aufrechten deutschen Willen nicht bei der SED und bei ihrer stets kleiner werdenden Gefolgschaft suchen. Es kann diesem Willen nur im Herzen des deutschen Volkes begegnen. Allerdings mußten sich unsere Herzen fortschreitend verhärten. Gewaltsame Gleichschaltungen von Parteien, Beeinträchtigung persönlicher Freiheit. Willkürliche Verhaftungen und Verschleppungen, Nahrungs-, Licht-, Luft- und Verkehrssperren für eine Millionenstadt mit ihren hilflosen Greisen, Frauen und Kindern sind kein Weg zum Herzen eines Volkes. Daran ändert auch die wiederholt – und jetzt erneut – angekündigte

Entlassung der aus undurchsichtigen oder durchsichtigen Gründen Verhafteten nichts. Schließlich handelt es sich um Verhaftete, auf die wir vielfach schon seit Jahren warten.
Der Schlüssel zum Herzen des deutschen Volkes ist die Achtung vor seiner Freiheit, vor seinem echten Einheits- und Selbständigkeitswillen. Diesen Schlüssel müßte sich Rußland besorgen.
Man sollte meinen, Rußland könnte den Ruf nach Freiheit und Frieden, der durch Deutschland und die Welt geht, nicht überhören. Deshalb hat jeder besonnene Politiker, deshalb haben alle guten Kräfte der Welt in diesen Tagen den Atem angehalten. Deshalb haben wir immer noch auf die Entscheidung zum Guten gehofft. Die Noten der westlichen Besatzungsmächte hatten diese Möglichkeiten nicht verbaut. Ebenso war das Verhalten der deutschen Ministerpräsidenten in Koblenz von dem Willen bestimmt, alle Wege zu positiven Lösungen für Gesamtdeutschland offen zu lassen. Eine Haltung, die schließlich jeder Deutsche begrüßen muß. Um so bitterer nimmt man die Antwortnote aus Moskau zur Kenntnis. Die Blockade Berlins erscheint nach dieser Note mehr denn je als brutales Mittel in den Auseinandersetzungen der Besatzungsmächte. Bewußt verursachte Not einer schuldlosen Bevölkerung soll ein Mittel mehr sein, um die andere Seite zu Zugeständnissen zu zwingen. Man kann es nur immer wiederholen: Drei Jahre nach Kriegsende versucht man die Eroberung weiterer Machtpositionen, versucht man die Erlangung von weiteren Reparationen durch eine krasse Hungerblockade gegenüber einer friedlichen Bevölkerung durchzusetzen.
Dabei will dem einfach und geradeaus Denkenden die Umkehrung der wirklichen Tatsachen nicht in den Sinn, vor die er sich gestellt sieht. Jede Reaktion des Westens auf östliche Trennungs- und Spaltungsmaßnahmen wird in östlicher Darstellung zur ursächlichen Aktion. Jede Aktion des Ostens aber zur Reaktion auf angebliche westliche Untaten. In den Hitlerjahren haben wir die Goebbelssche Dialektik der Beschuldigung der anderen wirklich als »einmalig« empfunden. Heute muß sie uns doch wohl als Gewohnheitsübung totalitärer Systeme erscheinen. Das allerdings kann bei uns nur eines bewirken: Wir haben noch härter zu werden in der Ablehnung totalitärer Systeme. Die Welt muß endlich gesunden in der zynischen Mißhandlung der Wahrheit. Mißhandlung der Wahrheit hat unter Hitler genug Verderben angerichtet.
Die ganze Welt weiß, wo die Spalter Deutschlands sitzen. Keine noch so verstiegene Propaganda kann jemals die systematische Abschnürungspolitik in der Ostzone verhüllen. Sie begann unmittelbar nach den Potsdamer Beschlüssen, die das vom Osten so viel beschworene Ziel der wirtschaftlichen Einheit Deutschlands festlegten. Sie begann mit der Einrichtung besonderer Zentralverwaltungen für die fünf Länder der Ostzone im September 1945. Es folgte die rücksichtslose Durchführung einer Bodenreform, gegen deren Methode die beiden nichtkommunistischen Parteien sich vergeblich zu wehren suchten. Anfang 1946 folgte das alarmierende Geschehen der Vereinigung von SPD und KPD zur Sozialistischen Einheitspartei. Ein Geschehen, das die Verschiedenartigkeit demokratischer Auffassung und Praxis zwischen Ost und West in krassester Weise deutlich machte. Dann folgte die Enteignungswelle in der industriellen und gewerblichen Wirtschaft, Enteignungen in einer Übersteigerung, die kaum mehr etwas mit der Bestrafung von Naziaktivisten und Kriegsverbrechern zu tun hatten, sondern die neben der Schaffung sogenannter volkseigener Betriebe auf die Übereignung wertvollster Teile unseres deut-

schen Hab und Gutes in sowjetische Aktiengesellschaften gerichtet war. Nichts hat Sozialismus und Sozialisierung mehr diskreditiert als diese Willkürmaßnahmen in der Ostzone.

Heute erhalten wir Beweise über Beweise aus der Ostzone, daß die Art der östlichen Währungsreform dazu benutzt wird, selbst das Kleingewerbe und die Kleinindustrie auszumerzen. Bis jetzt hatten sich wenigstens Teile von ihnen noch mühsam erhalten. Wo die Landtage in dieser Beziehung nicht wunschgemäß arbeiten, werden sie ausgeschaltet. Die Wirtschaftskommission der Herren Rau und Selbmann hält für solche Fälle diktatorische Maßnahmen bereit. Nehmen wir nun noch die Erklärung von Otto Grotewohl hinzu, die deutsche Ostzone sei ein Teil der marxistisch-leninistischen Länderblocks von Osteuropa, dann haben wir den Beweis eines geradezu zynischen Zerreißungswillens Deutschlands. Man kann dabei nur der Erschütterung Ausdruck geben, daß der ehemalige deutsche Sozialdemokrat Otto Grotewohl in solch frivoler Weise an dieser Zerreißung mitwirkt.

Diesen Tatsachen gegenüber steht fest: Erst im Dezember 1946 wurde im Westen das erste Bizonenabkommen unterzeichnet. Erst als der östliche Zerreißungswille immer offenbarer wurde, setzten die ersten westlichen Gegenmaßnahmen ein. Man unternahm alles zögernd, weil man immer noch auf den Sieg der Vernunft hoffte. Auch die sehr späte Durchführung der Währungsreform ist ein Beweis dafür. Man wollte die Hoffnung auf eine gesamtdeutsche Währungsreform nicht aufgeben.

Was aber bedeutet der 14. Juli – der Tag der russischen Antwortnote an die Westmächte – für uns? Was bedeutet er für Berlin? Was bedeutet er für Deutschland?

Sagen wir es ganz nüchtern: Die Note ändert an der Berliner Situation nichts. Die Berliner haben die Blockade in ihrer ganzen Härte weiter zu tragen wie bisher. In allen Sektoren, im Ostsektor wie in den Westsektoren. Alle leiden ja im gleichen Maße.

Nunmehr ist noch größere Härte geboten, als es gestern und vorgestern der Fall war. Denn die Einsicht, um was es geht, ist noch klarer geworden. »Wenn es je eine Zeit und einen Fall gegeben hat, bei denen man fest sein mußte, dann ist es dieser Fall«, das rief vorgestern der frühere britische Außenminister Eden den Berlinern zu. Es gilt heute mehr noch als vorgestern. Die Erkenntnisse der Besatzungsmächte sind gewiß nicht immer unsere Erkenntnisse. Und die Wege der Besatzungsmächte können noch weniger unsere Wege sein. Manche ihrer Fehler haben sich uns in diesen Nachkriegsjahren mit Sorge aufgedrängt. Wir haben genug unter diesen Fehlern gelitten, nicht zuletzt wir hier in Berlin. Von Casablanca bis zur heutigen Berliner Situation schließt der Weg der Alliierten so viel Versäumtes und Fehler ein, daß es härtester Anstrengungen bedarf, sie auszumerzen. Es geht also gar nicht nur um das deutsche Schicksal. Es geht nicht nur um Berlin. Es geht auch um das Prestige aller Mächte, die Freiheit, Menschlichkeit und Gerechtigkeit als ihre tragenden Ideen verkündet haben, als die tragenden Ideen ihres politischen Willens und ihrer politischen Ordnungen. Im Namen dieser Ideen wurde Hitler bekämpft. Berlin ist heute der Ort, wo die freiheitliche Welt beweisen muß, daß es ihr mit den Ideen der Freiheit und Menschlichkeit Ernst ist. Wir jedenfalls sind entschlossen, unser Letztes zu tun. Wir werden beweisen, wie ernst es Berlin und Deutschland mit dem Willen zur Freiheit ist. Wir bringen diesen unseren Willen auch im Denken an eine Bemerkung zum Ausdruck, die General Clay gestern noch in Frankfurt machte: »Solange die Berliner ihre Freiheit erhalten haben wollen, und solange die beteiligten drei Alliierten Nationen das ebenfalls wünschen, werden die westlichen

Alliierten in Berlin bleiben.« Wir sagen noch einmal: Wir, die Berliner, wollen unsere Freiheit erhalten haben.
Es mehren sich die Stimmen, die das Fehlen einer deutschen Regierung weitestgehend für die unglückselige Situation in Deutschland verantwortlich machen. Ich lese z. B. in einer sozialdemokratischen Zeitung vom 13. Juli folgendes: ». . . hätte man den Deutschen die Möglichkeit gelassen, nach der Kapitulation wieder eine deutsche Regierung zu bilden, um Hand in Hand mit den Besatzungsmächten an die Neuregelung zu gehen, wäre uns der heutige Kampf um die Schaffung der deutschen Einheit erspart geblieben.« Ich lasse es dahingestellt, ob man so einfach »Hand in Hand« gehen konnte mit den Besatzungsmächten. Darüber brauchen wir uns jetzt nicht auseinanderzusetzen. Aber sonst war ich erstaunt und erfreut zugleich, diesen Ausspruch gerade in einer sozialdemokratischen Zeitung zu lesen, denn er unterstreicht nur noch einmal die Richtigkeit und Notwendigkeit unserer Bemühungen, wenigstens zu einer gesamtdeutschen Körperschaft zu kommen. Warum nur – wenn man dieser Auffassung ist – hat man dann den ehrlichen und selbstlosen Versuch der Union vor mehr als Jahresfrist nicht unterstützt? Wir kennen heute die Stimmungen und Haltungen, die am Scheitern unseres Versuches schuld waren. Sie lagen nicht nur auf der Seite der Sozialdemokratie. Unverständlich aber wird den kommenden Generationen auf jeden Fall eines bleiben: Warum konnten sich die maßgeblichen Parteien nicht ein einziges Mal im gesamtdeutschen Rahmen zu gemeinsamen Beratungen zusammenfinden? Ich bin überzeugt, hätten sie es getan, wir wären heute weiter.
Der Wille zur Selbsterkenntnis ist die Voraussetzung für jede aufbauende Politik. Sagen wir es deshalb ehrlich: Der Einheitswille im Westen war lange Zeit eine recht flaue Angelegenheit. Er war gelähmt von der Sorge vor der östlichen Welt. Es gibt eben Leute, die setzen sich mit entgegengesetzten Welten lieber in angemessener Entfernung auseinander. Aber auch Antipathien gegenüber dem östlichen Deutschland lähmten das entschlossene Bekenntnis zum Einheitswillen. Und nicht zuletzt aber war der Einheitswille auch von parteitaktischen Gesichtspunkten überwuchert. Aus diesen Haltungen müssen wir heraus, wenn wir wieder ein Volk werden wollen. Ein echter, ein stürmischer Einheitswille ist vonnöten. Er macht uns nicht schwächer. Er kann uns nur stärker machen in der Verteidigung der Freiheit gegenüber totalitären Kräften. So aber suchte sich bis jetzt jedes Land, jede Zone, jede Partei und jeder Teil einer Partei ein eigenes Haus zu zimmmern. Man sah das auch von alliierter Seite nicht ungern. Für die Alliierten erschien ja zunächst als Grundsatz selbstverständlich: Die deutsche Schwäche muß konserviert werden. Die beste Bürgschaft für diese Schwäche ist die deutsche Zerrissenheit.
Das Volk, vor allem die Jugend, will nichts von der übertriebenen Auflockerung Deutschlands wissen. Für gesunde Gliederung, für Ablehnung jeder übertriebenen Zentralisation ist das deutsche Volk zu haben.
Union und Sozialdemokratie, die beiden großen Parteien unseres Volkes, könnten durchaus die Synthese für die Grundlagen einer kommenden gesunden Verfassung für Deutschland finden. Die erkennbare Einmütigkeit in Koblenz hat den ersten Beweis dafür geliefert.
Ich möchte dabei wünschen, daß insbesondere auch die Union sich mehr noch als bisher der Notwendigkeit bewußt wird: Jede politische Aktion hat auf ihre Auswirkungen in Gesamtdeutschland zu achten, auch wenn sie sich scheinbar nur auf

Teilgebiete von Deutschland erstrecken sollte. Jede politische Aktion auch in Westdeutschland hat in ihren Dispositionen der Bedeutung Berlins und des Berliner Kampfes Rechnung zu tragen. Ich sage das nicht von ungefähr: Ich sage das um der Bedeutung der Union, um der Verantwortung der christlichen Demokraten willen. Die Union darf sich in ihrem Verantwortungsbewußtsein für den Zusammenhalt Deutschlands von keiner anderen Partei übertreffen lassen. In der Auseinandersetzung zwischen Totalität und Freiheit, zwischen dem Kommunismus und einer freien Welt ist ihre Bedeutung größer als die jeder anderen Partei. Das macht die Verantwortung in der gesamtdeutschen Auseinandersetzung um so größer.

Die Koblenzer Beschlüsse der Ministerpräsidenten haben viel Bewegung geschaffen und viel Auseinandersetzung hervorgerufen. Wir konnten der heftigen Kritik nicht zustimmen, die sie auch in ernster zu nehmenden Kreisen ausgelöst hat. In den Tagen um Koblenz war die Aufmerksamkeit der Welt auf die zu erwartende russische Note an die Westmächte gerichtet. Nichts war verständlicher, als daß man gerade in diesen Tagen alles vermeiden wollte, was die Spannung zwischen Ost und West vergrößert hätte. Wir selbst haben immer wieder die Warnung vor einem reinen Weststaat ausgesprochen. Ebenso haben wir immer wieder die Warnung ausgesprochen, keine Wege zu einer gesamtdeutschen Lösung zu verbauen. In diesen Tagen um Koblenz braucht sich niemand den Vorwurf zu machen, der eine solche Warnung beachtete. Es braucht sich auch niemand den Vorwurf zu machen, ein Zauderer zu sein, wenn er nach den Noten der Westmächte an Rußland noch einmal auf die Weltvernunft hoffte.

Wir in Berlin können es nur begrüßen, daß man es vermied, durch anspruchsvolle Benennungen gerade in diesen Tagen Anlaß zu neuen demagogischen Demonstrationen zu geben. Daß man sie in den östlichen Zeitungen dennoch veranstaltete, zeugt nicht für die Sicherheit und Klarheit der östlichen Argumente. Es zeugt höchstens für den Spaltungswillen um jeden Preis.

Nun können wir nicht verhehlen, daß durch die Antwortnote Rußlands eine neue Situation geschaffen ist. Sie bedeutet zumindest, daß Viermächtebesprechungen über Berlin oder über die deutsche Frage insgesamt nicht heute und nicht morgen beginnen werden. Das scheint denen recht zu geben, die von hoffnungsvollem Warten nichts mehr wissen wollen, oder denen, die nie viel von hoffnungsvollem Warten gehalten haben. Ich will mich sicher nicht mit dem Temperament identifizieren, das der »Tagesspiegel« in den Auseinandersetzungen dieser Tage anwendet. Ich kann mich auch nicht mit seinen überspitzten föderalistischen Auffassungen einverstanden erklären. Für mich ist Deutschland kein »Volk von Völkern«. Für mich umfaßt Deutschland das deutsche Volk schlechthin. Aber in einem hat der »Tagesspiegel« auf jeden Fall recht: Es ist härtester Wille in der Auseinandersetzung mit den totalitären Kräften geboten. Es ist ebenso illusionslose Einsicht in die Methoden geboten, mit denen diese Kräfte die Demokratie zu überspielen suchen. Und dies gerade deshalb, weil es um das ganze Deutschland geht. Es ist ganz gewiß sehr viel Zeit mit der Hoffnung auf den Sieg der Vernunft verloren worden. Das gilt für uns, das gilt auch für die Alliierten. Erweist sich diese Hoffnung wirklich erneut als irrig, dann muß die Lösung der deutschen Frage ganz selbstverständlich energischer als bisher in Angriff genommen werden. Dann können wir als erstes nur wünschen, daß die Militärgouverneure der westlichen Besatzungsmächte recht rasch mit den Ministerpräsidenten der Westzonen zu einer positiven Lösung kommen. Nur muß

Berlin auf diesem oder jenem Wege in die zu gestaltende Ordnung einbezogen werden. Berlin ist und bleibt das Symbol der gesamtdeutschen Einheit. Nicht nur Berlin selbst will dieses Symbol anerkannt wissen, auch die Ostzone verlangt danach. Wir wissen heute mehr denn je, wie das Herz der Ostzone mit uns schlägt. Deshalb müssen auch alle staatspolitischen Verantwortungen in Deutschland, wo immer sie getragen werden, in gesamtdeutscher Gesinnung getragen werden, wie groß auch die Hindernisse noch sein mögen, die sich der deutschen Einheit entgegenstellen.
Für diese Notwendigkeit müssen alle Besatzungsmächte Verständnis haben. Nicht zuletzt jene, die wie wir für die Sicherung und die Rettung der abendländischen Welt einzustehen haben. Ich weiß, welche Hemmungen immer noch in Frankreich vorhanden sind. Schon die Tatsache, daß sich die Ministerpräsidenten für die Schaffung eines Parlamentes aus allgemeinen und direkten Wahlen ausgesprochen haben, hat erneut französische Sorgen wachgerufen. Welche Sicherheit würde denn ein lockerer Staatenbund bedeuten, wie er Frankreich vorschwebt? Man sollte doch eines nicht übersehen: Ganz abgesehen von weiten anderen Kreisen haben drei festumrissene Gruppen unseres Volkes keinerlei Verständnis für eine übersteigerte Lockerung Deutschlands: die Arbeiterschaft, die Jugend und die Flüchtlinge. Sie insbesondere sind die Träger gesamtdeutscher Gesinnung und gesamtdeutschen Willens. Will man sich der Unruhe steten deutschen Einheitssuchens aussetzen? Oder will man die Gefahr heraufbeschwören, daß sich gerade in diesen Gruppen nationalsozialistisch-kommunistische Gedanken festsetzen? Beweise haben wir genug dafür, daß der Kommunismus auch bereit ist, über den Nationalismus Eingang in Deutschland zu finden.

Das würde neue Unruhe, neue Verwirrung bedeuten. Aber nicht nur Deutschland, ganz Europa hat ein Interesse daran, daß neue Geistesverwirrung verhütet wird. Dazu aber bedarf es des Durchbruches eines neuen Vertrauens in Europa. Auch Frankreich sollte sich dieser Notwendigkeit nicht entziehen. Es geht um die Bewahrung einer Kultur, zu deren Reichtum das französische Volk ein Großes beigetragen hat. Aber auch das deutsche Volk hat zu diesem Reichtum beigetragen. Dabei geht es nicht nur um die Kultur. Es geht um die Rettung der nackten europäischen Existenz. Durch die Nichtbeachtung des deutschen Einheitsverlangens kann diese Rettung nur verzögert werden. Durch Behinderung wirtschaftlicher Gesundung könnte sie sogar vereitelt werden, denn soziales Elend ist noch immer der Wegbereiter geistiger Verwirrungen gewesen. Deshalb gilt noch einmal: Vertrauen.

Unsere Stadt aber darf das Bewußtsein haben, daß die Bewährung der Berliner neuem Vertrauen für Deutschland den Weg bereiten kann. Besteht Berlin die Bewährungsprobe, so wird niemand mehr dieser Stadt die Anerkennung versagen können. Dann hat sie – weiß Gott – die Reifeprüfung der Demokratie bestanden, die uns nun einmal vorgeschrieben ist. Dann kann und darf aber auch der Zeitpunkt nicht mehr fern sein, an dem Deutschland als gleichberechtigter Faktor in die europäische Gemeinschaft aufgenommen wird. Deutschland verlangt danach nicht nur um seiner selbst, sondern um Europas willen.

## 37

*Kundgebung in München*
*8. August 1948*

In der beispiellosen Dramatik, die das Schicksal unseres Landes kennzeichnet, scheint mir auch ein positiver Sinn zu liegen. Aus allen Prüfungen, die schwer auf unserem Volke lasten, steht immerhin die eine Hoffnung auf: Unser Volk kann sich endlich zu einer geläuterten Zusammengehörigkeit durchringen. Zu einer Zusammengehörigkeit, die alles Trennende an die zweite, an die dritte und vierte Stelle verweist. Es drängt mich gerade hier in München, diesem tröstlichen Bewußtsein Ausdruck zu geben. Ich spreche es aus, auch wenn ich mir bewußt bin, wieviel Hemmungen noch zu überwinden sind.
Ich stehe mit Bewegung in der Hauptstadt meiner engeren Heimat. In der Stadt, die uns allen – den Altbayern wie den Franken – zum Inbegriff heimatlicher Kultur, zum Inbegriff urwüchsiger Gesundheit geworden ist. Aber auch zum sprechenden Zeugnis einer stets lebendigen reichen Geschichte. Daran ändern auch gelegentliche Meinungsverschiedenheiten zwischen Altbayern und Franken gar nichts. Die Liebe zu München ist uns allen gemeinsam.
Um so mehr bewegt es mich, daß ich in der Hauptstadt meiner engeren Heimat, an diesem Platz Zeugnis ablegen soll für eine andere deutsche Stadt. Für eine Stadt, die heute im Brennpunkt des politischen Geschehens steht. Ich weiß, daß der Name Berlin nicht gerade immer freundliche Gefühle in bayerischen Herzen wachruft. Wir wollen nicht untersuchen, wieweit das berechtigt ist und wieweit nicht. Heute hängt ein Schicksal über Berlin, das symbolisch ist für das Schicksal Deutschlands. Für das Schicksal Europas. Die Stadt kämpft für ihre Freiheit, für ihre politische und materielle Existenz. Sie kämpft gegen eine neue Diktatur, deren Vorhut sich auf die Bajonette einer ausländischen Macht stützt. Und der Machtwille dieser Diktatur ist auch auf das übrige Deutschland gerichtet. Berlin ist zum Prüfstein in den Auseinandersetzungen zweier Welten geworden. Berlin ist der Prüfstein für die moralische und politische Kraft der abendländischen Welt. Der Prüfstein für die moralische und politische Kraft derer, die sich zur abendländischen Welt zählen.
Es geht um die Güter, die wir gelernt haben als die höchsten der Menschheit zu bezeichnen. Um Güter, für die zu allen Zeiten aus allen Völkern die Besten mit ihrem Leben einstanden. Es geht um Freiheit oder Unfreiheit. Es geht um Persönlichkeitsrechte oder Massenwahn.
Es geht um die Frage, ob Berlin Vorort völliger Proletarisierung deutschen Landes werden soll. Ein Schicksal, das man in stets wachsendem Maße der Ostzone zu bereiten sucht.
Ich will nicht viel Worte über die Haltung der Berliner Bevölkerung verlieren. Sie ist so beispielhaft, daß es kaum einen geben kann, der sich ihrer moralischen Wirkung zu verschließen vermag.
Nach der Katastrophe des Hitlerreiches vollzog sich auf dem Boden Berlins die folgenschwere Begegnung des Ostens mit dem Westen. Wer sie erlebt, weiß, daß diese Begegnung Entscheidungen von weltpolitischer Bedeutung einschließt. Das war der Grund, warum ich, der Süddeutsche, diese Stadt nicht verließ. Ich bekenne, daß ich heute voll Stolz und Liebe zu dieser leidgeprüften Stadt stehe. Um der Tapferkeit ihrer Menschen und um der Bedeutung ihrer Aufgabe willen.

Auf diese Aufgabe kommt es an: Wir Deutschen haben in der unmittelbaren Begegnung mit Rußland einfach eine weltgeschichtliche Aufgabe zu erfüllen. Wir haben zu beweisen, daß wir Verständigung suchen mit allen Völkern der Welt. Auch und nicht zuletzt mit dem russischen Volk. Es ist bekannt genug, wie sehr gerade wir diese Verständigung fast bis zur Selbstverleugnung versucht haben. Aber wir haben ebenso zu beweisen, daß wir nicht bereit sind, uns einer fremden Ideenwelt zu beugen. Rußland muß erkennen lernen, daß die Deutschen aus anderem Holz geschnitzt sind als die Völker Osteuropas. Es ist meine felsenfeste Überzeugung: Wir wären heute schon weiter, hätten das alle Deutschen von der ersten Stunde an begriffen und beachtet. Es sind viele Fehler begangen worden. Man hat die Männer und Frauen im östlichen Deutschland oft allein gelassen. Vielleicht ist das mit schuld daran, daß mancher östlich der Elbe seiner eigenen Taktik erlegen ist. Mancher ist der Betörung erlegen. Und mancher seiner eigenen Schwäche. Aber das Gros der Berliner Bevölkerung hat die entscheidende Aufgabe erkannt. Diese Bevölkerung ist zum Wall des Widerstandes gegen die kommunistische Expansion geworden.

Die Haltung der Berliner Bevölkerung hat die Wirkung der Blockade in ihr Gegenteil verkehrt. Die Blockade sollte die Stadt reif machen für die Kapitulation. Sie sollte sie empfänglich machen für die Segnungen des Kommunismus. Man braucht Berlin, um die Herrschaft des Kommunismus in der Ostzone zu konsolidieren. Schon lange versucht man, die Ostone zu einer Zone des Schweigens zu machen. Sie ist es nie ganz geworden.

Warum aber wurde sie es nicht? Weil die Augen Berlins wachsam geblieben sind. Weil die freien politischen Kräfte der Stadt stets die Dinge beim rechten Namen nennen. Sie entlarven immer wieder die nationalistischen Phrasen, mit denen man deutsches Volk fremden Zielen dienstbar machen will. Sie entlarven immer wieder die »volksdemokratischen« Phrasen, hinter denen sich reiner Leninismus versteckt. Sie entlarven das Märchen von einer Demokratie, hinter der sich der Diktaturwille einer kleinen Schicht verbirgt. Sie enthüllen immer wieder den Mißbrauch der Arbeiterschaft, die in der Ostzone unter der Bürokratie eines brutalen Staatskapitalismus seufzt. Sie enthüllen den schreienden Gegensatz zwischen einer hungernden Bevölkerung und einer gut versorgten Bürokratie. Lesen Sie einmal im »Tag« vom 4. August die finanzielle und kalorienmäßige Versorgung der leitenden Herren der sowjetdeutschen Wirtschaftskommission in Berlin. Ein Normaleinkommen von 4500 bis 5500 Mark monatlich. Davon 2500 Mark steuerfrei. Und 6120 Kalorien täglicher Lebensmittelversorgung. Und dann fragen Sie das werktätige Volk in der Ostzone nach seinem Schicksal. Sie brauchen aber gar nicht zu fragen. Sie brauchen nur die ausgemergelten, die ausgehungerten Gestalten zu sehen. Alles das sehen täglich die Berliner Augen und hören die Berliner Ohren. Der Mund der Stadt schweigt nicht zu allen diesen Geschehnissen. Berlin redet, und Berlin schreibt. Die freien Parteien der Stadt reden, schreiben und handeln. Die eine so mutig wie die andere. Sie dürfen, sie können nicht schweigen. Es geht ja um die Schicksale deutscher Menschen. Es geht um deutsches Land. Es geht um deutsches Hab und Gut. Die Parteien schweigen nicht bei den Verhaftungen und Verschleppungen. Sie schweigen nicht bei den Demontagen. Sie schweigen nicht bei der Vernichtung deutscher Existenzen. Eine Vernichtung, die durchgeführt wird, weil sich die Menschen nicht fremdem Willen beugen wollen.

Berlin bringt vieles von dem an den Tag, was sich hinter dem Eisernen Vorhang tut. Und die Menschen der Ostzone sind dankbar dafür. Sie wissen sich nicht verlassen. Für sie ist Berlin der Hort der Freiheit. Unablässig kommen Männer und Frauen aus der Ostzone, um sich neuen Mut zu holen.
Berlin ist die Kraftquelle der Ostzone. Die Stadt ist das geistige Reservoir der Ostzone. Solange Berlin frei ist, fließt ein Strom freien Willens und freien Urteilens in die Ostzone. Ein solches Kraft- und Willensreservoir ist unbequem, ist gefährlich für eine Diktatur. Eine Diktatur – das wissen wir aus der Hitlerzeit – kann keine Glasfenster gebrauchen. Sie braucht eiserne Vorhänge. Deshalb soll Berlin eine Stadt des Schweigens werden. Ziel der Blockade ist es, der Stadt dieses Schicksal zu bereiten. Das ist das Ziel der Abschnürung der 3½ Millionen Menschen von Schienenstrang, Land- und Wasserstraßen. Das ist das Ziel aller Maßnahmen, die das Zeichen der Einschüchterung und des Terrors an der Stirne tragen.
Berlin für den Kommunismus empfänglich zu machen, sollte auch der Sinn der ostzonalen Währungseinführung sein. Es ist auch der Sinn der Finanzblockade, die in diesen Tagen die Wirtschaft der Westsektoren fast zum Erliegen brachte.
Aber die Männer und Frauen, die Jugend der Stadt haben allen Versuchen starke Nerven entgegengesetzt. Wenn auch von Sorge und Fieber erfüllt, die Stadt beugt sich nicht. Ich sage das nicht, um große Worte zu machen. Wahr aber bleibt: Dieser Kampf für die Freiheit schützt auch Deutschland. Gerade dieser Kampf hat die Augen der Welt geöffnet für die Methoden der Gewalt. Kein verantwortlicher Politiker der Welt kann heute noch die Augen vor diesen Methoden verschließen. Auch wenn er es noch so gerne möchte.
Ich will nicht mit der Politik der Alliierten rechten. Ich will nicht fragen, warum man nach dem Kampf gegen das eine totalitäre System einem anderen totalitären System so unbegreifliche Chancen in Europa gab. Das haben nicht wir Deutschen zu verantworten, sondern die Staatsmänner anderer Länder. Jedenfalls aber ist es für uns ein bitteres Geschehen, daß der Kommunismus bis tief ins Herz Deutschlands hinein Quartier beziehen konnte. Mehr noch: Daß er Tag für Tag versuchen kann, im übrigen Deutschland weitere Quartiere zu finden. Auch dieses Ziel steht hinter der Blockade von Berlin. Der Osten sucht Stützpunkte an der Ruhr. Es geht dem Kommunismus um chaotische Zustände auch in Westdeutschland. Damit er sich auch dort häuslich einrichten kann. Der kommunistische Propagandafeldzug für »Einheit und gerechten Frieden« ist nichts als ein Feldzug gegen die Ordnung West- und Süddeutschlands. Es geht um die Verhinderung jeder Ordnung in Deutschland. Denn Not, Unordnung und wirtschaftliches Chaos sind die besten Quartiermacher für den Kommunismus.
Deshalb ist die Frage um Berlin keine Berliner und keine ostzonale Frage. Es ist eine deutsche Frage. Daß es eine europäische Frage ist, hat auch die außerdeutsche Welt allmählich begriffen. Das bewunderungswürdige Unternehmen der Luftbrücke vom Westen nach Berlin ist Beleg dafür. Aber das allein genügt nicht. Es kommt auf mehr an. Es kommt darauf an, daß sich am Schicksal Berlins ein neuer politischer Wille entzündet. Die Situation dort hat blitzartig die Gefahren aufgedeckt, die nicht nur diese Stadt bedrohen. Die ganz Deutschland bedrohen.
Es kommt darauf an, daß wir Deutschen unsere Stunde begreifen. Es kommt darauf an, daß die freien Zonen Deutschlands ein Höchstmaß von wirtschaftlicher und politischer Ordnung schaffen. Ich weiß, daß mancher hier vor mir bitter lächelt, wenn

ich von freien Zonen spreche. Freiheit ist in einem besetzten Lande immer eine problematische Angelegenheit. Wir können nur hoffen, daß die Besatzungsmächte, die sich selbst zur Freiheit bekennen, sie auch unserem Volke von Tag zu Tag mehr zurückgeben. Deutschland braucht ein notwendiges Maß freier, einheitlicher und selbständiger Entwicklungsmöglichkeiten, wenn es gesunde Ordnung schaffen will. Wir möchten hoffen, daß sich diese Einsicht bei allen Besatzungsmächten durchsetzt. Auch in Frankreich. Hemmungen gegen diese Einsicht müssen besiegt werden. Sie müssen besiegt werden um der tödlichen Freiheitsbedrohung willen, die der östliche Kommunismus bedeutet.
Deshalb müssen die freien Zonen Deutschlands möglichst schnell den Weg zu einer politischen und wirtschaftlichen Ordnung finden. Zu den freien Zonen rechnet auch Berlin. So sehr es noch um seine Freiheit zu ringen hat. Die Stadt will kein Privileg. Die Stadt will kein Vorrecht. Sie ist Vorort der deutschen Freiheit. Deshalb will und muß sie teilhaben an jeder politischen und wirtschaftlichen Neuordnung. Um ihrer selbst willen. Und um der Ostzone willen. Dorthin sind ja die sorgenden Augen Berlins unablässig gerichtet. Berlin ist die Klammer, die unsere Ostzone am deutschen Volkskörper festhält. Berlin hält auch seine Hand stets mahnend ausgestreckt nach dem Land jenseits der Oder-Neiße-Linie. Das mögen alle die Flüchtlinge wissen, die vielleicht hier unter uns stehen. Berlin vergißt den deutschen Osten nicht. Vergißt nicht die Dominsel von Breslau und den Hafen von Stettin. Wir wissen, daß auch München sie nicht vergißt.
Für den Beginn jeder deutschen Ordnung aber gilt: Berlin muß in diese Ordnung einbezogen werden. Wir haben es deshalb begrüßt, daß bei den Beratungen der Ministerpräsidenten der westdeutschen Länder ein Berliner Vertreter anwesend war. Wir können nur wünschen und hoffen, daß man bei Bildung des parlamentarischen Rates ebenso verfährt. Und daß man das gleiche tut, wenn man sich anschickt, ein erstes gewähltes Parlament ins Leben treten zu lassen. Kein Teil Deutschlands, der nicht mit Gewalt am freien politischen Willensausdruck gehindert wird, darf von der Teilnahme am Neuaufbau ausgeschlossen werden. Wenn alle freien Teile Deutschlands mitwirken können, wird stärker noch als heute offenbar, wo die Spalter Deutschlands sitzen.
Zwischen den Alliierten werden jetzt die Fühler um neue Besprechungen ausgestreckt. Niemand würde fruchtbare Viermächtebesprechungen so sehr begrüßen, wie das deutsche Volk. Denn wir leiden am meisten an den Gegensätzen unter den Alliierten.
Aber wir haben im Kampf um Berlin gelernt, eine harte und klare Sprache zu sprechen. Wir haben lernen müssen, daß totalitäre Ohren nur eine solche Sprache verstehen. Deshalb sagen wir es in aller Entschiedenheit: Man darf in Berlin nicht wieder zum Ausgangspunkt zurückkehren. Berlin muß aus seiner Isolierung heraus. Die Stadt muß endlich eine freie und ungehinderte Verbindung mit dem Westen haben. Vom deutschen Süden und Westen aber erwarten wir, daß sie sich mit der gleichen Leidenschaftlichkeit für diese ungehinderte Verbindung einsetzen. Es wäre das der erste Fortschritt in der Lösung der gesamtdeutschen Frage. Auch die Menschen der Ostzone werden ihn mit Dankbarkeit begrüßen. Denn für sie ist Berlin das lebendige Bindeglied zum übrigen Deutschland.
Lassen Sie es mich noch einmal sagen: Der Kampf um die Freiheit, den wir im Osten kämpfen, ist nicht nur für uns die Bewährungsprobe. Er ist es für ganz Deutschland. Er ist es für die abendländische Welt.

Unser München hier trägt auch in seinen Trümmern noch die reichen Zeugen dieser abendländischen Kultur. Der Einflußbereich des Kommunismus reicht bis vor die Tore von Hof, Bamberg und Würzburg. Die Stadt im Osten, für die ich zu Euch als Euer Landsmann heute sprechen darf, bedarf nicht zuletzt euerer aktiven, euerer treuen Verbundenheit. Sie bedarf dieser Verbundenheit, um den kommunistischen Einfluß einzudämmen. Sie steht auch für Euere Freiheit. Steht Ihr dafür mit Euerer Verbundenheit zum unzerbrechlichen Freiheitswillen der Stadt Berlin.

## 38

*Massenkundgebung vor dem Schöneberger Rathaus in Berlin*
*11. August 1948*

Die Blockierung Berlins hat eine positive Seite, die von ihren Urhebern wohl kaum gewollt wurde. Sie haben Berlin zu Lande und zu Wasser isoliert. Sie haben Berlin zu einer Insel im »Roten Meer« gemacht. Zu einer Insel, die den meisten Deutschen heute unerreichbar ist. Berlin sollte von der westlichen Zivilisation abgeschnitten werden. Diese Abgeschnittenheit hat uns, den Berlinern, viel Not und Entbehrung gebracht. Aber eines hat die Stadt Berlin gewonnen: Niemals war sie dem Herzen des gesamten deutschen Volkes so verbunden wie in dieser Zeit.

Ich komme eben von München. Es war einfach bewegend, welche Welle von Sympathie und Verbundenheit Berlin von dort entgegenschlägt. Der Name Berlin klang nicht immer sympathisch in bayerischen Ohren. Wir haben noch in den Jahren nach 1945 manches bittere Wort von bayerischen Politikern gehört. Heute hat auch München begriffen, welche Aufgabe Berlin zu erfüllen hat. München hat begriffen, daß Berlin nicht nur für sich kämpft, sondern daß es auch für die 17 Millionen der Ostzone steht. Daß es für Deutschland steht. Daß es also auch und nicht zuletzt für Bayern und München steht.

Tiefste Verbundenheit und leidenschaftliche Anteilnahme schlugen uns am Sonntag auf dem Königsplatz in München in der großen Kundgebung für Berlin von den Zehntausenden entgegen. Ich gebe diese Verbundenheit und Anteilnahme hier auf diesem Platz an euch Berliner weiter. Denn sie gelten euch, der mutigen und tapferen Bevölkerung von Berlin.

Und der Besuch unseres Freundes Gustav Heinemann – des Oberbürgermeisters von Essen, der Stadt an der Ruhr – ist ein neuer Beweis gesamtdeutscher Verbundenheit mit Berlin.

Ich frage: Was wiegt stärker? Die Abschnürung Berlins von Schienenstrang, Landstraße und Wasserstraßen oder das deutsche Zusammengehörigkeitsgefühl, das sich am Schicksal Berlins neu entzündet? Schwierigkeiten, Not und Entbehrungen werden eines Tages überwunden sein. Aber die moralische Wirkung des Blockadekrieges gegen 3½ Millionen Menschen wird bleiben. Man wollte die Stadt Berlin zur Zonenhauptstadt des Ostens machen. Als Zonenhauptstadt sollte sie dem gleichen Schicksal anheimfallen wie Dresden, Leipzig, Görlitz, Frankfurt an der Oder, Schwerin, Weimar, Erfurt und Potsdam. Das will Berlin nicht. Es will es auch um dieser deutschen Städte willen nicht. Berlin will Verteidigerin und Mittlerin der Freiheit sein auch für diese unsere Städte. Berlin will in freier Verbindung mit dem Westen und Süden und dem Osten Deutschlands die stete Mahnerin sein, diese

Städte nie zu vergessen. Berlin wartet auf die freie Verbindung mit Frankfurt, Köln und München. Berlin wartet, daß auch die freie Verbindung mit Breslau und Stettin eines Tages wieder möglich wird. Berlin weiß um den Freiheitswillen der Ostzone. Sie weiß von dem schmerzlichen Verlangen der Menschen der Ostzone, sich frei vom Druck des kommunistischen Willens eines freien Deutschland einfügen zu können. Berlin hat die Aufgabe, den Weg dafür zu bereiten. Deshalb werden die Berliner durch alle Bitterkeit und Enttäuschungen hindurch ihre Freiheit verteidigen. Auch durch alle Enttäuschungen hindurch. Ich sage das mit Absicht: durch alle Enttäuschungen hindurch. Dieser oder jener Politiker im Westen weist immer wieder darauf hin: Berlin ist ja doch nur Objekt in den Auseinandersetzungen der Besatzungsmächte. Wir Berliner sind nüchtern genug, um zu wissen, daß für die Besatzungsmächte nicht zuletzt auch eigene Interessen auf dem Spiele stehen. Wir selber aber kämpfen für die deutsche Freiheit in Berlin. Und die ist heute von Osten her gefährdet. Im Einstehen für diese unsere Freiheit nehmen wir dankbar die Hilfe, die sich uns bietet. Wir nehmen sie um so selbstverständlicher, als die Besatzungsmächte, die sie bieten, damit nicht zuletzt die Folgen eigener Fehler zu korrigieren suchen. Wir geben uns dabei aber nicht der Illusion hin, daß es ohne Enttäuschungen abgeht. In der Währungsfrage haben wir deren schon genügend erlebt. Das wird uns, die Deutschen, in unserem Einstehen für die Freiheit nicht beirren. Berlin und Deutschland müssen lernen, sich im letzten Grunde auf sich selbst zu besinnen.
Auf jeden Fall aber haben die Berliner für die Dauer der Besatzungszeit ein leidenschaftliches Interesse daran, Viermächtestadt zu bleiben. Denn nur in dem Viermächtecharakter der Stadt liegt eine Hoffnung eingeschlossen: die Hoffnung für Berlin, für die Ostzone, für Deutschland, daß es noch eine Verständigung geben könne über die Berliner, über die deutsche Frage. Wir halten nichts von kriegerischer Auseinandersetzung. Wir wären die Leidtragenden. Wir haben in diesem Kampf um Berlin allerdings gelernt, eine harte und klare Sprache zu sprechen. Wir werden sie sprechen dürfen, je mehr wir uns auf eigene Kraft und eigene Initiative besinnen. Wir haben heute weder das Recht noch die Pflicht, uns in Schweigen zu üben. Schließlich geht man ja mit uns Deutschen nicht zimperlich um. Man hat gewiß ein totalitäres System beseitigt. Man suchte die zur Rechenschaft zu ziehen, die dieses System trugen oder die ihm Vorschub leisteten. Nun kommen in diesen Tagen Männer und Frauen aus den Konzentrationslagern der Nachkriegszeit zurück. Ich selbst habe einige gesprochen. Kleine Pgs und auch solche, die nie Pg gewesen sind. Ich las in diesen Tagen den Ausspruch eines russischen Offiziers: »Wir verschleppen niemand, sondern nehmen nur Verbrecher fest.« Nun, diejenigen, die ich sprach, waren keine Verbrecher. Wenn man sie hört, wenn man ihre flackernden Augen sieht, fragt man sich bitter: Wo bleibt der Sinn der Befreiung von den Hitlerschen Untaten? Wenn drei Jahre nach Kriegsende noch Konzentrationslager unterhalten werden, deren Menschenquälerei kaum hinter der der SS zurücksteht? Berlin sieht es als seine moralische Aufgabe, immer wieder auf solche Zustände hinzuweisen. Denn Berlin erlebt sie in unmittelbarer Nähe. Berlin erlebt sie am eigenen Körper.
Gewiß, wir wissen um die unerbittliche Gesetzlichkeit, die unser Land dem Einfluß des Kommunismus bis vor die Tore von Hof, Bamberg, Kassel und Hamburg überantwortete. Wir wissen, daß es der Krieg Hitlers war, der das verursachte. Aber auch die alliierten Staatsmänner sind nicht ohne Verantwortung. Wir wissen, daß

es der Krieg Hitlers und die Untaten Hitlers waren, die dem Kommunismus zu einer Gloriole verhalfen. So daß sein wahrer Charakter für die ganze Welt eine Zeitlang zurücktrat. Die westliche Welt sah in dem kommunistischen Rußland den Verbündeten gegen die Untaten der Hitlerdiktatur. Sie versuchte dabei über die Schattenseiten des Kommunismus hinwegzusehen. Sie sah darüber hinweg, daß sich mit dem Kommunismus neue Diktaturgefahr in ganz Europa vorschob. So nur kam es, daß er tief in die abendländische Welt eindringen konnte.

Wir Deutsche waren selbstverständlich bereit, Verständigung mit Rußland zu suchen. Um Deutschlands und des Friedens willen. Wir waren trotz allem, was in den April- und Maitagen 1945 geschehen war, voll guter Gesinnung. Rußland selbst verdarb sich seine Chancen bei allen aufrechten Deutschen. Heute wissen wir: Der Kommunismus kann nicht anders. Sein Ziel bleibt die Unterwerfung, wo immer er auftritt. Freiheit, Menschenwürde und Selbständigkeit von Menschen und Völkern sind ihm fremde Begriffe. Die Berliner Ereignisse bilden die stärkste Entlarvung seines Systems. Das Geschehen in Osteuropa blieb mehr oder weniger durch den Eisernen Vorhang verhüllt. Erst in der Ostzone, vor allem in Berlin, wurde das Weltgewissen vor offene und grausame Klarheit gestellt.

Berlin und die Ostzone haben mit den Hauptanteil an dieser Klarstellung. Die Folge ist der Rückgang des Kommunismus. Dieser Rückgang vollzieht sich in ganz Europa. Eine Niederlage nach der anderen mußte er hinnehmen. In Frankreich festigten sich die Verhältnisse durch den Zusammenhalt der gemäßigten Parteien. Kommunistische Streikparolen und Unruheversuche finden nur noch geringe Anhängerschaft. In Italien brachten die christlichen Demokraten den Kommunisten eine Niederlage sondergleichen bei. In beiden Fällen beginnt sich die Arbeiterschaft von der kommunistischen Herrschaft zu lösen. Neue, freie Gewerkschaften entstehen in scharfer Kampfansage an den Kommunismus. Die Wahlen in den skandinavischen Ländern zeigen einen Rückgang der Kommunisten auf wenige Prozent. In Finnland vollzieht sich der gleiche Kampf. Dieses kleine, aber unsagbar tapfere und freiheitsliebende Volk bringt trotz der Nachbarschaft Rußlands den Kommunisten empfindliche Verluste bei. Und was noch viel wichtiger ist: Den Kommunisten wird die Herrschaft über die Polizei aus der Hand genommen. Das gleiche war schon vorher in Frankreich und Italien geschehen. Wir wissen aus eigener Erfahrung, was die Polizei in den Händen der Kommunisten bedeutet. Mit Hilfe der Polizei wird der Staat bekämpft. Bis er zur Machtübernahme reif ist. Auch in Griechenland scheint der Kommunismus vor der Niederlage zu stehen. Von Monat zu Monat setzt sich die legale Staatsgewalt gegen den künstlich geschürten Bürgerkrieg durch.

Das Jahr 1948 darf uns als das Jahr der Wende erscheinen. Und Berlin ist in dieser Wende eine entscheidende Rolle zugefallen.

Es besteht kein Zweifel, daß manches in der Auseinandersetzung versäumt worden ist. Das geht die Alliierten an, die – in Jalta beginnend – Fehler über Fehler begangen haben. Es geht aber auch uns Deutsche an. Und zwar uns Deutsche aller Richtungen und aller Parteien.

Die Wahlen 1946 waren die erste Enthüllung über die kommunistische Schwäche in Deutschland. Schonungslos geschah diese Enthüllung durch die Berliner Wahlen. Um so mehr begannen nun die Kommunisten ihren zerstörerischen und despotischen Charakter hervorzukehren. Mit Gewaltmethoden suchte man auch in Berlin die demokratische Entscheidung des Volkes rückgängig zu machen. Es war der Boden der Stadt Berlin, von dem aus sich der Widerstandswille gegen die Gewalt mehr und mehr verdichtete. Dieser Widerstand wurde von den aufrechten Kräften aller Parteien geführt. Er trieb die kommunistischen Kräfte immer mehr zur Selbstenthüllung. Die Methoden der Gewalt und des Druckes, die den Volkskongreß begleiteten, gehören ins Reich dieser kommunistischen Selbstenthüllung. Ebenso die künstliche Krise, mit der er den Widerstand der Union beantwortete. Alles das waren Signale, die Deutschland und der Welt die Augen öffneten.

Die Blockierung und Isolierung Berlins ist hoffentlich das letzte Attentat des Kommunismus auf die Freiheit Europas. Hier in Berlin wird jetzt die entscheidende Auseinandersetzung geführt: Soll der Kommunismus freie Bahn zur Überflutung Europas erhalten? Oder sollen ihm unübersteigbare Barrieren entgegengestellt werden? Der Kampf der Berliner ist so hart, weil der Kommunismus weiß, was die Niederlage für ihn bedeuten würde. Von Finnland bis Griechenland ist er im Rückzug. Auch in Deutschland, in Berlin, muß ihm Halt geboten werden.

Dazu bedarf es der Festigkeit und der Entschlossenheit auf allen Seiten. Die Luftbrücke ist das sprechendste Symbol des wachgewordenen Abendlandes. Es war eine Handlung mutiger Humanität gegenüber unmenschlicher Brutalität. Hier begegnen sich in Wahrheit zwei Systeme. Und es ist nicht schwer, zu entscheiden, hinter welchem System das Gesetz der Menschenwürde und der Menschlichkeit steht. Diese Luftbrücke gleicht manches aus. Aber nicht alles.

Was ist es z. B. mit dem Währungschaos? Die Augen der Sachverständigen scheinen zu sehr vom Sachverstand gehalten zu sein. Sie scheinen das politische Problem nicht zu sehen, das die europäische Freiheit tödlich bedroht. Wer den Kommunismus weiter schwächen will, muß zu großzügigen und entschlossenen politischen Handlungen bereit sein. Auch und vor allem in der Währungsfrage.

Über allem aber steht die Notwendigkeit für uns Deutsche, unsere Stunde zu begreifen. Bei der inneren und äußeren Zerrissenheit Deutschlands ist es kein Wunder, daß noch immer eine Lähmung über unserem Volke liegt. Die Berliner haben diese Lähmung notgedrungen abgeschüttelt. Berlin ist weithin zum Gesetz des Handelns übergegangen. Mit Entschlossenheit ist Berlin allen Versuchen begegnet, den Magistrat durch Einschüchterung aus dem Rathaus zu verdrängen. Er ließ sich auch durch organisierte Radauszenen nicht einschüchtern. Der Magistrat blieb im Stadthaus mitten im Ostsektor. Wenn Berlin auseinandergerissen werden soll, werden es nicht die legalen Kräfte des Magistrats sein, denen man das verderbliche Zerreißungswerk vorwerfen kann.

Die Regierung dieser Stadt Berlin hat auch in der Währungsfrage die Initiative ergriffen. Sie hat den kommunistischen Kapitulationsvorschlag zurückgewiesen, der die Wirtschaft Berlins dem östlichen Bankmonopol unterwerfen sollte.

Die Berliner Stadtregierung hat auch in der Polizeifrage endlich gehandelt. Sie hat die Polizei dem kommunistischen Einfluß entzogen. Solange noch der Schein einer Viermächteregierung bestand, war die Absetzung des kommunistischen Polizeipräsidenten Markgraf nicht zu erreichen. Nun führte der Berliner Magistrat selbst den Schlag gegen den Kommunismus. Jetzt beginnt unter Leitung unseres Parteifreundes Friedensburg, der Markgraf entschlossen absetzte, der Aufbau eines zuverlässigen Polizeiapparates. Und wir können nur hoffen, daß unser Freund Friedensburg diesen Aufbau kompromißlos durchführt.

Berlin will und wird seine Initiative im Kampf um die Freiheit wahren. Es kommt aber darauf an, daß Berlin nicht allein gelassen wird. Wir begrüßen es von Herzen,

wenn sich Viermächtebesprechungen vorbereiten. Wir geben aber dem Wunsche Ausdruck, daß solche Viermächtebesprechungen keinen Kompromiß bringen, der neue Gefahren für die Freiheit Europas einschließt. Ich sage mit Absicht für die Freiheit Europas. Denn die Frage der europäischen Gesundung steht heute und morgen im Schatten des Unglücks, das Deutschland betroffen hat. Sie steht im Schatten der deutschen Freiheitsbedrohung durch ein neues totalitäres System. Dieses System weiß, warum es mit allen Mitteln der Propaganda und der Diffamierung die Gesundung des deutschen Westens verhindern will. Das System weiß, warum es als westdeutschen Separatstaat diffamiert, was nichts anderes ist als Notwehr gegen die völlige Proletarisierung, gegen die Zerreißung Deutschlands.
Deshalb ist verantwortungsvolle Aktivität geboten in der Notlösung einer deutschen Ordnung, wie sie durch die westdeutschen Ministerpräsidenten eingeleitet wurde. Sie bleibt eine Notlösung, solange unsere Menschen der Ostzone gehindert werden, sich an der gesamtdeutschen Ordnung zu beteiligen. Berlin aber muß als die Stadt der aktivsten und umfassendsten Politik an dieser Ordnung beteiligt werden. Berlin muß als Treuhänder für die Bevölkerung der Ostzone an der Ordnung beteiligt werden. Das ist nicht nur der Wille Berlins, das ist auch der Wille unserer Menschen in der Ostzone. Aber auch der Süden und Westen wird die Teilnahme Berlins zu seinem Anliegen machen müssen. Es ist die beste Antwort auf die Diffamierungsversuche des Kommunismus. Ich glaube, man beginnt das auch im Süden und Westen zu begreifen. München ist ein bewegender Beweis dafür gewesen. Und ich glaube, unser Freund Heinemann wird mit vielen anderen unser Anwalt im Westen sein. Wir geben ihm das Anliegen Berlins mit auf den Weg: Er möge an Rhein und Ruhr verkünden, daß Berlin im Kampf um die Freiheit seinen Mann steht. Er möge verkünden, daß der Berliner Wille auf Gesamtdeutschland gerichtet ist.

## 39

*Rede in Recklinghausen auf dem Parteitag der CDU in der britisch besetzten Zone*
*29. August 1948*

Es hat mir sehr leid getan, daß ich nicht zu Beginn des Parteitages schon hier sein konnte. Aber die Dramatik der Auseinandersetzungen in Berlin hatte vorgestern und gestern wieder einen Höhepunkt erreicht. Nach einem Propagandarummel verlogenster Art machte man erneut in Revolution. Man versuchte, den 23. Juni zu wiederholen. Was durch den Putschversuch am 23. Juni nicht gelungen war, soll in diesen Tagen unter größerem Aufgebot noch erreicht werden. Die Regierung der Stadt – Magistrat und Stadtverordnetenversammlung – sollen durch volksdemokratische Organe ersetzt werden. Obwohl mehr als 80% der Bevölkerung hinter dem Magistrat und der Volksvertretung stehen. Die Polizei des Ostsektors und östliche Besatzungsmacht haben ganz offensichtlich ihre Hand im Spiel. Dank der Umsicht der Führung der demokratischen Parteien und dank des Mutes des Magistrates unter Führung unseres Unionsfreundes Friedensburg gingen die geführten Stöße bisher ins Leere.
Es erscheint das alles als merkwürdige Begleitmusik zu den Moskauer Gesprächen. Es geht wohl um die Schaffung von Tatsachen. Man will die Verhandlungsposition

der Sowjetseite verbessern. Es sind das Methoden, die uns Westeuropäer reichlich fremd und nicht minder abstoßend anmuten. Allerdings, unter Hitler haben wir ähnliches erlebt.
Die Tatsache, daß ich trotz der Bewegtheit der Berliner Situation noch gekommen bin, mag Ihnen sagen, wie sehr mir daran liegt, an Ihrem Parteitag teilzunehmen. Ich war der Meinung, daß ich als alter Kölner Bürger zu diesem Parteitag gehöre. Hier an Rhein und Ruhr liegen ja die Wurzeln meiner politischen Arbeit. Die Gesichter hier vor mir sind zum großen Teil die Gesichter alter politischer Kameraden. Es war und ist mir gerade deshalb ein Bedürfnis, Ihnen die Grüße und Wünsche der Berliner Union und der Millionen aufrechter Menschen aus der Ostzone zu überbringen.
Wenn ich von der Berliner Union spreche, so meine ich die von meinem Freunde Walther Schreiber in Tapferkeit und Geradheit geführte Union. Sie hat zwar vor wenigen Tagen auch ihr angestammtes Haus in der inneren Stadt verlassen müssen. Sie hat einer kleinen Protektionsgruppe Platz machen müssen, die den Namen der Union mißbraucht. Aber die nächsten Wahlen in Berlin werden kund tun, daß die Bevölkerung mit solchen Protektionsgruppen nichts zu tun hat. Deshalb fürchtet man diese Wahlen auch so sehr.
Wenn ich von den Millionen aufrechter Menschen in der Ostzone spreche, so meine ich die Millionen Unionsmitglieder, die in letzter Treue zur Idee unserer Partei stehen. Diese Männer und Frauen sind nicht nach meist irreführenden Verlautbarungen bestimmter Parteiinstanzen zu beurteilen. Sie sind nach der Unbeirrbarkeit zu beurteilen, mit der sie zur inneren Unabhängigkeit der Union stehen. Sie sind einzig und allein nach ihrer Not und nach ihren Gewissensqualen zu beurteilen.
Man hat geglaubt, mich beim Kölner Domfest als Märtyrer der Ostzone begrüßen zu sollen. Ich bin kein Märtyrer. Wohl aber erfülle ich als deutscher Mann meine Pflicht: Ich kämpfe für die Freiheit und die Deutschheit Berlins und der Ostzone. Die Märtyrer aber, das sind die Millionen Deutschen der Ostzone. Das sind die Mitglieder unserer Partei, die unbeirrbar für ihre Überzeugung einstehen und leiden. Auch und vor allem von ihnen bringe ich Grüße und Wünsche. In ihrem Namen spreche ich. In ihrem Namen darf ich auch Gedanken und Wünsche zum Ausdruck bringen, die über das gewöhnliche Maß einer Begrüßungsansprache hinausgehen. Sie werden mir das gestatten um des Ernstes der Situation willen, in der sich Berlin und die Ostzone befinden. Und Sie werden es mir gestatten, weil ich ja schließlich ein Mann aus Ihrer Mitte bin.
In Berlin spielt sich ein Weltdrama ab. Ein bekannter amerikanischer Journalist richtete in in diesen Tagen an die Adresse Frankreichs die Mahnung: »Vielleicht gehört mehr historische Einsicht, als die Franzosen im Moment aufzubringen vermögen, zu der Erkenntnis, daß die Freiheit, deren man sich in Paris erfreut, mit der Freiheit in Berlin steht und fällt.« Treffender könnten wir selbst es nicht sagen, um was es in Berlin geht. Es geht nicht um Rußland und nicht um Amerika. Es geht um die Zurückdämmung eines Systems, das Deutschland und Europa gefährdet. Für die Zurückdämmung dieses Systems ist Berlin der Angelpunkt geworden. Die kommunistische Frivolität hat in Berlin einen kalten Krieg entfacht, der die Nerven der Bevölkerung unentwegt peitscht. Der Zustand in Berlin ist Werk und Schuld dieses Systems.
Berlin hat heute praktisch schon zwei Regierungen. Es hat zwei Polizeiverwaltungen, wovon die eine kommunistisch, die anderen demokratisch sind. Und Berlin

hat zwei Währungen, wovon ebenfalls die eine dem Kommunismus dienen soll. Zwischen diesen Zuständen wird die Bevölkerung hin- und hergerissen. So versucht man sie mürbe zu machen. Die Verhandlungen in Moskau haben die Aktivität des Systems in Berlin nicht etwa abgeschwächt. Die Aktivität ist eher gesteigert worden. Das haben wir gerade in diesen Tagen wieder drastisch genug erlebt. Die SED entfacht geradezu einen Wirbel von Propaganda gegen die sogenannte Spaltertätigkeit der demokratischen Mehrheit der Bevölkerung. Als Spalter gilt nicht nur, wer die beginnende Neuordnung im Westen bejaht. Wer den legalen Magistrat in Berlin anerkennt. Wer eine kommunistische Polizei ablehnt. Als Spalter gilt auch, wer die kommunistische Führung der Gewerkschaften, der Jugendorganisationen, des Kulturbundes usw. verneint. Dabei weiß heute jedes Kind in den Straßen Berlins, wer die Spalter sind. Man muß das aussprechen, denn es gibt erstaunlicherweise im Westen und Süden noch immer vorsichtige Leute. Sie halten es für taktisch unklug, im Kampf gegen das kommunistische System eindeutig Stellung zu beziehen. Man hört sogar Meinungen wie diese: Man kann nicht eher Stellung beziehen, ehe nicht in Moskau Entscheidungen gefallen sind. Diesen überklugen Taktikern sei gesagt: Welche Entscheidungen in Moskau auch immer fallen mögen, es bleibt Deutschland aufgegeben, klare Stellung gegen jeden Sowjetisierungsversuch zu beziehen. Es bleibt Deutschland aufgegeben, Berlin und die Ostzone mit aller Kraft zu unterstützen, wo immer sie sich gegen die marxistisch-leninistische Einflußnahme zu wehren suchen. Das aufsehenerregende Wort des ehemaligen Sozialdemokraten Otto Grotewohl von der Zugehörigkeit der Ostzone zum marxistisch-leninistischen Ostblock war nicht leere Propagandageste. Es war die Platzanweisung für die deutsche Ostzone. Und es sollte das Zukunftsbild für Berlin sein.

Es ist einfach Gewissenspflicht, in aller Klarheit zu den Zuständen in Berlin und in der Ostzone Stellung zu nehmen. Denn niemals hat wohl die Welt einen ähnlichen Mißbrauch des Volkes im Einsatz für machtpolitische Interessen erlebt. Wenn je ein System die Verachtung der menschlichen Würde offenbart, dann tut es das kommunistische System auf Berliner Boden. Vor den Augen der ganzen Welt.

Wir brauchten uns allerdings über die Proklamationen des Kommunismus keine Sorgen zu machen, wenn nicht die Macht fremder Bajonette hinter ihnen stände. Wir glaubten lange genug, den kommunistischen Expansionswillen durch Verständigungsbereitschaft hemmen zu können. Wir mußten einsehen, daß mit Verständigungsbereitschaft nichts zu erreichen ist. Die Vertreter der Sowjetmacht haben zu unserem größten Bedauern Verständigungsbereitschaft mit Unterwerfungsbereitschaft verwechselt. Mit Unterwerfungsbereitschaft unter ihr System. Nun sind wir hart geworden. Härter vielleicht, als es diesem oder jenem unserer Freunde hier im Westen taktisch richtig erscheint. Aber diese Freunde würden anders urteilen, wenn sie das grausame Schauspiel miterleben müßten, das der Kommunismus in Berlin aufzuführen beliebt.

Ich kann der Kürze der Zeit wegen leider nicht mehr sagen. Aber eine Bitte und ein Verlangen richte ich an Sie: Ich habe die maßgeblichen Vertreter der Union der britischen Zone vor mir. Der Kampf, der in Berlin ausgefochten wird, geht das ganze deutsche Volk an. Die Partei, die in diesem Kampf versagt, hat in einer entscheidenden deutschen Aufgabe versagt. Die Partei, die in der Solidarität mit Berlin und der Ostzone versagt, hat nicht nur Berlin und die Ostzone, sie hat Deutschland im Stich gelassen. Nicht jeder kann vielleicht den Weg über die Luftbrücke nach Berlin finden. Aber es sollte keinen maßgeblichen Mann der Union geben, der diesen Weg meidet. In der Zeit der Blockade haben uns bis jetzt nur zwei namhafte Persönlichkeiten unserer Partei besucht. Helene Weber und Oberbürgermeister Gustav Heinemann. Sie haben erlebt, wie nicht nur Berlin selbst, wie auch die Ostzone den Berliner Kampf mit Sorge verfolgt. Die Viermächtestadt Berlin bedeutet für die Menschen der Ostzone Halt und Hoffnung auf Erlösung von kommunistischem Druck. Ein in die Ostzone eingegliedertes Berlin bedeutet für sie gesteigerte Hoffnungslosigkeit. Das Schicksal der Ostzone aber geht uns alle an. Vielleicht begreift das am stärksten die Jugend. Ihre lebendige Anteilnahme schlägt uns immer wieder entgegen. Ich habe es erst kürzlich wieder in München erlebt.

Die Wirkung des Einstehens für Berlin, für die Ostzone und für den gesamten deutschen Osten wird nicht zuletzt von der Geschlossenheit der Parteien abhängen. Das gilt allerdings nicht nur gegenüber dieser großen nationalpolitischen Aufgabe. Das gilt auch allen anderen Anliegen und Aufgaben gegenüber. Ich rede dabei bestimmt keinem übertriebenen parteipolitischen Zentralismus das Wort. Man kann einem bestimmten föderalistischen Charakter der Partei durchaus Rechnung tragen. Schließlich ist auch der SPD die zentralistische Lenkung von Hannover aus nicht immer heilsam gewesen. Aber es muß auch unserer Partei Gelegenheit zu stärkerem Zusammenwachsen gegeben werden. Und zwar muß das Zusammenwachsen aus der breiten Masse ihrer Mitglieder erfolgen. Darum erscheint es wünschenswert, daß wir uns nicht nur in Landes- und Zonenparteitagen zusammenfinden wie bisher, sondern daß wir endlich einmal ernst machen mit einem gesamtdeutschen Parteitag. In demokratischer Freimütigkeit müssen wir über ganz Deutschland hinweg zu grundsätzlicher Klarheit kommen. Meinungsunterschiede, Verschiedenheiten und Schattierungen der Sozial- und Wirtschaftsauffassungen sind noch kein Unglück für eine Partei. Es kommt nur darauf an, daß sie ausgeglichen werden. Es kommt darauf an, daß die mittlere Linie gefunden wird. Wer sich zu dieser mittleren Linie nicht durchringen kann, hat wohl keinen Raum in der Union. Die Union hat nicht Rechts- und nicht Linkspartei zu sein. Sie ist gemäß dem Impuls, aus dem sie entstanden, eine Partei der Mitte. Sie ist gemäß dem Gesetz, nach dem sie angetreten, eine Partei der Mitte. Darum bedarf es auch keiner neuen Partei der Mitte, sondern es bedarf des Zusammenschlusses und des Zusammenhaltes aller derer, die nach sinnvollem Zusammenklang der Gesetze von Freiheit und Bindung für die Neuordnung unseres volklichen Lebens suchen. Ich sage bewußt: für die Neuordnung, denn es gibt keine Restauration alter Zustände. Die Millionen unserer Mitglieder wollen sie auch gar nicht. Sie wollen eine Neuordnung unseres politischen und wirtschaftlichen Lebens. Eine Neuordnung aus dem Gesetz persönlicher Freiheit und verantwortungsvoller Gebundenheit. Wer das nicht versteht, hat die Sprache unseres Volksschicksals noch nicht verstanden. Er versteht nicht die Sprache der Millionen Enteigneter und der Millionen Flüchtlinge. Die Union ist ja nicht nur eine Partei der Arbeiter, Bürger und Bauern. Sie ist eine Partei der Enteigneten, der Flüchtlinge, der Arbeiter, Bürger und Bauern. Diese Gruppen lassen sich nur zusammenfassen und zusammenhalten, wenn sie ein gesundes, ein lebens- und volksnahes Gesetz in der Partei lebendig spüren. Ein Gesetz, das den inneren und den äußeren Nöten der Zeit Heilung zu bringen weiß. Wir nennen es das Gesetz des christlichen Abendlandes, das den Menschen zugleich Freiheit und opferbereite Bindung aufgibt. Auf dieser Grundlage haben wir nach den besten Formen des politischen, sozialen und wirtschaftlichen Lebens zu suchen. Dieses Gesetz ist völlig undogmatisch. Es läßt Maßnahmen liberalistischen

und Maßnahmen sozialistischen Charakters zu. Wenn sie nur dem Menschen dienen. Wenn sie nur nicht seine Würde und seine innere Freiheit verletzen. Auf dieser Basis können sich alle finden, die wirklich guten Willens sind.
Ich will ehrlich sagen: Wir in Berlin haben das lange Hin und Her von Besprechungen mit Vertretern der Zentrumspartei bedauert. Dieses Hin und Her wurde nur von Kräften mißbraucht, die Interesse an Spaltungen in unserer Partei haben. Mir scheint, es gibt keine grundsätzlichen Unterschiede zwischen echten Unions- und Zentrumsleuten. Ich sehe nur taktische Meinungsverschiedenheiten. Und die sollten im Interesse einer christlichen Demokratie ausgeschaltet werden . . . Wir brauchen gerade in Deutschland ein imponierendes, ein beispielhaftes Zusammenwirken aller christlichen Demokraten. Die Welt rundum sagt uns, warum wir es brauchen. Denken Sie an Italien, und denken Sie an die Vorgänge in der Tschechoslowakei. Beide Vorgänge beweisen: Die christlichen Demokraten sind die einzige Partei, die ein wirksames Gegengewicht gegen die Kommunisten bildet. Die Sozialdemokratie dagegen umfaßt noch breite Kreise, die den Marxismus noch nicht überwunden haben. Tritt in kritischer Stunde der Kommunismus an sie heran, so hat er noch stets ihren linken Flügel zu gewinnen gewußt. So geschah es in allen osteuropäischen Ländern. So geschah es in Italien. Und so geschah es – von dem Kapitulationsvorgang der SPD in der Ostzone ganz abgesehen – in Berlin. Damit sage ich nichts gegen die aufrichtig demokratischen Sozialisten in Berlin. Wir stehen Schulter an Schulter mit ihnen gegen den Kommunismus. Aber die Gefahr des linken Flügels ist im übrigen Deutschland immerhin noch gegeben. Solange die östliche Besatzungsmacht versucht, ihr System auf Deutschland zu übertragen. Auch deshalb brauchen wir eine starke Partei christlicher Demokraten. Ich verbinde mit dieser Feststellung aber zugleich die Überzeugung: Beide Parteien sind berufen, in selbstloser Weise zusammenzuarbeiten. Ich betone: In selbstloser Weise. Man wirft der Union zwar oft allzu taktische Haltungen vor. Man hat nicht immer unrecht. Aber auch die Sozialdemokratie gefällt sich noch allzuoft in taktischen Haltungen. Taktische Haltungen, die meistens die Erringung von Machtpositionen zum Ziel haben. Es ist hier nicht der Ort, näher darauf einzugehen. Ich sage es nur, um anzudeuten: Wir sind uns nicht nur der Mängel der eigenen Partei, wir sind uns auch der Mängel der anderen bewußt.
Noch eine Frage bleibt zu berühren übrig: die Gewerkschaftsfrage. Bei den Auseinandersetzungen, von denen die Gewerkschaften bewegt werden, fühle ich mich ja immer besonders angesprochen. Die Gewerkschaften sind in ihrer Prägung bis heute ebensowenig vollendet, wie es die Parteien sind. Die drei weltanschaulichen und politischen Gruppen, die sich auf gewerkschaftlichem Gebiet zusammengeschlossen haben, bilden bis zur Stunde nichts weniger als eine Einheit. In Berlin hat der Mißbrauch der Gewerkschaften zu volks- und arbeiterfeindlichen Zwecken durch die Kommunisten zur Trennung von den Kommunisten geführt. Die beiden anderen Gruppen sind dabei, sich zu wirklich neutralen Gewerkschaften zusammenzufinden. Ob es gelingt, wird weniger von der christlichen Arbeiterschaft abhängen, sondern von der sozialdemokratischen. Ich kann dabei nur sagen, daß die große Masse der sozialdemokratischen Arbeiterschaft uns in Berlin durchaus mit Achtung und echter Toleranz begegnet. Ich weiß aber, daß sich hier im Westen Achtung und Toleranz noch nicht überall durchgesetzt haben. Es wäre aber meines Erachtens falsch, daraus den Schluß zu ziehen: Wir brauchen wieder christliche Gewerkschaften. Der einzige Schluß, der für mich möglich, ist folgender: stärkste Mit-

arbeit der christlichen Arbeiterschaft. Denn sie hat die Aufgabe, Sauerteig zu werden. Der dogmatische Marxismus muß in Deutschland überwunden werden. Er ist – entgegen seinem sieghaften Gebaren – in der ganzen Welt im Rückgang begriffen. Die christliche Arbeiterschaft ist mitberufen, ihn zu überwinden. Die konkrete wirtschaftliche und soziale Zusammenarbeit in den Gewerkschaften könnte dafür die beste Möglichkeit ergeben. Voraussetzung aber ist energische Mitarbeit. An dieser energischen Mitarbeit hat es bisher gefehlt.
Unter diesen Gesichtspunkten dürften Einheitsgewerkschaften die richtige Lösung bleiben. Vorausgesetzt allerdings, daß jeder marxistische Mißbrauch ausgeschlossen ist. Das zu erreichen, wird die dringlichste Aufgabe der nächsten Zeit sein. Auch und vor allem unsere Aufgabe.
Ein abschließendes Urteil wird zudem erst möglich sein, wenn nicht nur West- und Süddeutschland, sondern wenn auch Ost- und Mitteldeutschland wieder zu uns gefunden haben. Das gilt für die Gewerkschaftsfrage, wie es für alle anderen politischen und sozialen Fragen gilt.
Auf dem Wege engeren gesamtdeutschen Zusammenwachsens erscheint uns immerhin der Parlamentarische Rat ein erster Schritt. Bitter und schmerzlich ist es nur, daß die Ostzone nicht schon mit dabei sein kann. Jeder Lösungsversuch muß Stückwerk bleiben, der nicht die Deutschen der Ostzone mitumfaßt. Auf uns wird es ankommen, sie in das Bewußtsein der beginnenden Neuordnung so einzubeziehen, als wenn sie schon dazu gehörten. Es ist die Aufgabe Berlins. Es ist Berlins gesamtdeutsche Aufgabe. Auf den Westen und den Süden kommt es an, Berlin diese Aufgabe zu ermöglichen.

## 40

*Berlin, Deutschland und die Union*
*Kreisverband Berlin-Tempelhof, 17. Oktober 1948*

Lassen Sie mich zunächst ein Wort über den Westen sagen, aus dem ich eben komme. Ich sehe es nun einmal als eine meiner wichtigsten Aufgaben an, Mittler zwischen Berlin, dem Osten und dem Westen unseres Landes zu sein. Das um so mehr, als die Blockade die Grenze, die Deutschland nun schon seit Jahren zerreißt, fast noch unüberwindlicher gemacht hat. Es können nur wenige sein, die über die Luftbrücke hinüber- und herüberkommen. Schließlich ist es auch Sinn und Zweck der Mitarbeit der Berliner Abgeordneten im Parlamentarischen Rat in Bonn, Berlin und den Osten im Bewußtsein des Westens lebendig zu erhalten, die Einheit Deutschlands zu wahren, soweit das nur immer im deutschen Vermögen liegt. Zwischendurch habe ich im Laufe der letzten Tage am Wahlkampf in Nordrhein-Westfalen teilgenommen. Was nun immer das Wahlbarometer im Westen anzeigen mag, der politische Gesamtzustand unseres Volkes ist wenig ermutigend. Man begegnet allenthalben politischer Müdigkeit und Apathie. Daran sind gewiß die wirklich trostlosen Realitäten unseres politischen und wirtschaftlichen Daseins schuld. Aber auch die Träger politischer Verantwortung sind daran nicht schuldlos.

*Berlins Bewährung, Deutschlands Beispiel*
Es gibt im Grunde nur einen hoffnungslosen Ausblick: Von Berlin und seiner Bewährung muß ein Funke auf ganz Deutschland überspringen, der eine Neubelebung

echten politischen Lebens bewirkt. In allen Wahlkundgebungen, in denen ich zu Worte kam, gab es bewegende Höhepunkte. Höhepunkte, in denen mir Wille und Gefühl der Versammelten in einfach überwältigender Weise entgegenschlugen. Das war vor allem in den Augenblicken, in denen ich vom Freiheitswillen dieser unserer Stadt sprach. Das war in den Augenblicken, in denen ich von dem Volk sprach, das in Dunkelheit und Kälte ausharrt, um seine Freiheit nicht zu verlieren. Dieses Schicksal Berlins erscheint ja für die Bevölkerung der Westzonen um so erschütternder, als sich jetzt die Läden im Westen und Süden wieder füllen und das Leben für die Bevölkerung langsam erträglicher zu werden beginnt. Höhepunkte der Anteilnahme gab es in den Versammlungen, wenn ich von den Menschen der Ostzone sprach. Ihre innere und äußere Not bewegt die Gemüter aller Deutschen im Westen von Tag zu Tag in steigendem Maße, zumal die Zahl der Flüchtlinge täglich größer wird. Diese Reaktionen der westlichen Bevölkerung waren für mich der Beweis, daß über alle innere und äußere Zerrissenheit, über allen Egoismus hinweg das deutsche Gewissen wieder zu schlagen beginnt, daß neue deutsche Solidarität erwacht. Daß die Erkenntnis erwacht, daß das Schicksal unseres Volkes nur in letzter Gemeinsamkeit gemeistert werden kann.
Diese tröstliche Erkenntnis nimmt aber nur derjenige mit, der dem Volke unmittelbar begegnet. Die Politik der Amtsstuben und Parteibüros ist hier und da noch allzusehr von Gruppen- und Parteiegoismus gezeichnet. Das ist nicht zuletzt der Grund, warum sich weite Kreise des Volkes immer noch abseits halten. Und es sind oft nicht einmal die Schlechtesten, die beiseite stehen. Das sollte zu bedenken geben. Diesem beklagenswerten Zustand gegenüber wirkt die Prüfung und Bewährung Berlins doppelt aufrüttelnd.

*UNION und SPD im Westen*

Aber bleiben wir zunächst beim Westen. Im Westen stehen seit langem UNION und SPD in einer gewissen Verbissenheit einander gegenüber. Es ist das bestimmt nicht in erster Linie die Schuld der UNION. Es geht von Hannover eine aggressive Politik der Propaganda aus. Sie ist weniger bestimmt von den Erfordernissen der Verantwortungen, die zu tragen sind. Sie ist mehr bestimmt von der nun schon sattsam bekannten fixen Idee der SPD, auf jeden Fall die stärkste Partei sein bzw. werden zu wollen. Dafür ist nicht zuletzt die Politik um den Wirtschaftsrat in Frankfurt am Main sprechendes Beispiel.
Ich bin überzeugt, manche Fehler der in ihrer Gesamtwirkung durchaus erfolgreichen Politik der UNION hätten durch sinnvolles Zusammenspiel der beiden Parteien vermieden werden können. Es geht in Notzeiten, wie sie unser Volk heute durchlebt, nicht in erster und auch nicht in zweiter Linie um Parteipropaganda und Parteiprestige. Ich nenne es aber Parteiprestige, wenn vor eineinhalb Jahren die SPD sämtliche Wirtschaftsministerien der Länder der Westzonen beanspruchte. Ich nenne es Parteiprestige, wenn die SPD die Mitarbeit in Frankfurt kategorisch von der Besetzung des Amtes für Wirtschaft abhängig machte. Ich nenne es Parteipropaganda, wenn die SPD kurz vor der Wahl in aller Eile im Landtag von Nordrhein-Westfalen ihren nicht gerade gut durchgearbeiteten Sozialisierungsantrag durchpeitschte, und zwar ohne Rücksicht darauf, daß die Sozialisierung des Ruhrbergbaues wahrhaftig eine Angelegenheit wenn schon nicht Gesamtdeutschlands, so doch des heute zusammenfaßbaren Deutschlands ist.
Ich nenne es geradezu maßlose Parteipropaganda, wenn Kurt Schumacher auf dem

Parteitag in Düsseldorf in massiertem Angriff eine wilde Attacke gegen die UNION vortragen ließ. Er sprach in seiner verlesenen Rede von der UNION als der »fünften Kolonne des Weltkommunismus«. Und das in einem Augenblick, in dem das Zusammenstehen aller antikommunistischen Kräfte das Gebot der Stunde ist. Das in einer Zeitepoche, in der sich die Sozialdemokratie in ost- und westeuropäischen Ländern wahrhaftig nicht als Bollwerk gegen den Kommunismus erwiesen hat. Kurt Schumacher sprach von der Anarchie der Beutemacher, die sich in Frankfurt etabliert habe.
Und das in einer Zeit, in der weite Kreise der christlich-demokratischen Arbeiterschaft in den Einheitsgewerkschaften mit den Arbeitern der SPD eng zusammenarbeiten. Derartige Klassenkampfparolen bedeuten einfach einen Schlag ins Gesicht der Gewerkschaftler, die sich zur UNION bekennen, einen Affront, der kaum gutzumachen ist. Solche Maßlosigkeiten dürften heute nicht mehr passieren. Es steht doch das Leben des deutschen Volkes auf dem Spiel. Und es sind alle Maßnahmen zu bejahen, die seinem Lebensrecht nach bestem Können und Vermögen Rechnung zu tragen suchen. Mit anderen Worten, die unserem Volk helfen, die Not zu mildern und wieder auf die Beine zu kommen.

*Undogmatische Praktiken der Politik*
Dabei kommt es – weiß Gott – nicht darauf an, ob die Lehren von Karl Marx oder von Adam Smith gerechtfertigt werden. Der eine war nämlich so wenig unfehlbar wie der andere. Beide waren Theoretiker. Ihre Theorien sind heute erwiesenermaßen weithin durch die Wirklichkeit widerlegt. Die Not des deutschen Volkes verlangt gänzlich undogmatische Praktiker der Politik. Es kommt auch gar nicht darauf an, ob die Politik von Frankfurt der UNION oder ob sie der SPD Wähler gewinnt, sondern es kommt darauf an, daß das deutsche Volk wieder körperliche und seelische Kraft, Mut und Zuversicht gewinnt. Und dazu hat die Politik der UNION auch in Frankfurt immerhin beigetragen. Gewiß sind Fehler gemacht worden. Das verhehlen auch weite Kreise der UNION nicht. Aber bei allen Schwierigkeiten, die noch bestehen, bei der Höhe der Preise, bei der Unausgeglichenheit der Löhne und Gehälter ist doch eines Tatsache: Kein Mann der Arbeit im Westen und Süden wird verhehlen können, daß die Lebenshaltung heute eine weit bessere ist als vor der Währungsreform und vor der Lockerung bzw. vor der Aufhebung der totalen Zwangswirtschaft. Ich verschweige dabei nicht, daß noch erhebliche Korrekturen der heutigen Wirtschaftspolitik notwendig sind. Das gilt vor allem für die soziale Sicherung der wirtschaftlich Schwachen. Ich verschweige nicht, daß ein radikalerer sozialer Zug in der heutigen Wirtschaftsführung mehr denn je vonnöten ist. Aber das wird nicht erreicht durch propagandistische Entgleisungen und Maßlosigkeiten, nicht durch negative Kritik und zersetzende Nörgelsucht, sondern durch loyale Zusammenarbeit der beiden großen Parteien. Jedenfalls müssen alle ernsthaften Parteien aus einer rein propagandistischen Haltung heraus. Diese Mahnung brauchen wir dabei weniger an die UNION zu richten als vielmehr an die SPD. Man hat es mir neulich verübelt, daß ich von den totalitären Eierschalen sprach, die der SPD noch von der Geburt aus dem Marxismus anhaften. Das hindert aber nicht, daß diese Feststellung der Wahrheit entspricht. Zu diesen Eierschalen gehört z. B. die traditionelle Absicht und Gewohnheit, alle Probleme unseres Volkes zunächst durch die parteipolitische Brille zu sehen und sie entsprechend zu werten oder auszuwerten.

Aber trotz aller dieser Erscheinungen darf gesagt werden, daß sich im Parlamentarischen Rat in Bonn der Wille zur notwendigen Zusammenarbeit der beiden großen Parteien durchsetzt. Es ist das um so mehr erforderlich, als man um der baldigen Ordnung unseres Volkes willen in Bonn zu einem raschen Abschluß kommen muß. Das provisorische Verfassungswerk, das in Bonn zu schaffen ist, kann nicht nur von einer knappen Mehrheit getragen werden. Deshalb schon kommt es auf die Verständigung der beiden großen Parteien an. Dabei wird auch in Bonn wieder viel zuviel Zeit verloren mit Auseinandersetzungen über die Ordnung des Verhältnisses zwischen den Ländern und dem deutschen Gesamtstaat. Man sollte sich doch Rechenschaft darüber geben, daß das ewige Argumentieren um Föderalismus und Zentralismus unser Volk einfach noch müder und uninteressierter machen muß.

*Der Föderalismus ist keine Weltanschauung*
Sagen wir es noch einmal: Wir sind in der Politik gegen alle Dogmatiker. Wir haben das dem Marxismus gegenüber betont. Wir haben es dem Liberalismus gegenüber betont. Wir tun es auch dem Föderalismus gegenüber. Man kann in höchster Not auch in staatspolitischer Beziehung Deutschland nicht mit dem Lehrbuch in der Hand aufbauen. Man sollte aus dem Föderalismus wirklich keine Weltanschauung machen. Auch der Föderalismus ist durchaus kein Zaubermittel gegen die Diktatur. Als solches Allheilmittel wird er im Grund nur von wirklichkeitsfremden Intellektuellen, von interessierten Beamten und von restaurierenden Politikern empfunden und empfohlen. Er ist zudem – das darf nicht vergessen werden – die sicherheitspolitische Forderung gewisser Besatzungsmächte.
Dabei möchten wir keinen Zweifel darüber lassen, daß wir den Gedanken eines echten Föderalismus durchaus anerkennen, eines Föderalismus, der wirklich den Ton auf die echte Zusammenfassung, auf die echte Einheit unseres Volkes legt. Wir haben – weiß Gott – mehr als einen Grund, den Zentralismus abzulehnen. Wir sind uns vollständig klar geworden, daß unser Volk in seinen landsmannschaftlichen Eigentümlichkeiten, in seiner kulturellen Vielfalt nicht einfach mit dem Zeichenstift in Verwaltungsdistrikte aufgeteilt werden kann, in Verwaltungsdistrikte, die schließlich nur in völliger Abhängigkeit von einer Zentrale handeln. Das entspräche in keiner Weise den deutschen Verhältnissen.
Dagegen ist der Gedanke echter Selbstverwaltung wahrhaft deutsch. Selbstverwaltung heißt, es ist jede Angelegenheit grundsätzlich von der untersten Einheit zu erledigen. Das gilt aber nur soweit, wie sie dazu in der Lage ist, und zwar unter Berücksichtigung der Interessen des Ganzen. Selbstverwaltung in diesem Sinne bedingt, daß alle Glieder selbständige, relativ unabhängige Gebilde sind. Das müssen sich allerdings auch die Länder gegenüber ihren unteren Gliederungen merken. Es gibt Länder, die in dieser Beziehung reichlich zentralistisch denken und handeln.
Über die Notwendigkeit einer zweiten Kammer brauchen wir keine Worte zu verlieren. Sie ist für uns selbstverständlich. Sie darf aber keine Domäne der Länderregierungen allein sein. Es muß vielmehr auch ein gesundes Auswahlprinzip für echte politische Persönlichkeit in Anwendung kommen.

*Gewaltentrennung unerläßlich*
Nicht weniger selbstverständlich ist die Verhinderung der Machtkonzentration an einer Stelle. Gesetzgebung, Rechtsprechung, Regierung und Verwaltung müssen getrennt bleiben. Gewaltentrennung bleibt ein unverzichtbares Element jeder ech-

ten Demokratie. Wir wollen weder die Diktatur eines einzelnen noch die Diktatur einer Gruppe oder einer Partei. Wir wollen weder einen allmächtigen Präsidenten noch ein allmächtiges Parlament. Dabei darf selbstverständlich die Rolle des Präsidenten nicht nur repräsentativ sein, denn immerhin muß der Präsident ein Symbol der Einheit, eine Klammer des Ganzen sein. Man denke daran, welche Bedeutung für das Ganze z. B. dem Präsidenten der Vereinigten Staaten von Amerika zukommt.

Alle Sicherungen gegen den Zentralismus aber machen das Wort nicht ungültig, das Theodor Heuss vor kurzem in Bonn gesprochen hat: »Der große Zentralisator des deutschen Schicksals ist die deutsche Not und die deutsche Armut.« Und ich kann aus der Atmosphäre, aus dem Erlebnis des Schicksals von Berlin und der Ostzone nur hinzufügen: Und der Abwehrwille gegen jede Überfremdung aus dem Osten.

Die Auflösung unserer Volksordnung, die unablässigen Flüchtlingszüge nach 1945 und die Binnenwanderungen der letzten Jahre stellen uns auch staatspolitisch vor neue Aufgaben. Wo kann man bei dem Zustand unseres Volkes noch von wirklicher landsmannschaftlicher Geschlossenheit sprechen? Wo kann man noch von stammesmäßiger Eigenart reden? Das alles ist durch grausame Tatsachen überholt. Deshalb lehnt sich auch das Gefühl unseres Volkes in instinktiver Lebensbehauptung gegen alle Prinzipienreiterei auf, mag diese Prinzipienreiterei von den Besatzungsmächten oder von deutschen Länderinteressenten kommen. Unser Volk sieht den drohenden Schatten der kommunistischen Gefahr stärker denn je vor Deutschland und Europa stehen. Schon um dieser Gefahr willen sollte man Deutschland die Möglichkeit geben, sich wieder mit Blut und Leben zu füllen. Denn nur so kann diese Gefahr gebannt werden.

*Unser Volk trägt Deutschland im Herzen*

Unser Volk – ich habe das auch in den Wahlversammlungen im Westen immer wieder festgestellt – trägt einfach Deutschland im Herzen. Nicht nur das Volk in der Ostzone und unserer Stadt Berlin tut es. Auch die Menschen des Ruhrgebietes, die Menschen in Köln, in Düsseldorf und Aachen tragen über alle Grenzen und Trennungen hinweg gesamtdeutschen Willen und gesamtdeutsches Bekenntnis in der Seele. Ich habe schon oft gesagt: Vor allem die junge Generation und die Arbeiterschaft haben nicht das geringste Verständnis für die Lockerung Deutschlands durch Länderegoismus. Es war mir eine große Genugtuung, diese gleiche Erkenntnis aus dem Munde von Konrad Adenauer bestätigt zu hören. Konrad Adenauer steht gewiß nicht in dem Geruch, Zentralist zu sein.

Es war sinnvoll, daß sich der Grundsatzausschuß des Parlamentarischen Rates im Entwurf der Präambel immerhin zum Namen »Bundesrepublik Deutschland« bekannte, nicht aber zum Namen »Bund deutscher Länder«, wie das von Herrenchiemsee aus vorgeschlagen war. Der Name Deutschland erweckt ein Echo im Herzen unseres Volkes. Mag auch das Antlitz Deutschlands durch Schuld und Schicksal noch so geschunden sein.

Deutschland darf kein historischer Schatten bleiben, wie es heute der Fall ist. Das liegt nicht zuletzt der Bevölkerung von Berlin am Herzen, und es ist das auch die Hoffnung der Ostzone. Der Schatten der Ostzone sitzt in Bonn stets mit am Verhandlungstisch. Dieser Schatten war und ist es nicht zuletzt, der den gesamtdeutschen Willen stark macht. Es ist ja immer so im Leben der Völker: Gebiete, die gewaltsam von einem Volkskörper getrennt oder ferngehalten werden, sind von stärkerer Wirkungskraft auf nationales Empfinden. Und kein Teil Deutschlands ruft heute so sehr nach sinnvoller deutscher Einheit wie die gequälte und gepeinigte Ostzone. An dem Schicksal Berlins und der Ostzone entzündet sich die gesamtdeutsche Solidarität.

*Die Bundeshauptstadt*
Man diskutiert im Augenblick die Frage der vorläufigen Bundeshauptstadt. Hier und da glaubt man Bonn als provisorischen Sitz für die zu bildende Regierung nennen zu sollen. Lassen Sie mich dazu ein Wort sagen: Stärker denn je ist heute Berlin in unserem Bewußtsein die berufene Hauptstadt Deutschlands. Vielleicht war vor Monaten noch dieser und jener zaghaft, die Stadt so zu nennen. Heute hat Berlin durch seinen beispielhaften Kampf wie keine andere Stadt den Rang als Hauptstadt verdient. Und ich kann nur der Hoffnung Ausdruck geben, daß das Schicksal dieser Stadt im Rate der Völker so geklärt wird, daß ihr bald Raum, Recht und Möglichkeit wiedergegeben wird, ihrer Berufung gerecht zu werden. Möge keines der Völker, möge keiner der verantwortlichen Staatsmänner der Vereinten Nationen die Rechte Berlins preisgeben. Es hieße das, der Illusionspolitik von Teheran, Jalta und Potsdam die Krone aufsetzen.
Welche Stadt die provisorische Regierung Deutschlands zunächst beherbergt, ist eine Sorge zweiten Ranges. Man kann gewiß der Meinung sein, daß schließlich auch Bonn dieser Ort sein kann. Dabei sollte man aber auch Vorschläge in Erwägung ziehen, die dahin gehen, eine Stadt zu wählen, die näher an der Zonengrenze liegt. Es würde sicher gut sein, wenn ständig etwas von der rauhen Luft Berlins und der Ostzone zum Sitz der künftigen provisorischen Regierung hinüberweht. Wert darauf aber müssen wir legen, daß der provisorische Regierungssitz so gewählt wird, daß Berlin eher heute als morgen wieder unbestrittene Hauptstadt Deutschlands sein kann.
Man kann wohl sagen: Wenn das so wird, darf der Friede der Welt als gesichert angesehen werden. Berlin ist der Probefall. Berlin ist heute zum Prüfstein für den Friedenswillen der Welt geworden.
Uns, der UNION, erscheint es immer wieder bitter, daß diese Situation für Berlin heraufbeschworen wurde. Uns erschien ja gerade Berlin berufen, der Boden zu sein, auf dem sich die Völker des Westens und des Ostens zu fruchtbarer Verständigung begegnen. Wir glaubten in Berlin und in der Ostzone durch unsere Politik zu dieser Verständigung beitragen zu sollen und beitragen zu können. Wir taten es, um dem Frieden für Deutschland und dem Frieden unter den Völkern zu dienen. Aber unsere Bemühung blieb doch immer recht einseitig.

*Kommunismus, Hohn auf den Frieden*
Die kommunistische, die sowjetische Politik war eine Politik wachsenden einseitigen Druckes. Dieser Druck begann – parteipolitisch gesehen – mit der Ausschaltung von Andreas Hermes und Walther Schreiber aus der Führung der UNION. Ich bemerke am Rande: Das war in einer Zeit, in der man auf sowjetischer Seite mit der damaligen SPD noch recht zufrieden war. Allgemeinpolitisch gesehen, begann sich die Richtung der sowjetischen Politik um diese Stadt im Grunde schon mit dem Zwang der Verlegung aller Magistratsämter in den sowjetischen Sektor abzuzeichnen, und zwar im Mai und Juni 1945, unmittelbar vor dem Einzug der Westalliier-

ten. Damals war die Berliner Verwaltung fast ausschließlich mit Kräften besetzt, die dem kommunistischen Geschmack entsprachen. Man glaubte ja nach der Besetzung Berlins von der Überzeugung ausgehen zu dürfen, der Kommunismus sei mit dem Einzug der Roten Armee einfach herrschende Mode geworden. Als sich aber bei den Wahlen 1946 herausstellte, daß die Kommunisten bei freier Wahl doch nur eine Minderheit waren, begannen Druck und Zermürbungstaktik gegen Stadtregierung und Stadtparlament von Berlin. Ich brauche die einzelnen Etappen nicht aufzuführen, sie sind uns allzu lebendig in Erinnerung.
Eines aber muß festgestellt werden: Die kommunistische Politik in Berlin und in der Ostzone unter sowjetischem Protektorat war von Anbeginn ein Hohn auf die Friedenssehnsucht Deutschlands und der Welt. Die Methoden ihrer Politik sind ein Hohn auf die Ideen, die im Kampf gegen Hitler verkündet wurden, auf Frieden, Freiheit und Menschenwürde.
Was geschah und geschieht denn in Wirklichkeit? Man hetzt den Osten Berlins gegen den Westen unserer Stadt. Man zwingt willfährige Elemente aus den einzelnen Parteien, kommunistenhörige Gruppen zu bilden, und hetzt sie dann gegen die legale Partei. Man organisiert eine hörige Polizei und hetzt sie gegen die eigene Bevölkerung und deren freie Polizei. Man organisiert Volksaufmärsche und führt sie gegen die Verwaltung der eigenen Stadt. Mit Mitteln der Verführung, mit Mitteln des Druckes führt man Volk gegen Volk, Partei gegen Partei, Magistrat gegen Magistrat. Man macht ein chaotisches Schauspiel aus der Berliner Politik. So glaubt man, über den Freiheitswillen der Berliner Bevölkerung Herr zu werden. Kann man das Friedenspolitik nennen?

*Man hetzt Ostdeutschland gegen Westdeutschland*
Man hetzt Ostdeutschland gegen Westdeutschland. In diabolischer Weise hat man den Parteien der Ostzone mehr und mehr das Rückgrat gebrochen. Ich sehe ganz davon ab, wie weit schwache Willfährigkeit dem sowjetischen Willen dabei entgegenkam. Das Verwerfliche einer solchen Politik ist es, planmäßig und mit Zwang solche Willfährigkeit aufzuspüren und zu benutzen, und das mit dem offensichtlichen Willen, Ost und West unseres Landes zu spalten. Man beseitigte planmäßig die Grundlage für die wirtschaftliche, die politische und die kulturelle Einheit Deutschlands. Man proklamierte das der Ostzone aufgezwungene System zum Muster der deutschen Entwicklung überhaupt. Man zwingt so den Westen Deutschlands zur Abwehr gegen diese Entwicklung. Dann zeigt man diabolisch mit dem Finger auf den Westen und ruft unablässig: Seht da, die Spalter! Nehmen wir als Beispiel noch den Aufbau der Polizei der Ostzone, von dem man Tag für Tag Alarmierendes hört. – Kann man eine solche Politik Friedenspolitik nennen?
Und dann die Blockade Berlins mit dem doppelten Ziel, Berlin des Charakters einer Viermächtestadt zu entkleiden und sie der Ostzone einzufügen. Man kann im Westen noch oft die Auffassung hören, es handele sich beim Kampf um Berlin lediglich um einen Streit der Alliierten unter sich. Gewiß geht es um die Frage, haben die Westalliierten das Recht, in Berlin zu sein. Oder gilt nur das Recht des russischen Eroberers und damit das Recht der Besetzung durch ihn allein? Wir aber fragen: Geht das alles nur die Alliierten an? Wenn der Friede durch den Streit um unsere Stadt gefährdet wird. Geht es hier wirklich nur um Rechte und Interessen der Alliierten? Geht es hier nur um Rechte oder Willen eines Eroberers? Gibt es nicht auch ein Recht der Bewohner dieser Stadt, deren Schicksal auf dem Spiele steht?

Gibt es nicht auch ein Recht der Berliner Bevölkerung auf endlichen Frieden? Und überdies, die Menschen von Berlin wissen, was hinter dem sowjetischen Willen steht, allein Herr in dieser Stadt zu sein. Nichts anderes als der Wille restloser Beherrschung und Bolschewisierung des deutschen Landes bis zur Fulda-Elbe-Linie und dadurch die Schaffung des Sprungsbrettes zur Sowjetisierung von ganz Deutschland und Europa.

*Das deutsche Schicksal hängt am Frieden der Welt*

Für uns bleibt oberstes Ziel unserer Politik die Verständigung mit allen Völkern. Auch und vor allem mit dem russischen Volk. Aber dem Versuch der Sowjetisierung setzen wir unseren eisernen Willen entgegen. Berlin wird seine Aufgaben nie verleugnen, lebendige Mauer gegen den Kommunismus zu sein.

Es ist den kommunistischen Systemen besonders eigen, sich stets auf den Volkswillen zu berufen. Nehmen wir die sowjetische Besatzungsmacht beim Wort: Sie möge das Recht der Berliner anerkennen, das Schicksal ihrer Stadt selbst zu bestimmen. Wir könnten raten, einmal eine Volksabstimmung darüber durchzuführen, wie die Bewohner Berlins über das Recht der sowjetischen Besatzungsmacht auf Berlin und in Berlin denken. Aber schließlich kann die Wahl am 5. Dezember darüber klaren Aufschluß geben. Wir können dabei nur hoffen, daß auch die SMA der Wahl in Gesamt-Berlin keine Hindernisse in den Weg legt. Wir mußten zwar im Verlaufe der Auseinandersetzung um Berlin und die Ostzone erfahren, daß Rußland die moralische Isolierung nicht gerade fürchtet. Aber wir, die Deutschen, geben uns Mühe, gutgläubig bis zum letzten zu sein, zumal ja auch die internationale nichtkommunistische Welt noch nicht alle Hoffnung aufgegeben hat. Deshalb appellieren wir stets neu und stets eindringlicher an die Verantwortlichen in Moskau und an ihre Repräsentanten in Karlshorst. Denn das deutsche Schicksal hängt am Frieden der Welt. Es hängt an der Verständigung mit den Völkern und unter den Völkern. Und ein freies Berlin ist und bleibt die Probe auf diese Verständigungsmöglichkeit.

*Moralisches Konto der SED = 0*

Auch in Moskau sollte man allmählich erkennen, wie es um den Kommunismus in Deutschland steht. Der Kommunismus wäre für uns kein Problem mehr, wenn nicht die Macht der sowjetischen Bajonette hinter ihm stände. Für den politisch geschulten deutschen Arbeiter hatte der Kommunismus schon 1933 viel an Kredit verloren, als er damals Arm in Arm mit der SA die Staatsordnung unterminierte. Als er zusammen mit der NSDAP durch stete Mißtrauensvoten die Weimarer Demokratie unterhöhlte. Wenn der Kommunismus unter Hitler in den Reihen der Arbeiterschaft trotzdem noch heimlichen Kredit besaß, so hat er ihn durch die Rolle der SED in der Ostzone und in Berlin so gut wie restlos verloren. Sein moralisches Konto ist unter null. Das kam auch bei den Wahlversammlungen im Westen zum Ausdruck. Es gibt kommunistische Kreise, die sich einfach schämen, sich nach den Geschehnissen in und um Berlin noch offen zum Kommunismus zu bekennen.

*Sowjetsystem in Deutschland unmöglich*

Im übrigen müßte es ja auch dem Kreml längst klargeworden sein, daß sich das sowjetische System nicht auf Deutschland und Europa übertragen läßt. Deutschland und Europa fehlen die geschichtlichen Voraussetzungen, die in Rußland das Erdreich für das bolschewistische System geeignet machten. Deutschland und Europa haben mehr als ein Jahrhundert der ideellen Freiheit und der Lösung vom Absolutismus hinter sich. Faschismus und Nationalsozialismus waren kurze, wenn auch verhängnisvolle Episoden. Rußland dagegen hat keine Epoche der Freiheit erlebt. Der zaristische Absolutismus wurde abgelöst vom Parteiabsolutismus. Nur daraus – aus dem Mangel des Freiheitserlebnisses – ist wohl der Versuch zu erklären, dem christlichen Abendland das fremde Gesetz des Bolschewismus aufzuzwingen. Die gesamte Welt einer freieren Tradition wehrt sich dagegen. Das sollten die verantwortlichen Männer im Kreml endlich erkennen. Sie sollten aufhören, über das freiheitliche europäische Erbe hinweg ihren proletarischen Absolutismus der westlichen Welt aufprägen zu wollen. Dieser Weg führt nicht nur an den Rand des Abgrundes, er führt in den Abgrund hinein, und zwar nicht nur für Deutschland, auch für Rußland. Hitler sollte warnendes Beispiel sein, wohin der Fanatismus eines Systems führen muß. Uns aber bleibt, entschlossene Politik aufzugeben.

*UNION und SPD in Berlin*

Berlin wird seine beispiellose Prüfung um so eher bestehen, je geschlossener die politischen Kräfte der Stadt in der Behauptung ihres Freiheits- und Friedenswillens zusammenstehen. Von diesem Standpunkt aus gesehen ist diese und jene Auseinandersetzung zwischen UNION und SPD bedauerlich. Niemand soll sich allerdings Hoffnung machen, daß es sich etwa um Risse in der Freiheitsfront der demokratischen Parteien handelt. Es handelt sich lediglich um Meinungsverschiedenheiten über Mittel und Methoden. Niemals darf uns im Kampf um die Freiheit Berlins der Vorwurf treffen können: Ihr seid es, die den Ostsektor aufgegeben habt. Ihr seid es, die die Menschen jenseits des Potsdamer Platzes im Stich gelassen habt.
Wir, die UNION, sind auch den Weg der äußeren Verbindung mit der Ostzone bis zur letzten Möglichkeit gegangen. Und ich sage mit aller Verantwortung, die ich getragen habe, ich würde noch einmal den gleichen Weg gehen. Wir müssen auch in Berlin den Weg bis zur letzten Möglichkeit gehen. Wir werden das mit Charakter, mit Entschiedenheit und mit Sorgsamkeit tun. Der Kommunismus soll uns keiner Schwäche zeihen können, und mir scheint, er hat das bis jetzt auch nicht gekonnt. Es kommt dabei – weiß Gott – nicht darauf an, welcher Mann das Oberbürgermeisteramt von Berlin verwaltet. Es kommt lediglich darauf an, daß dieser Mann mit letztem Mut, mit letzter Hingabe an das unsagbar schwere Los der Berliner Bevölkerung sein Amt zu führen weiß.
Nun aber ein offenes Wort über das Verhältnis zwischen UNION und SPD. Es soll und muß ein Wort ernster, aber positiver Kritik sein. Es ist sozusagen zu einem Rangstreit zwischen UNION und SPD um die Priorität in dem Kampf gegen den Kommunismus gekommen. Dieser Rangstreit hat etwas Peinliches an sich. Wir sind der Meinung, daß der Freiheitskampf eines Volkes um des Volkes selbst und um der Freiheit selbst willen geführt werden muß. Freiheit und Existenz eines Volkes sind keine Mittel der Propaganda. Wir nehmen für uns in Anspruch, in dieser Gesinnung und in dieser Haltung die Auseinandersetzung mit dem Kommunismus geführt zu haben. Über Methoden des politischen Kampfes läßt sich dabei streiten. Wir hätten es für eine Sünde an unserem Volke, insbesondere an unseren Menschen in der Ostzone gehalten, dort nicht bis zur letzten Möglichkeit zu verharren. Nur Unterwerfung unter den sowjetischen Willen konnte es für uns nicht geben. Der sowjetrussische Unterwerfungsversuch durch den Volkskongreß verlangte deshalb unser kategorisches Nein. Die Antwort, die von der sowjetischen Besat-

zungsmacht auf dieses unser Nein gegeben wurde, bewies, daß es ihr von diesem Tage an um die restlose Unterwerfung der UNION ging. Der Volkskongreß war die Drosselung der Opposition der UNION, die bis dahin noch möglich war.

*Die Fusion SPD – KPD*

Wie aber war es mit der Sozialdemokratie? Sie ging von der engen Zusammenarbeit, von der sogenannten Aktionseinheit von 1945 zur Fusion von 1946 über. Ihre Zusammenarbeit mit der KPD 1945 in der Einheitsfront ließ kaum Meinungsverschiedenheiten zwischen den beiden Gruppen erkennen. Man stand stets in gemeinsamer Kampfstellung gegen uns, die UNION. Das gilt von allen damals führenden Sozialdemokraten, mit denen wir in der Einheitsfront zu tun hatten. Auch von den wenigen, die dann nicht zur SED übertraten. Sie schwiegen sich zum mindesten aus. Das gilt auch für die Anfangssituation in den Gewerkschaften. In den ersten Delegiertenkongressen für Groß-Berlin und die Ostzone hat man es mehr oder weniger mir allein überlassen, gegen das »Rüstzeug der Barbaren« anzukämpfen. Man hat mir nur hinter den Kulissen in Respekt die Hand gedrückt. Dann kam im Hin und Her um die Schaffung der Einheit der beiden Parteien im Januar 1946 der für die SPD verhängnisvolle 70. Geburtstag von Wilhelm Pieck. An diesem Tage rief Otto Grotewohl das erschreckende Wort in die festliche Staatsoper: »Blut will zu Blut.« Bewegt ergriff er die Hand von Wilhelm Pieck und beschwor den Tag, an dem sich ihre Hände nicht mehr trennen sollten. Diese verschlungenen Hände sind zum Symbol der SED geworden. An diesem Geburtstag von Wilhelm Pieck trat übrigens noch mancher SPD-Mann der Ostzone auf und forderte die Einheit der Arbeiterparteien. Es waren namhafte Männer darunter. Ich behaupte gewiß nicht, daß sie es alle aus freier Entscheidung taten. Grotewohl tat seinen Schritt aus freiem Entschluß. Das gleiche gilt – mit nur ganz wenigen Ausnahmen – vom gesamten Zentralausschuß der damaligen SPD.

*Ein Akt politischer Notwehr*

Ich habe diese Darstellung nicht gern gesehen. Sie ist aber ein Akt politischer Notwehr. Mir sind in den letzten Tagen im Westen recht agitatorische Verdrehungen aus der Richtung Hannover in die Hände gefallen. Das Schmerzlichste war mir dabei ein Aufsatz von Klaus-Peter Schulz im »Neuen Vorwärts«. Er zum mindesten hätte manches besser wissen müssen. Ich selbst stehe um der UNION und um meiner selbst willen unter dem Zwang, die Ereignisse ins rechte Licht zu rücken.

Ich frage jetzt nur noch: Was will man eigentlich mit dem grotesken Vorwurf, die UNION habe damals zur Vernichtung der SPD geschwiegen? Sollten wir, die UNION, uns vielleicht zwischen Brüder drängen, die sich zu umarmen bereit waren? Fast die gesamte damalige Führungsschicht in Berlin und der Ostzone war zu dieser Umarmung bereit. Zudem ist es durchaus nicht so, daß wir einfach geschwiegen hätten. Wir haben manches Wort der Warnung ausgesprochen. Man frage doch einmal Otto Grotewohl z. B. nach Inhalt und Verlauf eines eindringlichen Gespräches, das ich in der Wohnung von Paul Ufermann im Beisein von Theodor Leipart und Paul Löbe mit ihm geführt habe. Oder man lasse Karl Germer sprechen über alles, was sich damals in und um die SPD getan hat. Grotesk ist es zu sagen, wir hätten geschwiegen, weil wir Nutzen von dem Verschwinden der Sozialdemokratie in der Ostzone hatten. Wer so spricht, sucht durch herabsetzende Unterstellungen Schwächepunkte der eigenen Partei zu verdecken. Man könnte auch die Vermutung haben, daß man dabei mögliche eigene Gesinnungen auf andere überträgt.

*Christliche Demokraten in Deutschland und in der Welt*

Wir erlebten 1945/46 auch noch andere Zeichen besorgniserregender Verbundenheit zwischen SPD und KPD. Schon am Tage der Neubegründung der Kommunistischen Partei, am 11. Juni 1945, bekannte sich ein namhafter Vertreter der SPD unmittelbar nach der Programmrede von Ulbricht zur geistigen Waffenbrüderschaft der beiden Parteien, zur Gemeinsamkeit der deutschen Sozialisten mit den Kräften des Ostens gegen die kapitalistischen Kräfte des Westens. Ich will aus Rücksicht den Namen nicht nennen. Es war mancher besonnene Sozialdemokrat erschrocken darüber. Nicht zuletzt solche Erscheinungen haben manchen von uns entschlossen zur Partei der christlichen Demokraten geführt. Erfahrungen auch in anderen Ländern haben diesen unseren Entschluß nur gerechtfertigt. Erfahrungen in Osteuropa, in Frankreich, in Italien. Überall gingen die Sozialdemokraten in entscheidender Stunde entweder den Weg der Fusion oder der Spaltung. Italien aber ist zugleich das Beispiel für die Kraft der christlichen Demokraten. Nicht die Sozialdemokraten, sondern die christlichen Demokraten erwiesen sich offensichtlich als das festere Bollwerk gegen den Kommunismus.

Ich sage das alles nicht aus Demagogie. Ich sage das sogar mit schwerem Herzen. Die SED braucht deshalb auch nicht zu frohlocken. Die Front der Freiheit zerbricht nicht. Wir bleiben in Berlin in gemeinsamer Abwehrfront gegen den Kommunismus. Um so mehr aber geht es uns um saubere, loyale Methoden innerhalb und außerhalb der gemeinsamen Front. Ob wir in Koalition mit der SPD oder ob wir in Opposition zu ihr die Politik von Berlin zu meistern haben, wir wünschen ein positives, ein großzügiges, ein loyales Verhältnis zueinander. Wir wünschen ein Stehen zueinander, das fruchtbare, faire Auseinandersetzungen und Spannungen bejaht. Wir wünschen eine Zusammenarbeit, die unfaire, herabsetzende Anwürfe vermeidet. Wir wünschen es, weil nur so politisches Leben gesunden kann. Weil nur so Fehler zu vermeiden sind, an denen die Weimarer Republik zugrunde gegangen ist, Fehler, aus denen nur die Extremisten von rechts und links profitieren.

*UNION aufgerufen zur Verteidigung der abendländischen Welt*

Es liegt mir dabei ganz fern, Fehler und Mängel unserer eigenen Partei blind zu übersehen. Aber die Erfahrungen zeigen, die UNION müßte geschaffen werden, wenn wir sie nicht schon hätten. Sie ist die UNION aller freiheitliebenden Kräfte gegen totalitäre Vergewaltigung von rechts und von links. Sie hat die UNION der sozialen Mitte zu sein gegenüber marxistischen und liberalistischen Extremisten. Sie hat die Notgemeinschaft zu sein zur Verteidigung der abendländischen Welt. Dafür ist das christliche Vorzeichen, das sie trägt, das sprechendste Symbol. Es ist dabei durchaus möglich, daß einmal die Zeit kommt, in der die politische Reife des Volkes Parteigruppierungen nach rein sozialen und politischen Gesichtspunkten gestattet. Wir wollen keine Parteifanatiker sein. Parteien und Organisationen haben niemals Ewigkeitsanspruch. Es ist auch kein Verdienst, die älteste Partei zu sein, wie es ein Flugblatt der SPD im Westen meinte. Vielleicht ist es sogar ein Mangel. Uns kommt es mehr darauf an, daß die Ideenwelt der Partei klaren Blick für die Probleme gibt, die zu meistern sind. Heute sind die Meisterung der Not und der Widerstand gegen den Kommunismus das Beherrschende. Für die Auseinandersetzung mit dem brutalen Willen des Kommunismus aber bedarf es der Einheit aller grundsatzfesten christlichen Demokraten in unserem Lande und in ganz Europa. Wir wollen dazu beitragen, daß sie geschaffen wird.

## 41

*In der »Taberna« in Berlin*
*23. November 1948*

Ich darf zunächst meiner Freude Ausdruck geben, daß es den Berlinern und ihrem unerschrockenen Kampf gelungen ist, auch Konrad Adenauer endlich einmal nach hier zu bringen. Ich freue mich um so mehr, als es gerade für die Berliner Union einmal notwendig wurde, diesem Repräsentanten der sogenannten »Millionäre« – die nach Meinung mancher SPD-Kreise in der Union zusammengefaßt sein sollen –, diesem Repräsentanten der sogenannten Reaktion – einmal Auge in Auge gegenüberzustehen. Was ist über diesen Mann und über sein Verhältnis zu Jakob Kaiser – und über das meine zu ihm – im Laufe dieser Jahre nicht schon alles gesagt und gedruckt worden. Nun mögen die Berliner selbst urteilen, ob hier wirklich ein Mann der Reaktion zu ihnen gesprochen hat. Es sei denn, man setzte einen durch Herkommen, Landschaft und Reife geformten konservativen Grundzug mit Reaktion gleich. Wir, die Union, möchten in unserer gesamtpolitischen Haltung schon um unseres Volkes willen die Elemente einer solchen Grundhaltung nicht missen. Es gibt gewiß in Kreisen der Union diese und jene Unterschiede in politischen und sozialen Fragen. Man sollte es aufgeben zu versuchen, diese Abweichungen zu dramatisieren. Sie sind nämlich nicht dramatisch. Wir sind vielmehr der Meinung, daß solche Abweichungen zu gesunden, heilsamen Spannungen werden können. Wo immer sie durch verantwortungsbewußte Politiker nicht nur ausgetragen, sondern auch fruchtbar gemacht werden. Die Union ist keine zentralistische, sie ist keine doktrinäre Partei. Die Union hat keine fertigen Rezepte, die schon seit Jahrzehnten in der Schublade liegen. Und die nach Belieben herausgezogen werden können. Wir lehnen solche Rezepte ab. Denn sie passen gar nicht mehr auf ein Volk, das in seinen Grundfesten so erschüttert, so durcheinandergewürfelt wurde wie das deutsche Volk. Wir sind ehrlich bemüht um neue Konzeptionen, die von neuen Impulsen, neuen Einsichten, neuer Kraft getragen werden. Deshalb verstehen wir auch die Sozialdemokratie nicht, die sich im Wahlkampf im Westen rühmte, die älteste und deswegen die richtigste Partei zu sein. Wahrscheinlich wäre es besser gewesen, sie hätte 1945 den Mut zu einer neuen Konzeption gehabt. Das notwendige Abrükken vom Marxismus wäre dann vielleicht leichter geworden, als es ihr heute zu sein scheint. Wir bekennen uns zum Willen einer neuen Partei: Wir wissen, daß der politische Wille einer jungen Partei sich erst langsam – vielleicht sogar mühsam – formt. Aber wir haben den Mut dazu. Und wir sind gar nicht besorgt, wenn sich hier und da – nach links und nach rechts – Spreu absondert. Das Wesentliche ist, daß der Kern eines neuen politischen Willens auf die Dauer Leben und eindeutige Richtung gewinnt.

Wir glauben vor allem, daß wir nicht zuletzt in Berlin auf dem Wege dazu sind. Auch deshalb empfinden wir Genugtuung darüber, daß Konrad Adenauer trotz aller Schwierigkeiten den Weg nach Berlin fand. Es ist ja schließlich kein Geheimnis geblieben, daß er unserer Hauptstadt lange mit etwas Reserve gegenüberstand. Sicher sind in der deutschen Geschichte Fehler hinüber und herüber begangen worden. Im Rheinland und in Berlin. An Fehlern ist die deutsche Geschichte ja besonders reich. Richtig ist aber auch, daß in keiner Stadt so sehr die Eigenarten aller deutschen Stämme zusammenfließen, wie das in Berlin der Fall ist. Dazu kommt

die nüchterne, arbeitsame und unverdrossene Art des preußischen Bodens, auf dem Berlin gewachsen ist. Er hat – weiß Gott – nicht nur Drill hervorgebracht. Er hat einen nüchternen, arbeitsamen und sparsamen Menschenschlag hervorgebracht. Er hat auch ein pflichtgetreues, ein unbestechliches, hingebungsvolles Beamtentum hervorgebracht. Er hat einen Staatssinn hervorgebracht, von dem wir nur wünschen können, daß auch im neuen Deutschland ein Hauch davon verspürt wird.
Im übrigen hat der politische Boden des Landes, aus dem Konrad Adenauer kommt – der Boden, der auch mir selbst mehr als drei Jahrzehnte menschliche und politische Heimat war –, eines mit Berlin vor allem gemeinsam: Beide waren der stärkste Hort des Widerstandes gegen das Hitlersystem. Weder in Köln/Aachen noch in Berlin ist der Nationalsozialismus je heimisch geworden. Solange es noch freie Wahlen gab, haben die Wahlkreise Köln/Aachen und Berlin die wenigsten Stimmen für Hitler aufgebracht.
Es ist gut und notwendig für die Männer des Westens, den Kampf um die Bewährung Berlins mit eigenen Augen zu sehen. Diesen Kampf und seine Wirkungen in nächster Nähe zu spüren. Es ist doppelt gut und notwendig für Männer wie Konrad Adenauer. Der nicht nur in der Union des Westens an verantwortlicher Stelle steht, sondern auch in dem neuen staatspolitischen Werden für Deutschland, das sich vom Westen her vollzieht. Es ist notwendig, daß gerade der erste Mann des Parlamentarischen Rates in Bonn etwas von dem auf das gesamte Deutschland gerichteten Willen der Berliner mit nach dort nimmt. Er tut in diesem dunklen, kalten Berlin den Blick in die starke und entschlossene Seele der Bevölkerung dieser Stadt. Er wird ihr Verlangen und ihre Forderung mitnehmen: Nichts möge im Westen Deutschlands versäumt, nichts möge unterlassen werden, was der Wiedervereinigung der deutschen Gebiete, der deutschen Menschen dienen kann. Und er wird in dem Erlebnis der für die Freiheit kämpfenden Stadt Berlin auch das Verlangen des Ostens spüren, bei allen staatspolitischen Überlegungen im Westen als mahnender Schatten gegenwärtig zu sein.
Es ist – weiß Gott – nicht unsere Schuld, nicht Schuld der Deutschen, daß der östliche Kommunismus seinen Marsch bis ins Herz Deutschlands antreten konnte. Wohl aber wäre es unsere Schuld, wenn wir in dem Willen erlahmten, die Ostzone und Berlin mit aller Kraft zu halten. Die Ostzone, das vom Kommunismus gequälte Gebiet. Und Berlin, das vom Kommunismus so sehr gefährdete Gebiet. Die Ostzone durch immer neue Bekenntnisse zu ihren Menschen. Berlin aber mit der ganzen Entschlossenheit, die Freiheit seiner Bürger retten und bewahren zu helfen.
Der Ostzone und Berlin ist die erschütternde Aufgabe zugedacht, Vorhut für den Vormarsch des Weltkommunismus nach Westen zu werden. Daß es sich dabei nicht nur um eine geistige Vorhut handelt, sondern um einen recht realen Machteinsatz, beweist die fortschreitende Schaffung der Ostzonenpolizei. Mit einer Bewaffnung, die kaum noch etwas mit polizeilichen Aufgaben zu tun hat. Es kann sich wohl niemand mehr über die Aufgaben dieser Polizei im unklaren sein. Sie soll auf jeden Fall die militante Truppe des Kommunismus sein. Es ist die Aufgabe von Pieck, Grotewohl, Ulbricht und allen, die zu ihnen gehören, die Ostzone mit Berlin als Mittel für den Machtkampf zwischen den Völkern des Ostens und Westens einzusetzen.
Die deutschen verantwortlichen Kräfte in Berlin und der Ostzone hatten und haben diesem Willen gegenüber eine geradezu weltgeschichtliche Aufgabe. Sie hatten und haben Sowjetrußland zu beweisen, daß verantwortliche deutsche Kräfte sich nicht

als Mittel zu totalitären Zwecken gebrauchen lassen. An ihrem Mut, an ihrer Entschlossenheit müßte Sowjetrußland schließlich erkennen, daß Völker mit verschiedenen Maßstäben zu messen sind.
In der Verteidigung, in der Wahrung des Bestandes der abendländischen Welt ist Berlin einfach eine geschichtliche Aufgabe zugefallen. Berlin ist wie eine Insel im Meer. Eng zusammengedrängt kämpfen wir auf dieser Insel für Demokratie, Freiheit und Recht. Wir haben damit zu rechnen, daß wir zunächst noch enger zusammengedrängt werden. Wir geben uns über den Ernst der Situation keiner Täuschung hin. Berlin und die Ostzone haben in mehr als drei Jahren erneut erfahren, wessen totalitärer Wille fähig ist. Die dunklen Verheißungen, die plumpen Einschüchterungsversuche der SED-Presse lassen zudem noch allerhand Schlüsse zu. Ich habe es schon am letzten Sonntag im Wedding gesagt: Kein System beruft sich so oft und so laut auf den Volkswillen wie das kommunistische System. Ich weiß dabei, daß auch Hitler und Goebbels es so taten. Sie taten es um so lauter, je mehr sie den echten Volkswillen vergewaltigten. Ich möchte nicht annehmen, daß Pieck, Grotewohl und Ulbricht in die Schule von Goebbels gegangen sind. Aber ihre Schule muß doch eine recht gleichartige gewesen sein. Nur sind zu den nationalsozialistischen Schimpfworten neue hinzugekommen. Die neuen heißen: Spalter und Kriegshetzer. Dabei weiß alle Welt, wo die wirklichen Spalter sitzen. Mit einem Zynismus ohnegleichen hat man in diesen Monaten die Berliner Bevölkerung von einer dramatischen Situation in die andere gejagt. Man versuchte ein chaotisches man könnte sagen ein gespensterhaftes – Spiel aus der Berliner Politik zu machen. Man hat das nicht erst getan, seit die Wahlen auf den 5. Januar festgesetzt wurden. Die Wahlen, die man nunmehr zum Grund der Spaltung stempeln möchte. Aber das ist nur Tarnung. Es ist nur Gefechtslärm. Das grauenhafte kommunistische Spiel um diese Dreimillionenstadt war längst vorher im Gange. Es ist im Grunde schon seit 1945 im Gange. Ganz deutlich zu werden begann es nach den Oktoberwahlen 1946. Damals begann sich ja schon der Bankrott der SED abzuzeichnen. Um den Bankrott zu vertuschen, strangulierte man die freien Parteien überall da, wo man ihrer habhaft werden konnte. In der Ostzone und anschließend im Ostsektor. Deshalb sind die Beschimpfungen der freiheitlichen Parteien als Spalter ebenso grotesk, wie sie zynisch sind. Zynisch und frivol wie die einfach sadistischen Drohungen mit dem Schrecken einer restlosen Spaltung Berlins.
Müssen wir unseren Freunden im Westen noch sagen, daß es uns im Kampf der Berliner Bevölkerung nicht um Stellungnahme für diese oder jene Besatzungsmacht geht? Manchesmal hat es den Anschein, als habe man das im Westen noch immer nicht ganz begriffen. Es geht Berlin um nichts anderes als um die Verteidigung seiner Freiheit, seines Rechtes, seiner Würde. Es geht Berlin um die Verteidigung seiner Demokratie. Es ist nicht Schuld der Berliner, daß es eine Besatzungsmacht gibt, die jedes Bekenntnis zu echter Freiheit, zu Recht und Menschenwürde als Provokation auffaßt. Eine Besatzungsmacht, die verfassungsgemäße Wahlen zum Vorwand immer neuer Spaltungsmaßnahmen nimmt. Uns, den Deutschen, uns, den Berlinern, geht es in der Wahl am 5. Dezember – weiß Gott – nicht um eine Demonstration für diese oder jene Besatzungsmacht. Uns geht es bei den Wahlen einzig und allein um eine leidenschaftliche Demonstration für Demokratie, Recht und Freiheit in unserer Stadt. Für ihre Verbundenheit mit unseren Brüdern und Schwestern in der Ostzone. Für unsere Verbundenheit mit dem übrigen Deutschland. Und schließlich auch für unsere Verbundenheit mit der Welt. Mit einer Welt, deren frei-

heitlicher Atem zum Lebensbedürfnis dieser unserer Stadt gehört. Es geht uns um den Ausdruck des Verlangens, Berlin wieder mit der Welt verbunden zu sehen. Wir haben den Wunsch und das Verlangen, die Straßen unseres Landes nach West und Ost wieder frei benutzen zu können. Wir haben Wunsch und Verlangen, die aufgerissenen und demontierten Schienenstränge wieder neu legen zu können. Wir wollen unseren Bahnen von Berlin nach Osten und Westen wieder den Stempel deutscher Sauberkeit aufdrücken. Mit unserer Hände Arbeit wollen wir es tun. Wir wollen endlich die lebendigen Bande wieder knüpfen, die uns nicht nur mit Köln, München, Frankfurt am Main verbinden. Wir wollen und müssen auch die Bande neu knüpfen können, die uns mit Breslau, Stettin, mit den alten, ehrwürdigen deutschen Städten des Ostens verbinden. Und wenn diese Städte auch Ruinen sind. Es sind deutsche Ruinen. Geheiligt durch das Heimatrecht deutscher Menschen. Der Fleiß deutscher Menschen wird sie wieder aufbauen. Die zweifelhafte Beredsamkeit von Herrn Ulbricht, wie er sie vorgestern, am Sonntag, im »Neuen Deutschland« angewandt hat, kann uns nicht von dem moralischen Recht anderer auf die Oder-Neiße-Grenze überzeugen. Im Gegenteil, sie beschämt uns tief. Es beschämt uns tief, daß der Mann, der diesen Aufsatz unter dem Kennwort: »Die Grundlagen der deutsch-polnischen Freundschaft« geschrieben hat, deutschen Stammes ist. Ich weiß aber, daß sich ehrliche deutsche Kommunisten im Westen und hier im Osten – nicht zuletzt solcher Haltungen wegen – beschämt aus den Reihen ihrer Partei stehlen. Sie schämen sich einfach der Rolle, wie sie die SED und ihre Trabanten in der Ostzone und in Berlin auf sich genommen haben. Grundlagen der Freundschaft zwischen den Völkern des Ostens und des Westens können nur Recht und Gerechtigkeit sein. Nicht aber Gewalt, Unfreiheit und Verachtung der Menschenwürde. Und nicht die Verachtung des Rechtes auf den heimatlichen Boden. Wir Berliner gehen nicht zuletzt am 5. Dezember geschlossen zur Wahl, um auch das vor aller Welt kund zu tun. Wir werden zur Wahl gehen, auch wenn Herr Ulbricht durch seinen genial erfundenen »Aktivistentag« versuchen würde, mit erzwungenen Sonntagsschichten alle im Ostsektor Arbeitenden an der Wahlbeteiligung zu hindern.

Und wir entscheiden uns für die Partei, deren grundsätzliche und praktische Politik unserer Weltauffassung, unserer Pflicht gegen unser Volk und unserer Pflicht für Freiheit und Recht entspricht. Ich bin dabei – entgegen einer Berliner Zeitung – der Meinung: Daß bei dieser Wahlentscheidung auch »ideologische Parteiprogramme« nicht unwichtig sind. Wären sie unwichtig, so hätte man keine Wahl unter Parteien, sondern einfach eine Volksabstimmung für die Einheit und Freiheit Berlins veranstalten müssen. So aber legen wir Wert darauf, daß die Berliner Bevölkerung auch die vergangene und gegenwärtige gesamtpolitische Haltung der Parteien prüft und sich dann entscheidet.

Uns, die Männer und Frauen der Union, trennt immerhin einiges vom Liberalismus. Wir sehen in ihm für unser verarmtes und enteignetes Volk ordnende Kraft nicht mehr lebendig. Er hat auch schon in der Vorhitlerzeit keine zusammenfassende parteibildende Kraft mehr bewiesen.

Von der SPD trennt uns neben manchem anderen nicht zuletzt die Erkenntnis, daß sie noch nicht die Entschlossenheit aufgebracht hat, den Trennungsstrich zur marxistischen Lehre zu ziehen. Gerade in diesen Tagen erst las ich in einer bedeutenden Schweizer Zeitung einen sorgenerfüllten Aufsatz über die Verwandtschaft zwischen Sozialdemokratie und Kommunismus in Wort, Schrift und Gebaren. Die Sorge um die Gefahr des linken Flügels in der Sozialdemokratie ist begreiflicher-

weise in der ganzen Welt lebendig. Dabei bin und bleibe ich der Überzeugung, daß gerade der gemeinsame Kampf in Berlin die große gemeinsame Läuterung für das Verhältnis der Parteien zueinander bedeutet. Denn nichts ist so wünschenswert, als daß gerade die beiden großen Parteien unseres Volkes – Union und SPD – gemeinsam das schwere Aufbauwerk einer neuen Volksordnung vollbringen. Ein Werk, das nur in loyaler Kameradschaft und Zusammenarbeit vollbracht werden kann.
Die Männer und Frauen der Union aber bitte ich: Gebt unseren politischen Willen weiter, wie wir ihn heute hier kundgetan. Wir, die Union, sind doppelt und dreifach auf die Mitarbeit unserer Menschen angewiesen. Wir sind nicht in der glücklichen Lage wie die SPD. Die über einen umfangreichen Presseapparat, über ausreichende Publikationsmöglichkeiten verfügt. Wir haben uns bis jetzt vergebens bemüht, eine uns gerecht werdende Papierzuteilung zu erreichen. Gewiß ist durch die Blockade die Papierbelieferung schwierig geworden. Aber das Papier, das hereinkommt, scheint eine merkwürdige Veranlagung zu haben: Es scheint sich mehr von dem Zeitungstrust der SPD als von dem bescheidenen Verlag unserer Union angezogen zu fühlen. Jedenfalls haben wir – die zweitstärkste Partei in dieser Stadt – und die stärkste in Deutschland – in Berlin kaum ein Siebentel der Publikationsmöglichkeiten, wie sie der SPD zur Verfügung stehen.
Verlassen wir uns deshalb um so mehr auf unsere eigene Kraft. Schließlich ist es ja auch Schicksal und Aufgabe des deutschen Volkes: Sein Leben aus eigenem Erkennen, aus eigenem Willen und aus eigener Kraft neu zu ordnen.
Unseren Freund Konrad Adenauer aber bitte ich von Herzen: Nehmen Sie die Erkenntnis und die Versicherung mit, daß Berlin für Deutschland steht. Daß es für Europa steht. Nehmen Sie unser dringliches Anliegen mit, daß der Westen, daß auch die Union des Westens das nie vergessen möge. Und nehmen Sie die Erkenntnis mit, daß wohl nirgendwo das Verlangen nach der Einheit Deutschlands so groß ist wie in Berlin und in der Ostzone.

## 42

*Rede in Berlin-Zehlendorf*
*29. November 1948*

Es ist totalitären Systemen besonders eigen, daß sie sich stets auf den Volkswillen berufen. Wer ihnen aber Glauben schenkt, erlebt schwerste Enttäuschung. Wir, die Deutschen, sind gerade in dieser Beziehung durch eine harte Schule gegangen. Hitler und Goebbels beriefen sich um so lauter auf den Volkswillen, je mehr sie ihn zu vergewaltigen entschlossen waren. Wagte es aber jemand, sich auf den echten Volkswillen zu berufen, dann schrie Goebbels: »Die Reaktion kriecht aus ihren Mauselöchern. Es muß zugeschlagen werden.« Und man schlug zu. Die Opfer des echten, des freiheitlichen Volkswillens im Dritten Reich wurden zahlreicher von Tag zu Tag. Sie sind zahlreich wie der Sand am Meer.
Heute erleben wir das gleiche Schauspiel. Nur die Symbole der Totalität haben gewechselt. An die Stelle des Hakenkreuzes sind Hammer und Sichel getreten.
Berlin versucht seine durch die Verfassung gebotene Pflicht zu erfüllen. Berlin hat Wahlen für ein neues Stadtparlament angesetzt. Berlin sucht sich aus der Manifestation eines echten Volkswillens heraus ein neues Stadtparlament zu geben. Was ist die Folge? Ein Tag übertrifft den anderen an Beschimpfungen der verantwortli-

chen Kräfte dieser Stadt. Ein Tag übertrifft den anderen an Drohungen für die Bevölkerung dieser Stadt. Ein Tag übersteigert den anderen in dunklen Ankündigungen über das Schicksal dieser unserer Stadt.
Wer will es uns übelnehmen, wenn wir jeden Tag stärker erkennen: Nationalsozialismus und Kommunismus sind verwandte Systeme. Wenn auch ihre Symbole gewechselt haben. Nicht einmal die Schimpfworte, mit denen diese Systeme ihre Gegner einzuschüchtern versuchten, haben sich geändert: Reaktionäre, Volksverräter, Imperialisten, Monopolkapitalisten. Es ist immer das gleiche. Und je mehr sie selber vom Wesen dieser Schimpfworte an sich tragen, um so lauter schreien sie auf den Gegner ein. Heute füllt das Schimpfwort »Spalter« die Seiten bestimmter Zeitungen. Wer hat Deutschland mit einem Zynismus sondergleichen gespalten? Und wer ist mit einer geradezu diabolischen Hartnäckigkeit dabei, unsere Stadt Berlin zu spalten? Mit einer Frivolität sondergleichen hat man in diesen Monaten die Berliner Bevölkerung von einer dramatischen Situation in die andere gehetzt. Man hat versucht, die Berliner Politik zu einem Chaos zu machen. Man hat das nicht erst getan, seit die Wahlen auf den 5. Dezember festgesetzt wurden. Das grauenhafte kommunistische Spiel um diese Dreimillionenstadt war längst vorher im Gange. Über Wunsch und Willen ihrer Menschen hinweg sucht man sie mit allen Mitteln der SED und ihren Trabanten in die Hände zu spielen. Man braucht gefügige Werkzeuge, damit Berlin im kommunistischen Spiel der Kräfte zur wirksamen Figur wird. Aber man ist mit Berlin ebensowenig erfolgreich wie mit Deutschland. Deshalb sucht man mit Berlin noch einmal das gleiche Spiel zu treiben wie mit Deutschland. Man spaltet.
Man vergewaltigt die Ostzone. Da man nicht Deutschland haben kann. Man sucht nun auch den Ostsektor unserer Stadt zu vergewaltigen. Da man nicht ganz Berlin haben kann. Man zerschneidet Stück um Stück die Lebensadern unserer Stadt Berlin. Mit einer Grausamkeit ohnegleichen dezimiert und sabotiert man das Verkehrswesen unserer Stadt. Man weiß, daß man damit der Dreimillionenbevölkerung das Leben in Dunkelheit und Kälte zu einer Last ohnegleichen machen kann. Aber Menschen – ihre Würde und ihr Schicksal – spielen in totalitären Systemen keine Rolle. Nur Kreaturen werden gebraucht. Man will den Menschen unserer Stadt das Leben zur Last machen. Sie sollen endlich in die Knie gezwungen werden. Man braucht die Ostzone, und man braucht Berlin als Vorhut für den Vormarsch des Weltkommunismus nach Westen. Man braucht Berlin und die Ostzone als strategischen Ausgangspunkt für die Auseinandersetzung mit der abendländischen Welt. Die Versuche, ganz Deutschland in den Bereich des kommunistischen Ostblocks hineinzubeziehen, sind fehlgeschlagen. Deshalb begnügt man sich vorerst mit der Ostzone. Um hier wirklich erfolgreich sein zu können, bedarf es nicht nur in der Ostzone der Vernichtung von Demokratie, Recht und Freiheit. Es bedarf auch der Vernichtung von Demokratie, Recht und Freiheit in Berlin. Es bedarf – in Kürze gesagt – der Aufrichtung der leninistisch-kommunistischen Herrschaft, wie sie Grotewohl für die Ostzone gefordert hat, auch für Berlin.
Berlin liegt eingebettet in die beiden unglücklichsten Gebiete unseres Nachkriegsdeutschland. Eines dieser Gebiete – das Land östlich der Oder-Neiße-Linie – steht unter fremder Verwaltung. Es ist zunächst annektiertes Land. Aber seine Vergangenheit ist deutsch. Sein Grund und Boden ist deutsch. Seine Städte sind deutsch. Ein Vertreter der Besatzungsmacht, dem ich von der mehr als tausendjährigen Vergangenheit dieses östlichen Landes sprach, entgegnete mir einmal: »Aber, Herr

Kaiser, was sind schon tausend Jahre?« Wir können nur sagen: Vor Gott sind sie gewiß wie ein Tag. Wir aber rechnen mit menschlichen Maßstäben in der Geschichte. Darum beharren wir darauf, daß tausend Jahre deutscher Arbeit, tausend Jahre zähen Fleißes und tausend Jahre schaffender Kraft die Fluren und Felder, die Städte und Dörfer des östlichen Deutschland zur unbestreitbaren Heimat der Menschen gemacht haben, die man mit brutaler Gewalt daraus vertrieben hat. Wir messen die Zeit mit menschlichen Maßstäben. Aber für Menschenwürde und Heimatrecht legen wir den Maßstab eines sittlichen Gesetzes an.
Und wir glauben, daß dieses ein Gesetz ist, das allein das Zusammenleben der Völker erträglich und fruchtbar machen kann.
Das Land zwischen Werra – Fulda – Elbe und Oder-Neiße ist kein annektiertes Land. Und doch hat ein fremdes System seine Hand darauf gelegt, als wäre es nicht deutsches Land. Die Ostzone wird fortschreitend zu einer Filiale des Leninismus gemacht. Unter Beihilfe, zum Teil unter Führung von Kommunisten deutscher Abstammung. Unter Beihilfe aber auch von blinden und schwachen Gefolgschaftsleuten, die sich heute ihrer Verantwortungen – weiß Gott – doch bewußt sein dürften. Denn gerade die letzten Monate waren ein Anschauungsunterricht über totalitäre Methoden und Ziele, wie sie fast die Erfahrungen unter Hitler noch übertreffen.
Nur mit Kopfschütteln kann man die sogenannten Friedensaufrufe der östlichen Protektionsgruppen lesen. Nur mit Erschütterung liest man das jüngste Machwerk des sogenannten Deutschen Volksrates: »Schließt Frieden mit Deutschland.« Jedermann in der Ostzone weiß heute, daß alle diese Friedensaufrufe und alle diese Friedensvorschläge nur die Fassade sind, hinter der sich die Volksdemokratie immer heimischer einzurichten sucht. Man ruft Frieden und sucht damit die Klagen der Bevölkerung zu ersticken, der man die letzten Reste an Freiheit vernichtet. Man ruft Frieden und läßt zugleich von sogenannten deutschen Kommunisten Deutschland das Recht auf seine östlichen Gebiete absprechen. Man begründet fremden Anspruch auf dieses Land mit dem grotesken Hinweis: Kurt Schumacher und Jakob Kaiser hätten das Recht auf dieses Land für die Deutschen verspielt. Sie hätten sich nämlich mit den Monopolkapitalisten des Westens verbrüdert. So hat es jedenfalls Walter Ulbricht in einem langen Machwerk im »Neuen Deutschland« zu begründen versucht. Man sollte meinen, nur totalitäre Apparate ohne menschliches Gehirn könnten derartige Phrasen ausbrüten. Deshalb lohnt es sich auch nicht, sich mit ihnen weiter auseinanderzusetzen.
Das Land jenseits der Oder-Neiße-Linie und die Ostzone sind die beiden Gebiete, in die Berlin eingebettet ist. Eine Insel der Freiheit, gemessen an dem Schicksal dieser beiden Gebiete. Aber keine Insel des Friedens. Der kalte Krieg bedroht sein Leben und seine Existenz. Die Urheber des kalten Krieges bedrohen seine Freiheit. Das Schicksal des östlichen Deutschland offenbart die Illusionspolitik der Alliierten. Man hatte sich der Einsicht verschlossen, daß totalitäre Systeme immer die gleiche Mentalität haben. Und daß ihr Verhalten sich im Grunde immer gleich bleibt. Daß es sich gleicht wie ein Ei dem anderen. Aus solcher Illusionspolitik heraus hat man dem Kommunismus die Möglichkeit gegeben, sich im Herzen Europas eine strategische Stellung auszubauen. Das Schicksal der Ostzone begann allerdings die Illusion nach und nach zu zerschlagen. Berlin aber brachte die letzte Seifenblase zum Platzen. An der Sturheit, der Frivolität, der Brutalität des Kommunismus in Berlin begann die Ernüchterung der Weltpolitik. Auf Berliner Boden wird sich klären, was aus dieser Ernüchterung für die Welt gewonnen wird.

Berlin ist zum Prüfstein für den Friedenswillen der Völker geworden. Es ist zum Prüfstein für die Völker geworden: Wieweit sie bereit sind, den Eigenwillen eines fremden Volkes zu achten. Auch den Eigenwillen eines besiegten Volkes, wie es das unsere ist. Diese Achtung wird ja erst der Beweis sein, ob es den Völkern Ernst war mit ihren Proklamationen über Freiheit, Würde und Selbstbestimmung aller Völker. Wir, die Union, haben uns Mühe gegeben, an die Ehrlichkeit dieser Proklamationen bei den Völkern des Westens und des Ostens zu glauben. Wir haben uns selbst dann noch Mühe gegeben, als von Osten her zynischer Täuschungswille immer offener hervortrat. Wir geben uns sogar heute noch Mühe, die Hoffnung nicht aufzugeben, daß in Rußland noch eine Spur von Achtung vor dem Schicksal unseres unglücklichen Landes vorhanden sein könnte. Wir geben uns diese Mühe, weil sich der gesunde Menschenverstand gegen die Möglichkeit sträubt: Es könnte der Welt ein noch schlimmeres Drama beschieden werden, als es das hinter uns liegende war. Aber jeder Tag scheint uns stärker die Einsicht bringen zu wollen: Man will Berlin Schritt für Schritt der Spaltung näher bringen. Auch der Gutgläubigste kann sich bald nicht mehr verhehlen, daß die Serie der Angriffe auf die Einheit Berlins von Tag zu Tag unerbittlich vermehrt wird. Wo bleibt – so fragen wir – die Autorität des Schiedsgerichtes der Vereinten Nationen? Herr Bramuglia kann nicht einmal die östliche Besatzungsmacht veranlassen, in ihren Terror- und Spaltungsmaßnahmen haltzumachen. Im Gegenteil: Die Sowjetunion versucht von Tag zu Tag weiter, die Basis der Auseinandersetzungen zu verändern. Sie sucht durch immer neue Spaltungsakte in Berlin die Welt vor immer neue Tatsachen zu stellen.
Wir Berliner haben – weiß Gott – keine Veranlassung zu allzu großem Optimismus. Nur die Vernunft, die Sorge um unser Volk, die Sorge um unsere Stadt gebietet uns, auch das fast Unmögliche noch für möglich zu halten. Wir halten mit Zähigkeit an der Einheit Berlins fest. Wir sind der Meinung: Wer Berlin, wer seine Verwaltung spalten will, der soll bei jedem Schritt auf unseren Widerstand stoßen. Für diesen Widerstand bedarf es des Mutes, der Unerschrockenheit der verantwortlichen Menschen. Die verantwortlichen Kräfte der Union haben diesen Mut und diese Unerschrockenheit bewiesen. Wir halten nicht zuletzt auch mit Zähigkeit an der Einheit fest, damit die wirklichen Spalter vor aller Welt voll und ganz entlarvt werden. Uns darf auch nicht der Hauch eines Vorwurfs treffen können, wir hätten die Einheit Berlins von uns aus auch nur an einer einzigen Stelle preisgegeben. Das ist mit der Sinn der mutigen Haltung unseres Freundes Friedensburg und unserer anderen Freunde in der Stadtverwaltung. Deshalb harren sie nach wie vor im Stadthaus aus. Und wir sind ihnen für ihre Unerschrockenheit dankbar.
Man soll deshalb auch ruhig aufhören, von der sogenannten schwankenden Politik der Union zu reden. Zähigkeit, Besonnenheit in der Verteidigung des Rechtes unserer Verwaltung im Stadthaus bedeutet kein Schwanken.
Wir haben auch unseren Kampf in der Ostzone mit Herz und Vernunft und in aller Mannhaftigkeit geführt. Unsere Politik in der Ostzone war eine geradlinige. Sie war eine Politik des Versuches, die tödlichen Schläge des Kommunismus, die der Ostzone zugedacht, immer wieder zu schwächen. Wir haben das vom ersten Tage an getan. Wir haben es getan – es muß das ab und zu ins Gedächtnis gerufen werden –, trotzdem uns die Vertreter anderer Parteien im Stich ließen. Das gilt vor allem für die erste Nachkriegszeit in allen Körperschaften, in denen wir den Kommunisten zu begegnen hatten. Manch einer, der heute den Mund etwas voll nimmt, schwieg sich aus, als er Ulbricht und Pieck oder auch den Repräsentanten der Sowjetmacht

unmittelbar gegenüberstand oder gegenübersaß. Während andere schwiegen oder den Kampf vom sicheren Hafen des Westens oder der Westsektoren Berlins aus führten, bin ich in Leipzig, in Weimar, in Görlitz, in Dresden für Freiheit und Recht in der Ostzone für die unbestrittene Deutschheit des Landes jenseits der Oder-Neiße-Linie eingetreten. Und ich kann nur sagen, was ich schon öfter gesagt habe: Ich würde den gleichen Weg auch heute noch einmal gehen. Ich würde allerdings auch das gleiche »Nein« sprechen, das ich an der Jahreswende 1947/48 zur Politik des Volkskongresses sprach.

Damit wir verstanden werden, sagen wir es vielleicht so: Kein Opfer ist zu groß und kein Weg zu schwer, um die Einheit Deutschlands, die Verbindung mit unseren Menschen in der Ostzone, die Verbindung mit unseren Menschen im Ostsektor zu wahren.

Nur ein Opfer darf nicht gebracht werden: Das ist das Opfer der politischen Überzeugung. Verantwortliche politische Kräfte können Demütigungen und Peinlichkeiten hinnehmen, um das Unglück und die Qual des eigenen Volkes zu lindern. Aber Charakter muß gewahrt werden. Wo er verlorengeht, wird gegen das sittliche Gesetz der Politik verstoßen. Wir, die Union, bekennen uns zu diesem sittlichen Gesetz in der Politik. Gegen dieses sittliche Gesetz fehlen aber nicht nur die, die sich charakterschwach erwiesen. Die größere Verfehlung liegt vielmehr bei denen, die politische Gruppen und Menschen so zu peinigen wissen, daß zumindest der eine oder andere schwach wird.

Die Wahlen am 5. Dezember sollen nicht zuletzt auch eine Demonstration für das sittliche Gesetz in der Politik sein.

Sie sollen eine Demonstration für Charakterstärke, Mut und Mannhaftigkeit in der Politik sein. Ein Vertreter der sowjetischen Besatzungsmacht hat einmal politischen Schwierigkeiten und Rücksichten gegenüber, die ich für Rußland als gegeben bezeichnete, erklärt: »Das sind ja alles nur Steinchen auf dem Wege der großen Sowjetunion.« Nun, es ist richtig: Die Sowjetunion ist über die Steinchen des Willens und des Charakters einer deutschen Bevölkerung rücksichtslos hinweggegangen. Sie hat manchen dabei zerbrochen. Die 17 oder 18 Millionen Deutsche in der Ostzone können kaum mehr einen eigenen politischen Willen zum Ausdruck bringen. Es sieht aus, als sähe man auch in den drei Millionen Menschen dieser Stadt nur kleine Steinchen. Aber diese Steinchen sind Menschen, die einen politischen Willen haben. Sie werden diesen ihren Willen immer wieder so klar, so eindeutig, so stark zum Ausdruck bringen, daß die Welt ihn hört. Ihr Wille hat diese Steinchen zu einem Felsen gemacht. Zu einem Felsen der Freiheit, des Rechtes und der menschlichen Würde. Man kann gewiß versuchen, diesen Felsen ins rote Meer zu versenken, das die Stadt umgibt. Aber man muß wissen, daß die Wellen, die er schlagen würde, die Welt in neues Unheil stürzen könnte. Wenn nicht heute, dann morgen oder übermorgen.

Wenn alle Mittel der Politik versagen, müßte ein neues Unheil für die Völker drohen. Wehe dem, der dieses Unheil verursacht. Das Schicksal, das die Geschichte allen denen bereitet hat, die Freiheit und Würde hohnsprachen, ist eine Warnung. Keiner kann sie überhören, der die Weltkatastrophe des letzten Jahrzehntes miterlebt hat. Es ist unsere Hoffnung, daß die Welt sich fünf Minuten vor zwölf doch noch der Vernunft zuwendet.

Die Wahl am 5. Dezember ist eine Demonstration der Vernunft. Sie ist eine Demonstration gegen jede Gewalt. Sie ist eine Demonstration für die Freiheit, für die

Einheit unserer Stadt. Sie ist ein Bekenntnis zu der Aufgabe unserer Stadt. Der Kampf für Freiheit, Recht und Würde ist zugleich eine Ermutigung für die Ostzone. Und er ist nicht zuletzt auch eine Ermutigung für unsere Flüchtlinge von jenseits der Oder-Neiße-Linie. Denn zu den Menschheitsideen des Rechtes und der Würde gehört auch das Heimatrecht der Völker. Ihr Recht auf den angestammten Boden.
Ich habe den Sinn der Wahlen wiederholt als Frage an die Berliner gedeutet: Ich tue es auch hier. Es ist die Frage nach der Zukunft der Stadt: Wollt Ihr die unfreie Hauptstadt einer unfreien Ostzone werden? Oder wollt Ihr durch Euren Mut, durch Eure Entschlossenheit unserer Stadt die Legitimation geben, künftig freie Hauptstadt eines freien Deutschland zu sein?
Die Beantwortung der Frage kann uns nicht schwer werden. Ein freies Berlin läßt auch die Ostzone niemals in restlose Unfreiheit versinken. Das wissen die Menschen der Ostzone. Deshalb hängen sie mit allen ihren Hoffnungen an einem freien Berlin. Ein freies Berlin stärkt die Hoffnung auf ein geeintes, freies Deutschland.
Wir stehen heute vor dem völligen Zusammenbruch der alliierten Zusammenarbeit. Die Umgestaltung, die Neugestaltung unseres Lebens ist uns bis jetzt weder auf demokratischer noch auf friedlicher Grundlage ermöglicht worden. Das aber sollte nach dem Potsdamer Abkommen mit der Sinn der Besatzungspolitik in Deutschland sein. Die Zusammenarbeit der Alliierten ist zusammengebrochen. Von Konferenz zu Konferenz wurde das deutlicher. Berlin ist der Platz, an dem dieser Zusammenbruch am stärksten offenbar wurde. Wir erleben die Folgen am eigenen Leibe. Wir erleben den skrupellosen Einsatz, den der Osten wagt, um Berlin gegen den Westen auszuspielen. Der Appell an die Vereinten Nationen, Schiedsrichter über das Schicksal Berlins zu sein, wurde zum äußeren Zeichen der Bankrotterklärung der Besatzungspolitik. Uns bewegt dieser Vorgang nicht deswegen, weil wir irgendwie an den machtpolitischen Auseinandersetzungen der Weltmächte interessiert sein könnten. Uns bewegt dieses Geschehen, weil es dabei um das Leben Berlins und um das Leben Deutschlands geht. Uns bewegt dieses Geschehen, weil es nunmehr restlos klar ist: Die Welt ist in zwei Teile gespalten. Und die Demarkationslinie zwischen den beiden Welten geht mitten durch unser Land. Durch das besetzte Deutschland. Das bewegt uns tief. Es bewegt uns, die Union, vor allem. Weil die Politik der Union stets darauf gerichtet war, diese Teilung verhindern zu helfen.
Der destruktive Wille des Kommunismus ist aber seinen skrupellosen Weg gegangen. Es hat wenig Zweck, immer wieder auf die Unbegreiflichkeit der politischen Illusionen der Westmächte hinzuweisen. Obwohl es nicht ohne Bedeutung ist, daß sogar Winston Churchill sie freimütig zugibt. Diese Erkenntnisse haben aber nur einen Sinn, wenn die westliche Welt entschlossen die Konsequenzen aus diesen Erkenntnissen zieht. D. h., es darf in der Politik der Westmächte Deutschland gegenüber kein langes Hin und Her mehr geben.
Man hat sich dazu entschlossen, Deutschland die Möglichkeit zu geben, durch den Parlamentarischen Rat in Bonn eine Verfassung vorzubereiten. Das natürliche Recht eines jeden Volkes – ob siegreich oder besiegt – sollte nach der Atlantik-Charta die Gestaltung seines eigenen innerstaatlichen Lebens sein. Die von Frankreich proklamierten Menschenrechte sehen das von alters her als selbstverständlich vor. Man sollte deshalb aufhören, immer noch in die letzten Zellen innerdeutschen Lebens hineinreden zu wollen. Dieses unser Anliegen richtet sich nicht zuletzt immer wieder auf Frankreich. Wir wissen, daß wir Bürgschaften zu geben haben, um

Vertrauen zu gewinnen. Deshalb lehnen wir ja auch eine einseitige Machtkonzentration in den Händen einer Zentralregierung ab. Diesen eigenen deutschen Erkenntnissen sollte man nun wirklich auch vertrauen. Und nicht immer erneut wieder nach übermäßiger Lockerung des zu schaffenden Staatswesens verlangen. Es muß das ja schließlich doch die besten deutschen Kräfte entmutigen. Kräfte, die in ehrlichster Bereitschaft auf Verständigung bedacht sind. Wenn das deutsche Staatswesen, das von Westen her Gestalt gewinnen soll, Dauer – wenn es wirklich Anziehungskraft für ganz Deutschland gewinnen soll – muß es den Stempel wahrhaften deutschen Eigenwillens tragen, nicht aber den Stempel der Bevormundung.
Am 15. Dezember soll das Verfassungswerk in Bonn abgeschlossen sein. Es wird und soll die erste Stufe für die Mündigwerdung des deutschen Volkes sein. Es soll der erste Schritt auf dem Wege zur Bildung einer deutschen Regierung sein. Diese Regierung wird nur wirksame Autorität für Gesamtdeutschland haben, wenn nicht Meinungsverschiedenheiten der Besatzungsmächte in den Westzonen – Einsprüche und Hemmungen – von vorneherein diese Autorität mindern. Die zu bildende Regierung muß Autorität genug haben, für ganz Deutschland zu sprechen. Sie darf nicht dem Schicksal des Mißtrauens und der Ansehensminderung verfallen, das man Regierungen der Weimarer Zeit hartnäckig bereitet hat.
Vergleichbar ist unser Anliegen auf wirtschaftlichem Gebiet. Der deutsche Westen soll gesunden. Nur durch seine Gesundung werden die Potemkinschen Dörfer wirkungsvoll entlarvt, die kommunistische Propaganda der Welt noch immer vorzugaukeln versucht. Deshalb muß vor allem auch endgültig Schluß sein mit weiterer offener und versteckter Demontage des deutschen Industrieapparates. Französische Einsprüche gegen allzu schnelle wirtschaftliche Gesundung Westdeutschlands bedeuten immer wieder materielle und seelische Hemmungen für unser Volk. Hemmungen, die schließlich nicht nur für Deutschland, die für einen weit größeren Völkerbereich gefährlich und verderblich sein können.
Nur eine Deutschland- und Europapolitik, die von Westdeutschland her wirkliche Anziehungs- und Überzeugungskraft auf das östliche Deutschland ausströmen läßt, kann den totalitären Willen des Kommunismus besiegen helfen.
Es ist kein Schlagwort, daß Deutschland in dieser Periode europäischer Geschichte für die abendländische Welt steht. Soll Deutschland auch nur irgendwie erfolgreich sein, dann muß diese abendländische Welt den Beweis erbringen, daß es ihr Ernst ist mit der Solidarität ihrer Völker. Dann kann diese Welt nicht eingeteilt sein in Völker erster und zweiter Klasse. Dann darf es nur eine Rangstufe – nur eine Gemeinschaft geben. Die Rangstufe, die Gemeinschaft freier, friedlicher und schaffender Völker. Zu ihnen will das deutsche Volk gerechnet werden.
Das alles sind Vorbedingungen für das Werden einer gesunden demokratischen Basis in Deutschland. Auf dieser Basis müssen wir beharren, wenn der Kampf von Berlin einen Sinn haben soll.
Deshalb wollen wir unsere Wahlen am 5. Dezember auch gedeutet wissen als Forderung Berlins nach Gleichberechtigung Deutschlands im Kreis der abendländischen Völker.
Wahlen sollen aber nicht zuletzt auch Gewissenserforschungen für die Parteien sein, die sich dem Volke zur Wahl stellen. In einer gefestigten Demokratie sollen sie eine Rechenschaftsablegung der Parteien sein. Nun kann man – weiß Gott – in Berlin nicht von einer gefestigten Demokratie reden. Wir stehen vielmehr in der Verteidigung ihrer kümmerlichsten Anfänge. Diese Verteidigungsstellung haben

drei Parteien gemeinsam bezogen. Das sollte die Parteien zu einer Disziplin zwingen, die sie ihre Auseinandersetzungen auf einer höheren Ebene führen läßt. Zu einer Disziplin, zu einer Sachlichkeit, die frühere Perioden einer unfertigen Demokratie in Deutschland oft vermissen ließen.
Es ist nicht allen Parteivertretern in diesen Tagen der Wahlvorbereitung gelungen, die höhere Ebene zu wahren. Dieser oder jener hat einen falschen Zungenschlag gehabt. Ich denke dabei nicht zuletzt an Herrn Ollenhauer, den zweiten Vorsitzenden der Sozialdemokratischen Partei Deutschlands. Ollenhauer hat erklärt: »Berlin bleibt rot.« Mir ist nach dieser Erklärung mancher erschrockene Berliner begegnet. Rot kann doch nicht die Farbe der Berliner sein. Die rote Fahne weht über der Vergewaltigung der Ostzone. Sie weht am Eingang des Ostsektors als mahnendes Zeichen: Hier beginnt der Bereich der Unfreiheit. Rot ist die Farbe des Klassenkampfes, des Willens zur Diktatur des Proletariates, wie ihn Marx verkündete.
Will man es uns nach dieser Erklärung von Herrn Ollenhauer noch übelnehmen, wenn wir besorgt auf die verwandtschaftlichen Beziehungen zwischen SPD und KPD hinweisen. Eine Verwandtschaft übrigens, die sich in allen Ländern des marxistischen Ostens verhängnisvoll ausgewirkt hat. Und nicht nur im Osten. Auch in anderen Ländern. In Italien. Auch bei uns in der Ostzone und in Berlin. Wir erklären deshalb mit aller Leidenschaft: Die Wahlen am 5. Dezember haben auf jeden Fall den Sinn, daß Berlin nicht rot wird. Wir wollen kein rotes Berlin. Wir wollen ein freies Berlin. Wir wollen ein Berlin, das politisch, sozial und wirtschaftlich weit abrückt von dem grausamen kommunistischen Experiment, das die Ostzone über sich ergehen lassen muß. Und das heute auch Berlin bedroht.
Mit einigem Staunen habe ich gerade in diesem Zusammenhang bestimmte Ausführungen von Carlo Schmid in SPD-Kundgebungen gelesen. Er hat nach Zeitungsmeldungen die Ausführungen von Schumacher auf dem Parteitag in Düsseldorf aufgegriffen. Er sagte: »Wer in Berlin die Reaktion wählt, stärkt die Fünfte Kolonne im Westen.« Die SPD hat wiederholt erkennen lassen, daß sie in Konrad Adenauer die Verkörperung der Reaktion sieht. In Berlin steht nun nicht Konrad Adenauer, sondern u. a. Jakob Kaiser zur Wahl. Ich frage nun: Wie stellt sich Carlo Schmid die Reaktion in Berlin vor? Oder sollte er an die Liberaldemokraten gedacht haben? Nun, die habe ich nicht zu verteidigen. Was aber Konrad Adenauer angeht, so habe ich schon in unserer Kundgebung in Charlottenburg darauf hingewiesen: Nur wer einen durch Herkommen, Landschaft und Reife geformten konservativen Grundzug mit Reaktion gleichsetzt, sieht in Adenauer den Reaktionär. Wir aber halten gerade in Zeiten, da alles zu stürzen droht, einen gesunden konservativen Zug für notwendig. Wir bejahen einen gesunden konservativen Zug in einer Zeit, die mit dem Bösen auch so manches Gute zu stürzen sucht. Wir werden dafür sorgen, daß sich in der Union der Wille zu konservativem Bewahren in gesunder, in positiver Weise mit dem Willen zum Fortschritt verbindet.
Erschüttert hat mich der Satz von Carlo Schmid: »Wer die SPD wählt, befreit uns von Erhard und damit von der kommunistischen Gefahr.« Wir sind gewiß nicht mit jeder Einzelheit der Wirtschaftspolitik im Westen einverstanden. Aber die Lockerung der einfach nicht mehr tragbaren bürokratischen Zwangswirtschaft hat dem Kommunismus immerhin weit mehr das Wasser abgegraben als alle Negationen und Obstruktionen der SPD, wie sie von Hannover ausgehen. Die Ausführungen von Carlo Schmid sind um so erstaunlicher, als die SPD im Westen erneut ihre Beziehungen zur KPD auffrischt. In belangreichen Städten des Westens kamen die

neuen sozialdemokratischen Oberbürgermeister nur durch ein Zusammengehen von Sozialdemokraten und Kommunisten in ihr Amt. Das muß ganz selbstverständlich zu Abhängigkeiten von den Kommunisten führen, die – weiß Gott – nicht begrüßenswert sind. Zu Abhängigkeiten von denselben Kommunisten, von denen Kurt Schumacher wiederholt erklärte, daß er sich nicht mit ihnen an einen Tisch setze. Da die KPD keine deutsche Partei sei.

Wir wollen ein Berlin, das sich allerdings auch nicht dem anderen Extrem – dem Liberalismus – in die Arme wirft. Berlin hat die rechte Mitte zwischen den Extremen zu wählen. Die Erfahrungen der Ostzone und der Kampf um die eigene Freiheit werden Berlin zu der richtigen, zu der vernünftigen Mitte führen. Zu der Mitte, die Freiheit des persönlichen Lebens zu verbinden weiß mit den sozialen Verantwortungen und den sozialen Bindungen, die jede Volksordnung ihren Menschen auferlegt. Die vor allem eine Ordnung auferlegt, wie sie dem deutschen Volke nun einmal durch Armut, Not und Enteignung gesetzt ist.

Will Berlin Anspruch auf die Hauptstadt eines neuen Deutschland erheben, dann hat es im wahrsten Sinn des Wortes eine Stadt der politischen und der sozialen Mitte zu werden. Denn nur so kann es beispiel- und richtunggebend für ganz Deutschland sein.

Wir, die Christlich-Demokratische Union, haben keine Parteifahne und keine Parteifarbe. Wir haben aber eine Parteiparole. Sie heißt: christlich, deutsch, demokratisch und sozial.

Es möge niemand Angst haben vor dem Wort »christlich«. Die landläufigen Widerlegungsversuche, wie man sie oft von Sozialdemokraten oder Liberalen hört, verschlagen heute nicht mehr. Kein Mensch denkt an eine Vermischung von Religion und Politik. Niemand von uns will aus der politischen Arena ein kirchliches Forum machen. Wohl aber bestimmt die Idee des christlichen Abendlandes, die Idee vom Recht, von der Freiheit und von der Würde der Persönlichkeit das Gesetz unserer Partei. Diese Idee gibt unserem Kampf gegen den Kommunismus den tiefsten Sinn. Hat nicht diese Idee in anderen Ländern ihre stärkste Kraft gegen den Kommunismus bewiesen? Man denke z. B. an Italien. Dort bilden die christlichen Demokraten den stärksten Wall.

Wer die Ostzone und Berlin erlebt hat, weiß, daß das Bekenntnis zum Gesetz des christlichen Abendlandes kein Schlagwort ist. Das sollte sich auch die SPD merken. In der Ostzone lebt dieses Gesetz stärker denn je als Sehnsucht in den Herzen ihrer Menschen. Für Berlin aber umschließt es die Welt, für die wir kämpfen: die abendländische Welt mit ihrer ehrwürdigen, mit ihrer geheiligten, ihrer kulturgesättigten Tradition.

Wir bekennen uns betont als eine deutsche Partei. Dieses Wort ist in der Problematik unserer Tage etwas in den Hintergrund getreten. Im Kampf gegen die Vertreter des Kommunismus erhält dieses Wort wieder seinen tieferen Sinn. Wir wollen keinen fremden Ideen dienen, wie sie es tun. Wir wollen einen eigenen, einen deutschen Weg für unser Volk. Fremde Schablonen scheinen uns nun einmal von Unheil zu sein.

Und noch ein weiteres Bekenntnis: Deutschland muß wieder aus seinem Schattendasein heraus. Deutschland muß wieder Gestalt annehmen. Wir, die Berliner, stehen dafür, daß unser Volk mehr und mehr Zonen- und enges Länderdenken überwindet. Bei aller Anerkennung der Länderrechte und des Länderwillens: Es geht nicht in erster Linie um Bayern, um Baden, um Nordrhein-Westfalen usw. Es geht um Deutschland. Dieses Bewußtsein in unserem Volk wieder zum Leben zu erwekken, ist mit die Aufgabe von Berlin. Denn Berlin erlebt in seinen Mauern das Schicksal von Deutschland. Deshalb ist die Stadt berufen, dieses Schicksal an erster Stelle meistern zu helfen. Als Hauptstadt eines neuen, eines geläuterten Deutschlands.

Unseren demokratischen Willen brauche ich nicht zu erläutern. Wir beweisen ihn in erbittertem Kampf um das Recht des freien Staatsbürgers hier in Berlin. Wer den Kampf um Demokratie führt, der theoretisiert nicht mehr. Der handelt.

Und sozial: Wir wollen keinen Klassenkampf und keine soziale Rückständigkeit. Klassenkampf ist der Todfeind der Demokratie. Wir wissen aber auch, daß die deutsche Demokratie nur Bestand haben kann, wenn sie zu einer entschlossenen sozialen Linie fähig und bereit ist. Es gibt für keine Schicht, für keinen noch so exklusiven Kreis in unserem Volk die Möglichkeit, sich an sozialen Erfordernissen vorbeizudrücken. Es gibt keine Möglichkeit, die Augen davor zu verschließen, daß wir ein Volk der armen Leute geworden sind. Ein Volk, das sich nur mit Anwendung letzter Kraft und mit dem Auf-sich-Nehmen schwerster Entbehrungen vor der gänzlichen Proletarisierung retten kann. Es gibt kein Ausweichen vor dem deutschen Schicksal. Es muß in letzter sozialer Entschlossenheit getragen und gemeistert werden. Auch zu dieser sozialen Entschlossenheit hat die Wahl am 5. Dezember ein Bekenntnis zu sein.

Und nun bitte ich Sie, geben Sie diesen unseren Willen weiter an jeden, dem Sie begegnen. Wir sind nicht in der glücklichen Lage, über so ausgedehnte Pressemöglichkeiten zu verfügen, wie die SPD. Wir haben nur ein Siebentel von den publizistischen Möglichkeiten, die der SPD zur Verfügung stehen. Es ist uns bis jetzt noch nicht gelungen, eine Änderung zu erreichen.

Besinnen wir uns deshalb um so mehr auf unsere eigene Kraft.

Die Wahlen am 5. Dezember werden in die deutsche Geschichte eingehen. Lassen Sie es unsere Sorge sein, daß künftige Generationen mit Stolz und mit Dankbarkeit zugleich des Mutes und der Entschlossenheit unserer Generation gedenken. Die Welt weiß: Die Tage der Berliner sind hart. Sie soll erfahren, daß ihr Wille zur Freiheit noch härter ist.

## 43

*Vier Jahre zwischen Krieg und Frieden*
*Parteitag des Landesverbandes Berlin der CDU, 3. April 1949*

Von den großen westlichen Demokratien ist schon während des Krieges viel vorbereitende Arbeit für die künftige Gestaltung des Friedens versucht worden. Man wollte den Völkern keinen improvisierten Frieden bereiten. Man wollte Probleme vermeiden, wie sie die Zeit nach dem Ersten Weltkrieg einschloß. Was ist daraus geworden? Ganz gewiß hat man unserem Volk keinen improvisierten Frieden präsentiert. Wir erhielten überhaupt noch keinen Frieden. Vier Jahre nach Kriegsende haben weder Deutschland noch Österreich nahe Aussicht auf einen Friedensvertrag. Damit ist ihnen noch immer die feste Grundlage vorenthalten, die sinnvollen Neubeginn überhaupt ermöglichen kann. Österreich hat uns allerdings eines voraus: Es hat eine Regierung. Wir dagegen stehen noch heute . . . in dem für ein Volk so erschreckenden Vakuum der Regierungslosigkeit.

Die Wochen, die den Zusammenbruch des Hitlersystems begleiteten, die Monate, die seiner Kapitulation folgten, schlossen für Deutschland ein fast apokalyptisches Geschehen ein. Sie machten Deutschland zu dem Niemandsland, das es im Grunde heute noch ist. Aber die Monate damals trugen doch auch Keime der Hoffnung in sich. Nicht zuletzt für die Männer und Frauen, die die Ideale eines freien, selbstbewußten, dem Frieden dienenden Volkes nie verleugnet hatten. Die diesen Menschheitsidealen auch unter der Diktatur die Treue gehalten und ihnen unter Lebensgefahr gedient hatten.
Es war ermutigend, wie schon in den ersten Monaten – nicht zuletzt auch in dieser unserer Stadt – eigene politische Kräfte Aufbauarbeit für ein neu zu ordnendes Deutschland zu leisten suchten. Zwar war uns Deutschen die politische Arbeit zunächst nur getrennt voneinander in vielfach recht willkürlich konstruierten Ländern gestattet. Aber überall da, wo das politische Leben nicht gewaltsam gehemmt oder behindert wurde, zeigten neu entstehende Parteien immerhin ordnenden und gestaltenden Willen. Bei den ersten Wahlen für Gemeinde- und Länderparlamente ging die Höhe der Wahlbeteiligung weit über die Beteiligung in alten Demokratien hinaus. Ein Zeichen mehr dafür, daß sich unser Volk willig neuer politischer Gestaltung erschloß.

*Niemand kann unserem Volke Mangel an gutem Willen nachweisen*
Es war willig und aufbaubereit. Aber es konnte damit nicht die nun schon vier Jahre wahrende Tragödie unseres Landes wenden. Die Uneinigkeit der Besatzungsmächte über die deutsche Frage im Gegeneinander der Weltpolitik stand im Wege. Die Differenzen der Besatzungsmächte fanden ihren dramatischen Höhepunkt in der Blockade Berlins.
Gewiß: Auch nach dem Ersten Weltkrieg gab es für die Neuordnung deutschen Lebens Aufenthalte durch Interessenunterschiede unter den Alliierten. Auch damals gab es Versuche, die Ordnung des deutschen Staatswesens zu hemmen. Aber das konnte nicht hindern, daß sich schon wenige Monate nach Kriegsende ein neuer Staat herausbildete.
1945 aber mußte man bald erkennen, daß die Siegermächte trotz jahrelanger Planung doch nicht recht wußten, was man mit diesem Deutschland machen soll. Man hatte es in Zonen zerrissen. Und nun zeigte sich am Verhalten der Sowjetunion die ganze Tragik der Fehler, auf die man sich eingelassen hatte. Winston Churchill hat diesen Fehler vor kurzem noch in aller Offenheit bezeichnet.

*Der Fehler war: »Asien an die Elbe zu bringen«*
Einer der Mitarbeiter des Präsidenten Roosevelt in seinem sogenannten Gehirn-Trust hat in einer großen Veröffentlichung die verhängnisvollen Mißgriffe der Alliierten zusammengestellt. Die Klarheit dieser Darstellung hilft uns, den Deutschen, gewiß nicht unmittelbar. Aber sie kann helfen, die Welt weiter zur Besinnung zu bringen. Und das könnte dazu beitragen, daß auch wir in etwa weiterkommen. Als einer der entscheidenden Fehler wird die Politik bezeichnet, die Stalin alles auslieferte, was er forderte. Ohne darauf zu achten, daß man es schließlich mit dem Repräsentanten einer kommunistischen Welt zu tun hatte. Diese Politik, deren Höhepunkt die Jalta-Konferenz im Februar 1945 gewesen ist, habe zu dem Ergebnis geführt, unter dem heute die Welt leide. Die Atlantik-Charta, die Proklamation der vier Freiheiten, der Freiheit von Furcht, Hunger, Meinungs- und Gewissenszwang,

seien »zu einem lachhaften Popanz« geworden. »Lachhafter Popanz«, das sind ... die Worte eines Amerikaners vier Jahre nach Kriegsende.
Die Welt hat sich heute mit den Folgen dieser Politik auseinanderzusetzen. Wir selbst laufen bei solchen Betrachtungen zwar Gefahr, daß wir erneut durch die Zeitung der amerikanischen Militärregierung, durch »Die Neue Zeitung«, in unsere Schranken gewiesen werden. In die Schranken der Politiker eines besiegten Volkes, die über das Schicksal ihres Landes weder gefragt werden noch den Mund von selbst aufzumachen haben, sondern die – so wurde es mit einem deutlichen Hinweis auf die Lebensmittel-Importe gesagt – sich ruhig und würdig zu benehmen haben. Wir müssen das zu dem übrigen buchen, was ein unglückliches Land einzustecken hat.
Wir müssen für uns nicht nur die Freiheit, sondern auch die Verpflichtung in Anspruch nehmen, für unser Volk zu sprechen. Wir glauben, dieses Recht allein schon von der Tatsache ableiten zu dürfen, daß uns auch in den letzten 15 Jahren die vier in der Atlantik-Charta verkündeten Freiheiten nicht minder am Herzen lagen als den Verkündern. Auch wir haben für diese Ideale gekämpft und gelitten.
Der Osten unseres Landes wurde in diesen vier Jahren zum Feld östlicher Bolschewisierungsmaßnahmen und ist heute vollständig verelendet. Das westliche Deutschland traf ein weniger schweres Geschick. Zudem: Die Stabilisierung seines politischen und wirtschaftlichen Zustandes erschien den Westalliierten in ihrer Auseinandersetzung mit der kommunistischen Weltgefahr alsbald als ein notwendiger Faktor europäischer Politik. Deshalb nicht zuletzt die Einbeziehung der Westzonen in die Maßnahmen des Marshallplanes. Und deshalb die endliche Ermöglichung staatlicher Zusammenfassung des westlichen Deutschland unter Einfluß von Berlin.
Man versucht, mit Hilfe des Marshallplanes Westdeutschland wieder die Ernährungsgrundlage zu geben, die Voraussetzung für produktive Arbeit ist. Dabei darf man nicht übersehen, daß durch diese Hilfe auch die Schäden auszugleichen sind, die nicht nur der Krieg, sondern auch die Nachkriegspolitik in Deutschland zur Folge hatte. Ich erinnere nur an das Ausmaß der Demontagen.
Und schließlich erleben wir noch heute

*Rückschläge in der Behandlung Deutschlands*
Ich erinnere an das Ruhrstatut. An die schmerzlichen Rückschläge, die die sogenannten Grenzberichtigungen im Westen bedeuten. Wer unsere Einwände dagegen zurückweist oder sie kritisiert, der weiß nicht um die deutschen Hoffnungen, die sich an das Freiheits- und Gerechtigkeitsideal einer neuen europäischen Gemeinschaft klammern. Wer solche Hoffnungen zurückstößt, verkennt das vertrauende Solidaritätsgefühl, das nicht zuletzt aus dem Kampf der Berliner Bevölkerung gegen neue Bedrohung der Freiheit erwachsen ist.
Es mag einmal der völkerrechtlichen Diskussion überlassen bleiben, die Frage zu beantworten, ob nach der Kapitulation im Mai 1945 der deutsche Staat weiterbestand oder ob er erst neu gebildet werden muß. Das deutsche Volk in seiner Gesamtheit war jedenfalls da und ist da. Und diesem Volk hätte so schnell wie möglich eine Regierung gegeben werden müssen. Ich bin nach wie vor der Meinung, daß es – wenn nicht 1946 schon, so doch 1947 – zur Bildung einer nationalen Repräsentation hätte kommen müssen. Oder mit Zustimmung der Alliierten sogar zur Bildung einer provisorischen deutschen Regierung in Berlin.

Hätte dann der Kommunismus trotzdem seine Attentate auf die deutsche Einheit und Freiheit verübt, so wäre sein destruktiver Wille nur noch schneller entlarvt worden. Die Regierung aber hätte notfalls dann immer noch den Weg in freieres deutsches Gelände finden können. Deutschland hätte dann aber eine Repräsentation gehabt, deren gesamtdeutsche Geltung niemand hätte bestreiten können. Das deutsche Volk – einschließlich der Bevölkerung der Ostzone – hätte einen Anhaltspunkt gehabt. Es bleibt ein Versagen der Führung der SPD, und es bleibt nach meiner Überzeugung ein Fehler der Alliierten insgesamt, daß weder der eine noch der andere dieser Wege beschritten wurde. Wahrscheinlich hätte eine Persönlichkeit wie Friedrich Ebert, der 1918/19 in vergleichbar schwieriger Situation in raschem Zug über die parteipolitische Enge hinauswuchs, in Zusammenarbeit mit den anderen politischen Kräften zu handeln gewußt.
Ich meine selbstverständlich nicht den Epigonen Ebert, der heute mit dem Namen seines Vaters Mißbrauch treiben läßt. Entschuldigend für Hannover läßt sich allerdings sagen, daß die erste Nachkriegsschicht der sozialdemokratischen Führer in Berlin und in der Ostzone die Partei in eine schwierige Situation gebracht hatte. In verhängnisvoller Weise betört, bildete diese Schicht mit den Kommunisten die Sozialistische Einheitspartei, die heute das Unglück der Ostzone ist. Gewiß trat in Berlin eine neue sozialdemokratische Führungsschicht nach vorne. Aber vielleicht war es gerade die Erfahrung mit der Labilität der Grotewohl und Genossen, von der sich die SPD zu engerer parteipolitischer Abschließung gedrängt fühlte. Vielleicht liegt darin einer der Gründe, daß sich die SPD so stur der Bildung einer nationalen Repräsentation versagte. Um so entscheidender ist jetzt die Haltung der SPD zum Grundgesetz in Bonn. Im langen Hin und Her der Parteien untereinander, und im Hin und Her zwischen Deutschen und Alliierten ist das Schicksal des Grundgesetzes in diesen Tagen in das entscheidende Stadium eingetreten.
Lassen Sie es mich dabei noch einmal sagen: Wir werden uns immer wehren, die durch die sowjetische Haltung verursachte Spaltung Deutschlands als Faktum hinzunehmen. Wir erkennen an, daß die Brüsseler Tagung der Europäischen Union die Selbstverständlichkeit künftiger deutscher Einheit feierlich proklamiert hat.

*Deutschland kann wirtschaftlich nur als Einheit gesunden*

Es kann seine politische Aufgabe in einem geordneten Europa nur als Einheit erfüllen. Eine bleibende Zerreißung Deutschlands würde einen Unruheherd sondergleichen schaffen. Ein zerrissenes Deutschland wäre ständig abhängig von der Hilfe anderer. Ein materiell und geistig verkümmertes Land.
Deshalb mußte der Weg beschritten werden, der bei der aggressiven Haltung des Kommunismus heute als die beste Gewähr erscheint, dieser Einheit den Weg zu bereiten. Der Umweg über Bonn. Die Neuordnung des deutschen Staates vom Westen her. Nicht aber die Bildung eines westdeutschen Staates.
Erklären wir es feierlich: Wir wollen keinen westdeutschen Staat. Wir verlangen von allen verantwortlichen deutschen Politikern, daß sie endlich das Wort »Weststaat« aus ihrem Wörterbuch streichen. Wir wollen einen deutschen Kernstaat, der durch den Einschluß Berlins seinen gesamtdeutschen Charakter beweist. Der in seinem Planen und Handeln der Ostzone stets eingedenk ist. Der ihren Menschen das Bewußtsein gibt: Dort, wo die kommende Regierung des deutschen Kernstaates sich bildet, dort schlägt das Herz Deutschlands. Und es schlägt verantwortlich für das gesamte deutsche Volk.

Deshalb lag und liegt uns auch so sehr an der Einbeziehung Berlins in den künftigen Kernstaat. Unsere Stadt fühlt buchstäblich am eigenen Leibe, was die Spaltung Deutschlands bedeutet. Der Potsdamer Platz, das Brandenburger Tor sind heute von fast gleicher schicksalhafter Bedeutung, wie der Schlagbaum von Marienborn. Um so erwartungsvoller sind die Berliner Augen auf die staatspolitischen Entwicklungen in Westdeutschland gerichtet. Wir mußten annehmen, daß unsere Stadt nach ihrem Kampf gleichberechtigt an der staatlichen und wirtschaftlichen Neuordnung teilnehmen konnte. Aber der Einspruch der Alliierten hat uns eines anderen belehrt. Berlin soll bis auf weiteres nur Gastrecht haben. Wir brauchen nicht zu verhehlen, daß dieser alliierte Beschluß tiefe Enttäuschung bei uns hervorgerufen hat. Wir wissen, der Kampf Berlins hat trotzdem seinen Sinn. Jeder Widerstand, der dem Kommunismus entgegentritt, hemmt seinen brutalen Zugriff auf weitere Gebiete. Wir wissen, daß die Haltung Berlins dazu beigetragen hat, die kommunistischen Strategen in schwere Verlegenheit zu bringen. Die geheimnisvollen Umstellungen in Moskau sind ein Zeichen mehr dafür. Deshalb: Ob der Berliner Kampf seine unmittelbare politische Anerkennung findet oder ob er sie noch nicht findet: Er behält seine Bedeutung, die, wenn nicht heute, so doch bestimmt morgen ihre volle Anerkennung finden wird.
Dabei kommt es letzten Endes auch auf die Stärke, auf die Entschlossenheit und auf die Vernunft der weiteren Berliner Politik an. Auf ihre lokale und auf ihre gesamtdeutsche Politik. Ich bin der Meinung, daß das politische Gewicht Berlins für die Entfaltung deutscher Selbstregierung einfach notwendig ist. Denn das Dabeisein Berlins wird auf jeden Fall bewirken, daß Westdeutschland darauf bedacht bleibt, für Gesamtdeutschland zu stehen. Berlin wird sozusagen

*das gesamtdeutsche Gewissen im deutschen Kernstaat sein*

Es liegt im deutschen und im europäischen Interesse, daß das Grundgesetz von Bonn endlich zustande kommt. Es ist schon zu viel Zeit verloren. Niemand wird leugnen, daß es besser gewesen wäre, wenn Bonn rasch und entschlossen den Notbau einer Verfassung vorgenommen hätte. Ein paar Grundsätze wären besser gewesen als ein Grundgesetz mit einer Fülle von Paragraphen. Aber es waren wohl zu viele Staatsrechtler in Bonn dabei. Sie waren stets besorgt, daß die deutsche Gründlichkeit zu ihrem Recht kam.
Die Situation in Bonn ist insgesamt nicht ermutigend. Sie muß aber gemeistert werden. Ich will hier nicht weiter untersuchen, ob die Haltung der Alliierten dem neuen staatlichen Werden gegenüber weise ist oder nicht. Ich hätte jedenfalls gewünscht, der Ausspruch von Churchill, den er in diesen Tagen in Boston in den USA tat, wäre schon Allgemeingut derer, die es angeht: »Man sollte« – so sagte er – »das deutsche Ehrgefühl nicht durch kleine und überflüssige Herausforderungen kränken, denn ohne ehrliche und freiwillige Mitarbeit des deutschen Volkes kann Europa nicht gesunden.« Und ich kann nur noch einmal hinzufügen: Es sind in Deutschland nicht die Nationalsozialisten in der Verantwortung, sondern ehrliche Demokraten, die der Wiedergesundung ihres Volkes und der Welt dienen wollen. Die Haltung der Alliierten dem Grundgesetz gegenüber erscheint mir auf keinen Fall als eine Förderung des demokratischen Gedankens im Bewußtsein weiter Kreise des Volkes, insbesondere der Jugend. Der Glaube an die Möglichkeit wachsender Selbstverantwortung des deutschen Volkes hat schon eine reichliche Trübung erfahren.

Um so mehr hätte man wünschen mögen, daß sich die beiden großen Parteien gegenüber der Situation, wie sie sich aus der Haltung der Alliierten zu den letzten Kompromißvorschlägen ergibt, zu gemeinsamer Handlung entschieden hätten. Und zwar ohne viel weitere Diskussion. Ich selbst konnte in den letzten Tagen nicht in Bonn sein. Deshalb kann ich nicht jede Nuance der Haltung, wie sie die Union oder die SPD einnimmt, beurteilen. Ich kann nur der Überzeugung Ausdruck geben, daß es zu einer gemeinsamen Beurteilung und Entscheidung kommen muß.
Das scheint mir nicht so schwer, wenn sich beide Parteien bemühen, sich keinerlei Illusionen hinzugehen. Die SPD nicht der Illusion, daß die Heimatregierungen der Alliierten bei Festhalten des Parlamentarischen Rates an seinen Kompromißbeschlüssen dem Grundgesetz die Zustimmung nicht versagen würden. Die Union aber muß sich klar sein, daß sich kaum im Volk eine ausreichende Basis für die Zustimmung zum Grundgesetz erreichen läßt, wenn sie bei anderer Haltung der SPD noch weitere Rücksichtnahme gegenüber den Auffassungen der Besatzungsmächte für vertretbar hält. So sehr das höhere Ziel diese Rücksichtnahme auch verständlich erscheinen lassen könnte.
Es hat keinen Zweck, Mehrheiten und Minderheiten mit dem Rechenstift auszurechnen. Verderblich ist aber auch jedes Spekulieren auf Wahlpropaganda. Diese Spekulation war nicht zuletzt gestern im »Sozialdemokrat« wieder erkennbar. Es handelte sich dabei wohl um eine von Hannover ausgegebene Stellungnahme. Der Wille, nationales Unbehagen des Volkes in starken Worten aufzufangen und gegen andere Parteien propagandistisch auszuwerten, ist nun einmal das Streben in Hannover. Uns scheint dabei verantwortliches Handeln vordringlicher.

*Not tut jetzt vor allem staatspolitische Haltung*
und Entscheidung. Das dürfte gar nicht so schwer sein, da beide Parteien das Zustandekommen des Grundgesetzes für unerläßlich halten. Und auch die Alliierten dürften ein Interesse daran haben, daß endlich begonnen wird, Deutschland staatspolitisch zu ordnen.
Eines ist und bleibt für mich Voraussetzung: Die Bildung des deutschen Kernstaates muß von den beiden großen Parteien gemeinsam verantwortet werden. Jede andere Lösung wäre eine Fehllösung. Es wäre verhängnisvoll, wenn der Staatsbeginn nicht von der breiten Masse des gesamten Volkes getragen würde.
Die Verantwortungsbereitschaft der Union und der einen oder anderen kleinen Partei oder Teile von ihnen genügen dafür nicht. Ich bleibe auch der Meinung, daß die Sozialdemokratie sich ihrer Verantwortung gar nicht entziehen kann. Die Haltung Hannovers hat vor zwei Jahren die nationale Repräsentation verhindert. Man kann dort wohl kaum die Verantwortung übernehmen, auch den jetzigen Neubeginn noch einmal zu verhindern.
Uns hier schmerzt es dabei nicht wenig, wenn schließlich der deutsche Kernstaat im Grunde doch mehr die Merkmale eines Staatenbundes trägt als die eines immerhin fester gefügten Bundesstaates. Aber das Gewissen sagt uns: Wesentlich ist in diesen entscheidenden Wochen, daß die staatliche Ordnung Deutschlands endlich einen Anfang nimmt. Überdies wollen wir auf den gesunden Sinn unseres Volkes vertrauen. Er wird sich durchsetzen. Wenn nur erst ein Anfang da ist. Schließlich geht über alle Paragraphen der lebendige Wille des Volkes. Die politische Entwicklung unseres Landes läßt sich auf die Dauer bestimmt nicht um ein Jahrhundert und mehr zurückwerfen.

Wenn überhaupt noch Ereignisse beweisen können, daß endlich Schluß sein muß mit dem führungslosen Zustand unseres Landes, dann ist es die Propagandatätigkeit, die der Osten entfaltet. Ihr Ziel ist selbstverständlich die Störung des Fortganges in Bonn. Grund dafür ist der alte Wunsch, auch im westlichen Deutschland für den Kommunismus breitere Möglichkeiten zu schaffen. Die verelendete Ostzone genügt nicht mehr. Daher die Sirenenklänge von der Einheit Deutschlands.
Für uns in Berlin bedarf es keiner Aufklärung über die Störungs- und Propagandaabsichten des Kommunismus in Westdeutschland. Aber im Westen hat man diese Absichten noch immer nicht allenthalben begriffen. Ich sehe von dem Auftreten bestimmter Parteireisender der Ostzone ab. Reisende mit verbogenem Rückgrat sind meist leicht erkenntlich. Wenn auch hier und da noch einmal ein Irrtum passiert. Es beweist die Weltfremdheit mancher Kreise im Westen, daß ihnen keine Bedenken kommen, wenn sie ihr Lob in der »Täglichen Rundschau« oder im »Neuen Deutschland« lesen. Auch ihnen dürften ja die Zustände in der Ostzone und in Osteuropa nicht unbekannt sein.
Es hat mich erstaunt und geschmerzt zugleich, daß sich im Westen Kreise berufen glaubten, Aktionen für die Einheit Deutschlands zu starten, ohne sich mit der tatsächlichen Politik des Ostens und mit den tatsächlichen Zuständen in der Ostzone und Berlin auseinanderzusetzen.
Jeder verantwortliche Politiker sollte doch wissen: Der Versuch, vom Westen aus Deutschland zu einen, ist die notwendige,

*vom Terror des Kommunismus herausgeforderte Antwort*

auf die Teilung Deutschlands vom Osten her. Wer den Weg zu einer gesunden Einheit sucht, muß deshalb den Bonner Versuch aus gesamtdeutscher Verantwortung bejahen und stützen. Er muß besorgt sein, daß bald eine deutsche Regierung Ordnung in das Kunterbunt von innen- und außenpolitischen Versuchen bringt.
Im übrigen mag man auch im Westen wissen, daß wir in Berlin und in der Ostzone entschlossen sind, den Willen zu echter Einheit wachzuhalten. Wir stehen nicht zuletzt hier auf Berliner Boden, um das Wissen um die Ostzone lebendig zu halten. Wir fühlen uns verantwortlich für die Ostzone, wenn man uns auch die Möglichkeit politischer Wirksamkeit an Ort und Stelle untersagte. Wir fühlen uns als die

*Vertretung aller Angehörigen der Union der Ostzone*

die innerlich frei und unabhängig blieben. Und das ist die große Masse derer, die zu uns gehören. Wir kennen die Menschen der Ostzone, und wir halten an ihnen fest. Zwar wird die Zahl der Exponierten, der Verantwortlichen, immer kleiner, weil der drohende Zugriff sie aus der Ostzone vertreibt.
Lassen Sie mich mit dem Wunsch und der Hoffnung schließen: Das Werk von Bonn möge in einem starken gemeinsamen Akt des Parlamentarischen Rates so schnell wie möglich zum Abschluß kommen, damit Gewähr gegeben ist, daß die breiten Massen des Volkes sich diesem Neubeginn verbunden fühlen. So nur kann es den unwiderstehlichen Zug zur Einheit Deutschlands tragen, der auf die Dauer stärker sein wird als der kommunistische Wille, der nur Einheit will, um herrschen zu können. Rußland aber muß erkennen: Deutschland kann und wird nicht Satellit des Ostens werden.
Den Tag dieser Erkenntnis sobald wie möglich herbeizuführen, ist nicht zuletzt der Sinn des Umweges zur deutschen Einheit über Bonn.

Wir stehen am Beginn des fünften Jahres zwischen Krieg und Frieden. Ich kann nur hoffen und wünschen, daß der Parlamentarische Rat in Bonn nunmehr knapp und kurz unsere Entschlossenheit zum Neubeginn manifestiert. Um unseres Volkes, um unserer Jugend willen. Was ich ab morgen dazu beitragen kann, werde ich nach besten Kräften tun. Nach Verabschiedung des Grundgesetzes aber glauben wir erwarten zu können, daß die Besatzungsmächte ohne weiteren Verzug Friedensverhandlungen mit der sich bildenden deutschen Regierung aufnehmen. Dann muß über die Welt ein Ruf ergehen, der alle widerstrebenden Kräfte in seinen Bann zwingt. Der Ruf: Friede.

## 44

*Zum Ende der Berliner Blockade*
*Rathaus Schöneberg, 12. Mai 1949*

Die Berliner Bevölkerung hat das Schicksal dieser elf Blockademonate in zäher Verbissenheit und mit unvergleichlicher Tapferkeit zu meistern gesucht. Der heutige Tag ist der verdiente Lohn für diese Haltung. Dieser Tag beweist uns: Der entschlossene Freiheitswille einer waffenlosen Bevölkerung kann stärker sein als alle kommunistische Bedrohung. Obwohl der Kommunismus im Schutze von Polizeigewalt und fremden Bajotten das Rennen zu machen suchte.

Aber uns beherrscht kein Siegestaumel an diesem Tage. Die Erlebnisse der letzten vier Jahre haben uns gelehrt, daß im deutschen Schicksal jetzt und in naher Zukunft nur gedämpfter Optimismus am Platze ist.

Die Aufhebung der Blockade ist nichts als die Öffnung eines Kerkers. Wir waren einem Menschen gleich, den man bewußt und überlegt zu Unrecht hinter Kerkermauern gesetzt hat. Wie ein Gefangener hinter Gittern, so erfuhr Berlin von den hoffnungsvollen Geschehnissen einer freieren Welt. Die Öffnung des Gefängnisses ist nicht zuletzt die Folge der sieghaften ungebrochenen Charakterstärke der Berliner. Eine Folge der zähen Verbissenheit, mit der das gefangengehaltene Berlin den Kampf um Recht und Freiheit geführt hat.

Aber wir haben ihn nicht allein geführt. Lassen wir es heute – am Tage der Aufhebung der Blockade – dahingestellt sein, wie weit die Westalliierten der Not der Selbsterhaltung folgten, als sie die grandiose Konstruktion der Luftbrücke unternahmen. Oder wie weit sie dem edlen Triebe folgten, der Berliner Bevölkerung zu helfen. Sicherlich ist beides der Fall.

Die Luftbrücke ist und bleibt das große Wunder des zwanzigsten Jahrhunderts. Das Alte Testament berichtet von dem wunderbaren Durchgang durch das Rote Meer. Das zwanzigste Jahrhundert bescherte dem vom Kommunismus bedrohten Berlin die Lebensrettung durch die Luftbrücke. Die Lebensrettung und – was eben so viel ist – oder was noch mehr ist: die Rettung unserer Freiheit.

Dafür gebührt den Konstrukteuren der Luftbrücke unser Dank. Die Luftbrücke war und ist der lebendige Ausdruck europäischer Solidarität. Einer Solidarität, die erwuchs aus der Not der Verteidigung tödlich bedrohter Freiheit. Wäre das freie Berlin unterlegen, so wäre auch das Schicksal der Ostzone düsterer, als es uns heute erscheint. Mit dem Fall Berlins wäre auch für die Ostzone die Hoffnung auf Freiheit vernichtet und der ganze Westen Deutschlands vom Kommunismus bedroht. In und mit Berlin wurde Europa gerettet.

Dieser Tag öffnet die Gefängnistüren für die Berliner. Und wir geben der Hoffnung Ausdruck, daß von nun an auch der Tisch der Berliner reichlicher gedeckt ist, als es in diesem harten Winter der Fall war. So reichlich zumindestens, wie das in Westdeutschland seit Monaten der Fall ist. Daß die Häuser, die Wohnungen der Berliner nie mehr so kalt und so dunkel werden wie in diesem Winter. Daß die Straßen so hell und das Leben in ihnen so geordnet, wie das zivilisierte Völker verlangen können.

Für uns, die Berliner Abgeordneten, ist dieser Tag ein doppelter Feiertag. Kein Feiertag lauten Jubels. Denn wir teilen mit der Berliner Bevölkerung die Überzeugung, daß trotz allem der Kampf um unser Recht und unsere Freiheit noch nicht zu Ende ist. Aber wir haben das Bewußtsein, daß wir in Bonn ein gutes Stück dazu beigetragen, das Tor für die Berliner aufzustoßen. Das Bonner Grundgesetz wird der Riegel sein, der dem Kommunismus das Tor zum Westen verschließt. Zu gleicher Zeit hat es dazu verholfen, den kommunistischen Riegel für Berlin zur Seite zu schieben. Bonn ist eine friedliche Stadt am Rhein. Der Rhein trägt nach der schweren Bedrängnis der letzten Jahre hier und da schon wieder einen Zug von Fröhlichkeit, vielleicht sogar von Sorglosigkeit. Wir aber, die Abgesandten unserer Stadt Berlin, haben dafür gesorgt, daß man dort das Schicksal der Berliner nicht vergaß. Wir haben das Wissen um den Berliner Freiheitskampf, das Wissen um die Not der Ostzone an die Ufer des Rheins getragen. Mit uns saß ganz Berlin und die Ostzone am Verhandlungstisch. Ich darf es heute mit Stolz von meiner Partei sagen. Und ich glaube, es war auch bei den anderen Parteien so: Berlin hatte im Parlamentarischen Rat, Berlin hatte bei der Gestaltung des Grundgesetzes für den deutschen Kernstaat eine gewichtige Stimme. Wäre es nicht so, dann ständen wohl heute die maßgeblichen Männer des Westens, Konrad Adenauer, Carlo Schmid und die anderen, nicht vor Euch, um Berlin als untrennbares Glied des deutschen Kernstaates zu begrüßen. Des deutschen Kernstaates, dessen Grundlage wir in Bonn nunmehr geschaffen haben. Auch wenn formell noch Einschränkungen bestehen: Berlin gehört dazu. Von Bonn geht ein neuer deutscher Staatswille aus. Berlin und Bonn reichen sich heute die Hände. Bonn war für Berlin Hilfe im Kampf um die Freiheit. Berlins Kampf schirmte und schützte das Werk von Bonn. So wurde ein neuer Anfang für die kommende nationale Einheit, für die kommende nationale Freiheit, für die Erneuerung unserer nationalen Würde.

Zwischen Berlin und Bonn aber liegt noch ein großes Stück Deutschland im Dunkel der Unfreiheit. Auf dem Wege von Bonn nach Berlin, den wir gestern zurückgelegt haben, liegt Magdeburg. Liegt Magdeburg. Liegt Potsdam. Nicht weit davon liegen Weimar, Erfurt, Dresden, Leipzig. Nach Osten zu liegen Frankfurt und Görlitz. Wir schließen diese Städte in unseren Händedruck ein. Wir halten sie mit unserem deutschen Willen und mit unserem deutschen Freiheitswillen umklammert. Wir halten sie so lange umklammert, bis sie dem Deutschland der nationalen Freiheit und der nationalen Würde ebenso angehören wie Berlin und Bonn.

Und wir appellieren an die Außenministerkonferenz von Paris: Sie mögen daran denken, daß wir Deutsche nicht nur diese Städte im Herzen tragen, sondern daß uns Namen wie Breslau und Stettin Symbol sind für alle anderen Städte jenseits der Oder-Neiße, auf deren Zugehörigkeit zu Deutschland wir nie verzichten können.

## 45

*Nationale und soziale Verpflichtung der christlich-demokratischen Arbeiterschaft im deutschen Kernstaat*
*Tagung der Sozialausschüsse in Düsseldorf, 23. Juli 1949*

Wer entschlossen ist, unserem Volk durch politisches Handeln zu dienen, soll nicht allzuviel rückwärts schauen. Wir, die wir hier versammelt sind, stehen samt und sonders im Getriebe des öffentlichen Lebens. Der eine als Gewerkschaftler, der nächste als Bürgermeister. Und wieder ein anderer als Ministerpräsident. Nun aber stehen wir immerhin am Beginn eines Weges, der für das Schicksal unseres Vaterlandes von entscheidender Bedeutung ist. Wir wählen das Parlament für den deutschen Kernstaat. Diese Wahl ist überschattet von der schicksalsschweren Frage, ob in Zukunft zwei Deutschland existieren werden. Oder ob uns die Wiedervereinigung der heute getrennten Teile gelingt, ehe noch größeres Unheil geschieht. Die Entscheidung darüber liegt nicht zuletzt bei unserem Volk selbst. Auch bei uns. Bei der Arbeiterschaft, deren Tradition von jeher unverbrüchliche Liebe zu Deutschland einschloß.
In einer Zeit, in der die Arbeiterschaft noch um die einfachsten Menschenrechte zu kämpfen hatte, verfielen wir nicht dem lärmenden Schlagwort vom internationalen Kampf des Proletariates. Wir hielten auch im entschlossensten sozialen Kampf an der unlöslichen Verbundenheit mit dem ganzen Volk fest. Wir bekannten uns zur nationalen Idee, zur unlöslichen Schicksalsgemeinschaft des deutschen Volkes. Adam Stegerwald, Franz Wieber, Heinrich Imbusch, Franz Behrens – um nur diese zu nennen – waren glühende Patrioten. Das Volk stand für sie höher als die Partei. Und die Gesamtheit höher als die Klasse. Der Schatten dieser Männer ist in dieser Stunde unter uns. Und mit ihnen andere, die vor fünf Jahren am Galgen sterben mußten. Weil sie zu den Männern der Widerstandsbewegung gehörten, die das Unheil des totalen Zusammenbruches noch in letzter Stunde abzuwenden suchten. Max Habermann, Heinrich Körner, Franz Leuninger, Otto Müller, Nikolaus Groß, Bernhard Letterhaus sind Märtyrer eines unerschrockenen Bekenntnisses zu einem freien, einigen Deutschland. Ich rufe auch die Schatten dieser unserer Toten, Zeuge zu sein für die Besinnung auf unsere Aufgabe. Auf die Aufgabe, vor der die christlich-demokratische Arbeiterschaft für unser Volk und Land steht.
Haltung, Leben und Sterben der Männer, die ich nannte, sind allen schon Beweis, daß wir es nicht nötig haben, Propagandatöne des Nationalismus anzuschlagen. Töne, die niemals zur Lösung der deutschen Frage beitragen, sondern die Verwirrungen und Verzerrungen in unserem Volk nur noch vergrößern. Wir empfinden es geradezu als unanständig, nationale Gesinnung dadurch beweisen zu wollen, daß man den nationalen Willen anderer herabsetzt. Das nationale Ethos, das die politische Arbeit der einen trug und die anderen bis in den Opfertod erfüllte, ist auch für uns die tragende Kraft für das politische Werk, das noch vor uns liegt.
Wir stehen in der letzten Periode der Vorbereitung einer neuen staatlichen Ordnung. Von dieser Ordnung ist das Land östlich von Fulda und Elbe ausgeschlossen. Der Rat der Alliierten hatte sich schon vor Beendigung des Krieges für ein Besatzungsexperiment entschieden, das große Gefahren einschloß. Heute stehen wir vor der schicksalhaften Auswirkung dieses Besatzungsexperimentes, das Feuer und Wasser miteinander zu vereinigen suchte. Deutschland steht zur Hälfte im Zeichen

westeuropäischer Zivilisation. Und zur anderen Hälfte im Zeichen asiatischen Bolschewismus. Berlin liegt als europäische Insel unter steter bolschewistischer Bedrohung.

Der Vorhang, der die beiden Deutschland voneinander trennt, wird östlicherseits ab und zu gelüftet. Aber nur nach der Regie sowjetischer Taktik. Niemals um der deutschen Bevölkerung willen. Es steht heute fest, daß die Sowjetunion nicht gewillt ist, die Bevölkerung in der Ostzone nach deutscher Fasson selig werden zu lassen. Sie beharrt auf der Seligmachung durch den Bolschewismus. Es wäre falsch, wollten wir behaupten, die Westmächte bejahten die kommunistische Isolierung des östlichen Deutschlands. Man sieht auch den Kampf der Deutschen gegen den Kommunismus gewiß nicht ungern. Aber die Lähmung des gesamtdeutschen Staates durch die Isolierung und Fernhaltung seiner östlichen Hälfte verursacht doch bei der einen oder anderen westlichen Macht eine gewisse Beruhigung der sogenannten deutschen Gefahr gegenüber.

Berlin gegenüber zeigen sich Symptome einer veränderten Haltung der Besatzungsmächte. Seine Bevölkerung hat die Empfindung, als erwarte man diese Beruhigung der internationalen Lage, wenn Berlin zu einer stillen Provinzstadt werde. Es sieht auch aus, als lockte der rote Handel so sehr, daß man darüber die politische und menschliche Tragödie im Osten vergessen könnte. Noch weiß man nicht, ob diese Symptome Resignation bedeuten. Resignation in bezug auf das Schicksal Berlins und des deutschen Ostens. Wir möchten es nicht wünschen. Auf jeden Fall aber liegt die Verantwortung für jede weitere Entwicklung stärker noch als zuvor bei uns selbst.

Die Haltung der gesamten Berliner Bevölkerung und der gesamten deutschen Menschen in der Ostzone ist im besten Sinne beispielhaft. Nur mit Entrüstung kann man wahrnehmen, daß die Sozialdemokratische Partei diese Haltung für sich auszunutzen sucht. Sie tut, als handele es sich hier wie dort um einen sozialdemokratischen Freiheitskampf. Ich komme noch auf diese Blüte parteipolitischer Verstiegenheit zurück. Es handelt sich in Berlin und in der Ostzone um einen deutschen Freiheitskampf.

Aber die beste Kraft müßte in diesem Kampf versickern, wenn die Deutschen in der freien Hälfte unseres Landes versagten. Der Schwerpunkt des Freiheits- und Einheitskampfes für Deutschland liegt fortan im deutschen Kernstaat, dessen erstes Parlament wir jetzt zu schaffen haben. Laßt es mich mit allem Ernst und in aller Entschiedenheit sagen: Wenn wir in diesem Freiheits- und Existenzkampf versagen, wird die deutsche Jugend über uns zur Tagesordnung übergehen. Sie wird dem Geschlecht der Politiker fluchen, das heute Verantwortungen trägt. Wenn wir Berlin, die Deutschen in der Ostzone und das Land jenseits von Oder und Neiße nicht mit unserer gesamten Leidenschaft festhalten, werden uns die Menschen des östlichen Deutschland einmal zur Rechenschaft ziehen.

Die Alliierten handeln nach eigenem Ermessen und nach eigenem politischen Gesetz. Wir können es auch Interesse nennen. Wir aber handeln und haben zu handeln aus der leidenschaftlichen Verbundenheit mit dem Schicksal von mehr als 20 Millionen Deutschen. Zu ihnen kommen noch die Millionen Heimatvertriebener. In der Ungewißheit Berlins, in dem Hunger und der Unterdrückung der Ostzone und in der Armut und Verlassenheit des Vertriebenenschicksals warten sie alle auf die menschliche und politische Tatkraft der Deutschen im Kernstaat.

Dieser Kernstaat findet seine Rechtfertigung in dem Einigungswerk, das er für alle Deutschen zu tun hat. Ich darf an dieser Stelle eine persönliche Bemerkung machen: Um mich – wenn möglich – mehr noch als bisher in den Dienst dieses Einigungswerkes stellen zu können, habe ich für Essen das Mandat für den Bundestag angenommen. Im schwer arbeitenden Ruhrgebiet schlägt das Herz Deutschlands stärker als anderswo. Im Ruhrgebiet hatte unsere Bewegung, die nationale Arbeiterbewegung eines Adam Stegerwald, Franz Wieber, Heinrich Imbusch, Franz Behrens, ihre stärkste Kraft. Ich will helfen, daß von diesem Kernstück Deutschlands ein unaufhörlicher Strom der Verbundenheit mit dem gequälten und gepeinigten Osten Deutschlands ausgeht. Aus der nationalen Kraft unserer Bewegung soll dieser Strom mitgenährt werden.

Die deutsche Arbeiterschaft hat zu beweisen, daß sie die Stunde ihrer politischen Reife erfaßt hat. Das Gebot dieser Stunde heißt nicht kleinlicher Parteikampf, nicht Zersetzung, Zerfleischung oder Diffamierung. Es heißt Deutschland. Es heißt nicht Haß gegen den politisch Andersdenkenden. Es heißt Liebe zu Deutschland und zu seinem unglücklichen Volk.

1920 ging von Essen aus dem Kreis der christlich-demokratischen Arbeiterschaft ein Ruf zur Zusammenfassung besonnenen, aber auch entschlossenen nationalen Willens aus. Heute – fast 30 Jahre später – ist ein solcher Ruf noch brennender nötig als damals. 1920 – zwei Jahre nach dem verlorenen Krieg – waren wir immerhin noch ein freies, ungeteiltes Volk. Heute ist Deutschland unfrei und zerrissen.

Unterlassen wir die Untersuchung der Gründe, warum das so ist. Es ist eine Häufung von Schuld und Schicksal. Schuld allerdings nicht nur bei uns, den Deutschen. Wir vergessen gewiß nicht, daß wir an die eigene Brust zu schlagen haben. Aber auf der Armesünderbank der Weltgeschichte kniet 1949 nicht nur Deutschland allein. Neben uns werden alle Mächte knien müssen, die menschliches und politisches Unrecht zuließen oder begingen. Von Fulda und Elbe zieht sich ein unabsehbares Gebiet bis weit in den Osten hinein. Dort werden noch heute Tag für Tag alle jene Vergehen gegen Menschlichkeit und Menschenwürde begangen, über die man in Nürnberg zu Gericht saß. Es ist das gewiß keine Entschuldigung für uns, wohl aber eine Mahnung an die Welt ringsum.

Was sind unsere konkreten Forderungen zur Vorbereitung der deutschen Einheit? Ich habe sie in größerer Ausführlichkeit auf der Pressekonferenz in Düsseldorf vorgetragen. Wir fordern die politische und wirtschaftliche Einbeziehung Berlins in den deutschen Kernstaat. Wirtschaftlich kann und muß Berlin als gleichberechtigtes Land anerkannt werden. Man soll die Stadt möglichst sofort in den Marshallplan einbeziehen. Und zwar gleichberechtigt. Soll Berlin sich als Vorposten gegen den Kommunismus behaupten, so gebe man seiner Wirtschaft vertrauensvoll Aufträge. Denn die Stadt muß ihre selbständige materielle und geistige Existenzbasis wiederfinden.

Die Berliner Union führt seit langem einen energischen Kampf gegen die übersetzte und bürokratische Verwaltung der Stadt. Sie besteht auf der Angleichung aller ihrer Lebensformen an den deutschen Westen. Auf dem Gebiete der Verwaltung, der Wirtschafts-, der Sozial- und der Kulturpolitik. Zu diesem Zweck forderte die Union in Berlin einen Koordinierungsausschuß zur Rechtsangleichung zwischen Berlin und dem deutschen Kernstaat. Es ist immerhin bezeichnend für die Haltung der Sozialdemokratie, daß sie anscheinend diesen Ausschuß zu verhindern sucht. In Worten sucht sie andere Parteien im Einheitswillen stets zu übertrumpfen. In der Praxis handelt sie partikularistisch, sobald ihre Parteiinteressen oder ihre Parteiallmacht auf dem Spiele stehen. Jüngst hat ein Berliner Sozialdemokrat – es war ein strenggläubiger Marxist – sinngemäß gemeint: Es sei an der Zeit, daß es zur Einheit mit der sozialistischen Ostzone käme. Dann würde wohl auch in Berlin reinere marxistischere Luft wehen. Wir aber wünschen weder für Berlin noch für den Westen marxistische Übertrumpfung aus der Ostzone. Wir wünschen für Berlin und die Ostzone ein System, das dem Willen der deutschen Bevölkerung entspricht. Wir sind für die Überwindung des reaktionären Marxismus, den die Ostzone reichlich satt hat.

Nun kann Berlin immerhin noch für sich selbst sprechen. Das kann die Ostzone nicht. Ich mache mich deshalb hier zum Sprecher der Ostzone, denn ich weiß um die Aufrechtheit ihrer Menschen. Weite Kreise der Bevölkerung stehen der Frage des Wirtschaftsverkehrs zwischen West- und Ostdeutschland mit Sorge gegenüber. Ich selbst gehöre zu den Männern, die stets die Notwendigkeit des Wirtschaftsaustausches mit dem Osten betont haben. Aber zweierlei darf nicht geschehen: Es darf nicht die ostzonale Reparationswirtschaft sein, die für sich die Güter einhandelt. Die Lieferungen dürfen auch nicht den sowjetischen Aktiengesellschaften und der Rüstung zugute kommen. Erste Pflicht für uns bleibt es, der Verelendung der Deutschen in der Ostzone Einhalt zu tun.

Weiter haben sich Westdeutschland und seine Beauftragten stets bewußt zu bleiben, daß nicht Deutsche die Regierungsgewalt in der Ostzone in Händen haben, sondern die sowjetische Besatzungsmacht. Wer sich als Repräsentant der sogenannten Deutschen Wirtschaftskommission und des sogenannten Deutschen Volksrates deutsch nennt, ist es nur dem Namen nach. Beide Körperschaften sind Instrumente der sowjetischen Besatzungsmacht. Ihre Aufgabe ist es, die Ostzone dem russischen Bolschewismus dienstbar zu machen. Und ihre Aufgabe ist es weiter, die Gesundung Westdeutschlands zu verhindern. Auch in den Gebieten des deutschen Kernstaates soll das Erdreich für den Kommunismus bereitgemacht werden. Wesentlich ist, daß der einsetzende Handel zwischen Ost und West nicht zu einer Legalisierung der ostzonalen, von der sowjetischen Besatzungsmacht eingesetzten Körperschaften führt. Mit dieser Legalisierung würde eine Anerkennung des heutigen Zustandes in der Ostzone vollzogen. Was immer die Besatzungsmächte verhandeln und beschließen: Wir, die Deutschen, können diesen Zustand nie anerkennen.

Notwendig aber ist, daß sich die kommende Bundesregierung ein klares Bild über die Ostzone macht. Daß sie sich auch ein Bild macht über das Spiel des Kommunismus. Dieses Spiel geht nicht nur um die Ostzone, es geht um ganz Deutschland.

Ich bin dankbar, daß mein Vorschlag, ein Amt oder ein Ministerium zur Vorbereitung für die deutsche Einheit zu bilden, in allen Gebieten Deutschlands Widerhall gefunden hat. Ich glaube zwar nicht an die Allmacht des Amtes. Ich weiß, daß der Einheitswille aus dem inneren Gefühl der Deutschen hervorbrechen muß. Aber das Gefühl allein tut es nicht. Vor allem nicht bei der alles übersteigenden Raffiniertheit kommunistischer Taktik. Den Täuschungsmanövern östlicher Propaganda muß man mit Klarheit und Methode zu Leibe gehen. Neben Planung von Gesetzen und Maßnahmen zur Förderung der deutschen Einheit wird das Amt ein wachsames Auge auf die heute reichlich blühende östliche Agententätigkeit haben. Es wird mit kühlem Verstand alle freiwilligen und unfreiwilligen Mitglieder der Fünften Kolonne unter die Lupe zu nehmen haben. Es wird das für Ost- und Westdeutschland heilsam sein. Ich weiß, wieviel kerndeutsche Männer und Frauen der Ostzone oft mit Zähneknirschen die teils naiven, teils verschlagenen, teils schwäch-

lichen Anbiederungsversuche der Diener einer östlichen Welt verfolgen. Reinigende Wahlen in der Ostzone werden diese Gestalten eines Tages hinwegfegen.
Ich spreche in dieser Ausführlichkeit, weil Schluß sein muß mit der Ahnungslosigkeit über östliche Vorgänge im deutschen Kernstaat. Wer in diesem Kernstaat Verantwortungen trägt, kann nicht nur in den Gebieten des Westens zu Hause sein. Er muß auch das Schicksal des deutschen Ostens verpflichtend in sich tragen.
Zum deutschen Osten gehört ein drittes Gebiet: das Land östlich von Oder und Neiße. Auch darüber habe ich in der Pressekonferenz einen programmatischen Vorschlag gemacht. Wir werden nie auf dieses alte deutsche Kulturland verzichten. Um des deutschen Rechtes willen nicht. Aber auch um der Notwendigkeit willen nicht, unser Land wieder auf eigene Füße zu stellen.
Deshalb schlug ich vor, daß zunächst erst einmal eine internationale Körperschaft in den deutschen Gebieten östlich von Oder und Neiße eine Bilanz des gegenwärtigen Zustandes aufnehmen soll. Selbstverständlich unter Einschluß von Deutschen und Polen. Die Arbeit dieser Kommission könnte schon einmal den vollen Einsatz der Wirtschaftskräfte dieser heute so dünn besiedelten Gebiete im deutschen und europäischen Sinne sichern. Das Flüchtlingsproblem ist eines der stärksten moralischen, menschlichen und materiellen Belastungen Europas. Es kann nicht nur im deutschen Rumpfgebiet gelöst werden. Es muß unter europäischer Verantwortung auch im Heimatgebiet der Ostvertriebenen gelöst werden. Hier treibend, mahnend und planend zu wirken, ist eine weitere Aufgabe des Amtes für die Vorbereitung der deutschen Einheit.
Ich gehe vollständig mit denen einig, die den deutschen Kernstaat und sein kommendes Parlament als ein Provisorium bezeichnen. Ich flehe zu Gott, daß dieses Provisorium so kurz wie nur möglich ist. Nur teile ich nicht die Haltung derer, die ihre Mitarbeit in fragwürdiger Weise zurückstellen, bis die deutsche Einheit geschaffen ist. Nein: Dieses Provisorium hat die unabdingbare Pflicht, die Einheit zu schaffen. Und ich bin der Meinung, die besten Kräfte der deutschen Nation haben es als geschichtlichen Auftrag zu sehen, sich in den Dienst dieser Aufgabe zu stellen.
Es gibt keinen Zweifel: Das Verhalten zum Schicksal des östlichen Deutschland ist mit der Prüfstein einer selbstlosen, einer echten nationalen Politik. Ich möchte wünschen, daß wir – die Männer der christlich-demokratischen Arbeiterschaft – alle in dieser Erkenntnis übereinstimmen. Und ich kann nur weiter wünschen, daß die Gesamtheit der christlich-demokratischen Arbeitnehmerschaft mehr noch als heute zum Vorkämpfer für die deutsche Einheit wird.
Verargt es mir nicht, wenn ich in diesem Zusammenhang ein paar Worte mehr von mir spreche, als es der gute Ton für einen sachlichen Politiker erlaubt. Schuld daran trägt die SPD. Sie macht im Augenblick meine Person und meinen Kampf in der Ostzone zum Gegenstand ihrer Angriffe. Diese Angriffe zeugen von geradezu haßerfüllter Unbeherrschtheit den christlichen Demokraten gegenüber. Sie tut es mit einer Verzerrung und einer Unwahrhaftigkeit, die den Praktiken des »Völkischen Beobachters« und der »Täglichen Rundschau« gleichkommen.
Die Rolle der SPD, die sie 1945/46 in Berlin und in der Ostzone gespielt hat, gehört zu den verhängnisvollsten Schwächepunkten ihrer Politik. Die Tatsache, daß ich das Drama der Verschmelzung von SPD und KPD in allen Phasen miterlebt habe, ist ihr peinlich. Peinlich ist ihr auch, daß die Union unter meiner Verantwortung einen aufrechten Weg gegangen ist. Einen Weg, der es der sowjetischen Besat-

zungsmacht so schwer wie möglich machte, auch uns mit dem Ansinnen der Kapitulation zu kommen. Erst Ende 1947 – bei Bildung des ihr hörigen Volksrates – ging sie zur Offensive über. Alle Welt weiß, daß sie bei uns auf ein eisernes »Nein« stieß. Der unter meiner Verantwortung geführte Kampf gegen die Sowjetisierung der Ostzone und unserer Partei bis zur Jahreswende 1947/48 ist das Gegenstück zur Kapitulation der Sozialdemokratie an der Jahreswende 1945/46. Der Unterschied im beiderseitigen Verhalten ist eindeutig: Die Union der Ostzone ist unter meiner Verantwortung von Beginn bis zu meiner gewaltsamen Ausschaltung durch die Besatzungsmacht ununterbrochen einen Weg des Kampfes gegangen. Die SPD hat bis zum Tage ihrer Verschmelzung überhaupt nicht gekämpft. Ihr Weg bis zur Verschmelzung war Nachgiebigkeit und Schweigen. Wo sie kämpfte, war dieser Kampf gegen uns gerichtet. Unbegreiflicherweise hat nun die SPD von jeher versucht, ihre Kapitulation in einen Sieg und ein Martyrium umzudeuten. Ich bin schon bei der Düsseldorfer Pressekonferenz dem Märchen von ihrem Heldentum in der Ostzone entgegengetreten. Nach der Konferenz sagte mir ein besonnener SPD-Mann: »Herr Kaiser, Sie haben ja recht. Aber Sie hätten doch noch ein versöhnliches Wort sagen sollen.« Wer mich kennt, weiß, wie sehr ich stets zu versöhnenden Worten bereit bin. Ich sehe es mit als meine Aufgabe an, um unseres Volkes willen Parteizäune niederzureißen. Aber man soll weder uns noch die Öffentlichkeit für dumm verschleißen wollen.
Das versucht unter anderem auch ein unter der Verantwortung von Hannover erschienenes Pamphlet. Ich beschäftige mich damit, weil es ein erschütterndes Dokument für die Geisteshaltung von Hannover ist. Eine Geisteshaltung, die weiteste Kreise unseres Volkes – einschließlich vieler Sozialdemokraten – für gefahrbringend und verderblich halten. Man fälscht Tatsachen und Zitate. Man legt mir z. B. unter dem 7. November 1946 unter Zitierung der »Neuen Zeit« Ausführungen in den Mund, die ich nie gemacht habe. Die auch in der »Neuen Zeit« gar nicht zu finden sind. Man bringt es fertig, Unterschriften verantwortlicher Männer der Union unter Aufrufen aus dem Jahre 1945 zu verdammen. Und bringt es fertig, zu unterschlagen, daß auch die Namen der Sozialdemokraten darunterstehen. Und zwar nicht nur die Namen späterer SED-Leute, sondern auch Namen, die heute in der westlichen Sozialdemokratie eine Rolle spielen. Wie z. B. Gustav Dahrendorf. Unter anständigen Menschen nennt man solche Methoden schlechthin Lüge und Fälschung.
Aus der Charakterisierung der CDU-Politik im allgemeinen führe ich aus diesem Machwerk nur zwei Sätze an: »Unbekümmert um das deutsche Schicksal aber verfolgt die CDU eine Politik, die diese Lage im Interesse ihrer Partei und nicht zuletzt im Dienste Roms ausnützt ... Die CDU wird so zu einer Gefahr für eine freiheitliche Gestaltung Deutschlands. Sie will fertige Tatsachen schaffen, die vom Standpunkt Roms ein Vorteil, vom deutschen Standpunkt aber Gefahrenherde für die Demokratie sind.« Wäre nicht bekannt, daß der Lizenzträger des Informationsdienstes von Hannover, Herr Heine, seine Emigration im Freundeskreis der besonnenen Labour Party in London verbracht hätte, so müßte man annehmen, er sei mit Pieck und Ulbricht in Moskau in die Schule gegangen. Denn mit der Absurdität römischer Komplexe arbeitet heute nur noch General Tulpanow und seine kommunistische Gefolgschaft. Es kann uns wohl niemand verübeln, wenn wir fürchten, daß die Verwandtschaft mit dem Kommunismus doch tiefer steckt, als man wahrhaben will. Wollte die SPD der Wahrheit dienen, dann drucke sie doch meine in der

Ostzone – das heißt an der Front – gehaltenen Reden unverkürzt ab. Das kann dem Ruf der Union und meinem eigenen Ruf nur dienlich sein.
Ich kämpfte in Freimut und in letzter Wahrhaftigkeit an der Front. In Leipzig, in Görlitz, in Dresden, in allen gepeinigten Städten der Ostone. Als erster habe ich in diesen Städten auf sowjetischem Besatzungsgebiet unsere Unverzichtbarkeit auf das Land jenseits von Oder und Neiße angemeldet. Trotz aller Warnungen und Verbote der Besatzungsmacht. Ich mache daraus kein Heldenepos. Ich tat ja schließlich nur meine einfache Pflicht als deutscher Politiker. Die Dichtung von Heldengesängen überlasse ich der SPD. Nur darf sie es dabei nicht übertreiben. Schließlich hat ja Hannover immer in der Etappe gelegen. Kam man nach Berlin, so erfreute man sich sorgsamen westalliierten Schutzes. Auch wenn man seine Geistesblitze nicht nur gegen Karlshorst schleuderte. Man war gewiß, daß das der Freundschaft keinen Abbruch tat. England hat sich ja stets auf Pflege einer wohltemperierten Opposition verstanden.
Nun aber um der geschichtlichen Wahrheit willen noch ein Wort zur Verschmelzung der SPD und KPD in der Ostzone: Das Pamphlet von Hannover nennt sie eine Tragödie. Wir nennen sie eine verhängnisvolle Kapitulation. Diese Kapitulation der SPD war die erste und die entscheidende Schwächung der deutschen Abwehrkräfte gegen den sowjetischen Kommunismus. Die Verschmelzung kam nicht von heute auf morgen. Sie war das Ergebnis und die Folge einer verhängnisvollen Haltung, die von Männern der SPD schon vom Gründungstag der KPD – am 11. Juni 1945 – an eingenommen wurde. An diesem Tage schon bekannte sich zum Erschrecken aller besonnenen und besorgten Kräfte in Berlin der Sprecher der SPD temperamentvoll zur geistigen Waffenbrüderschaft mit der KPD. Ich nenne den Namen des Sprechers aus Rücksicht nicht. Er ist seit langem ein maßgeblicher Mann der SPD im Westen. Ein Mann übrigens, der mir und meinen Freunden bei den Auseinandersetzungen mit den Kommunisten recht aggressiv entgegentrat. Überdies: Die Protokolle der sogenannten antifaschistischen Einheitsfront werden ausweisen können, wie lammfromm die gesamte Vertretung der SPD den Führern Pieck und Ulbricht folgte. Wir, die Männer der Union, waren die einzigen Kämpfer gegen die gemeinsame Front der SPD und KPD. Auch die wenigen, die später nicht zur KPD übertraten, waren nicht Kämpfer, sondern Schweiger.
Das gleiche gilt für die Anfangssituation in den Gewerkschaften. Bekanntlich war zur Zeit der Bildung der Gewerkschaften in Berlin die Sowjetunion die einzige Besatzungsmacht. Man drängte zur Bildung von Gewerkschaften. Es gelang uns damals trotz unablässiger Versuche nicht, die Männer der SPD von voreiligen Schritten zurückzuhalten. In der Auseinandersetzung um die Führung habe ich alles getan, um den Kommunisten die Führung vorzuenthalten. Die maßgeblichen Männer der SPD, Hermann Schlimme und Bernhard Göring, ließen mich dabei einfach allein. Sie fanden sich mit der kommunistischen Führung ab. Beide sind natürlich längst Mitglieder der SED. Dann begann der Kampf um die Neutralität der Gewerkschaften. Als ich auf den ersten Konferenzen unsere Forderung nach Neutralität erhob, ließ mich die gesamte sozialistische Führung im Stich. Wohl drückte man mir ob meines Freimutes hinter den Kulissen respektvoll die Hand, etwas bedrückt von der eigenen Zaghaftigkeit. Aber weiter wagte man sich nicht vor.
Es wäre zum Ablauf der Politik in Berlin und in der Ostzone noch manches zu sagen. Unter der von Otto Grotewohl ausgesprochenen Parole »Blut will zu Blut« rollte im Frühjahr 1946 das Drama der Verschmelzung ab. Es geschah zumeist un-

ter Pauken und Trompeten. Für dieses Geschehen trägt die damalige Führungsschicht der SPD in Berlin und in der Ostzone die Verantwortung. Und heute noch hält die gleiche Führungsschicht neben alten Kämpfern des Kommunismus die Ämter der sowjetischen Lenkungsstellen in der Ostzone besetzt.
Man macht uns den Vorwurf, wir hätten zu diesen Vorgängen geschwiegen. Wir hätten sogar Nutzen aus ihnen gezogen. Waren wir vielleicht berufen, Otto Grotewohl zu belehren, daß seine Theorie »Blut will zu Blut« falsch sei? Schließlich ist ja die Sozialdemokratie dieser Parole auch in anderen Ländern gefolgt. In der Tschechoslowakei, in Ungarn, in Italien – um nur einige zu nennen. Und wer weiß, was sich ereignen würde, wenn die SPD hier im Westen in gleicher Weise und unter vergleichbaren Umständen auf die Probe gestellt würde. Zudem habe ich gar nicht geschwiegen. Otto Grotewohl und andere könnten von warnenden Unterredungen berichten.
Vielleicht genügen diese Ausführungen, um die Haltung von Hannover und ihr Machwerk in das richtige Licht zu rücken. Es ist gewiß nicht das Bild einer reifen und geläuterten Demokratie, auf das dieses Licht fällt. Und doch wäre gerade eine reife demokratische Haltung unserem Volk so sehr vonnöten.
Aber auch die unbeschreibliche Arroganz des Wahlaufrufes von Hannover verlangte eine Antwort. Nehmt zur Illustration dieser Arroganz noch diese Sätze: »Aus eigener Erkenntnis und aus eigenem Willen hat die Sozialdemokratie allein, ohne Hilfe anderer Parteien, die Vereinigung mit den russisch dirigierten Kommunisten erfolgreich verweigert. Sie trug die Bürden des Kampfes um Berlin und trägt auch heute noch unter unerhörten Opfern die Lasten des Widerstandes in der Ostzone.« In Wirklichkeit aber dirigierten die Sozialdemokraten Grotewohl und Genossen der KPD die Massen der SPD zu. So nur kam die SED bei den Wahlen 1946 zur Mehrheit in der Ostzone. Die sowjetdeutsche KPD war der Nutznießer der SPD-Kapitulation in der Ostzone, nicht aber die anderen Parteien.
Es ist mir – weiß Gott – nicht leicht, die Auseinandersetzung mit der SPD mit dieser Schärfe zu führen. Wer mich kennt, weiß, wie sehr mir an einer Zusammenarbeit der beiden großen Parteien gelegen ist. Ich habe den Beweis dafür erbracht, daß es so ist. Aber Wesen und Methoden der Sozialdemokratie haben sich unter der radikalen und totalitären Führung von Hannover geradezu verhängnisvoll entwickelt. Totalitäres Gebaren, krankhafte Übersteigerungen, Rückfall in krasseste Intoleranz – das Pamphlet spricht z. B. von »muffigen alten Kanzelrednern« als Mitglieder der Union – kennzeichnen die Haltung Hannovers. Dazu kommt das starre Festhalten an veralteten, marxistisch-reaktionären Lehrsätzen. Das hat sich Bonn gegenüber gezeigt. Das zeigt sich nicht zuletzt und vor allem auch in ihrer Haltung Frankfurt, das heißt der augenblicklichen deutschen Wirtschaftspolitik gegenüber.
Jeder, dessen Blick nicht durch ideologischen Nebel getrübt ist, muß anerkennen, daß die mit der Währungsreform einsetzende Auflockerung der Zwangswirtschaft im Volke wie eine Befreiung empfunden wurde. Die eisernen Vorhänge der Zwangswirtschaft: Kontingentierung der Produktion, Bewirtschaftung der Konsumgüter, bürokratische Reglementierung der Arbeitskraft – waren Erben Hitlers und Kinder der Not. Sie waren längst durchlöchert durch schwarze und graue Märkte, die wie Pilze aus der Erde schossen. Hier herrschte Liberalismus reinsten Wassers, während die Herrschaft der Verwaltungsbeamten sich daneben im Schatten breit machte. Profit- und Genußsucht waren Vorrecht von Kriegs- und Nachkriegsverdienergruppen. Auf der anderen Seite ließ die Bezugsscheinwirtschaft das

Leben der breiten Schichten des Volkes in unerträglichem Zwang verkümmern. Die Frankfurter Wirtschaftspolitik brachte mit ihrem freieren Kurs Ordnung in dieses Chaos, wenn auch allmählich und nicht ohne Rückschläge. Die Ventile der Zwangswirtschaft, die grauen und schwarzen Märkte wurden nach und nach verstopft. Sie wurden durch geordnete Marktvorgänge abgelöst. Das neue Geld lockte die Ware aus dem Versteck. Der Verbraucher bekam allmählich das Bewußtsein zurück, nicht mehr Zuteilungsempfänger, sondern umworbener Kunde zu sein.
Vergegenwärtigen wir uns die Etappen der Frankfurter Wirtschaftspolitik: allmähliche Aufhebung der Zwangsbewirtschaftung der gewerblichen Güter, Preiskontrolle, Jedermannprogramm, Preisbindungen der zweiten Hand, Kreditpolitik usw. Wir müssen zugeben: Hier wurde verantwortungsbewußt, mit kundiger und erfolgreicher Hand vorgegangen. Wir brauchen dabei gar nicht zu verschweigen, daß Professor Erhard diese Kursänderung unter einem guten Stern vornahm. Geldreform, Marshallplan, gute Ernte, milder Winter begünstigten selbstverständlich seine Maßnahmen. Aber es ist billige Schwarzweißmalerei, alles Negative Frankfurt – das heißt in diesem Falle der Union – aufzuladen, alles Positive aber anderen Faktoren zuzuschreiben. Vielleicht sogar der Opposition, der SPD. Dabei stürzt sich die SPD förmlich mit Schadenfreude auf jede wirkliche oder scheinbare Unzulänglichkeit der geregelten Marktwirtschaft. Seien es die Preise oder die gewiß nicht leicht zu nehmende Arbeitslosigkeit. Sei es Mangel an Kapital oder an langfristigen Krediten. Jeder vernünftig Denkende sieht gewiß noch Probleme und auch Gefahren. Hier hätte eine konstruktive Opposition wirklich positive Aufgaben erfüllen können. Statt dessen ergeht sich die SPD in unsachlichster Kritik. Angefangen von Professor Erhard bis zur letzten wirtschaftlichen Maßnahme ist alles schlecht. Denn hinter allem stehen die »Verdienerseelen des Großkapitals«. So heißt es in der Sprache Hannovers. Man vergißt, daß man dabei oft der Sprache Moskaus in fataler Weise nahekommt.
Dabei sollten wir längst gelernt haben: Mit einfachen Entweder-oder-Lösungen sind die wirtschaftliche Gesundung und die soziale Befriedung in Deutschland nicht zu erreichen. Es ist nach meiner Meinung eine sekundäre Frage, ob man für eine freie Marktwirtschaft mit staatlichen Regelungen und sozialen Sicherungen eine Lanze bricht. Oder ob man für eine gemäßigt sozialistische Wirtschaft unter Einschaltung echter Unternehmerinitiative eintritt. Es ist das schließlich auch eine Frage der Zeitverhältnisse. Entscheidend ist allein, daß beide Wege den längst überfälligen Kapitalismus und jeden Kollektivismus überwinden helfen. Beide Wege: freiere Wirtschaftsmethoden, ergänzt durch soziale Politik, und regulierte Wirtschaft, aufgelockert durch freie Initiative. Fortschrittliche christliche Demokraten und gemäßigte Sozialisten haben das hüben und drüben längst eingesehen. Aber jede loyale Zusammenarbeit wird verhindert durch eine intolerante, lärmende und zerstörende marxistische Propagandapolitik. Durch die Politik von Hannover mit ihren patentierten Allheilmitteln.
Wir können nur unserer Auffassung treu bleiben: Wir lehnen eine Wirtschaftsreform ab, die auf den Krücken des Staates, von einer herrschenden Parteiclique gelenkt, Produktion, Güterumlauf und Verbrauch in unerträglicher Weise von außen her zu steuern trachtet. Wir lehnen eine solche Form genauso ab wie eine Wirtschaftsmethode, die den Staat zum Nachtwächter degradiert. Die sich aller staatlichen Kontrolle und Regelung entzieht. Die auf dem Rücken der lohnabhängigen Schichten einigen Bevorzugten ein bequemes Dasein ermöglicht. Die bitteren Er-

fahrungen der letzten Jahrzehnte sollten uns veranlassen, einen dritten Weg mit Geduld, Zähigkeit und Ausdauer zu suchen. Sozial verbrämte Lösungsversuche einer liberalen Privatwirtschaft können die Leidenswunde der Menschheit, die soziale Frage, heute weniger denn je lösen. Sie können es ebensowenig wie Zwangslösungen, die ja doch nur zu einem Staatsgefängnis führen, das Unternehmer, Arbeiter und Verbraucher in gleicher Weise der Freiheit beraubt.
Wenn die FDP von sich sagt, sie dürfe nicht länger der »Blinddarm« der CDU sein, sie müsse vielmehr zu ihrem »Gewissen« werden, so scheint mir das bedenklich. Es ist das nur ein Beweis dafür, daß es schon wieder Menschen in Deutschland gibt, die in einen Freiheitstaumel verfallen, sobald sie die Zwangsjacke abgelegt haben. Diese eingefleischten Liberalisten sollten immerhin die Belastungen im Auge behalten, denen die deutsche Wirtschaft noch ausgesetzt ist, und zwar außerdeutschen und innerdeutschen Belastungen. Der Marshallplan ist schließlich nicht nur Hilfe. Er schließt Abhängigkeiten ein. Hinzu kommen das Einspruchsrecht der Besatzungsmächte. Der Verlust wichtiger deutscher Wirtschaftsgebiete. Widersinnige Demontagen, Besatzungskosten, Ruhrstatut usw. Dazu die innerdeutschen Erschwerungen: ungerechte Einkommens- und Vermögensverteilung. Verschärft und vielfach hervorgerufen durch Kriegsauswirkungen. Weiter verschärft durch Schwarzhandel, Hortungsgewinne, unsoziales Verhalten vor, während und nach der Währungsreform. Das alles läßt die sozialen Spannungen noch stärker hervortreten. Der an sich erfreuliche Eindruck voller Läden und sorglosere Straßenbilder dürfen nicht die Millionen Darbenden vergessen lassen: die Flüchtlinge, die Enteigneten, die Heimkehrer, die Arbeitsunfähigen und Arbeitslosen, die Witwen, Waisen, Rentner und Kriegsbeschädigten und auch nicht die dürftigen Lohntüten weiter Arbeiterkreise. Diese Tatsachen eines deutschen Daseins können kaum einen naiven Aufstiegsoptimismus und liberalistische Wunschträume rechtfertigen ...
Laßt mich in diesem Zusammenhang ein Wort zur Demontage sagen. Es ist für uns, die Deutschen, wirklich nicht sehr leicht, dabei ruhig und besonnen zu bleiben. Es wird immer schwerer verständlich, wie Marshall- und Europaplan mit einer fortgesetzten Demontage in Übereinstimmung gebracht werden sollen. Das kommt auch im Ausland immer drastischer zum Ausdruck. Noch in den letzten Tagen haben die Gewerkschaften anderer Länder – die amerikanischen und französischen – auf die Unhaltbarkeit der augenblicklichen Demontagepolitik hingewiesen. Man kann schließlich nicht mit der einen Hand geben und mit der anderen nehmen. Es wäre aufs höchste bedauerlich, wenn in der Zeit immer wieder beschworener europäischer Solidarität die Konkurrenzangst – um nicht zu sagen der Konkurrenzneid – über diese Solidarität siegen würde.
Und nun ein Wort zu den Düsseldorfer Leitsätzen, insbesondere zu den wirtschafts- und sozialpolitischen: Wir haben diesen Leitsätzen zugestimmt, weil wir durch das Beispiel der Mäßigung unter Beweis stellen wollen, daß wir auf keinen Fall doktrinär sein wollen. Wir haben aber selbstverständlich bei Beratung der Leitsätze entscheidenden Wert darauf gelegt, daß die Grundforderungen der Arbeiterschaft und der Zusammenhang mit dem wirtschaftlichen Ordnungsbild der christlich-demokratischen Arbeiterschaft gewahrt bleiben. Es ist selbstverständlich, daß die eigentumsrechtlichen und gesellschaftspolitischen Grundsätze des Ahlener Programms anerkannt bleiben, wenn sie auch nach der marktwirtschaftlichen Seite der Ergänzung bedurften.
Wir haben zur Anerkennung gebracht, daß nicht der Wettbewerb allein das Ord-

nungsprinzip der Wirtschaft sein darf. Er muß gebunden bleiben an das Gesetz sozialer Gerechtigkeit. Neben der wirtschaftlichen Freiheit hat die Bindung an das Gemeinwohl, neben dem marktwirtschaftlichen Prinzip haben staatliche Kontrollen und Regelungen zu ihrem Recht zu kommen. Anstelle reiner Planwirtschaft und ihrer mechanischen Zwangsmethoden tritt eine organisch marktgerechte Planung mit den indirekten Mitteln einer elastischen Geld-, Kredit-, Handels- und Zoll-, Steuer- und Investitionspolitik.

Was die Sozialisierung angeht, so haben wir sie nie für ein Allheilmittel erklärt. Wir halten aber nach wie vor genossenschaftliche und gemischtwirtschaftliche Formen des Gemeineigentums für machtverteilend, machtausgleichend und zweckdienlich. Diese Formen sind möglich bei Anerkennung eines echten Unternehmertums und bei voller Selbständigkeit des Handwerks.

Im übrigen werden durch Kapital- und Kreditlenkung, durch staatliche Regelungen und ein unabhängiges Monopolamt in manchen Fällen ausreichende Sicherungen gegen den Mißbrauch wirtschaftlicher Macht geschaffen, und zwar ohne in solchen Fällen einschneidende eigentumsrechtliche Veränderungen vornehmen zu müssen.

Echte Wirtschaftsdemokratie kann selbstverständlich nicht allein durch die Inthronisation des Verbrauchers geschaffen werden, sondern nur durch sinnvolle Einführung demokratischer Formen im Sinne der Mitwirkung und Mitbestimmung der Arbeitnehmer in Betrieben, Unternehmungen und Selbstverwaltungskörperschaften der Wirtschaft. Diese Wirtschaftsdemokratie gesetzlich zu gewährleisten, ist eine der Hauptaufgaben des kommenden Bundestages.

Die soziale Hypothek, die auf dem deutschen Wirtschaftskörper lastet, erfordert heute stärker noch als früher eine Übereinstimmung wirtschaftlicher Leistungsfähigkeit und sozialer Gerechtigkeit. Soziale Maßnahmen unter Verzicht auf volkswirtschaftliche Produktivität bedeuten Verschleuderung. Produktionssteigerung im Stil von Stachanow und Hennecke bedeutet Erbarmungslosigkeit.

Die Maßnahmen der Verwaltung für Arbeit unter der Leitung unseres Freundes Anton Storch lassen erkennen, daß nach diesen Einsichten gehandelt wurde. Nachdem sich die Preise wieder frei bilden konnten, mußte auch der Lohnstopp sein Ende finden. Arbeitsverträge mußten wieder in freier Vereinbarung abgeschlossen werden. Lohn- und Arbeitsbedingungen mußten aus der Machtsphäre des Staates gelöst und durch Tarifvertrag zwischen Gewerkschaften und Arbeitgebern Regelung finden. Die Arbeit mußte wieder gewertet, die Arbeitskraft wieder geachtet und von der Zwangsbewirtschaftung befreit werden. In dem Maße, wie der Arbeiter wieder aus der Herrschaft des Arbeitsamtes herauswächst, findet er zum Gefühl persönlicher Berufsfreiheit zurück.

Das am 7. Januar 1949 vom Wirtschaftsrat verabschiedete und leider erst am 16. Mai 1949 von den Militärgouverneuren genehmigte Sozialversicherungs-Anpassungsgesetz bringt beachtenswerte Verbesserungen. Es paßt die Sozialrenten dem Lohn- und Preisgefüge an. Es erhöht die Renten in der Invaliden- und Angestelltenversicherung. Es sichert die Leistungsfähigkeit der Sozialversicherung und gleicht die Arbeiterrentenversicherung der Angestelltenversicherung an. Damit findet eine alte Forderung der Arbeiterschaft endlich ihre Erfüllung.

Die wirklich praktische Sozialpolitik der Union wird darüber hinaus bewiesen durch das soziale Gesetzeswerk der beiden letzten Monate. Von der Soforthilfe über die Aufbesserung der Unfall- und Knappschaftsrenten bis zum Heimarbeiter- und Heimkehrergesetz.

Ähnliches ist aus den Länderparlamenten zu berichten. Ich denke z. B. an die verantwortungsbewußte Sozialpolitik von Rheinland-Pfalz.
Das gesamte sozialpolitische Werk – in Frankfurt und in den Ländern – zeugt von der Aktivität und dem Einfluß der christlich-demokratischen Arbeiterschaft. Es ist dabei – weiß Gott – nicht die Schuld der Union, wenn diese Sozialgesetzgebung verzögert, gestoppt oder verhindert wird, wie wir es letzter Tage wieder zur Kenntnis nehmen mußten. Häufig wurden und werden Sozialgesetze durch die Besatzungsmächte gehemmt und eingeschränkt.
Noch wartet unser Volk auf den endgültigen Lastenausgleich. Lastenausgleich heißt nicht Verschleuderung unseres letzten Besitzes. Er ist aber auch keine Fürsorgeangelegenheit. Er ist vielmehr eine sittlich-soziale Rechtsforderung. Es müßte revolutionierend wirken. Es würde letztes Versagen des sozialen Bewußtseins in Deutschland und Europa bedeuten, wenn die Heimatvertriebenen, die Flüchtlinge und Kriegsgeschädigten im Stich gelassen würden. Es ist der geheime Wunschtraum radikaler Kräfte, im gegebenen Augenblick die Verbitterung der Entwurzelten für sich ausnutzen zu können. Ich vertraue darauf, daß gerade der soziale Ausgleichswille unserer Arbeiterschaft eine Ausgleichung der Eigentums- und Einkommensverhältnisse erreichen hilft, die sozialer Gerechtigkeit entspricht.
Drängend wie der Lastenausgleich ist das Problem des Wohnungsbaues. Staat, Länder und Gemeinden, Baugenossenschaften und private Bauwirtschaft haben alle ihre Kräfte zusammenzufassen, um das ungeheure Wohnungselend zum mindesten erst einmal zu mildern. Es müßte von mehr als unheilvoller Wirkung sein, wenn breite Massen des Volkes auf weitere Jahre hinaus ein hoffnungsloses Leben in Bunker- und Kellerräumen vor sich sehen würden.
Wir sind uns klar darüber, daß dies alles nur erste Notmaßnahmen sind, Notmaßnahmen und erste Hilfsmittel sozialer Sicherung in unserem zerrissenen und unselbständigen Vaterland. Sobald aber Zerrissenheit und Unselbständigkeit beseitigt sind, steht die entscheidende Aufgabe der Neuordnung und Neugliederung unseres Volkslebens vor uns.
Flüchtlinge, Kriegsgeschädigte, Kriegsenteignete und eine selbstbewußt gewordene Arbeiterschaft haben die alte Schichtung des Volkes durchbrochen. Daraus erwächst die entscheidende gesellschaftspolitische Aufgabe der nächsten Stufe unseres volklichen Daseins. Zu dieser Aufgabe positiv, das heißt in wahrhaft aufbauendem Sinne mitzuwirken, ist nach alter Überzeugung eine der Hauptaufgaben der Arbeiterschaft, ihrer Standesorganisationen und vor allem der Gewerkschaften.
Die deutschen Gewerkschaften aber sind mehr oder weniger noch der Gegenstand unserer Sorge. In der Ostzone und in einem Teil von Berlin sind sie heute Mittel zur Sowjetisierung Deutschlands. In den Westsektoren Berlins leidet die UGO – die unabhängige Gewerkschaftsopposition – unter der Isolierung Berlins. Zudem ist ihre Neutralität nicht unbestritten. Franz Neumann, der Vorsitzende der SPD-Berlin, erklärte neulich, die UGO sei zu tolerant. Sie solle nicht vergessen, daß sie sozialdemokratischen Ursprungs sei. Das stimmt zwar nicht. Aber man handelt eben häufig nach dem Grundsatz: Nur dreiste Behauptungen aufstellen, dann wird man schon Glauben finden. Auch hier im Westen entschlüpfte diesem und jenem immer wieder das Wort von den sozialdemokratischen Gewerkschaften. Man sucht mit den Gewerkschaften suggestive Parteipropaganda zu treiben. In dieser Richtung wirkt auch der Wahlaufruf der Gewerkschaften. Insbesondere durch seine Licht- und Schattenverteilung der sogenannten amtlichen Wirtschaftspolitik gegenüber.

Ich hätte gewünscht, die Gewerkschaften hätten es gerade vor dieser bedeutsamen Wahl zu einer wirklich ausgleichenden staats- und volkspolitischen Erklärung gebracht. Die Gewerkschaften sind ja schließlich die einzige Körperschaft, in der sich Männer und Frauen der beiden großen Parteien Deutschlands in praktischer Zusammenarbeit für Arbeiterschaft und Volk begegnen.
Die Gewerkschaften sind die organisierte Selbsthilfe der Arbeiterschaft. Ihr Wirken aber geht seit langem über diesen Sinn hinaus. Sie sind Organ, das heißt verantwortliches Glied für die Volkswirtschaft. Ihr Wirken hat aber in unserem zerrissenen und zum Teil doktrinär festgelegten Deutschland auch einen volks- und staatspolitischen Sinn. Die Gewerkschaften haben in klugem und besonnenem Einstehen für die Rechte und Pflichten einer selbstbewußten Arbeiterschaft der Versöhnung des Volkes zu dienen. Wir selbst hatten sie immer als eine der stärksten Klammern für ein einiges und soziales Deutschland gedacht. Wir haben den Wunsch, daß sie es werden. Um dieser Berufung für Arbeiterschaft und Volk willen stehen wir nach wie vor auf dem Boden der Einheitsgewerkschaften. Um dieser Berufung willen können wir nur hoffen, daß die Gewerkschaften läuternd und klärend auf die Parteien zu wirken vermögen und insbesondere auf die SPD. Denn die Leichtigkeit, mit der diese es fertigbringt, hemmungslos die Methoden totalitärer Parteien zu übernehmen, muß den besonnenen Teil der Arbeiterschaft täglich mehr erschrekken und befremden.
Die christlich-demokratische Arbeiterbewegung war stets darauf bedacht, an die erste Stelle das Volk, nicht aber die Partei zu setzen. Leidenschaftlicher Helferwille für unser Volk muß in dieser apokalyptischen Zeit über jeden Parteihaß siegen. Die Neuordnung Deutschlands wird durch den Kernstaat begonnen. Er soll die Zelle der Gesundung nicht nur für den Westen und Süden sein. Von ihm hat auch die Gesundung für den gesamten deutschen Osten auszugehen. Dabei fallen den Gewerkschaften Aufgaben zu, die eine positive, eine nationale, eine unabhängige Verwirklichung der deutschen Gewerkschaftsidee verlangen.
Getreu dem christlich-demokratischen Gesetz unserer Bewegung sind wir entschlossen, Klassenhaß, politische Lügen, parteipolitische Großmannssucht und politische Verleumdung zu bekämpfen. Wir erkennen in ihnen die gefährlichsten Bazillen eines totalitären Willens. Ein solcher Wille hat das deutsche Volk ins Unglück gestürzt.
Jetzt wollen wir ein Bundesparlament und eine Bundesregierung, die von echter demokratischer Toleranz erfüllt sind. Die als Beweggrund ihres Handelns Liebe zu Land und Volk in sich tragen, und als Ziel aller ihrer Politik unermüdlich und unablässig um ein unabhängiges, einiges und soziales Deutschland ringen.

## 46

*Wahlveranstaltung in Essen*
*10. August 1949*

In einer meiner letzten Wahlversammlungen stellte mir ein SPD-Mann die Frage: Kollege Kaiser, warum stehen Sie eigentlich neben Adenauer und nicht neben Schumacher? Sie sind doch ein Mann der Arbeiterschaft. Wollte ich mit dieser Frage ein rhetorisches Spiel treiben, so würde ich sagen: Was soll die Frage? Schließlich sind ja beide keine Arbeiter, sondern beide sind Männer der hohen

Schule. Also mit der Würde des Akademikers belastet. Die Frage an mich sollte also wohl so lauten: Warum gehören Sie zur Christlich-Demokratischen Union und nicht zur SPD?

Wer so fragt, geht von einer falschen Voraussetzung aus. Er sieht die SPD als Monopolpartei der Arbeiterschaft, die Christlich-Demokratische Union aber als die Partei der Bürger. Oder – wenn ich es im Schumacher-Stil sage: als die Partei der Sachwertbesitzer, der Freibeuter und Verdienerseelen usw. Hier stößt man schon auf die Requisiten marxistischen Denkens. Hier trübt noch immer Klassenkampfgewohnheit den Blick für die Realitäten einer längst veränderten Zeit. Einer Zeit, die dem alten Karl Marx schon manches Haar aus dem Philosophenbart gezupft hat. Die Parole: Hie Arbeiter, hie Bürger ist im Zeitalter der Flüchtlinge und Kriegsenteigneten überholter denn je. Die Arbeiterschaft hat sich mehr oder weniger ihr Recht in Staat und Gesellschaft erfolgreich erkämpft. Heute sind weite Schichten der Flüchtlinge die Ärmsten in unserem Volk. Sie stehen noch vor den Toren. Ich glaube aber, es bedarf keiner Flüchtlingspartei, um die Tore weit für sie zu öffnen. Es bedarf der sozialen Opferbereitschaft im ganzen Volk. Flüchtlinge und Kriegsenteignete werden jede Partei zur Opferbereitschaft zwingen. Das alles macht klar, daß die Durchbrechung, ja der Umsturz der gesamten sozialen Schichtung in unserem Volk längst über ausgesprochene Arbeiterparteien hinweggegangen ist. Es gibt keine ausgesprochene Arbeiterpartei mehr. Zwar nimmt die SPD nach der Pleite, nach der Diskreditierung des Kommunismus im Osten wieder an Arbeitermassen zu. Ein gefährlicher Vorgang übrigens. Denn sie nimmt damit um so stärker wieder die Bazillen der kommunistischen Infektion in sich auf.

Mit der Standes- oder mit der Klassenzugehörigkeit ist bei der heutigen sozialen Lage unseres Volkes das Parteibuch noch keineswegs vorbestimmt. Der Grund für die parteipolitische Entscheidung liegt tiefer.

Es geht in der heutigen Situation unseres Volkes auch wahrhaftig nicht um Klassen- und Standesinteressen. Es geht darum, ob Deutschland überhaupt wieder zu einer Ordnung zurückfindet. Es geht darum, ob es überhaupt Gestalt und Gesicht zurückerhält. Und seine materielle Existenz dazu.

Deutschland als Ganzes ist heute in einer vergleichbaren Lage, in der die Arbeiterschaft vor hundert Jahren war. Damals schien die Arbeiterschaft zum Proletarierdasein verurteilt. Heute erscheint Deutschland als der Prolet Europas. Deutschland führt ein Kellerdasein. Deutschland trägt die Zeichen des echten Proletariers in seinem Schicksal: Abhängigkeit, Entwurzelung, Verzweiflung. Ohne Recht, seinem eigenen Willen zu folgen. Ohne ein genügendes Haus und Heim für die große Familie unseres Volkes. Ohne Anspruch auf den Reichtum seines Bodens. Man hat diesen Reichtum entweder in die Gewalt anderer Völker gegeben, wie im Osten. Und wie mehr oder weniger auch an der Saar. Oder man hat ihn internationaler Kontrolle – um nicht zu sagen Verfügungsgewalt – unterstellt. Wie hier an der Ruhr. Wobei wir selbst am wenigsten oder gar nichts zu sagen haben. Und vieles, was das deutsche Volk sich durch den Fleiß arbeitsamer Generationen erworben hat – unsere Industrie –, fällt erbarmungslos der Demontage zum Opfer. Einer Demontage, deren Bedeutung für die internationale Sicherheit wir vielerorts einfach nicht erkennen können, sondern hinter der wir nicht zuletzt die Sorge vor der Konkurrenz unseres arbeitsamen Volkes wirksam sehen.

In solcher Situation, in der es einfach um Sein oder Nichtsein unseres Volkes geht, habe ich zunächst als Deutscher zu handeln. Und nicht an erster Stelle als Arbeiter,

Bauer oder Industrieller. Das ist einer der Gründe, warum ich in einer echten Volkspartei stehe. Nicht aber in einer Partei, die sich immer noch in der Rolle einer Klassenpartei gefällt.

Die christlichen Demokraten bekennen sich bewußt zu einer Volkspartei. Ihr Gesetz ist der soziale Ausgleich. Es wäre verhängnisvoll, wenn es politischer Demagogie gelänge, Bürgertum und Arbeiterschaft von neuem in klassenkämpferische Frontstellung zu treiben. Veralteter Klassenhaß liefert keine Bausteine für das neue Deutschland. Er ist vielmehr Zündstoff, der noch die letzten Fundamente zerstören könnte. Allerdings verlangt die Gesundung unseres Volkes ebenso die Hinwendung des Bürgertums zu einem entschlossenen sozialen Bewußtsein. Soziales Bewußtsein und soziales Handeln haben Lebenselemente eines fortschrittlichen Bürgertums zu sein. Es wäre verhängnisvoll, wenn von dieser oder jener Gruppe der Versuch gemacht würde, die Lasten unseres Schicksals auf die eine oder die andere Schicht im Volke abzuwälzen. Hier liegt die beherrschende Ausgleichsaufgabe der christlichen Demokraten. Das unabänderliche christliche Gesetz von der sozialen Gerechtigkeit war stets der natürlichste Maßstab für die Ordnung eines Volkes. Dieses Gesetz rechnet selbstverständlich mit Spannungen und Auseinandersetzungen zwischen Klassen, Ständen und Schichten. Es läßt uns aber die Freiheit, den besten Weg für ihren Ausgleich zu suchen. Es spricht keine Wirtschafts- und Sozialformen als heilig und unantastbar an. Es rechnet mit dem Wechsel der Ereignisse und der Veränderung der Verhältnisse. Unantastbar ist nur das Gesetz sozialer Gerechtigkeit und Menschenwürde. Dieses Gesetz wird allerdings oft radikale Forderungen stellen müssen. Vor allem in einer Zeit, die einer Weltenwende gleichkommt. In einer Zeit drängendster Not. Darüber sollten auch die vollen Läden und die aufdringliche Eleganz mancher Straßen in unseren Städten nicht hinwegtäuschen. Neben diesem höchst oberflächlichen und ebenso unangebrachten Glanz eines vorgetäuschten Reichtums wirkt die Armut der großen Masse unseres Volkes um so bitterer.

Ganz sicher wissen Männer der Arbeiterschaft besser, wo die breite Masse der Bevölkerung der Schuh drückt. Und man wird bei der Neugestaltung unserer sozialen Ordnung darauf zu achten haben, daß man auf diese Männer hört. Ganz sicher ist, daß Konrad Adenauer von dieser oder jener wirtschaftlichen oder meinetwegen auch politischen Notwendigkeit eine andere Auffassung hat als Jakob Kaiser. Hier aber wird das Gesetz unserer Partei wirksam. Nicht im Sinne von Parteibefehl oder Fraktionszwang. Das überlassen wir Hannover. Sondern im Sinne eines ehrlichen und aufrichtigen Ringens untereinander. Eines Ringens, das vom Lebensinteresse unseres Volkes bestimmt ist. Unser politisches und soziales Ziel heißt Deutschland. Dem haben sich Konrad Adenauer und Jakob Kaiser zu beugen. So nur wird der Ausgleich gefunden, der jedem gerecht wird. Dem Bergarbeiter und dem Manne der Industrie.

Schließlich hat ja die praktische Sozial- und Wirtschaftspolitik unter Storch und Erhard schon unter Beweis gestellt, daß es den christlichen Demokraten nicht auf doktrinäre Rechthaberei und parteipolitische Dogmengläubigkeit ankommt. Es kommt uns angesichts der drängenden Probleme auf kraftvollste Initiative an.

Drei konkrete soziale Aufgaben werden wir nach der Wahl mit erhöhter Energie in Angriff zu nehmen haben. Drei Aufgaben, deren Erfüllung und Bewältigung ein Maßstab dafür sein wird, ob wir das soziale Gesetz christlich-demokratischer Haltung begriffen haben.

Wir haben den Lastenausgleich zu schaffen. Das nun endlich von den Alliierten genehmigte »Soforthilfegesetz« stellt eine erste Vorleistung dar. Kommende Generationen werden uns soziale Unfähigkeit und politisches Versagen vorwerfen, wenn dieser Ausgleich der Lasten nicht nach bester Möglichkeit geschaffen würde. Wenn Flüchtlinge und Kriegsgeschädigte im 20. Jahrhundert sprechen würden wie die Marx-Anhänger im 19. Jahrhundert: »Wir haben nichts anderes zu verlieren als unsere Ketten.« Nämlich die Ketten einer unsagbaren Not.
Desgleichen haben wir unsere Aufmerksamkeit auf den sozialen Wohnungsbau zu konzentrieren. Es wäre von unheilvoller Wirkung, wenn die breiten Schichten unseres Volkes noch länger in Bunker- und Kellerräumen ihr Leben fristen müßten. Die Heimatvertriebenen müssen heraus aus der Zusammengepferchtheit in Massenquartieren. Die Not dieser Massenquartiere belastet uns nicht weniger schwer als die Konzentrationslager von gestern und heute.
Und das dritte: Wir werden durch die praktische Maßnahme verstärkt beweisen, daß wir die Arbeitslosigkeit nicht leicht nehmen. Sie muß durch vernünftige Arbeitsbeschaffung, Kreditlenkung und raumwirtschaftliche Neuordnung mit vereinter Kraft schnellstens überwunden werden. Die SPD versucht in ihrer Wahldemagogie die Arbeitslosigkeit dem angeblichen Leichtsinn Erhards zuzuschieben. In Wirklichkeit ist sie eine nur zu natürliche Folge des Hitlerabenteuers und damit ein Kind der Not unseres Volkes. Mit dieser Tatsache hätte auch die SPD rechnen müssen, wenn sie die Verantwortung übernommen hätte. Glaubt man, sie wäre mit diesem Problem besser fertig geworden als die christlichen Demokraten? Wir haben allen Grund, daran zu zweifeln. Die SPD ist nicht gut beraten, wenn sie durch das Schreckensbild der Arbeitslosigkeit, durch Abbildung von Schlangen vor den Stempelstellen die Union zu diskreditieren sucht, statt durch praktische Mitarbeit die Notstände zu beheben. Schon einmal hat ein Rattenfänger durch Schüren von Krisenstimmung, durch Politik mit der Lebensangst seine eigene destruktive Politik gemacht. Heute stehen wir vor den Folgen. Das sollte eine Warnung sein.
Bei einer Kritik der Labour Party, zu der die augenblickliche Krise in England allen Anlaß gibt, bemerkt die SPD gerne, die britischen Konservativen würden nicht viel an der Politik ändern, wenn sie demnächst an die Regierung kämen. Ich bin fest davon überzeugt: Auch die SPD würde gegebenenfalls manches von der praktischen Politik der Union übernehmen. Weil es gar nicht anders geht. Täte sie es nicht, versuchte sie es mit Rezepten alter marxistischer Heilpraktik, so würde das deutsche Volk die Folgen zu spüren bekommen.
Ich lasse dabei keinen Zweifel darüber, daß es mir bedenklich erscheinen würde, auf rein liberalistische Rezepte zu vertrauen. Liberalistische Wunschträume in einer zerstörten Wirtschaft würden ein Spiel mit dem Feuer werden.
Ich komme zurück auf die Frage: Warum christlicher Demokrat und nicht Sozialdemokrat? Für mich ist und bleibt der Zusammenschluß der christlichen Demokraten beider Konfessionen eines der ermutigendsten Geschehnisse der Nachkriegszeit. Es war ein überwältigendes Erlebnis in Berlin, als sich Männer der beiden Konfessionen die Hände reichten. Eine große Anzahl von ihnen war dem Zuchthaus oder der Todesdrohung des Dritten Reiches entronnen. Die Parteigründung geschah aus dem inneren Schwung, endlich in Freiheit gemeinsam für ein neues Deutschland zu stehen. Sie geschah aber auch aus der ernsten Erkenntnis: In diesem Chaos brauchen wir die Anlehnung an eine große, lebensrettende und lebenssichernde Idee. Wir brauchen eine Garantie, daß dieses Volk niemals wieder in die Abgründe tota-

litärer Parteien und abenteuernder Diktatoren abgleitet. Diese Erkenntnis führte über die Konfessionen hinaus auch Männer und Frauen zu uns, die früher einem liberalen Lebenskreis angehört hatten. Es war die Erkenntnis erschütterter Menschen: Demokratie aus christlicher Verantwortung kann und muß die Rettung sein. Ich weiß, es hat sich in dieses große Wollen da und dort Menschliches eingeschlichen. Wo Menschen Politik machen, da menschelt es auch. Das sollte allerdings die nicht abstoßen, die glauben, es besser machen zu können. Es sollte sie vielmehr rufen. Denn es geht um Deutschland.
Heute steht Europa im Schatten eines neuen totalitären Abenteuers. Wo ist die Kraft, die dieser Gefahr die Stirn zu bieten weiß? Das ist die Schicksalsfrage an die Parteien.
Folgen wir den Auslassungen der SPD, so ist sie der einzigste Garant gegen die dunkle Gewalt von Osten. Man greift sich an den Kopf. Man glaubt Druckfehler zu sehen. Aber nein, man steht immer wieder vor den grotesken Äußerungen des naiven Selbstbewußtseins dieser Partei. Sie allein hat in der Ostzone Widerstand geleistet. Sie allein hat in Berlin den Freiheitskampf geführt. Sie allein hat in Bonn am 20. April die Wendung zum Heil herbeigeführt. Sie allein ist die nationale, sie allein ist die soziale Partei.
Wie aber war es in Wirklichkeit in der Ostzone? Wie war es mit dem Drama, das die SPD zu einer Heldengeschichte umzudichten sucht? Während sie gleichzeitig Männer herabzusetzen sucht, die in Sauberkeit, Anstand und Mut den Kampf für unsere Menschen in der Ostzone geführt haben. So handelt nur die politische Etappe. Hannover hat nun einmal – was die Ostzone angeht – immer in der Etappe gelegen. Es war schon 1945/46 leichter, von Hannover aus und in den Westsektoren Berlins unter dem Schutz westlicher Besatzungsmächte dem Kommunismus ein »Nein« zuzurufen, als dieses »Nein« in mühsamer Politik an der Front – in der Ostzone – entschlossen zum Ausdruck zu bringen. Und zu verteidigen. Es war das um so mühsamer, als sich die gesamte sozialdemokratische Führungsschicht in der Ostzone und weithin in Berlin dem Kommunismus in die Arme gestürzt hatte. Das Versagen der SPD in der Ostzone liegt so sehr am Tage, daß über diesen Prozeß längst die Akten geschlossen sind. Aber man soll andere nicht für dumm verschleißen. Zu meinem Schmerz muß ich es immer wiederholen, um endlich mit dem Märchen aufzuräumen, die christlichen Demokraten seien Feiglinge, die Sozialdemokraten aber Helden des Widerstandes. Es bleibt geschichtlich feststehende Tatsache: Die Kapitulation der SPD vor der KPD unter der Parole von Grotewohl: »Blut will zu Blut«, war die entscheidende Schwächung der deutschen Abwehrkräfte gegen den sowjetdeutschen Kommunismus. Und wie war es in Ungarn, in der Tschechoslowakei? Überall die gleiche Kapitulation: Auslieferung des Staates an den Kommunismus. Wirklichen Widerstand leisteten und leisten nur die christlichen Kräfte. Und was wäre aus Italien geworden? Wer fing das vom Kommunismus bedrohte Land auf? Die christlichen Demokraten unter De Gasperi. Und was geht in der österreichischen Sozialdemokratie vor? Auch dort ruft eine radikale Gruppe zu der Vereinigung mit den Kommunisten auf.
Woher – so frage ich immer wieder – nimmt der Vorsitzende der SPD die Stirn, angesichts dieser Tatsachen die anderen Parteien als Satelliten des Weltkommunismus anprangern zu wollen, während in Wahrheit stets Kräfte aus der Sozialdemokratie zu Blutspendern des Weltkommunismus geworden sind und zu werden drohen. In den Oststaaten. In der Ostzone. Und auch in westeuropäischen Ländern.

Ich stelle erneut die Frage: Was könnte wohl geschehen, wenn die SPD hier im Westen und Südwesten unter vergleichbaren Umständen wie in der Ostzone die Probe zu bestehen hätte?

Und nun noch eines: Wie oft und wie sehr hat die SPD versucht, die Union mit bestimmten östlichen Besuchen und Ost-West-Gesprächen zu belasten. Ich selbst habe vor solchen Besuchen und Gesprächen gewarnt. Obwohl sie – weiß Gott – der Aufbauschung nicht wert waren. Wie aber hat die SPD sie in Wort und Bild ausgebeutet! Was würde die SPD sagen, wenn ich den Inhalt eines Briefes in gleicher Weise ausbeuten würde, der mir in diesen Tagen zur freien Verwendung zuging. Ein Brief, in dem mir mitgeteilt wird, daß Dr. Kurt Schumacher zu einem bestimmten Zeitpunkt nach Braunschweig gefahren ist, um dort Pieck und Grotewohl zu treffen. Er habe dort mehrere Stunden auf die beiden Herren gewartet. Beide aber seien ausgeblieben. Anscheinend hätten sie keine Genehmigung zum Grenzübertritt erhalten. Der Brief gibt auch den Namen des Mannes an, der diesen Besuch vermittelte. Ich bin ehrlich genug zu sagen, daß mich dieser Brief tief betroffen hat. Ich enthalte mich jeder Auslegung. Der Deutung ist jede Möglichkeit gegeben.

Aber genug der Polemik. Fest steht: Die christlichen Demokraten haben sich in allen Ländern dem Kommunismus gegenüber stärker erwiesen als die Sozialdemokraten. Sie sind das Bollwerk. Ich füge hinzu: sofern sie die soziale Linie finden und halten, die christlicher Verantwortung entspricht.

Und Voraussetzung ist noch ein Weiteres: die Entfaltung eines starken und entschlossenen Einheitswillens für unser Deutschland. Unser Freund Gustav Heinemann – Ihr Oberbürgermeister – hat in Heidelberg unvergleichliche Worte für die Gründe gefunden, die Essen bewogen haben, mir das Mandat für diesen Bezirk anzuvertrauen. Ich solle Brücke sein zwischen West- und Ostdeutschland. Ich soll das gesamtdeutsche Gewissen und die gesamtdeutsche Verpflichtung im Ruhrgebiet wachhalten helfen. Ich bin stolz auf diese Aufgabe. Stolz darauf, daß es die arbeitsame Stadt Essen ist, die mir diesen Auftrag gibt. Die Geburtsstadt der Idee von der politischen Gemeinschaft der christlichen Demokraten. Die Stadt, die mir schon 1933 ihr traditionsreiches christlich-nationales und christlich-soziales Mandat übertrug. Helfen Sie mir, beide Aufgaben zu erfüllen. Die Aufgabe für Essen und das Ruhrgebiet, für das industrielle Kernland Deutschlands. Helfen Sie, daß ein unablässiger Strom leidenschaftlichen Einigungswillens nach Osten geht, damit wir den Osten heimholen können nach Deutschland.

Wir wollen vorausschauende Politik für die Ostzone und das Land jenseits der Oder/Neiße. Es kann und darf nicht nur bei dem Schrei nach der Wiedervereinigung mit dem deutschen Osten bleiben. Die deutsche Bundesrepublik hat eine konstruktive und planende Deutschlandpolitik einzuleiten. Das erwartet die Ostzone. Das erwarten die Flüchtlinge, deren Heimat jenseits der Oder/Neiße liegt. Wir haben alles zu tun, den Ostvertriebenen das Bewußtsein zu geben, daß sie hier im Westen und auch im Süden Heimatrecht haben. Aber die Heimatvertriebenen verlangen von einem geordneten deutschen Staatswesen auch eine Deutschlandpolitik, die ihr Recht auf den angestammten Heimatboden zur Geltung bringt. Sie mögen gewiß sein, daß sich die christlichen Demokraten dieser Pflicht bewußt sind. Schließlich waren wir es, die schon 1945/46 auf sowjetisch besetztem Gebiet – in der Ostzone – immer wieder das unverzichtbare deutsche Recht auf dieses Land ausgesprochen haben. Ich darf von mir sagen, daß ich es immer wieder tat. Trotz aller Verbote und Warnungen der sowjetischen Besatzungsmacht.

Lassen Sie uns – Männer und Frauen – in diesem Geiste am 14. August unsere Stimme in die Waagschale werfen. Für den Sieg der christlichen Demokraten. Für den Sieg der Toleranz dem Andersdenkenden gegenüber. Für den Sieg der Unerbittlichkeit gegen jeden totalitären Machtwillen, ob er von rechts oder von links kommt. Für den Sieg des Abendlandes über die bolschewistische Gefahr. Für den Sieg des Versöhnungswillens unter den Parteien. Für den Sieg des sozialen Fortschritts in einem einigen und freien Deutschland.

## 47

*Bewährungsprobe*
*in: »Der Tag«, 23. August 1949*

Der Ausgang der Wahlen vom 14. August hat sowohl den Christlichen Demokraten als auch den Sozialdemokraten eine große Verantwortung auferlegt. Die Waagschale des Vertrauens für die Christlichen Demokraten neigte sich zwar tiefer als die der SPD, das heißt, die Wahlentscheidung machte die Union zur stärksten Partei. Aber es wäre eine falsche Einschätzung der Kräfteverteilung, würde man dieses Übergewicht für die künftige politische Konstellation überschätzen. Die Gefahr der Selbstüberschätzung bei den Christlichen Demokraten allerdings ist kaum gegeben. Sie befleißigen sich in der Regel einer fast übermäßig gewissenhaften Toleranz, die sich nicht selten zu ihrem Nachteil auswirkt.
Die Situation unseres Volkes ließe es durchaus geboten erscheinen, daß die beiden großen Parteien die politische Verantwortung im Kernstaat gemeinsam übernehmen würden. Jeder verantwortungsbewußte Politiker ist sich darüber klar, daß der deutsche Staat vom Willen breiter Volksmassen getragen werden muß. Ein Staat, der die Industriearbeiterschaft des Westens und die Flüchtlingsschichten des Ostens umfaßt und der auf den Osten überzeugende Anziehungskraft ausstrahlen soll, muß ein sozialer Volksstaat im wahrsten Sinne des Wortes sein.
Das soziale Bewußtsein, das von einer fast hundertjährigen Arbeiterbewegung geprägt wurde, kann und darf nicht mehr ausgelöscht werden. Es muß vielmehr als stärkste und wirksamste Kraft in der deutschen Politik gewertet und mit zur Auswirkung gebracht werden. Allerdings nicht mehr in unerbittlichem Zweikampf zwischen Bürgertum und Arbeiterschaft, sondern im Sinne echter Partnerschaft aller Volksschichten. Darin lag nicht zuletzt die Bedeutung der Wahlbewegung für den deutschen Kernstaat. Sie war die große Probe für die Partei, die es als Hauptaufgabe ansehen mußte, breite Massen des Volkes aus der klassenkämpferischen Haltung einer längst vergangenen Zeit zu lösen. Leider hat die Sozialdemokratie die Probe nicht bestanden. Ihre maßgebliche Führung hat mehr denn je an Instinkte appelliert, aus denen sich revolutionäre Bewegungen nähren, nicht aber aufbauende demokratische Kräfte. Wir wissen, daß es unter Mißbilligung vieler besonnener Sozialdemokraten geschehen ist. Aber solange diese Kräfte nicht dominieren, bleibt Besorgnis geboten. Nicht nur das, sondern so lange werden sich demokratische Kräfte zur Zurückhaltung gezwungen sehen, denen im Interesse der Meisterung dringender politischer und sozialer Aufgaben ein Zusammengehen mit der SPD wünschenswert erschienen wäre. Gerade diese Kräfte sind es, die durch unverantwortliche Entgleisungen der SPD-Führung im Wahlkampf am tiefsten verletzt und getroffen sind.

Hinzu kommt weiter, daß die SPD mehr oder weniger die Frankfurter Wirtschaftspolitik zum Hauptziel ihrer politischen Angriffe gemacht hat und daß sie über jede praktische Vernunft und über alle Realitäten hinweg die Entscheidung zwischen sozialer Marktwirtschaft und Planwirtschaft einfach auf die Spitze getrieben hat. Danach kann die Wahlentscheidung vom 14. 8. nur als eine Absage an die SPD und ihre doktrinäre wirtschaftspolitische Haltung gedeutet werden. Das Volk hat mit großer Mehrheit die entschlossene und undoktrinäre Haltung bejaht, die hinter der Frankfurter Wirtschaftspolitik stand.
Daß es dabei diese oder jene Verschiedenheit der Auffassung auch unter den Christlichen Demokraten gibt – ganz bestimmt aber zwischen Christlichen und Liberalen Demokraten –, ist selbstverständlich. Das Votum des Volkes für die Frankfurter Wirtschaftspolitik darf keineswegs Veranlassung zu liberalistischen Wunschträumen geben. Die Tatsache, daß sich weite Kreise der Arbeiterschaft und der Flüchtlinge zur Union bekannten, ist Ausdruck des Vertrauens zu ihrem sozialen Bewußtsein. Dieses Vertrauen muß gerechtfertigt werden. Kommt es zur kleinen Koalition – und damit kann gerechnet werden –, so wird der Arbeiterflügel der Christlichen Demokraten eine starke Verantwortung für die soziale Sicherung der Bundespolitik zu tragen haben. Das wird zu beachten sein, und es muß angenommen werden, daß alle an der künftigen Bundesregierung beteiligten Parteien dafür Verständnis haben. Die alten Begriffe von »rechts« und »links« sind recht fraglich geworden. Will man sie aber auf die heutigen Parteien anwenden, so kann man durchaus sagen, daß die Christlichen Demokraten durch die Wahlentscheidung in die gesunde Mitte gerückt sind. Daraus erwächst die Verpflichtung, daß fortschrittlicher Wille die Grundtendenz aller echten Demokraten, nicht aber das Monopol einer Partei ist und sein kann.
Im Wahlkampf ist von liberaler Seite das Wort gefallen, die FDP wolle das Gewissen der CDU sein. Das galt für die Forderung freiwirtschaftlichen Denkens. Wir haben das zurückgewiesen, denn wir sind keine liberalen Demokraten. Soll aber ein Gewissensposten besetzt werden, so werden wir ihn besetzen. Wir sind berufen und verpflichtet, soziales Gewissen zu sein, denn die Union umfaßt die breiten Massen des arbeitenden Volkes. *Hier liegt die Bewährungsprobe der Christlichen Demokraten.* Daß neben der sozialen Bewährung die nationalpolitische zu stehen hat, ist eine Selbstverständlichkeit. Die Christlichen Demokraten werden ihr Versprechen, das sie den Flüchtlingen und der Ostzone gaben, einlösen.
Für die SPD wird die Bewährungsprobe nicht leichter sein, auch wenn sie nicht in unmittelbarer Verantwortung stehen sollte. Die Christlichen Demokraten sind nicht vom Holz totalitärer Parteien. Sie werden es den positiven Kräften in der SPD nicht schwermachen, eine loyale Opposition zu üben. Sie werden in ihrer politischen Haltung erkennen lassen, daß sie in der Opposition von heute den möglichen politischen Verantwortungsträger von morgen sieht, nicht aber den politischen Feind. Es wird auf die SPD ankommen, ob sie im Interesse unseres Volkes und in ihrem eigenen Interesse die Aufgabe einer loyalen und konstruktiven Opposition unvoreingenommen zu erfüllen in der Lage ist.

## 48

*Interview mit der Zeitschrift »Michael«*
*26. Oktober 1949*

*Frage:* »Innerhalb der christlichen Arbeiterschaft, so vor allem bei der katholischen Arbeiterbewegung, zeigte sich nach der Bildung der Bundesregierung die Besorgnis, daß die sozialen Belange durch eine mit FDP und DP eingegangene Koalition nicht gewahrt werden könnten. Haben Sie, Herr Minister, den Eindruck, daß es um diese, sagen wir Oppositionsbewegung schon wieder stiller geworden ist?«
*Antwort:* »Es hat sich nicht um eine Oppositionsbewegung in den Reihen der christlichen Arbeiterschaft gehandelt, sondern höchstens um den mehr oder weniger temperamentvollen Ausdruck der Kritik an dieser oder jener Taktik und Methode bei der Regierungsbildung. Es scheint mir ein gesundes Zeichen, wenn solche Kritik unverhohlen zum Ausdruck gebracht wird, vor allem in einer Partei, die in ihrer Struktur Angehörige aller Stände und Schichten umfaßt. Daß dabei einmal dieser oder jener mitschwingende Unterton von interessierten Kreisen überbewertet wird, muß in der Politik in Kauf genommen werden.
Selbstverständlich ist auch, daß die eigentliche Opposition – die SPD – aus der öffentlich vorgetragenen Kritik Kapital zu schlagen suchte. Sie hat allerdings das Gegenteil damit erreicht. Die breite Masse der christlichen Arbeiterschaft ist durch die sozialdemokratische Ausnutzung kritischer Äußerungen aus ihren Reihen recht hellhörig geworden und um so enger zusammengerückt. Das kam sowohl auf der gesamtdeutschen Tagung der verantwortlichen Männer der Sozialausschüsse am 9./10. Oktober in Königswinter zum Ausdruck wie auch auf der Tagung der Kölner Sozialausschüsse am 23. Oktober. Und es wird auch weiter noch zum Ausdruck gebracht werden. Die christliche Arbeiterschaft hält im übrigen bei aller Wachsamkeit in bezug auf die Verwirklichung ihres sozialen Willens Vorschußkritik an der Regierung ebenso fehl am Platze wie Vorschußlorbeeren. Das ist im übrigen auch ganz meine Auffassung.«
*Frage:* »Liegen der Regierungsbildung irgendwelche Abmachungen zugrunde, die die Innehaltung des Ahlener Programms und der Düsseldorfer Leitsätze verhindern könnten?«
*Antwort:* »Es hieße die Gesetze der Demokratie verkennen, wollte eine Partei der Auffassung sein, sie vermöge ihr Programm in einer Koalition kompromißlos durchzusetzen. Kompromißlosigkeit in der Politik wäre überdies unfruchtbar und lebensfremd. Aber wir sind in keinem Punkte Bindungen eingegangen, die einen Verzicht auf wesentliche Punkte unseres Programms auferlegten. Schon gar nicht mit Bezug auf soziale Verpflichtung und Verwirklichung sozialer Gerechtigkeit. Der Bundeskanzler hat ja auch in mehreren Äußerungen bekundet, daß für ihn die Grundsätze von Ahlen und die Leitsätze von Düsseldorf Richtschnur für die Wirtschafts- und Sozialpolitik der Regierung sind. Und überdies, ich selbst könnte nie einer Regierung angehören, die von der Verpflichtung auf ein ausgesprochen soziales Programm abweichen würde.«
*Frage:* »Erscheint die Verwirklichung der Bochumer Katholikentags-Beschlüsse in bezug auf das Mitbestimmungsrecht möglich?«
*Antwort:* »Die Forderungen nach Mitwirkung und Mitbestimmung in der Wirtschaft – sei es im Betrieb oder in den überbetrieblichen Leistungsgemeinschaften –

sind alte Programmpunkte der christlichen Arbeiterbewegung. Ausdruck dafür sind auch die Beschlüsse des Bochumer Katholikentages, Forderungen der katholischen und evangelischen Arbeitervereine, der christlichen Gewerkschaftler in den Einheitsgewerkschaften und nicht zuletzt die Entschließung der Sozialausschüsse, der Zusammenfassung der christlich-demokratischen Arbeitnehmer in der CDU/CSU am 10. Oktober in Königswinter.
Wichtiger aber als noch so ernst zu nehmende Bekundungen sind praktische Durchführungsbestimmungen über die Klärung des Verhältnisses zwischen den Sozialpartnern. Wenn man im übrigen von den Bochumer Entschließungen spricht, sollte man dazu das von Kardinal Dr. Frings herausgegebene und von Eberhard Welty redigierte Buch über ›Verantwortung und Mitverantwortung in der Wirtschaft‹ erwähnen. In diesem Buch scheinen mir Möglichkeiten und Begrenzungen der Mitbestimmung gut abgewogen zu sein.
Das Mitbestimmungsrecht der Arbeiter hat durch die Bochumer Beschlüsse erneut eine moralische Fundierung gefunden. Es wird weiterer solider Beratung von Sachverständigen, der Erprobung und intensiven Vorbildung der Arbeiterschaft bedürfen. Vor allem bedarf es aber auch einer Personal- und Betriebsrätepolitik, die frei von parteipolitischen oder weltanschaulichen Doktrinen und Parteibüchern charakterlich und fachlich befähigte Menschen zu finden und zu delegieren weiß. Ein Betriebsrätegesetz auf Bundesebene wird zur stufenweisen Verwirklichung der Wirtschaftsdemokratie führen.«
*Frage:* »Welche besonderen Maßnahmen zur sozialen Neuordnung sind von der Regierung zu erwarten? Werden hierüber schon Gespräche geführt? Trifft es zu, daß Sie, Herr Minister, gerade als Minister für die gesamtdeutschen Fragen an der sozialen Neuordnung besonders interessiert sind, weil hiervon das Schicksal der Bundesrepublik entscheidend abhängt?«
*Antwort:* »Wenn auch der Arbeitsbeginn der Bundesregierung im Hinblick auf die Pfundabwertung und die Bildung eines Sowjetstaates unter einem nicht gerade günstigen Stern stand, so zeigen doch schon die ersten Gesetzesvorlagen, daß es dem Kabinett Ernst ist mit der sozialen Neuordnung.
Über die Bearbeitung der vom Frankfurter Wirtschaftsrat unerledigten bzw. durch die westlichen Alliierten nicht genehmigten praktischen Sozialgesetze hinaus, wie z. B. das Gesetz über die Selbstverwaltung in der Sozialversicherung, über den Kündigungsschutz, den Lastenausgleich usw., werden in absehbarer Zeit von den parlamentarischen Organen grundsätzliche Bestimmungen zur sozialen Neuordnung verabschiedet. Darunter ein Gesetz über die Neuverteilung der Heimatvertriebenen, gesetzliche Maßnahmen für die politischen Flüchtlinge aus der Sowjetzone, ein Gesetz über die Aufgaben der Betriebsräte und über die Neuordnung der Besitzverhältnisse in der Großindustrie, die weder eine Reprivatisierung noch eine Verstaatlichung bedeuten kann.
Was meine besondere Interessiertheit an der sozialen Linie des Kabinetts angeht, so kann ich nur sagen: Jeder verantwortliche Mann des Kabinetts muß selbstverständlich überzeugt sein, daß nationalpolitische Erfolge für den Kernstaat nur möglich sind und verbürgt werden, wenn sie durch eine soziale Politik in Wirtschaft und Gesellschaft fundiert sind.
Von mir, der ich aus der Gewerkschaftsbewegung komme und der ich die politische und soziale Not Berlins und der Sowjetzone unmittelbar erlebt habe, kann und muß vielleicht stärker noch als von manchem anderen Regierungsvertreter erwartet wer-

den, daß ich meine Aufmerksamkeit auf das soziale Gesicht und das soziale Gesetz der Bundesregierung gerichtet halte. Wer durch eigene Anschauung um die sozialen Umwälzungen in der Sowjetzone weiß, ist sich darüber klar, daß nur ein von Grund auf neu und gesund gestalteter Kernstaat Heimatkraft und Heimatbewußtsein auf die Menschen der Sowjetzone, auf die Heimatvertriebenen von jenseits der Oder/Neiße ausströmen kann. Die Arbeiterschaft, die Menschen der Sowjetzone, auf die wir warten, und die Heimatvertriebenen bilden nun einmal die überwiegende Masse des deutschen Volkes. Ihretwegen vor allem haben wir ein neues, ein soziales Deutschland zu bauen. Wenn wir ihnen eine Heimat nach den Grundsätzen gerechten sozialen Ausgleichs schaffen, wird der im Osten schon so reichlich diskreditierte Kommunismus in Europa eine Schlappe erleiden, von der er sich kaum erholen wird.«

*Frage:* »Wie denken Sie sich, Herr Minister, die Entwicklung des Verhältnisses zum Ostzonenstaat? Sind Sie der Meinung, daß prinzipiell jedes Gespräch mit dem Ostzonenstaat abgelehnt werden muß?«

*Antwort:* »Das kann niemand absehen. Ich kann nur sagen, daß wir den Sowjetzonenstaat niemals anerkennen können, da er nicht aus dem freien Willen der Bevölkerung hervorgegangen ist.«

*Frage:* »Worauf führen Sie die Zunahme des Flüchtlingsstroms seit der Proklamation des Ostzonenstaates zurück?«

*Antwort:* »Sie ist sowohl auf die Anziehungskraft des deutschen Kernstaates zurückzuführen wie auf die Furcht der Sowjetzonenbevölkerung, die Verhältnisse könnten nach Einrichtung des neuen Staates noch schwieriger für die deutsche Bevölkerung werden.«

*Frage:* »Trifft die Vermutung zu, daß unter den Flüchtlingen auch Elemente eingeschmuggelt werden, die man am besten als Agenten bezeichnen würde?«

*Antwort:* »Es ist nicht nur eine Vermutung, sondern eine erwiesene Tatsache, daß sich unter den politischen Flüchtlingen eine ansehnliche Zahl von Agenten befindet.«

*Frage:* »Gibt es eine wirksame Hilfe für Berlin, ohne daß Berlin seine eigentliche Bedeutung als Verkehrszentrale zwischen West und Ost wiedererhält?«

*Antwort:* »Eine wirksame Hilfe wohl, wie die nächste Zukunft beweisen wird, aber keine Lösung seines Schicksals.«

*Frage:* »Welche Möglichkeiten bestehen für Berlin im West-Ost-Handel?«

*Antwort:* »Ich kann nur hoffen, daß die Berliner Wirtschaft der Berliner Westsektoren in Durchführung des Interzonenhandels-Abkommens in mindestens so umfangreicher Weise zur Berücksichtigung kommt, wie es von den Unterhändlern vereinbart wurde. Darüber hinaus sollte die Solidarität der Wirtschaftskreise Westdeutschlands mit Berlin dahin wirken, daß Berlin zum maßgeblichen Umschlagplatz möglichst des gesamten Ost-West-Handels wird.«

## 49

*Kundgebung der Christlich-Demokratischen Arbeiterschaft in Herne*
*30. Oktober 1949*

Ich kann nur sagen, daß es mich tief bewegt, heute wiederum an dieser Stelle zu Euch zu sprechen. Vor zwei Jahren – es war nur um einen Monat später – stand ich nach einer denkwürdigen Tagung unserer Sozialausschüsse an dieser gleichen Stelle. Die Tagung trug das Kennwort: »Das ganze Deutschland soll es sein«. Es war die erste gesamtdeutsche Tagung unserer Sozialausschüsse. Wir waren stolz darauf, daß es die christlich-demokratische Arbeiterschaft war, von der die erste gesamtdeutsche Tagung überhaupt durchgeführt wurde. Auch Kameraden aus der Sowjetzone waren unter uns. Ich selbst stand noch an verantwortlicher Stelle für die Christlich-Demokratische Union der Sowjetzone und Berlin.

Das Schicksal der Sowjetzone und Berlins schlug gerade in den damaligen Tagen beunruhigende Wellen. Wilhelm Pieck, der Vater und Präsident des heutigen Sowjetzonenstaates, hatte die Einberufung des Volkskongresses verkündet. Wir waren damals sofort der Erkenntnis, daß es sich hier um die Schaffung eines ausgesprochen kommunistischen Machtinstrumentes handelte. Deshalb sprach ich schon hier in dieser Versammlung die Ablehnung des Volkskongresses aus. Sie wissen, daß ich in den darauffolgenden dramatischen Krisentagen in Berlin mit meinen engeren Freunden selbstverständlich bei dieser Ablehnung blieb. Daß mich die sowjetische Besatzungsmacht daraufhin ausschaltete und willigere Kräfte an meine Stelle setzte. Wohin die Willigkeit dieser Kräfte geführt hat, sehen wir heute mit Erschrecken und Trauer. Dabei hielt mancher hier im Westen meine schroffe Ablehnung dieses kommunistischen Unternehmens für einen taktischen Fehler.

Für mich bestand aber schon damals kein Zweifel daran, daß die Bildung des Volkskongresses und die Bildung des Volksrates Alarmzeichen waren. Alarmzeichen für alle, die versuchten, durch charaktervolle Politik in der Sowjetzone den Sowjets die Anerkennung deutscher Eigenständigkeit abzuringen. Das galt insbesondere auch für uns. Uns war es stets um den Versuch gegangen, den Sowjets zu beweisen: Wir sind zur Verständigung bereit. Wir beugen uns keinem fremden Willen. Wir lassen uns nicht als Mittel zu kommunistischen Zwecken benutzen.

Mit der Errichtung von Volkskongreß und Volksrat stand jeder ehrliche Demokrat am Scheideweg. Wer den Weg zum Volkskongreß mitging, half an der Ausführung eines Auftrages, den der deutsche Kommunismus von seinen östlichen Lehrmeistern erhielt. Dieser Auftrag schloß schließlich die kommende Abspaltung der Sowjetzone durch Vorbereitung des Sowjetzonenstaates ein. Vor Jahresfrist sprach Grotewohl von der zukünftigen Eingliederung der Sowjetzone in den leninistisch-marxistischen Block der Oststaaten. Nunmehr steht diese Eingliederung vor der Vollendung. Wer den Weg über Volkskongreß und Volksrat verantwortlich mitging, muß heute als Geburtshelfer für den Sowjetzonenstaat gelten. Ich sage mit Überlegung: wer ihn verantwortlich mitging. Denn ich weiß, daß auch viele mehr oder weniger gezwungene Mitläufer darunter waren. Mit ihnen wollen wir nicht rechten. Wir müssen besorgt sein, daß die verantwortlichen Männer schließlich auch noch das Stück Papier zu unterschreiben haben, das den ganzen deutschen Osten Sowjetrußland bzw. Polen zuspricht. Ich rufe dieses Geschehen in Euer Gedächtnis, damit Ihr meine Bewegung versteht, mit der ich unserer Tagung und

Kundgebung vor zwei Jahren gedenke. Mit der ich meiner schicksalhaften Verbundenheit mit den damaligen Tagen gedenke. Unsere Tagung trug das Motto »Das ganze Deutschland soll es sein«. Und auch deshalb rufe ich das Geschehen in Euer Gedächtnis: Es gibt . . . kein wichtigeres Anliegen für uns, für unsere Generation, als die Frage: Was können wir tun, um die getrennten Teile unseres Deutschland wieder zusammenzufügen?
Das ist um so schwerer, als von kommunistischer Seite alles versucht wird, um ganz Deutschland unter das kommunistische Zepter zu bringen. Das ist der Sinn des kommunistischen Einheitswillens. Einheitswille steht gegen Einheitswillen. Nur fehlt in dem kommunistischen der Begriff der Freiheit. Dieser Begriff aber ist lebensentscheidend für uns. Für die ganze europäische Welt.
Als Vorsitzender der Sowjetzone und Berlins stand ich vor zwei Jahren vor Euch, als einer der Euren. Als ein Mann, der aus der nationalen und der sozialen Tradition unserer christlich-demokratischen Arbeiterbewegung heraus eine Aufgabe für unser Vaterland zu erfüllen suchte. Für den unglücklichen Osten Deutschlands. Ich stehe heute in der gleichen Verpflichtung für diesen unglücklichen Teil unseres Landes vor Euch. Nicht das mir übertragene Ministeramt ist wesentlich, sondern die Aufgabe für Deutschland. Für das gesamte Deutschland. Die gleiche Aufgabe, die vor zwei Jahren von Berlin aus zu erfüllen war, ist heute auf höherer nationaler Ebene vom Rhein aus zu erfüllen . . . Und wiederum muß die Losung heißen: »Das ganze Deutschland soll es sein.« Ich war damals stolz darauf, daß es die christlich-demokratische Arbeiterschaft war, die diese Losung als erste über ihre Tagung setzte. Denn daraus war für jeden erkennbar: Die christlich-demokratische Arbeiterschaft hat das vordringlichste deutsche Anliegen erkannt. Sie hat die Schicksalsfrage der deutschen Existenz erkannt. Denn um die deutsche Existenz handelt es sich bei der Frage nach neuem Zusammenwachsen Deutschlands.
Es wird heute sehr viel von der Solidarität Europas gesprochen. Und ich bin der letzte, der die Notwendigkeit dieser Solidarität nicht anerkennt. Im Gegenteil: Es ist der Sinn dieser Epoche, daß Europa zusammenwächst. Es ist das Ziel, daß wir nicht nur gute Deutsche sind, sondern daß wir gute Europäer werden. Wir können aber keine guten Europäer auf Kosten Deutschlands werden. Deshalb habe ich den Wunsch, daß man sich mit dem Anliegen einer europäischen Solidarität nicht über die unglückliche Situation unseres Vaterlandes hinwegtäuscht. Ich habe auch den Wunsch und die Sorge zugleich, man möge Deutschland bei Prüfung oder Planung seiner Aufnahme in bestimmte europäische Körperschaften keine demütigenden Zumutungen stellen. Man sollte bedenken: Über ein ungeordnetes, verwirrtes Deutschland hinweg gibt es kein gesundes Europa. Es gibt keinen dauerhaften europäischen Zusammenschluß ohne ein wieder zusammengefügtes Deutschland. Es gibt keinen gesunden europäischen Zusammenschluß ohne Lösung der Vertriebenenfrage. Es gibt keinen gesunden europäischen Zusammenschluß, ohne daß der Strom der politischen Flüchtlinge aus der Sowjetzone aufhört. Sein Anschwellen beunruhigt von Tag zu Tag mehr. Darum erscheint uns die dringlichste, die vordringlichste Aufgabe die Lösung der deutschen Frage. Deutschland muß wieder Deutschland werden. Seine vier Teile müssen wieder zusammengefügt werden. Das ist ein Anliegen, das wir an die Alliierten haben. Aber auch und vor allem an uns, an die Deutschen selbst.
Es gibt heute den deutschen Kernstaat, die deutsche Bundesrepublik. Es gibt seit den jüngsten Wochen den Sowjetzonenstaat. Es gibt die Insel Berlin, die sozusagen

mit dem Schicksal eines Niemandslandes behaftet ist. Und es gibt den deutschen Osten. In weiten Gebieten entvölkert, ist er die blutende, unerreichbare Heimat unserer Vertriebenen.
Stellvertretend für alle diese Bruchstücke unseres einmal blühenden Landes hat der deutsche Kernstaat zu handeln. So hat es die Regierungserklärung des Bundeskanzlers am 21. Oktober feierlich verkündet. Das heißt nichts anderes, als daß die 45 Millionen Deutsche, die sich am 14. August dieses Jahres in freier Wahl entschieden haben, die Verantwortung für den Kernstaat tragen. Nicht nur das: sondern daß sie auch die Verantwortung tragen für die 18 Millionen Deutschen in der Sowjetzone. Für die dreieinhalb Millionen Deutschen auf der Insel Berlin, soweit sie sich nicht selbst zu helfen in der Lage sind. Und daß sie auch Verantwortung für das entvölkerte Land jenseits der Oder/Neiße tragen, das einmal 10 Millionen und mehr Deutschen eine schwer erarbeitete Heimat war. Auch für dieses Land tragen wir Verantwortung. Auch die Verlautbarungen der Westmächte lassen ja immer wieder erkennen, daß die Grenze im Osten nur eine provisorische ist. Daß erst im Friedensvertrag über die deutsche Ostgrenze – wie über die deutschen Grenzen überhaupt – entschieden wird. Bis dahin ist es unsere Aufgabe, die Welt mit allen sachlichen und menschlichen Argumenten an Recht und Gerechtigkeit zu erinnern. Unser Kernstaat ist allein demokratisch legitimiert, sich für Deutschland verantwortlich zu fühlen. Dieser Staat ist allein Träger der Freiheit und Würde, die ein demokratisches Staatsgefüge haben muß. Dem Sowjetzonenstaat fehlen alle diese Voraussetzungen. Er ist ein kommunistisches Experiment. Es ist eine innerdeutsche Aufgabe, die Menschen der Sowjetzone davon zu überzeugen, daß sie an dem deutschen Kernstaat den eigentlichen Rückhalt haben. Bis wir den gesamtdeutschen Staat in Freiheit schaffen können.
Die »Tägliche Rundschau«, das Blatt der sowjetischen Besatzungsmacht, hat in diesen Tagen geschrieben: Das Ministerium für gesamtdeutsche Fragen »unter Leitung des berüchtigten Quislings Jakob Kaiser« sei nur eingerichtet worden, um Spionage, Sabotage und Zersetzung des Oststaates zu treiben. Man kann mit solchen Beschimpfungen das Verantwortungsbewußtsein des Kernstaates und seiner Organe für das deutsche Volk nicht irremachen. Man sollte die Haltung der Bevölkerung in der Sowjetzone in freier Wahl erproben. Dann würde man erfahren, daß weder Spionage, Sabotage noch Zersetzung des sogenannten »Oststaates« nötig ist. Denn dann würde aus einmütigem, freiem Bekenntnis des Volkes Deutschland auferstehen.
Bis das soweit ist, möchten wir hoffen, daß die westlichen Alliierten nach dem Geschehen im Osten wirklich einsichtig genug sind, die noch vorhandenen Einschränkungen deutscher Verantwortung in unserem Kernstaat in raschem Zuge abzubauen. Damit dieser Kernstaat Leben und Liebe im Herzen der 45 Millionen gewinnen kann. Und damit er Autorität und Anziehungskraft gegenüber den ferngehaltenen deutschen Teilen erhält. Diese ferngehaltenen Teile müssen aber auch ständig das Fluidum der Zusammengehörigkeit spüren, das von den 45 Millionen im deutschen Kernstaat ausgeht. Ebenso muß es Berlin spüren, die in ihrer Gefährdung und Bedrängnis so tapfere Stadt. Sie muß spüren: Hinter der wirtschafts- und finanzpolitischen Hilfe der Bundesregierung, die ihr in diesen Tagen zugesagt wurde, steht das gesamte Volk. Das Volk steht hinter dem Willen, Bundesbehörden, Teile von Ministerien nach Berlin zu verlegen. Das Volk steht hinter dem Willen, Berlin zu überzeugen: Es gehört in Wirklichkeit schon voll und ganz zum deut-

schen Kernstaat. Denn das gehört zur Ermutigung und Selbstbehauptung dieser Stadt gegenüber dem Überflutungswillen durch den Kommunismus. Das ist keine Herausforderung an den Osten, wie es dieser oder jener Ahnungslose oder Böswillige glaubt oder glauben machen möchte. Es ist überhaupt erstaunlich, mit wieviel Ahnungslosigkeit mancher das Parkett östlicher Politik betritt. Mancher natürlich nur im Geiste und aus der Ferne. Das tatsächliche Betreten erscheint manchem doch noch gefährlich. Dabei ist es für diese Herrschaften in keiner Weise gefährlich. Im Gegenteil. Sie werden mit aller Herzlichkeit des Ostens willkommen geheißen. Es soll aber noch einmal gesagt werden:
Wir wollen nicht herausfordern. Wir wollen nur das gleiche Recht, die gleiche Freiheit und die gleiche Würde für unser gesamtes Volk, die andere Völker für sich in Anspruch nehmen. Wie sie schließlich auch von sämtlichen Alliierten verkündet und zugesichert wurden, als sie gegen Hitler kämpften.
Was aber hat das mit Entscheidungen der Arbeiterschaft zu tun? Was mit Entscheidungen der christlich-demokratischen Arbeiterschaft? Die Wahlen vom 14. August haben in ihrem Ausgang bewiesen, wie stark das Vertrauen weiter Kreise der Arbeiterschaft zur Christlich-Demokratischen Union ist. Dieses Vertrauen nicht zuletzt hat die Union zur stärksten Partei gemacht. Es hat sie in die politische Verantwortung geführt. Es wird deshalb vor allem bei der christlich-demokratischen Arbeiterschaft liegen, wieweit die Partei in der Lage ist, ihre Aufgabe zu erfüllen.
Die Idee, die uns in der christlichen Arbeiterbewegung Jahrzehnte hindurch trug, hieß Freiheit und Würde für unser Land und Volk. Dieser Idee haben wir am stärksten in den schweren Jahren nach dem Ersten Weltkrieg zu dienen gesucht. Ich erinnere nur an den Essener Kongreß, wo dieser Wille am stärksten und nachhaltigsten zum Ausdruck kam. Unsere Idee hieß Freiheit und Menschenwürde für alle Schichten des Volkes. Nicht zuletzt auch für die durch unwürdige und unsoziale Wirtschaftsformen proletarisierte Arbeiterschaft. Nationaler und sozialer Wille bildeten für uns eine Einheit. Die Arbeiterschaft ist ihren sozialen Zielen ein gutes Stück nähergekommen. Heute steht neben der Arbeiterschaft eine neue Schicht Heimatloser, Enteigneter und Verelendeter. Auch für sie gilt das Gesetz der Menschenwürde. Jeder fünfte Bewohner der Bundesrepublik ist ein Heimatvertriebener. Ihnen führt die Wanderbewegung aus der Sowjetzone neue heimatlose Massen zu. In den beiden Auffanglagern Gießen und Uelzen allein werden monatlich durchschnittlich 15 000 Zugänge verzeichnet. Ihre Gesamtzahl beläuft sich heute auf 1,5 Millionen. Nach dem augenblicklichen Stand ist damit zu rechnen, daß jährlich etwa eine halbe Million Menschen in die Bundesrepublik neu einströmen. Es erscheint fast unmöglich, für diese Schicht der Heimatlosen ein menschenwürdiges Dasein zu schaffen. Abgesehen von Lösungs- und Hilfsmöglichkeiten im europäischen Ausmaß kann die Frage der Hilfe nur durch neue Zusammenfügung Deutschlands gelöst werden. Eine ausländische Stimme, die sich über die Verwirklichung der deutschen Einheit neulich sehr skeptisch äußerte, glaubte für die Einheit Deutschlands nur eine Möglichkeit zu sehen: Der deutsche Wille zur Einheit müsse so stark werden, daß er den sowjetrussischen Widerstand überwindet.
Ich weiß nicht, ob im Gebiet der Bundesrepublik dieser Wille auch nur annähernd in einer solchen Stärke vorhanden ist. Es fehlt noch sehr an Einsicht und Geschlossenheit. Ich brauche nur Tag für Tag die Zeitungen durchzublättern. Sie sind sicher alle voll Anteilnahme und Interesse. Aber es fehlt der zwingende Zug eines nationalen Willens, der täglich neu einen Appell an das Weltgewissen bedeutet. Nie-

mand von uns kann sagen, daß dieses Weltgewissen Deutschland gegenüber schon allenthalben wach geworden ist. Schließlich ist auch bei den Westalliierten trotz aller deutschen Leiden noch mancher Bodensatz von Mißtrauen übriggeblieben. Mißtrauen, das eine fortschrittliche Haltung der Demontage gegenüber hemmt. Obwohl es brennend an der Zeit wäre, die politische Vernunft über kommerzielle Interessen siegen zu lassen. Es ist – weiß Gott – an der Zeit, das Mißtrauen zu besiegen, das die Bundesregierung in ihrer Freiheit, Autorität und Verantwortung hemmt. Gerade zur Zeit der Bildung des Sowjetzonenstaates überschatteten die Nachwirkungen der unheilvollen Demontagepolitik und die Souveränitätsbeschränkungen durch das Besatzungsstatut den Kernstaat in geradezu verhängnisvoller Weise.

Der Kernstaat braucht einen geschlossenen nationalen Willen. Und ich möchte wünschen, daß die christlich-demokratische Arbeiterschaft der stärkste Anwalt für diesen wirklich geläuterten Willen zu neuer Einheit Deutschlands wird. Ich habe oft den glühenden Patriotismus unseres alten Franz Wieber vor mir. Den eckig harten Willen eines Adam Stegerwald. Den mutig-kämpferischen von Heinrich Imbusch. Den opferfähigen einer Margarete Behm. Ich handle nur in ihrem Geiste, wenn ich das Ringen um die solide Einheit und Erneuerung Deutschlands in den Mittelpunkt unseres Willens gerückt sehen möchte. Ich betone: um die solide Einheit und Erneuerung. Und möchte dabei wünschen, daß sich in dem Kreis unserer christlich-demokratischen Arbeiterschaft niemand findet, der falschen Einheitsaposteln vertraut. Laßt es mich hier vor Euch noch einmal sagen: Ich bin aus der Verpflichtung gegenüber unseren Menschen in der Sowjetzone in meinem Verständigungswillen bis an die Grenzen des Möglichen gegangen. Ich mußte erkennen: Die kommunistischen Kräfte wollen keine Verständigung. Sie wollen Unterwerfung unter ihren Willen, wo immer sie die Macht dazu haben! Wer das nach den Erfahrungen dieser mehr als vier Jahre noch nicht begriffen hat, kann nicht wiedergutzumachenden Schaden anrichten. Deshalb gilt für uns das Bekenntnis zu einem klaren Willen zu einer Einheit Deutschlands, die auch seine Freiheit garantiert.

In einem anderen noch glaube ich mich mit Euch eins zu wissen: Zwischen dieser nationalen Aufgabe und den sozialen Zielen unserer Bewegung gibt es keinen Gegensatz. Im Gegenteil: Beides bildet eine Einheit. Nur ein gesundes und geeintes Deutschland kann erfolgreiche soziale Politik machen. Und nationalpolitische Erfolge können nur durch eine wahrhaft soziale Politik in Wirtschaft und Gesellschaft verbürgt und gesichert werden. Das ist eine alte Erkenntnis unserer früheren christlichen Arbeiterbewegung.

Nichts hat mich deshalb so sehr gewundert, als bestimmte Ausführungen in einem Interview, das der Vorsitzende des Deutschen Gewerkschaftsbundes, Hans Böckler, am 14. Oktober im »Echo der Woche« gegeben hat. Er wurde gefragt: »Wie stehen Sie zu den Beschlüssen des Bochumer Katholikentages?« Darauf antwortete er wörtlich: »Wir waren selbstverständlich mit den Bochumer Ergebnissen sehr zufrieden und haben sie begrüßt, da sie auch auf der Linie unserer Forderungen liegen. Es mußte allerdings heiß darum gekämpft werden, daß man das Mitbestimmungsrecht der Arbeitnehmer in den Betrieben als göttliches Naturrecht anerkannte. Der nachträgliche Versuch von Kardinal Frings, die Wirksamkeit der Beschlüsse abzuschwächen, stieß auf starken Protest der katholischen Arbeitnehmerkreise. Wir müssen heute bei der Beurteilung der Lage in der CDU davon ausgehen, daß der bisherige Vorsitzende der Sozialausschüsse wesentlich an Einfluß verloren hat. Sein Nachfolger, der Minister Kaiser, der ursprünglich stark sozial gesonnen war, ist sehr an Adenauer herangerückt und wohl nur mehr mit halbem Herzen bei der Sache.«

Ich will mich bei diesen etwas merkwürdig anmutenden Ausführungen meines alten Freundes Hans Böckler nicht auf das für ihn sicher etwas schwierige Gefilde katholischer Sozialphilosophie begeben. Ich hätte allerdings lieber gesehen, er hätte für das Elternrecht und damit für das uns wichtigste Naturrecht plädiert. Die Frage des Mitbestimmungsrechts hätte er ruhig als das behandeln können, was sie uns immer war und heute noch ist: als eine Frage sozialer Gerechtigkeit und zugleich eine Frage praktischer Wirtschafts- und Gesellschaftspolitik. Ob das Mitbestimmungsrecht darüber hinaus ein göttliches Naturrecht ist, diese Frage überlassen wir christlichen Demokraten den Theologen und Sozialphilosophen. Ich habe mir sagen lassen, daß es auch dort darüber schon einige Meinungsverschiedenheiten gibt.

Aber was hat eigentlich Hans Böckler gegen unsere Sozialausschüsse? Wie kommt er zu der Bemerkung: Der Jakob Kaiser sei »nur noch mit halbem Herzen bei der Sache«? Bei welcher Sache überhaupt? Bei der Sache der Arbeiterschaft? Und warum war ich nur »ursprünglich sozial gesonnen«? Weil ich an Adenauer »herangerückt« bin? Oder weil ich ein Ministeramt übernommen habe? Oder weil ich kein Ministerium mit ausgesprochen sozialen, sondern mit nationalen Aufgaben übernommen habe?

Nun, ich will zugunsten von Hans Böckler annehmen, daß man ihm mit diesem Interview ein Kuckucksei ins Nest gelegt hat. Das tut mir recht leid. Denn wir müssen seine Äußerungen als Teil bestimmter sozialdemokratischer Versuche ansehen, Unfrieden und Unklarheiten in die Reihen unserer Partei zu tragen. Wenn dabei die SPD versuchte, diese oder jene aus der Arbeiterschaft kommende Kritik schon als Oppositionsbewegung auszulegen, so können wir ihr das nicht verwehren. Sie muß aber zur Kenntnis nehmen, daß sie die breite Masse der christlich-demokratischen Arbeiterschaft dadurch nur noch enger zusammenführt.

Wie aber kommt der Gewerkschaftler Hans Böckler dazu, mir, dem Jakob Kaiser – und damit dem verantwortlichen Manne der Sozialausschüsse –, die soziale Gesinnung abzusprechen? Wo findet er in meinen Worten oder Handlungen den Beweis dafür? Soll diese Ansprache an mich etwa bedeuten: Entweder Du lebst wie Hund und Katze mit Konrad Adenauer oder Du verrätst die Arbeiterschaft? Dann muß ich ihm sagen: Diese Alternative nehmen weder ich an noch nimmt sie die christlich-demokratische Arbeiterschaft an. Ich bin der Auffassung: In Deutschland leben genügend politische Kräfte wie Hund und Katze miteinander. Zum Schaden der Demokratie. Zum Schaden Deutschlands. Wir aber sind der Auffassung, daß die Christlich-Demokratische Union ihre Kräfte mit aller Diszipliniertheit zusammenzufassen hat. Nur so kann sie in einem konservativen und fortschrittlichen Sinne zugleich Rettungs- und Aufbauarbeit für unser Volk leisten. Selbstverständlich gibt es in einer Partei aller Schichten und Stände Spannungen, die ausgetragen werden müssen. Und alle, die es angeht, mögen wissen, daß sie auf jeder Ebene – meinetwegen auch im Kabinett – ausgetragen werden. Ich muß natürlich dazu sagen: soweit sie vorhanden sind.

Eines wird die SPD und werden die Männer der SPD in den Gewerkschaften lernen müssen: Die SPD hat nicht das Monopol auf die Vertretung der Arbeiterinteressen. Arbeiter, Heimatvertriebene, politische Flüchtlinge, Kriegsgeschädigte, Menschen aller in Not befindlichen Schichten haben in großem Maße der Union ihre

Stimme gegeben. Das gibt ihr Recht und Verpflichtung zugleich. Das Recht, sich als berufener Anwalt dieser Schichten zu sehen. Die Pflicht aber auch, diesen Schichten der beste Anwalt zu sein. Überdies: Niemand sollte bestimmte Wachstums- und Reifeprozesse in der Arbeiterschaft übersehen. Hundert Jahre Arbeiterbewegung haben das Urteil in der Arbeiterschaft geschult. Die Arbeiterschaft lehnt immer entschiedener die politische Einbahnstraße in die Zukunft ab. Ihre Bewegung war gewiß gegen den Klassenkampf von oben gerichtet. Heute sind die paradiesischen Versprechungen des Marxismus aber genauso entlarvt wie die privatkapitalistische Ausnutzung einer vergangenen Epoche. Mehr noch: Die Demaskierung der staatlichen Kommandopolitik der Kommunisten mit Arbeitslager, Antreiber- und Spitzelsystem steht heute im Vordergrund der Erfahrungen.
Deshalb ist die Stunde für eine Arbeiterschaft gekommen, die sozialen Fortschritt mit gesundem konservativem Sinn zu verbinden weiß. Ich kann nur immer wieder sagen: Das waren schon Erkenntnisse, die uns in der Hitlerzeit bewegten. Nicht nur mich, sondern auch die Männer aus den ehemaligen freien Gewerkschaften, mit denen wir verbunden waren. Und ich gedenke immer wieder mit Schmerz und mit Trauer des Verlustes gerade dieser Männer und ihrer Erkenntnisse. Erkenntnisse, von denen man oft annehmen mußte, daß sie mit ihnen verlorengegangen sind.
Heute, unter den Erfahrungen des kommunistischen Einbruchs bis ins Herz Deutschlands, beginnen diese Erkenntnisse wieder weitere Kreise zu ziehen. Und ich stehe nicht an zu sagen: Wille und Welt der christlich-demokratischen Arbeiterschaft rücken stärker denn je in den Vordergrund. Stärker denn je erweist sich heute, daß die christlich-soziale Ideenwelt der Lebenswahrheit und der Lebenswirklichkeit stets näher war als der Marxismus. Heute steht die gesamte Arbeiterschaft vor der Entscheidung, sich von jedem Radikalismus freizumachen, und dem allmählichen, aber stetigen Aufstieg zu vertrauen. Sie steht vor der Entscheidung, ob sie nach Parteigesetz Vogel-Strauß-Politik machen will. Ob sie destruktive Opposition treiben will. Oder ob sie ihren Willen und ihre Erkenntnisse zu einer undoktrinären, fortschrittlichen Wirtschafts- und Sozialpolitik in die Waagschale werfen will. Diese Frage ist an die gesamte deutsche Arbeiterschaft gerichtet. Für uns, für die christlich-demokratische Arbeiterschaft, haben wir sie positiv entschieden.
Die christlich-demokratische Arbeiterschaft sieht sich heute mehr denn je als der Garant für eine Politik der Mitte. Sie wird auch das soziale Gewissen der heutigen Regierungskoalition sein. Und sie will die Brücke zur Opposition sein, wo immer diese Brücke notwendig erscheint. Auch das wird sie sich auf keinen Fall nehmen lassen.
Für uns – und das gilt insbesondere auch für mich – ist im übrigen Regierung und Opposition kein Verhältnis von Feind zu Feind. Der Wahlkampf hatte allerdings Formen angenommen, als müßte und sollte es so sein. Das war aber gewiß nicht die Schuld unserer Partei. Die Schuld lag auf der anderen Seite.
Der Kampf war von führenden Kräften der SPD so geführt worden, daß eine Koalition mit ihr nur schwer möglich war. Außerdem war der Weg dazu schon durch öffentlich verkündete Bedingungen seitens der SPD von vornherein verbaut worden. Sie selbst hat die Wirtschaftspolitik und ihre ersten Repräsentanten in den Mittelpunkt des Wahlkampfes gerückt. Dabei bin ich gar nicht der Meinung, daß die Wirtschaftspolitik allein maßgebend für den Ausgang der Wahl war. Bei der Arbeiterschaft bestimmt nicht. Weltanschauliche Gesichtspunkte spielten bei den Entscheidungen für die Union eine Rolle. Allerdings auch das Vertrauen in die ge-

sunde soziale Kraft der christlichen Idee. Das Vertrauen in ihre Abwehrkraft gegen kommunistische Infiltration und Verführungskünste.

Die politische Aufgabenverteilung von Regierung und Opposition wird zur wertvollsten Erziehung unseres Volkes werden, wenn die maßgeblichen Kräfte ihre Aufgabe erkennen. Wir haben allen Anlaß anzuerkennen, daß die verantwortlichen Männer der Sozialdemokratie ihre Aufgabe durchaus positiv sehen. Daß sie in den lebensentscheidenden nationalen Fragen Deutschlands als Stütze und Ergänzung erscheinen. Wir können nur wünschen, daß sich damit auch das Gesicht der Demokratie im deutschen Kernstaat anziehender für das gesamte Volk gestaltet. Und achtungheischender für das Ausland. Zu den maßgeblichen Kräften rechne ich aber nicht zuletzt auch die christlich-demokratische Arbeiterschaft. Die christlich-demokratische Arbeiterschaft hat zwei ihrer Männer im Kabinett. Einer ihrer Männer – Karl Arnold – ist dazu der Präsident des Bundesrates. Und 30 Vertreter der christlich-demokratischen Arbeitnehmerschaft gehören dem Bundestag an. Das Zeitungswerben um den »linken Flügel« der Union, um die christlich-demokratische Arbeiterschaft zu Beginn der Regierung beweist, daß man auch außerhalb unserer Partei begriffen hat, was die zusammengefaßte disziplinierte Kraft der Arbeiterschaft bedeutet. An uns wird es sein, diese Zusammenfassung und Diszipliniertheit stärker noch als bisher in den Sozialausschüssen durchzusetzen. Gelingt es der christlich-demokratischen Arbeitnehmerschaft durch ihre Sozialausschüsse, zum sozialen Motor unserer Partei zu werden, so wird das auch heilsam auf die uns benachbarten Arbeiterorganisationen wirken. Nicht zuletzt auch auf Gewerkschaften und Genossenschaften.

Die heutige Form von Regierung und Opposition wird vor allem auch zur Bewährungsprobe für die Gewerkschaften. Und zwar zu einer heilsamen Bewährungsprobe. Jetzt haben die Gewerkschaften den klaren Beweis zu erbringen, daß parteipolitische und weltanschauliche Neutralität wirklich nicht bloße Demonstration und Propaganda ist. Die Männer der Gewerkschaften, die ihre Wurzeln in der christlich-demokratischen Arbeitnehmerschaft haben, sollen sich stark fühlen durch das Dasein der Sozialausschüsse. Auf keinen Fall sollen sie sich gehemmt fühlen, wie das vielleicht hier und da geschehen ist. Es ist nicht Aufgabe der Sozialausschüsse, zu allem ja und amen zu sagen, was die Gewerkschaften tun.

Was nun den Arbeitsbeginn der Bundesregierung angeht, so stand er gewiß nicht unter einem günstigen Stern. Die Pfundabwertung, die Nachwirkungen der unheilvollen Demontagepolitik, die Souveränitätsbeschränkungen der Deutschen durch das Besatzungsstatut, die Bildung des Sowjetzonenstaates beschatteten ihren Beginn. Und doch kann niemand in Abrede stellen, daß die Regierung unverzagt an die Arbeit gegangen ist. Die Berlinhilfe hatte einen großen Anteil am Arbeitspensum der letzten Wochen. Die Wiederaufnahme der vom Wirtschaftsrat unerledigten bzw. von den Alliierten abgelehnten Sozialgesetze ist im Gange. Unter ihnen das Kündigungsschutzgesetz, das Gesetz über die Wiederherstellung der Selbstverwaltung in der Sozialversicherung. Und der Lastenausgleich, dessen Vorleistung das verabschiedete Soforthilfegesetz darstellt.

Neben diesen arbeits- und sozialrechtlichen Vorlagen und neben den praktischen Nothilfegesetzen stehen wir im Kabinett und im Parlament vor grundsätzlichen Erörterungen über eine soziale Neuordnung.

Im Vordergrund steht die Neuverteilung der Heimatvertriebenen im Bundesgebiet. Und zwar nach den Gesichtspunkten der Billigkeit und Gerechtigkeit. Nicht auf die Verlegung eines Flüchtlingslagers aus einem Land ins andere kommt es an, sondern es muß uns an der Überwindung des Baracken- und Lagerdaseins überhaupt gelegen sein. Dabei ist es selbstverständlich, daß Hans Lukaschek, der Flüchtlingsminister, zuerst dort zu Werke geht, wo die Not am größten ist: in Schleswig-Holstein, in Niedersachsen und in Bayern. In den nächsten zwei Jahren sollen aus diesen Ländern 600 000, in einem ersten Sofortplan 300 000 Flüchtlinge auf weniger besiedelte Länder des Bundesgebietes verteilt werden. Alle verantwortlichen Organe des deutschen Kernstaates werden in dieser Soforthilfe für die Heimatvertriebenen, in ihrer wirklichen Beheimatung, die wichtigste Verpflichtung zu sehen haben. Das gilt nicht zuletzt auch von den 1,5 Millionen politischer Flüchtlinge aus der Sowjetzone, von denen ich schon sprach.

Von entscheidender Bedeutung für eine fortschrittliche Sozialordnung ist selbstverständlich die Gleichberechtigung der Arbeiterschaft in Wirtschaft und Gesellschaft. Ein auf Bundesebene verbindliches neues Betriebsrätegesetz wird die entscheidende Stufe für die Verwirklichung echter Wirtschaftsdemokratie sein.

Durch die Beschlüsse des Bochumer Katholikentages ist eine alte Forderung der christlichen Arbeiterbewegung nach Mitbestimmung in der Wirtschaft von neuem aufgegriffen worden. In den Entschließungen der Sozialausschüsse vom 9. und 10. Oktober in Königswinter wurden diese Forderungen erneut unterstrichen. Darüber hinaus hat die CDU/CSU als erste Fraktion im Bundestag einen Antrag zur Verwirklichung des Mitbestimmungsrechtes gestellt.

Bedeutsamer freilich als Forderungen sind praktische Durchführungsbestimmungen über die Klärung des Verhältnisses zwischen den Sozialpartnern. Über Möglichkeit und Grenzen der Mitbestimmung. Über Gleichberechtigung des Arbeitnehmers und Anerkennung der Unternehmerfunktion. Dabei werden sich die Unternehmer dem Willen der Arbeitnehmer nach Gleichberechtigung weiter öffnen müssen als bisher, während die Arbeiterschaft dieser neuen Bewährungsprobe durch intensive Vorbildung und innere Selbstdisziplin entgegenzureifen hat. In jedem Falle bedarf es aber dabei einer reifen Personal- und Betriebsrätepolitik. Sie hat sich freizuhalten von parteipolitischen oder weltanschaulichen Doktrinen und Parteibüchern. Sie hat charakterlich und fachlich befähigte Arbeitnehmer zu finden und zu delegieren. Im Zuge der wachsenden gegenseitigen Anerkennung von Kapital und Arbeit ist der Vorschlag eines paritätisch besetzten Gremiums von Arbeitgebern und Arbeitnehmern auf Bundesebene von besonderer Bedeutung. Den Beratungen über diese Frage, die kürzlich in Essen zwischen Gewerkschaften und Arbeitgeberverbänden stattfanden, kann ich nur positive Bedeutung beimessen. Sie können ein wesentlicher Faktor zur Überwindung klassenkämpferischer Haltung werden.

Die Neuordnung der Besitzverhältnisse in der Großindustrie und damit die eigentumsrechtliche Mitbeteiligung der Arbeiterschaft am industriellen Großbesitz wird eine weitere Etappe auf dem Weg wachsender Verantwortung des Arbeitnehmers darstellen. Neuordnung der Besitzverhältnisse im Bergbau z. B. bedeutet für uns weder Rückführung in alte oder neue Privatunternehmen noch eine Inthronisation des Staates als des alleinigen Besitzers. Wenn der Arbeiter die Herrschaft des privaten Unternehmers mit der des Staatsunternehmers vertauschen müßte, so käme er vom Regen in die Traufe. Abhängigkeitsverhältnisse sind in beiden Fällen dieselben. Die Verhältnisse in der Sowjetzone beweisen nur zu deutlich, daß die Herrschaft eines Privatunternehmers immerhin noch menschlicher ist als die brutalen

Zwangsmethoden einer anonymen Polizeimacht. Deshalb muß eine Neuordnung der Besitzverhältnisse im Sinne einer echten Leistungsgemeinschaft der Sozialpartner vorgenommen werden.
Was in diesem Zusammenhang freie Gemeinwirtschaft ist, hat am sinnfälligsten die Genossenschaftsbewegung zum Ausdruck gebracht. Sie hat versucht, Mitbesitz und Mitbestimmung freier Volksschichten in der Wirtschaft zu sichern. Sie hat darüber hinaus im Rahmen einer echten Marktwirtschaft preisregulierende Funktionen zum Schutze eines echten Leistungswettbewerbs zu erfüllen gesucht und weithin zu erfüllen vermocht.
Auch die Wirtschaftspolitik des Kabinetts hat schon in den ersten Tagen gezeigt, daß sie gewillt ist, ihr Versprechen einzulösen. Ich erinnere nur an die schon eingeleitete Steuerreform. An den Wohnungsbauplan. An die ersten Schritte zur Überwindung der Arbeitslosigkeit. An die Sicherungen gegen die Auswirkungen der Pfundabwertung. An den Plan für die Beendigung der Demontagepolitik. An die Aufwertung der Altsparkonten. Und nicht zuletzt an das Ringen um eine größere Freiheit im Außenhandel. Alle diese Maßnahmen beweisen, daß es dem Kabinett Ernst ist mit einer Politik der wirtschaftlichen und sozialen Tat.
Wünschen möchten wir nur, daß die Regierung bald aus der Zeit der Unfertigkeit herauskommt. Das wird schneller gehen, wenn der Wettstreit Bonn–Frankfurt erledigt sein wird. Ich kann dabei nur hoffen, daß die Demokratie sich nicht selbst ins Gesicht schlägt. Der Streit als solcher ist nach dem vom Parlamentarischen Rat ordnungsmäßig gefaßten Beschluß schon eine Zumutung sondergleichen für das Volk. Man braucht nur die Äußerungen des einfachen Mannes zu hören.
Nach einer Pressemeldung soll Kurt Schumacher unter anderem als Begründung gegen Bonn bemerkt haben, die Ostzone sei eine protestantische Zone, während sich das Verhältnis in Westdeutschland zugunsten einer bisher schwachen Konfession – gemeint ist wohl der Katholizismus – verschoben habe. Durch diese Verschiebung habe der Westen seine Anziehungskraft für den Osten weitestgehend verloren.
Mir scheint, man sollte mit derartigen Feststellungen vorsichtig sein. Ich habe bei meiner politischen Arbeit in der Sowjetzone niemals empfunden, daß man sich dort eines solchen Gegensatzes bewußt war. Im Gegenteil, ich habe stets empfunden, wie sehr die Not gerade dort konfessionelle Unterschiede überbrückt hat. Nirgends habe ich bewegtere Zustimmung gefunden als dort, wenn ich von dem Grundwillen unserer Partei sprach, die konfessionellen Gegensätze in der Politik zu überbrükken. Wer aus der Sowjetzone zu uns kommt, fragt nicht: Bist du katholisch oder bist du evangelisch? Er sucht den Angehörigen des deutschen Volkes – seines Volkes –, von dem er Hilfe, Rat und Stütze erwartet. Was würde im übrigen die Sozialdemokratie sagen, wenn in Bonn verkündet würde: Der Westen hat kein Interesse mehr an Berlin, denn Berlin ist die Domäne der Sozialdemokratie? Wir sollten mit bestimmten Argumentationen wirklich vorsichtiger sein.
Ich habe versucht, Euch von den nationalen und sozialen Entscheidungen zu sprechen, vor die wir uns gestellt sehen. Es war um die Regierungsbildung herum viel Unruhe – echte und künstlich verursachte –, ob die Regierung ein soziales oder ein unsoziales Gesicht tragen würde. Ich habe diese Sorge nicht gehabt. Hätte ich sie gehabt, so hätte ich mich an dem Kabinett gar nicht beteiligen können. Die Regierung kann gar nicht anders als einen fortschrittlichen sozialen Weg gehen. An jedem Tag tritt die Not Deutschlands – die wirtschaftliche und die soziale – so gebiete-

risch an jeden einzelnen verantwortlichen Mann heran, daß er zum sozialen Handeln einfach gezwungen ist. Deshalb war die Vorschußkritik, die man erteilt hat, doch wohl etwas übereilt gegeben.
Das mindert aber die Bedeutung der Arbeiterschaft und ihre Mitarbeit nicht im geringsten. Sie wird in der politischen Verantwortung für die deutsche Bundesrepublik mit der wesentlichste Faktor sein. Und ich wiederhole noch einmal: Sie wird es für die nationale und für die soziale Linie der Bundesrepublik sein.
Politik der gesunden Mitte bedeutet ja nicht nur einen entschiedenen Fortschrittswillen und einen ebenso entschiedenen Ausgleichswillen im sozialen Feld. Im Einstehen für das Recht des sozial Schwächeren. Im Einstehen für die soziale Erneuerung unserer gesamten Ordnung. Sie bedeutet die gleiche Entschiedenheit und die gleiche Abgewogenheit im Einstehen für das Recht unseres geschwächten und zerrissenen Volkes. Wir reden keinem hohlen Nationalismus das Wort. Aber wir verlangen, daß die gesamte zivilisierte Welt erkennt, daß ein geteiltes Deutschland eine anklagende Wunde für die europäische Zivilisation bedeutet. Wir verlangen, daß sie in aufrichtiger Solidarität unseren gesamtdeutschen Willen stützt, bis diese Wunde geheilt ist.
Wir – die christlich-demokratische Arbeiterschaft – aber wollen unsere ganze gesammelte Kraft einsetzen, damit dieses Ziel erreicht wird. Damit das neue Deutschland ein im besten Sinne sozial geordnetes und sozial befriedetes Deutschland wird.

## 50

*Deutschland-Kundgebung der CDU in Helmstedt*
*19. November 1949*

Unsere Gedenkstunde hat die Aufgabe einer politischen Besinnung. Sie hat die Aufgabe des Gedenkens an das Leid, an die Opfer, die unserem Volk auferlegt wurden, nachdem es sich auf den Irrweg des nationalsozialistischen Systems hatte drängen lassen. Sie hat aber auch die Aufgabe des Besinnens auf den Willen zur Einheit unseres Landes. Und zur Sammlung der Kraft, die uns nach der großen Prüfung noch geblieben.
Ich las in diesen Tagen in einer eben erschienenen Goebbels-Biographie. Ich las vom Ende dieses Mannes, der durch seine Propaganda dem System den Weg zu einer teuflischen Macht bereitet hat. An zwei Beispielen aus dem verhängnisvollen Leben und Wirken dieses Mannes erschien mir noch einmal die ganze Verworfenheit der Führung des Dritten Reiches. Das war die frivole Gesinnung, in der Goebbels nach dem Drama von Stalingrad im Berliner Sportpalast seine Rede für den totalen Krieg hielt. In höhnischer Volksverachtung hat er sich auf diese Rede vorbereitet und sie dem Volk entgegengeschrien. Die verblendeten Massen tobten und bejubelten den Untergangsplan für das eigene Volk. Viele von uns werden die Töne heute noch im Ohr haben, die über den Äther gesandt wurden. Goebbels selbst nannte die Stunde dieser Rede, mit der er das deutsche Volk in den Abgrund hetzte, zynisch die Stunde der Idiotie.
Ein zweites Beispiel war der Untergang dieses Mannes, nachdem er mit seinen Schlagworten am Ende war und das Drama der Eroberung Berlins abrollte. Die Mutter seiner Kinder mußte den Giftmord an ihren sechs Kindern selbst dirigieren, ehe sie mit ihm in den Tod gehen konnte.

Beide Geschehnisse erscheinen mir als der grauenhafteste Ausdruck des Systems. Ich erwähne sie in dieser Stunde der Besinnung nicht ohne Grund. Wir können und wollen die unheilvollen Schatten derer nicht vergessen, die unser Volk bis an die Schwelle tiefsten politischen und menschlichen Unglücks geführt haben. Die Schwelle selbst ließ man das Volk dann allein überschreiten.
Wir haben der Toten gedacht, die im guten Glauben an den Sinn ihres Kampfes ihr Leben gaben. Wir haben der Ermordeten gedacht, die in gleicher Zeit starben, weil sie das Unheil des Systems durchschauten und bekämpften. Viele meiner besten Freunde und Kameraden sind unter diesen Toten. Wir haben der Hunderttausende von Kriegsgefangenen gedacht, die noch immer – entgegen von Recht und Gesetz – auf ihre Heimkehr warten. Und der mehr als anderthalb Millionen Kriegsgefangenen im Osten, von deren Schicksal wir nichts wissen. Wir haben des großen Heeres der Zivilinternierten im Osten gedacht, insbesondere der deutschen Frauen, von denen noch weit über 150 000 in der Sowjetunion auf die Freiheit warten, soweit sie überhaupt des Denkens und der Regungen des Heimwehs noch fähig sind. Soweit sie nicht abgestumpft sind von Hunger und Elend. Und wir haben der politisch Verfolgten gedacht, die heute die Konzentrationslager in der Sowjetzone füllen. Man spricht von fast 40 000 in den drei Hauptlagern. Aber niemand kann ihre Zahl genau ergründen. Sie werden in Lagern festgehalten, die – wenn möglich – noch grausamer sind als die Lager des Dritten Reiches.
Diese bedrückenden Erscheinungen des deutschen Nachkriegsschicksals sind nur ein Teil des deutschen Unglücks. Sie sind Erscheinungen am Rande des deutschen Schicksals. Das spüren wir mit am stärksten in dieser Stadt. Helmstedt ist zum Ausdruck der Tragik des gesamtdeutschen Schicksals geworden. Wer Helmstedt nennt, rührt zugleich an die ganze Tragik Deutschlands, an seine Zerrissenheit in zwei Teile. Oder – wenn Sie wollen – an seine Zerrissenheit in vier Teile. Wir haben den deutschen Kernstaat, an dessen Ostrande diese Stadt Helmstedt liegt. Wir haben den sogenannten Sowjetzonenstaat, dessen Reichweite bis vor die Tore von Helmstedt geht. In diesem sogenannten Staat sehnen sich 18 Millionen Deutsche nach einem freien, einheitlichen Deutschland. Für ihre politischen Flüchtlinge sind die Tore dieser Stadt die Tore zur Freiheit. Wir haben Berlin, die Stadt der 3,5 Millionen Deutschen, die nach engster Verbundenheit mit dem deutschen Kernstaat verlangen. Für sie ist die Stadt Helmstedt das Symbol des freien Zuganges und der ungehinderten Verbindung zu den 45 Millionen in der deutschen Bundesrepublik. Wir haben das Land jenseits der Oder/Neiße, aus dem zwar seine heimatberechtigten deutschen Menschen vertrieben sind. Aber jeder einzelne von diesen Vertriebenen weigert sich, anzuerkennen, daß ihrem Schicksal Endgültigkeit zukommen soll. Jeder von ihnen denkt bei dem Namen Helmstedt an die Straße, die an Helmstedt vorbei in seine Heimat führt.
Alle Deutschen aber warten auf den Tag, an dem sie diese Straße wieder frei, unbehindert und ohne Herzklopfen benutzen können. Mögen sie nun von Köln nach Berlin, von Düsseldorf nach Breslau oder vom Gebiet an der Ruhr ins oberschlesische Industrierevier fahren. Denn die unbehinderte Freiheit der Straße und Schiene über Helmstedt ist das Symbol eines freien und wiedervereinigten Deutschland.
Es hängt nicht von uns – von den Deutschen – ab, ob dieses Symbol heute oder morgen oder übermorgen zur Wirklichkeit wird. Es hängt nicht von uns – von den Deutschen – ab, ob sich die Wiedervereinigung Deutschlands heute, morgen oder erst

übermorgen vollzieht. Die Luft um die Konferenzen von Teheran und Jalta war von Sorge um den alliierten Sieg und von Illusionen über die Dauer der alliierten Einheit erfüllt. In dieser nervösen Luft wurde der Grund zur Zerreißung Deutschlands gelegt. Das bestimmt wohl auch den Sinn der Worte, die der amerikanische Außenminister bei seinem Besuch in Berlin sprach: »Sie und wir haben diesen Zustand der Welt geschaffen, und wir müssen sehen, wie wir damit fertig werden.« Wir – die Deutschen – können die Schuld des Hitlersystems nicht aus der Welt schaffen. Die Westalliierten können aber ebensowenig die Politik von Jalta und Teheran aus der Welt schaffen.

Die Zerreißung Deutschlands wurde vollendet durch den Auseinanderfall der Alliierten in demokratische und volksdemokratische Staaten. Der amerikanische Außenminister bezeichnete in Berlin als eines der Hauptprobleme der internationalen Situation die Bildung eines Ostblocks unter der Führung der Sowjetunion. Damit berührte er zugleich das Kernproblem deutscher Tragik: Ein Teil Deutschlands wurde in diesen Ostblock hineingezwungen. In den Auseinandersetzungen zwischen Ost und West wurden die Sowjetzone und das Land jenseits der Oder/Neiße zum Pfand volksdemokratischen Herrschaftswillens. Ihre Befreiung hängt nicht zuletzt von der Möglichkeit der Verständigung zwischen der Sowjetunion und den Westmächten ab. Sie hängt aber auch von der sowjetischen Einsicht ab, daß man deutsches Land auf die Dauer in keine bolschewistische Uniform pressen kann. Unser Volk hat genug unter der nationalsozialistischen Uniform gelitten.

Uns, den Deutschen, bleibt im Grunde nur der stete Appell an die verantwortlichen Kräfte der Welt. Es bleibt uns der Appell an die politische Vernunft und an das Weltgewissen. Denn es ist gegen die Vernunft und wider das Weltgewissen, ein Land und ein Volk in Stücke zu zerreißen, wie es mit Deutschland geschehen ist. Jedes seiner Teile wird von Unruhe erfüllt bleiben. Diese Unruhe verbreitet sich weit über seine Grenzen hinaus. Sie wird Europa erfüllen und seine Gesundung verhindern.

Es bleibt uns aber auch die mühselige Aufgabe, allen Gutgesinnten in der Welt zu beweisen, daß zwischen dem Regime nationalsozialistischer Abenteurer und dem demokratischen Deutschland keine Verwandtschaft oder Gemeinschaft besteht. Es bleibt uns die Festigkeit und die Entschlossenheit, unentwegt zum Willen der deutschen Wiedervereinigung zu stehen. Es bleibt uns die Festigkeit und Entschlossenheit, uns zur Zusammengehörigkeit aller deutschen Landesteile zu bekennen. Und zwar im Westen und im Osten. Es bleibt uns die Hoffnung auf wachsende Einsicht, daß eine Neuordnung Europas notwendig ist. Und die Überzeugung, daß Deutschland für diese Neuordnung ein unentbehrlicher Faktor ist. Es bleibt uns aber auch die Entschlossenheit, uns selbst zu helfen, wo immer wir der deutschen Not aus eigener Kraft entgegentreten können. Diese Entschlossenheit zur Selbsthilfe muß und wird in erster Linie von der deutschen Bundesrepublik erwartet werden.

Die außenpolitischen Vorgänge der letzten vierzehn Tage sind Beweis dafür, daß die Erkenntnis der Bedeutung Deutschlands in der Sphäre westlicher Politik im Wachsen begriffen ist. Diese Erkenntnis ist übrigens auch in der östlichen Welt vorhanden. Nur haben dort die Mittel der Politik volksdemokratischen Charakter, das heißt, man macht mit Druck und Zwang Politik. Man zwingt das Stück Deutschland, das man als Besatzungszone in die Hände bekam, einfach in den leninistisch-marxistischen Block und stellt es unter volksdemokratisches Gesetz. Diese Methode lehnen wir ab. Wir haben einmal geglaubt, die Sowjetunion davon überzeu-

gen zu können, daß das deutsche Volk mit solchen Methoden nicht zu gewinnen ist. Wir haben diesen Versuch bis zur letzten Möglichkeit gemacht. Er ist nicht gelungen. Die Teilung Deutschlands wurde zur Tatsache.
Nur die westliche Hälfte unseres Landes, der deutsche Kernstaat, kann zunächst aktiv ihren Weg in die neue Gemeinschaft der Völker suchen. Sie hat in den letzten 14 Tagen ihre ersten konkreten Schritte auf diesem Wege getan. Daß dieser Versuch möglich wurde, ist wohl in erster Linie amerikanischer Initiative zu danken. Man kann sicherlich über die außenpolitischen Vorgänge innerhalb Deutschlands um die Pariser Konferenz manches kritische Wort sagen.
Die ersten deutschen Schritte haben gezeigt, daß die junge Bundesrepublik den sicheren außenpolitischen Stil noch nicht zu finden vermochte. Das haben auch die teils gehaltenen und teils explosiven Auseinandersetzungen zwischen Regierung und Opposition im Bundestag bewiesen. Es ist besorgniserregend, wenn heute die Sozialdemokratie gegenüber maßgeblichen Regierungsvertretern nahezu dieselbe Sprache spricht, wie es Hugenberg und seine Gesinnungsgenossen gegenüber verantwortlichen Staatsmännern der Weimarer Republik zu tun pflegten. Das muß von beiden Seiten – von Regierung und Opposition – verhindert werden. Und dazu muß und kann von beiden Seiten auch einiges geschehen.
Sowohl für die Regierung wie für die sozialdemokratische Opposition muß echte nationale Verantwortung die Brücke zueinander sein. Nur so und nur dann können die außenpolitischen Probleme gemeistert werden.
Man soll nun allerdings nicht allzuviel rechten, wenn bei ersten außenpolitischen Handlungen dieser oder jener taktische Fehler unterlaufen ist. Wesentlich bleibt zunächst erst einmal, daß für Deutschland etwas erreicht wurde. Und wesentlich ist, daß man auch die Mißtrauischen – meinetwegen auch die Übermißtrauischen – nicht zuletzt in Frankreich davon überzeugt: Deutschland will die echte Verständigung. Deutschland würdigt das Sicherheitsbedürfnis der anderen Nationen – insbesondere das Sicherheitsbedürfnis Frankreichs. Wir verdanken es schließlich der Vermessenheit des Nationalsozialismus, daß dieses Sicherheitsbedürfnis trotz der kommunistischen Bedrohung Europas leichterer Verständigung im Wege steht. Aber immerhin darf dem um seine Existenz und seine Würde schwer ringenden deutschen Kernstaat nichts zugemutet werden, was seine Autorität und Achtung in den Augen der fünfundvierzig Millionen beeinträchtigt. Mehr noch: Es darf ihm nichts zugemutet werden, was seine Autorität und Achtung in den Augen der Deutschen der Sowjetzone und Berlins beeinträchtigt. Es ist recht voreilig, wenn man so tut, als sei das schon geschehen. Der Bundeskanzler hat der Pariser Konferenz der drei Außenminister nur eine Diskussionsgrundlage geboten, auf der künftige Verhandlungen mit der Bundesrepublik geführt werden könnten. Festlegungen, insbesondere auch in der Lösung der Saarfrage, sind nicht erfolgt. Sie sollten nach meiner Meinung auch nur nach Verständigung zwischen Regierung und Opposition erfolgen. Mit der Frage der Saar werden Lebensfragen im Westen und Osten Deutschlands berührt, die das ganze deutsche Volk angehen.
Gewiß haben die ersten außenpolitischen Schritte der Bundesregierung nicht gleich eine förmliche außenpolitische Wende gebracht, wenngleich es um der Auseinandersetzung mit dem Pseudostaat der Sowjetzone willen gut gewesen wäre. Aber es ist durchsichtige Propaganda, zu behaupten, die Konferenz in Paris hätte den Bundeskanzler mit leeren Händen stehen lassen. Die Zeit echter Verhandlungen mit der Bundesregierung hat begonnen. Das ist ein Faktum. Und in der Demontage-

frage hat es auf jeden Fall einen spürbaren Ruck gegeben. Die Demontage ist zwar nicht als abgeschlossen erklärt, aber sie wird entscheidend verlangsamt, bis die eingeleiteten Verhandlungen abgeschlossen sind. Die Industriestätten, deren Abbau nicht zuletzt die Arbeiterschaft mit Bitterkeit und Sorge erfüllt hat, die August-Thyssen-Hütte, Gelsenberg Benzin AG und andere, dürfen auf Erhaltung hoffen. Darunter nicht zuletzt Borsig in Berlin, dessen Demontage besonders viel Bitterkeit in dem bedrängten Berlin ausgelöst hat. Auch die anderen Beschlüsse der Pariser Konferenz über die Beteiligung der Bundesregierung an internationalen Organisationen, über die Errichtung von Konsulaten und Handelsvertretungen im Ausland, die Genehmigung zum Bau größerer und schnellerer Hochseeschiffe lassen erkennen, daß der Weg zu größerer Bewegungsfreiheit der Bundesregierung beschritten ist. Entscheidend ist dabei nicht zuletzt, daß es gelungen ist, die Atmosphäre internationalen Vertrauens zu stärken. Und erfreulich ist, daß wir doch wohl auch Spuren wachsenden Vertrauens in Frankreich feststellen dürfen. Nie ist ja der Boden in Deutschland für eine endgültige Verständigung mit Frankreich so bereit gewesen wie nach den Erlebnissen des Hitlerkrieges. Man kann nur wünschen, daß Frankreich . . . dieser Bereitschaft zu begegnen weiß, ohne daß auf der einen oder auf der anderen Seite Reste von Bitterkeit zurückbleiben.

Die deutsche Bundesrepublik sieht sich als Sprecher für Gesamtdeutschland. Das bedeutet, daß sich ihre 45 Millionen Menschen für Gesamtdeutschland verantwortlich fühlen und verantwortlich fühlen müssen. Sie tragen schwer an der Verpflichtung zum Neuaufbau im eigenen Gebiet. Sie tragen die Not der Heimatvertriebenen mit. Denn jeder fünfte Einwohner ist ein Heimatvertriebener. Zu ihm stößt das Heer der politischen Flüchtlinge aus der Sowjetzone. Die 45 Millionen tragen die Not der Berliner Bevölkerung mit. Nicht nur durch gefühlsmäßige Verbundenheit, sondern auch durch materielle Opfer. Sollen diese Verpflichtungen auch nur annähernd erfüllt werden, so muß die Bundesrepublik zu Lebensbedingungen kommen, die unser Volk von dem Alpdruck befreien, ein Volk zweiter oder gar dritter Ordnung zu sein.

Für die Verpflichtungen der Bundesrepublik bedeutet die Pariser Konferenz den Ausgangspunkt ermutigender Erleichterungen. Ich stelle das hier in Helmstedt mit besonderer Genugtuung fest. Denn wir begrüßen diese Erleichterungen nicht zuletzt mit dem Blick über die Zonengrenze. Sie schlagen denen, die sich willig der Bolschewisierung des deutschen Gebietes drüben zur Verfügung stellen, jedes Mittel ihrer falschen Propaganda aus der Hand. Je großzügiger die deutsche Bundesrepublik Freiheit, Verantwortung und Möglichkeit materieller Existenzsicherung in eigenen Händen hält, um so mehr schrumpft die kommunistische Propaganda unverantwortlicher Kräfte jenseits der Zonengrenze in ihrer Wirksamkeit zusammen. Um so krasser wird die Tatsache enthüllt, daß dem deutschen Kernstaat ein Pseudostaat gegenübersteht. Daß der deutschen Bundesregierung eine Pseudoregierung gegenübergestellt wurde. Diese Pseudoregierung der Sowjetzone ist nichts als eine Attrappe in einem volksdemokratischen Schaufenster. Wir können nur bedauern, daß sich noch Deutsche bereit finden, volksdemokratische Schaufenster zu zieren. Denn sie wissen so gut wie wir, was hinter diesen Schaufenstern liegt. Eine enteignete, entrechtete, zum Schweigen gezwungene Bevölkerung, die mit schmerzlichem Verlangen ihr Warten über die Zonengrenze schickt.

Aber diese Bevölkerung läßt sich trotz drohender Konzentrationslager und Zwangsarbeit nicht immer zum Schweigen bringen. Dem Parteitag der Ostzonen-

Union in Leipzig war es wiederum nicht möglich, die Opposition vollständig zu unterdrücken. Und da, wo sie schweigen mußte, war das Schweigen so eisig, daß es zu einer lauten Sprache wurde. Nichts hat die Bevölkerung der Ostzone so tief verletzt wie das volksdemokratische Theater um die Regierungsbildung Pieck/Grotewohl. Wie der erzwungene Verzicht auf die Durchführung der schon lange fälligen Wahlen. Eine aus allgemeinen freien Wahlen hervorgegangene Regierung hätte zu einem echten Volksausdruck werden können. Aber bis jetzt besteht kein Anhaltspunkt, anzunehmen, daß man diesen echten Volksausdruck will. Man will die Vorherrschaft der SED. Diese Vorherrschaft kann aber nur durch Zwang gewährleistet werden, nicht aber durch Demokratie.

Hier liegt allein das entscheidende Hindernis für die fortschreitende Einheit Deutschlands. Politische Verhandlungen sind mit der sogenannten Sowjetzonenregierung ebensowenig möglich wie wirtschaftliche Verhandlungen, denn sie würden sofort als Faktoren der Anerkennung gedeutet werden. Deshalb wurde das Abkommen über den Interzonenhandel auch nicht zwischen Mitgliedern der Bundesregierung und Mitgliedern der sogenannten Sowjetzonenregierung abgeschlossen, sondern zwischen Beauftragten der Wirtschaftsorgane der Währungsgebiete West und Ost. Man hat es der Bundesrepublik zum Vorwurf gemacht, daß unter anderem die Ausfuhr von 100 000 t Kartoffeln aus der Sowjetzone vorgesehen sei und daß man dadurch die Ernährungsbasis der hungernden Sowjetzonen-Bevölkerung noch mehr schmälere. Nun, wir wissen noch nicht, ob die Sowjetzone die Kartoffeln zu liefern in der Lage sein wird. Von seiten der Bundesrepublik ist aber die Lieferung von 50 000 Jungschweinen an die Sowjetzone vorgesehen. Hier wäre also ein Ernährungsausgleich für die Bevölkerung, der ihr noch willkommener sein wird. Die Frage wird nur sein, welchen Anteil die Bevölkerung überhaupt erhält. Das zu beeinflussen, haben wir leider nicht in der Hand. Für uns bleibt wesentlich, daß wir alles tun und zu tun bereit sind, um das Schicksal der Bevölkerung jenseits der Zonengrenze zu erleichtern und ihr die Hoffnungslosigkeit zu nehmen. Diese Hoffnungslosigkeit spricht eine tausendfältige Sprache. Und ich gestehe, daß mich in meiner Aufgabe oft die gleiche Hoffnungslosigkeit zu überwältigen droht, wenn die Not unserer Menschen jenseits der Zonengrenze in immer neuen Ausdrucksformen an uns herangetragen wird.

Das gilt nicht zuletzt von dem Strom der politischen Flüchtlinge, die bei uns Freiheit und Sicherheit suchen. Dieser Strom hat allerdings in den letzten Wochen wieder etwas normalere Formen angenommen. Aber diese und jene Anzeichen deuten darauf hin, daß die Zahl der in das Bundesgebiet einströmenden Deutschen wieder größer werden könnte. Wahrscheinlich werden sich auch bald die Auswirkungen der Säuberungsaktion bemerkbar machen, die in den nichtkommunistischen Parteien vorgenommen wird. Oberst Steidle – früher Mitglied des Nationalkomitees Freies Deutschland, heute mit Hilfe der Sowjets führendes Mitglied der Ostzonen-Union – hat gegenüber der Opposition in der Partei eine deutliche Sprache gesprochen. Es sollen die »richtigen Maßnahmen« ergriffen werden. Wir kennen diese »richtigen Maßnahmen«. Sie werden den Strom der Flüchtlinge erneut vergrößern. Wer immer aus Sicherheitsgründen die bedrängte Heimat in der Sowjetzone verlassen muß, soll und muß bei uns Aufnahme finden. Wir haben dabei nicht nach Parteizugehörigkeit zu fragen. Es kommen Flüchtlinge aller Parteien ins Bundesgebiet. Das hindert aber nicht, daß die Notwendigkeit besteht, Ordnung in den politischen Flüchtlingsstrom zu bringen.

Deshalb ist die Bundesregierung darangegangen, eine umfassende Neuregelung des Flüchtlingsproblems vorzubereiten. Es liegt das im Interesse der echten politischen Flüchtlinge, wie es auch im Interesse des Bundesgebietes liegt. Es sieht ja schließlich auch aus, als sollte die Ordnung der Bundesrepublik gestört werden. Es sieht auch aus, als versuche man Fürsorgeempfänger, Rentner und Arbeitsunfähige aus der Sowjetzone abzuschieben. Deshalb muß eine geordnete und gewissenhafte Prüfung durch Beauftragte der Bundesregierung vorgenommen werden.
Der schwerwiegendste Gesichtspunkt für die Ordnung und die Eindämmung des Flüchtlingsstromes aber ist für mich die Gefahr der Volkstumsschwächung in der Sowjetzone. Wir brauchen einen harten, starken und ausharrenden Stamm deutscher Bevölkerung auf dem Boden der Sowjetzone. Wir brauchen ihren Willen, den Boden der Heimat zu halten, bis sich bessere Erkenntnis im Verhältnis zwischen Ost und West durchsetzt. Deshalb nicht zuletzt richte ich hier von der Zonengrenze aus die Mahnung an die Bevölkerung der Sowjetzone: Haltet aus auf dem Boden Eurer Heimat. Seid charaktervoll und klug und geduldig. Die Zeit, das Gesetz der Gerechtigkeit und Menschenwürde werden sich durchsetzen, und der deutsche Kernstaat wird alles tun, was in seiner Macht liegt, euer Los zu erleichtern, bis sich die beiden Hälften unseres Vaterlandes wieder zusammenfinden können. Der Tag wird kommen. Deshalb haltet durch. Haltet zäh an dem Verlangen fest, daß Euch das Recht freier, demokratischer Entscheidung in allgemeinen freien Wahlen gegeben wird. Über die freie Bekundung Eures Willens führt der Weg zur Einheit Deutschlands.
Wir appellieren zugleich von dieser Stadt an der Zonengrenze aus erneut an die sowjetische Besatzungsmacht. Sie möge aufhören, die 18 Millionen Deutschen der Sowjetzone als Pfand ihrer eigenen politischen Ziele zu sehen und zu behandeln. Wir haben kein anderes Ziel, als Deutschland zu einem friedlichen und freien Volk zusammenzuführen. Wir Deutschen sehen unsere Aufgabe nicht darin, unsere Kräfte gegen Osten oder gegen Westen zu mobilisieren. Wir wollen sie auf die innere Kraft und die innere Läuterung, auf die innere Freiheit unseres Volkes richten. Im Westen beginnt man diesem Willen unseres Volkes wachsend Vertrauen entgegenzubringen. Man beginnt ihn wachsend zu respektieren. Die Sowjetunion ist der Welt und unserem Volk bis jetzt den Beweis schuldig geblieben, daß auch sie bereit ist, Freiheit und Würde unseres Volkes zu achten. Dafür spricht nicht nur die Bildung der Regierung Pieck/Grotewohl. Dafür sprechen Konzentrationslager, Zwangsarbeit und politische Flüchtlinge. Das alles könnte durch allgemeine freie Wahlen unter Zulassung aller Parteien ausgelöscht werden. Der deutschen Einheit stände dann kein Hemmnis mehr im Wege, und ein echter Friedenszustand könnte Wirklichkeit werden.
Das wäre auch die Lösung des Berliner Schicksals. Nach freien Wahlen wird das rote Meer zurückfluten, das heute die Stadt einengend umgibt. Berlin braucht dann weder Vorposten noch Bollwerk mehr zu sein. Es würde ganz einfach die unbestrittene Hauptstadt eines neu geeinten Deutschlands. Es würde das für jeden Deutschen und für jeden Europäer peinigende Schauspiel aufhören, daß man den einen Teil dieser gequälten Stadt zum Sitz einer kommunistischen Marionettenregierung macht, während der andere Teil mit letzter Kraft um Freiheit und Sicherheit seiner Existenz ringt. Um schließlich in diesem seinem Ringen nicht nur seine eigene Existenz und Freiheit, sondern die von ganz Deutschland und Europa mit zu verteidigen.

Die Sowjetunion sollte an diesem Kampf allein schon Achtung vor dem demokratischen Willen eines Volkes lernen. Denn diese Achtung allein ist auf die Dauer die Basis für echten Frieden unter den Völkern. Solange das nicht der Fall ist, sind wir dem Schicksal Berlins und seiner Menschen in voller Verantwortung verpflichtet. Die Bundesregierung hat durch die Berlin-Hilfe bewiesen, daß sie dieser Verpflichtung Rechnung zu tragen gewillt ist. Wir sind uns dabei bewußt, daß die Zahlen der Berlin-Hilfe gar nichts besagen. Deshalb nenne ich auch keine Zahl. Kredite und Unterstützungen sind wichtig. Aber wichtiger ist das Vertrauen in die Berliner Wirtschaft. Denn dieses Vertrauen allein bringt Aufträge und Belebung. Dieses Vertrauen aber setzt die Erkenntnis voraus, daß Berlin nicht in erster Linie oder überhaupt nicht ein wirtschaftliches Problem ist, sondern ein politisches. Das hat auch die Bundesregierung veranlaßt, eine würdige Repräsentation der Bundesrepublik in Berlin vorzusehen. Diese Repräsentation wird in kürzester Frist im Hause der deutschen Bundesrepublik – im Herzen Berlins – ihre Verwirklichung finden. Wenn Deutschland den kalten Krieg, der gegen seine echte demokratische Einheit geführt wird, gewinnen will, muß es die Auseinandersetzung um Berlin gewinnen. In einem solchen Kampf fragt man nicht in erster Linie: Was kostet dieser Kampf? Sondern man opfert, weil man weiß, was auf dem Spiele steht. Und auf dem Spiele steht das Schicksal von ganz Deutschland. Um nicht zu sagen, von ganz Europa. Hier an der Zonengrenze ist es nicht nötig, darüber zu sprechen, was das bedeutet. Aber es ist notwendig, daß die klare Einsicht mit der Entfernung von der Zonengrenze nicht abnimmt, sondern daß die Einsicht an Klarheit möglichst noch zunimmt.

Wir stellen gewiß mit Erleichterung fest, daß sich in der westlichen Sphäre die berühmten Silberstreifen am Horizont zeigen. Um so sorgenvoller richtet sich aber unsere Aufmerksamkeit nach Osten. Hier in Helmstedt ist man der Wunde des zerrissenen deutschen Volkskörpers unmittelbar nahe. Deshalb machen wir diese Stadt an der Zonengrenze zum Podium unserer Mahnung an den Westen und zum Podium unseres Bekenntnisses für den Osten. Auch für das Land jenseits von Oder/Neiße, für das deutsche Land, das gewaltsam von den Deutschen, die es bewohnten, entvölkert wurde. Es war und ist für uns das schmerzlichste an der künstlichen Schöpfung des sogenannten Sowjetzonenstaates, daß seine Marionettenregierung immer wieder die Oder-Neiße-Grenze zu bestätigen hatte und zu bestätigen hat und sie auch immer wieder diensteifrig bestätigt. Wir brauchen – weiß Gott – kein Bekenntnis abzulegen, daß wir niemals den Krieg, sondern daß wir den Frieden wollen. Einer der verantwortlichen Männer von Karlshorst – Oberst Tulpanow – hat mir einmal entgegengerufen: »Wer an die Oder-Neiße-Grenze rührt, beschwört den Krieg herauf.« Seitdem habe ich diese Beschuldigung oft hören müssen. Wir aber sagen: Um des Friedens willen erstreben wir Gerechtigkeit für unser Volk. Wir wollen einen dauerhaften Frieden zwischen den Völkern. Deshalb darf unseren Vertriebenen die Heimat nicht für immer genommen sein. Straße und Schiene von Helmstedt müssen für uns und für unsere Vertriebenen einmal wieder die freie Verbindung in das alte deutsche Land östlich der Oder/Neiße sein. Das ist mit unser größtes Anliegen an den kommenden Friedensvertrag, der wirklichen Frieden bringen soll.

Das Anliegen der Einheit Deutschlands, die Sorge um gerechte deutsche Grenzen im Osten und im Westen ist ein nationales Anliegen. Kein parteipolitisches. Parteipolitische Auseinandersetzungen sollten da schweigen, wo nationale Verpflichtung

beginnt. Auch Berlin und die Sowjetzone dürfen nicht Objekte parteipolitischen Wettstreites sein. Sie sind Angelegenheit der Sorge und der Verpflichtung der Nation. Von der Verewigung einer Wahlkampfatmosphäre kann keine Anziehungskraft auf die Sowjetzonenbevölkerung ausgehen, sondern nur von dem Bewußtsein, daß alle freien politischen und sozial-fortschrittlichen Kräfte unseres Volkes parteipolitisch selbstlos, aber nationalpolitisch um so zielbewußter die Wiedervereinigung Deutschlands erstreben. Je eindeutiger der außenpolitische Wille des deutschen Volkes von seiner breiten Masse getragen wird, um so erfolgreicher wird der Appell an das Völker- und Weltgewissen sein. Das wird dieser und jener Partei Opfer auferlegen. Es wird Disziplin von Regierungs- und Oppositionsparteien verlangen. Aber diese Disziplin wird größeren Erfolg für Deutschland bedeuten. Einen Erfolg, den ein schwergeprüftes Volk nötig hat, um die Fähigkeit und die Würde wiederzufinden, die es anderen Völkern gleichberechtigt an die Seite stellt.
Vom Parteitag der Sowjetzonenunion, der in diesen Tagen in Leipzig stattfand, wird berichtet, daß auf diesem Parteitag nur ein einziges Mal Beifall aufklang. Die Versammlung brach in tosenden Beifall aus, als ein mutiger Redner in den Saal rief: Es lebe Deutschland. Lassen Sie mich Sinn und Inhalt dieser Gedenkstunde in dem gleichen Wunsch zum Ausdruck bringen. Ich weiß, dieser Wunsch wird in den Herzen der Millionen drüben Widerhall finden: Es lebe Deutschland!

## 51

*Interview mit »Stuttgarter Zeitung«*
*29. November 1949*

Frage:
In manchen Pressekreisen ist das Gerücht aufgekommen und stellenweise sogar veröffentlicht worden, der deutschen Bundesregierung eile es mit der Wiedervereinigung West- und Ostdeutschlands nicht sonderlich. Welche Einstellung haben Sie, Herr Bundesminister, gegenüber dieser Verdächtigung?

Antwort:
Darauf kann ich nur antworten, daß ich keiner Regierung angehören könnte, die nicht als ihr oberstes Gesetz die Wiedervereinigung der getrennten Teile Deutschlands anerkennt. Die Anerkennung dieses Gesetzes sollte sich allerdings nicht nur in übersteigerter Propaganda auswirken, sondern maßgeblich erscheint mir auch der entschlossene Wille, den deutschen Kernstaat so gesund und so anziehend zu machen, daß er schon durch sein bloßes Dasein eine Widerlegung der kommunistischen Propaganda bedeutet.

Frage:
Sehen Sie, Herr Bundesminister, einen gangbaren Weg, wenn auch nur einen theoretischen, der zur Wiedervereinigung West- und Ostdeutschlands führen könnte?

Antwort:
Der beste und sicherste Weg zur deutschen Wiedervereinigung wäre eine Verständigung unter den vier Alliierten, die für die Bevölkerung der Sowjetzone zumindest die gleichen Lebensbedingungen schaffen müßten wie in den westlichen Besat-

zungszonen. Dazu gehören vor allen Dingen erst einmal freie und geheime Wahlen mit gleichen Chancen der Wahlvorbereitungen für alle Parteien in der Sowjetzone. Solange diese Möglichkeiten nicht gegeben sind, bleibt dem deutschen Volk nur der Appell an das Weltgewissen. Es bleibt ihm aber auch die Pflicht, die Sowjetzonenbevölkerung immer neu wissen zu lassen, daß wir ihr Geschick mittragen, als wenn es das unsere wäre. Die Sowjetzonenbevölkerung muß das Bewußtsein behalten, daß das deutsche Volk innerlich eine Einheit bleibt.

Frage:
Welche praktischen Vorschläge könnten Ihrer Ansicht nach diesen Weg wenigstens versuchsweise einleiten?

Antwort:
Diese Frage ist schon mit meiner zweiten Antwort beantwortet.

Frage:
Würde Ihrer Ansicht nach eine direkte Aussprache über die Wiedervereinigung mit Vertretern des Regimes Pieck/Grotewohl grundsätzlich abzulehnen sein?

Antwort:
Diese Frage kann ich nur mit »Ja« beantworten. Das Regime Pieck/Grotewohl wartet nur darauf, durch eine solche Aussprache als Sowjetzonenregierung anerkannt zu werden. Handelte es sich um eine aus wirklich freien Wahlen hervorgegangene Regierung, so könnte sie immerhin ein Verhandlungspartner werden. Eine solche Regierung sähe dann freilich anders aus. Aus freien Wahlen könnte ja nur eine wirklich deutsche Regierung hervorgehen, die der Regierung der deutschen Bundesrepublik sofort die Hand zur Wiedervereinigung entgegenstrecken würde. Und zwar zu einer Wiedervereinigung, die nicht ein kommunistisches Vorzeichen tragen würde, sondern den Charakter freier Demokratie.

Frage:
Wer aus der Sowjetzone käme sonst zur Aufnahme von Verhandlungen über die Wiedervereinigung in Frage? Oder glauben Sie, Herr Bundesminister, daß diese für Deutschland wohl wichtigste Frage ausschließlich von den Siegermächten zu behandeln sei?

Antwort:
In der Sowjetzone ist keine offizielle Instanz vorhanden, die den vorstehend genannten Bedingungen echter Legitimität entspricht. Die Bundesregierung hat keinen Partner in der Sowjetzone. Selbstverständlich sind alle nur möglichen menschlichen Verbindungen aufrechtzuerhalten und zu pflegen. Nur soll man sich einzelne Menschen mit Bezug auf ihr Verhältnis zum kommunistischen Regime genau ansehen.

Frage:
Wie läßt sich der gegenwärtige Stand der Beziehungen zwischen der deutschen Bundesregierung und der Sowjetzonenregierung charakterisieren?

Antwort:
Zwischen der deutschen Bundesregierung und dem sogenannten Sowjetzonenstaat bestehen keine Beziehungen. Die Bevölkerung der Sowjetzone aber gehört zu uns. Ihr Schicksal ist uns eine innerdeutsche Angelegenheit.

Frage:
Da die Zustände in der Sowjetzone einen ständigen Flüchtlingsstrom nach Westen auslösen, der bald die Zahl von zwei Millionen überschreiten wird, fragt sich die deutsche Öffentlichkeit, ob nicht die deutsche Bundesregierung die Vereinten Nationen auf diese höchst beunruhigende Tatsache hinweisen und eine Untersuchung der Verhältnisse in der Sowjetzone beantragen sollte. Wie denken Sie darüber, Herr Bundesminister?

Antwort:
Soweit es sich bei der gegenwärtigen innerdeutschen Ost-West-Wanderung um echte politische Flüchtlinge handelt, werden wir hoffentlich immer Mittel und Wege finden, unseren verfolgten deutschen Brüdern und Schwestern Beistand zu gewähren. Was freilich darüber hinausgeht – bekanntlich gehört ein sehr großer Teil der Flüchtlinge nicht in die Kategorie der unmittelbar politisch Verfolgten –, ist ein Teil des gesamteuropäischen Flüchtlingsproblems, dessen Verpflichtungen die deutsche Bundesrepublik auf die Dauer nicht allein tragen kann. Es wird daher die Aufgabe der Bundesregierung sein, die Hohen Kommissare davon zu überzeugen, daß dieses Problem sich zu einer Gefahr für die europäische Ordnung auswachsen muß, wenn nicht mit ausreichenden Mitteln zugegriffen wird. Diese Mittel können nur in internationalem Zusammenwirken gesucht und gefunden werden. Wenn daneben die Kirchen oder freie Vereinigungen Möglichkeiten sehen, das Problem unmittelbar vor die Vereinten Nationen oder ein anderes internationales Forum zu tragen, so wird die deutsche Bundesregierung solchen Bemühungen selbstverständlich jede Unterstützung zuteil werden lassen.

## 52

*Kundgebung der CDU in Emsdetten*
*7. Januar 1950*

Wenn je, dann erfordert dieser letzte Jahresübergang eine politische Bestandsaufnahme, nicht weniger aber auch eine politische Gewissenserforschung. Es ist mir eine Genugtuung, daß wir Bestandsaufnahme und Gewissenserforschung auf westfälischem Boden vornehmen können. Mutiges In-die-Zukunft-Sehen, kernhafte Treue und tiefste Verbundenheit mit unserem Volk sind notwendige Eigenschaften, wenn es um die Meisterung unseres deutschen Schicksals geht. Ich weiß, daß diese Eigenschaften zum Wesen der Westfalen gehören. Wir werden unser Schicksal meistern, wenn unser gesamtes Volk in wirklicher Treue auf seiner Unteilbarkeit beharrt. Wenn es hartnäckig auf seinem Lebensrecht besteht. Wenn es ebenso hartnäckig an der Neuordnung seiner politischen und sozialen Verhältnisse schafft, ohne die es keine Zukunft geben kann.
In einem Neujahrsaufsatz habe ich die Frage gestellt: Bedeutet die Jahreswende einen Rückschritt im Leben unseres Volkes? Oder bedeutet sie Fortschritt? Oder

bedeutet sie zum mindesten Hoffnung für unser Volk? Ihr alle, die ihr hier vor mir sitzt, werdet antworten: Sie bedeutet Fortschritt. Wohl alle europäischen Völker haben Weihnachten 1949 wieder um einen helleren und wohl auch um einen reicheren Tisch gesessen, als das in all den vergangenen Jahren der Fall war. Auch wir haben es gewiß getan. An manchem Tisch hat auch noch ein Langvermißter gesessen, der endlich aus der Gefangenschaft heimkehrte. Auch manchem Ostvertriebenen wird dieser Jahresübergang schon etwas heller gewesen sein als in all den anderen Jahren, die hinter uns liegen.

Und wer am Weihnachts- oder am Silvesterabend das Rundfunkgerät einschaltete, hörte zum ersten Male wieder verantwortliche deutsche Staatsmänner sprechen, die das deutsche Volk in ernster und würdiger Weise grüßten. Das nicht zuletzt zeigte eine Wende in unserem Volk an. Über allen menschlichen, persönlichen, seelischen und materiellen Erleichterungen, die immerhin ein großer Teil unseres Volkes erfuhr, steht die Zusammenfassung des deutschen Volkes zu neuer staatlicher Form in der Bundesrepublik. Unser Volk hat wieder politische Form angenommen. Es hat in der Bundesregierung wieder den eigenen Sprecher erhalten. Das Bewußtsein, nur Objekt fremder Politik zu sein, ist nicht mehr ganz so bedrükkend und so demütigend vorhanden wie in den Jahren völliger politischer Gestaltlosigkeit. Die Bundesregierung ist zwar von voller Souveränität noch weit entfernt. Aber wir dürfen wohl darauf vertrauen, daß nicht zuletzt die Macht der Verhältnisse, die die Auseinandersetzung mit dem Weltkommunismus mit sich bringen, noch immer vorhandenes Mißtrauen in die Weisheit echten Versöhnungswillens verwandelt. Denn nur ein gleichberechtigtes Deutschland wird zu gleichwertiger Gegenkraft gegen kommunistischen Angriffswillen.

Falsch wäre es, wollten wir trotz der noch mangelnden Souveränität der Regierung den Fortschritt verkleinern, der erreicht ist. Das Abkommen vom Petersberg ist zwar zum Gegenstand heftigster parteipolitischer Auseinandersetzungen geworden und scheint es noch weiter bleiben zu sollen. Aber der Weg vom Morgenthauplan bis zu diesem Abkommen spricht eine genügend deutliche Sprache über das Maß des erreichten Erfolges. Ganz gewiß ist dieser Fortschritt nicht das Verdienst eines Mannes oder einer Partei. Hinter dem Demontagestopp steht eine Summe von Anstrengungen und Einwirkungen aller ernsthaften politischen Kräfte und aller ernsthaften Parteien. Kräfte und Parteien der Regierungsmehrheit wie auch der Opposition. Hinter der fortschreitenden Verselbständigung deutscher Politik steht nicht zuletzt die Erkenntnis der Weltmächte, daß man das deutsche Volk nur durch Gleichachtung und Gleichwertung immun machen kann gegen den Kommunismus. Dabei baut die eine oder andere Weltmacht mehr auf die christlich-demokratischen Kräfte in Deutschland, eine andere mehr auf die sozialdemokratischen Kräfte. Grundfalsch aber wäre es, wenn die deutschen Parteien in einen Wettkampf darüber eintreten wollten, wer an erreichten Fortschritten in Deutschland das größte Verdienst trägt. Ich habe neulich schon einmal gesagt: Es ist das Pech der Sozialdemokratie, daß in dieser Zeit der Bundeskanzler Adenauer heißt, und nicht Carlo Schmid oder Schumacher. Dabei muß man allerdings sagen, daß der maßlose Kampf Schumachers gegen die christlich-demokratischen Kräfte dazu beigetragen hat, daß er Adenauer heißt. Wir christlichen Demokraten sind schließlich nicht böse darum. Verdienst des Bundeskanzlers bleibt es jedenfalls, daß er zur rechten Stunde das rechte Wort und die rechte Haltung gegenüber den Westmächten fand. Das ermöglichte den Erfolg, den das Petersbergabkommen immerhin für Deutschland bedeutet. Nicht nur hinsichtlich der Demontage, auch auf dem Gebiet außenpolitischer Verselbständigung. Auf dem Gebiet vermehrter Arbeitsbeschaffung usw. Ob der Bundeskanzler mit dem Eintritt Deutschlands in die Ruhrbehörde eine zu große Geste des Entgegenkommens gemacht hat oder nicht, wird die künftige Zusammenarbeit zwischen Alliierten und Deutschland erweisen. Man kann schließlich nicht alles bis zum letzten I-Punkt ausrechnen. Politik bleibt schließlich immer auch Wagnis.

Sehr bedenklich klingen allerdings die Nachrichten, die heute aus Paris kommen. Sie kündigen Verhandlungen des derzeitigen saarländischen Ministerpräsidenten Hoffmann über eine politische Autonomie der Saar an. Es erscheint fast unbegreiflich, daß man in diesem Augenblick versucht, unser Land noch einmal vor vollendete Tatsachen zu stellen. Das wäre allerdings eine erschütternde Antwort auf den vom Bundeskanzler geführten Verständigungsversuch. Diese Antwort würde die ernstesten Bedenken aller Deutschen, insbesondere auch an der Saar, in geradezu drastischer Weise rechtfertigen. Deutschland kann angesichts dieser drohenden Gefahr in Übereinstimmung mit dem Volk an der Saar nur erneut darauf beharren, daß die Entscheidung über das staatspolitische Schicksal des Saargebietes einer einwandfreien Volksabstimmung anheimgestellt wird. Jeder Versuch, vor einem Friedensvertrag weitere fertige Tatsachen zu schaffen, kann nur als Gefährdung der großen Aufgabe europäischer Einigung angesehen werden.

Wir hätten natürlich gern die Versicherung gehabt, daß das Ruhrstatut keine einseitige Regelung bleiben soll. Wir hätten gern die Zusicherung gehabt, daß es nur der Beginn der Europäisierung der Schwerindustrie überhaupt ist und sein soll. Ich habe diesem Anliegen schon lange vor dem Ruhrstatut – Anfang 1946 in Berlin – Ausdruck gegeben. In Verbindung mit unserer Sorge um Ruhr und Saar habe ich schon damals die Hoffnung ausgesprochen, daß es zu einer echten europäischen Regelung für die Eisen- und Stahlindustrie und für den Bergbau kommen möge. Noch entspricht die Ruhrbehörde nicht einer echten internationalen Behörde. Wir möchten aber der Hoffnung sein, daß es durch die Mitarbeit deutscher Vertreter gelingt, sie um so schneller dazu werden zu lassen.

Ich gebe in diesem Zusammenhang meiner aufrichtigen Genugtuung Ausdruck, daß sich die Gewerkschaften zur Entsendung eines Stellvertreters in die Ruhrbehörde bereit erklärt haben. Es war eine selbstverständliche Forderung der Gleichberechtigung, daß die Arbeiterschaft einen der Vertreter stellt. Es erschien in den dramatischen Stunden der Auseinandersetzung im Bundestag nicht so selbstverständlich, daß die Gewerkschaften sich in ruhig abwägender Entschiedenheit für den Standpunkt der Regierung erklärten. Genau an dem Tag, an dem der Vorsitzende der SPD seinen erschreckend unbesonnenen Bannstrahl gegen den Bundeskanzler schleuderte. Ich begrüße diese besonnene Haltung der Gewerkschaften. Nicht, weil damit dem Geist ewiger Verneinung in Schumacher die verdiente Niederlage bereitet wurde, sondern weil in diesem Akt der gewerkschaftliche Wille zu parteipolitischer Neutralität klar in Erscheinung trat. Das ist für jede innerpolitische Weiterentwicklung in Deutschland ein verheißungsvoller Fortschritt. Jeder, der um meine jahrelange Vorarbeit unter Hitler für die Einheit der Gewerkschaften weiß, wird meine besondere Genugtuung darüber begreifen.

Stellen wir in unserer Bestandsaufnahme nochmals fest: Wir dürfen das Petersbergabkommen als einen bedeutsamen Abschnitt in der deutschen Nachkriegsgeschichte notieren. Für Deutschland haben sich mit diesem Abkommen neue wirt-

schaftliche, neue politische und neue diplomatische Möglichkeiten eröffnet. Deutschland wurde zum ersten Male nach 1945 als echter Partner anerkannt.
Seine volle Würdigung erfährt das Abkommen vom Petersberg erst, wenn wir es im Rahmen des großen Verständigungsversuches zwischen Deutschland und Frankreich sehen. Es liegt ihm nichts Geringeres zugrunde als der große Versuch, die solideste Basis für den europäischen Zusammenschluß zu schaffen. Jeder verantwortliche deutsche Politiker ist mit ganzem Herzen bei diesem Verständigungsversuch, möge er bei den christlichen Demokraten oder bei den Sozialdemokraten stehen. Dabei sind wir der Meinung, diese Verständigung muß auf gesamteuropäischer Ebene erstrebt und erreicht werden, unter stärkster Mitwirkung Englands. Europa wird sich nicht zu wirklicher Einheit zusammenfinden können, wenn parteipolitische Doktrinen außenpolitische Haltungen bestimmen. Die Tatsache, daß die Regierungen europäischer Länder von verschiedenen Ideologien bestimmt werden, sollte nicht Anlaß zu Gegensätzlichkeiten sein. Solange sie nicht vom Radikalismus bestimmt werden, sollte diese Tatsache eher Anlaß zu verstärkten Versuchen sein, eine gesunde Mittellinie für Europa zu finden, eine Mittellinie, die den dritten Weg freilegt, der allein ein gesundes Europa gewährleistet. Der europäische Weg geht nicht auf Liberalismus zu, er geht auch nicht auf doktrinären Sozialismus zu. Hinter der kommunistischen Drohung aus dem Osten steht ein mahnender Sinn. Genauso wie hinter den Auseinandersetzungen zwischen christlicher Demokratie und Sozialdemokratie in den europäischen Ländern ein Sinn steht. Es ist die Mahnung, nicht im Austrag parteipolitischer Gegensätze der Weisheit letzten Schluß zu sehen, sondern in dem Versuch, zu einer gesunden Synthese zu kommen. In dem Versuch, zu einer sozialen Demokratie zu kommen, die ausgesprochen oder unausgesprochen das Signum christlicher Verantwortung trägt. Die fern ist jeder doktrinären Festlegung auf diese oder jene Form. Die nur festgelegt ist auf das Wohl des Volkes und der Völker. Den Weg zu einer solchen Ordnung hat die Bundesrepublik in dem vor uns liegenden Jahr zu suchen. Ausgehend von dem, was in den ersten Monaten ihres Bestehens und in den letzten Monaten des vergangenen Jahres erreicht wurde.
Ich sprach vom Fortschritt, den wir in der Bilanz am Jahresabschluß verzeichnen durften. Aber dieser Fortschritt gilt nur für einen Teil Deutschlands. In unsere Bestandsaufnahme gehört das große Minus im Schicksal Deutschlands, und nicht nur im Schicksal Deutschlands, sondern im Schicksal Europas, im Schicksal der Welt. Die Spaltung Deutschlands ist da. Jede Festlegung politischen und wirtschaftlichen Fortschritts in der Bundesrepublik trägt einen bitteren Beigeschmack: Es handelt sich immer nur um das halbe Deutschland. In der anderen Hälfte wird zwar ununterbrochen von Fortschritt geredet. Aber seine Bevölkerung wird von Tag zu Tag mehr zurückgeworfen in das Dunkel eines unfreien, eines täglich ärmer werdenden, eines täglich gefährdeteren Daseins. Die Spaltung Deutschlands ist keine deutsche Schuld. Indirekt ist sie gewiß die Folge des Hitlerabenteuers. Direkt aber ist sie eine Folge der Illusionen alliierter Kriegs- und Nachkriegspolitik.
Der Grund zur Spaltung Deutschlands wurde in Jalta und Teheran gelegt, als man dem bolschewistischen Rußland den Weg ins Herz Deutschlands und damit ins Herz Europas freigab. Die Spaltung Deutschlands ist heute das Wahrzeichen des Gegensatzes zwischen Ost und West, der Asien und Europa in gleicher Weise beunruhigt. Rußland propagiert zwar mit allen Mitteln die deutsche Einheit, aber es ist die Einheit, wie sie Sowjetrußland meint. Es ist die Einheit eines bolschewistischen

Deutschland, für deren Verwirklichung jeden Tag neue Propagandamittel gefunden werden. Für deren Verwirklichung unablässig neue Bundesgenossen gesucht werden, und leider mit Hilfe von naiven Zeitgenossen, von Unwissenden, von Eitlen, von Empfänglichen dieser oder jener Art auch gefunden werden.
Kein Deutscher darf das Bewußtsein dafür verlieren, daß ohne Überwindung des Eisernen Vorhanges niemals Beruhigung, geschweige denn Gesundung Deutschlands möglich ist. Man kann ein halbes Deutschland künstlich ernähren; man kann sogar eine gewisse Gesundung vortäuschen. Man kann es, indem man das westliche Deutschland immer mehr an die westeuropäische Gemeinschaft heranführt. Man kann sogar bei einem verarmten und ausgebluteten Volk erreichen, daß neuerstehender wirtschaftlicher Wohlstand bei vielen vergessen läßt, daß es noch ein anderes Deutschland gibt. Es kann das um so leichter geschehen, als man aus der Entfernung nur die drohende bolschewistische Faust in der Sowjetzone sieht, nicht aber die Millionen von Einzelschicksalen wahrnimmt. Einzelschicksale, die eine bewegende Verkörperung von Heldentum bedeuten. Heldentum im Ausharren auf dem Boden einer vom Kommunismus vergewaltigten Heimat. Heldentum in der Bewahrung deutschen Erbes christlich-abendländischer Kultur.
Diese unsere deutschen Landsleute – die Zukunft wird es einmal offenbaren – bilden im Grunde die stärkste Mauer gegen den Kommunismus. Ich weiß um die beständige Widerstandskraft dieser unserer Menschen aus jahrelanger Berührung mit ihnen auf dem Boden der sowjetischen Besatzungszone. Ich weiß von ihnen aus ungezählten vertraulichen Gesprächen. Noch jetzt in den Weihnachtstagen in Berlin sind sie zu mir gekommen. Sie haben nur das eine Anliegen: Vergeßt uns nicht! Schreibt uns nicht ab! Bleibt uns im Widerstand gegen das Unheil kommunistischer Tyrannis verbunden.
Sie wissen, daß ich bis zu meiner gewaltsamen Trennung von der Sowjetzone versucht habe, die Verbundenheit mit ihrer Bevölkerung aufrechtzuerhalten. Sie wissen, daß ich auf dem Boden von Görlitz, von Eisenach, Dresden, Weimar und Leipzig die sowjetische Besatzungsmacht immer wieder beschworen habe, deutsche Eigenständigkeit, deutsche Freiheit und deutsches Recht zu achten. Sie wissen, daß ich für unsere Menschen und mit unseren Menschen dort immer wieder für unser Recht auf das Land jenseits der Oder/Neiße eingetreten bin. Sie wissen, daß ich alle, die sich zu den christlichen Demokraten rechneten und rechnen, immer wieder aufgerufen habe, Wellenbrecher des Kommunismus zu sein. Ich tat es stets mit dem Anruf an die Vernunft Rußlands, unserem Volke zu lassen, was zu behalten und zu bewahren sein Recht und seine Pflicht ist, die Freiheit des politischen Bekenntnisses, um die mutige Männer und Frauen schon zwölf Jahre unter Hitler gerungen hatten. Die Sowjetunion aber hörte und hört immer noch nicht auf verantwortungsbewußte deutsche Patrioten. Sie suchte und sucht nur willfährige Werkzeuge. Solche Werkzeuge sind natürlich in jedem Volk zu finden. Die Sowjetunion wollte und will heute noch Unterwerfung, nicht aber wirkliche Verständigung von Volk zu Volk. Willfährige Werkzeuge hat sie in der kommunistischen Partei. Sie hat diese Werkzeuge in den Tausenden von Sozialdemokraten gefunden, die sich in der Prüfungsstunde als schwach und blind erwiesen haben. Sie hat sie schließlich auch in diesen und jenen Angehörigen nichtmarxistischer Parteien gefunden. Sie alle wurden Handlanger für das Martyrium der Menschen in der Sowjetzone. Sie wurden Handlanger der Knebelung der Freiheit in der sowjetischen Besatzungszone und der skrupellosen Ausnutzung ihrer Bewohner im Dienste kommunistischer Macht-

vergrößerung. Ich sehe einmal ganz ab von der brutalen Ausnutzung und Ausbeutung unter dem Kennwort Reparationen. Welch grausame Beute des Todes im Dienste kommunistischer Machtstärkung bedeuten die im letzten halben Jahr mehr als 1200 im Uranbergbau tödlich verunglückten Bergarbeiter. Die fast 3500, denen man Gliedmaßen amputieren mußte. Die mehr als 16 000 in ihrer Gesundheit schwer Geschädigten. Die mehr als 11 000 Geflohenen. Die über 500 wegen Sabotage Eingesperrten. Die 250 Dienstverpflichteten, die Selbstverstümmelung verübten. Diese Zahlen sind einem Geheimbericht der Wismuth-AG. entnommen. Sie sind nur ein kleiner Ausschnitt aus dem Martyrium der Sowjetzone. Sie sind nur ein Beispiel für die Verachtung der Menschenrechte durch den Kommunismus.
Niemand kann und darf solche Beispiele um taktisch politischer Haltung willen bagatellisieren. Auch die Konzentrationslager nicht, wie das in der jüngsten Zeit von Männern mit nicht ganz unbekannten Namen geschehen ist. Zwangsarbeit und Konzentrationslager sind nicht etwa Ausdruck eines anderen Freiheitsbegriffes. Sie sind der Ausdruck dafür, daß man von Freiheit und Menschenwürde überhaupt keinen Begriff hat oder daß Freiheit und Menschenwürde um der Macht willen verachtet werden. Das war das Verbrechen Hitlers. Und heute wird das gleiche Verbrechen noch immer an einem Teil des deutschen Volkes verübt, und zwar an allen denen, die es wagen, sich dem politischen und gesellschaftlichen Strukturwandel in der Sowjetzone offen zu widersetzen. Dieser Strukturwandel wird behütet durch eine Tag für Tag stärker werdende sogenannte Volkspolizei. Er soll die Sicherung für die kommunistische Welt sein. Für die kommunistische Welt, die an der Werra-Fulda-Elbe-Linie beginnt. Das ist der Wille der Sowjetunion.
Es soll übrigens auch noch westeuropäische Staaten geben, die bei der verhängnisvollen Zerreißung Deutschlands eine gewisse Erleichterung empfinden. Wir sind realpolitisch genug, um zu erkennen, daß die 12 Hitlerjahre viel aufkeimendes Vertrauen zwischen den Völkern zerschlagen haben. Aber ich kann nur sagen: Eine solche Haltung zeugt von verhängnisvoller Blindheit. Vernünftiger und weiser wäre es, Deutschland in seiner Selbstbehauptung gegenüber dem Kommunismus zu helfen. Vernünftiger und weiser ist es, die deutsche Bundesrepublik, den deutschen Kernstaat, so festigen zu helfen, daß er allen Deutschen wirklich wieder Vaterland wird. Vaterland aller Deutschen nicht nur in dem Sinn, daß er Zuflucht für alle in der Sowjetzone Verzweifelnden und aus der Sowjetzone Flüchtenden ist, sondern daß er Kraftspender und Helfer für alle in der Sowjetzone Aushaltenden ist. Für alle jene, die in der Sowjetzone das deutsche Erbe hüten. Vaterland in dem Sinne, daß der deutsche Kernstaat der Anwalt deutschen Anspruchs auf das Land jenseits der Oder/Neiße ist. Anwalt der Heimatrechte unserer Ostvertriebenen, bis die Gerechtigkeit im Leben der Völker sich wieder durchzusetzen in der Lage ist.
Dazu bedarf es des stets wachen Bewußtseins aller Deutschen in der Bundesrepublik. Dazu bedarf es der elementaren Verbundenheit mit dem Gebiet der sowjetischen Besatzungszone und dem Land jenseits der Oder/Neiße. Dazu bedarf es des unerbittlichen, nach Osten gerichteten Einheitswillens aller Deutschen. Dazu bedarf es des täglichen Ausdrucks dieses Einheitswillens. Der Wille zur Einigung der Deutschen muß in Wort und Tat, in einer Flut von Sendungen und Besuchen die Zonengrenze überwinden. Alle verständliche und unverständliche Lethargie, alle Selbstgenügsamkeit und alle Selbstzufriedenheit müssen überwunden werden. So nur beseitigen wir auch die Hemmungen derer gegen die deutsche Einheit, die glauben, die Welt führe besser bei einem geteilten Deutschland.

Ich selbst – Ihr wißt es – habe meine Kraft nicht zuletzt in den Dienst dieses Einheitswillens gestellt. Es ist Sinn und Aufgabe meines Amtes, ihm zu dienen. Und ich kann nur sagen, daß ich es außerordentlich bedauere, daß der Aufbau der Ministerien immer noch nicht zu dem Stand gelangt ist, den Ämter brauchen, um wirksame Arbeit leisten zu können. Unser Volk diesseits und jenseits des Eisernen Vorhanges hat ein Recht auf beschleunigte Arbeit. Ich bin dabei dankbar, daß wir nun endlich unmittelbar vor der Verwirklichung der Repräsentation der Bundesregierung in Berlin stehen. Der Mann, der sie übernimmt, darf unser Vertrauen haben, daß sich Bonn und Berlin in der Sorge für die deutsche Wiedervereinigung entschlossen die Hand reichen.
Lassen Sie mich in diesem Zusammenhang noch der Überzeugung Ausdruck geben, daß unsere Sorge um die Wiedervereinigung Deutschlands bei Ihnen jede Unterstützung findet. Ich sprach von der kernhaften Treue der Westfalen. Diese Treue braucht unser ganzes Volk.
Es kann nicht nur Aufgabe eines einzelnen Amtes sein, die Verbundenheit mit der Sowjetzone und dem deutschen Osten wachzuhalten. Es ist Aufgabe aller staatlichen und politischen Organe im Kernstaat, Aufgabe aller politischen Gemeinschaften in der Bundesrepublik, den Willen zur Verbundenheit mit dem deutschen Osten immer wieder zu stärken. Ich appelliere vor allem auch an die Presse der Bundesrepublik. Es geschieht noch nicht alles, was geschehen kann. Ich kann nur immer wieder sagen, daß künftige Generationen über alle jene zu Gericht sitzen werden, die sich nicht stets bewußt bleiben, daß nicht nur das halbe Deutschland unser Vaterland ist, sondern das ganze Deutschland. Daß künftige Generationen jene verurteilen werden, die nicht jeden Tag neu das Weltgewissen anrufen, damit es sich der Zerreißung Deutschlands widersetzt. Es haben diejenigen recht, die sagen: Wo Deutschland selbst nicht anklagt, selbst nicht fordert und wirkt, da kann man die Welt nicht anklagen, wenn sie die Zerreißung Deutschlands hinnimmt. Es ist das gute Recht – nein, es ist die Pflicht der Deutschen, den Willen zur Einheit nicht nur im Herzen zu tragen, sondern ihn immer wieder mit den Lippen zu fordern, ihn durch Wort und Tat zu bekennen.
Die Verkündung des Willens zur Einheit ist das eine, die Ausgestaltung der Bundesrepublik der andere Weg zur Förderung der Wiedervereinigung. Der Kernstaat hat konsequent den Weg des politischen Ausgleichs zwischen den Konfessionen und den des sozialen Ausgleichs zwischen den Schichten und Ständen zu gehen. Es ist richtig, daß im deutschen Kernstaat das katholische Element stärker hervortritt als im gesamtdeutschen Durchschnitt. Das ist aber ganz gewiß keine Schuld des katholischen Volksteils. Es ist eine Folge der Zerreißung Deutschlands. Es ist allerdings zugleich auch eine Chance für den katholischen Volksteil, seine staatspolitische Bedeutung zu erweisen. Es erscheint mir einfach besorgniserregend, wenn in unbedachter Weise versucht wird, einen Gegensatz zwischen dem Westen Deutschlands und dem mehr protestantischen Mittel- und Ostdeutschland zu konstruieren. Mag das nun aus parteipolitischer Spekulation oder aus konfessioneller Enge geschehen. Wer es tut, muß wissen, daß er dem kommunistischen Zerreißungswillen Vorschub leistet. Ob er es will oder nicht. Eine endgültige Zerreißung Deutschlands kann nur durch den geschlossenen Willen aller Deutschen verhindert werden. Ich kann nur immer wieder sagen, daß man mich in der sowjetischen Besatzungszone niemals gefragt hat, ob ich evangelisch oder katholisch bin. Man hat sich in tiefster Not an die tröstliche Kraft eines gemeinsamen christlichen Bewußtseins ge-

klammert. Und man tut das heute noch. Dafür sprechen die Weihnachtsberichte aus der Sowjetzone. Sie sprechen von überfüllten Kirchen beider Konfessionen. Die Bevölkerung in ihrer seelischen und politischen Not versteht es einfach nicht, daß der große Impuls zum politischen Zusammengehen beider Konfessionen schon wieder verflogen sein soll. Ich kann nur wünschen, daß sich die Verantwortlichen beider Konfessionen immer entschlossener zu echter Gemeinschaft christlicher Demokraten zusammenfinden, damit die gesunde Basis für die Politik der Bundesrepublik geschaffen wird, als Halt für alle Bedrängten in der Sowjetzone. Für alle Bedrängten, die sich nach echter Verwirklichung christlich-demokratischer Grundsätze in einem vereinigten Deutschland sehnen. Es sind ihrer weit mehr, als oberflächliche Beobachter glauben. Starrer orthodoxer Sozialismus ist durch den Kommunismus diskreditiert. Das Volk verlangt nach undoktrinärer, toleranter demokratischer Haltung. Intoleranz hat es genug erlebt.
Ich bedaure es deshalb auch, daß Regierung und Opposition in der Bundesrepublik in allzu starren Gegensätzlichkeiten verharren. Es bleibt die Sorge aller demokratischen Kräfte, jedem Anflug autoritärer Formen entgegenzuwirken. Das gilt für die Regierungsparteien wie für die Opposition. Die Männer der Regierungsorgane dürfen nicht in den Verdacht kommen, auch nur irgendwie autoritär geführt zu werden. Wie die gesunden staatspolitischen Kräfte der Opposition nicht in den Verdacht kommen dürfen, gehorsame Gefolgschaft einer autoritären Führung zu sein. Wir brauchen keinen Hehl daraus zu machen, daß hüben und drüben aufgepaßt werden muß. Sonst könnten sich Kräfte zurückgestoßen fühlen, auf deren positive Mitarbeit es nicht zuletzt ankommt. Es darf nicht zu Gegensätzen kommen, die der Anziehungskraft des Kernstaates im Bewußtsein der Sowjetzonenbevölkerung Schaden zufügen könnten.
Es kommt darauf an, daß sich alle Kräfte zusammenfinden, die sich für die Wiedervereinigung Deutschlands verantwortlich fühlen, alle freiheitlich gesonnenen und alle sozial gesonnenen Kräfte. Hier liegt für mich, der ich der christlich-demokratischen Arbeiterschaft entstamme, das Kernproblem. Das Kernproblem aller deutschen, ich möchte sogar sagen aller europäischen Politik. Da und dort hat man es nicht verstehen wollen, daß ich in das Kabinett Adenauer eingetreten bin. Noch in den letzten Tagen hat man mich auf den symptomatisch erscheinenden Fall Hedler hingewiesen. Einer hat mir sogar geschrieben: Jakob Kaiser, du sitzt ja mit Leuten zusammen, die dich eines Tages über den Haufen schießen werden. Nun, ganz so schlimm scheint es nicht gerade zu sein. Für mich bleibt bestehen, daß dieses Kabinett bedeutsame Aufgaben zu erfüllen hat. Nur am Rande bemerke ich dazu, daß es dem verantwortlichen Führer der SPD auch zu zeigen gilt, daß sich christliche Demokraten nicht beschimpfen und verleumden lassen und trotzdem im nächsten Augenblick schon wieder zur Zusammenarbeit bereitstehen. Es muß alles seine Maße haben. Exzesse müssen ein für allemal überwunden werden.
Wesentlich bleibt für mich die gesamtdeutsche Aufgabe, die durch dieses erste Kabinett der Bundesrepublik zu erfüllen ist. Wahrscheinlich kann nur der diese Aufgabe ganz erfassen, der den Kampf um Berlin, den Kampf um den Boden der Sowjetzone in allen schmerzlichen und lebensentscheidenden Phasen miterlebt hat. Ich sehe einen besonderen Sinn in der Tatsache, daß gerade ich diese Aufgabe übernehmen mußte oder – wenn Sie wollen – übernehmen durfte. Als der Mann aus Süd- und Westdeutschland, der wie vielleicht kein anderer die Tapferkeit Berlins und des deutschen Ostens miterlebte. Die Tapferkeit der Berliner erlebte ich schon

in der Widerstandsarbeit gegen Hitler. Und ihre gleiche Tapferkeit erleben wir im Widerstand gegen den kommunistischen Überwältigungsversuch. Ein Widerstand – man kann es nicht oft genug sagen –, der für ganz Deutschland, für ganz Europa bedeutsam ist. Und ich sehe einen hohen Sinn darin, daß ich als Mann der christlich-demokratischen Arbeiterschaft der gesamtdeutschen Aufgabe dienen kann. Lächerlich zu meinen, es müsse sich gegen die Interessen der Arbeiterschaft auswirken, wenn man einem Kabinett angehört, in dem – nicht ohne Schuld der hannoverschen Parteizentrale – keine Sozialdemokraten sitzen. Um so größer und entscheidender ist dafür die Rolle der christlich-demokratischen Arbeiterschaft. Um so mehr ist ihr ja Gelegenheit gegeben, an der bedeutsamsten Aufgabe der Gegenwart – an der deutschen Wiedervereinigung – mitzuwirken. Um so mehr noch ist ihr Gelegenheit gegeben, bei dieser Aufgabe ihren christlich-nationalen und christlich-sozialen Willen zur Geltung zu bringen. Lächerlich auch zu meinen, die christlich-demokratische Arbeiterschaft sei nicht stark genug, eine soziale Linie zu vertreten. Den Beweis dafür werden wir in den nächsten Monaten zu erbringen haben. Eines allerdings bleibt notwendig: Ihr, die es angeht, seid einig, einig, einig!

Die nächsten Monate werden über das soziale Gesicht der Bundesrepublik entscheiden. Sie werden den Beweis zu erbringen haben, ob die verantwortlichen politischen Kräfte der heutigen Regierungskonstellation ihre Aufgabe begriffen haben. Diese Aufgabe liegt ganz sicher nicht in der Angleichung unserer sozialen Verhältnisse an die der Sowjetzone. Sie liegt aber ebensowenig in der Herausbildung eines liberalistischen Gesichtes für die Bundesrepublik. Ganz bestimmt wird das Pendel der Volksmeinung in der Sowjetzone bei freien Wahlen stark nach der freiheitlichen Seite ausschlagen. Dafür hat die Bevölkerung der Sowjetzone die Segnungen eines orthodoxen Marxismus zu grausam am eigenen Leibe erlebt. Aber wir stehen auf dem Boden der Bundesrepublik vor Problemen der Not und der Verarmung, die mit dem Prinzip des Laissez-faire nicht zu lösen sind. Und in der Sowjetzone, in der Zone brutalster Enteignung und Vernichtung deutscher Werte, werden wir vor noch weit größerer Not und Verarmung stehen. Wenn im deutschen Kernstaat zwei Drittel der Bevölkerung aus Arbeitern und Angestellten bestehen, so wird dieser Anteil nach der Wiedervereinigung Deutschlands noch mehr in die Höhe steigen. Wir werden mehr noch als heute ein Volk der kleinen, der armen Leute sein. Um so mehr wird sich die gerechte und wohlabgewogene Sozialauffassung der christlich-demokratischen Arbeiterschaft durchsetzen müssen. Nicht extremer Marxismus kann und darf das Angesicht der Bundesrepublik bestimmen, wohl aber entschiedener sozialer Wille.

Diesem sozialen Willen Geltung zu verschaffen, betrachten wir als Aufgabe der Sozialausschüsse der christlich-demokratischen Arbeiterschaft. Wir haben uns heute hier in Emsdetten auf ihre Aufgabe besonnen. Wir haben uns in der Entschlossenheit gestärkt, nach allen Seiten hin das soziale Erbe eines Adam Stegerwald, eines Johann Giesberts, eines Franz Wieber immer wieder zu beleben. Wir haben dabei mit Erstaunen zur Kenntnis genommen, daß uns der eine vorwirft, wir machten getarnte christliche Gewerkschaften. Andere meinen, wir wollten eine Arbeiterpartei schaffen. Von anderen Äußerungen nicht zu reden, die im Grunde nur humoristisch zu nehmen sind.

Wenn wir christliche Gewerkschaften wollten, brauchten wir sie nicht zu tarnen. Nur illegale Organisationen tarnen sich. Wir würden sie offen schaffen, wenn wir sie für notwendig hielten. Das heißt, wenn die Einheitsgewerkschaften in ihrer parteipolitischen Neutralität versagten. Nun haben die Gewerkschaften aber gerade in der letzten Zeit einen so sprechenden Beweis für ihre parteipolitische Neutralität abgelegt, daß ich selbst mit stolz darauf bin. Und ich habe ein Recht, darauf stolz zu sein. Denn schließlich habe ich mit meinen Freunden Wilhelm Leuschner und Max Habermann diese Einheitsgewerkschaften in zwölfjähriger illegaler Arbeit vorbereitet. Auch unsere unvergeßlichen Freunde Bernhard Letterhaus, Nikolaus Groß und Heinrich Körner waren mit dabei. Alle diese Freunde sind für ihre Arbeit in den Tod gegangen. Und ich selbst konnte mich nur mit Mühe und Not dem Henker entziehen. Man verleugnet aber ein Kind nur, wenn es allzusehr aus der Art schlägt. Dazu scheint nun wirklich kein Grund vorhanden zu sein. Im Gegenteil: Die Entwicklung der Einheitsgewerkschaften zeigt die Tendenz, die uns als die richtige vorschwebte.

Die Sozialausschüsse wollen die Arbeiterschaft nicht absondern. Sie wollen sie einbauen in die von christlicher Verantwortung getragene demokratische Gemeinschaft der Bürger, Bauern und Arbeiter. Dafür werden wir auf westfälischem Boden das stärkste Verständnis finden. Sie wollen und werden in zugleich konservativem und fortschrittlichem Geiste die soziale Kraft der christlichen Demokraten mitbestimmen.

Der Wille zur Mitbestimmung des Volksschicksals ist kein Schlagwort, obwohl mancher es dazu machen möchte. Der eine, um es für die wirtschaftlichen Konstruktionen der Zukunft zu entwerten. Der andere in der Spekulation auf sprengende Kraft, die der Wille zur Mitbestimmung für die christlichen Demokraten haben könnte, sobald es sich nämlich um die Mitbestimmung der Arbeiterschaft in der Wirtschaft handelt.

Seit der bemerkenswerten Entschließung des Bochumer Katholikentages ist das Gespräch über das Mitbestimmungsrecht im Gange. Wellen der Erregung und der Auseinandersetzung haben immer weitere Kreise gezogen. Wer um das Wohl des deutschen Volkes besorgt ist, kann nur wünschen, daß alle Verantwortlichen dem Mitbestimmungsrecht gegenüber aufgeschlossen sein möchten. Man darf wirklich zur heutigen Führung der deutschen Arbeitnehmerschaft das Vertrauen haben, daß sie an diese Frage nicht aus kurzsichtigen oder selbstsüchtigen Motiven herangeht, denn schließlich muß ja jeder das Maß von Disziplin in den deutschen Gewerkschaften seit 1945 anerkennen.

Nach Berechnungen der Gwerkschaften liegt der Reallohn des Arbeiters heute bei 60 % der Vorkriegshöhe. Niemand wird behaupten wollen, daß das Realeinkommen des Unternehmers im allgemeinen auch nur in vergleichbarer Weise abgesunken ist. Um so anerkennenswerter muß es daher sein, daß die deutschen Gewerkschaften die Gesundung unserer Wirtschaft nicht durch an sich verständliche Forderungen gestört haben.

Wenn deshalb in diesem Augenblick die deutsche Arbeiterschaft insgesamt und mit ihr weite fortschrittliche Kreise Forderungen auf stärkere Einschaltung der Arbeiterschaft in den Wirtschaftsvorgang erheben, so ist das verständlich. Sie haben sich ein Anrecht erworben, aufmerksam gehört zu werden.

Der Wille zu betrieblichem Mitbestimmungsrecht wird aus verschiedenen Quellen genährt. Für den konsequenten Demokraten liegt es nahe, nicht nur für das staatliche Leben eine seinen Idealen entsprechende Verfassung zu fordern, sondern sie auch für die anderen Bereiche der Volksordnung zu verlangen. Ich erinnere daran, daß schon in der Verfassung von 1848 vorgesehen war, was man später als konstitutionelle Fabrik bezeichnet hat. Verwandt hiermit ist ein anderer Gedanke, der von alters her insbesondere das Programm der christlichen Gewerkschaften beeinflußt hat, der Gedanke der Gleichberechtigung von Kapital und Arbeit. Dieser Gedanke ist in unserer christlichen Sozialauffassung verwurzelt. Er hat in Verlautbarungen der beiden christlichen Konfessionen seinen Niederschlag gefunden. In gleichem Sinne erklärte Adam Stegerwald auf dem Essener Kongreß 1920: »Sozial bedeutet weiter die prinzipielle Anerkennung des Arbeitnehmers als Subjekt und gleichberechtigten Träger der Produktion mit allen Konsequenzen.«

Es ist falsch, wenn behauptet wird, daß die Verwirklichung des Mitbestimmungsrechtes schon daran scheitern müsse, daß der Arbeitnehmer im Betrieb kein Risiko trage. Ich stelle die Frage: Wer trägt das Risiko auf der anderen Seite? In modernen Großunternehmungen kann kaum noch die Rede davon sein, daß die Menschen, die das Unternehmen leiten, mit ihrem Vermögen das Risiko des Betriebes tragen. Jedenfalls nicht mehr und nicht weniger als auch der normale Arbeitnehmer. Jedenfalls trägt der Arbeitnehmer einen erheblichen Teil des Risikos in Gestalt von Lohnverlusten, von übermäßig kurzen oder langen Arbeitszeiten, von Arbeitslosigkeit, von Verlust an Pensionsansprüchen, von Anwartschaften usw.

Im übrigen spielt der Betrieb in der Sozialpolitik heute eine entscheidendere Rolle als früher. Mit dem Großbetrieb sind für den Arbeitnehmer in der Regel Anwartschaften der verschiedensten Art verknüpft. Der Betrieb ist vielfach mit Versorgungseinrichtungen verbunden. Auch das Problem der Gewinnbeteiligung ist schon hier und da ernsthaft in Angriff genommen worden. Diese Entwicklung ist eine Tatsache, die nicht wegzuleugnen ist. Damit stellt sich die Frage des betrieblichen Mitbestimmungsrechtes fast von selbst.

Entscheidend aber kommt es auf das »Wie« der Mitbestimmung an. Man wird sich leichter einigen über die Art und Weise des Mitbestimmungsrechtes in personellen und sozialen Fragen des Betriebes. Die Problematik wird größer in der Frage der wirtschaftlichen Mitbestimmung im Betrieb. Aber auch hier wird bei gutem Willen auf allen Seiten die Lösung gefunden werden. Ich begrüße es lebhaft, daß der Arbeitsminister Storch die Auffassung vertritt, daß zunächst die beiden Partner des wirtschaftlichen Lebens, die Unternehmer und die Gewerkschaften, das Gesamtproblem gründlich diskutieren. Daß sie sich – um es bayrisch zu sagen – erst einmal zusammenraufen sollen. Die Aufgabe, vor die sich die Sozialpolitik der Bundesregierung gestellt sieht, ist dann leichter zu lösen.

Ich kann für die Beratungen, die in diesen Tagen beginnen, nur dem Wunsche Ausdruck geben, daß die beiderseitigen Organisationen sowohl aus den Erfahrungen der privat- als auch der staatswirtschaftlichen Praxis gelernt haben. Es geht nicht mehr um die Alleinherrschaft der Unternehmer. Es geht nicht um die Herrschaft des Kollektiven. Es geht um den Weg zu einer sinnvollen Wirtschaftsdemokratie.

Dieser Weg muß gefunden werden, damit politischer und sozialer Ausgleich das Gesicht der Bundesrepublik prägen kann. Gelingt das, so kann sie berufen sein, die Macht im Osten endlich erkennen zu lassen, daß Bolschewisierungsversuchen am deutschen Volkskörper kein Erfolg beschieden ist. Die übrige Welt aber wird um so eher bereit sein, uns in allen demokratischen Versuchen zu unterstützen, die auf ein wiedervereintes Deutschland gerichtet sind. Es wird Aufgabe des kommenden Jahres sein, uns auf diesem Wege vorankommen zu lassen.

Lassen Sie mich mit dem Wunsche schließen, den vor einiger Zeit ein mutiger Mann auf dem Boden der Sowjetzone in die Menge rief: Es lebe Deutschland!

## 53

*Auf einer Tagung über Wissenschaft und politische Bildung der Hochschule für Politik, Berlin, 16. März 1950*

Ich spreche zu Ihnen als Mann der politischen Praxis. Als ein Mann, der aus der Arbeiterschaft hervorgegangen ist. Der in der Tradition der christlichen Arbeiterbewegung wurzelt. Ich spreche als ein Mann, der den mühevollen Bildungsweg der Arbeiterschaft an sich selbst erlebt hat. Vielleicht weiß ich gerade deshalb politische Forschung und politisches Wissen zu schätzen. Aber es gibt noch andere Dinge, die für die Notwendigkeit umfassender politischer Bildung unseres Volkes sprechen. Da ist zum Beispiel das Versagen der Weimarer Republik auf dem Gebiet staatspolitischer Bildung. Eine Tatsache, die nicht zuletzt für die vielberufene politische Unreife unseres Volkes die Schuld trägt. Diese Unreife war schließlich mit daran schuld, daß unser Volk der verführerischen Macht nationalsozialistischer Propaganda zum Opfer gefallen ist.

Aber mit dem Sturz des Hitlersystems haben die totalitären Experimente an und in unserem Volk noch nicht aufgehört. Weite Gebiete unseres Landes stehen erneut unter dem Schulungsterror eines totalitären Systems. Berlin gibt dafür unmittelbaren Anschauungsunterricht.

Angesichts aller bitteren Erfahrungen kann wohl niemand die Notwendigkeit intensiver politischer Bildung an unseren Hochschulen verkennen.

Deshalb begrüße ich unsere Hochschule für Politik hier auf Berliner Boden. Diese Schule hat schon früher unter der Mitwirkung unseres Bundespräsidenten, Theodor Heuss, fruchtbar für unser Volk gewirkt. Bei der weltpolitischen Bedeutung von Berlin, bei den Erfahrungen, die diese Stadt mit der Weltpolitik gemacht hat, ist diese politische Bildungsstätte heute von ganz besonderer Bedeutung. Ich denke dabei an gute, aber auch an die bösen Erfahrungen in der Weltpolitik. Berlin ist schon aus diesem Grunde gewiß Gewähr dafür, daß sich politische Theorie und politische Praxis fruchtbar begegnen.

Aus der Sicht meiner Herkunft und meiner politischen Erfahrungen muß ich vor allem eines betonen: Politisches Wissen ist unserem Volk, ist besonders der jungen Generation dringend notwendig. Aber dieses Wissen tut es nicht allein. Wesentlich erscheint mir, daß gerade in der Politik alles Wissen sich mit praktischen Erfahrungen verbindet. Wesentlich erscheint mir nicht zuletzt, daß alles Wissen von echten und guten Menschen getragen wird. Wesentlich erscheint mir aber auch, daß politische Leidenschaft durch Wissen zwar gezügelt, aber nicht gehemmt wird. Und wesentlich erscheint mir, daß gerade die jüngere Generation zu einem glücklichen Zusammenwirken von politischer Leidenschaft, von wirklichem Augenmaß und von Erkenntnis für die Realitäten findet. Darauf – so scheint mir – sollte alle politische Bildung gerichtet sein.

Wir brauchen politische Persönlichkeiten. Es ist lebensentscheidend für unseren neuen deutschen Staat, lebensentscheidend für die Deutsche Bundesrepublik, für das werdende Deutschland, daß wir zu einer politischen Führungsschicht kommen. Zu einer Führungsschicht, die sittliche Unbedingtheit und Wahrhaftigkeit mit ausgesprochenem Verantwortungsbewußtsein für unser Volk verbindet. Und zugleich mit echtem Verantwortungsbewußtsein für Europa, dessen Werte und dessen Idee wir nun einmal zu verteidigen haben.

Die politische Wissenschaft hat uns zu einem klaren Bildungsziel zu verhelfen. Zu einem Bildungsziel, das uns über die Zerreißung in unversöhnliche Gruppen, in hadernde Verbände und Parteien hinwegführt. Wir wollen ganz gewiß keinen Einheitsbrei. Wohl aber wollen wir zu größerer Geschlossenheit eines wahrhaft politischen Volkes kommen. Hier liegt nach meiner Auffassung eine entscheidende Aufgabe der politischen Wissenschaft.
Wir dürfen nicht übersehen, daß die jüngere Generation stärker unter totalitärem Einfluß gestanden hat als wir, die Älteren. Wir waren immerhin besser gegen totalitären Einfluß gerüstet. Wir konnten uns innerlich wehren. Wir z. B., die aus der Arbeiterbewegung kommen, tragen ein ausgeprägtes Menschenbild in uns. Ein Bild, das uns aus dem schmerzlichen Erlebnis des Arbeiterschicksals des vorigen Jahrhunderts zugewachsen ist. Die Arbeiterbewegung hat für die Würde und die Freiheit der Person ihren Kampf um Gleichberechtigung geführt. Sie hat aber der Idee von der Freiheit und Würde der Person noch ein Weiteres hinzugefügt: das Gesetz der sozialen Verpflichtung für den Nächsten. Dieses Gesetz war unter übersteigertem Liberalismus in Vergessenheit geraten. Es ist vor allem Verdienst der Arbeiterschaft, es der Welt wieder ins Bewußtsein gerufen zu haben. Freiheit, Menschenwürde und soziale Verpflichtung kennzeichnen das Menschenbild der christlich-sozialen Welt, aus der ich komme.
Ein Bild, nach dem sicherlich auch der freiheitliche Sozialismus sucht. Es wird das Menschenbild des neuen Europa werden müssen.
Aufgabe der politischen Bildung scheint es mir zu sein, aus dieser Idee heraus den selbstbewußten Staatsbürger zu bilden. Den Staatsbürger, den unser Volk braucht, damit alles, was noch vom »Untertan« in ihm steckt, überwunden wird. Wir wissen ja, wie schwer die historischen Gewichte wiegen, die den Deutschen zum vielgeschmähten Untertanen gestempelt haben. Dieser Untertanengeist ist es nicht zuletzt, der unserm Volk in der Hitlerzeit noch einmal einen so verhängnisvollen Streich spielen konnte.
Unser Ziel ist es, selbstbewußte Staatsbürger eines freien und innerlich bejahten Rechtsstaates zu schaffen. Das hört sich bei der heutigen Situation unseres Volkes gewiß wie ferne Zukunftsmusik an. Aber je entschlossener wir dieses Ziel zu erreichen suchen, um so eher werden wir es erreichen. Und um so sieghafter wird seine Wirkung sein. Auch in jenen Gebieten unseres Landes, in denen freie politische Bildung heute nicht möglich ist. Um so eher werden auch die Besten und Tüchtigsten unseres Volkes in den Bannkreis politischer Mitarbeit gezogen. Es darf kein Ausweichen mehr in ein politisches Unbeteiligtsein geben, wie das früher für weite Kreise unseres Volkes üblich war. Und wie es auch heute leider wieder der Fall ist. Vielleicht sogar in stärkerem Maße noch als früher. Die Katastrophe, die über uns gekommen ist, ist nicht zuletzt auch eine Folge innerer politischer Teilnahmslosigkeit und Richtungslosigkeit weiter Volksschichten.
Mensch und Staatsbürger hatten und haben sich in unserem Volk noch nicht zu einer Einheit zusammengefunden. Es ist unser Anliegen an die politische Wissenschaft, dieses Ziel mit erreichen zu helfen. Die Angelsachsen können uns hier wirkliches Vorbild sein.
Die glückliche Verbindung von Mensch und Staatsbürger wird auch die Grundlage eines gesunden, niemand verletzenden Nationalgefühls sein. Ich bin – vielleicht im Gegensatz zu manchem anderen – der Auffassung, daß echtes europäisches Bewußtsein ein gesundes nationales Bewußtsein voraussetzt. Hier hat die politische

Wissenschaft unserem Volk den Weg zu weisen. Wir haben in den letzten Wochen in der Sorge um die Saar unmittelbar erlebt, wie schwer es gerade für unser Volk ist, die richtige Mitte zwischen nationaler und europäischer Verpflichtung zu finden. Wir haben erfahren, wie empfindlich das Ausland auf jede Regung deutschen Nationalgefühls reagiert. Auch auf berechtigte Regungen, denn wir tragen immerhin das sichere Bewußtsein in uns, daß ein wirtschaftlich und politisch geeintes Europa die gesamtdeutsche Existenz voraussetzt. Deshalb muß es uns gegeben sein, mit Leidenschaft für ein wiedergeeintes Deutschland, für die Beseitigung der Oder-Neiße-Grenze, aber auch für die Aufrechterhaltung deutscher Rechte an der Saar einzutreten. Aber wir wissen auch, daß wir lernen müssen, für diese unsere Rechte den ebenso entschlossenen wie gehaltenen Ausdruck zu finden. Wir, die politische Verantwortung tragen, werden aus unserem Gewissen heraus um den richtigen Weg ringen. Es war bewegend in diesen letzten Tagen in Bonn, wie sehr Regierung und Opposition sich in der gemeinsamen Verantwortung für unsere nationalen Rechte zu finden wußten. Ohne die Verpflichtung für Europa aus den Augen zu verlieren. Aufgabe der politischen Wissenschaften wird es sein, die Grundlagen eines gesunden nationalen Bewußtseins zu schaffen, das seiner europäischen Verpflichtung stets bewußt bleibt.

Ich sprach vorhin von der sozialen Verpflichtung. Es darf keine Hochschule geben, an der nicht ein Einblick in die Welt der Arbeiterschaft, in ihr Ringen um Gleichberechtigung und Menschenwürde vermittelt wird. Es liegt sicher an der Verzerrtheit der Wissens- und Bildungsvermittlung der zwölf Hitlerjahre, wenn man heute so viele junge Menschen trifft, denen diese Welt etwas Fremdes bedeutet. Und doch ist gerade die deutsche Arbeiterbewegung des letzten Jahrhunderts das Quellgebiet des immer noch wachsenden Willens breiter Volksschichten zu einer gesunden und besseren Volksordnung. Es ist Aufgabe der Hochschulen, dafür Verständnis zu erschließen. Denn von diesem Verständnis hängt nicht nur die Sicherung Deutschlands, sondern die Sicherung unseres ganzen Kontinents ab. Ich brauche das hier – in unmittelbarer Nähe der Sowjetzone – nicht weiter auszuführen.

Die Wissenschaft hat die Erkenntnis zu vertiefen, daß es sozial und politisch keine Restauration geben kann. Weder im nationalen noch im europäischen Zusammenleben. Weder im Zusammenleben der einzelnen Menschen noch im Zusammenleben der Völker. Auch im Zusammenleben der Völker führt kein Weg zurück. Zu lange hat man versäumt, unserem Volk die Augen dafür zu öffnen, zu welcher Rolle die Kräfte Asiens und Amerikas einmal anwachsen würden. Heute steht Europa zwischen diesen Kräften. Es ist nicht zuletzt Sache der politischen Wissenschaft, das Bewußtsein unseres Volkes für die entscheidende Aufgabe zu wecken, die Europa in diesem Stadium des weltpolitischen Geschehens zufällt. Und zwar Gesamteuropa, nicht nur Westeuropa. Es muß nicht nur gesamtdeutsches Bewußtsein geweckt und geschult werden, sondern auch gesamteuropäisches. Für uns ist gewiß das erste Ziel die deutsche Wiedervereinigung. Aber auch die europäische Wiedervereinigung ist uns aufgegeben. Und ich möchte glauben, daß keine andere Hochschule dieses Bewußtsein besser wecken und formen kann als diese Hochschule für Politik hier auf dem vorgeschobenen Posten Europas, hier in Berlin.

# 54

*Kundgebung der CDU in den Berliner Ausstellungshallen*
*18. April 1950*

Es bedeutet mir eine aufrichtige Freude, endlich wieder einmal vor der Berliner Union zu stehen. Sie wissen alle, wie sehr ich ihr in guten und bösen Tagen verbunden war und verbunden bin. Es gibt zwar Leute, die meinen, ich hätte mich von dieser Stadt, von ihrer Bevölkerung, von der Berliner Partei entfernt. Für mich war aber nach allem, was sich in der Auseinandersetzung um unsere parteipolitische Selbstbehauptung getan hatte, nur die eine Frage entscheidend: Wo kann ich am besten für die Wiedervereinigung unseres Volkes, wo kann ich am besten für diese Stadt Berlin einstehen. Wer mich kennt, weiß, daß ich mein Amt in Bonn nicht zuletzt als Anwalt für Berlin und für die Deutschen in der Sowjetzone übernommen habe. Es gibt in dieser Periode deutscher Zerrissenheit nur eine oberste Verpflichtung für uns: Das ist das unbeirrbare Einstehen für die deutsche Einheit. Das ist oberstes Gesetz aller Deutschlandpolitik. Dieses Gesetz sollte und müßte auch der Sinn aller Europapolitik sein. Ein zerschnittener Körper kann niemals gesunden. Deshalb kann die Bundesrepublik niemals ohne Berlin gesunden. Niemals ohne das Gebiet, das wir jetzt die Sowjetzone nennen. Und auch Europa gesundet niemals ohne diese Weltstadt Berlin. Europa gesundet nicht, ohne daß die Länder Brandenburg, Mecklenburg, Sachsen, Sachsen-Anhalt und Thüringen wieder in Freiheit mit den übrigen deutschen Ländern atmen können. Es gesundet nicht, ohne daß dem Lande jenseits der Oder/Neiße Gerechtigkeit widerfährt. Berlin ist das Mahnzeichen, daß diese Erkenntnis wachbleibt. Berlin ist Hort des gesamtdeutschen Bewußtseins. Mehr noch: Es ist im Zuge seines Schicksals zum Hort gesamteuropäischen Bewußtseins geworden.

Berlin ist auf dem Wege, in höherem Sinne des Wortes Weltstadt zu werden. Wer Berlin vor fünf Jahren erlebt hat, der ist einfach stolz auf den Weg, den diese Stadt durch tiefste Not genommen hat. Wer heute durch ihre Straßen geht, wer ihren Menschen begegnet, fragt mit Staunen, wie eine solche Entwicklung, eine solche Lebensenergie überhaupt möglich ist. Wer in und mit dieser Stadt lebte und lebt, weiß, daß sie diese Entwicklung der mutigen Standhaftigkeit ihrer Bewohner verdankt. Ihrem unvergleichlichen Fleiß, ihrem Opfersinn. Aber er wird auch niemals die Bereitschaft der freien Welt vergessen, die der von kommunistischer Tyrannei, von Blockade und ständigen Schikanen bedrohten Millionenstadt wirksame Hilfe brachte.

Ich bin dankbar, daß ich den Bundeskanzler in diesen Tagen der Berliner Bevölkerung zuführen durfte. Er hat nun mehrere Tage die mit Spannungen und Energie erfüllte Luft dieser Stadt geatmet. Und ich bin gewiß, daß jeder Atemzug nur die Überzeugung stärken konnte: Hier vor allem schlägt das Herz Deutschlands. Ein schwer geprüftes, ein schwer bedrängtes Herz. Aber ein Herz, das um so unbeirrter für die Freiheit schlägt. Für eine Freiheit, die wir mit allen Mitteln der Politik für das ganze Deutschland wieder gewinnen wollen. Für eine Freiheit, die wir für ganz Europa, für das gesamte Abendland gewinnen, hüten und verteidigen helfen wollen.

Kein Mensch kann sich der Erkenntnis verschließen, daß wir in Europa in einem gesellschaftlichen und sozialen Umbruch stehen. Aber uns hier in Berlin, in

Deutschland, in Europa ist dabei eines aufgegeben: Wir haben Sorge zu tragen, daß bei diesem Umbruch Freiheit und Menschenwürde nicht zu Bruch gehen.
Zur Freiheit und Menschenwürde gehört auch die Selbstbestimmung unseres Volkes über sein Schicksal, über seine Wiedervereinigung. Aber diese Selbstbestimmung ist uns leider noch nicht gegeben. Es liegt nicht in unserer Macht, Deutschland von heute auf morgen wieder zusammenzuführen. Wir wissen, daß ein mühsamer Weg zurückzulegen sein wird. Aber wir werden die Einheit um so eher erreichen, je beharrlicher wir mit allen Mitteln der Politik für diese Einheit einstehen. Ich erinnere noch einmal daran, daß wir – die christlichen Demokraten – es waren, die schon vor Jahren durchaus realisierbare Vorschläge gemacht haben, um zur deutschen Einheit zurückzufinden. Wir haben den Vorschlag zur Bildung einer nationalen Repräsentation gemacht, die aus allen Parteien gebildet werden sollte. Selbstverständlich wußten wir damals – wie wir es heute noch klarer wissen –, daß die sowjetdeutschen Kommunisten nicht von loyalen Absichten beseelt waren. Aber die freien Parteien wären stark genug gewesen, sie in Schach zu halten, wenn es zu einer nationalen Repräsentation gekommen wäre. Wir haben später einen deutschen Konsultativrat vorgeschlagen. Er sollte die Stimme unseres gesamten Volkes in der Weltpolitik zur Geltung bringen. Die Leitung der SPD in Hannover war leider Gegner aller dieser Vorschläge. Aber auch die westlichen Besatzungsmächte waren diesen Forderungen und Notwendigkeiten gegenüber reichlich schwerhörig. Wie sie es in manchen Dingen auch heute noch oft sind. Man braucht nur an die überholten Demontagen oder an die Saar zu denken.
Heute haben Vorschläge wie Bildung einer nationalen Repräsentation oder eines Konsultativrates selbstverständlich keinen Boden mehr. Die Bolschewisierung der Sowjetzone ist zu weit vorangetrieben worden. Daß es soweit kommen konnte, daran sind auch deutsche politische Kräfte nicht unschuldig. Der erste Gleichschaltungsakt in der Sowjetzone wurde zu einem der Hauptschwächepunkte im Widerstand gegen die kommunistische Vorherrschaft. Ich bin und bleibe der Auffassung, daß es auf deutschem Boden niemals zu einer Sozialistischen Einheitspartei hätte kommen dürfen und kommen brauchen.
Aber wir wissen: Die überwältigende Mehrheit der Bevölkerung in der Sowjetzone ist vom Bolschewismus so fern wie wir alle. Wir legen Wert darauf, das immer wieder vor aller Welt festzustellen. Die Bevölkerung der Sowjetzone hängt in gleichem Maße an der Freiheit und Selbstbestimmung wie die Bevölkerung von Berlin. Wie die Bevölkerung des westlichen und südlichen Deutschlands. Nur der heutige Führungskörper der nichtkommunistischen Parteien in der Sowjetzone befindet sich im Zustande einer mehr oder weniger vollkommenen Angleichung an die SED. Wer anders als die SED denkt, spricht oder handelt, verfällt dem Säuberungsdelirium dieser Partei. Dem menschenfressenden Hauptmerkmal aller totalitären Systeme. Beispiele dafür haben wir noch in den jüngsten Wochen erlebt. Ich denke mit Trauer und Schmerz an unseren Freund Schleusener aus Potsdam. Ich bitte Sie, das mit mir zu tun und sich im Zeichen des Gedenkens an ihn und alle Opfer eines freien, unabhängigen Denkens und Handelns von Ihren Plätzen zu erheben. Ich danke Ihnen für Ihr Gedenken. Aufrechte Männer können im Führungskörper der nichtkommunistischen Parteien der Sowjetzone keinen Platz mehr einnehmen. Wer heute Schritt für Schritt den Weg der Volksdemokratie in der Sowjetzone vollenden hilft, kommt für die Politik um ein geeintes Deutschland und in einem geeinten Deutschland nicht mehr in Frage. Wer in der sogenannten Nationalen Front mit

Begriff und Namen der deutschen Einheit Schindluder treibt, begeht einfach Blasphemie. Tut er es aus Schwäche, so raten wir ihm, auf das Präsidentenauto zu verzichten und sich auf seinen Kotten zurückzuziehen. Sonst wird er unweigerlich eines Tages vom deutschen Volk mit zur Rechenschaft gezogen werden. Mit allen politischen Spekulanten, die mit falscher Einheitsmünze ohne jede Scham dem Kommunismus dienen.

Keiner der Männer, die heute in der Sowjetzone politische Macht ausüben, ist demokratisch legitimiert. Keiner steht mit Willen und Zustimmung der Bevölkerung an seinem Platz. Deshalb gibt es nur einen Weg zur Einheit Deutschlands: den Weg über allgemeine freie Wahlen. Unter Zulassung aller Parteien. Unter dem Gesetz der Meinungs- und Pressefreiheit. Unter der Kontrolle aller vier Besatzungsmächte. Aber unter Vermeidung jeglicher Einmischung. Frei und unbeeinflußt muß die Bevölkerung die Männer und Frauen bestimmen können, denen sie die Sorge für Gesamtdeutschland in die Hände legt. Diese Männer werden ganz gewiß nicht mehr Ulbricht, Pieck und Grotewohl heißen. Denn die Arbeiterschaft – auch die kommunistische Arbeiterschaft – in der Sowjetzone hat genug von diesen Hörigen. Hinter ihren breiten Rücken stehen anklagend die ausgemergelten Schatten von Buchenwald, Sachsenhausen und Aue. Ganz bestimmt werden die in freier Wahl Gewählten des Volkes auch nicht Nuschke oder Kastner heißen. Andere Namen nennt man besser nicht, denn sie sind nur bekannt geworden durch das üble pseudopolitische Spiel, das sie auf Kosten unseres Volkes treiben. Dabei hat man mich gefragt: Wollen Sie im Zuge freier Wahlen denn auch die SED für ganz Deutschland zugelassen wissen? Ich habe darauf selbstverständlich mit »Ja« geantwortet. Schließlich ist sie ja nun einmal da. Wir – die christlichen Demokraten – sind an ihrer Geburt unschuldig. Es kommt übrigens auch gar nicht darauf an, unter welchem Parteinamen die Kommunisten auftreten. Das Wesentliche ist, zu wissen, wen wir vor uns haben. Und darüber hat die SED genügend gesorgt. Es ist kein Wagnis für das deutsche Volk, sie in ganz Deutschland auftreten zu lassen. Das Wagnis liegt ganz allein auf seiten der SED. Die willfährigen Werkzeuge kommunistischer Politik wissen selbstverständlich, welches Schicksal ihnen freie Wahlen bereiten werden. Deshalb der Aufschrei der SED und ihrer Gefolgschaftsleute gegen den Vorschlag der Bundesregierung. Deshalb ihr überlautes Nein gegenüber der Entlarvung der Hohlheit ihrer Machtstellung.

Aber nicht von ihnen hängt es ab, ob Deutschland wieder den Weg zu sich selbst, zu seiner Einheit findet. Es hängt nicht von ihnen ab, ob die Sowjetzone das Paradies der Macht für die Vabanquespieler des Kommunismus bleibt. Ob es der gesicherte Hinterhalt für die echten und die gefärbten Kommunisten bleibt, aus dem sie ihre Propaganda-Pfeile ins übrige Deutschland abschießen. Es hängt vom Weitergang der Weltpolitik ab. Fünf Jahre Nachkriegspolitik haben uns Deutschen zwar klargemacht, daß wir Objekt der Politik geworden sind. Aber das Dasein der deutschen Bundesrepublik beweist, daß die Verurteilung zur Passivität allmählich weicht. Wir sind immerhin auf dem Weg, wieder Subjekt der Politik zu werden. Ich sage das mit der Reserve, die manchen Uneinsichtigkeiten auch der Westmächte gegenüber noch angebracht ist. Aber die Bundesrepublik geht ihren mühsamen Weg doch mit der Bewegungs-, Gedanken- und Redefreiheit demokratischer Staaten. Und nicht mit der aufgeblasenen Propaganda der Sowjetzonendiktatur, hinter der die Ohnmacht von Marionetten steht. Auch nicht ein Hauch ist diesen Marionetten von der Souveränität gegeben, die sie den Dummen weismachen möchten.

Es hängt vom Weitergang der Weltpolitik ab, wann Deutschland wieder zur Einheit zusammenfinden kann. Aber schließlich sind auch wir ein Etwas, ein Jemand in dieser Weltpolitik. Wenn dem deutschen Michel zu dieser Erkenntnis noch das Selbstbewußtsein fehlte, so hat ihm nicht zuletzt der Kampf der Berliner zu diesem Bewußtsein mit verholfen. Es kommt nur auf die Weisheit und Festigkeit unseres Selbstbehauptungswillens an. Es kommt auf die Einheit und Geschlossenheit unserer demokratischen und sozialen Erneuerung an. Es kommt vor allem darauf an, sie dort durchzuführen, wo uns die Möglichkeit dazu gegeben ist: Wir haben diese Möglichkeit in der Deutschen Bundesrepublik und in ihrer von der roten Flut bedrängten Insel Berlin.
1945 sah es aus, als wenn sich von Berlin aus Deutschland und die Weltpolitik neu gestalten würden. Aus den Berliner Trümmern, aus dem Berliner Elend standen mit einer Energie sondergleichen politische Kräfte aller Parteien auf. Und vor den Toren der Stadt, d. h. im benachbarten Potsdam, stellten die Staatsmänner der Besatzungsmächte Richtlinien für die Neuordnung Deutschlands auf. Wir wollen heute kein Urteil über diese Richtlinien fällen. Ganz gewiß war das Potsdamer Abkommen noch vom Geist einer vom Krieg gezeichneten Propaganda bestimmt, wie er die erste Nachkriegszeit beherrschte. Aber das Abkommen von Potsdam enthält auch manchen Satz, dessen Beachtung das Elend der deutschen Zerrissenheit und der Isolierung der Stadt Berlin niemals zugelassen hätte. Es enthält den Satz: »Soweit durchführbar, soll die Behandlung der deutschen Bevölkerung in ganz Deutschland einheitlich sein.« Oder die Vereinbarung: »Während der Besatzungsperiode Deutschland als eine einzige wirtschaftliche Einheit zu behandeln.« Wie Schall und Rauch sind diese Grundsätze in der Besatzungspraxis verflogen. Nicht nur im Osten. Dort allerdings am meisten. Aber auch der Westen ist diesen Grundsätzen nicht immer gerecht geworden. Auch hier sind schwache Stellen, die am deutschen Vertrauen in die Weisheit der Weltpolitik rütteln.
Gerade von der Sowjetunion wird das Potsdamer Abkommen immer wieder beschworen. Deshalb wollen wir noch einen weiteren Grundsatz des Abkommens zitieren. Es heißt da: »Alle demokratischen politischen Parteien sollen mit dem Recht zur Abhaltung von Versammlungen und öffentlichen Diskussionen überall in Deutschland erlaubt und gefördert werden.« Und weiter: »Vorbehaltlich der Notwendigkeit, die militärische Sicherheit aufrechtzuerhalten, sollen Freiheit der Rede, der Presse und der Religion gewährt und religiöse Einrichtungen geachtet werden.«
Auf der Basis solcher Grundsätze könnten ohne weiteres freie allgemeine Wahlen in Deutschland abgehalten werden. Bei Anerkennung dieser Grundsätze müßten in der Sowjetzone die Drohungen von Konzentrationslager und Zwangsarbeit aufhören. Der Strom der politischen Flüchtlinge nach dem Westen und nach Berlin hörte auf. Die SED könnte sogar von ihrer Furcht vor der angeblichen Militarisierung der Bundesrepublik befreit werden. Vom gesamten Deutschland würde dann auch die Drohung einer wachsenden Polizeimacht in der Sowjetzone weichen. Der Potsdamer Grundsatz des Zusammenwirkens der Besatzungsmächte würde in dieser Beziehung zum Besten des deutschen Volkes klare Einsichten ermöglichen.
Wir sind uns klar darüber, daß es des Zusammenwirkens der Besatzungsmächte bedarf, um die Durchführung des Wahlvorschlages der Bundesregierung zu ermöglichen. Deshalb wird die Bundesregierung ihr Anliegen den Besatzungsmächten wohl noch einmal formell zur Kenntnis bringen müssen. Es geht ja um Klarheit dar-

über, wer dem deutschen Volk in seiner Gesamtheit das Recht auf freie Wahlen zubilligt. Und wer es ihm versagt.
Zwischen Ost und West haben sich die Gegensätze gewiß versteift. Aber selbst aus Moskau kommen immer wieder Stimmen, die von der Möglichkeit eines friedlichen Nebeneinander der beiden Systeme sprechen. Eine friedliches Nebeneinander setzt aber voraus, daß jedes Volk sich das System wählen kann, nach dem es zu leben wünscht. Niemand möchte das lieber glauben als das deutsche Volk. Denn das müßte ja einschließen, daß es mit dem Zwang auf Sowjetzone und Berlin ein Ende hätte. Es hat sich ja allmählich herumgesprochen, daß wir nicht nach dem System Moskaus zu leben wünschen. Schon 1946 zeigte diese Stadt Berlin in ihrer Wahl, daß sie kein Abnehmer für den Kommunismus ist. Und selbst die Sowjetzone bewies bei allem Druck und Zwang noch bei den Wahlen zum Volkskongreß, wie wenig sie das kommunistische System schätzt. Was wäre natürlicher, als wenigstens schon einmal der Stadt Berlin die Möglichkeit zu geben, auf dem Wege über freie Wahlen die Einheit der Stadt wiederherzustellen. Und sie endlich einmal nach ihrer Facon leben zu lassen. Damit wäre die erste Vorstufe zu freien Wahlen in ganz Deutschland beschritten.
Berlin könnte beispielhaft für die Möglichkeit des Ausgleiches von Gegensätzen auf der Grundlage friedlicher Verhandlungen werden. Das sei am klarsten an die Adresse der sowjetischen Besatzungsmacht gesagt. Statt dessen erleben wir gerade in diesen Tagen erneut den Versuch, Berlin zum Exerzierfeld kommunistischer Aggression zu machen. Bei freien Wahlen fürchtet man, keinen Boden im Volk zu finden. Nun zwingt man deutsche Jungen aus der Sowjetzone, die Millionenbevölkerung von Berlin in Angst und Schrecken zu versetzen. Damit sie endlich weich wird. Das allein ist doch der Sinn des Pfingstaufmarsches der FDJ. Drohungen wechseln mit Versicherungen eines friedlichen Demonstrationswillens. Dieser berechnete Wechsel ist schon ein Musterbeispiel kommunistischer Strategie zur Zermürbung des Widerstandswillens einer Bevölkerung.
Berlin wird seinen Widerstandswillen bewahren. Und ganz Deutschland hat sich mitverantwortlich zu fühlen. Für mich ist es selbstverständlich, daß ich Pfingsten mit meinen Mitarbeitern nicht am Rhein, sondern in Berlin bin. Niemand von uns will gegen jemand demonstrieren. Trotz aller Enttäuschungen wollen wir vielmehr glauben, daß die Vernunft sich im Zusammenleben der Völker doch noch durchsetzt. Aber wir werden wachsam sein. Wir werden nicht zulassen, daß Berlin zu einem zweiten Prag wird.
Wir warten auf freie Wahlen. Wir werden nicht nachlassen, sie zu fordern. Wir würden es als ermutigenden Anfang ansehen, wenn in kurzer Frist freie Wahlen für Gesamtberlin zustande kämen. Aber die freien Parteien von Berlin sollten den Eindruck vermeiden, als ständen sie schon jetzt mitten im Wahlkampf. Mit einiger Sorge und einigem Erstaunen habe ich Auslassungen auf dem Parteitag der Berliner SPD gelesen: Verschärfte Kampfansage an die sogenannten bürgerlichen Parteien. Ich weiß übrigens nicht, ob man dabei auch an die Union denkt. Sollte es der Fall sein, dann mag man dabei zur Kenntnis nehmen, daß man es bei uns mit einer echten Volkspartei zu tun hat. Schließlich gibt es in dieser gewandelten Zeit auch kaum noch bürgerliche Parteien alten Stils. Auf keinen Fall bei den christlichen Demokraten. Dazu umfaßt unsere Partei nicht zuletzt im industriellen Westen – aber auch hier in Berlin – auch viel zu weite Kreise der Arbeiterschaft. Wir legen Wert darauf, im besten Sinne des Wortes eine Partei des Volkes zu sein.

Das aber nur nebenbei. Auf jeden Fall muß es jedem um Berlin Besorgten um die loyale Zusammenarbeit aller Parteien gehen. Die politische und wirtschaftliche Sicherung Berlins wird nur durch das Zusammenwirken aller ernstzunehmenden politischen Kräfte Berlins und der Bundesrepublik erreicht. Dieses Zusammenwirken verträgt keinen Versuch dieser oder jener Kräfte, sich eine Vorherrschaft zu sichern. Wir wollen den Pseudo-Demokraten der SED ein echtes demokratisches Spiel vorführen. Die heute sichtbaren politischen Exponenten in der Sowjetzone täuschen unter Druck und Gewalt Einigkeit vor. Den freien Parteien dieser Stadt bleibt es aufgegeben, in Freiheit einig zu sein. Nur so wird alle Gefahr gebannt.
Berlin ist nicht nur Schaufenster für die Sowjetzone. Es ist auch Schaufenster für die östliche Diktatur. Deshalb kommt es in Berlin nicht nur auf demokratische Festigkeit an, sondern auch und ebenso auf demokratische Würde. Wir – die christlichen Demokraten – werden es an Loyalität nicht fehlen lassen.
Solche Haltung wird stärker als alle Maßnahmen den Helferwillen der Deutschen auf Berlin und die Sowjetzone konzentrieren. Ich weiß gewiß, daß noch manches zu tun bleibt. Auch und vor allem in wirtschaftlicher Beziehung . . . Denn nur so kann die drückende Arbeitslosigkeit gemindert werden. Nur so kann den einzelnen geholfen werden. Westdeutschland kann und wird sich dieser nationalen Aufgabe nicht entziehen. Es wird es um so weniger können, je stärker sich die politischen Kräfte in Berlin und Westdeutschland zu gemeinsamem Handeln für Berlin und die Sowjetzone zusammenfinden. Mögen sie in der Regierung oder in der Opposition stehen. Wenn es um das Leben eines Volkes geht, kommt es nicht darauf an, welche von den demokratischen Parteien die stärkste ist. Oder welche Partei die meisten Stimmen gewinnt. Es kommt einzig und allein darauf an, daß unser Volk seine gemeinsame Existenz und seine gemeinsame Sicherheit wiederfindet. Es kommt darauf an, daß Deutschland als Ganzes seinen Platz im Kreise freier Völker wiederfindet. Ich wiederhole: Unser ganzes Volk, das ungeteilte Deutschland muß seinen Platz finden. Dafür sind wir alle mitverantwortlich. Dafür stehen wir. Dafür steht Berlin. Und dafür steht die Bundesrepublik mit Berlin.
Aber Berlin ist nicht nur ein deutsches Anliegen. Die Stadt ist auch ein Anliegen Europas. Das ist uns in diesen denkwürdigen Tagen wiederum zu Bewußtsein gekommen. Deshalb bedarf diese Stadt wie keine andere der Solidarität aller freien Völker. Diese Solidarität hat im Zustand höchster Not Berlins die Luftbrücke geschaffen. Die Freimachung der Stadt von der Verpflichtung zu Besatzungskosten wäre angesichts der materiellen Not dieser Stadt eine entsprechende Tat. Sie würde ihre materielle Existenz um ein wesentliches erleichtern. Der Mut der Berliner Bevölkerung hat der Freiheit der Welt schon heute einen großen Dienst erwiesen. Gerettet wird Frieden und Freiheit nur durch die Solidarität aller freien Völker.

## 55

*Tagung des Hauptausschusses der Sozialausschüsse in Königswinter/Rhein 22. Juli 1950*

Unsere Sozialausschüsse haben sich neben dem geschäftsführenden Vorstand und dem Hauptvorstand in Oberhausen ein Organ gegeben, das einen größeren Kreis verantwortlicher Männer und Frauen der Sozialausschüsse umfaßt. Dieser Ausschuß soll vor allem die lebendige Verbindung zu unseren Menschen im Lande schaffen. Er soll den verantwortlichen Männern unserer Bewegung – wo immer sie stehen – Haltung, Stimmung und Auffassung der christlich-demokratischen Arbeiterschaft der Werkbank, aus der Fabrik und in den Büros vermitteln. Er soll ebenso Erkenntnisse und Auffassungen an unsere Freunde im Lande vermitteln, die unsere verantwortlichen Männer an der Werkbank, der Politik und der Gewerkschaften bewegen. Wir müssen und werden dahin streben, daß dieser Ausschuß eine innerlich und äußerlich geschlossene Einrichtung wird. Das bedeutet, daß er in seiner Zusammensetzung nicht allzusehr fluktuieren darf. Dieses Fluktuieren, dieses Wechseln in den Organen der Sozialausschüsse ist leider immer noch ein Charakteristikum unserer Organisation. Wir können das nur ändern, wenn sich in der Beschickung der Organe wieder eine solide Disziplin herausbildet. So, wie es auch früher in unserer Bewegung der Fall war. Das hat nichts mit künstlicher Abgeschlossenheit zu tun. Wir sind nur von dem Wunsch getragen, daß sich die Organe unserer Sozialausschüsse zu verantwortlichen Traditionsträgern herausbilden. Zu Traditionsträgern, die auch unseren Menschen im Lande und der Öffentlichkeit gegenüber wirkliche Autorität auszustrahlen vermögen. Das gilt selbstverständlich nicht nur von diesem Hauptausschuß, sondern von allen ordnungsgemäß gewählten Organen im Lande.

Als wir bei der letzten Sitzung des geschäftsführenden Vorstandes die Einberufung des Ausschusses beschlossen, waren wir uns nicht bewußt, daß unser Termin mit dieser und jener Tagung zusammentreffen würde, wie z. B. mit dem Diözesan-Katholikentag in Bonn. Dabei wäre uns kaum ein anderer Termin möglich gewesen. Die Öffentlichkeit ist eben zu sehr überlastet. Wir wußten damals aber auch nicht, wie ernst die Zeichen werden sollten, in dem diese unsere Zusammenkunft stattfindet.

Korea war ein Alarmruf. Trotzdem muß man den Eindruck gewinnen, daß viele in der Bundesrepublik den Alarmruf nicht verstanden hatten. Auch wenn das Volk kaufte und hamsterte. Was allerdings nicht gerade ein Zeichen von Besonnenheit war. Die Parteipolitik in der Bundesrepublik zog kaum eine Lehre aus der Situation. Das politische Bild wurde eher unerfreulicher. Ob man an die Auseinandersetzungen um die Koalition in Nordrhein-Westfalen denkt, bei denen man schließlich sogar menschlichen Anstand fallenzulassen schien. Oder ob man an die Auseinandersetzungen um den Brotpreis denkt. Ich will in letzterem Falle gewiß nicht sagen, daß die ganze Fülle der Weisheit bei den verantwortlichen Köpfen der Regierung war. Aber ebenso kann man diese und jene Interessengruppe nicht von demagogischen Haltungen freisprechen. Das gilt nicht zuletzt von der Haltung des Bauernverbandes. Man kann in einer so offensichtlichen Notzeit, wie wir sie durchleben, nicht einfach mit Ultimaten Politik zu machen suchen. Das gilt auch für die Gewerkschaften. Auch bei ihnen scheinen Kräfte die Oberhand gewinnen zu wollen, die aus parteipolitischer Haltung Schwierigkeiten machen. Was soll z. B. die Streikdrohung bei den Verständigungsversuchen über das Mitbestimmungsrecht. Was soll sie in einem Augenblick, wo die Verhandlungen noch voll im Gange sind? Was sollen solche Störungen in einem Augenblick, wo nur gegenseitiges Vertrauen die Basis abgeben kann, um überhaupt weiterzukommen? Ich bin der Meinung, die ich schon wiederholt vertreten habe: Man soll und muß zu einer Einigung über das Mitbestimmungsrecht kommen. Und man kann es bei beiderseitigem guten Willen, wenn man sich auf der Linie einigt, die wir in Oberhausen vorgeschlagen haben. Und die wir seitdem immer vertraten.

Es ist einfach hohe Zeit, daß wir uns in der Bundesrepublik nicht mehr den Luxus politischer Schwierigkeiten leisten, wie das bis jetzt der Fall ist. Das gilt für das innerparteiliche Leben, wie es für das Verhalten der Parteien zueinander gilt. Wen Korea noch nicht wachgerüttelt hat, den wird vielleicht das Programm Trumans, das er dem amerikanischen Kongreß vorgelegt hat, die Augen weiter geöffnet haben. Wir müssen daraus schließen, daß die Amerikaner in der Abwehr des Kommunismus zum Äußersten entschlossen sind. Über die Bedeutung dieser Tatsachen können wir uns nichts mehr vormachen. Die Bundesrepublik ist keine Oase der Sicherheit vor dem Kommunismus. Die Bundesrepublik ist vielmehr seinem Zugriff unmittelbar ausgesetzt. Die jüngsten Vorgänge in Berlin sprechen eine deutliche Sprache. Nicht zuletzt auch die 1500 Verhafteten. Die Kommunisten erfinden immer neue Beunruhigungsmethoden. Ihr braucht nur die Parolen des SED-Parteitages in Berlin über den Propaganda-Angriff auf den Westen zu lesen. Die Parole der direkten Aktion ist wieder Trumpf. Auch in Italien ist sie angekündigt. Es spricht für die Unerschrockenheit der Bevölkerung von Berlin, wie sie auf die meisten Tricks der Kommunisten geantwortet hat. Auch in diesen Tagen hat sie einfach gehandelt. Ich will gewiß nicht sagen, daß der Kommunismus morgen bereit ist, auch in die Bundesrepublik einzumarschieren. Seine Mittel sind zunächst noch die Versuche, die politische und soziale Stabilität der Bundesrepublik zu unterminieren. Seine Mittel sind die Versuche, politische und soziale Unruheherde vorzubereiten, die im Ernstfalle zum Brennen gebracht werden können. Die Strategie des kalten Krieges wird von Tag zu Tag aggressiver. Es gibt dabei immer noch Leute, die auf die dazugehörigen Verführungskünste hereinfallen.
Was will ich damit sagen? Wir haben in den ersten Tagen des Geschehens in Korea erlebt, daß in England Regierung und Opposition sofort näher zusammenrückten. Wir hier in weit gefährdeterem Gebiet fallen immer stärker auseinander.
Beginnen wir mit der Situation im Bund. Die christlichen Demokraten haben sich bei Bildung der ersten Bundesregierung für die Koalition mit den Rechtsparteien entschlossen. Dafür sprachen manche Gründe der Zweckmäßigkeit. Nicht zuletzt der Wille, zu einem fruchtbaren Wechselspiel zwischen Regierungsparteien und Opposition zu kommen. Dazu kam die Auffassung, dadurch dem Entstehen radikaler Parteien vorbeugen zu können. Eine Ansicht, die auch die Sozialdemokraten vertraten. Auch die Sozialdemokratie in Schleswig-Holstein hat in diesem Sinne regiert. Man sagte sich: Diejenigen, die mit der Regierung unzufrieden sein werden, gehen zur Opposition über. Diese Opposition wird dann nach Ablauf der Regierungsperiode in die Verantwortung kommen. Kurz: Man sah das englische Vorbild. Der Gedanke war und ist gesund. Aber es zeigt sich von Tag zu Tag mehr, daß das deutsche Volk noch nicht reif genug ist. Es ist es weder in seinen Regierungsparteien noch weniger aber in seiner Oppositionspartei. Beweise brauche ich dafür nicht anzuführen. Wir haben sie im Grunde Tag für Tag erlebt. Es hätte – das ist meine Auffassung – auch bei der Zweiteilung der Regierung in Regierung und Opposition zu einem sinnvolleren Zusammenwirken kommen können. Daß es nicht dazu gekommen ist, liegt zum Teil an der Einseitigkeit dieser und jener Persönlichkeit. Ich brauche sie nicht zu nennen. Man hat die Opposition nicht genügend herangezogen. Wobei aber ebenso gesagt werden muß, daß die Opposition diese Heranziehung auch oft recht schwer gemacht hat. Es liegt auch daran, daß in vielen Köpfen sich Regierung und Opposition als ein Verhältnis der Feindschaft darstellt. Alles in allem muß man sagen: Es fällt keiner Gruppe die Alleinschuld zu, daß das

Regierungsschema nicht so klappt, wie es vor allem in der Notzeit der Fall sein müßte. Es streuen immer wieder viel zu viele Sand in das Getriebe. Davon kann sich keine Gruppe freisprechen.
Noch schwieriger gestaltet sich die Situation in der Bundesrepublik durch den übersteigerten Föderalismus, den uns die Alliierten beschert haben. Vergessen wir eines nie: Er ist uns in dieser Form beschert worden, um uns schwach zu halten. Das wird natürlich am besten durch ein bestimmtes Gegeneinander von Bund und Ländern erreicht, wobei ich gewiß sein möchte, daß die Alliierten heute nicht mehr auf demselben Standpunkt stehen wie noch vor Jahresfrist. Zum mindesten tun das nicht alle mehr. Ich verkenne bei den gesunden Zug nicht, der gegen übersteigerten Zentralismus spricht. Das vorausgeschickt, wollen wir noch einmal feststellen: Die Ungleichheit der politischen und sozialen Struktur der deutschen Länder macht es unmöglich, das Koalitionsschema der Bundesregierung mehr oder weniger mechanisch auf die Länder anzuwenden. Ich habe deshalb nach unserer geschäftsführenden Vorstandssitzung auch dem Bundeskanzler gegenüber in aller Klarheit zum Ausdruck gebracht, daß wir das Koalitionsschema der Bundesregierung für ein hochindustrialisiertes Land wie Nordrhein-Westfalen nicht ohne weiteres für angebracht halten können.
Die Auseinandersetzungen in Nordrhein-Westfalen sind um einen Punkt weitergekommen, als Karl Arnold erneut als Ministerpräsident benannt ist. Er soll wissen, daß unsere aufrichtigen Wünsche ihn bei seiner Aufgabe begleiten. Ich kann die Wünsche nur dahingehend zum Ausdruck bringen: Es möge ihm gelingen, alle ernst zu nehmenden politischen Kräfte mit in die Verantwortung zu bringen. Und zwar unter Gesichtspunkten, die der Bedeutung und der Aufgabe der christlichen Demokraten entsprechen. Unter Gesichtspunkten und unter Verteilung der Verantwortung, die der Regierung von Nordrhein-Westfalen ein soziales Gesicht sichern. Ohne daß sich dabei Parteien zu sehr in den Vordergrund schieben, die nach ihrer Stärke weit hinter den christlichen Demokraten rangieren. Es ist dabei einheitliche Meinung der christlich-demokratischen Arbeiterschaft, daß wir den Innenminister für uns fordern. Dafür muß die SPD auf jeden Fall Verständnis haben. Auf weitere Einzelheiten brauchen wir nicht einzugehen. Es ist das eine Angelegenheit unserer Freunde in Nordrhein-Westfalen.
Aber ich möchte eine Mahnung an die Vorgänge in Nordrhein-Westfalen knüpfen: Ich möchte wünschen, daß alle verantwortlichen Männer der christlich-demokratischen Arbeitnehmerschaft zu echter loyaler Zusammenarbeit kommen. Es muß und müßte aufhören, daß man in internen Kreisen und in der Öffentlichkeit immer wieder Vertreter der christlich-demokratischen Arbeitnehmerschaft gegeneinander ausspielt. Man hat das in unseren eigenen Reihen versucht. Man hat das aber auch von anderen Parteien her versucht. Und in diesem Falle muß ich leider in erster Linie an die SPD denken. Sie hat dieses Handwerk in den letzten Monaten immer wieder geübt. Es tut mir leid, daß ich das sagen muß. Ich spräche lieber anders. Denn ich bin der Auffassung, daß gerade die letzten Monate bewiesen haben, daß unserem Lande nichts so notwendig ist als ein sinnvolles Verständnis zwischen den beiden großen Parteien.
Was uns, die christlich-demokratische Arbeiterschaft, angeht, so muß ich sagen: Es sind noch allzu viele mehr, die als verantwortliche Traditionsträger der christlich-demokratischen Arbeiterbewegung angesprochen werden können. Wenn sich diese Traditionsträger nicht zu engster politischer Kameradschaft zusammenfin-

den, schädigen sie nicht nur die christlich-demokratische Arbeiterschaft selbst. Sie schädigen auch die Demokratie – und zwar die soziale Demokratie, die wir erstreben. Von dieser sozialen Demokratie wird es schließlich abhängen, ob wir der vom Osten auf uns zukommenden verhängnisvollen Infiltration Herr werden. Diese Infiltrationsversuche werden in den kommenden Monaten noch stärker werden. Den geistigen Schlüssel für wirklich soziale Demokratie haben wir mit der Tradition unserer Bewegung in der Hand. Uneinigkeit in unseren Reihen ist leider noch allzuoft der Steigbügel für die Personalpolitik der SPD, mit der sie die Schlüsselstellungen zu besetzen sucht. Das gilt u. a. auch und vor allem für die Selbstverwaltungskörper, über die unser Freund Arndgen ausführlicher sprechen wird.
Deshalb gelten für mich zwei drängende Notwendigkeiten. Erstens: Der Ausbau der Sozialausschüsse der christlich-demokratischen Arbeiterschaft muß raschere und größere Fortschritte machen. Das muß unser aller Anliegen sein. Das gilt besonders auch für die Landesausschüsse. Wir selbst haben einen weiteren Schritt getan. Unser junger Kollege Benz, der seit 1945 in unserer Partei und nach Gründung der Sozialausschüsse in enger Zusammenarbeit mit unseren Freunden Gengler und Wirsching gearbeitet hat, wird zunächst erst einmal zu unserer großen Tagung im November insbesondere für die organisatorische Arbeit zur Verfügung stehen.
Zweitens: In der Zeit der Not, wie sie vielleicht stärker noch heraufzieht, als wir es heute zu erkennen vermögen, müssen wir auf eine stärkere Zusammenfassung aller verantwortungsbewußten politischen Kräfte bedacht sein. D. h. aller politischen Kräfte, die geeignet sind und sich verpflichtet wissen, die Bundesrepublik wirklich zu stabilisieren. Mehr als das: Die geeignet und entschlossen sind, die Bundesrepublik zum Ausgangspunkt für die Wiedervereinigung Deutschlands zu machen. Selbstverständlich zu einer Wiedervereinigung in Freiheit.
Die Erfahrungen der letzten 10 Monate, die gesteigerte Bedrängnis, in die unser Land durch die kommunistische Aggression gebracht wird, werden uns heute oder morgen einfach zu ernsthaften Versuchen zwingen, alle verantwortungsbewußten Kräfte zusammenzufassen. Finanzminister Schaeffer hat in den Auseinandersetzungen um den Brotpreis vom nationalen Notstand gesprochen. Wir stehen – weiß Gott – im Zeichen nationalen Notstandes. Es hat sich in diesen 10 Monaten Bundesrepublik erwiesen, daß die Liquidierung des Hitlerabenteuers mit den Folgen des Zweiten Weltkrieges noch weit schwerer ist, als es sich die Besorgtesten unter uns überhaupt ausmalen konnten. Deshalb müssen parteipolitische Auseinandersetzungen mehr als bisher beherrscht werden. Diese Mahnung gilt für uns alle. Sie gilt für uns, sie gilt vor allem auch an die Adresse der SPD. Denn stärker als wir – vor allem stärker als die christlich-demokratische Arbeiterschaft – sucht die SPD immer wieder die Gegensätze in den Vordergrund zu schieben. Wir werden in Zukunft mehr noch diesen Geist der Zwietracht bekämpfen müssen.
Das kann mich aber nicht hindern, auszusprechen, daß auch auf unserer Seite, auf der Seite der christlichen Demokraten nicht alles in Ordnung ist. Es gibt auch bei uns Kreise, die sich in eine grundsätzlich feindselige Haltung gegen die Sozialdemokratie hineinsteigern. Wir können und dürfen uns aber vom Oppositionsverhältnis nicht noch in ein Feindverhältnis hineinmanövrieren lassen, sondern umgekehrt. Wir müssen zu einem abgeklärten und gelassenen Verhältnis positiver Zusammenarbeit kommen. Um des Notstandes unseres Volkes willen. Das bedeutet nicht, daß wir nun etwa Wahlbündnisse mit der SPD eingehen sollen. Es wäre aber auch gut, wenn wir uns anderer Wahlbündnisse enthielten. Denn solche Bündnisse verwi-

schen einfach den Charakter unserer Partei. Es muß für uns dabei bleiben, daß die christlichen Demokraten die Partei der Mitte vertreten. Wir würden sonst dem Charakter unserer Partei einfach untreu werden. Ich habe in Nordrhein-Westfalen Wahlreden abgelehnt, wo Wahlbündnisse bestanden. Ich kann das nur in aller Einfachheit begründen: Ich bin mit aller Leidenschaft christlicher Demokrat. Deshalb habe ich keine Veranlassung, die Liberaldemokraten zu fördern. Im Gegenteil: Für uns alle ist der Liberalismus als Ordnungskraft eine überholte Angelegenheit. Auch wenn er im Augenblick eine gewisse Restauration erlebt.
Das spricht nicht gegen zeitweilige Zusammenarbeit mit einer liberalen Partei. Wir haben immer betont: Koalitionsfragen sind Zweckmäßigkeitsfragen. Es spricht um so weniger gegen eine zeitweilige Zusammenarbeit, als eine sinnvolle Liberalisierung der Wirtschaft, d. h. eine Überwindung der Zwangswirtschaft der Kriegs- und Nachkriegszeit, erst einmal notwendig war. Wir hatten in diesen Tagen noch eine eingehende Aussprache mit Heinrich Brüning im Adam-Stegerwald-Haus. Er ist wie früher ein Mann unseres Denkens und unserer Haltung. Er war einfach bewegt von dem Eindruck, den der Aufschwung unseres Volkes auf ihn gemacht hat, seit er es vor zwei Jahren erstmalig wiedererlebte. Wir waren uns klar darüber, daß dieser Aufschwung nur kommen konnte, weil man unser Volk erst einmal von den Fesseln der Zwangswirtschaft befreite. Und ihm damit den Auftrieb gab, den es brauchte. Die Kräfte des Volkes mußten eben erst einmal freigelegt werden. Das soll aber nicht bedeuten, daß man damit dem Liberalismus alter Form wieder das Wort reden darf. Liberalisierung ist für uns eine Zweckmäßigkeitsfrage. Nicht aber eine Grundsatzfrage. Leider waren und sind mit dieser Liberalisierung auch allerhand soziale Spannungen verbunden. Diese unsozialen Begleiterscheinungen müssen natürlich beseitigt werden, wenn wir nicht zu einem Neo-Liberalismus kommen sollen. Unser Ziel ist und bleibt die Verwirklichung einer sozialen Demokratie. Von dieser sozialen Demokratie haben wir ganz bestimmte Vorstellungen, die vom Liberalismus weit fortführen. Das ist der Grund, warum wir wohl zeitbedingte praktische Zusammenarbeit üben können. Bündnisse aber, die zu förmlicher Propagierung der liberalen Partei führten, müssen wir ablehnen. Das gilt für die Wahlbündnisse in Nordrhein-Westfalen, die uns zudem gar keinen Gewinn gebracht haben. Wohl aber den Liberaldemokraten. Das gilt auch von Vorgängen in Schleswig-Holstein. Ich habe es wegen des Wahlblocks abgelehnt, dort zu sprechen. Nur in Flensburg habe ich mich zur Verfügung gestellt. Aus der Verpflichtung meines Amtes, das mir die Sorge für die Grenzbezirke auferlegt. Dort war für mich das Bündnis der Parteien nur der Zusammenschluß aller Deutschen, die dem Werben der Dänen gegenüber in nationaler Not sind. Ebenso bedenklich erscheint mir aber der Zusammenschluß der CDU, FDP und DP zu einer Fraktion. Das kann nur die klare Linie der christlichen Demokraten verwischen. Ein solches Vorgehen kann die besten Kräfte der Partei insbesondere in den Reihen der Arbeiterschaft irremachen. Ich möchte deshalb wünschen, daß wir unseren Willen dahingehend kundtun, daß die Union jeweils auf sich selbst gestellt in den Wahlkampf geht. Daß sie alles vermeidet, was dazu dienen kann, das Bild ihrer inneren Gesetzlichkeit zu verwischen. Auf jeden Fall muß gesagt werden, daß das nicht über unseren Kopf hinweg geschieht. Ich jedenfalls bin nicht um meine Meinung gefragt worden.
Nötig bleibt allerdings, daß wir in der Partei zu stärkerer Geschlossenheit kommen. Ich war stets der Meinung, daß unsere Sozialausschüsse vor allem zur Herbeiführung dieser Geschlossenheit beitragen können. Denn sie sind Träger des Willens zu

einer sozialen Demokratie, wie sie heute dem Willen des überaus größten Teiles unseres Volkes entspricht. Auch dafür sind gerade die Wahlen in Schleswig-Holstein ein sprechender Beweis. Das Entstehen einer starken Flüchtlingspartei dort ist eine Mahnung, daß es fünf Minuten vor 12 ist. Ich weiß gewiß mit am besten, wie schwer es für den Bund ist, die finanziellen Mittel für die dringendsten sozialen Aufgaben aufzubringen. Der Finanzminister hat es – weiß Gott – nicht leicht. Wir wissen auch alle, daß nicht wir, sondern die Alliierten im wesentlichen an der Hinausschiebung des Lastenausgleiches schuld sind. Aber es darf nicht länger gezögert werden. Ebenso haben wir weit mehr als bisher die Meisterung des Vertriebenenloses zu unserer ureigensten Aufgabe zu machen. Ich habe vor 14 Tagen in der großen Kundgebung der 15 000 Ost- und Westpreußen in Berlin erlebt, wie sehr die Heimatvertriebenen daran hängen, daß wir den Kampf um ihre Heimat zu unserer eigenen Aufgabe machen. Nicht einen Kampf mit der Waffe in der Hand. Wohl aber den Kampf um die Gewinnung der Weltmeinung unseren ostdeutschen Problemen gegenüber.

Ich weiß, daß auch Menschen aus unseren Kreisen hier und da verlauten lassen: Der Jakob Kaiser ist mit seinem Kampf für den Osten, für Berlin, für das Land jenseits der Oder/Neiße ein Utopist. Ich bin das nicht. Ich bin nur der Auffassung: Wir werden nicht zu gesunden sozialen Lösungen in Deutschland kommen, wenn wir mit unseren Vertriebenen auf das Gebiet der Bundesrepublik beschränkt bleiben. Wir können und dürfen diesen Kampf nicht denen überlassen, die glauben, parteipolitisch ein Anrecht auf den Osten zu haben. Wir – und gerade die christlich-demokratische Arbeiterschaft – müssen diesen Kampf führen. Dann werden wir auch die Menschen, deren Heimat im Osten und in der Sowjetzone liegt, für die Gedankenwelt erobern, die wir als die richtige ansehen. Jeder, der in der Sowjetzone Bescheid weiß, weiß auch, daß dort alle kollektivistischen Strömungen diskreditiert sind. Wenn wir uns nicht um die Bevölkerung der Sowjetzone kümmern, dann sind wir es, die die Geschäfte der SPD besorgen. Es gibt manchen Sozialdemokraten, der bei uns lieber Inaktivität als Aktivität in bezug auf den deutschen Osten und auf die Sowjetzone sieht. Man sucht uns in dieser Aktivität immer wieder zu übertrumpfen. Das gilt vor allem jetzt, da die kommenden Berliner Wahlen schon ihre Schatten werfen. Die SPD verräte schon jetzt Unruhe über den Ausgang. Es wird die Sorge von uns allen sein müssen, das unmöglich zu machen. Mancher Angriff auf mich – das ist mir klar – gilt weniger meiner Person als meiner Aufgabe, die ich in Berlin und jetzt in meinem Amt übernommen habe. Es wird einmal die große Auseinandersetzung zwischen SPD und uns um die Menschen der Sowjetzone kommen. Um die Menschen der Sowjetzone und um die Ordnung, die wir dort und hier zu schaffen haben. Es wird weitgehendst von unserer Aufgeschlossenheit, unserer Wachheit und Aktivität abhängen, wie sich dann die deutsche Gesamtordnung gestalten wird. Wer das sieht und heute schon danach handelt, ist kein Utopist. Er ist Realist. Es geht dabei im übrigen um die Lebensgestaltung eines jeden einzelnen von uns. Dieser Tatsache können wir uns einfach nicht mehr verschließen.

Meine zweite steigende Sorge gilt dem Zusammenhalt der christlich-demokratischen Arbeiterschaft. Ich habe am 7. Juni in Köln gesagt: Die Welt der christlich-demokratischen Arbeiterschaft ist in Gefahr. Diese Meinung ist nicht widerlegt. Diese Gefahr kann nur durch stärkste Konzentration unserer Kraft überwunden werden. Vielleicht schreibt unser Freund Platte nun wieder einen Aufsatz in der Bergbau-Industrie: »Hört das denn gar nicht auf?« Er meint damit die Störungen,

die wir ihm und den Gewerkschaften nach seiner Auffassung dadurch bereiten, daß wir die Dinge beim Namen nennen. Mit der Anzapfung unseres Freundes Bock wegen seiner Fahrt nach Saarbrücken in diesem Aufsatz wird sich Josef Bock wohl selbst beschäftigen. Wenn wir es auch nicht allzu wichtig nehmen wollen. Unser Freund Platte kann ganz beruhigt sein: »In den rebenumkränzten Dörfern in der Umgebung von Bonn« – wie er sich so malerisch ausdrückt – werden keine christlichen Gewerkschaften geboren, was wir uns schon in der Widerstandsarbeit gegen Hitler gegenseitig versprochen haben. D. h., wenn die Einheitsgewerkschaften nicht selbst durch bewußte Intoleranz zum Vater neuer christlicher Gewerkschaften werden. Es ist sehr freundlich vom Kollegen Platte, daß er Männern wie mir Gehälter und Diäten gönnt, wie er sagt. Ich habe auch gar keine Bedenken, sie anzunehmen. Denn ich brauche sie dringend, um meine politische Arbeit tun zu können. Freunde, die mich kennen, wissen, daß ich immer noch so arm bin wie früher. Und in der Kärrnerarbeit kann mich der Kollege Platte auch nicht übertreffen. Ich habe sie sogar 12 Jahre unter Gefahr des Lebens getan. Lassen wir das aber. Dieser sein Aufsatz und noch manches andere, was ich gar nicht berühren will, gehört zu den Dingen, die mir die Mahnung zu besserer Solidarität in den Mund legten.
Ich wiederhole noch einmal: Ob christliche Gewerkschaften oder nicht, das entscheiden einzig und allein die heutigen Gewerkschaften selbst. Jeder von uns weiß, daß das Unbehagen in den Reihen der christlich-demokratischen Arbeiterschaft groß ist. Ich kann nur sagen, daß man den Eindruck hat, als sei mit der Krankheit unseres Freundes Hans Böckler ein anderer Geist in die Gewerkschaften eingezogen. Ich habe schon am 7. Juni in Köln davon gesprochen. Man kann die Liste der Unduldsamkeiten, der parteipolitischen Befangenheit beliebig vermehren. Für den 24. Juli hat im übrigen die »Soziale Arbeitsgemeinschaft« beim Vorstand der SPD wiederum eine Tagung angekündigt. Wir werden genau hinhören, wie weit sich die SPD wiederum so quasi als Beherrscherin der Gewerkschaften verhält. Uns bleibt es jedenfalls aufgegeben, diesen Anspruch zurückzuweisen. Ich nehme an, daß Johannes Albers und unser Freund Bock noch ein offenes Wort zu sagen haben. Denn wir müssen die klare Linie im Einstehen für die parteipolitische Neutralität einhalten, wenn wir vor uns selbst bestehen wollen. Unsere Absprachen über die Gestaltung der Gewerkschaften in der Hitlerzeit sahen – weiß Gott – anders aus als das heutige Gesicht des DGB. Damals erschien es z. B. selbstverständlich, daß der verantwortliche Mann für den Westen ein Mann unserer Welt sein sollte. Sicherlich hatte und hat die Zerreißung unseres Landes manches vereitelt. Aber wo sind z. B. die Verbände, die einen Mann unserer Welt an erster Stelle haben? Man spricht von 400 verantwortlichen Männern in den Gewerkschaften, die aus unserer Tradition kommen. Bis jetzt war es uns noch nicht möglich, auch nur ihre Anschriften zu erfahren.
Und wie ist es z. B. mit Vorschlägen aus den Reihen der christlich-demokratischen Arbeiterschaft in den Sachverständigen-Ausschüssen für den Schumannplan? Ich habe bis jetzt noch nicht erfahren, ob auch Männer der christlich-demokratischen Arbeiterschaft dabei seien. Oder – was noch viel augenfälliger ist – wie ist es mit den Vorschlägen von Sozialreferenten bei den Konsulaten? Bis jetzt habe ich noch nichts von Persönlichkeiten gehört, die uns nahestehen. Ich frage nicht aus Stellenhascherei danach, sondern einzig und allein aus der Verpflichtung gegenüber der Tradition unserer Bewegung. Aus der Verpflichtung gegenüber unserer Arbeiterschaft. Wenn unser Freund Platte eine solche Sorge, eine solche Haltung als »Ar-

beiterfeindlichkeit« bezeichnet, so kann ich nur mit Erstaunen fragen, ob da nicht schon eine bestimmte SPD-Haltung auf ihn abgefärbt hat? Ich habe am 7. Juni in Köln nur ausgesprochen, was Tausende Männer und Frauen der christlich-demokratischen Arbeiterschaft empfinden. Das hat nicht nur die Versammlung gezeigt. Das haben zahllose Zuschriften bewiesen, die mir nachträglich zugegangen sind. Wir werden deshalb auf dem Wege, Geist und Haltung der christlich-demokratischen Arbeitnehmerschaft stärker als bisher zur Geltung zu bringen, unbeirrt weiter gehen. In der Politik lernt man immer wieder neu: Auch die beste Idee braucht Macht, um sich durchzusetzen. Wir werden versuchen müssen, durch Treue zu unserer Tradition, durch Solidarität und auch etwas Opferbereitschaft in gutem Sinne wieder zu Macht zu kommen.

## 56

*Freiheit für die Einheit Deutschlands*
*Kundgebung im Titania-Palast anläßlich des Exil-Parteitages der CDU, 24. September 1950*

Wir sprechen als die rechtmäßigen, die verantwortlichen Repräsentanten der christlichen Demokraten der Sowjetzone. Der unvergeßliche Parteitag 1947 gab uns einstimmig – d. h., wahrheitsgemäß muß ich sagen: mit Ausnahme einer ungültigen Stimme für mich – die Legitimation zur Führung und Vertretung der christlichen Demokraten der Sowjetzone.
Der Parteitag 1947 stand unter der Parole: »Wir wollen Wellenbrecher des Kommunismus sein.« Diese Parole entsprach der Bedrängnis, in die der Kommunismus unser Land gebracht hat. Sie entsprach der politischen Haltung, mit der christliche Demokraten solcher Bedrängnis zu begegnen haben. In Anwesenheit zahlreicher Vertreter der sowjetischen Besatzungsmacht habe ich das Bekenntnis zu dieser Aufgabe vor aller Öffentlichkeit ausgesprochen. Der Sturm der Zustimmung der Delegierten zu diesem Bekenntnis bleibt unvergessen. Es war nicht zuletzt eine Kundgebung an die sowjetische Besatzungsmacht, daß wir uns niemals zu Werkzeugen kommunistischer Politik erniedrigen lassen. Ebenso haben wir in aller Entschiedenheit unser Recht auf das Land jenseits der Oder-Neiße zum Ausdruck gebracht. Sie wissen, daß ich dieses Recht auch in den Städten der Sowjetzone vor den Ohren der Welt und vor unseren drangsalierten Menschen immer wieder verkündet habe. Oberst Tulpanow hat mir das sehr übel genommen. Er hätte gern gehabt, daß wir wenigstens auf dem Parteitag davon geschwiegen hätten. Aber den Gefallen konnten wir ihm nicht tun. Kein verantwortlicher deutscher Politiker kann ja das Recht auf die Heimat unserer Millionen Ostvertriebenen verleugnen. Oberst Tulpanow wollte das nicht einsehen. Sie wissen, mit welcher Alternative er im Anschluß an den Parteitag drohte.
Unser »Nein« zum Volkskongreß war nur noch der äußere Anlaß für die sowjetische Besatzungsmacht, den rechtmäßigen Vorstand der Union der Sowjetzone zur Seite zu zwingen. An seine Stelle kamen willfährige Kräfte.
Das geschah ausgangs des Jahres 1947. In der Dramatik dieses Geschehens mußte auch dem letzten unter uns die Situation klar werden. Es war von Anbeginn Plan der sowjetischen Besatzungsmacht, ihre Besatzungszone zum Brückenkopf des Kommunismus zu machen. Es war ihr Plan von Anbeginn, von hier aus im kalten

Krieg ganz Deutschland zu erobern. Deshalb hegte und pflegte sie die Ulbrichte, die Piecke und die Grotewohle, die heute unser Land schamlos bolschewisieren. Wie der Kreml die Ulbrichte, die Piecke und die Grotewohle in allen Ländern der Welt hegt und pflegt. Man setzt sie ein, damit sie die demokratischen Ordnungen unterminieren. Man setzt sie ein, damit sie auf den Trümmern alter Ordnungen die kommunistische Herrschaft errichten.
Wir hatten versucht, im Kommunismus immerhin noch eine Idee zu erkennen, die aus der Recht- und Besitzlosigkeit der Arbeiterschaft geboren war. Selbstverständlich waren wir uns über die Falschheit und Verderblichkeit seiner Mittel klar. Aber wir glaubten doch, seinem sozialen Hintergrund bis zu einem gewissen Grade gerecht werden zu müssen. Wir versuchten das um so mehr, als aus gemeinsam erduldeten Verfolgungen des Hitlersystems eine gewisse Atmosphäre menschlicher Annäherung entstanden war.
Zudem: Nach den Erfahrungen des Zweiten Weltkrieges und des Zusammenbruchs gab man sich der Hoffnung auf Verständigung der Völker hin. Was uns – die Deutschen – angeht, so waren wir in besonderer Weise aufgeschlossen für eine Verständigung mit dem russischen Volk. Aus politischen, aus moralischen und schließlich auch aus wirtschaftlichen Gründen. Wir mußten aber von Tag zu Tag lernen, daß wir es gar nicht mit dem Volk zu tun hatten, sondern mit einer Gewaltherrschaft. Für sie ist Recht- und Besitzlosigkeit breiter Massen nur das Mittel, um sie dem Eroberungswillen skrupelloser Machthaber zu unterwerfen. Heute wissen wir: Der Kommunismus, mit dem wir zu tun haben, ist keine Idee. Er ist nichts als ein Mittel, um für eine bestimmte Clique die Macht zu erobern. Um Freiheit, Recht und Würde zu vernichten.
Das ist die Erkenntnis, vor der wir heute stehen. Das ist die Erkenntnis, vor der die gesamte freie Welt steht. Man hat uns diese Erkenntnis brutal aufgezwungen. Man hat sie Euch, den Männern und Frauen der Sowjetzone, aufgezwungen, die Ihr um Eures Widerstandes willen die Heimat verlassen mußtet. Alle diese Erkenntnisse, alle diese Einsichten hat man auch der Stadt Berlin und der Berliner Bevölkerung aufgezwungen. In immer neuen Schikanen der Isolierungs-, der Zerreißungs- und der Blockadeversuche.
Politische Erkenntnisse sind aber nur dann von wirklichem Wert, wenn sie zur Tat werden. Wir glauben, daß es in der Auseinandersetzung mit dem Kommunismus höchste Zeit ist, zu entschlosseneren Taten zu kommen. Diese Konsequenz hat die gesamte freie Welt gezogen. Die deutsche Bundesrepublik ist dabei, die gleiche Konsequenz zu ziehen. Nach den Proklamationen des SED-Parteitages und des sogenannten Nationalkongresses muß sie es tun, wenn sie leben will.
Wir, die wir hier versammelt sind, folgen der gleichen Erkenntnis. Fast drei Jahre haben Nachgiebige und Schwächlinge die Union der Sowjetzone zu einem willenlosen Werkzeug der kommunistischen Partei und ihrer Söldlinge gemacht. Sogenannte verantwortliche Repräsentanten unserer einstmals so stolzen Partei – man mag ihre Namen nicht in den Mund nehmen – schleppen sich von einer Selbstpreisgabe zur anderen. Den verzweifelnden Mitgliedern treten sie immer wieder mit erbärmlichen Illusionen entgegen. Sie lassen diese Illusionen in dem gleichen Augenblick fallen, in dem sie der sowjetischen Besatzungsmacht gegenübertreten müssen. So war es beim Volkskongreß 1947/48. So war es bei der Verschiebung der Landtags- und Gemeindewahlen im letzten Jahr. So war es bei der Anerkennung der Oder-Neiße-Linie als sogenannte Friedensgrenze. Bei dieser landesverräterischen

Preisgabe der Heimat der Millionenschicht unserer Ostvertriebenen. So war es bei der Festlegung auf die Einheitsliste für den Wahlbetrug am kommenden 15. Oktober. Stets folgte auf feierlich angekündigte Ablehnung eine noch feierlichere Kapitulation.

Aber Verwunderung ist nicht mehr am Platz. Der Parteitag der Jägerstraßen-Union in der vergangenen Woche beweist, daß der Einheitsbazillus seine Wirkung getan hat. Sogar die Form des Beifalls auf diesem Parteitag trug östlichen Charakter. Telegraphische Ovationen an Stalin, Freundschaftsbeteuerungen für die Volksdemokratien, das Erscheinen fragwürdiger Betriebsdelegationen verliehen der Tagung alle Anzeichen eines kommunistischen Satelliten-Parteitages. Die arme Friedenstaube wird sich schwerlich wohl gefühlt haben in dieser Atmosphäre. Sie hatte auch eine recht fragwürdige Botschaft zu verkünden: »Ex oriente pax«. Aus dem Osten kommt der Frieden. Diese Botschaft war wohl der widerwärtigste Ausdruck schamlosen Vergreifens am Wesen einer christlich-demokratischen Partei. Sie ist übelster Hohn auf das Verlangen ihrer Mitglieder nach mutigem Beispiel und tröstlicher Zuversicht. Jeder der Pseudoführer, der auf diesem sogenannten Parteitag zu Worte kam, weiß genau: Der Kommunismus bedeutet niemals Frieden. Der Kommunismus ist permanenter Wettlauf um Eroberung und Behauptung der Macht. Der Kommunismus erweist sich als permanenter Krieg. Aber der Kommunismus weiß auch, daß sich die Menschheit nach Frieden sehnt. Deshalb führt er seinen Feldzug mit verlogener Friedenspropaganda. Dazu ist ihm das christliche Schild ein willkommenes Werkzeug. Deshalb das verführerische Motto über dem östlich inszenierten Parteitag: Christen, kämpft für den Frieden! In der Übersetzung: Christen, ergebt Euch dem Kommunismus.

Noch in diesen Tagen erhielt ich neben vielen anderen ein Schreiben aus dem Kreis unserer Sowjetzonen-Mitglieder mit einem bechwörenden Appell an uns: »Sorgt doch, daß der Schmach mißbrauchten Christentums ein Ende gemacht wird. Sorgt, daß christliche Glaubensworte und Glaubenswerte nicht in so schamloser Weise zur Untermauerung marxistisch-leninistischer Politik mißbraucht werden.« Das Schreiben bittet weiter, vor allem den Charakter der sogenannten »fortschrittlichen Christen« zu entlarven. Diese sogenannten fortschrittlichen Christen haben keine andere Aufgabe, so schreibt man, als Gutgläubige und Unwissende für die sogenannte Nationale Front zu werben. Nun, wir wissen Bescheid: Die fortschrittlichen Christen der Jägerstraße haben auch Menschen unserer Umgebung in der Bundesrepublik auf ihren Leim zu locken versucht. Aber wir sind wachsam gegen alle getarnten kommunistischen Versuche. Wir sind in der Bundesrepublik dabei, allen kommunistischen Organisationen mit verlogenem Firmenschild die Tätigkeit unmöglich zu machen. Mögen sie sich Freie Deutsche Jugend, Nationale Front, Demokratischer Frauenbund oder wie immer nennen. Auch den sogenannten fortschrittlichen Christen gegenüber sind wir wachsam. Wir wissen, daß sie mit dem Glauben und dem Überzeugungsgut der Christen Schindluder treiben.

Wir wissen im übrigen, daß die Masse der Mitglieder der Union in der Sowjetzone keinerlei Einfluß auf die kommunistenhörige Führungsapparatur hat. Deshalb tragen die Mitglieder auch keine Schuld an der Entwicklung der Partei. Sie können ja nicht einmal mehr austreten aus der Partei. Schon die Nichtzahlung der Beiträge macht verdächtig. Im Falle der Nichtzahlung von Beiträgen wurde auf dem Jägerstraßen-Parteitag offiziell schärfste Überprüfung angedroht. Um so mehr wissen wir um die Schuld der Führungsclique. Aus Charakterschwäche und Ehrgeiz ist

man zum Verräter an den christlichen Demokraten geworden. Zum Verräter an dem echten Freiheits- und Einheitsverlangen unserer Freunde in der Sowjetzone. Zum Verräter an dem echten Freiheits- und Einheitsverlangen unseres Volkes. Doch selbst diese kleine Clique schmilzt mehr und mehr zusammen. Man hört von einigen, die sich noch fünf Minuten vor zwölf abzusetzen versuchen. Wir gönnen diesen Helden gewiß einen Schlupfwinkel in der Bundesrepublik. Wenn ich von der Bundesrepublik spreche, so meine ich selbstverständlich auch Berlin. Ich kenne keine Trennung zwischen Berlin und der Bundesrepublik. Was aber die allzu spät Bekehrten anbetrifft, so sollen sie keinen Anspruch auf irgendwelche Vertrauensbeweise von uns erheben. Das gilt vor allem für diejenigen, die durch Wort und Tat charakterstärkere Freunde verrieten. Ich will keine Namen nennen, aber Ihr wißt, daß es deren gibt. Wer immer sich aber gegen die Gesetze vergangen hat, wird sich zu verantworten haben.
Der eine oder andere aus dem Kreis der Versager ist trotz seiner Willfährigkeit inzwischen im Gefängnis oder Konzentrationslager der NKWD gelandet. Eine groteske Illustration für das Schicksal derer, die zu schwach oder zu feige zum Widerstand waren. Oder die zu ehrgeizig waren, um den kommunistischen Verführern die Ämter hinzuwerfen. Zuletzt waren sie dann doch nicht gewissenlos genug, um Ulbricht die 150prozentige Gefolgschaft zu leisten, die er verlangt. Sie hätten besser die Finger von der Politik gelassen.
Wir aber, der rechtmäßige Vorstand der Christlich-Demokratischen Union der Sowjetzone, folgen dem Ruf, der täglich aus der Zone zu uns kommt. Wir nehmen die Verantwortung für unsere Freunde in der Zone vor aller Welt wieder in unsere Hände. Das Band ist nie zerrissen. Das wissen unsere Getreuen in der Zone am allerbesten. Sie wissen alle, daß sie nicht abgeschrieben sind.
Deshalb haben wir die Delegierten des Parteitages 1947 zum Exil-Parteitag der Sowjetzonen-CDU zusammengerufen, die vom Terror vertrieben worden sind. Wir erklären für unsere Freunde in der Sowjetzone feierlich vor aller Welt: Wir sind die legalen Vertreter aller echten christlichen Demokraten der Sowjetzone. Wir haben den Ruf, den sie an uns richteten, aufgenommen. Ihr Freiheitswille ist der gleiche wie der unsrige. Das bestätigen Tausende und aber Tausende von schriftlichen und mündlichen Kundgebungen aus der Zone. Wir weisen alle jene zur Seite, die sich zu Handlangern des Kommunismus erniedrigt haben. Wir fordern die christlichen Demokraten der Sowjetzone auf: Laßt diese Pseudoführer von Ulbrichts Gnaden bramarbasieren. Laßt sie sich in Servilität vor den kommunistischen Heilsaposteln erschöpfen. Laßt sic in wortreicher Dienstfertigkeit helfen, die Potemkinschen Dörfer kommunistischer Nationaler Fronten, kommunistischer Volks- und Friedenskongresse aufzubauen. Laßt sie ihr Übersoll an Propaganda für den Kommunismus erfüllen. Wir wissen, daß Ihr diese erbärmliche Liebedienerei gegenüber den Totengräbern unseres Volkes ebenso verachtet, wie wir sie verachten. Wir wissen auch, daß es nur die Faust des Kommunismus ist, die Euch in der Zone zum Schweigen zwingt. Wir wissen, daß der Staatssicherheitsdienst Eure Worte belauscht und Eure Gedanken belauert. Niemand verlangt oder erwartet von Euch, daß Ihr Euer Leben ohne Not in Gefahr bringt. Trotzdem wird man Eure Verachtung spüren. Diese Verachtung, die Kommunisten und Kommunistenhörige noch unsicherer macht, als sie es schon sind. Wir erleben ja diese Unsicherheit Tag für Tag an den Säuberungen in der SED und in den übrigen Organisationen. Wir erleben diese Unsicherheit an den propagandistischen Hirngespinsten ihres Informa-

tionsamtes. Ganz Bonn hat über die Räubergeschichte einer Geheimkonferenz im Ministerium für gesamtdeutsche Fragen gelacht. Diese Geschichte steht dem Märchen von den Kartoffelkäfergeschwadern würdig zur Seite. Goebbels würde vor Neid erblassen ob dieser Fülle von Phantasie. Aber soviel Fähigkeit zu einem Übersoll von Hirngespinsten kann man sich auf deutschem Boden kaum erwerben.

Der Zusammenschluß unserer Exilpartei soll das Gefühl der Unsicherheit, das die kommunistischen Machthaber erfüllt, noch vermehren helfen. Unsere Gemeinschaft soll und wird das Element des Widerstandes, die Quelle der Orientierung und Unterrichtung für die christlichen Demokraten in der Sowjetzone sein. Die Heimat für die Ausgestoßenen. Der Rückhalt derer, die in der Bundesrepublik Zuflucht suchen müssen. Es wird das um so leichter sein, je enger sich unsere Gemeinschaft zusammenschließt. Vielleicht werden sich die kommunistischen Machthaber diese oder jene weitere Verfolgung dann doch noch überlegen. Wenn sie wissen, daß jeder Ausgestoßene die Exilpartei um ein entschlossenes, ein aktives Glied vermehrt. Schließlich knüpft ja jeder echte politische Kämpfer, der vertrieben wird, das Band enger zwischen der Bevölkerung der Sowjetzone und der Bundesrepublik.

Ich weiß dabei, daß mancher Klage führt und Klage führen kann, weil er in der Bundesrepublik nicht genügend Verständnis gefunden hat. Ich weiß, daß manche Bitterkeit berechtigt ist. Ich weiß aber auch, daß mancher Vertriebene aus der Sowjetzone mit allzu hochgespannten Hoffnungen ins gelobte Land des Bundesgebietes kam. Ich selbst habe im Rahmen meines Pflichtenkreises schmerzliche Erfahrungen machen müssen. Man kann nun einmal nicht gleich alle bereiten Köpfe und Hände in sinnvoller Weise eingliedern. Es wird aber nicht zuletzt die Aufgabe unserer Gemeinschaft sein, diese Eingliederung stärker zu vollziehen. Denn nichts ist so wertvoll für die gesamtdeutsche Aufgabenerfüllung der Bundesrepublik wie die Erfahrungen der Männer und Frauen aus der Sowjetzone. Auch das habe ich im Rahmen meiner Arbeit in Bonn erlebt.

Die Bundesregierung sucht das Schicksal der politischen Flüchtlinge aus der Sowjetzone, soweit wie nur immer möglich, zu erleichtern. Das gilt in bezug auf den Lastenausgleich und auf Rechte, die sich aus Artikel 131 des Grundgesetzes ergeben. Durch ein Flüchtlings-Rahmengesetz soll die rechtliche und soziale Gleichstellung der politischen Flüchtlinge gewährleistet werden.

Im übrigen hat der Betrug, der am 15. Oktober am freien und demokratischen Willen der Sowjetzonenbevölkerung verübt werden soll, ganz Deutschland wachgerüttelt. Das hat nicht zuletzt die einmütige Kundgebung des Bundestages am 14. September gezeigt. Welche Schachzüge die Ulbrichte, Piecke und Grotewohle auch noch machen werden, sie werden das Kainsmal des Verrates und der Gewalt nicht auslöschen können. Die geschlossene Verurteilung des deutschen Bundestages hat das Betrugsmanöver dieser sogenannten »demokratischsten Wahlen in der deutschen Geschichte« – so nennt sie die »Tägliche Rundschau« – aller Welt vor Augen geführt. Die SED trägt noch das ihre zur Aufdeckung des Wahlbetruges bei. Schon beginnen in der Zone die Aufrufe zum gemeinsamen Marsch an die Wahlurne. Nach vollzogener Wahl ist durch die Betriebs-Gewerkschaftsleitung Meldung zu erstatten, daß alle Kolleginnen und Kollegen ihr Wahlsoll erfüllt haben. Vor vergleichbarer Meldepflicht stehen da und dort die Blockleiter ganzer Wohnbezirke. Man muß sagen: Da haben die Wahlmacher des Dritten Reiches ihren Wahlbetrug doch noch etwas geschickter verhüllt.

Die Erklärung der Bundesregierung über den Wahlbetrug soll unserer bedrängten Bevölkerung in der Sowjetzone zu Hilfe kommen. Wir kennen die Gewissensqualen, unter denen sie leidet. Sie mögen unbesorgt sein: Wir wissen um ihr »Nein« zum Bolschewismus. Auch wenn ihre Peiniger aus den Wahlurnen ein 150prozentiges »Ja« herauszaubern.
Der Wille zur Defensive und Offensive gegenüber der kommunistischen Aggression ist im Fortschreiten. Die jüngsten Tage haben es noch demonstriert: Bundesregierung, Bundestag und alle demokratischen Kräfte des Volkes – Parteien und Organisationen – darunter selbstverständlich auch die Gewerkschaften – stehen im Angriff auf die Fünfte Kolonne. Man kann nur sagen: Die Demokratie rafft sich auf. Wir werden bald sehen, daß es der Kommunismus in der Bundesrepublik nicht mehr so leicht hat wie bisher. Das gilt für die kommunistische Partei wie für alle getarnten kommunistischen Organisationen. Das Bundeskabinett hat den Beschluß bekanntgegeben, daß keine Kommunisten und keine Mitglieder oder Förderer getarnter Organisationen mehr im Bundesdienst tätig sein dürfen. Man kann damit rechnen, daß die Länder und Gemeinden eine gleiche Haltung einnehmen. Nach den aggressiven Erklärungen des SED-Parteitages und des sogenannten Volkskongresses wäre es Selbstmord, würde die Bundesrepublik anders handeln.
Wir werden der Angstpsychose, die der Kommunismus kurze Zeit verbreiten konnte, ein Ende bereiten. Mancher schämt sich schon seiner Feigheit. Niemand will zu den Angeprangerten gehören. Und den Rückversicherern wird das deutsche Volk schon gute Sitten beibringen. Das Beispiel Berlins und der Berliner wird von Tag zu Tag stärker wirksam. Auch der Cube-Bazillus wird restlos überwunden werden. Der gesunde Kern unseres Volkes wird die geistige Schlappheit überwinden, die von einem Abschreiben der Sowjetzone zu reden wagt.
Jedenfalls war das Echo auf die defaitistische Arroganz eindeutig. Sie hat nicht das Geringste mit Demokratie zu tun. Sondern höchstens mit Preisgabe der Demokratie.
In den Gemeinschaftssendungen der deutschen Radiostationen kommt der gesunde Lebenswille unseres Gesamtvolkes zum Ausdruck. Intellektuellen Nörglern wird allmählich klarwerden, daß dieser Lebenswille die beste Kraft ist, dem kommunistischen Angriff einen Damm entgegenzusetzen.
Man sollte auch dem Wort »Propaganda« gegenüber nicht allzu empfindlich sein. Wir wollen – weiß Gott – keinen Goebbelsschen Stil einführen. Unser Volk diesseits und jenseits der Zonengrenze muß aber die Überzeugung gewinnen, daß in jedem von uns Gesamtdeutschland lebt. Und zwar ein Gesamtdeutschland, dessen Einheit in Freiheit wir zurückzugewinnen haben. Es ist nicht Propaganda, diese Überzeugung auszusprechen. Es ist nur die natürliche Pflicht eines Volkes, das sich nicht selbst aufgibt.
Es gibt drei Gruppen in unserem Volk, die die Segnungen des Kommunismus am eigenen Leib erfahren haben: die Ostvertriebenen, die politischen Flüchtlinge aus der Sowjetzone und die Berliner. Sie sind deshalb auch die leidenschaftlichsten Träger des deutschen Willens nach Einheit und Freiheit. An ihnen hängt die Hoffnung der Sowjetzonenbevölkerung am stärksten. In ihnen sieht sie die deutsche Aufgabe dieser Nachkriegsjahre am stärksten verkörpert. Diese drei Gruppen sind Vorkämpfer für die Aufgabe Nr. 1 der Bundesrepublik.
Für den Schutz der vom Kommunismus bedrohten Gebiete Deutschlands. Für den Schutz der Bundesrepublik. Selbstverständlich einschließlich Berlin.

Für die Zurückdrängung des Kommunismus aus den deutschen Gebieten, auf die er seine Hand gelegt hat. Also aus der Sowjetzone.
Für die Rückgewinnung der Gebiete, aus denen der Kommunismus die Deutschen vertrieben hat. Das heißt für die Rückgewinnung der Gebiete jenseits der Oder-Neiße.
Dazu ist politischer und moralischer Widerstand nötig. Es muß ein Widerstand sein, an dem der Kommunismus das Fürchten lernt. Lange genug hat er der freien Welt Furcht beigebracht. Seine Untaten, seine Lügen, seine verabscheuungswürdigen Tarnungen und Heucheleien müssen geächtet werden von der gesamten freien Welt. Von jedem freiheitsliebenden Deutschen.
Geächtet werden muß vor allem auch sein frivoles Spiel mit dem sozialen Geschick des Volkes und der Völker. Was ist dem Kommunismus der Arbeiter, dessen Befreiung er ständig auf dem Propagandaschild voranträgt? Nichts als ein Sklave problematischer Vier- oder Fünfjahrespläne. Die Doktrin für den Arbeiter unter kommunistischem Joch heißt Hennecke. Was ist Karl Marx gegen Hennecke! Was ist dem Kommunismus der Bauer? Eine Maschine des Solls und des Übersolls. Was ist ihm die Frau? Nicht Mutter der Kinder, sondern nur ein Rad im Getriebe des Götzen Produktion. Was ist ihm überhaupt der Mensch? Ein Sklave des Produktionsprozesses. Ein Mittel zur Machteroberung und zur Machtbehauptung.
Diesem Mißbrauch des Menschen gegenüber hat unsere stärkste Offensivkraft zu gelten. Sie besteht in nichts anderem als in der Schaffung sozialer Ordnung und sozialer Sicherheit. Niemand braucht besorgt zu sein, daß am Tage der Wiedervereinigung mit der Sowjetzone der kommunistische Bazillus auch in der Bundesrepublik gewinnt. Im Gegenteil: Gerade die Bevölkerung der Sowjetzone wird diesem Bazillus am meisten zu Leibe rücken. Denn sie weiß, was er bedeutet. Dabei wird es selbstverständlich zu einem gesunden Ausgleich kommen müssen. Dieser Ausgleich wird um so reibungsloser erreicht werden, je gesünder die soziale Ordnung ist, die sich die Bundesrepublik geben wird. Gesunde soziale Ordnung und soziale Sicherheit müssen um der Bundesrepublik selbst willen sein. Sie müssen aber auch geschaffen werden mit dem unablässigen Blick auf den Tag der wiedererlangten Einheit Deutschlands. Diese Ordnung wird am sichersten durch das Zusammenwirken aller positiven Kräfte unseres Volkes geschaffen. Ich bin überzeugt, daß der Tag heranreift, an dem sich die großen Parteien unseres Volkes stärker als bisher zu gemeinsamem Handeln zusammenfinden. Nationale und soziale Not werden über hemmenden Parteigeist hinweg ihre zwingende Kraft ausüben.
Für die politische und psychologische Situation unseres Volkes bedeutet das Kommuniqué aus New York einen bemerkenswerten Fortschritt. Wir sehen uns dem Tag näher, an dem Deutschland gleichgeachtet, gleichberechtigt und gleichverpflichtet seinen Platz im Kreis der freien Völker einnimmt. Eine Ermutigung bedeutet für uns die Erklärung der Alliierten, daß sie einen Angriff auf die Bundesrepublik oder auf Berlin als einen auf sich selbst gerichteten Angriff ansehen. Ich darf hier auf Berliner Boden auch noch zum Ausdruck bringen, mit welcher Genugtuung uns die Anerkennung der Tapferkeit Berlins erfüllt. Ich füge hinzu: Um so mehr warten wir auf den Tag, an dem dieser Stadt wieder ihr unbestrittener Rang im geeinten Deutschland gegeben wird.
Mit gleicher Genugtuung haben wir die Erklärung zur Kenntnis genommen, daß die Bundesregierung als einzige frei und gesetzlich konstituierte deutsche Regierung das Recht hat, »in internationalen Angelegenheiten als Vertreter des deut-

schen Volkes für Deutschland zu sprechen«. Als gesamtdeutsche Regierung handelt sie auch. Ihre wiederholt vorgetragene Forderung auf gesamtdeutsche freie Wahlen, ihre Verurteilung des Wahlbetruges am 15. Oktober in der Sowjetzone sind gesamtdeutsche Aktionen. Sie entsprangen ihrer gesamtdeutschen Autorität, Verantwortung und Verpflichtung. Deshalb sollte aber auch niemand mehr von einer westdeutschen Regierung, von einem westdeutschen Bundestag, von einer westdeutschen Bundesrepublik sprechen. Es gibt nur eine einzige deutsche Regierung. Es gibt nur einen Deutschen Bundestag. Es gibt nur eine deutsche Bundesrepublik.
Wer von westdeutscher Regierung oder vom westdeutschen Bundestag spricht, gäbe damit indirekt zu, daß es auch noch eine ostdeutsche Regierung gibt. Es gibt aber keine ostdeutsche Regierung. Es gibt nur eine sowjetdeutsche Clique, die sich Regierungsrechte anmaßt. Zuständig für Deutschland ist einzig die deutsche Bundesregierung. Sie wird einmal alle diejenigen zur Rechenschaft ziehen, die sich an Hab und Gut, an Freiheit und Leben Deutscher vergangen haben. Sie wird alle zur Rechenschaft ziehen, die sich zu Handlangern der Spaltung Deutschlands machten. Wir aber beharren zur Überwindung der Spaltung auf der Durchführung von gesamtdeutschen freien Wahlen. Wir beharren auf Bildung der verfassunggebenden Nationalversammlung für ganz Deutschland.
Nur so wird Einigkeit und Recht und Freiheit in ganz Deutschland wieder auferstehen. Diesseits und jenseits des Eisernen Vorhangs, der dann in Fetzen geht. Diesseits und jenseits der Oder-Neiße, die dann nicht mehr Grenzflüsse sind, sondern Flüsse, die mitten durch Deutschland fließen.

## 57

*Deutschland und der deutsche Osten*
*Schlußkundgebung des Parteitages der CDU in Goslar, 22. Oktober 1950*

Während ich hier in der Nähe der Zonengrenze zu Ihnen spreche, steht der letzte Sonntag in Köln noch in lebendigster Erinnerung vor mir. In Köln bekundeten 150 000 heimatvertriebene Schlesier ihren Willen zur ostdeutschen Heimat. Von einem jungen Mädchen wurde mir dort eine Schale schlesischer Erde übergeben. Das 17jährige Kind hatte diese Heimaterde in den jüngsten Tagen von Schlesien mit herübergebracht. Die Bundesregierung hat die Erde in ihre Obhut genommen. Als Symbol ihrer Verantwortung und ihrer Verpflichtung für den deutschen Osten. Wir vergessen dabei nicht, daß dieser sogenannte Osten bis tief ins Herz Deutschlands hineinreicht. Über den Thüringer Wald hinaus bis in die Rhön und in die Berge dieses Harzer Landes hinein. Das eigentliche Ostdeutschland, d. h. Ost- und Westpreußen, Pommern, die Grenzmark und die Neumark, ist dabei in grausamster Weise von Deutschen sozusagen gereinigt worden. In einem Elendszug ohnegleichen wurden 12 Millionen Deutsche westwärts getrieben. Dieses ostdeutsche Gebiet umfaßte allein 25 % der landwirtschaftlichen Nutzfläche des früheren deutschen Reiches.
Westlich der Oder-Neiße wurde das Gebiet der heutigen Sowjetzone nach den Intentionen von Teheran und den Beschlüssen von Jalta und Potsdam der sowjetischen Besatzungsmacht überantwortet. Fünf Länder Mitteldeutschlands gerieten in die erbarmungslose Gewalt des Kommunismus. Brandenburg, Mecklenburg-

Vorpommern, Sachsen, Sachsen-Anhalt und Thüringen sind wie die deutschen Gebiete ostwärts der Oder-Neiße unveräußerliche Glieder Deutschlands. Sie sind Zeugen deutscher Kultur, deutscher Geschichte, deutschen Fleißes. Heute dienen ihre Bodenschätze und ihre Industrie den militanten Zielen des Kommunismus. Viele ihrer Menschen sind Arbeitssklaven für die östliche Rüstung.
Nur die Oase Westberlin kam nicht ausschließlich in die Hand des Kreml. Aber sie wurde immer mehr zur Insel im Roten Meer. Eine Insel allerdings, die im Laufe der fünf Nachkriegsjahre ungeahnte Weltbedeutung gewonnen hat. Dieses Stück Berlin wurde vor den Augen der Welt zu einem Beispiel für die Gewaltmethoden des sowjetischen Kommunismus. Zur Demonstration für die hinterhältigen Machenschaften, deren sich die Sowjets bedienen. Mit allen Mitteln suchten und suchen sie das Ärgernis eines freien Berlin aus der Welt zu schaffen. Berlin wurde aber auch zum ersten Beispiel für die Stärke und die Entschlossenheit der freien Welt. Der Kommunismus mußte hier seine erste Niederlage einstecken.
Das Deutschland von 1945 nahm die Amputation seiner östlichen Hälfte zunächst in begreiflicher Betäubung hin. Der Westen des Landes hatte vorerst genug mit sich selbst zu tun. Ich trete niemandem zu nahe, wenn ich sage: Nur Berlin erwachte sehr schnell zu politischer Aktivität. Im Juni 1945 schon wurden in Berlin und in der sowjetischen Besatzungszone Parteien zugelassen. Ulbricht brachte zwar das Schema dazu von Moskau mit. Aber das konnte nicht hindern, daß die Politik nicht ganz nach sowjetischem Willen verlief. Berlin wurde zum größten Kummer Ulbrichts und seiner Beschützer zum Rückgrat der Freiheit. Berlin erlebte in unmittelbarer Anschauung die sowjetischen Methoden des Kommunismus. Es erkannte sehr rasch seine gefahrvolle Lage mitten im Roten Meer. Daraus wurde der entschlossene Impuls zu gesamtdeutscher Politik geboren. Berlin und seine Parteien haben gute Vorarbeit geleistet. Das gilt nicht zuletzt für die christlichen Demokraten in Berlin, die auch für die Sowjetzone standen. Damit meine ich natürlich nicht die sogenannten Verantwortlichen, die heute in der Sowjetzone von den Sowjets als christliche Demokraten verwandt werden. Es sind zum Teil in die Partei eingeschleuste sowjetische Werkzeuge. Von manchem weiß man weder Herkunft noch Tradition. Man kann annehmen, daß es sich um abkommandierte Kommunisten handelt.
Die echte Union hat redlich versucht, die Bolschewisierung der Sowjetzone aufzuhalten. Wir waren in unserer Entschlossenheit, das zu tun, weder Utopisten noch Naivlinge. Ich sage noch einmal in aller Klarheit: Wir waren entschlossen, bis dicht an die Unmöglichkeit heran bei unseren Menschen in der Sowjetzone auszuhalten. Wir waren entschlossen, nichts Menschenmögliches unversucht zu lassen, um ihnen Stütze und Rückhalt im Widerstand gegen die Bolschewisierung zu sein. Wir waren Opposition, und wir hatten die Möglichkeit, Opposition zu sein, weil wir den Mut dazu hatten. Wir waren unmittelbare Opposition bis zu dem Tage, da man versuchte, uns in den Volkskongreß zu pressen. Gegen diesen Versuch gab es nur ein Nein. Aber auch heute gibt es noch mutige Opposition in den Reihen der christlichen Demokraten der Sowjetzone. Das beweisen noch zuletzt die Verhafteten und die Toten von Potsdam. Und nicht nur in Potsdam. Auch in anderen Städten der Sowjetzone. Dafür sind auch hier unter uns die Delegierten unseres Exilparteitages lebendige Zeugen. Ich betone das hier mit besonderem Nachdruck. Denn immer noch versucht man, unsere politische Haltung zu diskreditieren. Ich nehme das gewiß nicht sehr tragisch. Denn in großen nationalen Fragen darf man nicht kleinlich

denken. Die Bevölkerung der Sowjetzone will gesamtdeutsche, will nationale Aktionen gegen ihre Bedrücker. Es gibt nur ein Ziel: Freiheit für die 18 Millionen in der Sowjetzone. Heimführung der 18 Millionen in einen deutschen Staat echter und reifer Demokratie. Zu diesem Ziele haben sich die demokratischen Parteien im Gebiete der Bundesrepublik heute immerhin schon stärker zusammengefunden als vor Jahresfrist. Der Wahlbetrug vom 15. Oktober in der Sowjetzone hat ein erfreuliches Zusammenwirken von Regierungsparteien und Opposition zuwege gebracht. Ich weiß aus der Sowjetzone, wie ermutigend die Wirkung war. Ich weiß sogar, daß der Widerstand in der Sowjetzone stärker ist als jemals.
Um so mehr kommt es darauf an, daß das ganze deutsche Volk seinen aktiven Willen zur Rückführung der Sowjetzone immer wieder bekundet. Keiner soll dabei besorgt sein, daß eine Wiedervereinigung die Gefahr einer bolschewistischen Infektion mit sich brächte. Die Sowjetzonenbevölkerung ist – weiß Gott – gegen den Kommunismus immun geworden. Das Wahrzeichen der Sowjetzone ist passive Resistenz seiner Bevölkerung. Über zweihunderttausend Agitatoren und Aufklärer vermögen die Versammlungen der SED nicht zu füllen. Täglich erfindet man neue Bolschewisierungsversuche. Welche Groteske, wenn Heimatschutzvereine aufgefordert werden, Lokalchroniken im Sinne des Marxismus-Stalinismus umzuschreiben. Trostlos ist die Vernichtung von Werken und Werten deutscher Geschichte. Brutales Zeugnis für die Barbarei ist die Sprengung des Berliner Schlosses. An seiner Stelle soll ein kommunistischer Aufmarschplatz entstehen.
Tiefste Sorge bereitet uns die radikale Veränderung der wirtschaftlichen und sozialen Struktur der Sowjetzone. Bolschewistische Bodenreform, die unter dem Kennwort »Enteignung der Nazi- und Kriegsverbrecher« durchgeführte Umschichtung der industriellen und gewerblichen Wirtschaft, die Bildung von sogenannten volkseigenen Betrieben und Sowjet-AG's haben das Angesicht der Sowjetzone grundlegend geändert. Wir haben vorzusorgen, daß am Tage der Rückführung Angleichung und Ausgleich gefunden werden können. Das wird um so leichter geschehen, je fester und gerechter die soziale Ordnung in der Bundesrepublik ist.
Wir sind keine Utopisten. Wir sind aber überzeugt, daß der täglich erkennbare, unüberwindliche Wille, die 18 Millionen heimzuführen, von zwingender Kraft ist. Von zwingender Kraft für die östliche und für die westliche Welt. Die Sowjetunion muß erkennen, daß sie bei dem Versuch, Deutschland zu bolschewisieren, auf Granit beißt.
Unser Ziel ist darüber hinaus: die Rückgewinnung der deutschen Länder jenseits der Oder und Neiße. In der freien Welt wächst die Erkenntnis, daß Deutschland keine Bedrohung der Freiheit mehr bedeutet. Deutschland ist heute entscheidender Faktor für die Rettung und die Stärkung der europäischen Freiheit. Wenn dem so ist, muß auch die Einsicht wachsen, daß auf ganz Deutschland das Selbstbestimmungsrecht der Völker seine Anwendung finden muß. Das ist der Weg, der den Ostpreußen, den Westpreußen, den Schlesiern und den Pommern die Heimat wiedergibt. Gibt es heute wirklich noch verantwortliche Staatsmänner, die nur in einem zerrissenen Deutschland die Sicherheit ihres Landes sehen? Wir haben nach den Abenteuern Hitlers Verständnis für gewisse Besorgnisse. Es wäre aber eine gefährliche Politik, wollte man die Hälfte unseres schwer geprüften Landes in den Händen des Bolschewismus lassen. Man kann Europa nicht dadurch befrieden und stärken, daß man aus Königsberg Kaliningrad und aus Breslau Wroclaw macht. Europa kann nur befriedet werden, wenn ein gleichberechtigtes Deutschland in den

Grenzen wieder hergestellt wird, die seinem Selbstbestimmungsrecht entsprechen. Polen hat seinen Landgewinn mit der Sowjetisierung bezahlt. Ich bin überzeugt, daß die freie Welt die Verewigung der deutschen Zerrissenheit mit einem weiteren Vormarsch des Kommunismus zu bezahlen hätte. Ich darf das so sagen: Niemand hat sich ehrlicher um eine Verständigung mit dem Osten bemüht als die Union der Sowjetzone. Allerdings haben wir auch niemals einen Zweifel darüber gelassen, daß es für uns nur eine Verständigung auf der Basis des Rechtes, der Demokratie und der Freiheit gibt. Ich habe das auf dem Boden der Sowjetzone immer wieder vor aller Öffentlichkeit ausgesprochen. In manchem Gespräch mit maßgeblichen Männern der sowjetischen Besatzungsmacht schien man zeitweise auf Verständigung dafür zu stoßen. Wir haben jedoch alle erfahren müssen, was heute die ganze Welt weiß: Ganz Deutschland sollte dasselbe Schicksal erleiden wie Polen, wie die Tschechoslowakei und weitere Staaten Osteuropas. Ein Sowjetdeutschland war und ist das Ziel. Sollte dieses Ziel jemals erreicht werden, dann spielt es natürlich für die Sowjetunion keine Rolle mehr, ob das Land östlich der Oder-Neiße deutsch oder ob es polnisch ist. Denn in allen bolschewisierten Ländern ist der Kreml unumschränkter Herrscher.

Das ist der Sinn, der hinter dem sogenannten Abkommen von Görlitz und hinter den sogenannten Verträgen von Warschau steht. Ulbricht und Grotewohl waren nur Werkzeuge der machtpolitischen Aktionen der Sowjets. Die so oft beschworenen Beschlüsse von Potsdam wurden gebrochen. Die Oder-Neiße-Linie wurde zur Friedensgrenze erklärt. Der Wahlbetrug vom 15. Oktober war einstweiliger Schlußstein dieser imperialistischen Aktionen gegen die Einheit eines freien Deutschland. Charakteristisch sind dabei bestimmte Abmachungen zwischen den Statisten der Sowjetzone und denen der Polen. Als erster wurde ein Vertrag unterschrieben, der vorsieht, daß mit größter Schnelligkeit Grenzsteine zwischen der Sowjetzone und Polen gesetzt werden. Die angeblichen Konzessionen von polnischer Seite im Hinblick auf Erweiterung des Handelsverkehrs bedeuten nur eines: Die Sowjetzone wird noch mehr als bisher in das volksdemokratische Wirtschaftssystem eingegliedert. Es ist als großes Entgegenkommen bezeichnet worden, daß deutsche Schiffe demnächst wieder auf der Oder fahren dürfen. Aber es sind sowjetdeutsche Schiffe. Sie dienen der sowjetischen Wirtschaft.

Und nun fragen wir: Was ist aus den deutschen Ländern östlich der Oder-Neiße geworden? Ein einfaches Wort sagt: Unrecht Gut gedeihet nicht. Das oberschlesische Industriegebiet ist in das Rüstungssystem der Sowjetzone einbezogen. Aus freien Arbeitern sind Arbeitssklaven geworden. In schwerster Fron stellen sie Panzer und Panzerplatten her. In den großen Städten hat man seelenlose Konjunkturbauten errichtet. Städte wie Breslau und Stettin sind ihres Charakters als Handelsmetropole zwischen Ost und West beraubt worden. Danzig und Königsberg sind nur noch Schatten ihrer selbst. Zeugnisse deutscher Kultur sind vernichtet.

Noch trostloser sieht es auf dem Lande aus. Einzelne Kurorte florieren noch. Aber nur deshalb, weil sie von den Piecken und Grotewohlen bevölkert werden. Sonst aber wissen wir: Weite Teile des Landes östlich der Oder-Neiße sind verödet und versteppt. Wo früher deutsche Bauern den eigenen Boden pflügten und pflegten, ist heute das System der Kolchose eingeführt. Fremde Arbeiter sind in die sowjetischen und die polnischen Gebiete eingeschleppt. Niemand fühlt sich auf heimatlicher Scholle. Denn jeder weiß: Es ist die Scholle der deutschen Heimatvertriebenen. Die neuen Bewohner zweifeln zudem am Bestand der augenblicklichen Ver-

hältnisse. Die polnischen Umsiedler aus Ostgalizien fühlen sich auf dem Eigentum deutscher Heimatvertriebener selbst als »Heimatvertriebene«. Die polnische Regierung hat aus urdeutschen Gebieten polnische Provinzen gemacht. Sie hat Köslin, Oppeln und Grünberg zu polnischen Provinzialhauptstädten gemacht. Das alles hat aber das Heimatgefühl der polnischen Umsiedler nicht wecken können. Und auch die Fruchtbarkeit unseres Landes dort ist nicht gewachsen. Ostpreußen – früher einmal die deutsche Kornkammer – muß heute Getreide einführen.
Man versucht mit Eifer, die geschichtliche Tradition des deutschen Ostens zu verfälschen. Man schafft Stalin-Alleen. Man baut Dimitroff-Brücken und errichtet Lenin-Denkmäler. Man tut das im übrigen auch in der Sowjetzone. Aber damit ist die tausendjährige deutsche Vergangenheit nicht auszutilgen.
Es ist natürlich kein Wunder, wenn die Heimatvertriebenen die besorgte Frage stellen: Kommt der Tag, der das alles ändert? Ich antworte darauf: Er kommt. Ich frage: Hat je eine Generation soviel Staaten und Reiche errichten und zerfallen sehen wie die unsrige? Ohne Recht und ohne Treue zu einer sittlichen Ordnung bleibt kein Staat und kein Reich bestehen. Dafür ist Hitler ein Beispiel. Dafür wird auch der sowjetische Imperialismus Beispiel sein. Und zwar, wenn die freie Welt stark ist. Und wenn sie gewillt ist, der Gerechtigkeit den Weg zu bereiten.
Wir schreiben 1950. Wir haben in fünf Nachkriegsjahren das langsame Erwachen der Vernunft erlebt. In wachsender Klarheit erkennen die freien Völker des Westens die Gefährlichkeit eines zerrissenen Deutschlands. Im Juni noch erklärte McCloy: »Die amerikanische Regierung hat weder die Oder-Neiße-Linie noch die Einbeziehung derjenigen deutschen Gebiete in das polnische Staatswesen anerkannt, die unter polnische Verwaltung gestellt worden sind.« Vor wenigen Wochen haben die Westmächte den Protest der Bundesregierung an die sowjetische Kontrollkommission weitergeleitet. Sie stellten dabei noch einmal fest: »Erst ein Friedensvertrag regelt die Grenzen von Deutschland.« Auch bei den östlichen Völkern wachsen die Zeichen der Vernunft. Der tschechische Nationalausschuß hat vor kurzem das Recht der Sudetendeutschen auf Heimat und Selbstbestimmungsrecht ausdrücklich anerkannt.
An uns ist es, dem Tag der Heimkehr den Weg zu bereiten. An uns ist es aber auch, uns auf diesen Tag vorzubereiten. Ein ermutigendes Zeichen ist die Charta der Heimatvertriebenen. Sie erklärt, daß die Heimatvertriebenen auf Rache und Vergeltung verzichten wollen. Haß und Rache hat Hitler gesät. Und die Vergewaltigungen des Kommunismus haben sie doppelt und dreifach gesät. Wir wollen endlich Haß und Rache beseitigen. Wir wollen auch und vor allem Verständigung mit den Völkern Osteuropas, wenn der Kommunismus von ihnen abgefallen ist.
Wir werden mitwirken, die Macht der freien Völker zu stärken. Nicht um einen Krieg vorzubereiten, sondern um ihn zu verhindern. Ich bin der Überzeugung: Nur die Stärke der freien Völker wird ihn verhindern.
Wir werden Idee und Kultur des deutschen Ostens im gesamtdeutschen Bewußtsein pflegen. Wir werden es als unsere besondere Aufgabe ansehen, den Heimatvertriebenen dabei zu helfen. Wer die Schlesische Heimatwoche in Köln miterlebt hat, weiß: Kultur und Geschichte des deutschen Ostens leben trotz der Armut der Heimatvertriebenen in unverminderter Kraft. Wir werden das ostdeutsche Schrifttum fördern. Und ostdeutsche wissenschaftliche Institute unterstützen. Ein ostdeutscher Kulturrat soll auf der Grundlage gesunden Eigenlebens die Landsmannschaften zu zweckmäßiger Zusammenfassung führen.

In unserer Verantwortung liegt es, daß die Kinder der Heimatvertriebenen im Gedanken an die Heimat aufwachsen. In unserer Verantwortung liegt es ebenso, daß die Kinder aus dem westlichen Deutschland mit dem Gedanken an das Schicksal des deutschen Ostens erzogen werden. In den Schulen sollten »Ostdeutsche Stunden« eingeführt werden. Die Bundesregierung wird sich zu diesem Zweck mit den Kultusministerien der Länder in Verbindung setzen.
Es muß gesamtdeutsche Gepflogenheit werden, daß Volkshochschulen, daß alle berufenen Organisationen für die Unterrichtung über Ostdeutschland Sorge tragen. Das Wissen um das Geschick der Sowjetzone, um den einstigen Reichtum und das heutige Schicksal des Landes jenseits der Oder-Neiße müssen verpflichtendes Allgemeingut jedes Deutschen werden. Von Berlin aus wird im November eine große ostdeutsche Wanderausstellung ihren Weg durch alle Länder der Bundesrepublik nehmen.
Am Schicksal Deutschlands wird sich erweisen, ob Europa Willen und Kraft zum Leben hat. Wir Deutschen werden das Unsere dazu tun. Deshalb sind wir auch überzeugt, daß der Tag eines in Freiheit wiedervereinten Deutschland kommt. Dann wird das Leid der hinter uns liegenden Jahre nicht sinnlos gewesen sein.

## 58

*Freiheit und soziale Gerechtigkeit in einem wiedervereinigten Deutschland*
*Essener Kongreß, 19. November 1950*

Diese Feierstunde gilt dem Gedenken des Essener Kongresses 1920. Sie ist eine Stunde der Erinnerung an die Männer und Frauen, die aus christlichem Verantwortungsbewußtsein eine Arbeiterbewegung schufen. Sie ist eine Stunde der Erinnerung an die Männer, die in der Notzeit unseres Volkes die Kraft christlicher Lebens- und Weltauffassung zu entscheidender Auswirkung zu bringen suchten. Es geschah aus diesem Gesetz heraus, als Adam Stegerwald den Männern und Frauen der christlichen Arbeiterbewegung in Essen zurief: »Die Rettung kann nur durch eine Wiedergeburt im Geiste des Christentums kommen.«
Das war gleichsam das Motto seiner Rede. Es war die Losung von Essen. Heute ist die Not, die Verworrenheit unseres Volkes unermeßlich größer, als sie in der Zeit um 1920 war. Ich will dabei mit diesem Zitat von Stegerwald nicht meine Zuflucht zu Allgemeinplätzen nehmen. Ich habe mich immer gegen die Abnutzung des Christlichen durch Allgemeinplätze gewehrt. Das lag im übrigen auch Adam Stegerwald nicht. Seine kernige, eckige Haltung war ganz der praktischen Aktivität zugewandt. Aber Zeiten der Not sind zugleich immer Zeiten der Rückbesinnung auf die sittlichen Kräfte des Volkes. Im Zeichen dieser Rückbesinnung stand der Essener Kongreß 1920. Im Zeichen dieser Rückbesinnung stand der Aufruf Adam Stegerwalds zum politischen Zusammenschluß aller christlichen Demokraten. Das Echo, das dieser Aufruf in Deutschland fand, zeigte, wie sehr die Notwendigkeit eines solchen Zusammenschlusses erkannt wurde. Wir wollen nicht untersuchen, warum der Wille damals nicht zur Tat wurde. Großen Ideen steht leider immer wieder menschliche Unzulänglichkeit entgegen. Es mußte erst die apokalyptische Prüfung des Zweiten Weltkrieges über unser Volk kommen. Die Verwirklichung der Idee von Essen reifte erst nach dem zweiten, nach dem totalen Zusammenbruch unseres Volkes. 1945 erst bildete sich die Union der christlichen Demokraten. Sie

bildete sich aus dem Rettungswillen entschlossener Christen für Deutschland. Der Zustrom zu dieser Union war das erste ermutigende Erlebnis in der Verworrenheit der damaligen Tage. Ermutigend war es vor allem in Berlin und in der Sowjetzone. Jeder weiß ja heute, daß sich die Tage des Zusammenbruches dort am grauenhaftesten auswirken. Aber auch im Westen und Süden reichten sich Christen beider Konfessionen bereitwillig die Hände zu gemeinsamer politischer Arbeit. Die Zustimmung weiter Kreise des deutschen Volkes zu dieser Gemeinsamkeit hat die Union der christlichen Demokraten zur stärksten Partei in Deutschland gemacht.
Es darf kein Zurück mehr geben zur Zersplitterung politischer Parteien nach Konfessionen. Das weiß jeder, der etwas aus der Vergangenheit gelernt hat. Und das sollte bei allen Verantwortlichen in unserem Lande der Fall sein. Es muß das Anliegen der Kirchen sein, Persönlichkeiten heranzubilden, die in christlicher Verantwortung ihren Beruf im öffentlichen Leben erfüllen. Vor allem sollte Toleranz das Gesetz der Erziehung durch die Konfessionen sein. Toleranz und Verständnis ist schließlich auch die Grundlage für die fruchtbare Zusammenarbeit der christlichen Demokraten.
In unserer Arbeiterbewegung hat sich die politische und soziale Zusammenarbeit der Christen beider Konfessionen von jeher bewährt. Unsere – d. h. meine – Generation gedenkt noch mit Genugtuung der Energie unserer alten Arbeiterführer. Mit einem Schwung und einer Weitsicht sondergleichen haben sie fast 1 1/2 Jahrzehnte in dem geschichtlich gewordenen Gewerkschaftsstreit um das Prinzip überkonfessioneller Gewerkschaften gekämpft.
1912 stand dieser Streit, der im katholischen Lager gegen überkonfessionelle Gewerkschaften geführt wurde, auf seinem Höhepunkt. Adam Stegerwald führt in seinen Erinnerungen einen Ausspruch von dem damaligen Reichskanzler Bethmann-Hollweg an, der den Kern des Streites berührt: »Wenn in Deutschland die Sozialdemokraten klassenpolitisch eine Welt für sich bilden und sich von den übrigen Volksgenossen auf allen Gebieten absondern, und wenn daneben die Katholiken in wirtschaftlichen und staatsbürgerlichen Fragen dasselbe tun, dann ist das deutsche Volk trotz aller äußerlichen starken staatlichen Klammern auf die Dauer von keinem Staatsmann zusammenzuhalten.« Der Gewerkschaftsstreit endete mit dem Sieg der christlichen Gewerkschaftsidee. Der Ausspruch von Bethmann-Hollweg ist für unsere Zeit von noch größerer Bedeutung. Wir haben kein starkes Reich mehr. Wir haben keine starken Klammern für dieses Reich. Wir haben vorerst nur eine mit dürftigen Rechten ausgestattete Bundesrepublik. Mühsam ringt diese Bundesrepublik um ihre eigene politische, wirtschaftliche und soziale Existenz. Mühsam ringt sie darum, unser willkürlich zerteiltes Deutschland wieder zusammenzufügen. Mühsam ringt sie um ihre Gleichberechtigung im Rahmen europäischer Gemeinschaft. Denn nur gleichberechtigt kann sie an der Stärkung der freien Völker mitwirken. Nicht um neue Kriege zu führen, sondern um durch Stärke den Angriff eines imperialistischen Kommunismus verhindern zu helfen.
In dieser Situation unseres Landes erfüllt es uns mit tiefer Besorgnis, daß man das Verhältnis der Christen beider Konfessionen zueinander zu stören versucht. Wir wissen, daß es der sozialdemokratischen Führung Kummer bereitet, daß sie es nicht zur stärksten Partei gebracht hat. Deshalb sucht man sich trotz mancher Verschiedenheit der Auffassung mit Martin Niemöller zu begegnen. Man baut auf seinen Einfluß in der evangelischen Kirche. Er könnte – so meint man – von der Union absplittern, was der SPD noch an Stimmen fehlt.

Ich will der Persönlichkeit von Martin Niemöller nicht zu nahe treten. Seine Tapferkeit gegen Hitler war uns nicht zuletzt Stärkung und Antrieb im eigenen Widerstand. Um so mehr bedauern wir seine Ressentiments. Seine negative Haltung gegenüber der politischen Zusammenarbeit der Konfessionen sollte wirklich der Vergangenheit angehören. Man denke nur an seine erstaunliche Bemerkung über die Bundesrepublik: Sie sei in Rom geboren. Solche Haltungen passen wirklich nicht mehr in unsere Zeit. Niemöller verlangt immer wieder Rücksicht auf die 20 Millionen in der Sowjetzone. Und er hat recht damit. Man kann gar nicht genug Rücksicht auf diese Millionen verlangen. Es kommt nur darauf an, was man unter dieser Rücksicht versteht.

Eines weiß ich sicher: Niemand verlangt so sehr nach politischer Zusammenarbeit aller Christen wie unsere Menschen in der Sowjetzone. Und nirgends war diese Zusammenarbeit so stark wie gerade dort. Niemand hat mich in der Union der Sowjetzone je gefragt, ob ich katholisch oder evangelisch sei. Niemand fragt auch jetzt in der Exil-CDU danach. Niemand fragt in der christlich-demokratischen Arbeiterschaft danach. Echte Schicksalsgemeinschaften in unserem Volk haben diesen Gegensatz längst überwunden.

Wir stehen hier in der Stadt meines Freundes Gustav Heinemann. Er war ihr Oberbürgermeister bis zu seinem Eintritt in die Bundesregierung. Ich bedauere aufrichtig, daß ich den Freund und Kameraden im Kabinett verloren habe. Denn wir waren stets einig in unserem sozialen Willen. Leider kann er heute nicht hier sein. Wir bitten ihn aber von dieser Stelle aus, für die Zusammenarbeit aller Christen weiter besorgt zu sein. Wie er das bisher getan. Denn gerade auch diese Zusammenarbeit gehört mit zur geistigen Verteidigungsbereitschaft unseres Volkes gegen den Ungeist kommunistischer Gefahr. Um diese aber muß es uns allen gehen.

Wir stehen vor der Aufgabe, in dem Stück Deutschland, das uns geblieben ist, die Freiheit zu verteidigen. Gelingt uns das, dann wird nach menschlicher Voraussicht die Wiedervereinigung Deutschlands in Freiheit erreicht werden. Stegerwald rief 1920 unter stürmischer Zustimmung den christlichen Arbeitnehmern in Essen zu: »Deutschland ist für uns die unzerstörbare Schicksalsgemeinschaft, die auf die Dauer kein Bajonett, keine Handgranate, kein Geld und keine Niedertracht zerreißen kann.« Das ist für uns Deutsche von heute eine etwas derbe Sprache. Aber unser Bekenntnis zu Deutschland kann heute nur das gleiche sein. Geradezu seherisch wirken Stegerwalds Worte, die er hier in diesem Saale über den deutschen Osten sprach: »Wir im schönen und reichen Westen und Süden wollen nie vergessen, daß es im rauhen und armen Osten Großtaten deutscher Kolonisation gibt. Daß dort Stammesbrüder wohnen, die in schwersten Kämpfen um Sprache, Kultur und Existenz stehen.« Ich führe dieses Bekenntnis eines christlich-demokratischen Arbeiterführers mit Dankbarkeit und Genugtuung an. Es ist das gleiche Bekenntnis, das jeder Deutsche abzulegen verpflichtet ist. Denn heute steht das östliche Deutschland, heute stehen Mitteldeutschland und Berlin in weit schwererer Prüfung, als das damals der Fall war. Wir sind überzeugt, daß nur die Wiederherstellung einer freien deutschen Schicksalsgemeinschaft zur Befriedung und zur Gesundung Europas führen wird. Das kann und wird nur geschehen, wenn der deutsche Kernstaat, wenn die Bundesrepublik gegen jeden kommunistischen Zugriff gesichert wird.

Diese Fragen berühren heißt die Frage nach dem deutschen Verteidigungsbeitrag für Europa stellen. Über Art und Zeit dieses Beitrages bestehen nicht nur Meinungsverschiedenheiten zwischen Regierung und Opposition. Weite Teile unseres

Volkes sind sich einfach nicht klar darüber, um was es eigentlich geht. Selbstverständlich spielen in allen Völkern menschliche Erwägungen eine Rolle. Aber auch parteipolitische, weltanschauliche und theologische Erwägungen sind in unser Volk hineingetragen worden. Sie haben einfach Verwirrung angerichtet.
Um was geht es nun? Es geht nicht darum, daß wir Deutsche einen Krieg wollen. Und zwar noch dazu einen Krieg, der die Gefahr einschließt, für uns zu einem Bruderkrieg zu werden. Sondern es geht darum, daß die freie Welt so stark wird, daß allein schon dadurch der Krieg verhindert wird. Es geht um die Erhaltung des Friedens, nicht um Krieg. Das Risiko für den Kreml muß so groß werden, daß seine Sorge um die Selbsterhaltung größer ist als der Appetit nach neuen Eroberungen. Zu dieser Stärke der freien Welt müssen auch wir – so gut wir können – beitragen. Denn es geht ja nicht zuletzt um unsere eigene Freiheit, um unser eigenes Leben, um unser eigenes Land. Wir können schließlich nicht verlangen, daß Amerikaner und Westeuropäer allein in unserem Land verteidigungsbereit stehen. Daß sie es ernst meinen mit der Verteidigung der Freiheit, beweist Berlin. Die Luftbrücke der Amerikaner und Engländer hat die kommunistische Blockade gebrochen. Das gleiche beweist Korea. Dort kämpfen Männer der Vereinten Nationen für die Freiheit. Sie kämpfen nicht nur für ihr eigenes Land.
Ernsthaft auseinandersetzen müssen wir uns mit denen, die aus lauteren Motiven sagen: Wir müssen uns von einer Auseinandersetzung zwischen dem Osten und dem Westen fernhalten. Denn sie führt zwangsläufig zum Bürgerkrieg. Ich halte diese Auffassung für falsch. Denn wir haben gar nicht die Möglichkeit, uns aus der Auseinandersetzung herauszuhalten. Dafür bürgen schon die Sowjets. Diese Erfahrung habe ich leider an Ort und Stelle – in unmittelbarster Begegnung – mit den Sowjets machen müssen. Und viele meiner Freunde mit mir. Kein aufrechter Politiker, der den Sowjets Auge in Auge gegenüberstand, kann in dieser Frage anders denken. Sie kennen keine Neutralität. Auch wer sich überrollen ließe, würde die Praxis des Bolschewismus zu spüren bekommen. Waffenfähige Männer würden in die bolschewistischen Truppen eingereiht. Oder sie hätten als Arbeitssklaven zu dienen. Das wäre nicht nur das Schicksal der Männer, sondern auch der Frauen. Wir alle würden also auch gegen unseren Willen zu Werkzeugen eines Systems gemacht werden, das wir mit allen Fasern unseres Herzens ablehnen.
Wir würden gegen unseren Willen in die Auseinandersetzung zwischen Ost und West hineingezogen werden. Keine noch so ehrlich gemeinte Neutralität könnte uns vor diesem Schicksal bewahren. Das haben die Ereignisse in den letzten fünf Jahren in allen volksdemokratischen Ländern bewiesen. Nicht zuletzt auch in unserem eigenen Land, in der Sowjetzone.
Mit Recht kritisieren wir, daß die sowjetische Gefahr seitens der Alliierten so spät erkannt wurde. Wir haben auch berechtigten Grund, uns zu beklagen, daß man uns immer noch in der Optik des vergangenen Krieges sieht. Daß man in einer Art und Weise über einen deutschen Verteidigungsbeitrag diskutiert, die uns – weiß Gott – verletzt. Die uns zum mindesten mißtrauisch machen muß. Bitter war es auch für uns, daß man lange Zeit keinen Unterschied machte zwischen ehrenhaften Soldaten und willigen Werkzeugen des nationalsozialistischen Militarismus. Ich habe im Widerstand gegen Hitler aufrechte Soldaten genug kennengelernt. Auch unter denen, die bis zum letzten kämpften, waren ehrliche Männer. Sie hatten zum Schluß nur noch das eine Ziel, der deutschen Bevölkerung in ihrer grauenhaften Lage im Osten zu helfen. Von den Millionen junger Menschen ganz zu schweigen, die im

guten Glauben kämpften. Deshalb sollte man auch endlich mit all den Prozessen Schluß machen, die heute noch unter dem Kennwort »Kriegsverbrecher« geführt werden. Man öffne auch die Gefängnistore für alle die, die gar nicht unter dieses Kennwort fallen. Man überprüfe die gefällten Urteile.
Selbstverständlich gibt es für unsere Verteidigungsbereitschaft Vorbehalte und Bedingungen. Eine der Voraussetzungen ist die Zusicherung der vollen militärischen Gleichberechtigung. Niemand von uns wird zustimmen, daß Deutsche in einer internationalen Armee als Menschen zweiter Klasse behandelt werden. Das wird auch Frankreich erkennen müssen. Und was die Kosten angeht, so muß auch hier die Kirche im Dorf bleiben. Es geht ja um die Sicherheit aller. Deshalb: Jeder trage seine eigene Last.
Im übrigen wollen wir nichts mit Militarismus zu tun haben, für den Uniformen, Waffen und letztlich der Krieg nur Selbstzweck sind. Wir wollen auch nichts zu tun haben mit gewissen Generalen, die ihre Soldaten in sinnlose Schlachten schickten, nur weil sie selber zu feige waren, dem sogenannten größten Feldherrn aller Zeiten den Gehorsam aufzukündigen.
Die Arbeiterschaft kann sich auch nur in aller Schärfe gegen militärische Cliquen wenden, die jetzt schon wieder Geheimorganisationen zu schaffen suchen. Es scheint mir wirklich Gefahr in Verzug zu sein. Und keiner soll sich von gewissen sowjetrussischen Verheißungen betören lassen. Karlshorst stellt Deutschland gute Behandlung in Aussicht, wenn es bereit ist, sich überrollen zu lassen. Wir wissen Bescheid.
Nach diesen sehr notwendigen Betrachtungen kann ich nur nochmals betonen: Die geistige und die moralische Stärke der freien Welt ist notwendig, um den Kommunismus zu überwinden. Um aber Aggressionsversuche zu verhindern, bedarf es auch der materiellen Kraft. Ich bin dabei der Überzeugung, daß uns die völlige Gleichberechtigung auf allen Gebieten sehr schnell zuwachsen wird. Die Wucht der Tatsachen hat schon vieles überrannt. Sie wird auch über noch vorhandenes Ressentiment gegen Deutschland zur Tagesordnung übergehen.
Bedauerlich ist es, daß man diese für Deutschland so entscheidende Frage zum Gegenstand von Wahlauseinandersetzungen macht. Das ist schon über jedes Maß im Zuge der Wahlkämpfe in den Ländern geschehen. Es wäre geradezu verhängnisvoll, nun auch auf Neuwahl des Bundestages zu spekulieren. Man konnte im geruhsameren deutschen Reich der achtziger Jahre wegen einer Militärvorlage den Reichstag auflösen und die Septennatswahlen durchführen. Das rührte – weiß Gott – nicht am Leben unseres Volkes. Aber heute und in der Frage des Verteidigungsbeitrages gegen den Kommunismus geht es um Sein oder Nichtsein Deutschlands.
Dabei bleibt verantwortungsbewußt zu prüfen, ob die schwerwiegenden Fragen dieser Zeit auf der schmalen Basis zu lösen sind, die heute für die Bundesregierung gegeben ist. Die Frage des Verteidungsbeitrages geht das ganze Volk an. Sie geht nicht zuletzt die breiten Schichten der Arbeiterschaft an. Schon deshalb sollte es zu engerer Verständigung der großen Volksparteien kommen. Das ist im übrigen auch notwendig für die Stabilisierung der politischen und sozialen Verhältnisse der Bundesrepublik. Wir brauchen diese Stabilisierung dem Osten gegenüber. Wir brauchen sie als Rückhalt für die 20 Millionen in der Sowjetzone. Wir brauchen sie um der Heimatvertriebenen willen. Und wir brauchen sie nicht zuletzt um der Arbeiterschaft willen. Kein Staat der Neuzeit kommt zu Festigkeit und innerer Ausgeglichenheit, wenn er nicht von der soliden Mehrheit seiner Arbeiterschaft bejaht und

getragen wird. Zudem: Das Problem der Gewerkschaften verliert sofort an Schärfe, wenn es zwischen den beiden großen Parteien, der Union und der SPD, zu besserem Kontakt kommt.
Zu guter Letzt bedürfen wir dringend einer ausgeglicheneren Personalpolitik. Ich weiß sehr wohl, daß die Sozialdemokratie, wo sie die Macht dazu hat, eine absolut egoistische Personalpolitik treibt. Bei loyaler Verständigung kann und wird mit Festigkeit das verhindert werden. Auf jeden Fall aber ist es nötig, daß Regierungs- und Verwaltungsbehörden echten Demokraten anvertraut werden. Es muß einfach mit Sorge erfüllen, wenn Kräfte in die Verantwortung gerufen werden, die dem System von gestern allzu willig gedient haben.
Und schließlich – aber nicht zuletzt – verlangt der Zustand unseres Volkes nach einer ausgeglichenen sozialen Politik. Für uns ist die soziale Sicherung der breiten Massen des Volkes eines der wesentlichsten Postulate.
Sicherlich ist manches, was vor 30 Jahren noch Wunsch und Forderung der Arbeiterschaft war, in Erfüllung gegangen. Man hat an der Weimarer Republik vieles zu kritisieren gehabt. Aber eines muß man ihr lassen: Auf dem Gebiet der sozialen Gesetzgebung, auf dem Gebiet der sozialen Sicherung hat sie Vorbildliches geschaffen. Deutschland war zum führenden Land der sozialen Politik geworden. Das nationalsozialistische Abenteuer warf alles über den Haufen. Wer nach diesem Abenteuer die Verantwortung übernimmt, kann nur auf dem sozialen Fundament von Weimar weiterbauen. Ich betone: Weiterbauen.
Unser Volk steht vor der Notwendigkeit einer äußeren Abwehr des Kommunismus. Es steht aber auch vor der Notwendigkeit seiner inneren Überwindung. Die Bundesrepublik muß zu einem echten sozialen Volksstaat werden. Das war schon die Forderung von Essen 1920.
Damals hatte der Marxismus noch seine ganze verführerische Kraft. Damals machte das sowjetrussische System die ersten Gehversuche. Die Anziehungskraft seiner Heilslehre für die Arbeiterschaft gegenüber den Verfallserscheinungen des Spätkapitalismus war noch groß. Es gab noch keine Erfahrungen der rauhen staatskapitalistischen Wirklichkeit des Kommunismus. Inzwischen haben wir am Beispiel volksdemokratischer Länder, am Beispiel unserer gequälten Sowjetzone gelernt, was der Staatskapitalismus uns an sozialer Gerechtigkeit zu geben hat. Wir haben gelernt, was es heißt, den Staat zum alleinigen Arbeitgeber zu machen.
Totale Verstaatlichung oder Vergesellschaftung der Wirtschaft ist keine Antwort auf die Frage nach sozialer Gerechtigkeit. Sie ist der Schleichweg für eine Diktatur, in der jeder einzelne nur Arbeitstier ist. Es ist aber ebenso wichtig, daß in der modernen Welt mit ihren Volksmassen, mit ihrer industriellen Entwicklung, das Wirtschaftsleben nicht einfach der Eigenmacht des einzelnen überlassen bleiben darf. Echte soziale Ordnung, die Ordnung, die dem Schicksal unseres Volkes entspricht, liegt zwischen den Extremen. Wir müssen uns von jedem Glauben an Patentlösungen freimachen. Leitmotiv kann nur sein: die Gesetze der Wirtschaft mit den Gesetzen der Menschenwürde in Übereinstimmung zu bringen. Nicht so, wie es kürzlich auf der Tagung der Arbeitgeberverbände hieß: Man sei »bereit zur Mitarbeit an einer mit der sozialen Marktwirtschaft zu vereinbarenden Sozialordnung«. Für uns ist schließlich nicht der freie Markt, sondern die bessere Sozialordnung das höhere Ziel. Dieser Ordnung hat auch die soziale Marktwirtschaft zu dienen. Aktive Sozialpolitik kann kein bloßes Anhängsel der Marktwirtschaft sein.
Von diesen Grundsätzen aus gesehen, geht es in unserem Lande noch um das so-

ziale Gleichgewicht. Es geht um jene sozialwirtschaftliche Ordnung, die uns vom Auf und Ab wirtschaftlicher Meinungen unabhängig macht. Dabei besteht zwei Jahre nach der Währungsreform gar kein Zweifel darüber, daß der resolute Kurswechsel von der bürokratischen Zwangswirtschaft zur Marktwirtschaft eine entscheidende Tat war. Er hat Außerordentliches zur Energieentfaltung unseres Volkes beigetragen. Der Produktionsindex stieg im vorigen Monat auf 121 %, gegenüber 100 % im Jahre 1936. Die Gesamtzahl der Beschäftigten umfaßte jetzt etwas mehr als 14 Millionen. D. h. über 3 Millionen mehr als 1936. Der industrielle Umsatz hat sich im Vergleich zum Sommer 1948 mehr als verdoppelt. Die Ausfuhr hat sich verfünffacht. Das Sozialprodukt stieg von rund 36 Milliarden im ersten Halbjahr 1949 auf mehr als 39 Milliarden im zweiten Halbjahr 1949. Und auf schätzungsweise 80 Milliarden im Jahre 1950. Zudem hat die Bundesregierung bis an die Grenze des finanziell Möglichen soziale Hilfe geleistet. Das beweist die Tatsache, daß der Sozialetat im Bundeshaushalt mehr als 50 % ausmacht.
Aber die Entscheidung über eine umfassende soziale Neuordnung steht noch als Aufgabe vor uns. Das Grundgesetz hat bewußt darauf verzichtet, näher auf die Postulate einer neuen Wirtschafts- und Sozialordnung einzugehen. Daran ist gewiß auch die Gespaltenheit unseres Landes schuld. Manches wird sicherlich deshalb noch Stückwerk bleiben müssen. Aber der Bundestag bleibt doch zu grundlegenden Aufgaben verpflichtet. Der Lastenausgleich harrt seiner Verwirklichung. Die Entscheidung über das Mitbestimmungsrecht drängt. Es wäre ein Unglück für unsere junge Bundesrepublik, wenn sich Arbeitnehmer und Arbeitgeber wieder in den alten Klassenfronten gegenübertreten würden. Den Gewerkschaften und den Unternehmern muß klar bleiben, daß es nur noch eine Politik der Verständigung geben kann. Gelegentliche Drohungen der Gewerkschaften, im Falle der Nichterfüllung ihrer Wünsche zu den alten Formen des Klassenkampfes zurückzukehren, verraten keinen konstruktiven Willen. Über solche Haltung waren die Gewerkschaften vor 1933 längst hinausgewachsen. Allerdings darf auch die Unternehmerseite nicht in Haltungen zurückfallen, die man längst überwunden glaubte. Äußerungen, wie sie auf der Tagung des Bundesverbandes der deutschen Industrie gefallen sind, können nur der Zuspitzung der Fronten dienen. Überdies begegnet man hier und da dem Geist einer gewissen Gewerkschafts- und Arbeiterfeindlichkeit, die einfach Sorge macht.
Die christlichen Gewerkschaften haben vor 30 Jahren in Essen Grundsätze einer praktischen Sozialordnung aufgestellt. In Ahlen haben die christlichen Demokraten diese Grundsätze von Essen den völlig veränderten Verhältnissen unseres Landes angepaßt. Das Ahlener Programm ist Ausdruck eines gesunden sozialen Ordnungswillens. Wir halten an diesem Programm fest. Es handelt sich im Ahlener Programm nicht um Klassenpolitik, sondern um Richtlinien einer sozialen Volkspolitik. Auch die Wirtschaft darf nicht mehr Angelegenheit einer privilegierten Schicht sein. Sie ist Arbeitsstätte und darum Angelegenheit des ganzen Volkes. Ihre Ordnung muß so gestaltet werden, daß sie – wie Adam Stegerwald es sagte – »Phantasie und Denken der großen Massen« zu erfüllen vermag.
Die Bundesrepublik muß es als ein hohes Ziel ansehen, in der sozialen Politik wieder den ersten Rang einzunehmen. Auch um der 20 Millionen in der Sowjetzone willen. Gewiß lernen diese 20 Millionen die Propagandalügen der Machthaber in der Sowjetzone von Tag zu Tag mehr verachten. Wenn überhaupt noch eine größere Verachtung möglich ist. Aber auch die Sorge wächst von Tag zu Tag: Man

fürchtet, die getrennten Teile Deutschlands könnten sich mehr und mehr auseinanderleben. Die Sorge ist berechtigt. Die Sowjetzone steht unter dem Zwangsgesetz der Enteignung und der Umschichtung der gesamten Bevölkerung. Wenn sie uns einmal wiedergegeben wird, bildet sie weit mehr noch als die Bevölkerung der Bundesrepublik eine Gemeinschaft der armen Leute. Ganz abgesehen von den strukturellen Veränderungen, die im Wirtschafts- und Sozialkörper der Sowjetzone unter der Gewalt des Kommunismus vorgenommen wurden. Die Bevölkerung wird aber ganz gewiß nicht kommunistisch sein, sie hat die Lüge kommunistischer Volksbeglückung grausam genug am eigenen Leibe erlebt. Es wird außer den mit Reichtum und Besitz ausgestatteten Piecken und Grotewohlen in der Sowjetzone keine Kommunisten mehr geben. Aber eines wird bleiben: Das ist die unerbittliche Forderung nach echter sozialer Volksordnung. Die Männer unserer Exil-CDU werden bestätigen, daß diese Forderung an erster Stelle steht. Dafür wird insbesondere die Arbeiterschaft im Bundesgebiet ausgesprochenes Verständnis haben.

Wir warten auf den Tag, an dem wir mit der Bevölkerung der Sowjetzone den sozialen Volksstaat des geeinten Deutschland schaffen können. Und ich wiederhole: Ich bin der Hoffnung, daß dieser Tag nicht mehr allzufern ist. Hier und da ist man der Auffassung, man solle der Bevölkerung der Sowjetzone und den Heimatvertriebenen nicht zuviel Hoffnung auf die Wiedervereinigung Deutschlands machen. Ich habe noch niemanden aus der Sowjetzone getroffen, der sich zuviel Hoffnung machte. Wohl aber sah ich manchen Hoffnungslosen. Hoffnungslos vor allem deshalb, weil ihm mancher Meinungskampf in der Bundesrepublik einfach den Atem verschlägt. Wäre das nicht der Fall, dann würde die Bevölkerung der Sowjetzone sicherlich zuversichtlicher in die Zukunft schauen. Nur der Kommunismus hat stets seine helle Freude, wenn sich die Demokratie in den Haaren liegt.

Ich werde nicht aufhören, der Bevölkerung der Sowjetzone und den Heimatvertriebenen meine eigene Hoffnung zuzurufen: Deutschland wird in Freiheit wieder zusammenwachsen. Allerdings müssen wir selbst voll des entschlossensten Willens sein, die Einheit in Freiheit zu erreichen. Wir werden zum Ziele kommen, wenn wir die Bundesrepublik staatspolitisch und sozial zu einem stabilen Bollwerk gegen den Kommunismus machen. Wenn wir der heimlichen Wühlarbeit des Kommunismus durch entschlossene Selbsthilfe aller Parteien und Organisationen widerstehen. Wenn wir echten inneren Selbstbehauptungswillen und Abwehrwillen gegenüber den versteckten Wühlereien des Kommunismus schaffen. Wir werden zum Ziele kommen, wenn die breiten Schichten unseres Volkes – insbesondere die Arbeiterschaft – eine aktive Demokratie entwickeln. Eine aktive Demokratie haben wir gegen alle Schlupfwinkel geheimer Organisationen zu entwickeln. Mögen sie links- oder rechtstotalitär sein. Dabei weiß man gar nicht, wo sich der Kommunismus im Augenblick am wohlsten fühlt.

Ob in linken oder in rechten Geheimorganisationen. Man staunt oft, was man an anonymen Ratschlägen von links und von rechts zugeflüstert erhält. Demokratie ist offenes Zusammenstehen von freien Männern und Frauen. Alles andere ist ungesund und soll nur Spekulanten dazu verhelfen, Einfluß oder gar Macht zu gewinnen.

Die Konsolidierung der Bundesrepublik durch eine aktive Demokratie wird uns ohne Zweifel den Weg in die Gemeinschaft des freien Europa öffnen. Es ist nun einmal so, daß die Sorge vor der kommunistischen Überflutung Europa schneller weiter bringt als alle Konferenzen und Begegnungen.

Wir haben in diesen Tagen unsere Freunde aus der christlich-demokratischen Arbeiterbewegung Europas unter uns. Sie haben die Gelegenheit unseres Kongresses benutzt, um Beratungen durchzuführen. Es sind zum Teil alte Freunde unserer Bewegung. Sie werden in diesen Tagen des Kongresses den Geist der christlich-demokratischen Arbeiterschaft erneut erleben. Es ist Geist von ihrem Geiste. Wir bitten sie, in ihren Ländern Anwalt des neuen Deutschland zu sein. Wir bitten sie aber auch, Anwalt der Wiedervereinigung Deutschlands zu sein. Die christlich-demokratische Arbeiterschaft wird mit die Gewähr dafür übernehmen, daß das geeinte Deutschland ein Land der Freiheit, der sozialen Sicherheit und eines unerschütterlichen Friedenswillens wird.

## 59

*Vor der Bundespressekonferenz*
*15. Januar 1951*

Die Erklärung des Bundeskanzlers läßt erkennen, welche Gründe für die Stellungnahme zum Grotewohl-Brief maßgeblich sind. Ich darf dieser Erklärung meinerseits einiges hinzufügen. Ich weiß, daß manch einer in der Bundesrepublik und in der Sowjetzone an den Schritt Grotewohls immerhin Hoffnungen geknüpft hat. Wir haben vor allem im Denken an unsere Landsleute in der Sowjetzone Verständnis dafür. Wir haben Verständnis dafür, daß sie sich in ihrer Not an jeden Strohhalm klammern, um aus ihrer bedrückenden Lage erlöst zu werden. Wir haben auch Verständnis dafür, daß sich die Bevölkerung der Bundesrepublik von dem Alpdruck befreit sehen möchte, den die Bedrohung aus dem Osten darstellt. Ich versichere demgegenüber noch einmal, daß nichts unversucht bleiben wird, was uns der deutschen Einheit näherbringen kann. Aber wir müssen wachsam bleiben, daß nicht ganz Deutschland eines Tages unter kommunistischen Einfluß gerät. Damit würden wir nicht nur der Bundesrepublik, sondern auch und vor allem der Bevölkerung in der Sowjetzone den schlechtesten Dienst erweisen. Dann müßten wir wirklich alle Hoffnung auf ein besseres Leben in einem freien Gesamtdeutschland endgültig begraben. Deshalb bleibt größte Zurückhaltung gegenüber den Vorschlägen des Grotewohl-Briefes geboten.
Nehmen wir z. B. den Vorschlag zur Bildung eines »Gesamtdeutschen Konstituierenden Rates«. Dieser Rat soll die Bildung einer provisorischen Regierung sowie einen Friedensvertrag mit Gesamtdeutschland vorbereiten. Und schließlich könne er auch – so wird ausgeführt – die Vorbereitung der Bedingungen von freien gesamtdeutschen Wahlen übernehmen. Schon die Reihenfolge dieser Aufgabenstellung für einen solchen Rat entspricht der kommunistischen Taktik, die ich selbst in der Politik um die Sowjetzone zur Genüge kennengelernt habe. Der Vorschlag einer paritätischen Zusammensetzung des konstituierenden Rates zeigt trotz aller Gegenbeteuerungen der SED die Absicht, jede mögliche Übereinstimmung von vornherein auszuschließen.
Durch diese Taktik haben die Kommunisten in der Sowjetzone in vergleichbaren provisorischen Gremien genügend vollendete Tatsachen zu schaffen gewußt. Im übrigen hat ja auch Herr Grotewohl diese kommunistische Methode am eigenen Leibe erfahren. Er ist – wie alle Welt weiß – ihr Opfer geworden. Die scheinbare demokratische Grundlage derartiger Gremien dient lediglich dazu, Unerfahrenen

Sand in die Augen zu streuen. Das gilt in diesem Falle nicht zuletzt für die Bevölkerung der Bundesrepublik.
Nach allen Erfahrungen und so, wie die Dinge heute liegen, bedarf es keines Konstituierenden Rates, sondern es bedarf der Durchführung freier gesamtdeutscher Wahlen für eine Nationalversammlung. Dieser Nationalversammlung muß es obliegen, alle weiteren Schritte im Namen des ganzen deutschen Volkes zu unternehmen. Nur so kann durch den freien Willen aller Deutschen die Einheit Deutschlands verwirklicht werden.
Wem es ehrlich um eine freie und nicht um eine kommunistische Einheit Deutschlands geht, der muß freie Wahlen zu einer Nationalversammlung an die Spitze aller Aktionen für die Einheit Deutschlands stellen. Der Grotewohl-Brief kehrt die Reihenfolge um. Das läßt erkennen, daß man über den »Gesamtdeutschen Konstituierenden Rat« kommunistische Ziele zu erreichen hofft.
Im übrigen steht wohl außer Zweifel, daß der Brief nicht aus eigenem Antrieb und nicht im Interesse unseres Volkes geschrieben wurde, sondern im Interesse jener Macht, die bisher systematisch alle Versuche verhindert hat, die Einheit Deutschlands in Freiheit wiederherzustellen. Niemand würde es mit größerer Erleichterung aufnehmen als wir – die Deutschen –, wenn die Sowjetunion diese Haltung aufgeben würde. Wenn sie sich mit der Durchführung freier gesamtdeutscher Wahlen abfinden würde. Darüber könnte die zu erwartende Viermächtekonferenz immerhin Aufschluß geben.
Wir können nur der Hoffnung Ausdruck geben, daß die vier Besatzungsmächte über diese Frage zu einer Einigung kommen. Diese Einigung scheint uns Voraussetzung zu sein für jede Verhandlung über die Durchführung wirklich freier Wahlen zu einer deutschen Nationalversammlung.

## 60

*Wiederherstellung der deutschen Einheit*
*Übersee-Club Hamburg, 12. April 1951*

Es ist mir eine wirkliche Genugtuung, gerade vor Ihnen hier im Übersee-Club über die Schicksalsfrage unseres Volkes sprechen zu dürfen. Ich bitte Sie: Nehmen Sie alles, was ich zu sagen versuche, nicht als Theorie oder gar als politische Propaganda. Sondern nehmen Sie es als das, was es ist: als den Ausdruck einer Erkenntnis, daß nur die tägliche Auseinandersetzung mit dem Schicksal unseres Vaterlandes und der täglich erneuerte Wille, die Einheit Deutschlands wiederherzustellen, alle Deutschen erst wieder zu einem lebenswerten Leben führen können.
In dem ost-westlichen Spannungsfeld ist das Deutschland-Problem eine der gefährlichsten Streitfragen. Es ist aber zugleich ein Problem, dessen zufriedenstellende Lösung am meisten zu einer Entspannung der Weltlage beitragen könnte. Die Lösung ist dabei leider unseren Händen weitestgehend entzogen. Sie liegt nach wie vor in erster Linie in den Händen der Besatzungsmächte. Aber die Haltung unseres Volkes, die Haltung eines jeden einzelnen von uns wird wahrscheinlich maßgeblicher für das Schicksal unseres Landes sein, als mancher von uns heute glaubt. Man muß leider der Auffassung sein, daß wir noch lange auf die Wiedervereinigung Deutschlands warten müssen, wenn wir uns nur auf die Besatzungsmächte verlassen. Es ist ja kein Geheimnis, daß es auch in Frankreich und England noch Leute

gibt, die der Wiedervereinigung Deutschlands mit einiger Sorge gegenüberstehen. Vergegenwärtigen wir uns zur Erkenntnis unserer Situation, daß das Deutsche Reich 1937 470 000 qkm groß war. Davon umfaßt das Land jenseits der Oder-Neiße 113 000 qkm. Die heutige Sowjetzone 92 000 qkm. Mit einer Bevölkerung von rund 18 Millionen. Dazu kommen noch etwa 1 1/4 Millionen aus dem Ostsektor Berlins. Die Abkommen von Jalta und Potsdam haben uns diese Gebiete entzogen. Die 113 000 qkm sind von Deutschen so gut wie vollkommen freigemacht worden, obwohl die Oder-Neiße-Linie nur eine Verwaltungsgrenze bedeuten sollte. Die 19,2 Millionen der Sowjetzone einschließlich Ostberlin aber sind in die Gewalt des Kreml gegeben worden.
Das Potsdamer Abkommen, das im Augenblick die sowjetische Propaganda wieder stark beherrscht, enthält folgende gemeinsame Erklärung der Sowjetunion, der USA und Englands: »In der Periode der Besetzung muß Deutschland als ein einheitliches Ganzes betrachtet werden.« Dieser Erklärung folgt die weitere Feststellung, daß zu diesem Ziel eine gemeinsame Politik für Bergbau und verarbeitende Industrie, für Landwirtschaft, Löhne, Ein- und Ausfuhr, Verkehrswesen usw. festzulegen sei. Kaum war das Potsdamer Abkommen unterschrieben, da begann die sowjetische Besatzungsmacht bereits eine gemeinsame Politik auf wirtschaftlichem Gebiet unmöglich zu machen. Sie ging sofort in voller Eigenmächtigkeit an die schrittweise Bolschewisierung der von ihr besetzten Gebiete. Entnazifizierung und Entmilitarisierung, wie sie im Potsdamer Abkommen festgelegt wurden, haben ihr dabei als Mittel gedient. Ebenso dienten und dienen Demontage und Steuerpolitik als Mittel, die Bolschewisierung zu fördern. Ausgangspunkt der Bolschewisierung der Sowjetzone war die Bildung sogenannter Zentralverwaltungen für die verschiedenen Gebiete der Wirtschaft und des öffentlichen Lebens. Mit ihrer Einrichtung wurde bereits einen Monat nach der Potsdamer Konferenz begonnen.
Nur mit größter Sorge können wir feststellen, wie sehr sich das freiere Deutschland – d. h. die heutige Bundesrepublik – und die sowjetische Besatzungszone in ihrem Wirtschaftsleben mehr und mehr auseinanderleben. Der erste radikale Schritt zur Bolschewisierung war die brutale Durchführung der Bodenreform im Herbst 1945. Durch diese allen Rechtsgrundsätzen widersprechende sogenannte Reform trat eine völlige Veränderung der Besitzverhältnisse in der Landwirtschaft ein wie auch eine wesentliche Umschichtung in den Größen der landwirtschaftlichen Betriebe. Durch diese auch allen fachlichen Grundsätzen widersprechende Umwälzung wurde die landwirtschaftliche Erzeugung weit zurückgeworfen. Sie hat auch heute bei weitem noch nicht die entsprechende Ertragsfähigkeit pro Hektar des Bundesgebietes erreicht.
Die sowjetzonale Industrie ist zu rund 40 % demontiert gewesen. Ihr Umbau und Neuaufbau erfolgen nunmehr ohne Rücksicht auf ihre Zugehörigkeit zu Deutschland. Wir stehen heute vor folgendem Tatbestand: Von etwa 40 000 Industriebetrieben mit über 10 Mann Belegschaft sind 3500 sogenannte volkseigene Betriebe. 116 Betriebe sind Sowjetische Aktiengesellschaften geworden. Aus der Zahl der Beschäftigten und mehr noch aus den Produktionswerten geht die überaus große Bedeutung der volkseigenen Betriebe und der Sowjetischen Aktiengesellschaften hervor.
Die Durchschnittsbelegschaften betragen bei den volkseigenen Betrieben 270 Beschäftigte, bei den SAGs 6100 und bei den Privatbetrieben nur 12 Beschäftigte.
Die volkseigenen Betriebe schufen 1950 Produktionswerte in Höhe von 5,4 Milliar-

den gleich 47 %. Bei den Sowjet-Aktiengesellschaften waren es 3,8 Milliarden gleich 33 % und bei den Privatbetrieben 2,3 Milliarden gleich 20 %.
Die Sowjetunion verfügt also durch die SAGs über rund ein Drittel der gesamten industriellen Kapazität der Sowjetzone. In zehn Industriezweigen haben die Sowjets durch die SAGs das absolute Herstellungsmonopol. In weiteren acht Industriezweigen nehmen die Sowjets mit Kapazitätsanteilen von 95 bis 70 % ebenfalls Monopolstellungen ein. In weiteren Industriezweigen beherrschen die Sowjets durch den Besitz wichtiger Erzeugungsanlagen die Produktion.
Die Sowjets üben also mit ihren SAGs und ihren Handelsgesellschaften – auf die ich noch zurückkomme – in der Wirtschaft der Zone den beherrschenden Einfluß aus. Deutsche Stellen haben nicht den geringsten Einfluß auf diese Unternehmungen.
Damit erschöpft sich aber der sowjetische Einfluß in die Wirtschaft noch in keiner Weise. Nach neueren Untersuchungen mußte vielmehr im Jahre 1950 auch von der Erzeugung der volkseigenen und der Privatbetriebe etwa die Hälfte an die Sowjets abgeliefert werden, so daß nicht nur ein Drittel, sondern zwei Drittel der industriellen Produktion den Sowjets zugute kommen.
Neben der Industrie beherrscht die sowjetische Besatzungsmacht direkt oder indirekt fast den gesamten Handel der Sowjetzone. Ich nenne nur einige der Handelsgesellschaften, durch die sich diese Beherrschung vollzieht:

Rasno-Export, Berlin NW 7
HANDAG GmbH, Handelsagentur, Berlin C 2
DEAG GmbH, Deutsche Einfuhr- und Ausfuhr GmbH, Berlin W 8
INTRAG, Berlin W 8
EUPEX, Berlin W 8
TEXTA, Berlin
CHINAEXPORT, Berlin

und schließlich die

Deutsch-Russische Transportgesellschaft, DERUTA.

Diese Gesellschaften übernehmen planmäßig große Teile der Erzeugung der Sowjetischen Aktiengesellschaften. Sie übernehmen weiter Teile der Produktion der volkseigenen Betriebe und auch der Privatwirtschaft. Zu Dumpingpreisen werden diese Güter dann für sowjetischen Nutzen auf dem Weltmarkt abgesetzt. Außerdem betreiben diese Gesellschaften den legalen und den illegalen Handel mit der Bundesrepublik. Ihre Emissäre bereisen Westdeutschland und versuchen überall Handelsbeziehungen anzuknüpfen. Selbstverständlich sollen diese Handelsbeziehungen aber nicht der Bevölkerung der Sowjetzone dienen, sondern lediglich der Sowjetunion.
Aus diesen wenigen rein wirtschaftlichen Tatsachen allein vermag man schon zu entnehmen, in welchem Umfange die Sowjets die Bolschewisierung der Sowjetzone vorangetrieben haben. Die gesamte Wirtschaft – ob Sowjet-AGs, ob volkseigene Betriebe oder ob noch Privatbetriebe – wird von Moskau aus gelenkt, und zwar von der Sowjetischen Staatlichen Plankommission.
An der Versorgung der deutschen Verbraucher nach dem Grade ihres früheren Lebensstandards haben die Machthaber in der Sowjetzone kein Interesse. Solange die Sowjets und die von ihnen gestützten Politiker die Sowjetzone beherrschen, hat die Bevölkerung keine Chance, eine spürbare Hebung ihres Lebensstandards zu erreichen. Denn das Ziel allen Wirtschaftens in der Sowjetzone ist nicht die Bedarfsbe-

friedigung der Bevölkerung, sondern die Steigerung des Potentials der Sowjetunion. Daher wird die Entwicklung der Industrie für den deutschen Zivilbedarf vollständig vernachlässigt. Die ehemals blühende sächsische Textilindustrie kann sich nicht mehr entwickeln. Ihre wertvollen Textilmaschinen können zum Teil nicht einmal hinreichend instand gehalten werden. Viele Textilarbeiter sind arbeitslos, oder sie sine zwangsweise im Uranbergbau und in anderen privilegierten Industrien untergebracht. Der Arzneimittelindustrie werden alle Importe verweigert. Viele Ärzte in der Sowjetzone lassen sich dringend benötigte Arzneimittel von Verwandten und Bekannten aus der Bundesrepublik in Päckchen schicken.

Ich habe an die Spitze meiner Ausführungen die wirtschaftliche Zerreißung und Verzerrung Deutschlands durch die Bolschewisierung der Sowjetzone gestellt. Die Wirtschaft ist nach sowjetischer Auffassung der wichtigste Faktor für den sogenannten Fortschritt im bolschewistischen Sinne. Alle menschlichen, alle politischen und sozialen Bereiche haben sich der Wirtschaft unterzuordnen. Im Bereich der sowjetischen Wirtschaftspolitik hört der Mensch auf, Mensch zu sein. Er wird zum Funktionär im System. Wenn er sich dazu nicht eignet, wird er in der Planmaschinerie zermalmt. Entsprechend dieser Haltung wurde auch die Bolschewisierung auf politischem und sozialem Gebiet vorangetrieben. Das Potsdamer Abkommen bestimmte zwar, daß die Behandlung der deutschen Bevölkerung in ganz Deutschland die gleiche sein müsse. Aber in der Sowjetzone entstanden 1945 unverzüglich Konzentrations- und Arbeitslager. Die meisten von uns wissen um Menschen, die dort elendiglich zugrunde gegangen sind. Ich erinnere nur an den Präsidenten der Reichsarbeitsverwaltung, Friedrich Syrup. Ich erinnere an zahlreiche Beamte früherer deutscher Ministerien und andere Persönlichkeiten des öffentlichen Lebens. Männer, die sich vielfach dem Nationalsozialismus durchaus nicht gebeugt hatten. Dieser oder jener schleppt sein Leben noch heute unter trostlosen Bedingungen durch die Zuchthäuser der Sowjetzone.

Die Bevölkerung der Sowjetzone wurde unter den Druck von Polizeimaßnahmen gestellt, durch die ohne Kontrolle der Öffentlichkeit und ohne Urteilsspruch im Laufe der Jahre Zehntausende ihre Freiheit verloren haben.

Das Potsdamer Abkommen bestimmte, daß »in ganz Deutschland alle demokratischen Parteien erlaubt und gefördert werden« sollten. Es sah ausdrücklich Rede-, Presse- und Religionsfreiheit vor. Man suchte aber die politischen Parteien, die man in der Sowjetzone zuließ, sofort einer sowjetischen Kontrolle zu unterwerfen. Sie ging soweit, daß sowjetische Offiziere auch zu internsten Vorstandssitzungen erschienen. Sowjetische Kontrolloffiziere verlangten sogar die Vorlegung von Redeentwürfen.

Die Etappen der Vergewaltigung der Parteien in der Sowjetzone sind bekannt. Im Frühjahr 1946 kam es zur Bildung der SED durch die Vereinigung von SPD und KPD. Die christlichen Demokraten, die ab Ende 1945 unter meiner Verantwortung standen, konnten sich noch bis Dezember 1947 halten. Der Volkskongreß war die Zäsur. Jedem war damals klar, daß der Volkskongreß nicht nur ein Instrument der sowjetischen Außenpolitik für die damals vor der Tür stehende Londoner Konferenz sein sollte. Er sollte zugleich die Alleinherrschaft der SED in der Sowjetzone energisch weitertreiben. Was heute an nichtkommunistischen Parteiführungen in der Sowjetzone besteht, sind die üblichen Feigenblätter, mit denen der stalinistische Kommunismus die Brutalität seines Regimentes in allen Satellitenstaaten zu verhüllen sucht.

Nach der Volkskongreßschöpfung gab es in der Sowjetzone keine Möglichkeit der Opposition mehr. Der Volkskongreß wurde 1949 in eine sogenannte Volkskammer ohne jede gesetzliche Grundlage umgewandelt. Damit wurde die Basis der sowjetzonalen Staatsbildung, der sogenannten »Deutschen Demokratischen Republik«, geschaffen. Sie wurde im Herbst 1949 – selbstverständlich ohne freie Wahlen – der Bevölkerung aufoktroyiert.
Was hier im Westen Deutschlands den Maßnahmen in der Sowjetzone folgte, geschah stets nur in Abwehr einseitiger sowjetischer Maßnahmen. Westdeutschland konnte sich ja gegenüber der sowjetischen Sabotierung des Potsdamer Abkommens auf die Dauer nicht nur passiv und abwartend verhalten. Erst im Sommer 1947 entstand der Frankfurter Wirtschaftsrat. Er war im Grunde ein Gegenstück zu den schon zwei Jahre früher geschaffenen Zentralverwaltungen für die sowjetische Zone. Man begnügte sich mit diesem Wirtschaftsrat, weil man immer noch auf den guten Willen der Sowjets wartete.
Aus diesem geschichtlichen Ablauf ergeben sich zwei Tatsachen. Einmal: Die Zerreißung Deutschlands hat mit einseitigen Maßnahmen der sowjetischen Politik begonnen. Zweitens: Der sowjetischen Politik ist es darauf angekommen, auf deutschem Boden ein politisches und wirtschaftliches Gebilde zu schaffen, das ausschließlich nach den Grundätzen des Bolschewismus aufgebaut war. Es kam den Sowjets und ihren Gefolgsleuten darauf an, dem kommunistischen Machtwillen auf deutschem Boden eine stabile Grundlage zu schaffen und damit zugleich einen wirksamen Ausgangspunkt für weiteres Vordringen nach Westen. Bei dieser Einrichtung ihrer Machtbasis spielte weder der Wille der Bevölkerung noch Recht und Gerechtigkeit eine Rolle, noch die feierlichen Vereinbarungen im Potsdamer Abkommen, auf die man sich sowjetischerseits immer wieder beruft.
Die sogenannte Deutsche Demokratische Republik ist nur dürftig als demokratisches Gebilde getarnt. Sie ist nicht durch freie Wahlen legitimiert. Die SED kann sich freie Wahlen gar nicht erlauben. Sie würden für sie einfach zu einer katastrophalen Niederlage führen. Denn die Bevölkerung – das kann hier im Bundesgebiet nicht genug zum Ausdruck kommen – ist innerlich vom System des Bolschewismus so wenig berührt, wie wir selbst es sind. Das System ist ein System der Fremdherrschaft, dem sich deutsche Kommunisten und Nichtkommunisten als willige Werkzeuge zur Verfügung stellen.
Die sogenannte Verfassung der Sowjetzonenrepublik sieht dabei auf dem Papier ganz demokratisch aus. In bezug auf die Kompetenzen der Besatzungsmacht erscheint die sogenannte Deutsche Demokratische Republik sogar unabhängiger als die Bundesrepublik. Es sieht so aus, als wenn sich die sowjetische Besatzungsmacht nur auf die Kontrolle beschränkte. In Wirklichkeit hält sie aber alle Fäden in der Hand. Sie regiert durch direkte Eingriffe oder über ihre Befehle an die SED, die ja nur ihr verlängerter Arm ist. Auch die Grundrechte sind in der Verfassung der Sowjetzonenrepublik enthalten, z. B. Schutz der persönlichen Freiheit, Niederlassungsfreiheit, Recht der freien Meinungsäußerung, Versammlungs- und Vereinsfreiheit, Religions- und Gewissensfreiheit, Eigentumsrecht, Koalitionsrecht, Streikrecht, Mitbestimmungsrecht der Gewerkschaften in den Betrieben usw., usw. Es gibt aber keinen Verfassungsgerichtshof. Die Volkskammer ist die höchste Instanz, sie wird einseitig beherrscht von der SED, und sie legt selbstverständlich die Verfassung in ihrem Sinne aus.
Allein schon die Tatsache, daß beinahe 10 % der Sowjetzonenbevölkerung in den

vergangenen Jahren nach dem Westen geflohen sind, spricht über die verfassungsmäßig verbrieften Rechte eine deutliche Sprache.
Die heute noch andauernden Enteignungen demonstrieren die kommunistische Handhabung des Eigentumsrechtes. Die Gründe für die Enteignungen werden in allerlei angeblichen Wirtschaftsverstößen gesucht und gefunden. Eigens zum Zweck der Enteignung wurde z. B. im April 1949 eine Verordnung erlassen. Nach ihr müssen Privateinlagen in einem Betrieb, die seit dem 9. Mai 1945 erfolgt waren, plötzlich rückwirkend einer Nachversteuerung unterzogen werden. Diese Nachversteuerung erfaßt beinahe die gesamten Einlagen. Sie ruinierte damit in den weitaus meisten Fällen die Betriebe derart, daß sie nunmehr auf dem kalten Wege sozialisiert werden konnten.
Die Gewerkschaften in der Sowjetzone haben im Grunde nur zwei Aufgaben: Überwachung der ideologischen Rechtgläubigkeit der Arbeiterschaft und Steigerung der Arbeitsleistung. Diese Kontrolle wahrzunehmen ist der Sinn der Betriebsgewerkschaftsleitungen. Streikrecht gibt es nicht. Streikrecht bedeutet im Sowjetparadies Sabotage. Ebensowenig gibt es in sozialisierten Betrieben ein Mitbestimmungsrecht der Gewerkschaften oder der Arbeiterschaft.
Die Rechte der Arbeitnehmer sind in dem sogenannten »Gesetz der Arbeit« vom 19. April 1950 verankert. Das Gesetz verspricht z. B. das Recht auf Arbeit. Man frage aber einen Arbeitslosen in der Sowjetzone, wie dieses Recht auf Arbeit aussieht. Es heißt Wahl zwischen der Verpflichtung zur Arbeit im Uranbergbau oder in anderen Schwerpunktbetrieben oder bei der Volkspolizei, oder es bedeutet Verlust der Arbeitslosenunterstützung.
Das Gesetz enthält unter anderem auch Vorschriften über die Aktivistenbewegung. Mit dieser Bewegung schafft man in der Sowjetzone sozusagen eine neue Klasse. Nur ein Aktivist ist in der Lage, sich einen menschenwürdigen Lebensstandard zu sichern. Das neue System der Lohngruppen unterstreicht diesen Zustand noch durch die große Differenzierung der Löhne. Danach gelten die obersten Lohngruppen nur für qualifizierte Arbeitskräfte mit ganz besonderen Leistungen. Nach den gesetzlichen Bestimmungen dürfen jedoch in die oberste Lohngruppe 8 höchstens 1,5 % der Gesamtzahl der Arbeiter, in die 7. Lohngruppe 3 % und in die 6. Lohngruppe 6 % eingestuft werden. Der größte Teil der gelernten Arbeiter entfällt damit auf die mittleren Lohngruppen 4 und 5. Das bedeutet für die Arbeiterschaft der Sowjetzone weit niedrigere Lohnsätze als in der Bundesrepublik.
Darüber hinaus beträgt die Steuerbelastung in der Sowjetzone pro Kopf der Bevölkerung 673 M, gegenüber 369 M in Westdeutschland. Der Sowjetzonenbewohner zahlt jährlich außerdem mindestens 440 M allein für Reparationen. Der Bewohner der Bundesrepublik zahlt zur Zeit dagegen nur 80 M für Besatzungskosten. Darüber hinaus wird der Arbeiter der Sowjetzone noch ausgebeutet durch den Zwang, alle nichtrationierten Waren in den HO zu kaufen, d. h. in den staatlichen Handelsorganisationen, deren Gewinne großenteils zur Finanzierung der Reparationen benutzt werden. Dieser Zwang bedeutet eine weitere schwere Steuerbelastung der Sowjetzonenbevölkerung.
Zusammenfassend läßt sich sagen, daß die bolschewistisch-totalitäre Ordnung in der Sowjetzone eine totale soziale Umschichtung der Bevölkerung bewirkt hat. Es muß uns darum gehen, diese politische, soziale und wirtschaftliche Wirklichkeit in aller Klarheit zu sehen. Denn nur so können wir die richtige Haltung zu der bedrohlichen Lage unseres Landes finden. Nur so können wir Stellung beziehen in dem

Nervenkrieg, den der Sowjetismus mit den raffiniertesten Mitteln gegen das westliche Berlin und gegen die Bundesrepublik führt. Nur so können wir Ausgangspunkt und -haltung für eine aktive Ostpolitik, für eine aktive Wiedervereinigungspolitik gewinnen.

Bundesregierung und Bundestag haben sich energisch der Illusion widersetzt, als könne man die Wiedervereinigung Deutschlands etwa durch ein Gespräch am runden Tisch herbeiführen. Ich selbst habe im Verlauf des Jahres 1947 zweimal die Bildung einer gesamtdeutschen Körperschaft vorgeschlagen. Damals – 1947 – erschien ein solcher Vorschlag noch durchführbar. Denn die demokratischen Kräfte in der Sowjetzone hatten immerhin noch eine Position. Sie hätten sich nach meiner Auffassung in einer solchen Körperschaft durchsetzen können, oder aber der böse Wille des Kommunismus wäre schon damals vor aller Welt offenbar geworden. Der Verlauf der vom Ministerpräsidenten Ehard ebenfalls im Jahre 1947 einberufenen gesamtdeutschen Konferenz der Ministerpräsidenten schien allerdings denen recht zu geben, die schon immer derartige Versuche für aussichtslos hielten.

Heute – nach fast 6 Jahren systematischer Bolschewisierung der Sowjetzone und nach den Erfahrungen, die diese Jahre einschließen – kann man nur sagen: Die Wiedervereinigung Deutschlands durch ein Gespräch am runden Tisch mit den derzeitigen Machthabern der Sowjetzone herbeiführen oder auch nur einleiten zu wollen, ist eine Illusion. Diese Illusion kann sehr leicht dazu führen, ganz Deutschland unter den Einfluß dieser Machthaber zu bringen. Die gleichen Kräfte, die planmäßig und unter rücksichtsloser Anwendung von Gewalt die bolschewistische Keimzelle auf deutschem Boden schufen, können nicht plötzlich zu kompromißbereiten, toleranten Gesprächspartnern werden. Man kann von ihnen um so weniger Toleranz und Fairplay verlangen, als ihnen ja ein in Freiheit geeintes Deutschland die Macht kosten würde.

Welcher Weg kann uns nun aber der Wiedervereinigung Deutschlands näherbringen? Jeder einzelne von uns muß erkennen lernen: Es gibt nur einen Weg: Den Sowjets und den von ihnen benutzten kommunistischen Kräften muß klargemacht werden, daß ihre Methoden bei uns versagen werden. Daß sich ihr kommunistisches Experiment auf deutschem Boden zu einer aussichtslosen und gefährlichen Aktion gestalten wird. Die Sowjets müssen mit den Mitteln der Politik zu der Einsicht gebracht werden, daß es ratsam und angebracht wäre, ihre Politik gegenüber Deutschland zu ändern. Man wird dieser Einsicht bei ihnen nur durch einen zähen, hartnäckigen und geduldigen Kampf zum Durchbruch verhelfen können. Man wird die Sowjets von der Falschheit ihrer bisherigen Politik auf deutschem Boden nur durch Tatsachen überzeugen. Sie müssen durch die wachsende Stärke der freien Welt von der Rolle des Angreifers in die Rolle des Verteidigers gedrängt werden. Das ist nicht militant, sondern politisch gemeint. Ich will dabei bemerken, daß die Auseinandersetzungen um die Illusion des runden Tisches in der Bundesrepublik gerade von diesem Standpunkt aus aufs höchste bedauerlich waren und sind. Gewiß ist die Diskussion auch bei den ernstesten und schwerwiegendsten Problemen das Vorrecht der Demokratie. Wir sollten uns aber stets dabei bewußt sein, daß jedes Zeichen der Schwäche und der Uneinigkeit für den Kommunismus eine Aufforderung zu neuen Aktionen bedeutet.

Ich bemerkte eben, die Widerstandshaltung gegenüber dem Kommunismus sei nicht militant gemeint. Allerdings gehört die militärische Stärke der freien Welt ebenfalls zu den Voraussetzungen, die den Stalinismus von der Notwendigkeit der

Änderung seiner Politik überzeugen können. Dabei hängt unser eigener militärischer Beitrag ganz von der politischen Gesamtlage ab. Man darf aber damit rechnen, daß die Viererkonferenz – falls sie zustande kommt – darüber einige Klarheit schaffen wird. Voraussetzung für eine Beteiligung bleibt selbstverständlich die völlige politische und militärische Gleichberechtigung unseres Landes. Dabei will ich keinen Zweifel darüber lassen, daß die grundsätzliche Verweigerung eines Verteidigungsbeitrages die Position der Sowjets bei allen Verhandlungen erheblich stärken muß und damit die deutschen Interessen nur schädigen kann. Die Parole »Ohne mich« ist eine kommunistische Zweckparole.
Am offensichtlichsten hat Berlin bewiesen, daß die Sowjets vor harter Widerstandsleistung zurückweichen. Manch einer hat bei der Blockade Berlins etwas mitleidig gelächelt, wenn man auf die Möglichkeiten friedlichen Nachgebens hinwies. Der Widerstand Berlins gegen die sowjetische Blockade, das entschlossene Festhalten der Westmächte an ihrer Position in Berlin haben schon einmal bewiesen, daß die Sowjets gegenüber entschiedenem Widerstand zurückweichen.
Ich will damit nicht den Optimismus vertreten, daß sich die Sowjets von heute auf morgen zu einem Rückzug aus der Sowjetzone bewegen ließen. Aber man sollte auch bestimmte Schwächeerscheinungen nicht übersehen, die sich im kommunistischen Block zeigen. Man braucht nur an Jugoslawien zu denken oder an die Spaltungen im italienischen Kommunismus. Auch im Gebiet der Bundesrepublik hat sich eine unabhängige kommunistische Bewegung gebildet. Ob ihr Bedeutung zukommt, muß sich allerdings erst noch zeigen. Schließlich kann man auch nicht annehmen, daß die wiederholten Säuberungen in der kommunistischen Partei und in der Regierungsmaschinerie der unterworfenen östlichen Länder nur der Ausdruck von kommunistischem Sadismus sind. Ich denke an die Tschechoslowakei, an Ungarn, an Polen. Man muß dabei in diesen Ländern auf Bewegungen schließen, die dem stalinistischen Kommunismus feindlich sind. Uns selbst kann das nur zu einer entschlosseneren Haltung ermutigen.
Ganz sicher ist in den letzten Monaten die Erkenntnis der kommunistischen Gefahr gewachsen. Der Wille zum Widerstand ist größer geworden; aber man stößt immer noch auf gefährliche Illusionen. Hier und da meint man sogar, zu einer Verständigung kommen zu können, wenn man dem Bolschewismus läßt, was er hat. Und wenn man versucht, auf dieser Grundlage politisch und wirtschaftlich ins Geschäft zu kommen. Jede Regung dieser Art ist für den Kommunismus eine Ermutigung zu neuen Eroberungsversuchen. Wissenschaftler, Wirtschaftler, Kaufleute, Sportler, die sich aus Nachgiebigkeit, Angst oder Unwissenheit mit den Machthabern der Sowjetzone einlassen, spielen das Spiel der Sowjetpolitik. Der sowjetisch gläubige und gelenkte Kommunist sieht in jedem Gesprächspartner ein Instrument, das er dem höheren kommunistischen Zweck dienstbar zu machen sucht.
In diesem Zusammenhang lassen Sie mich einige Bemerkungen zum Interzonenhandel machen. Wir haben uns immer bemüht, alles zu tun, um Deutschland als einheitliches Wirtschaftsgebiet zu erhalten, und wir sind auch heute noch dazu bereit. Dagegen mußten wir erfahren, daß die Behörden der Sowjetzone den Interzonenhandel nur als ein Mittel betrachten, um in spätestens drei Jahren gegenüber Westdeutschland autark zu werden. Im übrigen soll der Interzonenhandel dazu beitragen, das Rüstungspotential der Sowjetunion zu erhöhen.
Es ist deshalb notwendig, diese Förderung der sowjetischen Rüstungswirtschaft zu verhindern. Vordringlich erscheint mir eines: Es muß mehr als bisher zu einer ge-

meinsamen Handelspolitik der westlichen Länder gegenüber dem Osten kommen. Dabei müssen alle Beteiligten die gleichen Grundsätze beachten. Wir müssen uns darüber klar sein, daß auf sowjetischer Seite die wirtschaftlichen Operationen gegenüber den westlichen Ländern zentral geführt werden. Auch auf diesem Gebiet wird jede Schwäche gegenüber dem Kommunismus ausgenutzt.

Eine der wichtigsten Fragen für die Zukunft ist: Was geschieht nach dem Tage, an dem uns die Einheit Deutschlands in Freiheit wiedergegeben ist? D. h., was geschieht, wenn sich nach freien Wahlen eine Nationalversammlung und aus dieser Nationalversammlung eine gesamtdeutsche Regierung gebildet hat? Wir dürfen wohl damit rechnen, daß dann das Gefühl der Zusammengehörigkeit der Deutschen entscheidend dazu beitragen wird, die getrennten Teile rasch wieder zusammenwachsen zu lassen. Die Unterschiede in der gesamten Struktur zwischen uns und der Sowjetzone sind gewiß sehr groß. Aber tausendjährige Tatbestände der Zusammengehörigkeit von West- und Ostdeutschland lassen sich doch nicht in wenigen Jahren aus der Welt schaffen. Dabei müssen wir uns grundsätzlich über eines klar sein: Die Wiedervereinigung kann sich nicht so vollziehen, daß einfach der Zustand der Zeit vor dem Kriege wiederhergestellt wird. Es muß trotz aller Unterschiede ein organisches Gleichgewicht erreicht werden. Ich darf darauf hinweisen, daß mein Ministerium es mit als Hauptaufgabe ansieht, die Wiedervereinigung vorbereiten zu helfen. Bei allen Einsichtigen steht fest, daß nicht alles rückgängig gemacht werden kann, was seit 1945 in der Sowjetzone geschehen ist. Die Zehntausende von Siedlern etwa, die jetzt in der Sowjetzone das ihnen zugewiesene Land bearbeiten, kann man nicht wieder von Haus und Hof vertreiben. Schließlich haben sie nichts oder nur sehr wenig mit dem Rechtsbruch zu tun, mit dem die Sowjets ihre sogenannte Bodenreform durchgeführt haben. Andererseits müssen wir Mittel und Wege finden, diesen Rechtsbruch zumindest unter Wahrung der Interessen aller Beteiligten auszugleichen. Dabei hat im Vordergrund die Wiederherstellung der Leistungsfähigkeit der Landwirtschaft zu stehen.

Ähnlich ist es auf dem Gebiete der industriellen und der gewerblichen Enteignungen. Auch hier wird es zunächst darauf ankommen, die Wirtschaft in Gang zu halten. Dann wird dafür zu sorgen sein, daß der Staat sich dort herauszieht, wo er nichts zu suchen hat, etwa in Handel und Gewerbe, aus verstaatlichten Gaststätten, Kinos oder sonstigen Institutionen. Dabei wird es in der Großindustrie selbst nicht möglich sein, den alten Zustand wiederherzustellen. Man muß danach suchen, den Geschädigten Genugtuung zu geben. Man darf im übrigen bei der Industrie auch nicht übersehen, daß nach Entfernung der rechtmäßigen Eigentümer vielfach ausgedehnte Investitionen mit öffentlichen Geldern vorgenommen worden sind. Diese Gelder wurden nicht zuletzt auch aufgebracht durch die Ausbeutung der arbeitenden Bevölkerung mit Hilfe des HO-Systems. Auch das darf nicht einfach übersehen werden.

Auf jeden Fall aber soll die Bevölkerung in der Sowjetzone schon heute wissen, daß wir das derzeitige System der Staatsmonopole und der Rechtlosigkeit der Bürger nicht übernehmen. Sie soll wissen, daß wir entschlossen sind, wieder eine der abendländischen Kultur entsprechende Lebensauffassung durchzusetzen.

Die Freiheit des einzelnen und selbstverständlich auch der Wille der gesamten Bevölkerung werden bei der Zusammfügung der beiden Teile Deutschlands ausschlaggebend sein.

Die Sowjetzonenbevölkerung lebt heute nicht zuletzt von der Hoffnung auf die po-

litische und soziale Stabilisierung der Bundesrepublik. Sie hat kaum Verständnis für parteipolitische Eskapaden und Machtkämpfe, wie wir sie anscheinend steigend erleben sollen. Der Kommunismus dagegen lebt von der Hoffnung auf solche Eskapaden. Politische, wirtschaftliche und soziale Unruhe in Westdeutschland nimmt der Kommunismus immer wieder zum Beweis, daß ihm die Expansion nach dem Westen doch noch gelingen könnte. Es ist mit Bezug auf diese Gesichtspunkte in der Bundesrepublik nicht alles in Ordnung. Eine Zusammenfassung aller politischen, wirtschaftlichen und sozialen Kräfte zu selbstloserem Wirken für die Stabilisierung unseres Kernstaates hat Gesetz unseres Handelns zu sein. Je mehr uns das gelingt, um so größer ist unsere Chance, den Kommunismus zurückzudrängen. Um so größer ist die Chance der Wiedervereinigung unseres Landes.
Das Problem der Wiedervereinigung Deutschlands umfaßt nicht nur die Sowjetzone und den Sowjetsektor Berlins. In die Problematik dieser Wiedervereinigung gehört auch das deutsche Land jenseits der Oder-Neiße. Es ist selbstverständlich, daß von uns die Unterschrift der Ulbricht und Grotewohl unter die Abtretungsurkunde vom 6. Juli 1950 nicht anerkannt wird. Deutschland besteht immer noch innerhalb der Grenzen von 1937. Das ist auch von den Alliierten anerkannt worden. Über die Grenzen Deutschlands wird ein Friedensvertrag entscheiden, der mit einer von unserem gesamten Volke legitimierten Regierung abzuschließen sein wird. Es bleibt bis dahin unser Recht und unsere Pflicht, die Aufmerksamkeit der Welt immer wieder auf die jeder Vernunft und jedem Recht widersprechende Abtrennung deutschen Landes im Osten zu lenken. Wir sind verantwortungsbewußt genug, um das ohne Kreuzzugsgesinnung und ohne Haß zu tun. Wir sind uns klar darüber, daß die jetzige Lösung für Polen ebenso unerträglich ist wie für Deutschland. Polen hat fast die Hälfte seines Landes an die Sowjetunion verloren. Wie die Sowjetzonenbevölkerung, leidet das polnische Volk unter der bolschewistischen Diktatur. Wir hoffen, daß eine Lösung der deutsch-polnischen Frage eines Tages im europäischen Rahmen möglich sein wird. Und zwar eine Lösung, die beiden Völkern Gerechtigkeit widerfahren läßt.
Auch die Frage der Wiedervereinigung Deutschlands ist ja eine europäische Frage. Sie ist es in dem Sinne, daß wir nur zu einer Einheit in Freiheit kommen, wenn Europa unseren Anspruch unterstützt. Sie ist es aber auch insofern, als es im Grunde ohne ein wiedervereintes Deutschland kein vereinigtes und kein befriedetes Europa geben kann. Denn Europa endet weder an der Elbe noch an der Oder-Neiße.

## 61

*Vor dem Deutschen Bundestag*
*Bonn, 5. April 1951*

Ich habe mich nicht zu Wort gemeldet, um zu diesem oder jenem finanziellen oder technischen Punkt des Haushaltsplanes meines Ministeriums etwas zu sagen. Sollte jemand glauben, uns den Vorwurf einer »expansiven Personalwirtschaft« machen zu müssen, so will ich nur dazu bemerken: Die gegenüber dem Vorjahre zu verzeichnende Stellenvermehrung ist darauf zurückzuführen, daß mit Wirkung vom 1. April 1950 die Berliner Abteilung des Ministeriums für sämtliche übrigen dort vorhandenen ministeriellen Vertretungen die gemeinsamen Organisations- und Verwaltungsangelegenheiten zentral bearbeitet. Diese Regelung wurde auf seinerzei-

tige Veranlassung des Haushaltsausschusses aus Gründen der Verwaltungsökonomie getroffen. Das erforderte für das Ministerium insbesondere in Berlin natürlich die Verstärkung um eine Anzahl von Stellen.
Sonst will ich nur noch bemerken, daß der Stellenplan nach sparsamsten Gesichtspunkten aufgestellt ist. Das Ministerium hat nach Wesen und Ziel vorübergehenden Charakter. So hoffen wir wenigstens. Deshalb haben wir darauf geachtet, daß im wesentlichen nur Angestelltenstellen im Bereich des Organisationsplanes vorgesehen sind. Beamtenstellen wurden nur in solchen Fällen beantragt, in denen hoheitliche Funktionen oder weitreichende fiskalische Interessen des Bundes wahrzunehmen sind. Dabei ist der finanziellen Notlage des Bundes bis an die Grenzen des Möglichen Rechnung getragen worden.
Ich habe mich aber auch nicht zu Wort gemeldet, um große programmatische Ausführungen zu machen. Gestatten Sie mir nur einige Bemerkungen. Das hinter uns liegende Jahr hat zweifellos in jedem Deutschen zwei Erkenntnisse vertieft und in den Vordergrund gerückt. Erstens: Die Einheit unseres Landes muß wiederhergestellt werden. Das ist für unsere Zukunft eine psychologische, eine politische, eine wirtschaftliche Notwendigkeit. Ich brauche das vor Ihnen nicht erst weiter zu begründen. Zweitens: Diese Einheit kann nicht die von den Sowjets und ihren deutschen Beauftragten propagierte Einheit sein. Denn daß es sich bei dieser propagierten Einheit um nichts anderes als um eine kommunistische Einheit handelt, brauche ich hier ebenfalls nicht mehr zu begründen. Die Grotewohl-Aktionen und alle mit ihr in Verbindung stehenden offiziellen Erklärungen, Verlautbarungen und Appelle östlichen Ursprungs – auch die Frauendemonstration von gestern nachmittag vor dem Bundeshaus – haben das neben den in der Sowjetzone geschaffenen Tatsachen längst jedem urteilsfähigen Deutschen klargemacht. Diese Klarheit zu fördern und zu festigen, kann nur mit größter Wirkung durchgeführt werden, wenn sich auch staatlicherseits eine weithin sichtbare zentrale Stelle darum kümmert und die notwendigen Hilfsmittel dafür zur Verfügung stellt. Denn ich will ehrlich sein: Es gab auch noch im Gebiet der Bundesrepublik manche psychologischen Hemmungen gegenüber einer aktiven Berlin- und einer aktiven Ostpolitik zu überwinden.
Die Wiederherstellung der deutschen Einheit ist ein politisches, ein wirtschaftliches und ein institutionelles Problem. Die Lösung dieses vielseitigen Problems hängt leider nicht von uns Deutschen allein ab. Aber fester, entschlossener Wille unseres Volkes zur Einheit ist zweifelsohne das entscheidendste Moment für die Erreichung der Einheit. Einen solchen Willen kann die Welt auf die Dauer nicht ignorieren. Seine Stärkung im freiheitlichen Sinne ist dabei zunächst ein propagandistisches Problem. Ein Problem der politischen Aufklärung und Aufrüttelung unseres Volkes. Das ist um so mehr der Fall, als vom Osten her das Mittel der Propaganda skrupellos eingesetzt wird, um eine kommunistische Einheit Deutschlands zu erreichen.
Damit soll nicht gesagt werden, daß das Ministerium für gesamtdeutsche Fragen ein Propagandaministerium sein soll. Ich sage das zum Trost derer, die immer wieder hören lassen: Um Himmels willen kein Propagandaministerium! Ihnen sei zur Beruhigung gesagt: Wir haben niemals die Absicht gehabt und haben sie auch heute nicht, Goebbelssche oder Eislersche Propagandamethoden zu imitieren. Sie würden ja auch schließlich der demokratischen Intelligenz und Kritik gar nicht standhalten. Deshalb bemüht sich gerade unser Ministerium um exakte und sachliche Aufklärung. Ich darf das wohl für alle unsere zahlreichen Publikationen in Anspruch nehmen.

Hauptsorge des Ministeriums war und ist es, Anreger und Helfer für alle Parteien, Verbände, Organisationen und Institutionen zu sein, die berufen und bereit sind, ihre Tagesarbeit unter das dominierende Gesetz der neu zu schaffenden Einheit Deutschlands und der Zurückweisung des Kommunismus zu stellen. Ihnen haben wir in umfangreicher Weise notwendiges Rüstzeug zur Verfügung gestellt, wenn wir auch nicht an die Papierflut des Ostens heranreichen. Diese Papierflut ist ja schließlich schon Makulatur, ehe sie die Zonengrenze passiert hat.
Gut wäre es dabei, wenn wir zu einem noch sinnvolleren Zusammenwirken aller Vereinigungen und Kräfte kommen könnten, die in besonderer Weise verpflichtet und berufen sind, dem Kommunismus entgegenzutreten. Schließlich steht auf der Gegenseite geschlossenste Koordination im Kampf gegen die Bundesrepublik. Was dort unter Zwang besteht, müßte bei uns aus freiester Einsicht geschehen.
Dieser und jener Kritik gegenüber glaube ich sagen zu dürfen, daß die Aktivierung unseres Volkes für die deutsche Einheit und die Abwehr des Kommunismus, die sich in den vergangenen Monaten gezeigt hat, nicht zuletzt auch der Arbeit des Ministeriums zugeschrieben werden dürfen. Auch die Bevölkerung in der Sowjetzone spürt mehr und mehr, daß wir uns in der Bundesrepublik um ihr Schicksal kümmern. Daß wir ihr zu helfen versuchen. Die Klage, daß wir sie abgeschrieben hätten, ist mehr und mehr verstummt. Erfreulicherweise bestätigen uns auch die Sowjetzonenmachthaber in Presse und Rundfunk immer wieder die Wirkung unserer Arbeit. Das Ministerium für gesamtdeutsche Fragen ist bei ihnen die am meisten geschmähte Bundesbehörde. Dabei sind allerdings die Räubergeschichten, die sie über die Arbeit des Ministeriums deklamieren, nur ein Widerklang dessen, was sie selbst zu tun pflegen.
In diesem Zusammenhang will ich darauf hinweisen, daß – je mehr sich der Eiserne Vorhang verdichtet – der Rundfunk heute im Grunde die dominierende Möglichkeit ist, um die Bevölkerung in der Sowjetzone regelmäßig und gut zu informieren und ihr damit einen wirklichen inneren Halt zu geben. Ich appelliere deshalb noch einmal eindringlich an die Intendanten, an die Kommentatoren und an die Nachrichtenredakteure der Rundfunkgesellschaften, mehr noch als bisher die Situation der Bevölkerung in der Sowjetzone zu berücksichtigen. Ich kann nur sagen, daß die Sowjetzonenbevölkerung das erwartet. Am besten wäre es natürlich, wenn wir für die gemeinschaftliche Aufgabe an der Sowjetzone eine besondere Welle erhielten. Das Ministerium hat die Pläne der Rundfunkintendanten in dieser Beziehung nachdrücklich unterstützt. Die Hauptschwierigkeit hierbei ist der Kopenhagener Wellenplan, der dem Osten besondere Vorteile eingeräumt hat. Um so wichtiger ist es, daß die Sender im Bundesgebiet ihre gesamtdeutsche Aufgabe erkennen und in steigendem Maße erfüllen. Daß die Sorge des Ministeriums nicht zuletzt auch der geistigen Betreuung der Heimatvertriebenen, den politischen Flüchtlingen, den Landsmannschaften gilt, ist der Öffentlichkeit bekannt. Die vom Ministerium geschaffene, zunächst in Berlin und augenblicklich in Düsseldorf gezeigte Ausstellung »Deutsche Heimat im Osten« wird im Laufe des Jahres in Hunderttausenden von Deutschen die Verbundenheit mit dem Osten wachhalten und pflegen.
Ich weiß nun, daß gerade an der aufklärenden Wirksamkeit des Ministeriums noch manche Kritik geübt wird. Es wird aber wohl jedem von Ihnen bekannt sein, daß alle, die sich auf das Gebiet der Aufklärung begeben, stets in reichlichem Maße kritisiert werden. Ich betrachte dabei Kritik – ob berechtigt oder unberechtigt – stets als fördernd und anregend.

Es liegt zudem auch im Wesen gerade dieses Ministeriums, daß es seinen Erfolg nicht darin sehen kann, daß seine Arbeit und seine Wirkung in aller Öffentlichkeit voll anerkannt und gepriesen wird. Manches, was geschieht, kann nun einmal nicht renommistisch vermerkt werden.

Das gilt nicht zuletzt auch für die ideelle und wirtschaftliche Stärkung der Bevölkerung bestimmter Grenzgebiete der Bundesrepublik. Eine Aufgabe, der wir im Zusammenwirken mit den Ländern im Rahmen unserer Möglichkeiten zu dienen suchen.

Eine wesentliche Aufgabe des Ministeriums ist es, die deutsche Wiedervereinigung so vorzubereiten, daß die Zusammenführung der getrennten Teile zur gegebenen – hoffentlich nicht mehr allzu fernen – Zeit ohne allzu große Erschütterungen vor sich gehen kann, daß nicht noch nachträglich der Kommunismus in Deutschland zum Erfolg kommt. Das kann allerdings nicht so geschehen, daß man westdeutsche Verhältnisse mechanisch auf die freigewordene Sowjetzone überträgt. Wir werden mit sehr viel Verständnis und sehr großer Sorgfalt darangehen müssen, der Bevölkerung dort die Angleichung nicht unnötig zu erschweren. Wir werden vor neuen Problemen des Lastenausgleiches stehen, vor denen uns aber nicht bange werden soll. Es kann nur einen gesunden und vernünftigen Ausgleich geben. Das Gefühl der Zusammengehörigkeit der Deutschen wird entscheidend dazu beitragen, daß die getrennten Teile rasch auch wirtschaftlich wieder zusammenwachsen. Hier wird wieder unsere Verantwortung sichtbar, dieses Gefühl der Zusammengehörigkeit ständig wachzuhalten, aber auch die wirtschaftliche und soziale Angleichung so sorgsam wie nur möglich vorzubereiten. Auch darin sieht das Ministerium eine seiner wesentlichen Verpflichtungen. Dabei kann es beileibe nicht alles selbst tun. Es ist auf weitestgehende Mitarbeit und Mithilfe privater Kreise und Organisationen angewiesen.

Das alles sind Aufgaben, die sich erst in der Zukunft auswirken werden. Vordringliches Ziel unserer Arbeit bleibt es, dem aggressiven Vordringen des Kommunismus Einhalt zu gebieten und durch politische, wirtschaftliche und soziale Stärke und Sicherheit den Boden für die endgültige Wiedervereinigung Deutschlands vorzubereiten. Wir werden das nur erreichen, wenn in diesen entscheidungsvollen Fragen Regierungsparteien und Opposition zusammengehen, wie es zuletzt noch am 9. März in so eindrucksvoller Weise geschah. Es hat uns mancher Bericht aus der Sowjetzone erreicht, der gerade in dieser Tatsache eine Ermutigung sieht. Deshalb wird es auch immer das Ziel des Ministeriums bleiben, für dieses Zusammenwirken mit besorgt zu sein.

## 62

*Rede in Trier*
*19. April 1951*

Keinem Ruf zur politischen Zwiesprache bin ich so gern gefolgt wie dem Ruf dieser Stadt Trier. Um ihrer selbst, um ihrer Tradition, um ihrer Bedeutung willen. Nicht zuletzt aber auch um ihrer Verbundenheit mit dem Gebiet willen, dessen Schicksal uns gerade in diesen Tagen des Schumanplanes besonders bewegt. Ich denke an das Saargebiet. Seine Situation erinnert uns immer wieder daran, daß die europäischen Nationen noch immer nicht fähig sind, in freiem Vertrauen zueinander zu finden.

Es liegt mir fern, das Schicksal dieses Gebietes zum Gegenstand einer Wahlauseinandersetzung zu machen. Wenn auch das eine oder andere Wort zu sagen sein wird. Ich bedauere es überhaupt im Interesse unserer großen nationalen Anliegen, daß die Bevölkerung des Bundesgebietes allzuoft zu Wahlentscheidungen aufgerufen werden muß, weil es der Föderalismus nun einmal so will. Ich weiß dabei die gesunden Elemente des Föderalismus durchaus zu schätzen. Ich weiß, daß er ein Gegengewicht gegen zentralistische Machtstaat-Allüren bedeutet. Sie haben uns unter Hitler zum Verderben geführt.
Aber der stete Kampf der Parteien in den Wahlen der Länder hat Schattenseiten, die der deutschen Situation nicht dienlich sein können. Diese und jene Partei wird immer wieder dazu verführt, die großen Schicksalsfragen unseres Landes zum Gegenstand von Wahlauseinandersetzungen zu machen. Das gilt nicht nur hinsichtlich der Saarfrage. Das gilt vor allem auch für die eigentliche Existenzfrage unseres Volkes: für seine Wiedervereinigung. Eine Frage, die sich von Tag zu Tag stärker in den Gesichtskreis eines jeden einzelnen von uns drängt. Denn schließlich hängt es von der Wiedervereinigung unseres Landes ab, ob unser Volk überhaupt wieder existenzfähig wird. Es hängt von der Wiedervereinigung ab, ob wir in absehbarer Zeit zu einem wirklich befriedeten Europa kommen. Und schließlich hängt an der Wiedervereinigung auch die andere schwerwiegende Frage: Werden wir zu einer Wiedervereinigung Deutschlands in Freiheit kommen? Oder wird der Kommunismus doch noch das gesamte Deutschland überschatten? Wird er seine rote Fahne auch noch über die alten Kulturstätten des westlichen Deutschland und darüber hinaus des westlichen Europa aufpflanzen? Er wird es nicht tun können, wenn es uns gelingt, im freieren Teil Deutschlands alle moralischen und politischen Kräfte zusammenzufassen. Zur Schaffung eines gesunden Staates und einer gesunden Ordnung in diesem Staate. Er wird seine rote Fahne nicht aufpflanzen können, wenn die großen Parteien sich nicht fortgesetzt Knüppel zwischen die Beine werfen, sondern wenn sie sich in den entscheidenden nationalen Fragen gegenseitig stützen und stärken. Mögen sie in der Koalition stehen oder in der Opposition. Die Politik der Bundesrepublik leidet nicht zuletzt daran, daß die großen Parteien kein tolerantes Verhältnis zueinander finden. Das wird dadurch verstärkt, daß die Parteien in den Länderwahlen immer wieder zu Machtkämpfen gegeneinander herausgefordert werden. Man sollte wirklich überlegen, ob man in dieser Notzeit nicht alle Länderwahlen auf einen Termin legen könnte. Das soll ganz gewiß nicht aus Sorge vor dem Urteil des Volkes geschehen. Wohl aber aus Sorge vor der Leidenschaft dieser oder jener Politiker, bei denen die Macht allzustark im Vordergrund steht. Diese Kritik soll aber niemanden von der Wahl abhalten. Im Gegenteil: Jeder soll dazu beitragen, die vernünftige Politik der christlichen Demokraten durch seine Stimme zu unterstützen.
Es sind ja wirklich nicht die christlichen Demokraten, die das stärkste Machtstreben verraten. Es ist bestimmt keine Wahldemagogie, wenn ich behaupte: An Machtstreben läßt sich die Sozialdemokratie von niemandem übertreffen. Das hat das letzte Vierteljahr Bundespolitik vor aller Welt demonstriert. Jeder, der mich kennt, weiß, daß ich mich manchem verantwortungsbewußten Sozialdemokraten kameradschaftlich verbunden wußte und verbunden weiß. Diese und jene ihrer sozialen Auffassungen liegen mir näher als die anderer Parteien. Wir können nicht wieder zurück zu den Zeiten vor 1918. Oder gar vor 1914. Aber ich kann auch nicht verhehlen, daß die demagogische Haltung mancher Sozialdemokraten in den letz-

ten Monaten einfach besorgniserregend ist. Das empfinden nicht zuletzt auch Männer, die aus den Kreisen der christlich-demokratischen Arbeiterschaft hervorgegangen sind.
Die christlich-demokratische Arbeiterbewegung war stets besorgt, über den Kampf um die Gleichberechtigung der Arbeiterschaft die Zusammengehörigkeit des Volkes nicht zu vergessen. Demagogie gehörte nicht in den Stundenplan ihrer Lehrgänge und ihre Schulungsarbeit. Demagogie findet sich eigentlich nur in den Stundenplänen totalitärer Parteien. Am meisten wird sie in der Moskauer Schule geübt und gelehrt. Um so mehr bedauern wir, daß in der Auseinandersetzung um die endgültige Ordnung in Deutschland das Wort Demagogie gerade in der letzten Zeit recht groß geschrieben wird.
So gehört es heute zur Kampfstrategie insbesondere gegen die christlichen Demokraten, die Taten und Erfolge der Bundesregierung skrupellos herabzusetzen. Die Grundtatsachen der deutschen Situation wurden und werden einfach ignoriert. Die Zerstörung von Produktionsanlagen und Wohnungen. Die Vernichtung des deutschen Kapitals durch den Krieg. Die Zerreißung Deutschlands in vier Teile. Die Abschnürung der agrarischen Überschußgebiete jenseits der Oder-Neiße. Die fast vollständige Abschneidung des Handels mit dem europäischen Osten. 8 1/2 Millionen Heimatvertriebene aus dem Osten und 1 1/2 Millionen politische Flüchtlinge. Das war und ist noch heute die wirtschaftliche und soziale Grundlage, die wir bei Neuschaffung der Existenz der Bundesrepublik zu berücksichtigen haben. Nicht zuletzt aber kommt noch die aggressive Haltung des sowjetischen Kommunismus hinzu. Er betrachtet es einfach als seine Aufgabe, die Existenzgrundlage der Bundesrepublik zu unterminieren.
Trotz dieser Belastung, trotz der Brüchigkeit unserer Existenzgrundlage hat sich nach der Währungsreform in der deutschen Wirtschaft das vollzogen, was man im Ausland »das deutsche Wunder« nennt. Es zu leugnen heißt einfach die Unwahrheit sagen. Ebenso töricht wäre es aber, leugnen zu wollen, daß wir heute in einer wirtschaftlichen Übergangskrise stehen. Die Unwahrhaftigkeit beginnt da, wo man so tut, als gäbe es diese krisenhaften Noterscheinungen nur in Deutschland. Die Unwahrhaftigkeit beginnt da, wo man die augenblicklichen Noterscheinungen allein der Bundesregierung zuschreibt. Dabei verschweigt man vor allem der durch Preissteigerungen und Mangelerscheinungen beunruhigten deutschen Bevölkerung, daß sich Zeichen ähnlicher Notlagen in der gesamten freien Welt zeigen. Nicht zuletzt in England, das trotz seiner sozialistischen Labour-Regierung mit am meisten gegen wirtschaftliche Not zu kämpfen hat. Der englische Schatzkanzler – ein Mann der Labour Party – spricht eine andere Sprache, als es verantwortliche Männer der SPD bei uns tun: »Günstigenfalls« – so sagt er für England voraus – »sehen wir in unmittelbarer Zukunft einem Nachlassen der Produktionssteigerung, einer Verschlechterung der Zahlungsbilanz, einem Rückgang der Versorgung mit Konsumgütern und einem weiteren Ansteigen der Preise entgegen.« Diese Feststellung macht ein sozialistischer Minister für sein Land, das zu den Siegerländern gehört. Für ein Land, das fern jenem Zustand ist, den ich vorhin für das Deutschland der Nachkriegszeit kennzeichnete. Soll ich Sie noch auf den Aufruf des Internationalen Bundes Freier Gewerkschaften hinweisen? Dieser Aufruf spricht von einer »unvermeidlichen« Senkung der Lebenshaltung der gesamten westlichen Welt.
Und was geschieht bei uns in diesem gepeinigten und ausgepowerten Rumpfdeutschland? In Nürnberg, in München demonstrieren unter einseitigem politi-

schen Einfluß Gewerkschaften gegen »Adenauer und Trabanten«. Als Symbol führten sie einen Galgen mit. Man braucht kaum etwas dazu zu sagen. Eine solche Handlungsweise spricht für sich. Aber ganz gewiß spricht sie gegen jede Vernunft und gegen jedes Verantwortungsbewußtsein der Drahtzieher. Oder was sollen wir zu einer anderen Erscheinung sagen: Der Münchener Gewerkschaftsvorsitzende Max Woenner erklärte: » Wir stehen vor der Situation, daß wir mit gewerkschaftlichen Mitteln das politische Fehlurteil des deutschen Volkes zu korrigieren haben.« Gemeint ist das Resultat der Wahl für den Bundestag am 14. August 1949. Herrscht hier nicht eine politische und soziale Begriffsverwirrung, die erschreckend ist? Seit 1945 gehören zu den Einheitsgewerkschaften auch die christlichen Arbeiter. Christliche Arbeiter, die am 14. August 1949 in geradezu überwältigender Weise ihr Vertrauen zur Partei der christlichen Demokraten bewiesen haben. Wollen Kreise der SPD diese Arbeiter etwa mit benutzen, um in Kundgebungen für die Sozialdemokratie ein anderes Wahlresultat zu erzielen?
Der besonnene Teil unseres Volkes kann über solche Versuche, zur Macht zu kommen, nur den Kopf schütteln. Kein besonnener Deutscher kann die Augen vor den Widersprüchen verschließen, die Haltung und Agitation der Opposition bestimmen. Was soll man z. B. dazu sagen, wenn ein SPD-Minister behauptet, Deutschland habe sich »kaputt gefressen«, während England sich »gesund gehungert« habe. Was hätte der gleiche Mann gesagt, wenn wir nach den Entbehrungsjahren von 1945 bis 1948 nicht den berechtigten Konsumwünschen unseres wahrhaftig ausgehungerten Volkes Rechnung getragen hätten?
Es bleibt bestehen, daß der Aufschwung der deutschen Wirtschaft vor allem der Initiative und dem Verantwortungsbewußtsein der deutschen Regierung zu danken ist. Das bleibt bestehen, auch wenn diese oder jene Fehler gemacht worden sind. Trotz der zertrümmerten deutschen Wirtschaftsbasis haben im Gebiet der Bundesrepublik 2 Millionen Menschen mehr Arbeit und Brot gefunden als 1936. Dabei hatte die SPD der sozialen Marktwirtschaft 5 Millionen Arbeitslose vorhergesagt.
Investitionsmittel von 17 Milliarden DM haben den Wiederaufbau der deutschen Wirtschaft ermöglicht. Durch den Bau von 350 000 Wohnungen sind für 1,5 Millionen Menschen neue Wohnungen erstellt worden. Das sind 100 000 Wohnungen mehr, als vorgesehen waren. Millionen Heimatvertriebenen und Kriegsgeschädigten hat das Soforthilfegesetz und das Flüchtlingssiedlungsgesetz erste Hilfe gebracht. Und schließlich gehört Deutschland zu den wenigen Ländern der Welt, die einen ausgeglichenen Haushalt haben. Die Kaufkraft der Deutschen Mark stieg. Und sie wird erhalten bleiben. Die Panikmacherei um eine kommende Inflation ist weniger in Tatsachen als vielmehr in Wunschträumen begründet. Und zwar in den Wunschträumen derer, die sich nach der Macht sehnen. Das Unbehagen über die Preise, das uns überkommt, wenn wir Schuhe oder Kleider kaufen, wenn die Hausfrau Fleisch oder Brot kauft, hat seinen Grund nicht im Leichtsinn der Bundesregierung. Wenn man es uns, wenn man es der deutschen Hausfrau auch noch so oft in die Ohren schreit, es hat seinen Grund in der weltpolitischen Situation. Die aggressive Politik des sowjetischen Kommunismus bedroht einfach die freie Welt. Das trat zuerst im Korea-Konflikt deutlich zutage. Dieser Zustand verlangt Verteidigungs- und Sicherheitsmaßnahmen. Dadurch wurden die Preissteigerungen auf den Weltmärkten verursacht. Hier lag auch der Grund für die europäische Kohlenkrise. Sie wurde für Deutschland allerdings noch durch die Exportauflagen verstärkt. Tatsache ist, daß alle Volkswirtschaften Europas durch die notwendigen Verteidi-

gungs- und Sicherheitsmaßnahmen in Unruhe versetzt worden sind. Kein Staat kann den internationalen Zusammenhängen entfliehen. Diese aber sind es, die unsere Situation in Mitleidenschaft ziehen. Für Deutschland kommt aber noch ein anderes hinzu: Das sind die einschneidenden Eingriffs- und Kontrollrechte der Alliierten. Man denke nur an die Produktionsbeschränkungen für eine stattliche Reihe von Rohstoffen. Erst vor wenigen Tagen wurden sie wenigstens zu einem Teil gelockert. Dieses Wirtschaftshemmnis spielt in den Siegerländern und bei den Neutralen keine Rolle. Das alles sind die Ursachen für unsere wirtschaftliche Situation. Nicht aber dieses oder jenes Wirtschaftsprinzip. Die sozialdemokratisch regierten Länder England, Schweden, Norwegen haben nicht weniger Sorgen als die Regierungen anderer Länder. Und nicht weniger Sorgen als wir.
Auch die Regierung der neuen Männer, nach der die Sozialdemokraten so laut rufen, müßte alle diese Hypotheken übernehmen. Auch sie müßte Milliarden Besatzungskosten auf sich nehmen. Ich bemerke dabei am Rande, daß es das Verdienst der CDU/CSU war, vor aller Öffentlichkeit im Bundestag auf bestimmten Luxusaufwand der Besatzungsmächte hingewiesen zu haben. Sicherlich wird sich Sinn und Zweck der Besatzungskosten wandeln. Sie werden den Charakter des Beitrages zur Sicherung Europas einschließlich Deutschlands gegen einen möglichen Angriff annehmen. Unter diesen Umständen wird aber der Bundesrepublik Einflußnahme auf den Besatzungshaushalt zugestanden werden müssen. Das hindert aber nicht, daß jede Regierung gezwungen sein wird, ihren entsprechenden Beitrag zu leisten. Auch eine sozialdemokratische Regierung müßte hinnehmen, daß die Marshall-Hilfe zu Ende geht. Auch eine SPD-Regierung müßte Milliardenbeträge für notwendige Sicherungs- und Verteidigungsmaßnahmen freistellen. Sie müßte die Polizeikräfte verstärken. Das allein bedeutet Mehrausgaben von wenigsten 2 Milliarden DM. Selbstverständlich hat die deutsche Regierung mit allem Nachdruck auf die Grenze der Leistungsfähigkeit des deutschen Steuerzahlers hingewiesen. Aber an der Notwendigkeit eines deutschen Beitrages kann niemand vorbeigehen.
Und wie sollen die Mehraufwendungen für die so notwendigen Sozialforderungen gedeckt werden? Das nun endlich verabschiedete Gesetz für die 131er, für die vertriebenen Beamten und Berufssoldaten erfordert eine Summe von mehr als 800 Millionen DM. Zur Sanierung der Sozialversicherung und für die 25prozentige Erhöhung der Rentenbezüge, für die Kriegsopferfürsorge und weitere produktive Sozialmaßnahmen benötigt der Arbeitsminister mehr als 2 Milliarden DM. Und woher sollen die Milliarden Investitionsmittel kommen, um unsere Grundindustrien in steigendem Maße produktiv zu gestalten?
Niemand braucht uns – den christlichen Demokraten – zu sagen, daß wir bei allen Versuchen, dieser Schwierigkeiten Herr zu werden, Rücksicht auf die minderbemittelten Schichten zu nehmen haben. Das ist für uns einfach Gewissenspflicht. Es ist ebenso selbstverständlich, daß ohne viel Federlesens die Steuersünder zur Rechenschaft gezogen werden müssen, d. h. diejenigen, die sich immer wieder um den gerechten Beitrag zur Überwindung der deutschen Not herumzudrücken wußten. Bevor der Verbraucher mit indirekten Abgaben belastet wird, muß mit dem Mißbrauch allzu großzügig gewährter Steuervergünstigungen aufgeräumt werden. Ebenso müssen zunächst durch eine Reform der Einkommen- und Körperschaftssteuer weitere Mittel flüssiggemacht werden. Erst dann kann man an eine Sonderbelastung des Verbrauchers denken. Dabei muß alles geschehen, um den Minder-

bemittelten Erleichterungen zu schaffen. Insbesondere soll angesichts der Teuerungswelle den Sozialrentnern die 25prozentige Erhöhung ihrer Bezüge Erleichterung bringen. Diese Erhöhung muß unabhängig von Teuerungszuschlägen und sozialem Preisausgleich erfolgen. Alle Preissünder müssen durch rigorose Anwendung eines verschärften Wirtschaftsstrafrechtes zur Räson gebracht werden. Das gilt auch für solche, die durch maßlos überhöhte Zwischenhandelsgewinne zur Vergrößerung der Not unseres Volkes beitragen. Von der Bundesregierung wurden bereits notwendige Maßnahmen getroffen. Andere sind in Vorbereitung.
Wir sind uns bewußt, daß wir mit notwendigen staatlichen und wirtschaftspolitischen Mitteln um eine Stabilisierung unseres Preisgefüges bemüht bleiben müssen. Diesem Willen hat eine realistische Lohn- und Gehaltspolitik Rechnung zu tragen. Sie muß heute ganz besonders verantwortungsbewußt bleiben. Wirklich erfolgreiche Lohnpolitik gibt es im Grunde nur in Zeiten gesunder aufsteigender Konjunktur. Heute werden wir darauf zu achten haben, nicht die Lohn-Preis-Spirale in endlose Bewegung zu bringen. Wären wir darum nicht besorgt, so würde am Ende ein Mißerfolg stehen. Er ginge dann doch zu Lasten des Verbrauchers.
Angesichts aller Schwierigkeiten, unter denen wir – wie die gesamte freie Welt – stehen, ist aber auch dieses und jenes Erfreuliche zu verzeichnen. So die Tatsache, daß die gewerbliche Wirtschaft in gemeinsamer Verpflichtung fehlende Investitionen in eigener Initiative aufzubringen gewillt ist.
Wir sind uns dabei ohne weiteres bewußt, daß wir zur Bewältigung der Schwierigkeiten, die uns die Weltlage gebracht hat, nicht ohne stärkere Regelungen und ohne staatliche Eingriffe auskommen werden. Die wirtschaftliche Entwicklung gibt im Grunde denen recht, die immer betont haben: Mit dem Laisser-faire und dem Laisser-passer ist es vorbei in unserem Zeitalter. Nicht aber mit der persönlichen Verantwortung in Politik und Wirtschaft. Planung und Lenkung sind keine Dogmen. Und sie sind auch keine Zauberpraktiken. Sie sind Mittel zum Zweck. Ihre Anwendung ist eine Zweckmäßigkeitsfrage. Da, wo sie notwendig sind, müssen sie angewandt werden. D. h., wenn die Verhältnisse es erfordern, müssen die Zügel eben straffer angezogen werden. Dem werden sich auch die allzu Liberalen, die Ewiggestrigen zu fügen haben.
Regel und Richtschnur sind den christlichen Demokraten bestimmte sittlich-soziale Gesetze. Sie erfordern in der Notzeit eines Volkes eine besonders gewissenhafte Abschätzung der Mittel und Wege, dieser Not zu steuern. Heute kommt es mehr denn je auf die Solidarität des gesamten deutschen Volkes an. Leider hat das noch nicht jeder begriffen. Der wirtschaftliche Interessenstandpunkt dieser oder jener Gruppen treibt leider hier und da schon wieder allzu reichliche Blüten. Wir stehen auf dem Standpunkt: Einer trage des anderen Last. Das gilt nicht nur als Mahnung für den Einzelmenschen. Das gilt auch für die Wirtschaftsgruppen unseres Volkes. Landwirtschaft und Handwerk, Industrie und Handel, Arbeitnehmer- und Arbeitgeber-Organisationen müssen in gemeinsamer Verantwortung der gegenwärtigen Situation Herr werden.
Die christlichen Demokraten folgten bei Verabschiedung des Gesetzes über die Mitbestimmung der Arbeitnehmerschaft in Kohle und Eisen ihrer sittlich-sozialen Verpflichtung. Sie taten es, weil die Anerkennung der Gleichwertigkeit und der Gleichberechtigung der Arbeiterschaft zu den Grundsätzen der christlich-demokratischen Politik gehört. Daß dieses Gesetz überhaupt verabschiedet werden konnte, ist den christlichen Demokraten zu danken. Es war ein Akt souveräner po-

litischer Eigenständigkeit, daß unsere Partei über die ablehnende Haltung ihrer Koalitionspartner hinweg zu ihrer sozialen Auffassung stand. Man wird sozialdemokratischerseits von nun an etwas vorsichtiger sein müssen mit dem Vorwurf der Arbeiterfeindlichkeit, der besitzbürgerlichen Gesinnung und der antigewerkschaftlichen Haltung der christlichen Demokraten. Und nicht zuletzt auch der Bundesregierung. Schließlich hat ja der Vorsitzende der SPD dem Bundeskanzler ein bemerkenswertes Zeugnis ausgestellt. Er soll erklärt haben, die angeblichen CDU-Gewerkschaftler hätten bei dem Mitbestimmungsrecht auf der ganzen Linie versagt. Denn keiner sei so »radikal« gewesen wie der Bundeskanzler. Wir werden künftighin dieses Zeugnis, das dem Bundeskanzler ausgestellt wurde, stets vorweisen, wenn die Vorwürfe einmal wieder nach der anderen Seite umschlagen sollten. Was aber die CDU-Gewerkschaftler angeht, so brauchen wir nur auf die Forderungen der Sozialausschüsse der christlich-demokratischen Arbeiterschaft zum Mitbestimmungsrecht hinzuweisen. Die Forderung nach dem Mitbestimmungsrecht der Arbeiterschaft wurde schon vor dreißig Jahren von den christlichen Gewerkschaften erhoben. Ich hätte nur gewünscht, man hätte sich eher dazu entschlossen.
Ich mache dabei keinen Hehl daraus, daß uns manche Begleitumstände bei der Schaffung des Gesetzes nicht gefallen haben. Nicht gefallen hat uns die Streikandrohung der Gewerkschaften. Und ich weiß, daß ich mich mit dieser Empfindung in Einklang befinde mit weiten Kreisen der christlich-demokratischen Arbeitnehmerschaft. Nicht gefallen konnte es uns, daß neben der FDP auch die Deutsche Partei sich der Zustimmung zum Gesetz versagte. Es wäre eine Tat von größter Bedeutung gewesen, wenn das Gesetz von einer ganz großen Mehrheit des Bundestages verabschiedet worden wäre. Dann hätten auch Gefahrenreste, die nach dieser oder jener Auffassung noch im Gesetz zurückgeblieben sind, ausgemerzt werden können. Überdies hätten dann FDP und Deutsche Partei bewiesen, daß sie der vollständig veränderten sozialen Struktur unseres Volkes Rechnung zu tragen wissen. Schließlich ist es wirklich angebracht, der Arbeiterschaft gerecht zu werden. Denn diese deutsche Arbeiterschaft – wir wollen das nie vergessen – hat die schweren Entbehrungen nach 1945 mit einer bewundernswerten Geduld und mit ebenso bewundernswerter Disziplin getragen. Ich kann nur hoffen, daß sie sich nunmehr auch den Verantwortungen gewachsen zeigt, die ihr die erweiterten Aufgaben in der Wirtschaft auferlegen. Die christlich-demokratische Arbeiterschaft wird nicht vergessen, daß es die Partei der christlichen Demokraten war, die bei diesem Gesetz die stärkste Initiative entfaltet hat. Es waren die christlichen Demokraten, die einen konstruktiven Kompromiß durchsetzten. Den Kompromiß, der nicht nur dem Vertreter der Gewerkschaften, sondern auch dem Mann im Betrieb entsprechenden Einfluß verschaffte.
Die christlichen Demokraten haben mit diesem Gesetz in mutiger Politik einen bedeutsamen Beitrag zur sozialen Befriedung geleistet. Die soziale Befriedung ist das stärkste Bollwerk gegen die stets neu versuchte kommunistische Infiltration. Der Bevölkerung der Sowjetzone ist damit ein neuer Beweis gegeben, daß es echte Gleichberechtigung der sozialen Schichten nur in einer sozialen Demokratie gibt. Für die Arbeiter der Sowjetzone gibt es nämlich kein Mitbestimmungsrecht. Auch und vor allem diese Gesichtspunkte hätten den Parteien rechts von den christlichen Demokraten eine positive Haltung zum Mitbestimmungsgesetz diktieren müssen.
Die Christlich-Demokratische Union hat sich gerade mit diesem Gesetz als eine Partei des Ausgleichs zwischen den Klassen und Ständen erwiesen. Ihr Charakter

als Volkspartei hat sich bewährt. Souverän ist sie auch ohne ihre Koalitionspartner ihrem sozialen Gesetz gefolgt. Man hat fast den Eindruck, als sei es gerade diese souveräne Haltung, die ihr die SPD so übel nimmt. Die christlichen Demokraten werden sich aber in ihrem Ausgleichswillen nicht beirren lassen. Sie werden aus Verantwortungsbewußtsein nicht in den Ton verfallen, der im Augenblick die Wahlauseinandersetzungen geradezu erschreckend beherrscht. Man fühlt sich mit einigem Grauen oft in die Jahre vor 1933 zurückversetzt. Damals peitschte eine verhängnisvolle Propaganda unser verwirrtes Volk. Die Peitsche der Propaganda ist kein Weg zur politischen Reife unseres Volkes. Das gilt für die Propaganda von links und von rechts. Was wir brauchen, ist eine Politik der sittlichen und der sozialen Verantwortung. Eine Politik, die nicht zerreißt, sondern verbindet. Eine Politik, die nicht trennt, sondern ausgleicht.

Ich kann nur wünschen und hoffen, daß der Großteil unseres Volkes, der Großteil dieses Landes hier einer solchen Politik folgt. Es gibt nur eine Gruppe, die Freude hat an der Zerfleischung der Parteien im Bundesgebiet. Nur eine Gruppe hat Freude, wenn Regierung und Opposition nicht zu einem fairen Verhältnis zueinander finden: das sind die Machthaber der Sowjetzone. Sie beobachten mit wirklich herzlicher Anteilnahme, wie man in der Bundesrepublik die Propagandapeitsche gegen die verantwortlichen Kräfte zu schwingen weiß. Wenn andere ihnen die Radikalisierung des Volkes abnehmen, brauchen sie selbst sich keine Mühe mehr damit zu geben.

Wir verurteilen deshalb jede Radikalisierung aufs schärfste. Wir bleiben uns bewußt, daß jedes Zeichen der Schwäche und der Uneinigkeit für den Kommunismus eine Aufforderung zu neuen Aktionen bedeutet. Es war gewiß ein ermutigendes Geschehen, als sich am 9. März Regierungsparteien und Opposition zu einer gemeinsamen Demonstration für die Wiedervereinigung Deutschlands und gegen die kommunistische Bedrohung zusammenfanden. Es war eine eindrucksvolle Demonstration, als Regierungsparteien und Opposition die Illusion eines Gespräches am runden Tisch zurückwiesen. Die Machthaber in der Sowjetzone hatten ja geglaubt, die Bevölkerung der Bundesrepublik überlisten zu können.

Aber eine solche gemeinsame Aktion allein genügt nicht. Das Ziel der Wiedervereinigung Deutschlands verlangt vernunftbeherrschte Politik aller ernst zu nehmenden Parteien. Sie verlangt Selbstdisziplin – und meinetwegen auch Selbstlosigkeit – aller verantwortlichen politischen Kräfte. Sie verlangt nicht ein täglich und stündlich wiederholtes »Nein« zu jeder politischen Handlung der Regierung. Sie verlangt auch einmal ein »Ja«.

Schließlich gibt es nur einen Weg zur Wiedervereinigung Deutschlands. Er wird um so sicherer zum Ziele führen, je stärker der Zusammenhalt und der Ausgleichswille aller Parteien untereinander ist: Dem Kommunismus muß klargemacht werden, daß seine Methoden bei uns versagen. Und den Sowjets muß klargemacht werden, daß ihr gewaltsames bolschewistisches Experiment auf deutschem Boden nicht nur für Deutschland und Europa gefährlich ist, sondern daß es auch für sie selbst gefährlich ist. Wir werden dieser Einsicht bei den Sowjets nur durch einen zähen, hartnäckigen und geduldigen Kampf zum Durchbruch verhelfen können. Das kann Deutschland im Grunde nicht allein schaffen, sondern es bedarf dazu der Stärke der gesamten freien Welt. Ich denke dabei nicht einmal so sehr an die militärische Stärke, sondern an die entschlossene Widerstandshaltung der gesamten freien Welt gegenüber dem Kommunismus und allen seinen Infiltrationsversuchen. Erst in zweiter Linie denke ich an die militärische Stärke der freien Welt. Es wäre falsch und verantwortungslos, wollte man unserem Volke vorenthalten, daß militärische Stärke der freien Welt nötig ist, um den Bolschewismus in Schach zu halten. Und es wäre falsch und verantwortungslos, wollte man unserem Volke verheimlichen, daß es auch selbst bereit sein muß, seinen Beitrag zu leisten. Selbstverständliche Voraussetzung ist natürlich die Gleichberechtigung Deutschlands. Darüber braucht wohl kaum mehr gesprochen zu werden.

Was wir aber nicht genug sagen können, ist dieses: Die militärische Stärke der freien Welt bedeutet nicht Krieg, sondern sie bedeutet Verhinderung des Krieges. Es war kein Heldenstück politischer Propaganda, daß man bei den Länderwahlen Ende 1950 diese einfache Tatsache zum Gegenstand von wahlpolitischen Diskussionen gemacht hat. Die SPD hat sich damals in Hessen der Parole bedient: »Wer die SPD wählt, wählt den Frieden. Wer die CDU wählt, wählt den Krieg.« Damit hat sie gewiß einige Stimmen gewonnen. Aber sie hat damit auch nicht wenig zur Verwirrung unseres Volkes beigetragen. Ich sage noch einmal: Man darf und soll die Lebensfragen unseres Volkes nicht zum Gegenstand von Wahlauseinandersetzungen machen. Verantwortliche Klarheit und Wahrheit dem Volk gegenüber können allein die Rettung bringen. Das ist die Haltung der christlichen Demokraten. Wir werden ihr treu bleiben.

Eines allerdings ist nötig in der schicksalhaften Lage, in der sich die Bundesrepublik befindet. In der sie sich vor allem der kommunistischen Macht gegenüber befindet: Das deutsche Volk braucht Beweise des Vertrauens. Es braucht Beweise, daß die Idee der Freiheit und Gleichberechtigung, die gegen Hitler verteidigt wurde, auch für Deutschland und am Schicksal Deutschlands Geltung haben soll. Wir hoffen deshalb, daß die noch verbliebenen Beschränkungen durch das Besatzungsstatut in absehbarer Zeit fallen. Solange Deutschland im Zustand der Abhängigkeit verharren muß, kann es kaum zu einem wirklichen Partner in der europäischen Gemeinschaft werden. Zudem ist es gerade die deutsche Jugend, die unter diesem Zustand am meisten leidet. Ich bin überzeugt, daß diese Jugend ein weit positiveres Verhältnis zur Politik findet, wenn die Gleichberechtigung Deutschlands zur Tatsache wird.

In Paris wurde gestern der Schumanplan unterzeichnet. Zum ersten Male war Deutschland in internationalen Beratungen gleichberechtigt vertreten. Leider ist der Schumanplan stärkstens zum Zankapfel zwischen deutschen Parteien geworden. Der Vorsitzende der SPD ruft sogar kulturkämpferische Erinnerungen wach. Er will in dem Schumanplan auch eine klerikale Gefahr sehen. Ihm sind anscheinend zuviel Staaten mit starken christlich-demokratischen Parteien an diesem Schumanplan beteiligt. Man hätte lieber eine sozialdemokratische Mehrheit. Ich will aber nicht verhehlen, daß uns die Stärke des christlich-demokratischen Einflusses besonders ermutigend erscheint, denn ein von christlich-demokratischen Kräften getragenes Europa erscheint uns erstrebenswert. Dabei übersehen wir durchaus nicht, daß der Schumanplan wirtschaftlich für Deutschland mancherlei Risiken einschließt. Ich bin aber der Meinung: Will man ein vereinigtes Europa schaffen, dann muß man auch den Mut haben, Risiken einzugehen. Und wer will noch daran zweifeln, daß wir ein vereinigtes Europa brauchen. Wir brauchen es allein schon zur Abwehr der bolschewistischen Gefahr. Deshalb: Politisch ist der Schumanplan eine positive Tat, wirtschaftlich mag er ein Wagnis sein. Aber wir zählen darauf, daß sich in der Praxis auch für die wirtschaftliche Seite die Dinge positiv gestalten wer-

den. Daß wird sich das beleidigende »Nein«, das der Vorsitzende der SPD auch hier wieder ausgesprochen hat, von selbst erledigen.
Bitter für uns Deutsche bleibt dabei, daß es leider nicht gelungen ist, in der Saarfrage größere Klarheit zu schaffen. Ich weiß, wie sehr gerade die Bevölkerung von Trier durch die benachbarte Saar berührt wird. Aber das gilt nicht minder für jeden einzelnen von uns, der um die Wiederherstellung der Einheit Deutschlands besorgt ist. Es ist bekannt, daß die Sorge um unsere Ostgebiete – um die Sowjetzone und um das Land jenseits der Oder-Neiße – zu meiner besonderen Aufgabe gehört. Wo immer ich konnte, bin ich für die Rückgabe des Landes jenseits der Oder-Neiße eingetreten. Auch und vor allem auf dem Boden der Sowjetzone selbst. In Dresden, in Leipzig. Und nicht zuletzt in Görlitz und in Frankfurt an der Oder. In diesen Städten, von denen aus man das verlassene Land jenseits der Oder-Neiße liegen sieht. Aber jedesmal, wenn ich es tat, stand auch das Saargebiet in meinem Denken. Jeder Deutsche fragt sich: Warum bringt es die freie Welt nicht fertig, diese Saarfrage in Einfachheit schon heute zu lösen? Die freie Welt stützt und fördert unser Verlangen nach freien Wahlen in der Sowjetzone. Warum gibt man dem Stalinismus nicht ein überzeugendes Beispiel der Freiheit und Selbstbestimmung hier im Westen? Die Ermöglichung einer freien Volksabstimmung an der Saar wäre ein unwiderlegbarer Beweis für die Achtung vor dem Selbstbestimmungsrecht der Völker. Sie wäre eine ermutigende Handlung für die Auseinandersetzung mit den Machthabern der Sowjetzone. Sie wäre eine Stärkung der gesamten freien Welt.
Echte gesamtdeutsche Politik und ebenso echte gesamtdeutsche Verantwortung sind der Prüfstein der deutschen Parteien von heute. Bestimmend für die Zukunft unseres Volkes wird auf die Dauer jene Partei sein, die in den Lebensfragen unserer Nation über sich selbst hinauswächst. Sie wird der Träger eines neuen, eines geläuterten nationalen Bewußtseins sein. Eines nationalen Bewußtseins, das mit dem Verlangen nach gleichem Recht die Anerkennung der gleichen Verantwortung für das Zusammenleben der Völker verbindet. Ich kann nur wünschen, daß das in Bund und Ländern die christlichen Demokraten sind.
Die Union der christlichen Demokraten bildete sich aus dem Rettungswillen entschlossener Christen für Deutschland. Der Zustrom zu dieser Union 1945 war das erste ermutigende Erlebnis in der Bewegtheit der damaligen Tage. Die Zustimmung weiter Kreise des deutschen Volkes zu dieser Gemeinsamkeit hat die Union der christlichen Demokraten zur stärksten Partei in Deutschland gemacht. Das läßt manchen Politiker in Deutschland nicht schlafen. Daher der Kampf gegen unsere Partei. Es darf aber kein Zurück mehr geben zur Zersplitterung politischer Parteien. Nur mit Erschütterung liest man von neuen Parteigründungen in diesem oder jenem Gebiet unseres Landes. Ich kann nur annehmen, daß sich die verantwortlichen Männer für solche Gründungen der Gefahr nicht bewußt sind, die neue Aufsplitterungen der Parteien bedeuten. Parteizersplitterungen schwächen einfach die Demokratie. Sie hemmen die Konsolidierung unseres Staatswesens. Auch daran können nur die Widersacher der Freiheit in der Sowjetzone ihre Freude haben. Ich appelliere an Euch, an die christlichen Demokraten dieses Landes, jeder Zersplitterung den Kampf anzusagen. Ich appelliere an Euch, zur Stärke der Union beizutragen. Es wird nicht nur zum Besten dieses Landes sein. Es wird zum Besten Deutschlands sein.

## 63

*Rundfunkansprache*
*2. Mai 1951*

Die Bundesregierung hat am 26. April die Länderregierungen ersucht, die von den Kommunisten im Bundesgebiet inszenierte »Volksbefragung gegen die Remilitarisierung und für den Abschluß eines Friedensvertrages im Jahre 1951« zu verbieten. Dabei sind wir uns durchaus klar darüber, daß Polizeimaßnahmen in einer Demokratie nur das äußerste Mittel sein können, um gegen verfassungsfeindliche Umtriebe vorzugehen. In einer Demokratie muß jeder einzelne Bürger aus eigener Erkenntnis für verfassungsmäßige Ordnung einstehen. Das gerade unterscheidet ja Demokratie von Diktatur. Wenn sich aber die Demokratie einem skrupellosen Gegner gegenübersieht, darf sie auch vor Polizeimaßnahmen nicht zurückschrekken. Deshalb hat das Bundesministerium für gesamtdeutsche Fragen schon seit Monaten die Anwendung des Artikels 9 Absatz 2 des Grundgesetzes gegen alle kommunistischen Organisationen gefordert. Längeres Abwarten hätte nur schädlich wirken können.

Die nunmehr auf Grund dieses Artikels verbotene Volksbefragung wird von der SED und von sowjetzonalen Dienststellen organisiert und finanziert. Sie ist nichts anderes als eine neue Aktion im Zuge des kalten Krieges. Die echte Friedenssehnsucht des deutschen Volkes soll ausgenutzt und in den Dienst des Bolschewismus gestellt werden. Die Volksbefragung ist – um mit den Worten Ulbrichts zu sprechen – eines der tausend Mittel und Wege, um in Westdeutschland den Boden für eine kommunistische Machtergreifung vorzubereiten. Mit der Drohung »Remilitarisierung bedeutet Krieg« wird versucht, die Bevölkerung im Bundesgebiet einzuschüchtern, sie in Angst und Schrecken zu versetzen, um sie dadurch weichzumachen. Zu der Standardbehauptung der Kommunisten über die angebliche Remilitarisierung kann man nur immer wieder erklären: Alle kommunistischen Meldungen über Rüstungsproduktion sind – wie sich jeder selbst im Bundesgebiet überzeugen kann – falsch und erlogen. Nicht im Bundesgebiet, sondern in der Sowjetzone sind Remilitarisierung und Rüstungsproduktion in vollem Gange.

Dort ist eine gut ausgebildete Militärmacht unter der Tarnbezeichnung »Volkspolizei« aufgebaut worden. Sie wird ständig vergrößert und stärker bewaffnet. Sie ist neuerdings nach sowjetischem Vorbild reorganisiert worden. 34 Volkspolizei-Dienststellen – das sind in Wirklichkeit gemischte Kampfverbände – sind aufgestellt worden. Jede Dienststelle soll in Zukunft aus drei Bataillonen Infanterie, einer Abteilung Artillerie und sieben Sonderabteilungen in Kompaniestärke bestehen. Die Soll-Stärke einer solchen Dienststelle beträgt 2400 Mann. Sie soll verfügen über 12 Panzer, 16 Geschütze verschiedener Kaliber, je 6 Panzer- und Flugabwehrkanonen, 12 schwere und 54 leichte Granatwerfer sowie 54 schwere Maschinengewehre. Diese Verbände in Regimentsstärke können jederzeit in Divisionen zusammengefaßt werden. Das scheint mir wirklich Remilitarisierung zu sein.

Es ist weiterhin unbestritten, daß in der Sowjetzone eine große Anzahl von Fabriken Waffen und Rüstungsteile herstellen. Es handelt sich hierbei unter anderem um Einzelteile für Panzerfertigung. Sie läuft unter der Tarnbezeichnung »Raupenschlepper und Traktorenteile«. In Wirklichkeit aber werden Panzerplatten, Getriebe, Kettenglieder, Kettenräder und sonstige Zubehörteile meist für den Panzer-

typ T 34 hergestellt. Panzerplatten werden z. B. im Walzwerk Kirchmöser und in dem früheren Silvawerk in Magdeburg angefertigt. Das Krupp-Gruson-Werk stellt Teile für Panzerkuppeln her. In der Waggonfabrik Dessau werden schwere Unterwagen für Langrohr-Eisenbahngeschütze gebaut. Sie firmieren als Kranwagen. Im Stahlwerk Frankleben bei Merseburg werden Unterteile für schwere Geschütze und normale Geschützlafetten produziert.
In den Werken Schönebeck an der Elbe und Gnaschwitz bei Bautzen werden Sprengstoffe aller Art auch für Munition hergestellt. Die chemischen Werke in Schkopau stellen Kampfstoffe her: nämlich Lost, Phosphor und Zyankali. In den Benzinwerken Schkopau und Böhlen läuft die Produktion von Düsen-Treibstoffen und Fliegerbenzin auf vollen Touren. Zahlreiche Betriebe fertigen Einzelteile und Ausrüstungsgegenstände für den Flugzeugbau an. Auf den Werften der Sowjetzone werden 350 bis 450 t große Einheiten gebaut, die als Küstenschutzboote, Patrouillenboote und Minenleger verwendet werden können. Außerdem werden in der Sowjetzone Ausrüstungsgegenstände für den Heeresbedarf wie Tarnnetze, Militärstiefel, Lederzeug, Uniformen in großen Mengen angefertigt. Das alles geschieht auf Kosten des zivilen Bedarfs.
Aus diesen wenigen Tatsachen ersieht man schon, um was für einen Betrug es sich bei dem Volksbefragungsmanöver der Kommunisten handelt. In der Sowjetzone ist wirkliche Remilitarisierung im Gange. Es würde mich dabei gar nicht wundern, wenn morgen oder übermorgen Telegramme von den Betriebsgewerkschaftsleitungen der eben genannten Werke kämen, die diese Tatbestände leugneten. Wir wissen aber, wie solche Telegramme erzwungen werden.
Was nun den Abschluß eines Friedensvertrages angeht, so ist die Forderung danach für jeden Deutschen eine Selbstverständlichkeit. Der Friedensvertrag muß jedoch mit einer von allen Deutschen frei gewählten Volksvertretung und Regierung abgeschlossen werden. Die Pankower Machthaber fürchten aber nichts so sehr wie freie, gleiche und geheime Wahlen. Deshalb der Versuch eines Stimmenfanges über eine unkontrollierbare Volksbefragung.
Im übrigen soll dieser Stimmenfang auch noch einem anderen Zweck dienen: Er soll die sowjetische Position bei den Pariser Verhandlungen stärken. Er soll helfen, Macht und Einfluß der Sowjets gegenüber Deutschland zu vermehren.
Alle Maßnahmen der Bundesregierung gegenüber kommunistischen Umtrieben sollen der Erhaltung des Friedens dienen. Jeder einzelne im Volk muß begreifen lernen: Eine politisch, sozial und wirtschaftlich starke Bundesrepublik und eine unbeirrbare Haltung der Bevölkerung sind die einzige Gewähr, kommunistische Umsturzversuche im Bundesgebiet zu verhindern. Sie sind auch die einzigen Mittel, die wir selbst anzuwenden in der Lage sind. Nur so können wir den wirklich militanten Kommunismus schwächen und die Aussicht auf die Wiedervereinigung Deutschlands stärken. Es muß einem jeden in der Bundesrepublik klarwerden, daß eine solche Politik nichts mit Kriegspolitik zu tun hat.
Es geht uns um die Erhaltung des Friedens. Wir haben die Chance, ihn zu erhalten, wenn wir dem Kommunismus klarmachen, daß wir uns einem kommunistischen Scheinfrieden nicht beugen werden.

## 64

*Großkundgebung ostdeutscher Heimat- und Heimatvertriebenenvereinigungen in Essen*
*27. Mai 1951*

Mehr denn je standen die letzten Sonntage unter dem Zeichen des Zusammenschlusses der Heimatvertriebenen in ihren Landsmannschaften. Am ersten Pfingsttag konnte ich am Zusammentreffen der Oberschlesier in Bottrop teilnehmen. Am letzten Sonntag am Treffen der Brandenburger in Lüneburg. Auf keiner dieser bewegenden Treuekundgebungen ging es den Heimatvertriebenen in erster Linie um materielle Dinge. Es ging um die Bekundung, ihren Willen unverwandt auf die östliche Heimat gerichtet zu halten. Es geht darum, eine deutsche Ostbewegung zu schaffen. Eine Ostbewegung, die täglich und stündlich am Bewußtsein des deutschen Volkes rüttelt. Eine Bewegung, die das Gewissen der Welt wachruft.
Die sechs Nachkriegsjahre haben mit aller Klarheit hervortreten lassen: Recht, Frieden und Selbstbestimmungsrecht der Völker haben heute einen unerbittlichen Feind: das ist der sowjetische Kommunismus. Die Weltsituation, die der Hitlerkrieg im Gefolge hatte, und die Vertrauensseligkeit der westlichen Alliierten sind zum Sprungbrett für seine Machterweiterung geworden. So konnte er einen Ring von Satellitenstaaten um sich schaffen. So konnte er unsere Ostgebiete – aus denen man die Deutschen brutal verjagte – seinem Machtbereich einverleiben. So konnte er das Gebiet der Sowjetzone bis tief ins Herz Deutschlands hinein unter seinen Druck und unter seine Gewalt bringen. Den Satellitenstaaten, den deutschen Ostgebieten und der Sowjetzone ist keine andere Aufgabe zugedacht, als die Macht des sowjetischen Kommunismus in Europa zu sichern. Sie haben der Rüstung der Sowjetunion zu dienen, der im Augenblick alles andere untergeordnet wird. Die Bevölkerung aller dieser Gebiete steht in Zwangsarbeit für die sowjetische Rüstung. Totalitäre Gewalten – wie der Bolschewismus – glauben nur sicher zu sein, wenn sie ihre Macht ständig wachsen sehen. Der sowjetische Kommunismus lebt von dem Glauben an die Weltrevolution. Deshalb ist er auf die stete Ausbreitung seiner Macht bedacht.
Dieser Ausbreitung muß Halt geboten werden. Und mehr noch: Der sowjetische Kommunismus muß durch die Macht aller freiheitlichen Völker in seine Schranken zurückgewiesen werden. Nicht durch Krieg, sondern durch Charakter. Durch Einigkeit. Und durch die Verwirklichung von Recht und von Freiheit im gesamten Einflußbereich der freien Völker. Es ist ganz gewiß eine der Hauptaufgaben der Vereinigungen und Landsmannschaften der Heimatvertriebenen, daran in erster Linie mitzuarbeiten.
Der Präsident Frankreichs – Auriol – hat im April vor dem Kongreß der Vereinigten Staaten die Frage gestellt: »Kann jemand neutral sein zwischen Knechtschaft und Freiheit? Zwischen gut und böse?« Das ist die Kernfrage, um die es heute in der ganzen Welt geht. In Deutschland stoßen Knechtschaft und Freiheit hart aneinander. Mit unserem ostdeutschen Land hat man die polnischen Satelliten belohnt. Man hat dieses Land den polnischen Piecken und Grotewohlen gegeben. Nicht dem polnischen Volk, sondern seinen kommunistischen Machthabern ist das Land gegeben worden. Die Weisheit der Männer von Jalta und Potsdam reichte damals noch

nicht weit genug, um die Skrupellosigkeit des sowjetischen Kommunismus zu erkennen. Heute verfügt die freie Welt über eine sechsjährige Erfahrung mit der bolschewistischen Wirklichkeit. Heute kennt die freie Welt das Schema, nach dem kommunistische Aggressionen und Besitzergreifungen vor sich zu gehen pflegen. Heute wäre sicherlich kein Jalta und Potsdam mehr möglich. Heute würde die freie Welt gewiß nicht mehr bereit sein, in förmlichen Staatsverträgen dem Kommunismus neue Gebiete in die Hand zu geben.

Diese Gewißheit ist gegeben. Aber uns Deutschen geht es noch um weitere Gewißheiten: Wir möchten erfahren, ob es der gesamten freien Welt wirklich Ernst ist, alles für ihr eigenes Erstarken zu tun. Denn nur durch Stärke wird dem sowjetischen Kommunismus die Lust ausgetrieben, in Deutschland und Europa weiter vorzudringen.

Mehr aber bewegt uns noch die Frage: Was wird die freie Welt tun, um die Fehler von Jalta und Potsdam zu korrigieren? D. h., was wird die freie Welt tun, um das Selbstbestimmungsrecht der vom Kommunismus unterdrückten Völker in Mittel- und Osteuropa durchzusetzen? Was wird die freie Welt tun, um das Selbstbestimmungsrecht für das östliche Deutschland durchzusetzen? Das war in den Pfingsttagen die Frage der Oberschlesier in Bottrop. Der Schlesier in Detmold. Der Pommern in Hannover. Der Sudetendeutschen in Ansbach. Und endlich der Brandenburger in Lüneburg. Die Brandenburger sprachen dabei nicht nur für die heimatvertriebenen Märker. Sie sprachen für die gesamte Sowjetzone. Denn das westliche Brandenburg steht ja unter den Gesetzen der Sowjetzone. Heute richten wir hier im Herzen des Ruhrgebietes die gleiche Frage an die freie Welt. Und wir werden diese Frage immer wieder stellen.

Die Vereinigung Westeuropas hat nur dann einen Sinn, wenn seine Völker nicht nur entschlossen sind, sich selbst im kalten Krieg zu behaupten, sondern wenn sie entschlossen sind, Recht und Freiheit in ganz Europa wiederherzustellen. Und zwar im Osten und im Westen. Man muß bei sich selber anfangen, Recht, Gerechtigkeit und Selbstbestimmung zu verwirklichen. Was in den letzten Tagen an der Saar geschah, ist nicht geeignet, in dieser Beziehung Zuversicht zu wecken. Wir haben im Laufe dieser Jahre für manche Regung und Äußerung französischer Sorge Deutschland gegenüber Verständnis gehabt. Aber Frankreich sollte nicht vergessen, welche bittere Schule unser Land hinter sich hat. Und welches Schicksal heute auf Deutschland lastet. Dafür sind nicht zuletzt die Heimatvertriebenen schmerzliche Zeugen. Sie sind die lebendige Demonstration, daß Haß und Rache Unheil über die Welt bringen. Ebenso aber auch die Mißachtung des natürlichen Rechtes der Völker auf ihren Heimatboden. Ein Recht, das den Völkern von Gott gegeben ist.

Vor drei Jahrzehnten hat man das überwältigende Bekenntnis der Ost- und Westpreußen und der Oberschlesier zu ihrer Heimat nur zum Teil geachtet. Man zog einen polnischen Korridor mitten durch deutsches Land. Man zerriß Oberschlesien. Man zwang Deutschland den Versailler Vertrag auf. Die Folge war, daß Hitler für sein Unternehmen nicht zuletzt weite Teile der deutschen Jugend gewann. Heute steht ein weit gefährlicherer Feind im Herzen Europas. Ein unerbittlicher Feind unserer Kultur, unserer Zivilisation. Unserer Freiheit. Ein Feind, der mit eiskalter Berechnung auf europäische Schwächeanwandlungen lauert, um sie auszunutzen. Bewußt oder unbewußt leistet ihm schon wieder ein Neonazismus Helferdienste. Dieser neue Nazismus hätte sich wahrscheinlich kaum entwickeln können,

wenn man Deutschland freiere Luft zum Atmen ließe. Mit verlogensten Parolen appelliert vor allem der Bolschewismus an nationale Gefühle.
Für die Feinde der Freiheit sind die Geschehnissse an der Saar Wasser auf ihre Mühlen. Die Finger der Machthaber in der Sowjetzone haben schon immer hämisch auf die Saar gezeigt. Natürlich tun sie es nicht um der verletzten Gesetze der Freiheit willen. Sie tun es, um von ihren eigenen Untaten abzulenken. Sie tun es, um von der sogenannten Friedensgrenze an der Oder und Neiße abzulenken. Wir lassen uns aber nicht täuschen. Wir lassen uns nicht ablenken.
Aber durch das Hoffmann-Regime an der Saar wird die wachsende Solidarität der freien Völker auf das schwerste geschädigt. Keimendes Vertrauen zwischen den Völkern erfährt einen neuen Stoß. Die Demokratische Partei im Saargebiet – an ihrer Spitze steht einer meiner Freunde – ist eine Partei des Rechtes, der echten Demokratie und der Treue zu Deutschland. Durch den bekannten Briefwechsel zwischen dem Bundeskanzler und dem französischen Außenminister ist noch einmal bestätigt, daß eine endgültige Regelung des Status der Saar nur durch einen Friedensvertrag oder durch einen gleichartigen Vertrag erfolgt. Solange also die Saarfrage nicht endgültig geregelt ist, muß es jedem Saarländer offenstehen, Lösungen für das Schicksal der Saar in Vorschlag zu bringen und zu erstreben. Die Saar ist deutsch. Deshalb hieße es sich einfach mit einem Unrechtszustand abfinden, wenn bis zum Friedensvertrag oder einem gleichartigen Vertrag der augenblickliche Zustand an der Saar nicht immer wieder als Unrecht bezeichnet würde. Das Verbot der Demokratischen Partei der Saar entbehrt jeder Rechtsgrundlage. Dieses Verbot kann dem sowjetischen Kommunismus sein diabolisches Handwerk im Osten nur erleichtern. Zwiespältigkeiten im Kreis der freien Völker können ihn nur mit Zuversicht erfüllen. Das Verbot der Demokratischen Partei trifft zudem die wirklichen Demokraten in Deutschland. Es trifft die junge Demokratie. Ich zitierte vorhin das Wort des Präsidenten Auriol: »Kann jemand neutral sein zwischen Knechtschaft und Freiheit?« Wir antworten darauf selbstverständlich mit »Nein«. Wir bekennen uns zur Freiheit und zum Selbstbestimmungsrecht der Völker. Würde das Wort des französischen Staatspräsidenten nicht seinen Sinn verlieren, wenn Frankreich die Maßnahmen des Hoffmann-Regimes an der Saar förderte? Oder wenn es sie sogar forderte! Die Maßnahmen des Hoffmann-Regimes stellen das Bekenntnis zum angestammten Volk, zur deutschen Heimat unter Polizeigewalt. Wenn das am grünen Holz der freien Völker geschieht, was soll dann aus unseren Hoffnungen für den deutschen Osten werden? Was soll dann aus der Zuversicht der Ost- und Westpreußen werden? Aus der Hoffnung der Schlesier, der Pommern und der Brandenburger auf die Gerechtigkeit und Stärke der freien Welt?
Europa kann nur im Zeichen des Rechtes und der freien Selbstbestimmung aller seiner Völker zueinander finden. Damit muß im freien Westeuropa der entschlossene Anfang gemacht werden. Das auszusprechen ist kein Nationalismus. Denn der Wille zu Europa bedeutet nicht die Annullierung der Heimat- und Vaterlandsliebe der Völker. Er bedeutet nur ihre freiwillige Einordnung in die größere Gemeinschaft. Völker, die mit Ressentiment und Mißtrauen gegeneinander erfüllt sind, können kein starkes Europa schaffen. Sie geben sich unnötige Blößen gegenüber dem Bolschewismus. Sie schwächen die Position der Freiheit im kalten Krieg.
Sinn und Aufgabe der Landsmannschaften unserer Heimatvertriebenen ist es, das Gewissen des Westens aufzurütteln. Hier und da hört man: Das sind Worte. Mit Worten werden die Ostpreußen nicht wieder nach Königsberg geführt. Die West-

preußen finden durch solche Worte nicht mehr zur Marienburg zurück. Die Schlesier nicht mehr nach Breslau. Und die Oberschlesier nicht mehr zum Annaberg. Durch Worte wird Stettin nicht wieder deutsch. Und Potsdam nicht wieder frei. Ich kann darauf nur immer wieder das gleiche sagen: Es ist uns nach dem Zusammenbruch nicht viel mehr geblieben als die Möglichkeit des Rufes an die Welt. Aber wir wissen, daß Worte zu Lawinen werden können, wenn der Wille von Millionen dahinter steht. Die Heimatvertriebenen verkörpern diese Millionen. Wir wollen nicht, daß sie sich Haß- und Rachegefühlen hingeben. Wir wissen: Im deutschen Osten leben heute Unterdrückte, auf denen die Faust des Bolschewismus lastet. Wir wollen, daß auch diese Unterdrückten wieder frei werden. Mit einem freien Polen hoffen wir über unser Recht auf das Land jenseits der Oder-Neiße sprechen zu können. Ein freies Polen kann sich der Einsicht nicht verschließen, daß Thorn und Kulm, Marienwerder und Elbing 800 Jahre alte deutsche Schöpfungen sind. Das gleiche gilt vom Bistum Ermland. Es gilt von Braunsberg. 800 Jahre ist die Marienburg das Wahrzeichen deutscher Kultur. Vor 800 Jahren entwickelte sich aus einem Marktort mit deutscher Kaufmannschaft die deutsche Stadt Danzig. Für Dirschau gilt das gleiche. Soll ich noch daran erinnern, daß die Stadt Memel vor 800 Jahren als Neudortmund gegründet wurde?
Die Rathäuser von Danzig und Thorn, die Kirchen von Elbing, Braunsberg und Kulm und die Marienkirche von Danzig sind Zeichen für die gestaltende Kraft des deutschen Volkes. 800 Jahre arbeiteten deutsche Bauern an der Fruchtbarkeit des östlichen Landes. Sie erarbeiteten die Erträge, die nicht nur die eigene Bevölkerung, sondern die Westdeutschlands mit ernährten. Die kommunistischen Machthaber von heute suchen diese Vergangenheit einfach totzutreten. Es wird ihnen nicht gelingen. Im übrigen sind auch noch heute Deutsche dort, wenn auch nur noch wenige. Wir hören mit Sorge, wie schwer ihr Schicksal ist. Sie sollen von den jetzigen polnischen Behörden mit den brutalsten Mitteln gezwungen werden, ihre deutsche Staatszugehörigkeit aufzugeben. Die Bundesregierung erhielt erschütternde Nachrichten aus diesen Gebieten, und zwar gerade aus Ostpreußen. Dabei verweigern die polnischen Behörden in vielen Fällen die Ausreisegenehmigung. Man will die billigen Arbeitssklaven nicht verlieren. Wir gedenken in dieser Stunde in tiefer Anteilnahme dieser tapferen und gequälten Deutschen.
Aber dennoch heißt der Ruf der Heimatvertriebenen nicht: Rache für Königsberg, Danzig und Marienburg. Er heißt nicht: Rache für Breslau, Ratibor und Stettin. Der Ruf der Heimatvertriebenen heißt: Gerechtigkeit, Menschenwürde und Heimatrecht für die Millionen, die man aus dem Osten unseres Landes vertrieben hat. Ihr Ruf heißt: Über ein in Freiheit und Gerechtigkeit geeintes Westeuropa zu einem vereinten Deutschland in einem freien und vereinten Europa.
Hier berühre ich ein weiteres Anliegen: Es wird zuviel von Westeuropa gesprochen. Wir vermissen bei den Völkern Westeuropas das uneingeschränkte Bekenntnis zu einem vereinigten Europa. Wir vermissen das klare Bekenntnis, daß für keines der westeuropäischen Völker Europa an der Elbe endet. Und daß Europa auch nicht an der Oder-Neiße endet. Ostdeutschland trägt europäisches Antlitz. Das Land östlich der Oder-Neiße trägt den gleichen Reichtum an Kultur, wie ihn das Rheinland, wie ihn Westfalen, Bayern oder Württemberg besitzen. Wir wünschen, daß das allen westeuropäischen Völkern bewußt wird. Und stets bewußt bleibt. Auch das ist ein Anliegen der Heimatvertriebenen an die freien Völker Europas.
Wir wollen und werden unser Recht auf die Heimat mit den Mitteln der Politik zu

erreichen suchen. Ich wiederhole: mit den Mitteln der Politik. Nicht mit den Mitteln des Krieges. Deshalb gerade rufen wir das Rechtsbewußtsein der Völker an. Schon einmal wurde im kalten Krieg um die Freiheit Europas demonstriert, was mit den Mitteln der Politik zu erreichen ist. Berlin hat mit Hilfe der Solidarität der freien Völker die Blockade überwunden. Das hat der Berliner Bevölkerung die Stärke und Klarheit gegeben, die sie heute auszeichnet. Ich habe das in den Pfingsttagen in Berlin erneut erlebt. Dort hat man den Kommunismus restlos durchschaut. Man ist hinter seine Schliche gekommen. Ich brauche hier vor den Ost- und Westpreußen die Bedeutung Berlins für die Sowjetzone und für das Land jenseits der Oder-Neiße nicht zu betonen. Berlin ist Rückhalt für alle Deutschen im sowjetischen Machtbereich. Je mehr die Position Berlins gestärkt wird, um so größer wird die Zuversicht der Bevölkerung in der Sowjetzone. Um so größer darf auch die Zuversicht der Heimatvertriebenen werden. Denn ein starkes und freies Berlin hält den Weg zur Wiedervereinigung Deutschlands offen. Deshalb sollte man sich auch endlich bereit finden, den Weg für die Aufhebung des Artikels 23 des Grundgesetzes freizugeben. D. h., keiner der westlichen Alliierten sollte sich mehr der vollgültigen Eingliederung Berlins in die Bundesrepublik widersetzen. Gewiß rechnet Berlin längst de facto zur Bundesrepublik. Aber eine De-jure-Anerkennung wäre eine Tat aktiver Ostpolitik, die nicht nur Berlin, sondern auch der Sowjetzone und den Heimatvertriebenen neue Zuversicht geben würde.
Von der Meisterung des deutschen Ostschicksals hängt nicht nur die Gesundung Deutschlands, sondern die Gesundung Europas ab. Auf uns wird es ankommen, das unserem Volk und der gesamten freien Welt klarzumachen. Dazu bedarf es nicht zuletzt des politischen Zusammenwirkens aller berufenen Kräfte unseres Volkes, vor allem des Zusammenwirkens der christlichen und der sozialen Demokraten dieses Landes. Deutschland wird durch großpolitisches und selbstloses Zusammenwirken zur Gesundung und Wiedervereinigung geführt. Es müßte auf der Strecke bleiben, wenn seine maßgeblichen Kräfte versagen. Das gleiche gilt für Europa. Macht Ihr, die Vereinigungen und die Landsmannschaften der Ostdeutschen, Euch zum Anwalt der Überwindung aller unnötigen Auseinandersetzungen im deutschen Volk. Nur so führt der Weg zur Stärke und Geschlossenheit. Nur über deutsche und europäische Stärke und Geschlossenheit führt der Weg in die Heimat zurück.

## 65

*Das Verhältnis der Bundesrepublik zum deutschen Osten*
*in: »Die Begegnung«, 29. November 1951*

Die Politik der Bundesregierung gegenüber dem deutschen Osten stand vom ersten Augenblick an im Zeichen einer durch die Verhältnisse bedingten Verschmelzung innen- und außenpolitischer Faktoren. Um die besonderen Aufgaben, die sich in diesem Zusammenhang ergeben, darzustellen, muß auf die Entstehung des deutschen Ostproblems eingegangen werden.
Auf den Konferenzen von Teheran und Jalta kamen die Vereinigten Staaten, Großbritannien und die Sowjetunion grundsätzlich überein, Deutschland aufzuteilen, um die deutschen Ostgebiete verwaltungsmäßig abzutrennen. Man war sich lediglich uneins darüber, in welcher Form diese Pläne verwirklicht werden sollten, nicht

aber über die wesentlichen Grundzüge dieser Zerteilungspolitik. Noch 1945, zur Zeit des Potsdamer Abkommens, zeigte sich keinerlei menschliche Regung gegenüber Deutschland. Wennn nicht alles nach dem ursprünglichen Plan verlief, so waren nur politische Gegensätzlichkeiten dafür maßgebend. Aber das Verhalten der Sowjetunion verursachte bald schon eine Haltung bei den Westmächten, die sie aufgeschlossen für das deutsche Problem machte. Und allmählich setzte sich bei ihnen im Zuge der Genesung von der Kriegspsychose eine nicht nur politisch, sondern auch menschlich positivere Haltung durch, so daß Deutschland Schritt für Schritt mehr Unterstützung im Ringen um seine wirtschaftliche und staatliche Existenz fand.

Die Haltung Deutschlands zum Schicksal der deutschen Ostgebiete und der Sowjetzone wurde von Anfang an bestimmt durch die Gegebenheiten der deutschen Situation. Diese Gegebenheiten machten sich besonders in der sowjetischen Besatzungszone bemerkbar. Dort versuchten die Sowjets jede Diskussion um die deutschen Ostgebiete zu unterbinden, während sie das Gebiet der Sowjetzone rücksichtslos bolschewisierten. Die notwendige Folge waren die Schaffung eines deutschen Kernstaates, der sich allmählich emanzipierte, und ein sich erst in mühsamer Aufbauarbeit stärkendes deutsches Selbstbewußtsein. Ehe die Bundesrepublik, die den Kernstaat der deutschen Nation zu bilden berufen ist, beginnen konnte, sich in voller Aktivität ihren Ostfragen zu widmen, mußte sie selbst erst ihre eigene Existenz aufbauen. Sie mußte allmählich zu einer eigenen Politik kommen. Solange es keine auch nur halbwegs selbständige deutsche Politik gab, konnte es nur eine Ostpolitik der Demonstration geben. Wir nähern uns heute dem Ende dieser Periode, und wir können mehr und mehr daran denken, die Ostprobleme mit einiger Aussicht auf Erfolg nach eigenem Ermessen und nach eigener Verantwortung zu behandeln.

Dabei sind wir in unserer Ostpolitik an die Tatsache gebunden, die auch heute noch gilt. Die Tatsache nämlich, daß die Grenze zwischen der Bundesrepublik und der sowjetischen Besatzungszone gleichzeitig die Grenze zwischen der westlichen Welt und der östlichen Welt geworden ist. Die Folge der ungeheueren Fehler und der Schuld des Dritten Reiches und der durch sie bestimmten Beschlüsse der Siegermächte ist ja nicht nur die Teilung Deutschlands, sondern auch die Teilung Europas, ja die Teilung der Welt in zwei sich heftig befehdende Lager. Schuld und Schicksal wollten es, daß die »unsichtbare Grenze« zwischen diesen beiden Welten mitten durch unser Land führt. Das bedeutet, daß weder wir noch die Westmächte im Stande sind, Stellung zu deutschen Ostfragen zu nehmen, ohne gleichzeitig Stellung zum Osten, d. h. zum sowjetischen Imperium, überhaupt zu beziehen. Es läßt sich nun einmal nicht leugnen, daß das Deutschland der Bundesrepublik heute zum Bereich des Westens gehört, während die sowjetische Besatzungszone und das Gebiet jenseits von Oder und Neiße zum Einflußgebiet des Kommunismus geworden sind. Das ändert aber nichts daran, daß die Bundesrepublik verantwortlich für das gesamte deutsche Gebiet zu handeln hat, denn die Bevölkerung der sowjetischen Besatzungszone steht ja nicht freiwillig im Lager des Kommunismus. Und das Gebiet jenseits der Oder-Neiße ist zwar gewaltsam fast restlos von Deutschen freigemacht worden und polnischer Verwaltung unterstellt worden. Aber über sein Schicksal hat nach dem Potsdamer Abkommen erst der Friedensvertrag zu entscheiden. Es ist unserer Verantwortung anheimgegeben, durch Demonstration und Verhandeln die Atmosphäre zu schaffen, daß den deutschen Ostgebieten in einem Friedensvertrag Gerechtigkeit widerfährt.

Die Teilung Europas entsprach allerdings keineswegs den Absichten und Plänen, wie sie die Regierungschefs der Alliierten 1943 bis 1945 verabredeten. Vielmehr bestand damals noch die Auffassung, in Mittel- und Südosteuropa könnte so etwas wie ein Kondominium mit genau abgestuften Einflußsphären errichtet werden. Der Gedanke dieses Kondominiums ist teilweise so überspitzt worden, daß sich die Westmächte und die Sowjetunion über die prozentuale Zusammensetzung der Regierungen in Warschau, Prag, Budapest und Belgrad einigen zu können glaubten. Ähnlich wurde im Falle Deutschlands verfahren, wo die Aufteilung nach Besatzungszonen und damit nach Einflußgebieten beinahe mechanisch erfolgte. Das organische Gefüge des Reiches wurde zerschlagen, wobei ursprünglich noch immer die Absicht bestand, wenigstens gewisse Klammern wirtschaftlicher und verkehrstechnischer Art zu schaffen. Dazu kam es nicht mehr, da die Entzweiung von West und Ost unmittelbar nach Beendigung des Krieges so unerbittlich scharfe Formen annahm, daß von gemeinsamen Beschlüssen oder gar von einer einheitlichen deutschen Verwaltung keine Rede mehr sein konnte.

Die Lage Deutschlands angesichts dieser weltpolitischen Situation war so unglücklich, wie sie nur sein konnte. Deutschland fand sich nicht nur in mehrere Teile zerrissen. Es fand sich sozusagen auf zwei verschiedene Planeten versetzt. Die Stimme des Deutschen, der über die Zonengrenze hinweg zu sprechen versuchte, verhallte ungehört in der fortschreitenden kommunistischen Diktatur der Sowjetzone.

Aber die Weltmächte begannen doch im Laufe der Jahre einzusehen, daß die gemeinsame Tradition und das Bewußtsein der Deutschen alle Teilungspläne auf die Dauer zum Scheitern verurteilen würde. In den Viermächtekonferenzen der Jahre 1946/47 wurden deswegen von allen Beteiligten Forderungen erhoben, die deutsche Einheit solle wiederhergestellt werden. Die Westmächte waren bestrebt, Lösungen der deutschen Frage vorzuschlagen, welche die Einbeziehung der sowjetischen Besatzungszone in die Gemeinschaft der freien Welt sicherstellen sollten. Die Sowjetunion dagegen erhob Forderungen, die stets darauf hinausliefen, ganz Deutschland in den Einflußbereich des Ostens hinüberzureißen. Das mußte die Bundesrepublik ganz selbstverständlich auf die Seite des Westens, d. h. auf die Seite der freien Welt, führen.

Die Politik, die sowohl von der Bundesrepublik als auch von den Westmächten praktiziert werden mußte, ergab sich aus der machtpolitischen Konstellation, in der sich die Welt seit 1947, also seit dem Scheitern der Londoner Konferenz, befand. Sie war von dem Vertrauen bestimmt, daß es einem konsolidierten, wirtschaftlich und militärisch erstarkenden Westen mit Deutschland als gleichberechtigtem Partner gelingen würde, eine solche Anziehungskraft auf den Osten auszuüben, daß die kommunistische Diktatur schließlich die Waffen strecken müßte.

Ob diese Strategie allein auf die Dauer zum Erfolg führen kann und führen wird, ist fraglich. Es bleibt für uns deshalb die Verpflichtung, Auge und Ohr nach dem Osten gerichtet zu halten, ob sich nicht doch von dort echte Zugeständnisse ankündigen. Diese Pflicht haben wir ebenso wie die übrige freie Welt. Auf jeden Fall muß die freie Welt dafür Verständnis haben, daß wir diese Verpflichtung angesichts der Zerrissenheit unseres Landes in erhöhtem Maße haben. Die bisherige Haltung der Sowjets – auch jetzt in Paris – ist allerdings nicht ermutigend.

Ein Weiteres haben die Erfahrungen der letzten Jahre deutlich gezeigt: Das Ziel der Wiedervereinigung kann nur erreicht werden, wenn die Nation geschlossen dafür eintritt. Halbheiten und zögerndes Verhalten schwächen die deutsche Politik

bei ihrem Bemühen, die Wiedervereinigung herbeizuführen. Sie schwächen aber auch die gesamte Front der freien Welt, der sich nun einmal die Aufgabe gestellt hat, den Kommunismus langsam zurückzudrängen.
Um die innere Bereitschaft zur Wiedervereinigung, um den Willen zur Befreiung der Sowjetzone lebendig zu halten, wurde 1949 das Ministerium für gesamtdeutsche Fragen eingerichtet. Es hat sich während der ersten Jahre seines Bestehens ausschließlich mit dieser innenpolitischen Aufgabe befaßt. Denn wenn Deutschland sich selbst aufgäbe und sich mit einem Rumpfgebilde begnügen würde, so würde der Kommunismus die erste Entscheidungsschlacht um Deutschland und Europa gewinnen. Das darf nicht geschehen. Deshalb ist es wesentlich, daß die Kenntnis dessen, was in der Sowjetzone und was mit dem Land jenseits von Oder und Neiße in den dortigen deutschen Gebieten geschieht, in jedes Dorf und in jede Hütte der Bundesrepublik dringt. Die Erkenntnis und das lebendige Miterleben der Vorgänge in der sowjetischen Besatzungszone stellen also einen politischen Faktor ersten Ranges dar.
Eine weitere Aufgabe, die sich die westdeutsche Bevölkerung zu stellen hat, besteht darin, die Bevölkerung in den von den Kommunisten besetzten deutschen Gebieten ständig von ihrer Solidarität mit ihnen zu überzeugen. Geistige Nahrung ist dabei von hohem Wert. Das gedruckte Wort und das gesprochene Wort sind Ausdruck der deutschen Kultur, die unsere östliche und mitteldeutsche Bevölkerung bitter entbehrt. Deshalb schuldet die westdeutsche Bevölkerung ihr diese Nahrung, um ihren Selbsterhaltungswillen zu erhalten und zu stärken.
Nicht zu unterschätzen ist auch die materielle Hilfe in Form von Paketen und anderen Sendungen, denn die Not ist groß. Das kommunistische Regime beutet die gesamte Bevölkerung, die es in seiner Gewalt hat, bis zum äußersten aus. Praktische Hilfe ist deswegen nicht nur Beweis für die Solidarität, sondern auch dringend notwendige Hilfeleistung von Mensch zu Mensch.
Eine der wichtigsten Aufgaben bleibt die Notwendigkeit, die Verfälschung an sich klarer Begriffe durch die östlichen Kommunisten zu verhindern. Es besteht die Gefahr, daß die Propagandawalze des Kommunismus über wichtige Bereiche des Geistes und der Idee hinweggeht. Begriffe wie Frieden, Freiheit und Demokratie werden zertrümmert oder verfälscht, um den Willen zu Einheit in Freiheit umzumünzen in den Wunsch zur Einheit um jeden Preis. Und es gibt leider genügend Deutsche, die immer noch auf diese Fälschungen hereinfallen.
Ebenso wird von den Sowjetzonenkommunisten der Versuch gemacht, die Zurückgewinnung der Gebiete jenseits der Oder-Neiße als Utopie hinzustellen, die nur in einem Krieg enden könne. Zudem versucht man, Geschichte und Tradition dieser deutschen Gebiete auszuradieren oder sie als unwirklich und fern abzutun. Hier gilt es wichtige geistige Bestände zu wahren und gegen kommunistische Zerstörungsversuche zu schützen.
Zu gleicher Zeit mit einer Aktivierung unserer Ostpolitik beginnt die Notwendigkeit, immer mehr die künftige Gestaltung des nach freien Wahlen wiedervereinigten Deutschlands in den Vordergrund zu rücken. D. h., das ganze entscheidende Gebiet der Übergangsepoche von einem zerrissenen zu einem wiedervereinten Deutschland muß zum Gegenstand eingehendster Erörterungen und schließlich auch Beschlüssen werden. Nur so kann die Arbeit der kommenden deutschen Nationalversammlung vorbereitet und damit die immerhin gefährliche Übergangsperiode abgekürzt werden.

Eines hat sich jedenfalls im Laufe der letzten Jahre mit unmißverständlicher Deutlichkeit herausgestellt: die Tatsache, daß Europa nicht ohne Deutschland existieren kann. Deutschland muß aber seine Einheit wiederfinden, wenn es zu einem wirklichen Faktor des Friedens und der europäischen Gesundung werden soll. Diese Erkenntnis stellt einen der politisch wichtigsten Faktoren dar, der aber nur dann seine volle Gültigkeit erhält und seine Gestaltungskraft zu entfalten vermag, wenn sich die ganze Nation in dieser Erkenntnis zusammenfindet.

## 66

*Fortschritt für Deutschland*
*in: »Der Tag«, 1. Januar 1952*

In die Unruhe der Dezembertage, die in gleicher Weise um die Wiederherstellung der deutschen Einheit wie um die Integration Europas kreiste, ist an der Jahreswende eine Pause eingetreten. Das bedeutet aber sicherlich nicht Stagnation, wie dieser oder jener es deuten möchte. In Paris wurde vielmehr in diesen Tagen noch über die Europa-Armee verhandelt. Allerdings mit einer Langwierigkeit, die das Gehabe demokratischer Staaten selbst in Zeiten drängender Gefahr noch kennzeichnet. Es gibt dabei Stimmen genug, die sowohl der Entstehung wie der Wirksamkeit einer Europa-Armee mit erheblicher Skepsis gegenüberstehen. Das ist für jeden echten Europäer schmerzlich. Aber die harte Welt der Tatsachen, vor die sich die freien Völker durch den kalten Krieg der kommunistischen Welt gestellt sehen, verlangt nun einmal kühle Berechnung wirksamer Mittel, die eine starke Position in der Abwehr des kalten Krieges ermöglichen.
Für uns, für die Deutschen, hat diese Position noch erhöhte und positive Bedeutung. So wie die Dinge nun einmal liegen, ist für uns die Stärke der freien Welt zugleich die Ausgangsstellung für die Wiedervereinigung Deutschlands. Wir werden weder in der Europa-Armee – falls sie zustande kommt – noch in einer nationalen Armee – falls sie für die Sicherung der freien Welt geeigneter erscheinen sollte – den Ausgangspunkt für einen neuen Krieg sehen, sondern die Stärkung der realen Basis für die politische Auseinandersetzung mit den Sowjets. Dahin geht die Hoffnung der 45 Millionen in der Bundesrepublik, die von dem ständigen Alpdruck kommunistischer Attacken befreit und mit Mittel- und Ostdeutschland wieder vereint sein wollen. Dahin geht mehr und drängender noch die Hoffnung der 20 Millionen des sowjetischen Besatzungsbereiches, die an der siebenten Jahreswende ihrer Unfreiheit mit wachsender Ungeduld Ausschau nach Freiheit und Wiedervereinigung halten.
Nach diesem Jahr massierter sowjetkommunistischer Propaganda um »Einheit und Frieden« ist es angebrachter denn je, auf die harten Tatsachen hinzuweisen. Hinter der östlichen Propaganda ist nicht die kleinste Tat greifbar geworden, die Veranlassung geben könnte, den Grotewohlschen Vorschlägen und Vorstößen eine Spur von Ernsthaftigkeit zuzusprechen. Es sei denn, wir gingen auf das Kernstück sowjetischen Bestrebens ein, das in der wehrlosen Neutralisierung Deutschlands besteht. Eine Neutralisierung also, die ganz Deutschland für den kommunistischen Zugriff reif machen soll. Das wäre dann zwar eine Verwirklichung der Einheit, aber es wäre Selbstmord der Freiheit in Deutschland und ihre stärkste Gefährdung im westlichen Europa. Solange die Sowjetunion an dem Ziel einer wehrlosen Neutralisierung

Deutschlands festhält, kann man auf ihrer Seite keinen Fortschritt in der Frage der Wiedervereinigung verzeichnen.
Demgegenüber kann Deutschland auf dem Wege der Partnerschaft mit den freien Nationen Positives buchen. Zwar ist die Gleichberechtigung noch nicht erreicht. Sie wird Aufgabe des Jahres 1952 sein. Und sie wird erreicht werden, denn das Jahr 1951 hat in der Welt wachsende Klarheit darüber geschaffen, daß Deutschland gleichberechtigt sein muß, wenn es – in der vordersten Gefahrenlinie stehend – seine Widerstandsaufgabe gegenüber dem Kommunismus überhaupt erfüllen soll. Es kommt bei dieser Aufgabe ja schließlich darauf an, in jedem einzelnen Deutschen – insbesondere auch in jedem jungen Deutschen – das Bewußtsein zu schaffen, daß die nationale Würde seines Volkes wieder volle Anerkennung findet. Dann erst wird der einzelne Deutsche sich den politischen, wirtschaftlichen und militärischen Notwendigkeiten bereitwillig erschließen, vor die ihn die Stärkung der freien Welt stellt. Dann erst wird in ihm die Überzeugung reifen könne, daß es sich dabei auch um die Schicksalswendung für sein eigenes Land handelt.
In dieser Erkenntnis werden dann auch jene Deutschen zur Bejahung unseres Verteidigungsbeitrages kommen, die sich nur schwer in dem Wechsel von Entmilitarisierung und Wiederbewaffnung zurechtfinden können, wie ihn die Halsstarrigkeit kommunistischer Politik nun einmal notwendig macht. Dann wird auch begriffen werden, daß es sich bei der Stärkung der freien Welt durch den deutschen Beitrag nicht um eine Politik handelt, die den Krieg für unvermeidbar hält, sondern einzig und allein um die Überzeugung, daß die deutsche Wiedervereinigung nur durch eine Kombination politischer und machtmäßiger Mittel der freien Welt einschließlich der Bundesrepublik erreicht werden kann. Denn nur so besteht nach allen Erfahrungen die Möglichkeit, die kommunistische Welt zur Einsicht zu bewegen.
Darauf ist unsere ganze Aufmerksamkeit gerichtet. Niemand im Kreis der freien Völker kann es uns verübeln, wenn wir alles, was auf der politischen Ebene der freien Welt geschieht, zunächst und vor allem unter diesem Gesichtspunkt sehen. Das heißt: unter dem Gesichtspunkt der Möglichkeiten für die Wiedervereinigung unseres Volkes. Die Bundesrepublik ist nur ein Teilstück von Deutschland, und damit bleibt sie ein Element der Unruhe. Ein wiedervereintes Deutschland aber, beherrscht von dem Gesetz der Freiheit und Menschenwürde, wäre ein Element der Stabilität in der freien Welt.
Die weitaus meisten Nationen – so hat es sich bei dem Beschluß über die unparteiische Kommission der Vereinten Nationen gezeigt – sind für die Wiedervereinigung Deutschlands. Das ist der Fortschritt in dem hinter uns liegenden Jahr. Um »ihren Beitrag zur Herbeiführung der Einheit Deutschlands im Interesse des Weltfriedens« zu leisten, haben die Vereinten Nationen die Kommission gebildet. Nun bleibt zunächst abzuwarten, ob sich die Sowjets diesem Versuch, unter dem Protektorat der Vereinten Nationen über wirklich freie Wahlen zur Wiedervereinigung Deutschlands zu kommen, auf die Dauer widersetzen werden. Wie immer sie sich aber auch verhalten werden, auf jeden Fall sind durch die Behandlung der deutschen Frage vor dem Forum der Welt dauerhafte Ansätze für weitere Initiative auf unserer Seite geschaffen. Nach Billigung des Wahlvorschlages durch den Bundestag wird die Zeit zu weiterer Aktivität der Bundesregierung sowohl neben als auch mit der UN-Kommission gekommen sein.
Dabei wird es Aufgabe der deutschen wie der gesamten westlichen Politik sein, die Aufmerksamkeit darauf gerichtet zu halten, ob sich nicht aus der Haltung der So-

wjets morgen oder übermorgen ein Anhaltspunkt dafür ergibt, daß auch einmal eine totalitäre Macht sich der Grenze destruktiv-revolutionärer Politik bewußt wird. Denn jede Chance, die einem weiteren Teil Deutschlands die Freiheit und unserem Volk selbst die Einheit wiedergibt, ist ein Fortschritt für die Freiheit und den Frieden der Welt. Wir können nur hoffen, daß das Jahr 1952 solche Chancen bringt.

## 67

*Zur sozialen Sicherung Deutschlands*
*Kundgebung anläßlich der Tagung der westfälischen Sozialausschüsse in Herne*
*12. Januar 1952*

Es ist mir in diesen bewegten Wochen eine besondere Genugtuung, wieder einmal vor Euch, im Kreis unserer Sozialausschüsse, sprechen zu können. Denn die politischen Fragen, die uns an diesem Jahresbeginn bewegen, gehen ja nicht zuletzt die Arbeiterschaft an. Auch und vor allem die christlich-demokratische Arbeiterschaft, der im augenblicklichen Stadium deutscher Politik eine ganz besondere Aufgabe zufällt. Diese Aufgabe muß in erster Linie von undoktrinären, aber unbedingt sozialen Kräften erfüllt werden. Beides trifft auf die christlich-demokratische Arbeiterschaft zu. Darum möchte ich wünschen, daß sie mit ihrem politischen und sozialen Willen stärker noch in den Vordergrund rückt als bisher. Denn die Aufgaben, vor denen wir stehen, können nur gelöst werden, wenn die Arbeitnehmer in vorderster Linie stehen.
Praktisch ist unser Land auf das Kleindeutschland der Bundesrepublik beschränkt. Neun Millionen Heimatvertriebene aus unseren östlichen Gebieten sind in dieses Kleindeutschland zusätzlich hineingepfercht worden. Und jeden Tag strömen weitere Flüchtlinge – politische Flüchtlinge – durch die Risse und Spalten des Eisernen Vorhanges ins Bundesgebiet hinein. Aber es ist für uns oberstes Gesetz, daß in dieser Situation die Bundesrepublik für ganz Deutschland steht. Es ist für uns oberstes Gesetz, daß die Lebensbedingungen der Bundesrepublik mit dem Blick auf das ganze Deutschland gestaltet werden müssen. Der Tag der Wiedervereinigung Deutschlands muß die Bundesrepublik in einer politischen, sozialen und wirtschaftlichen Sicherung finden, die Rückhalt und Erleichterung für den notwendigen Ausgleich zwischen den getrennten Teilen Deutschlands bietet. Das kann und wird nur möglich sein, wenn Ideologie und Haltung des Klassenkampfes endgültig überwunden sind. Das ist für Deutschland heute eine Notwendigkeit. Denn in der Sowjetzone tobt sich ein Klassenkampf aus, dessen Folgen wir eines Tages zu überwinden haben. Wir werden das nur können, wenn wir in der Bundesrepublik einen ausgeglichenen sozialen Zustand herbeigeführt haben. Und zwar eine soziale Ausgeglichenheit, die auf der Freiheit und Gleichberechtigung aller Schichten und Stände erwächst. Wenn wir das schaffen, wird die Wiedervereinigung Deutschlands so gemeistert werden, daß unser Land wieder ein Hort der Freiheit wird.
Wir können und wir werden kein Rumpfdeutschland bleiben. Ein geteiltes Deutschland bliebe ein ewiger Herd der Unruhe. Das Verlangen der Volksteile diesseits und jenseits des Eisernen Vorhanges zueinander ist unbeirrbar und unablenkbar. Die Deutschen jenseits des Eisernen Vorhanges werden stets danach trachten, der Gewalt des Kommunismus zu entkommen. Und uns wird die Verbun-

denheit mit den von der Fremdherrschaft des Kommunismus Gequälten niemals aus der Verantwortung für sie entlassen. Solange Deutschland zerrissen ist, wird der Aufbau einer geordneten Existenz unseres Volkes nie vollständig durchgeführt werden können. Alles, was wir im Zustand der Zerrissenheit unternehmen, sind Notlösungen in einem Übergangsstadium. Deshalb bleibt die Wiedervereinigung das oberste Ziel unserer Politik. Wenn sie auch auf weltpolitischer Ebene entschieden wird, so bleibt uns die Verpflichtung, die Wiedervereinigung mit aller Kraft voranzutreiben. Schließlich sind wir ja auch auf dem Wege, uns Tag für Tag stärker in die Weltpolitik einzuschalten. Ich bin überzeugt, die Wiedervereinigung wird kommen.

Grotesk ist es, unserer Verantwortung mit dem Hinweis begegnen zu wollen, die Wiedervereinigung könnte eine Senkung unseres Lebensstandards bedeuten. Mit solchen kalten und flüchtigen Berechnungen weicht man dem Schicksal unseres Volkes nicht aus. Es sind Berechnungen einer unerhörten Bequemlichkeit, die jedes Wagnis für die Wiedervereinigung unseres Volkes scheut. Opfer werden gewiß gebracht werden müssen. Aber diese Opfer werden uns erst zu einem wirklichen Volk zusammenschweißen. Im übrigen sind sie sicher wesentlich geringer als die Opfer, die eine Verewigung der deutschen Zerrissenheit bedeuten würde.

Ernsthafter als solche Bedenken, wie sie – Gott sei Dank – nur einige wenige zu äußern wagen, ist die Sorge um die innere Verfassung in der Sowjetzone. Man wird immer wieder gefragt: Hat der Bolschewismus nicht doch schon seine Spuren hinterlassen? Ich kann darauf nur sagen: sicherlich keine kommunistischen oder gar bolschewistischen Spuren. Die Bevölkerung in der Sowjetzone steht innerlich echt und stark zur gleichen Welt wie wir. Die Menschen in der Sowjetzone sind bis auf eine geringe Minderheit weder Bolschewisten noch Kommunisten, noch Marxisten. Denn sie haben das Paradies dieser »Ismen« am eigenen Leibe erfahren. Mancher ist daran zugrunde gegangen. Und mancher hat Kameraden, Freunde und Verwandte daran zugrunde gehen sehen. Deshalb wollen sie heraus aus der Welt des Fanatismus, des Zynismus und des ständigen Zwanges.

Eines allerdings wird ihnen aus den Jahren der kommunistischen Knechtschaft bleiben: Sie haben ein außerordentlich starkes Gefühl für soziale Gerechtigkeit erworben. Sie haben erfahren, daß der Kommunismus, der einmal auszog, um die Welt zu einer sozialen zu machen, nichts von sozialer Gerechtigkeit an sich trägt. Um so stärker werden sie nach allem, was sie erlitten haben, in einem wiedervereinten Deutschland nach echtem sozialem Ausgleich verlangen. Jede Prüfung – mag sie noch so schmerzhaft sein – hat auch ihre positiven Wirkungen. Das gilt auch für die Prüfung in der Sowjetzone. Deshalb bin ich auch dem reichlich verwirrten Joseph Wirth gar nicht böse, wenn er mich an frühere Aussprüche erinnert. Er und die Kreise, die ihm den Ritt gegen mich diktierten, mögen ruhig zur Kenntnis nehmen, daß ich auch heute noch zu meinem Wort vom scharfen Ostwind stehe. Ich sagte 1947: »Der scharfe soziale Wind, der von Osten weht, wird manche alte überlebte Meinung in unserem Volke fortwehen. Und es ist dem Westen und Süden des Reiches nicht schädlich, wenn sie etwas von der radikalen sozialen Zugluft aus dem Osten mitzuspüren bekommen.« Im übrigen kann man diese Auffassung auch immer wieder von unseren Freunden in der Sowjetzone hören. Oft sogar mit dem gutmütigen Stolz, daß sie an Erfahrungen der Bevölkerung im Westen und Süden Deutschlands doch etwas voraus haben. Und sie haben auch etwas voraus. Sie würden z. B. die politischen Irrwege des Herrn Wirth sicherlich nicht gehen. Sie haben am eigenen Leibe erfahren, was wir alle in der Politik um die Sowjetzone erkennen mußten: Der Kommunismus läßt es nicht bei scharfem sozialen Wind, sondern er zeigte und zeigt bald schon seine tödliche Faust. Mit dieser Faust aber gibt es keine Kompromisse. Wo immer sie heute Zuckerbrot reicht, schlägt sie morgen nieder. Wer das heute – nach sieben Jahren rücksichtsloser Bolschewisierung der Sowjetzone – noch nicht begriffen hat, dem ist nicht zu helfen. Joseph Wirth ist leider etwas zu spät aufgestanden. Seine Fahrt in die Sowjetzone nützt nicht den deutschen Menschen, die nach Freiheit verlangen. Sie nützt der Halsstarrigkeit der Sowjets. Und das ist bedauerlich für alle die, die sich um echte Einheit mühen.

Unser Weg zur Wiedervereinigung unseres Landes geht auf keinen Fall über Kompromisse mit dem Bolschewismus, sondern über die Stärkung und Festigung des freieren Teiles von Deutschland in Verbindung mit der freien Welt. Die gesamte deutsche Außenpolitik dient einzig und allein diesem Ziele. Wir verschreiben uns damit nicht dem Machtwillen dieser oder jener Nation, wie man es von Osten her suggerieren möchte, sondern wir verpflichten uns der Freiheit und dem einzig möglichen Weg zur Wiedervereinigung eines freien Deutschland. Die Halsstarrigkeit der Sowjets hat uns diesen Weg gewiesen. Sie allein haben es in der Hand, den Weg zu freien Wahlen in ganz Deutschland freizugeben. Dabei läßt die neueste Grotewohl-Rede allerdings wenig Raum für Hoffnung, daß die Sowjets freien Wahlen positiv gegenüberstehen.

Im übrigen mag man über den einen oder anderen außenpolitischen Schritt der Bundesrepublik geteilter Meinung sein. Daß man das ist, ist ja bei den Verhandlungen über den Schumanplan genügend in Erscheinung getreten. Auch diejenigen, die »ja« zum Schumanplan sagten, sind sich weitestgehend bewußt: Der Schumanplan ist keine Idealschöpfung freier Nationen, die über jeden Egoismus hinausgewachsen sind. Aber so, wie die Dinge nun einmal liegen, ist er ein notwendiger Versuch, eine Etappe auf dem Wege, den nationalen oder, besser gesagt, den nationalistischen Egoismus zu überwinden und zu besserer Gemeinschaft der freien Welt zu kommen und damit auch zur Festigung der Bundesrepublik. Denn sie hat als deutscher Kernstaat die Verantwortung für die Wiedervereinigung unseres Landes. Gerade deshalb muß sie auf festem sozialen Grund stehen.

Diese soziale Festigung ist vor allem das Anliegen der Arbeiterschaft. Denn die Arbeiterschaft ist der stärkste, der ausgesprochenste Träger des sozialen Willens. Die Arbeiterschaft war ein Jahrhundert lang das Stiefkind des Volkes. Dank einer kraftvollen Arbeiterbewegung konnte sie den Weg aus den Kellerräumen der Gesellschaft nach oben antreten. Heute ist die Arbeiterschaft – weiß Gott – nicht mehr der letzte Stand im Volk. Ich will dabei nicht ohne weiteres denen beipflichten, die sagen: Die Arbeiterschaft ist heute zum Mittelstand geworden. Sicherlich ist ihr Einkommen gegenüber früher um ein Erhebliches gestiegen. Das zu erstreben und zu erreichen war mit Sinn und Pflicht der Arbeiterbewegung. Nur so konnte und kann es möglich werden, daß der Nation aus der jungen, unverbrauchten Schicht der Arbeiterschaft neue Kräfte zuwachsen. Das wird um so mehr der Fall sein können, je entschlossener die Arbeiterschaft einen von allen Radikalismen freien Weg geht.

Ein gutes Stück des Weges ist erreicht. Und es wäre Blindheit, wollten wir nicht anerkennen: Die Arbeiterschaft ist den Weg nach oben gegangen. Um so mehr müssen wir erkennen: Es gibt heute andere Schichten, die im dunkeln stehen. Neue verarmte Schichten müssen ein dürftiges Leben fristen. Sozialrentner, Arbeitsunfähige, Kriegsbeschädigte, Kriegerwitwen und nicht zuletzt Millionen von

Heimatvertriebenen und politischen Flüchtlingen sind an die Stelle der Arbeiterschaft getreten, die vor hundert Jahren restlos auf der Schattenseite zu leben hatte. Ihnen hat sich die Hilfe der Nation zunächst und am kräftigsten zuzuwenden. Nicht zuletzt um dieser neuen Armutsschicht willen ist es nötig, unter maßgeblicher Mitwirkung der Arbeiterschaft unserer Ordnung einen echten sozialen Inhalt zu geben. Nicht durch überlebte Klassenkampfparolen, sondern durch positiver Mitarbeit der Arbeiterschaft und ihrer berufensten Organisationen. Die Arbeiterschaft kann und muß z. B. Vorkämpferin für den Lastenausgleich sein, damit er endlich über die Bühne geht. Die Heimatvertriebenen haben lange genug warten müssen.

Ganz sicherlich beweist der Aufwand von 7,5 Milliarden – das sind 37 % der Gesamteinnahmen des Bundes – für Sozialaufwendungen im Haushaltsjahr 1951/52, daß die verantwortlichen politischen Kräfte der Bundesrepublik ihre Verpflichtung für die soziale Sicherung ernst nehmen. Dabei bleiben wir uns der schwachen Punkte durchaus bewußt. Die Arbeitslosigkeit ist der schwächste Punkt. Sie drückt ja schließlich nicht nur das Niveau der Lebenshaltung, auch bei normalem Versicherungsschutz. Sie gefährdet bei langer Dauer einfach das menschliche Wertgefühl. Deshalb wird man ohne Rücksicht auf private Interessen und schließlich auch durch den Einsatz außergewöhnlicher Mittel der Arbeitslosigkeit zu Leibe rücken müssen. Aber auch damit wird noch nicht alles erreicht sein. Wenn für Millionen von Vertriebenen Wohnungen, Maschinen, Werkhallen und Arbeitsplätze fehlen, so können sie erst nach und nach beschafft werden. Das heißt: Die Arbeitslosigkeit kann nicht mit einem Zauberschlag beseitigt werden. Ich bejahe grundsätzlich alles, was dem Gedanken der Vollbeschäftigung zugrunde liegt. Der Begriff Vollbeschäftigung kann aber leicht zu einem Schlagwort werden. Vollbeschäftigung ist nur dann relativ rasch zu erreichen, wenn überhaupt schon eine ausreichende Zahl von Arbeitsplätzen vorhanden ist. Nicht aber dort, wo plötzlich Millionen von Menschen durch ein politisches Diktat auf eine schmale Wirtschaftsbasis zusammengepreßt worden sind. Der Begriff der Vollbeschäftigung kann eben auch leicht trügen. Schließlich wirkt ja auch der Weg der englischen Politik in den letzten Jahren nicht gerade überzeugend. Alle 1 1/2 bis 2 Jahre hat es in England Zahlungsbilanz- oder gar Währungskrisen gegeben. Auch inflationistische Erscheinungen sind dort nicht zu bestreiten. Auf der anderen Seite finden wir in der Schweiz, in Frankreich, in den USA praktisch die Vollbeschäftigung, ohne daß man davon spricht. Diese Länder haben nie eine Vollbeschäftigungspolitik im englisch-sozialistischen Sinne getrieben. Mir scheint, die weltwirtschaftliche Aufschwungsperiode, die infolge des Gütermangels der Nachkriegszeit und der darauffolgenden Rüstung eintrat, ist noch gar nicht unterbrochen worden. Auch wir hätten keine Arbeitslosigkeit – wir hätten vielleicht sogar Arbeitermangel –, wenn man uns nicht weite und wertvolle Gebiete unseres Landes entzogen hätte. Wenn wir das Schicksal unserer Heimatvertriebenen nicht mit zu meistern hätten. Die eigentliche Vollbeschäftigungstheorie hat also ihre Bewährungsprobe noch gar nicht bestanden. Das bedeutet aber auch wieder nicht, daß wir uns nicht für neue Gedanken aufgeschlossen erweisen sollten. Und daß man bereit ist, sie auf internationaler Ebene zu erproben.

Soziale Sicherheit ist ja im nationalen Raum allein gar nicht zu verwirklichen. Immer mehr sind die Völker voneinander abhängig geworden. Sie sind durch ihre Wirtschaftsbeziehungen, durch gemeinsame Märkte, gemeinsame Lieferquellen für Nahrung und Rohstoffe aufs engste miteinander verbunden. Wir müssen z. B. heute 35–40 % aller Nahrungsmittel und die meisten Rohstoffe einführen, um leben

zu können. Kein Land der Welt kann sich vor dem Auf und Ab der Preisbewegungen auf dem Weltmarkt hinter eine nationale Mauer der Autarkie zurückziehen. Schon das wirtschaftliche Interesse zwingt zu einer Solidarität der Staaten. Zum gemeinsamen Denken, Planen und Handeln. Diese Notwendigkeit wurde zur Zeit der Weltwirtschaftskrise der 30er Jahre noch nicht begriffen. Damals herrschte die Stimmung des »Rette sich, wer kann!« Durch Abschließung voneinander, durch einseitige Zollerhöhungen, Einfuhrverbote und durch einen Wettbewerb in Währungsentwertungen versuchte man, die eigene Arbeitslosigkeit zu exportieren. Sie dem Nachbarn zuzuschieben. Dieser hat dann dasselbe versucht. Er hat Preise und Löhne noch tiefer gesenkt und damit den eigenen Inlandsmarkt zerstört und das Lebensniveau der Arbeiterschaft noch weiter gedrückt. Indessen wußten die überseeischen Agrarländer mit dem Erntesegen Gottes nichts anderes mehr anzufangen, als den Kaffee ins Meer zu schütten und den Weizen zu verheizen.
Wenn uns jene folgenschwere Wirtschaftskrise der dreißiger Jahre eine unauslöschliche Lehre erteilt hat, so ist es diese: Nur durch gemeinsames Vorgehen der Völker können künftig die notwendigen Maßnahmen getroffen werden, um ähnliche Wirtschaftskatastrophen zu verhindern. Wäre diese Erkenntnis damals lebendig gewesen, dann wäre das deutsche Volk nicht den Sirenenklängen des Nationalsozialismus erlegen. Wir können nur wünschen, daß alle Völker die Mahnung hören. Und daß sich bei den Versuchen, dem nationalen Egoismus zu begegnen, die eine Überzeugung durchsetzt: Übernationale Bindungen und Vereinigungen können nur auf der Basis der Gleichberechtigung aller Völker fruchtbar und wirksam werden. Das gilt vor allem mit dem Blick auf unser Land. Leider hat sich in bezug auf Deutschland auch in der freien Welt diese Erkenntnis immer noch nicht überall durchgesetzt. Und das bedeutet nur Auftrieb für die Welt der Unfreiheit. Für den Kommunismus. Er setzt nicht zuletzt auch seine Hoffnung auf das verletzte Ehrgefühl der Völker.
Weite Kreise der deutschen Arbeiterschaft stehen dabei den heutigen Versuchen übernationalen Zusammenschlusses mißtrauisch gegenüber. Zum Teil deshalb, weil sie nicht im Zeichen des Sozialismus gemacht werden. Ich halte das für absolut falsch. Ich darf für mich in Anspruch nehmen, daß ich nicht doktrinär bin. Ich habe nie blinde Furcht vor sozialistischen Maßnahmen gehabt, sondern sie bejaht, wo sie notwendig erschienen. Aber unsere Erfahrungen in der Bundesrepublik haben bewiesen, daß Doktrinarismus fehl am Platze ist. Niemand kann sich der Tatsache verschließen, daß im Rahmen der sozialen Marktwirtschaft in den letzten Jahren ungeheuere Energien an Tatkraft, Initiative und Leistung entbunden worden sind. Nehmen wir nur die Fortschritte in der Produktion mit 40 % gegenüber dem Vorkriegsniveau. Die Fortschritte in der Ausfuhr mit einer Verdoppelung gegenüber 1950 und einer Vervierfachung gegenüber 1949. Ebenso im Lohnniveau, das für viele die Vorkriegskaufkraft annähernd wieder erreicht hat. Die Löhne sind gestiegen, obwohl weit über eine Million mehr Arbeitsplätze geschaffen wurden. Das sind Tatsachen, die vor drei Jahren einfach niemand vorauszusagen gewagt hätte. Ich kann es verstehen, wenn der Bundeswirtschaftsminister von einer Wirtschaftsordnung begeistert ist, die in dem Feld, für das er zuständig ist, solche Leistungen in so kurzer Zeit ermöglicht hat. Ludwig Erhard wird mir aber sicherlich nicht böse sein, wenn ich als alter Gewerkschaftler seinen Enthusiasmus für den orthodoxen Liberalismus im Wirtschaftsgeschehen nicht im gleichen Grade teilen kann. Es kann zwar niemand mit Sicherheit sagen, ob wir heute mit Kohle und Stahl die glei-

chen Engpaßsorgen hätten, wenn auch hier frühzeitig eine freie Preisentwicklung zugelassen worden wäre, so daß sich vielleicht ähnliche Selbstfinanzierungschancen geboten hätten, wie sie von anderen Industriezweigen wahrgenommen wurden. Ich glaube aber, daß es besser war, Kohle- und Eisenpreis zu binden. Sonst wären vielleicht die Ausfuhrerfolge wegen zu hoher Rohstoffpreise unterblieben. Und die Not in vielen Haushalten wäre noch größer geworden. Jedenfalls erscheint es mir Pflicht jeder staatlichen Wirtschaftspolitik, lenkend einzugreifen, wo immer es notwendig ist. Vor allem dann, wenn der Markt bei der Deckung eines volkswirtschaftlich vordringlichen Bedarfs versagt, wie das ja bei Kohle und Eisen der Fall ist.
Ich nenne noch ein anderes Beispiel erfolgreicher nichtliberaler Wirtschaftspolitik: die schnelle Beseitigung unseres Außenhandelsdefizits in diesem Jahr und die erfreuliche Abtragung der Schulden für gelieferte Waren des Auslandes, auf die wir mit Recht stolz sind. Sie sind keine Leistung eines liberalisierten freien Marktes gewesen. Ohne die staatliche Zügelung der Einfuhr im Frühjahr wäre unsere Außenhandelssituation sicherlich weniger rosig. Ich bin auch der Meinung, daß es möglich gewesen wäre, da und dort Preiskontrollen anzuwenden. Verbunden mit rechtzeitiger Einfuhr, hätten sie den Verbraucher vor den Wirkungen einer unangemessenen Verteuerung wichtiger Verbrauchsgüter besser schützen können. Viele Länder, vor allem auch die USA, haben solche Bindungen gewagt, ohne daß deshalb Rationierungen notwendig geworden sind. Immerhin sind spekulative Knappheitspreise durch solche Kontrollen vermieden worden. Wir, die christlich-demokratische Arbeiterschaft, wehren uns gegen jeden Doktrinarismus. Gegen den sozialistischen, aber auch gegen den liberalistischen. In der Geschichte der Arbeiterbewegung ist die dunkle Seite allzu liberaler Wirtschaftsepochen allzu deutlich sichtbar geworden. Das egoistische Gewinnstreben, das ungezügelt seine Chancen wahrnimmt, hat immer noch volkswirtschaftliche und sittliche Gefahren mit sich gebracht. Wir sind ihnen auch in den letzten Jahren nicht entgangen. Die hinterzogenen Steuern gehören dazu. Gerade hier ist die Unzufriedenheit der Arbeiterschaft vor allem verständlich. Denn diejenigen, die am wenigsten verdient haben, müssen ihre Steuern und sozialen Abgaben exakt auf Heller und Pfennnig bezahlen, während auf der anderen Seite über Spesenkonten, spekulative Handelsgewinne und überhöhte Betriebsentnahmen sehr viel in einen Luxusverbrauch geflossen ist. Dieser Luxusverbrauch hat zum mindesten das optische Bild in Läden und Lokalen vieler deutscher Städte nachteilig verändert. Viele Ausländer haben als Besucher dadurch ein völlig falsches Bild von dem Lebensstandard des deutschen Volkes bekommen. Der Staat darf sich gewiß nicht zum Schnüffler degradieren. Wer durch außergewöhnliche Leistung ehrlich sein Geld verdient hat, dem sollen auch ein Pelzmantel und goldene Ohrringe nicht verargt werden. Aber leider bleibt es ja nicht immer dabei. Und man hat doch den Eindruck, daß die Finanzämter reichlich oft übers Ohr gehauen werden. Das aber bedeutet, daß die Armen und Ärmsten unseres Volkes betroffen werden. Die Arbeiterschaft hat recht, wenn sie jenen Schichten zuruft: Schränkt eure Lebenshaltung ein. Denkt daran, daß wir ein Volk der kleinen Leute geworden sind. Ein Volk mit Millionen Menschen in dürftigster Lebenshaltung, bei denen jeder Pfennig zählt. Denkt an die Vertriebenen, an die Kriegsopfer, an die Rentenempfänger. Es gehört mit zur sozialen Sicherung der Bundesrepublik, zur sozialen Sicherung unseres Kernstaates, sich für einen Lebensstil zu entscheiden, der nicht provoziert. Und der davon Zeugnis ablegt, daß die Notlage der anderen im Gewissen stets gegenwärtig ist. Nicht zuletzt auch die Not unserer Menschen in

der Sowjetzone. Je ernsthafter wir uns um diesen Lebensstil bemühen, um so näher kommen wir im Bundesgebiet dem sozialen Ausgleich, nach dem die benachteiligten Schichten unseres Volkes verlangen. Dieser soziale Ausgleich in der Bundesrepublik ist die notwendige Vorstufe zur Erleichterung des Ausgleichs nach der Wiedervereinigung.
Wir brauchen einen angemessenen Lebensstandard für alle Volksschichten. Seine Höhe läßt sich für das ganze Volk natürlich nicht kommandieren. Er läßt sich auch nicht durch Gesetze unmittelbar beeinflussen. Aber eines ist sicher : Was ein Volk verzehren will, muß es vorher erarbeitet haben. Auch Auslandshilfen können an dieser Wahrheit nur wenig ändern. Sie machen immer nur einen kleinen Teil des Sozialproduktes aus. Und sie stehen schließlich nur für eine begrenzte Zeit zur Verfügung. So betrug z. B. die Marshallplanhilfe für Westdeutschland, gemessen am Sozialprodukt, im Marshalljahr 1948/49 etwa 2,8 %. Und 1949/50 nur 1,5 %. Die indirekten Wirkungen dieser Hilfen waren natürlich viel größer. Sie haben uns erst ermöglicht, durch Selbsthilfe das Volkseinkommen so stark zu steigern, wie es geschehen ist. Je höher das gesamte Sozialprodukt ist, um so leichter sind auch die Mittel zu beschaffen, die für eine ausreichende Altersunterstützung, für Familienzulagen, Witwen- und Kriegsopferrenten gebraucht werden. Wäre das Volkseinkommen so niedrig geblieben wie im Marshalljahre 1948/49, als es 75 Milliarden betrug, so wäre es unmöglich gewesen, 1951/52 die Milliarden für Sozialleistungen aufzubringen. Jede Erzeugungssteigerung ist daher auch indirekt ein sozialpolitischer Erfolg. Das braucht uns nicht in Hennecke-Stimmung zu versetzen. Aber wir wollen uns der Wahrheit nicht entziehen.
Sicherlich werden dabei die Auseinandersetzungen über die Verteilung des Sozialproduktes unvermeidlich sein. Es kommt nur darauf an, in welchem Geist sie erfolgen. Dabei sollte man auch bei der Errechnung des Reallohnes der Arbeiterschaft etwas vorsichtig sein. Nicht jeder Arbeiter hat z. B. eine billige Altwohnung. Man sollte den Index als Preismaßstab einmal überprüfen, damit ein klares Bild des Reallohnes herauskommt. Sonst schafft man Einseitigkeiten, die nur Erbitterung hervorrufen.
Aber ein Weiteres: Unsere reale Lohnentwicklung bis vielleicht etwa zur Vorkriegshöhe hat sich in knapp drei Jahren vollzogen. Wir werden uns darüber klar sein müssen, daß in der nächsten Zukunft Fortschritte in ähnlichem Tempo kaum mehr möglich sind. Sicherlich werden noch einige Verschiebungen des realen Lohnniveaus möglich sein. Auch die Steigerung der Produktivität wird noch einen zusätzlichen Spielraum schaffen. Aber jeder Lohnpolitiker wird zu überlegen haben, daß es einen Punkt gibt, wo Lohnsteigerungen unter Umständen die soziale Sicherheit der Arbeitnehmer gefährden können. Es darf nicht dazu kommen, daß für einige Pfennige mehr Lohn zahlreiche Arbeitsplätze nicht mehr zu besetzen sind. Man sollte lieber einer größeren Stabilität der Wirtschaftslage und einer planmäßigen sozialen Sicherung den Vorzug geben. Allerdings darf man nicht nur Einsicht auf der Seite der Arbeiterschaft verlangen, sondern auch Einsicht und echte Bereitschaft auf der Seite der Arbeitgeber.
Auf alle Fälle aber sollte bei der Lohnpolitik mechanische Gleichmacherei vermieden werden. Es ist verständlich, daß sich die Lohnspannen vermindert haben, als die Güterknappheit ein sehr niedriges Lebensniveau für das ganze Volk zur Folge hatte. Ein Existenzminimum mußte für alle aufrechterhalten werden. Nach dem aber wieder ein gewisser Spielraum vorhanden ist, sollte heute das Prinzip der Be-

zahlung nach Leistung wieder stärker befolgt werden. Natürlich muß es durch das Prinzip der Familienzulage ergänzt werden. Aber jeder Befähigte muß die Chance haben, in höhere Leistungsstufen, je nach seinem Können, hineinzuwachsen. Wir dürfen uns gerade in Deutschland nicht nachsagen lassen, daß bei uns ein besseres Können und die Qualitätsarbeit gering bewertet werden. Die richtige Bewertung der Qualitätsarbeit ist eine Voraussetzng dafür, daß die entsprechenden Leistungen uns auch erhalten bleiben.
Neben der tariflichen Lohn- und Gehaltspolitik dürfen aber künftig auch die elastischeren Formen der Ertragsbeteiligung am Unternehmen nicht vernachlässigt werden. Wir haben gut gehende Betriebe, die jetzt schon einen hohen Prozentsatz ihrer Lohnsummen als freiwillige Sozialleistungen ihrer Belegschaft kollektiv zur Verfügung stellen. Das ist sicherlich begrüßenswert, aber es sollte nicht auf Kosten des Betrages gehen, über dessen sinnvolle Verwendung jeder Arbeitnehmer in eigener Verantwortung am besten selbst entscheiden sollte. Ich knüpfe mit dieser Anregung an Gedankengänge an, die seinerzeit von unserem verstorbenen Freund Professor Brauer gegeben worden sind. Hier fände sich auch die beste Gelegenheit, den Gedanken der Mitbestimmung mit dem Gedanken der Besitz- und Gewinnbeteiligung zu verbinden.
Was die Mitbestimmung angeht, so bin ich der Auffassung, daß sie sich in Deutschland bewähren wird. Ich gebe aber dabei noch einmal dem Wunsche Ausdruck, daß sich unsere Auffassung, das heißt die Auffassung der christlich-demokratischen Arbeiterschaft, durchsetzen möge. Wir sind der Meinung, daß man die Mitbestimmungsfunktionen im Betrieb überwiegend den Belegschaftsmitgliedern überlassen sollte. Wenn die Gewerkschaften ihrer Schulungsaufgabe gewachsen sind und wenn sie das Vertrauen der Belegschaft genießen, so können sie sich um so eher und um so besser der Wahrung der Arbeitnehmerinteressen auf überbetrieblicher Ebene widmen.
Noch haben wir kein klares Bild, wie sich die Mitbestimmung in Kohle und Eisen anläßt. Es ist ja erst in einem Bruchteil der in Frage kommenden Betriebe die neue Ordnung eingeführt worden. Nach unserer Meinung ist einer der Prüfsteine für den Erfolg des Mitbestimmungsrechtes die Mitbestimmung durch die arbeitenden Menschen im Betrieb. Denn gerade sie sollen das Bewußtsein haben, daß sie vom bloßen Objekt zu Mitarbeitern am gemeinsamen Werk werden. Das ist eine der Grundlagen für das Selbstbewußtsein der Arbeiterschaft. Und dieses sichere und ausgeglichene Selbstbewußtsein der Arbeiterschaft soll und muß die Grundlage einer echten sozialen Ordnung im künftigen Deutschland werden.
Mit der Praxis des Mitbestimmungsrechtes wird der Klassenkampfgedanke endgültig zu Grabe getragen werden müssen. Er könnte nur von denen aufrechterhalten werden, die das Mitbestimmungsrecht mißbrauchen wollen. Das aber wird und muß ausgeschlossen sein. Denn damit würden wir uns Zuständen nähern, die das Unglück der Menschen in der Sowjetzone ausmachen. Das Schwergewicht des Mitbestimmungsrechtes liegt darin, daß eine neue Brücke des Vertrauens zwischen dem Arbeiter und seinem Betrieb gebaut wird. Zwischen den Menschen, die als Sozialpartner gleichberechtigt an einem gemeinsamen Werke arbeiten.
Ich habe im Rahmen dieses unseres Zusammenseins nur Teilgebiete unserer sozialen Anliegen berührt. Die christlich-demokratische Arbeitnehmerschaft hat über diese Anliegen ihre eigenen Auffasssungen. Und sie will, daß diese ihre Auffassungen nicht nur gehört, sondern daß sie geachtet und beachtet werden. Das ist eine

Mahnung an die Kreise unseres Volkes, mit denen wir in enger politischer Zusammenarbeit stehen. Ihnen gilt unser Anruf: Wir brauchen einen sozialen Staat. So wie er in seinen Umrissen im Ahlener Programm gezeichnet ist. Unser Anruf gilt aber auch der sozialdemokratischen Arbeiterschaft. Ihr sagen wir in aller Klarheit: Wir wollen eine soziale Ordnung der Freiheit und der Ausgeglichenheit zwischen den Ständen, die den Klassenkampf als überlebte Haltung energisch zur Seite schiebt. Wir sind der Meinung, daß es der Reife, der toleranten Zusammenarbeit von christlich-demokratischer und sozialdemokratischer Arbeiterschaft gelingen müßte, diese Ordnung zu schaffen. Reife und Toleranz müssen dabei im Betrieb und an der Werkbank beginnen. Ich weiß, daß dort noch manches fehlt. Reife und Toleranz können gewiß nicht von oben kommandiert werden. Aber ich bin doch der Meinung, es sei wirklich an der Zeit, an verantwortlichen Stellen ein besseres Verhältnis zwischen den großen politischen Gruppen der Bundesrepublik herzustellen. Das wird sich dann auch im Betrieb und an der Werkbank auswirken. Die soziale Sicherung der Bundesrepublik und damit ihre Festigung gegen kommunistische Attacken, ihre Kraft für die Wiedervereinigung Deutschlands bedürfen der Mitwirkung der Arbeiterschaft. Dafür sind die beiden großen Parteien verantwortlich, in deren Reihen die breite Masse der Arbeitnehmer steht. Die gemeinsame Verantwortung heißt dabei nicht nur: Festigung der Bundesrepublik. Sie heißt Festigung eines wiedervereinten Deutschlands.
Ich bin überzeugt, daß die christlich-demokratische Arbeiterschaft Westfalens bereit ist, dieser Aufgabe mit ihrer vollen Kraft zu dienen.

## 68

*Zur Forderung nach freien Wahlen*
*Vor dem Deutschen Bundestag, 6. Februar 1952*

Der Herr Bundeskanzler hat Ihnen Verlauf und Bedeutung der Schritte der Bundesregierung für die deutsche Wiedervereinigung bei den Vereinten Nationen dargelegt. Diese Schritte waren Ausdruck der Erkenntnis aller verantwortlichen Parteien dieses Hauses, daß gesamtdeutsche Wahlen nur dann mit der Garantie von Sicherheit und Unparteilichkeit stattfinden können, wenn eine internationale neutrale Kommission durch Prüfung der Voraussetzungen und Überwachung freier Wahlen den Weg dazu ebnet. Die Tatsache, daß wir die Bildung der Kommission der Vereinten Nationen erreicht haben, stellt bereits den ersten Schritt in dieser Richtung dar, der uns immerhin mit Zuversicht erfüllen darf.
Wir haben erreicht, daß sich 60 Nationen eingehend mit der Frage beschäftigten, ob die Wiedervereinigung Deutschlands ein rein innerdeutsches Problem sei – wie es die sowjetische Seite darstellte. Oder ob sie nicht zugleich auch ein internationales Problem sei. Die überwältigende Mehrheit der Vereinten Nationen erkannte die internationale Bedeutung des deutschen Problems an. Wir können deshalb gewiß sein, daß die Wiedervereinigung Deutschlands in Freiheit bis zu ihrer Verwirklichung von der Tagesordnung der Vereinten Nationen nicht mehr abgesetzt werden kann. Wir können wohl ebenso davon überzeugt sein, daß das Gewicht der Vereinten Nationen die Wiedervereinigung Deutschlands in wirklicher Freiheit, nicht aber unter kommunistischen Vorzeichen und mit kommunistischen Methoden zulassen wird.

Die Bundesregierung hofft, daß die Kommission der Vereinten Nationen alsbald ihre Arbeit aufnimmt. Sie würde es lebhaft begrüßen, wenn sie sich in Berlin niederlassen würde. Von Berlin gewinnt die Kommission die notwendige Übersicht über ganz Deutschland. Über Berlin, über die Sowjetzone und über die Bundesrepublik. Wir wissen: Noch setzen die Sowjetzonenbehörden ihrer Einreise in die Sowjetzone Widerstand entgegen. Aber allein schon die Anwesenheit der Kommission in Berlin würde Beleg dafür sein, daß es der Weltöffentlichkeit Ernst ist mit der deutschen Wiedervereinigung. In Berlin werden der Kommission die lebendigen Eindrücke vermittelt werden, deren sie bedarf, um ihrer Aufgabe gerecht werden zu können. Das gilt auch, wenn ihr bedauerlicherweise die Einreise in die Sowjetzone weiterhin verwehrt werden sollte.

Auf jeden Fall bleibt die Bundesregierung gemäß ihrer Ankündigung vom 27. September 1951 bereit, der Kommission jede Gelegenheit zu geben, im Gebiet der Bundesrepublik ihre Untersuchungen anzustellen. Sie ist davon überzeugt, daß Berlin das gleiche tun wird. Bundesrepublik und Berlin haben nichts zu verbergen.

Vor allem aber begrüßen wir, daß der Kommission nicht nur Untersuchungsaufgaben aufgegeben wurden, sondern daß ihr auch der Auftrag zuteil wurde, »Empfehlungen für weitere Maßnahmen abzufassen, um die für die Abhaltung freier Wahlen erforderlichen Verhältnisse zu schaffen«. Das bedeutet, daß die Kommission nicht nur berichtende Tätigkeit auszuüben, sondern daß sie auch konkrete Vorschläge über Möglichkeiten und Wege zur Herstellung der deutschen Einheit zu machen hat.

Deshalb beabsichtigt die Bundesregierung auch, nicht nur den Besatzungsmächten, sondern auch der Kommission der Vereinten Nationen ihren Entwurf eines Gesetzes über die Grundsätze einer freien Wahl zur Verfassunggebenden Deutschen Nationalversammlung zu übermitteln.

Aber so sehr wir auch hoffen, daß die Vereinten Nationen uns auf dem Wege zur Wiedervereinigung unterstützen werden, so sehr ist die Bundesregierung gewillt, ihre eigene Verpflichtung gegenüber dem gesamten deutschen Volk zu erfüllen. Diese schon im Grundgesetz verankerte Verpflichtung ist im Laufe der letzten Jahre nicht geringer geworden, sondern im Gegenteil: Unsere Verantwortung für die Wiedervereinigung unseres Landes wird von Tag zu Tag größer. Sie wächst mit der Not der 18 Millionen in der Sowjetzone. Sie wächst an der Bedrängtheit der Stadt Berlin. Sie wächst an der Sorge um die Existenz Deutschlands. Sie wächst um der Erhaltung des Friedens willen.

Lassen Sie mich noch eines vor diesem Hohen Hause ganz klar sagen: Alle vertraglichen Bindungen und Vereinbarungen mit der freien Welt können nur so gedacht sein, daß sie ganz Deutschland, d. h. unsere ganze Nation, der Einheit, der Freiheit und dem Frieden näherbringen. D. h., die Wiedervereinigung des gesamten deutschen Volkes darf durch nichts erschwert werden. Sie muß erleichtert werden.

Dabei ist sich die Bundesregierung mit allen verantwortlichen Parteien dieses Hauses darüber klar, daß es für uns nur einen friedlichen Weg zur Wiedervereinigung unseres Landes gibt. Dazu gehört auch, daß wir uns zur Einheit in Freiheit durchwählen.

Sie kennen alle den ersten »Entwurf eines Gesetzes über die Grundsätze für die Freie Wahl einer Verfassunggebenden Deutschen Nationalversammlung«, den die Bundesregierung Anfang November 1951 vorgelegt hatte. Sie wissen um die mannigfachen Argumente, die von dieser und jener Seite dagegen vorgebracht wurden.

Alle interessierten Kreise hatten ja Gelegenheit, sich dazu zu äußern. Von diesem demokratischen Recht ist in beachtlichem Umfange Gebrauch gemacht worden.
Die Bundesregierung ist der Auffassung, daß alles, was im Dienste der Wiedervereinigung unseres Landes geschieht, auf breitester Grundlage erfolgen muß. Der Ihnen heute vorliegende Entwurf eines Wahlgesetzes hat die in der Diskussion vorgebrachten Auffassungen berücksichtigt. Der Entwurt basiert auf den bekannten 14 Punkten der vom Bundestag gebilligten Regierungserklärung vom 27. September 1951.
Die Vorlage stellt kein Gesetz im formalen Sinne dar, sondern sie ist die Grundlage für einen sozusagen diplomatischen Schritt bei den Besatzungsmächten und den Vereinten Nationen. Die Bundesregierung bittet das Hohe Haus, diesem Vorschlag eines Gesetzentwurfes seine Zustimmung zu erteilen.
Die Bundesregierung gibt dazu folgende Erklärung ab:

> Die Bundesregierung hat auf Grund des Beschlusses des Bundestages vom 27. September 1951 einen Entwurf eines »Gesetzes über die Grundsätze für die Freie Wahl einer Verfassunggebenden Deutschen Nationalversammlung« ausgearbeitet und der Öffentlichkeit bekanntgegeben. Sie legt dem Bundestag nunmehr eine Überarbeitung dieses Gesetzentwurfes vor, bei dem die in der öffentlichen Diskussion hervorgetretenen Gesichtspunkte berücksichtigt worden sind.
> Die vornehmste Aufgabe der zukünftigen Verfassunggebenden Deutschen Nationalversammlung wird es sein, eine Verfassung zu schaffen. Die Bundesregierung ist der Überzeugung, daß diese Verfassung folgende Grundsätze enthalten muß:
> das Recht des Volkes, die Volksvertretung auch in den Ländern, Kreisen und Gemeinden in allgemeiner, unmittelbarer, freier, gleicher und geheimer Wahl zu wählen und die Staatsgewalt durch besondere Organe der Gesetzgebung, der vollziehenden Gewalt und der Rechtsprechung auszuüben,
> die Bindung der Gesetzgebung an die verfassungsmäßige Ordnung und an die Bindung der vollziehenden Gewalt und der Rechtsprechung an Gesetz und Recht,
> das Recht auf die verfassungsmäßige Bildung und Ausübung einer parlamentarischen Opposition,
> die parlamentarische Verantwortlichkeit der Regierung,
> die Unabhängigkeit der Gerichte,
> den Schutz der allgemeinen Menschen- und Bürgerrechte,
> die Gliederung des Gesamtstaates in Länder und die grundsätzliche Mitwirkung der Länder bei der Gesetzgebung.
> Die vorstehenden Grundsätze sind bereits bei Ausübung der vorläufigen Funktionen der Nationalversammlung bis zum Inkrafttreten der Verfassung anzuwenden.
> Die Bundesregierung ruft das gesamte deutsche Volk auf, durch seine zu wählenden Vertreter die Neuordnung des in Freiheit wiedervereinigten Deutschlands im Geiste echter demokratischer Staatsauffassung durchzuführen.

Soweit die Regierungserklärung.
Entscheidende Punkte des Gesetzesvorschlages sind:

> »Das Gebiet der Wahl bildet einen einheitlichen Wahlkreis.« Sie wissen die Gründe zu würdigen, die hierfür bestimmend sind.

Weiter:

»Jede Partei reicht einen Wahlvorschlag für das gesamte Wahlgebiet ein.

Jeder Wahlvorschlag muß von mindestens 10 000 Wahlberechtigten unterzeichnet sein.

Wahlvorschläge von Parteien, die beim Inkrafttreten dieses Gesetzes bereits bestehen und in der Wahlordnung aufzuführen sind, bedürfen nur der Unterschrift von 10 Personen.

Auf je 75 000 Stimmen entfällt ein Abgeordneter.

Ein Rest von mehr als 50 000 Stimmen wird vollen 75 000 gleichgeachtet.

Ein Wahlvorschlag, der nicht mindestens in einem deutschen Land 5 % der dort abgegebenen Stimmen erreicht, bleibt unberücksichtigt.«

Die Funktionen der Nationalversammlung sind in Artikel 4 so gekennzeichnet:

»1. Die Nationalversammlung beschließt die Verfassung.

2. Sie hat diejenige Gewalt, die erforderlich ist, um bis zum Inkrafttreten der Gesamtdeutschen Verfassung die freiheitliche, rechtsstaatliche, demokratische und föderative Ordnung herbeizuführen und zu sichern.«

Wie in dem Gesetzentwurf erneut bestätigt wird, erachtet es die Bundesregierung für wesentlich, daß »Vorbereitung und Durchführung der Wahl unter internationalem Schutz und internationaler Kontrolle« stehen. Aufgrund eines solchen Wahlgesetzes und unter solchen Voraussetzungen kann – das ist unsere Überzeugung – Deutschland zur Wiedervereinigung in Freiheit kommen.

Dem deutschen Volk das zu ermöglichen, wäre die Tat, die wir in der Bundesrepublik und in Berlin – und mit uns die 18 Millionen in der Sowjetzone – von der sowjetischen Besatzungsmacht erwarten. Bisher hat Pankow nur Instruktionen zur Herbeiführung von sogenannten gesamtdeutschen Beratungen erhalten. Pankow hat sich sogar dagegen geschützt, daß sein von ihm selbst entworfenes, im übrigen auf unsere heutigen Verhältnisse gar nicht anwendbares Wahlgesetz zu Wahlen mißbraucht werden könnte. Denn Pankow hat zu strikten Voraussetzungen wiederum »gesamtdeutsche Beratungen« gemacht. Unser Volk will aber keine Ausflüchte mehr, sondern es will Taten.

Der Weg ist klar: Die vier Besatzungsmächte – d. h. die Westmächte und die Sowjetunion – haben die Möglichkeit, den Entwurf, für den wir heute die Zustimmung des Bundestages erbitten, zum Wahlgesetz für ganz Deutschland zu machen. Am Wahltage selbst wird sich das deutsche Volk kann für Einheit, Freiheit und Frieden entscheiden.

## 69

*Anmerkungen zur sowjetischen Deutschlandnote*
*vom 12. März 1952*

In der Situation, in der sich Deutschland heute zwischen Ost und West befindet, scheinen mir allzu hastige Meinungsäußerungen zu wichtigen politischen Ereignissen nicht von Nutzen zu sein. Aber niemand wird in Abrede stellen können, daß es sich bei den Vorschlägen der Sowjetunion für einen Friedensvertrag mit Deutschland um ein gewichtiges politisches Ereignis der letzten Monate handelt. Das muß auch bei vorsichtigster Zurückhaltung dem Inhalt und der Absicht der Note gegenüber anerkannt werden.

Die Bedeutung der Note liegt zunächst in der Tatsache, daß sich die Sowjetunion nunmehr selbst zu Wort gemeldet hat. Damit hat die Sowjetunion die Haltung der Bundesregierung gerechtfertigt, daß man sich nicht auf die Auslassungen und Vorschläge Grotewohls einlassen solle, sondern daß sich die Sowjetunion selbst äußern müsse.

Die Sowjetunion hat weiter die propagandistischen Behauptungen des heutigen Regimes in der Sowjetzone widerlegt, daß die Wiederherstellung der deutschen Einheit und ihre Vorbedingungen – nämlich freie Wahlen für die Bildung einer Nationalversammlung und einer gesamtdeutschen Regierung – eine rein deutsche Angelegenheit seien. Daß das nicht der Fall ist, geht aus dem Satz der Note hervor:

> »Es versteht sich, daß ein solcher Friedensvertrag unter unmittelbarer Beteiligung Deutschlands in Gestalt einer gesamtdeutschen Regierung ausgearbeitet werden muß. Hieraus folgt, daß die Sowjetunion, die Vereinigten Staaten, Großbritannien und Frankreich, die in Deutschland Kontrollfunktionen ausüben, auch die Frage der Bedingungen prüfen müssen, die der möglichst baldigen Bildung einer gesamtdeutschen Regierung förderlich sind, die den Willen des deutschen Volkes zum Ausdruck bringen.«

Mit diesen Worten der Note sind die Behauptungen, mit denen Grotewohl das deutsche Volk zu verwirren suchte, wohl ein für allemal erledigt.

Was den übrigen Inhalt der Note angeht, so stellen wir fest: Am 22. Februar hat die Bundesregierung in ihrer Erklärung zu dem Briefwechsel zwischen Grotewohl und der Sowjetunion darauf hingewiesen, daß Deutschland als gleichberechtigter Partner an einer Friedenskonferenz teilnehmen muß. Also kein Diktatfrieden, sondern ein Verhandlungsfrieden. Dieser Verhandlungsfrieden ist uns von den Westmächten bereits zugesagt. In der Note der Sowjetunion vermissen wir diese Zusicherung. Verhandlungsfrieden bedeutet, daß Deutschland auf der Friedenskonferenz klare und präzise Vorschläge machen kann. Deutschland muß das Lebensinteresse des eigenen Volkes mit Nachdruck zur Geltung bringen können. Dazu bedarf es der gesamtdeutschen Regierung.

Ein Optimist könnte den Vorschlag der Sowjetunion, eine Viermächteverständigung über die Bildung einer gesamtdeutschen Regierung herbeizuführen, als Anerkennung der Verhandlungsaufgabe der kommenden deutschen Regierung deuten. Ein Optimist könnte darin sogar eine Zustimmung zu der von uns geforderten ersten Stufe auf dem Wege zu einem Friedensvertrag sehen. Allerdings fehlt in der Note die präzise Zusage zu freien Wahlen. Stellen wir deshalb die Stufenfolge noch cinmal fest:

1. Viermächteverständigung über die Abhaltung von freien Wahlen in Gesamtdeutschland.
2. Freie Wahlen unter internationaler Kontrolle zur Bildung der Nationalversammlung. Und daraus hervorgehend die gesamtdeutsche Regierung.
3. Die Friedenskonferenz, auf der Gesamtdeutschland durch seine aus freien Wahlen hervorgegangene Regierung vertreten wird.
4. Der Frieden selbst, der aus der Verhandlung gleichberechtigter Partner hervorgeht.

In den Grundsätzen für einen Friedensvertrag mit Deutschland, die der sowjetischen Note beigefügt sind, finden sich eine Reihe von politischen, militärischen und wirtschaftlichen Vorschlägen, die genauester Klärung bedürfen. Es wäre verfrüht, auf Einzelheiten einzugehen. Nur eines muß gesagt werden: Deutschland kann auf

unbestreitbar deutsche Gebiete nicht Verzicht leisten. Wir haben ja schließlich auch die klare Bestätigung der Westmächte, daß in Potsdam keine endgültigen Beschlüsse über die künftigen Grenzen gefaßt wurden. Die Festlegung der deutschen Grenzen wird mit die wichtigste Aufgabe der Friedenskonferenz sein.
Ganz Deutschland fragt heute, ob der Vorschlag der Sowjetunion an die Westmächte verstärkte Hoffnung bedeutet. Darauf kann man nur antworten: Das wird die Erfahrung lehren. Deutschland und die Westmächte werden jedenfalls sorgsam zu prüfen haben, ob sich wirklich im Verhältnis zwischen Ost und West ein Wendepunkt andeutet.
Für uns bleiben zwei Gesichtspunkte maßgebend: Im Aufbau Deutschlands und in der Stärkung der freien Welt darf nicht nachgelassen werden. Ebenso darf keine Möglichkeit versäumt werden, Deutschland zur Einheit in Freiheit und zu endgültigem Frieden zu führen.

## 70

*Anmerkungen zur sowjetischen Deutschlandnote vom 15. März 1952*

Niemand hat wohl in den letzten Monaten die Entwicklung zwischen Ost und West atemloser verfolgt als die Bevölkerung in der Sowjetzone. Das ist verständlich. Denn bei ihr kommen zu der nationalen Bedrängnis unseres zerrissenen Deutschland noch der Zustand der Unfreiheit, die Unruhe ständiger revolutionärer Erschütterung und politische Verfolgungen. Das bedeutet aber durchaus nicht, daß die Bevölkerung der Bundesrepublik durch ihre andersartige, durch ihre freiheitlichere Entwicklung uninteressierter an der Wiedervereinigung Deutschlands wäre. Im Gegenteil: Von Tag zu Tag spürt man in der Bundesrepublik wachsende Unruhe, größere Besorgtheit um das Schicksal des gesamten Deutschland.
Das war und ist der Grund, warum die Meinungen und Deutungen um die wiederholten Vorstöße Pankows in der Richtung einer zweifelhaften deutschen Einheit oft leidenschaftlich hin und her gingen. Ich sage: einer zweifelhaften Einheit. Denn was Pankow bisher anbot, war nicht nur in den Personen, die es boten, zweifelhaft. Es war auch im Angebot zweifelhaft. Denn alle Angebote trugen den verdächtigen Geruch des bekannten Trojanischen Pferdes an sich.
Deshalb haben wir bei unserer abweisenden Haltung Pankow gegenüber auch nie Sorge gehabt, die Bevölkerung der Sowjetzone könnte diese unsere Haltung mißverstehen. Im Gegenteil: Gerade sie weiß, daß die Statthalter in Pankow nichts zu melden haben. Sie können weder die Bevölkerung der Sowjetzone vertreten, noch können sie sich als Vertreter der Sowjetunion aufspielen.
Nunmehr sind wir soweit: Pankow ist durch die Note der Sowjetunion an die Westmächte einfach desavouiert worden. Bis jetzt hat man uns immer beschimpft, wenn wir erklärten: Die sogenannte Nachkriegsordnung für Deutschland ist von den Besatzungsmächten geplant und durchgeführt worden. Die Wiedervereinigung unseres Landes muß deshalb auch gemeinsam von den Westmächten und der Sowjetunion ermöglicht werden. Schon aus diesem Grunde mußte uns daran liegen, daß die Sowjetunion sich nicht ständig hinter Pankow versteckt, sondern daß sie selbst hervortritt. Und daß damit demonstriert wird, wer für die Teilung Deutschlands und seine Wiedervereinigung verantwortlich ist. Das ist nunmehr mit der sowjeti-

schen Note an die Westmächte geschehen. Diese Tatsache bedeutet für alle diejenigen eine heilsame Belehrung, die immer wieder glaubten, man könne mit sogenannten gesamtdeutschen Beratungen etwas erreichen. Das war falsch. Und das war kurzsichtig. Wenn auch Grotewohl in seiner gestrigen Rede vor der Volkskammer solche Beratungen erneut empfiehlt.
Aber immerhin erkennt nun auch Grotewohl auf einmal die Verantwortung der Sowjetunion für die Wiederherstellung der deutschen Einheit an. Obgleich – das muß ich schon sagen, ohne Grotewohl zu überschätzen – seine gestrige Philippika vor der Volkskammer die Bedeutung der Sowjetnote auch in den Augen der Optimisten reichlich herabgemindert hat.
Was den Inhalt seiner Rede angeht, so kann man nur sagen: Nach der Note der Sowjets gehören seine abgeleierten Platten von gesamtdeutschen Beratungen wirklich in die Rumpelkammer. Und ebenso gehört seine Geschichtsklitterung von den Potsdamer Beschlüssen über die deutschen Grenzen in die Rumpelkammer. In Potsdam ist kein Beschluß über deutsche Grenzen gefaßt worden. Wo immer über deutsche Grenzen im Osten und im Westen entschieden wird, da wird Deutschland mitzusprechen haben.
Aber trotz Grotewohl wäre es kurzsichtig, die Note des Kreml mit einer Handbewegung abtun zu wollen. Es wäre ebenso kurzsichtig, sich desinteressiert zu zeigen, weil die Note an die Westmächte gerichtet ist und nicht auch an Deutschland. Damit würden wir der Verantwortung unserem Land gegenüber nicht gerecht werden. Denn die Note geht um das Schicksal unseres Landes. Wir sind uns darüber im klaren, daß in den Kanzleien der Besatzungsmächte keine Patentlösungen für die deutsche Frage liegen. Vielleicht liegen in diesem oder jenem Schreibtisch sogar Vermerke, daß die Teilung Deutschlands gar nicht die schlechteste der Nachkriegslösungen wäre. Wir müssen also schon mit eigener Konzeption zur Klärung der deutschen Frage beitragen. Wir sind uns durchaus bewußt, daß das gesamte deutsche Volk – in der Zone, in Berlin und in der Bundesrepublik – kein Verständnis dafür hätte, wenn die Wiedervereinigung auch nur die geringste vermeidbare Verzögerung erführe.
Immer wieder hört man die Behauptung, es bestehe ein Widerspruch zwischen der Zugehörigkeit Deutschlands zur freien Welt und der deutschen Wiedervereinigung. Wir stehen dafür ein, daß unsere Zugehörigkeit zur freien Welt keinen aggressiven Charakter trägt. Und niemals tragen wird. Im Grunde genommen weiß das auch die Sowjetunion.
Um so mehr müssen Bundesrepublik und Parteien mit ihrem ganzen Gewicht und im Bewußtsein ihrer Verantwortung den Westmächten nahelegen, die Sowjetunion um volle Klarheit über ihre nunmehr gemachten Vorschläge zu ersuchen. Denn vieles, was in der Note steht, bedarf wirklich der Klärung. Ebenso muß uns daran gelegen sein, daß auch der Westen präzise Vorschläge in bezug auf die Wiederherstellung der deutschen Einheit und den Abschluß eines Friedensvertrages macht.
Was uns, die Deutschen, angeht, so bleibt es meine Auffassung, daß auch wir uns mit der sowjetischen Note kritisch auseinanderzusetzen haben. Wir haben ja schließlich unsere sehr bestimmten Auffassungen von der Notwendigkeit und der Möglichkeit der deutschen Wiedervereinigung.
In allen Kreisen der Bundesrepublik besteht Einmütigkeit über die Stufen, die zu einem Friedensvertrag führen. Nämlich: Verständigung der vier Mächte über freie Wahlen. Durchführung freier Wahlen unter internationaler Kontrolle, National-

versammlung und gesamtdeutsche Regierung. Friedenskonferenz mit Deutschland als gleichberechtigtem Partner. Und schließlich der Verhandlungsfriede. Das ist und bleibt die Basis für jede Auseinandersetzung mit dem Osten.
Dabei erscheint es mir als dringendstes Anliegen der gesamten deutschen Nation, daß die Einmütigkeit von Regierungsparteien und verantwortlicher Opposition in allen diesen lebenswichtigen Fragen gewahrt wird. Ich bin dankbar, daß diese Einmütigkeit in gesamtdeutschen Fragen vorhanden ist. Ich weiß, daß wir damit nicht zuletzt geradezu einen Auftrag der 19 Millionen Deutschen in der Sowjetzone und in Ost-Berlin erfüllen.
Diese 19 Millionen mögen sicher sein, daß wir die durch die Sowjetnote geschaffene Situation vorurteilslos und mit allem Ernst prüfen. Dabei wollen wir uns alle klar darüber sein, daß uns die Sowjetunion in sieben enttäuschungsreichen Jahren ein reichliches Maß an Skepsis beigebracht hat. Bis jetzt mußten wir noch in jedem Samthandschuh die gepanzerte Faust entdecken. Dieser Faust aber können und werden wir uns nicht beugen. Das ist nicht nur die Haltung der 50 Millionen in der Bundesrepublik und in West-Berlin. Das ist auch die Haltung der 19 Millionen Deutschen hinter dem Eisernen Vorhang. Das dürfte nach meiner Überzeugung auch die Sowjetunion wissen.

## 71

*Saar-Denkschrift*
*Bonn, 28. März 1952*

Die Bundesrepublik ist verantwortlich für ganz Deutschland. Die Westmächte haben in ihrer New Yorker Erklärung über die Beendigung des Kriegszustandes 1949 anerkannt, daß Deutschland völkerrechtlich in den Grenzen von 1937 weiterbesteht. Die Bundesrepublik kann allerdings ihre volle Verantwortung und ihre Jurisdiktion im augenblicklichen Zustand Deutschlands nur im Geltungsbereich des Grundgesetzes ausüben.
Eine Änderung der deutschen Grenzen von 1937 könnte nur in einem Friedensvertrag erfolgen, der in gemeinsamer Verhandlung der Alliierten mit einer aus freien gesamtdeutschen Wahlen hervorgegangenen Regierung vereinbart werden muß. Das bedeutet, daß nur eine freie gesamtdeutsche Regierung in Verbindung mit einem aus freien gesamtdeutschen Wahlen hervorgegangenen Parlament über diese Grenzen entscheiden kann. Die Bundesregierung selbst hat anläßlich der Unterzeichnung des Abkommens zwischen dem Sowjetzonenregime und Polen über die Grenzziehung an der Oder-Neiße erklärt: »Die Entscheidung über die zur Zeit unter polnischer und sowjetischer Verwaltung stehenden deutschen Ostgebiete kann und wird erst in einem mit Gesamtdeutschland abzuschließenden Friedensvertrag erfolgen.« Aufgabe der Bundesregierung und des Bundestages in bezug auf die deutschen Grenzen ist es, den Rechtsanspruch auf das deutsche Gebiet innerhalb der Grenzen von 1937 aufrechtzuerhalten.
Diese grundsätzliche Haltung ist von entscheidender Bedeutung für die wirksame Aufrechterhaltung unseres Rechtsanspruches auf das Land jenseits von Oder und Neiße. Diese Haltung allein ermöglicht es uns, das Abkommen zwischen der sogenannten Deutschen Demokratischen Republik und Polen über die Oder-Neiße-Grenze für null und nichtig zu erklären.

Selbstverständlich schließt die Verantwortung der Bundesregierung für die Wahrung der Grenzen von 1937 auch jede Möglichkeit aus, Präzedenzfälle zu schaffen, die den deutschen Rechtsanspruch auf irgendeinen Gebietsteil im Osten, Westen oder Norden schwächen würden. Ein solcher Präzedenzfall würde geschaffen werden, wenn eine De-facto-Abtrennung deutscher Gebiete von der Bundesregierung anerkannt oder hingenommen würde.

Jedes Mitwirken der Bundesregierung am Zustandekommen einer von Deutschland unabhängigen staatlichen Ordnung an der Saar würde einer solchen Präjudizierung gleichkommen. Der Status der Saar im einzelnen würde dabei keine Rolle spielen.

Auch kann keinem Teile Deutschlands das Recht zugestanden werden, sich von Deutschland zu trennen. In diesem Zusammenhang darf man daran erinnern, daß sogar der damalige amerikanische Militärgouverneur General Clay am 24. Oktober 1946 ausführte, daß die Militärregierung in keiner Weise ihre Zustimmung zu einem Separatismus irgend eines deutschen Landes erteilen werde.

Die Saarverfassung vom 15. Dezember 1947 konnte von Deutschland schon deswegen nicht anerkannt werden, weil sie die Lostrennung von Deutschland festlegte. Kein auf dieser Verfassung fußendes Regime kann demnach von Deutschland de jure oder de facto anerkannt werden. Ebensowenig kann die Bundesrepublik zulassen, daß ein Saarlandtag das letzte Wort zu Deutschland spricht. Die Bundesrepublik würde zudem auch jedes Einspracherecht verwirken, wenn es dem Sowjetzonenregime einfallen sollte, sich als Sowjetrepublik mit Osteuropa zu integrieren. Wir dürfen niemals die Parallelität der Grenzfragen im Westen und im Osten aus dem Auge verlieren. Das bedeutet nicht, daß man die Verhältnisse in der Sowjetzone und im Saargebiet nun durchaus gleichsetzen könnte.

Auch eine sogenannte Europäisierung der Saar wäre eine Abtrennung deutschen Gebietes, selbst wenn man die endgültige Entscheidung dem Friedensvertrag vorbehalten würde. Wir würden mit der Schaffung einer solchen vorläufigen Lösung und einer Vertröstung auf die endgültige Regelung im Friedensvertrag den gefährlichen Praktiken von Jalta und Potsdam verfallen, die dem deutschen Osten so teuer zu stehen kamen.

Da der französische Außenminister und Herr Hoffmann immer wieder erklären, daß die politische Lostrennung der Saar von Deutschland aufrechterhalten werde, ist es notwendig, daß die Bundesregierung keine Unklarheit entstehen läßt, daß die Saar zu Deutschland gehört.

Dabei müssen wir uns damit abfinden, daß – wenn Frankreich uneinsichtig bleibt – bis zum Friedensvertrag ein Modus vivendi gefunden werden muß. Wir haben schließlich auch Verständnis für bestimmte Sorgen in Frankreich und für das Bemühen Schumans. Aber jeder Modus vivendi hat die Zuerkennung und Gewährleistung der demokratischen Freiheitsrechte für die Saarbevölkerung zur Voraussetzung. Dazu kann ein deutsch-französischer Untersuchungsausschuß von Nutzen sein. Allerdings darf ein solcher Ausschuß weder zu einer De-jure- noch zu einer De-facto-Anerkennung des Regimes im Saargebiet führen. Soweit für die Urteilsbildung der Kommission die Mitwirkung von Vertretern heutiger Saarbehörden zweckdienlich erscheint, können sie nicht gleichen Rechtes mit den deutschen und französischen Vertreter des Ausschusses sein. Eine andere Haltung würde zu nicht absehbaren Konsequenzen in bezug auf die Politik dem Sowjetzonenregime gegenüber führen.

In dieser Situation kann deshalb nur übrig bleiben, daß wir unsere Bemühungen auf die rasche Zulassung freiheitlicher Parteien, auf die Durchführung freier Wahlen und auf die Wahrung der Rechtssicherheit an der Saar konzentrieren. Dabei könnte sich die Kommission auf einen neutralen Kommissar einigen, der für die Freiheit der Wahl und die Rechtssicherheit des staatlichen Lebens an der Saar bis zu Regelung durch den Friedensvertrag verantwortlich wäre.
Zu einem solchen Modus vivendi hätte selbstverständlich der Bundestag seine Zustimmung zu erklären. Aber schon um der Wahrung deutschen Rechtes im Osten wegen müßte die deutsche Zustimmung zu einem solchen Provisorium mit der eindeutigen Erklärung verbunden sein, daß Deutschland auf der Friedenskonferenz die Rückkehr der Saar zu Deutschland vertreten wird.

## 72

*Landesparteitag der CDU Berlin*
*25. April 1952*

Es erfüllt mich mit Dankbarkeit, daß ich in dieser Periode deutscher Politik vor Ihnen sprechen darf. Stärker denn je geht es heute wiederum um die Frage der Wiedervereinigung Deutschlands. Keine Stadt wird davon so stark berührt wie Berlin. Berlin hängt mit seinem ganzen ungebrochenen Lebenswillen an der Lösung dieser Frage. Unmittelbarer geht sie noch unser Volk in der Sowjetzone an. Dort spürt man den Zustand der Zerrissenheit Deutschlands mehr noch am eigenen Leibe. Aber die Verbundenheit Berlins mit der Sowjetzone ist so eng, daß man mit Berlin auch die Sowjetzone anspricht. Die Sowjetzone ist von der kommunistischen Diktatur gepackt. Was für sie unmittelbarer Druck ist, bedeutet für Berlin die eiserne Klammer, die das Leben der Stadt einengt und bedrängt. Die ihrer Verbindung mit der freien Welt tausend Schwierigkeiten in den Weg legt. Die Befreiung der Sowjetzone vom kommunistischen Druck schließt die Lösung der Fesseln ein, die Berlin den Atem nehmen. Dieser Atem belebte früher ganz Deutschland. Deshalb sieht man in Berlin und in der Sowjetzone klarer als anderswo die Befreiung Mitteldeutschlands und dieser Stadt vom Druck und von den Klammern des Kommunismus als höchstes Ziel. Darum gibt es auch nichts Verständlicheres als die Mahnung, die von den Berliner Parteien gerade jüngst wieder ausgesprochen wurde, alle Möglichkeiten der Wiedervereinigung Deutschlands zu ergründen und zu nutzen. Insbesondere auch, was die letzten Sowjetnoten angeht.
Niemand wird Berlin und der Sowjetzone einreden können, daß es Vordringlicheres gäbe als ihre Befreiung. Die Wiedervereinigung Deutschlands aber ist gleichbedeutend mit dieser Befreiung.
Das Verlangen nach Befreiung und Wiedervereinigung dieser Stadt und der Zone, die sie umgibt, mit dem übrigen Deutschland ist das Gewissen der deutschen Politik. Ich jedenfalls kann es in der Aufgabe, die mir im Rahmen der deutschen Politik zugedacht wurde, nicht anders empfinden. Vom Berliner Boden geht immer neu die Triebkraft aus, die den Willen zur Wiedervereinigung bewegt. Seien Sie sicher, daß ich zu meinem Teil das Wissen darum immer wieder zur Geltung bringe.
Dabei ist es gerade in den letzten Wochen durch die beiden Sowjetnoten erneut klargeworden, wo die Möglichkeiten liegen, die deutsche Wiedervereinigung zu schaffen. Es ist erneut klargeworden, wie sehr die Entscheidung bei den vier Besat-

zungsmächten liegt. Mancher Deutsche hat sich gerade in den letzten Wochen an dem Bewußtsein wundgestoßen, daß zur Unterschrift der Wiedervereinigung Deutschlands vier Besatzungsmächte gehören. Vier Besatzungsmächte, die dabei von Tag zu Tag mehr durch eine Welt von Gegensätzen voneinander getrennt werden. Ebenso ist aber in unserem Volk die Einsicht gewachsen, daß es auf die Klarheit, die Entschlossenheit, auf den Willen der deutschen Politik ankommt, die Wiedervereinigung voranzutreiben. Ich verrate kein Geheimnis, wenn ich Ihnen sage, daß erst in den letzten Wochen eine Reihe prominenter Politiker einer westlichen Großmacht in Bonn zu Gast waren. Sie haben offen zum Ausdruck gebracht, was die Stimme Deutschlands heute in der Welt schon gilt. Sie sprachen davon, daß in keinem wesentlichen Anliegen, das Deutschland betrifft, heute mehr Entscheidungen ohne Berücksichtigung des deutschen Willens getroffen werden könnten. Das darf uns nicht nur mit Zuversicht erfüllen. Das bedeutet auch Verpflichtung für uns. Und wir können alle nur hoffen, daß das nicht zuletzt auch bei den kommenden Entscheidungen voll zum Ausdruck kommt. Denn nur dann kann es zu einer Klärung der Weltlage kommen.
Dabei kommt es nicht zuletzt auf das Zusammenspiel der großen politischen Gruppen in unserem Volk an. In dieser Beziehung hat man allerdings oft den Eindruck, als sei der Karren der deutschen Politik fast hoffnungslos verfahren. Die drei letzten Jahre deutscher Politik in der Bundesrepublik haben den schmerzlichen Beweis erbracht, daß wir Deutsche in der fairen und nur dann fruchtbaren Handhabung von Koalition und Opposition doch noch nicht die richtige Übung haben. Ich drücke das milde aus. Ich könnte es schärfer sagen. In der Not des Vaterlandes, wie sie uns bedrückt, dürften keine Gräben politischer Feindschaft zwischen Regierung und Opposition klaffen, wie es bei uns der Fall ist. Das hat vorgestern noch der Verlauf der Saardebatte im Bundestag schmerzlich empfinden lassen. Erneut wurde eine gute Gelegenheit zur Bekundung eines gemeinsamen Willens einfach vertan. Ich will hier nicht die Schuldfrage für diesen Mangel in der deutschen Politik untersuchen. Es ist auf beiden Seiten Schuld vorhanden. Es hat sich aber immerhin herumgesprochen, daß den meisten christlichen Demokraten eine versöhnliche Note näherliegt als politische Aggressivität. Manchesmal möchte man den christlichen Demokraten mehr Hartnäckigkeit – ich möchte sogar sagen mehr Aggressivität – wünschen. Nicht zuletzt auch auf dem Gebiet der Personalpolitik. Da sind uns andere bei weitem überlegen. Ich glaube, davon kann man sogar in Berlin ein Lied singen. Aber ich will auch meine Genugtuung nicht verhehlen, daß die großen politischen Gruppen in Berlin zu weiterer Zusammenarbeit stehen. Das Hin und Her der letzten Wochen war für alle, die eng mit dieser Stadt verwachsen sind, besorgniserregend. Davon können nur Kräfte profitieren, die nicht aus demokratischem Holz geschnitzt sind. Wir haben oft genug erlebt, daß von dem Streit der Demokratie nur die sogenannte Diktokratie profitiert. Auf einer von der kommunistischen Flut umspülten Insel sollte man keine politischen Experimente machen. Einem geteilten und gefährdeten Gebiet ziemt nicht Parteizwist, sondern gemeinsame Rettungs- und Verteidigungspolitik. Das gilt für Berlin in ganz besonderer Weise.
Das soll aber nicht hindern, daß wir – die christlichen Domokraten – überall, wo wir Verantwortung tragen, es mit Selbstbewußtsein – um nicht zu sagen mit Stolz – tun. Denn das politische Werk, das auf dem Boden der Bundesrepublik unter Führung unserer Partei getan wurde, kann sich – weiß Gott – sehen lassen. Und ebenso kann sich ihr Werk auf Berliner Boden und in der Sowjetzone sehen lassen. Ich spreche

– was die Sowjetzone angeht – selbstverständlich nicht von den paar Männern, die heute für die Ost-CDU verantwortlich sind. Sie zählen nicht zu den unseren. Wie sehr aber die christlichen Demokraten Element des Widerstandes gegen die Bolschewisierung in der Sowjetzone waren und sind, beweist die stattliche Organisation unserer Exil-CDU. Die Zahl ihrer Zugehörigen wächst ständig. Das beweist nicht zuletzt, daß der Widerstand in der Zone nach wie vor wach ist. Auch in der Selbstbehauptung Berlins als Hort demokratischer Freiheit werden die christlichen Demokraten von keiner politischen Gruppe in den Schatten gestellt.
Und was das staatspolitische Werk angeht, das seit 1949 in der Bundesrepublik getan wurde, so kann sich dieses Werk durchaus sehen lassen. Es geschah unter maßgeblicher Verantwortung der christlichen Demokraten. Greifen wir nur eines heraus: Es galt immer, die Bundesrepublik zu einem sozialen Staat zu machen. Denn nur so konnte sie gegen die Infiltrationsversuche des Bolschewismus gesichert werden. Nur so kann sie auch Magnet für alle Deutschen sein, die in Unfreiheit leben müssen. Nun, ich glaube, wir können uns sehen lassen mit unserem staatspolitischen Werk, nicht zuletzt mit unserem sozialen Leistungskonto.
Die heutige deutsche Sozialpolitik ist ein einzigartiges Faktum in der ganzen freien Welt. Sie stellt neben dem temperamentvollen Wirtschaftsaufschwung das nationalpolitische Alibi der verantwortlichen politischen Kräfte der Bundesrepublik dar. Was insbesondere die Männer christlich-sozialer Tradition auf diesem Gebiete zuwege gebracht haben, wird einmal die Geschichte verzeichnen. Wenn selbstverständlich auch noch Lücken bleiben und Wünsche, die noch nicht erfüllt werden konnten.
Vergegenwärtigen wir uns doch nur einmal die Geschichte der letzten Jahre: Ausgangspunkt war ein total geführter und total verlorener Krieg. Ein Elendszustand, eine proletarische Lage. Ein Tiefpunkt der materiellen Existenz. Selbst in der Frühzeit der Industrialisierung – ich möchte sogar sagen seit dem Dreißigjährigen Krieg – gab es in Europa nicht einen ähnlichen Zustand. Das muß man sich vor Augen halten, wenn man heute über das soziale Niveau des freieren Deutschland sprechen und urteilen will.
Der politische Gedächtnisschwund ist eine Schwäche unserer jungen Demokratie. Erst sieben Jahre trennen uns vom Zusammenbruch. Und schon ist er bei vielen vergessen. Die deutsche Politik hat vom Nullpunkt an wieder beginnen müssen. Die deutsche Existenz war 1945 vernichtet. Zu der militärischen und politischen Katastrophe war der wirtschaftliche Ruin getreten. Binnenmarkt und Außenhandel standen still. Das ganze stolze Gebäude der Sozialversicherung lag am Boden. 10–12 Millionen Flüchtlinge – das sind 2 1/2mal soviel Menschen, als die Schweiz umfaßt – strömten in das verelendete Land. In das Land mit seinen ausgebrannten Städten und zerschlagenen Fabriken. Was noch heil geblieben war, wurde eine Beute der Sieger. Deutschland wurde geteilt. Milliardenwerte wurden demontiert. Milliardenwerte an Patenten weggeschleppt. Die Getreideprovinzen des Ostens wurden uns entrissen. Die Truppen von vier Nationen standen und stehen im Land. Das sind nur ein paar Stichworte. Jeder von uns kann diesem Bild aus seiner persönlichen Erfahrung seit 1945 noch Einzelzüge hinzufügen. Nun frage ich: War und ist das eine Basis, um soziale Politik zu machen? Doch wahrhaftig nicht. Und doch ist es geschehen.
Auf dem Trümmerfeld eines totalen Bankrotts haben wir ein neues Gebäude deutscher sozialer Politik errichtet. In 3 1/2 Jahren, vom Sommer 1948 bis zum Winter

1951/52, haben wir die ganze ungeheure soziale Konkursmasse eines totalen Zusammenbruchs aufgearbeitet. Jetzt sind wir dabei, in den restlichen 1 1/2 Jahren die noch verbliebenen Lücken Stück um Stück aufzufüllen. In der Bundesrepublik allein wurden im Jahre 1951 nahezu 18 Milliarden DM an Sozialleistungen aufgebracht. Entscheidender ist vielleicht noch, daß 14,5 Millionen Menschen ihre Beschäftigung haben. Eine Million neue Wohnungen wurden gebaut.
Man braucht weder Volkswirt noch Sozialpolitiker zu sein, man muß nur seinen gesunden Menschenverstand bemühen. Dann kann man ermessen, was es heißt, daß wir heute in der Bundesrepublik 12,7 Millionen Sozialleistungsempfänger haben. Das bedeutet, daß fast jeder, der heute in Arbeit steht, einen zweiten mit durchhalten muß. Allein der Bundeshaushalt weist zur Hälfte seiner Gesamtausgaben Aufwendungen für soziale Erfordernisse aus.
Alle diese Aufwendungen müssen finanziert werden, und zwar nicht mit einem jeweils sich verdünnenden Schwundgeld, sondern mit einer stabilen Währung, die allein den Reallohn und den Wert der Sozialleistungen sichert.
Die sozialpolitische Errungenschaft Nummer eins ist die stabile Deutsche Mark. Es lohnt sich, in der Bundesrepublik zu arbeiten und zu sparen. Keines der großen europäischen Länder, die das Schicksal in den letzten Krieg hineinriß, hat es fertiggebracht, beides zu vereinigen, nämlich einen umfangreichen Sozialhaushalt und eine feste Währung. Wir bestreiten unser soziales Soll nicht mit einem verdünnten Geld oder einem aufgeblähten Staatskredit. Weder schleichende noch verdeckte, noch gar offene Inflation gibt es in der Bundesrepublik.
Man könnte mehr darüber sagen. Mir kommt es aber nur darauf an, zu zeigen, daß in der Bundesrepublik ein politisches und soziales Werk getan wurde, das Deutschland wieder die Achtung der Welt erworben hat. Für den Kommunismus ist dort nicht viel zu verdienen. Die Bevölkerung der Bundesrepublik ist immun gegen kommunistische Gefahren.
Und auch das darf ich in aller Bescheidenheit sagen: Berlin ist ideell und materiell durch das staatspolitische Werk der Bundesrepublik gestärkt worden. Wie andererseits Berlin für die Bundesrepublik steten Auftrieb und Beispiel bedeutet. Daß dabei für Berlin noch unsagbar viel zu wünschen übrig bleibt, weiß ich nur allzu gut. Aber ich verbürge mich vor Ihnen erneut mit dafür, daß die Bundesrepublik für die weitere Zeit der Getrenntheit Berlin voll und ganz in ihre Verantwortungen und Stärkungsmöglichkeiten mit einbezieht.
Was die Gesamtlage angeht, so kann niemand in Abrede stellen, daß sich vom Petersbergabkommen im November 1949 über die Revision des Besatzungsstatuts vom März 1951 bis zum Eintritt in den Europarat im Mai 1951 und zur Annahme des Schumanplanes im Januar 1952 eine aufsteigende Linie für Deutschland zeigt. Sicherlich ist der Kommunismus jenseits des Eisernen Vorhangs der unfreiwillige Helfer bei dieser aufsteigenden Linie gewesen. Seine Bedrohung ist schließlich stärkster Antrieb dafür, daß die freien Völker immer enger zusammenrücken. Dabei können wir nur hoffen, daß bei diesem Zusammenrücken unser Volk seine volle Gleichberechtigung findet. Wir wissen alle, daß in der Beziehung noch manches aussteht.
Alles in allem: Wir haben ein erhebliches Maß von politischer und wirtschaftlicher Stabilität erreicht. Aber echte Stabilität wird erst erreicht werden können, wenn unser ganzes Volk wieder in einem Staate vereinigt ist. Wir stehen, was die Wiedervereinigung angeht, immer noch am Anfang. Dabei unterschätze ich nicht, was er-

reicht worden ist. Ich unterschätze nicht die Bedeutung, die der Stärkung der freien Welt zukommt. Sie soll uns ja schließlich der Wiedervereinigung näherbringen. Und sie wird es – das ist meine Überzeugung – auch tun. Sie wird es vor allem dann tun, wenn wir selbst unser ganzes Gewicht für das oberste unserer Ziele in die Waagschale werfen. D. h., wenn wir die Westmächte überzeugen, daß die Wiederherstellung der Einheit Deutschlands in Freiheit keine Gleichgewichtsstörung der freien Welt bedeutet. Diese Furcht färbt noch allzusehr auf diese oder jene Überlegung im Ausland ab. In der letzten Zeit haben wir mehr als einmal in sehr verantwortlichen Zeitungen des Westens Betrachtungen darüber lesen können, daß ein wiedervereintes Deutschland zu mächtig werden könnte. Aber wie steht es denn mit dieser Macht? Wir brauchen das heutige Deutschland nur mit dem Deutschland vor 30 Jahren zu vergleichen, um zu erkennen, wie sich unser Land und die Welt verändert haben. Es sind jetzt gerade 30 Jahre, daß der Rapallo-Vertrag geschlossen wurde. Er spukt ja wieder durch die Geschichte unserer Tage. Aber was ist denn Deutschland gegen damals? Und was ist Rußland heute? Rußland ist inzwischen zu einem Koloß geworden. Dieser Koloß würde Deutschland einfach erdrükken, wenn es der Unterstützung der freien Welt nicht sicher wäre. Deshalb wird es Ziel und Aufgabe der deutschen Politik bleiben müssen, sich dieses Rückhalts zu versichern. Darüber sind sich wohl alle politisch verantwortlichen Kräfte unseres Volkes im klaren. Andererseits dürfte sich aber auch der Osten über ein anderes im klaren sein: Nicht nur unser friedlicher Wille, sondern auch unser ureigenstes Interesse macht unsererseits jede Bereitschaft zum Abenteuer undenkbar. Wir wissen, daß wir in einem Krieg nichts zu gewinnen, wohl aber alles zu verlieren haben. Es gilt also, auf politischem und diplomatischem Wege voranzukommen. Das gilt dem Westen und dem Osten gegenüber. Dazu gehört auf unserer Seite vor allem die klare Erkenntnis, daß uns an der Verständigung zwischen West und Ost über das Schicksal unseres Landes, unseres Volkes gelegen sein muß, denn diese Verständigung ist nun einmal die Voraussetzung für die friedliche Wiedervereinigung unseres Landes.

In dieser Hinsicht möchte ich auch die Bedeutung, die dem Notenwechsel zwischen der Sowjetunion und den Westmächten zukommt, nicht unterschätzen. Allerdings gehöre ich nicht zu den Leuten, die nun die deutsche Wiedervereinigung in eiligem Tempo im Anmarsch sehen. Das konnte und kann nur Leuten passieren, denen die Sowjets nur aus der Ferne bekannt sind. Oder unverbesserlichen Utopisten. Deren gibt es aller dings noch einige. In Berlin und in der Zone haben wir unsere Erfahrungen mit dem taktischen Spiel der Sowjets gemacht. Deshalb wissen wir: Eine Schwalbe macht noch keinen Sommer. Eine sowjetische Note macht den Weg noch nicht frei zur Wiedervereinigung. Und eine zweite Note tut es auch noch nicht. Ich sage das mit aller Klarheit. Wenn ich auch der Meinung bin, daß bei allen Störungsabsichten der Sowjets gegenüber der freien Welt ein Neues in die sowjetische Politik gekommen ist. Nicht zuletzt dank der klaren Politik der Bundesregierung und des Bundestages. Bundesregierung und Bundestag haben sich nicht von den plumpen Manövern Grotewohls täuschen lassen. Da man auf diese Manöver nicht hereinfiel, mußte die Sowjetunion selbst aus dem Schatten heraustreten. Allerdings ist sie zunächst nur mit vagen Angeboten herausgekommen. Der Inhalt dessen, worauf Moskau wirklich lossteuert, ist noch im Dunkel. Greifbar ist nur, was der Kreml verhindern will: nämlich den Stärkezuwachs der freien Welt durch das deutsche Potential.

Einen Fortschritt haben die sowjetischen Noten allerdings schon gebracht: Die Grotewohl-Aktionen der vergangenen Monate sind ins richtige Licht gerückt worden. Sie sind auf das zurückgeführt worden, was sie sind: befohlene Scheinmanöver, um Leichtgläubige irrezuführen. Die sowjetischen Noten haben erneut klargemacht: Die Sowjets machen ihre eigene Politik. Das kommunistische Blut, das die Ulbrichts und Grotewohls mit den Sowjets verbindet, wird für Moskau dünn wie Wasser, wenn es um die Interessen sowjetischer Politik geht. Darum sollten alle, die ehrlich um die Einheit Deutschlands in Freiheit ringen, gelernt haben: Den Machenschaften der SED-Häuptlinge und ihrer Gefolgschaft aus anderen Lagern gegenüber gibt es nur eine Haltung: Das Sowjetzonenregime ist kein Verhandlungspartner. Und wird es niemals sein.
Dabei will ich eines ganz klar sagen: Diese unsere Haltung ist eine grundsätzliche, nicht eine taktische. Wir nehmen genau dieselbe Haltung dem Saarregime gegenüber ein. Deshalb sollten die von Grotewohl so oft beschworenen sogenannten gesamtdeutschen Beratungen wirklich aus dem politischen Wortschatz ernst zu nehmender Deutscher verschwinden. Sie schwächen im Grunde nur die deutsche Position. Solche Beratungen kamen gestern nicht in Frage. Sie kommen auch heute, morgen und übermorgen nicht in Frage. Wenn wir zynisch wären, würden wir sagen: Die Vertreter dieses Regimes sind nicht nur zu Verrätern an unserem Land und Volk geworden. Sie müssen sich für diesen Verrat von ihren Auftraggebern auch noch wie Kulis behandeln lassen. Oder ist das zuviel gesagt, wenn Moskau plötzlich mit eigenen Noten hervortritt, ohne seinen Werkzeugen vorher auch nur ein Sterbenswörtchen davon zu sagen? Oder wenn der sogenannte Außenminister der Deutschen Demokratischen Republik von seinem Pressechef auf die in der »Täglichen Rundschau« veröffentlichte zweite sowjetische Note aufmerksam gemacht werden muß. Er war bis dahin ahnungslos. Leute, die noch gestern zu seinen engsten Mitarbeitern gehörten, berichten, daß der Außenminister der Deutschen Demokratischen Republik sehr pikiert sei. Man hat ihn sowjetischerseits weder konsultiert noch benachrichtigt, ehe die Noten abgesandt wurden. Nun, den Ministerpräsidenten und den übrigen Ministern des Sowjetzonenregimes wird es nicht besser gehen als ihrem Kollegen Außenminister. Diktaturen pflegen mit Werkzeugen nun einmal so umzugehen. Daraus gibt es für uns nur den einen Schluß: Solche Werkzeuge haben für Verhandlungen nicht den geringsten Wert.
Dabei wundern wir uns aber auch nicht, daß diese kleinen Machthaber freie Wahlen mit allen Mitteln abzuwehren versuchen. Bis jetzt weiß zwar noch niemand, ob es den Sowjets Ernst ist mit freien Wahlen. Aber eines haben wir in den letzten Wochen genau beobachten können: Das Sowjetzonenregime tut alles, um dem deutschen Volk diese Suppe zu versalzen. D. h., es tut alles, um freie Wahlen zu verhindern, denn es geht ja schließlich um seine Macht.
Uns aber interessiert nicht das Schattenspiel in Pankow. Uns interessieren einzig und allein die sowjetischen Regisseure und ihre Absichten. Denn es geht uns um die Wiederherstellung unserer Einheit in Freiheit. Und wir wissen mit der gesamten freien Welt, daß man sich eines Tages mit der Sowjetunion schiedlich-friedlich darüber einigen muß.
Das Verlangen des ganzen deutschen Volkes aber ist es: Dieser Tag muß bald kommen. Es dürfen nicht mehr Jahre vergehen. Um des Friedens willen nicht. Nicht zuletzt aber auch um unseres Volkes in der Sowjetzone und um Berlins willen nicht.
Was nun die sowjetischen Absichten angeht, so gehen sie aus den Noten keineswegs

klar hervor. Als ersten Beweis sowjetischen Einlenkens haben wir z. B. beharrlich freie gesamtdeutsche Wahlen unter internationaler Kontrolle gefordert. Es sieht so aus, als wäre sowjetischerseits dazu eine gewisse Bereitschaft vorhanden. Man scheint sogar bereit zu sein, die Prüfung der Voraussetzung von freien Wahlen zu erwägen. Allerdings in der Form eines Viermächteausschusses. Aber hier stehen wir schon den ersten schwerwiegenden Fragen gegenüber: Beharrt die Sowjetunion darauf, daß wiederum das Veto gelten soll? Bisher hat sie stets an diesem Veto festgehalten. Und jedesmal, wenn die Sowjets ihr Veto aussprachen, standen alle Räder still. Und es wurde immer wieder ausgesprochen. Deshalb ist es unmöglich, sich jemals wieder auf eine Bahn zu begeben, wo das Veto gilt. Im übrigen weiß heute die gesamte freie Welt: Wo immer die Sowjets das Veto fordern, bedeutet es, daß sie eine destruktive Haltung einzunehmen planen. Mit anderen Worten: Es bedeutet, daß das sowjetische Angebot nicht ernst gemeint ist. Deshalb müßte in einer Frageliste an die Sowjets stets die Frage obenan stehen: Wie haltet ihr es mit dem Veto?

Und um auch das noch klar zu sagen: Auch einer freigewählten gesamtdeutschen Regierung wird das Veto selbstverständlich nie mehr auferlegt werden können. Die Zeit ist nun einmal über das Kontrollratssystem hinweggewachsen. Deshalb muß auch darüber Klarheit geschaffen werden.

Diese Fragen allein sind schon wesentlich für uns. Denn als erste Stufe für die Wiedervereinigung unseres Landes müssen wir an der Abhaltung von freien Wahlen festhalten. Es ist deshalb dem ganzen deutschen Volk mit das dringlichste Anliegen, daß die großen Mächte das Ihre dazu beitragen, daß echte freie Wahlen zustande kommen. Und daß sie bald zustande kommen. Denn darüber muß sich die freie Welt klar sein, wie wir uns klar sind: Der Faktor Zeit spielt für Gesamtdeutschland eine schwerwiegende Rolle. Er spielt vor allem für das Volk von Berlin und die Sowjetzone eine entscheidende Rolle. Ganz abgesehen von den wachsenden Schwierigkeiten des Lebens in der Sowjetzone wachsen aber auch die Gefahren für Gesamtdeutschland. Jahr für Jahr werden die Probleme des Zusammenschlusses der beiden Teile größer. Und die Dynamik des Kommunismus, sein Drang nach dem Westen werden sicherlich nicht geringer werden. Je eher es uns deshalb gelingt, unser Volk von dieser Gefahr zu befreien, desto besser für Deutschland. Desto besser für Europa, desto besser für die Welt.

Ich spreche nicht ins Blaue hinein. Ich weiß den Faktor Sowjetunion sehr wohl einzuschätzen. Ich weiß, daß dort das entscheidende Hemmnis liegt. Ich weiß, daß eine echte Wandlung in der sowjetischen Politik einsetzen muß, ehe wir weiterkommen können. Noch liegen keine überzeugenden Beweise für eine solche Wandlung vor. Solche Beweise aber brauchen wir. Denn wenn der Kreml auch den Eindruck zu erwecken sucht, daß er zu fruchtbaren Verhandlungen bereit sei, muß das in der freien Welt zunächst doch noch immer Zweifeln begegnen. Wir haben ja schließlich seit vielen Jahren erfahren, wie Konferenzen dazu veranstaltet wurden, um Ergebnisse zu verhindern, nicht aber, um positive Ergebnisse zu erzielen.

Das mag pessimistisch klingen. Aber gerade in Berlin und in der Sowjetzone weiß man besser als irgendwo in der Welt zwischen den Worten und den Taten des Kommunismus zu unterscheiden. Ihnen gegenüber wappnet man sich am besten mit Pessimismus. Dann kann man nicht enttäuscht werden. Das hindert nicht, daß wir auch die Vielschichtigkeit, die Wandlungsfähigkeit sowjetischer Politik in Rechnung stellen können.

Es ist dabei schon ein Fortschritt, daß überhaupt schon wieder Verhandlungen zwischen Ost und West erwogen werden können. Die freie Welt ist eben schon stärker geworden. Das gibt ihr die Möglichkeit, auf politisch-demokratischem Gebiet den Kapriolen des Ostens gegenüber souveräner zu sein. Es gibt ihr aber auch die Möglichkeit – gestützt auf ihre Stärke –, sich echtem Verhandlungswillen nicht zu verschließen. Und wir – die Deutschen – müssen wünschen, daß der rechte Zeitpunkt nicht verpaßt wird.
Ich brauche den Berlinern keine Versicherung abzugeben, daß das deutsche Volk selbst immer stärker mit dem Willen zur Wiedervereinigung unseres Landes verwächst. Das freie Berlin nimmt selbst viel zu starken Anteil an der Weckung und Stärkung dieses Willens. Schwerer hat es unser Volk im Sowjetsektor von Berlin und in der Sowjetzone.
Ich weiß, daß es manchem oft als leere Geste erscheint, wenn von hier nach dort nur Worte des Vertröstens und Worte von der Durchhaltenotwendigkeit hinüberklingen. Aber jeder Urteilsfähige weiß auch, daß den Deutschen die Wiedervereinigung nicht vom Himmel fällt. Daß nicht alles von uns – von den Deutschen – abhängt. Aber eines weiß jeder Deutsche ebenso klar: Es ist uns aufgegeben, mit allen Mitteln der Politik und der Diplomatie um die deutsche Wiedervereinigung zu ringen. Sicherlich gibt es in unserem Volk noch verschiedene Auffassungen über die Methode, über die Mittel und Wege, die uns zum Ziel führen können. Die überwiegende Masse des deutschen Volkes aber ist der Auffassung, daß der kürzeste Weg auch der beste ist. Vorausgesetzt, daß es ein Weg ist, der zur Einheit in Freiheit führt. Berlin, der Sowjetsektor von Berlin, die Sowjetzone. Sie alle dürfen die Gewißheit haben, daß für dieses Ziel jede Möglichkeit ausgenutzt werden muß und wird.

## 73

*Trauerfeier für Kurt Schumacher*
*Bundeshaus, Bonn, 23. August 1952*

Nur mit tiefer Bewegung kann ich vor Ihnen die Teilnahme der Christlich-Demokratischen Union Deutschlands zum Tode des Mannes, des Deutschen, des Parteiführers Kurt Schumacher zum Ausdruck bringen. Und trotzdem bin ich dankbar, daß gerade ich es tun kann.
Kurt Schumacher war mir kein Fremder. Schon im Februar 1946 bei seinem ersten Aufenthalt in Berlin nach dem Zusammenbruch kam er zu mir, um seiner Sorge für Deutschland Ausdruck zu geben. Und nach einem gemeinsamen Weg zur Rettung zu suchen. Damals schon war er gezeichnet von den Leiden der Jahre im Konzentrationslager. Aber die Folgen dieser Jahre taten der Kraft seiner Persönlichkeit wahrhaftig keinen Abbruch. Bei der ersten Begegnung offenbarte es sich sofort: Ein stählerner Wille richtete sich hier auf die Rettung Deutschlands vor dem Zugriff der kommunistischen Macht. Eine konzentrierte Kraft richtete sich auf die Aufrechterhaltung der Einheit unseres Landes.
Sicherlich gingen unsere Auffassungen über die Wege zu diesem Ziel in den darauffolgenden Jahren hier und da auseinander. Sicherlich fielen hinüber und herüber schärfere und manchmal auch scharfe Worte. Kurt Schumacher kam eben aus einer anderen Welt. Aber ich weiß, wie Sie es wissen: Kurt Schumacher, der Mann aus

dem westpreußischen Kulm, aus dem Land östlich der Oder-Neiße suchte ein neues Deutschland zu gewinnen. Und wer ihn kannte, wußte: Ihn beherrschte die Ungeduld, die Unrast, die drängende Kraft eines zur politischen Gestaltung Berufenen. Es war die tiefe Tragik seines Lebens, daß diese Kraft und diese Fähigkeit in seinem Leben nicht die Erfüllung fand, nach der sie streben mußte und die seinen Fähigkeiten gebührt hätte. Ich hätte um Deutschlands willen gewünscht, daß er neben anderen maßgeblichen Kräften des politischen Lebens diese Erfüllung gefunden hätte.
Aber es wäre nicht angebracht, an der Bahre dieses bedeutsamen Mannes nur zurückzuschauen. Außerordentliche Persönlichkeiten und Kräfte wirken weiter in ihrem Land und in ihrem Volk. Ich bin Kurt Schumacher vor wenigen Wochen noch begegnet. Ich weiß, wie glühend ihn noch in diesen Monaten das Verlangen beherrschte, die Kraft seiner politischen Idee, seine politische Anschauung für das Geschick unseres Volkes mit in die Waagschale zu werfen. Es hat mich dabei tief bewegt, wie dieser glühende Wille sich wachsend zu einer Ausgeglichenheit durchrang, die seine politische Wirkkraft sicherlich noch stärker gemacht hätte.
Er selbst fand nicht mehr die Erfüllung. Ich kann nur wünschen, daß die Männer und Frauen seiner Weltanschauung und Partei ihm nach seinem Tode diese Erfüllung bringen. Daß sie zu gemeinsamem Wirken mit allen politischen Kräften kommen, die dem Werden eines Deutschland zu dienen gewillt sind, das ein Tragpfeiler für Europa und die freie Welt wird.
Der Sozialdemokratischen Partei gehören die Anteilnahme und das Mitempfinden der christlichen Demokraten Deutschlands.

## 74

*Bundestagung der Sozialausschüsse*
*der Christlich-Demokratischen Arbeitnehmerschaft (CDA) in Köln*
*1. März 1953*

Die Tagung der Christlich-Demokratischen Arbeitnehmerschaft, die wir mit dieser Kundgebung abschließen, haben wir zu einer Arbeitstagung gestaltet. D. h., wir haben Grundsätze und Beiträge zur politischen, insbesondere aber zur sozialen Ordnung unseres Volkes erarbeitet und bekanntgegeben, wie sie christlich-demokratischer Überzeugung entsprechen. Es ist unser vordringlichstes Anliegen, dazu beizutragen, daß die soziale Ausgestaltung unserer bundesrepublikanischen Ordnung so vollkommen wie möglich wird. Die Erkenntnis dieser Notwendigkeit stand schon am Beginn des Weges der christlichen Demokraten. Ich brauche nur an das Ahlener Programm zu erinnern, zu dem wir uns nach wie vor bekennen. Dieses Programm hat im übrigen nicht nur die Zustimmung der Arbeiterschaft, sondern die Zustimmung aller christlich-demokratischen Kreise gefunden. Dabei vergessen wir nicht, daß Programme Ziele aufstellen. Nicht aber fertige Tatsachen schaffen.
Arbeiter sein, heißt den Willen zu einer sozialen Ordnung in sich tragen. Dem Arbeiter, dem Arbeitnehmer wurde der Kampf um soziale Gerechtigkeit mit in die Wiege gelegt. Denn in dem hemmungslosen Laissez-faire, in dem sogenannten freien Spiel der Kräfte, das der Liberalismus zum Dogma erhob, war von sozialer Gerechtigkeit für den Arbeiter wenig zu spüren.
Das ist heute dank der Arbeiterbewegung und dank der Einsicht weiter Volkskreise sicherlich anders geworden. Aber es ist noch manches zu tun übriggeblieben. Und

vor allem hat uns die Folge des Hitlerabenteuers vor neue Aufgaben gestellt. Dem westlichen Deutschland, der Bundesrepublik, ist ein Höchstmaß von Verpflichtungen auferlegt. Und zwar Verpflichtungen nicht nur für sich, sondern für das gesamte Deutschland. Ihre Aufgabe besteht nicht nur darin, die verderbliche Macht, die an der Elbe, Werra und Fulda steht, am weiteren Vorrücken zu hindern. Sie besteht vor allem darin, die Wiedervereinigung mit den getrennten Teilen Deutschlands vorzubereiten und durchzuführen. Das bedeutet nicht nur aktive Wiedervereinigungspolitik. Die ist allerdings vor allem nötig. Es bedeutet aber auch, daß die Bundesrepublik sozial und wirtschaftlich auf so stabiler Grundlage stehen muß, daß die ausgepowerte Bevölkerung der Zone im Augenblick der Wiedervereinigung einen festen Halt findet. Wir sind sicherlich auch imstande dazu, diese Grundlage zu schaffen. Das haben wir mit dem Wiederaufbau der letzten Jahre bewiesen. Zu Defätismus ist also bestimmt kein Anlaß. Als Defätismus müssen wir es bezeichnen, wenn wir uns nicht zutrauen, unseren unter dem Bolschewismus leidenden Landsleuten zu helfen. Das gilt der Zone gegenüber, das gilt genau so den politischen Flüchtlingen gegenüber, die in ihrer Verzweiflung Zuflucht in der Bundesrepublik suchen. Eine abweisende Haltung ihnen gegenüber scheint mir – weiß Gott – nicht von menschlicher und nationaler Solidarität diktiert zu sein. Ich weiß, daß unsere Arbeiterschaft einen solchen Defätismus ablehnt. Denn die Arbeiterschaft hat gelernt, Not durch Solidarität zu überwinden.
Sicherlich kann man über das, was sozial, was sozial gerecht ist, verschiedener Meinung sein. Und man ist das gerade jetzt in der Bundesrepublik mit einiger Leidenschaft. Die Bundestagswahlen werfen ihre Schatten voraus. Schon die vergangenen drei Jahre standen im Zeichen einer Gegensätzlichkeit zwischen Regierungskoalition und Opposition, die sicherlich nicht zum Besten unseres zerrissenen Landes war. Ich weiß, daß gerade besonnene Arbeiter und Arbeitervertreter unter diesem Zustand mit am meisten gelitten haben. Die Arbeiterschaft war und ist von dem Impuls getragen, die trostlose Hitler-Hinterlassenschaft, die unser Land belastet, meistern zu helfen. Und die deutsche Arbeiterschaft – man kann das nicht oft genug sagen – hat sich in den größten Notjahren unseres Volkes bewährt. Und zwar die gesamte Arbeiterschaft hat sich bewährt. Abgesehen von einer Handvoll Kommunisten, die mit Blindheit geschlagen sind oder sich an den Kreml verkauft haben.
Das Verdienst der gesamten deutschen Arbeiterschaft feststellen, die augenblickliche innenpolitische Kluft in unserem Volk bedauern, bedeutet natürlich nicht, die Unterschiede der Weltanschauung, der Politik und des sozialen Ordnungswillens vermischen zu wollen. Wir wären als Christlich-Demokratische Arbeitnehmerschaft nicht hier, wenn wir einer solchen Verwischung das Wort redeten. Wir – die Sozialausschüsse – sind hier, um uns in geschlossener Gemeinsamkeit zu einer christlich-demokratischen, einer christlich-sozialen Politik zu bekennen.
Liberalismus und sein Gegenstück – der Kollektivismus – haben keine befriedende und befriedigende Ordnung schaffen können. Die liberalistische Gesellschaftsordnung zählte auf ihrer Minusseite ein Millionenheer von Proletariern. Erst die Arbeiterbewegung konnte die Proleten aus ihrem Leben im Schatten herausführen. Der Marxismus, den Karl Marx als Gegenspieler des Liberalismus in die Welt setzte, hat sich als noch größerer Feind der menschlichen Gesellschaft erwiesen. Wir verhehlen nicht, daß der Marxismus in der Mitte des vergangenen Jahrhunderts Impulse zur Befreiung der Arbeiterschaft gegeben hat. Aber der wirkliche Aufstieg der Arbeiterschaft vollzog sich gegen Marxismus und Kollektivismus. Er vollzog

sich Schritt für Schritt in der gewerkschaftlichen Arbeit. Diese Arbeit war nicht zuletzt mitbestimmt durch den uneigennützigen, lauteren sozialen Willen christlich-sozialer Persönlichkeiten. Ob ich dabei an Wilhelm Emanuel von Ketteler, an Adolf Kolping, an Franz Hitze, an August Pieper, an Adolf Stöcker und Friedrich Naumann denke. Oder an Heinrich Brauns, an Adam Stegerwald, an Franz Wieber, an Heinrich Imbusch und viele andere. Sie alle schöpften aus der christlich-sozialen Idee. Sie waren Anreger, Freunde und Gestalter einer selbständigen Arbeiterbewegung, die der Arbeiterschaft ein menschenwürdiges Dasein schuf.
Ihnen wie uns konnten Liberalismus und Kollektivismus keine Ordnungsprinzipien sein. Der Liberalismus hat bewiesen, daß er keine gerechte Ordnung zu schaffen vermag. Und wer glaubte, daß Marxismus, daß Kollektivismus etwas von einem volksordnenden Prinzip in sich trägt, der braucht nur seinen Blick über den Sperrgürtel auf das Schicksal der 18 Millionen zu richten. Nicht zuletzt auf die Arbeiterschaft drüben. Ihr Schicksal unter dem im Namen Stalins eingeführten Staatskapitalismus ist dunkler, als es in der Hochzeit des Kapitalismus war. Deshalb ist der Kollektivismus heute der gefährlichste Gegner. Er steht in stalinistischem Gewande bis an die Zähne bewaffnet im Herzen unseres Landes. Er demonstriert in Mitteldeutschland an 18 Millionen Deutschen, daß er nicht nur jede Menschen- und Personenwürde tötet, sondern daß er in seinen Konsequenzen über Leichen geht.
Die Schatten der liberalistischen Ordnung und die Verbrechen des stalinistischen Marxismus haben uns stärker denn je von der Bedeutung unserer christlich-demokratischen und christlich-sozialen Grundsätze überzeugt. Wir haben deshalb den dringlichen Wunsch, daß wir mit diesen Grundsätzen ohne Verwischung, ohne Bindung, ohne Anlehnung an fremde Ideenwelten in die Wahlauseinandersetzung gehen. Ich bin überzeugt, daß sich diese unsere Idee bewährt, wenn wir in Kraft und Klarheit zu ihr stehen.
Die christlich-demokratischen Politiker brauchen sich auch des Werkes, das in diesen 3½ Jahren getan wurde, wahrhaftig nicht zu schämen. Es wurde ja im wesentlichen unter ihrer Verantwortung geleistet. Insbesondere jene, denen die soziale und sozialpolitische Seite der verantwortlichen Politik oblag, brauchen ihr Licht nicht unter den Scheffel zu stellen. Ich stelle dabei mit Genugtuung fest, daß die soziale Gesetzgebung in stärkstem Maße mitbestimmt wurde durch Männer der früheren christlichen Gewerkschaften und der heutigen Sozialausschüsse. Ich brauche nur auf die Namen unserer Freunde im Programm unserer gestrigen und heutigen Arbeitstagung hinzuweisen. Es sei ihnen an dieser Stelle noch einmal gedankt. Dabei ist die soziale Gesetzgebung der Bundesrepublik weit über den Rahmen der Sozialpolitik im überlieferten Sinne hinausgegangen. Ich erinnere nur an die Leistungen auf dem Gebiet des sozialen Wohnungsbaues und an das bedeutsame Gesetzgebungswerk unseres jungen Staates: den Lastenausgleich.
Allerdings haben wir stets darauf geachtet, daß unser sozialpolitisches Werk auf soliden wirtschaftlichen Fundamenten steht. Schließlich dürfen wir ja mit unserer mühsam aufgebauten Existenz nicht experimentieren. Echter Reallohn, stete Mehrung des Sozialprodukts, Sicherung der Ersparnisse sind uns mehr wert als theoretische Sozialpläne.
Wir bekennen uns zu einer sozialen Politik, die Persönlichkeit und Persönlichkeitswerte wieder zur Geltung bringt. Mit anderen Worten: Wir erkennen als Aufgabe unserer Zeit, persönliche Freiheit und soziale Sicherheit miteinander zu verbinden. Die Verlautbarungen unserer Tagung haben das so ausgedrückt: »Der liberale

Rechtsstaat des 19. Jahrhunderts mit seinen persönlichen Freiheitsrechten muß zum sozialen Rechtsstaat des 20. Jahrhunderts ausgebaut werden.« Der soziale Rechtsstaat kann nur auf der Pflege der Persönlichkeit und der natürlichen Gemeinschaften aufgebaut werden. Nur so können wir Dämme gegen die drohende Vermassung unseres Zeitalters errichten. Die entscheidende Gemeinschaft ist dabei die Familie. Deshalb hat unsere Tagung sich zu einer sozialen Politik bekannt, durch die die Familie wieder in den gesellschaftspolitischen Mittelpunkt gerückt wird. Es geht uns dabei um die unmittelbare materielle Besserstellung der Familie. Es geht uns inbesondere aber auch um die Schaffung familiengerechter Wohnungen.
Wer der Persönlichkeit wieder stärkeren Rückhalt und Würde geben will, muß sich auch zum Eigentum als Grundlage der wirtschaftlichen und sozialen Ordnung bekennen. Nun sind aber Millionen, die sich in abhängiger Stellung befinden, eigentumslos. Wir halten es deshalb für ein Gebot christlich-sozialer Grundhaltung, möglichst viele Eigentümer zu schaffen. Eigentumslosigkeit fördert die Vermassung. Eigentumslosigkeit läßt die Freiheit leicht als weniger kostbares Gut empfinden. Sie macht empfänglich für radikale Ideen. Deshalb ist es unerläßlich, daß die Arbeitnehmer in weit stärkerem Maße am neu sich bildendem Eigentum der Volkswirtschaft beteiligt werden. Karl Arnold hat ja schon 1951 in Karlsruhe Grundlegendes darüber ausgesagt.
Die Arbeitnehmerschaft hat schließlich durch ihre Arbeit wesentlichen Anteil am Zustandekommen jeder Kapitalbildung. Deshalb ist es nur recht und billig, ihr auch eine angemessene eigentumsmäßige Beteiligung zu sichern. Dabei ist es uns völlig klar, daß das nicht nur auf freiwilliger Basis verwirklicht werden kann. Sosehr auch die Initiative, die schon von verschiedenen Seiten ergriffen wurde, zu begrüßen ist. Es muß zu einer rahmengesetzlichen Regelung kommen. Wobei freien Vereinbarungen selbstverständlich Spielraum gelassen werden muß.
Unsere Arbeitstagung hat für das Miteigentum konkrete Vorschläge gemacht. Ich will dabei nur noch unterstreichen, daß niemand von uns daran denkt, durch Miteigentum die Mitbestimmung abzulösen. Im Gegenteil: Das Miteigentum soll die Untermauerung für sinnvolle wirtschaftliche Mitbestimmung schaffen. Der Arbeitnehmer ist nun einmal reif für wirkliches Bürgerrecht. Er ist reif zur Mitverantwortung im Betrieb und in der Gesamtwirtschaft.
Was die Verantwortung in der Gesamtwirtschaft angeht, so müssen wir durch einen Bundeswirtschaftsrat und seine Gliederungen zu stärkerer Verpflichtung der an der Wirtschaft beteiligten Gruppen und Verbände kommen. Dabei sehen wir als Wirtschaftsbeteiligte nicht nur die Arbeitnehmer und Unternehmer, sondern alle, deren wirtschaftliche Interessen berührt werden. Also auch Landwirtschaft, Handel, Handwerk und die Verbraucher. Uns geht es dabei darum, daß die an der Wirtschaft beteiligten Gruppen und Verbände zu einer Eigenverantwortung kommen, die ihnen eine positive Mitwirkung an der Volks- und Wirtschaftsordnung gewährt. Das gilt nicht zuletzt und vor allem auch für die Gewerkschaften.
Die Gewerkschaften sind längst über ihre ursprüngliche Aufgabe der Lohn- und Tarifpolitik hinausgewachsen. Es ist an der Zeit, daß ihnen in der Volks- und Wirtschaftsordnung die legitimen Aufgaben zugewiesen werden, die der Stellung und der Bedeutung der Arbeiterschaft im Volk entsprechen.
Ich weiß, daß Ihr noch ein Wort zur Gewerkschaftsfrage von mir erwartet. Leider ist es gerade in den letzten Monaten und Wochen zu einer Art kalten Krieges um

die Gewerkschaften gekommen, der uns alle beunruhigt. Ich will dabei gleich bemerken: Ich bin der Auffassung, daß dieser kalte Krieg auch von Kreisen gefördert wird, die weniger Interesse an der Stärkung der Christlich-Demokratischen Arbeitnehmerschaft haben, sondern mehr Interesse an der Schwächung der Position der Arbeiterschaft überhaupt. Diese Kreise täten gut daran, mit ihren Ratschlägen zurückzuhalten. Und ich sage allen denen, die heute die Losung »Christliche Gewerkschaften« im Munde führen: Man sollte christliche Gewerkschaften nicht als Wahlparole mißbrauchen. Es muß reiflich überlegt werden, ob wir die Gewerkschaften aus ihrer Verantwortung entlassen, den Weg echter Neutralität zu gehen. Ich könnte mir denken, daß es Kreise gibt, die gar nicht so traurig wären, wenn das christlich-demokratische Element aus den Gewerkschaften verdrängt würde. Ich weiß allerdings auch, daß den maßgeblichen Kreisen der Gewerkschaften ehrlich an einer echten Zusammenarbeit gelegen ist.
Wir sind die organisatorische Einheit der Gewerkschaften wahrhaftig nicht leichtfertig eingegangen. Wir hatten uns schon 1933 zum gemeinsamen Beschluß der organisatorischen Einheit durchgerungen. Der Nationalsozialismus setzte aber der gewerkschaftlichen Entwicklung ein Ende. In zwölfjähriger Untergrundarbeit haben dann Wilhelm Leuschner, Max Habermann, Bernhard Letterhaus, Heinrich Körner, Karl Arnold, Johannes Albers, Hans Böckler und andere mit mir die Grundlage einer neuen Bewegung mit vorbereitet. Noch leben Männer der SPD, die von dieser Einigkeit wissen müßten. Wir waren einig über die Notwendigkeit parteipolitischer Neutralität und wirklicher Toleranz der Gewerkschaften. Über die Gleichberechtigung der Vertreter der verschiedenen weltanschaulichen Richtungen in der zentralen und bezirklichen Führung. Wir waren uns z. B. auch einig darüber, daß die Gewerkschaften im westdeutschen Industriegebiet – im heutigen Nordrhein-Westfalen – von einem Manne aus unserer Schule geführt werden sollten. Ich weiß, daß der Terror nach dem 20. Juli 1944 und das Chaos 1945 die Verwirklichung mancher Dispositionen verhindert hat. Aber an ihrem Vorhandensein hat es nie einen Zweifel gegeben. Um so größer war mein Staunen und Bedauern, als ich die Vorgänge auf der jüngsten Landeskonferenz des DGB in Dortmund zur Kenntnis nehmen mußte. Ich weiß nicht, ob das unter der Führung eines Mannes hätte geschehen können, der um die gewerkschaftliche Tradition und um die Arbeit der Männer des Widerstandes weiß. Wenn in dem Kerngebiet der ehemaligen christlichen Gewerkschaften von fünf verantwortlichen christlichen Gewerkschaftern drei aus der Verantwortung gedrängt werden, dann müssen schließlich diejenigen recht behalten, die an der Idee einer einheitlichen Gewerkschaftsbewegung verzweifeln.
Und hier – in der Zurückdrängung des christlichen Elementes – liegt die Ursache unserer größten Sorge. Sicherlich haben die Gewerkschaften in den letzten Monaten in ihren Mitteln des öfteren daneben gegriffen. Aber in dieser Hinsicht stehen sie nicht allein als Sünder da. Es gibt auch andere Stände und Schichten, die, wenn es um eigene Interessen geht, oft recht massiv werden. Auch die früheren christlichen Gewerkschaften sind in ihrem Eintreten für die Arbeiterschaft nicht gerade lammfromm gewesen. Auch dann nicht, wenn ihre eigenen Männer in der Regierung saßen. Noch in diesen Tagen las ich Aussprüche von unserem alten Freunde Fritz Baltrusch, daß die christlichen Gewerkschaften notfalls auch gegen Männer der eigenen Kreise in der Regierung ihre Forderungen durchsetzen müßten.
Verständlich aber ist es, daß die Männer beider Kirchen besorgt sind, die christliche

Weltanschauung könnte im Bewußtsein der Arbeiterschaft zurückgedrängt werden. Und sie haben ein Recht – um nicht zu sagen –, eine Pflicht, diese Sorge auszusprechen. Denn sie repräsentieren Institutionen, die für die weltanschauliche und religiöse Haltung der ihnen anvertrauten Kreise verantwortlich ist. Und schließlich können die Vertreter der Kirchen für sich in Anspruch nehmen, daß es Männer der Kirchen mit waren, die vor 50 und 100 Jahren im Namen und unter dem Gesetz der christlich-sozialen Idee den Auswüchsen des Liberalismus den Kampf ansagten. Und ich kann nur sagen, daß wir nicht zuletzt nach den Vorgängen in Dortmund ihre Sorgen teilen.
Wie diesen Männern der Kirche das religiöse Anliegen am Herzen liegt, so liegt uns die Sorge um die Stärke und Wirksamkeit der christlich-sozialen Idee am Herzen. Sosehr wir um die Einheit der Gewerkschaften besorgt sind, so sehr sind wir auch besorgt um die Stärke der christlichen Demokraten. Wie die Dinge in unserem Volk nun einmal liegen, muß der Sozialdemokratischen Partei stets eine starke christlich-demokratische Partei gegenüberstehen.
Ich weiß, daß vieles an Mißtrauen in den verschiedenen Richtungen innerhalb der Gewerkschaften auf das Konto der bedauernswerten Feindseligkeiten zwischen Koalition und Opposition kommt. Ich weiß, daß vor allem unsere Freunde, die hauptamtlich in den Gewerkschaften tätig sind, darunter leiden. Vielen von ihnen sind wir Dank für ihre – weiß Gott – nicht leichte Arbeit schuldig. Wer sie tadeln will, frage sich zunächst, ob er selbst immer und überall ein Held aufrechter Meinung gewesen ist.
Aber damit allein ist es nicht getan. Wir wissen, daß vereinzelte Stäbe leicht zu zerbrechen sind. Deshalb bedarf es des Zusammenhaltes. Die Sozialausschüsse hatten sich nicht zuletzt die Aufgabe gestellt, den christlich-demokratischen Gewerkschaftern Rückhalt zu sein. Das schließt ein, daß sich diese unsere Freunde in aller Freiheit in unserer Gemeinschaft bewegen können. Daß sie – bildlich gesprochen – nicht nur im Flüsterton von ihrer christlich-demokratischen Überzeugung sprechen können. Und ihre Teilnahme an unseren Veranstaltungen darf – ebenso bildlich gesprochen – nicht rationiert werden.
Wir sind entschlossen, die Sozialausschüsse stärker noch als bisher auszubauen. Sie organisatorisch zu festigen und ihr Schulungswerk zu verbreitern. Ich appelliere an alle, die hier sind, an alle, denen unsere Tradition ein kostbares Gut ist, für die Stärkung der Sozialausschüsse einzustehen und Opfer zu bringen.
Wir beteiligen uns nicht am kalten Krieg gegen die Gewerkschaften. Wir halten die gewerkschaftliche Solidarität hoch. Aber die Vorkommnisse der letzten Zeit mahnen uns zu festerem Zusammenhalt, als das bisher der Fall war. Wenn alle Stricke reißen, werden wir zur Bildung einer Fraktion aufrufen müssen, um echte gewerkschaftliche Einheit zu erzwingen. Worauf ich übrigens schon 1951 hingewiesen habe. Zunächst warten wir, daß der Dortmunder Vorgang keine Bestätigung durch die Führung der Gewerkschaften findet.
Unsere Pflicht ist es, unsere Freunde, die hauptamtlich in den Gewerkschaften tätig sind, zu stützen. Auch, indem wir mit Sorge tragen, daß Männer aus ihren Reihen mehr als bisher in den Bundestag gewählt werden. Ich wüßte keinen Grund, warum das nicht geschehen sollte. Hauptamtliche Gewerkschaftler waren früher in allen echten demokratischen Fraktionen zu finden. Sie waren ein sozial belebendes Element in den Parlamenten. Sie könnten auch heute zur Bereicherung des parlamentarischen Lebens beitragen.

Alles in allem laßt mich noch sagen: Es wäre verhängnisvoll für unser Volk, wenn die Einheit der Gewerkschaften nur ein Versuch bliebe. Das sage ich in der Richtung an die Gewerkschaften selbst. Und ich sage es an die, denen es im Augenblick anscheinend allzu sehr um zugkräftige Wahlparolen geht. Nichts wäre verhängnisvoller, als wenn sich der Auseinanderfall unseres Volkes in zwei feindliche Hälften noch vertiefte. Ich sage das, trotzdem wir in einen Wahlkampf gehen. Denn ich bin für eine besonnene Führung dieses Wahlkampfes auf allen Seiten. Und ich bitte die Männer und Frauen der Sozialausschüsse, sich überall, wo sie wirken, für diese Besonnenheit einzusetzen.
Denken wir dabei nicht zuletzt an die 18 Millionen jenseits des Eisernen Vorhanges. Sie warten nicht auf die Leidenschaft parteipolitischer Auseinandersetzungen in der Bundesrepublik. Sie warten auf die Leidenschaft gemeinsamen Wirkens für die Wiedervereinigung mit ihnen. Um ihretwillen wie um unserer selbst willen ist es notwendig, Trennendes mehr zurückzustellen, als das bisher der Fall war.
Es gibt keine Zukunft Deutschlands ohne die 18 Millionen, deren Wiedervereinigung mit uns nicht zuletzt von unserer Initiative, von unserem Willen zur deutschen Einheit und zur deutschen Freiheit abhängen. Die deutsche Arbeiterschaft hat in dem Ringen um die innere und die äußere Einheit, um die innere und die äußere Freiheit eine entscheidende Aufgabe. Von dieser Aufgabe sollte sie sich – weiß Gott – nicht durch Bruderzwist abhalten lassen.
Ich sehe hier im Saale die Fahnen unseres gesamten Deutschlands hängen. Sie sind uns Mahnung an alle jene, die nicht hier sein können. Sie sind uns Mahnung, stets an das gemeinsame Ziel für ganz Deutschland zu denken. An Einigkeit und Recht und Freiheit.

## 75

*Das ganze Deutschland in ein geeintes Europa*
*Kundgebung des Exil-Parteitages der CDU in Bonn, 22. März 1953*

Nach fast 1½ Jahren treten wir – die Exil-CDU, die christlichen Demokraten, die im Ablauf der Bolschewisierung aus der Sowjetzone vertrieben wurden – wiederum in Bonn vor die Öffentlichkeit. Wir sind von dem Willen erfüllt, dazu beizutragen, die Aufmerksamkeit des gesamten deutschen Volkes erneut und mehr denn je auf jenes Stück Deutschland zu richten, das im Zeichen von Hammer und Sichel leben muß.
Es gibt in der Bundesrepublik – nicht zuletzt auch an den Ufern des ruhig fließenden Rheins – sicherlich immer noch Kreise, die versuchen, etwas abseits von der Politik zu leben. Um nicht zu sagen, abseits von den Kernfragen der Politik um Deutschland. Der Eiserne Vorhang, der dieses freiere Stück Deutschland von dem bedrückten Mittel- und Ostdeutschland trennt, erscheint manchem immer noch weit entfernt zu sein. Aber in diesen letzten Monaten hat der wachsende Flüchtlingsstrom aus der Sowjetzone doch wohl an jedem Gewissen gerüttelt. Es muß sich schon um sträfliche Sorglosigkeit handeln, wenn das Elend, das täglich aus der Sowjetzone auf jeden von uns zukommt, nicht als zwingender Anruf empfunden wird. Und zwar nicht nur als Anruf zu durchgreifendem praktischen Helferwillen für die Vertriebenen, sondern auch zu entschlossener politischer Anteilnahme am Geschick unseres Volkes. Denn nur die entschlossene Anteilnahme des gesamten Volkes

wird zur tragenden und treibenden Kraft für die verantwortliche Politik, den wirksamsten Weg zur Überwindung der deutschen Teilung zu suchen.
Was die Flüchtlinge angeht, so sind sie für uns im Augenblick sicherlich das bedrükkendste Problem. Und zwar nicht nur, weil uns die Frage ihrer Eingliederung in die Bundesrepublik vor schwere Sorgen stellt. 1945/46 strömten über acht Millionen heimatvertriebene Deutsche aus dem Land jenseits der Oder/Neiße nach West- und Süddeutschland. Das war in der Zeit des totalen politischen und wirtschaftlichen Zusammenbruchs, der Hungersnot und des größten Wohnungselends. Gewiß ist die Eingliederung dieser acht Millionen noch keineswegs in Vollkommenheit gelöst. Das haben nicht zuletzt die Auseinandersetzungen um das Vertriebenengesetz in den letzten Tagen bewiesen. Aber nirgends besteht Katastrophengefahr. Und niemand hat je gewagt, die selbstverständliche Aufnahme dieser Vertriebenen als »selbstmörderische Humanität« abzulehnen. Wohl aber hat das einer kürzlich den Flüchtlingen aus der Sowjetzone zu sagen gewagt.
Wir aber müßten eine Nation als selbstmörderisch bezeichnen, die nicht alles daransetzt, auch diese Vertriebenen des Bolschewismus so menschenwürdig wie nur immer möglich aufzunehmen. Und ihre Aufnahme und Einordnung nach bester Kraft zu erstreben. Wir können und wollen dem Bolschewismus nicht den Triumph einräumen, er könnte mit dem Flüchtlingsstrom, den er auslöst, die Existenz der Bundesrepublik unterwühlen. Dabei kann die freie Welt die Meisterung dieser Aufgabe nicht uns allein überlassen. Sie tut es auch nicht. Und ich möchte überzeugt sein, daß die freie Welt, die schon bereitwillig geholfen hat, künftig noch stärker als bisher helfen wird.
Größere Sorge als die Aufnahme der Flüchtlinge macht uns die Schwächung Mitteldeutschlands durch den Verlust so vieler seiner fähigen und tapferen Menschen. Die wachsende Überlassung deutschen Bodens an den Kommunismus. Die Analyse der rund 40 000 registrierten Flüchtlinge des Monats Februar ergibt, daß unter ihnen allein 2190 selbständige Landwirte, 2900 Angestellte, 1480 selbständige Gewerbetreibende und 1116 Industriearbeiter sind. Es wurden von ihnen in diesem einen Monat aufgegeben: 2190 Bauernhöfe, 1481 Geschäfte, Handwerksbetriebe und Fabriken. Die Arbeiter und Angestellten – rund 4000 Menschen – gaben ihre Wohnungen, Möbel, Wäsche, Hausrat usw. auf. Unter den 40 000 Flüchtlingen befanden sich außerdem 4635 alleinstehende Jugendliche im Alter von 16 bis 24 Jahren. Und 1885 Jugendliche als Familienmitglieder im Alter von 14 bis 25 Jahren. Diesen jungen Deutschen muß unsere Sorge und Hilfe in ganz besonderem Ausmaß gelten. Sie müssen so rasch wie möglich eine gesunde Bleibe haben. Sie müssen eine wirkliche Heimat finden. Denn auf ihnen mit ruht das künftige Deutschland. Von ihnen vor allem muß und wird Mitteldeutschland einmal wieder erneuert werden müssen.
Diese Flüchtlingsbilanz eines einzigen Monats muß erschreckend sein für jeden Deutschen. Aber auch für die gesamte freie Welt. Denn allein aus dieser Bilanz eines einzigen Monats wird wiederum klar, was der Einbruch des Kommunismus in europäisches Kerngebiet bedeutet. Dabei kann sich niemand den Gründen verschließen, die den einzelnen zur Flucht zwingen. Trotzdem geht unser Anruf immer wieder an die Bevölkerung der Zone, auszuharren, wenn immer es möglich ist. Um ihrer selbst und um der Zukunft unseres Landes willen.
Die Bevölkerung der Zone darf überzeugt sein, daß jeder verantwortliche deutsche Politiker weiß: Es gibt nur eine entscheidende Hilfe für die Zone und ihre Flücht-

linge. Das ist die Wiedervereinigung unseres Landes. Die Wiedervereinigung bleibt Vorbedingung für die Lösung der Flüchtlingsfrage. Sie bleibt Vorbedingung für die Existenz unseres Volkes überhaupt. Sie bleibt aber auch Vorbedingung für die Gesundung und Befriedung Europas. Das Flüchtlingsproblem – wie der verschärfte Druck auf die Zone überhaupt – sind dabei nur neue Beweise, wie sehr auch der Zeitfaktor bei der Politik um die Wiedervereinigung unseres Volkes eine Rolle spielt. Deshalb steht auch diese unsere Tagung unter dem Kennwort »Das ganze Deutschland in ein geeintes Europa«.

Selbstverständlich wissen wir, daß mit deklamatorischen Anrufen nichts getan ist. So wie die Dinge heute liegen, kann die Wiedervereinigung Deutschlands und die Einfügung des gesamten Deutschlands in ein geeintes Europa nur das Werk einer zielbewußten, geduldigen Politik sein. Wenngleich diese Politik – wir müssen es immer wieder sagen – im Zeichen der Dringlichkeit zu stehen hat.

Wir können dabei nicht genug bekunden: Niemals wird Deutschland den Weg der gewaltsamen Lösung gehen wollen und gehen. Nicht nur, weil wir das Verhängnis von zwei Weltkriegen kennengelernt haben. Und seine Folgen noch immer ausbaden müssen. Ein dritter Weltkrieg würde Deutschland auslöschen. Für Generationen würde das von einem modernen Krieg verwüstete Europa auf jedes zivilisierte Leben verzichten müssen. Das sind nackte Tatsachen. Wenn dieser oder jener Nachbar – ich denke dabei nicht zuletzt an Kreise in Frankreich – schon an unserem Friedensbekenntnis meint zweifeln zu sollen, so müßten ihn diese Tatsachen allein schon bekehren.

Friedenswille bedeutet allerdings für kein Volk Verzicht auf die Verteidigung. Und Friedenswille bedeutet auch nicht, sich geduldig ein Stück seines Volkes und seines Landes aus den Rippen schneiden zu lassen. Wie man es z. B. mit allen Künsten der Diplomatie an der Saar noch immer versucht. Man sollte wirklich auf den Luxus verzichten, Deutschland willkürlich schwächen zu wollen. Wie man auch endlich auf den Luxus verzichten sollte, gegenüber einem deutschen Verteidigungsbeitrag eine förmliche Echternacher Springprozession zu vollführen. D. h., man sollte darauf verzichten, immer zwei Schritte voran und einen zurückzugehen. So wie die Dinge in der Welt nun einmal liegen, braucht nicht nur Deutschland, sondern auch Europa den deutschen Verteidigungsbeitrag.

Über all dem Streben nach der Sicherheit Europas können und dürfen wir allerdings keinen Augenblick vergessen, daß zur Festigung Europas ein vereintes Deutschland gehört. Wir wünschen und wollen die deutsche Wiedervereinigung auf politischem Wege erreichen. Das bedeutet nichts anderes, als den Weg von Verhandlungen. Was verhandeln heißt, darüber ist in Deutschland schon viel Tinte verschrieben worden. Dabei verdanken wir Mißdeutungen nicht zuletzt denen, die um jeden Preis verhandeln wollen. Auch wenn sie sich um Kopf und Kragen dabei bringen. Wir verdanken sie jenen Wirklichkeitsfremden, die immer noch nicht erkannt haben, daß man mit Ulbricht, Pieck und Grotewohl keine Wiedervereinigungspolitik machen kann. Herr Ulbricht hat mit jedem Tage seiner Bolschewisierungsmaßnahmen ein größeres Interesse daran, die Wiedervereinigung zu verhindern. Denn eine Wiedervereinigung in Freiheit kostet ihm die Macht. Wer aber nach allen Säuberungsprozessen noch glaubt, ein Mann wie Grotewohl bedeute mehr als ein propagandistisches Aushängeschild für Karlshorst, dem ist nicht zu helfen. Das gilt vor allem für Elfes und Wirth, die am Freitag in der sowjetzonalen Volkskammer – die allerdings mit Volk nicht das geringste zu tun hat – ihre Reden gehalten haben. Es

ist für jeden, der sie gekannt hat, einfach erschreckend, wie sich diese Männer von Ulbricht benutzen bzw. übers Ohr hauen lassen. Für uns gilt den Vorschlägen dieser Volkskammersitzung gegenüber: Wir lassen uns mit abgedroschenen Parolen nicht übers Ohr hauen. Denn Deutschland kann es nicht um den Aberwitz von Pseudoverhandlungen mit sowjetzonalen Funktionären gehen. Worum es Deutschland einzig gehen kann, das ist die Möglichkeit, durch echte Verhandlungen die Interessen unseres Volkes – insbesondere der 18 Millionen hinter dem Eisernen Vorhang – zu wahren. Ich bin der Meinung, daß jede Politik in und um Deutschland den Willen zu echtem Verhandeln über die Lösung der deutschen Frage zum Hintergrund hat und haben muß. Sonst blieben ja nur zwei Alternativen: die Verewigung der deutschen Teilung oder die gewaltsame Lösung. Diese beiden Alternativen scheiden aber für jeden verantwortungsbewußten Politiker der freien Welt aus.
Wir haben uns hier in Bonn zum Parteitag der Exil-CDU in einem Augenblick zusammengefunden, in dem die politische Entwicklung in eine entscheidende Phase getreten ist. Nicht nur in Washington, auch in Moskau hat eine neue Regierung ihr Amt angetreten. Wir Deutschen verfolgen diese Ereignisse mit größter Aufmerksamkeit. Selbstverständlich sind wir uns bewußt, wie groß das Maß von Verantwortung für die Wiedervereinigung unseres Volkes ist, das bei uns selbst liegt. Wir sind uns aber ebenso im klaren darüber, daß es bei den vier Mächten liegt, die deutsche Einheit überhaupt zu wollen. Und ihre Verwirklichung durch praktische Politik näherzubringen. Das liegt selbstverständlich nicht nur bei Amerika, Großbritannien und Frankreich. Das liegt zuerst und vor allem bei der Sowjetunion. Die Sowjetunion hat die deutschen Gebiete östlich der Oder/Neiße, die Polen zur vorläufigen Verwaltung übergeben wurden, im Grunde zu sowjetischem Besitz gemacht. Denn nicht der Satellitenstaat Polen bestimmt über dieses deutsche Land, sondern Moskau. Die Sowjetunion hat darüber hinaus Mitteldeutschland, das ihr als Besatzungszone überlassen wurde, ebenfalls als Besitztum behandelt. Und von Grund auf im Sinne des Bolschewismus verändert. Im Verlaufe des Jahres 1952 hat die Sowjetunion zwar – angefangen mit ihrer Note vom 10. März – eine Propaganda entfaltet, die für das nach seiner Einheit verlangende deutsche Volk verwirrend wirken mußte. Ob die Diplomatie der Sowjets, die mit der Note vom 10. März begann, einen Anflug von politischer Vernunft enthielt, sei dahingestellt. Mit ihren weiteren Noten mußte sich jedenfalls der Eindruck reiner Propaganda und unbelehrbaren Willens immer mehr verstärken. Und vor allem: Es blieb ja nicht nur bei diesen nebelhaften Noten. Es folgte im Mai die Schaffung der Sperrzone mitten in Deutschland, die wiederum Tausende von Deutschen heimatlos machte. Es folgte die gesteigerte Bolschewisierung der Zone, die bis zu dieser Stunde Tag für Tag neue Flüchtlingsströme in die Bundesrepublik treibt. Und während ein so großer Teil unseres eigenen Volkes unter dem Druck des Bolschewismus leidet, stirbt auf den ostasiatischen Kriegsschauplätzen tagtäglich Jugend der freien Welt bei der Abwehr des Kommunismus. Alle diese Tatsachen kommen auf das Schuldkonto des Kommunismus. So war es klar, daß sich der Zustand zwischen der freien und der kommunistischen Welt immer mehr verhärten mußte.
Aber in den letzten Monaten und Wochen scheint die Weltpolitik wieder in Fluß gekommen. Das ist für uns wesentlich, denn ich kann nur immer wiederholen: Die Frage der deutschen Wiedervereinigung hängt von der Weltpolitik ab.
In Amerika sind mit Präsident Eisenhower und seinem Außenminister John Foster Dulles Männer an die Spitze des Landes getreten, die Europa kennen. Europa ken-

nen, heißt auch die deutsche Frage kennen. Die deutsche Frage mit allen ihren Auswirkungen für uns selbst, aber auch für die Einheit Europas. Wir wissen, wie sehr Amerika die echte Einigkeit Europas am Herzen liegt. Deshalb wird seine Regierung auch Verständnis für unseren Willen haben, Deutschland durch aktive Politik dem Tage der Wiedervereinigung näherzubringen. Außenminister Dulles und der Hohe Kommissar Conant haben dieses Verständnis in aller Form bekundet. Wir haben deshalb auch das Angebot von Präsident Eisenhower an Stalin und die erneuten Angebote an den Nachfolger Stalins zu einem Treffen auf halbem Wege mit Interesse verfolgt. Dabei haben wir volles Verständnis für den Zusatz, den er macht. Eine Zusammenkunft wird bejaht, wenn wirkliche Aussicht auf eine Lösung der jetzigen Konflikte besteht. Präsident Eisenhower hat auch hinzugefügt, was er unter einer echten Lösung der Konflikte versteht. Verträge, die geschlossen werden, müssen so sein, daß sie sich selbst verwirklichen. Ihre Erfüllung darf eben nicht mehr dem Veto Moskaus ausgesetzt sein. Und sie darf auch nicht mehr von der Interpretation des Ostens abhängen. Potsdam ist nach unserer Meinung ein sprechendes Beispiel, wie Verträge mit dem Osten nicht aussehen können. Eine amerikanische Analyse der Abmachungen von Jalta und Potsdam sagt treffend: In Wirklichkeit gab es keine Verständigung bei diesen Konferenzen. Der tragische Fehler lag darin, daß man nicht begriff, daß, wenn Stalin z. B. von freien Wahlen und demokratischen Verfahren sprach, er diesen Ausdrücken nicht nur seinen eigenen Sinn beilegte, sondern daß er nicht einmal eine Ahnung davon hatte, was diese Begriffe in der Sprache der freien Welt bedeuteten. So die amerikanische Deutung. Ich lasse dahingestellt, ob Stalin sich wirklich im unklaren darüber war, was seine westlichen Verhandlungspartner meinten. Entscheidend aber war, daß man ihm die Möglichkeit gab, seine Lesart von Demokratie und Freiheit mitten in Deutschland und Europa durchzusetzen.
Deshalb sind auch wir der Meinung, daß Verträge und Abmachungen künftig dem entsprechen müssen, was freie Völker von ihren Staatsmännern erwarten. Denn darin sehen wir eine Gewähr, daß die willkürliche Teilung von Nationen, daß die Vertreibung von Millionen und aber Millionen von Menschen in keinem Konferenzzimmer mehr gebilligt werden. Völker haben ein gesundes Empfinden für die Unrechtmäßigkeit von Zwangslösungen. Was Hitler anderen Völkern angetan hat, ist von den Anständigen unseres Volkes von Anfang an als ein Verbrechen erkannt worden. Und er ist daran zugrunde gegangen. Das gilt auch sonst in der Welt. Man kann nicht politische Entscheidungen auf die Dauer gegen das Weltgewissen durchsetzen, ohne ständig neue Unruhe zu ernten.
Deshalb gibt es auch keine politische Tat in unserer Zeit, die der Stärkung des Friedens so unmittelbar zugute kommen würde wie die Wiedervereinigung Deutschlands. Denn die Teilung Deutschlands ist nicht nur eine politische Unmöglichkeit. Sie ist auch eine moralische Unmöglichkeit.
Während die Außenpolitik der Vereinigten Staaten sich nach dem Regierungswechsel immer klarer abzeichnet, liegt undurchdringlicher Nebel über der östlichen Politik. Stalins Tod hat zu Änderungen im Kreml geführt, deren politischer Hintergrund ebenso unklar ist wie die möglichen Auswirkungen. Der neue sowjetische Regierungschef Malenkow hat die Bereitschaft seiner Regierung bekundet, eingegangene Verträge zu halten. Aber es gibt Verträge und Abmachungen über Deutschland, die von der Sowjetunion bis jetzt nicht eingehalten wurden. Das gilt für Mitteldeutschland. Und es gilt für das Gebiet jenseits der Oder/Neiße.

Der neue sowjetische Regierungschef Malenkow hat noch ein weiteres Leitmotiv seiner Politik angedeutet. Er sprach von der Möglichkeit eines friedlichen Nebeneinanders der kapitalistischen und der kommunistischen Welt. Aber es wäre keine Befriedung der Welt, wenn das sogenannte friedliche Beieinander von Kommunismus und Kapitalismus auf deutschem Boden praktiziert werden sollte. Das hieße nämlich: Kommunismus für Mittel- und Ostdeutschland. Und sogenannter Kapitalismus für West- und Süddeutschland. Eine solche Regelung wäre die Verewigung des Unfriedens. Wir wollen und müssen in einem geeinten Deutschland nach unserer Fasson selig werden. Wir wollen einen sozial wohlfundierten deutschen Staat, der unter Einschluß von Mittel- und Ostdeutschland zum sozialen Rechtsstaat der Zukunft wird. Nur so können und werden wir ein europäischer Faktor von friedenssichernder Bedeutung. Diese Friedenssicherung wird allen Völkern – im Westen wie im Osten – zugute kommen.
So wie die sowjetische Politik bis zum heutigen Tag mit Deutschland umgesprungen ist, konnten und können wir – genauso wenig wie die übrige freie Welt – tatenlos auf die sowjetische Bekehrung warten. Am letzten Donnerstag hat der Bundestag die Bonner und Pariser Verträge in dritter Lesung verabschiedet. Sie sind sicherlich keine Vollkommenheit. Wir wissen auch, daß der Schlußstrich unter die Verträge nicht am Rhein, sondern an der Seine gezogen wird. Auf jeden Fall aber bedürfen die Völker der freien Welt eines echten und ehrlichen Zusammenwirkens. Europa ist zu klein geworden, um sich noch das Widerspiel hektischer Nationalismen erlauben zu können. Gegenüber der Zerstörungskraft von Atombomben, gegenüber der Reichweite und Schnelligkeit heutiger Flugzeuge sind unsere Länder zusammengeschrumpft. Schon die Technik treibt uns zusammen. Und eine uns alle bedrohende Gefahr tut das übrige. Wir werden dieser Gefahr nur begegnen können, wenn wir uns als freie Völker in voller Gleichberechtigung zusammenschließen. Und wenn es jedem Volke der europäischen Gemeinschaft bewußt wird, daß in ein geeintes Europa ein geeintes Deutschland gehört.

## 76

*Der soziale Rechtsstaat für das ganze Deutschland*
*Bundesparteitag der CDU in Hamburg, 22. April 1953*

Dieser Bundesparteitag faßt den Willen der christlichen Demokraten für das ganze Deutschland unter dem Kennwort »Sozialer Rechtsstaat« zusammen. Schon 1946 suchten wir in der Auseinandersetzung mit den Sowjets und ihrem bolschewistischen Dogma von Berlin aus die Politik der Union im Grunde im Sinne dieses Leitmotivs zu charakterisieren. Ich sagte damals: »Wir in der Union werden es uns doppelt angelegen sein lassen, so undogmatisch wie möglich zu sein. Denn die christliche Idee in ihrer Anwendung auf das politische Leben ist von kluger und weiser Großzügigkeit. Diese Großzügigkeit gibt gesunden Spannungen und fruchtbaren Eigenheiten durchaus Raum. Nur gegen die Reaktion im Politischen und Sozialen und gegen Untreue gegenüber dem Lebensgesetz unseres Volkes wollen wir unerbittlich sein.«
Über die Notwendigkeit und Fruchtbarkeit von gesunden Spannungen hat unser Freund Ehlers am Sonntag eindrucksvoll gesprochen. Ihre Notwendigkeit ist uns unter Hitler und in der unmittelbaren Auseinandersetzung mit den Sowjets doppelt

und dreifach aufgegangen. Undogmatisch – d. h. ganz der Wirklichkeit angepaßt – sollte unsere Politik sein. Wir hatten damals – wie auch heute noch – das Verhängnis fanatischer Doktrinäre in doppelter Ausführung vor Augen. Wir standen vor den Trümmern unseres Landes, deren Urheber Rassenwahn und fanatischer Führerglaube waren. Und wir standen in ständiger Auseinandersetzung mit den Fanatikern des Bolschewismus, dessen noch verhängnisvollere Brutalität uns wachsend klar wurde. Ich wünschte, ich fände die rechten Worte, um wirklich anschaulich machen zu können, wie sehr uns damals Kraft und Fülle des christlich-demokratischen Gesetzes für das Leben des Volkes und der Völker aufgingen. Und wie sehr sein Inhalt uns Richtschnur wurde in den Auseinandersetzungen um die Lebensform unseres Volkes. Aber auch um das Recht unseres Volkes. Die Männer und Frauen dieser – ich möchte fast sagen heroischen – Zeit der christlich-demokratischen Idee aus Berlin und der Sowjetzone, die hier im Saale sind, wissen darum.

Wenn wir uns gegen die Reaktion im Politischen und Sozialen wenden, so gilt unsere Absage allen Kräften, die unser Volk auf alte überlebte Formen festlegen wollen. Für alle christlichen Demokraten stand schon in der Zeit des Widerstandes gegen Hitler fest: Es darf keine Restauration geben. So sahen es übrigens alle Männer und Frauen der Widerstandsbewegung. Auch die Konservativen unter ihnen. Auch die Soldaten, wie Beck und Stauffenberg. Im Willen zur Neugestaltung unseres staatlichen und sozialen Lebens waren sich alle einig.

Was damals galt, gilt heute noch: Auch heute gilt unsere Ablehnung jenem Liberalismus, der maß- und hemmungsloses Konkurrenzstreben auf Kosten des Schwächeren zur Weltanschauung erhebt. Jenem Liberalismus, der vor allem das 19. Jahrhundert kennzeichnete. Der soziale Verantwortung für die Habenichtse ablehnt. Übersteigerte liberalistische Wirtschaftsgesinnung, gepaart mit staats- und wirtschaftspolitischer Herrschsucht, waren es ja schließlich auch, die Hitler den Weg zur Macht ebnen halfen. Durch ihn sollte vor allem die vorwärtsstrebende Arbeiterschaft gelähmt werden. Sie sollte von der echten Mitverantwortung für Staat, Wirtschaft und Volk ferngehalten werden. Wohin dieser Weg geführt hat, wissen wir alle. Es muß achtgegeben werden, daß einer solchen Gefahr nicht auch heute wieder Türen geöffnet werden. Deshalb verfolgen wir auch gewisse Erscheinungen und Auseinandersetzungen in dieser und jener Partei mit besorgter Aufmerksamkeit. Männer und Frauen verantwortungsbewußter liberaler Gesinnung hätten sich im übrigen manche Sorge ersparen können, wenn sie gleich Quartier bei den christlichen Demokraten bezogen hätten. Wie das viele ja auch getan haben. Was echt und unentbehrlich am liberalen Denken ist, hat bei den christlichen Demokraten eine Heimat. Denn persönliche Freiheit, Toleranz und freie Initiative sind uns heute kostbarer denn je geworden. Wir haben schmerzlich genug gelernt, was ihr Verlust bedeutet.

Die Ablehnung jeder Reaktion gilt selbstverständlich vor allem dem orthodoxen Marxismus. Denn er ist die schlimmste Reaktion. Unsere Ablehnung gilt aber auch gegenüber allem, was an überlebten marxistischen Beständen sonst noch lebendig ist. Deutsches Land und Volk hat man in die Hände des Bolschewismus, des Kollektivismus in Reinkultur fallen lassen. Das Schicksal dieser unserer Menschen, dieses unseres Landes ist so grauenhaft, daß wir verpflichtet und entschlossen sind, jede Erscheinung, jeden Weg zu bekämpfen, der zum Kollektivismus führen könnte. Oder der ihm sein Werk hinter dem Eisernen Vorhang auch nur irgendwie erleichtern könnte.

Im Gegensatz zur Sozialdemokratie ist die Gemeinschaft der christlichen Demokraten nicht aus der Dissonanz des Klassenkampfes entstanden. Sie ist entstanden aus der Erkenntnis der Gemeinsamkeit der Konfessionen und der Gemeinsamkeit aller Schichten. Sie ist entstanden aus der Erkenntnis der gemeinsamen Verantwortung, die allen Ständen – Bürgern, Bauern und Arbeitern – für Volk und Staat aufgegeben ist.

Die Betonung der Gemeinsamkeit aller Schichten gehört als stärkster charakteristischer Zug zur Gemeinschaft der christlichen Demokraten. Stets war auch die Arbeitnehmerschaft Mitträger und Mitgestalter der christlich-demokratischen Bewegung. Wenn die Partei in ihrer heutigen Form auch jung ist, so schaut sie doch auf eine lange soziale Tradition zurück. Christlich-soziale Persönlichkeiten beider Konfessionen standen als Kämpfer gegen die Auswüchse eines liberalistisch-kapitalistischen Zeitalters auf. Sie waren Anreger und Wegbereiter einer christlich-demokratischen Arbeiterbewegung. Diese Tradition sicherte den christlichen Demokraten von Anfang an einen starken Anhang in der Arbeitnehmerschaft. Das gibt unserer Gemeinschaft ihr eigenes politisches und soziales Gewicht. Das macht sie zur echten Volkspartei. Das macht sie zum lebensnotwendigen Element der wiedererstandenen deutschen Demokratie. Insbesondere in einer Zeit, in der die Klassenkampfideologie sich in einem Teile unseres Landes austobt. Ich kann nur wünschen, daß es uns gelingt, noch eine weit breitere Schicht der Arbeitnehmerschaft für die christlichen Demokraten zu gewinnen. Um so leichter würde der Ausgleich in unserem Volke geschaffen.

Aus der sozialen Tradition der christlichen Demokraten ist das Bild dessen gewachsen, was wir den Willen zum sozialen Rechtsstaat nennen. Den Willen zum sozialen Rechtsstaat, der den liberalistischen Rechtsstaat des 19. Jahrhunderts abzulösen berufen ist.

Der Weg vom liberalistischen zum sozialen Rechtsstaat entspringt einer unausweichlichen Notwendigkeit. Die vergangenen Jahrzehnte haben bewiesen, daß da, wo schroffe Klassengegensätze, wo verbreitete Armut herrscht, das Bewußtsein von Recht und Rechtsstaatlichkeit schwindet. Armut, Verelendung, soziale Unsicherheit drücken ein Volk zur Masse herunter. Sie machen es reif für Diktaturen und totalitäre Systeme. Wollen wir einen wohlfundierten Rechtsstaat, so müssen wir eine wohlfundierte soziale Ordnung wollen. Ihr Wesenszug besteht darin, daß neben das Recht der persönlichen Freiheit die soziale Sicherheit gestellt wird. Der soziale Rechtsstaat wird damit der überzeitlichen christlichen Auffassung von der Doppelnatur des Menschen gerecht. Als Einzelpersönlichkeit und als ein der Gemeinschaft verpflichtetes Wesen ist der Mensch ins Leben gestellt. Deshalb unser Bekenntnis zur Persönlichkeit und zur Möglichkeit ihrer Auswirkung in Familie, Wirtschaft und Staat. Deshalb unser Bekenntnis zum Privateigentum. Deshalb die Pflege der natürlichen Gemeinschaften. Der Familie vor allem. Deshalb aber auch das Bekenntnis zu Mitbestimmung und Miteigentum der Arbeitnehmerschaft. Deshalb auch das Bestreben, die sozialen Schichten und Verbände durch positive Aufgaben in Staat und Gesellschaft dem Volksganzen organisch zu verbinden. Deshalb heute auch die zwingende Verpflichtung, Heimatvertriebene und politische Flüchtlinge vollberechtigt in unsere Gemeinschaft aufzunehmen.

Alle diese Grundsatzverpflichtungen eines sozialen Rechtsstaates hat diese unsere Tagung herausgearbeitet. Daß dabei die praktischen Anwendungen in der Zusammenarbeit aller Schichten – ja sogar in Auseinandersetzungen und Spannungen zwi-

schen den einzelnen Schichten und Ständen – gefunden werden müssen, ist selbstverständlich. Sie sind der lebendige Wesensausdruck einer echten Volkspartei und einer echten Demokratie.
Es erscheint uns als unausweichliche Notwendigkeit, den sozialen Rechtsstaat im Rahmen der Bundesrepublik so vollkommen wie möglich zu verwirklichen. Aber nicht nur um der 50 Millionen Deutschen willen, die sie beherbergt, sondern vor allem auch um der 18 Millionen willen hinter dem Eisernen Vorhang. Ihre seelische, geistige und materielle Existenz droht im Bolschewismus erstickt zu werden. Ich weiß um ihre Not. Und ich weiß, daß sie wie Ertrinkende ihre Hoffnung und Erwartung auf die Bundesrepublik richten. Das Zeugnis von Tausenden und aber Tausenden bekundet, wie sehr sich ihre Hoffnung insbesondere auf den Wirklichkeitssinn, auf das politische und soziale Verantwortungsbewußtsein der christlichen Demokraten richtet. Sie wollen und können nicht das ständige »Nein« in der Politik um unser Volk hören. Sie wollen das verantwortungsbewußte »Ja« zur politischen und sozialen Tat. Und ohne Überheblichkeit dürfen wir es sagen: Das Vertrauen der 18 Millionen in Mitteldeutschland haben wir uns erarbeitet. Erarbeitet durch das Werk, das wir in den letzten vier Jahren getan haben. Nicht nur wirtschaftlich und politisch, sondern auch sozial. Das unterdrückte Mitteldeutschland ist ebenso wie wir von der Mission der Bundesrepublik erfüllt. Mission ist gewiß ein großes Wort. Aber die Bundesrepublik hat nun einmal eine Mission. Sie hat eine einzige umfassende Aufgabe: Sie hat den gesamtdeutschen Staat so vorzubilden, daß er in seiner politischen Form und in seinem sozialen Inhalt die Verwirklichung eines gesunden Gesamtdeutschland ermöglicht. Diese Verwirklichung wird nicht leicht sein. Sie fordert gewiß Opfer von allen jenen, die sich hier in der Bundesrepublik geborgen wissen. Aber was wäre ein Volk wert, das nicht zu sozialen und materiellen Opfern bereit wäre, um 18 Millionen Menschen – Menschen unseres eigenen Geistes und Blutes – für ein Leben in Freiheit und Würde zurückzugewinnen! Darüber hinaus ist klar: Ein mit den Mitteln der Politik wiedervereinigtes freies Deutschland wird auch die Hilfe der Welt finden. Denn der teuerste Friede ist noch immer billiger als der kalte Krieg. Vom heißen Krieg ganz zu schweigen.
Je mehr sich der soziale Rechtsstaat auf dem Boden der Bundesrepublik stabilisiert, um so erfolgreicher wird unsere Wiedervereinigungspolitik sein. Durch die Blindheit und Hartnäckigkeit des sowjetischen Bolschewisierungswillens ist der Eiserne Vorhang, der unser Land teilt, immer dichter geworden. Nun ist durch den Tod Stalins das in der Geschichte immer wieder auftauchende Element der Überraschung gekommen. Ob die Veränderungen, die damit eingetreten sind, zu grundlegenden Wandlungen führen werden, vermag im Augenblick noch niemand zu sagen. Sicher ist jedenfalls, daß das neue System im Kreml sich müht, durch bestimmte friedfertige Gesten Eindruck zu machen. Aber uns Deutschen sagen Gesten wenig, solange ein Teil unseres Landes dem kommunistischen Joch unterworfen bleibt. Solange Hunderttausende von Kriegsgefangenen und Zivilinternierten festgehalten werden. Solange Tausende in den Zuchthäusern schmachten. Und täglich weitere Unschuldige zu Zuchthausstrafen und sogar zum Tode verurteilt werden. Mit einem Wort: Solange die Ulbrichte und die Grotewohle noch als Fronvögte in Mitteldeutschland amtieren dürfen.
In dem Rätselraten um die weltpolitische Situation hat Präsident Eisenhower initiativ eingegriffen. Seine umfassenden Vorschläge stellen für jeden, der verhandeln will, eine Verhandlungsgrundlage dar. Da wir um die Furchtbarkeit des Krieges

wissen, erscheint es uns selbstverständlich, daß an der Spitze aller Bemühungen um den Ausgleich zwischen West und Ost die Beendigung des Krieges auf den asiatischen Kriegsschauplätzen – insbesondere in Korea – steht. Niemand aber wird es uns verargen, wenn wir als Deutsche und Europäer die deutsche Frage im Mittelpunkt aller politischen Probleme sehen. Es wäre Untreue gegenüber unserem Volk, gegenüber den 18 Millionen in der Sowjetzone, würden wir das verschweigen. Und übrigens: Europa wird auch erst dann wirklich gesichert sein, wenn Deutschland wieder vereinigt ist. Der Präsident der Vereinigten Staaten hat in umfassender Konzeption von der Einbeziehung Osteuropas gesprochen. Darin liegt Ermutigung und Hoffnung, auch unser Land jenseits der Oder/Neiße wieder mit uns vereinigt zu sehen. Unserer Wiedervereinigungspolitik sind ja zwei Ziele aufgegeben: erstens die Wiedervereinigung aller Deutschen in einem freien demokratischen Staat. Ohne Angliederung irgendeines Volksteiles. Zweitens die Ermöglichung der friedlichen Rückkehr unserer Heimatvertriebenen in eine freie Heimat jenseits der Oder und Neiße.
Wichtig für unsere Politik der Wiedervereinigung ist das Vertrauen der Welt zu Deutschland. Es besteht kein Zweifel, daß dieses Vertrauen im Wachsen begriffen ist. Das verdanken wir nicht zuletzt der Persönlichkeit von Konrad Adenauer. Und wir können nur hoffen und wünschen, daß alle verantwortlichen Kräfte in unserem Volk dieses Kapital an erreichtem Vertrauen nicht nur zu werten, sondern auch zu nützen wissen. Zu nützen für die Wiedervereinigung unseres Volkes. Die Welt muß erkennen: Das ganze deutsche Volk, alle verantwortlichen politischen Kräfte stehen hinter dem Willen zur Wiedervereinigung. Sie muß erkennen: Die deutsche Wiedervereinigung bedeutet keine Gefahr, sondern Gefahr liegt nur in einem geteilten Deutschland. Es gäbe kein größeres Unglück für Sicherheit und Frieden, als wenn die Demarkationslinie zwischen dem östlichen und dem westlichen System noch lange mitten durch Deutschland verlaufen würde. Das müssen wir der Welt täglich neu zum Bewußtsein bringen.
Deutschland kann um seiner selbst und um Europa willen nicht das Experiment des sogenannten friedlichen Nebeneinanders von Kommunismus und sozialem Rechtsstaat auf seinem Boden sehen, sondern wir wollen nichts anderes, als daß der soziale Rechtsstaat der Staat aller Deutschen wird. Diesseits und jenseits des Eisernen Vorhanges.

## 77

*Landesparteitag der CDU in Mainz*
*17. Mai 1953*

Diese Tagung der christlichen Demokraten von Rheinland-Pfalz fällt in einen entscheidenden Abschnitt der Weltpolitik. Wir Deutschen geben uns sicherlich nicht der Illusion hin, daß die deutsche Frage einer schnellen Lösung entgegengeführt würde. Denn niemand kann bis heute sagen, ob es der Sowjetunion mit der Lockerung ihrer Haltung Ernst ist. Eine neue Haltung der Sowjets aber ist Voraussetzung, wenn in der Weltlage überhaupt ein Fortschritt erzielt werden soll. Dazu kommt, daß für die Weltmächte für den Fall ernsthafter Verhandlungen die deutsche Frage durchaus nicht an erster Stelle auf der Tagesordnung steht, sondern der Ferne Osten. Das ist insofern verständlich, als dort heißer Krieg im Gange ist. Die deutsche Frage aber erscheint als heißes Eisen. Sie ist – wie neulich eine englische Zeitung schrieb – »die dornigste Frage«. Auch dafür bringen wir – nach allem, was geschehen ist – Verständnis auf. Im übrigen mehren sich aber auch die Stimmen in der Welt, daß die deutsche Frage nicht nur die »dornigste«, sondern daß sie die wichtigste für das Schicksal Europas ist. Wenn diese Erkenntnis gewachsen ist, so darf die Bundesregierung sicherlich ein gut Teil des Verdienstes dafür auf ihr Konto buchen. Denn vor allem die christlichen Demokraten haben der Welt immer wieder die Notwendigkeit der deutschen Wiedervereinigung vor Augen geführt.

Wir haben die unbeirrbare Überzeugung, daß die deutsche Frage im positiven Sinne für die Wiedervereinigung unseres Landes angepackt und gelöst werden muß. Denn es gibt bei einem geteilten Deutschland nun einmal keine Befriedung und keine Sicherung Europas. Es bleibt unsere Aufgabe, das der Welt immer wieder klarzumachen.

Ich stelle das mit Bewußtheit an den Anfang meiner Ausführungen. Denn alles, was wir an politischer Arbeit leisten – sei es programmatisch oder praktisch –, kann nur geleistet werden unter dem Gesetz, unter dem wir seit der Teilung Deutschlands nun einmal stehen. Dieses Gesetz lautet: Wir haben wieder ein geeintes und freies Deutschland zu schaffen. Sonst verbliebe für Europa eine offene Wunde, die keine Genesung zuließe. Man kann sich über die Wege, die zu diesem unverrückbaren Ziele führen, auseinandersetzen. Aber über das Ziel selbst kann es im deutschen Volk keine Meinungsverschiedenheit geben.

In der Erkenntnis, daß die Wiedervereinigung unseres Landes nur über den Weg der Bundesrepublik zu erreichen sei, ist die Bundesrepublik geschaffen worden. Und in der Erkenntnis, welche Aufgabe die Bundesrepublik für die Zukunft eines Gesamtdeutschland hat, haben die christlichen Demokraten 1949 die Hauptverantwortung für die Politik um Deutschland übernommen.

Ich will dabei nicht verschweigen, daß für mich wie für manchen meiner Freunde aus Berlin und der Sowjetzone dieser Umweg über die Bundesrepublik nicht leicht war. Sie wissen ja heute alle, wie groß der Elan des politischen Zusammenschlusses der Männer und Frauen beider Konfessionen gerade in Berlin und in der Sowjetzone war. Der Impuls war stärker noch als im westlichen und südlichen Deutschland. Denn die Not – die materielle und die politische Not – war größer. Sie wissen, wie sehr wir uns aus diesem Impuls heraus gemüht haben, die Zerreißung Deutschlands zu verhindern. Ich kann nur sagen: Es war ein aufrechter und ein ehrenvoller Kampf, den die christlichen Demokraten gegen die Bolschewisierung der Sowjetzone gekämpft haben. Ich möchte wünschen, daß alle politischen Gruppen auch nur annähernd das gleiche Bewußtsein haben können. Aber wir haben erkennen müssen: Die Zerreißung Deutschlands durch die Bolschewisierung der Sowjetzone lag im sowjetischen Plan. Deshalb mußte der Weg über die Bundesrepublik gegangen werden.

Bei der Bundestagswahl, die spätestens Anfang September stattfindet, wird nun das Volk sein Urteil zu fällen haben über vier Jahre Bundespolitik. Es wird nicht zuletzt sein Urteil zu fällen haben über den Hauptträger der Verantwortung in diesen Jahren. Über die christlichen Demokraten. Könnten die 20 Millionen hinter dem Eisernen Vorhang mitentscheiden, dann wüßte ich schon heute, wie dieses Urteil ausfiele. Das Zeugnis von Tausenden und aber Tausenden aus der Sowjetzone bekundet, wie sehr sich ihre Hoffnung auf den Wirklichkeitssinn, auf das politische und soziale Verantwortungsbewußtsein der christlichen Demokraten richtet.

Diese 20 Millionen wollen das verantwortungsbewußte »Ja« zur politischen und sozialen Tat. Wie es die christlichen Demokraten gesprochen haben. Sie wollen und können nicht das ständige »Nein« in der Politik um unser Volk hören. Sie wußten und wissen, daß der politische Weg eines Volkes nach dem Zusammenbruch unter einem Besatzungsregime kein leichter Weg ist. Denn auch das Besatzungsregime, das freie Völker errichten, bettet ein besiegtes Volk nicht auf Rosen. Ich glaube, davon kann gerade auch Rheinland-Pfalz ein Lied singen. Trotzdem – wir dürfen es ohne Überheblichkeit sagen: Wir haben uns das Vertrauen nicht nur der Bundesrepublik, sondern auch der 20 Millionen hinter dem Eisernen Vorhang erarbeitet. Erarbeitet durch das Werk, das in den letzten vier Jahren getan wurde. Dieses Werk hat im übrigen zugleich dazu beigetragen, Deutschland wieder die Achtung der Welt zu erwerben.
Das gilt nicht zuletzt auch auf wirtschaftlichem und sozialem Gebiet. Wir waren uns stets bewußt, daß neben einer kühnen und undogmatischen Wirtschaftspolitik – und die Erhardsche Wirtschaftspolitik war meist eine solche – eine ebenso kühne und undogmatische Sozialpolitik vonnöten ist. Die hinter uns liegenden vier Jahre haben bewiesen, daß wir dazu fähig waren. Und wir rechnen das nicht zuletzt uns – den christlichen Demokraten – zum Verdienst an. Denn wir schöpften aus dem sozialen Ideengut einer reichen christlich-sozialen Tradition. Das dürfen wir hier in Mainz – in der Stadt des großen sozialen Pioniers und deutschen Patrioten Wilhelm Emanuel Freiherrn von Ketteler – mit besonderem Stolz sagen.
Vergegenwärtigen wir uns zur Beurteilung der letzten vier Jahre zunächst folgende Tatsachen des wirtschaftlichen Wiederaufstiegs. Es handelt sich – wohlgemerkt – um den Wiederaufstieg in dem schmalen Wirtschaftsraum der Bundesrepublik, der vor wenigen Jahren noch von allen Hilfsmitteln entblößt, trümmerübersät, demontiert und mit Millionenscharen völlig mittelloser Heimatvertriebener überfüllt war.
Um die Jahreswende zählten wir 15 Millionen Beschäftigte. Eine Ziffer, die im gleichen Raum bei uns noch niemals erreicht worden ist. Selbst nicht während der Rüstungskonjunktur des Dritten Reiches. Heute aber produziert Deutschland Friedensgüter.
Weiter: Wir besitzen heute trotz Niederlage, Zerstörung, Kapitalverlust, Schuldenlast und sozialer Kriegsfolgen-Erbschaft eine der festesten Währungen der Welt. Es lohnt sich wieder, in Deutschland zu arbeiten und für die Zukunft zu wirken. Das ist nicht zuletzt das Verdienst von Fritz Schäffer. Sie wissen alle, wie zäh und beharrlich er die Mark verteidigt und geschützt hat.
Und weiter: Wir bilden wieder Kapital. So verzeichnen unsere Lebensversicherungsanstalten in vier Jahren – von 1948 bis 1952 – ein neues Prämienaufkommen von 2,7 Milliarden Mark. Und dies trotz zweimaligem Wert- und Vermögensverfall gerade der Lebensversicherungen. Es muß sich immerhin schon wieder allerhand Vertrauenskapital nach diesen vier Jahren in den Menschen unseres Landes angesammelt haben, wenn sie trotz zweimaliger Inflationserfahrung ihr Geld wiederum einer sich langfristig aufstockenden, freien Altersversorgung anvertrauen.
Einen vergleichbaren Vorgang sehen wir beim Anstieg der Sparrate. Allein in den ersten sechs Monaten des letzten Jahres betrug der Einzahlungsüberschuß bei den Sparkassen 742 Millionen. Wenn wir die übrigen Kreditinstitute hinzunehmen, kommen wir auf eine Milliarde. Insgesamt hatten wir bis Mitte vorigen Jahres ein neues Sparkapital von sechs Milliarden. Dabei handelt es sich erwiesenermaßen in erster Linie nicht um Großspareinlagen, sondern den größten Teil dieser Summe

steuerten die kleinen Sparer bei. Und die Termineinlagen der Wirtschaft beliefen sich zur gleichen Zeit auf 2½ Milliarden.
Weiter: Die Ausfuhr des Bundesgebietes einschließlich Westberlins betrug 1936 insgesamt 3,4 Milliarden. Ich muß hier erläuternd einfügen, daß alle Vergleichszahlen aus früheren Jahren aus dem Raum des heutigen Bundesgebietes errechnet sind. Die Ausfuhr stieg im Jahr 1951 auf nicht weniger als 14,5 Milliarden. Und erreichte 1952 fast 18 Milliarden. Der Export hat sich gegenüber 1949 mehr als vervierfacht. Dabei ist auch die frühere gesunde Zusammensetzung unseres Exportes weitgehend wieder erreicht worden. Wir sind ja ein Verarbeitungsland. In den ersten Jahren nach der Katastrophe überwog der Zwangsexport von Kohle und anderen Rohstoffen sowie Halbfertigwaren. Heute nimmt die Fertigwarenausfuhr wieder den ersten Platz ein.
Dieser Ausfuhrerfolg hat eine finanzielle Seite, um die uns nicht wenige Staaten beneiden. Wir erreichten trotz des hohen Einfuhrbedarfs für unser Land eine aktive Zahlungs- und Handelsbilanz. Die Handelsbilanz, die 1949 und 1950 noch mit einem Einfuhrüberschuß von über drei Milliarden abschloß, war 1951 erstmalig ausgeglichen. Sie weist seitdem einen steigenden Ausfuhrüberschuß auf. Dieser Überschuß betrug allein im Monat März nicht weniger als 200 Millionen.
Im Bau-Hauptgewerbe wurden 1951 insgesamt 1 286 000 000 Arbeitsstunden geleistet und 422 000 Wohnungen erstellt. 267 000 neue Personenkraftwagen und 92 000 neue Last- und Lieferautos verließen im Jahre 1951 unsere Fabriken. 256 000 Trecker und Zugmaschinen fuhren am 1. Juli vorigen Jahres auf unseren Äckern und Straßen. – Am 1. Juli 1938 waren es erst 30 000.
Selbst in der Montanindustrie, die besonders schweren Kriegsschäden ausgesetzt war und anschließend noch einer unsinnigen Demontage verfiel, konnten wir die großen Anlagenverluste so weit aufholen, so daß wir heute wieder den Vorkriegsstand unserer Zechen und Gruben, unserer Betriebsanlagen erreicht haben. Die westdeutsche Braunkohlenförderung stieg von 56 Millionen t im Jahre 1936 auf 83 Millionen t im Jahre 1951.
Alles in allem hat sich die industrielle und gewerbliche Produktion in der Bundesrepublik von einem beispiellosen Tiefstand zu einer beachtlichen und in manchen Wirtschaftsgruppen zuvor nie erreichten Höhe erhoben. Im internationalen Vergleich der vier letzten Jahre hat Deutschland den größten Anstieg der Industrieproduktion zu verzeichnen. Und zwar nicht nur gegenüber allen europäischen Ländern, sondern auch gegenüber Kanada, Japan und Indien. Ja sogar gegenüber den Vereinigten Staaten.
Uns, den christlichen Demokraten, braucht man nicht zu sagen, daß dieser Wirtschaftsaufstieg sinnlos wäre, wenn er nicht dem ganzen Volk zugute käme. Nicht zuletzt auch der Arbeiterschaft. Wir haben nie verschwiegen, daß die Arbeiterschaft ein Jahrhundert lang das Stiefkind des Volkes war. Ebenso klar und wahr ist aber, daß sie es heute nicht mehr ist. Dank einer kraftvollen Arbeiterbewegung konnte sie den Weg aus den Kellerräumen der Gesellschaft nach oben antreten. Heute ist die Arbeiterschaft nicht mehr der letzte Stand im Volk. Ihr Einkommen ist gegenüber früher um ein Erhebliches gestiegen. Das mußte sein. Denn nur so konnte und kann es möglich werden, daß der Nation aus der jungen, unverbrauchten Schicht der Arbeiterschaft neue Kräfte zuwachsen. Das wird um so mehr der Fall sein können, je entschlossener die Arbeiterschaft einen von allen Radikalismen freien Weg geht.

Es gibt heute andere Schichten, die im dunkeln stehen. Neue verarmte Schichten fristen ein dürftiges Leben. Sozialrentner, Arbeitsunfähige, Kriegsbeschädigte, Kriegerwitwen und nicht zuletzt Millionen von Heimatvertriebenen und politischen Flüchtlingen sind an die Stelle der Arbeiterschaft getreten, die vor hundert Jahren restlos auf der Schattenseite zu leben hatte. Ihnen hat sich die Hilfe der Nation zunächst und am kräftigsten zuzuwenden. Nicht zuletzt auch um dieser neuen Armutsschicht willen ist es nötig, unserer Ordnung einen echten sozialen Inhalt zu geben. Nicht durch überlebte, hohl klingende Klassenkampfparolen, sondern durch die praktische Tat.
Was diese praktische soziale und sozialpolitische Tat angeht, so brauchen sich die christlich-demokratischen Politiker des Werkes, das in dieser fast vierjährigen Verantwortung getan wurde, wahrhaftig nicht zu schämen. Das trostlose Erbe, das uns Hitler hinterlassen hatte, zwang uns zunächst erst einmal, den Bestand unseres Volkes zu retten. In der kurzen Periode der Verantwortlichkeit der Bundesrepublik hatte unsere Sozialpolitik Millionen von Kriegsopfern, Millionen von Heimatvertriebenen und politischen Flüchtlingen und Millionen von Sachgeschädigten auf verengtem Raum Notexistenz und Notheimat zu schaffen. Das konnte sicherlich noch nicht voll und ganz gelingen. Wir dürfen aber immerhin sagen, daß die größte Not für viele gebannt ist. Allerdings hat der Flüchtlingsstrom aus der Sowjetzone die Bundesrepublik und die Länder erneut vor drängende Aufgaben gestellt. Auch sie müssen gelöst werden. Nicht dadurch, daß ein Teil von ihnen auf die Möglichkeit der Auswanderung verwiesen wird, sondern es gehört zur Verpflichtung höchster Solidarität unseres geteilten Landes, daß wir das körperliche und geistige Gut unseres Volkes zu erhalten suchen, bis sich der Raum unseres Landes wieder weitet.
Im übrigen ist die soziale Gesetzgebung der Bundesrepublik weit über den Rahmen der Sozialpolitik im überlieferten Sinne hinausgegangen. Denken wir nur an die Leistungen auf dem Gebiet des sozialen Wohnungsbaues und an das bedeutsamste soziale Gesetzgebungswerk unsers jungen Staates: den Lastenausgleich.
Natürlich haben wir stets darauf geachtet, daß unser sozialpolitisches Werk auf soliden wirtschaftlichen Fundamenten steht. Schließlich dürfen wir ja mit unserer mühsam aufgebauten Existenz nicht experimentieren. Echter Reallohn, stete Mehrung des Sozialproduktes, Sicherung der Ersparnisse sind uns mehr wert als theoretische Sozialpläne.
Wir folgen in dieser Haltung dem Grundsatz, der die Haltung der christlichen Demokraten seit ihrem Bestehen bestimmt. Undogmatisch – d. h. ganz der Wirklichkeit angepaßt – hat die Politik einer Partei zu sein, die sich am Wirklichkeitssinn des Christentums orientiert. Beim Entstehen unserer Parteigemeinschaft hatten wir ja das Verhängnis fanatischer Doktrinäre in doppelter Ausführung vor Augen. Wir standen vor den Trümmern unseres Landes, deren Urheber Rassenwahn und fanatischer Führerglaube waren. Und wir stehen heute noch in ständiger Auseinandersetzung mit den Fanatikern des Bolschewismus, unter dessen noch verhängnisvollerer Brutalität 20 Millionen unseres Volkes leiden.
Im Gegensatz zur Sozialdemokratie ist die Gemeinschaft der christlichen Demokraten nicht aus der Diskrepanz des Klassenkampfes entstanden. Diese und jene Zeitung wußte über das Meer von roten Fahnen zu berichten, deren Einmarsch den Wahlkongreß der Sozialdemokratischen Partei am letzten Sonntag in Frankfurt einleitete. Das hat manchen von uns bedenklich gemacht. Das Deutschlandlied

lehnt man ab, weil es durch die Nationalsozialisten diskreditiert worden sei. Tut man das, so müßte man auch »rot« ablehnen, denn es ist durch den Bolschewismus diskreditiert. Wir gehören zwar nicht zu denen, die »rotsehen«, wenn sie Rot sehen. Immerhin sehen aber wir, die christlichen Demokraten, Rot nicht gern, weil es für viele nun einmal das Symbol des Klassenkampfes ist. Wir dagegen legen immer wieder Wert darauf, daß unsere Gemeinschaft entstanden ist aus der Gemeinsamkeit der Konfessionen und der Gemeinsamkeit aller Schichten. Sie ist entstanden aus der Erkenntnis der gemeinsamen Verantwortung, die allen Ständen – Bürgern, Bauern und Arbeitern – für Volk und Staat aufgegeben ist. Wir wissen, daß vor allem in einem schwergeprüften Volk alle Schichten Lasten zu tragen haben. Die Bürger, der Mittelstand, die Bauern und die Arbeitnehmer. Und ich muß hier im Lande der Winzer wohl hinufügen: nicht zuletzt auch die Winzer. Die Gesundung des Volkes erwächst nicht aus dem Kampf aller Schichten gegeneinander, sondern aus ihrem Mit- und Füreinander. Denn alle haben ihre lebenswichtige Aufgabe für das Volk. Nicht zuletzt auch das Bauerntum. Wir wollen uns klar darüber sein: Wir alle müßten hungern ohne den Fleiß des deutschen Bauern. Denn als übervölkertes Land benötigen wir eine gesunde Landwirtschaft als Grundlage unserer Volksernährung. Und wir benötigen den freien deutschen Bauern heute mehr denn je. Denn jenseits des Eisernen Vorhanges ist ein grausamer Vernichtungskampf gegen deutsches Bauerntum im Gange. Und damit gegen die Grundlage unseres Volkes überhaupt. Wir, die christlichen Demokraten, wollen aber den deutschen Bauern nicht nur rühmen. Wir wollen ihm helfen. Was für den deutschen Bauern gilt, gilt hier im Lande des Weines auch für den deutschen Winzer. Wir wissen um seine Sorge. Und wir wissen, daß ihm viel energischer geholfen werden muß als bisher. Der Deutsche kann ja schließlich auch nicht immer nur arbeiten. Er bedarf wenigstens ab und zu einmal eines Trostes, wie uns nur der Wein der Pfalz, der Mosel und des Rheines und schließlich auch noch der Nahe und der Ahr bieten kann. Was mich persönlich angeht – und gewiß auch den Peter Altmeier und den Alois Zimmer und viele andere –, so finden wir besonders Trost im Wein von der Saar.
Was im übrigen den Mittelstand angeht, so sind wir uns klar, daß die Klein- und Mittelbetriebe gebührend gestützt werden müssen. Das betrifft besonders die Kreditversorgung, die Erleichterung der Wettbewerbskraft, die Anpassung der steuerlichen und sozialpolitischen Belastung an die Lebensfähigkeit der kleineren Betriebe. Es betrifft die Förderung der familienwirtschaftlichen Kleinunternehmungen. Und endlich auch besondere soziale Probleme, wie z. B. die Frage nach einer vernünftigen Reform der notleidend gewordenen Altersversorgung der Handwerkerschaft. Es gilt also, auch für den Mittelstand noch manches zu tun.
Die Betonung der Gemeinsamkeit aller Schichten gehört als stärkster charakteristischer Zug zur Gemeinsamkeit der christlichen Demokraten. Und – ich sage es mit besonderem Stolz: Stets war auch die Arbeitnehmerschaft Mitträger und Mitgestalter der christlich-demokratischen Bewegung. Wenn die Partei in ihrer heutigen Form auch jung ist, so schaut sie doch auf eine lange soziale Tradition zurück. Christlich-soziale Persönlichkeiten beider Konfessionen standen als Kämpfer gegen die Auswüchse eines liberalistisch-kapitalistischen Zeitalters auf. Sie waren Anreger und Wegbereiter einer christlich-demokratischen Arbeiterbewegung. Ich erinnere hier auf Mainzer Boden auch in diesem Zusammenhang noch einmal an die Bedeutung der Persönlichkeit Wilhelm Emanuel von Kettelers. Diese Tradition sicherte den christlichen Demokraten von Anfang an einen starken Anhang in der

Arbeitnehmerschaft. Das gibt unserer Gemeinschaft neben den anderen Parteien ihr eigenes politisches und soziales Gewicht. Das macht sie zur echten Volkspartei. Das macht sie im Spiel der politischen Kräfte zum lebensnotwendigen Element der wiedererstandenen deutschen Demokratie. Insbesondere in einer Zeit, in der sich die Klassenkampfideologie in einem Teile unseres Landes austobt. Ich kann nur wünschen, daß es uns gelingt, noch eine weit breitere Schicht der Arbeitnehmerschaft für die christlichen Demokraten zu gewinnen. Ich wünsche das um so mehr, als ich weiß, wie sehr auch weite Kreise der Arbeiterschaft auf Ausgleich in unserem Volk bedacht sind.

Aus der sozialen Tradition der christlichen Demokraten ist das Bild dessen gewachsen, was wir den Willen zum sozialen Rechtsstaat nennen. Den Willen zum sozialen Rechtsstaat, der den liberalistischen Rechtsstaat des 19. Jahrhunderts abzulösen berufen ist.

Der Weg vom liberalistischen zum sozialen Rechtsstaat entspringt einer unausweichlichen Notwendigkeit. Die vergangenen Jahrzehnte haben bewiesen, daß da, wo schroffe Klassengegensätze, wo verbreitete Armut herrscht, das Bewußtsein von Recht und Rechtsstaatlichkeit schwindet. Armut, Verelendung, soziale Unsicherheit drücken ein Volk zur Masse herunter. Sie machen es reif für Diktaturen und totalitäre Systeme. Wollen wir einen wohlfundierten Rechtsstaat, so müssen wir eine wohlfundierte Ordnung wollen. Wir bekennen uns zu einer Politik, die Persönlichkeit und Persönlichkeitswerte wieder zur Geltung bringt. Mit anderen Worten: Wir erkennen als Aufgabe unserer Zeit die Verbindung von persönlicher Freiheit mit sozialer Sicherheit. Der soziale Rechtsstaat kann nur auf der Pflege der Persönlichkeit und der natürlichen Gemeinschaften aufgebaut werden. Nur so können wir Dämme gegen die drohende Vermassung unseres Zeitalters errichten. Die entscheidende Gemeinschaft ist und bleibt dabei die Familie. Deshalb haben wir uns zu einer sozialen Politik bekannt, durch die die Familie wieder in den gesellschaftspolitischen Mittelpunkt gerückt wird. Es geht uns dabei um die unmittelbare materielle Besserstellung der Familie. Es geht uns insbesondere aber auch um die Schaffung familiengerechter Wohnungen.

Wer der Persönlichkeit wieder stärkeren Rückhalt und Würde geben will, muß sich zum Eigentum als Grundlage der wirtschaftlichen und sozialen Ordnung bekennen. Nun sind aber Millionen, die sich in abhängiger Stellung befinden, eigentumslos. Wir halten es deshalb für ein Gebot christlich-sozialer Grundhaltung – noch dazu in einer Zeit wirtschaftlichen Aufstiegs, wie ich ihn vorhin gekennzeichnet habe –, möglichst viele Eigentümer zu schaffen. Eigentumslosigkeit fördert die Vermassung. Eigentumslosigkeit läßt die Freiheit leicht als weniger kostbares Gut empfinden. Sie macht empfänglich für radikale Ideen. Deshalb ist es unerläßlich, daß auch die Arbeiter, daß die Arbeitnehmer in weit stärkerem Maße am neu sich bildenden Eigentum der Volkswirtschaft beteiligt werden.

Dabei ist es uns völlig klar, daß das nicht nur auf freiwilliger Basis verwirklicht werden kann. So sehr auch die Initiative, die schon von verschiedenen Seiten ergriffen wurde, zu begrüßen ist. Es muß zu einer rahmengesetzlichen Regelung kommen. Wobei freien Vereinbarungen selbstverständlich Spielraum gelassen werden muß.

Das Bekenntnis zum sozialen Rechtsstaat diktiert den christlichen Demokraten ihre grundsätzliche Ablehnung gegenüber Liberalismus und Kokllektivismus. Unsere Ablehnung gilt jenem Liberalismus, der vor allem das 19. Jahrhundert kennzeichnete. Der soziale Verantwortung für die Habenichtse ablehnt. Übersteigerte liberalistische Wirtschaftsgesinnung, gepaart mit staats- und wirtschaftspolitischer Herrschsucht, waren es ja schließlich auch, die Hitler den Weg zur Macht ebnen halfen. Wohin dieser Weg geführt hat, wissen wir alle. Es muß achtgegeben werden, daß einer solchen Gefahr nicht auch heute wieder Türen geöffnet werden. Deshalb verfolgen wir auch gewisse Erscheinungen und Auseinandersetzungen in dieser und jener Partei mit besorgter Aufmerksamkeit. Was echt und unentbehrlich am liberalen Denken ist, hat bei den christlichen Demokraten eine Heimat. Denn persönliche Freiheit, Toleranz und freie Initiative sind uns heute kostbarer denn je geworden. Wir haben schmerzlich genug gelernt, was ihr Verlust bedeutet.

Unsere Ablehnung gilt selbstverständlich vor allem dem orthodoxen Marxismus. Denn er ist die schlimmste Reaktion. Unsere Ablehnung gilt aber auch allem, was an überlebten marxistischen Beständen sonst noch lebendig ist. Deutsches Land und Volk hat man in die Hände des Bolschewismus, des Kollektivismus in Reinkultur fallen lassen. Das Schicksal dieser unserer Menschen, dieses unseres Landes ist so grauenhaft, daß wir verpflichtet und entschlossen sind, jede Erscheinung, jeden Weg zu bekämpfen, der zum Kollektivismus führen könnte.

Es erscheint uns als unausweichliche Notwendigkeit, den sozialen Rechtsstaat im Rahmen der Bundesrepublik so vollkommen wie möglich zu verwirklichen. Aber nicht nur um der 50 Millionen Deutschen willen, die sie beherbergt, sondern vor allem auch um der 20 Millionen willen hinter dem Eisernen Vorhang. Ihre seelische, geistige und materielle Existenz droht im Bolschewismus erstickt zu werden. Wir wissen, daß sie wie Ertrinkende ihre Hoffnung auf die Bundesrepublik setzen. Ihnen gegenüber kommt es darauf an, daß die Bundesrepublik die Mission erfüllt, die ihr aufgegeben ist. Mission ist ein großes Wort. Aber es gibt kein anderes, das den Sinn ihres Daseins besser kennzeichnet. Die Bundesrepublik hat für den gesamtdeutschen Staat so feste Fundamente zu errichten, daß er ein gesundes Gesamtdeutschland ermöglicht. Der soziale Rechtsstaat, wie ihn die christlichen Demokraten verwirklichen wollen, wird in Form und Inhalt den gesamtdeutschen Staat prägen.

Selbstverständlich entscheidet eine kommende gesamtdeutsche Regierung über die Ordnung und den Aufbau Gesamtdeutschlands. So wie einmal freie Wahlen über Nationalversammlung und Zusammensetzung der Regierung entscheiden werden. Aber das enthebt uns nicht der Verpflichtung, die gesamtdeutsche Ordnung so vollkommen wie möglich – d. h. vor allem auch so sozial wie möglich – in der Bundesrepublik vorzubilden. Ich bin dabei heute schon überzeugt: Gesamtdeutsche Wahlen werden diejenigen bestätigen, die am entschlossensten jedem Klassenkampf entgegengetreten sind. Denn der Klassenkampf ist das Unglück der Völker. Das Schicksal der Sowjetzone ist der lebendige Beweis dafür. Die 20 Millionen hinter dem Eisernen Vorhang werden einmal die schärfsten Gegner des Klassenkampfes sein. Sie werden die entschlossensten Garanten der Freiheit und einer gesunden Ausgleichspolitik sein. Und zwar einer gesunden Ausgleichspolitik unter den Ständen und Schichten des eigenen Volkes. Wie unter den Völkern. Denn sie haben nicht nur erkennen gelernt, wohin Klassenkampf im eigenen Volk führt. Sie haben auch am eigenen Leibe erfahren, was Unterdrückung von anderen Völkern bedeutet. Es wäre deshalb nicht nur Untreue gegenüber den 20 Millionen jenseits des Eisernen Vorhangs, es wäre politische Unklugheit, wollten wir nicht jedes politische Mittel anwenden, um sie wieder in einem freien Gesamtstaat mit uns vereinigt zu sehen.

Um die Mittel und Wege, wie die Wiedervereinigung erreicht werden kann, geht in unserem Volk leider noch der Streit. Im Ziel ist man sich einig. Ich verhehle nicht, daß der Streit über die Wege zur Wiedervereinigung dem Ziel nicht dienlich ist. Die deutsche Situation zwischen Ost und West ist einfach so, daß keine Partei behaupten kann, sie habe das Ei des Kolumbus für die Wiedervereinigung gefunden. Deshalb ist mindestens Achtung für die Auffassung des anderen geboten. Nicht aber ständige Herabsetzung. Ich möchte wünschen, daß das auch im Wahlkampf beachtet wird. Denn ich weiß: Nichts ist unserem Volke so zuwider als Parteipolitik, die zum Selbstzweck wird. Parteien sind notwendig und richtig. Aber man darf vor allem in Notzeiten wie der unsrigen die großen Ziele nicht aus den Augen verlieren. Diese Ziele lauten für jeden Deutschen und für jeden Europäer: erstens: Die Wiedervereinigung aller Deutschen in einem freien demokratischen Staat. Zweitens: die Ermöglichung der friedlichen Rückkehr unserer Heimatvertriebenen in eine freie Heimat jenseits der Oder und Neiße. Diese Ziele lassen sich nur dann erreichen, wenn Deutschland die Unterstützung anderer Völker und anderer Regierungen genießt. Das wird aber nur der Fall sein, wenn Deutschland in der Welt Vertrauen erwirbt. Und wenn es zu einer Verständigung der freien Welt mit den Völkern des Ostens kommt.
Vielleicht ist es das Wesentlichste an den Verträgen, die in diesen Tagen nun auch der Bundesrat verabschiedet hat, daß sie das Vertrauen zu Deutschland gestärkt haben. Und zwar in einem Ausmaße, wie es vor vier Jahren noch niemand für möglich gehalten hätte. Was den Inhalt der Verträge angeht, so sehen wir als Kern des Ganzen die Verteidigung Deutschlands und Europas. Wir wissen zwar um die Bedeutung dessen, was die freie Welt heute schon für die Verteidigung Europas wie auch der Bundesrepublik leistet. Aber letzten Endes bleibt es doch eine Tatsache: Keinem Volk wird geholfen, das nicht entschlossen ist, sich auch selbst zu helfen. Das gilt für die Wirtschaft, das gilt für die Sicherheit, und das gilt für die Politik. Niemand wird schließlich für das Lebensinteresse unseres Volkes eintreten, wenn wir es nicht selbst tun. Niemand kann uns verteidigen, wenn wir uns nicht auch selbst verteidigen wollen. Niemand wird sich für die Freiheit der 20 Millionen einsetzen, wenn wir es zunächst nicht selbst tun. Und niemand wird sich für das Recht unserer Heimatvertriebenen aus dem deutschen Land jenseits der Oder/Neiße einsetzen, wenn wir es nicht selbst tun. Gerade, weil wir niemals den Weg der Gewalt gehen wollen, sondern den Weg friedlicher Verhandlungen, muß unsere Politik um so aktiver, um so intensiver sein. Dabei können wir nur bedauern, wenn die deutsche Wiedervereinigungspolitik uns da und dort als Nationalismus ausgelegt wird. Nationalismus würde erst dann entstehen, wenn echte Volks- und Heimatverbundenheit mißachtet wird. Und ich kann Ihnen auch sagen, wer solchen Nationalismus dann auszunutzen wüßte: Das würde vor allem der Bolschewismus tun. Wir handeln also auch im besten Interesse Europas, wenn wir nicht nur im Osten unseres Landes der Teilung unser »Nein« entgegensetzen, sondern auch im Westen.
Ich brauche hier – in Rheinland-Pfalz – nicht erst zu sagen, daß ich dabei an die Saar denke. Wenn wir gegenüber den heutigen Zuständen an der Saar ein »Nein« sprechen, so tun wir es nicht nur als Deutsche, die ihr Land zusammenhalten müssen. Wir tun es als Europäer, denen es nun einmal aufgegeben ist, ein lebenskräftiges Europa aus lebenskräftigen Nationen aufzubauen. Solcher Zusammenschluß kann nicht gefördert werden durch Schaffung künstlicher Staatsgebilde. Ein solches künstliches Gebilde würde die Saar sein, wenn man für sie auf einer Sondereuro-

päisierung beharren würde. Das kann kein guter Dienst an der guten Sache Europas sein.
Mit Besorgtheit haben wir gehört, daß die französische Regierung seit über drei Monaten mit Vertretern des Saarregimes über eine Revision der französisch-saarländischen Konventionen verhandelt hat. Neue Konventionen sind in Paris paraphiert worden. Schon im Jahre 1950 hat die Bundesregierung Verwahrung gegen den Abschluß solcher Konventionen eingelegt. Wir stehen heute auf dem gleichen Standpunkt wie damals. Und wir können nur hoffen, daß diese Konventionen nicht ratifiziert werden. Wir haben stets der Auffassung Ausdruck gegeben, daß französischen Wirtschaftsinteressen im Saargebiet Raum gegeben werden kann. Und zwar im Rahmen einer deutsch-französischen Verständigung bei selbstverständlicher Achtung und Wahrung der Freiheit und der Lebensinteressen der Saarländer selbst. Nun gehen aber auch die neuen Konventionen von der Beherrschung der Saarwirtschaft durch Frankreich aus. Von gleichberechtigtem Zugang der deutschen Wirtschaft zum Saargebiet ist keine Rede. Auch diese neuen Konventionen und die Politik, von der sie getragen sind, stehen noch immer im Zeichen der Politik von 1945. Man sollte wirklich das Gespenst der Politik von Potsdam nicht mehr auftauchen lassen.
Es gibt nur eines: Nur echte Freiheit an der Saar kann zur Lösung führen. Das um so mehr, als Millionen von Menschen hinter dem Eisernen Vorhang – und zwar nicht nur 20 Millionen Deutsche – gläubig – aber auch kritisch – auf jede politische Regung im westlichen Eruopa blicken. Sie dürfen nicht enttäuscht werden.
Deshalb soll man unser Volk verstehen, wenn es für seine Einheit, für sein Recht und seine Freiheit im Osten und im Westen eintritt. Wir tun es um Deutschlands, wir tun es aber auch um Europas willen. Denn Einigkeit und Recht und Freiheit sind nicht nur die Grundlage für Deutschland. Sie sind Grundlage für ein geeintes Europa.

## 78

*Anmerkungen kurz vor Ausbruch des Arbeiteraufstandes in der SBZ*
*Rundfunkrede (RIAS), 14. Juni 1953*

Alle Blicke sind in diesen Tagen auf die Sowjetzone, auf Mitteldeutschland gerichtet. Alle, die mit Euch, den Millionen hinter dem Sperrgürtel, empfinden, begrüßen jede Erleichterung in Eurem Dasein. Deshalb können wir nur hoffen, daß die vorgestern angekündigten Maßnahmen wirklich durchgeführt werden. Jeder von uns wartet, ob den Worten nun auch die Taten folgen. Dabei weiß alle Welt, daß auch die Verwirklichung der angekündigten Maßnahmen noch keine grundlegenden Veränderungen in der Sowjetzone bedeutet. Mit ihnen würde noch nicht im geringsten ein Rechtszustand geschaffen. Wir können nur hoffen, daß die Sowjetunion z. B. endlich auch die Freilassung der politischen Gefangenen in der Sowjetzone und nicht zuletzt auch der deutschen Kriegsgefangenen in der Sowjetunion verfügt. Bei den bis jetzt angekündigten Maßnahmen handelt es sich ja schließlich nur um jüngste Bolschewisierungsakte, die rückgängig gemacht werden sollen. Selbst wenn sie beseitigt sind, kann damit von Freiheit in der Sowjetzone noch keine Rede sein.
Mit dieser Feststellung soll das politische Gewicht der Ereignisse der jüngsten Zeit nicht bagatellisiert werden. Es handelt sich ja bei den Vorgängen in der Sowjetzone

nicht um eine Initiative Pankows. Nicht um Einsichten von Ulbricht und Grotewohl. Diese beiden haben ja gerade in der letzten Zeit noch bewiesen, wessen sie fähig sind. Wir haben es mit Entscheidungen der Sowjetunion zu tun. Sollte es sich dabei um den Beginn echter Entscheidungen und nicht wieder um bloße Gesten handeln, so können wir dem gegenwärtigen Regime in Pankow nur raten, nicht zu versuchen, von sich aus diese Maßnahmen zu hintertreiben. So verständlich es auch wäre, wenn sie ihre wankenden Throne zu halten versuchten. Ihre geborgte Macht ist weltpolitisch gesehen ohne Bedeutung. Man würde darüber zur Tagesordnung übergehen, wenn wirklich eine neue Phase der Politik beginnen sollte.
Was gegenwärtig um die Zone geschieht, fügt sich in ein politisches Gesamtbild ein. Es begann mit den ersten Anzeichen der Bereitschaft zum Waffenstillstand in Korea. Mit dem Austausch von verwundeten und kranken Gefangenen. Mit der Freilassung von Zivilinternierten im Fernen Osten. Es folgte das Abkommen über den Austausch von Kriegsgefangenen in Panmunjon. In Österreich wurden nach Verhandlungen von Bundeskanzler Raab mit dem sowjetischen Hochkommissar Maßnahmen durchgeführt, die von der österreichischen Bevölkerung als Erleichterungen und Fortschritte empfunden werden. Noch manches andere wäre zu verzeichnen. Die Einzelgesten der Sowjets rufen allmählich einen Gesamteindruck hervor, der ohne Zweifel vom Kreml gewollt ist. Sie erwecken den Gesamteindruck einer Verhandlungsbereitschaft.
Nun haben wir aber seit 1945 zuviel von der sowjetischen Wirklichkeit erlebt, als daß wir leichtgläubig jeder aufflatternden Friedenstaube nachlaufen würden. Aber wir verhehlen uns auch nicht, daß unser Schicksal, die Zukunft unseres zerrissenen Landes von einer echten Verständigung zwischen den großen Mächten abhängt. Das wißt Ihr, die Deutschen in der Zone, vielleicht noch mehr, als wir es wissen. Deshalb könnte es auch kaum verantwortet werden, wenn man Bekundungen von Verhandlungswillen von vornherein ignorieren würde. Das hat nichts mit Illusionen zu tun. Es hat auch nichts mit einer Vernachlässigung der Verteidigungsbereitschaft zu tun. Die Notwendigkeit der Verteidigungsbereitschaft steht außer Frage. Und es wäre sicherlich besser, wir wären mit unserer eigenen Verteidigungsmöglichkeit schon weiter, als wir es tatsächlich sind.
Aber Verteidigungsbereitschaft schließt Bereitschaft zu Verhandlungen nicht aus. Diese Auffassung tritt wachsend in der freien Welt hervor. Das gilt sowohl vom Weißen Haus in Washington. Das gilt insbesondere auch von Downing Street in London. Und von dem Commonwealth, das einen einmütigen Entschluß gefaßt hat, den Verhandlungsweg zu beschreiten, ohne die Rüstung außer acht zu lassen. Wir Deutschen stehen nach allem, was sich seit der ersten programmatischen Rede des Präsidenten der Vereinigten Staaten zwischen Ost und West ereignet hat, vor der Frage, ob uns eine Viererkonferenz auf dem Wege zur Wiedervereinigung unseres Landes weiterbringen könnte. Darauf kann man nur sagen: Es hat in diesem Stadium der Weltpolitik keinen Sinn mehr, darüber zu theoretisieren. Das läßt sich praktisch nur bei tatsächlichen Verhandlungen feststellen. Deshalb kann uns nur daran gelegen sein, daß es zu echten Verhandlungen kommt.
Allerdings ist es wichtig, daß die freie Welt mit einem realistischen Programm als Verhandlungsgrundlage auftritt. Insofern sehen wir einen Fortschritt in dem Vorschlag des Präsidenten Eisenhower, eine Zusammenkunft der drei Westmächte auf den Bermuda-Inseln durchzuführen. Dabei darf es uns sicherlich mit Genugtuung erfüllen, daß sich verantwortliche Staatsmänner der freien Welt über das Wie der

Wiedervereinigung unseres Landes Gedanken machen. Denn so dürfen wir wohl die jüngsten Ausführungen von Sir Winston Churchill deuten. Das ist schließlich auch nicht verwunderlich. Die Wiederherstellung der staatlichen Einheit unseres Landes liegt ja keineswegs nur im Lebensinteresse Deutschlands. Sie liegt im Interesse eines jeden europäischen Landes. Denn nur so kann es zu einer Stabilisierung und Befriedung Europas kommen. Schließlich ist Deutschland am stärksten gegen den Radikalismus immunisiert worden. Wir wissen, daß das gerade auch von euch in der Sowjetzone gilt. Denn Ihr habt am eigenen Leibe erfahren, was angewandter Kommunismus bedeutet. Gerade deshalb können und werden wir der Welt sagen, welcher Dienst der Freiheit und dem Frieden mit der Wiedervereinigung unseres Landes geleistet wird. Und wir dürfen sicher sein, daß die freie Welt, der wir uns verbunden fühlen, wachsend dafür Verständnis haben wird.
Auf welcher Grundlage sich die Weltmächte zu Gesprächen über die deutsche Frage zusammenfinden, braucht von uns Deutschen kaum erörtert zu werden. Insofern sind doch wohl die Auseinandersetzungen über das Potsdamer Abkommen heute unfruchtbar. Das Gros seiner Bestimmungen bezog sich ja ohnehin auf die »Anfangsperiode der Kontrolle«. Und die ist ja wirklich längst überholt. Daß der Geist des Potsdamer Abkommens längst überholt ist, bedarf ohnehin keiner Betonung. Wesentlich für uns Deutsche ist allerdings die ausdrückliche Bestimmung des Abkommens, daß die endgültige Festlegung der deutschen Grenzen bis zur Friedenskonferenz zurückgestellt bleibt. Die Verhandlungen über die Gebiete jenseits der Oder/Neiße stehen also noch bevor.
Mit dem Blick auf das gesamte Weltgeschehen dürfen wir Euch, den Deutschen jenseits des Sperrgürtels, sagen: Die Politik auch um Euer Schicksal ist in Bewegung geraten. Dabei wollen wir uns und Euch nicht verhehlen: Die Gegensätze in der Welt sind groß. Das Wesen des Bolschewismus wird immer zwiegesichtig bleiben. Deshalb bleibt nicht Optimismus, sondern Realismus geboten. Aber Ihr sollt Euch darauf verlassen, daß wir mit allen zur Verfügung stehenden Möglichkeiten für den friedlichen Weg zu unserer Wiedervereinigung eintreten.

## 79

*Trauerfeier für die Opfer des 16. und 17. Juni 1953 vor dem Schöneberger Rathaus in Berlin, 23. Juni 1953*

Wir Deutsche haben lernen müssen: Gewaltherrschaft kann nur durch Opfer überwunden werden. Die Toten hier vor uns und alle jene, die in diesem Juniaufstand in Ostberlin und in der Sowjetzone sterben mußten, haben das Opfer ihres Lebens gebracht. Sie sind Blutzeugen dafür, daß das System der Gewalt den Willen zu Freiheit und Menschenwürde nicht hat vernichten können. Der 16. und 17. Juni war der Aufstand des Menschen gegen ein System ohne Menschlichkeit. Es war der Aufstand gegen die Unnatur, ein Volk zu zerreißen. Es war der Aufstand gegen den Wahn, 18 Millionen ein fremdes und menschenunwürdiges System aufzwingen zu wollen.
Daß dieser Aufstand erfolgte trotz Waffenlosigkeit auf der einen und trotz Panzer und Maschinengewehren auf der anderen Seite, zeugt für die abgrundtiefe Abneigung gegen das aufgezwungene System. Wir, die wir uns für die Bevölkerung jen-

seits der Sektoren- und Zonengrenze verantwortlich wissen, glaubten immer wieder mahnen zu sollen, sie solle sich nicht provozieren lassen. Sie sollte von Aktionen absehen, die ihr Leben in Gefahr bringen könnten.
Aber heute wissen wir mehr denn je: Es gibt ein Maß von Demütigung, von seelischer und materieller Not, das kein Volk zu ertragen vermag. Diese Not war es, die friedliebende deutsche Arbeiter mit bloßen Händen gegen ihre Unterdrücker angehen ließ. Die Normenerhöhung war dabei nur der letzte Anstoß, der die Explosion auslöste.
Mit Bewunderung und Schmerz zugleich haben wir die Erhebung verfolgt. In jedem Augenblick waren wir mit den tapferen Arbeitern in Ostberlin verbunden. Genau so wissen wir uns mit den Männern und Frauen in Chemnitz, in Magdeburg, in Brandenburg, in Leipzig, in Gera, in Halle, in Jena und in all den anderen Städten der Zone in engster Solidarität verbunden.
Wir stehen mit Ehrfurcht vor den Opfern und ihren Angehörigen. Wir gedenken in Sorge und Teilnahme der Verwundeten und Verhafteten. Sie alle dürfen gewiß sein, daß jeder Deutsche zur Hilfe für sie bereit ist.
Die Träger und Nutznießer des augenblicklichen Regimes in Ostberlin und der Sowjetzone wissen genau so wie wir, daß es seelische und materielle Not war, die den ausgebeuteten Arbeiter auf die Straße trieb. Zunächst verschlug ihnen der Mut der Arbeiterschaft die Sprache. Sie hatten ihrer Macht zu sehr vertraut. Aber vor der Entschlossenheit der deutschen Bevölkerung fiel diese Macht in nichts zusammen. Erst die sowjetischen Panzer retteten das Grotewohl-Regime und seinen Apparat. Nun versucht man uns der Anstiftung des Aufstandes zu bezichtigen. Aber alle Welt fragt sich: Wem versucht dieses Regime von fremder Herren Gnaden eigentlich noch Sand in die Augen zu streuen. In Berlin und in der Sowjetzone hat kommunistische Propaganda und Praxis längst offenen Schiffbruch erlitten. Wem das noch nicht klar war, dem hat es dieser Juniaufstand bewiesen. In der Bundesrepublik hat diese Propaganda von jeher nur Naive und Narren betört. Diesen Leuten haben nunmehr deutsche Arbeiter eine um so deutlichere Lehre erteilt. Die sowjetische Bestzungsmacht aber weiß sicherlich längst, wie sie die Werkzeuge ihrer Macht einzuschätzen hat. Wenn sie es aber noch nicht gewußt haben sollte, dann haben es ihr diese Junitage 1953 vor Augen geführt. Es ist nicht gut, mit Verrätern des deutschen Volkes und der deutschen Arbeiterschaft Politik zu machen.
Wer echten Frieden in der Welt und unter den Völkern will, muß Charakter, Freiheit, Menschenwürde und Selbstbestimmung eines jeden Volkes achten. Er muß das Gesetz beachten, daß man ein Volk nicht ungestraft und ohne Gefahr für den Frieden der Welt auseinanderreißt. Mehr als alle politischen und diplomatischen Worte zeugen die Opfer des Juniaufstandes für die Wahrheit dieses Naturgesetzes. Diese Opfer haben einer wirklichen Friedenspolitik den einzig richtigen Weg gewiesen: Beseitigung des kommunistischen Systems in der Sowjetzone. Und Beseitigung der Teilung unseres Landes.
Dabei vergessen wir nicht, daß unsere Wiedervereinigung Verhandlungen und Verständigung der Großmächte zur Voraussetzung hat. Die Verhandlungen müssen und werden kommen. Wer immer die Sprache des Juniaufstandes verstanden hat, ob im Osten oder im Westen, der weiß heute, daß das ganze deutsche Volk hinter den Rufern und Kämpfern Ostberlins und der Zone steht. Es könnte das auch gar nicht anders sein: Denn der Freiheitswille der 18 Millionen hat sich in der schwersten Prüfung bewährt, die je ein Volk zu ertragen hatte.

Wir bekennen uns zum Vermächtnis unserer Toten. Wir bekennen uns vor Gott und unserem Volk dazu, daß jeder politische Weg gegangen werden muß, der Not und Unfreiheit in der Zone so schnell wie möglich beseitigt. Wir bekennen uns zu einer Politik der Wiedervereinigung, die dem entschlossenen Willen der Männer und Frauen vom 16. und 17. Juni gerecht wird. Das Opfer der Toten, das Leid und der Mut der 18 Millionen verpflichten uns.

## 80

*17. Juni: Tag der deutschen Einheit*
*Rundfunkrede (NWDR), 4. Juli 1953*

Wer die Tage des Volksaufstandes um den 17. Juni in Berlin miterlebt hat, kann ermessen, welche Bewegung er in der Bevölkerung der Zone, in der Bevölkerung von Ost- und von Westberlin ausgelöst hat. Mit am stärksten war der Eindruck in Westberlin, wo die Bevölkerung zwar nicht Handelnde der Revolution, wohl aber unmittelbar Miterlebende war. Es gab in jenen Junitagen niemanden dort, der nicht unter der überwältigenden Erkenntnis stand: Hier ist etwas geschehen, was das Schicksal unseres Volkes von Grund auf ändern muß. Denn wo das Bekenntnis eines Volkes zur Zusammengehörigkeit und Freiheit sich mit solchem Mut Bahn bricht, da muß alles geschehen, um diesem Willen gerecht zu werden.
Die Männer und Frauen von Ostberlin und der Zone haben mit Einsatz ihres Lebens ihren Willen zu unverzüglicher Wiedervereinigung in Freiheit bekundet. Diese Bekundung geschah durch eine Revolution geschichtlichen Ausmaßes. Damit ist ein Appell an das gesamte deutsche Volk und an die gesamte freie Welt gerichtet. Niemand, der das Gesetz der Menschlichkeit achtet, kann sich diesem Appell entziehen. Für jeden in unserem eigenen Volk, für jeden Angehörigen der freien Welt gilt nach dem Volksaufstand vom 17. Juni schon aus menschlicher Verpflichtung und nicht nur aus purer politischer Vernunft: Den 18 Millionen Deutschen muß der Weg in ein geeintes Deutschland nun unverzüglich gebahnt werden.
Es besteht kein Zweifel, daß dieser Eindruck sich vom unmittelbaren Schauplatz des Geschehens – von Berlin und Mitteldeutschland aus – bis in alle Winkel der Bundesrepublik und der freien Welt übertrug.
Seien wir ehrlich: Vorher gab es trotz aller Verbundenheit mit den Millionen hinter dem Eisernen Vorhang manche Zaghaftigkeit, manche Bedenken in der Bundesrepublik und in der freien Welt zu überwinden. Es gab manchen, der nicht unbeeindruckt geblieben war von den propagandistischen Schauspielen in der Sowjetzone. Noch zur Zeit der kommunistischen Weltjugendfestspiele in Berlin waren besorgte Stimmen laut geworden, ob die Jugend in der Zone nicht doch dem kommunistischen Zauber erlegen sei. Oder ob nicht doch der deutsche Arbeiter dem Kollektivismus mehr Geschmack abgewonnen habe, als das für Freiheit und Gesundheit eines wiedervereinten Deutschland und für Europa tragbar erscheinen könnte.
Jeder, der mit der Zone und mit Berlin in lebendiger Verbundenheit lebt, wußte allerdings stets, daß die Wirklichkeit anders aussah. Nun haben die deutsche Jugend und der deutsche Arbeiter mit einem Schlag alle Befürchtungen und Hemmungen hinweggefegt. Nach dem Juniaufstand hat sich für alle erwiesen: Das deutsche Volk ist im Denken und Wollen ein Ganzes geblieben. Es gibt keine zwei

Deutschland, von denen das eine freiheitlich gesonnen und das andere kommunistisch infiziert ist. Es gibt nur ein einziges, ein freiheitlich denkendes Deutschland. Und gerade jener Teil Deutschlands, der im kommunistischen Machtbereich liegt, hat Leib und Leben für seinen Freiheits- und Einheitswillen eingesetzt.
Der Deutsche Bundestag hat dieser Haltung und Gesinnung der 18 Millionen der Zone stets Rechnung getragen. Niemals hat er das System von Pankow anerkannt. Stets hat er darauf hingewiesen, daß das sowjetzonale Regime nie und nimmer für die 18 Millionen sprechen kann. Diese Haltung des Deutschen Bundestages hat die Bevölkerung der Zone im Aufstand der Junitage bestätigt.
Durch seinen gestrigen Beschluß hat der Deutsche Bundestag den 17. Juni zum Tag der deutschen Einheit proklamiert. Damit hat er der geschichtlichen Bedeutung dieses mutigen Volksentscheides für Freiheit und Einheit unserer Nation den einzig richtigen Ausdruck verliehen. Die Männer und Frauen des 17. Juni haben nun dem ganzen deutschen Volk einen Tag nationaler Besinnung und Verpflichtung gegeben. Aber die Ereignisse des 17. Juni sind auch eine unüberhörbare Warnung: Sie haben bewiesen, daß die gegenwärtige Teilung unseres Volkes einen Explosivstoff sondergleichen in sich birgt. Sie haben gezeigt, wohin es führen kann, wenn der Einheits- und Freiheitswille eines Volkes zur Verzweiflung getrieben wird. Sie haben bewiesen, daß alle Lösungen, die vom Status quo – also von der Teilung Deutschlands – ausgehen, unübersehbare Gefahren einschließen. Selbst die Vertiefung westeuropäischer Zusammenarbeit ohne Wiederherstellung der deutschen Einheit wird keine Sicherung gegen solche Gefahren sein.
Das sowjetzonale Regime hat es sicherlich nicht an Lippenbekenntnissen zur deutschen Wiedervereinigung fehlen lassen. Aber unser Volk in der Zone hat sich als unbestechlich gegenüber dieser Propaganda erwiesen. Der 17. Juni ist dafür Beweis. Aber ebenso hat dieser Tag bewiesen, daß die 18 Millionen mit explosiver Ungeduld die Wiedervereinigung erstreben.
Der Aufstand in Ostberlin und der Sowjetzone verlangt nach echten politischen Entscheidungen. Und zwar nach Entscheidungen, durch die der 17. Juni seine Erfüllung finden muß. Was die Zone in den Junitagen begann, haben wir in der Bundesrepublik zu vollenden. Das deutsche Volk muß wieder in einem freien und geeinten Staat leben können.
Vor dem Aufstand schon ist die Weltpolitik in Bewegung gekommen. Nach dem Tode Stalins sah man sich durch die Initiative des Präsidenten der Vereinigten Staaten und des britischen Premierministers einem Konferenzplan gegenüber, der auch uns Deutsche hoffen ließ. Denn die Haltung Churchills ließ erkennen, daß ihm an einer schnellen Wiedervereinigung Deutschlands gelegen war. Leider scheint durch seine Erkrankung eine Verlangsamung der politischen Entwicklung eingetreten zu sein. Das braucht aber keinen Rückschlag zu bedeuten. Es ist ja bereits eine Vorkonferenz der drei Außenminister anberaumt, die sich auch mit der deutschen Frage befassen soll. Es ist selbstverständlich, daß auf dieser Konferenz die Entschließungen des Deutschen Bundestages in bezug auf die Wiedervereinigung unseres Landes Beachtung finden müssen.
Nach dem Juniaufstand zeichnet sich ja die gesamtdeutsche Position klarer denn je ab. Die Gefahren der Teilung sind deutlich hervorgetreten. Deutlicher hervorgetreten ist die Notwendigkeit einer raschen Lösung der deutschen Frage. Und unmißverständlich hat sich gezeigt, daß ein wiedervereintes Deutschland eine Bastion der Freiheit sein wird.

Deshalb gehen Auseinandersetzungen, ob zuerst Europa oder zuerst Deutschland geeinigt werden müsse, am Kern der Sache vorbei. Alle verantwortungsbewußten deutschen Parteien sind sich einig in dem Willen, mit den anderen Nationen Europas zu echter Zusammenarbeit zu kommen. Aber die Millionen in der Sowjetzone beharren darauf, daß das Tempo der Wiedervereinigungspolitik beschleunigt wird. Unabhängig davon, ob andere europäische Entwicklungen damit Schritt halten. Zumal dann, wenn es sich um Hindernisse handelt, für die wir nicht verantwortlich sind.
Auf solcher Basis können und müssen sich alle verantwortungsbewußten Kräfte in Deutschland finden. Denn die Augen der Männer und Frauen vom 17. Juni, die Augen der Millionen in der Zone sind auf uns und auf die freie Welt gerichtet.

## 81

*Nach der gescheiterten Berliner Konferenz*
*Rundfunkrede (RIAS), 27. Februar 1954*

»Der Deutsche Bundestag verpflichtet sich von neuem, als die einzige in Freiheit gewählte Vertretung des deutschen Volkes alles, was in seiner Macht ist, zu tun, um den in Unfreiheit lebenden Deutschen beizustehen und die Wiedervereinigung mit ihnen in Frieden und Freiheit herbeizuführen.« So lautet das Kernstück der Entschließung des Bundestages, die am letzten Donnerstag auf Antrag aller Fraktionen einstimmig angenommen wurde. »Alles, was in seiner Macht steht«, das ist Versprechen und Einschränkung zugleich. Aber die Einschränkung bezieht sich nicht auf den deutschen Willen. Sie ist die bedauernswerte Folge der heutigen deutschen Situation. Das entscheidende Wort über die deutsche Wiedervereinigung liegt nun einmal bei den vier Besatzungsmächten. Wie sehr das der Fall ist, hat die Berliner Konferenz allen Deutschen erneut in schmerzlicher Weise vor Augen geführt.
Die Schicksalsfrage unseres Volkes stand auf dieser Konferenz im Schatten von Interessen der Weltmächte, die nicht nur in Europa, sondern auch in Asien liegen. Faktoren der Gleichgewichtspolitik spielten in Berlin eine Rolle. Diese nüchterne Feststellung mindert keineswegs das echte Interesse der Deutschen an jeder nur möglichen Entspannung zwischen den Weltmächten. Sie ändert ebensowenig an der Tatsache, daß uns mit der freien Welt die gleiche politische Sprache und der gleiche Wille zur Freiheit verbinden.
Um die Verwirklichung dieser Freiheit in unserem ganzen Lande geht es. Der Wille zur Freiheit ist das stärkste Band, das uns mit der freien Welt verknüpft. Deshalb war es eine Selbstverständlichkeit, daß sich der Bundestag einstimmig zu dieser Grundhaltung unserer Politik bekannte. Diese Einstimmigkeit war im übrigen das mindeste, was die Bevölkerung der Zone von der westdeutschen Politik erwarten konnte. Jeder, der in enger Verbindung mit der Bevölkerung der Zone steht, weiß ja, wie sehr sie auf die gemeinsamen Anstrengungen aller Kräfte und Parteien zur Wiedererreichung unserer Einheit und Freiheit zählt.
Aber Bekundungen von Regierung und Bundestag allein reichen nicht aus. Den 18 Millionen in Mitteldeutschland muß stärker noch als bisher die Gewißheit gegeben werden, daß die Bevölkerung im Westen und Süden unseres Landes sie niemals im Stich läßt. Wir erwarten von den 18 Millionen, daß sie auch nach den bitteren Erfahrungen dieser Konferenz nicht resignieren.Mahnungen zum Ausharren und zur

Geduld an die Zone würden uns aber schlecht anstehen, wenn wir nicht selbst handelten. D. h., wenn wir der Welt nicht eindringlicher noch als bisher zum Bewußtsein brächten, daß sich unser Volk niemals mit einem geteilten Deutschland abfindet.

Man hat in diesen Tagen nach der Konferenz immer wieder auf beachtliche ausländische Stimmen hingewiesen, die von der Aufrechterhaltung des Status quo in Deutschland für Jahre sprechen. Es sind Stimmen darunter, die diese Möglichkeit mit einer gewissen Gelassenheit und Erleichterung verzeichnen. Demgegenüber verweisen wir auf die Erklärungen der Außenminister, die auf der Berliner Konferenz immer wieder die Gefahren der Teilung Deutschlands hervorhoben und ihre Beseitigung forderten. Insbesondere halten wir uns auch an die feierliche Verpflichtung der Vereinigten Staaten, Großbritanniens und Frankreichs auf die Wiedervereinigung unseres Landes.

Der Motor aber, der diese Politik der Wiedervereinigung Deutschlands vorantreibt, kann nur der entschiedene Wille des deutschen Volkes selbst sein. Diesen Willen vor aller Welt anschaulich zu machen, diesem Willen Form und praktische Zielsetzung zu geben, ist jetzt mehr denn je notwendig. Schon vor einiger Zeit habe ich auf die Notwendigkeit einer Volksbewegung für die Wiedervereinigung Deutschlands hingewiesen. Das Echo war stark. Immer wieder kamen neue Anforderungen und Vorschläge. Jetzt – nach der Berliner Konferenz – verdichten sich die Stimmen so sehr, daß offensichtlich die Zeit für eine echte Volksbewegung für die Wiedervereinigung Deutschlands gekommen ist.

Das einmütige Bekenntnis des Bundestages muß nunmehr im Volke in einer gesamtdeutschen Aktion Gestalt annehmen. Die Aufgabe dieser gesamtdeutschen Aktion – darüber sind sich alle Stimmen einig – muß es sein, die Wiedervereinigung Deutschlands zum Willenszentrum unseres Volkes zu machen. In fortwährender Bemühung muß das Verantwortungsbewußtsein von West- und Süddeutschland für die 18 Millionen jenseits von Elbe, Werra und Fulda gestärkt werden. Das Wissen um das Schicksal der Zone und das Miterleben mit der Bevölkerung muß intensiviert werden. Persönliche Kontakte mit Berlin und Mitteldeutschland müssen wesentlich vermehrt werden. Insbesondere aber muß auch die Kenntnis der politischen Probleme und Aufgaben der Wiedervereinigung vertieft werden.

Selbstverständlich wird von Regierung, Bundestag und Parteien für diese Ziele gearbeitet. Aber das genügt nicht. Der Wille zur Wiedervereinigung muß stärker als bisher aus der Mitte des Volkes selbst kommen. Die Welt rundum, vor allem auch die Zone sollen die Überzeugung gewinnen: Das Volk will es.

In der Welt wird immer wieder der Zweifel laut, ob es den Westdeutschen wirklich Ernst mit dem Wiedervereinigungswillen ist. Diese Zweifel werden nur zum Verstummen gebracht, wenn sich unser Volk in gemeinsamer Aktion zu lebendigem Bekenntnis für die Wiedervereinigung in Freiheit zusammenschließt. Das wird auch die entscheidende Ermutigung für die 18 Millionen in Mitteldeutschland sein, auf die sie warten.

## 82

*Zu den Deutschlandinitiativen der SED*
*Rundfunkrede (RIAS), 3. April 1954*

Diese und jenes Ereignis in den letzten Wochen hat erneut dazu beigetragen, die Sorge um die 18 Millionen in der Sowjetzone weiter zu vertiefen. Die Sowjetunion hat dem Satellitensystem in Pankow Souveränität zugesprochen. Das ist für alle, die um den wirklichen Zustand zwischen der Sowjetunion und ihren Satelliten wissen, sicher keine Haupt- und Staatsaktion. Aber unsere Verantwortung für die 18 Millionen und für Deutschland als Ganzes erfordert doch, daß wir diese Entwicklung aufmerksam beobachten. Auf jeden Fall handelt es sich um überlegte sowjetische Taktik. Die Verleihung der sogenannten Souveränität läßt erkennen, daß die Sowjets weiterhin bemüht sind, die Fassade von Pankow aufrechtzuerhalten. Wenn die Situation für das gesamte Deutschland nicht so ernst wäre, so wäre man fast versucht zu sagen: Pankow erhält einen neuen Frühjahrsanstrich, um es nach außen hin präsentabel zu machen. Aber Fassade bleibt Fassade.

Das hindert aber nicht, daß wir die sowjetische Taktik mit Sorge betrachten. Denn ohne die Scheinsouveränität im geringsten zu überschätzen, bleibt doch die eine Tatsache bestehen: So fadenscheinig sie auch ist, sie bedeutet nicht Förderung, sondern sie bedeutet Erschwerung der Wiedervereinigung.

Daran ändern die Einheitsdeklamationen auf dem Parteitag der SED in Ost-Berlin nicht das geringste. Denn hier zeigt sich schon, worauf man mit der Scheinsouveränität hinaus will. Dem kommunistischen Regime sollen neue Chancen verschafft werden. Man spricht auf dem Parteitag von einer »Normalisierung der Beziehungen« zwischen Westdeutschland und der sogenannten Deutschen Demokratischen Republik. Mit anderen Worten, man will von Westdeutschland die Anerkennung des Regimes, die ihr von den 18 Millionen versagt wird. Man braucht ja nur an den 17. Juni zu erinnern, um zu wissen, was die Bevölkerung von dem Regime hält.

Man spricht auf dem Parteitag der SED vom Bestehen zweier deutscher Staaten. Aber jeder Deutsche weiß: Es gibt nur ein unteilbares Deutschland. Die Bundesrepublik ist ein vom Willen des Volkes legitimiertes staatliches Provisorium, das nur bis zur Wiedervereinigung unseres Landes bestehen wird. Die sogenannte Deutsche Demokratische Republik ist bei allem Souveränitätsgerede nichts als ein Verwaltungsgebilde, das einzig und allein von der sowjetischen Besatzungsmacht gestützt wird.

Man fordert auf dem Parteitag der SED – wie schon so oft – »gesamtdeutsche Beratungen und eine gesamtdeutsche provisorische Regierung«. Nur so – das behauptet man – könnten »gesamtdeutsche freie Wahlen« herbeigeführt werden. Im gleichen Atemzug bieten sich die Sozialistische Einheitspartei und das System in Pankow als Garanten solcher freien Wahlen an.

Darauf kann man nur eines sagen: Nach den Erfahrungen fast eines Jahrzehntes mit der SED und dem Regime in Pankow kann man die beiden nur als Saboteure von freien Wahlen ansehen. Niemand läßt sich heute mehr den Bären aufbinden, daß die SED einen Weg zur Wiedervereinigung sucht. Daran wird auch die Durchführung von Wahlen zur Volkskammer, wie sie auf dem Parteitag für Herbst 1954 angekündigt werden, nicht das geringste ändern. Im Gegenteil: Alles deutet darauf hin, daß es sich nicht nur um die sattsam bekannte Einheitsliste, nicht nur um die

bekannten Maulkorbwahlen handeln wird, sondern man verquickt sie anscheinend noch mit einer Suggestivabstimmung. Als Parolen werden schon angekündigt: »Für den Friedensvertrag, für ein einiges, friedliebendes, demokratisches Deutschland« usw. Solche Kunststücke der Demagogie haben wir ja schon genügend im III. Reich erlebt. Derartige Wahlen können nicht legitimieren, sondern nur diskreditieren.
Es ist einfach erstaunlich, wie wenig die Sowjetunion vom Wesen der freien Welt und vom Denken und Empfinden unseres Volkes begriffen hat. Sonst müßte sie nämlich erkennen, daß solche Methoden die Beziehungen unter den Völkern nur belasten, niemals aber zur Normalisierung von Beziehungen führen können. Dabei verlangt das Lebensinteresse aller Völker nach Normalisierung der internationalen Beziehungen. Nach gerechter Ordnung und Befriedung.
Was aber die 50 Millionen in West- und Süddeutschland und die 18 Millionen in Mitteldeutschland angeht, so haben sie sich wohl kaum je so miteinander verbunden gefühlt wie in dieser Zeit der äußeren Trennung. Es bedarf innerhalb Deutschlands nur der Beseitigung der künstlichen Barrieren, die von der sowjetischen Besatzungsmacht und von Pankow errichtet wurden. Sie beseitigen heißt den Weg zur Wiedervereinigung bereiten und das deutsche Leben normalisieren.
Sie beseitigen, heißt den Weg von der Machtpolitik zur Entspannungspolitik einschlagen. Mit Spruchbändern und Appellen, mit Deklamationen und Delegationen ist kein Deutscher mehr irrezuführen. Denn jeder Deutsche ist sich heute klar: Pankow hat weder den Willen noch hat es die Macht, die Wiedervereinigung zu schaffen. In Pankow sitzen die Teilungsgewinnler. Die Macht zur Wiedervereinigung unseres Landes aber liegt nach wie vor bei den großen Mächten. Bei ihnen liegt auch in erster Linie die Verantwortung.
Das mindert aber keineswegs unsere eigene Verantwortung. An uns ist es, für die großen Mächte die Wiederherstellung der staatlichen Einheit und Freiheit Deutschlands unausweichlich zu machen. Das ist unsere Aufgabe. Die Aufgabe des deutschen Volkes selbst. Dazu müssen sich alle Kreise unseres Volkes, alle seine Schichten und Stände zusammenfinden. Und ich bin überzeugt: Sie werden es tun.

## 83

*Unsere Verpflichtung für die Deutschen jenseits des Sperrgürtels*
*Bundesparteitag der CDU in Köln, 30. Mai 1954*

Dieser Parteitag war bei allem Ernst, bei aller notwendigen Selbstbesinnung nicht zuletzt auch von einem guten Stück Selbstvertrauen getragen. Ich sage das nicht, weil wir hier im Lande Nordrhein-Westfalen vor einer Wahl stehen, sondern ich halte es nach allem, was wir in diesem letzten Jahrzehnt hinter uns gebracht haben, auch für berechtigt. Wir brauchen nur an den Wiederaufstieg im beengten Raum der Bundesrepublik zu denken, der vor wenigen Jahren noch trümmerübersät, demontiert, von einem hungernden Volk – darunter Millionen mittelloser Heimatvertriebene – angefüllt war. Das erklärt die Tatsache, daß in manchen Kreisen der Bundesrepublik – wenn auch sicherlich nicht überall – eine erkennbare Zufriedenheit herrscht.
Ich betone dabei noch einmal: Sicherlich nicht überall. Denn es gibt in der Bundesrepublik auch noch recht dunkle Stellen der Not und der Bedrängnis, die beseitigt werden müssen. Ich bin um so mehr veranlaßt, darauf hinzuweisen, als sich unmit-

telbar vor Beginn dieses Parteitages zwei Tagungen mit den Anliegen befaßten, die noch als ungelöste Fragen vor uns liegen. Die Tagung der Sozialausschüsse der christlich-demokratischen Arbeitnehmerschaft und das Treffen der Exil-CDU, das weit über den Kreis der Delegierten dieses Parteitages hinausreichte. Die Tagung der Sozialausschüsse, die bestimmt keinen sozialen Pessimismus verriet, hat immerhin ein Bild davon gegeben, was gerade den christlichen Demokraten für den sozialen Ausgleich in der Bundesrepublik noch zu tun aufgegeben ist. Und was – nicht zuletzt unter stärkster Mitwirkung der christlich-demokratischen Arbeitnehmerschaft – auch noch geschaffen werden wird.

Das Treffen der Sowjetzonenflüchtlinge aber offenbarte jedem, der daran teilnahm, erneut in aller Klarheit die ganze Schwere der deutschen Situation. Die Hoffnung dieser Flüchtlinge richtet sich naturgemäß auf die Bevölkerung der Bundesrepublik. Auf ihre Bereitschaft, ihnen eine vorläufige Heimat zu geben. Wobei ich nicht erst zu betonen brauche, daß sie nicht zuletzt auf uns – auf die christlichen Demokraten – rechnen. Das ist auch verständlich. Denn wir wissen ja alle, wie starke Impulse für die Christlich-Demokratische Union von der bedrängten Bevölkerung der Sowjetzone und Berlins ausgingen. Jeder von uns, der 1945, 1946 und 1947 den Durchbruch christlich-demokratischen Willens in Berlin und der Zone miterlebte, wird das bestätigen.

Im übrigen wissen wir alle, daß die politischen Flüchtlinge auch ohnedies ein Recht auf unsere Hilfe haben. In bezug auf dieses Recht fiel – ich will es nicht verhehlen – manches bittere Wort über enttäuschte Erwartungen. Gewiß wird nicht jeder Vorwurf berechtigt sein. Aber übrig bleibt, daß uns das Schicksal der politischen Flüchtlinge wie das Schicksal eines jeden Heimatvertriebenen eine Mahnung ist. Eine Mahnung, daß wir die Hypothek zu tragen haben, die uns das Hitlerabenteuer auferlegt hat. Eine Mahnung daran, daß das deutsche Volk eine Schicksalsgemeinschaft bildet. Eine Schicksalsgemeinschaft, die über den Sperrgürtel und über die Oder-Neiße-Linie hinausreicht.

Es hat viele von uns recht nachdenklich gemacht, daß gerade in der letzten Zeit auch Stimmen des Auslandes auf ein allzu hohes Maß von Selbstzufriedenheit in der Bundesrepublik hinweisen. Die Bevölkerung Westdeutschlands – so mußte man lesen – halte ihren Blick allzu starr auf ihr eigenes gegenwärtiges Wohlergehen, auf die Sicherung vor allem der wirtschaftlichen Grundlagen der Bundesrepublik gerichtet. Gegenüber der Tatsache, daß 18 Millionen außerhalb ihres wohltemperierten Gebietes ein leidvolles, ein unfreies Leben führen müßten, versuche sie mehr oder weniger die Augen zu verschließen.

Ohne mich mit diesen Stimmen identifizieren zu wollen, weiß ich aus meinen Erfahrungen, wie sehr gerade diese Auslandsstimmen manchen verantwortlichen Deutschen beschäftigen. Ich gehöre zu den Männern, die eine in sich gefestigte, eine auf festen wirtschaftlichen und sozialen Grundlagen aufgebaute Bundesrepublik für unumgänglich halten. Je vollkommener wir die Bundesrepublik als sozialen und wirtschaftlich fundierten Rechtsstaat ausbauen, desto stärker können auch die 18 Millionen in der Sowjetzone ihre Hoffnung auf sie richten. Sie erwarten von uns sicherlich keine Experimente, mit denen wir das schon Erreichte in Gefahr bringen könnten. Es wäre Deutschland und für Europa, es wäre für die Sache der Freiheit ein unübersehbares Unglück, wenn dieses unser mühsam aufgebautes Staatswesen durch Experimente irgendwelcher Art erschüttert würde. Wer immer die Politik um Berlin und die Sowjetzone seit 1945 unmittelbar miterlebt hat, der weiß sich in dieser Überzeugung eins mit den 18 Millionen in der Sowjetzone. Alle jene, die nun fast ein Jahrzehnt schon dort ausharren, wissen genau um den Unterschied zwischen realpolitischer Haltung im Bemühen um die Wiedervereinigung und kurzsichtiger Selbstgenügsamkeit.

Aber wir haben uns doch gewissenhaft zu fragen, ob nicht Anlaß gegeben ist, auf die Gelassenheit hinzuweisen, mit der diese und jene Kreise unseres Volkes unserer Schicksalsfrage – der Teilung unseres Landes – gegenüberstehen. Insbesondere auch auf die Gelassenheit, mit der man den für unser Land ergebnislosen Ausgang der Berliner Konferenz hinnahm.

Ein maßgeblicher Deutscher schrieb mir noch in diesen Tagen voll tiefer Sorge: »Angesichts dessen, was mit unserem Volk geschah, müssen wir allerdings eingestehen, daß dieses Volk sich vor dem Gorgonengesicht seines Schicksals entweder in einer Art Dämmerzustand verbirgt oder aber einfach kapituliert hat, ohne recht zu begreifen, was ihm zugedacht ist.«

Ich könnte weitere Urteile gerade aus den Erfahrungen der letzten Zeit anführen. Sie alle klingen hart. Aber es ist gut, daß es Männer und Frauen unter uns gibt, die diesen Maßstab anlegen. Die Härte ihres Urteils ist diktiert von der Sorge um Deutschland und um die Existenz unseres Volkes.

Dabei sind wir uns sicherlich bewußt und müssen uns bewußt sein: Deutschland hat nach allem, was nach 1933 geschehen ist, Anlaß zu einer zurückhaltenden Politik. Es hat allen Grund, sich in Angelegenheiten und Anliegen seines nationalen Interesses maßvoll und gehalten zu zeigen. Denn wir wissen, daß vor allem die Verzerrungen und Überschlagungen des Nationalsozialismus unseren heutigen Zustand verursacht haben. Wenn wir aber die ganze Periode deutscher Politik in diesen letzten Jahren überblicken, so glaube ich sagen zu dürfen: Deutschland hat den Beweis erbracht, daß Nationalismus und Radikalismus überwunden sind. Und es ist nicht zuletzt die Politik der christlichen Demokraten in ihrem wirklich mehr als selbstlosen Bemühen um Europa, die der Welt diesen Beweis erbracht hat. Deshalb könnte und sollte niemand jenseits unserer Grenzen von einer angeblichen Gefahr des Nationalismus reden, wo es sich in Wirklichkeit um den Ausdruck innerer Not eines Volkes handelt. Für Freiheit und Einheit des eigenen Volkes einzutreten, ist kein Nationalismus. Es zu tun, ist eine selbstverständliche Verpflichtung.

Aus diesem Grunde dürfen wir uns auch nicht hindern lassen, ein anderes noch auszusprechen: Niemals dürfen wir Veranlassung geben, daß in der Welt deutsches Maßhalten mit Gleichgültigkeit und Kälte gegenüber der Schicksalsfrage unseres Landes verwechselt wird. Das würde – auf die Dauer gesehen – unser Ansehen in der Welt sicherlich nicht erhöhen. Auch bei jenen nicht, denen eine solche Haltung bequem wäre. Und schließlich müßte ein solcher Eindruck auch eine verzögernde Wirkung auf die Wiedervereinigung unseres Landess ausüben. Die Verantwortung, daß das nicht geschieht, liegt dabei gewiß nicht nur bei den Politikern und Staatsmännern. Sie liegt zuerst und vor allem beim Volk selbst.

Beim Volk und im Volk liegen die Quellen der natürlichen Verbundenheit zwischen den Deutschen diesseits und jenseits des Sperrgürtels. Beim Volk und im Volk selbst, das über den Sperrgürtel hinweg durch zahllose Bande der Verwandtschaft und Freundschaft aneinandergekettet ist, liegt die Möglichkeit und die Verpflichtung, diese natürlichen Bande immer wieder zur Geltung zu bringen. Man begegnet ja – weiß Gott – kaum einem Rheinländer, kaum einem Westfalen, kaum einem Niedersachsen, ja sogar kaum einem Bayern, der einem nicht sagt, daß er

Verwandte oder Freunde in Mecklenburg, in Brandenburg, in Sachsen, Sachsen-Anhalt oder Thüringen hat. Manch einer hat sie auch noch unter der bedrängten Million Deutschen, die noch jenseits der Oder-Neiße-Linie ihr dürftiges und schweres Leben fristen. An diese Deutschen und ihr Los können wir alle nur mit Bewegtheit und Schmerz denken.

Uns ist die Verpflichtung auferlegt, den Stimmen der Verwandtschaft und Freundschaft, der schicksalhaften Verbundenheit mit den 18 Millionen jenseits des Sperrgürtels und der Million jenseits der Oder/Neiße vor aller Welt Ausdruck zu verleihen. Deshalb ist wahrhaftig kein Grund zur Selbstzufriedenheit gegeben. Im Gegenteil: Je freier wir in der Bundesrepublik vom Druck der täglichen Not werden, um so unausweichlicher wird unsere Verpflichtung, das politische Denken und Sprechen für ganz Deutschland neu zu lernen. Das Denken an das harte Schicksal der Millionen jenseits des Sperrgürtels. Und das Sprechen, das stete Sprechen von der Unnatur, von dem Unrecht, von der Gefährlichkeit, ein Volk in Stücke zu zerreißen. Ein bekannter Mann der Wirtschaft schrieb mir neulich, man solle ein Mahnmal errichten mit der Aufschrift »Immer daran denken, nie davon sprechen«. Ich kann darauf nur sagen: Ein Mahnmal in allen Städten, jawohl. Aber wenn ein Land in Stücke zerrissen ist – wie das deutsche –, dann reicht es nicht aus, nur immer daran zu denken. Dann muß man vor allem davon sprechen. Und zwar immer wieder davon sprechen. Damit unser Volk es hört. Damit die Welt es hört. Damit die Welt vor die Unausweichlichkeit des deutschen Anliegens der Wiedervereinigung gestellt wird.

Und damit auch der entschlossene Wille zur Hilfe für das von uns ferngehaltene Deutschland lebendig erhalten wird. Damit er von Tag zu Tag noch wächst. Es darf jenseits des Eisernen Vorhanges nicht der geringste Vorwurf mehr möglich sein, daß man nur wenig oder gar nur mit Widerstreben an Mittel- und Ostdeutschland denke. Heute hört man es leider immer noch. Und oft sogar mit großer Bitterkeit. Das alles kann aber nicht nur von oben geweckt, gelenkt und geleitet werden. Es muß aus dem Innern des Volkes selbst kommen. Das alles muß Sinn und Inhalt einer Volksbewegung sein. Und zwar einer Volksbewegung, die in der Existenzfrage unseres Volkes keine Parteigrenzen, keinen Gruppen- und keinen Standesegoismus kennt, sondern einer Volksbewegung, die das Verantwortungsbewußtsein für die Millionen jenseits der Elbe-Werra-Fulda zum lebendigen Besitz eines jeden einzelnen Deutschen macht. Und die echte Hilfsbereitschaft eines jeden einzelnen, einer jeden deutschen Familie, einer jeden deutschen Organisation zur obersten Verpflichtung macht.

Und ich wende mich heute schon an einen jeden Ausländer, der die Haltung unseres Volkes kritisiert, weil ihm dieses unser Volk den Millionen jenseits des Sperrgürtels gegenüber zu lau und zu gleichgültig erscheint. Allen diesen Kritikern möchte ich sagen: Der Wille zur Wiedervereinigung, der Wille zur Hilfsbereitschaft, der Wille zum Opfer für den in Unfreiheit, Armut und Unterdrückung lebenden Teil unseres Volkes ist größer, ist stärker, als es mancher zu spüren vermag. Dieser Wille bedarf nur des sinnfälligen und sinngemäßen Ausdrucks.

Dabei soll man auch wieder die Kirche beim Dorf lassen. Niemand kann sagen, daß nichts geschehen sei. Die Bundesregierung, zahllose Familien, private Organisationen, nicht zuletzt aber die beiden Kirchen sind ihrer Verantwortung gegenüber den von uns ferngehaltenen Deutschen in weit höherem Maße gerecht geworden, als das mancher Kritiker überhaupt weiß. Es ist hier nicht die Stunde, in der man sich

ans Aufzählen materieller Hilfsaktionen begeben möchte. Überdies findet echte Hilfe ja ohnehin meist im stillen statt. Im Falle der Sowjetzone vor allem kann man zudem nicht alles an die große Glocke hängen. Übrig bleibt aber: Es muß weit mehr geschehen, um den Millionen jenseits des Sperrgürtels das Vertrauen und die Gewißheit zu geben: Auf die 50 Millionen in der Bundesrepublik ist Verlaß. Denn dieses Bewußtsein ist und bleibt ihr stärkster Rückhalt, um das Los, das ihnen heute noch beschieden ist, zu meistern.
Aber über eines dürfen wir uns nicht täuschen: Alle Hilfe, alle Stützung, alle Ermutigung sind nur Behelfsmittel für eine Übergangszeit. Für die Zeit bis zu dem Augenblick, in dem die Weltpolitik ihr »Ja« zur Wiedervereinigung Deutschlands spricht. Dieses »Ja« zur Wiedervereinigung Deutschlands herbeizuführen, bleibt das Alpha und Omega der deutschen Politik überhaupt. Es ist mir nicht aufgegeben, hier über Mittel und Wege zu sprechen, die dazu führen können. Sie lassen sich ohnedies nicht in einfachen Formeln ausdrücken. Wir haben alle miteinander lernen müssen, wie kompliziert die deutsche Situation ist. Und nicht nur die deutsche Situation. Wir brauchen nur den steinigen Weg von Panmunjon über Berlin nach Genf zu verfolgen, um zu erkennen, wie mühsam es ist, die Fäden der Weltpolitik zu entwirren. In den Knäuel der Weltpolitik aber ist das deutsche Schicksal verstrickt.
Aber für Deutschland drängt die Zeit. Jede weitere Zeitspanne, die unsere Deutschen jenseits des Sperrgürtels von uns trennt, bedeutet für sie weitere Verarmung, weitere Verelendung, weitere Gefährdung. Jeder Tag bedeutet weitere Vertiefung des Risses zwischen den deutschen Teilen. Deshalb spielt der Zeitfaktor eine entscheidende Rolle. Mancher mahnt: Nur nicht Illusionen wecken über die Dauer unserer Teilung. Nein, gewiß keine Illusionen wecken. Wohl aber die Welt erkennen lassen, daß Deutschland nicht gewillt und nicht fähig ist, die Zerreißung seines Landes und Volkes hinzunehmen. Und daß wir ebenso unerschütterlich daran festhalten, daß es mit den Mitteln der Diplomatie und des Verhandelns zu geschehen hat. Nicht mit Gewalt. Dabei sind wir uns alle klar darüber, daß hinter Verhandeln und Diplomatie auch Macht stehen muß. Traurig genug, daß wir in dieser Beziehung schon seit Jahren auf der Stelle treten.
Dabei können und dürfen wir nicht vergessen, daß die Deutschen jenseits des Sperrgürtels und jenseits der Oder/Neiße und auch jene, die noch in Gefängnissen, Zuchthäusern und Lagern auf die Freiheit warten, Geiseln in der Hand der Sowjets sind. Dieses ihr Schicksal als Geiseln muß maßgeblich sein für Ton und Inhalt unserer Äußerungen. Geiseln erhält man nicht zurück mit Holzhammermethoden. Deshalb müssen alle unsere Äußerungen von besonnenem Verantwortungsbewußtsein für das Schicksal dieser Millionen getragen sein.
Über allem aber steht für uns das Gesetz, das auch die Millionen hinter dem Sperrgürtel als das oberste Gesetz aller Wiedervereinigungspolitik ansehen: Wiedervereinigung und Freiheit lassen sich niemals voneinander trennen. Denn das Leid und das schwere Geschick der 18 Millionen erwächst ja gerade aus der Unfreiheit. Deshalb bilden Wiedervereinigung und Freiheit ein unteilbares Ganzes. Wiedervereinigung ohne Freiheit ist untragbar. Aber Freiheit ohne Wiedervereinigung, d. h. Freiheit nur für einen Teil Deutschlands, bleibt gefährdete Freiheit. Freiheit in Deutschland und Europa kann nur gesichert werden, wenn unser Volk wieder geeint ist.

## 84

*Konstituierung des Kuratoriums der Volksbewegung für die Wiedervereinigung in Neuenahr*
*14. Juni 1954 (später genannt: Kuratorium Unteilbares Deutschland)*

Zunächst und vor allem muß ich meiner Genugtuung und meinem Dank Ausdruck geben, daß Sie sich im Dienste an der Sache unseres Volkes hier zusammengefunden haben. Bei der heutigen Inanspruchnahme führender Persönlichkeiten durch mannigfache Verpflichtungen muß es schon ein zentrales Anliegen sein, das Sie Ihre Zeit opfern läßt. Und heute handelt es sich wirklich um ein zentrales Anliegen. Denn es gibt keine Frage in Deutschland, die so sehr die gesamte Existenz unseres Volkes angeht – d. h. auf die Dauer gesehen die Existenz eines jeden einzelnen von uns – wie die Frage nach der Wiedervereinigung unseres Landes. Ganz abgesehen von dem brutalen Schicksal, dem unsere 18 Millionen jenseits von Helmstedt und Hof ausgeliefert sind. Ganz abgesehen von den Gefahren, die sie ständig bedrohen. Ich denke dabei nicht nur an Gefahren für Leib und Leben. Ich spreche auch von der Gefahr, sie auf die Dauer geistig und seelisch an eine fremde Welt zu verlieren. Oder sie in Resignation versinken zu sehen. Dafür hat das FDJ-Treffen Pfingsten in Berlin immerhin Symptome erkennen lassen. Auch wenn man die rigorosen Absperrungen durch die Volkspolizei in Betracht zieht, so muß doch festgestellt werden. Es war bei den jungen Menschen aus der Sowjetzone nicht mehr das gleiche ungeduldige Drängen zur Begegnung mit der freien Welt zu spüren wie vor drei Jahren. Es lag eine gewisse Resignation über dieser Jugend.
Ich weiß, daß die Erkenntnis dieser Gefahren einen jeden einzelnen von Ihnen bewegt, der heute hierher gekommen ist. Deshalb haben Sie sich ja auch bereit erklärt, dem Kuratorium einer Bewegung anzugehören, die auf Änderung und Hilfe in der Situation unseres Volkes hinarbeitet. Ich begrüße Sie alle in Herzlichkeit und Dankbarkeit. Um unseres Volkes willen. Um der Millionen Deutsche willen, die von jenseits der Elbe-Werra-Fulda nach Westdeutschland herüberblicken. Um der Millionen von Heimatvertriebenen und Flüchtlingen willen, deren Blick auf die Wartburg, auf den Naumburger Dom, auf die Marienburg, auf Schneekoppe und Annaberg gerichtet bleibt.
Der Ministerpräsident dieses Landes, Peter Altmeier, wäre ebenfalls gerne hier gewesen. Er ist dem Kuratorium beigetreten. Leider kann er der Landtagssitzung in Mainz wegen nicht hier sein. Er schreibt uns:
»Recht herzlich begrüße ich die Mitglieder des Kuratoriums in Bad Neuenahr in der Hoffnung, daß vom Rhein her die Volksbewegung für die Wiedervereinigung jene Impulse ausstrahlt, die unser Volk braucht, um eines Tages seine Einheit in Freiheit wiedererrungen zu haben.«
Ein Teil der Mitglieder dieses Kuratoriums kann wegen unaufschiebbarer Verpflichtungen nicht hier sein. Aber jeder einzelne von denen, die heute nicht unter uns sein können, hat zum Ausdruck gebracht, wie sehr ihn das Anliegen der Wiedervereinigung bewegt. Und wie sehr es ihn drängt, im Kuratorium mitzuwirken. Darunter sind manche Schreiben, die ich gern verlesen hätte, so auch unter anderem ein Schreiben vom Regierenden Bürgermeister von Berlin, Dr. Schreiber, der begreiflicherweise gerade jetzt in Berlin festgehalten wird. Er bittet, die nächste Arbeitssitzung in Berlin abzuhalten. Ich glaube, wir können ihm das zusagen.

Es sind insgesamt 126 Persönlichkeiten, die das Kuratorium der Volksbewegung für die Wiedervereinigung bilden. Sie haben die Liste vor sich liegen. Es sind Persönlichkeiten aus allen Parteien des Bundestages, aus dem Kultur- und Geistesleben, aus den großen wirtschaftlichen und sozialen Verbänden, aus allen Schichten und wesentlichen Gruppen unseres Volkes. Nicht zu vergessen die Jugend und die Frauen. Ich glaube, wir dürfen feststellen: Es ist das erste Mal seit langen Jahren, daß alle Richtungen und Kreise unseres Volkes sich in freiem Entschluß zu gemeinsamen Handeln zusammengefunden haben.
Zunächst ein Wort darüber, warum wir nach Neuenahr gegangen sind: Für alle, die diese Zusammenkunft vorbereitet haben, erschien es als Selbstverständlichkeit, die Konstituierung des Kuratoriums in Berlin oder an der Zonengrenze vorzunehmen. Für den letzteren Fall war an Goslar oder Helmstedt gedacht. Aber es stellte sich bald heraus, daß die Mai- und Junitage dieses Jahres für alle Persönlichkeiten des öffentlichen Lebens so sehr in Anspruch genommen sind, daß es schwierig wurde, mehrere Tage für diese Begegnung anzusetzen. Das aber wäre für die meisten Kuratoriumsmitglieder notwendig gewesen, wenn wir nach Berlin oder an die Zonengrenze gegangen wären. Da uns aber an der Konstituierung vor dem 17. Juni gelegen sein mußte, wollten wir diesen Termin nicht durch die Auswahl des Ortes in Gefahr bringen. Dabei sollte auch Nordrhein-Westfalen außer Betracht bleiben, um jedem Schatten des Wahlkampfes zu entgehen. Zudem mußten wir aus Rücksicht auf die unter uns befindlichen Parlamentarier in Reichweite von Bonn bleiben. Und die Tatsache, daß gerade heute auch noch eine Sitzung des Auswärtigen Ausschusses mit vorhergehenden Fraktionsbesprechungen angesetzt worden ist, beweist, wie angebracht das war. So ergab sich Neuenahr.
Warum nun ein Kuratorium von Persönlichkeiten, deren Arbeitskraft von Ämtern und Verpflichtungen schon so sehr in Anspruch genommen ist? Darauf kann ich nur sagen: Der Anruf an unser Volk muß von Männern und Frauen ergehen, die den verschiedenen Parteien, der Kultur- und Geisteswelt, den großen wirtschaftlichen und sozialen Verbänden, die den wesentlichen Gruppen unseres Volkes das Gepräge geben. Sie alle sollen sich durch das Kuratorium verpflichtet fühlen, sich in ihrer öffentlichen Wirksamkeit für die Wiedervereinigung, für tätige Hilfe gegenüber den 18 Millionen und den Heimatberaubten einzusetzen.
Dieses Kuratorium ist schon der Ausdruck der im ganzen Volk immer mehr wachsenden Überzeugung: Wir Deutsche selbst sind an erster Stelle berufen und verpflichtet, der Zerreißung unseres Landes entgegenzuwirken. Dieses Kuratorium ist der Ausdruck der im Volk längst vorhandenen Erkenntnis: In dem Bemühen um die Wiedervereinigung unseres Landes darf es keine Parteien-, keine Klassen-, keine Standesunterschiede geben. Über Einzelfragen der Politik kann man verschiedener Meinung sein. Aber sobald es sich um die Lebensfrage unseres Volkes handelt, muß der Wille auf Verständigung, auf Gemeinsamkeit gerichtet sein.
In der Volksbewegung für die Wiedervereinigung geht es überhaupt nicht um Einzelfragen der Politik, sondern es geht um den sinnfälligen Ausdruck des deutschen Willens zur Wiedervereinigung. Es geht darum, diesen Willen in allen Kreisen der Bevölkerung zu stärken. Es geht darum, die gesamte Öffentlichkeit in Deutschland und in der Welt über die rechtliche, moralische und materielle Unmöglichkeit der Teilung Deutschlands weit mehr noch als bisher aufzuklären. Es geht darum, die Kenntnis der Probleme der Wiedervereinigung in unserem Volke zu klären und zu erweitern. Es geht darum, das Verantwortungsbewußtsein für die Millionen jen-

seits der Elbe-Werra-Fulda zum lebendigen Besitz eines jeden einzelnen Deutschen zu machen. Es geht darum, die aktive Hilfsbereitschaft eines jeden einzelnen, einer jeden deutschen Familie, einer jeden deutschen Organisation für die Bevölkerung der Sowjetzone und Berlin zu vertiefen. Es geht darum, den geistigen und menschlichen Zusammenhalt mit der Zone zu wahren und zu festigen.
Jeder von uns, der sich mit Problemen der Wiedervereinigung befaßt, weiß dabei, wieviel Einzelarbeit schon geleistet wird, wieviel persönliche Opferbereitschaft schon am Werke ist. Das alles muß noch gestärkt und ausgebaut werden. Es geht vor allem auch darum, die deutsche Jugend diesseits und jenseits der Zonengrenze mehr als bisher zusammenzubringen. Es geht darum, die Verbundenheit mit dem deutschen Land jenseits der Oder/Neiße mit seiner Geschichte und seiner Kultur wachzuhalten.
Es geht rein politisch gesprochen darum, überall Klarheit zu schaffen, daß die Teilung Deutschlands Gefahr und Unsicherheit, daß die deutsche Wiedervereinigung jedoch Stärkung der Sicherheit und des Wohlstandes für Deutschland und Europa bedeutet.
Dabei wird dieses Kuratorium mit allem, was seine Mitglieder an Überzeugungen repräsentieren, die Gewähr sein, daß der Wille unseres Volkes zu seiner Wiedervereinigung niemals in Nationalismus ausschlägt. Im Gegenteil. Gerade dadurch, daß führende Männer und Frauen aus allen Schichten unseres Volkes das dringlichste Anliegen aller Deutschen überzeugend und besonnen vertreten, wird jedem Radikalismus vorgebeugt.
Das ist in einfachen, knappen Worten die Aufgabe der Volksbewegung für die Wiedervereinigung. Ich bin überzeugt, daß die spätere Aussprache im Kuratorium, daß die künftige Arbeit der Volksbewegung diesen Aufgabenkreis noch erheblich erweitern und vertiefen wird. Und ich bin ebenso überzeugt, daß die gemeinsame Arbeit für die Wiedervereinigung auch die Gegensätze zwischen den verschiedenen Auffassungen verringern, die Stoßkraft des Willens zur Wiedervereinigung aber wesentlich verstärken wird. Wie ich überzeugt bin, daß damit auch ein politischer Stil und ein politisches Klima bei uns gefördert wird, die die Freiheit des Westens für die Millionen jenseits des Sperrgürtels wirklich anziehend machen.
Ich bin von Tag zu Tag mehr der Überzeugung, daß wir es uns in keiner Beziehung allzu leicht machen dürfen. Mit Holzhammermethoden läßt sich die Wiedervereinigung unseres Landes kaum erringen, läßt sich auch der deutsche Osten nicht zurückgewinnen. Gefüllte Schaufenster im Westen allein befriedigen den Freiheitswillen jenseits der Zonengrenze nicht. Alle Denkenden, insbesondere aber die Jugend, wollen wahrhafte Auseinandersetzung. Aufgabe der Volksbewegung wird es sein, über alle Propaganda hinaus Mittel und Wege zu menschlichem und geistigem Zusammenhalt zwischen allen Deutschen zu finden und zu pflegen.
Im übrigen: Es ist Theodor Heuss gewesen, der für unseren Zusammenschluß einen Namen vorschlug, der wie kein anderer das Wesen und die Aufgabe der Volksbewegung für die Wiedervereinigung kennzeichnet. Der Name lautet: »Unteilbares Deutschland«. Ich möchte überzeugt sein, daß Sie mit mir übereinstimmen: »Unteilbares Deutschland, Volksbewegung für die Wiedervereinigung« dürfte der Name sein, unter dem wir unsere Arbeit aufnehmen.
Noch eines gleich: Das »Unteilbare Deutschland« ist die Aufgabe eines jeden Deutschen. Diese Volksbewegung hat ihren Ursprung im Willen unseres Volkes zur Einheit und Freiheit, der nach Gestalt und Ausdruck verlangt. Sie wird weder »von

oben« gesteuert noch finanziert werden. Ich selbst habe als der Staatsbürger Jakob Kaiser an diesem Zusammenschluß für die Wiedervereinigung gearbeitet. Ich habe Geburtshilfe geleistet. Von diesem Augenblick an trete ich in den Kreis der übrigen Mitglieder des Kuratoriums.

Nun sehen Sie hier neben mir einige gewichtige Persönlichkeiten sitzen. Aus vereinsrechtlichen Gründen mußten wir einen kleinen Verein bilden, der sich »Ausschuß für Fragen der Wiedervereinigung Deutschlands e. V.« nennt, dessen Vorstand wir zu fünft bilden. Es sind – dem Alphabet nach – Thomas Dehler, Walter Freitag, Jakob Kaiser, Erich Ollenhauer und Friedrich Spennrath. Findige Geister haben diesen Verein schon vor einiger Zeit im Vereinsregister aufgestöbert und für das Ganze der Volksbewegung gehalten. Ich darf für die genannten Kollegen schon jetzt erklären, daß auch sie – wie ich – im Kreise des Kuratoriums mitwirken werden. Sie werden Ihnen das auch noch selbst sagen. Leitung und Repräsentanz des »Unteilbaren Deutschland« liegen beim Kuratorium.

Das führt mich zur Organisation der Volksbewegung. Aus dem Kreis des Kuratoriums bilden sich am besten zunächst erst einmal zwei Ausschüsse:

1. Der Aktionsausschuß und
2. Der Betreuungsausschuß.

Dem Betreuungsausschuß sollen Persönlichkeiten angehören, die sich gemeinsam mit dem obengenannten Vereinsvorstand in besonderer Weise für Fundierung und Unabhängigkeit des »Unteilbaren Deutschland« verantwortlich wissen. Ich betone noch einmal: Die Volksbewegung für die Wiedervereinigung soll nicht aus Bundesmitteln finanziert werden. Sie muß unabhängig sein. Sie muß auf der Opferkraft des Volkes und seiner großen Verbände beruhen.

Der Aktionsausschuß soll sich aus besonders aktiven Persönlichkeiten des Kuratoriums zusammensetzen, die Zeit und Arbeitskraft für die praktischen Aufgaben zur Verfügung stellen können. Selbstverständlich muß es dem Aktionsausschuß freistehen, die eine oder andere Persönlichkeit heranzuziehen, die nicht dem Kuratorium angehört. Daß dabei jedes Mitglied des Kuratoriums jederzeit an Sitzungen und an der Arbeit des Aktionsausschusses teilnehmen kann und von seiner Tätigkeit laufend unterrichtet werden muß, bedarf wohl kaum der Betonung.

Es wird sich als notwendig erweisen, daß der Aktionsausschuß Unterausschüsse bildet, die sich mit den wesentlichsten Einzelaufgaben befassen. Gedacht muß werden an einen Sozialausschuß. An einen Kulturausschuß, an einen Informationsausschuß und an einen politischen Ausschuß. Diese Ausschüsse werden ein Wirkungsfeld für die vielen sein, die gute Fachkenntnisse mit dem Verlangen verbinden, für die Wiedervereinigung zu wirken. Ich darf hier sagen: Es wird nicht an Mitarbeitern fehlen. Fast täglich gehen Bekundungen von Persönlichkeiten aus allen Teilen unseres Landes ein, die Mitarbeit leisten wollen. Vor allem auch die Jugend verlangt danach.

Ebenso beweist das Echo, das unser Beginn schon heute in allen Teilen unseres Landes gefunden hat, daß es bald überall zum Zusammenschluß Gleichgesinnter kommen wird. Selbstverständlich wird dabei nicht an förmliche Vereinsmitgliedschaft und Vereinsdemokratie gedacht, sondern an die freiwillige Zusammenarbeit aller großen und kleinen Verbände und aller Einzelpersönlichkeiten, die zur Mitarbeit entschlossen sind. Wie das übrigens früher – nach dem 1. Weltkrieg – schon einmal ähnlich im »Ausschuß Deutscher Verbände« zunächst unter der Präsidentschaft des vor einigen Tagen verstorbenen Freiherrn von Lersner der Fall war.

Es braucht wohl nicht betont zu werden, daß wir einer Geschäftsstelle bedürfen, die für diese mannigfache Aktivität zur Verfügung stehen muß. Soviel zunächst schon einmal zur Organisation.
Was nun den Vorsitzenden oder Präsidenten angeht, so sind meine Freunde und ich uns einig, daß nicht nur die nächste Arbeitstagung in Berlin stattfinden soll, zu der uns der Regierende Bürgermeister ja schon eingeladen hat, sondern daß vor allem auch die Wahl des Präsidenten in Berlin erfolgen soll.
Vor mir liegen die Schreiben, mit denen jeder einzelne von Ihnen, mit denen insgesamt 126 Männer und Frauen ihr verantwortungsbewußtes »Ja« zum »Unteilbaren Deutschland« gesprochen haben. Vor mir liegen die Schreiben, in denen Sie sich bereit erklärt haben, dem Kuratorium der Volksbewegung für die Wiedervereinigung anzugehören. Ich darf Sie deshalb bitten, sich im Denken an unser zerrissenes Vaterland, im Denken an mehr als 20 Millionen Deutsche jenseits des Eisernen Vorhanges zur Konstituierung des Kuratoriums zu erheben. Ich erkläre hiermit in unser aller Namen das »Unteilbare Deutschland, Volksbewegung für die Wiedervereinigung« für konstituiert.

## 85

*Persönliche Notizen nach der Absage Frankreichs an die EVG*
*31. August 1954*

Der 30. August mit seiner Absage an die EVG darf auf keinen Fall bagatellisiert werden. Denn Politik und Propaganda der letzten drei Jahre haben den bisherigen Weg der Politik als den einzig möglichen zur Rettung Westdeutschlands, zur Rettung Europas und zur Wiedervereinigung hingestellt. Jede Alternative, jede Diskussion darüber ist systematisch diskreditiert worden. Jedes Abweichen wurde entweder als Liebäugeln mit dem Kommunismus oder als Nationalismus verschrien. In jedem Fall galt es als Gefährdung des deutschen Interesses. Vor allem wurde immer wieder an die Wand gemalt, im Falle des Scheiterns der EVG würde Amerika sich zurückziehen und Europa seinem Schicksal überlassen. Ich hatte die Richtigkeit dieser Haltung stets in Zweifel gezogen. Ich habe oft darauf hingewiesen, daß man daran denken müsse, daß man von heute auf morgen vor der Tatsache stehen könnte, daß die EVG-Politik in einer Sackgasse endet. Vor dieser Tatsache stehen wir jetzt. Nun werden Alternativen eine Notwendigkeit.
Wenn die Regierung in dieser Situation Widerhall im Volke finden will, muß sie sich zur Notwendigkeit von Alternativen bekennen.
a) Sie muß anerkennen, daß doch die nationalen Formen und Kräfte stärker sind, als daß sie von heute auf morgen überwunden werden können. Man hat einfach das Wesen der Staaten von Europa verkannt, als man den Versuch machte, von heute auf morgen ein integriertes Westeuropa zu schaffen. Seien wir doch ehrlich: Die Franzosen, die einfach Angst davor haben, eines Tages für die Rückgewinnung Mittel- und Ostdeutschlands eingespannt zu werden, haben besseren Sinn für die Stärke des nationalen Willens eines Volkes gehabt als wir. Wir haben immer wieder gepredigt, erst Europa und dann die Wiedervereinigung. Auch damit haben wir in Frankreich wahrscheinlich mit die entscheidenden Widerstände ausgelöst. Denn Frankreich, wo der nationale Gedanke stark ist, mußte ja schließlich überzeugt davon sein, daß es für die Wiederherstellung Gesamtdeutschlands eingespannt wer-

den könnte. Selbstverständlich müssen wir in jeder Hinsicht für die Einigung Europas eintreten. Aber zunächst auf der Grundlage der bestehenden Nationalstaaten. Europa kann sich nur langsam entwickeln. Sonst gibt es Krisen.

b) Bei der Anerkennung dieser Tatsachen schiene es mir falsch, mit dem Finger auf Frankreich zu weisen, daß es sich selbst isoliert habe. Es erscheint mir gar nicht isoliert. Denn schließlich war allen Staaten mehr daran gelegen, ein wiederbewaffnetes Deutschland unter Kontrolle zu halten, als an der europäischen Idee. Im übrigen erschien Mendès-France bei seinem Besuch bei Churchill durchaus nicht isoliert. Er ist sehr höflich behandelt worden. Ich würde es deshalb für falsch halten, jetzt den Versuch zu machen, mit Italien und der Benelux-Gruppe eine Fünfer-EVG oder auch nur eine Fünferkonferenz einzuberufen. Es würde praktisch sicherlich nichts dabei herauskommen.

c) Wichtiger als alles andere erscheint mir zunächst eine Verständigung mit der Opposition. Allerdings nicht im üblichen Stil, sondern eine Beteiligung an der Verantwortung. Wir kommen ja auf keinen Fall ohne eine rasche Stärkung wenigstens der inneren Sicherheit aus. Wir müssen Grenzschutz und Polizeikräfte sehr rasch mindestens auf den Stand der sowjetzonalen Verbände bringen. Und zwar entsprechend der Bevölkerungszahl mindestens im Verhältnis 2:1. Das geht nicht ohne die Opposition. Wie es überhaupt in dieser Notzeit viel besser wäre, wenn es zu einer Zusammenfassung aller freiheitlichen Kräfte kommen würde.

d) Was die Erlangung unserer Souveränität angeht, so kann sie uns doch wohl auf keinen Fall aufgrund des Deutschlandvertrages gegeben werden. Im Deutschlandvertrag räumen wir den Alliierten Vorrechte ein, die selbst vor zwei Jahren schon schwer tragbar waren. Sie ließen sich selbst damals nur rechtfertigen, weil gleichzeitig die Aufrüstung zu einem vermehrten deutschen Gewicht geführt hätte. Aber der isolierte Deutschlandvertrag – zudem noch zwei Jahre später – ist unannehmbar. Deutschland kann den Alliierten heute nicht mehr das Recht zubilligen, den Notstand zu erklären. Oder gar die Regierungsgewalt in einzelnen Teilen Deutschlands oder insgesamt zu übernehmen. Wer das heute noch ernsthaft zur Erwägung stellen würde, könnte sich nur unmöglich machen.

e) Was den politischen und militärischen Status Deutschlands betrifft, so kann eine deutsche Regierung heute nur mehr Gleichberechtigung verlangen. Auf keinen Fall eine europäische Besatzungsgewalt, ohne daß Deutschland gleichberechtigt in dem Gremium des Atlantikpaktes sitzt.

## 86

*Zu aktuellen Problemen*
*Rundfunkrede (NWDR), 2. September 1954*

Unser gesamtes Volk steht unter dem Eindruck, daß die politischen Entscheidungen um sein Schicksal in ein schwieriges Stadium getreten sind. Mitten in die Bemühungen des Neuaufbaus von Volk und Staat hinein sind Ereignisse eingetreten, die den Optimismus, der zeitweise allzu stark über der Bundesrepublik lag, gehörig dämpften. Mancher, der vor den Gefahren eines geteilten Deutschlands und vor der Tatsache des kalten Krieges auf deutschem Boden die Augen verschloß, wurde unliebsam aufgerüttelt. Mit einem Schlag wurde erneut klar, wie schwankend der Grund noch ist, auf dem Deutschland aufbaut. Das kann allerdings niemanden wundernehmen, dem stets lebendig geblieben ist, in welchen Abgrund uns das Hitlerabenteuer geführt hat. Es kann niemand über Krisen- und Fiebererscheinungen in unserem Volk verwundert sein, der sich bewußt ist, was die nun schon fast zehn Jahre dauernde Zerreißung und Besetzung Deutschlands bedeutet.

Wenn wir einmal alles beiseite lassen, was über die Fälle John und Schmidt-Wittmack im Rahmen einer Bundestagsdebatte noch zu sagen sein mag, so bleibt für die Gesamtbeurteilung unseres gegenwärtigen Zustandes doch eines klar: Gegen Erscheinungen und Erschütterungen solcher Art ist nun einmal ein Land und ein Volk nicht gefeit, das auf seinem Boden einen kalten Krieg zu ertragen hat. Wer sich über diese Tatsache je hinweggetäuscht hat, der hat das Schicksal, das uns aufgebürdet ist, einfach nicht begriffen. Und wer in der Bundesrepublik geglaubt hat, es gäbe irgendeine Form der endgültigen Sicherheit und Stabilisierung angesichts der gegenwärtigen Zerreißung unseres Landes, der hat sich gefährlichen Illusionen hingegeben.

Das soll natürlich nicht heißen, daß nicht alles geschehen muß, um das Provisorium der Bundesrepublik mit aller gebotenen Sauberkeit und Festigkeit zu untermauern. Im Gegenteil: Gerade weil wir nicht nur an uns selbst zu denken haben, sondern auch an diejenigen Teile unseres Volkes und Landes, die von uns ferngehalten werden, müssen wir auf Integrität und möglichste Sicherheit unseres gesamten Lebens bedacht sein. Dazu bedarf es selbstverständlich der sachlichen und ehrlichen Bemühung aller verantwortlichen politischen Kräfte in unserem Lande. Dazu bedarf es darüber hinaus der sachlichen Mitwirkung aller Kreise unseres Volkes bei der Erörterung und Gestaltung der politischen Dinge.

Wir haben in diesen Wochen Ausbrüche von Hysterien und Verdächtigungen erlebt, die für den inneren und äußeren Aufbau unseres Landes nur schädlich sein können. Wollen wir uns doch über eines klar sein: Nichts ist denen, die unser freiheitliches Staatswesen zu erschüttern trachten, so willkommen, als daß gerade in Krisenzeiten eine Partei hämisch auf die andere weist. Eine Gruppe schadenfroh die andere anprangert. Ein Politiker dem andern am Zeuge flickt. Denn das ist die beste Methode, die innere Einheit zu stören und das Land zu schwächen.

Wenn wir aber je die innere Einheit gebraucht haben, so ist es in diesem Augenblick deutscher Politik. Diese Erkenntnis sollte die erste Konsequenz sein, die wir aus dem Scheitern der Europäischen Verteidigungsgemeinschaft ziehen. Wir wissen, wieviel Hoffnung und Erwartung sich an die Europäische Verteidigungsgemeinschaft geknüpft hat. Wir wissen vor allem auch, wie gerade die 18 Millionen in der Zone ihre Hoffnung darauf gesetzt haben. Und ich bin besorgt, daß gerade die Zone jetzt einigermaßen ratlos zu uns herübersieht. Das um so mehr, als ihr ja die vorhergehenden Ereignisse bereits allerhand Rätsel aufgegeben haben.

Schon um unserer Verantwortung für diese 18 Millionen willen scheint es mir notwendig, daran zu erinnern: Es gibt im Leben wie in der Politik meist mehrere Wege, um zum Ziel zu kommen. Deshalb halte ich es für meine Pflicht, gegenüber Berlin und der Zone meine Überzeugung zum Ausdruck zu bringen: Mit dem Scheitern der EVG sind keineswegs die Wege zur Einheit und Freiheit unseres Volkes verschüttet. Es ist Aufgabe der Bundesregierung, des Bundestages und überhaupt aller Kräfte unseres Volkes – nicht zuletzt auch des UNTEILBAREN DEUTSCHLAND –, um neue Wege bemüht zu sein. Wege vor allem, die Deutschland aus seinem gegenwärtigen Zustand der Zerrissenheit und Gespaltenheit herausführen. Dazu bedarf es nun einmal des Zusammenwirkens aller freiheitlichen Kräfte. Über

die Form des Zusammenwirkens wird man sich schlüssig werden müssen. Alle politischen Gruppen sind verantwortlich dafür, daß es ermöglicht wird.
Dann wird man sich über das Zusammenwirken der freien Völker – insbesondere der Völker Europas – neue Gedanken machen müssen. Drei Dinge haben die Erfahrungen der Nachkriegsjahre doch gelehrt.
Erstens: Die Gemeinschaft der freien Welt, zu der sich Deutschland rückhaltlos bekennt, beruht auf so elementaren Lebensinteressen, daß gelegentliche Rückschläge sie nicht erschüttern können.
Zweitens: Wir haben aber auch erfahren, daß man die nationale Tradition der Völker Europas stärker in Rechnung stellen muß. Nur unter Beachtung dieser Tradition werden wir zu einer gesunden europäischen Gemeinschaft kommen. Es bedeutet nicht Verleugnung, sondern Förderung Europas, wenn man beachtet, daß Kultur und Selbstbewußtsein Europas nicht zuletzt auf der Entfaltung seiner einzelnen Staaten beruht.
Drittens: Aus dieser Erkenntnis kann nur als Konsequenz für die deutsche Politik die überragende Bedeutung der Wiedervereinigungspolitik erwachsen. Kein Volk aus der Gemeinschaft der freien Welt kann und wird es gerade nach den letzten politischen Erfahrungen und Ereignissen dem deutschen Volk verargen, wenn es seine Politik noch entschiedener als bisher an der Aufgabe seiner Wiedervereinigung orientiert. Wenn wir die letzte Phase deutscher Politik durchdenken, so können wir nur zu dem Schluß kommen: Manche Verzögerungen in der Politik um Europa entspringen den Ungewißheiten und der Unruhe, die aus der Teilung Deutschlands kommen. Wirksame Europapolitik setzt also konsequente Wiedervereinigungspolitik voraus. Die Lösung der europäischen Frage ist nicht zu trennen von der Lösung der deutschen Frage.
Zunächst bedarf es der Verwirklichung einiger vordringlicher Erfordernisse: Deutschland muß endlich seine Gleichberechtigung erhalten. Einschränkungen, die noch vor einigen Jahren unter völlig anderen Verhältnissen vorgesehen waren, sind heute überholt. Wir können ja den 18 Millionen in der Zone gegenüber gar nicht mit der nötigen Überzeugungskraft auftreten, wenn unsere Gleichberechtigung im Kreis der freien Nationen künftig nicht voll und ganz gewährleistet ist. Das gilt dabei nicht nur für das Ansehen des freien Deutschlands gegenüber der Zone. Das gilt insbesondere auch für das Ansehen der Demokratie in Westdeutschland selbst. Seien wir doch ehrlich: Manche der Krisenerscheinungen der letzten Zeit wären unter eindeutiger deutscher Staatsautorität gar nicht möglich gewesen.
Ein weiteres Erfordernis ist die Schaffung einer stärkeren inneren Sicherheit auf dem Boden der Bundesrepublik. Wir brauchen für unsere Wiedervereinigungspolitik zumindestens ein bestimmtes Maß von Sicherheit im Innern. Auch wenn die Form des deutschen Verteidigungsbeitrages für die Sicherung der Freiheit erneut zur Erörterung steht, so sollte zumindestens schon einmal der Zustand beseitigt werden, daß die kommunistische Volkspolizei unseren Polizeikräften und unserem Grenzschutz an Zahl und Ausrüstung weit überlegen ist.
Deutschland steht vor ernsten und schwierigen Aufgaben. Wir brauchen zu ihrer Meisterung Verständigung und loyale Zusammenarbeit im Innern. Dann werden wir auch auf vermehrtes Verständnis in der Welt rechnen können.

## 87

*Krise um Jakob Kaiser?*
*Vor den Vertrauensleuten der Partei in Essen, 25. September 1954*

Ich bin dankbar, daß wir heute abend in vertrauensvoller Weise miteinander sprechen können. Es hat sich ja in den letzten Wochen allerhand ereignet. Nehmen wir die John- oder die Schmidt-Wittmack-Affäre. Oder nehmen wir den 30. August. Den Tag, an dem die EVG im französischen Parlament begraben wurde. Das alles sind Ereignisse, die einen Abgeordneten zu den Vertrauensleuten seiner Partei führen müssen. Denn hier sind die maßgeblichen Männer und Frauen, mit denen Aussprache gepflogen werden muß. Es hat mich längst gedrängt, das zu tun. Sie wissen aber auch, daß man nicht immer gleich so kann, wie man möchte.
Jetzt müßte ich aber eigentlich denen dankbar sein, die eine »Krise um Jakob Kaiser« erfanden. Sie haben immerhin bewirkt, daß wir nun trotz aller Belastungen und Überbelastungen der Zeit rasch zusammengekommen sind.
Ich habe dabei das, was ich Ihnen zu sagen habe, fein säuberlich aufgeschrieben. Ich weiß, daß hier vor mir ehrenwerte Freunde sitzen. Aber das habe ich vor 14 Tagen bei der Zusammenkunft der Arbeitnehmerabgeordneten des Bundestages in Königswinter auch geglaubt. Und doch fand ich nicht nur zu meinem eigenen größten Erstaunen, sondern auch zum Erstaunen aller anderen Teilnehmer den bewußten Bericht in den »Ruhrnachrichten«. Einen Bericht, der jeder sauberen Demokratie, jeder politischen Anständigkeit einfach ins Gesicht schlug. Ich sage: Zum Staunen aller Teilnehmer. Denn selbst der seltsame Kamerad, von dem der Anstoß zu dem Bericht in dem genannten Blatt ausging, will mit der Mißgeburt, die den Lesern vorgesetzt wurde, nichts zu tun haben.
Bemerkenswert bleibt dabei, daß es bei der falschen Berichterstattung am ersten Tag nicht blieb. Die massiven Richtigstellungen der Fraktion und der Sozialausschüsse wurden in den Wind geschlagen. Am folgenden Tag kam zur falschen Berichterstattung auch noch die Diffamierung. Und das alles in einer unserer Zeitungen hier im Herzen des Industriegebietes. In einem Blatt also, das nicht zuletzt auch etwas von der Tradition und der Haltung einer christlich-demokratischen Arbeiterschaft wissen müßte. Aber der Mann, der für die Redaktion verantwortlich ist, hat wohl schon des öfteren unter Beweis gestellt, daß das nicht mehr der Fall ist. Eine solche Haltung schädigt vielleicht weniger den einzelnen Politiker, der getroffen werden soll. Sie schädigt vor allem die Parteigemeinschaft. Und sie schädigt nicht zuletzt unser freiheitliches Staatswesen. Schon deshalb müssen wir uns mit solchem Vorgehen nicht nur auseinandersetzen. Wir müssen es brandmarken.
Gehen wir nun erst einmal zum Inhalt meiner Ausführungen in Königswinter. Ich halte mich zunächst einmal an die Berichterstattung der »Ruhrnachrichten« über die Zusammenkunft der christlich-demokratischen Arbeitnehmerabgeordneten. Da lesen wir: »Er verlangte, daß man in Zukunft eine weichere Haltung gegenüber der Sowjetunion zeige.« Das ist nicht nur Falschmeldung. Das ist Verleumdung. Es ist ein offensichtlicher Diffamierungsversuch. Wer um die Politik der letzten zwanzig Jahre weiß, kennt meine Haltung gegenüber dem Kommunismus. Ich habe zur Widerstandsbewegung gegen Hitler gehört. In dieser Widerstandsbewegung ging es nicht zuletzt auch darum, den Kommunismus vom deutschen Boden fernzuhalten. Ich habe das schon in der Bundestagsdebatte über den Fall John ausgeführt.

Wäre der 20. Juli gelungen, dann hätte Aussicht bestanden, die Rote Armee vor den Grenzen Deutschlands zum Stehen zu bringen. Das war einfach das leidenschaftliche Ziel meines Freundes, des Patrioten Karl Friedrich Goerdeler. Und es war unser aller Ziel, die wir mit ihm zusammenstanden. Wenn ich zu den Gefolgsleuten des sogenannten Führers gehört hätte, der Deutschland bis zum bitteren Ende führte, so würde ich mich allein schon deswegen hüten, einen Mann des Widerstandes zu diffamieren.

Meine Auseinandersetzungen nach 1945 mit den Sowjets sind bekannt genug. Es ging ja nach 1945 darum, 20 Millionen Deutsche in Berlin, in Brandenburg, Mecklenburg, Sachsen und Thüringen vor den Folgen der Hitlerschen Politik nach Kräften zu bewahren. Und zwar nicht durch Weichheit gegenüber dem Kommunismus, sondern durch Härte und Entschlossenheit. Ich darf für mich in Anspruch nehmen, daß ich diese Härte und Entschlossenheit aufgebracht habe. Ich habe nicht nur dem Nationalsozialismus gegenüber ein hartes »Nein« gesagt. Ich habe auch den Sowjets gegenüber in ebenso entscheidenden wie gefährlichen Stunden immer wieder »Nein« gesagt. Ich kann nur wünschen, daß die Krisenfabrikanten in den »Ruhrnachrichten« in allen Lebenslagen gleiche Härte bewiesen haben.

Den Kommunismus von der Bundesrepublik fernzuhalten und die 18 Millionen, die unter seiner Fuchtel stehen, mit den Mitteln der Politik in einem geeinten Deutschland wieder mit uns zu vereinigen, das habe ich in meiner politischen Arbeit hier in der Bundesrepublik stets als meine Hauptaufgabe gesehen. Dementsprechend bin ich vom ersten Augenblick meiner Arbeit in Bonn an bis zum heutigen Tag für die Stärkung der Bundesrepublik eingetreten. Ich bin für die Stärkung der Polizei und des Grenzschutzes eingetreten. Ich tue das heute noch. Denn es ist kein Zustand, daß die Polizeikräfte der Bundesrepublik mit ihren 50 Millionen Einwohnern schwächer sind als die Volkspolizei in der Sowjetzone.

Ich bin stets für die Notwendigkeit eines Verteidigungsbeitrages eingetreten. Und zwar nicht nur um der Verteidigung Deutschlands willen, sondern auch um der Verteidigung Europas willen. Das war ja meine Differenz mit Gustav Heinemann. Schon 1950 auf dem Essener Kongreß der Sozialausschüsse hier im Saalbau habe ich ausgeführt: »Wir können schließlich nicht verlangen, daß Amerikaner und Westeuropäer allein in unserem Lande verteidigungsbereit stehen.« Und weiter habe ich gesagt: »Wir stehen vor der Aufgabe, in dem Stück Deutschland, das uns noch geblieben ist, die Freiheit zu verteidigen. Gelingt uns das, dann wird nach menschlicher Voraussicht die Wiedervereinigung Deutschlands in Freiheit erreicht werden.« Ich vertrete heute noch den gleichen Standpunkt. Allerdings hätte ich mir damals nicht träumen lassen, daß wir heute noch keinen einzigen deutschen Soldaten haben. Der Sowjetunion kann man nur mit realen Machtfaktoren kommen. Reale Machtfaktoren bedeuten dabei nicht Kriegswillen, sondern sie bedeuten neben einer ausreichenden militärischen Sicherung ein festes politisches und soziales Gefüge.

Die Notwendigkeit, ein soziales Gefüge zu schaffen, haben übrigens die Herren der »Ruhrnachrichten« auch noch nicht begriffen. Sie haben ja nicht nur um den Jakob Kaiser »Krisen« inszeniert, sondern in ihrer Nummer vom 8. September dieses Jahres erschien in gleicher Aufmachung wie die angebliche Krise um Jakob Kaiser die Nachricht von einer angeblichen Krise um Anton Storch. Damals brach die sogenannte Krise in der Vorstandssitzung der CDU/CSU-Fraktion wegen des Altrentengesetzes aus. In großer Aufmachung unter dem Kennwort: »Kritiker machen

Front gegen Storch« wurde berichtet, daß die Position von Storch kritisch geworden sei. Er könne sich mit seinem Gesetzentwurf gegenüber den Ministern Schäffer und Erhard nicht durchsetzen. Wir wissen heute alle, daß sich Anton Storch in dieser entscheidenden sozialen Frage durchgesetzt hat. Weshalb – so frage ich – dieses Krisengerede um einen Mann, der sich ehrlich um das berechtigte Anliegen der Altrentner mühte. Anstatt ihn zu unterstützen, malt man eine Krise um ihn aufs Papier. Und zwar gegen einen Mann der eigenen Parteigemeinschaft. Kann man sich da wundern, wenn man immer wieder hören muß: Es geht gegen die Männer aus der Arbeiterschaft.
Nun zurück zu der Notwendigkeit, die Bundesrepublik auch und gerade auf sozialem Gebiet solide zu untermauern. Zu dieser Notwendigkeit werde ich mich stets bekennen. Ebenso wie ich mich zu der Notwendigkeit bekenne, daß die Arbeiterschaft fest an unseren jungen Staat gebunden sein muß. Denn nicht zuletzt auf ihre Stellung in der Demokratie kommt es an, wenn die Freiheit in unserem Lande gesichert werden soll.
In den »Ruhrnachrichten« wurde dann behauptet: »Kaiser plädierte auch für eine gewisse Bereitschaft gegenüber Viermächtebesprechungen – analog den Forderungen der SPD-Führung.« Als die Sozialausschüsse in ihrer Richtigstellung auch diese Feststellung als Falschmeldung bezeichneten, hatte man die Stirne zu behaupten: »Von dem Eintreten Jakob Kaisers für sofortige Viermächtebesprechungen war in unserem Bericht nicht die Rede. Will aber Jakob Kaiser bestreiten, zu dieser Frage Stellung genommen zu haben?« Hier haben wir eine Rabulistik, wie sie der nationalsozialistischen Methode im Kampf gegen die Männer der Weimarer Republik entspricht. Nein, man hatte in dem ersten Falschbericht nicht gesagt: Jakob Kaiser hat sofortige Viermächtebesprechungen verlangt. Wohl aber hatte man von meiner Bereitschaft dazu »analog den Forderungen der SPD-Führung« gesprochen. Diese aber hatte damals – das ist bekannt – unmittelbare Viermächtebesprechungen verlangt. Man versuchte also eine doppelte Diffamierung. Denn was dem Leser der »Ruhrnachrichten« vorgesetzt wurde, lautete ins Deutsche übersetzt folgendermaßen: Jakob Kaiser geht nicht nur in die Knie vor der Sowjetunion. Er kämpft Arm in Arm in der sozialdemokratischen Führung gegen die außenpolitische Haltung von Konrad Adenauer. Nun fürchte ich mich gewiß nicht zuzugestehen, daß auch Sozialdemokraten richtige Auffassungen haben können. Aber in der Situation, in der sich der Westen nach dem Begräbnis der EVG in der Französischen Nationalversammlung befindet, habe ich die Forderung der SPD nach einer sofortigen Viermächtekonferenz für absolut falsch gehalten. Man kann zu den Russen nicht mit armseligen, schwachen Händen kommen, wenn man von ihnen etwas haben will. Deshalb habe ich die Forderung nach sofortiger Viermächtekonferenz für falsch gehalten. Ich habe das überall ausgesprochen. Gerade auch in Königswinter.
Ein Wort noch zu der naiven Frage der »Ruhrnachrichten«: »Will Jakob Kaiser bestreiten, zu dieser Frage Stellung genommen zu haben?« Darauf kann ich nur fragen: Wie stellt sich denn der kleine Moritz die Politik in einem demokratischen Staat vor? Oder wie stellt er sich die Verantwortlichkeit eines Ministers für die ihm aufgetragene Verpflichtung in einem demokratischen Staat vor? Mir ist im Kabinett die Aufgabe übertragen worden, mein Bestes für die Wiedervereinigung der 18 Millionen Deutschen der Sowjetzone mit den 50 Millionen in der Bundesrepublik zu tun. Ich bekenne mich zu dieser Verpflichtung mit allen Fasern meiner Seele. Aus Verantwortung für Deutschland. Ich stimme ihr aber auch mit allen meinen ver-

nünftigen Überlegungen zu. Denn es gibt keine Ruhe in Deutschland, keine Stabilisierung in Europa, ehe die Deutschen nicht wieder in einem freiheitlichen Staatswesen vereinigt sind. Ich betone: In einem freiheitlichen Staatswesen. Denn ohne Freiheit gibt es keine Wiedervereinigung, sondern nur Untergang. Die Wiedervereinigung in Freiheit ist die Vorbedingung für eine gesunde Existenz Deutschlands, wirtschaftlich und politisch.
Wenngleich wir für die nötige Sicherung der Bundesrepublik und Europas eintreten, wollen wir die Wiedervereinigung aber nicht durch Krieg erreichen. Die Alternative zu Krieg aber ist das Verhandeln. Die Wiedervereinigung hängt aber nicht allein von den Westmächten ab, sondern auch und vor allem von der Sowjetunion. Es muß also auf die Dauer selbstverständlich zu Viermächteverhandlungen kommen, wenn die deutsche Frage überhaupt gelöst werden soll. Besser noch zu Fünfmächteverhandlungen. D. h., Deutschland muß mit am Verhandlungstisch sitzen. Die Zeit, daß unsere ureigensten Anliegen nur durch andere Mächte ausgesprochen werden, müßte ja endlich vorbei sein. Das auszusprechen und sich dessen bewußt zu sein, ist nicht nur das Recht, es ist die Pflicht eines jeden verantwortlichen deutschen Politikers. Wer also die Frage stellt: »Will Jakob Kaiser bestreiten, zu dieser Frage Stellung genommen zu haben«, dem kann ich nur antworten: Selbstverständlich habe ich dazu Stellung genommen. Und ich werde es auch immer wieder tun. Denn erstens gehört es zu meiner Verpflichtung als Bundesminister für gesamtdeutsche Fragen, mir über die Mittel und Wege zur Wiedervereinigung den Kopf zu zerbrechen. Zweitens gehört dieses Kopfzerbrechen zur Pflicht eines jeden deutschen Politikers. Drittens hat er nicht nur das Recht, sondern auch die Pflicht, Stellung zu Mitteln und Wegen der Wiedervereinigung zu nehmen. Denn wir leben schließlich nicht mehr im Staate Adolf Hitlers. Und wir leben auch nicht unter der Knute von Ulbricht, sondern wir leben in einem freiheitlichen Staat, in dem alle Bürger zur Mitarbeit und zum Mitdenken berufen sind. Das hat – Gott sei Dank – das Gros unserer Zeitungen in Deutschland auch schon erkannt. Nur bis zu einer gewissen Redaktionsstube scheint es noch nicht vorgedrungen zu sein. Dabei muß ich allerdings noch an eine andere Zeitung denken: Der »Rheinische Merkur« ist allerdings ein Kapitel für sich. Für ihn ist anscheinend jeder, der mit Nachdruck für die Wiedervereinigung im Osten und im Westen eintritt, Staatsfeind Nr. 1. Für ihn ist jeder, der mit gewerkschaftlichem Odium belastet ist, Staatsfeind Nr. 2. Wir wollen uns mit dem »Rheinischen Merkur« nicht lange aufhalten. Aber eine Blüte seiner seltsamen politischen Phantasie muß ich doch anführen. In seiner Nummer vom 17. September, die man eigentlich schon eine Kaiser-Nummer nennen könnte, reiht er mit regelrechter Sammlerwut meine Verbrechen aneinander. Des Pudels Kern ist dabei offensichtlich meine Wiedervereinigungspolitik. Dem Blatt will die Wiedervereinigung Deutschlands nicht gefallen, wenn nicht im gleichen Zuge ganz Osteuropa vom Kommunismus frei wird. Der »Rheinische Merkur« fordert die Amerikaner geradezu auf, keine »Verkürzung Europas auf Gesamtdeutschland« zuzulassen. Das kann nur heißen: Rückzug der Sowjets hinter den Ural oder gar nichts. D. h. weder Vereinigung der 18 Millionen mit uns noch Rückkehr unserer Heimatvertriebenen in ihre Heimat. Das ist für meine Begriffe nicht nur Vabanquespiel mit dem Schicksal Deutschlands, sondern auch mit dem Schicksal Europas. Demgegenüber bleibe ich auf dem Standpunkt: Wir haben allen Einfluß, alle Überredungskunst aufzuwenden, um die Weltmeinung – mindestens zunächst erst einmal die der freien Welt – von der Notwendigkeit der Wiedervereinigung Deutsch-

lands zu überzeugen. Diesen Standpunkt habe ich auch in Königswinter vertreten. Wie ich ihn im übrigen seit Jahren vertrete.
Nun ein anderes: Und zwar nach allgemeinem Urteil mit das Perfideste, was sich die »Ruhrnachrichten« geleistet haben. Nachdem Fraktion und Sozialausschüsse die Falschmeldungen der Zeitung zurückgewiesen hatten, ließ die Redaktion den Fall John als Geschütz gegen mich auffahren. Schon am 27. August hatte ich einem Vertreter der Deutschen Presseagentur gegenüber in einem Interview völlig klargestellt, daß ich Herrn John für die Leitung des Bundesamtes für Verfassungsschutz nicht vorgeschlagen habe. Ich hatte auch klargestellt, daß ich John nach 1950 – also seit seiner Rückkehr nach Deutschland – nie mehr in persönlichem Gespräch, sondern nur flüchtig bei gesellschaftlichen Anlässen begegnet war. Dieses Interview wurde von allen bedeutsamen und gewissenhaften Zeitungen in der Bundesrepublik und in Berlin veröffentlicht. Die »Ruhrnachrichten« hielten es nicht für nötig, diese Klarstellung auch nur zu erwähnen. Obwohl es die Wähler in Essen und im Ruhrgebiet überhaupt doch sicherlich interessiert hätte. Wohl aber hatte die Zeitung trotz meiner Klarstellung – also wider besseres Wissen – die Unverfrorenheit, in ihrem zweiten Angriff auf mich folgende Frage zu stellen: Und zwar in einem Ton, der nur allzu deutlich an den »Völkischen Beobachter« oder meinetwegen auch an die Essener Nationalzeitung erinnerte: »Will der Minister« – so fragte man – »bestreiten, daß John durch seine nachdrückliche persönliche Empfehlung die Leitung des Verfassungsschutzamtes erhalten hat. Will er ferner bestreiten, daß mit Otto John eine enge Fühlungnahme von Haus zu Haus bestanden hat?« Ich habe das, was ich zum Falle John zu sagen habe, vor dem Plenum des Bundestages klargestellt. Vielen von Ihnen werden meine Ausführungen bekannt sein. Aber vielleicht darf ich doch der Klarheit halber einiges wiederholen.
Ich zitiere: »Hätte ich Herrn John für die Leitung des Amtes für Verfassungsschutz vorgeschlagen, würde ich nicht die geringste Veranlassung sehen, daraus einen Hehl zu machen. Tatsache ist nun aber, daß ich ihn für dieses Amt nicht vorgeschlagen habe. Wohl aber habe ich mich in selbstverständlicher Solidarität aus der Zeit des Widerstandes her für John anderweitig verwendet. Es geschah Ende 1949/Anfang 1950 auf sein Ersuchen hin. Ich würde mich vor allen, denen Kameradschaft ein Begriff ist, schämen, wenn ich das irgendwie heute nicht wahrhaben wollte.
Nach meinem Erinnern lernte ich John um 1942 bei meinem Freunde Josef Wirmer in Berlin kennen, der zu den Toten des 20. Juli zählt. In der Widerstandszeit hat mich John zusammen mit Claus Bonhoeffer wiederholt aufgesucht. John und Bonhoeffer brachten Wilhelm Leuschner und mich in Verbindung mit Prinz Louis Ferdinand. Während ich wiederum John und Bonhoeffer mit Goerdeler, mit Generaloberst Beck und Generaloberst von Hammerstein in Verbindung brachte. Auch Botschafter von Hassell und andere waren bei diesem und jenem Gespräch im Hause Bonhoeffer zugegen, an dem auch John teilnahm.
Ich kann nur kurz und präzise sagen, um was es bei diesen und vielen anderen Gesprächen ging: Man ging von der Auffassung aus, daß eine Autorität gefunden werden müsse, die es der Wehrmacht ermöglichen konnte, mit der Hitlerschen Diktatur zu brechen. Diese Autorität konnte – entsprechend den damaligen Notwendigkeiten – nur aus einer Tradition kommen, die von der Wehrmacht als legitim gegenüber der Hitlerdiktatur anerkannt werden konnte. Auf jeden Fall handelte es sich um die Frage, wie man zu raschem Handeln kommen konnte. Für jeden Einsichtigen zeichnete sich ja damals die Gefahr für Deutschland schon immer stärker ab.

Es ging einfach darum, daß so rasch gehandelt würde, daß mindestens der Kommunismus von deutschem Boden ferngehalten würde. Ganz abgesehen davon, daß es den Männern des Widerstandes, die Patrioten waren, selbstverständlich auch darum ging, den Grausamkeiten des Systems und den sinnlosen Zerstörungen eines schon verlorenen Krieges so schnell wie möglich ein Ende zu bereiten.
Alles, was meine Freunde und ich in jenen Jahren von John erfuhren, waren Bemühungen in dieser Richtung. Nach seiner eigenen Haltung und nach dem Kreis von Menschen, in dem wir ihn sahen und sprachen, erschien er ganz einfach als aktiver, konservativer Mann. Von irgendwelchen anderen Verbindungen und Tendenzen Johns ist meinen Freunden und mir nie etwas bekannt geworden.
Ich weiß, daß heute gelegentlich von Verbindungen mit der sogenannten ›Roten Kapelle‹ gemunkelt wird. Die Diffamierungsmaschine hat ja auch versucht, meinen Namen in diese Gegend zu rücken. Soviel ich weiß, ist der Name ›Rote Kapelle‹ von der Gestapo geprägt worden. Ich habe die Männer und Frauen dieses Kreises nicht gekannt. Ich darf überhaupt in diesem Zusammenhang sagen, daß meine Freunde und ich in all den Hitlerjahren niemals irgendwelchen Kontakt mit Kommunisten gehabt haben. Ob John solchen Kontakt hatte, entzieht sich meiner Kenntnis. Sicher ist, daß meine Freunde und ich absolut kein Anlaß hatten, es anzunehmen.
Nach dem 20. Juli 1944 habe ich von John jahrelang nichts gehört. Meine eigene Tätigkeit nach 1945 spielte sich bis 1948 in Berlin und der Sowjetzone ab. Wir standen damals in harter Auseinandersetzung mit dem Kommunismus. Sie wissen alle, wie abgeschlossen das Leben jenseits der Elbe-Werra-Fulda schon damals war.
Kurz nach meinem Eintritt in die Bundesregierung – Ende 1949 – trat John mit mir in Verbindung. Er schrieb mir aus London und bat mich, ihm behilflich zu sein, eine berufliche Grundlage zu finden, die ihm die Rückkehr nach Deutschland ermöglichen könnte. Er interessierte sich dabei für die Rechtsabteilung des Auswärtigen Amtes und für die Ruhrbehörde. Ich habe selbstverständlich seinem Wunsch entsprochen. Denn dieser Mann John hatte in meinen Augen bis zum 20. Juli 1944 seinen Mann gestanden. Die Flucht vor dem sicheren Tod war ihm geglückt. Wie sie leider nur allzu wenigen der Männer und Frauen des 20. Juli geglückt war. Nun schrieb er mir als Rechtsanwalt aus London. Von irgendwelcher anderen Tätigkeit war nichts zu mir in die Abgeschlossenheit von Berlin und Mitteldeutschland gedrungen. In Bonn hat mir damals keiner von denen, die heute soviel wissen wollen, auch nur ein Wort von einer anderen Betätigung Johns gesprochen. Ich erinnere mich auch nicht, damals in irgendeiner Zeitung darüber etwas gelesen zu haben. So gebot es meine kameradschaftliche Pflicht gegenüber einem Mann des Widerstandes, zu versuchen, ihm behilflich zu sein. Wie sich sein Anliegen hinsichtlich dem Außenamt und der Ruhrbehörde entwickelte, ist mir damals nicht weiter bekannt geworden.
Nun ging es im Verlaufe des Jahres 1950 um den geeigneten Mann für die Leitung des im Aufbau befindlichen Amtes für Verfassungsschutz. Acht Kandidaten hatten schon eine Rolle gespielt. Daß man im Innenministerium schließlich auf den Namen John stieß, der seiner Zugehörigkeit zur Widerstandsbewegung wegen von den Alliierten akzeptiert werden konnte und der von mir im anderen Zusammenhang genannt worden war, und der sich auch noch auf andere Empfehlungen berufen konnte, entsprach einfach der damaligen Situation. Es handelte sich ja schließlich um 1950 und nicht um 1954.«

Weiter erklärte ich zu der Behauptung der »Ruhrnachrichten« – ohne sie allerdings vor dem Parlament zu nennen –, daß meinerseits mit Otto John »eine enge Fühlungnahme von Haus zu Haus« bestanden habe, folgendes:
»Ich weiß bis zur Stunde noch nicht, wo Herr John in Köln gewohnt hat. Ich habe ihn weder in seiner Wohnung noch in seinem Amt je besucht. Wohl hat mich John im Verlaufe der vier Jahre ein-, vielleicht sogar auch zweimal in größerer Gesellschaft besucht. Jedenfalls kann ich mich nicht zu jenen zählen, die mit ihm in diesen Jahren freundschaftlichen Verkehr pflegten. Soviel zu meiner angeblichen ›engeren Fühlungnahme‹ von Haus zu Haus.«
Ich glaube, die Klarstellung, die ich hier noch einmal vorgenommen habe, genügt, um die perfide Haltung aller derer zu kennzeichnen, die versuchten, mit dem Fall John die Männer des Widerstandes gegen Hitler zu treffen. Es war nicht nur für mich persönlich, es war für die Bundesregierung ein bewegendes Erlebnis, daß der gesamte Bundestag einhellig diese Ehrenrettung der Männer des 20. Juli billigte.
Damit Schluß mit der Affäre John. Und nur noch ein ganz kurzes Wort zu der Affäre »Ruhrnachrichten«. Denn mit diesen Dingen muß aufgeräumt werden. Der Gipfel der Unverfrorenheit war die Herausforderung an mich, in der Zeitung persönlich auf die Diffamierungen zu antworten. Es gab für mich nur eine Antwort. Ich habe Verlag und Redaktion ein Telegramm geschickt, dessen Inhalt ich Ihnen nicht vorenthalten möchte.
Ich telegrafierte:
»Sie können mir nicht zumuten, mich gegenüber Ihren Falschmeldungen, mit denen Sie einen verantwortlichen Mann des öffentlichen Lebens zu diffamieren trachten, mit Ihnen auseinanderzusetzen. Der Vorgang in Ihrer Zeitung erinnert in besorgniserregender Weise an Methoden, mit denen Nationalsozialismus und Kommunismus die deutsche Demokratie zersetzt und Deutschland in das Chaos von 1945 gestürzt haben.
Zu Ihren Falschmeldungen sowohl über die Besprechung der Arbeitnehmerabgeordneten wie über meine angebliche Verbindung mit dem Falle John werde ich andernorts Stellung nehmen.«
Dieses Telegramm haben die Leser der »Ruhrnachrichten« nie zu Gesicht bekommen. Erst am Donnerstag erschien unter dem Kennwort »Schlußwort« ein dürftiges Artikelchen von ihrem Bonner Korrespondenten. Er redet sich mit »verzerrten, falsch dargestellten Informationen« heraus, die durch die »Härte der Nachrichtensprache unerfreulich verschärft« wurden. Ich muß sagen, diese lauwarme Entschuldigung ist ein schäbiges Feigenblatt für die Blöße, die sich das Blatt und seine Hintermänner gegeben haben.
Uns alle, die wir uns für ein freiheitliches Staatswesen verantwortlich wissen, sollte dieser gesamte Vorgang wachrütteln. Wir sind verantwortlich, daß alle Spuren totalitären Ungeistes getilgt werden. Wir sind verantwortlich, daß unser freiheitliches Staatswesen von aufrechten Männern getragen wird. Und diese Aufrechtheit muß geschützt werden. Sie darf nicht der Diffamierung preisgegeben werden. Ich bekenne es ehrlich: Ich gehöre nicht zu den Männern, die immer die Hände an die Hosennaht legen. Ich tue das auch im Kabinett nicht. Sollte sich der eine oder andere darüber aufregen, so muß ich das ertragen. Eines weiß ich aber sicher: Der Konrad Adenauer nimmt es mir bestimmt nicht übel. Wenn er auch – wie der Kollege Kiesinger humorvoll im Bundestag ausführte, »eine Neigung zu einem persönlichen Regiment hat«. Um so mehr bedarf es des aufrechten Meinungsausdruckes.

Das gilt nicht zuletzt in dieser Periode deutscher Politik. Es ist doch heute jedem klar, daß nach neuen Wegen in der Politik um Deutschland und Europa gesucht werden muß. Wir stecken ja bereits mittendrin in diesen neuen Bemühungen. Die ersten Etappen waren die Gespräche mit Eden und Dulles. Die nächste Etappe wird die Neunerkonferenz in London sein. Wir können nur hoffen, daß sie uns endlich ein Stück weiterbringt. Es geht darum, Sicherheit zu schaffen, die nicht nur unseren 50 Millionen in der Bundesrepublik zugute kommt. Es geht darum, Sicherheit zu schaffen, die eine energische Wiedervereinigungspolitik gestattet. Das kann meines Erachtens möglich werden, wenn wir unter Wahrung der Gleichberechtigung in ein direktes Verhältnis zum Atlantikpakt kommen.
Nun habe ich Ihre Aufmerksamkeit reichlich in Anspruch genommen. Aber ich war Ihnen diese klare Sprache schuldig. Ich möchte nur wünschen, daß sie dazu dient, unser eigenes Vertrauensverhältnis zu festigen. Ich weiß, was das Industriegebiet, was insbesondere Essen mit seinen nüchternen und unabhängig denkenden Menschen für die Politik um Deutschland bedeutet. Ich war immer stolz auf meine Verbundenheit mit Essen und mit dem Industriegebiet. Ich bin überzeugt, daß alle Versuche, unsere Verbundenheit zu stören, uns nur noch enger zusammenführen.

## 88

*Wiedervereinigung und Verträge*
*Eschwege, 18. Februar 1955*

Ich brauche Ihnen nicht zu sagen, wie gern ich zu Ihnen hier an die Zonengrenze gekommen bin. Dennoch ist es mir gerade in diesen Wochen bei all den Veranstaltungen und Versammlungen nicht ganz wohl zumute. Der Streit, der in unserem Volke um die Verträge und um die Wiederbewaffnung entbrannt ist, muß jeden Patrioten mit Sorge erfüllen. Jeden Patrioten. Das heißt jeden, der um die Wiedervereinigung unseres Landes besorgt ist. Ich spreche dabei niemandem – wo immer er auch steht – diesen Patriotismus ab. Ob er für oder wider die Verträge ist, die in der kommenden Woche vom Bundestag verabschiedet werden sollen. Ob er gegen oder für die Wiederbewaffnung der Bundesrepublik ist. Es gehört zum Wesensmerkmal einer Demokratie, daß jeder seine Auffassung frei und ungehindert vertreten kann. Es gehört zum Wesen eines freiheitlichen Staates, daß er sie vertreten kann, ohne in Gefahr zu kommen, wegen seiner Auffassung diffamiert oder diskreditiert zu werden. Es sei denn, sein politisches Glaubensbekenntnis sei von einer Art und einem Inhalt, daß es Freiheit und Sicherheit des Volkes in Gefahr bringe. Es sei denn, die Agitation sei vom Links- oder Rechtsradikalismus diktiert.
Man kann und wird nicht sagen können, daß die Bevölkerung in der Bundesrepublik vom Links- oder Rechtsradikalismus bedroht ist. Der Linksradikalismus führt wenige Kilometer von hier, in der sowjetisch besetzten Zone, Schaustücke einer Staats- und Ordnungskunst vor, die abschreckend genug sind. Wir wollen von einer solchen Staats- und Ordnungskunst nichts wissen. Denn sie besteht aus Zwang und Bedrückung. Und der Rechtsradikalismus hat an dem, was er aus unserem Volke gemacht hat, ein für allemal bewiesen, welches Verhängnis er für Deutschland und für alle anderen Völker bedeutet.
Trotzdem könnte sich der Radikalismus durch Hintertüren in unser Volk einschleichen. Eine dieser Hintertüren könnte der geradezu erschreckende Auseinanderfall

unseres Volkes in zwei feindselige Hälften sein. Gerade in den letzten Wochen hat diese Spaltung im Innern unseren Volkes Formen angenommen, die einfach besorgniserregend sind. Besorgniserregend sind auch die simplen Formeln, auf die unser Ringen um die Wiedervereinigung unseres Volkes gebracht wird. Es ist die Folge davon, daß in der Lebensfrage unseres Volkes Agitation an die Stelle von sachlicher Überlegung getreten ist. So kommt es, daß allzu viele tun, als hätten sie die einzige Formel für die Wiedervereinigung in der Tasche. Es gibt aber kein Patent für die Wiedervereinigung, sondern es gibt nur ein mühsames Ringen. Und zwar dem Osten wie dem Westen gegenüber. In diesem Ringen handelt es sich darum, die richtigen und die angemessenen Schritte zu tun. Und zwar Schritte, die diktiert und sorgsam abgewogen sind vom Interesse unseres auseinandergerissenen Volkes. Das ist nicht Egoismus für unser Volk. Es ist schlichter und berechtigter Patriotismus. Es ist aber auch Dienst an Europa. Denn nur ein wiedervereintes Deutschland kann dem Frieden in Europa und der Welt dienen.

Erwarten Sie deshalb hier an der Zonengrenze nicht von mir, daß ich mich an der Leidenschaft beteilige, mit der in diesen Tagen soviel Pulver verschossen wird. Ich weiß zwar, daß in den meisten Versammlungen jener Politiker die meiste Zustimmung findet, der kräftig gegen die andere Seite zu schießen pflegt.

Ich bin gewiß kein Pazifist, so daß ich das Schießen fürchten würde. Ich bin es auch dem notwendigen Verteidigungsbeitrag gegenüber nicht. Aber das leidenschaftliche Bekämpfen in sogenannten Volksabstimmungen, Demonstrationszügen und in Kundgebungen dient weder unserem Volk noch dient es seiner Wiedervereinigung. Es ruft Stimmungen und Gefühle wach, die Verzerrungen in die Politik tragen. Das alles dient nur den Kräften, denen an möglichst großer Verwirrung in unserem Volk gelegen ist. Wir wollen uns nichts vormachen: Links- und Rechtsradikalismus als Bewegung bringen im deutschen Volk gewiß kein Bein auf die Erde. Es gibt aber immerhin noch destruktive Elemente genug. Sie sehen sicherlich die Starrheit, die Feindseligkeit der Fronten und ihr leidenschaftliches Gegeneinander als fruchtbaren Ackerboden an. In der Erbittertheit des gegenwärtigen politischen Klimas können sie ihren Weizen zu säen suchen. Und dieser Weizen könnte aufgehen, ohne daß die freiheitlichen Kräfte hüben und drüben es bemerken.

Das wollen wir christlichen Demokraten uns in unserer Haltung politisch Andersdenkenden gegenüber stets vor Augen halten. Das sollten sich aber auch die anderen Gruppen – nicht zuletzt auch die Gewerkschaften – vor Augen halten. Es ist nun einmal eine alte Erfahrung, daß Feindschaft blind macht. Blindheit in politischen Dingen aber wäre eine große Gefahr für uns. Unser Land ist viel zu gefährdet, es steht unter viel zu schwerem Druck des östlichen Expansionismus, als daß es sich so etwas leisten könnte.

Ich sage das in besonders großer Sorge mit dem Blick auf die Gewerkschaften. Es liegt durchaus in der Tradition unabhängiger und freier Gewerkschaften, in unabhängiger Weise auch zu Grundsatzfragen der Politik Stellung zu nehmen. Es ist gut und notwendig, daß die Gewerkschaften immer wieder für das dringliche Anliegen der Wiedervereinigung eintreten. Die Stimme von sechs Millionen deutschen Arbeitnehmern kann weder im eigenen Volk noch in der Welt überhört werden. Aber im DGB haben sich Angehörige verschiedener Parteien und verschiedener Richtungen in gewerkschaftlicher Gemeinsamkeit zusammengeschlossen. Deshalb gibt es nur eine Konsequenz: Will der DGB diese gewerkschaftliche Gemeinsamkeit wahren, dann muß er es auch als Pflicht und Aufgabe erkennen, sich sorgfältig auf

Grundsatzfragen zu beschränken. Dann hat er sich peinlich der Einmischung in Parteifragen zu enthalten. Dann kann er nicht als Bannerträger der einen Partei und als Gegner der anderen Partei auftreten. Ich kann um der Arbeiterschaft und um unseres Volkes willen nur wünschen, daß sich de DGB fängt und seine radikalen Kräfte zurückdrängt. Ich kann nur aufrichtig wünschen, daß über diese Periode der Auseinandersetzungen in den Gewerkschaften nicht eines Tages die Überschrift gesetzt werden kann: Sie haben selbst die Axt an die Wurzel gewerkschaftlicher Einheit und Stärke gelegt. Jedenfalls ist längst Gefahr im Verzuge.
Wir spüren hier an der Zonengrenze stärker als weiter drinnen in der Bundesrepublik die Nähe der 18 Millionen. Sie erwarten von uns, daß wir ihres Schicksals eingedenk sind. Sie erwarten von uns, daß wir alle unsere Kraft darauf konzentrieren, die Welt von der Unhaltbarkeit ihrer Lage zu überzeugen. Sie erwarten von uns, daß wir vor allem die vier Mächte zur Einsicht bewegen, die das Schicksal von 18 Millionen wie jenes des gesamten Deutschland in Händen halten. Das können wir nur, wenn wir uns in Klarheit, Sicherheit, Vernunft und Einsicht auf Möglichkeiten einigen, wie das am besten geschehen könnte. In Klarheit, Sicherheit, Vernunft und Einsicht. Das heißt frei von Parteitaktik und Parteiinteressen. Das heißt frei von Standes- und Gruppeninteressen. Das heißt aber auch frei von Illusionen, die andern könnten uns um unserer schönen Augen willen die Wiedervereinigung in den Schoß legen. Seien wir uns klar darüber: Keine Macht der Welt wird so edel und selbstlos sein, uns von heute auf morgen wiederzugeben, was Hitler im Übermut und in der Frivolität eines Abenteurers verspielt hat. Das wird der Osten nicht tun, der Ost- und Mitteldeutschland im Lager des Kommunismus gefangen hält. Das wird aber auch der Westen nicht ohne weiteres tun. Auch dort sind hier und da Kräfte lebendig, denen das halbe Deutschland bequemer erscheint als das ganze.
Seien wir uns deshalb stets bewußt: Die Wiedervereinigung in Freiheit werden wir nur dann erreichen, wenn das ganze deutsche Volk sich zu dem einheitlichen Willen zusammenschließt, Ost und West von der Notwendigkeit und von der Nützlichkeit unserer Wiedervereinigung zu überzeugen. Es wäre mir deshalb gerade in dieser Zeit weit sinnvoller erschienen, wenn sich alle Kreise des Volkes zu einmütigen Appellen an die Mächte zusammengefunden hätten. Die Tatsache, daß die Teilung unseres Landes nun schon ein Jahrzehnt andauert, wäre wahrhaftig Grund genug dazu gewesen. Und die Zeichen, die sich in der Weltpolitik vollziehen, wären ein weiterer Grund.
Wir wissen: Die Frage der Wiedervereinigung unseres Landes in Freiheit wird konkret auf der Ebene der großen Politik gelöst. Es ist eine geschichtliche Leistung der Bundesrepublik und ihrer Politik, daß auch die deutsche Stimme im Kreis der Völker nach diesen zehn Nachkriegsjahren wieder ins Gewicht fällt. Darüber hinaus aber ist es eine Leistung des ganzen deutschen Volkes. Denn auch die 18 Millionen jenseits der Zonengrenze haben daran mitgewirkt. Kaum ein Ereignis der Nachkriegsgeschichte hat auf die Weltöffentlichkeit so sehr gewirkt und das deutsche Ansehen in der Welt so sehr gestärkt wie der 17. Juni 1953. Und keine Stadt in Deutschland hat in diesen zehn Jahren ein solches Echo des Freiheitsbewußtseins ausgelöst wie Berlin. In allen diesen Tatsachen hat sich die Einheit der Deutschen klar vor aller Welt offenbart. Sie haben die Welt wachsend darauf aufmerksam gemacht, daß man das Problem der staatlichen Wiedervereinigung Deutschlands nicht einfach links liegen lassen kann. Und der immer stärker werdende Einheitswille der Deutschen in der Bundesrepublik hat ein übriges getan. Insbesondere hat

die deutsche Jugend ihren redlichen Anteil daran, daß der Wille zur Wiedervereinigung allmählich zur stärksten Kraft in den 50 Millionen der Bundesrepublik wird. Wer immer Gelegenheit hat, mit Studenten der deutschen Hochschulen zusammenzutreffen, der weiß, mit welcher Hingabe sie deutsches Zusammengehörigkeitsgefühl pflegen. Das gleiche gilt von der Arbeitnehmerschaft. Die Gewerkschaften haben bewiesen, wie sehr ihnen die Stärkung der Wiedervereinigungspolitik ein dringliches Anliegen ist.

Schließlich kann auch den augenblicklichen Auseinandersetzungen um Verträge und Wiederbewaffnung bei aller Sorge um die erbitterte Entzweiung unseres Volkes noch eine positive Seite abgewinnen: In der Leidenschaft des Streites der Meinungen offenbart sich nicht zuletzt auch die innere Unruhe unseres Volkes um seine Wiedervereinigung. Um diese Unruhe soll und muß die Welt wissen. Und ich kann nur wünschen, daß man rund um Deutschland diese Unruhe in der rechten Weise deutet. Es ist wahrhaftig nicht Nationalismus, wenn ein Volk sich gegen seine Teilung auflehnt. Es ist die Stimme der Natur, die auf staatliche Zusammenfügung drängt. Und kaum je in der Geschichte ist es zum Heile ausgeschlagen, wenn die Stimme der Natur in einem Volk mißachtet wurde.

An dieser Unruhe muß auch die praktische Politik gemessen werden, die zur Wiedervereinigung führen soll. An ihr messen wir auch die Bedeutung der *Wiederbewaffnung* Deutschlands, die uns die Pariser Verträge bringen sollen.

Wir haben Verständnis dafür, daß gerade die Frage der Wiederbewaffnung weite Kreise unseres Volkes nicht nur bewegt, sondern aufs tiefste aufwühlt. Das gilt vor allem von der Jugend und der Arbeiterschaft, die ja schließlich die Hauptlast des Hitlerschen Abenteuers getragen haben. Aber es gilt nicht nur von ihnen. Mir wurde in diesen Tagen noch von einem Politiker der Rechten gesagt: Es sei immer seine Überzeugung gewesen, daß Deutschland zumindestens eine Generation warten müsse, ehe es wieder eine Armee aufstelle. Von den dreißig Jahren, die eine Generation umfaßt, seien aber erst zehn Jahre verflossen. Ich habe gerade in der letzten Zeit auch mit vielen Studenten gesprochen. Nichts liegt ihnen ferner als naßforsches Draufgängertum. Im Gegenteil: Mancher ringt mit seinem Gewissen, um das richtige Verhältnis zum Verteidigungsbeitrag zu finden. Das hat nicht das geringste mit Defätismus zu tun. Es ist vielmehr Ausdruck des tiefen Ernstes, der in den Erfahrungen der letzten Jahrzehnte deutscher Geschichte seine Ursache hat. Dieser Ernst muß auch von jedem verlangt werden, der vor politische Entscheidungen gestellt wird. Auch die Tatsache, daß unser Land zum förmlichen Aufmarschgebiet zweier feindlicher Welten geworden ist, macht die Gewissenskonflikte nicht leichter. Es wäre Vogel-Strauß-Politik, wollte man diese Konflikte nicht sehen. Aber ich bin überzeugt, daß die überwältigende Mehrheit der deutschen Bevölkerung Sicherheit und Freiheit will. Deshalb bejaht sie trotz der Schwere der Entscheidung eine eigene deutsche Verteidigung. Nicht aus Liebe zur Uniform, sondern aus Verantwortung für Deutschland.

Die Bevölkerung der Sowjetzone läßt keinen Zweifel daran, daß sie von der Bundesrepublik die Wiederaufrüstung zur Selbstsicherung und zur Verteidigung erwartet. Ebenso ist man sich aber auch hier wie dort klar darüber, daß Streitkräfte der Bundesrepublik kein Instrument zur Gewaltanwendung, sondern daß sie Garant der Sicherung und Mittel der Politik sind. Die Stimme Deutschlands wird stärker ins Gewicht fallen, wenn sich unser Land für seine Sicherheit nicht mehr nur auf andere Mächte stützen muß.

Irrig erscheint es mir, die Wiederbewaffnung der Bundesrepublik schlechthin als Hindernis für die Wiedervereinigung zu bezeichnen. Die Sowjetunion hat ja selbst schon im März 1952 die Schaffung deutscher Streitkräfte vorgeschlagen. Sie hat weiter in ihrer Erklärung vom 15. Januar dieses Jahres deutsche Streitkräfte nicht einfach abgelehnt. Im übrigen: Nur wer die Augen vor den Wirklichkeiten der Politik verschließt, kann annehmen, daß eine Wiedervereinigungspolitik Erfolg haben kann, die von der totalen Wehrlosigkeit der Bundesrepublik ausgeht. Schließlich hat sich ja nun in fast zehn langen Jahren niemand gefunden, der unsere Wehrlosigkeit mit der Wiedervereinigung belohnt hätte. Im Gegenteil: Man hat die sogenannte Deutsche Demokratische Republik ausgebaut. Man hat sie wirtschaftlich und sozial in den Ostblock integriert. Man ist in der Sowjetzone schließlich auch nicht zimperlich in bezug auf die Wiederbewaffnung der Deutschen gewesen. Eine Kaderarmee von mehr als hunderttausend Mann in der Uniform von Volkspolizisten ist schließlich kein Pappenstiel. Schon dieser militärischen Macht gegenüber muß in der Bundesrepublik für den Tag der Wiedervereinigung ein Äquivalent bereitstehen. Es wäre doch wahrhaftig eine groteske Situation, wenn sich eine freigewählte gesamtdeutsche Regierung ausgerechnet auf die Volkspolizei stützen müßte. Das hieße wirklich den Bock zum Gärtner machen. Dabei braucht man durchaus nicht jeden Volkspolizisten als Kommunisten anzusehen.
Tatsache ist doch nun einmal, daß wir in der Bundesrepublik nichts an Soldaten haben. Wer die rasche Wiedervereinigung will, wird gerade diese Lücke mit am schwersten empfinden. Deshalb ist das Schlagwort: »Für die Wiedervereinigung – Gegen die Wiederbewaffnung« einfach widersinnig.
Allerdings gilt eine Regel für uns Deutsche: Die Wehrpolitik muß im Dienst der Gesamtpolitik stehen. Und diese Gesamtpolitik kann in der heutigen Situation unseres Landes nur entschiedene Wiedervereinigungspolitik sein.
Nun wird immer wieder die Frage gestellt, ob nicht die Zustimmung des Bundestages zu den Pariser Verträgen die Wiedervereinigung verhindert. Stellen wir doch zunächst einmal fest: So wie die Dinge heute um Deutschland stehen, können wir doch wahrhaftig nicht ohne Rückhalt bleiben. Wir brauchen Freunde in der Welt. Und wir müssen eine Politik führen, die diese Freundschaft erhält. Und nicht eine Politik, die diese Freundschaft aufs Spiel setzt. Das hindert jedoch keinesfalls ein maßvolles, aber entschiedenes Eintreten für die deutschen Interessen. Sowohl was die Verteidigung unseres Bodens wie auch die Wiedervereinigung unseres Landes angeht. Wie notwendig das ist, beweisen ja allein schon manche Stimmen des Auslandes, die sich gegen die deutsche Wiedervereinigung richten.
Aber ein wesentlich stärkeres Hindernis für die Wiedervereinigung war doch auf jeden Fall bis jetzt die Sowjetunion. Schließlich waren wir nicht nur zehn Jahre ohne Soldaten. Wir waren auch zehn Jahre lang bündnislos. Diese zehn Jahre sind gekennzeichnet durch die unerbittliche Vorenthaltung jeglichen Selbstbestimmungsrechtes der Deutschen. Sie sind gekennzeichnet durch das gewaltsame Fernhalten von 18 Millionen Deutschen. Sie sind gekennzeichnet durch den Zwang eines fremden Systems. Zwei Jahre lang hat die Sowjetunion aus allen Rohren ihrer Propaganda gegen die EVG geschossen. Aber als die EVG am 30. August 1954 in Paris zu Grabe getragen wurde, fand sich niemand aus Moskau ein, um uns mit freien gesamtdeutschen Wahlen zu beschenken. Im Gegenteil: Über allen Wipfeln war Ruhe. Erst jetzt, da nach wenigen Monten neue Verträge am Horizont aufziehen, kommt ein Echo aus Moskau.

Ich denke dabei nicht an die Regierungsumbildung in Moskau. Darüber möchte ich kein voreiliges Urteil fällen. Wir haben ja keinerlei Vertretung in Moskau. Deshalb können wir uns kaum ein klares Bild machen von dem, was geschehen ist. Aber ich kann nur wünschen, daß die versöhnlich klingenden Erklärungen maßgeblicher sowjetischer Regierungsmitglieder von ehrlichem Willen getragen sind. Deutschland kann ja nur gewinnen, wenn sich die Atmosphäre in der Weltpolitik verbessert.

Wenn ich von einem Echo aus dem Kreml auf die Verträge spreche, so denke ich an die Erklärungen zur deutschen Frage. Wir alle sind uns klar darüber, daß die sowjetischen Erklärungen zur deutschen Frage nicht überhört werden dürfen. Wir sind aber ebenso der Meinung, daß ihretwegen nun nicht plötzlich alle Räder der Politik des Westens stillstehen können. Die Deutschlandpolitik der Sowjetunion hat uns nun einmal gelehrt: Ein handlungsunfähiges, isoliertes Deutschland wird von ihr nicht der geringsten Konzessionen gewürdigt. Deshalb kann der Kreml nicht erwarten, daß man als Vorleistung für Verhandlungen auf die Verträge verzichtet. Daß man also auf die gleichen Verträge verzichtet, die ja schließlich die Sowjetunion erst zu ihren Deutschlanderklärungen veranlaßt haben. Für den Fall erfolgloser Verhandlungen würden wir ja sonst erneut auf dem trockenen sitzen. Im übrigen: Die sowjetischen Erklärungen über freie Wahlen würden zweifellos erheblich an Gewicht und an Überzeugungskraft gewinnen, wenn sich die Zuchthäuser für die politischen Gefangenen, die Zonengrenzen für den freien geistigen Austausch, die Städte und Dörfer Mitteldeutschlands für die Persönlichkeiten freier Parteien öffnen würden. Solche Verständigungsbeweise wären – weiß Gott – handfester als Worte. Sie ließen sich nicht mehr wegdiskutieren.

Das hindert aber nichts daran, daß es wünschenswert ist, in den nächsten Monaten zu echten und grundlegenden Verhandlungen zu kommen. Es sollte zu einer zweiten Berliner Konferenz kommen. Allerdings nicht zu einer Konferenz, die sich in Demonstrationen verliert, sondern zu einer Konferenz, die den Problemen auf den Grund geht. Diesmal wird auch die deutsche Stimme in vollem Umfang zu Gehör kommen müssen. Dabei sind wir uns klar darüber, daß die deutsche Frage und das Problem der Sicherheit in Europa unauflöslich miteinander verknüpft bleiben.

Mich hat tief bewegt, was Professor Otto Hahn in diesen Tagen der Welt zugerufen hat. Der große deutsche Physiker hat angesichts der Furchtbarkeit der Vernichtungsmöglichkeiten durch die Atomwaffen den Wissenschaftlern den Vorschlag gemacht, einen Appell an die Politiker zu richten. Die Politiker sollen sich an den Verhandlungstisch setzen. Professor Hahn wies darauf hin, daß nach amerikanischen Berechnungen zehn Kobaltbomben genügen würden, um das Fortbestehen der Menschheit ernstlich in Frage zu stellen. In der Tat: Niemand, der auch nur einen oberflächlichen Blick auf die Vernichtungsmöglichkeiten einer Atom- und Bakterienkriegführung wirft, kann sich einem solchen Appell verschließen.

Diese Mahnung der Wissenschaft sollte aber vor allem zwingender Anlaß sein, zumindestens die gefährlichsten Krisenherde in der Welt zu beseitigen. Und einer der gefährlichsten Krisenherde bleibt nun einmal die Elbe-Werra-Fulda-Linie, die wenige Kilometer von hier mitten durch Deutschland geht. Deshalb soll uns niemand des Nationalismus beschuldigen, wenn wir immer wieder auf die Unhaltbarkeit dieser Linie hinweisen. Wenn wir auf die rasche Beseitigung dieser verhängnisvollen Gefahrenlinie drängen. Wir wollen uns nicht verhehlen, daß der Gedanke an eine Koexistenz an der Elbe-Werra-Fulda in der Welt spukt. Und zwar nicht nur im Osten. Es ist deutsche Aufgabe, sich mit aller Kraft dagegen zu stemmen. Es ist nicht nur Aufgabe der deutschen Politik. Es ist Aufgabe des gesamten deutschen Volkes, hier mit wachsender Klarheit und Entschiedenheit ein Nein zu sprechen. Ich kann nur wünschen, daß sich unser Volk nach den unheilvollen Entzweiungen dieser Wochen wieder zusammenfindet. Denn nur so kann es seiner Aufgabe gerecht werden. Nur so kann es sein Schicksal meistern. Nur so kann es dazu beitragen, daß die 18 Millionen der Sowjetzone und die 50 Millionen der Bundesrepublik wieder miteinander vereinigt werden.

## 89

*Deutsche Verantwortung für die Wiedervereinigung*
*Kundgebung des Parteitages der Exil-CDU in Göttingen, 17. Juli 1955*

Es ist in der Völkerrechtslehre verankert, daß ein Staat nicht untergeht, solange die Tatsache des Widerstandes seiner Bürger der Tatsache einer Annexion gegenübersteht. Deutschland, das nun schon zehn Jahre in mehrere Teile zerrissen ist, ist und bleibt also Gesamtdeutschland, solange der Wille des deutschen Volkes unbeirrbar an Gesamtdeutschland festhält. Gesamtdeutschland bleibt trotz seiner Teilung in zwei Staaten – in die Bundesrepublik und die sogenannte Deutsche Demokratische Republik – eine Realität, solange das deutsche Volk mit seinem Willen daran festhält. Ich sehe in diesem Augenblick einmal von den übrigen lebenswichtigen Teilen unseres Landes ab, die man von Deutschland fernhält. Auch für sie ist der Wille zu gesamtdeutschem Zusammenhalt maßgeblich.

Es bedarf gewiß keines Nachweises, daß das Festhalten an Gesamtdeutschland in der Zone gegeben ist. Der 17. Juni 1953 war der sprechendste Beweis dafür, daß die Bevölkerung der Zone im Widerstand gegen die Teilung Deutschlands steht. Und jedes einzelne Gespräch, das mit Freunden aus der Zone geführt wird, beweist das gleiche.

Was die Bevölkerung der Bundesrepublik angeht, so will ich nicht das übliche Klagelied anstimmen, daß sie weniger durchdrungen sei von der Notwendigkeit, sich immer wieder zur Unteilbarkeit Deutschlands zu bekennen. Und zwar durch Wort und durch Tat. Selbstverständlich denken wir dabei nicht an Taten der Gewalt. Wir denken an Taten, die unsere Verbundenheit mit der Zone ständig erkennen lassen. Wir wissen auf jeden Fall, daß dieses Klagelied niemals auf Berlin gepaßt hat. Und ich weiß ebenso aus meinen vielen Besuchen an der Zonengrenze, daß es auch nicht auf die Männer und Frauen der Zonengrenzgebiete zutraf. Auch die Verbände der Heimatvertriebenen oder der Sowjetzonenflüchtlinge sind geradezu Kraftquellen für einen stets wachen Wiedervereinigungswillen. Und selbstverständlich zählt auch und vor allem unsere Gemeinschaft, die Exil-CDU, dazu.

Sie alle sind vom politischen Schicksal dazu bestimmt, den Widerstand unseres Volkes gegen seine willkürliche Teilung in ebenso besonnener wie entschiedener Weise zu stärken. Das um so mehr, als ja schon etwas daran war, daß man in West- und Süddeutschland lange Zeit zu sehr mit dem eigenen Schicksal beschäftigt war. Zunächst mit dem Schicksal der Not der ersten Nachkriegszeit. Das war natürlich auch sehr verständlich. Dann kam der rapide Aufstieg von West- und Süddeutschland. Das sogenannte deutsche Wunder war wirklich diesem oder jenem Bundesbürger zeitweise etwas in den Kopf gestiegen.

In der Zeit um Jalta und Potsdam gab es ausländische Politiker, die meinten, man solle Teilen von Deutschland die Möglichkeit geben, zu einem saturierten Leben in einem gewissen Wohlstand zu kommen. Dann werde der Wille zu Gesamtdeutschland vielleicht doch einschlafen. Das war eine raffinierte Überlegung. Ich brauche nicht zu betonen, daß solche Pläne seinerzeit natürlich zum großen Teil ihre Begründung in dem Schrecken hatten, den das Hitlersystem der Welt eingeflößt hatte. Wir wollen aber auch nicht verhehlen, daß es manches Mal wirklich so aussah, als könnte das Vorhaben gelingen, den Willen zu Gesamtdeutschland zu schwächen. Die Verschiedenheit des Lebensstandards zwischen Bundesrepublik und Zone ist in mehr als einer Hinsicht eine gefährliche Tatsache. Das könnte manchen schrekken. Aber unser heutiger Stand des Wiederaufbaues reicht sicherlich bereits aus, den Lebensstandard in der Zone nach der Wiedervereinigung dem unseren anzugleichen. Ludwig Erhard ist in dieser Beziehung ganz besonders optimistisch. Und nicht nur er, sondern auch ein wachsender Kreis von Männern der Wirtschaft. Aber bei allen wirtschaftlichen Überlegungen wollen wir uns eines andern noch bewußt sein: Die Prüfungen des Zonendaseins, die Dürftigkeit des materiellen Lebens haben in der Bevölkerung dort innere Gesinnungen und Werte lebendig werden lassen, um die wir sie nur beneiden können. Wir dürfen gewiß sein, daß sie unserm Volk einmal zur Stärkung dienen werden, wenn die Wiedervereinigung Wirklichkeit geworden ist.

Das hindert aber durchaus nicht, daß man der Zone nicht zuviel zumuten darf. Und zwar, sowohl was die Dauer der Teilung angeht als auch was die innere und äußere Vereinsamung der 18 Millionen angeht. Der Mann der Kirche, der den 30 000 Menschen des Niederrheinischen Kirchentages am vergangenen Sonntag in Duisburg zurief »Wir in der Sowjetzone brauchen die Wiedervereinigung wie das tägliche Brot« hat ausgedrückt, was diese 18 Millionen Tag für Tag empfinden.

Es ist eine tröstliche Tatsache, daß weiten Kreisen in der Bundesrepublik gerade auch dafür die Augen aufgegangen sind. Und es ist erfreulich, daß das Verdienst dafür nicht zuletzt auch der deutschen Jugend zukommt. Auch und vor allem der Jugend an den deutschen Universitäten. Ich sage das mit besonderer Achtung auch vor der Universität Göttingen. Ich weiß um ernsthafte und gediegene Aussprachen junger Menschen hüben und drüben. Und ich weiß, daß diese Aussprachen ein Geben und ein Nehmen sind. Ein Mann dieser Universität Göttingen hat neulich vor einem gewissen »zivilisatorischen Hochmut« in der Bundesrepublik gewarnt. Vor einer Geisteshaltung, die im Bewußtsein eines angeblich west-östlichen Kulturgefälles lebt. Fügen wir noch hinzu, im Bewußtsein eines Gefälles von Gescheitheit und Wissen. Kultur, Gescheitheit und Wissen sind ganz gewiß nicht nur diesseits der Werra und Fulda zu finden. Vielleicht sind sie jenseits der Werra und Fulda noch stärker. Denn dort werden sie in ständigem inneren Widerstand gegen Zwang und aufdringliche Einflußnahme gewonnen. Wir können deshalb Begegnungen nur begrüßen, wo immer sie mit dem nötigen Ernst und dem nötigen Verantwortungsgefühl – und selbstverständlich auch mit dem nötigen Wissen – geführt werden. Sicherlich ist dieser und jener aus und in der Zone mit einem ferngesteuerten Sendungsbewußtsein erfüllt. Es gehört ja schließlich zu den Methoden des kalten Bürgerkrieges, wie ihn die Vertreter des Regimes in der Zone führen, daß sie immer wieder Apostel ihrer Lehre vorschicken. Das braucht die Unbefangenheit menschlichen Verständigungswillens bei Gesprächen hüben und drüben durchaus nicht zu stören. Wohl aber hat es uns Klarheit darüber zu geben, daß die Gespräche Standfestigkeit und Sachkenntnis von unserer Seite voraussetzen müssen.

Wie sehr sich Verantwortungs- und Zusammengehörigkeitsbewußtsein der Deutschen gegenüber den 18 Millionen in der Zone intensiviert haben, haben im übrigen auch die Tage um den 17. Juni dieses Jahres bewiesen. Gerade in diesem Jahr – dem zehnten nach der deutschen Agonie von 1945 – sind diese Tage wie nie zuvor zu einer Willenskundgebung der Zusammengehörigkeit in allen Teilen unseres Landes geworden. In diesem Jahr ist der 17. Juni wirklich zum Tag der Beharrung auf der Unteilbarkeit Deutschlands geworden. Das ist im Grunde eine Selbstverständlichkeit. Denn wir erfüllen damit nur den Sinn des Opfers an Leben und Freiheit, das die Männer und Frauen der Zone am 17. Juni 1953 brachten. Wir erfüllen damit eine Verpflichtung, die uns unsere Verantwortung gegenüber der Zone auferlegt.
Wenn nachdenkliche Deutsche vor dem hochmütigen Bewußtsein eines west-östlichen Kultur- und Wissensgefälles warnen, so lassen Sie mich gleich noch ein Wort zu einem entgegengesetzten Gefälle sagen. Ich denke an das wirtschaftliche Ost-West-Gefälle, das zum Teil von der Zonengrenze ins Innere der Bundesrepublik geht. Es ist kein Heldenstück gesamtdeutschen Verantwortungsgefühls, wenn manche Betriebe das verengte Gelände Berlins und der Zonengrenze verlassen. Wenn sich diese und jene tiefer in die vermeintlich sichereren Gefilde der Bundesrepublik absetzen. Die Zonengrenzgebiete sind die Visitenkarte des westdeutschen Patriotismus. Sie sind der Maßstab für einen sinnvollen Widerstand gegen die Teilung Deutschlands. Deshalb gehören nicht etwa weniger, sondern vermehrte Unternehmungen an die Zonengrenze. Ihre Schornsteine helfen dazu, das Gefühl der Vereinsamung in den 18 Millionen zu überwinden. Denn die Schornsteine sind Ausdruck der Überzeugung: Dieses Zonengrenzgebiet ist und bleibt die Mitte Deutschlands. Deshalb fort mit jedem ost-westlichen Gefälle der Wirtschaft.
Das alles aber zwingt natürlich die Weltpolitik noch nicht, unser Land wieder zusammenzuführen. Wohl aber weckt es Einsicht und Erkenntnis. Man sagt mir oft nach, daß ich zu sehr an Einsicht und guten Willen in der Welt glaube. Nun, in der Frage der Wiedervereinigung unseres Landes habe ich es nicht getan. Ich war stets der Überzeugung, unser Volk selbst müsse sich immer wieder zu Wort melden. Nur wenn die 50 Millionen immer wieder ihre Stimme für die 18 Millionen erheben, wird die Absurdität der Teilung offenbar. Und nicht nur das. Offenbar wird auch die tödliche Gefahr für Ordnung und Frieden in Europa und der Welt, die die Zerrissenheit unseres Landes bedeutet.
Darauf immer wieder hinzuweisen, ist Pflicht der Deutschen. Denn es geht um ihr Schicksal. Und es geht um die Bedeutung, um die Auswirkung dieses Schicksals auf die Umwelt. In diesen Tagen wurde mir von einem Vortrag des britischen Botschafters in Bonn berichtet. Sir Federik Hoyer-Millar hat ausgeführt, daß die britische Politik stets beherrscht gewesen sei von einem vernünftigen Eigeninteresse. Dabei habe die britische Politik stets Sorge getragen, dieses ihr Eigeninteresse in Einklang zu bringen mit den Interessen der anderen Völker. Ich verhehle nicht, daß wir Deutsche gegen diesen Grundsatz oft gefehlt haben. Am gründlichsten hat es das Hitlersystem getan. Aber mir scheinen die Ausführungen des britischen Botschafters in ganz besonderer Weise auf die heutige deutsche Situation zu passen. Kein deutsches Eigeninteresse kann vernünftiger sein als unser Streben, wieder einen vereinigten deutschen Staat zu haben. Und kein Eigeninteresse sollte leichter mit den Interessen der übrigen Völker in Einklang zu bringen sein als die Einfügung eines freien und geeinten Deutschlands in ein gesichertes und stabiles Europa.
Aber der kalte Krieg hat in diesem Jahrzehnt Tatsachen geschaffen, die die deut-

sche Frage wie Stacheldraht umgeben. Schon die Fülle der Pläne, die in diesen Tagen vor Genf durch die Blätter des Aus- und Inlandes gingen, haben die Fülle der Schwierigkeiten aufgezeigt, vor denen die deutsche Frage heute noch immer steht. Man hat manches Mal etwas ungeduldig von der Plänemacherei und dem Kombinieren der Zeitungen – auch der deutschen – gesprochen. Ich bin der Meinung, daß dieser Vorwurf nicht berechtigt ist. Niemand kann in einem freiheitlichen Staatswesen die Presse von der Verpflichtung entbinden, an der innen- und außenpolitischen Gestaltung unseres Schicksals verantwortlich mitzuarbeiten. Wenn dabei einmal ein falscher Zungenschlag unterläuft, so braucht man das nicht tragisch zu nehmen. Wesentlich ist das Verantwortungsbewußtsein der Presse gegenüber Volk und Staat. Jedenfalls darf anerkannt werden, daß die Wachheit unseres Volkes für das zentrale Anliegen seiner Existenz in der letzten Zeit weit größer geworden ist. Und zwar nicht nur die Wachheit für die Notwendigkeit des Widerstandes gegen die Teilung, sondern auch die Erkenntnis für die Schwierigkeiten, die für die Wiederherstellung seiner Einheit zu überwinden sind. Ich brauche nur auf die zahlreichen Entschließungen und Appelle hinzuweisen, die von Ortskuratorien des UNTEILBAREN DEUTSCHLAND an die Viererkonferenz gerichtet worden sind. Ich habe gerade den entschiedenen Anruf des Göttinger Kuratoriums hier vor mir liegen.
Niemand in Deutschland kann heute mehr in Unklarheit darüber sein, daß die Frage der deutschen Wiedervereinigung überschattet – oder sagen wir besser –, überlagert ist von der Frage der Sicherheit. Die Frage der Sicherheit gilt für jede einzelne Macht, die Verantwortung für die Wiedervereinigung unseres Landes trägt. Im Westen und im Osten. Je klarer unser Volk das anerkennt, um so mehr wird es Verständnis dafür haben, daß die Wiedervereinigung zäher und geduldiger Bemühung bedarf. Geduld aber bedeutet weder Schweigsamkeit gegenüber dem eigenen Schicksal, noch kann und darf es Vertröstung auf den St.-Nimmerleins-Tag bedeuten.
Eines dürfen wir ja wohl heute, am Vorabend der Genfer Konferenz, sagen: Sie steht in einem anderen Zeichen als die Berliner Konferenz. Ich will den Staatsmännern der Berliner Konferenz nicht zu nahetreten. Aber man muß doch sagen: Der winterliche Frost, der damals in Berlin herrschte, hat wohl mehr oder weniger auch das Konferenzklima bestimmt. Bei so viel Kälte konnte der neue Limes, der durch Deutschland geht, nicht auftauen. Ohne unter die Propheten gehen zu wollen, kann man wohl heute sagen, daß in Genf wahrscheinlich ein anderes Klima herrschen wird. Nicht nur, weil es Hochsommer ist, sondern weil aus diesem und jenem Grunde Erkenntnisse durch alle Hauptstädte gehen, die Tauwetter für die Starre des kalten Krieges bedeuten können.
Zwei Dinge dürfen wir wohl feststellen: Es geht ein ehrliches Friedensbedürfnis durch die Völker aller Staaten. Im Westen und im Osten. Wenn ich das sage, so denke ich nicht zuletzt auch an Worte von Pandit Nehru. Dieser indische Staatsmann, der den Westen wie den Osten kennt, sprach vom Entspannungswillen auch bei den sowjetischen Staatsmännern. Wenngleich er sich – was deren Verhalten zur deutschen Frage angeht – recht zurückhaltend äußerte. Nicht zuletzt weise ich aber auch auf Präsident Eisenhower hin. Auch er glaubt doch wohl eine Veränderung der sowjetischen Haltung erkennen zu können.
Man sollte dabei bei der Beurteilung der Gründe, die die Sowjetunion veranlassen könnten, den kalten Krieg zu beenden, vorsichtig und zurückhaltend sein. Wir Deutsche können nur hoffen, daß auch Einsicht im Spiele ist. Die Einsicht nämlich,

daß es das Interesse aller Völker – im Osten wie im Westen – erfordert, daß die Gefahrenherde in der Welt beseitigt werden.
Es kann hier nicht meine Aufgabe sein, auf die Positionen einzugehen, die von den vier Mächten im einzelnen für Genf eingenommen werden. Man darf aber wohl eines sagen: Wenn Verhandlungen üerhaupt einen Sinn haben, so kann es sich bei allen, was zu Beginn eines solchen schicksalhaften Gespräches verlautet, doch sicher nur um Ausgangspositionen handeln. Die Verlautbarungen der westlichen Staatsmänner lassen jedenfalls erkennen, daß sie nach einem Weg suchen, die Wiedervereinigung Deutschlands mit dem Sicherheitsbedürfnis der Völker in Einklang zu bringen. Ich zitiere nur einmal einen Ausspruch des englischen Außenministers Macmillan. »Wir haben uns aufgrund der Pariser Verträge verpflichtet, Schulter an Schulter mit der Bundesrepublik auf die deutsche Einheit hinzuarbeiten. Wir werden dieser Aufgabe unsere ganze Energie widmen. Nicht nur, weil wir dazu verpflichtet sind, sondern weil wir überzeugt sind, daß das Problem der deutschen Einheit der Kern aller europäischen Probleme ist. Friede und Stabilität werden niemals gesichert sein, ehe nicht dieses große Ziel erreicht worden ist.«
Und wenn in den Vereinigten Staaten – Berichten zufolge – die letzte sowjetische Verlautbarung über die Wiedervereinigung so gedeutet wird, daß die Wiedervereinigung Deutschlands in Genf zum zentralen Thema wird, so können wir nur wünschen, daß das der Fall sein wird. Denn niemand ist so sehr von dem unlöslichen Zusammenhang der Sicherheit Europas und der Wiedervereinigung unseres Landes überzeugt wie wir Deutschen selbst. Der Status quo kann nie und niemals die Sicherheit Europas gewährleisten. Es war für uns deshalb auch ermutigend zu erfahren, daß Befürchtungen über eine Einigung aufgrund des Status quo im State Department als unnötig bezeichnet wurden. Wir können nur hoffen, daß sich die Erkenntnis über die Gefahren des Status quo bei allen vier Mächten durchsetzt.
Dabei wollen wir gerade hier im Kreise der Exil-CDU noch einmal wiederholen, was wir der sowjetischen Besatzungsmacht in Begegnungen und Auseinandersetzungen in den Jahren 1945 bis 1948 immer wieder gesagt haben: Wir wollen ein vernünftiges Verhältnis zur Sowjetunion. Aber niemals werden wir in unserer Wachsamkeit gegenüber dem Kommunismus nachlassen. Niemals werden wir uns dem Kommunismus beugen. Wir wissen, daß der Glaube an eine Weltrevolution zum Wesen des Kommunismus gehört. Wenn aber heute in der Sowjetunion die Welt – insbesondere aber auch Deutschland – nüchtern gesehen wird, dann muß man dort wissen, daß der Kommunismus die Schlacht in Deutschland verloren hat. Ein vernünftiges Verhältnis läßt sich deshalb nicht über die Aufrechterhaltung des kommunistischen Systems in der Zone herstellen, sondern nur über die rasche Wiederherstellung eines geeinten, freien Staatswesens.

## 90

*Kundgebung der CDU vor Heimatvertriebenen und Sowjetzonenflüchtlingen in Frankfurt/M.*
*10. Oktober 1955*

Es war für mich gerade in diesen Tagen zwischen den Konferenzen um Deutschland selbstverständlich, daß ich Ihrem Ruf nach Frankfurt folgte. Ich bin ihm sogar mit besonderer Genugtuung gefolgt, weil die Wiedervereinigung im Mittelpunkt dieser

unserer Begegnung stehen soll. Nichts ist ja so notwendig, als daß jeder einzelne von uns lebendigen Anteil an dieser Schicksalsfrage unseres Volkes nimmt.
Daß es um die Schicksalsfrage unseres Volkes geht, hat ja nun nachgerade jeder begriffen. Nicht zuletzt nach der Begegnung zwischen Deutschland und Rußland in Moskau.
Die Besucher, die von der Zone zu uns herüberkommen, haben sich nicht selten beklagt, daß man in Westdeutschland für sie nicht das rechte Ohr hat. Man sei dort zu sehr mit seinem eigenen Wohlergehen beschäftigt, so sagt man. Ich brauche nicht zu verschweigen, daß ich täglich von Sowjetzonenflüchtlingen die gleiche Klage höre. Und zwar einerlei, welcher Partei sie angehören. Es ist ja durchaus nicht so, daß die Mitglieder jener Parteien, die am lautesten von der Wiedervereinigung und von den Gebieten jenseits der Oder/Neiße reden, auch das meiste Verständnis für die Nöte der Zone, für die Nöte der Heimatvertriebenen haben. Wahr ist vielmehr, daß die Bevölkerung des westlichen Deutschland lange Zeit zu sehr mit sich selbst beschäftigt war. Aber das war auch bis zu einem gewissen Grade verständlich. Denn die Betäubung, von der Deutschland nach der Katastrophe von 1945 befallen war, konnte erst allmählich weichen. Mit dieser Betäubung ist es nun allerdings schon eine geraume Zeit vorbei. Der rasche Aufstieg der Bundesrepublik seit 1949 hat das zur Genüge bewiesen. Mit diesem Aufstieg aber zog die Gefahr der Sattheit eines allzuschnellen Aufstiegs herauf. Und leider können wir nicht ableugnen, daß mancher dieser Gefahr nicht entgangen ist. Ich will hier keine Moralpredigt halten. Ich will dies um so weniger tun, als eines sicher ist: Je näher wir der Zonengrenze sind, um so klarer ist die Einsicht der Bevölkerung, was die Teilung unseres Landes bedeutet. Je näher wir der Zonengrenze sind, um so mehr erkennen wir, was durch die Teilung unseres Landes geschehen ist. Lebendige Gliedmaßen hat man von unserem Volkskörper abgeschnitten. Abgetrennte Gliedmaßen aber können nicht allein weiterleben. Und der übriggebliebene Rumpf kann es auf die Dauer auch nicht. Je länger unser Land zu einem Rumpfdasein verurteilt ist, um so gefährlicher werden die Wunden. Nicht nur für Deutschland allein, sondern für Europa und für eine weitere Welt. Man spürt die Unhaltbarkeit dieses Zustandes dort am stärksten, wo die Berührungspunkte zwischen Mittel- und Westdeutschland am lebendigsten sind. Das ist der Fall in den Zonengrenzgebieten.
Ich weiß, daß auch Frankfurt zu den Städten gehört, in denen Einheitsbewußtsein und Einheitswille stets eine lebendige Kraft geblieben sind. Denn auch das Land Hessen umfaßt ja Gebiete, die von der Not der Teilung ein Lied zu singen wissen. Hessen ist mit ein Einfallstor für viele Verzweifelte, die dem Druck in der Zone nicht mehr gewachsen sind. Es gehört ja mit zu unseren ernstesten Sorgen, daß die Zahl der Flüchtlinge gerade in diesen Monaten um ein Beträchtliches angewachsen ist. Es mindert unsere Sorge nicht, daß viele von ihnen infolge des Mangels an Arbeitskräften in raschem Zuge von der Wirtschaft aufgenommen werden. Man muß ja schließlich an den Tag denken, an dem das einmal nicht mehr möglich sein könnte. Wir glauben nicht, daß das so bald der Fall sein wird. Aber das schließt nicht aus, daß man Gefahren einkalkulieren muß. Mit weit größerer Sorge aber muß uns der Gedanke an die Gebiete Mitteldeutschlands erfüllen. Die steigende Flüchtlingszahl beraubt sie immer mehr ihrer angestammten Bevölkerung. Es wäre doch ein Verhängnis sondergleichen, wenn sich das Schicksal von Sachsen, Thüringen, Brandenburg und Mecklenburg dem Schicksal von Schlesien, Ost- und Westpreußen und Pommern immer mehr nähern würde. Je mehr das der Fall sein

könnte, um so fragwürdiger könnte es um die Wiedervereinigung bestellt sein. Um so ernster stünde es dann aber auch um die Situation der Bundesrepublik. Denn ihre Bevölkerung würde um weitere Millionen vermehrt werden, denen die Unruhe um die verlorene Heimat im Blut steckt.

Würde der Flüchtlingsstrom immer noch weiter anwachsen, so wäre das aber auch ein harter Schlag für unsere Heimatvertriebenen. Denn erst, wenn in Mitteldeutschland wieder ein freies Volk an freier Scholle arbeiten kann, kann auch für die Heimatvertriebenen das Recht auf die Heimat wieder Wirklichkeit werden. Wir sitzen alle in einem Boot: die Heimatverbliebenen, die Heimatvertriebenen, die Sowjetzonenflüchtlinge, die Berliner und die 18 Millionen in der Sowjetzone. Deshalb gibt es für die Bevölkerung der Bundesrepublik keine Konzentration nur auf das eigene Schicksal. Und auf das eigene Wohlbefinden. Es gibt nur ein gemeinsames Einstehen für das gesamtdeutsche Schicksal. Für das Schicksal der gesamtdeutschen Nation.

Es ist dabei klar, daß alle jene das Anliegen der Wiedervereinigung am stärksten empfinden, die von der Teilung unseres Landes am schwersten betroffen sind. Auf dem Boden der Bundesrepublik sind das die Heimatvertriebenen und die Sowjetzonenflüchtlinge. Sie wissen, daß ich manche Tagung unserer Heimatvertriebenen miterlebt habe. Nur mit innerer Bewegung kann ich an die einzelnen Begegnungen denken. Ob es sich um die Ost- und Westpreußen, um die Pommern, die Brandenburger, die Ober- und Niederschlesier oder auch um die Sudetendeutschen handelt. Für sie alle sah es 1945/46 so aus, als hätte ihnen die Austreibung den Todesstoß versetzt. Unsägliche Opfer an Menschenleben, an geistigen und kulturellen Werten standen am Beginn ihres Leidensweges durch das Jahrzehnt der Geschichte nach Potsdam. Aber wer immer diesen unseren Heimatvertriebenen bei ihren Zusammenkünften begegnet, der erfährt, mit welcher hingebungsvollen Treue und Zähigkeit sie ihre physische und geistige Substanz gerettet haben. Der Untergang, der ihnen vielleicht einmal zugedacht war, ist nicht Wirklichkeit geworden. Und nicht nur das: Wer sich im Bundesgebiet umsieht, der begegnet überall den kulturellen und den wirtschaftlichen Leistungen unserer Heimatvertriebenen. Überall erleben wir, daß sie aus der Eigenart ihrer Heimat, aus der Treue zum alten Brauchtum heraus das Leben und die Arbeit in Westdeutschland befruchtet haben. Zum Aufstieg der Bundesrepublik haben sie einen wahrhaftig nicht unbedeutenden Beitrag geleistet. Schon dadurch sind sie zum lebendigen Gewissen unseres Volkes geworden. Denn wer gibt, der hat auch ein Recht zu nehmen. Die Bevölkerung Westdeutschlands hat den Heimatvertriebenen gegenüber eine Schuld abzutragen. Wir können diese Schuld nur abtragen, wenn wir ihrer Heimat im Osten die gleiche Treue bewahren, wie sie selbst es tun. Die Vermittlung der Kenntnisse über Ost- und Mitteldeutschland gehört hinein in alle Schulen der Bundesrepublik. Stärker, weit stärker, als das bisher der Fall war. Und wir – die christlichen Demokraten – tragen mit die größte Verantwortung, daß das auch geschieht. Denn die Treue zu den Gemeinschaften, in die wir hineingestellt sind, ist christliches Gesetz. Und zu den Gemeinschaften, denen wir Treue schulden, gehört nicht zuletzt das eigene Volk. Was für die Heimatvertriebenen gilt, gilt in gleicher Weise für die 18 Millionen in der Zone. Wir haben eine große Zahl derer schon in der Bundesrepublik, die vom harten Los in ihrer engeren Heimat Zeugnis ablegen. Sie wissen, daß ich selbst Vorsitzender der Exil-CDU bin. D. h. Vorsitzender der Gruppe jener christlichen Demokraten, die aus politischen Gründen die Zone verlassen mußten. Ich hätte gewünscht, daß ein jeder von Ihnen im Juli unseren Parteitag in Göttingen – an der Zonengrenze – miterlebt hätte. Der Vorsitzende Ihres Kreisvertriebenenausschusses – unser Freund Clemens Riedel – war ja wohl dort. Ich will sehen, daß Ihnen das Büchlein zugeht »Deutschland zehn Jahre geteilt«. Es ist der Niederschlag des Parteitages der Exil-CDU in Göttingen. Warum mache ich überhaupt darauf aufmerksam? Ich tue es wahrhaftig nicht, um auf eine weitere Organisation hinzuweisen, deren wir in der Bundesrepublik ja schon genügend haben. Wohl aber tue ich es, weil ich einen gewissen Stolz empfinde, daß wir christlichen Demokraten es fertiggebracht haben, zu einer politischen Gemeinschaft der Sowjetzonenflüchtlinge innerhalb unserer Partei zu kommen. Es ist die Gemeinschaft aller jener christlichen Demokraten, die in der Sowjetzone schon einmal politische Verantwortung getragen haben. Sie haben sich den kommunistischen Schleppenträgern gegenüber so bewährt, daß sie ihre Heimat verlassen mußten. Ich kann nur immer wiederholen, was ich schon oft sagte: Hätten sich alle Parteien in der sowjetischen Besatzungszone im gleichen Maße bewährt wie die christlichen Demokraten, so wäre die Entwicklung dort vielleicht etwas anders verlaufen. Die Männer und Frauen der Exil-CDU haben dabei sicherlich nicht die Absicht, in der Bundesrepublik das Dasein von Exilgremien zu führen. Sie sind vielmehr gewillt, in der hiesigen Parteigemeinschaft mitzuarbeiten. Dabei wollen sie der Sauerteig eines entschiedenen Wiedervereinigungswillens der christlichen Demokraten sein. Niemand kennt ja das Los der 18 Millionen besser als diese Männer und Frauen aus der Zone. Deshalb wollen sie Anwalt der 18 Millionen sein. Nicht Anwalt der vielen Worte, sondern Anwalt der Tat. Das wollen sie sein durch Einordnung in die Gliederungen unserer Partei hier in der Bundesrepublik. Sie sind Zeugnis dafür, daß hüben und drüben die gleichen Deutschen leben. Man muß es ja ab und zu wieder einmal betonen: Die 18 Millionen, die jenseits von Helmstedt, Hof und Hersfeld wohnen, sind nicht kommunistisch infiziert. Sie sind Deutsche wie du und ich. Wie jeder einzelne Bewohner Westdeutschlands. Sie sind Deutsche, die nichts anderes ersehnen als das, was wir besitzen, ohne daß wir es vielleicht recht zu schätzen wissen. Die Freiheit in Wort und Tat. Einer unserer Freunde aus der Exil-CDU hat das Verlangen der Sowjetzonenbevölkerung in ergreifenden Worten zusammengefaßt: »Ein bißchen Freiheit, wie sie jeder braucht . . .«, so sagte er. »Der ruhige Schlaf, das Wohlbefinden auf Ämtern, der Frohsinn in Schulen, die ungehinderte Begegnung im Umkreis um einen selbst. Daß man vor Schutzmann, Staatsbediensteten, Lehrer oder auch dem Nachbarn sich nicht zu ängstigen braucht, sondern daß man durch sie die Sicherheit bekommt, die man drüben jetzt gegen sie braucht – das ist die Freiheit, um die es sich handelt!« – So brachte unser Freund aus der Sowjetzone das Verlangen der 18 Millionen zum Ausdruck.

Aber diese Freiheit ist nicht so einfach zu verwirklichen. Und doch ist und bleibt es unser dringlichstes Ziel, unsere verpflichtende Aufgabe, diese Freiheit für die 18 Millionen zu schaffen. Unnötig zu sagen, daß wir sie nicht mit Gewalt schaffen wollen, sondern durch friedliches Verhandeln.

Wenn ich dieses Anliegen vorwegstelle, so bedeutet das keine Zurückstellung des Anliegens der Heimatvertriebenen. Es gab eine Zeit, da reagierte diese oder jene Gruppe der Heimatvertriebenen empfindlich, wenn man zunächst von der Wiedervereinigung mit den 18 Millionen sprach. Ich weiß, daß diese Zeiten vorbei sind. Die Politik um Deutschland, wie sie sich in den letzten Jahren entwickelt hat, hat jedem Heimatvertriebenen deutlich werden lassen: Der Weg zur Erfüllung seiner

Heimatrechte geht über ein freies Eisenach, Weimar, Potsdam. Er geht über die Wiederherstellung Berlins als freie Hauptstadt unseres Landes. Von einer gesamtdeutschen Regierung in Berlin muß der Friedensvertrag abgeschlossen werden, der auch dem Heimatrecht unserer Vertriebenen wieder seinen Raum gibt.

Es war mir eine große Beruhigung, daß es gerade Sudetendeutsche waren, die kürzlich in Passau in aller Nüchternheit von dieser Stufenfolge der Wiedervereinigungspolitik sprachen. Gerade die Sudetendeutschen sind ja wahrhaftig keine geduldigen Lämmer, wenn es um das Recht auf ihre Heimat geht. Um so mehr hat mich das nüchterne Bekenntnis zu Geduld und Realpolitik bewegt, das sie dort ablegten.

Wie aber steht es nun um unsere Wiedervereinigung im Konkreten? Wir haben uns immer dazu bekannt, daß jeder einzelne Deutsche das Verlangen nach der Wiedervereinigung als lebendigen Willen in sich tragen muß. Das bedeutet: Jeder einzelne muß dazu beitragen, der Welt die Gefahr deutlich werden zu lassen, die ein geteiltes Deutschland einschließt. Solange man im Ausland darauf hinweisen konnte, viele in unserem Volk seien an der Wiedervereinigung desinteressiert, so lange war diese Verpflichtung von uns selbst nicht erfüllt.

Ich glaube, heute kann niemand mehr auf mangelnden Willen unseres Volkes hinweisen. Das bedeutet nicht, daß wir nun abschalten können und das Weitere den Politikern allein überlassen. Impuls und Antrieb müssen weiter vom Volke ausgehen. Nicht nur von den Heimatvertriebenen. Nicht nur von den Sowjetzonenflüchtlingen. Nicht nur von den Besuchern, die aus der Zone zu uns herüberkommen. Nicht nur von den Briefen, die sie uns schreiben. Und die gerade in den letzten Monaten von besonderer Dringlichkeit und Sorge erfüllt sind. Impuls und Antrieb zur Wiedervereinigung müssen vom ganzen Volk getragen sein. Es ist und bleibt für uns nationales und volkspolitisches Gesetz, immer wieder zu verlangen, daß der Zustand Deutschlands Schritt für Schritt geändert wird. Das bedeutet aber durchaus nicht, daß man dabei die realen Gegebenheiten der Politik um die Wiedervereinigung außer acht lassen könnte. Es bedeutet durchaus nicht, daß wir dabei die Notwendigkeit der Sicherung und Freiheit vergessen. Jeder von uns weiß, daß nur eine freie Bundesrepublik Sprecherin für Deutschland sein kann. Wiedervereinigungswille und Freiheitswille für die 70 Millionen Deutschen ist ein und dasselbe.

Die realen Tatsachen der Wiedervereinigungspolitik sind uns durch die Genfer Konferenz im Juli und durch die Moskauer Gespräche mit dem Bundeskanzler in aller Klarheit vor Augen geführt worden. Genf hat bewiesen, was inzwischen Allgemeingut politischer Überzeugung geworden ist. Der zehnjährige kalte Krieg zwischen West und Ost hat die deutsche Frage mit einer Mauer von Schwierigkeiten umgeben. Die Wiedervereinigung ist für alle beteiligten Mächte so eng mit der Frage der Sicherheit verbunden, daß es auch hier der Geduld – und vor allem der Zähigkeit – bedarf, sie zu lösen. Selbstverständlich haben wir den Zug zur Entspannung begrüßt, der in Genf zutage trat. Aber niemand konnte sich verhehlen, daß in Genf auch die Gefahr einer Tendenz sichtbar wurde, Entspannung und Sicherheit auf der Grundlage eines geteilten Deutschlands zu suchen. Oder sie mindestens auf der Grundlage der Teilung Deutschlands hinzunehmen. Aber es gibt weder dauerhafte Entspannung noch gibt es Sicherheit auf der Grundlage eines zerrissenen Volkes. Beides, Entspannung und Sicherheit, gibt es nur, wenn das natürliche Recht auch unseres Volkes auf seine Zusammengehörigkeit wiederhergestellt wird.

Nach Genf hatte sich bei aller Nüchternheit, die unser gesamtes deutsches Volk allmählich gelernt hat, die Hoffnung auf die Reise des Bundeskanzlers nach Mos-

kau gerichtet. Dabei hat niemand erwartet, daß er die Wiedervereinigung in seinem Koffer mitbringen würde. Aber in Moskau sind immerhin Klärungen erfolgt. Sie werden bei der künftigen Wiedervereinigungspolitik nicht zu übersehen sein.
Lassen Sie uns aber zunächst und vor allem ein Wort darüber sagen, was die Tage von Moskau für alle jene Familien bedeuten, die ihre Angehörigen nach einem Jahrzehnt des Wartens nun wiedersehen werden. Schon sind die ersten Gefangenen zurückgekehrt. Weitere folgen in diesen Tagen. Wir würden es dabei wirklich mit Dank und Erleichterung empfinden, wenn endlich ein Schlußstrich unter das grausame Kapitel der Gefangenen gesetzt würde. Das gilt für die Gefangenen in der Sowjetunion. Es gilt aber ebenso für jene Unglücklichen, die noch in den Zuchthäusern und Lagern der Zone auf ihre Freiheit warten. Ich selbst habe noch manche Freunde darunter, die nichts anderes verbrochen haben, als daß sie mit mir für die Freiheit in der Zone eingetreten sind. Zehn Jahre nach dem Kriege gilt für uns alle nur die Forderung: Freiheit für alle politischen Gefangenen.
Was die Wiedervereinigungsfrage angeht, so hat sich in Moskau herausgestellt, daß die Sowjetunion noch nicht gewillt ist, unserem Volk das Selbstbestimmungsrecht zuzugestehen. Ausdruck für diese sowjetische Haltung dem deutschen Volk gegenüber ist das Festhalten an Pankow. Nur durch eine Annäherung von Pankow und Bonn – so haben es die sowjetischen Staatsmänner verkündet – könne der Weg zur Wiedervereinigung vorbereitet werden. Dabei sind wir uns alle klar darüber, daß Pankow für die Sowjetunion nur eine Figur auf dem Schachbrett ist. Wir sind uns außerdem klar darüber, daß dieses Machwerk des Kommunismus immer wieder aufpoliert werden muß. Wir können uns aber auch nicht verhehlen, daß Pankow für die Sowjetunion nach wie vor ein Sprungbrett für den Kommunismus bleibt. Dabei halte ich die Staatsmänner und Diplomaten der Sowjetunion für viel zu erfahrene Praktiker, als daß sie sich über die Bedeutung von Pankow allzugroßen Illusionen hingeben. Diese Einsicht kann durch die Aufnahme der diplomatischen Beziehungen zwischen Bundesrepublik und Sowjetunion nur noch verstärkt werden. Schon deshalb halten wir es für gut, daß die Sowjetunion endlich wieder mit freigewählten Vertretern des deutschen Volkes ins Gespräch kommt. Eine Anerkennung zweier deutscher Staaten, eine Gleichstellung von Bonn und Pankow wird und kann die Aufnahme diplomatischer Beziehungen aber nicht bedeuten. Das hat der Bundeskanzler, die Bundesregierung und der Bundestag in aller Deutlichkeit klargestellt.
Ebenso ist mit der Aufnahme der diplomatischen Beziehungen keine Anerkennung der heutigen und keine Festlegung der künftigen Grenzen verbunden. Ich betone das vor allem noch einmal für unsere Heimatvertriebenen. Das ist nicht nur unsere politische Haltung, sondern es ist auch unser unanfechtbarer Rechtsstandpunkt. Professor Herbert Kraus, der Vorsitzende des Göttinger Arbeitskreises, sagt darüber: »Die organisatorische Maßnahme des Diplomatenaustausches« hat »– wie nicht scharf genug betont werden kann – keinerlei rechtliche Bedeutung für Grenzfragen«.
Es bleibt also für uns alle, insbesondere aber für unsere Heimatvertriebenen bestehen, was wir immer erklärt haben: Die Grenzfragen für Deutschland werden erst im kommenden Friedensvertrag geregelt. Das gilt im übrigen für alle Teile unseres Landes. Im Osten wie im Westen. Ich sage das auch im Denken an die Saar. Wir wissen, daß unsere Landsleute dort gerade in diesen Tagen in ernster Entscheidung

stehen. Lassen wir diese Stunde nicht vorübergehen, ohne daß wir ihnen – als Deutsche zu Deutschen – alle unsere Verbundenheit zum Ausdruck bringen.
Die Moskauer Gespräche haben es jedem Deutschen bewiesen, daß es wahrhaftig kein Leichtes sein wird, das deutsche Schicksal zu entwirren. Es wird auf keinen Fall nach Schema F gehen. Aber eines hat sich immerhin erneut bestätigt: Die deutsche Frage steht mehr denn je im Mittelpunkt des Weltinteresses. Auch die Tage in Moskau bestätigten, daß die Verwirklichung der Entspannung mit der Wiedervereinigung Deutschlands unauflöslich verknüpft bleibt.
Die Vorbereitung auf Genf geht deutscherseits von dem Zusammenhang der Wiedervereinigung mit der Sicherheitsfrage aus. Die Westmächte haben uns immer wieder und wieder versichert, daß ein europäisches Sicherheitssystem nicht auf einem geteilten, sondern nur auf der Grundlage eines wiedervereinigten Deutschlands verwirklicht werden kann. Dabei bin ich der Auffassung, man sollte die Sicherheitsfrage nicht allzu eng – d. h. nicht nur unter militärischen Gesichtspunkten sehen. Schließlich stellt die Wiedervereinigung Deutschlands – und damit die Beruhigung und Stabilisierung in Mitteleuropa – schon einen Sicherheitsfaktor ersten Ranges dar.
Wir wollen deshalb der Hoffnung Ausdruck geben, daß staatsmännische Weitsicht den Gang der Gespräche in Genf bestimmen wird. Das wäre das sicherste Zeichen, daß der Zug der Entspannung, der während der Julikonferenz sichtbar wurde, diese Monate überdauert hat.
Wir wollen uns dabei nicht den pessimistischen Ausdeutungen anschließen, daß es noch eines langen Zeitraumes bedürfe, ehe sich die vier Mächte über die Wiedervereinigung unseres Landes wirklich verständigten. Ich bin der Meinung, daß wir vor einer neuen Phase der Politik um Deutschland stehen. Auch wenn das noch nicht von heute auf morgen für jeden sichtbar sein wird. Es kommt dabei mit auf uns an, an dem Ziel der Wiedervereinigung so unabdingbar festzuhalten, daß alle vier Mächte auf einen Weg gedrängt werden, der dem deutschen Volke wirklich gerecht wird.
Ein Weiteres schließt die neue Phase der Politik ein. Die geistige Auseinandersetzung mit dem Kommunismus rückt uns noch näher auf den Leib als bisher. Wir, die wir in Berlin und in der Zone Verantwortungen getragen haben, fürchten uns nicht davor. Allerdings ist die Auseinandersetzung nicht mit intellektuellen Spielereien und Simpeleien zu führen. Und ebensowenig mit sentimentalen Empfindungen. Wir bedürfen schon eines festen politischen Willens dazu. Ich möchte wünschen, daß die diplomatischen Vertreter der Sowjetunion hier in der Bundesrepublik diesem festen Willen begegnen. Es geht uns um ein geordnetes Verhältnis zu Rußland. Aber nicht auf der Grundlage eines zum Kommunismus bekehrten Deutschland. Die Bundesrepublik steht im Grunde vor der gleichen Aufgabe, vor der wir von 1945 bis 1948 in Berlin und in der Zone gestanden haben. Die Sowjetzonenflüchtlinge, die hier anwesend sind, wissen, daß sich die christlichen Demokraten dem kommunistischen Willen nicht gebeugt haben. Wir sind der Freiheit treu geblieben. Und nur ein in Freiheit geeintes Deutschland kommt für uns in Frage. Wenn man aber immer wieder davon spricht, die beiden Teile Deutschlands sollten sich einander nähern, so kann man nur sagen: Um unsere menschliche Verbundenheit mit den 18 Millionen braucht man sich wahrhaftig keine Sorge zu machen. Was aber eine politische Annäherung angeht, so soll man zunächst dafür sorgen, daß auch die Zone freigewählte politische Vertreter erhält.

Eine aus freien Wahlen hervorgegangene deutsche Nationalversammlung und Regierung wird dann den deutschen Gesamtstaat formen. Dieser Staat wird auch durch Leid und Erfahrungen der 18 Millionen Deutschen seine Prägung erhalten. Ich kann nur wünschen, daß alle christlichen Demokraten ihre Bestes daransetzen, daß dieses Ziel bald erreicht wird.

## 91

*Die politische Situation in der Sowjetzone Deutschlands*
*Bundesratsausschuß für gesamtdeutsche Fragen in Berlin, 15. März 1956*

Seit nun fast elf Jahren ist Mitteldeutschland, d. h. die sowjetisch besetzte Zone, vom übrigen Deutschland getrennt. Im politischen Bereich hat die SED, die aus der Zwangsvereinigung von KPD und SPD entstand, im Laufe dieser Jahre die unumschränkte Alleinherrschaft erreicht. In konsequenter Durchführung ihres Auftrages hat sie die Ost-CDU und LDP, die zunächst selbständige Parteien waren, in vollkommene Abhängigkeit gebracht. Zwei weitere Parteien, die »National-Demokratische Partei« und die »Bauern-Partei,« sind später begründet worden. Und zwar gleich als Satelliten. Zusammen mit den Massenorganisationen, wie dem Freien Deutschen Gewerkschaftsbund, der Freien Deutschen Jugend, dem Demokratischen Frauenbund und auch der Nationalen Front – der Zusammenfassung aller Parteigruppen und Massenorganisationen –, hat sich die SED zum allein bestimmenden politischen Faktor gemacht. Man kann sagen: Die Eingliederung Mitteldeutschlands in die Reihe der Volksdemokratien ist im Jahre 1955 bis zu einem gewissen Grade abgeschlossen worden.
Dabei muß aber gesagt und beachtet werden: Entscheidend für die Situation in der Zone ist der Fortbestand des unverminderten Gegensatzes zwischen der Bevölkerung und dem Regime. Dafür ist nicht nur der 17. Juni 1953 ein Beweis, sondern auch die Haltung der Bevölkerung nach dem Scheitern der Genfer Konferenzen. Sogar die führenden Funktionäre der SED mußten auf der letzten Tagung des Zentralkomitees ihrer Partei zugeben, daß die Bevölkerung in schroffer Ablehnung zum Regime steht. Dieser Haltung sucht das Regime durch Ausbau der SED-Kader in allen Bereichen des öffentlichen Lebens, durch Forcierung des Aufbaues einer Armee und durch Schaffung bewaffneter SED-Betriebskampfgruppen zu begegnen. Diese Machtinstrumente haben ja in erster Linie dem Schutze des Regimes gegenüber dem Freiheitswillen der Bevölkerung zu dienen. Das SED-Regime stützt sich auf einen geschulten Apparat der Partei und der Massenorganisationen mit ungefähr 60 000 hauptamtlichen Funktionären. Es stützt sich auf die Volkspolizei, jetzt Volksarmee, auf die Staatssicherheitstruppenwie Grenzschutz, Transportpolizei und Wachbataillone. Es stützt sich auf den Staatssicherheitsdienst mit rund 20 000 haupt- und nebenamtlichen Mitarbeitern. Auf die gleichgeschaltete Justiz und Verwaltung, in der fast nur noch Anhänger des Systems sitzen, und auf die SED-Betriebskampfgruppen. Nehmen wir die bewaffneten Kräfte insgesamt, so kann man z. Zt. mit 230 000 bis 250 000 Mann rechnen. Dabei darf aber nicht übersehen werden, daß mancher, daß viele von ihnen wie wir denken. Dafür zeugen allein schon die Tausende von Flüchtlingen auch aus diesen Gruppen.
Heute gibt es keinen Lebensbereich in der Sowjetzone mehr, in dem sich nicht die Kontrolle des Kommunismus mehr oder weniger brutal durchgesetzt hat. Von der

gleichgeschalteten Presse und der Unterdrückung der Meinungsfreiheit, die ein bisher nicht gekanntes Ausmaß erreicht hat, will ich gar nicht sprechen. Ob es die industrielle und gewerbliche Wirtschaft, die Landwirtschaft, die Kultur, die Hochschulen, Schulen, Freizeitgestaltung, die Kindergärten, die Justiz, die Verwaltung oder andere Gebiete sind, allem hat der Kommunismus und der Machtapparat der SED seinen Stempel aufgedrückt. Dabei muß hier gerade nach uns vorliegenden Protokollen von der letzten, im Oktober 1955 stattgefundenen Tagung des Zentralkomitees der SED noch einmal betont werden: Es ist der SED nach ihrem eigenen Eingeständnis nicht gelungen, eine Gemeinschaft ihrer Genossen zu schaffen. Von irgendeiner Gemeinschaft mit der Bevölkerung gar nicht zu reden. Aus den Protokollen geht hervor, daß z. B. im Bezirk Halle von März bis September 1955 3000 Mitglieder aus der SED ausgeschlossen wurden. Von ihnen waren nicht weniger als 60 % Arbeiter. Man könnte weitere Beispiele anführen.
Der sogenannte Aufbau des Sozialismus – um im Sprachgebrauch der SED-Machthaber zu reden – ist in der Zone im vollen Gange. Insbesondere zeigt sich dies in der ständigen Erweiterung der staatskapitalistischen Wirtschaft. Das gesamte Leben steht unter der Devise der »Festigung der Arbeiter-und-Bauern-Macht«. Unaufhörlich werden die Menschen in der Sowjetzone zu neuen Produktionsfeldzügen angetrieben. Zur Erweiterung und Beschleunigung der Produktion, zur Einsparung der Selbstkosten, zur Verringerung des Ausschusses, zur sparsamen Verwendung von Rohmaterial. In der Landwirtschaft zu Wettbewerben in der Aussaat, bei der Einbringung der Ernte, bei der Ablieferung des Solls. Mit einem Erfindungsgeist sondergleichen werden täglich neue Methoden der Antreiberei ersonnen.
Aber trotz allem bewahrt die Bevölkerung eine bewundernswerte Haltung. Aufgeschlossen für politische Fragen, wie es selten eine Generation in der deutschen Geschichte gewesen ist, vermögen auch die einfachen Menschen in der Sowjetzone die politischen Maßnahmen des SED-Regimes richtig zu beurteilen. Sie wissen die Scheinangebote des Regimes zur Wiedervereinigung Deutschlands durchaus zu beurteilen. Das gleiche gilt von all den anderen Versprechungen und Verheißungen, mit denen totalitäre Regime ja nicht kargen. In Kenntnis der Haltung und Gesinnung der 17 Millionen in der Zone wage ich zu sagen: Noch heute werden bei freien Wahlen in der Zone 90% der Wähler die SED ablehnen. Der Kern der Bevölkerung will mit dem Kommunismus nichts zu tun haben. Trotz der beinahe elf Jahre ist es der SED, ist es dem Regime nicht gelungen, echten Anhang zu gewinnen.
Doch dürfen wir uns keiner Täuschung hingeben: Je länger das Regime in der Zone dauert, um so größer muß die Zahl der Resignierenden, der Menschen, die die Waffen strecken, werden. Gefahr ist vor allem für die Jugend gegeben. Wir dürfen ja nicht verkennen, daß das Regime ganz bewußt darauf ausgeht, die Jugend zu gewinnen. Und zwar nicht nur durch intensive Schulung, sondern auch durch ein ausgebautes Stipendienwesen und durch Aufstiegsmöglichkeiten. Auch die Angehörigen der Intelligenzberufe, die Ingenieure, Techniker, Hochschullehrer und Ärzte, sucht das Regime durch hohe Bezahlung auf seine Seite zu bringen. Niemand darf sich verhehlen, daß hier Gefahren liegen. Schließlich kommen ja auch noch die tiefen Enttäuschungen und das vergebliche Warten auf die Wiedervereinigung hinzu. Hier haben wir uns der Konsequenzen bewußt zu sein, die sich für uns daraus ergeben: Notwendig ist die Erkenntnis, daß die Zeit nicht unbedingt für uns arbeitet. Deshalb muß unser gesamtes Volk, unsere gesamte Politik auf die Wiedervereinigung gerichtet sein.

Zudem: Wenn die Zone dieses unser Wollen erkennt und anerkennt, wird der Flüchtlingsstrom, der uns so große Sorgen macht, vielleicht geringer werden. Ich darf Ihnen hier noch einmal die erschütternde Zahl der Flüchtlinge ins Gedächtnis rufen: Seit 1949 haben mehr als 2 1/2 Millionen Zuflucht in der Bundesrepublik gesucht. Seit 1952 sind darunter nicht weniger als 200 000 Jugendliche gewesen. Nimmt man diejenigen hinzu, die nicht durch die Notaufnahme und die Lager gegangen sind, und diejenigen, die schon vor 1949 die Zone verlassen haben, so steigert sich diese Zahl noch beträchtlich. Der Flüchtlingsstrom hat auch in diesem Jahr nicht nachgelassen. Nur mit großer Sorge kann man diesen ständigen Aderlaß Mitteldeutschlands verfolgen. Er bedeutet zwangsläufig eine Schwächung für den inneren Widerstand in der Zone. Ich versäume deshalb auch nie, die Bevölkerung zum Bleiben aufzufordern. Das setzt aber bei der Schwere des Schicksals, das ihr auferlegt ist, voraus, daß wir ihr Vertrauen zu uns erhalten und es rechtfertigen. Es setzt aber auch voraus, daß wir menschliches Verständnis für jeden einzelnen beweisen, der in der Zone ausharrt. Die Bevölkerung in der Zone ist dabei besonnen und einsichtsvoll genug, um die Schwierigkeiten zu erkennen, denen sich die deutsche Wiedervereinigungspolitik nun einmal gegenübersieht.

Nun einige Einzelheiten zu den Faktoren des SED-Machtapparates. Hier ist in erster Linie die Kasernierte Volkspolizei zu nennen, die nun in eine sogenannte Volksarmee umgewandelt wird. Sie ist zweifelsohne das stärkste Machtinstrument des Regimes. Sie umfaßt heute Heeresverbände in Stärke von rund 90 000 Mann. Dazu kommen 10 000 Mann Marine und 9000 Mann Luftwaffe. Hinzu kommen die kasernierten Verbände des Staatssicherheitsdienstes: der Grenzpolizei mit rund 32 000 Mann, der Transportpolizei mit etwa 8000 Mann und der inneren Truppen und Wachbataillone mit rund 20 000 Mann. An ausgeschiedenen Angehörigen der Kasernierten Volkspolizei, die als Reserve zu betrachten sind, sind rund 45 000 Mann vorhanden. Über den militärischen Wert dieser bewaffneten Kräfte gehen die Meinungen gewiß auseinander. Es ist aber wohl kaum zu bezweifeln, daß man durch ständige politische Schulung und ständige Aussonderung unzuverlässiger Teile eine schlagkräftige Bürgerkriegstruppe zu schaffen sucht. Der Schutz der sogenannten Deutschen Demokratischen Republik und die Befreiung Westdeutschlands von den sogenannten imperialistischen Kräften wird ihr als Aufgabe gestellt. Die Vorbereitung zu dieser Entwicklung begann bereits während des Krieges mit der Umschulung geeignet erscheinender deutscher Kriegsgefangener in der Sowjetunion. Mit Hilfe umgeschulter deutscher Militärs, die heute in entscheidenden Stellen der Volkspolizei bzw. der Volkskammer sitzen, mit Hilfe sowjetischer Instrukteure ist aus der 1946 begonnenen Aufstellung einer Grenzpolizei eine Armee geschaffen worden, die wir auf keinen Fall unterschätzen dürfen.

Eine milizartige Ergänzung findet der militärische Apparat in den sogenannten SED-Kampfgruppen. Sie wurden in der heutigen Form nach dem Volksaufstand vom 17. Juni 1953 geschaffen. Als Zweck dieser Kampfgruppen wird in ihrem Statut »Der Schutz der Heimat und die Verteidigung der Errungenschaften der Deutschen Demokratischen Republik« bezeichnet. In Wirklichkeit sind sie ein bewaffnetes Instrument des Kommunismus, das die Macht des SED-Regimes in den Schlüsselbetrieben gegen den Freiheitswillen der Arbeiterschaft sichern soll. Sie gliedern sich in Gruppen, Züge, Hundertschaften und Kampfgruppenstäbe mit den entsprechenden Führungseinrichtungen. Ausbildungs- und einsatzmäßig unterstehen sie dem Chef der Volkspolizei.

Als Rekrutierungsreservoir für die bewaffneten Einheiten sind vormilitärische Einrichtungen geschaffen worden. In ihnen werden die Jugendlichen beiderlei Geschlechts für den sogenannten Ehrendienst in den bewaffneten Kräften vorbereitet. In der »Gesellschaft für Sport und Technik«, der eigentlichen Trägerorganisation der vormilitärischen Ausbildung, dürften zur Zeit rund eine Million junger Menschen politisch und vormilitärisch ausgebildet und geschult werden. Erschreckend für uns alle muß dabei die Haßpropaganda sein, von der die Schulung der militärischen und vormilitärischen Verbände begleitet wird.
Eine weitere Säule des SED-Machtapparates ist die Justiz. Ihre Auswirkungen haben wir bei zahllosen Gewalturteilen spüren müssen. Ich erinnere nur an die Urteile gegen Held und Rudert. Die Todesurteile wurden zwar unter dem Druck der Weltöffentlichkeit in lebenslängliche Zuchthausstrafen umgewandelt. Aber vergegenwärtigen wir uns, daß noch zahlreiche andere Unschuldige viele Jahre ihres Lebens hinter Zuchthausmauern verbringen müssen.
Leitmotiv der sowjetzonalen Justiz ist nach einem Ausspruch des dortigen Rechtsideologen Hans Gerats der Satz: »Der Wille der herrschenden Klasse, der Staatswille, ist die Quelle allen Rechts.« In der Rechtsprechung selbst ist die sogenannte kommunistische Parteilichkeit der oberste Grundsatz. Gerats führt dazu aus: »Die Aufgabe der demokratischen Rechtsprechung muß darin bestehen, die Bedeutung der DDR als des Staates des werktätigen Volkes unter Führung der deutschen Arbeiterklasse, als der Grundlage der Nationalen Front des deutschen Volkes und als des Instrumentes des Friedens herauszustellen und sie wie unseren Augapfel zu hüten und gegen alle staatsfeindlichen Verbrechen zu schützen.« So hören wir von Schauprozessen am laufenden Band gegen angebliche Agenten, Spione, Diversanten, Saboteure, Boykotthetzer, Friedensfeinde, Schädlinge und so weiter. Die politische Strafjustiz ist eines der hervorstechendsten Mittel, den Kommunismus durchzusetzen und Widerstände zu brechen. Nach zuverlässigen Schützungen befinden sich immer noch rund 25 000 politische Gefangene in Haftanstalten der Zone. Darunter viele, die von sowjetischen Militärgerichten verurteilt sind.
Von Rechtsstaatlichkeit und von Unabhängigkeit der Richter kann keine Rede sein. Die gesamte Justiz wird durch Instrukteure des Justizministeriums kontrolliert. Die Strafbestimmungen sind derart allgemein gehalten, daß die SED damit alles willkürlich bestrafen kann. Man erfindet immer neue Strafvorschriften. So für die Abwerbung von Arbeitskräften, für die Verbreitung schädlicher und tendenziöser Nachrichten, für die Unterbindung des Schulbesuches von Kindern aus der Sowjetzone in Westberlin und dergleichen mehr. Die sowjetzonale Justiz wird von weisungsgebundenen Funktionären praktiziert. Sie steht heute unter Leitung der sattsam bekannten Hilde Benjamin als Justizminister und Dr. Melsheimer als Generalstaatsanwalt.
Ich darf Ihnen hier eine Aufstellung der Todesstrafen und der lebenslänglichen Zuchthausstrafen seit 1949 geben, damit Sie einen Einblick in das Los der 17 Millionen haben, die zu unserem Volk gehören. Es fehlen dabei die Ziffern von 1954 und es fehlen bestimmt auch solche noch, die nicht veröffentlicht wurden. Davon abgesehen wurden in sechs Jahren 148 Menschen zum Tode verurteilt. Davon waren 95 politische Urteile. 200 Menschen wurden lebenslänglich ins Zuchthaus geschickt. Im Jahre 1955 wurden 500 politische Angeklagte zu insgesamt 3567 Jahren Zuchthaus verurteilt. Im Durchschnitt entfielen also auf jeden einzelnen politischen Angeklagten sieben Jahre Zuchthaus.

Nun zum Staatssicherheitsdienst. Unter dem als Sabotagespezialisten bekanntgewordenen Wollweber ist der Staatssicherheitsdienst in der Zone zur wahren Geißel der 17 Millionen geworden. 20 000 haupt- und nebenamtliche Mitarbeiter, gedungene und gezwungene Spitzel, überwachen ständig die Menschen. Niemand weiß, ob sein Mitarbeiter im Büro, sein Arbeitskamerad am Schraubstock, sein Nachbar im Mietshaus ein Spitzel des Staatssicherheitsdienstes ist. Ständig werden Menschen abgeholt zu Verhören, zu Erpressungen, zu Verpflichtungen zur Mitarbeit und häufig auch zum Verschwinden auf Nimmerwiedersehen. Gerade hier in Berlin weiß jedermann, daß der Arm des Staatssicherheitsdienstes auch herüberreicht über die Sektorengrenze. Daß Menschen aus dem freien Teil Berlins entführt werden.

Ich darf dann noch kurz über die Wirtschaft und die Landwirtschaft sprechen. Die Umwandlung der Industrie in volkseigene Betriebe ist zu rund 86 % durchgeführt. Nur noch 14 % sind Privatbetriebe. Das selbständige Handwerk wird in Handwerksproduktionsgenossenschaften hineingedrängt. Mittel dazu sind die Rohstoffzuteilungen.

Industrie, Handwerk und Handel sind heute noch durch die Reparationsentnahmen im Werte von 10,7 Milliarden Dollar geschwächt. Als Folge der starren zentralistischen Planwirtschaft befindet sich die Produktivität verglichen mit der Bundesrepublik auf einem niedrigen Stand. Nach eigenem Eingeständnis arbeiten 17,7% der Betriebe mit Verlust, davon allein 133 Betriebe für Maschinenbau. Der erste Fünf-Jahres-Plan ist in den wichtigsten Produktionszweigen, z. B. bei Eisenerz, Kupfererz, Steinkohle, Braunkohle, Briketts, Roheisen, Rohstahl, Walzstahl, elektrische Energie, nicht erfüllt worden.

Bei den noch verbliebenen Privatbetrieben wird jetzt ein neuer Anlauf zur Enteignung durch die Investierung von Staatskapital gemacht. Durch die Hergabe von staatlichen Investitionsmitteln in die Privatbetriebe sichert sich das Regime das Recht zur Mitwirkung in der Produktionsgestaltung. Damit hat es einen weiteren Schritt zur Überführung privater Betriebe in Volkseigentum getan. Weiter wird bei den Privatbetrieben die Besteuerung rigoros gehandhabt.

Die Kollektivierung der Landwirtschaft schreitet voran. 1945 wurden – wie bekannt ist – über 7000 Güter mit rund 2,5 Millionen ha enteignet. Später kamen noch über 4200 Betriebe hinzu, die unter 100 ha lagen. Daraus wurden rund 320 000 Neubauernstellen mit 5 bis 8 ha Größe geschaffen. Rund 170 000 Arbeiter und Handwerker erhielten kleinere Landzuteilungen. Seit 1952 läuft der nun mit allen propagandistischen Mitteln und mit Zwangsmethoden gesteuerte Feldzug zum Eintritt in die landwirtschaftlichen Produktionsgenossenschaften. Sie sind eine Vorstufe der Kolchose. Ende 1955 betrug die Zahl der landwirtschaftlichen Produktionsgenossenschaften 6000 mit 1,28 Millionen ha landwirtschaftlicher Nutzfläche. Die Zahl der flüchtenden Bauern war 1953 am höchsten. Sie hat später nachgelassen. Aber auch jetzt verläßt unter dem Druck der Kollektivierung immer noch eine beachtliche Zahl von Landwirten Haus und Hof.

Der Ertrag der Landwirtschaft ist seit 1945 unverhältnismäßig langsam angestiegen. Der erste Fünf-Jahres-Plan ist bei weitem nicht erfüllt worden. Dabei ist die Versorgungslage, was Nahrungsmittel und Verbrauchsgüter anbelangt, besser geworden. Aber sie ist noch immer unzureichend. Rationiert sind noch: Fleisch, Fett, Zucker, Eier, Milch und Kartoffeln. Zusätzliche Waren können nur in den HO-Läden zu überhöhten Preisen gekauft werden: So kosten ein Paar Schuhe 100 bis 140

Mark. Ein kg Butter 20 Mark. Ein kg Fleisch 12 Mark. Ein kg Kaffee 80 Mark. Zusammenfassend kann man sagen, daß die nun schon seit Jahren andauernde Produktions- und Versorgungsschwierigkeiten auf dem Unvermögen beruhen, Plan und Wirklichkeit in Übereinstimmung zu bringen. Das Regime ist aber trotz der vielen schlechten Erfahrungen nicht bereit, die totale Planwirtschaft zu lockern oder gar aufzuheben. Der an sich schon niedrige Lebensstandard der Bevölkerung kann nur auf dem Stand des Jahres 1955 gehalten werden, wenn die für 1956 im Plan vorgesehene Produktionssteigerung um 9% verwirklicht werden kann. So jedenfalls kann man es im Protokoll der 25. Tagung des Zentralkomitees der SED nachlesen. Die Fachministerien der sogenannten DDR haben aber bereits auf dieser Sitzung erklärt, daß dies unmöglich sei. Das bedeutet – nach eigener Erkenntnis der SED –, daß sich die Wirtschafts- und Versorgungsschwierigkeiten, von deren Ausmaß wir uns kaum eine Vorstellung machen können, nicht erleichtern werden. Sie werden sich eher verschlimmern.

Aber verglichen mit der materiellen Not in der Zone ist die geistige Not noch weit bedrückender. Am bedrückendsten ist die Situation der Jugend. Die Schulen sind bolschewisiert. Der Unterricht basiert auf dem dialektischen Materialismus. Christliche Einflüsse werden gewaltsam zurückgedrängt. Zu Anfang des Monats gingen Berichte durch die Presse, daß nun auch hier im Ostsektor von Berlin ebenso wie schon seit langem in der Zone die Möglichkeit zur Erteilung von Religionsunterricht an den Schulen unterbunden wird.

Zu den höheren Schulen und zu den Universitäten werden seit Jahren nur noch Bewerber zugelassen, die von der »Freien Deutschen Jugend« befürwortet werden. Ausgeschlossen sind fast alle Kinder von Akademikern, soweit die Eltern nicht der technischen oder kommunistischen Intelligenz angehören.

Seitdem Ende 1954 der Altkommunist Fritz Lange zum Minister für Volksbildung ernannt wurde, hat sich der kommunistische Kurs im Erziehungswesen noch verstärkt. Und zwar kennzeichnenderweise unter der Parole der »patriotischen Erziehung«. Das Ziel dieser Maßnahme liegt nach Walter Ulbricht in der »Erziehung zur grenzenlosen Ergebenheit gegenüber der Arbeiter-und-Bauern-Macht der DDR«. Noch auf einer im Februar 1955 in Weimar abgehaltenen Arbeitstagung hat der Volksbildungsminister Lange als wichtigste Aufgabe seines Ministeriums genannt:

1. Die Anerkennung der Sowjetpädagogik als der einzig wissenschaftlich begründeten Pädagogik.
2. Die Gestaltung des Unterrichtsinhaltes nach den Prinzipien des Marxismus-Leninismus.
3. Die Heranbildung eines Lehrernachwuchses, der in der Lage ist, die Prinzipien der marxistisch-leninistischen Pädagogik anzuwenden. Und der den Marxismus-Leninismus als einzig wissenschaftliche Basis für die schulische Arbeit anerkennt.

Bezeichnend ist für die schulische Situation in der Sowjetzone die Einrichtung der »Wilhelm-Weitling-Schule« in Magdeburg. Ihre Aufgabe ist es, besonders begabte Kinder für das Hochschulstudium in der Sowjetunion vorzubereiten, um sie dann später in leitende Stellen von Staat, Wirtschaft und Partei zu bringen.

Die Lehrer werden in den Schulen laufend von Funktionären der SED und von Beauftragten sogenannter Patenschaftsbetriebe überwacht. Sie sollen dafür sorgen – wie es heißt –, daß der Unterricht im »richtigen Geiste« durchgeführt wird. Zur Verstärkung des politischen Einflusses in den Hochschulen und Universitäten bedient man sich der Selbstverpflichtungen der Dozenten und Professoren. Auf einer

Hochschulkonferenz in Leipzig mußten sich 400 Rektoren, Professoren und Dozenten bereit erklären, dafür zu sorgen, daß die Studenten zu »einer positiven Haltung zur Deutschen Demokratischen Republik erzogen werden«.
Als Voraussetzung für die Gewährung von Stipendien wird eine »positive Einstellung zum Arbeiter-und-Bauern-Staat« gefordert. Die Studenten werden also zur Bejahung des kommunistischen Systems gezwungen, wenn sie zum Hochschulstudium zugelassen werden und Vergünstigungen erhalten wollen.
Schulerziehung und Erziehung durch die kommunistischen Jugendorganisationen sind eng gekoppelt. Die FDJ sorgt dafür, daß die »Jungen Pioniere« des 7. und 8. Schuljahres in die Schulungsgruppen der »Gesellschaft für Sport und Technik« überführt werden. Sie haben gewiß schon Bilder gesehen, auf denen Jungen und Mädchen in militärischer Ordnung mit Kleinkalibergewehren marschieren. Das sind die Jahrgänge, die halb noch im Kindesalter im Umgang mit der Waffe vertraut gemacht werden. Die FDJ fordert von den wenig älteren Jahrgängen freiwillige Selbstverpflichtungen zu den »bewaffneten Streitkräften«. Alle diese Maßnahmen sind es gerade, die zu der starken Flucht der Jugendlichen aus der Zone führen. Im letzten halben Jahr waren 51% aller Flüchtlinge Jugendliche unter 25 Jahren.
Um die Jugend für den Kommunismus zu gewinnen, werden keine Kosten für Förderungsmaßnahmen gescheut. Der am 6. Februar 1956 vorgelegte Jugendförderungsplan für 1956 mit dem Ansatz von 2,5 Milliarden Mark sieht neben der verstärkten politischen Schulung die Neuschaffung und Förderung von Schulen, Hochschulen, Jugend- und Sportheimen, von Sportplätzen und von Jugenderholungsfahrten vor. Ich brauche Sie nicht darauf hinzuweisen, daß solche Förderung ihre Wirkung auf junge Menschen nicht verfehlt. Aber es wäre durchaus falsch, die innere Sauberkeit und Festigkeit der jungen Menschen zu unterschätzen. Selbst wenn sie sich äußerem Zwang fügen, so sind die allerwenigsten von ihnen Kommunisten.
Die in letzter Zeit wieder stärker in Erscheinung getretene Spannung zwischen dem Regime und den christlichen Kirchen wird Ihnen bekannt sein. Trotz aller Beteuerungen, daß man keinen Kirchenkampf wolle, verstärkt sich erneut der Druck auf die Kirchen. Allein im letzten Jahr wurde den beiden Kirchen – nach früheren Kürzungen von drei Millionen – eine weitere Million Mark an Staatszuschüssen entzogen. Dagegen erfreut sich die »Deutsche Gesellschaft zur Verbreitung wissenschaftlicher Erkenntnisse« der öffentlichen Unterstützung. Diese Gesellschaft ist eine Fortführung der früheren kommunistischen Gottlosenbewegung. Sie propagiert die Jugendweihe. Dennoch gelang es ihr nicht, die Jugend in größerem Umfange zur Teilnahme an der Jugendweihe zu bewegen.
Ich konnte Ihnen die Situation in der Zone natürlich nur in Umrissen zeichnen. Aber ich glaube, das Bild spricht für sich selbst. Das Schicksal der Zone mit ihren 17 Millionen bleibt für jeden von uns eine menschliche und eine politische Verpflichtung. Wir haben unsere menschliche Haltung und unsere Politik in Bund und Ländern immer wieder zu prüfen, ob alles geschieht, um das Schicksal unserer Landsleute zu erleichtern. Ob alles geschieht, um den Leidensweg abzukürzen, den die 17 Millionen nun schon fast elf Jahre zu gehen verurteilt sind. Ihre Leiden haben ihren Grund in unserem gemeinsamen deutschen Schicksal. Deshalb können wir uns auch der Verantwortung für sie nicht einen einzigen Augenblick entziehen.

## 92

*Freie Gewerkschaften als Faktor der Wiedervereinigungspolitik*
*Kreisausschuß des Deutschen Gewerkschaftsbundes Aachen, 7. Mai 1956*

Wenn wir unser Ohr nahe beim Volk haben, so wird uns eines klar: Der Wille der breiten Masse unseres Volkes bewegt sich um zwei Pole: Er bewegt sich um den Ausbau der Bundesrepublik zu einem sozialen Staat. Er konzentriert sich zugleich auf das schwerste Problem, das unserem Volk zu meistern auferlegt wurde: auf die Wiederzusammenführung der beiden Teile, in die man die natürliche Gemeinschaft unseres Volkes zerrissen hat. Und ich will gleich vorweg sagen: Das Verlangen, diese beiden Ziele so rasch wie möglich zu erreichen, konzentriert sich nicht zuletzt auch in den Gewerkschaften.

Dabei mochte es eine Zeitlang so aussehen, als könnte die Frage der Wiedervereinigung vor inneren Fragen der Bundesrepublik in den Hintergrund treten. Aber gerade im heutigen Zustand der Welt ist die Politik im steten Wandel begriffen. Vor allem ist der Motor in der östlichen Welt unablässig bestrebt, die Weltpolitik in Atem zu halten. Ob zum Guten oder zum Bösen, wollen wir zunächst erst einmal dahingestellt sein lassen. Jedenfalls aber läßt eine Umschau in der Weltpolitik erkennen, daß wir uns nicht nur auf innenpolitische Fragen konzentrieren können. Erst recht aber läßt das ein Einblick in die Haltung unseres Volkes nicht zu.

Noch in diesen Tagen haben Umfragen ergeben, wie sehr sich insbesondere die Unruhe um die Wiedervereinigung steigert. Es kann ja auch nicht anders sein. Denn jedem, der verantwortlich in der deutschen Politik steht, ist klar, daß niemals Ruhe und Festigung in unserem Dasein eintreten werden, ehe nicht die Wiedervereinigung erreicht ist. Und – setzen wir mit einem Blick auf das, was den Gewerkschaften aufgegeben ist – hinzu: Es wird nicht Ruhe geben, ehe nicht die beiden Ziele erreicht sind: die soziale Ordnung der Bundesrepublik als Vorbild für das gesamte Deutschland und die Wiedererstehung eines gesamtdeutschen Staates.

Daß diese beiden Ziele unter einem klaren Vorzeichen erreicht werden müssen, ist dabei für uns alle eine Selbstverständlichkeit. Nämlich unter dem Vorzeichen der Freiheit. Das Verlangen unseres Volkes geht auf eine freiheitliche soziale Ordnung für ein freiheitliches Gesamtdeutschland. Hierüber ist sich nicht zuletzt die Arbeitnehmerschaft klar. Auch und vor allem die Jugend ist in ihrem immer aktiver werdenden Wiedervereinigungswillen davon durchdrungen. Ich habe gerade in der letzten Zeit Einblicke in die Haltung der studentischen Jugend gewonnen, die mich einfach mit Zuversicht erfüllt haben. Ich denke dabei vor allem an zahlreiche Veranstaltungen in studentischen Kreisen.

Je länger die Teilung unseres Landes in einen freien und einen unfreien Teil dauert, um so stärker tritt das Drängen in unserem gesamten Volk hervor, Freiheit und Menschenwürde wieder zur obersten Richtschnur unserer gesamten Volksordnung zu machen. Das kommt nicht von ungefähr. Denn schon von 1933 bis 1945 haben wir erleben müssen, was eine Diktatur der Gewissenlosigkeit bedeutet, die für Kämpfer um Freiheit und Menschenwürde nur den Galgen bereithielt. Sie alle wissen, wie viele unserer Freunde und Kameraden diesen Weg gehen mußten. Und zwar in erschütternder Schicksalsgemeinschaft: christliche Demokraten und Sozialdemokraten. Evangelische und katholische Christen. Nicht zuletzt auch Geistliche beider Konfessionen. Studenten und Hochschullehrer. Vor allem aber auch Ge-

werkschafter. Ich brauche sie nicht mit Namen zu nennen. Sie sind eingebrannt in unser Bewußtsein.
Es ist die Folge der Diktatur der Gewissenlosigkeit, daß nach 1945 ein Teil unseres Volkes einer ebenso skrupellosen Diktatur anheimfiel. 20 Millionen Deutschen – inzwischen sind sie auf 18 Millionen dezimiert – wurde ein System sozialer und menschlicher Entrechtung aufgezwungen. Wiederum mußten Hunderte ihr Leben lassen, weil ihr Wille auf die Freiheit eines geeinten deutschen Volkes gerichtet ist. Wiederum müssen Tausende ihr Leben in Zuchthäusern und Lagern verbringen, weil sie gegen die Lügen eines Systems aufbegehren, das unter dem Kennwort »Arbeiter-und-Bauern-Macht« aufgerichtet wurde. Dabei ist dieses System nichts anderes als das Mittel zur Niederhaltung von 18 Millionen Deutschen. Sie werden als Pfand in der Hand einer fremden Macht festgehalten. Als Pfand in der machtpolitischen Auseinandersetzung zwischen Ost und West.
Es ist sicherlich eine Binsenwahrheit, daß die Überwindung dieses Zustandes für unser Volk zuerst und vor allem bei den vier Mächten liegt, die diese Auseinandersetzung miteinander führen. Niemals können sie aus dieser Verantwortung entlassen werden. Es ist aber ebenso klar, daß die deutsche Politik, die im Laufe der letzten Jahre immerhin ein gutes Maß von Selbständigkeit erlangt hat, das Ihre dazu tun muß, um den deutschen Willen zu interpretieren. Wir alle wissen, daß die deutsche Politik nie aus der Verantwortung entlassen wird, das Ihre zur Wiedervereinigung unseres Volkes zu tun. Sie muß aktiv bleiben, damit das Schicksal und die Gefahr des geteilten Deutschland als Faktor in der Politik um den Frieden ins Treffen geführt werden. Sie muß immer wieder bohren, immer wieder prüfen, immer wieder versuchen, Klarheit zu schaffen, wie unser Volk zu seinem Recht kommen kann. Es gibt kein ausgetüfteltes Programm, das uns die Wiedervereinigung sichert. Es gibt nur eine von Weisheit, Maß und Zielstrebigkeit diktierte Aktivität. Über den Weg, wie diese Aktivität angewandt wird, kann man verschiedener Meinung sein. Allerdings wird leider allzuviel darüber gestritten. Um der Erreichung des Zieles willen wäre es besser, wenn ein gemeinsamer Weg gefunden würde. Deshalb bin ich auch der Auffassung, daß von allen Seiten alles geschehen sollte, um in der Politik um die Wiedervereinigung unseres Landes zu einer bestimmten Gemeinsamkeit zu kommen. Denn – abseits von allen Wahlauseinandersetzungen darf eines ja wohl gesagt werden: Im Ziel und in der Erkenntnis der Notwendigkeit einer baldigen deutschen Wiedervereinigung sind sich alle freiheitlichen Kräfte unseres Volkes einig.
Menschliche und politische Gründe stoßen uns ja Tag für Tag auf die Notwendigkeit der Wiedervereinigung hin. Die steigenden Flüchtlingszahlen allein schon beweisen die Unerträglichkeit des Schicksals der 18 Millionen in der Zone. *Dringlicher noch bewies es der 17. Juni 1953. An diesem Tage brach allem Zwang des sogenannten Freien Deutschen Gewerkschaftsbundes zum Trotz die echte gewerkschaftliche Freiheits- und Gerechtigkeitsidee in der Arbeitnehmerschaft der Zone durch.* Der Widerstand gegen den Lohnbetrug durch den staatskapitalistischen Arbeitgeber war der Anlaß, daß der Aufstand losbrach. Sogleich aber verband sich mit der Empörung über den Mißbrauch der menschlichen Arbeitskraft der Wille, die unnatürliche Zonengrenze zu beseitigen. Der Widerstand gegen den Lohndruck und der Versuch der mitteldeutschen Arbeitnehmer, die Wiedervereinigung auf revolutionärem Wege herbeizuführen, stehen nicht nur in einem zufälligen Zusammenhang. *Am 17. Juni brach vielmehr bei der Arbeiterschaft Ost-Berlins und der Zone mit ele-*

*mentarer Gewalt das Bewußtsein durch: Soziale Gerechtigkeit und politische Freiheit sind unlöslich miteinander verbunden.* Die Freiheitstat des 17. Juni hat sich der ganzen Welt eingeprägt. Einer unserer Freunde aus der Zone wies in diesen Tagen noch auf die Bedeutung des Juniaufstandes hin: »Wer in das ernste Gesicht jener Tage sieht« – so schrieb er, – der sieht in »ein Antlitz der Angst, der Anklage, der Gefangenschaft, der Sorge und Schmerzen. Erschütternd und verpflichtend.« Hier haben wir das bewegende Bekenntnis zu unserer menschlichen Verpflichtung gegenüber den 18 Millionen in der Zone. Wer Ohren hat zu hören und Augen zu sehen, kann nicht überhören und nicht übersehen. Er kann die Verpflichtung gegenüber der Zone auch nicht im satten Alltag beiseite schieben.
Die politische Verpflichtung liegt in der Erkenntnis: Es ist ein Werk der Unnatur, die gewachsene Gemeinschaft eines Volkes zu zerreißen. Und weil es Unnatur ist, gibt es keinen Frieden in der Welt ohne die Lösung der deutschen Frage durch die Wiederherstellung eines einigen, freiheitlichen Staates. Eines freien Staatswesens, wie es die besten Deutschen seit eh und je ersehnt und erstrebt haben.
Es wird uns um so eher gelingen, der Welt unser Anliegen in der gebotenen Dringlichkeit zu interpretieren, je klarer sich erprobte demokratische Organisationen der Bundesrepublik zum Anwalt des deutschen Willens machen. Selbstverständlich ist dabei, daß es in besonnener Weise geschieht. Denn nach allem, was unter Mißbrauch des deutschen Volkes und seines Namens durch Hitler über die Welt gebracht wurde, haben wir immer noch um das Vertrauen der Welt zu ringen. *Ich brauche in diesem Kreis nicht zu sagen, daß wir uns deshalb vor jedem nationalistischen Vorzeichen zu hüten haben. Denn in den Gewerkschaften war Nationalismus nie zu Hause.* Und was unsere Jugend angeht, so hat gerade sie für den gewissenlosen Nationalismus eines Hitler einen bitteren Preis gezahlt.
Aber eine andere Erkenntnis darf ebenfalls nicht außer acht gelassen werden: *Das System, daß die 18 Millionen gefangen hält, ist listenreich genug, den Einheitswillen unseres Volkes auszunützen, um seine Freiheit zu untergraben. Ich bin sicherlich nicht der Meinung, daß wir ohne jedes Wagnis zur Wiedervereinigung kommen. Ich bin aber auch der Meinung, daß wir uns durch skrupellose Propaganda niemals den klaren Blick für deutlich erkennbare Gefahren trüben lassen.* Nirgends wird so oft das Wort Freiheit und Demokratie benutzt, wie in den Firmenschildern der sowjetzonalen Massenorganisationen. Wir brauchen nur an den sogenannten Freien Deutschen Gewerkschaftsbund oder an die sogenannte Freie Deutsche Jugend zu denken. Aber jeder geschulte Gewerkschafter, der unseren freien Gewerkschaften angehört, ist sich klar darüber: Nicht das Wort Freiheit im Firmenschild ist maßgebend, sondern entscheidend ist, ob diese Einrichtungen und Organisationen die Freiheit und die Würde des Menschen – nicht zuletzt auch der Arbeitnehmer – zum Ziele haben.
Die traditionelle Haltung gegen jeden Nationalismus macht gerade unsere Gewerkschaften zu berufenen Vertretern des Willens zur deutschen Wiedervereinigung. Die Kampfstellung gegen Hitler, die sie bis zum letzten gewahrt haben, sichert ihnen ein Echo, wenn sie die Welt immer wieder an das Recht der Zusammengehörigkeit der Deutschen erinnern. Deshalb haben ja auch die Gewerkschaften in den letzten Jahren den 1. Mai nicht nur zu einem Tag der Solidarität aller Arbeitnehmer gemacht. Sie haben den 1. Mai insbesondere auch zum Bekenntnis der Solidarität unseres gesamten Volkes diesseits und jenseits der Zonengrenze gemacht.
Mehr noch: Die Gewerkschaften unterstützen in großzügiger Weise jene Kreise in

unserem Volk, die sich die Pflege der Solidarität diesseits und jenseits der Zonengrenze zur besonderen Aufgabe gemacht haben. Ich denke dabei nicht zuletzt auch an das »Unteilbare Deutschland«, dessen Wirksamkeit immer intensiver wird. Die Arbeit des »Unteilbaren Deutschland«, dessen Präsident – wie Sie wissen – Paul Löbe ist, trägt ein besonders positives Vorzeichen. Es vereinigt alle Schichten und Stände und alle Parteien in der Arbeit für die Wiedervereinigung. Ermutigend ist dabei, daß sowohl gewerkschaftliche Kreise als auch die studentische Jugend zu den entschlossensten Mitarbeitern gehören.
Es bedarf keiner weiteren Betonung, daß die Offensive unseres Wiedervereinigungswillens gleich wesentlich ist wie die Abwehraufgabe gegenüber dem kommunistischen System. Das System in der Zone gibt vor, die Macht der mit den Bauern verbündeten Arbeiter zu verkörpern. Es kommt hinzu, daß der Anteil der Arbeitnehmer an der Bevölkerung der Sowjetzone in unablässigem Steigen begriffen ist. Im Zuge der Sowjetisierung werden die anderen Bevölkerungsschichten sozial und auch physisch immer mehr dezimiert. Wir stehen der Tatsache gegenüber, daß der Mittelstand und das selbständige Bauerntum wirtschaftlich, politisch und zahlenmäßig eine immer geringere Rolle in der Zone spielen. Der wichtigste Bevölkerungsteil ist die Arbeitnehmerschaft.
Aber der 17. Juni 1953 hat vor aller Welt deutlich gemacht, daß die Arbeitnehmerschaft die vom Kommunismus für sie geschaffenen Organisationen ablehnt. Es offenbart sich immer wieder, daß sie insbesondere den FDGB als Zwangsjacke des Systems ablehnt. Es kann ja auch gar nicht anders sein. Der sogenannte Freie Deutsche Gewerkschaftsbund ist keine Gewerkschaft, sondern ein Organ des Staates und der Staatspartei. Nämlich der SED. Er hat der Steigerung der Produktionsleistung zu dienen. Nach seiner eigenen Satzung hat er u. a. die »Aktivisten- und Wettbewerbsbewegung zur Erfüllung und vorfristigen Erfüllung der Volkswirtschaftspläne« zu organisieren. Die Betriebsgewerkschaftsleitungen haben die gleiche Aufgabe: nämlich Propagierung von Aktivistenmethoden, Organisierung von Wettbewerben, Verpflichtungen zur Planerfüllung. Im Grunde also eine Antreiberorganisation, wie sie jedem freiheitlich gewerkschaftlichen Geist widerspricht. Der FDGB ist Ausdruck einer Weltanschauung, in der der Wirtschaftsplan und nicht der Mensch im Mittelpunkt steht. Im Dienste dieser Weltanschauung wurden 1948 auch die Betriebsräte abgeschafft. Die Begründung dafür war: Es bedarf keiner Kampforgane mehr für die Belegschaften. Soziale Fragen der Betriebe, Urlaub, Lohngestaltung sind dem Bereich der Tarifverträge entzogen. Der Arbeiter kann nicht mehr um die Erhöhung seines Lohnes kämpfen. Wohl aber diktiert der Staat ständig erhöhte Arbeitsleistung bei gleichbleibenden Löhnen. Der FDGB tritt nicht für den Arbeiter gegenüber dem Staat, sondern für den Staat gegen den Arbeiter ein. Da aber der Staat im SED-Regime zugleich der mächtigste und alles beherrschende Unternehmer ist, vertritt der FDGB das Interesse des Arbeitgebers gegen den Arbeitnehmer. Der sogenannte Freie Deutsche Gewerkschaftsbund ist im Grunde nichts anderes als die staatliche Agentur für Arbeitsanspornung. Und er ist dazu noch die Propagandainstitution der SED. Er ist der Transmissionsriemen der Befehle der Staatspartei. Längst hat er aufgehört, auch nur irgendeine selbständige Regung erkennen zu lassen. Darüber herrscht ja auch in allen verantwortlichen Kreisen unserer Gewerkschaften volle Klarheit. Und es geschieht alles, um das jedem Arbeitnehmer klarwerden zu lassen. Das ist notwendig. Denn so schäbig die Rolle des sogenannten Freien Deutschen Gewerkschaftsbundes ist, die er ge-

genüber der Arbeitnehmerschaft in der Zone spielt, so sehr wirbt er mit allen Mitteln raffinierter Propaganda um die Arbeitnehmerschaft der Bundesrepublik.
Das »Büro für die deutsche Gewerkschaftseinheit« ist die größte Abteilung des FDGB. Sie arbeitet für nichts anderes als für die Wiedervereinigung unseres Landes – nicht in Freiheit, sondern in Unfreiheit. Über die Mittel und Wege will ich hier keine Ausführungen machen. Das geschieht ja in den Gewerkschaften selbst. Ich will nur einmal auf den FDGB-Feriendienst für die Einladung westdeutscher Arbeitnehmer hinweisen. Seine Methoden sind bezeichnend für die Einschätzung der Menschen überhaupt. In den Heimen des FDGB, von denen für die westdeutschen Besucher – nicht ohne Absicht natürlich – die besten ausgesucht werden, ist der Unterschied zwischen der Verpflegung der Arbeitnehmerschaft der Zone und jener aus Westdeutschland einfach bezeichnend. Die Besucher aus Westdeutschland erhalten täglich 250 g Fleisch, 120 g Butter, 120 g Zucker, 1/4 Liter Vollmilch und 1/4 Pfund Fettkäse. Dabei muß noch bemerkt werden, daß die erwachsenen Personen in der Zone überhaupt keinen Anspruch auf Vollmilch haben. Die Urlauber aus der Zone selbst erhalten in den FDGB-Heimen täglich nur 120 g Fleisch. Also weniger als die Hälfte. Sie erhalten nur 75 g Butter, 70 g Zucker und Magermilch und Magerkäse. Ich könnte politischere Fakten der Infiltrationsversuche anführen. Aber gerade die menschliche Tatsache, daß man so billige Verführungsversuche auf Kosten der schon ohnedies zu einem dürftigen Leben verurteilten Zonenbewohner macht, ist um so erschütternder.
Um so wichtiger erscheint mir eine klare und sichere Haltung unserer Gewerkschaften hier in der Bundesrepublik. Und zwar nicht nur um der Abwehr des Kommunismus willen, sondern gerade um der Zone und ihrer Menschen willen. Um der Gesetze der Menschlichkeit für das ganze Deutschland willen. Die breite Masse der Arbeitnehmerschaft in der Zone hält unentwegt Ausschau nach einer Gemeinschaft, die die Verkörperung dessen ist, was sich jeder Arbeitnehmer unter Gewerkschaften vorstellt. Sie wartet darauf, daß die Gewerkschaften der Bundesrepublik als die Verkörperung einer Idee dastehen, die in Mitteldeutschland mit Füßen getreten wird. Einer Idee, die wir alle in uns tragen, die wir einmal mit am Beginn des gewerkschaftlichen Kampfes der Arbeiterschaft gestanden haben. Nämlich der Idee freier, unabhängiger Gewerkschaften, deren Wirksamkeit vom Menschen und seiner Würde ausgeht. Deren Wirksamkeit nicht der absoluten Herrschaft eines Kollektivs, sondern der Entfaltung, dem Wohle des Menschen dient.
Wir müssen ja die Auseinandersetzung zwischen freien und unfreien Gewerkschaften als Teil einer größeren Auseinandersetzung sehen. Der östliche Kommunismus versucht, Deutschland mit seiner Theorie zu missionieren, die im Inhalt durch und durch materialistisch ist. Aber trotzdem trachtet er danach, sich des Gefühls und des Idealismus insbesondere der jungen Generation und der Arbeiterschaft als Werkzeug zu bedienen. Sein Werben geht um die Arbeiterschaft und um die Jugend. Es gilt nicht zuletzt der Jugend an den Hochschulen. Wir haben der scheinbaren Lückenlosigkeit der kommunistischen Theorie vom Westen her keine ebenso einheitliche Weltanschauung entgegenzusetzen. Und wir sind weit davon entfernt, eine solche erzwingen zu wollen. Das kann und will nur der Totalitarismus. Für uns bleiben Freiheit und Toleranz die Grundlagen unserer Gesellschaftsordnung. Das sind hohe Werte, die wir in der Abwehr des Kommunismus einzusetzen haben. Wenngleich der Totalitarismus zunächst massierter und scheinbar geschlossener auftritt. Wir haben aber den längeren Atem.

Über eines müssen wir uns allerdings im Verhältnis zu den 18 Millionen klar sein: Unser sogenanntes Wirtschaftswunder und die Tatsache, daß immer weitere Kreise der Arbeitnehmerschaft an ihm teilhaben, sind für sich allein auf keinen Fall siegreiche Faktoren in der Offensive für die Wiedervereinigung. Die Sowjetzonenbevölkerung erwartet von der Wiedervereinigung Deutschlands in erster Linie die Freiheit. Sie erwartet sicherlich auch, daß sich nach endlosen Jahren der Entbehrung das Tor zu einem besseren Leben öffnet. Aber die 18 Millionen erwarten vor allem auch bessere Antworten auf tausend Fragen des Herzens, der Seele und des Geistes, als sie der Kommunismus zu geben vermag.

Nach der Vergewaltigung ihres gesamten Daseins durch den Kommunismus erwarten sie insbesondere wahrhafte Toleranz. Und zwar erwarten sie nicht nur ihre grundsätzliche Anerkennung in der Theorie, sondern die tatsächliche Verwirklichung der Toleranz in der Praxis.

Ich darf bei der außerordentlichen Bedeutung der Gewerkschaften für die Wiedervereinigung sagen: Die Verwirklichung der Toleranz in den Gewerkschaften ist nicht nur ein gewerkschaftliches, es ist ein nationales Anliegen. Das war schon unsere Erkenntnis in der Widerstandszeit, als wir uns gegen Hitler zusammenfanden. Wir waren uns klar darüber, daß totalitäre Gefahr und totalitäre Herrschaft die Einheit aller freiheitlichen Kräfte der Arbeitnehmerschaft notwendig machen. Das gilt auch heute, wo der totalitäre Materialismus schon einen Teil unseres Landes umklammert hält. Und wo er nach Einbruchsstellen in die freien Organisationen der Bundesrepublik drängt. Die Notwendigkeit der Einheit in der Abwehr totalitärer Kräfte – ob sie von links oder von rechts kommen – ist heute dringender denn je. Aber Einheit auf Kosten der Toleranz hieße den Teufel durch Beelzebub austreiben wollen. Das gilt für den Staat. Das gilt für die Gesellschaft. Das gilt aber auch für die Gewerkschaften, die ein so entscheidender Faktor unserer Gesellschaftsordnung sind.

Ich bin nicht gewöhnt, Verstecken mit meiner Meinung zu spielen. Die letzten Jahre haben in der Gewerkschaftsfrage manche Enttäuschung gebracht. Und schließlich hat es Scherben gegeben. Ich möchte aber hier der Hoffnung Ausdruck geben, daß die Wege der deutschen Arbeitnehmerschaft wieder zusammenführen werden. Und zwar um der Arbeitnehmerschaft willen. Um ihrer sozialen und politischen Verantwortung willen. Und nicht zuletzt um des Beispiels und der Hoffnung für unsere Kameraden von drüben willen. Ich will dabei nicht verhehlen, daß der bevorstehende Kongreß des Deutschen Gewerkschaftsbundes in Hamburg für den weiteren Weg der deutschen Arbeitnehmerschaft von entscheidender Bedeutung sein wird.

Demgegenüber gilt angesichts der großen Aufgabe, vor die sich die Gewerkschaften in unserem Volk gestellt sehen, aber auch eine Forderung an die gesamte Öffentlichkeit. Niemand in der Bundesrepublik und niemand in der freien Welt kann die Leistung der deutschen Gewerkschaften seit dem chaotischen Zusammenbruch 1945 unterschätzen. Die organisierte deutsche Arbeitnehmerschaft hat mit Zähigkeit, Genügsamkeit und Fleiß ihr gerütteltes Maß zum Wiederaufbau des freien Teiles unseres Landes beigetragen. An ihrer Geschlossenheit hat sich der Kommunismus die Zähne ausgebissen. Die Gewerkschaften nicht zuletzt werden Garant sein, daß der Weg in ein wiedervereintes Deutschland der Weg in die Freiheit für alle Deutschen ist. Die Gewerkschaften brauchen zur Erfüllung ihrer Aufgabe das Verständnis und die moralische Unterstützung aller Kreise unseres Volkes.

Diese Veranstaltung in dieser alten Kaiserstadt Aachen allein schon ist ein Beweis dafür, wie sehr Professoren und Studenten gewillt sind, ihre Solidarität mit den Gewerkschaften zu bekunden. Ich kann nur wünschen, daß dieses gemeinsame Eintreten für die Einheit und die Freiheit unseres Landes beispielhaft wird für ganz Deutschland.

## 93

*Zum Abschluß des Saarvertrages*
*Rundfunkrede (Saarländischer Rundfunk), 23. Oktober 1956*

Der 23. Oktober 1955 wird von den Saarländern wie vom ganzen deutschen Volk als der Beginn der Wiedervereinigung Deutschlands angesehen. Wenn ich daher heute – an diesem Jahrestag – zu Ihnen, den Saarländern, spreche, so bewegt mich gerade diese Tatsache besonders tief. Ich habe den Weg des Saargebietes seit 1945 mit innerster Anteilnahme verfolgt. Ich habe es mit der gleichen Sorge und Verbundenheit getan, mit der ich das Geschick von Mittel- und Ostdeutschland begleitet habe.

Mit dem bevorstehenden Abschluß des Saarvertrages und der Rückkehr des Saargebietes in den deutschen Staatsverband wird ein schmerzliches Kapitel deutscher und europäischer Nachkriegsgeschichte abgeschlossen. Nach der Katastrophe von 1945 wurde Deutschland in Zonen aufgeteilt. Darüber hinaus wurden Teile unseres Landes abgetrennt. Dieses Schicksal war auch der Saar beschieden. Es gab nur wenige Unverzagte, die noch an der Hoffnung festhielten, daß die Saar zu Deutschland zurückkehren könnte. Es bestand ja auch Anlaß zu größter Sorge. Der Reparationskomplex überschattete das Schicksal dieses deutschen Gebietes. Was die Saar anging, so schienen die Grundsätze der Vereinten Nationen, die das Selbstbestimmungsrecht der Völker verkünden, hinter dem Interesse an Kohle und Stahl zurückzutreten.

Damals gab es keine Regierung, die für Deutschland als Ganzes sprechen konnte. Die Teile waren auf sich selbst gestellt. So konnten leider Kräfte in den Vordergrund drängen, die den Teil über das Ganze stellten.

Ich denke noch mit Bedrückung an die Konferenz der Ministerpräsidenten im Mai 1947 zurück. Damals ging es um den Versuch der deutschen Länder, den Zusammenhalt unseres Volkes zu sichern. Auch der Saar war die Einladung nach München übermittelt worden. Eine kalte und grundsätzliche Absage kam als Antwort auf diesen Versuch konkreter Wiedervereinigung.

Um so höher steht der Mut jener Männer und Frauen an der Saar, die in dieser scheinbar aussichtslosen Situation an der Wiedervereinigung der Saar mit Deutschland nicht verzweifelten, sondern die allen Aussichtslosigkeiten, allen Widerwärtigkeiten, allen Widerständen zum Trotz am Selbstbestimmungsrecht, an der Wiedervereinigung festhielten. Es sind Männer von gutem Namen. Nicht alle weilen mehr unter den Lebenden. Sie kamen aus allen Schichten der saarländischen Bevölkerung. Ich denke an Justizrat Franz Steegmann, der den Tag der Rückkehr der Saar nicht mehr erlebte. Ich denke an meinen alten Weggenossen aus der christlichen Gewerkschaftsbewegung, Karl Hillenbrand. Auch er erlebt den Tag der Rückkehr nicht mehr. Er starb in Bonn, wohin er aus Sorge um die Saar gekommen war. Nicht zuletzt nenne ich Pfarrer Bungarten, der seiner Treue zu Deutschland

wegen ausgewiesen wurde. Ebenso darf ich Richard Becker nennen, der mit Hubert Ney, Heinrich Schneider und Kurt Conrad zu den ersten gehörte, die den Weg zu den verantwortlichen Männern der Bundesrepublik fanden, um gemeinsam mit ihnen das Schicksal der Saar zu wenden.
Es ging darum, die deutsche Wiedervereinigung in Einklang zu bringen mit dem Gedanken der europäischen Einigung. Es ging darum, die Wiedervereinigung der Saar mit Deutschland zu einem Element der deutsch-französischen Verständigung werden zu lassen. Es mußte vermieden werden, durch eine Fehllösung der Saarfrage einen ständigen Herd des Konfliktes zwischen unseren beiden Nachbarvölkern zu schaffen.
Aus dieser Erkenntnis hat die Bevölkerung an der Saar vor einem Jahr gegen das Statut entschieden. Auf der Basis der Wiedervereinigung mit Deutschland suchte die Bevölkerung an der Saar einem gutnachbarlichen Verhältnis zwischen Deutschland und Frankreich Dauer zu verleihen. Das Statut aber – das sollte sich als sein Wert erweisen – hat das klare Nein der über sich selbst bestimmenden Saarbevölkerung ermöglicht. Es bleibt eine großmütige Handlung Frankreichs, daß es aus diesem Nein die Konsequenzen zog.
Das klingt heute alles so einfach. Aber wir alle wissen, wie steinig der Weg war, der zum heutigen Gedenktag der Saar geführt hat. Ich denke dabei noch mit Dankbarkeit an die Haltung der katholischen Kirche, die verhütete, daß die Zugehörigkeit der Saar zu den angestammten Bistümern Trier und Speyer beeinträchtigt wurde. Ich danke der evangelischen Geistlichkeit, die in ihrem kirchlichen Dienst stets eine starke Stütze des Volkes blieb. Ich danke auch der Arbeiterbewegung an der Saar, den christlichen Gewerkschaften wie den Einheitsgewerkschaften. Ich nenne neben Karl Hillenbrand auch Karl Walz und Paul Kutsch. Sie haben den Gedanken an die Wiedervereinigung zu keiner Stunde aufgegeben.
Doch alle diese Bemühungen hätten nicht ausgereicht, wenn nicht die Hunderttausende von Männern und Frauen am 23. Oktober 1955 ihr klares, maßvolles, aber eindeutiges Nein gewagt und ausgesprochen hätten.
Mit allen verfügbaren Mitteln, auch mit wirtschaftlichen Verlockungen war versucht worden, dieses politische Bekenntnis zu verhindern. Aber unser Volk an der Saar erwies sich als unbeirrbar und unbestechlich. Mit keiner Versprechung wirtschaftlicher Vorteile, mit keiner Verheißung bequemeren Lebens ließen sich politisches Verantwortungsbewußtsein und Heimattreue zum Schweigen bringen. Die Saarländer kehren ohne Vorbehalt in die deutsche Heimat zurück. Doch sollen sie gewiß sein, daß unser gesamtes Volk, daß Bundesregierung und Bundestag alles tun werden, um diese Rückkehr nicht zum wirtschaftlichen Nachteil der Saarbevölkerung ausschlagen zu lassen.
Gewiß, unser im Aufbau befindliches Staatswesen hat eine Fülle von Sorgen und Nöten zu lindern und zu überwinden. Jedermann an der Saar, der in allen diesen Jahren der deutschen Not mit uns in Verbindung geblieben ist, weiß darum. Er weiß aber ebenso, daß sich die Saar auf uns verlassen kann. Die Bundesrepublik nimmt die wirtschaftlichen Verpflichtungen auf sich, die sich aus dem Vertrag über die Regelung der Saarfrage ergeben. Die Politik darf nicht rechnen, wenn es um Menschen, Heimat und Vaterland geht. Das Volk an der Saar hat Deutschland die Treue gehalten. Es wird nur das Anliegen verantwortungsbewußter deutscher Politik bleiben, dieser Treue gerecht zu werden.
Der 23. Oktober 1955 ist für das deutsche Volk nicht nur der Wendepunkt im

Schicksal der Saar. Er ist zugleich der Beginn der Wiedervereinigung. Von der Saar wendet sich der Blick nach Osten, zu unseren schwergeprüften Landsleuten in Mitteldeutschland. Die Ungewißheit, die heute noch immer über der Wiedervereinigung mit ihnen hängt, lag vor einem Jahr noch als Schatten auch über der Saar. Das läßt uns trotz aller Schwierigkeiten der Zuversicht sein, daß die Politik um Deutschland an der Elbe ebenso wenig erstarren kann wie an der Saar.
Bundestag und Bundesregierung sind glücklich, demnächst im Deutschen Bundestag die Abgeordneten der Saar begrüßen zu können. Damit wird für diesen Teil unseres zerrissenen Landes verwirklicht, was im Grundgesetz festgelegt ist: »Das gesamte deutsche Volk bleibt aufgefordert, in freier Selbstbestimmung die Einheit und Freiheit Deutschlands zu vollenden.«
An der Saar hat es begonnen. Möge unser gesamtes Volk und Vaterland bald wieder in Recht und Freiheit vereinigt sein.

## 94

*Anmerkungen zu den Volksaufständen in Ungarn und Polen*
*Rundfunkrede (RIAS), 3. November 1956*

Immer mehr setzt sich in der Zone das Wissen um die Ereignisse in Polen und in Ungarn durch. Zwar hat sich das heutige Pankow alle Mühe gegeben, den Erdrutsch in Polen und den blutigen Aufstand gegen den Stalinismus in Ungarn zu vertuschen. Aber die Wahrheit ist stärker. Sie ist trotz aller Verschleierungsversuche nach Mitteldeutschland durchgedrungen.
Mehr denn je fühlen wir uns gerade in diesen Tagen der Zone verbunden. Wie bei den Millionen dort, so hält in West- und Süddeutschland die Bevölkerung den Atem an vor dem Todesmut der Ungarn, die um ihre Freiheit kämpfen. Und es ist nur allzu verständlich, daß sich gerade auch in Deutschland ein Helferwille durchsetzt, der bemüht ist, die Not des ungarischen Volkes, insbesondere die Not der Verwundeten, lindern zu helfen.
Aber nicht zuletzt richtet sich unsere Aufmerksamkeit auf das Geschehen in der Zone. Die Bevölkerung dort ist gezwungen, unter den gleichen schwierigen Verhältnissen zu leben wie die Bevölkerung der osteuropäischen Staaten. Dazu kommt vor allem noch, daß die gegenwärtige sowjetische Politik und entsprechend auch Pankow dem deutschen Volk verwehrt, in einem geeinten freien Staat zu leben.
Ich habe bei meinen Begegnungen mit der Bevölkerung der Zone nie gern Mahnungen zu Geduld und Ausharren ausgesprochen. Denn ich habe immer gewußt: Man will nicht Mahnung, man will von Zuversicht und von Willen zur Aktivität hören. Man will Wagemut in der Wiedervereinigungsfrage sehen. Vielleicht hatte mancher Freund aus der Zone recht, wenn ihm das Quantum Wagemut in Westdeutschland nicht immer ausreichend erschien.
Nun ist es sicher nicht mangelnder Wagemut, wenn ich heute unseren 17 Millionen in der Zone sage: Werdet nicht ungeduldig. Denn heute zeigt sich vor aller Augen: Es gibt eine innere Gesetzmäßigkeit in der Politik. Es gibt Entwicklungen, die nicht aufzuhalten sind. In Ungarn haben wir die dramatische Demonstration dafür. In Ungarn wird zur Wirklichkeit, was wir nicht müde wurden, der Welt zu erklären: Der Wille zu Selbständigkeit und Freiheit einer Nation läßt sich auf die Dauer nicht niederhalten. Versucht man es, so bricht er sich eines Tages mit Gewalt Bahn.

Wir gedenken in Ehrfurcht und Bewunderung der Opfer, die Ungarn für seine Freiheit gebracht hat. Nicht nur das: Wir empfinden tiefen Respekt für Ungarn und insbesondere für seine Jugend. Denn diese Jugend, die kaum etwas anderes erlebt hat als die Schule des Kommunismus, ist es ja, die an der Spitze des Freiheitskampfes steht. Der Freiheitswille der ungarischen Jugend ist die Bestätigung all dessen, was wir . . . stets gewußt und vertreten haben: Die Jugend erweist sich als immun gegenüber der kommunistischen Doktrin und ihrer Diktatur. Der dünne kommunistische Firnis, den dieser oder jener Kleingläubige hier und da glaubt feststellen zu müssen, hält dem Hauch der Freiheit nicht stand.
Die Bevölkerung der Zone heute vor Ungeduld warnen heißt aber nicht, sie auf den St.-Nimmerleins-Tag vertrösten. Es mag für unser Volk, es mag für alle Nationen, die auf Freiheit warten, noch manche Prüfung geben. Eines aber ist offenbar geworden: Es gibt nicht genug Gewalt, um halb Europa auf die Dauer in Fesseln zu halten. Wer es versucht, wird vor der Welt das Mal des Unterdrückers nicht los werden. Er wird unglaubwürdig bleiben. Und seine Politik wird immer wieder am Freiheits- und Selbständigkeitswillen der Völker scheitern.
Wie sich auch die Dinge in Osteuropa noch entwickeln mögen, eines hat sich in Polen und Ungarn immerhin erwiesen: Die Sowjetunion hat sich gegenüber den Ereignissen nicht unempfindlich gezeigt. Es ist zu Änderungen der Regierungen in Warschau und Budapest gekommen. Der Stalinismus mußte abtreten. Kardinäle und Bischöfe können ihr Amt wieder ausüben. Viele, die unter dem stalinistischen Regime litten, haben ihre Freiheit wiedererlangt. In Budapest wurden freie Wahlen angekündigt. Wir hoffen, daß sie durchgeführt werden.
Das alles sind Zeichen der Hoffnung. Allerdings sehen wir in der Zone noch immer die Günstlinge von Stalin ihre Macht ausüben. Sie fühlen sich zwar selber ihrer Macht nicht mehr ganz sicher. Aber die Sowjetunion mutet uns zu, sie als legitime Regierung zu betrachten. Sollte es wirklich noch jemanden in Deutschland geben, der Pankow als Verhandlungspartner ansieht, so müßten ihn die Ereignisse in Polen und Ungarn wirklich eines Besseren belehrt haben.
Selbstverständlich müssen wir verhandeln. Aber für uns ist und bleibt die Sowjetunion der Verhandlungspartner. Und schließlich hat ja die letzte sowjetische Note bei allem Negativen, das sie enthielt, doch erkennen lassen, daß die Sowjetunion selbst den Weg zu solchen Verhandlungen offen hält.
Für uns ist und bleibt es das Gesetz unserer Politik, daß wir die Wiedervereinigung auf dem Verhandlungswege herbeiführen müssen. Wir wollen die Spannungen zwischen den Völkern nicht vermehren. Wir wollen die Spannungen beseitigen helfen. Wir wollen es um so mehr, als wir uns stets bewußt bleiben. Das von dem Verhängnis, das noch immer über den Völkern liegt, nicht zuletzt auf Hitler zurückgeht. Wir wünschen, daß nicht nur die westliche Welt, sondern daß auch die Völker des Ostens von der Aufrichtigkeit unseres Verständigungswillens überzeugt sind. Im Geiste der Verständigung wünschen wir:
Erstens: Echten Gedankenaustausch mit den Westmächten wie mit der Sowjetunion über die Lösungsmöglichkeiten der deutschen Frage.
Zweitens: Dieser Gedankenaustausch muß in einer Konferenz aller beteiligten Mächte gipfeln.
Drittens wünschen wir: Geregelte Kontakte zu Budapest und Warschau wie zu anderen Hauptstädten, in denen es deutsche Interessen zu vertreten gilt, auch wenn normale diplomatische Beziehungen vorläufig nicht möglich sind.

Wir halten solche Aktivität aus zwei Gründen für dringlicher denn je: Einmal scheint uns bei aller Vorsicht in der Beurteilung der Vorgänge in Osteuropa die Aussicht für die Wiedervereinigung günstiger zu sein als vor kurzem noch. Vor allem aber kann die Haltung der Bevölkerung in Mitteldeutschland nur mit erhöhter Aktivität in der Wiedervereinigungsfrage beantwortet werden. Das gilt für die verantwortlichen Mächte. Das gilt auch und besonders für uns Deutsche selbst.

## 95

*Tagung des Kuratoriums Unteilbares Deutschland in Berlin*
*23. November 1956*

Die materielle Unterstützung der notleidenden Deutschen in der Zone hat auch im Jahre 1956 nicht nachgelassen. Eine Stichprobenfeststellung im Juli ergab 1,9 Millionen Pakete und Päckchen aus der Bundesrepublik in die Zone. Danach kann angenommen werden, daß auch in diesem Jahr wieder ungefähr 25 Millionen Geschenksendungen von der Bevölkerung der Bundesrepublik aufgebracht werden. Sie werden einen Wert von mindestens 300 Millionen DM darstellen. Also ein Drittel des gesamten Interzonenhandels ausmachen. Diese Leistung ist ein eindrucksvolles Zeichen der Solidarität.
An diesen Leistungen beteiligen sich zahlreiche Frauenverbände, Hilfswerke, Jugendgruppen, Nachbarschaften, Landsmannschaften, Wohlfahrtsverbände usw. mit ungefähr einer Million Sendungen. Das übrige ist reine private Initiative. Durch diese Verbände werden vornehmlich menschliche Beziehungen über die Zonengrenze hinweg zwischen zuvor fremden Personen geknüpft. Damit wird die innere Verflechtung unseres Volkes noch verstärkt. Es kann angenommen werden, daß in den letzten Jahren auf diese Weise mehr als eine Million Menschen miteinander in Berührung gekommen sind. Das Ministerium hat diese Bemühungen der Verbände in jeder nur möglichen Weise unterstützt. Es hat vor allem auch für eine unauffällige Koordinierung der Arbeit gesorgt.
So wurde z. B. an über 600 Zeitungen der Bundesrepublik wiederholt Informationsmaterial übersandt. 600 000 Plakate wurden zum Aushang gebracht. Merkblätter liegen auf sämtlichen Postämtern der Bundesrepublik aus. Zwei Millionen Briefverschlußmarken wurden verteilt.
Nach den gemachten Erfahrungen kann damit gerechnet werden, daß zum Weihnachtsfest sechs Millionen Pakete und Päckchen versandt werden. Die Verbände werden sich ebenfalls daran beteiligen und für den Inhalt mindestens zwei Millionen DM und für Porto rund 200 000 DM aufbringen. Das Bundesministerium für gesamtdeutsche Fragen wird dieses Weihnachtsvorhaben noch durch 1800 Zeitungsmatern und 2500 Diapositive, die in ungefähr 5000 Lichtspieltheatern der Bundesrepublik in den Vorweihnachtswochen gezeigt werden sollen, unterstützen.
Es geht uns aber nicht nur um die materielle Unterstützung. In diesem Jahr sind verstärkt auch Bücher in die Zone versandt worden, um den geistigen Hunger der Bevölkerung zu lindern. Vom Ministerium ist die Bevölkerung auf den verschiedensten Wegen über den möglichen Buchversand unterrichtet worden. So u. a. durch 50 000 Merkblätter und 7000 Plakate mit dem Titel: »Schicke auch Du ein Buch nach drüben!« Sie wurden in den Buchhandlungen der Bundesrepublik ausgelegt bzw. aufgehängt.

Noch ein anderes: Das Rote Kreuz der Bundesrepublik hat es in wiederholten Verhandlungen mit dem DRK der Zone erreicht, daß den Inhaftierten der Empfang eines Paketes zum Geburtstag wieder erlaubt wurde und daß die Inhaftierten von ihren in der Bundesrepublik und in Berlin (West) lebenden Angehörigen Bargeldunterstützungen empfangen dürfen. Die Zahlungen erfolgen durch die beiden Rot-Kreuz-Gesellschaften. Das DRK der Bundesrepublik bemüht sich darum, noch weitere Erleichterungen für die Inhaftierten zu erreichen.
Einzelwandernden Jugendlichen werden kostenlose Übernachtung und Verpflegung in den Jugendherbergen gewährt. Etwa 18 000 Jugendliche nahmen diese Vergünstigungen im letzten Sommer in Anspruch.
40 000–50 000 Jugendliche der Zone konnten in diesem Jahr an den verschiedensten Veranstaltungen in der Bundesrepublik teilnehmen.
Zehntausende aus der Zone haben darüber hinaus in diesem Jahr wieder die Möglichkeit erhalten, an Veranstaltungen – wie Tagungen, Vereinsfesten, kulturellen Veranstaltungen – in der Bundesrepublik teilzunehmen. Diese Begegnungen werden in großer Zahl auch in der Weihnachtszeit, vor allem im zonennahen Gebiet der Bundesrepublik, stattfinden. Nach Schätzungen der Behörden im Zonengrenzgebiet werden ungefähr 250 Vereine zu solchen Weihnachtsbegegnungen aus der Zone einladen. An allen Zonenübergängen erhalten die Besucher kostenlose Erfrischungen wie Kaffee, Kakao usw. Während der Weihnachtszeit sind besondere Betreuungsmaßnahmen vorgesehen.
Ich habe alle diese Dinge aufgezählt, damit Sie einen verstärkten Einblick erhalten in das, was bereits geschieht. Auch dieser Einblick kann nicht erschöpfend sein, weil nicht alles bekanntgegeben werden kann.

## 96

*Vor dem politischen Ausschuß des Kuratoriums Unteilbares Deutschland in Berlin 23. November 1956*

Am letzten Sonntag habe ich mit Wilhelm Wolfgang Schütz gelegentlich der Bildung des Ortskuratoriums in Essen gesprochen. Ich kann nur sagen: Wir waren beide bewegt von der Anteilnahme der Bevölkerung von Essen. An einem nebligen Sonntagvormittag, an dem man kaum die Hand vor den Augen sehen konnte, waren 1500 Teilnehmer erschienen. Aber wir können uns auch nicht der Erkenntnis verschließen, wie vieles noch zu geschehen hat, damit unser Volk ganz von der Notwendigkeit umfassender Aktivität für die Wiedervereinigung durchdrungen wird.
Wir wollen uns ja nichts vormachen: Trotz allem, was in diesen Jahren schon geschehen ist, um das gesamtdeutsche Verantwortungsbewußtsein zum lebendigen Besitz eines jeden einzelnen zu machen, es blieb immer noch viel zu wünschen übrig. Zwar bildete der 17. Juni 1953 schon einen starken Einbruch in eine gewisse – nun sagen wir – Sorglosigkeit weiter Kreise. Aber das Bedürfnis nach Sicherheit überlagerte wohl doch bei vielen das Verantwortungsbewußtsein gegenüber den Millionen in der Zone. Ich will damit nicht sagen, daß das Sicherheitsbedürfnis der 50 Millionen in der Bundesrepublik keine legitime Angelegenheit ist. Ihm soll und muß Rechnung getragen werden. Das darf aber nicht hindern, daß jeder einzelne gehalten ist, sich mit dem Schicksal Mitteldeutschlands fortwährend auseinanderzusetzen.

Diese Auseinandersetzung erst schafft Verständnis und Miterleben und weckt damit Verantwortung, Willen und Tat für die Wiederherstellung der Einheit unseres Landes.
Ein Staat geht nicht unter, solange der Widerstand seiner Bürger einer Annexion entgegensteht. Dieser Grundsatz ist Bestandteil der Völkerrechtslehre. Das gleiche gilt von der Teilung eines Landes. Das bedeutet: Gesamtdeutschland bleibt trotz seiner Zerrissenheit eine Realität, solange das deutsche Volk an seiner Einheit festhält. Solange es seiner Zerreißung seine unabdingbare Solidarität und seinen Willen zu einem einigen Staat entgegensetzt.
Wir haben uns durch die Gründung des »Unteilbaren Deutschland« die Aufgabe gestellt, in der Bevölkerung der Bundesrepublik nicht nur den Widerstand gegen die Teilung, sondern den Willen zu ihrer Überwindung zu aktivieren. Wir sprachen damals von einer Volksbewegung. Nun, wir haben es noch nicht zu einer Volksbewegung gebracht. Ich will die Gründe nicht anführen, die das immer noch nicht erreichen ließen. Sie liegen sicherlich nicht bei denen, die in den Ländern, Kreisen und Städten in aufgeschlossener Bereitschaft sich der Aufgabe des »Unteilbaren Deutschland« zur Verfügung gestellt haben.
Einen Grund der Hemmung möchte ich aber nicht verschweigen: Es gibt in der Wiedervereinigungspolitik zuviel Parteiegoismus. Jede Partei will ein Wiedervereinigungsmonopol besitzen. Und das führt manchmal sogar zu seltsamen Ausflügen. Natürlich sind Anwesende davon ausgenommen. Sie sind ja hier, um gemeinsame Arbeit zu leisten.
Das scheint mir auch notwendig zu sein, um unser ganzes Volk zutiefst von der Verpflichtung zu gemeinsamer Aktivität zu durchdringen. Und jeden davon zu überzeugen, daß er nicht abseits stehen kann. Wir müssen uns schließlich ja auch darüber klar sein, daß es außerhalb Deutschlands manche Kräfte gibt, die vom Zwiespalt der Deutschen zu profitieren suchen. Und daß es Kräfte gibt, die stets dafür zu sorgen wissen, daß der Zwiespalt immer neue Nahrung erhält.
Nun aber scheint es doch, daß die Geschehnisse in Polen, insbesondere aber in Ungarn, unser ganzes Volk mehr denn je aufgerüttelt haben. Und mir scheint, daß die Gewaltanwendung im Nahen Osten auch zu einer Selbstbesinnung geführt hat. Selbstbesinnung in dem Sinne, daß sich erneut erwiesen hat, welche Gefahren heute jede Gewaltanwendung einschließt. Nicht nur das: Schon das Jonglieren mit Worten über die Gewalt stößt auf Ablehnung. Und das ist gut so. Selbstbesinnung scheint mir aber auch noch in einem anderen Sinne Raum zu gewinnen. Unser Volk scheint mir mehr denn je bereit zu sein, seine geistigen, seine politischen und auch seine sozialen Kräfte auf die Wiedervereinigung zu richten. Denn schließlich beweisen ja die Ereignisse in Polen und Ungarn mehr noch als Worte, welche Explosionsgefahr ein seiner Selbstbestimmung beraubtes Volk bedeutet.
Wenn die Selbstbesinnung unseres Volkes sich nicht nur in Worten und Gefühlen erschöpft, sondern zur Tat werden soll, dann ist wirklich die Stunde des »Unteilbaren Deutschland« gekommen. Das »Unteilbare Deutschland« hat z. B. einen politischen Ausschuß. Er muß zur Plattform wirklicher Aussprache aller derer werden, die um zusammengefaßte Wiedervereinigungspolitik besorgt sind. Es kann ja für niemanden ein Zweifel bestehen, daß die Politik um die Wiedervereinigung nach den jüngsten weltpolitischen Ereignissen von allen Verantwortlichen überprüft werden muß. Dazu kann der politische Ausschuß des »Unteilbaren Deutschland« gute Vorarbeit leisten.

Wesentlich erscheint mir aber auch ein Weiteres: Wir können und wir wollen mit dem, was wir hier an sozialer Ordnung bisher erreicht haben, gegenüber unseren Landsleuten in Mitteldeutschland nicht mit missionarischen Ansprüchen auftreten. Denn wir stecken noch mittendrin im Aufbau eines wirklichen sozialen Rechtsstaates. Eines sozialen Rechtsstaates, der dem Ideal von Freiheit und Menschenwürde entspricht. Ich brauche nicht zu betonen, daß wir von diesem Ziel noch immer ein erhebliches Stück entfernt sind.

Es besteht kein Zweifel, daß bei der Bevölkerung der Zone der Wille zur Wiedervereinigung gleichbedeutend ist mit dem Willen zu einem sozialen gesamtdeutschen Staat. Das steht bei allen Begegnungen, zu denen es begrüßenswerterweise in wachsendem Maße kommt, im Vordergrund. Die Bevölkerung in der Zone will schließlich keinen Anschluß. Sie will Zusammenschluß.

Sie bringt ihre Erfahrung in den gesamtdeutschen Staat mit ein. Sie kommt nicht nur als Nehmende. Sie wird als Gebende von moralischen, von politischen und insbesondere auch von sozialen Werten kommen, die sie in einem gesamtdeutschen Staat verwirklicht sehen will. Sie kommt mit dem Selbstbewußtsein derer, die Schweres bewältigt haben. Sie will und muß mitsprechen bei der Neugestaltung Deutschlands. Unser Volk wird in einem gesamtdeutschen Parlament über den künftigen deutschen Staat und seine gesellschaftliche Ordnung entscheiden.

Sicherlich befaßt sich schon diese und jene Organisation mit sozialen Problemen, die gerade mit dem Blick auf die Wiedervereinigung wichtig sind. Ich denke an den Forschungsbeirat beim Ministerium für gesamtdeutsche Fragen. Oder an die Gesellschaft für Sozialen Fortschritt, die noch am Dienstag eine bemerkenswerte Tagung abgehalten hat, an der ich teilnehmen durfte. Es erscheint mir aber begrüßenswert, wenn das »Unteilbare Deutschland« neben dem Wirtschaftsausschuß durch einen sozialen Ausschuß die Plattform für eine Aussprache über soziale Probleme schaffen würde. Es braucht das nicht alles in propagandistischer Weise an die große Glocke gehängt zu werden. Es kommt darauf an, die Kräfte zusammenzubringen, die für die Durchsetzung des sozialen Willens auf grünes Licht geschaltet haben.

Das »Unteilbare Deutschland« hat auch einen Betreuungsausschuß. Einen Ausschuß also, der sich mit den geistigen und materiellen Hilfsmaßnahmen für die Millionen der Zone befaßt. Manche Anregung ist von diesem Ausschuß schon ausgegangen. Er hat sich als Antriebskraft für viel tätige Hilfe für die Bevölkerung der Zone ausgewiesen. Ich sage allen, die dort mitarbeiten, herzlichen Dank dafür. Ich habe seine Arbeit stets als Unterstützung der Wirksamkeit meines Ministeriums empfunden. Das Ministerium kann ja – das werden vor allem auch die Herren der Presse verstehen – nicht alles, was von seiner Seite geschieht, an die große Glocke hängen. Im Gegenteil: Sein Grundsatz muß mehr oder weniger schweigende Hilfe sein, um Hilfe überhaupt zu ermöglichen.

Ich werde deshalb über manches, was geschehen konnte, nur im Ausschuß sprechen. Hier will ich nur die Erleichterungen für Besucher aus der Zone erwähnen. Sie wissen ja, wie sehr uns daran liegt, den Besuch hinüber und herüber zu verstärken. Denn lebendiger menschlicher Kontakt ist notwendig, damit der Einheitswille hüben und drüben unbesiegbar bleibt.

Bis heute sind in diesem Jahr über zwei Millionen Besucher aus der Zone zu uns gekommen. Für das ganze Jahr können wir mit 2,3 Millionen rechnen. Die Besucher können nach den sowjetzonalen Vorschriften kein Geld einwechseln. Nach den Bestimmungen über den innerdeutschen Zahlungsverkehr dürfen die Reisenden nur bis zu 100 DM Ost mitnehmen. Davon können sie bis zu 50 DM Ost im Speisewagen der Interzonenzüge ausgeben. Die restlichen 50 DM Ost müssen ebenfalls vorgezeigt werden. Deshalb sind die Besucher vollständig auf Unterstützung in der Bundesrepublik angewiesen. Es kann angenommen werden, daß in diesem Jahr die Bevölkerung in der Bundesrepublik allein mindestens 100 Millionen DM für unsere Besucher aus der Zone aufbringt. Das ist eine sehr, sehr vorsichtige Berechnung. Damit die Besucher in die Lage versetzt werden, wenigstens kleinere Aufwendungen selbst zu zahlen, sind im Bundeshaushalt 1956/57 fünf Millionen DM für ihre Unterstützung eingesetzt worden. Für die Bereitstellung dieser Mittel hat Koalition und Opposition zusammengewirkt. Es war insbesondere Frau Korspeter, die sich dafür einsetzte. Auch die stete Forderung des »Unteilbaren Deutschland« hat das Seine dazu beigetragen, damit diese Unterstützung schon einmal Wirklichkeit wurde.

Seit dem 15. November 1956 kann also jeder Besucher aus der Zone durch die Städte und Landkreise bzw. durch die von ihnen beauftragten Ämter und Gemeinden eine Beihilfe für kleinere Aufwendungen in Höhe von 10 DM erhalten. Diese Beihilfe wird auch den Reisenden deutscher Staatszugehörigkeit oder deutscher Volkszugehörigkeit aus den ost- und südosteuropäischen Vertreibungsgebieten gewährt.

Das Ministerium hat aus seinen Haushaltsmitteln den Besuchern aus der Zone eine Beihilfe zu den Rückreisekosten gewährt. Es wird das auch weiter tun. Diese Beihilfen werden durch die Städte und Landkreise bzw. durch Ämter und Gemeinden gewährt. Aufgrund von Gutscheinen erhalten die Besucher bei der Bundesbahn Fahrscheine bis zu einer Station hinter der Zonengrenze. Das Bundesministerium für gesamtdeutsche Fragen steht aber mit der Bundesbahn in Verhandlung, um die Ausstellung der Fahrscheine bis zum Heimatort zu erreichen. Die Bedingungen für die Bewilligung der Beihilfe zur Rückreise wurden jetzt wesentlich großzügiger gestaltet. In diesem Haushaltsjahr werden voraussichtlich mehr als zehn Millionen DM für diesen Zweck bereitgestellt werden müssen.

In gleicher Weise werden aus Mitteln des Bundes Krankenkosten gezahlt. Wenn ein Besucher aus der Zone während seines Aufenthaltes in der Bundesrepublik erkrankt, erhält er volle ärztliche Versorgung. Dabei hat er freie Arztwahl. Hierfür sind zunächst zwei Millionen DM bereitgestellt worden.

Zahlreiche kranke Personen aus der Zone haben die Möglichkeit einer spezialärztlichen Behandlung oder eines Kur- und Erholungsaufenthaltes in der Bundesrepublik erhalten. Auch hier hat alles zusammengewirkt. Die Bevölkerung, karitative Organisationen, Kurorte und Kurverwaltungen, Ärzte und Sanatorien. Auch hier haben wir das Unsere dazu beigetragen. Und das »Unteilbare Deutschland« hat ebenfalls das Seine getan.

Zahlreiche Städte der Bundesrepublik – wie zum Beispiel Hamburg, Bremen, Kiel, Uelzen, Hersfeld, Stuttgart, Aschaffenburg usw. – gewähren den Besuchern zusätzliche Vergünstigungen bei der Benutzung ihrer Verkehrseinrichtungen, der Museen, Schwimmhallen, Theaterveranstaltungen usw. In Bremen wird zur Zeit das Deutsche Haus für die Betreuung der Besucher umgebaut und eingerichtet. Es wäre sehr zu begrüßen, wenn diesem Beispiel andere Städte folgen und wenn die Kommunen vor allem zum Weihnachtsfest in erhöhtem Maße die Besucher betreuen würden.

Den Besuchern aus der Zone wird am Zielort von den kommunalen Stellen ein Merkblatt mit dem Titel »Lieber Landsmann von drüben« ausgehändigt. Die Schrift soll ihnen das Verständnis der Verhältnisse in der Bundesrepublik erleichtern. Sie wird nunmehr noch um Hinweise über die Betreuungsmaßnahmen in der Bundesrepublik erweitert werden.
Das sind nur einige Beispiele dafür, daß wir uns – weiß Gott – noch um viele andere Dinge sorgen, als nur um die oft zitierten Broschüren. Was die Veröffentlichungen angeht, so will ich dazu nur sagen: Es muß immerhin eine Stelle geben, die laufend über die Entwicklung in Mitteldeutschland in dieser oder jener Form informiert. Die Mittel, die dafür aufgewandt werden, sind im übrigen im Vergleich zum Aufwand für andere Maßnahmen verhältnismäßig gering.
Ich hoffe, daß niemand den Eindruck hat, daß ich diese Aufzählungen aus Selbstgerechtigkeit gemacht habe. Niemand weiß ja besser als ich, daß alles nur ein Tropfen auf einen heißen Stein sein kann. Aber jeder kann dazu beitragen, daß sich die Tropfen mehren.
Noch ein kurzes Wort zur Tagung des »Unteilbaren Deutschland« in Berlin. Ich bin dankbar, daß diese Tagung gerade hier in Berlin stattfindet. Und daß sich Vertreter aus allen Teilen Deutschlands hier zusammengefunden haben. Denn das »Unteilbare Deutschland« will auf Berliner Boden nicht etwa störend wirken. Es will vielmehr gerade von hier aus die Gewißheit schaffen, daß die Solidarität zwischen den Teilen Deutschlands keine leere Deklamation, sondern unumstößliche Wirklichkeit ist. Und gerade diese Zusammenkunft in diesem Augenblick auf Berliner Boden soll beweisen, daß die Deutschen gewillt sind, das Ziel der Wiedervereinigung mit friedlichen Mitteln zu erreichen. Durch tätige Begegnung und durch die Mittel der Politik und der Diplomatie. Eine solche Wirksamkeit kann nur stärkend und beruhigend wirken. Und das ist es, was wir wollen.

## 97

*Kundgebung des Exilparteitages der CDU in Goslar*
*17. März 1957*

Es war für uns selbstverständlich, daß wir auch in diesem Jahr mit unserer Tagung in die unmittelbare Nähe der Zonengrenze gingen. Hier sind wir der Zone nahe. Städte an der Zonengrenze sind auch hellhöriger für die Unabdingbarkeit unseres Wiedervereinigungswillens. Sie sind es aus dem einfachen Grunde, weil sie stärker als andere das Unheil spüren, das die willkürlich durch unser Land gezogene Grenze bedeutet. Sie spüren die gewaltsame Zerreißung der wirtschaftlichen Adern unmittelbar. Sie spüren die politische Gefährdung, die von dem System in der Zone ausgeht. Sie spüren die menschliche Grausamkeit, die in der Zerreißung von Familien- und Freundesbanden liegt. Sie spüren die Unruhe, die von der gewaltsamen Teilung unseres Landes ausgeht. Allein schon der Flüchtlingsstrom von Mitteldeutschland, der die Städte in der Nähe der Zonengrenze mehr berührt als die Städte und Dörfer des Hinterlandes, ist Beweis der Erschütterung, die von der Teilung ausgeht. Und die Bevölkerung nahe der Zonengrenze weiß stärker als die übrige Bevölkerung der Bundesrepublik, daß die Unruhe erst schwindet, wenn die deutsche Frage gelöst ist.

Deshalb fühlen wir – die christlichen Exil-Demokraten – uns eng mit der Bevölkerung an der Zonengrenze verbunden. Wir gehören uns den drängenden Kräften eines aktiven Wiedervereinigungswillens. Diesem und jenem sind wir sogar damit lästig gefallen. Aber je länger die Teilung dauert, um so größer, um so drängender wird unsere Aufgabe.
Wenn ich das sage, so liegt nichts Überhebliches darin. Wir haben zu tief in das Schicksal unserer Menschen in der Zone hineingesehen. Wir sind ja ein Teil der Millionen, die heute leider schon auf weniger als 18 Millionen zusammengeschmolzen sind. Und die durch die ständige Zahl der Flüchtlinge täglich noch mehr zusammenschmelzen. Unsere Verbundenheit mit ihnen läßt uns das Unglück ermessen, das kommunistischer Zwang über ein Volk bringt.
Das ist aber auch der Grund, daß wir uns einer Tatsache stets bewußt bleiben: Aktive Wiedervereinigungspolitik und Sicherung der Freiheit des neu zu schaffenden Gesamtdeutschland müssen Hand in Hand gehen. Denn auch das hat uns der Anschauungsunterricht in der Zone gelehrt: Ein im Zeichen der Unfreiheit wiedervereinigtes Deutschland wäre nicht nur eine Katastrophe für 70 Millionen Deutsche, sondern es bedeutete den Tod der Zivilisation unseres Kontinents. Deshalb gibt es zwischen dem Prinzip der Freiheit und der Unfreiheit keinen Kompromiß.
Wir kennen auch die Unberechenbarkeit, die Skrupellosigkeit im Machtwillen des Kommunismus. Deshalb sind wir mit genügend Realismus versehen. Auf Ulbrichtsche oder Grotewohlsche Verführungskünste fallen wir nicht herein. Den Beweis dafür, daß uns das nicht passieren kann, haben wir schon 1947/48 erbracht. Wir durchschauten die politischen Kunststücke um die sogenannte Nationale Front und den Volkskongreß, die entscheidende Etappen sein sollten zur Unterwerfung aller nichtkommunistischen Kräfte unter den sowjetischen Willen. Wir widerstanden diesem Zwang.
Ich will im Denken an die schweren Auseinandersetzungen damals einens nicht verhehlen: Ich hätte gewünscht, daß wir – die christlichen Demokraten – in der entscheidenden Zeit in der Zone nicht allein gestanden hätten, sondern daß nach dem Einmarsch der Roten Armee und ihrer kommunistischen Gefolgschaft alle neuerstehenden freiheitlichen Parteien in Mitteldeutschland zusammengehalten hätten. Ich bleibe heute noch der Auffassung, daß dann – aber auch nur dann – eine Chance bestanden hätte, Mitteldeutschland die Freiheit zu erhalten. Vielleicht hätten wir sogar eher unsere Einheit wiedergefunden. So mußten wir 1947/48 der stärkeren Macht der sowjetischen Besatzung weichen.
Aber mit unserem politischen Willen blieben wir den Millionen in der Zone verhaftet. Die Wurzeln unserer Arbeit für Einheit und Freiheit für ganz Deutschland haften in der Zone. Und als immer mehr kamen, denen man die politische Wirksamkeit dort versagte, denen man mit Druck und Verfolgung das Leben unmöglich machte, wuchsen wir hier im freien Teil Deutschlands immer stärker zusammen. Das gemeinsame Band der christlichen Exil-Demokraten war und ist Verpflichtung und Wille zu einer ebenso aktiven wie besonnenen Wiedervereinigungspolitik.
Ich füge das Wort »besonnen« ein, weil wir in der Politik um die Zone die Realitäten des Kommunismus richtig einzuschätzen gelernt haben. Es kann uns wohl kaum passieren, daß wir in Verkennung aller wirklichen Realitäten annehmen könnten, durch Gespräche mit Nuschke oder anderen Handlangern des Zwangssystems die Wiedervereinigung vorantreiben zu können. Wer wider besseres Wissen ein Jahrzehnt dem System, das nur Werkzeug kennt, Handlangerdienste getan hat, besitzt

weder Freiheit noch Mut, um vor Pankow geradezustehen. Wollten sie irgendwie ihrer Werkzeugbestimmung entgegenhandeln, würden sie einfach fortgeworfen. Das gilt quer durch die Führung aller Parteien der Zone hindurch, die sich nichtkommunistisch nennen. Ich sage Führung. Die breite Masse der Mitglieder hat nichts damit zu tun. Wir kennen ihre Treue und wir zählen auf sie. Was die Verantwortlichen angeht, so wollen wir sie – wenn wir die Wiedervereinigung erreicht haben – sicherlich nicht verfolgt und nicht unter Strafe gestellt wissen. Sie sind durch das Bewußtsein ihrer Schwäche und ihrer Schuld gestraft genug. Aber als Faktor oder – wie diese und jene Unerfahrenen in der Bundesrepublik anzunehmen scheinen – als Mittler für die Wiedervereinigungspolitik kommen sie ebenso wenig in Frage wie die Stalinisten selbst, die in Pankow noch immer das Zepter führen.
Wir würden über solche politischen Gesprächsversuche kein Wort verlieren, wenn sie nicht noch jüngst von bestimmten Kreisen gemacht worden wären. Jeder, der sie macht, muß sich klar darüber sein, daß sie eine Gefahr einschließen. Nicht, daß sie gleich dem Kommunismus Tür und Tor öffnen. So ängstlich sind wir nicht. Die christlichen Exil-Demokraten gehören nicht zu den Sicherheitsfanatikern, die sich ja am liebsten in die bundesrepublikanische Burg eingraben aus Furcht vor dem Neuen, das die Wiedervereinigung einschließt. Wir wissen, daß aktive Wiedervereinigungspolitik auch Mut zum Wagnis einschließt. Aber es ist weder Mut noch Wagnis, in Pankow den Eindruck zu erwecken, das System könnte sich mit Hilfe solcher Gespräche in den Augen unseres Volkes doch noch legitimieren. Das wäre eine Schwächung unserer Wiedervereinigungspolitik. Heute wäre es sogar noch mehr. Es wäre Anachronismus.
Vor einigen Tagen sagte der amerikanische Außenminister bei einem Besuch in Australien, der chinesische Kommunismus würde »über seine eigenen Fehler stolpern«. Er könne nicht als »Weg der Zukunft in Asien und im westlichen Pazifik« gewertet werden.
Nun, wer die Vorgänge im Kommunismus in Europa überdenkt, muß sich seiner Rückläufigkeit vor allem hier bewußt werden. Die letzten Monate haben erwiesen, daß nur äußerste Brutalität den Kommunismus am Ruder halten kann. Das ist in Ungarn so, dessen tragisches Geschick wir zusammen mit der ganzen Welt in tiefster Erschütterung miterlebt haben. Das ist auch in der Zone so, wo das System erneut die Justiz zum Instrument seiner Machtbehauptung erniedrigt.
Völker sind nun einmal lebendige Gemeinschaften. Sie sind mit Dynamik erfüllt. Das schafft immer wieder Veränderungen in politischen Konstellationen. Und je gewaltsamer man sie in einem Zwangssystem gefangen hält, um so größer die Gefahr, daß sich natürliche Dynamik in Dynamit verwandelt.
Diese Sorge bewegt uns nach wie vor auch für die Zone. Und – ich sagte es heute morgen schon – sie bewegt auch manche Hauptstadt der westlichen Welt.
Leider können wir uns aber nicht verhehlen, daß die Sowjetunion gegenwärtig nicht bereit ist, auf ihre Machtbasis in der Zone zu verzichten. Es sieht aus, als halte sie ihren Stützpunkt in Deutschland für nötiger denn je. Sie scheint zu glauben, damit die antikommunistische Dynamik in den osteuropäischen Staaten zügeln zu können. Aber diese Politik steht ganz bestimmt auf schwankendem Boden. Denn nach den Ereignissen des vergangenen Herbstes sollte man mehr denn je wissen, daß unterdrückte Völker kein Bollwerk für die eigene Sicherheit sind. Sicherheit für Ost und West kann nur geschaffen werden, wenn alle bereit sind, über Festgefahrenheit und Vorurteile hinweg über eine sinnvollere und gerechtere Ordnung der Welt zu

verhandeln. Dabei sind wir uns über den Rückschlag völlig im klaren, den die Erschütterungen des vergangenen Herbstes bedeuten. Manche Bemühungen, die Atmosphäre des Mißtrauens zu überwinden, sind an den furchtbaren Ereignissen gescheitert.

Aber von unserem Ziel der Wiedervereinigung in Freiheit können uns Rückschläge nicht abbringen. Ich will die Situation an der Saar nicht mit der Zone vergleichen. Aber eines hat die Wiedervereinigung im Westen doch gezeigt: Beharrlichkeit und unerschütterliches Festhalten an dem als notwendig erkannten Ziel haben die unnatürliche Abtrennung im Westen überwunden. Auch dort hat es Zeiten gegeben, in denen das Ziel ins Unerreichbare zu rücken schien. Am Ende siegte die Treue der deutschen Bevölkerung und die Einsicht der freien Nationen. Nicht zuletzt auch und vor allem in Frankreich.

Der tote Punkt in der Wiedervereinigungspolitik muß überwunden werden. Man muß zu einem Verhandlungsprogramm kommen. Dabei halte ich drei Punkte für notwendig:

Erstens: Verhandlungen müssen gründlich vorbereitet werden. Denn die deutsche Frage berührt so viele Probleme, daß es zunächst einer sorgsamen Abstimmung mit der freien Welt bedarf.

In diesem Zusammenhang messe ich der Kommission der vier Mächte – der Vereinigten Staaten, Großbritanniens, Frankreichs und der Bundesrepublik –, die in Washington zusammengetreten ist, um Möglichkeiten der Wiedervereinigungspolitik zu beraten, Bedeutung zu. Ich möchte wünschen, daß sich aus den Prüfungen dessen, was für die Wiedervereinigung schon geschah und was geschehen kann, neue Initiativen ergeben.

Zweitens: Es muß zu einer besseren Atmosphäre zwischen West und Ost kommen. Das soll allerdings nicht heißen, daß wir Geschehenes bagatellisieren. Aber es soll heißen, daß gesprochen werden muß, wenn wir in der Frage der deutschen Wiedervereinigung weiterkommen wollen. Was die Bundesrepublik angeht, so dürfen wir den Briefwechsel zwischen Ministerpräsident Bulganin und dem Bundeskanzler für einen wichtigen Ansatzpunkt halten.

Drittens: Es ist notwendig, den Streit um unsere Lebensfrage in der deutschen Öffentlichkeit zu beenden. Z. B. gehört die Frage des künftigen Status' Gesamtdeutschlands auf den Verhandlungstisch. Nicht aber in Wahlversammlungen.

Das gleiche gilt auch vom Heimatrecht unserer Ostvertriebenen. Es ist eine entscheidende Aufgabe der künftigen gesamtdeutschen Regierung, bei den Friedensverhandlungen dem Recht auf Heimat Geltung zu verschaffen. Ich halte es für einen Fehler – um nicht zu sagen für ein Unrecht an unseren Heimatvertriebenen –, die Verhandlungsposition der künftigen gesamtdeutschen Regierung auch nur in irgendeiner Weise zu schwächen. Dafür werden alle Völker, die auf ihre Existenz bedacht sind, Verständnis haben. Nicht zuletzt auch das polnische Volk, mit dem wir uns wahrhaftig ein nachbarliches Verhältnis wünschen.

# Widerstand

Ein Problem zwischen Theorie und Geschichte

Verlag Wissenschaft und Politik

Herausgegeben von Peter Steinbach

Beiträge von
Winfried Becker
Helmut Beilner
Eberhard Bethge
Renate Bethge
Bernhard Dahm
Klaus Dirscherl
Peter Eppel
Kurt Finker
Hildegard Hamm-Brücher
Ernst Hanisch
Klaus P. Hansen
Heinz Hürten
Peter Hüttenberger
Anneliese Knoop-Graf
Hans Maier
Marianne Meyer-Krahmer
Heinrich Oberreuter
Helga Quadflieg
Manfred Rexin
Rainer A. Roth
Peter Steinbach
Jörg Thierfelder
Heinrich Walle
Heinz Westphal

**NEU**

448 Seiten DM 44,–
ISBN 3-8046-8672-9